U0903894

# 中国审判案例要览

## （2002年商事审判暨行政审判案例卷）

国家法官学院
中国人民大学法学院 编

编审委员会主任 祝铭山
编审委员会副主任 曾宪义 曹建明

中国人民大学出版社

图书在版编目（CIP）数据

中国审判案例要览. 2002年商事审判暨行政审判案例卷/国家法官学院，中国人民大学法学院编.
北京：中国人民大学出版社，2003

ISBN 7-300-04613-4/D·790

Ⅰ. 中…
Ⅱ. ①国…②中…
Ⅲ. ①审判-案例-汇编-中国 ②经济纠纷-审判-案例-汇编-中国-2002 ③行政诉讼-审判-案例-汇编-中国-2002
Ⅳ. D920.5

中国版本图书馆CIP数据核字（2003）第022370号

**中国审判案例要览**
（2002年商事审判暨行政审判案例卷）
国家法官学院
中国人民大学法学院 编

| | | | |
|---|---|---|---|
| **出版发行** | 中国人民大学出版社 | | |
| **社　址** | 北京中关村大街31号 | **邮政编码** | 100080 |
| **电　话** | 010－62511242（总编室） | | 010－62511239（出版部） |
| | 010－62515351（邮购部） | | 010－62514148（门市部） |
| **网　址** | http://www.crup.com.cn | | |
| | http://www.ttrnet.com（人大教研网） | | |
| **经　销** | 新华书店 | | |
| **印　刷** | 涿州市星河印刷厂 | | |
| **开　本** | 787×1092毫米 1/16 | **版　次** | 2003年4月第1版 |
| **印　张** | 55 插页2 | **印　次** | 2003年4月第1次印刷 |
| **字　数** | 1 310 000 | **定　价** | 150.00元 |

为国家法官学院与中国人民大学法学院

联合编纂《中国审判案例要览》题

取案例精华

建法治国家

肖扬

一九九九年十一月十一日

# 前　言

十多年来，随着中国改革开放的深入发展，社会主义民主和法制建设有了长足的进步，与此同时，人民法院的审判工作也有很大的进展。除了刑事审判和民事审判外，又逐步开展了经济审判、行政审判、交通运输审判。全国法院每年审结各类一审案件已达300万件左右。审判程序日趋完善，审判工作质量不断提高。我们认为，有必要系统地选编法院审判案例，向海内外介绍中国审判实践的情况，展示中国法制建设的成就；同时，也为中国司法工作者、立法工作者和教学、科研人员提供一些有价值的参考资料。为此，中国高级法官培训中心* 和中国人民大学法学院共同合作，从1992年起逐年选编一部审判案例综合本，分别收入前一年审结的案例。每部分为刑事审判案例卷、民事审判案例卷、经济审判案例卷**、行政审判案例卷，共四卷。由于交通运输审判案例数量少，不足以独立成卷，故按案例性质分别编入经济和刑事卷。书名定为《中国审判案例要览》。

在本书编写过程中，对案件事实、审判过程、裁判理由、处理结果等，都完全尊重办案实际，具有客观性、真实性。为了便于读者了解具体的审判过程，收入了各审级的审判组织、诉讼参与人、审结时间、诉辩双方的主张、认定的案件事实、采信的证据和适用的法律条文。为了使读者易于理解适用法律的理由和涉及的法学理论观点，由编者写了解说，并对裁判的不足之处，加以评点，有的版本还以附录形式加了少量的必要的法律名词解释。

我们奉献给读者的这部案例要览,希望能够对读者有所帮助,得到读者的喜爱。这是我们的初次尝试,疏漏不足之处在所难免,诚恳地欢迎各界人士提供宝贵的意见,帮助我们改进编写工作,以使今后出版的案例要览日臻完善。

我们在编写工作中，得到了各级人民法院的领导与工作人员、中国人民大学法学院师生和有关方面的关心和帮助，美国福特基金会及其驻中国办事处也给予了很大的支持。在此谨致谢意。

《中国审判案例要览》编审委员会

1992年12月

---

* 现为国家法官学院。

** 从2000年本开始，经济审判案例卷改为商事审判案例卷。

# 《中国审判案例要览》编审委员会

**主　任**　祝铭山　中华人民共和国最高人民法院原常务副院长、教授

**副主任**　曾宪义　中国人民大学法学院院长、教授、博士生导师、教育部全国高等学校法学教育指导委员会主任委员

曹建明　中华人民共和国最高人民法院常务副院长、教授、博士生导师

**委　员**　（以姓氏笔画为序）

**最高人民法院**

王世民　中华人民共和国最高人民法院司法行政装备管理局局长

牛建华　国家法官学院副院长、教授

孙际泉　中华人民共和国最高人民法院司法行政装备管理局副局长、机关服务中心副主任

江必新　中华人民共和国最高人民法院副院长、国家法官学院兼职教授、法学博士

刘会生　中华人民共和国最高人民法院办公厅主任

张　军　中华人民共和国最高人民法院副院长、国家法官学院兼职教授、中国法学会刑法学研究会副会长

单长宗　中国法官协会教授、中国法学会刑法学研究会顾问

郑成良　国家法官学院常务副院长、教授、博士生导师

奚晓明　中华人民共和国最高人民法

**中国人民大学法学院**

王作富　中国人民大学法学院教授、博士生导师、中国法学会刑法学研究会顾问

王利明　中国人民大学法学院副院长、教授、博士生导师、中国法学会民法学经济法学研究会副会长

王益英　中国人民大学法学院教授

史际春　中国人民大学法学院教授、博士生导师

叶秋华　中国人民大学法学院副院长、教授、博士生导师

刘文华　中国人民大学法学院教授、博士生导师

江　伟　中国人民大学法学院教授、博士生导师、中国法学会诉讼法学研究会副会长

杨大文　中国人民大学法学院教授、博士生导师、中国法学会婚姻法学研究会副总干事

院民事审判第二庭庭长、法学博士

曹三明　国家法官学院副院长

梁书文　国家法官学院兼职教授

梁宝俭　中国法官协会秘书长、高级经济师

黄松有　中华人民共和国最高人民法院副院长、法学博士

许崇德　中国人民大学法学院教授、博士生导师、中国法学会宪法学研究会副总干事

赵中孚　中国人民大学法学院教授、博士生导师、中国法学会民法学经济法学研究会副会长

赵秉志　中国人民大学法学院副院长、教授、博士生导师、中国法学会刑法学研究会会长

高铭暄　中国人民大学法学院教授、博士生导师、中国法学会刑法学研究会名誉会长

黄京平　中国人民大学法学院教授、博士生导师

程荣斌　中国人民大学法学院教授、博士生导师

韩大元　中国人民大学法学院副院长、教授、博士生导师

# 《中国审判案例要览》编辑部

# 《中国审判案例要览》各卷正副主编、主编助理及编辑

## （一）刑事审判案例卷

| | 中国人民大学法学院 | | 最高人民法院 | |
|---|---|---|---|---|
| 主　　编 | 赵秉志 | 中国人民大学法学院副院长、教授、博士生导师、中国法学会刑法学研究会会长 | 张　军 | 中华人民共和国最高人民法院副院长、国家法官学院兼职教授、中国法学会刑法学研究会副会长 |
| 副 主 编 | 黄京平 | 中国人民大学法学院教授、博士生导师 | 高憬宏 | 中华人民共和国最高人民法院刑事审判第一庭副庭长 |
| | 陈卫东 | 中国人民大学法学院教授、博士生导师 | 熊选国 | 中华人民共和国最高人民法院刑事审判第二庭庭长、法学博士 |
| 主编助理 | 刘志伟 | 中国人民大学法学院副教授、法学博士 | 孙本鹏 | 国家法官学院教学部副主任、副教授 |
| 编　　辑 | 阴剑峰 | 中国人民大学法学院讲师 | | |
| | 刘计划 | 中国人民大学法学院讲师 | | |
| | 王俊平 | 河南大学法学院讲师 | | |
| | 杜晓军 | 中国人民大学博士研究生 | | |
| | 黄俊平 | 天津商学院讲师 | | |

## （二）民事审判案例卷

| | | 中国人民大学法学院 | | 最高人民法院 |
|---|---|---|---|---|
| 主　编 | 王利明 | 中国人民大学法学院副院长、教授、博士生导师、中国法学会民法学经济法学研究会副会长 | 黄松有 | 中华人民共和国最高人民法院副院长、法学博士 |
| 副主编 | 龙翼飞 | 中国人民大学法学院副院长、教授、博士生导师 | 梁书文 | 国家法官学院兼职教授 |
| | 董安生 | 中国人民大学法学院教授、博士生导师 | 杨洪逵 | 中国应用法学研究所研究员 |
| 主编助理 | 邢海宝 | 中国人民大学法学院副教授、法学博士 | 刘　静 | 国家法官学院副教授、法学博士 |
| | | | 杨永清 | 中华人民共和国最高人民法院民事审判第一庭法官、法学博士 |
| 编　辑 | 张新宝 | 中国人民大学法学院教授、博士生导师 | | |
| | 姚欢庆 | 中国人民大学法学院讲师、法学博士 | | |
| | 林　嘉 | 中国人民大学法学院教授、法学博士 | | |
| | 孙若军 | 中国人民大学法学院副教授 | | |

## （三）商事审判案例卷

| | | 中国人民大学法学院 | | 最高人民法院 |
|---|---|---|---|---|
| 主　编 | 史际春 | 中国人民大学法学院教授、博士生导 | 奚晓明 | 中华人民共和国最高人民法院民事审判第二庭庭 |

| | | | | |
|---|---|---|---|---|
| | | 师 | | 长、法学博士 |
| **副主编** | 徐孟洲 | 中国人民大学法学院教授、博士生导师 | 蒋志培 | 中华人民共和国最高人民法院民事审判第三庭庭长、法学博士 |
| | 吴宏伟 | 中国人民大学法学院教授、博士生导师 | 俞灵雨 | 中华人民共和国最高人民法院民事审判第四庭庭长 |
| **主编助理** | 李艳芳 | 中国人民大学法学院副教授、法学博士 | 樊　军 | 国家法官学院科研部副主任、副编审 |
| | | | 王　立 | 国家法官学院副教授、法学博士 |
| **编　　辑** | 宋　彪 | 中国人民大学法学院讲师 | | |

## （四）行政审判案例卷

| | | 中国人民大学法学院 | | 最高人民法院 |
|---|---|---|---|---|
| **主　　编** | 韩大元 | 中国人民大学法学院副院长、教授、博士生导师 | 江必新 | 中华人民共和国最高人民法院副院长、国家法官学院兼职教授、法学博士 |
| **副主编** | 胡锦光 | 中国人民大学法学院教授、博士生导师 | 赵大光 | 中华人民共和国最高人民法院行政审判庭副庭长 |
| | | | 金俊银 | 国家法官学院科研部主任、副教授 |
| **主编助理** | 李元起 | 中国人民大学法学院副教授、法学博士 | 赵建华 | 国家法官学院副教授 |
| **编　　辑** | 莫于川 | 中国人民大学法学院教授、博士生导师 | | |
| | 刘玉喆 | 中国人民大学法学院讲师 | | |

## 《中国审判案例要览》通讯编辑

| | |
|---|---|
| 张　灵 | 北京市高级人民法院 |
| 薛　峰 | 北京市高级人民法院 |
| 石登盈 | 天津市高级人民法院 |
| 钱海玲 | 天津市高级人民法院 |
| 麻胜利 | 河北省高级人民法院 |
| 张玉森 | 山西省太原市中级人民法院 |
| 奇牡丹 | 内蒙古自治区高级人民法院 |
| 王正平 | 辽宁省高级人民法院 |
| 马本俊 | 辽宁省辽阳市中级人民法院 |
| 冯彦彬 | 吉林省高级人民法院 |
| 陈兴德 | 黑龙江省高级人民法院 |
| 陈全国 | 上海市高级人民法院 |
| 朱　妙 | 上海市高级人民法院 |
| 刘天兴 | 江苏省高级人民法院 |
| 戚庚生 | 江苏省高级人民法院 |
| 高洪宾 | 浙江省金华市中级人民法院 |
| 张兴苗 | 浙江省绍兴市中级人民法院 |
| 张宏伟 | 浙江省宁波市中级人民法院 |
| 庞　梅 | 安徽省高级人民法院 |
| 李令新 | 安徽省高级人民法院 |
| 李相如 | 福建省高级人民法院 |
| 郑　颖 | 福建省高级人民法院 |
| 杨浙京 | 江西省高级人民法院 |
| 陈雯雯 | 江西省高级人民法院 |
| 姜明川 | 山东省高级人民法院 |
| 阎泉水 | 河南省高级人民法院 |
| 汪家乾 | 湖北省宜昌市中级人民法院 |
| 冷罗生 | 湖南省长沙市中级人民法院 |

| | |
|---|---|
| 张苏秋 | 广东省高级人民法院 |
| 黄咏梅 | 广东省广州市中级人民法院 |
| 曾　艳 | 广西壮族自治区高级人民法院 |
| 张韵声 | 海南省海口市中级人民法院 |
| 王康寒 | 海南省高级人民法院 |
| 杨渠波 | 重庆市高级人民法院 |
| 罗书平 | 四川省高级人民法院 |
| 石佳宏 | 贵州省高级人民法院 |
| 施辉法 | 贵州省贵阳市中级人民法院 |
| 尹德坤 | 云南省高级人民法院 |
| 曹　军 | 云南省昆明市中级人民法院 |
| 王向红 | 云南省昆明市中级人民法院 |
| 赵健民 | 陕西省高级人民法院 |
| 薛建华 | 甘肃省高级人民法院 |
| 杨文忠 | 青海省高级人民法院 |
| 田晓薇 | 宁夏回族自治区高级人民法院 |
| 杨善明 | 新疆维吾尔自治区高级人民法院 |

# 目　　录

## 商事审判案例卷

## 行政审判案例卷

# 商事审判案例卷

# 一、合 同 案 例

## 1. 江苏省泰兴市国家税务局诉三菱汽车（上海）有限公司买卖合同案（质量）

**（一）首部**

1. 判决书字号

一审判决书：上海市浦东新区人民法院（2000）浦经初字第1506号。

二审判决书：上海市第一中级人民法院（2001）沪一中经终字第160号。

2. 案由：买卖合同案。

3. 诉讼双方

原告（上诉人）：江苏泰兴市国家税务局。

法定代表人：艾文浩，局长。

委托代理人：王兴平，该局办事员。

委托代理人：宋国强，江苏泰兴市兴泰律师事务所律师。

被告（被上诉人）：三菱汽车（上海）有限公司。

法定代表人：猪股广臣，董事长。

委托代理人：徐翔元，该公司售后服务部经理。

委托代理人：周志荣，上海市国茂律师事务所律师。

4. 审级：二审。

5. 审判机关和审判组织

一审法院：上海市浦东新区人民法院。

合议庭组成人员：审判长：都云鹏；审判员：陈国芳；人民陪审员：瞿燕萍。

二审法院：上海市第一中级人民法院。

合议庭组成人员：审判长：茹鹏麟；代理审判员：岑佳欣、章立平。

6. 审结时间

一审审结时间：2000年11月2日。

二审审结时间：2001年7月11日。

**（二）一审诉辩主张**

1. 原告诉称：1998年2月16日，原告与被告签订购销合同，约定以51万元的价格向被告购买三菱帕杰罗 V33 越野车一辆。该车随车检验单上注明，该车的质量保证期为12 个月。该车于次日交付原告使用。同年 3 月，原告发现该车发动机处存在质量问题，于是向被告提出质量异议。经交涉、检测后，被告于 1999 年 1 月 12 日更换了发动机总成，并承诺对于新换发动机仍按 12 000 公里或 12 个月标准予以质量保证。此后，该车发动机于 1999 年 12 月 24 日再次发生质量故障而不能使用，原告遂于同年 12 月 27 日向被告提出质量异议，并在多次交涉未果后向法院提起诉讼，要求法院判令被告立即对其出售的不合格汽车进行退换，赔偿原告经济损失 22.37 万元，并承担本案诉讼费用。

2. 被告辩称：在其于 1999 年 1 月 12 日为原告更换新发动机总成后，原告就车辆从未向被告提出任何要求或主张，直至 1999 年 12 月 27 日就发动机故障要求修理，此时原告整车行驶里程为 5 万公里以上（新换发动机出厂时已行驶里程为17 131公里），已明显超出质量保证范围，原告要求退货和索赔显然缺乏事实与法律依据，故请求法院驳回原告的诉讼请求。

**（三）一审事实和证据**

上海市浦东新区人民法院经公开审理查明：1998 年 2 月 16 日，原、被告双方签订购销合同一份，约定原告向被告购买三菱 V33 吉普车一辆，总值 51 万元人民币。1998 年 2 月 17 日，原告依约支付被告车款 51 万元；被告也按约于同日将车交给原告使用，并在办妥海关及商检手续后，将规定的海关货物进口证明书和商检局进口机动车辆随车检验单交付原告（该随车检验单第 10 条规定保证行驶里程12 000公里、质量保证期 12 个月）。同年 3 月，原告在使用中发现该车发动机处存在质量问题，于是向被告提出质量异议。经双方交涉后，被告于 1999 年 1 月 12 日更换了发动机总成，确认新发动机起始行驶里程17 131公里，并承诺对新换发动机仍按12 000公里或 12 个月标准予以质量保证。原告重新使用后，仍发现某些质量问题并于 1999 年 12 月 27 日函告被告，提出质量异议。此时，原告车辆已行驶 5 万多公里，即重新使用后又实际行驶了 3 万多公里。后原告要求被告整车退货并赔偿其有关经济损失，被告认为车辆行驶里程数已达55 139公里，已远远超过12 000公里的质量保证里程。因协商未果，原告遂于 2000 年 4 月 14 日向浦东新区人民法院提起诉讼。

上述事实有下列证据证明：

1.1998 年 2 月 16 日，原、被告双方签订的汽车购销合同。

2.1998 年 2 月 17 日，商检局进口机动车辆随车检验单、海关货物进口证明书、购车发票复印件各一份。

3.1999 年 1 月 12 日处理结果确认报告。

4.1999 年 12 月 27 日起原告与被告的往来函数份。

**（四）一审判案理由**

上海市浦东新区人民法院认为：本案原、被告争议的焦点在于原告在取得被告更换了新发动机的车辆后，行驶了 3 万余公里后在接近 12 个月的期限内向被告提出整车索赔（退车和赔偿损失）之诉请是否在质保期限内。当质保条款同时存在保证行驶里程和质量保证期两个条件时，根据汽车行业的交易习惯和有关部门解释，只要一个条件成立，质保期限即视为超期。再者，本案所涉车辆经更换发动机总成后，在双方签署的“处理结果确认报告”中，被告明确告知原告“新发动机在12 000公里或 12 个月内”负责质保，原告并无异议，现原告提出这是被告“单方的意思表示，其并未认可”，并要求按有利于用户利益作出解释的主张，与现行交易习惯和双方的约定均不符合，其抗辩理由显然不充分。现鉴于原告所购车经更换发动机后又行驶了3万余公里，整车行驶了5万余公里，已远超保证行程规定，也无法鉴定故障是车辆本身质量问题还是使用上的问题，故对原告要求退车返款的要求难以支持。关于原告要求被告赔偿其更换部件等费用的诉请，由于原告是未经被告同意而单方更换，现要求被告承担这部分损失，显然不符合合同约定和交易规范，本院不能支持。但原告购车后第一次处理车辆质量故障所发生的经商检局同意检测的有关检测费用，可以依法要求被告承担。对于原告的其他诉讼请求本院不予支持。

**（五）一审定案结论**

上海市浦东新区人民法院根据《中华人民共和国民事诉讼法》第一百二十八条，《中华人民共和国民法通则》第四条、第五十四条、第一百一十一条，《中华人民共和国合同法》第六十一条之规定，判决如下：

1. 原告要求被告对其出售的不合格汽车进行退换的诉讼请求，不予支持。

2. 被告应在本判决生效之日起10日内支付原告检测费用11 000元。

3. 原告要求被告赔偿其他经济损失的诉讼请求不予支持。

本案案件受理费人民币5 865元，由原告负担5 000元，被告负担865元。

**（六）二审情况**

1. 二审诉辩主张

（1）上诉人诉称：一审判决因对法律条文的错误理解而导致定性错误：首先，一审判决引用的“汽车交易习惯和有关部门解释”内容不明，况且双方对质保条款有明确约定的应从约定，以交易习惯定案属于适用法律不当。其次，质保条款作为三菱公司提供的格式条款，其解释应作出不利于提供格式条款一方的解释，即只要达到其中一项（行驶里程12 000公里或12个月）就应承担质保责任。

（2）被上诉人辩称：在更换发动机前，其已向泰兴国家税务局明确了质量保证期间为售后12个月和行驶里程12 000公里，两条件同时适用。泰兴国家税务局提出索赔时，行驶里程已达3万～4万公里，对此我方仅有保修责任。而泰兴国家税务局起诉时也已超过了12个月的质量保证期，因此，泰兴国家税务局提出的整车退换请求，无法律依据。

2. 二审事实和证据

二审法院确认了一审法院对以上相关事实的认定。

3. 二审判案理由

上海市第一中级人民法院经审理认为：本案双方当事人争议的焦点在于上诉人泰兴国家税务局于1999年12月27日向被上诉人三菱公司提出质量异议时，是否在质量保证期内。从双方当事人的诉辩理由而言，对于更换后的发动机适用“保证行驶里程12 000公里，质量保证期12个月”条款并无异议，争议主要在于对该条款的解释不同，泰兴国家税务局认为其提出质量异议的期间只要符合其中一项，三菱公司就应承担质保责任，而三菱公司认为只要超出其中一项，其就不应承担质保责任。当双方当事人对某一条款的理解产生争议时，交易习惯依法可以用来确定该条款的真实意思，且交易习惯作为某一行业公认并遵守的规则，能够较为准确地反映其含义，因此，一审判决根据汽车行业交易习惯确定该条款的具体含义，依法有据。上诉人混淆了法律适用与条款解释之间的关系，故其称一审判决以交易习惯定案属于适用法律不当的理由不能成立。另一方面，由于该质保条款并非合同约定的条款，而系由国家商检局规定于进口机动车辆检验单中，因此，上诉人将此作为三菱公司提供的格式条款，并认为依法应作出不利于三菱公司的解释之理由亦不能成立。

4．二审定案结论

上海市第一中级人民法院根据《中华人民共和国民事诉讼法》第一百五十三条第一款第（一）项，作出如下判决：

驳回上诉，维持原判。

本案上诉受理费 5 865 元，由上诉人负担。

**（七）解说**

本案争议的焦点在于对“新发动机在 12 000 公里或 12 个月内”的质保约定作何解释。因为该条规定了质量保证的里程与期限两种标准，解决争议的关键就在于认定对作为销售商的被告的质保义务标准作何种解释，是应该对上述两种标准并行适用还是选择适用，即应该认定被告有义务同时满足这两种标准，还是认定它只须满足其中之一即使其质保义务宣告解除。不同的解释显然会导致不同的结果。本案中原告在更换新发动机后车辆行驶的里程数超过了 3 万公里，但其行驶的时间尚未超过规定的 12 个月时限，若依前种解释，则被告尚对原告负有质保义务；若依后种解释，则被告的质保义务已告解除。

争议的产生起因于合同双方在合同文本中使用的措辞含义不明，模棱两可，以致双方各持一端，相持不下。对于在约定不明的情况下如何履行合同，《合同法》第六十一条有相应的规定：“合同生效后，当事人就质量、价款或者报酬、履行地点等内容没有约定或约定不明确的，可以协议补充；不能达成补充协议的，按照合同有关条款或者交易习惯确定。”这就是说，也当事人约定不明的时候，可以推定适用交易习惯来确定合同的履行方式。

当事人在订立合同的时候，可能因为各种主、客观原因导致其所订合同的文字或条款的含义发生歧义，使合同存在漏洞或含混之处，进而致当事人的权利、义务不能明确。此时，法院应该通过对合同作出合理的解释，来探求合同条款的真实意思，使各当事人的权利、义务明确化，并考虑各方当事人利益的平衡。而在习惯或惯例存在的情况下，按照习惯或惯例使合同漏洞或含混之处加以补充或澄清无疑是一种经济而合理的方法。

习惯或惯例是人们在长期反复实践的基础上形成的，在某一地域、某一行业或某一类经济流转关系中普遍采用的做法、方法或规则，能被广大的合同当事人认知、接受和遵从。在这些习惯或惯例与国家的现行法律、法规不相抵触的前提下，在合同解释时参照一定的习惯或惯例，不仅符合当事人的利益和愿望，而且符合社会正义的法律要求。具体来说，在合同文义不明时考虑适用交易习惯主要基于以下理由：

1．交易习惯可能最符合当事人订约时的合理预期。当事人订立合同，都是为了实现一定的目的，预期达到一定的效果，如果合同按照这种预期得到切实的履行，则合同各当事人均有可能从中获益，即使在其他人看来对某一方似有不利，因为是每一当事人都应被理解为是追求自身最大利益的经济人，是其本人而不是其他人最清楚其自身利益所在。合同条款是各当事人在经利弊权衡和实力较量之后达成的一种妥协和折中的外在体现，它反映了各当事方的协调意志，而这种协调意志则反映了当事人指望通过合同的履行能得到什么的一种合理预期。保证当事人合理预期的实现，是维护正常社会秩序、促进交易开展及保障社会福利增进的重要手段，也是法律的一项重要的社会任务。但有时候，由于当事人的疏忽大意或者因为在某些问题上达不成协议而有意回避，可能导致合同条款表述不明或者存在漏洞的情形，而此时从合同本身往往不能明确地反映出这种预期，但这并不表明当事人在订立合同时不存在任何预期。在这种情况下，通过对合同作公平合理的解释来探究合同模糊条款背后的当事人的合理预期很有必要了。在合同规定不明而通行的交易习惯存在的时候，如果有理由认为当事人在订立合同时对于该习惯有相当的认知和了解，那么，因他们是在这种习惯存在的背景下进行缔约活动，所以，应该认为他们在订约当时已经在一定程度上将该客观存在的交易习惯考虑在内。毕竟有时候，当事人可能会觉得因为有特定的交易习惯存在，就没有必要再在合同中作过于明确的规定。而在有些场合当事人则可能有意回避在合同中作明确的意思表示，此时交易习惯甚至可以理解为经当事人默认的一种妥协方案，因为他们的任何一方都不能在讨价还价方面能争得比这种潜在方案更为有利的条件。所以，在合同文义不明并引发纠纷时依交易习惯对合同进行解释是顺理成章的。

本案的原告是国家机关单位，而并非一般意义上的消费者，它对“汽车购销交易中在质保条款规定两种标准时通常应作选择适用”这一交易习惯的存在明显具有相当的认知能力，所以，认为它了解该交易习惯并进而依该习惯来确认其合同权利是不无道理的。

2．兼顾公平和效率的交易习惯乃是解释合同的合法依据。《合同法》第一百二十五条对交易习惯在合同解释中的作用也给予了确认。根据该条的规定，当事人对合同条款的理解有争议的，应当按照合同所使用的词句、合同的有关条款、合同的目的、交易习惯以及诚实信用原则，确定该条款的真实意思。交易习惯的产生主要是出于提高交易效率的需要。习惯依其范围可以分为一般习惯（通行于全国或全行业的习惯）、特殊习惯（地域习惯或特殊群体习惯）和当事人之间的习惯，这些习惯往往来源于在一定范围内一定的交易对象在特定的主客观条件制约下经过多次的重复交易而积累下来的成功经验，并在此基础上形成的相对确定的有效做法。在相同或类似的条件下，这种经验或做法的采用可以减少合同当事人就合同条款进行个别磋商需要付出的交易成本，从而提高了交易的效率。但是，这种对效率的追求应当受到公平原则的制约，也就是说，习惯和惯例必须合法，如果习惯或惯例本身与现行法律、法规的强行性规范相抵触，则其应被确认为无效。相反，一些与现行法律、法规等规范性文件不相抵触的习惯和惯例因为其对公平与效率的集中体现，不仅可以得到国家的认可，还常常成为民事法律的渊源。对本案中质保条款效力的认定，也应以是否符合公平原则为准。

首先，该质保条款系国家商检局在机动车辆检验单中的规定，其本身并不存在违反国家法律或行政法规的问题。且被告曾明确告知原告“在12 000公里或12个月内”对新发动机负责质保，原告也以签字的方式对此予以确认。故该质保条款并非被告单方提供的格式条款，因而原告主张的应就该条款作对其有利解释一说不能成立。

其次，就本案中质保条款本身的内容而言，将质保的两种标准作选择适用无疑更符合公平原则。质量保证是要求销售商就其商品的质量为用户提供一种合理的保障，其初衷是要对用户就其购入商品享有的合法权益给予合理保护。但如果把行驶里程和质量保证期两种标准并行适用的话，则这种对用户的保护可能会超过合理的限度，客观上会产生鼓励汽车用户恶意地利用该质保条款，因为这实际上可能诱导用户在规定的质保时限内超负荷地使用车辆，以尽可能地扩大质保条款为其提供的保护，从而引起对资源的无谓浪费。如果由于用户的这种超负荷的不合理使用而导致车辆质量问题，显然责任不应当由销售商来承担，否则明显会导致不公。本案的原告在更换发动机总成以后，在不到12个月的时间内，已实际行驶了三万多公里，远远超过了质保条款规定的质保里程数。在这种情况下，如果还认为销售商有质保义务显然于理不合，有失公平。

（都云鹏　谢可训）

## 2. 独山子炼油化工建设（集团）有限公司诉上海电力环保设备总厂有限责任公司购销合同案（质量纠纷）

（一）首部

1. 判决书字号

一审判决书：新疆维吾尔自治区克拉玛依市中级人民法院（2000）克中经初字第7号。

二审判决书：新疆维吾尔自治区高级人民法院（2000）新经终字第75号。

2. 案由：购销合同质量案。

3. 诉讼双方

原告（上诉人）：独山子炼油化工建设（集团）有限公司。

法定代表人：王亚军，董事长。

委托代理人（一、二审）：赵军，该公司安装二公司经理。

委托代理人（一、二审）：康建长，新疆天圆律师事务所律师。

被告（上诉人）：上海电力环保设备总厂有限责任公司（原名为上海电力环保设备总厂）。

法定代表人：虞凭，董事长。

委托代理人（一、二审）：竺建平，上海市绍平律师事务所律师。

委托代理人（一、二审）：左怀章，系该公司总工程师办公室主任。

委托代理人（二审）：沈瑜，该公司总工程师。

4. 审级：二审。

5. 审判机关和审判组织

一审法院：新疆维吾尔自治区克拉玛依市中级人民法院。

合议庭组成人员：审判长：姜选民；审判员：薛松韬、戴淀。

二审法院：新疆维吾尔自治区高级人民法院。

合议庭组成人员：审判长：李引泉；审判员：孙本红；代理审判员：彭英琪。

6. 审结时间

一审审结时间：2001 年 2 月 13 日。

二审审结时间：2001 年 6 月 20 日。

**（二）一审诉辩主张**

1. 原告诉称：1999 年 5 月 14 日，原告与上海电力环保设备总厂签订了一份 400 吨液压全挂车购销合同。约定原告购买上海电力环保设备总厂生产的 QGZH490 型 400 吨液压全挂车一辆，货款总额为 180 万元。合同签订后，原告依照约定支付货款 162 万元，其余 18 万元作为质量保证金。交货后，原告在生产方的指导下用该车起运货物，但在运输途中发生事故。经新疆维吾尔自治区汽车产品质量监督检验站鉴定，该车制动性能、焊接质量不合格且系拼装车。经石河子市交通事故技术鉴定中心鉴定，该车整车制动协调时间不合格、综合制动性能不合格。此后，原告与上海电力环保设备总厂多次协商处理未能达成协议。原告遂诉至法院，要求退还车辆，由被告返还货款 162 万元、运费 7 800 元；赔偿原告经济损失 2 465 585.34 元（其中将损坏的车辆运走及将货物重新吊装所发生的租用吊车的费用为 814 989.54 元；将货物运至目的地所发生的运输费为 897 800 元；牵引车购车款 290 000 元、购车差旅费及技术人员差旅费 25 707.90 元、劳务费 7 200 元、修理费 9 263 元；交警部门事故罚款 10 万元；两次鉴定费用 24 950 元；处理事故过程中人员工资 35 842.50 元；购车时差旅费 23 464.40 元、租车费 3 968 元；可得利润 20 万元；车辆探伤检测费 32 400 元），并支付利息及滞纳金 441 977.34 元。

2. 被告辩称：原告独山子炼油化工建设（集团）有限公司与被告在购车合同中约定的技术条件为被告的企业标准，从石河子市交通事故技术鉴定中心（2000）石公交鉴 SGJJ 字 01652 号技术鉴定的检验结果来看，该车的制动系统完全符合合同约定的技术条件，其对该中心测得的技术数据没有异议；其对新疆维吾尔自治区汽车产品质量监督检验站（1999）新汽质检（XGJ）字第（02—14G）号检验报告中该挂车存在焊接质量问题的结论也无异议。但公安部交通科学研究所给该厂的公交研（2000）20 号复函明确指出该车的外廓尺寸、比功率、制动协调时间不适用 GB7258—1997 的规定，因此，上述技术鉴定书和检验报告中的该车制动协调时间不符合国家强制性标准的结论是错误的；石河子市交通事故技术鉴定中心（2001）石公交鉴 SGJJ 字 01999 号鉴定结论未能充分考虑可能造成该起交通事故的其他因素，如其他两辆牵引车的行驶情况、主牵引车的动力系统及制动传送系统的状况、主牵引车有无违章事实以及原告有无承担大件运输的资格及技术等；从事故现场的情况来看，牵引车刹车痕迹反映其位移在 9.2 米以上，根据牵引车和挂车的运行速度，牵引车的位移应当不超过 2 米，因此，石河子市交通事故技术鉴定中心作出该起事故的主要原因是由于挂车制动协调时间过长的结论也是错误的。综上所述，被告认为原告诉讼请求的事实基础即事故原因证据不足，请求本院依法驳回原告独山子炼油化工建设（集团）有限公司的诉讼请求。

**（三）一审事实和证据**

克拉玛依市中级人民法院经审理查明：1999 年 5 月 14 日，原告独山子炼油化工建设（集团）有限公司与原上海电力环保设备总厂签订了工矿产品购销合同一份。合同约定原告独山子炼油化工建设（集团）有限公司购买上海电力环保设备总厂生产的 QGZH490 型 400 吨液压全挂车一辆，货款总额为 180 万元，分期付款；交货地点为奎屯站，供方送货；车辆适用的技术标准为上海电力环保设备总厂的企业标准 Q/FAAS01—1997。合同签订后，原告依照约定支付货款162万元，其余18万元作为质量保证金。合同履行后，上海电力环保设备总厂向原告交付了SS905000YZHC型400吨液压全挂车（由三辆单元车组合而成）一辆，但当时未交付该挂车的合格证。原告独山子炼油化工建设（集团）有限公司于1999年11月11日使用该车运输克拉玛依石油化工厂环烷基10万吨/年高压加氢装置反应器，但在运输途中发生事故。经原告独山子炼油化工建设（集团）有限公司委托，新疆维吾尔自治区汽车产品质量监督检验站认定该车制动性能、焊接质量不合格且系拼装车；石河子市交通事故技术鉴定中心认定该车整车制动协调时间不合格、综合制动性能不合格。此后，原告与上海电力环保设备总厂多次协商处理未能达成协议。原告独山子炼油化工建设（集团）有限公司诉至本院后，本院就该车适用的质量标准向有关主管部门进行了咨询。公安部以公交管（2000）86号复函答复：该车外廓尺寸、最高车速等技术参数不在GB7258—1997规定的范围之内，因此对该车的技术检验不适用该标准；国家机械工业局（2000）机管汽字第128号复函也认为该车不适用GB7258—1997，出现质量纠纷，应以用户与生产者签订的合同所规定采用的有关标准和质量指标或产品说明中规定的质量指标为准。本院遂委托石河子市交通事故技术鉴定中心就该起事故的肇事原因进行技术分析。该中心鉴定认为，该起事故的原因系由于挂车制动协调时间过长，造成在肇事路段采取制动措施时，牵引车开始制动，而挂车由于制动滞后继续前行，将牵引车推至道路西侧，挂车右前轮卡入牵引车右侧中轮和后轮之间，整车被迫停在道路西侧路边，挂车向左侧倾斜，所载设备滚落于路基下。2000年3月6日，本院第一次开庭时，被告上海电力环保设备总厂有限责任公司当庭提交了该挂车的三个单元车的合格证，但未提交整车合格证。

另查明：原告独山子炼油化工建设（集团）有限公司为接收该车，支出从奎屯至独山子的短途运费7 800元；事故发生后，为将损坏的车辆运走及将货物重新吊装支出租用吊车费用814 989.54元；为将货物从事故地点运至目的地，原告与济南大型汽车运输总公司重新签订了运输合同，发生的运输费为89万元，并依照合同支付济南方两名工作人员往返机票费用7 800元；原告为购买苏联产“巴兹”货车作为该挂车的牵引车支付购车款29万元、支出购车差旅费及技术人员差旅费25 707.90元、使用过程中支付劳务费7 200元、修理费9 263元；1999年12月1日，原告向独山子公路段支付超限运输费10万元；原告委托新疆维吾尔自治区汽车产品质量监督检验站和石河子市交通事故技术鉴定中心进行技术鉴定分别支付鉴定费用20 450元和4 500元；处理事故过程中支出人员工资35 842.50元（其中8 100元为外用工作人员工资）；原告在购买被告挂车时支出差旅费23 464.40元、租车费3 968元；原告为检验挂车的焊接质量状况支付车辆探伤检测费32 400元。

还查明：1999年12月，原上海电力环保设备总厂生产的SS905000YZHC型400吨组合式液压全挂车被录入《1999年全国汽车、民用改装车和摩托车生产企业及产品目录》；原上海水工机械厂发布的企业标准（Q/FAAS01—1997）规定液压挂车汽车列车制动系统协调时间不得大于1.3秒，石河子市交通事故技术鉴定中心测得的发生事故的该SS905000YZHC型400吨组合式液压全挂车制动协调时间最大值为1.235秒（未包括已损坏的第十六轴的数据）。另外，原上海电力环保设备总厂前身为上海水工机械厂，该厂于2000年3月改制并更名为上海电力环保设备总厂有限责任公司。

上述事实有下列证据证明：

1. 原、被告签订的工矿产品购销合同及其附件与原告先后三次付款的凭证。

2. 石河子市交通事故技术鉴定中心 2000 年 1 月 12 日的（2000）石公交鉴 SGJJ 字 01652 号科学技术鉴定书。

3. 2000 年 12 月 29 日（2001）石公交鉴 SGJJ 字 01999 号科学技术鉴定书。

4. 公安部公交管（2000）86 号及国家机械工业管理局（2000）机管汽字第 128 号复函。

5. 国家机械工业管理局行业管理局及公安部交通管理局机管（2000）011 号文件，证实被告生产的 SS905000YZHC 型 400 吨组合式液压全挂车于 1999 年 12 月录入《1999 年全国汽车、民用改装车和摩托车生产企业及产品目录》。

6. 原上海市水工机械厂发布的组合式液压挂车企业标准。

7. 被告的企业登记档案材料。

8. 原告提供的单据。

**（四）一审判案理由**

克拉玛依市中级人民法院经审理认为：本案双方当事人签订的车辆购销合同意思表示真实，虽然该挂车在签订合同及交货时尚未录入《全国汽车、民用改装车和摩托车生产企业及产品目录》，但已经在申请过程中，该挂车已被批准试生产，故该合同不宜认定为无效合同。被告提供的挂车能够保证安全运行应当视为合同的隐含约定，被告理应按此合同约定向原告提供符合双方约定的技术条件及安全运行标准的车辆。被告实际供货所提供的车辆虽然符合双方约定的被告的企业标准，但在实际使用过程中未能保证车辆的安全运行，且其原因是因该车自身存在的制动协调时间过长的缺陷所造成，故被告应承担全部法律责任。被告辩称该车肇事不能排除存在其他因素，石河子市交通事故鉴定中心的技术鉴定对牵引车的运行状态未进行全面检验，故该鉴定结论不能作为本案的定性依据，不应由其承担赔偿责任的意见，并无充分证据予以证实，且事故的处理机关克拉玛依市独山子区九公里交警大队认定该起事故不构成交通肇事的事实实际已经排除了该起事故存在其他人为的肇事原因，故其此辩解意见本院不予支持。原告要求退还车辆，返还货款 162 万元及赔偿原告购车费用 35 232.40 元的诉讼请求，本院予以支持。原告为处理该起事故所支出的租用吊车费用 814 989.54 元及人员工资 35 842.50 元，属于原告的直接损失，被告理应予以全额赔偿。原告为重新起运该设备而给济南大型汽车运输总公司支付的运输费用 897 800元，也属于该起事故给原告造成的直接经济损失，虽然该费用中包括原告自己运输该设备也要支出的合理成本，但原告也因该事故丧失了自行承运该设备可能取得的相应的利润，且从济南调运运输车辆需支付较大的调遣车辆成本，这部分费用原告本亦可免于支付，故由被告全额承担该笔费用并无不当，原告的此一诉讼请求本院也予以支持。原告购买的牵引车并未因该起事故而损坏并造成价值损失，故原告为此支出的相关费用，不能作为该起事故给原告造成的经济损失要求被告予以赔偿，原告只能就挂车损坏致使该牵引车闲置的相应损失另行要求赔偿，故原告的此诉讼请求本院不予支持。独山子公路段因为该起事故而向原告以超限运输费名义收取 10 万元罚款，该笔罚款原告也已实际缴纳，故原告的此诉讼请求本院予以支持。原告为克拉玛依市独山子区九公里交警大队垫付的事故鉴定费用 4 500 元应当由车辆生产单位即被告予以承担；该车经探伤检测后证实在焊接质量上存在瑕疵，故该笔探伤检测费用32 400元也应由被告负担，原告的此两项诉讼请求本院也予以支持。原告向新疆维吾尔自治区汽车产品质量监督检验站交纳的20 450元鉴定费虽然是原告单方委托支出的费用，但该检验报告中对焊接质量问题的认定正确，故原告要求被告承担该笔费用的诉讼请求本院予以部分支持，被告应承担该鉴定费用的50%，即10 225元。原告要求被告赔偿可得利润20万元的诉讼请求，因本院在处理前款损失时已予以综合考虑，故不应再予以支持。原告支出的上述货款及损失费用，均已于2000年1月以前支出完毕，故原告要求以上损失的相应利息及滞纳金，本院认为应当从2000年1月1日起按每日万分之二点一计付至2001年2月13日，基数为购车费用1 655 232.40元与经济损失1 895 757.04元之和。

**（五）一审定案结论**

新疆维吾尔自治区克拉玛依市中级人民法院根据《中华人民共和国合同法》第一百一十一条、第一百一十二条，《中华人民共和国产品质量法》第十四条第一款、第二款第（二）项、第二十八条第一款第（一）项、第二十九条第一款的规定，判决如下：

1. 原告独山子炼油化工建设（集团）有限公司向被告上海电力环保设备总厂有限公司返还其购买的SS905000YZHC型400吨液压全挂车一台（无须修复，运费由被告自负）。

2. 被告上海电力环保设备总厂有限公司向原告独山子炼油化工建设（集团）有限公司返还购车款162万元，赔偿直接经济损失1 930 989.44元（含购车费用35 232.40元）、其他经济损失（利息损失）300 520.24元。

3. 驳回原告独山子炼油化工建设（集团）有限公司的其他诉讼请求。

本案案件受理费32 686.81元、诉讼保全费18 439.64元，其他诉讼费用（技术鉴定费用）2 500元，被告上海电力环保设备总厂有限公司负担案件受理费27 758.21元，全额诉讼保全费和其他诉讼费；原告独山子炼油化工建设（集团）有限公司负担案件受理费4 928.60元。

**（六）二审情况**

1. 二审诉辩主张

（1）独山子炼油化工建设（集团）有限公司上诉称：首先，一审已认定全挂车质量不合格，予以返还，作为为全挂车服务的牵引车已无使用价值，故该牵引车及相关费用应当一并予以赔偿。其次，鉴定结论是本案定性的主要依据，并被一审判决所采用，其费用理应由败诉方承担；原判由我方承担50%，无法律依据。

上海电力环保设备总厂有限公司辩称：第一，一审法院认为牵引车无损失，不应赔偿是正确的；第二，鉴定费是独山子炼油化工建设（集团）有限公司自己取证所发生的费用，不是法定鉴定费，不应赔偿。

（2）上海电力环保设备总厂有限责任公司上诉称：第一，一审法院采信的鉴定中心出具的（2000）石公交鉴SGJJ字01999号鉴定书，在程序和法律适用上有误。首先，鉴定中心未派员参加庭审质证。其次，鉴定结论矛盾。鉴定书一方面认同公安部、国家机械工业局给一审法院的复函，即不采用国家标准，而应适用合同约定的企业标准；另一方面对符合合同约定的企业标准的全挂车又认为制动协调时间过长，推定该参数是不安全的。第二，本案事故与全挂车质量无关，故续运工件费、超限运输费不应列入赔偿范围，鉴定费用只能列入一次。

独山子炼油化工建设（集团）有限公司辩称：第一，鉴定中心出具的鉴定，已在一审开庭时当庭质证，上海环保设备总厂有限公司认为不能作为证据使用的理由不能成立；第二，上海环保公司对退车无异议，说明已承认质量有问题。由于全挂车质量不合格，造成的损失理应由其承担赔偿责任。

2.二审事实和证据

新疆维吾尔自治区高级人民法院经审理后查明：第一，两上诉人于1999年3月9日达成的“400吨液压全挂车技术协议”中约定：“（九）全挂车具有牵引车司机控制的行车制动、全挂车制动功能，还具有手动转向时由挂车操作的手制动和意外脱钩时自动紧急制动功能……（十五）在需方第一次进行大件运输时，供方派人到现场协助，指导挂车的使用。（十六）及时向需方提供按合同规定的全部产品说明书和合格证。”第二，1999年12月1日，汽车质检站受独山子炼油化工建设（集团）有限公司的委托，针对SS905000YZHC型400吨液压全挂车，作出（1999）新汽质检（XQJ）字第（02—14G）号检验报告，其中载明：（1）该车为车长28 780mm的汽车列车，以车架梁作为贮气筒，仅通过主发动机进行充气，充气时间和充气量难以满足要求，应配备空气压缩机随时进行辅助充气，但该车并未配备，且使用说明书中也未指出。受检车无专门的驻车制动系统。结论为制动性能不合格。（2）经检验，左侧横梁及纵梁上部板厚20mm，下部板厚25mm，中纵梁板厚40mm，焊接均采用Ⅰ型坡口，断裂处焊接情况基本相同，未焊透尺寸超过国家标准，结论为焊接质量不合格。（3）经查SS905000YZHC型400吨液压全挂车未上《汽车产品目录（补充第二期）》（注：已于1999年12月30日上《汽车产品目录（补充第三期）》），无产品合格证及法定专业检验机构出具的检验报告。结论为受检车不是国家正规产品，系拼装车。第三，国家工商总局与中国汽车工业联合会于1987年9月9日下发的《关于加强拼装汽车管理的通知》中指出：凡属《汽车产品目录》以外的汽车产品都必须经过中国汽车工业联合会质量监督检验中心检验合格，持有中国汽车工业联合会开具的证明，交通管理部门才能为用户办理核发牌照的手续，方准予销售。第四，鉴定中心受克拉玛依市中级人民法院委托，于2000年10月29日作出的（2000）石公交鉴SGJJ字01999号科学技术鉴定书中载明：“（3）该挂车制动力合格，制动协调时间较长达1.235秒。（4）上海市企业标准Q/FAAS01—1997《组合式液压全挂车》中规定：液压挂车汽车列车制动系统协调时间不得大于1.3秒，制动力建立时间滞后于牵引车不大于0.5秒，远大于GB7258—1997中规定的制动协调时间不大于0.8秒的要求。”由于该挂车重量较大，运行速度较慢，比功率较小，公安部和国家机械工业局复函称该车不适用GB7258—1997是正确的。但不适用并不是所有技术指标都可以下降，必须在保证安全运行的条件下，具体情况具体对待。鉴定结论为：该起事故的原因是由于SS905000YZHC型400吨液压全挂车制动协调时间过长，造成在肇事路段采取制动措施时，牵引车开始制动，而全挂车由于制动滞后继续前行，将牵引车推至道路西侧所造成。第五，上海环保设备总厂有限公司于1997年10月制作的SS900000型液压全挂车通用部分产品说明书中关于空气制动系统部分载明：挂车自行紧急制动，当充气管路突然损坏或主挂车脱钩时，则紧急活塞在其下部平衡弹簧及储气筒气压下上移至始位，此时储气筒内压缩气进入制动气室，实现挂车断气自行紧急制动。第六，中国汽车工程学会专用车分会、中国汽车工业协会专用车分会于

2001年3月15日给上海环保公司复函（以下简称汽车协会复函）称：“（1）汽车列车状态运输时牵引车气源向挂车供气能力（气泵排量、压力、输气管路、管径）是影响挂车持续制动有效的关键，特别是频繁使用制动的情况下。（2）从交通事故图上看，牵引车制动力左右不同步、不平衡，造成列车制动开始时，即牵引车发生制动（有一侧开始制动，另一侧未开始制动），由于此瞬间挂车惯性顶推牵引车，造成牵引车行驶偏头现象，直至将牵引车同挂车折叠，若此时驾驶员经验丰富则可经点刹调整牵引车方向，避免折叠。折叠现象还有可能是由于牵引车主制动系出现故障（气管爆断或其他原因）造成牵引车弹簧紧急制动状态而被挂车惯性顶推所造成。（3）制动协调时间1.3秒范围内是否正常没有参考比较可否。400吨全挂车属于企业标准，此标准已向上海市技术监督局备案，为合法有效标准。”第七，上海环保公司对鉴定部门检测所得出的数据无异议，但不同意推论得出的结论。

上述事实有一审法院确认的证据证实。

3．二审判案理由

新疆维吾尔自治区高级人民法院经审理认为：上海环保设备总厂有限公司交付给独山子炼油化工（集团）公司的SS905000YZHC型400吨液压全挂车，经鉴定该全挂车的焊接质量不符合国家的标准，为不合格产品。且上海环保设备总厂有限公司对当时未上《汽车产品目录》的全挂车进行销售时，未经中国汽车工业联合会质量监督检验中心检验，违反了国家工商局与中国汽车工业联合会的规定。国家标准是由国家主管机关颁布的所有生产企业必须遵守的硬性标准，具有不可变更的性质；而企业标准是企业内部自行制定的标准，在未经国家主管机关确认前具有随意性。虽然全挂车的制动协调时间符合双方当事人合同约定的企业标准，但是最终不能降低国家对汽车安全性能的要求。上海环保设备总厂有限公司交付的全挂车，按其企业标准的规定，应当具备自动制动功能，即在牵引车与全挂车完全脱钩的情况下，亦能自动制动。因此，全挂车在发生事故时，自始未制动（牵引车有刹车轨迹，而全挂车没有）的结果，反证了牵引车在事故发生时与全挂车刹车部分的联结是良好的。根据汽车产品质检站的检验结果和汽车协会的复函精神，可以看出，汽车列车在运输状态时，牵引车气源向全挂车供气，会受到气泵排量、压力、输气管路、管径的影响，以及全挂车运行在下坡时连续点刹车，频繁制动的情况下，会造成储气筒气压下降，由于全挂车在设计上无辅助气泵供气，在刹车压力不足时，必然导致发生事故。上海环保设备总厂有限公司对自己所生产的全挂车的技术性能，应当有全面的了解，全挂车在刹车频繁时充气不足，应当知晓，且其在运输过程中亦依合同派出两位工作人员参与工作，但并未及时采取手动制动措施，加上制动协调时间过长，致使全挂车在使用过程中发生严重事故。鉴定结论源于检测的结果，从技术角度讲，已知数据应当得出客观公正的结论。上海环保设备总厂有限公司认可检测所得出的数据，而不同意鉴定结论的意见，本院无法支持，故应当承担赔偿责任。但是，独山子炼油化工建设（集团）有限公司在明知收到的是无合格证的全挂车的情况下，仍用于运输，亦应当在该起事故中承担相应的责任。故原判决对上海环保设备总厂有限公司应对该事故承担全部法律责任的认定欠妥，本院予以纠正。独山子炼油化工建设（集团）有限公司为全挂车配套而自行购买牵引车，及支付差旅费、维修费的行为与本案质量纠纷无直接的因果关系，该牵引车亦未因本次事故造成价值损失，故原审法院认定并无不妥，其该项上诉请求本院不予支持。事故发生后独山子炼油化工建设（集团）有限公司除积极与上海环保公司联系善后事宜外，其委托汽车产品质检站进行检验的行为，是分清本次事故原因的积极的作为行为，实施该行为而支出的鉴定费用，完全是由于上海环保公司交付不合格的全挂车而造成的损失，因此，该鉴定费用理应由上海环保设备总厂有限公司负担。独山子炼油化工建设（集团）有限公司的该项上诉请求理由成立，本院予以支持。超限运输费是公路管理部门针对本次事故造成路面损坏，而中断道路通行所作出的处罚，与全挂车事故有着直接的因果关系，原判决由上海环保设备总厂有限公司承担赔偿责任并无不妥，上海环保设备总厂有限公司的该项上诉请求，本院不予支持。由于全挂车产生质量问题，造成由独山子炼油化工建设（集团）有限公司另租车将工件运至工地而发生租车费用。因业主在未试车生产前，该工件是否造成损坏，尚不可知，业主并未给付独山子炼油化工建设（集团）有限公司运输费用。独山子炼油化工建设（集团）有限公司本应收取运输费用，但由于全挂车发生事故反而支付运输费用，实际上是给其造成了直接经济损失。事故是由于全挂车质量问题所造成的，故续运工件的运输费理应由上海环保设备总厂有限公司负担。原判决认定正确，本院予以维持。

4. 二审定案结论

新疆维吾尔自治区高级人民法院根据《中华人民共和国民事诉讼法》第一百五十三条第一款第（三）项的规定，判决如下：

(1)维持克拉玛依市中级人民法院(2000)克中经初字第 7 号民事判决第一项，即独山子炼油化工建设(集团)有限公司返还其购买的上海环保设备总厂有限公司的 SS905000YZHC 型 400 吨液压全挂车一辆(无须修复，运费由上海环保设备总厂有限公司负担)；

(2)撤销克拉玛依市中级人民法院(2000)克中法经初字第 7 号民事判决第二项、第三项；

(3) 上海环保设备总厂有限公司返还独山子炼油化工建设（集团）有限公司购车款 162 万元；

(4)上海环保设备总厂有限公司赔偿独山子炼油化工建设(集团)有限公司经济损失 2 241 734.68元的 90%，即2 017 561.21元，其余损失由独山子炼油化工建设(集团)有限公司自行负担；

(5) 驳回独山子炼油化工建设（集团）有限公司的其他诉讼请求。

二审案件受理费 32 686.81 元（双方均已预交），由独山子炼油化工建设（集团）有限公司负担 10%，即 3 268.68 元；由上海环保设备总厂有限公司负担 90%，即29 418.13 元。一审诉讼费照此比例负担。

**（七）解说**

本案一、二审法院所确认的事实和证据以及阐述的判案理由表明，被告上海环保设备总厂有限公司出售给独山子炼油化工建设（集团）有限公司的 400 吨液压全挂车，其质量符合双方约定的企业标准，但不符合国家标准；原告在使用该车中发生事故，是由于质量问题所致。由此引发了一个问题：原告能否以被告生产、销售的产品液压全挂车的质量有问题为由而要求赔偿损失，而被告能否以其出售给原告的自产的液压全挂车符合双方约定的质量标准而抗辩不予赔偿？

这里首先需要明确的一个问题是，双方当事人能否就本案的合同标的的质量标准作出约定？其约定的效力如何？我们认为，虽然根据《中华人民共和国合同法》第十二条第（四）项的规定，合同标的的质量是合同的主要条款，双方当事人可以就合同的标的的质量作出约定，但这种约定应当受到《合同法》第七条规定的社会主义法制原则的限制。在实际经济生活中，有的生产者、销售者、经营者订立合同，其合同的标的在使用、消费中关系到人们的生命、健康和财产的安全，其约定标的质量本应执行国家标准或行业标准，但他们为降低成本和价格，获得更多的利润，不执行国家标准或行业标准，而自行约定一个质量标准。本案中的合同标的是汽车，而汽车是高速运输的工具，在使用中对人们的生命、财产构成威胁。因此，国家对汽车产品的质量的标准有硬性、明确的规定，绝不容许生产者降低汽车生产的质量标准。本案被告上海环保设备总厂有限公司与原告独山子炼油化工建设（集团）有限公司签订购销液压全挂车合同，本应将国家标准约定为合同标的质量标准，但他们却将“企业标准”约定为合同标的质量标准。可见，双方当事人的这种关于产品质量标准的约定，违反了国家关于对汽车产品质量标准的规定，其约定的效力法律不应认可。

原告在使用被告出售的液压全挂车中发生事故，造成经济损失，是由于该车质量不合格所致；而该车的质量是双方约定的，符合合同约定的标准。这样被告与原告对损失的发生都有过错，对该损失不应由被告完全承担，原告也应承担一定的责任。

综上分析，被告出售给原告的液压全挂车，不符合国家质量的标准，一审法院判令被告承担因此给原告造成的经济损失的赔偿责任是正确的；二审法院考虑原告对损失的发生也有过错，确定其承担相应的责任，符合本案的实际情况和法律的规定，体现了公正。

（杨善明）

## 3. 琼山海隆经济发展有限公司诉海南省鹿场委托经销合同案（返还押金）

**（一）首部**

1. 判决书字号

一审判决书：海南省琼山市人民法院（2001）琼山经初字第3号。

二审判决书：海南省海南中级人民法院（2001）海南经终字第55号。

2. 案由：返还押金案。

3. 诉讼双方

原告（上诉人）：琼山海隆经济发展有限公司（以下简称海隆公司）。

法定代表人：黄文彪，经理。

委托代理人：马琼飞，海南大华园律师事务所律师。

被告（被上诉人）：海南省鹿场（以下简称省鹿场）。

法定代表人：吴力民，场长。

委托代理人：孙德光，副场长。

委托代理人：陈超，海南海特律师事务所律师。

4. 审级：二审。

5. 审判机关和审判组织

一审法院：海南省琼山市人民法院。

合议庭组成人员：审判长：王士金；审判员：黄张圣、苏敏。

二审法院：海南省海南中级人民法院。

合议庭组成人员：审判长：彭健生；代理审判员：罗葵、谭永强。

6. 审结时间

一审审结时间：2001 年 3 月 26 日。

二审审结时间：2001 年 6 月 27 日。

**（二）一审诉辩主张**

1. 原告诉称：1999 年 10 月 11 日，原、被告双方签订“委托经销一指牌鹿鞭酒协议书”，约定原告为被告生产的一指牌鹿鞭酒在北京市内的指定经销代理商，被告保证其生产的鹿鞭酒质量符合国家食用卫生标准，并提供产品销售需要的有效证件，期限暂定 1 年，协议签订生效之日，原告付给被告押金 15 万元。尔后，原告与北京市普天公司签订代销协议书。1999 年 10 月 22 日，原告交付押金 15 万元和预付酒款 8 万元给被告，指定被告将一指牌鹿鞭酒 500ml×12 瓶装 200 箱、200ml×12 瓶装 200 箱直接发货到北京市普天公司。同年 11 月间，北京市普天公司收到货后，便将货发给商店销售。经当地有关部门检查，发现一指牌鹿鞭酒缺少卫生部审批的保健品批准证书，而被告无法提供该证，造成该酒不能在北京市内销售。经协商，原告于 2000 年将 500ml×12 瓶装 190 箱 + 3 瓶、200ml×12 瓶装 187 箱 + 11 瓶鹿鞭酒退还给被告。被告已退预付款 8 万元，扣除少退的货款后，所剩余押金 138 630 元一直未退。经原告多次追讨未果，故向法院提起诉讼，请求判令被告返还押金 138 630 元及利息；诉前保全费 1 200 元由被告承担；判令被告偿付运费2 500元。

2. 被告辩称：我场与原告签订协议后已依约向原告提供了海南省卫生厅核发的“卫生准产证”等有效证件，并将货物发送到原告在北京的合作公司。原告与其合作伙伴收到货物后，在北京已售部分鹿鞭酒。后来，海隆公司提出要求我场负责在北京宣传一指牌鹿鞭酒的广告费用被拒绝后，海隆公司因销路不畅，便无理要求我场提供一指牌鹿鞭酒的保健品批准证书。协议书约定，被告保证一指牌鹿鞭酒的质量符合国家食用卫生标准，一指牌鹿鞭酒并非保健酒，海隆公司称一指牌鹿鞭酒是保健酒，属于牵强附会。协议书第 1 条约定，我场在与该公司合作期间，不得在北京设有第二家代理经销商，因此，由于原告违约造成我场经济损失，故请求驳回原告诉讼请求。

**（三）一审事实和证据**

琼山市人民法院经调查和审理查明：1999 年 10 月 11 日，原告海隆公司与被告省鹿场签订“委托经销一指牌鹿鞭酒协议书”，该协议约定，原告为被告生产的一指牌鹿鞭酒在北京市内的指定代理经销商，于是，原告与北京市普天公司签订代销协议书，是北京市内独家代理；被告保证其生产的鹿鞭酒符合国家食用卫生标准，并提供产品销售需要的有效证件，代理经销期限为 1 年。协议书签订生效后，原告于 1999 年 10 月 22 日交付押金 15 万元及预付酒款 8 万元给被告，并指定被告将一指牌鹿鞭酒 500ml×12 瓶装 200 箱（每瓶 60 元）、200ml×12 瓶装 200 箱（每瓶 30 元）直接发货到北京市普天公司。1999 年

11月间，北京市普天公司收到货后，将货物发给商店销售，已分别销售少部分。尔后，原告以一指牌鹿鞭酒缺少卫生部审批的保健品批准书而于2000年2月22日将500ml×12瓶装90箱+3瓶、200ml×12瓶装187箱+11瓶一指牌鹿鞭酒退还被告。被告已将预付酒款8万元退还原告，原告同意从押金中扣除少退的酒款11 370元，所剩余押金138 630元经原告多次追讨未果，遂提起诉讼。经查，被告省鹿场生产的一指牌鹿鞭酒是经海南省卫生厅审查批准销售的，证号是（94）琼食卫准字第220号。被告省鹿场生产的200ml装一指牌鹿鞭酒，在酒瓶标签上有“对改善性功能、抗疲劳效果明显”的内容，违反了《保健食品管理办法》。但500ml装的酒瓶标签上没有此内容。

上述事实有下列证据证明：

1．原、被告签订的“委托经销一指牌鹿鞭酒协议书”。

2．押金、预付酒款凭单、收据。

3.200ml瓶装酒的样本。

4．海南省卫生厅颁发的（94）琼食卫准字第220号卫生准产证。

5.500ml瓶装酒的样本。

**（四）一审判案理由**

琼山市人民法院根据上述事实和证据认为：原、被告签订“委托经销一指牌鹿鞭酒协议书”后，双方都各自依协议书的约定履行了自己的义务，但省鹿场提供给原告的200ml瓶装的一指牌鹿鞭酒的标签上有“对改善性功能、抗疲劳效果明显”的内容，违反了《保健食品管理办法》，误导了消费者，在市场上是不能销售的，属于违约行为。原告将200ml瓶装的酒退回被告合理。被告生产的500ml瓶装的一指牌鹿鞭酒的标签上没有有关保健的内容，属于普通酒类，可以在市场上销售。但原告将此酒也退还给被告也属于违约。双方都违反了协议的约定，应当分别承担各自应负的民事责任，因此，被告应按押金与酒的比例，退还押金45 918元给原告。原告请求被告偿付运费2 500元没有提供证据，本院不予采纳。

**（五）一审定案结论**

海南省琼山市人民法院根据《中华人民共和国合同法》第一百零七条、《中华人民共和国民法通则》第一百一十三条的规定，作出如下判决：

被告海南省鹿场应于本判决生效之日起10日内退还押金45 918元及利息给原告琼山海隆经济发展有限公司（利息从1999年10月23日起至判决付款之日止，按中国人民银行规定的同期同类贷款利率计算）。逾期付款，加倍支付迟延履行期间的债务利息。

案件受理费4 110元，由原告负担2 738元，由被告负担1 372元；诉讼保全费1 200元，由原告负担797元，被告负担403元。

**（六）二审情况**

1．二审诉辩主张

（1）上诉人诉称：第一，原判认定上诉人将鹿鞭酒退还给省鹿场也属于违约并应承担民事责任，这是不正确的。上诉人与省鹿场商定将鹿鞭酒退回省鹿场，省鹿场退还预付货款，而且省鹿场于2000年2月28日收到退回的鹿鞭酒后也已退预付货款8万元给上诉人，说明双方在退酒的过程中订立了新的协议，并且已经履行。所以，上诉人不存在违约。第二，双方在退酒、退货款的同时，也商定终止合作事宜。自省鹿场退还预付货款至委托经销协议期满，双方均没有要求继续履行合同，依照双方于 1999 年 10 月 11 日签订的协议第 10 条的规定，省鹿场应将押金一次性退给上诉人。综上所述，请求二审法院撤销原判，改判省鹿场偿还押金 138 630 元及其利息给上诉人。

（2）被上诉人辩称：第一，上诉人的退酒行为是其单方意思，并非双方协商一致的结果。上诉人因其销售成绩欠佳便无理要求被上诉人提供一指牌鹿鞭酒的保健食品批准证书，并以此为由擅自将大部分酒从北京邮运回给被上诉人，被上诉人无奈之下只得将酒收下。被上诉人收货是被动的，并非同意上诉人退酒。第二，被上诉人退货款并非等同于被上诉人同意上诉人退酒，上诉人将酒从北京托运给被上诉人显属严重违约。依照《合同法》第一百一十六条的规定，被上诉人只能选择适用违约金或定金条款追究上诉人的违约责任，而双方对违约金的数额或计算方法均无具体约定，因此选择定金条款。所以，被上诉人将货款退回上诉人而依法拒绝返还押金是合情合理的，但不能据此推定被上诉人同意退酒。第三，双方约定的合同期限虽已届满，但上诉人仍应对其违约行为承担相应的违约责任，上诉人已丧失返还押金（定金）的请求权。因此，上诉人的上诉理由并无事实根据和法律依据，请求二审法院驳回上诉。

2. 二审事实和证据

海南省海南中级人民法院经审理认定的事实和证据与一审一致。

3. 二审判案理由

海南中级人民法院认为：上诉人与被上诉人签订的“委托经销一指牌鹿鞭酒协议书”是双方当事人的真实意思表示，且不违反法律规定，其内容合法有效，应受法律保护。上诉人在协议签订后将押金和预付款交付给被上诉人，已依约履行了自己的义务。被上诉人提供的一指牌鹿鞭酒，其 200ml 瓶装的标签上有“对改善性功能、抗疲劳效果明显”的内容，但被上诉人未能提供卫生部审批的保健品批准证书，对该酒的正常销售造成不良影响，其行为已构成违约。上诉人将尚未出售的鹿鞭酒全部退还给被上诉人，被上诉人未提出异议，并已将预付款还给上诉人，应视为双方一致同意自被上诉人返还预付款之日起终止协议的履行，被上诉人应按协议约定将押金退还给上诉人。扣除已出售的鹿鞭酒的价款 11 370 元，被上诉人应返还押金 138 630 元给上诉人，并支付自协议终止之日起至付清款之日止的利息。上诉人上诉有理，本院予以支持。被上诉人辩称其未同意退酒、上诉人所交付的押金实为定金的理由不能成立，本院不予采纳。原审判决认定事实清楚，但适用法律错误，处理不当，应予以纠正。

4. 二审定案结论

海南省海南中级人民法院根据《中华人民共和国民事诉讼法》第一百五十三条第一款第（二）项的规定，作出如下判决：

（1）撤销琼山市人民法院（2001）琼山经初字第 3 号民事判决。

（2）被上诉人返还上诉人押金 138 630 元及其利息（按中国人民银行同期同类资金贷款利率自 2000 年 5 月 16 日起计至还清款之日止），限于本判决生效后 10 日内付清。

一、二审诉讼费 8 220 元、财产保全费 1 200 元均由被上诉人负担。

**（七）解说**

本案争议的焦点是双方是否已一致同意解除合同，15 万元是否应该退还给海隆公司。省鹿场在一、二审中均主张己方不同意退酒，海隆公司是擅自单方解除合同，违约方应该是海隆公司。我们分析案件事实可以作出如下认定：（1）合同违约方是省鹿场。虽然省鹿场按照指定发送货物，但因其在200ml瓶装酒的标签上注明“对改善性功能、抗疲劳效果明显”的内容，而又未能提供卫生部提供的保健品批准证书，造成该酒不能在北京市销售，致使海隆公司订立合同时所期望达到的经济利益无法实现，其行为已严重违约。（2）双方已协商解除合同。海隆公司在鹿鞭酒无法销售的情况下，将剩余鹿鞭酒悉数退回给省鹿场，省鹿场也将预付款退还海隆公司。虽然省鹿场一再强调被动收货不代表同意解除合同，而海隆公司称双方已协商解除合同又无关于解除合同的书面证据，但我们应该看到省鹿场在收到退货后3个月内分2次将预付款8万元悉数退还给海隆公司，而且直到海隆公司起诉均未提出任何异议，应视为其已同意解除合同。退一步说，即使退货时省鹿场并未同意解除合同，双方并未就解除合同进行协商，海隆公司是单方解除合同，我们也应该看到基于省鹿场的严重违约，海隆公司完全可以依法要求解除合同，也就是说，海隆公司享有合同解除权。那么，省鹿场不同意解除应该及时起诉或申请仲裁，否则，合同就视为解除了。但省鹿场并未作任何反对表示，相反还配合海隆公司退了预付款。从哪方面讲都可以认定合同已解除。（3）省鹿场应退还押金给海隆公司。既然合同已终止，依双方原签订的“委托经销一指牌鹿鞭酒协议书”约定，省鹿场应退还15万元押金给海隆公司。扣除已售出酒的价款11 370元，省鹿场应退还138 630元给海隆公司。

综上所述，一审认定事实清楚，但适用法律错误。二审在充分论证双方责任基础上依法改判是正确的。

（彭健生）

## 4. 江西省上高县粮食购销公司诉江西省萍乡市粮油贸易公司等买卖稻米合同案（货款担保）

### （一）首部

1. 判决书字号

一审判决书：江西省上高县人民法院（2001）上经初字第28号。

二审判决书：江西省宜春市中级人民法院（2001）宜中经终字第100号。

2. 案由：稻米合同货款担保案。

3. 诉讼双方

原告（被上诉人）：江西省上高县粮食购销公司（以下简称购销公司）。

法定代表人：陈状生，经理。

委托代理人：郝小明，男，45岁，该公司主任，全权代理。

委托代理人：敖志和，上高县律师事务所律师，全权代理。

被告（上诉人）：江西省萍乡市粮油贸易公司（以下简称粮贸公司）。

法定代表人：毛利云，经理。

委托代理人：谭其忠，江西萍信律师事务所律师，一般代理。

被告（上诉人）：广州南鸿经济发展有限公司（以下简称南鸿公司）。

法定代表人：谢有忠，经理。

委托代理人（特别授权代理）：唐小明、向雄飞，广东天胜律师事务所律师。

4．审级：二审。

5．审判机关和审判组织

一审法院：江西省上高县人民法院。

合议庭组成人员：审判长：鲁博；审判员：刘满生、傅银牯。

二审法院：江西省宜春市中级人民法院。

合议庭组成人员：审判长：刘万洪；代理审判员：杨玉海、彭前进。

6．审结时间

一审审结时间：2001年8月3日。

二审审结时间：2001年12月28日。

**（二）一审情况**

1．一审诉辩主张

（1）原告购销公司诉称：粮贸公司及其分支机构粮贸公司广州经营部从1994年起至1997年止与我单位保持业务联系至今累计欠我公司货款792 789.50元，要求偿付。南鸿公司因担保过错，造成我公司损失，要求其承担共同责任。

（2）被告粮贸公司辩称：原告提供证据中有的接货单位并不是我公司广州经营部，故所诉货款部分不属实，同意部分偿付。

（3）被告南鸿公司辩称：我公司出具的担保是针对铁路运输部门，而非原告，故本案与我公司无关，亦不承担该货款的任何责任。

2．一审事实和证据

上高县人民法院经审理查明：原告购销公司与粮贸公司的业务是基于1994年度“双轨制”下上高县粮食局与萍乡市粮食局之间签订的粮食调拨协议。在具体执行调拨协议时萍乡市粮食局直接与下属各分局、直属公司进行业务联系，其中与粮贸公司业务中，大部分指标粮应要求发往粮贸公司广州经营部。原告方负责调拨协议履行的部门是原告的前称上高县粮油批发中心（上高县粮油总公司）。1998年5月1日，原告与被告粮贸公司广州经营部的业务经办人程绍华核对了有关凭证后签订了一份还款协议，确认了粮贸公司广州经营部欠原告货款953 834.47元，同时约定了还款时间和计息方法。后粮贸公司广州经营部亦陆续付款，至2000年12月15日共计欠原告款792 789.60元。被告南鸿公司于1997年8月21日因粮贸公司广州经营部无提货票而为其提供4节车皮244 000千克，单价1.72元/千克，价值419 680元议早米担保，并在广东省公证处办理了公证，致使粮贸公司广州经营部顺利将货提出。而原告未将提货票交付粮贸公司广州经营部的主要原因是由于粮贸公司广州经营部未能履行付款义务。

另查明：粮贸公司广州经营部是于1992年8月经粮贸公司申请成立的报账制、税后利润全部上缴的分支机构。该经营部从1995年、1996年、1997年连续三年度未参加工商执照年检。广州市工商行政管理局于1997年11月6日作出吊销该经营部营业执照的决定。从1995年4月起至1997年11月6日止，粮贸公司及其广州经营部均未将此事项及想法告诉原告，原告亦未审查广州经营部的经营资格。

上述事实有下列证据证明：

(1) 上高县粮食局与萍乡市粮食局签订的粮食调拨协议。

(2) 1998年5月1日，原告与被告粮贸公司广州经营部的业务经办人程绍华核对了有关凭证后签订了一份还款协议。

(3) 1997年8月21日，被告南鸿公司因为粮贸公司广州经营部无提货票而为其提供4节车皮244 000千克，单价1.72元/千克，价值419 680元议早米担保书2份。

(4) 广东省公证处公证文书（97）粤公证经字第12406号、第12408号。

(5) 1997年11月6日，广州市工商行政管理局因粮贸公司广州经营部连续3年未参加工商执照年检而吊销其营业执照的决定。

3. 一审判案理由

上高县人民法院认为：粮贸公司广州经营部未参加工商年检，便不具有经营资格，因此，原告与其的买卖关系属于无效买卖。且由于粮贸公司广州经营部已被吊销营业执照，故产生的权利、义务应由其法人即粮贸公司承受，粮贸公司应赔偿原告损失792 789.60元，对粮贸公司辩称原告有部分货物发至别处而不应由其承担，因原告诉讼请求标的是依据与粮贸公司广州经营部的业务经办人核对凭证后确认欠款金额的合法行为，再减去已收到的货款得出的数额，且粮贸公司未将其广州经营部的营业执照已吊销的事实告知原告，故这一辩称不予采纳；对被告南鸿公司以该公司与本案无关的辩称，因其为粮贸公司广州经营部提供提货担保时没有对粮贸公司广州经营部有无经营资格进行合理审查，导致货物失控，是造成原告货款不能收回的原因之一，对此辩称不予采信，故被告南鸿公司对其提供担保的部分即419 680元范围内承担赔偿责任。

4. 一审定案结论

江西省上高县人民法院根据《企业年度检验办法》第十九条，《中华人民共和国民法通则》第七条、第四十三条、第五十八条第一款第（五）项、第六十一条、第一百三十四条第一款第（四）项、第（七）项和《中华人民共和国民事诉讼法》第一百二十八条之规定，判决如下：

(1) 萍乡市粮油贸易公司赔偿792 789.60元给上高县粮食购销公司。

(2) 广州南鸿经济发展有限公司对上述款项在419 680元范围内承担连带赔偿责任。

**（三）二审诉辩主张**

1. 上诉人江西省萍乡市粮油贸易公司诉称：(1) 原审判决认定事实不客观，购销公司起诉货款额中有部分货款不是发给我公司广州经营部的，而是发给珠海粮食局等单位，且结算发票也是直接开给收货单位的，没有任何证据可以说明上诉人的广州经营部收了货。因此，未收的部分货应当在欠款额中扣除。购销公司仅凭一份不具有法律效力的协议上所确认的欠款金额作为依据判决上诉人赔偿被上诉人的全部欠款，违背了以事实为依据、以法律为准绳的原则，广州经营部虽然是我公司设立的一个分支机构，但它是由个人承包并实行独立核算、自负盈亏的，我公司从未分过指示粮给广州经营部，广州经营部与购销公司发生业务纯属他们双方的自由贸易行为，不存在执行调拨计划。(2) 还款协议不能作为定案的依据。一是该份协议本身不具有法律效力；二是协议内容不真实，特别是欠款金额并非原审法院所说是核对凭证后确认的。据当时签订协议的程绍华证实，协议上的金额完全是上高报过来的，既然未核对账，那么，协议上所反映的欠款金额就有不真实和有虚假的因素。(3) 原审判决不公正。一是认定事实上和证据采信上不客观、公正。二是责任划分不当，我公司认为引起本案纠纷，购销公司有不可推卸的责任，广州经营部与购销公司的业务终止是1998年7月16日，此后双方未发生业务往来，期间长达3年之久，购销公司从未找过我公司，在明知该单位已被工商部门吊销执照的情况下，还于1998年5月1日与之签订还款协议，最后在收款无望的情况下，将我公司告上了法院。对购销公司的上述过错行为原审判决显失公平。三是既得利益者没有作为本案当事人参加诉讼。在原审中应将广州经营部的承包人追加为被告参加诉讼，因承包人是最大的受益者，上诉人是受害者，请求二审法院客观、实事求是地对本案作出公正的判决。

2. 上诉人广州南鸿经济发展有限公司诉称：(1) 撤销一审法院作出的要求上诉人对粮贸公司赔偿给购销公司的792 789.60元在419 680元范围内承担连带赔偿责任的判决；(2) 撤销一审法院作出的要求上诉人承担3 522元受理费及诉讼保全费的判决；(3) 二审的全部诉讼费用由购销公司承担。事实与理由：一审法院对事实的认定存在严重的错误，对法律的理解与适用也存在重大失误。(1) 一审购销公司所受的损失与上诉人对提货行为的担保，不存在事实上和法律上的联系，购销公司不能收回货款是由于自己对广州经营部的偿付能力认识不足，且没有及时行使债权造成的。(2) 上诉人的担保行为并无违反法律的规定。广州经营部未参加年检，并不代表其不具有经营资格，其还是合法存在的企业法人，除非其被工商局吊销营业执照。广州经营部被吊销营业执照的时间是1997年11月，而上诉人为广州经营部向广州南站提供因领货凭证未到而需提货的担保的时间是1997年8月，因此，上诉人为合法存在的企业法人提供提货担保的行为是合法的。法律也没有规定上诉人有对"广州经营部有无经营资格进行合理审查"的义务。(3) 上诉人提供提货担保的权利人是广州南站，而不是购销公司。上诉人与购销公司之间并不存在任何担保关系。上诉人的担保，是在粮贸公司广州经营部领货凭证未到而又需要领货，请求上诉人为其向广州南站提供担保的情况下作出的。上诉人提供担保的基础法律关系并不是购销公司与粮贸公司广州经营部之间的买卖合同关系，而是粮贸公司广州经营部在没有领货凭证的情况下向广州南站提货的行为的合法性。因此，上诉人并没有与购销公司就其与粮贸公司广州经营部的稻米买卖合同约定任何形式的担保。(4) 上诉人没有违反担保义务。事实证明，粮贸公司广州经营部确实为收货人，也未伪造文件冒领货物。因此，上诉人无须承担担保责任。(5) 退一万步来说，即使上诉人的担保是向购销公司作出的，但购销公司从担保作出之日起（1997年8月）就未主张过担保权利，到购销公司起诉时（2000年12月），已经超出了法律规定的诉讼时效，一审法院依法应当驳回购销公司的诉讼请求。请求二审法院依法维护上诉人的合法权益。

3. 被上诉人江西省上高县粮食购销公司辩称：(1) 萍乡市粮油贸易公司广州经营部是于1992年经萍乡市粮食局批准，报经江西省萍乡市工商行政管理局同意，在广州市工商行政管理局注册登记成立的。广州经营部的经济性质为全民所有制，经营形式为报账制单位，税后利润全额上缴。在1994年至1995年，为执行江西省粮食局粮食调运计划，萍乡市粮食局多次与上高县粮食局统一签订"粮食调拨协议"。1995年11月30日，萍乡市粮油贸易公司将其自己所欠答辩人粮食货款38 919.03元，划由其分支机构广州经营部偿付。事实表明，萍乡市粮油贸易公司与其下属分支机构是在共同执行萍乡市粮食局下发的调运计划。(2) 答辩人应广州经营部的指示，在 1995 年时发给珠海市粮食局等一些购粮单位粮食，都是广州经营部的经销行为，货款的结算全部是广州经营部进行支付。双方于 1998 年 5 月 1 日签订还款协议只是债务的清偿行为，而不涉及任何经营活动。并且，在协议签订后，广州经营部仍偿付了货款 141 834.47 元。广州经营部对程绍华签订协议的行为给予了认同。(3) 广州经营部是否实行个人承包，也不影响其依法向答辩人承担偿付责任。(4) 答辩人从 1994 年与广州经营部建立业务往来以后一直正常从未出现异常情况。上诉人广州南鸿经济发展有限公司的上述理由同样不能成立。首先，答辩人发运大米时，并不知晓广州经营部已丧失合法的经营资格，这主要是萍乡市粮油贸易公司及其广州经营部的恶意行为所致。如广州经营部在无领货凭证的情况下，是不能从铁路部门领取答辩人所发运的大米。由于南鸿公司的担保行为，致使广州经营部提取大米得逞，从而导致答辩人的经济损失。其担保行为与答辩人货款损失之间是有必然联系的。其次，上诉人南鸿公司的随意担保行为是违法的，存在过错。1995 年以后，广州经营部便没有依法参加企业年检，便不再具有合法资格从事经营活动，其经营行为便是非法的。南鸿公司为广州经营部的非法经营行为提供担保，显然违反法律的规定。南鸿公司在为广州经营部提供担保时，不注意审查广州经营部是否具有合法经营资格，其行为为法律所禁止。再次，因广州经营部没有合法的经营资格，其经营行为本属非法，提货是经营行为的一部分，非法行为本来就不具有合法的法律后果，南鸿公司为广州经营部的非法经营活动提供担保，其行为便无合法可言。给答辩人造成的经济损失依法难辞其咎。一审认定事实是客观的，作出的判决也是公正的。请二审法院依法驳回上诉人的上诉，以维护法律的公正。

**(四) 二审事实和证据**

江西省宜春市中级人民法院经审理查明：1998 年 5 月 1 日，原上高县粮油总公司即购销公司与粮贸公司驻广州经营部签订了一份还款协议书，该协议内容如下："至 1998 年 4 月乙方（粮贸公司广州经营部）尚欠甲方（购销公司）大米款 953 934.47 元，本着实事求是原则，甲方同意乙方作出如下还款承诺：(1) 1998 年 5 月初还款 153 834.47 元；(2) 余款 80 万元从 1998 年 7 月 1 日起按银行贷款利率（即月息 1 分）计算利息；(3) 1998 年 8 月底以前还款 20 万元，解决夏粮收购资金，11 月底以前还款 30 万元，以解决积粮收购资金；(4) 其余款 30 万元及利息在 1998 年 12 月底以前还清（最晚不超过 1999 年 1 月底）。上述还款协议，双方签字生效，望乙方如期执行。"广州经营部的业务经办人程绍华代表该经营部即乙方在该协议书上签名。在此协议签订前的 1998 年 4 月 13 日，粮贸公司广州经营部还款 6 000 元；在此协议签订后的 1998 年 5 月 22 日，还款 25 834.47 元；1998 年 5 月 26 日还款 10 万元；1998 年 7 月 20 日还款 1 万元；1998 年 7 月 20 日冲正 19 210.40元，合计 161 044.87 元。故此，粮贸公司广州经营部尚欠大米货款 792 789.60 元。

另查明：1992 年 7 月 28 日，粮贸公司作出萍粮贸司字（1992）第 9 号文"关于要求设立驻穗经营部的请示"，又于 1992 年 8 月 20 日作出萍粮贸司字（1992）第 12 号文向广州市工商局书面提出"关于要求设立驻广州经营部的请求"报告。1992 年 8 月 2 日，萍乡市粮食局以萍粮办字（1992）127 号文批复同意。1997 年 11 月 6 日，广州市工商行政管理局作出穗工商管处字（1997）第 381 号"行政处罚决定书"，因江西省萍乡市粮油贸易公司广州经营部自 1995 年、1996 年、1997 年连续 3 年未参加企业年检，而被吊销营业执照。广州经营部为萍乡公司的报账制单位，税后利润全部上缴公司，组织形式为其分支机构，经济性质为全民。

再查明：1997 年 8 月 21 日，南鸿公司出具了共两份担保书，担保书全文如下："担保人：广州南鸿经济发展有限公司，被担保人：萍乡市粮油贸易公司广州经营部。被担保人是广州铁路南站的收货人，担保人担保被担保人到广州铁路南站提取下列货物：发站新余，托运人上高粮食局，品名大米，件数 2 440 件，重量 120 吨，货票号 80071、80072，收货人（被担保人）粮贸公司广州经营部，担保人担保被担保人上述货物价值 10 万元。收货人（被担保人）因领货凭证未到，现担保人依法为被担保人提供担保，并保证：若被担保人伪造领货证明文件且冒领货主货物，担保人愿承担连带经济法律责任并赔偿一切经济损失。"1997 年 8 月 21 日，广东省公证处为上述担保行为作出（97）粤公证经字第 12406 号"公证书"；1997 年 8 月 21 日，广州南鸿公司出具的两份担保书内容一致，只是货票号不同，第二份担保书的货票号 23906、23786。同样，1997 年 8 月 21 日，广东省公证处为第二份担保行为作出（97）粤公证经字第 12408 号"公证书"。在南鸿公司向广州南站出具上述担保书后，粮贸公司广州经营部从广州南站将大米货物如数提取。因在 1997 年 8 月 14 日、8 月 15 日广州南站向收货人粮贸公司广州经营部发出了催领该大米货物的通知后（托运人为上高县粮食局，收货人为粮贸公司广州经营部），于 1997 年 8 月 14 日、15 日，粮贸公司广州经营部先向广州市南站分别出具了两份证明，主要内容为因领货凭证未到，委托该单位钟少贞办理提货手续；在上海铁路局的货票 80071、80072、23906、23786 上面的收货人确为钟少贞，身份证号相符。

又查明：2001 年 11 月 13 日，在二审第二次开庭休庭后，粮贸公司（甲方）与购销公司（乙方）签订了一份确认书，其内容如下："甲方尚欠乙方大米货款 792 789.60 元。现甲方对乙方 1997 年 8 月 16 日车皮号 3121367 早米 61 000 千克，单价 1.72 元，计货款 104 920 元。乙方已提供发票，甲方还要求乙方提供该笔铁路运单予以佐证。如果乙方能提供 3121367 车皮号的铁路运单，甲方同意承认。现暂同意认可所欠大米货款687 869.60 元。"为此，双方签字予以确认。甲方法定代表人毛利云在此确认书上签明：确认 687 869.60元，但其中有 50 万元已失去诉讼时效。乙方法定代表人陈状生在此确认书上签明：只对所欠数字认可。

2001 年 11 月 16 日上午，粮贸公司与购销公司根据双方在 2001 年 11 月 13 日的口头对余下证据应分别再次核实的约定，并经过对有关争议证据核实后又签订了一份确认书，其内容如下："经甲、乙双方举证、质证，对 3121367 车皮号铁路运输单所涉金额 104 920 元，无异议，甲、乙双方同意认可。为此甲、乙双方签字予以确认。"毛利云、郝晚明（上高公司的全权代理人）在此确认书上签名。

此外，二审同意一审对萍乡市粮食局、粮贸公司及其广州经营部和上高县粮食局所认定的有关事实与证据。

**（五）二审判案理由**

江西省宜春市中级人民法院认为：1998 年 5 月 1 日，被上诉人江西省上高县粮食购销公司（原上高县粮油总公司）与江西省萍乡市粮油贸易公司广州经营部（程绍华）签订的还款协议，依法无效。因为，粮贸公司广州经营部于 1995 年、1996 年、1997 年连续 3 年未参加企业年检，况且在签订此协议之前，粮贸公司广州经营部于 1997 年 11 月 6 日被工商行政部门吊销了营业执照，在此之前粮贸公司广州经营部已依法不具有经营资格，违反了有关法律规定，双方的买卖关系也不合法，买卖无效，所以，导致该还款协议无效。但是，程绍华作为当时粮贸公司广州经营部的代表，对确认还款协议中的所欠货款金额的事实，对后又归还了购销公司一部分货款的事实，此行为不可否认，而此民事行为也客观地反映了双方当时的真实意思，明确了双方的债权债务关系和应由粮贸公司广州经营部履行支付货款的义务。且由于粮贸公司广州经营部已被吊销营业执照，双方所产生的债权债务关系即粮贸公司广州经营部的债务责任理应依法由其上级主管部门承担。为此，粮贸公司应对其原下属的分支机构广州经营部所欠购销公司的货款 792 789.60 元承担偿付责任。此外，对此货款的尚欠金额粮贸公司与购销公司双方已在二审中予以确认无异议。

上诉人粮贸公司提出：没有任何证据可以说明粮贸公司广州经营部收了货；粮贸公司广州经营部与被上诉人发生业务纯属他们双方的自由贸易行为；还款协议不能作为定案的依据，此理由不予采纳。另提出：粮贸公司广州经营部与被上诉人的业务终止是 1998 年 7 月 16 日，长达 3 年之久，被上诉人未找过上诉人粮贸公司，已丧失诉讼时效，此理由难以成立，因为，1998 年 5 月 1 日的还款协议中约定了余款最多不超过 1999 年 1 月底付清，购销公司并在知道权利受到侵害后于 2000 年 12 月 15 日向人民法院提出了诉讼；虽然还款协议依法无效，但不能排斥该还款协议是一种独立的清偿债务的行为表现，难以认定已超过诉讼时效，所以，难以支持。再提出责任划分不当，被上诉人有不可推卸的责任的理由，难以成立，因为，从本案查明的事实上看，购销公司并不知道粮贸公司广州经营部已被吊销营业执照；从相关证据上看，粮贸公司广州经营部有隐瞒其 3 年未参加企业年检的行为，导致买卖无效，还款协议无效的责任，完全在粮贸公司广州经营部一方，所以，本院不予支持。上诉人粮贸公司又提出应将粮贸公司广州经营部的承包人追加为被告参加诉讼，因承包人是最大受益者的理由不能成立，因为粮贸公司广州经营部已被吊销营业执照，粮贸公司广州经营部是否个人承包不影响粮贸公司依法承担偿付货款的民事责任，所以，本院不予支持。粮贸公司与其广州经营部（承包人）应系另一民事法律关系。

上诉人南鸿公司提出：一审原告所受的损失与上诉人南鸿公司对提货行为的担保，不存在事实上和法律上的联系，该理由应予以支持。因为南鸿公司作为担保人的担保行为指向的对象，从事实上看，应为粮贸公司广州经营部与广州南站之间的一种提货关系，从法律上看，广州南站作为承运人与粮贸公司广州经营部作为收货人之间货物交接关系的行为，不能认定为是南鸿公司为粮贸公司广州经管部向购销公司之间的债权债务关系的担保行为，此担保行为只是为提货实施担保，并不是为粮贸公司广州经营部向购销公司履行债务作出的担保，南鸿公司也没有向购销公司提供担保，两种担保对象和担保行为有性质上的区别，所以，应予以支持。另提出法律没有规定上诉人南鸿公司有对“广州经营部有无经营资格进行合理审查”的义务的理由，因为南鸿公司在提供为粮贸公司广州经营部向广州南站提货行为作出担保时，只要查明广州经营部是该批货物提货人便可，虽有不妥，但其经营资格和营业执照是否吊销与担保人无关，反而与购销公司有必然联系，因为担保人并不是经营合同的另一方当事人，所以，应予以支持。又提出的：上诉人南鸿公司与被上诉人之间并不存在任何担保关系的理由，应予以支持。因为南鸿公司并没有为粮贸公司广州经营部履行支付货款债务而向购销公司提供担保，只是为粮贸公司广州经营部与广州南站之间即广州经营部能否在广州南站提取大米货物向广州南站提供担保，该上诉人与被上诉人之间没有形成担保关系，所以，予以支持。再提出上诉人没有违反担保义务的理由，应予以支持。因为该担保行为为真实的、合法的提货人广州经营部向广州南站提取大米货物的担保合同，依法已履行完毕，担保人的目的、范围、责任明确，也在事实上完成担保行为，没有违反法律和担保约定而造成依法应承担法律后果的行为，所以，予以支持。最后提出法律规定的诉讼时效已超过的理由，因为南鸿公司为粮贸公司广州经营部向广州南站提货担保的行为已结束或完成，况且，1998 年 5 月 1 日，购销公司与粮贸公司广州经营部（程绍华）已在担保人南鸿公司根本不知道也未在告知的情况下，双方达成了还款协议，此协议应为一种新的债权债务合同关系的成立，并且债权人上高公司已明知债务人广州经营部提取了大米货物，该协议的产生从事实上默认了提货担保的行为，而担保人南鸿公司的担保依法已自然消失或解除，之后，对形成和履行债权债务作出一种新的保证，所以，也应予以支持。

被上诉人购销公司辩称，粮贸公司与其下属分支机构是在共同执行萍乡市粮食局下发的调运计划；货款的结算全部是粮贸公司广州经营部进行支付；还款协议的签订只是债务的清偿行为，不涉及任何经营活动；粮贸公司广州经营部是否实行个人承包，也不影响其承担偿付责任，该理由成立，予以采纳。被上诉人又辩称粮贸公司广州经营部在没有提货凭证的情况下，由于南鸿公司的担保行为，致使被上诉人受到经济损失，该理由难以成立，因为，担保行为已履行完毕，况且广州经营部与被上诉人签订了还款协议，之后，又由粮贸公司广州经营部履行了一部分协议约定的支付货款的义务，经济损失与担保行为没有必然联系。所以，不予采纳。另提出南鸿公司不注意审查粮贸公司广州经营部是否有合法经营资格，随意进行担保，其行为为法律所禁止，此理由难以成立，因为南鸿公司为粮贸公司广州经营部进行担保是为其能作为真实、合法的提货人作出的保证；并不是为其是否有经营资格，是否被吊销企业营业执照作出保证；是否有经营资格与南鸿公司无关；所以，不予采纳。被上诉人又提出粮贸公司广州经营部没有合法的经营资格，其经营行为非法，提货是经营行为的一部分，南鸿公司提供了担保，其行为便无合法可言，此理由难以成立，因为南鸿公司担保指向的是粮贸公司广州经营部的提货行为，所指对象是向广州南站作出的担保，不是向购销公司作出的担保，目的是粮贸公司广州经营部能否作为提货人的真实性，而结论是提货人是真实、合法的，并不指向其经营资格和经营行为，经营资格和行为既与南鸿公司保证无关，也与广州南站发货行为无关，所以，不予采纳。

综上所述，原审对债权人购销公司与债务人粮贸公司（广州经营部）之间的事实、证据的认定及处理并无不妥，粮贸公司尚欠购销公司大米货款，依法理应偿付。但对南鸿公司在担保上的事实、证据及处理，认定显然不妥，南鸿公司依法不承担保证责任。

**（六）二审定案结论**

江西省宜春市中级人民法院根据《中华人民共和国民事诉讼法》第一百五十三条第一款第（二）项、第（三）项的规定，判决如下：

1. 撤销上高县人民法院（2001）上经初字第 28 号民事判决。

2. 江西省萍乡市粮油贸易公司偿付货款计人民币 792 789.60 元给江西省上高县粮食购销公司，并在本判决发生法律效力后 15 日内履行完毕；逾期付款按中国人民银行同期贷款利率计算延期付款利息至付清为止。

一、二审诉讼费 25 876 元，由江西省萍乡市粮油贸易公司负担；财产保全费 4 670

元，由江西省萍乡市粮油贸易公司负担60％即2 802元，由江西省上高县粮食购销公司负担40％即1 868元。

（七）解说

本案争议的焦点就是南鸿公司的担保行为是一种什么性质的担保行为？是为粮贸公司广州经营部的提货行为所作的担保，还是为购销公司与粮贸公司广州经营部之间的债权债务所作的担保？如果是前者，那么，南鸿公司的上诉理由就是成立的，反之，如果是后者，南鸿公司的上诉理由就得不到法院的支持。从表面看，一审法院对事实和证据的认定，并没有偏差，粮贸公司与购销公司之间的债权债务关系是明确的，南鸿公司的担保责任也是明确无疑的。但一审法院恰恰忽略了对南鸿公司担保行为的性质以及担保对象的审查，所以，一审法院关于南鸿公司是否承担担保责任的问题的处理是错误的。二审法院在本案的审理中，通过对各方当事人提供的证据的审查和质证，认定了南鸿公司的担保行为只是为提货行为实施的担保，不是为债权债务关系实施的担保，从而得出了担保人南鸿公司对粮贸公司与购销公司之间的债务不承担担保责任的正确处理结果。

（刘万洪）

## 5．厦门市中邦汇业工贸有限公司诉熊新振购销合同案（代销）

（一）首部

1．判决书字号

一审判决书：福建省龙岩市新罗区人民法院（2001）龙新经初字第185号。

二审判决书：福建省龙岩市中级人民法院（2001）岩经终字第50号。

2．案由：债务案。

3．诉讼双方

原告（上诉人）：厦门市中邦汇业工贸有限公司。

法定代表人：章强，经理。

委托代理人：谢小岩、卢锦鑫，龙岩岩风律师事务所律师。

被告（被上诉人）：熊新振，男，1955年1月14日出生，汉族，龙岩经济技术协作办公室停薪留职职工。

委托代理人（一审）：张晓东、刘新策，龙岩正廉律师事务所律师。

委托代理人（二审）：杨达斌，龙岩金磊律师事务所律师。

4．审级：二审。

5．审判机关和审判组织

一审法院：福建省龙岩市新罗区人民法院。

合议庭组成人员：审判长：陈虹；审判员：吕晓红；代理审判员：章华。

二审法院：福建省龙岩市中级人民法院。

合议庭组成人员：审判长：丁斌；审判员：胡新；代理审判员：廖松福。

6. 审结时间

一审审结时间：2001 年 8 月 5 日。

二审审结时间：2001 年 12 月 6 日。

**（二）一审诉辩主张**

1. 原告诉称：1999 年初，经双方协商，原、被告以代销方式开展业务。由原告提供轮胎给被告，被告收回货款后及时与原告结算。原告按约履行了义务，但被告却以种种理由截留货款。在这种情况下，原告于 2000 年初终止了与被告的代销关系。至今被告仍欠原告货款 140 625 元。原告为维护自身的合法权益，特提起诉讼，请求依法判令被告归还货款。

2. 被告辩称：原告所诉与被告是代销关系与事实不符。被告与原告是雇佣关系。被告受聘于原告，工资由原告发放。在销售轮胎过程中被告可以提成。龙岩经销的轮胎行是以原告的名义进行经营，被告只是为原告发送货物，不承担货款无法收回的后果。请求法院驳回原告的诉讼请求。

**（三）一审事实和证据**

新罗区人民法院经审理认为：原告向法院提供的福泰经营部的营业执照表明该经营部法律上的负责人是被告熊新振，与龙门工商所出具的证明材料个体工商户开业登记表、龙岩市经济技术协作办公室出具的便函内容相符，可以证明福泰经营部的负责人是被告熊新振。而被告提供的证据说明该福泰经营部的经营、管理、结算有原告的雇佣人员操作经办，也有被告操作经办，原告的雇佣人员与被告熊新振均有权向福泰经营部的客户催讨、收取货款；且福泰经营部的账号与原告的雇佣人员黄庆祥的账号是相同的，用户的货款可直接汇入该账号，原告对此也无异议。对存在上述现象，原告未能提出合理的解释和产生的法律依据。按照工商营业执照，被告熊新振是福泰经营部的所有者和独立经营者，那么，原告的雇佣人员无权催讨、收取福泰经营部的货款，也无权插手福泰经营部的经营管理，其账号也不可能与原告的雇佣人员黄庆祥使用同一账号。但本案的事实以及双方提供的证据表明了原告实际已行使了福泰经营部的经营管理等权利。证人郑汉军、谢彭雁、黄庆祥的证词间接证实了被告的抗辩理由。证人谢彭雁的证词、肖富安的证明也证实原欠福泰经营部的货款已出具了欠条给原告的法定代表人，原告实际已接受了福泰经营部的债权。证人郑汉军、黄庆祥的证词所证明的事实与被告陈述的事实相吻合，与被告提供的证据形成一个证据锁链，有一定的关联性和可信性。由此可以认定，福泰经营部的实际经营者是原告。原告所述与被告存在代销关系，没有书面的文字依据和其他证据予以证实。原告提供的证据只证明被告作为担保人的身份为他人提供担保的行为。被告以原告未支付薪水为由私自截留货款 5 000 元的行为侵犯了原告的合法权益，应限期归还给原告。龙岩市新罗区人民法院据此认定事实如下：1999 年 5 月，经龙岩市工商行政管理局新罗分局龙门工商所审核批准成立龙岩市新罗区龙门福泰轮胎经营部，企业负责人熊新振。该福泰经营部成立后，原告即以福泰经营部的名义在龙岩辖区对外发生轮胎业务往来。2000 年 2 月间，被告私自截留了向福泰经营部的客户收取的货款 5 000 元。2000 年 2 月，福泰经营部停止营业。

上述事实有下列证据证明：

1. 原告仓管员出具的送货单 51 份（序号为 1 至 51），说明被告在原告处提货的数量和总货款。

2. 送货单 4 份（序号为 52 至 55），说明虽然没有被告的签字，但与其他相应的证据相互佐证，证明被告提货的行为。

3. 原告的业务员黄庆祥出具的收款收据 19 张（序号 56 至 74），说明被告给付了部分的货款。

4. 收条一张（序号 75），说明被告截留货款 2 000 元。

5. 福泰经营部在小池分销点复印的发货单 4 张（序号 76 至 79），说明被告提供给客户的价格与原告的价格不一致，并说明福泰经营部是被告独立经营的。

6. 福泰经营部答辩状一份（2000 年 8 月 5 日），说明被告作为福泰经营部是被告独立经营的。

7. 协议书一份，说明被告作为福泰经营部的业主与原告签订协议书，福泰经营部与中邦汇业工贸有限公司没有关系。

8. 肖富安的证明一份，说明被告向肖富安收取货款 3 000 元。

为此被告提供下列证据，证明其抗辩理由。

1. 证人谢彭雁、翁来雁的调查笔录各一份。

2. 证人陈东成的调查笔录及该销售点的还款记录。

3. 陈晓东调查笔录一份。

4. 2000 年 6 月 15 日的发货单及退货单。

5. 原告的两张收款收据。

6. 汇款通知单 6 张。

7. 原告法定代表人的亲笔书信一份。

8. 4 张原告的欠款底单，谢彭雁的发货单 10 张，陈武珍的业务提成单。

9. 福泰经营部的发货单 11 张，说明该经营部的业主是原告。

10. 收条和收款收据 5 张，说明原告直接向用户收款。

**（四）一审判案理由**

新罗区人民法院根据上述事实和证据认为：福泰经营部的工商登记材料虽然反映被告为福泰经营部的负责人，但该经营部的经营管理权实际均由原告支配行使，被告对经营部没有所有权，且在福泰经营部停业后，原告即以“中汇经营部”的名义将福泰经营部的债权转移到“中汇经营部”，直接承继和转移了福泰经营部的债权。显然，原告与被告之间的民事法律关系并非为原告主张的代销合同式的买卖关系。根据权利与义务对等原则，原告不应要求被告承担偿付轮胎款的民事责任。原告主张双方当事人之间的民事法律关系为代销合同式的买卖关系，但其无提供相应的证据证明这一主张。因双方往来账目未进行清算，被告私自截留货款 5 000 元的行为侵犯了原告的合法权益，应予以归还原告。被告的抗辩理由成立，予以采信。原告的诉讼请求部分没有事实及法律依据，不予以支持。

**（五）一审定案结论**

福建省龙岩市新罗区人民法院根据《中华人民共和国民事诉讼法》第六十四条第一款，《中华人民共和国民法通则》第八十四条、第一百零六条第一款的规定，作出如下判决：

1. 被告熊新振应将私自截留的货款 5 000 元于判决生效之日起 10 日内归还给原告厦

门市中邦汇业工贸有限公司。

2. 驳回原告厦门中邦汇业工贸有限公司的其他诉讼请求。

本案案件受理费4 400元，由被告熊新振负担400元，原告厦门市中邦汇业工贸有限公司负担4 000元；其他诉讼费用900元，由被告熊新振负担。

**（六）二审情况**

1. 二审诉辩主张

（1）上诉人（原审原告）诉称：第一，上诉人与福泰经营部之间属于代销关系。在代销过程中，被上诉人作为福泰经营部的负责人向上诉人提取轮胎后，以福泰经营部的名义供给谢彭雁等人，被上诉人由此享有债权。第二，福泰经营部的工商登记情况反映其开办者为被上诉人，故福泰经营部终止经营后，应由被上诉人偿还本案讼争款项。第三，福泰经营部停止营业后，中汇经营部并未承受其债权。据此，请求二审法院依法改判。

（2）被上诉人辩称：第一，福泰经营部是从福州开发区福泰轮胎有限公司提取的轮胎，故上诉人与本案无关；第二，工商登记虽然反映被上诉人为福泰经营部的负责人，但其仅是该经营部的业务员在有关送货单上以送货人的名义签字，而该经营部实际是由上诉人开办的，故其不应偿还本案讼争货款。

2. 二审事实和证据

龙岩市中级人民法院经公开审理查明：福泰经营部的工商登记材料虽然反映被上诉人系福泰经营部的负责人，但被上诉人所举的相关证据却反映成立福泰经营部是原告法定代表人章强的真实意思表示，而非被上诉人的真实意思表示。在福泰经营部经营期间，上诉人对该经营部有关问题起决策性作用且该部雇员均受聘于上诉人，故应确认该经营部的经营管理是由章强负责，福泰经营部的有关权利、义务也应由章强承受，不应由熊新振承受。上诉人所举的有关证据虽然反映被上诉人有向上诉人领取货物，但其未举证说明被上诉人是因代销关系而为上述行为，且被上诉人已举证说明其是作为业务员向上诉人领取货物，故上诉人主张本案当事人之间属于代销关系，依法不予以支持。

3. 二审判案理由

龙岩市中级人民法院认为：上诉人与被上诉人之间的关系属于雇佣关系，而不是代销性质的买卖关系。有关福泰经营部的权利、义务承受人系章强而不是熊新振。双方当事人并未就货款回笼事宜进行约定，故上诉人要求被上诉人承担本案讼争货款的清偿责任，依法不予支持。原审判决认定事实基本清楚，处理恰当。

4. 二审定案结论

福建省龙岩市中级人民法院根据《中华人民共和国民事诉讼法》第一百三十五条第一款第（一）项之规定，作出如下判决：

驳回上诉，维持原判。

二审案件受理费4 400元，其他诉讼费用1 000元，由上诉人负担。

**（七）解说**

本案审理的关键是福泰经营部的实际所有者是谁以及原告所指认原、被告之间存在代销性质的买卖合同关系是否存在的问题。

依照我国有关法律规定，工商行政管理机关是企业法人登记和营业登记的主管机关。经济体制改革初期，我国市场主体较为单一，工商企业绝大多数均为全民所有制企业或集体所有制企业性质，涉及企业性质认定的问题不多。随着经济体制改革的深入，市场利益主体逐渐增多，出现了个体工商户、合伙企业、私营企业等。所谓个体工商户，是指公民在法律允许的范围内，依法经核准登记，从事工商业经营的，为个体工商户。

法院能否依照查明的事实确定个体工商户的实际经营者，从而变更工商行政管理机关所认定的事实，实际上牵涉到行政权与审判权的关系问题。根据我国宪法所确立的“一府两院”的政治体制，行政权与审判权在法律上是平行的，不存在从属关系。法院应以查明的事实为依据，以宪法、法律规定为准绳，独立地行使审判权，不受行政权的干预。法院审理经济纠纷案件的原则是公平、合理地保护各方当事人的合法权益。不让当事人规避法律以获取不正当的利益。因此，法院有权依照查明的事实确定企业的真实情况。

本案福泰经营部的工商营业登记反映了被告熊新振是福泰经营部的开办者、所有者和独立经营者，而被告所提供并经原告质证或法院依法查证的证据则表明了：成立福泰经营部是原告法定代表人章强的真实意思表示，而非被告熊新振的真实意思表示。在福泰经营部经营期间，原告对该经营部的有关问题起决策性作用，且该经营部的雇员均受聘于原告的法定代表人章强。所以，法院采信了被告熊新振提出的“其不是福泰经营部的实际业主，该经营部是原告的法定代表人章强借用被告的名义投资注册的”的辩解。确认原告的法定代表人章强是该经营部的实际开办者，经营部是由章强负责经营管理，因此，福泰经营部的有关权利、义务也应由章强来承受，而不应由被告熊新振来承受。

随着商品经济的发展，产品的促销形式越来越多样化，对于一些试制的新产品或市场饱和度很高的商品，商业部门考虑风险责任太大，不愿买断经营。生产厂家为了推销自己的产品，除了自设门点销售外，多数通过签订代销合同的方式委托商业部门代为销售，因此，代销合同成了确定他们之间权利、义务关系的惟一依据。代销合同是一方当事人委托另一方当事人代为销售某种商品的协议。

《中华人民共和国合同法》第十条规定：“当事人订立合同，有书面形式、口头形式和其他形式。法律、行政法规规定采用书面形式的，应当采用书面形式。当事人约定采用书面形式的，应当采用书面形式。”因此，凡当事人无约定、法律无规定特定形式的合同，均可以采用口头形式。但如果发生纠纷后，当事人必须举证，证明合同的存在及合同关系的内容。本案原告虽然提供证据说明被告经手在原告处领取了轮胎，但未提供证据说明被告是因代销关系而为上述领取货物的行为，而被告已举证说明其是作为业务员向原告领取货物，所以，原告的主张因其缺乏证据依法承担败诉的法律责任。

（吕晓红）

## 6. 常熟泛亚建筑陶瓷工业有限公司上海分公司诉上海申涛建材有限公司购销合同案

（一）首部

1. 判决书字号

一审判决书：上海市杨浦区人民法院（2000）杨经初字第976号。

二审判决书：上海市第二中级人民法院（2001）沪二中经终字第713号。

2. 案由：购销合同案。

3. 诉讼双方

原告（被上诉人）：常熟泛亚建筑陶瓷工业有限公司上海分公司（以下简称泛亚公司）。

负责人：黄仲濂，经理。

委托代理人（一审）：庄福海，该公司销售部副经理。

委托代理人（一审）：钟国强，上海市农丰服务中心工作人员。

被告（被上诉人）：杨家玮，男，1976年5月10日出生，汉族，住上海市闸北区交城路229弄22号101室。

委托代理人（一审）：凌嘉璐，上海市一之律师事务所律师。

被告（被上诉人）：杨国平，男，1963年2月9日出生，汉族，住上海市杨浦区茭白园路159弄102号，原上海申涛建材有限公司（以下简称申涛公司）股东，现在上海周浦监狱服刑。

委托代理人（一审）：杨国强，男，上海东海量具厂职工，住上海市杨浦区茭白园路159弄102号。

被告（上诉人）：朱崇艳，女，1973年1月12日生，回族，住上海市普陀区平利路87弄9号604室，原上海申涛建材有限公司股东。

委托代理人（一审）：张志宏，上海市震旦律师事务所律师。

4. 审级：二审。

5. 审判机关和审判组织

一审法院：上海市杨浦区人民法院。

合议庭组成人员：审判长：方侠；人民陪审员：高月英、蒋翠莲。

二审法院：上海市第二中级人民法院。

合议庭组成人员：审判长：马全耀；代理审判员：金辉、马昌骏。

6. 审结时间

一审审结时间：2001年3月23日（依法延长审限）。

二审审结时间：2001年9月25日。

**（二）一审诉辩主张**

1. 原告泛亚公司诉称：1996年10月28日，原告与申涛公司签订了泛亚陶瓷产品供销协议书1份，有效期为1年。期间原告共发货计货款783 469.55元，被告收到货款563 422.39元，尚欠220 047.16元。原告曾于1998年10月24日与第一被告杨家玮作了谈话笔录，被告对所欠货款无异议。工商档案查明，申涛公司因未年检，被上海市工商行政管理局于1999年9月8日吊销营业执照。依据有关解释，由负有清算责任的股东承担债务。故请求判令被告归还原告货款220 047.16元，诉讼费由被告承担。

2. 被告杨家玮辩称：原告与申涛公司发生的货款纠纷，系法人与法人之间的经营行为，当时其不是法定代表人，仅是发货联系人，并于1997年5月就离开申涛公司。根据公司法规定，有限责任公司股东以其出资额为限对公司承担责任，公司以其全部资产对公司的债务承担责任。而且其也不是公司的股东，亦无法对公司进行清算，承担清算责任。

3. 被告杨国平辩称：对申涛公司与原告于1996年10月28日签订的关于建筑陶瓷产品供销协议书不清楚，申涛公司的营业执照是由其具体经办的，只出7 000多元全部办妥，但其不经营。1996年7月28日，其被收容审查，故对1997年5月10日的申涛公司股东会议决议和1997年5月12日申涛公司章程修改不知，决议和章程修改案上的签名及盖章均不是其本人所为。

4. 被告朱崇艳辩称：原告变更被告的法律依据不充分，其不应作为本案的当事人，原告与申涛公司的业务最早发生在1997年5月22日，最晚发生在1997年6月28日，有证据记载，其于1997年5月12日就退出申涛公司，而且经过工商局批准，符合法律规定。其退出申涛公司后，有关事宜由杨家玮负担与其无关。

**（三）一审事实和证据**

上海市杨浦区人民法院经公开审理查明：1996年10月28日，原告与申涛公司签订一份泛亚建筑陶瓷产品促销协议书，原告为供方，申涛公司为需方，申涛公司作为原告在上海市杨浦区的泛亚系列产品一级供销商。协议有效期自1996年10月28日至1997年10月27日，在协议有效期内，需方销售总额不少于120万元，供方给予需方一级经销价格，即按出厂价格下浮7%～10%，付款条件原则是款到发货。协议书还对供货、产品质量保证、销售服务及奖励措施等进行了规定。协议签订后，1997年5月22日至6月28日，原告向申涛公司供应各种规格泛亚瓷砖，由申涛公司工作人员在14张送货回单上签收。1997年5月23日至1997年7月2日，原告相继开出10份上海市增值税专用发票给申涛公司，合计金额为220 047.16元。1998年10月24日，原告向杨家玮催讨货款，杨家玮写下情况陈述一份，表示申涛公司欠原告货款，但与己无关。

另查明：申涛公司于1995年11月29日经上海市工商行政管理局批准设立，股东为朱崇艳和杨国平，朱崇艳应出资30万元，杨国平应出资20万元，但上述注册资金朱崇艳、杨国平均未投资到位，仅支付7 000余元手续费。1996年12月13日，杨国平因票据诈骗罪被判处有期徒刑5年6个月。1997年5月12日，杨家玮填写了申涛公司章程修正案，将原章程第10条修改为："原法定代表人朱崇艳因身体不佳退出本公司，现由杨家玮担任法人代表，朱崇艳的30万元股金也同时转让给杨家玮。"杨家玮分别在股东签名盖章处写下"杨国平、朱崇艳、杨家玮"字样，并加盖私人印章。朱崇艳和杨家玮签订了一份协议书，该协议书的内容为："上海申涛建材有限公司因业务需要及公司内部等原因，原法人朱崇艳退出公司，更换杨家玮为新法人代表，朱崇艳为法人代表期间，公司的一切债务均已交割清楚，双方均已认可，由现任法人杨家玮同志承担，与前法人朱崇艳同志无关。"1997年7月10日，嘉定区工商行政管理部门核准申涛公司前法定代表人朱崇艳退出该公司，并撤销其法人代表资格，告知公司变更手续已办妥。此后，杨家玮又与张敏签署一份委托书，内容为杨家玮由于身体不适离开申涛公司，由张敏全权负责申涛公司，杨家玮任法人期间所负债权债务全部由张敏承担。1999年9月8日，上海市工商行政管理局依法吊销申涛公司营业执照，同年12月2日注销申涛公司。

上述事实有下列证据证明：

1. 原告提供1996年10月28日原告与申涛公司签订的泛亚建筑陶瓷产品供销协议书。

2. 原告提供1997年5月22日至同年6月28日的14份送货回单。

3. 原告提供1997年5月23日至同年7月2日申涛公司收到原告提供的总金额为22 047.16元的货物的10份上海市增值税专用发票。

4. 原告提供1998年10月24日杨家玮的情况陈述。

5. 原告提供有关申涛公司的工商登记材料。

6. 被告杨家玮提供与张敏签署的委托书。

7. 被告杨国平提供（1996）虹刑初字第717号刑事判决书。

8. 被告朱崇艳提供其与杨家玮签订的协议书。

9. 被告朱崇艳提供1997年7月10日“上海市私营企业歇业通知单”。

**（四）一审判案理由**

上海市杨浦区人民法院根据上述事实和证据认为：原告与申涛公司签订的泛亚建筑陶瓷产品供销协议书合法有效，依法应予以保护。从查明的事实看，申涛公司收取原告的瓷砖事实清楚，三被告对欠款数额亦不否认，申涛公司理应支付相应的货款。现申涛公司已被吊销营业执照，但依据公司法的有关规定，应由投资设立人朱崇艳、杨国平对申涛公司进行清理，以清理的财产承担欠原告的债务。又因朱崇艳、杨国平实际投资不到位，故在对公司债务的清偿责任上，朱崇艳不因其与杨家玮已签订股权转让协议而得以免除，且虽然工商管理机关已作出有关核准变更决定，但系基于虚假的股东会议决议和章程修正案，其与杨家玮签订的协议书亦不能对抗原告的主张。审理中，原告撤销对被告杨家玮的诉讼请求，系行使其诉讼权利和民事权利行为，于法不悖，可予以准许。

**（五）一审定案结论**

上海市杨浦区人民法院根据《中华人民共和国民法通则》第一百零六条的规定，作出如下判决：

被告上海申涛建材有限公司应支付原告常熟泛亚建筑陶瓷工业有限公司上海分公司货款人民币220 047.16元。此款由被告朱崇艳、杨国平在本判决生效之日起10日内偿付给原告常熟泛亚建筑陶瓷工业有限公司上海分公司。

案件受理费人民币5 811元，由被告朱崇艳、杨国平负担。

**（六）二审情况**

1. 二审诉辩主张

（1）上诉人朱崇艳诉称：根据申涛公司的企业登记资料内验资报告证明，验资资金已到位；其与杨家玮关于债权债务转移的协议系双方的真实意思表示，且其于1997年5月12日已退出公司，现本案系购销合同纠纷而非企业内部纠纷，原审法院要求上诉人承担责任显属不公；本案诉请已过诉讼时效，杨家玮于1998年10月24日的笔录不能构成诉讼时效中断，该笔录无确切的欠款数额且杨家玮已于1997年5月退出公司。综上所述，请求二审法院依法改判。

（2）被上诉人泛亚公司辩称：杨家玮已确认欠款事实，并有有关证据证明，泛亚公司向杨家玮催讨已构成诉讼时效中断，杨家玮是作为变更后的法定代表人作出的笔录；朱崇艳和杨国平均已表示未投入资金，应在投资不实的范围内承担清偿责任，故请求二审法院依法维持原判。

（3）被上诉人杨家玮辩称：杨国平及朱崇艳均已表示在私营经济城注册仅付了7 000

多元，投资款并未到位；原审中，泛亚公司已放弃了对其诉请，股权转让未按法定程序办理，其还不能是公司的股东，故原审法院认定意见正确。

(4) 被上诉人杨国平辩称：1996 年 7 月至 2000 年 12 月，其在监狱服刑，并不清楚泛亚公司的经济纠纷，故不到庭。

2. 二审事实和证据

二审查明的事实和证据与一审相同。

3. 二审判案理由

上海市杨浦区人民法院根据上述事实和证据认为：

首先，本案所涉购销协议依法有效，具有法律拘束力。泛亚公司履行了供货义务后，依法享有请求申涛公司给付货款的权利。

其次，本案中尚无充分证据认定杨家玮退出申涛公司的确切时间，即使杨家玮在 1998 年 10 月 24 日时已实际退出申涛公司的经营，其作为本案泛亚公司诉请的购销业务的经办人之一的身份及仍作为申涛公司变更登记后的法定代表人的身份并未改变，泛亚公司向其主张权利足以构成诉讼时效中断；同时，有关法律并未规定如果权利人在主张权利时未明确请求债务人给付金钱的确切数额，将不构成诉讼时效中断，因此，上诉人关于泛亚公司的诉请已过时效的主张，缺乏法律依据，本院不予以采纳。

再次，近年在私营经济城注册的私营公司注册资金多有不实，原审庭审中上诉人又已多次确认其投资并未到位，具体办理申涛公司注册事宜的杨国平亦予以证实，现上诉人在上诉中又否认其投资未到位的事实，但未能向本院提供其投入注册资金时的原始付款凭证，故本院对上诉人关于投资已到位的主张，难以采信。

最后，有限责任公司的股东必须履行出资义务，当股东未履行出资义务时，成立的公司因缺乏必要的资金导致公司缺乏必要的合同履行能力及偿债能力，即出资人未尽出资义务与公司缺乏必要的合同履行能力及偿债能力之间存在一定的因果关系，因此，出资人应在其出资不实的范围内对公司的债务承担清偿责任。本案中，朱崇艳与杨家玮之间关于由杨家玮替代朱崇艳的股东和法定代表人身份的约定系双方的真实意思表示，可予以认定，但朱崇艳出资未到位，朱崇艳作为股权转让方的出资责任是否免除、何时免除应根据杨家玮作为股权受让方是否补足、何时补足注册资本的事实予以确定。现作为股权转让的双方，朱崇艳未出资且杨家玮亦未补足注册资本，因此，朱崇艳仍应承担出资责任。股权转让双方对公司缺乏必要的合同履行能力及偿债能力均有责任，双方应对公司债务承担连带清偿责任。综上所述，本案中，朱崇艳因出资不实对公司债务的清偿责任不因朱崇艳与杨家玮已签订股权转让协议而得以免除，上诉人的诉请，本院不予以支持。原审判决并无不当，应予以维持。至于上诉人朱崇艳在承担清偿责任后，可以向股权受让方及其他股东追索。

4. 二审定案结论

上海市第二中级人民法院根据《中华人民共和国民事诉讼法》第一百五十三条第一款第（一）项之规定，判决如下：

驳回上诉，维持原判。

二审案件受理费人民币 5 811 元，由上诉人负担。

（七）解说

本案购销合同的案情并不复杂，当事人争议的焦点主要为：企业被吊销营业执照后，其股东是否应成为本案被告及原企业股东朱崇艳投资是否到位，如果未到位，或退出原企业后，是否还应在投资不实的范围内承担清偿责任。根据《公司法》的有关规定，有限责任公司股东以其出资额为限对公司承担责任，公司应以其全部资产对公司承担责任。现申涛公司已被吊销营业执照，公司的股东以其出资额为限对公司承担责任。本案中，朱崇艳曾多次确认其投资并未到位，具体办理申涛公司注册事宜的杨国平亦予以证实，且未能提供其投入注册资金时的原始凭证。同时，从诚信原则出发，有限责任公司的股东必须履行出资义务，当股东未履行出资义务时，成立的公司因缺乏必要的资金导致公司缺乏必要的合同履行能力及偿债能力，即出资人未尽出资义务与公司缺乏必要的合同履行能力及偿债能力之间存在一定的因果关系，故出资人应在其出资不实的范围内对公司的债务承担清偿责任，现朱崇艳出资未到位，其作为股权转让方的出资责任是否免除、何时免除应根据杨家玮作为股权受让方是否补足、何时补足注册资金的事实予以确定。朱崇艳与杨家玮之间关于由杨家玮替代朱崇艳的股东和法定代表人身份的决定虽系双方的真实意思表示，可予以认定，但作为股权转让的双方，朱崇艳未出资且杨家玮亦未补足注册资金，股东转让双方对公司缺乏必要的合同履行能力及偿债能力均有责任，故双方应对公司债务承担连带清偿责任。因此，朱崇艳称其已于 1997 年 5 月退出申涛公司，所欠债务与己无关，于法无据，亦不能免除朱崇艳作为股东应负的法律责任。至于朱崇艳在承担法定责任后，可以向股东受让方及其他股东追索。

（方　侠）

## 7. 常熟市全国环氧树脂应用技术学会实验厂诉扬州市华菱粉末涂料厂等买卖合同案

（一）首部

1. 判决书字号：江苏省高邮市人民法院（2001）经字第 571 号。

2. 案由：买卖合同案。

3. 诉讼双方

原告：常熟市全国环氧树脂应用技术学会实验厂（以下简称常熟环氧树脂厂）。

法定代表人：董荃珠，厂长。

委托代理人：陆斌，江苏苏州少平律师事务所律师。

委托代理人：戚威，江苏苏州正大发展律师事务所律师。

被告：扬州市华菱粉末涂料厂（以下简称华菱涂料厂）。

法定代表人：薛同桂，厂长。

委托代理人：瞿明，高邮市天山法律服务所法律工作者。

被告：国营扬州市曙光电缆厂（以下简称曙光电缆厂）。

法定代表人：郑连元，厂长。

委托代理人：金元龙，高邮市阳光法律服务所律师。

被告：高邮景泰会计师事务所有限公司（以下简称景泰有限公司）。

法定代表人：高建华，董事长。

委托代理人：芮励，江苏扬州民泰律师事务所法律工作者。

4．审级：一审。

5．审判机关和审判组织

审判机关：江苏省高邮市人民法院。

合议庭组成人员：审判长：周启泉；审判员：刘星农、居方祥。

6．审结时间：2001年8月17日。

**（二）诉辩主张**

1．原告常熟环氧树脂厂诉称：被告扬州市华菱涂料厂与原告系业务往来单位，截至1999年5月31日，该被告共欠原告297 410元。2000年4月25日，双方约定，被告华菱涂料厂于2000年12月底前全部还清所欠上述货款，但到期后，被告并未还款，原告催款无着，故诉至法院，请求判令该被告偿还货款并给付利息。由于被告曙光电缆厂系被告华菱涂料厂的投资开办单位，而事实上该单位应投资的200万元并未到位，故亦请求法院判令该被告承担连带清偿责任。原高邮市会计师事务所在被告扬州市华菱涂料厂成立时出具了虚假的验资报告，因该事务所现已转制为景泰有限公司，故请求法院判令该公司承担赔偿责任。

2．被告华菱涂料厂辩称：对上述借款事实无异议，但被告提供的产品存在质量问题，另外，被告曙光电缆厂对被告华菱涂料厂投资已经到位，被告华菱涂料厂法定代表人的陈述不是事实。

3．被告曙光电缆厂辩称：第二被告对第一被告的投资已经到位，故第二被告不应承担责任。

4．被告景泰有限公司辩称：尽管该公司接收了原高邮市会计师事务所改制时留下的职业风险基金，但原高邮市会计师事务所已经履行了应尽的验资义务，故景泰有限公司不应承担任何责任，另外，若要该公司承担责任，也只能以其所接收的职业风险基金为限。

**（三）事实和证据**

高邮市人民法院经公开审理查明：1994年11月15日，被告华菱涂料厂与被告曙光电缆厂联名向高邮市工商行政管理局申请，请求批准设立华菱涂料厂。尽管“扬州高邮会计师事务所审验注册资金证明书”证明被告曙光电缆厂实物出资折合人民币200万元，但实际未出资。被告华菱涂料厂在生产经营活动中与原告多次发生业务往来，截至1999年5月31日，该被告共欠原告297 410元，2000年4月25日，双方书面约定，被告华菱涂料厂于2000年12月底前全部还清所欠上述货款，但到期后，该被告并未还款，原告多次催款无着，故诉至法院，要求其偿还欠款并给付利息。同时，原告以被告曙光电缆厂投资不实为由要求其承担连带清偿责任。鉴于原高邮市会计师事务所已改制，被告景泰有限公司成立时接收了原高邮市会计师事务所职业风险基金369 715.41元，原告一并诉请法院判令其承担赔偿责任。审理中因双方意见不一，致使本案调解不成。

上述事实有下列证据证明：

1.2000年4月25日，原告与被告华菱涂料厂签订的协议书一份。

2.邮会验（94）字第255号“扬州高邮会计师事务所审验注册资金证明书”及资金来源证明各一份。

3.1999年度企业法人年检报告书一份。

4.2000年10月31日原告代理人对被告华菱涂料厂法定代表人薛同桂的调查笔录一份。

5.“企业申请注销登记注册书”及“公司设立登记申请书”各一份。

6.邮国资行（1999）6号“关于高邮会计师事务所产权界定的批复”及高邮市财政局与高邮会计师事务所双方签订的“资产处置协议书”各一份。

7.被告华菱涂料厂申请开业登记注册书一份。

8.照片7张。

9.1994年11月10日股东大会会议记录一份。

10.1994年11月25日记账凭证两份计4页。

**（四）判案理由**

高邮市人民法院根据上述事实和证据认为：作为本案的主债务人被告华菱涂料厂欠原告297 410元，事实清楚，各方当事人也无争议，对此债务，被告华菱涂料厂应予以偿还，并承担逾期付款的利息。本案的焦点在于：（1）被告曙光电缆厂在华菱涂料厂成立时是否进行了投资？（2）如果没有投资，被告曙光电缆厂及景泰有限公司应如何分别承担责任？被告曙光电缆厂作为工商部门登记的华菱涂料厂的投资单位之一，其应在被告华菱涂料厂于1999年成立时，实物出资折合人民币200万元，对此曙光电缆厂无异议。但从原告提供的“1999年度企业法人年检报告书”中可以发现，被告曙光电缆厂当年对外并无投资。再从华菱涂料厂的法定代表人所作的证词来看，华菱涂料厂事实上也未收到曙光电缆厂的投资。尽管被告华菱涂料厂代理人及被告曙光电缆厂代理人均以薛同桂不是当时的法定代表人为由认为薛同桂所述不是事实，但事实上，薛同桂不仅是华菱涂料厂的法定代表人，也是该厂成立时股东大会的参加人，因此，他不可能不了解公司的投资情况，鉴于薛同桂的这一证人特定的身份，对其陈述应予以采信。被告曙光电缆厂口头辩解，工商登记中1999年该厂对外投资情况“无”系经办人误写，显属狡辩。被告曙光电缆厂提供的1994年11月25日的2份记账凭证及7张照片，仅仅是间接证据，并不能证明该厂对华菱涂料厂进行了投资，换言之，被告如要证明其确实进行了实物出资，则应提供购物发票及当年曙光电缆厂、华菱涂料厂原始的资产损益表。综上所述，应当认定被告曙光电缆厂并未对华菱涂料厂进行实物出资。根据江苏省高级人民法院于1999年1月25日作出的“对关于当前经济审判工作中若干问题的讨论纪要的补充修改意见”第3条的规定，被告曙光电缆厂应对被告华菱涂料厂不能清偿的货款，在200万元范围内承担清偿责任。原高邮市会计师事务所在被告华菱涂料厂成立前应出具客观真实的验资报告，但在本案庭审中，景泰有限公司并未能提供相关的证据证明原高邮市会计师事务所尽了验资义务（结合本案的事实，其也不可能提供其已尽验资义务的证据），依照最高人民法院《关于会计师事务所为企业出具虚假验资证明应如何承担责任问题的批复》（法释［1998］13号），该被告应对被告曙光电缆厂应予以清偿而未清偿的部分在200万元范围内承担赔偿责任。

### （五）定案结论

江苏省高邮市人民法院根据《中华人民共和国合同法》第八条、第六十条第一款、第一百一十三条第一款及最高人民法院《关于会计师事务所为企业出具虚假验资证明应如何承担责任问题的批复》（法释（1998）13号）的规定，判决如下：

1. 被告扬州市华菱粉末涂料厂在本判决书生效后10日内给付原告常熟市全国环氧树脂应用技术学会实验厂人民币297 410元，并从2001年1月1日起按日万分之二点一承担297 410元货款的逾期利息，直至还清此欠款。

2. 被告国营扬州市曙光电缆厂对被告扬州市华菱粉末涂料厂不能清偿的货款，以200万元为限承担清偿责任。

3. 被告高邮景泰会计师事务所有限公司就被告国营扬州市曙光电缆厂应当清偿而未清偿的货款对原告常熟市全国环氧树脂应用技术学会实验厂在200万元内承担赔偿责任。

案件受理费7 120元，公告费50元，合计7 170元（此款原告已预交），由被告扬州市华菱粉末涂料厂承担，对此，被告国营扬州市曙光电缆厂及被告高邮景泰会计师事务所有限公司还应分别比照上述二、三两项判决承担相应的责任。

### （六）解说

本案涉及因投资不实、验资不实而产生的民事责任的承担。在此情况下，投资单位及验资单位应以什么顺序，在多大范围内，以何种方式对债权人承担责任？有人认为，应由主债务人、投资单位、验资单位承担连带清偿责任；有人认为，应由投资单位、验资单位在投资不实或验资不实的范围内对主债务人不能偿还的债务承担连带清偿责任；也有人认为，应由主债务人、投资单位承担连带清偿责任，验资单位对不能清偿的部分在验资不实的范围内对债权人承担赔偿责任。审判实践中，众说纷纭，莫衷一是。

首先，验资机构应承担侵权赔偿责任。我国实行实有资本制度，企业的注册资本必须经过验资才能作为工商登记的依据，其目的在于确保注册资本的真实性，保证成立的企业具备正常运营的财产的基础。证明注册资本客观存在的验资报告是企业取得营业执照的基础，注册资金数额反映企业的偿债能力，构成对债权人债务的一般担保，债权人之所以与企业发生往来，在很大程度上是基于对该企业注册资金的信赖，因而债权人对他们因信赖虚假验资报告造成的损失，有过错的验资单位应在虚假资金证明金额范围内承担侵权赔偿责任。

其次，验资机构所承担的责任应次于主债务人及投资单位。主债务人用以承担责任的财产因出资人出资不到位而减少，出资人对主债务人财产负有补充责任，因而主债务人不能清偿实质上还应包括出资人不能偿还在内。主债务人及出资人之所以在验资单位之前承担责任，是因为验资单位承担的是对债权人的损害赔偿责任，而非对主债务人财产的补充责任，只有主债务人、出资人等均不能偿还的部分才构成验资单位对债权人的损害。

再次，投资单位应对主债务人不能偿还的部分在投资不实的范围内承担清偿责任。由于投资单位并未直接造成债权人利益的损害，更没有从债权人处直接获取利益，因而其责任承担的方式只能是当主债务人不能偿还时，通过对主债务人财产的补充，得以弥补债权人的损失，当然，这种补充应以投资不实的部分为限。

（周启泉）

## 8. 小鸭集团冰柜有限公司诉淮安经济开发区家电有限公司买卖合同案（商业区域总经销 促销）

**（一）首部**

1. 判决书字号

一审判决书：江苏省淮安市清河区人民法院（2001）河经初字第142号。

二审判决书：江苏省淮安市中级人民法院（2001）淮经终字第88号。

2. 案由：买卖合同案。

3. 诉讼双方

原告（反诉被告、上诉人）：山东小鸭集团冰柜有限公司（以下简称小鸭公司）。

法定代表人：石守恭，董事长。

委托代理人（一、二审）：范玲玲，小鸭公司监察部部长。

委托代理人（一、二审）：马频，山东康桥律师事务所律师。

被告（反诉原告、被上诉人）：淮安经济开发区家电有限公司（原淮阴经济开发区家电采购供应站有限公司，以下简称家电公司）。

法定代表人：周向阳，总经理。

委托代理人（一、二审）罗士权，家电公司会计。

委托代理人（二审）：刘炳红，家电公司会计。

4. 审级：二审。

5. 审判机关和审判组织

一审法院：江苏省淮安市清河区人民法院。

合议庭组成人员：审判长：李元富；审判员：陈建淮、薛同忠。

二审法院：江苏省淮安市中级人民法院。

合议庭组成人员：审判长：刘书华；代理审判员：仲伟强、欧海鸥。

6. 审结时间

一审审结时间：2001年8月15日。

二审审结时间：2001年12月20日。

**（二）一审诉辩主张**

1. 原告诉称：截至2000年11月24日，家电公司在与小鸭公司购销业务关系中累计欠货款155 892.30元，经多次索要未果，现诉至法院要求家电公司立即给付该款，并承担违约金4 910.60元及本案诉讼费用。

2. 被告反诉称：家电公司与小鸭公司之间系代理销售关系而非购销关系，2000年11月24日，双方对账结果反映的也是双方代理销售业务中往来的情况，而非2000年4月25日购销合同中所欠货款；且小鸭公司尚欠家电公司1 651 578.60元的增值税发票，由于小鸭公司无故终止了与家电公司的代理销售关系，其违约行为给家电公司造成了巨大损失，小鸭公司理应对家电公司进行赔偿。家电公司请求小鸭公司赔偿其间接损失342 995.70元；开具增值税发票1 651 578.60元；由小鸭公司承担反诉费用。

**（三）一审事实和证据**

江苏省淮安市清河区人民法院经公开审理查明：双方当事人于1998年年底发生业务关系，此前小鸭公司隶属于山东小鸭英特制冷有限公司（以下简称小鸭英特公司）。1998年，家电公司经销小鸭英特公司10万元冰柜，后因质量问题，在该业务中小鸭英特公司结欠家电公司95 848元货款。1999年10月21日，小鸭公司从小鸭英特公司分立为独立法人，并承担了小鸭英特公司对家电公司的95 848元债务。2000年1月，时任小鸭公司销售部经理的李东风至家电公司确认了该债务，并与家电公司商谈双方合作事宜。同年1月16日，双方签署合作协议一份，约定“家电公司为小鸭公司所产小鸭冰柜在江苏、安徽、鲁西南地区独家总经销商”、“代理期限3年”、“乙方（家电公司）2000年度目标销售小鸭冰柜1.5万台”，“甲方（小鸭公司）保障乙方销售量上完成计划”等。嗣后，双方发生频繁的业务往来，至2000年10月13日间双方往来账款（经营额）为3 409 993.60元，其中2 365 465.50元发生于2000年4月25日前。同年11月24日，双方对账确认家电公司尚欠小鸭公司货款155 892.30元。

2000年4月25日，双方因结算方式的需要而签订工矿产品购销合同一份。同年4月26日，吕广明以小鸭公司的名义与家电公司签订一份贴息协议，约定由小鸭公司对家电公司于同年4月27日出票的50万元汇票贴息2万元。同年5月20日，吕广明再以小鸭公司的名义与家电公司签订补充协议一份，约定“自2000年5月22日至同年6月30日期间，在家电公司所辖区域内推出买一赠一活动，购小鸭任一款冰柜赠小鸭台式饮水机一台（数量控制在2 000台左右，只能作为赠品）”。同年5月23日，小鸭公司给家电公司630台饮水机。

小鸭公司与徐州恒荣电器有限公司于2000年11月2日签订经销合同书一份，约定徐州恒荣电器有限公司为小鸭公司小鸭冰柜在徐州地区、安徽宿州地区的经销商，代理期限1年。

上述事实有下列证据证明：

1. 双方签订的合作协议。

2. 双方签订的购销合同。

3. 小鸭公司发出冰柜的商品调拨单。

4. 家电公司销售冰柜的账页。

5. 金额为235万元的银行承兑汇票4份。

6. 吕广明以小鸭公司的名义与家电公司订立的补充协议及吕广明出具的已发给家电公司饮水机630台的证明。

7. 结算返利协议。

8. 吕广明以小鸭公司的名义与家电公司订立的贴息协议。

9. 双方共同制作的对账单及对账确认书。

10. 小鸭公司与徐州恒荣电器公司签订的经销合同书。

11. 当事人的庭审陈述。

**（四）一审判案理由**

江苏省淮安市清河区人民法院认为：小鸭公司与家电公司签订的合作协议合法、有效。该协议的性质属于商业区域代理，协议的内容虽然不完备，如协议未约定违约责任、未约定排他权等，但双方应按协议已约定的事项严格履行，即在代理期限内小鸭公司应履行向家电公司供货及采取措施保障家电公司年销售 1.5 万台小鸭冷柜的义务，家电公司应及时按约定的回款方式将货款给付小鸭公司。双方在实际履行合作协议的过程中，又先后就"贴息"、"促销"、"返利"等事项达成补充协议，其中，"贴息"及"返利"协议已得到双方确认和履行，"促销"协议也已部分履行。至 2000 年 11 月 24 日双方对账时，家电公司尚有货款 155 892.30 元未付给小鸭公司，小鸭公司尚有 1 651 578.60 元的增值税发票未出具给家电公司，至此双方互负义务。小鸭公司诉求家电公司给付货款并自 2000 年 11 月 24日起承担逾期付款利息有法律依据，本院确认其债权并支持其诉讼请求。

由于小鸭公司自 2000 年 10 月 13 日起不再发货给家电公司且于其后不久即通过法律程序向家电公司主张货款，并于 2000 年 11 月 2 日与徐州恒荣电器有限公司签订经销合同书，约定徐州恒荣电器有限公司为小鸭公司小鸭冰柜在徐州地区、安徽宿州地区经销商，其以实际行为终止了与家电公司之间合作协议的履行，家电公司据此提起反诉，要求小鸭公司承担违约责任，赔偿其间接损失 342 995.70 元，补开 1 651 578.60 元的增值税发票。本院认为，小鸭公司终止履行与家电公司之间合作协议的行为已构成违约，依法应当承担违约责任，小鸭公司以合作协议无效、家电公司货款未付清为由抗辩家电公司的反诉请求，其抗辩理由不能成立，本院不予采信。家电公司反诉请求的第二项即要求小鸭公司赔偿促销活动中其未收到的 1 370 台饮水机折款 226 050 元，由于双方签订的补充协议的目的是为了促销，也是为了实现合作协议中约定家电公司年度销售 1.5 万台冰柜的销售目标，小鸭公司未完全履行该补充协议中的约定，可能影响了家电公司的冰柜销售量，但其受损的利益仍属于履行合作协议应得利益范畴，即家电公司反诉请求的第一项，而不是未收到的饮水机，家电公司不应重复主张其权利，故家电公司该项请求本院不予支持；家电公司第一项反诉请求为履行合作协议 3 年期间的预期收益，因合作协议中仅对 2000 年度的销售目标有明确的约定，所以不能以这一标准计算其 3 年的预期收益，但由于家电公司反诉所主张的金额 342 995.70 元未超过 2000 年度未履行部分的预期收益 396 792 元（仅计算 3%的返利），故家电公司的第一项反诉请求有事实依据，亦符合法律规定，本院予以支持；家电公司第 3 项反诉请求即要求小鸭公司补开 1 651 578.60 元的增值税发票，小鸭公司以货款未付清为由抗辩，本院认为其抗辩不符合商业交易习惯，也违反会计法及税法的有关规定，其抗辩不能成立，家电公司的该项反诉请求本院予以支持。

**（五）一审定案结论**

江苏省淮安市清河区人民法院根据《中华人民共和国民法通则》第一百零八条，《中华人民共和国合同法》第一百一十三条第一款的规定，作出如下判决：

1. 本诉被告家电公司欠本诉原告小鸭公司货款 155 892.30 元，承担迟延付款利息 4 910.60元，合计 160 802.90 元。

2. 反诉被告小鸭公司赔偿反诉原告家电公司间接损失 342 995.70 元，并补开增值税发票 1 651 578.60 元。

3. 上述两项折抵后，小鸭公司尚欠家电公司间接损失 182 192.80 元，并补开增值税发票 1 651 578.60 元，于本判决生效后 10 日内履行。

本诉案件受理费 4 678 元，其他诉讼费 400 元，合计 5 078 元，由家电公司负担。反诉案件受理费 8 000 元，其他诉讼费 1 000 元，合计 9 000 元，由小鸭公司负担。

**（六）二审情况**

1. 二审诉辩主张

（1）上诉人诉称：第一，家电公司提供的合作协议不成立，双方之间是购销关系；第二，小鸭公司因家电公司未及时付款而终止供货，行使的是先履行抗辩权，一审认定小鸭公司终止履行行为是违约行为，违背法律规定；第三，合作协议中目标销售非履行标的的确定数量，而是小鸭公司应供冰柜的最高额度；第四，原判认定家电公司的损失没有依据。

（2）被上诉人辩称：小鸭公司的履行行为及签订几份补充协议的行为是对合作协议有效的确认；在 2000 年 11 月 24 日前，双方债权债务并未明确，而小鸭公司于 2000 年 6 月 15 日后即停止供货、未开具 1 651 578.60 元增值税发票、于 2000 年 10 月 11 日先后与他人签订代理销售合同等行为均系违约行为，小鸭公司并无先履行抗辩权；家电公司一审中反诉请求的损失系小鸭公司未履行部分而家电公司应得的返利及利润损失。家电公司请求驳回上诉，维持原判。

2. 二审事实和证据

江苏省淮安市中级人民法院经审理查明：二审中，双方当事人除了对 2000 年 1 月李东风确认债务，至 2000 年 4 月 25 日、10 月 13 日前的经营额等事实有异议外，对其他事实均无异议。同时对二审中提出的以下事实没有异议：2000 年 1 月 21 日、5 月 29 日、5 月 30 日，吕广明分别出具收条，载明收到家电公司汇票，并将汇票交小鸭公司；2000 年 7 月 5 日，双方订立一份对账确认书，确认发货 2 926 台，退货 22 台，回款 2 995 848 元（含小鸭英特公司转移给小鸭公司的 95 848 元债务），库存冰柜 1 001 台；小鸭公司自 2000 年 1 月 11 日开始供货，2000 年 6 月 13 日至 2000 年 10 月 13 日未供货，2000 年 10 月 13 日，小鸭公司供家电公司 15 台冰柜，价值 2 万元左右，此后又停止供货；2000 年，小鸭公司累计向家电公司提供冰柜 2 976 台，实际供货时，由双方口头联系冰柜规格、数量等；2000 年 11 月 24 日，李东风以小鸭公司的名义、周向阳以家电公司的名义订立一份结算返利协议，约定小鸭公司对小鸭冰柜总回款给予 3% 的返利（含广告费），家电公司总回款3 048 712元，小鸭公司给予的返利金额为91 461.36元，直接抵充债务；贴息 2 万元及返利 91 461.36 元在双方的 2000 年 11 月 24 日对账单中均从家电公司应付货款中予以扣除；小鸭公司尚有 1 651 578.60 元增值税发票未向家电公司开具。

对于上述事实，江苏省淮安市中级人民法院予以确认。

就一审查明而当事人有异议的事实，江苏省淮安市中级人民法院认为，2000 年 10 月 13 日前双方的经营额有双方的对账单为依据，可以认定；2000 年 1 月李东风确认债务、2000 年 4 月 25 日前经营额等并无充足证据证实。

另查明：2000 年李东风曾任小鸭公司销售部经理，同时兼任党委书记；吕广明系小鸭公司一般销售人员。

上述事实有一审中的有关证据及二审中的当事人庭审陈述证实。

3. 二审判案理由

江苏省淮安市中级人民法院认为：双方的争议焦点在于合作协议是否有效、双方之间系何种法律关系、小鸭公司是否违约以及家电公司的反诉请求是否能够成立。

(1) 关于合作协议的效力。本院认为，合作协议及有关的贴息、促销、结算返利等协议均有效。贴息、促销、结算返利等协议虽然分别为吕广明、李东风个人以小鸭公司的名义订立，但均已全部或部分履行，且小鸭公司对贴息、返利数额及已发的饮水机表示认可，故此3份协议有效。李东风于2000年度曾任小鸭公司销售部经理，且此后李东风、吕广明签订的贴息等协议均以合作协议为基础，小鸭公司的袁忠强又证实在小鸭公司备有合作协议，应认为小鸭公司已认可合作协议，合作协议有效。小鸭公司关于合作协议无效的辩称理由不能成立。

(2) 关于双方之间的法律关系。本院认为，合作协议约定家电公司为小鸭公司在江苏等地独家总经销，对冰柜的规格、数量、价格、付款时间、违约责任等则约定不甚完备和明确，带有一定意向性，实际供货时，由双方口头约定标的价格、数量等，应认定双方依此协议形成了商业区域总经销的关系，但本案所涉及的则是双方以此协议为基础的买卖合同货款纠纷。2000年4月25日的购销合同，虽然有银行证明为开具汇票用，但与双方之间的关系并不矛盾。因此，家电公司关于双方仅是代理关系的理由不能成立。

(3) 关于家电公司的反诉请求。其一，双方合作协议中关于冰柜数量的约定仅具意向性，并非明确小鸭公司必须供货1.5万台，具体供货以双方口头约定为基础，现家电公司不能证明小鸭公司与其还有12 024台冰柜的买卖合同，且家电公司并未及时将货款给付小鸭公司，故家电公司认为小鸭公司终止供货系违约行为，并要求小鸭公司赔偿可得利益损失342 995.70元的请求无事实和法律依据，不予支持。其二，小鸭公司应按促销协议将2 000台饮水机交付家电公司，部分交付属违约行为，但促销协议是合作协议的补充，目的是拓宽小鸭冰柜市场和提高家电公司小鸭冰柜的销售量，且家电公司无充足证据证明在2000年5月22日至6月30日期间其已销售2 000台小鸭冰柜，故家电公司仅能请求小鸭公司承担赔偿损失的违约责任，而不能要求小鸭公司继续履行或给付折合价款。其三，小鸭公司供货后，应按规定向家电公司开具增值税发票1 651 578.60元，家电公司此请求成立，应予以支持。综上所述，一审法院认定事实有所遗漏，适用法律亦有不当，应予以纠正。

4. 二审定案结论

江苏省淮安市中级人民法院根据《中华人民共和国民事诉讼法》第一百五十三条第一款第（二）项、第（三）项之规定，作出判决如下：

(1) 维持淮安市清河区人民法院（2001）河经初字第142号民事判决第一项。

(2) 撤销淮安市清河区人民法院（2001）河经初字第142号民事判决第二项、第三项及案件受理费部分。

(3) 小鸭公司于本判决生效后10日内向家电公司开具金额为1 651 578.60元的增值税发票。

(4) 驳回家电公司的其他反诉请求。

一审本诉案件受理费4 678元，其他诉讼费400元，反诉案件受理费8 000元，其他诉讼费1 000元，共计14 078元，小鸭公司负担4 223.4元，家电公司负担9 854.6元；

上诉案件受理费 12 678 元，其他诉讼费 2 500 元，共计 15 178 元，小鸭公司负担 4 553.4 元，家电公司负担 10 624.6 元。

**（七）解说**

本案是一起买卖合同纠纷案，同时涉及商业区域总经销问题，本诉方的请求依据很明确，但反诉方的请求能否得到支持，必须正确认识当事人双方争议关系的性质，包括两个方面:一是商业区域总经销与买卖合同的关系；二是在交易过程中的促销关系。

1. 双方之间既存在商业区域总经销关系，又存在买卖合同关系。本案中当事人签有合作协议一份，从该协议的内容看，双方之间形成商业区域总经销关系，由于商业区域总经销不是合同法所规定的典型的合同，导致双方当事人在履行中对其内容的解释分歧很大，反诉方家电公司要求本诉方小鸭公司赔偿其损失，主要理由即是双方在合作协议中约定了本诉方小鸭公司 3 年供应 4.5 万台冰柜（每年 1.5 万台）的义务，而本诉方则认为家电公司未付款，其不应再供应冰柜。对此，我们必须根据合作协议的约定，从总经销的目的、特征出发，来确定双方当事人的权利、义务，再以此确定当事人的履行是否符合约定。笔者以为，本诉方并不负有供应 4.5 万台冰柜的确定义务。首先，合作协议主要约定的是商业区域总经销关系，非买卖合同或其他关系，而商业区域总经销总是赋予另一方专卖专销的排他权利，一般不涉及双方的买卖关系；其次，协议没有明确约定产品的规格，且 4.5 万台冰柜的数量双方约定只是一个“目标”，故合同的基本要素——标的物和数量不确定，双方关于合同标的物的数量的约定仅具有一定的意向性，合同在数量上对双方就难以产生一定的约束力。另外，协议对付款期限、付款方式、违约责任等约定亦不明确，如果认为数量是确定的，对小鸭公司来说，合同的权利、义务就失去了公平性和一致性。

双方之间供货、付款行为是否是在履行合作协议呢？笔者以为，双方在实际供货时，口头约定供货的规格、数量，表明双方亦存在买卖合同关系。合作协议形成的商业区域总经销关系与买卖合同关系有一定的联系，表现在买卖合同是在合作协议基础上形成的，且合作协议的履行也必须通过买卖合同的履行才可能实现。故家电公司可以根据合作协议提起反诉，但不能认为总经销关系中已明确了确定的供货义务或者认为包含了买卖关系。据此，基于合作协议，如果小鸭公司在约定的区域范围内又指定其他人为总经销人或直接向其他人销售，或者在家电公司已履行义务而且有市场需求的情况下，小鸭公司拒绝订立买卖合同的，家电公司可以解除合作协议，并请求赔偿。而本案中反诉方尚有大量库存冰柜且货款未支付，却要求本诉方在 4.5 万台范围内继续供货，违背双方的合同目的，不应得到法院支持。

2. 促销协议是有一定独立性和附属性的协议。在交易过程中，由生产者提供促销品以激活市场、增加销售量是商业区域总经销中常见的一种现象，如果双方对促销品作出约定，而生产者拒绝提供促销品或者销售者将促销品不用于促销，则系违约行为。就本案情况而言，小鸭公司未提供全部促销品应承担何种责任，解决的前提仍然是正确确定促销协议的性质。有人主张小鸭公司不承担责任，理由是双方之间的促销协议乃赠与合同，小鸭公司可以撤销赠与。笔者以为不妥。双方之间促销协议实为合作协议的补充，具有相对的独立性，一旦承诺，则必须履行。第一，双方建立的商业区域总经销关系系商事关系，而非无偿的民事关系。第二，双方约定促销品，目的是为了拓宽冰柜市场和提高冰柜的销售量，且皆可从促销中获益，系双方法律行为，与赠与的单方处分行为不可等同。第三，促销协议有一定的附属性，且为特殊目的设置，因此，如果合作协议被确认无效或者被撤销、被解除，生产者可以请求撤销或解除促销协议，与赠与的撤销显然不同。

本案中，小鸭公司明确以2 000台饮水机作冰柜附属赠品以促销，履行中未全部交付，系违约行为，但家电公司要求小鸭公司交付其余的1 367台或给付折合的价款，笔者以为不能成立，因为双方约定的促销时间已过，如要求小鸭公司再履行，则是纯粹地给家电公司增加利益，与促销的特殊目的相悖，不过笔者并不否认家电公司享有主张赔偿损失的权利，如促销期间应增加而未增加的销售量或者销售时采用替代品的损失等，但由于家电公司未能提供损失存在的充足证据，以致反诉请求被驳回。

（欧海鸥）

## 9．宋二收诉许昌市皇宝食品厂等买卖案

**（一）首部**

1．判决书字号

一审判决书：河南省许昌市魏都区人民法院（2000）魏经初字第398号。

二审判决书：河南省许昌市中级人民法院（2001）许经一终字第13号。

2．案由：买卖合同案。

3．诉讼双方

原告（被上诉人）：宋二收（又名宋永收），男，1975年4月30日出生，汉族，住平顶山黄楝树小区，系个体工商户。

被告（上诉人）：许昌市皇宝食品厂。

法定代表人：晁宝堂，厂长。

委托代理人：郭江华，许昌世纪风律师事务所律师。

第三人：李升伟（又名李胜伟），男，1973年1月10日出生，汉族，住许昌县椹涧乡闫庄村二组。

4．审级：二审。

5．审判机关和审判组织

一审法院：河南省许昌市魏都区人民法院。

合议庭组成人员：审判长：刘峰；审判员：胡琰峰、韩建设。

二审法院：河南省许昌市中级人民法院。

合议庭组成人员：审判长：朱天法；审判员：张炳炎、刘亚丽。

6．审结时间

一审审结时间：2000年11月5日。

二审审结时间：2001年3月22日。

**（二）一审诉辩主张**

1. 原告诉称：1999年起，我与被告多次发生业务往来，由被告业务员李升伟给我送货。当时双方约定，如果货销不完可以退货，后因种种原因，被告所送货物没有销完，通知被告后，被告派业务员李升伟将所剩货物拉走，冲抵我欠被告货款后，被告尚欠我23 730元的退货款，由李升伟给我出具了欠条。另外我所销售被告的可乐因保质期将近，征得被告同意后，低价卖出，每件差价13.50元，计款4 050元，此款也由被告业务员李升伟给我出具了欠条。以上两项共计款项27 780元。经我多次催要，被告以种种理由拒付，因李升伟的行为已构成表见代理，因此诉至法院，要求被告立即偿还退货款27 780元及利息，并承担本案的诉讼费用，第三人李升伟对上述款项承担连带偿还责任。

2. 被告辩称：我厂与原告于1999年三四月份确实经李升伟之手发生过业务往来，原告以支付现金和出具欠条的方式与我厂完成了购销行为。当时李升伟系我单位销售二科科长，但2000年三四月份已不辞而别，事实上已与我厂解除了临时聘用关系，李升伟已不再是我厂销售人员，李升伟向原告出具欠条是其个人行为，应由其个人承担相应的民事责任。按照原告的退货时间，此批货物已超过保质期，所退货款是按购进价格所得，因此，原告有与李升伟串通损害我厂利益之嫌。另根据我厂账面显示，原告尚欠我厂货款17 460.50元，因此，要求驳回原告对我厂的诉讼请求，并保留反诉的权利。

3. 第三人李升伟述称：被告说我不是该厂的业务员不是事实，因为没有给我任何解聘手续，也没有通知我，因此，我的行为不属于个人行为，且原告所退货已全部交给厂里，我不应该承担还款责任。另外，我向原告出具的两张欠条是我在被逼之下所写，本案与我无关。

**（三）一审事实和证据**

许昌市魏都区人民法院经审理查明：原告宋二收系经营烟酒的个体工商户，1999年3月，原告开始与被告许昌市皇宝食品厂发生业务往来，由原告以现金或打欠条形式销售被告的产品，双方未签订具体的购销或赊销合同，但每次均由被告销售科长李升伟负责向原告送货并收款。2000年7月2日，因原告所销被告货物未卖完，且保质期将近，原告遂与李升伟联系要求退货。经协商算账后，原告所退货物冲减原告所欠被告货款后的价值为23 730元，由李升伟向原告出具了欠条，内容为“今欠货款贰万叁仟柒佰叁拾元（23 730元），许昌市皇宝食品厂，李升伟”。另外，原告销售被告的可乐也因保质期将近，在征得李升伟同意的情况下，原告以每件5元的价格卖出，每件差价13.50元，300件价款共计4 050元。此款也由李升伟向原告出具了欠条。上述款项共计27 780元，经原告多次催要，被告以种种理由拒不偿付。

另查明：第三人李升伟于2000年11月9日在接受本院询问时，明确表示其现在仍是许昌市皇宝食品厂销售二科科长，既没有向被告递交辞职报告，也没有接到任何解聘通知。前述欠条所载款项是扣除掉原告所欠被告的货款后净欠原告的退货款。另外李升伟还明确表示，本案在诉讼期间，被告曾找到其本人了解案件的有关情况。

**（四）一审判案理由**

许昌市魏都区人民法院认为：原、被告双方于1999年3月开始发生业务往来，且每次均由被告销售科长李升伟负责送货并收款，原告有理由相信李升伟出具欠条的行为是授权行为，具有代理权，被告辩称李升伟向原告出具欠条时已不是该厂业务员无权向原告出具欠条的理由，因原告有足够理由相信李升伟的代理权并未终止，故应由被告承担还款责任，其要求李升伟个人承担的请求本院不予支持，第三人李升伟称其给原告出具欠条是被逼所写，没有提交相关证据，本院不予支持。原告要求李升伟承担连带偿还责任的请求因与法律规定不符，本院不予支持。原告其他诉讼请求事实清楚，证据充分，本院应予支持。

**（五）一审定案结论**

河南省许昌市魏都区人民法院根据《中华人民共和国民法通则》第六十三条第二款、第一百零八条、第一百三十四条第一款第（四）项、第（七）项，《中华人民共和国合同法》第四十九条之规定，判决如下：

1. 限被告许昌市皇宝食品厂于本判决生效后10日内偿付原告宋二收（又名宋永收）退货款27 780元，并同时支付自2000年7月2日至还款之日止的滞纳金，标准按万分之二点一计算。

2. 驳回原告的其他诉讼请求。

**（六）二审情况**

1. 二审诉辩主张

（1）上诉人（原审被告）诉称：被上诉人所持的由李升伟给其出具的欠条，是被上诉人退货后折抵欠款后的数额，但被上诉人欠上诉人近2万元，退多少货，如何折抵，不得而知。同时第三人给被上诉人出具欠条不在李升伟的授权之内，而且对可乐贱价处理，我厂也不知晓，即使被上诉人与李升伟谈过，也只是李升伟与被上诉人之间的约定，应由李升伟个人承担后果，原审认定李升伟的行为是表见代理是错误的。请求撤销原判，驳回被上诉人的起诉。

（2）被上诉人辩称：原审判决认定事实清楚，适用法律正确，请求驳回上诉，维持原判。

2. 二审事实和证据

二审查明的事实与证据与一审查明的事实与证据相同。

3. 二审判案理由

许昌市中级人民法院经审理认为：上诉人与被上诉人多次发生业务关系，每次均由上诉人的销售科长李升伟联系，送货、收款，被上诉人未销完，且保质期将近的货物又经李升伟之手退回上诉人处，同时经李升伟同意对将近保质期的可乐贱价售出后，对退回货物价款及贱价出售货物的差价款冲减被上诉人所欠货款后的欠款分别由李升伟以上诉人的名义给被上诉人出具欠款条。李升伟作为上诉人的销售科长，业务往来的联系、送货、收款人，同意被上诉人退货和同意贱价处理保质期将近的货物后给被上诉人出具欠条，此行为被上诉人足以相信其有授权，由此行为产生的后果应由上诉人承担。因此，上诉人的上诉理由不能成立，本院不予支持。

4. 二审定案结论

河南省许昌市中级人民法院根据《中华人民共和国民事诉讼法》第一百五十三条第一款第（一）项的规定，作出如下判决：

驳回上诉，维持原判。

### （七）解说

本案是一起典型的适用表见代理制度的案件，所谓表见代理，是指善意相对人有理由相信无权代理人具有代理权，且基于此项信赖而与无权代理人订立合同，由此造成的法律后果由被代理人承担的代理。构成表见代理要具有以下要件：(1) 无权代理人并没有获得被代理人的明确授权；(2) 客观上存在使善意相对人相信无权代理人享有代理权的理由；(3) 相对人为善意且无过失，即相对人无从知道无权人没有代理权，而且这种不知情并非由于相对人的疏于注意所致。

本案中，第三人李升伟在向原告出具欠条时，并没有获得被代理人即被告的明确授权，但原告在与被告发生业务的过程中，每一次均由李升伟负责向原告送货并收款，客观上存在使善意相对人即原告相信李升伟享有出具欠条的权利，且李升伟在向原告出具欠条时，原告并未接到被告的任何终止代理权的通知，对原告来讲，是善意且无过失的。综上所述，第三人李升伟的行为构成表见代理，原告可以向被告主张权利。

那么，在本案中，原告是否可以不主张表见代理让被告承担责任，而主张无权代理要求第三人李升伟直接承担责任呢？从《合同法》第四十九条规定来看，仅规定表见代理行为有效这一法律后果，但并没有赋予合同相对人以选择权，这是否能够理解为相对人只能要求表见代理有效，而不能放弃承认表见代理，而要求代理人承担无权代理的法律责任呢？笔者认为这种理解是片面的，这是因为，从设立表见代理制度的目的来看，是为了更好地保护善意相对人的利益和维护交易安全，对于该制度法律后果的设计也应当与这一目的相适应。因此，作为善意相对人，他应当享有选择的权利，既可以要求表见代理成立而由被代理人承担相应的法律责任，也可以放弃表见代理而要求代理人承担无权代理的法律后果，这样便符合民法所倡导的鼓励交易与放弃原则，使当事人意思自治更有发挥的余地，对保护相对人的利益来讲显得力度更大。

在审判实践中，有些审判人员以保护相对人的权利、维护交易安全为借口而滥用表见代理制度，这是非常不可取的，这样做，势必将无辜的人牵涉进来，影响正常的法律秩序。笔者建议，应借鉴英美法的做法，对同样情况下的外表授权应区分事先有无代理关系的存在而有不同的效果。原则上在事先无代理关系存在的情况下，相对人应负更高注意义务。因为，在现代极为发达的通讯及交通条件下，相对人要了解代理人是否有代理权及其权限范围，并非难事。所以，对事前无代理关系存在的情况下，表见代理的成立应从严掌握，对事前存在代理关系的，由于代理人已多次代理本人为代理行为，其先前的代理行为本身即具有外表授权的意义，在此情况下，不应对相对人过分苛求，因为相对人无此注意能力，也就不应有如此高的注意义务。

（韩建设）

# 10. 厦门市鑫景明计算机服务有限公司诉厦门国贸地产代理有限公司软件买卖合同案

**（一）首部**

1. 判决书、调解书字号

一审判决书：福建省厦门市开元区人民法院（2001）开经初字第877号。

二审调解书：福建省厦门市中级人民法院（2001）厦经终字第370号。

2. 案由：软件买卖合同案。

3. 诉讼双方

原告（被上诉人）：厦门市鑫景明计算机服务有限公司（以下简称鑫景明公司）。

法定代表人：郑黎明，经理。

委托代理人（一、二审）：张双志，福建厦门大道之行律师事务所律师。

被告（上诉人）：厦门国贸地产代理有限公司（以下简称国贸地产公司）。

法定代表人：熊之舟，董事长。

委托代理人（一、二审）：周兰秀、赖幼华，国贸地产公司职员。

4. 审级：二审。

5. 审判机关和审判组织

一审法院：福建省厦门市开元区人民法院。

合议庭组成人员：审判长：吴瑞华；代理审判员：王及、戴卫真。

二审法院：福建省厦门市中级人民法院。

合议庭组成人员：审判长：王小兰；代理审判员：郑阿寒、何春晓。

6. 审结时间

一审审结时间：2001年8月15日。

二审审结时间：2001年11月19日。

**（二）一审诉辩主张**

1. 原告诉称：2000年3月1日，被告向原告购买一套JL365远程售楼软件并与原告签订一份销售合同，约定该软件价款2.7万元，被告在原告安装调试及人员培训后付款。后原告依约履行义务，但被告未支付货款。故起诉要求被告国贸地产公司立即支付该货款及违约金（从2000年3月18日起至实际付款之日止，以2.5万元为计算本金，按逾期付款违约金比率计算）。

2. 被告辩称：其确与原告签订一份销售合同，但原告对所销售的软件不具有所有权，且未完成合同约定的安装、调试等工作；该软件亦未能达到被告签订合同的目的。故其有权解除合同，对该软件以退货处理。

**（三）一审事实和证据**

福建省厦门市开元区人民法院经审理查明：2000年3月1日，原、被告双方签订一份销售合同，约定：被告国贸地产公司向原告鑫景明公司购买一套JL365远程售楼软件系统，价款计2.7万元（含安装费、调试费、培训费及四个远程站点的费用）；原告在签订合同后10个工作日内完成安装调试及培训并协助被告进行初始数据录入，被告即支付2.5万元，余款2 000元在1年保修期结束支付。上述合同签订后，原告鑫景明公司依约履行了供货、软件安装及调试，完成了对四个远程站点的建立及对初始数据的录入，并完成了对被告工作人员的培训等义务。被告4名工作人员在一份记载有“一、操作人员已熟悉并基本掌握该软件各方面的基本功能”等内容的书证上签字确认；另一份记载有“海景基本资料已录入完毕”等内容的书证上亦有3名被告工作人员的签字确认。2000年3月18日开具一张发票给被告，但被告国贸地产公司却未依约支付货款。2000年5月16日，被告发一份书函给原告称，软件存在功能需部分修改等问题，望尽快予以解决。2000年5月25日，被告又发一份书函给原告称，愿先支付12 500元，同时要求原告办好软件的注册手续并安排生产商的技术人员于2000年5月28日前到被告处解决8项问题。2000年5月26日，原告复函给被告称，软件注册须收到2.5万元货款后，生产商才给予注册；被告提出的8项意见已转至深圳，生产商承诺收到12 500元后才将8项问题转给开发部，但解决需要一定时间。2000年5月29日，生产商发一份书函给原告称，请原告将12 500元汇至其账号，在收到款后其将派技术工程师前往协助完成国贸之事，但只对现有系统功能协助培训，8项问题另行协商收费解决。2000年5月30日，被告发函给原告称，其支付12 500元后，原告应负责对软件进行注册，并着手解决其提出的8项问题，要求原告在7日内完成上述工作，望原告于2000年5月31日前书面答复，否则其将解除合同，遂向生产商直接购货。同日，原告亦发函给被告称，被告在支付12 500元后，其将与生产商前往安装调试，安装调试后被告应立即付清剩余货款给原告。但被告仍未支付任何货款，原告经催讨未果，遂于2001年4月9日向本院提起诉讼。

上述事实有下列证据证明：

1. 鑫景明公司与国贸地产公司之间订立的销售合同。

2. 鑫景明公司与软件生产商深圳市渝祥电脑系统有限公司订立的代理协议。

3. 鑫景明公司进行软件安装、调试及人员培训、初始数据录入等工作的两份书证。

4. 国贸地产公司就软件注册及后续修改与原告的来往书函五份。

5. 鑫景明公司开具给被告的发票。

6. 双方当事人的陈述。

**（四）一审判案理由**

福建省厦门市开元区人民法院认为：原告鑫景明公司与被告国贸地产公司之间所签订的销售合同，系双方当事人的真实意思表示，且未违反国家的有关法律、法规，该买卖合同成立。原告是基于其与生产商之间签订的代理协议，业经生产商授权在厦门地区销售软件商品，其与生产商之间建立的亦是买卖关系，故原告在取得该软件商品后即享有所有权。为此，该销售合同应认定为有效。原告依约履行了供货及安装调试等义务，被告却未依约支付货款，理应承担相应的违约责任。至于被告的辩解意见，均属于生产商的知识产权问题，因合同中没有该方面的约定，故被告的主张缺乏事实及法律依据，本院不予采纳。

**（五）一审定案结论**

福建省厦门市开元区人民法院根据《中华人民共和国合同法》第一百零七条的规定，判决如下：

国贸地产公司应于本判决生效之日起 10 日内支付给鑫景明公司货款 2.7 万元及利息（从 2000 年 3 月 18 日起至实际付款之日止，以 2.5 万元为计算本金，按逾期付款违约金比率计算）。

本案案件受理费 1 130 元，由国贸地产公司负担。

**（六）二审情况**

1. 二审诉辩主张

（1）上诉人诉称：其请求二审法院依法撤销原审判决，改判驳回被上诉人在原审的诉讼请求。

（2）被上诉人辩称：原审认定事实清楚，适用法律得当，请求二审法院维持原审判决。

2. 二审事实和证据

二审法院确认一审法院查明的事实属实。

3. 二审判案理由及定案结论

福建省厦门市中级人民法院在审理此案过程中，经主持调解，双方当事人自愿达成了调解协议：

（1）国贸地产公司于调解书签收当日一次性支付给鑫景明公司人民币 12 500 元。

（2）鑫景明公司放弃其他诉讼请求。

本案一审案件受理费 510 元由鑫景明公司负担，二审案件受理费 510 元由国贸地产公司负担。

**（七）解说**

本案处理涉及两个颇有争议的问题：一是原告鑫景明公司在与被告国贸地产公司订立软件销售合同时，作为出卖人鑫景明公司对合同标的物是否具有所有权；二是对涉及计算机软件等标的物的买卖合同应注意的问题。我们试作如下分析。

1. 关于第一个问题的分析。我国《合同法》第一百三十条规定："买卖合同是出卖人转移标的物的所有权于买受人，买受人支付价款的合同。"对该条款可作如下理解：（1）在买卖合同中，支付标的物所有权并取得价金的一方称为卖方或出卖人；接受标的物所有权并支付价款的一方称为买方或买受人。（2）买卖合同的标的物应符合实物、可融通物的要件。本案讼争的买卖合同标的物是计算机软件，其满足买卖合同标的物的要件，但由于作为出卖人的原告不是该软件的生产商，故原告鑫景明公司对该软件是否具有所有权成为判断讼争买卖合同有效性的关键。本案原告取得该软件源自其与软件生产商之间订立的代理协议，协议中约定：生产商授权原告为厦门地区金牌代理，销售生产商的软件产品；原告应订购 25 种以上的软件产品并支付预付款，生产商在收到款项后发货给原告。上述约定中，由于没有关于原告应以生产商的名义进行活动及原告实施行为的法律后果应直接由生产商承担之约定，因此，该协议缺乏法律意义上的代理要件，不能认定为代理合同。相反，原告与生产商之间所存在的是一方支付价款取得标的物，另一方收取货款交付标的物的合同关系。该种合同关系的一个经济术语称为经销，其含义是指分配货物或销售货物，它属于转卖性质的一种贸易方式。它分为两种情况：一种情况是经销商通过与生产商签订买卖合同购得货物后，自行销售；另一种情况是生产商授予经销商在指定地区、指定期限内销售指定商品的权利，生产商与经销商订立协议，经销商需按照协议规定销售商品。因此，经销商就是指以自己的资金或信誉进行买卖业务的中间商人，其目的是为卖而买，并自行承担经营过程中的全部风险。为此，我们认为，原告与生产商之间发生的法律关系亦是一种买卖合同关系，原告在取得软件产品后即已取得该软件的所有权。故本案原、被告所订立的销售合同，应认定为有效的买卖合同。

2. 关于第二个问题的分析。我国《合同法》第一百三十七条规定："出卖具有知识产权的计算机软件等标的物的，除法律另有规定或者当事人另有约定的以外，该标的物的知识产权不属于买受人。"对该条规定，可以称为标的物上的知识产权保留。本案讼争合同的标的物正是具有知识产权的计算机软件，故应注意重点理解《合同法》第一百三十七条规定的依据。关于规定出卖具有知识产权的标的物，标的物的知识产权不属于买受人，理由有两个：第一，知识产权是一种独立的无形权利，知识产权虽然必须通过一定的物质载体才能表现出来，但知识产权的客体并非是它的物质载体。因此，标的物上的知识产权与所有权是可以分离的，两者是并行于标的物上的独立的权利。在买卖合同中，出卖人转让的仅仅是标的物的所有权，而不包括知识产权，因为知识产权也是一种法律上的权利，有独立的财产价值。第二，假设在出卖人转移标的物所有权的同时，标的物上的知识产权亦同时转让，势必造成如下矛盾：(1) 在很多情况下，出卖人并非知识产权权利人，而仅为标的物的所有权人。如本案中，原告在与软件生产商订立合同时并未约定该软件的知识产权同时转让给原告。因此，原告在取得软件时，只享有该软件的所有权，而不享有该软件的知识产权。原告交付给被告的亦仅是该软件的所有权，其显然不能把不享有的知识产权权利转移给被告。(2) 如标的物系种类物，转让标的物的所有权时，知识产权亦转移，势必造成每个买受人都享有标的物的知识产权，这样，同一客体的知识产权就有无数个主体，这也显然是不可能的。综上所述，我们认为，人民法院在审理涉及标的物是具有知识产权的买卖合同纠纷案件时，应充分注意合同法关于这个问题的规定，重点审查是否发生当事人在合同中对标的物的知识产权转让另作约定，或者法律另有规定在转移标的物的所有权时知识产权应跟随转让的例外情形。否则，应认定这类标的物的知识产权不属于买受人，并依法作出相应的裁判。

（王　及）

## 11. 新昌县燃料有限公司诉新昌县儒岙供销合作社买卖合同案

**(一) 首部**

1. 判决书字号：浙江省新昌县人民法院（2001）新经初字第 364 号。

2. 案由：买卖合同案。

3. 诉讼双方

原告：新昌县燃料有限公司（以下简称燃料有限公司）。

法定代表人：俞康兴，董事长。

委托代理人：王克先，浙江新时代律师事务所律师。

被告：新昌县儒岙供销合作社（以下简称供销合作社）。

法定代表人：王秋华，主任。

委托代理人：阚智深，浙江新时代律师事务所律师。

委托代理人：王大奎，浙江元大律师事务所律师。

4. 审级：一审。

5. 审判机关和审判组织

审判机关：浙江省新昌县人民法院。

合议庭组成人员：审判长：胡亚荣；审判员：陈毅毅；代理审判员：丁海英。

6. 审结时间：2001 年 12 月 1 日。

**（二）诉辩主张**

1. 原告诉称：被告与原浙江省新昌县燃料总公司（以下简称燃料总公司）素有购销煤炭的业务往来。至 1996 年 7 月 18 日，经结算，被告尚欠燃料总公司货款 310 081.83 元。此后，燃料总公司又分 35 次供给被告煤炭，总计货款 351 543.88 元。就该业务，燃料总公司已开具增值税发票给被告。被告先后共已支付货款 386 642.35 元，至今尚欠 274 983.36元未付。2000 年 6 月，燃料总公司改制为燃料有限公司即原告，并由原告接受其全部债权债务。故要求被告立即付清所欠货款 274 983.36 元。

2. 被告辩称：1996 年 7 月 18 日，还款协议中所载欠款 310 081.83 元已付清。原告诉称此后燃料总公司曾 35 次供货不属实，因为 1996 年 7 月 17 日增值税发票所载货款金额已在 1996 年 7 月 18 日结算时包括在内，另外一份号码为 0011765 的发票已用红字发票冲抵。就其余购销业务，燃料总公司已开具 33 份增值税发票给被告事实，被告也已经作了抵扣。由此可以证明增值税发票所载款额已付清。且原告及前身燃料总公司一直未向被告主张权利，从开具增值税发票之日起开始计算，原告诉讼请求也已超过诉讼时效。请求驳回原告诉讼请求。

**（三）事实和证据**

新昌县人民法院经审理查明：原燃料总公司与被告曾有连续购销煤炭的业务发生。双方未订立过书面购销合同。至 1996 年 7 月 18 日，经结算，被告结欠燃料总公司货款 310 081.83元，并签订了抵货还款协议一份。嗣后，至 1998 年 4 月 28 日，燃料总公司又先后向被告供货 33 次，累计货款人民币 333 265.88 元。1996 年 7 月 18 日至 1998 年 10 月间，被告共已支付货款 386 642.35 元，尚欠 256 705.06 元未付。对于 1996 年 7 月 18 日后发生的 33 次购销业务，燃料总公司已开具增值税发票给被告，被告已向新昌县国税局申报抵扣。

上述事实有下列证据证明：

1.1996 年 7 月 18 日抵货还款协议一份。

2. 燃料总公司开具的增值税发票 33 份。

3.1999 年 12 月 28 日对账单、挂号信收据及新昌县邮电局证明各一份。

4. 新昌县企改办转制文件、资产评估报告各一份。

5. 经原告申请，由本院向新昌县国税局调取的33份增值税专用发票已申报抵扣的证明一份。

**（四）判案理由**

浙江省新昌县人民法院经审理认为：债是按照合同的约定或依照法律的规定，在当事人之间产生的特定的权利与义务关系。债权人有权要求债务人按照合同的约定或依照法律的规定履行义务。诉讼时效因提起诉讼，当事人一方提出要求或者同意履行义务而中断。原燃料总公司与被告发生连续的购销业务，截至1996年7月18日，被告结欠货款310 081.83元的事实，有双方签订的抵货还款协议予以佐证，可予以认定。1996年7月8日以后，双方又先后33次发生购销业务，共计货款333 265.88元，有燃料总公司给被告开具的33份增值税专用发票以及国税局所作出的上述专用发票被告已申报抵扣的证明予以证实。扣除被告已付款386 642.35元，被告尚欠货款256 705.06元未付，事实清楚，应承担本案的付款义务。从庭审原、被告的陈述看，1996年7月18日至1998年10月间，被告陆续付款共计386 642.35元，一直是针对1996年7月18日结账所得欠款和新发生的购销总货款进行给付的，因而燃料总公司与被告之间的供货、付款行为是连续而不可分割的。原告诉请的欠款时效，应从被告最后一次付款日的次日起计算。燃料总公司以寄对账单的形式向被告主张权利，应视为诉讼时效的中断。燃料总公司已改制为燃料有限公司，并由燃料有限公司接收其全部债权、债务，故燃料有限公司有权作为本案原告提起诉讼。被告辩称，燃料总公司开具的33份增值税专用发票其向新昌县国税局申报抵扣，可以证明增值税发票所载款额已付清，以及本案所涉欠款已超过诉讼时效，缺乏相应的事实和法律依据，本院不予采信。被告另外提出，1996年7月17日，金额为18 278元的增值税发票已结算在还款协议中，另一份用红字发票冲抵的增值税发票金额不能主张，与事实相符，本院予以采信。原告诉请要求被告给付货款256 705.06元，合理合法，本院予以支持，其余部分货款计算依据不足，不予支持。

**（五）定案结论**

浙江省新昌县人民法院根据《中华人民共和国民法通则》第八十四条、第八十八条第二款第（二）项、第一百四十条之规定，作出如下判决：

1. 被告新昌县儒岙供销合作社给付新昌县燃料有限公司货款人民币256 705.06元，限于判决生效后10日内付清。

2. 驳回原告新昌县燃料有限公司的其他诉讼请求。

案件受理费人民币6 635元，由原告新昌县燃料有限公司承担274元，由被告新昌县儒岙供销合作社承担6 361元。

**（六）解说**

本案争议焦点主要有两个：（1）增值税专用发票所能达到的证明力问题；（2）在未订立书面合同的连续交易行为中，诉讼时效该从何时开始起算。

对于第一个争议焦点，在审判实践中，一直争议较大。增值税专用发票是兼记增值税一般纳税人销售货物或应税劳务的纳税义务，以及增值税一般纳税人计算进项税额的凭证。专用发票必须按一定要求开具，比如：（1）项目填写齐全；（2）票、物相符，票面金额与实际收取金额相符；（3）各项目内容正确无误；（4）全部联次一次填开，上、下联内容和金额一致等。可见，专用发票开具必须要做到严格、明确、无误。一般增值税发票票面均已明确载明：(1) 购货单位名称；(2) 销货单位名称；(3) 税务登记号；(4) 货物或应税劳务名称；(5) 规格；(6) 数量；(7) 单价；(8) 金额；(9) 税率；(10) 税额等项目。由于增值税发票的价值功能以及其完备的形式，在双方未订立书面协议的情况下，如收货方已将对方开具的增值税发票申报抵扣，则可视为收货方以积极行为作出承认供货方的意思表示，双方的购销关系因收货方作出该积极行为的意思表示而宣告成立。故对增值税发票所记载的内容，可予以认定。如果供货方虽已开具增值税发票，但对方未收到或未抵扣，那么，如无其他交货凭证相佐证，则只能认为是单方证据，而不能认定。本案中，被告对原告方开具的增值税发票已经作了抵扣，故可以达到证明被告已收货以及收货数量、价格、金额等具体事实的证明目的。至于增值税发票已抵扣，能否达到证明发票记载款项已付清的事实，笔者认为，虽然《增值税专用发票使用规定》对专用发票开具时限作了几点规定，比如：(1) 采用交款提货结算方式的，为收到货款当天；(2) 采用赊销、分期付款结算方式的，为合同约定的收款日期的当天等。但是在日常交易习惯中，严格遵守上述时限规定的几乎很少。因此，我们是否可以用逆向推理的方式得出结论：因为增值税发票已抵扣，所以，货款肯定已付清。笔者认为，这两者之间不存在必然的因果关系。如果款额确实已付，那么，通过银行转账支付的，有转账支付凭证，直接现金支付的，有现金收讫凭证，或者收条等。增值税发票不能简单与付款凭证相等同。增值税发票虽已抵扣，但如无其他付款凭证相佐证，就不能认定为款已付清。实际上，这仍然是一个举证责任的分配问题。因为目前法律、法规对这方面尚未有明确规定，故需要我们根据诚实信用原则，综合考察双方的交易习惯，然后，作出公平、合理的自由心证。

对于第二个争议焦点，笔者认为，首先应从保护债权人合法权益的角度出发予以考虑，虽然我国《民法通则》规定诉讼时效的立法目的是为了维护社会经济关系的稳定，并督促权利人及时行使权利，但也不能让有些人以此为借口迟延履行其本应承担的义务，直至达到完全逃避责任的目的。从本案原、被告双方发生的一系列连续交易行为来看，双方没有订立书面购销协议，也无其他证据证明双方对付款期限有过口头约定。被告认为，开具增值税发票即是向被告主张权利，缺乏相应的依据。本案原、被告双方发生的业务关系，是基于互相信任，连续发生的交易行为，一方先后连续供货，在该供货过程中，另一方陆续先后付款，并未明确指明是付哪一笔欠款。因此，被告的付款一直是针对 1996 年 7 月 18 日结账所得欠款和新发生的购销总货款进行给付的，双方之间的供货、付款交易行为连续，而难以分割。被告以将增值税发票抵扣的积极行为作出承认供方的意思表示，可以认定双方购销关系成立，即双方对购销标的、价格、数量等达成了一致意见。因此，在未订立书面合同的购销业务中，供方开具增值税发票不能等同于向被告主张权利。在这种情形下，应视为双方对付款期限没有约定，应以被告的履行情况来决定，即以被告最后付款日期的次日作为诉讼时效的起算日。

综上所述，以诚信原则为指导处理本案，相当关键。因为我国目前的市场经济秩序尚未完全规范，法律也难以包容交易过程中的方方面面，公民的法律意识仍有待进一步提高，所以，要求当事人行使权利和履行义务，应当坚持诚实、信用原则，法官也应以此原则来衡平各方的责任，这样，可以尽可能地避免当事人借口合同内容或利用法律漏洞，滥用其权利或规避其义务，而损害法律生活的公平状态。

（丁海英）

## 12．淄博齐通公路物资运销有限责任公司诉肥乡县农业机械有限公司等买卖合同案

**（一）首部**

1．判决书字号

一审判决书：山东省淄博市临淄区人民法院（2000）临经初字第707号。

二审判决书：山东省淄博市中级人民法院（2001）淄中法经终字第216号。

2．案由：买卖合同案。

3．诉讼双方

原告（被上诉人）：淄博齐通公路物资运销有限责任公司（以下简称齐通公司）。

法定代表人：任国营，总经理。

委托代理人：贾庆三，齐通公司副总经理。

委托代理人（二审）：任风起，齐通公司职工。

委托代理人（二审）：车呈国，山东新世纪国荣律师事务所律师。

被告（被上诉人）：河北省肥乡县农业机械有限公司（以下简称农机公司）。

法定代表人：牛明信，经理。

被告（上诉人）：河北省肥乡县交通局公路工程队（以下简称公路工程队）。

法定代表人：吴作良，队长。

委托代理人（二审）：温改增，河北省中原律师事务所律师。

被告：河北省肥乡县交通局（以下简称肥乡交通局）。

法定代表人：程宝安，局长。

委托代理人：张振山，肥乡交通局副局长。

委托代理人：温改增，河北省中原律师事务所律师。

4．审级：二审。

5．审判机关和审判组织

一审法院：山东省淄博市临淄区人民法院。

合议庭组成人员：审判长：高海峰；审判员：李海军；代理审判员：相征。

二审法院：山东省淄博市中级人民法院。

合议庭组成人员：审判长：林国荣；代理审判员：张洪胜、新德蜂。

6．审结时间

一审审结时间：2001年3月6日。

二审审结时间：2001年8月5日。

**（二）一审情况**

1．一审诉辩主张

（1）原告齐通公司诉称：原、被告于 2000 年 8 月 14 日签订购销沥青运输合同。其后，原告供给被告沥青 114.54 吨，每吨 1 950 元，共计 223 353 元。被告已付 19 700 元，尚欠 203 653 元。经催要至今未付，故向法院提起诉讼，要求被告支付所欠沥青款 203 653元，并赔偿经济损失 4 000 元。

（2）被告农机公司未作答辩。

（3）被告公路工程队辩称：我单位与原告没有发生任何合同关系，我们与农机公司有合同关系。

（4）被告肥乡县交通局辩称：我们与原告没有任何关系，下属单位有诉讼主体资格，原告把我局列为被告是错误的。

2. 一审事实和证据

山东省淄博市临淄区人民法院经公开审理查明：2000 年 8 月 23 日，被告农机公司持被告公路工程队的委托书，该委托书内容为："因宁魏公路施工，经预算约需道路国标 90＃沥清贰仟吨（2 000 吨），肥乡交通局特委托肥乡县农业机械有限公司全权办理"，将该委托书交给原告，并以自己的名义与原告签订了工矿产品购销合同，合同约定：供方齐通公司向需方农机公司提供 90＃道路沥青 3 000 吨，每吨 1 950 元（含一切运杂费）；以出厂达 90＃为准发货，货到 5 小时化验，现货验收，合格卸车，不合格拒收，卸车后供方不再负质量责任；供方代办托运，运费供方支付；货到需方，须空车过磅，重车过磅，以实际签收的托运单为结算依据；合理损耗及计算方法按 1％计算，需方承担；货到付款，150 吨结算一次；违约方赔偿对方一切经济损失。之后，2000 年 8 月 28 日，原告向被告农机公司供沥青 3 车，分别为 37.35 吨、23.82 吨、23.51 吨，于同年 8 月 30 日供沥青一车为 29.86 吨，共计 114.54 吨。同时附托运单四份、产品质量合格证两份，托运单载明：收货单位为肥乡交通局，货名为 100＃沥青，单价为每吨 1 950 元，起运点辛店（淄博临淄），卸货点河北肥乡，并载明了沥青吨数、送货车辆、驾驶员等情况。被告农机公司于次日即分别于 2000 年 8 月 29 日、2000 年 9 月 1 日收货后加盖了公章。产品质量合格证中产品判定标准为符合国标 100＃甲标准。收货后，农机公司向原告付款 19 700 元，尚欠 203 653 元。因被告未按约定付款，原告即停止向被告供货，欠款被告至今未付。另查明，被告公路工程队系由其主管部门被告肥乡交通局作为开办单位于 1995 年 12 月 20 日通过肥乡县工商行政管理局设立的企业法人，注册资金为 147.50 万元，设立企业时的开户银行为中国工商银行肥乡县支行，开户账号为 0220041915，该账号系"公路站西料厂"的银行账户。作为开办单位和主管部门的被告肥乡交通局投资并未到位。2000 年 10 月 12 日，原告向本院提起诉讼，要求上述三被告支付所欠沥青款 203 653 元，并赔偿经济损失 4 000 元。

上述事实有下列证据证明：

（1）落款时间为 2000 年 8 月 18 日的公路工程队出具的委托书。

（2）原告与农机公司于 2000 年 8 月 23 日签订的工矿产品购销合同。

（3）原告开具的沥青托运单四份。

（4）沥青产品质量合格证两份。

（5）被告农机公司、公路工程队的工商注册登记及其他有关材料。

（6）被告肥乡交通局设立公路工程队时的企业银行开户及账户资金查询材料。

(7) 本院对被告肥乡交通局公路站工作人员的调查材料，内容为公路工程队的成立及出资状况。

3. 一审判案理由

山东省淄博市临淄区人民法院根据上述事实和证据认为：被告农机公司与原告签订的工矿产品购销合同合法、有效，违约方应向对方承担违约责任。被告农机公司是持被告公路工程队出具的委托书并将委托书交给原告，以自己的名义与原告签订的合同，则被告农机公司与公路工程队之间以公路工程队向农机公司出具委托书的形式形成委托代理关系，所签合同直接约束委托人与原告；被告公路工程队、肥乡交通局在庭审中所举证据无论其效力如何确定，但未举出证据证明已将庭审中所举证据反映的事实在签订及履行合同过程中告知原告，被告公路工程队作为被代理人应对作为代理人的被告农机公司的代理行为承担民事责任。原告与被告农机公司除该沥青购销合同关系，并不存在其他业务关系，沥青标号由 90＃变更为 100＃是双方在合同关系明确的前提下，原告已实际履行了交付 100＃沥青的义务，被告农机公司亦已实际接收，且未提出异议，故应视为对合同条款中标的物规格型号的变更。被告公路工程队系被告肥乡交通局开办的企业法人单位，设立企业时工商注册登记手续中的开户银行账户上并无向工商部门递交的申报材料中的注册资金，且被告肥乡交通局在诉讼中亦未提供已补足补齐注册资金的证据，作为公路工程队的开办单位和主管部门，肥乡交通局负有过错，故肥乡交通局应在公路工程队注册资金不到位的情况下向原告承担连带清偿责任。原告方主张的经济损失因合同对于违约责任约定不明确，其确定应自向本院提起诉讼之日即主张权利之日起，按中国人民银行规定的同期银行借款利率计算至欠款付清之日止。对被告肥乡交通局及公路工程队以公路工程队与农机公司签有合同、货款已结算及授权已废止不应承担民事责任而应由农机公司承担责任的抗辩理由及相关证据，不予认定。

4. 一审定案结论

山东省淄博市临淄区人民法院根据《中华人民共和国民事诉讼法》第一百三十条，《中华人民共和国民法通则》第六十三条第一款、第二款、第一百零六条第一款、第二款、第一百零八条、第一百一十一条、第一百三十四条第一款第（七）项，《中华人民共和国合同法》第四百零二条之规定，作出如下判决：

(1) 被告河北省肥乡县交通局公路工程队于本判决生效后 10 日内向原告淄博齐通公路物资运销有限责任公司支付所欠沥青款 203 653 元。

(2) 被告河北省肥乡县交通局公路工程队赔偿原告淄博齐通公路物资运销有限责任公司的经济损失，按中国人民银行规定的同期银行借款利率，从向本院起诉之日起计算至欠款付清之日止。

(3) 被告河北省肥乡县交通局对上述（1）、(2) 两项判决承担连带清偿责任。

案件受理费 7 182 元（含财产保全费 1 558 元），由被告河北省肥乡县交通局公路工程队负担。

**（三）二审诉辩主张**

1. 上诉人（原审被告）公路工程队诉称：（1）卷中证据足以证明涉案合同约束的是齐通公司和农机公司，合同与上诉人无关，一审法院依据《合同法》第四百零二条判决上诉人承担付款义务错误。(2) 一审法院适用法律自相矛盾和错误。

2. 被上诉人齐通公司辩称：我们是依据上诉人给被上诉人农机公司出具的委托书与农机公司签订的购销沥青合同，并且已实际供货，对于所欠货款，上诉人应当支付。

3. 被上诉人农机公司、肥乡县交通局未作答辩。

**（四）二审事实和证据**

山东省淄博市中级人民法院经审理查明：被上诉人齐通公司、农机公司双方是在农机公司租赁的上诉人的办公地点所签订的合同，并且被上诉人将货送到上诉人的仓库，上诉人已收货。其他事实与一审查明的事实一致。

**（五）二审判案理由**

山东省淄博市中级人民法院经审理认为：上诉人出具给被上诉人农机公司委托书，全权委托农机公司办理购买沥青业务，被上诉人农机公司持委托书与被上诉人齐通公司于2000年8月23日签订购销沥青合同，签订合同是在农机公司租赁的上诉人的办公地点，被上诉人齐通公司依据合同已供货114.54吨，并将货物送到上诉人的仓库，农机公司已支付货款19 700元，尚欠203 633元未付，虽然上诉人提供了2000年8月20日与被上诉人农机公司的声明及购销沥青合同，但无证据证明双方的声明和购销合同是真实的，并且上诉人在8月23日前没有及时采取措施或让被上诉人农机公司告知有关与其签订合同的单位，声明委托书作废。被上诉人农机公司已让被上诉人齐通公司将货物送到上诉人的仓库，上诉人也实际接受此货物，事实是被上诉人农机公司作为代理人以自己的名义与被上诉人齐通公司签订购销合同，被上诉人齐通公司根据委托书有理由相信被上诉人农机公司是上诉人公路工程队的代理人，被上诉人农机公司与上诉人之间是委托代理关系，也符合《中华人民共和国合同法》第四百零二条之规定，因此应当认定被上诉人齐通公司是依据上诉人的委托书与被上诉人农机公司签订的购销沥青合同。另外从托运单和实际收货单位上看，上诉人也实际接收了所供货物；对于两种沥青标号的差价，被上诉人齐通公司发货时，在托运单上已注明100＃沥青每吨单价1 950元，共计送货114.54吨，上诉人庭审时承认收到此数量货物，而上诉人和被上诉人农机公司现无证据证明在接受货物时对所供产品的标号及单价提出异议，应视为同意变更产品标号和接收此单价，对于上诉人与农机公司之间对价格有什么约定，是他们之间的另一法律关系，因此应按每吨1 950元支付货款。因此，上诉人上诉理由不当，本院不予支持。

**（六）二审定案结论**

山东省淄博市中级人民法院根据《中华人民共和国合同法》第四百零二条及《中华人民共和国民事诉讼法》第一百五十三条第一款第（一）项之规定，作出如下判决：

驳回上诉，维持原判。

二审案件受理费5 624元，由上诉人负担。

**（七）解说**

本案是合同法实施后产生的合同纠纷，它主要涉及两个方面的法律问题：

1. 关于合同履行中的附随义务。这也是本案双方争执的核心问题。《合同法》第六十条第二款规定，“当事人应当遵循诚实信用原则，根据合同的性质、目的和交易习惯履行通知、协助、保密等义务”，这是合同附随义务的法条规定。合同的附随义务，亦称协作履行义务，是指合同的当事人未约定，但依据诚实信用原则也应当履行的义务，主要有相互协作、照顾义务、瑕疵的告知义务、使用方法的告知义务，主要事项的告知义务、忠实的义务、通知义务、保密义务等。附随义务具有以下三个特征：一是附随性，即附随于合同明确约定的义务，没有合同明确约定的义务，也就谈不上附随义务。二是特殊性。随附义务不是统一的、共同的、一般的，而是特殊的，它因合同性质不同，目的不同，交易习惯有别而各异。三是派生性。附随义务的本质并非当事人明确的意思表示，而是诚实信用原则的延续、扩大。也就是说，附随义务是诚实信用原则的衍生物。诚信原则是附随义务的惟一源泉。就本案而言比较特殊，买卖合同的双方是齐通公司与农机公司。公路工程队是农机公司的委托人，农机公司是受托人，之所以确认公路工程队的告知义务是由于农机公司持公路工程队的授权委托书，该委托书虽然没有明确的相对人，但农机公司将委托书交给齐通公司作为双方缔结合同关系的主要依据，齐通公司在合同签订时对农机公司与公路工程队之间的委托关系是清楚的，按照《合同法》第四百零二条的规定，合同的效力直接约束委托人公路工程队，则在合同的履行中作为委托人的公路工程队对委托事项、期限等的变更负有向合同另外一方当事人齐通公司及时通知、如实告知的义务，因此，公路工程队应当承担相应的法律责任。

2. 公路工程队与农机公司之间是否存在委托合同关系，这也是本案需要解决的第二个法律问题。委托合同是指委托人和受托人约定，由受托人处理委托人事务的合同，其法律特征是：(1) 委托合同的目的是由受托人为委托人处理事务；(2) 委托合同是当事人基于特别信任而订立；(3) 委托合同的受托人可以以委托人的名义亦可以以自己的名义为委托人处理事务；(4) 委托合同可以是有偿的，亦可以是无偿的。在实务中判断一个具体的合同是否为委托合同，不能仅从合同一方当事人是否为委托人进行判断，不能认为一个合同的一方当事人是委托人，这个合同就一定是委托合同。而要看这个合同中，双方当事人之间的权利、义务关系的内容、结构与性质是否符合合同法关于委托合同的规定。在本案中，由于农机公司与公路工程队之间的关系的依据是委托书，该委托书是否能够认定农机公司与公路工程队之间存在合同委托关系，委托书中反映的内容是由公路工程队全权委托农机公司购买沥青事宜，因此，农机公司与公路工程队之间关于农机公司受托购买沥青的意思表示是一致的，双方之间的权利、义务关系符合委托合同关系的法律特征。因此，对于双方之间确实存在委托合同关系可以认定。

综上所述，一审与二审的处理结果是符合法律规定的。

（李海军　刘海红）

## 13. 镇江市饲料公司粮油饲料物资经理部诉镇江长源行食品实业有限公司买卖合同案

### (一) 首部

1. 判决书字号：江苏省镇江市京口区人民法院（2001）镇京经初字第 393 号。

2. 案由：买卖合同案。

3. 诉讼双方

原告：镇江市饲料公司粮油饲料物资经理部。

负责人：邵玉麟，经理。

委托代理人：代月丰，江苏镇江思扬宏律师事务所律师。

被告：镇江长源行食品实业有限公司。

法定代表人：胡本仁，董事长。

委托代理人：徐祥春，江苏镇江金华通律师事务所律师。

4. 审级：一审。

5. 审判机关和审判组织

审判机关：江苏省镇江市京口区人民法院。

独任审判：审判员：仲亚励。

6. 审结时间：2001 年 9 月 11 日。

**（二）诉辩主张**

1. 原告诉称：2001 年 3 月，我经营部与被告订立购销合同一份，约定被告在 2001 年 4 月 15 日前提供 500 吨棕榈果渣，单价为 630 元/吨，交货地点为镇江大港码头。合同订立后，被告却未能按时交货。被告在 2001 年 5 月 17 日通知我方带款提货，我方已书面明确告知被告解除合同。经协商，被告以 88 吨棕榈果渣抵偿预付款 5 万元，赔偿事宜另议。由于被告不履行合同义务，造成我方与洪泽、南京等两单位签订的合同无法履行，并赔偿了 2 万元，加上按双方订立的合同，可获利 6 万元左右。为此，现要求被告赔偿因不履行合同义务给我方造成的损失 6 万元（其中预期利益为 4 万元），并承担本案诉讼费用。

2. 被告辩称：原告所诉与事实不符，我方自订立合同后就积极落实货源，货到后即时通知原告提货，直至原告起诉前，原告还提货 88 吨；原告单方面要求解除合同不符合合同法有关规定，应当继续履行合同。要求驳回原告诉讼请求。

**（三）事实和证据**

镇江市京口区人民法院经公开审理查明：2001 年 3 月 28 日，原、被告订立农副产品购销合同一份，约定由被告向原告提供棕榈果渣 500 吨，单价 630 元，交货时间为 2001 年 4 月 15 日到港，需方预付货款 5 万元。合同还就质量标准、检验方法、标准以及费用等作了约定。双方均在合同上加盖公章，合同最后有效期限注明“2001 年 3 月 28 日至 2001 年 4 月 20 日”。合同订立后，原告按约支付 5 万元预付款，但到合同约定交货时间，被告却无货到港。2001 年 5 月 16 日，被告通知原告棕榈果渣拟于 2001 年 5 月 19 日到港，请带款提货，遭原告拒绝。2001 年 6 月 16 日，原告称为收回 5 万元预付款，从被告处提走 88 吨棕榈果渣，按每吨 570 元，并出示了向被告出具的收条复印件（被告拒绝向法庭出示收条）。2001 年 6 月 19 日，原告向法院提起诉讼，要求解除合同，赔偿损失 6 万元，其中包括可得利益 4 万元。

另查：原、被告订立合同后，原告分别于 2001 年 4 月 1 日、2001 年 3 月 30 日与洪泽县仁和粮食加工厂、南京新华军渔牧技术有限公司就棕榈果渣订立了 2 份合同。交货时间迟于前份合同 3 天，时间为 2001 年 4 月 18 日，总数量分别为 300 吨和 200 吨，每吨价格分别为 780 元和 760 元，并分别向上述两单位各收取定金 1 万元。由于无法供货，原告已在 2001 年 5 月 15 日向洪泽方双倍返还定金计 2 万元，与此同时，棕榈果渣市场价格下跌，原告于 2001 年 4 月 29 日向南通市车海粮油有限公司购买 200 吨单价为 520 元的棕榈果渣。

经查：被告方于2001年4月26日才与上海元维工贸有限公司就棕榈果渣进口事宜达成协议，而协议并未加盖公章，仅说明被告方委托上海方进口棕榈果渣，直至2001年5月20日方才进港，2001年5月29日，以中粮上海粮油进出口公司的名义进行报关。

上述事实有下列证据证明：

1.2001年3月28日，原、被告双方签订的棕榈果渣购销合同。

2.2001年3月29日，被告出具预付款5万元收据。

3.原、被告之间传真件四份。

4.原告与洪泽县仁和粮食饲料加工厂以及与南京新华军渔牧技术有限公司订立的合同各一份。

5.原告收取洪泽县仁和粮食饲料加工厂定金收据以及退还定金收据各一份。

6.原告收取南京新华军渔牧技术有限公司定金收据以及退还定金收据各一份。

7.收取88吨货物的收据复印件。

**（四）判案理由**

镇江市京口区人民法院认为：原、被告之间订立合同系当事人真实意思之表示，未违反有关规定，合法、有效。由于被告未按约定供货导致双方发生讼争。首先应当从原、被告订立合同之本意来看，双方都是以一种积极的态度去追求合同所订立的目的，这样才导致合同的订立。由于一方的违约，导致合同目的不能实现，守约方可以要求解除合同，这是《合同法》第九十四条的规定。原告在与被告订立合同后，又与第三人订立销售棕榈果渣的合同。被告应当能够预见到原告作为流通领域的经营者，不可能将棕榈果渣直接用于生产，必然会进行再销售从而获得利润。如果被告守约，原告必然会由此而得到利益，因此，原告主张的可得利益被告是应当预见的，作为违约损害赔偿中的可得利益赔偿，被告应当支付。原告诉讼请求被告赔偿损失6万元，其中直接损失2万元，可得利益4万元，其可得利益的计算应按照原告与被告以及下户棕榈果渣的价格差乘以总吨数，共计6.5万元，原告仅主张了4万元。另外，原告已双倍赔偿了其下户的定金，这是原告的损失，是一种直接的积极的损失，应当给予赔偿。原告从被告处提走果渣，向被告出具收条，这是通常的交易习惯。由于被告不向法庭提供原告提走88吨果渣的收条，由此可以推定，原告提走果渣应当是为了拿回其付给被告的预付款5万元。因此，综上所述，由于被告的违约，导致原告合同目的不能实现，且继续履行合同对原告已无必要，应支持原告要求解除合同的请求。被告应当按原告的诉讼请求，赔偿原告的损失，包括直接损失2万元和可得利益4万元。

**（五）定案结论**

江苏省镇江市京口区人民法院根据《中华人民共和国合同法》第六十条、第九十四条第（四）项、第一百一十三条，《中华人民共和国民事诉讼法》第一百二十八条之规定，作出如下判决：

1.准许原告镇江市饲料公司粮油饲料物资经理部要求解除双方订立农副产品购销合同。

2.被告镇江长源行食品实业有限公司于本判决生效后10日内赔偿原告镇江市饲料公司粮油饲料物资经理部损失6万元。

案件诉讼费 3 180 元，由被告承担。

**（六）解说**

在本案处理过程中主要存在两种不同意见：

第一种意见：原告要求解除合同，按《合同法》第九十四条第（四）项的规定，由于当事人一方迟延履行债务或其他违约行为致使不能实现合同目的，可以解除合同。但解除合同，即回到合同订立前的原始状态，不应再考虑可得利益，只应考虑原告本身存在的利益，即只赔偿原告的实际损失。其理由为：《合同法》第九十七条规定，合同解除后，尚未履行的，终止履行；已经履行的，根据履行情况和合同性质，当事人可以要求恢复原状，采取其他补救措施，并有权要求赔偿损失。可见，赔偿损失是合同解除的一项法律后果，但两者之间具有相互排斥性，如选择解除合同足以使合同当事人的权利得以充分保护的，就没有必要再要求进行赔偿损失。但如果合同解除后，确因一方的违约造成另一方的损失，则违约方应向守约方赔偿损失。我国《民法通则》第一百一十五条也规定了“合同的解除不影响当事人要求赔偿损失的权利”。而赔偿的范围仅仅包括：守约方订立合同支出的必要费用；因为履行合同做准备所支出的必要费用；合同解除后因恢复原状而发生的损害赔偿，不能恢复原状的，在其范围内赔偿。但赔偿的范围不包括可得利益的损失。其理由为合同解除的效力是使合同恢复到订立时的状态，发生恢复原状的法律后果，而可得利益只有在合同完全履行时才有可能产生。既然当事人选择了解除合同的权利，就说明非违约方不愿意继续履行合同，故不应当得到合同完全履行情况下所应得到的利益，换而言之，不应该考虑可得利益的赔偿问题。由此，合同解除而产生的损害赔偿应与合同解除这种救济手段的目的和作用相吻合；合同解除的效力是使当事人恢复到合同订立前的状态，可得利益是在合同履行后才能达到的状态。由于救济手段的多样性，当事人完全可以选择一种有利于自己的方式，如当事人选择了解除合同，就意味着其不愿维持合同的效力，也不应得到合同履行后所得的可得利益。就本案而言，既然原告选择了解除合同，其要求赔偿损失，应仅仅局限在原告的直接损失上。

第二种意见：准许原告解除合同，由于被告违约导致合同解除，原告有权请求赔偿损失，包括直接损失和可得利益。

法院经庭审后采纳了第二种意见，理由如下：

首先，应当从原、被告订立合同之本意来看，双方都是以一种积极的态度去追求合同所订立的目的，这样才导致合同的订立。由于一方的违约，导致合同目的不能实现，守约方可以要求解除合同，这是《合同法》第九十四条的规定。合同解除的效力是使当事人恢复到合同订立前的现状，而可得利益是在合同履行后才达到的状态。但是不可忽视的是可得利益是一种期待利益，虽然它必须在合同履行后才能实现，但是自合同生效后，可得利益即产生并受到合同的保护。如果合同解除，必然使可得利益受到损害，作为受损一方应当有权要求赔偿从而得到救济。原告解除合同后是否存在损失，损失与赔偿之间的关系必须符合下列条件：（1）必然有违约行为；（2）受害人必然受到损失；（3）违约行为与损失间有因果关系。只有同时具备以上条件，方才能要求损失赔偿。这样即使合同解除，但守约方订立合同的目的最终通过违约救济而得以实现。再者，从本案而言，由于棕榈果渣市场行情下跌，而原告因被告的违约，早在被告货物到港前已以双倍返还定金的方式赔付给下户，如果要求原告继续履行合同，必然会加大原告的损失。我国《合同法》第一百一十条规定不适用实际履行的三种情况，其中第（三）项规定债权人在合理期限内未要求履行。实际说明继续履行合同对债权人已无必要。

其次，原告所要求的可得利益必须是具有客观上的确定性。不仅仅是主观上有可能，客观上亦应有确定性。就本案而言，如果违约并非造成损失的惟一原因，同时介入了其他原因，赔偿损失的成立与否不无疑问。原告向被告购买棕榈果渣时，市场行情较好，可以赚钱，但这仅仅是一种可能。如果原告并未与洪泽方、南京方订立合同，嗣后，市场价格下跌，原告既不存在可得利益，很可能是一种赔本的买卖。只有原告方又与第三人订立了合同，客观上具有了确定性，这种利益按一般情况是必然结果时，原告之诉讼请求方才能够予以支持。

再次，损失赔偿的范围为违约所造成的损失。原告诉讼请求中的要求被告赔偿损失 6 万元，其中直接损失 2 万元，可得利益 4 万元，其可得利益的计算是按照原告与被告以及下户棕榈果渣的价格差乘以总吨数，原告仅主张了 4 万元。可得利益是预期实现的，在合同履行后可以取得的利润。可得利益的赔偿是有限度的，《联和国国际货物销售合同公约》第七十四条规定："一方当事人违反合同应负担的损害赔偿额，应与另一方当事人因他违反合同而遭受的包括利益在内的损失额相等。但这种损害赔偿不得超过违反合同一方在订立合同时，依照他当时已知道或理应知道的真实情况，对违反合同预料到或理应预料到的可能损失。"《合同法》第一百一十三条规定："不得超过违反合同一方订立合同时预见到或者应当预见到的因违反合同可能造成的损失。"采纳了可预见性理论作为限制赔偿责任的依据。根据可预见性理论，合同当事人将对其应当预见到的损失负赔偿责任，只有当因违约所造成的损害是可以预见的情况下，才能认为损害结果与违约之间具有因果关系；如果损害是不可预见的，则不存在因果关系，违约当事人也不应当承担对这些损害的赔偿责任。所以，可预见性理论可以将赔偿责任限制在一个合理的范围内。对预见性理论将违约当事人的责任限制在可预见的范围内，对促进交易活动的发展，保障交易活动的进行具有重要的作用。本案中，原告当庭列举了在与被告订立合同后，又与第三人订立销售棕榈果渣的合同。被告应当能够预见到原告作为流通领域的经营者，不可能将棕榈果渣直接用于生产，必然会进行再销售从而获得利润。如果被告守约，原告必然会由此而得到利益，因此，原告主张的可得利益被告是应当预见的，作为违约损害赔偿中的可得利益赔偿，被告应当支付。但我们必然注意到，可得利益是一种期待利益，是一种可能性，如果原告是生产性企业，棕榈果渣仅是饲料，则必然考虑可得利益的实际性，而不是一种假设性。另外，原告已双倍赔偿了其下户的定金，这是原告的损失，是一种直接的、积极的损失，应当给予赔偿。

最后，可得利益损失赔偿的计算。由于可得利益的期待性和不确定性，造成了计算损失的复杂性。由于可得利益必须是在满足各种法律条件情况下才能实现，在实践中往往难以把握。合同解除的可得利益是一种违约损失的赔偿，确定可得利益损失数额的办法，大致应有以下三种：（1）连环合同。由于一方的违约，会直接导致守约一方能够得到的利润消失。其损失数额可以依据连环合同的价格差额得出；（2）当事人双方的约定。当事人可以事先约定可得利益数额、计算损失方法来确定赔偿责任；（3）由法院根据守约方相同条件下所获得的利益来确定应赔偿的损失，采取一种对比的方法，当然必须考虑到参照对象，从而使得可得利益的计算更精确、更科学。

综上所述，在本案中，由于被告的违约，导致原告合同目的不能实现，且继续履行合同对原告已无必要，准许双方解除合同。被告应当按原告的诉讼请求，赔偿原告的损失，包括直接损失 2 万元和可得利益 4 万元。

（仲亚励　吴军）

## 14. 新疆冶金建筑公司诉中国新星石油有限责任公司西北石油局建筑工程招标投标合同案（议标）

**（一）首部**

1. 判决书字号

一审判决书：新疆维吾尔自治区乌鲁木齐市中级人民法院（2000）乌中民初字第 5 号。

二审判决书：新疆维吾尔自治区高级人民法院（2001）新民终字第 26 号。

2. 案由：建筑工程招标投标合同案。

3. 诉讼双方

原告（被上诉人）：新疆维吾尔自治区冶金建筑公司（以下简称冶建公司）。

法定代表人：王勇，经理。

委托代理人（一审）：周斌，冶建公司八分公司预算科科长。

委托代理人（一审）：陈山河，冶建公司八分公司副经理。

委托代理人（二审）：张国栋，北京隆安律师事务所新疆分所律师。

被告（上诉人）：中国新星石油有限责任公司西北石油局（以下简称西北石油局）。

法定代表人：张爱东，局长。

委托代理人（一、二审）：杨坚，西北石油局基本建设办公室主任。

委托代理人（一审）：王乐心，新疆百丰律师事务所律师。

4. 审级：二审。

5. 审判机关和审判组织

一审法院：新疆维吾尔自治区乌鲁木齐市中级人民法院。

合议庭组成人员：审判长：赵君；代理审判员：崔戈、刘若昱。

二审法院：新疆维吾尔自治区高级人民法院。

合议庭组成人员：审判长：邓永清；审判员：汪万智、乌日娜。

6. 审结时间

一审审结时间：2000 年 12 月 5 日。

二审审结时间：2001 年 8 月 7 日。

**（二）一审诉辩主张**

1. 原告诉称：1998 年 12 月，西北石油局拟在江苏路基地建设四、五、六号住宅楼，我公司参加了该工程的招标并中标。同年12月27日，接西北石油局通知，我公司对该工程自然地坪标高进行了测量并垫资开挖了基础土方，我公司为该工程组织了大量的人力和建筑机械准备施工，但至今尚未开工，亦未收到西北石油局停、缓建通知，土方工程款分文未付。1999年11月，西北石油局就同一工程通过招标办进行二次重复招标，已无履约诚意，故请求法院判令西北石油局支付土方工程款249 803.84元及延期付款违约金55 955元，并赔偿我公司人工闲置费用2 231 146.47元、机械台班停滞费用2 378 961.30元。

2.被告辩称：我局建四、五、六号住宅楼，经与原告冶建公司协商，确定仅由其完成该工程的基础土方开挖任务，并没有将该工程全部由其完成。该工程由谁承建，未经招标程序确定，因此，自治区招标办所签发的冶建公司中标通知书是虚假的。冶建公司完成基础土方开挖后，人工、机械均已撤离了施工现场，因此，不发生人工、机械闲置的费用；冶建公司开挖土方工程款尚未与我方结算，因此，原告提出付工程款的数额我方不予认可。原告冶建公司的诉讼请求无理，请求法院判决驳回。

**（三）一审事实和证据**

乌鲁木齐市中级人民法院经审理查明：西北石油局为了解决野外一线职工住房问题，经自治区计委批准立项，拟在该单位位于乌鲁木齐市江苏路的基地内建造三栋住宅楼，即四、五、六号住宅楼。1998年11月27日，西北石油局向自治区建设厅及自治区工程建设招标投标管理办公室（以下简称招标办）提出书面请示报告，称四、五、六号住宅楼工程已进入图纸设计阶段，建设资金已基本到位，各项施工手续基本完备，现冬季即将来临，为节省时间尽早开工，申请采取议标方式确定工程施工单位。目前在其江苏路基地内已有冶建公司、第四建筑工程公司、大华建筑公司等建筑单位正在施工，考虑与该三家公司合作较为愉快，要求将议标范围划定为上述单位。自治区建设厅及自治区招标办对该请示报告作出批示，同意以议标方式确定西北石油局四、五、六号住宅楼施工单位。冶建公司依据有关规定参加了该招标活动。为此，该公司根据西北石油局的招标文件和施工图纸编制了“投标书”。自治区建设厅和自治区招标办经过审查后，即于同年12月18日签署施标字（1998）第044号建设工程中标通知书，确定冶建公司为西北石油局四、五、六号住宅楼工程的中标单位；中标条件为议标；建设规模为12 758平方米，总投资1 150万元；承包方式为包工包料。冶建公司在中标后，即对四、五、六号住宅楼自然地坪标高进行了测定。西北石油局经报请乌鲁木齐市城市规划管理局批准后，通知冶建公司于同年12月25日对三栋住宅楼工程基础土方进行开挖。冶建公司如期完成了该项施工任务。之后，冶建公司为后期工程施工做了准备，组织调集了相关建筑施工机械，同时于1999年1月5日与江苏省海安县城南建筑安装工程公司新疆工程处（以下简称工程处）签订了劳务合同。该合同约定：由工程处为西北石油局四、五、六号住宅楼工程提供劳务人员342名，并提供瓦工、木工等各工种人员若干名；劳务人员进场院期限为同年3月9日；如因冶建公司原因停工，按实际停工工日赔偿工程处损失。

西北石油局收到关于冶建公司中标的通知书后，既未与冶建公司协商办理复工手续，又未向其发出停工或缓建的通知，告知冶建公司撤离施工机械及人员。同年4月9日，冶建公司就西北石油局的态度和做法，向自治区招标办作了反映；区招标办作出批示，明确该工程仍按1998年批准的议标程序办理相关手续，尽早开工。此后，西北石油局未按该批示执行，却通过改变四、五、六号住宅楼的建筑结构、增加建筑的面积，重新办理了项目审批手续，并又向乌鲁木齐市工程建设施工招标投标办公室申请招标。

另查：乌鲁木齐市中级人民法院委托中国建设银行乌鲁木齐工程造价审价中心审核、查证，确认冶建公司已完成西北石油局四、五、六号住宅楼基础土方工程的造价为249 803.84元；施工人员待工、窝工损失费为2 231 146.47元；机械台班停滞费用为2 378 961.30元。

上述事实有下列证据证明：

1. 西北石油局向自治区建设厅及自治区招标办递交的申请议标报告和四、五、六号住宅楼的设计图纸及其他相关文件。

2. 冶建公司编制并递交的“投标书”及自治区建设厅、自治区招标办签署的施标字（1998）第044号建设工程中标通知书。

3. 自治区招标办于1999年4月9日所作的批示。

4. 冶建公司与工程处签订的劳务合同及乌鲁木齐工程造价审价中心经审核、查证后所出具的审计结论。

**（四）一审判案理由**

乌鲁木齐市中级人民法院经审理认为：西北石油局为了解决一线职工住宅问题，拟建四、五、六号住宅楼。考虑工期因素，西北石油局申请以议标形式确定上述工程具体施工单位，该申请已获得建设厅及自治区招标办的批准。西北石油局在与冶建公司等单位协商并按议标程序履行了相关手续后，自治区招标办公室发出建设工程中标通知书，确认冶建公司为西北石油局四、五、六号住宅楼工程中标单位。上述行为确系双方当事人的真实意思表示，且已得到国家工程建设招标投标管理部门的认可。之后，西北石油局虽然未按有关程序与冶建公司签订施工合同，但双方之间已形成了明确的民事契约关系，对任何一方均有法律约束力。冶建公司根据西北石油局的通知，对该三栋住宅楼的基础土方进行了开挖施工，至此双方之间的民事契约关系已进入了实际履行阶段。冶建公司已实际完成的基础土方开挖部分的工程价款，西北石油局应予支付，具体数额以审价中心的审计结论为准。冶建公司为完成后期工程而组织调集了相关建筑施工机械及各工种的工程技术人员，西北石油局开始就知晓此情况，但其一直未向冶建公司发出复工的通知，亦未作出停建或缓建的书面决定送达冶建公司，致使冶建公司建筑施工机械及工程施工人员长期滞留等待复工，由此而造成的机械台班停滞损失及施工人员待工损失理应由西北石油局承担主要赔偿责任。在上述情况下，冶建公司未采取积极、有效的措施避免损失的扩大，应承担一定的责任。西北石油局提出自治区招标办出具的中标通知书是虚假的和冶建公司不存在机械台班停滞、施工人员待工的损失的答辩理由，因缺乏相应的证据证实，本院不予支持。

**（五）一审定案结论**

新疆维吾尔自治区乌鲁木齐市中级人民法院根据《中华人民共和国民法通则》第一百零六条第一款、第一百零八条之规定，作出如下判决：

1. 西北石油局给付冶建公司基础土方开挖工程款249 803.84元。

2. 西北石油局赔偿冶建公司经济损失3 227 075.43元。

3. 驳回冶建公司的其他诉讼请求。

案件受理费35 261.41元、鉴定费96 000元，合计131 261.41元，由西北石油局负担 90 570.37 元，冶建公司应负担 40 691.04 元。

**（六）二审情况**

1. 二审诉辩主张

（1）上诉人诉称：原判认定冶建公司参加了西北石油局住宅楼的工程招标投标并中标的事实错误。事实是：1998 年 11 月，西北石油局为职工建造享受福利住房的计划得到批准后，因冶建公司当时正在西北石油局进行另外工程的施工，就与其约定，在未招标的情况下，由自治区招标办签发了中标通知书。之后，由市规划局办理了"土方工程开挖许可单"。该许可单明确规定只是由冶建公司开挖地基。因此，冶建公司仅仅进行了三栋住宅楼的基础开挖工作。原审判决由西北石油局赔偿冶建公司人工闲置、机械停滞的损失不当，请予以纠正。

（2）被上诉人辩称：原审认定事实正确，判决公正，西北石油局上诉无理，请求二审法院予以驳回。

2. 二审事实和证据

新疆维吾尔自治区高级人民法院经审理确认了一审法院认定的事实和证据。

3. 二审判案理由

新疆维吾尔自治区高级人民法院经审理认为：西北石油局在具备招标的条件下，申请采用议标形式进行招标选择建四、五、六号住宅楼的施工单位，冶建公司参加招标并向西北石油局递交了投标书，自治区建设厅和自治区招标办经审查后给冶建公司发放了中标通知书，表明冶建公司中标，取得了中标工程的施工权。双方的招标、投标行为合法、有效，应受国家法律的保护。西北石油局在冶建公司中标后，没有依据有关法律、行政法规、规章的规定和其承诺履行义务，应对此承担民事责任。西北石油局与冶建公司虽然未签订工程施工合同，但冶建公司对该住宅楼的基础土方进行了挖掘，说明冶建公司已经实际履行了该工程的部分施工义务，而且冶建公司为后续工程施工组织调集了施工机械和人员。在此情况下，西北石油局既不与冶建公司签订合同，又不发出停建或缓建的通知，造成冶建公司机械台班停滞和施工人员待工的损失，对此西北石油局应承担缔约过失的赔偿责任。冶建公司对已经发生的损失没有采取积极防止的措施致使损失扩大，对所发生的损失应承担次要责任。原审根据审价结论和双方过错责任的大小，判决上诉人西北石油局承担支付工程款和赔偿损失的责任是正确的，应予维持。

4. 二审定案结论

新疆维吾尔自治区高级人民法院根据《中华人民共和国民事诉讼法》第一百五十三条第一款第（一）项之规定，作出如下判决：

驳回上诉，维持原判。

二审案件受理费 34 589.33 元，由西北石油局负担。

**（七）解说**

按照我国《招标投标法》第三条和《建筑法》第十九条规定的精神，大型工程项目建设要依法进行招标，以招标方法选择施工单位。建设部《工程建设施工招标投标管理办法》规定招标的方法有公开招标、邀请招标和议标三种。公开招标，是指招标人以招标公告的方式邀请不特定的法人或者其他组织投标；邀请招标，是指招标人以投标邀请书的方式邀请特定的法人或其他组织投标；议标，是指招标人以向有关部门提出申请的方式，确定数个特定的法人或者其他组织投标。不同方法的招标，其招标、投标和开标、评标、中标的方式和程序均略有不同。实践中，建设单位采用哪种方法进行招标，由该单位根据有关规定和建设项目的实际情况而定。本案被告西北石油局建设三栋住宅楼正是按照上述法律规定的要求，以招标的方法选择施工单位。其招标方法，西北石油局选择了“议标”。

本案被告冶建公司是原告西北石油局指明以议标方法选择施工单位中的一家施工单位，其积极参加投标，按照有关规定和西北石油局的招标文件编制了投标书，并分别递交西北石油局和自治区建设厅、自治区招标办进行评议、审查，最后被确定为中标单位。为此，作为招标人的西北石油局向中标单位冶建公司发出了中标通知书。《招标投标法》第四十五条规定，“中标人确定后，招标人应当向中标人发出通知书”；“中标通知书对招标人和中标人具有法律效力”。按照这些法条的规定，西北石油局作为招标人，应当受到其发出的中标通知书的拘束，将作为招标建设工程项目的四、五、六号住宅楼发包给冶建公司承包施工，并应根据招标、投标文件与冶建公司就该建设工程项目签订施工合同。但西北石油局不但未在法定期限内与冶建公司签订合同，还将招标建设工程项目四、五、六号住宅楼又以重新招标方式发包给其他单位承包施工，这显然是违反了其给冶建公司发出的中标通知书中所表示的意思，违反了上述法条的规定。

西北石油局的上述违规行为，给冶建公司造成了不利的后果，是否应当承担责任呢？根据《招标投标法》第五十四条第二款规定的精神，招标通知书发出后，招标人改变中标结果的，应当承担法律责任。西北石油局给冶建公司发出中标通知书后，又将该招标工程项目交给其他施工单位承包，证明其改变了中标结果，依法应当对冶建公司承担民事责任，包括支付基础土方挖掘工程的价款和赔偿由此造成的各项经济损失。这在实际处理上应该说是没有异议的。但这里遇到了一个理论问题，即西北石油局在上述场合下，承担支付工程价款和赔偿损失的责任的法理根据是什么。

依据我国《合同法》第十三条的规定，当事人订立合同，采取要约、承诺方式，或者说，订立合同要经过要约和承诺两个阶段。理论通说认为，招标，是邀请要约，是招标人以订立合同为目的向不特定或特定的人发出招标的意思表示；投标是要约，是投标人按照招标人提出的要求，在规定期间内向招标人发出的以订立合同为目的意思表示；定标，是招标人以中标通知书形式对投标人出具投标书的承诺。按此理论观点，招标人、投标人经过招标、投标和发出中标通知书这三个阶段，合同即已成立。但按照《招标投标法》第四十六条的规定，招标人和投标人应当自中标通知书发出后在法定期限内订立书面合同，这似乎表明招标人和投标人经过三阶段还不能认为双方已经订立了合同，还必须在第三个阶段后按照规定订立书面合同，才能认为双方之间存在合同关系。如果根据前者的理论观点，西北石油局和冶建公司之间的合同关系已经成立，其不恪守合同，将招标工程建设项目发包给其他建筑单位，是违反合同约定，依照《合同法》第一百零七条的规定，其承担的是违约责任；如果根据后者法律的规定，西北石油局与冶建公司尚无合同关系，其不与冶建公司签订书面合同，将招标工程建设项目交由其他单位施工，违反了先合同义务，违背了诚实信用原则，根据《合同法》第四十二条的规定，其承担的是缔约上的过失责任。

按照《招标投标法》的规定，招标人和中标人按照招标文件和投标文件订立书面合同，而招标文件中载明了拟签订合同的主要条款；投标人按照此招标文件编制投标文件，对招标文件提出的拟签订合同的主要条款作出响应，表明双方已经就合同的主要条款达成了合意，应认为此时合同已经成立。至于双方又签订书面合同，一方面是为了对招标、投标文件中有关合同内容的未尽部分加以补充、完善，另一方面也是为了对双方的合同权利与义务以书面合同形式加以体现和固定，以便实际履行。基于这一认识，我们认为，西北石油局与冶建公司在完成了招标、投标全部程序之后，虽然由于招标人的原因没有签订合同，仍可以认为双方已经建立了招标工程施工的承包合同关系，西北石油局因不履行合同，应该承担违约责任，除了应给冶建公司支付已经开始履行合同义务部分的价款外，还应向冶建公司承担赔偿损失的责任。这就是说，在本案中，西北石油局因不履行通过招标、投标方法订立的合同，其承担的是违约责任，而不是缔约上的过失责任。

从一、二审法院阐明的判案理由看，他们认为双方的合同关系已经形成，且已进入了实际履行阶段，并据此作出了判决，令西北石油局承担支付已完成的工程的价款和赔偿损失的责任，应该说是正确的。本案在适用法律上有不足之处，即以作为普通法的《民法通则》的有关条款作为判案的根据，而没有以作为专门法的《合同法》、《招标投标法》和《建筑法》的有关条款作为判案的根据，不符合“专门法优于普通法”的原理，应该说是一个不应该出现的缺憾。

（杨善明）

## 15. 曾丽明诉德化职业中专学校招标投标合同案（缔约过失）

（一）首部

1. 判决书字号：福建省德化县人民法院（2001）德经初字第602号。

2. 案由：招标投标合同案。

3. 诉讼双方

原告：曾丽明，女，1963年5月28日出生，汉族，德化县人，住德化县城关湖前湖中路。

委托代理人：黄华峰，福建瓷城律师事务所律师。

被告：德化职业中专学校（以下简称职业学校）。

法定代表人：张南章，校长。

委托代理人：陈小平，福建德化戴云律师事务所律师。

4. 审级：一审。

5. 审判机关和审判组织

审判机关：福建省德化县人民法院。

独任审判：审判员：苏德丰。

6. 审结时间：2001年11月6日。

（二）诉辩主张

1. 原告诉称：2001年6月30日，被告邀请原告等八人公开招标采购学生双层铁床，原告以人民币19.5万元的价格中标。投标前被告没有对所采购铁床的质量作特别要求，但当原告中标后，被告在购销合同上对所采购的铁床质量作了特别要求，加重了原告的责任。原告发现后要求修改合同内容或重新确定价格，但被告不予采纳，造成没办法订立正式合同。原告认为被告未经双方协商同意，擅自改变投标内容，加重了投标人责任，造成合同没法订立，被告应承担违约责任，为此，要求被告退回押金人民币1万元。

2. 被告辩称：本案招标投标行为符合有关《中华人民共和国投标招标法》等法律、法规规定，原告中标后，拒绝签订买卖合同，答辩人决定取消其交纳的保证金1万元符合法律规定。原告诉称被告擅自改变招标内容，在购销合同上对铁床质量作了特别要求，加重了原告的责任并无事实根据。因此，原告的诉讼请求缺乏事实和法律根据，依法应予驳回。

**（三）事实和证据**

德化县人民法院经公开审理查明：2001年6月30日，被告职业学校邀请了包括原告曾丽明在内的具有承担招标项目能力、资信良好的八个人参加投标，进行公开招标采购该校宿舍楼使用的学生双层铁床等项目活动，原告曾丽明在投标前，报名参加投标，领取了“德化职业中专学校双层铁床公开招标采购须知”（以下简称“采购须知”）。该“采购须知”载明：“一、采购货物名称、规格型号及数量：详见“德化职业中专学校学生双层铁床采购货物明细表”（以下简称“明细表”）及实物样品。二、质量及售后服务要求：(1) 本次采购货物均为生产厂家原装全新合格产品。(2) ……四、(1) …… (2) …… (3) 投标保证金：投标人应在递交标书前提交投标保证金（人民币1万元）。未交足投标保证金的投标人，其投标将被拒绝。五、投标报价：(1) 投标人须全面了解本次采购货物的规格型号、材料、质量及服务要求，在投标报价时应充分考虑货物的运输、安装调试、零配件等费用，该投标报价是指将货物送到采购单位指定交货地点经安装调试、验收合格后的价格。(2) 投标人应仔细阅读投标说明，对所有品目号货物进行报价，要求准确计算投标单价和合计金额，不得在受理标书后更改报价。当投标单价与合计金额不相符时，以投标单价为准。(3) ……八、(1) …… (2) 买卖合同签订后，中标人的投标保证金自然转为履约定金。(3) ……十二、注意事项：(1) 中标人应遵守国家法律、法规，不得提供虚假资料，不得串通投价；中标人产生后，不得拒绝签订“买卖合同”，否则将取消其投标保证金，并依照有关法规给予处理。(2) ……十四、本“采购须知”解释权属于职业学校。”并附“明细表”一份。该“明细表”附学生双层铁床图纸一份。

2001年7月4日，在投标前，曾丽明向职业学校交纳了投标保证金1万元，提供了一张学生双层铁床实物样品，被告职业学校应各供应商要求就学生双层铁床质量问题作了说明。经开标、评标后，被告职业学校当场决定曾丽明以19.5万元的报价取得中标候选人资格。2001年7月5日，职业学校向曾丽明发出中标通知书。2001年7月7日，当原、被告双方欲签订合同时，曾丽明以铁床质量作了特殊要求为由拒绝签订合同。职业学校于同年7月12日决定取消其交纳的保证金1万元。诉讼中，曾丽明否认其所领取的“采购须知”中有学生双层铁床的附图，称直至签订合同时才发现合同上附有图纸，并否认收到中标通知书。

上述事实有下列证据证明：

1. 投标人资格申请表一份。

2.2001 年 6 月 30 日“采购须知”及“明细表”、附图各一份。

3.2001 年 7 月 4 日收款票据一份。

4.2001 年 8 月 3 日发票一份及铁床照片三张。

5.2001 年 7 月 4 日会议记录一份。

6.2001 年 7 月 4 日投标报价书一份。

7.2001 年 7 月 5 日中标结果通知书一份。

8.2001 年 7 月 12 日处理通知书一份。

9. 买卖合同一份。

**（四）判案理由**

德化县人民法院经审理认为：原、被告之间的纠纷属于招标投标买卖纠纷，被告邀请原告等八人参加投标，为要约邀请；原告制作标书报价投标，为发出要约；被告决定原告中标后发出中标通知书，为有效承诺，双方均应受中标通知书的约束，原告负有与被告签订合同的义务。诉讼中，原告否认所领取的“采购须知”中有学生双层铁床的附图和否认收到中标结果通知书以及被告在买卖合同上对铁床质量作了特别要求，造成合同没法订立等理由，因缺乏事实根据和法律依据，其主张依法不予采纳。原告未依约与被告订立合同，给被告造成损失，依法应承担缔约过失责任，赔偿被告因此所受损失，被告依照约定取消其交纳的投标保证金符合法律规定。

**（五）定案结论**

福建省德化县人民法院根据《中华人民共和国合同法》第四十二条第（三）项的规定，作出如下判决：

驳回原告曾丽明对被告德化职业中专学校的诉讼请求。

案件受理费 410 元，由原告曾丽明负担。

**（六）解说**

1. 合同是否成立。本案是招标投标买卖纠纷，正确判断合同是否成立，首先要弄清中标通知书的法律性质及其法律效力。根据《招标投标法》第四十五条规定：“中标人确定后，招标人应当向中标人发出中标通知书，并同时将中标结果通知所有未中标的投标人。”“中标通知书对招标人和中标人具有法律效力。中标通知书发出后，招标人改变中标结果的，或者中标人放弃中标项目的，应当依法承担法律责任。”可以看出，中标通知书实质上就是招标人对其选中的投标人的承诺，是招标人同意某投标人要约的意思表示。由于招标投标是订立合同的一种特殊方式，是以订立招标采购合同为目的的订立合同方式，是一种竞争缔约方式，属于订立合同的预备阶段。因此，《投标招标法》对于中标通知书的规定，有两点不同于《合同法》关于承诺的规定：一是《合同法》规定，承诺通知到达要约人时发生法律效力，而中标通知书只要发出以后，如果招标人改变中标结果，或中标人放弃中标项目，应当承担法律责任；二是《合同法》规定，承诺生效时合同成立，而中标通知书发出后，承诺虽然发生法律效力，但在书面合同订立之前，合同尚未成立。《招标投标法》的这种特殊规定，是为了适应招标投标的特殊情况，更加有利于招标人对投标人的约束，保护招标人的权利。

值得注意的是，中标通知书与决定中标还是有一定区别的，决定是否中标是招标方的权利，是否属于承诺要视决定中标的内容而定：中标若是对投标完全接受，即为承诺；中标若对投标人的投标并不完全同意，其结果只是选定中标人而作进一步的谈判，此时，中标就不是承诺。而中标通知书则对招标人和投标人均具有法律约束力。

本案被告职业学校邀请原告曾丽明等八人投标，公开招标采购学生双层铁床的活动，为法律上的要约邀请；原告曾丽明按“采购须知”要求交纳了履约保证金1万元，提供双层铁床的实物样品，根据“采购须知”、“明细表”及附图说明，计算出投标报价19.5万元，制作投标报价书进行投标的活动，在法律上已具备了要约形式要件与实质要件，是合法、有效的要约。被告职业学校经开标、评标、决标等程序，当场决定完全接受原告曾丽明的投标，并于次日向原告曾丽明发出中标通知书，该中标通知书在法律上已构成有效承诺，根据法律规定，中标通知书自发出之日起双方均应受其约束。因此，原告曾丽明在诉讼中以否认收到被告的中标通知书为由，而主张不受中标通知书的约束，缺乏法律依据，其请求应依法不予采纳。当然，本案承诺虽然发生法律效力，但原告拒绝按“采购须知”要求与其投标文件规定订立书面合同，故本案合同尚未成立。

2. 原告曾丽明应承担缔约过失责任。合同虽然未成立，但并不是说当事人不必承担任何法律责任。我国《合同法》第四十二条、第四十三条规定，首次确立了合同缔约过失责任制度。所谓缔约过失责任，是指当事人在订立合同过程中，因过错违反诚实信用原则负有的先合同义务，导致合同不成立，或者合同虽然成立但不符合法定生效条件而被确认无效、被变更或被撤销，给对方造成损失时所应承担的民事责任。所谓先合同义务，是指自缔约当事人因签订合同而相互接触磋商、至合同有效成立之前，双方当事人依诚实信用原则负有的协力、通知、告知、保护、照顾、保密、忠实等附随义务。它与违约责任在责任基础、保护对象、归责原则、构成要件、适用范围、承担责任方式、赔偿范围等方面均不相同，具有法定性、财产性、补偿性等特点，是一种独立的违反先合同义务的民事责任，又是介于违约责任与侵权责任之间的一种特殊的民事责任。在审判实践中，要注意对违约责任和缔约过失责任作正确界定。

本案被告职业学校邀请原告等八人投标和原告曾丽明在投标前提供的一张学生双层铁床实物样品及被告在投标前应各供应商的要求就铁床质量问题所作的说明等事实，均能证明被告不存在故意不给原告提供学生双层铁床“明细表”及附图的事实，即在招标投标过程中被告无过错。诉讼中，原告虽然否认所领取的“采购须知”中有学生双层铁床的附图，但根据本案所有的证据表明，原告等八人受被告邀请参加学生双层铁床的招标投标，被告的招标投标活动是公开的、公平的，严格依照招标投标法定程序进行，受到包括原告等八位投标人在内的社会公众的监督，且“明细表”、附图是“采购须知”重要的、不可或缺的组成部分，原告所领取的“采购须知”如没有该“明细表”及双层铁床的附图，则无法计算出其投标学生双层铁床的报价。相反，因“采购须知”上已明确货物名称、规格型号及数量，“明细表”的规格栏上注明见附图，且附图上又注明各种规格尺寸，该附图质量要求和被告在投标前对学生双层铁床质量所作的说明与原告提供的双层铁床实物样品表明的质量完全一致，原告对学生双层铁床的质量要求是明确的、具体的，买卖合同对铁床的质量要求并没有变更，没有作出特别要求，没有加重原告责任。因此，原告的否认及主张在买卖合同上对铁床质量作了特别要求等理由，缺乏事实根据，依法不能成立。被告发出的中标通知书完全接受原告的投标报价，原告负有与被告订立合同的义务，原告曾丽明拒绝与被告签订合同符合缔约过失责任构成要件，违背诚实信用原则，因此给被告造成损失，依法应当承担缔约过失责任，赔偿被告因信赖合同有效成立而受的实际损失。鉴于原、被告双方已对投标保证金作了约定且不违反法律规定，依照意思自治原则应当按约定处理。原告的诉讼请求缺乏事实根据和法律依据，应依法驳回其诉讼请求。

（曾华海）

## 16. 中国建设银行沧州分行诉沧州长升食品有限公司等打包贷款担保案

### （一）首部

1. 判决书字号

一审判决书：河北省沧州市中级人民法院（2000）沧经初字第80号。

二审判决书：河北省高级人民法院（2001）冀经一终字第83号。

2. 案由：打包贷款担保案。

3. 诉讼双方

原告（上诉人）：中国建设银行沧州分行（以下简称沧州建行）。

负责人：乔树昶，行长。

委托代理人（一审）：张金台，沧州福鑫律师事务所律师。

委托代理人（一审）：赵继军，沧州建行国际业务部信贷部经理。

委托代理人（二审）：郝书杭，建设银行河北省分行职员。

委托代理人（二审）：贡子明，河北省恒佳信律师事务所律师。

被告（被上诉人）：沧州长升食品有限公司（以下简称长升公司）。

法定代表人：陈悦河，董事长。

委托代理人（一审）：张煜，陕西王炳森律师事务所律师。

委托代理人（一、二审）：孙悦静，长升公司经理。

委托代理人（二审）：王延平，陕西王炳森律师事务所律师。

被告（上诉人）：河北省沧州县建筑安装工程公司（以下简称沧县建安）。

法定代表人：孙悦智，董事长。

委托代理人（一、二审）：刘金柱，沧县建安总经理。

委托代理人（一、二审）：张晋，沧州经航律师事务所律师。

被告（上诉人）：河北省沧县对外经济贸易公司（以下简称沧县外贸）。

法定代表人：孙俊凯，经理。

委托代理人（一审）：王延平，陕西王炳森律师事务所律师。

4. 审级：二审。

5. 审判机关和审判组织

一审法院：河北省沧州市中级人民法院。

合议庭组成人员：审判长：李启华；审判员：朱连珍、李宗哲。

二审法院：河北省高级人民法院。

合议庭组成人员：审判长：宋锡婷；代理审判员：牛杰、赵国栋。

6. 审结时间

一审审结时间：2001 年 1 月 11 日。

二审审结时间：2001 年 8 月 16 日。

**（二）一审诉辩主张**

1. 原告诉称：1997 年 12 月 9 日、12 月 19 日、12 月 30 日长升公司在我行分别贷款 500 万元、500 万元、600 万元共计 1 600 万元。沧县建安担保 1 000 万元，沧县外贸担保 600 万元。合同到期后，长升公司偿还 71 万元，尚欠贷款 1 529 万元及利息未还。请求判令借款人、担保人偿还借款。

2. 被告长升公司辩称：对原告起诉的事实无异议，但原告已在我方的出口议付申请书中签字"同意议付"，折人民币 800 万元应从贷款中扣除。

3. 被告沧县建安辩称：（1）长升公司订立的合同中贷款种类为"打包贷款"并明确"信用证抵押"的条款。"打包贷款"和"信用证抵押"都是具有物权担保性质的。按照担保法的规定，既有担保人保证，又有物权担保的，担保人在物权担保以外承担保证责任。相关合同中物的担保额超出了保证人的保证责任范围，保证人不应承担责任。（2）沧州建行接受了开证行的信用证条件，同意作为议付行，承担议付行的责任。1998 年 2 月 4 日，3 月 11 日沧州建行两次收到长升公司的议付申请书同意议付 933 523.50 美元的情况下，却没有实际向长升公司付款，也未向开证行主张信用证权利，因沧州建行怠于行使追偿权，放弃了物权担保的优先权，所产生的后果和损失应由沧州建行自行负责。

4. 被告沧县外贸辩称：（1）长升公司以欧洲银行出具的金额为 236.6 万美元的不可撤销信用证为抵押，在沧州建行贷款，沧州建行在有抵押物担保的情况下，又要求保证人，违背了公平原则，故我方所签订的保证合同应为无效。（2）长升公司向沧州建行提交的 236.6 万美元的信用证，按 1997 年的外汇牌价，应折合人民币 2 000 余万元，而我公司所担保的 600 万元人民币尚属物的担保的债权之内，不应承担保证责任。（3）1999 年 3 月 22 日，长升公司向沧州建行出具书面还款计划，此计划变更了借款合同的还款期限，我方对此不知情，根据有关规定，我方不承担保证责任。

**（三）一审事实和证据**

河北省沧州市中级人民法院经公开审理查明：长升公司通过陕西省粮油进出口公司与荷兰商人订立出口花生米合同。1997 年 12 月 2 日，沧州建行收到荷兰 DEUTSCHE 银行开具的以长升公司为受益人的不可撤销的限制河北建行议付信用证，该证金额为 236.6 万美元。1997 年 12 月 9 日，沧州建行向长升公司发出"信用证通知书"。沧州建行、长升公司对此没有异议。

1997 年 12 月 9 日、19 日、30 日长升公司分 3 批在沧州建行以信用证抵押贷款 1 600 万元。由沧县建安担保 1 000 万元，沧县外贸担保 600 万元。3 笔贷款的月息千分之七点九二，贷款到期日及数额为 1998 年 4 月 8 日 500 万元及利息；1998 年 4 月 19 日 500 万元及利息；1998 年 4 月 29 日 600 万元及利息。贷款到期后长升公司还款 71 万元，现尚欠 1 529万元及利息未付，此贷款已购出口货物。当事人对此均无异议。

1998 年 1 月 26 日、3 月 6 日长升公司分别向沧州建行提出 2 份出口议付申请书，价款 933 523.50 美元。请求事项为“请贵行议付所附单据”。沧州建行在议付申请书中签有“单证相符，同意寄单”和“同意议付”的字样。

上述事实有下列证据证明：

1. 长升公司为受益人的不可撤销信用证。

2. 沧州建行向长升公司发出的信用证通知书。

3. 沧州建行与长升公司的打包贷款合同。

4. 沧州建行与沧县建安、沧县外贸的担保合同。

5. 长升公司还款 71 万元的凭证。

6. 长升公司提交的出口议付申请书。

**(四) 一审判案理由**

河北省沧州市中级人民法院认为：沧州建行与长升公司所签订的 3 份出口打包贷款合同及沧州建行与沧县建安、沧县外贸签订的担保合同，是双方当事人的真实意思表示，符合有关法律规定，为合法有效。双方当事人应按合同约定的条款履行各自的权利、义务，沧州建行收回到期贷款的主张应予保护。长升公司应按合同约定履行还款义务，偿还到期贷款 1 592 万元及利息。长升公司所提沧州建行在出口议付申请书中已签字“同意议付”，沧州建行应将同意议付的款项从贷款中扣除一事，因该议付申请书中明确表明请求内容为“议付所附单据”，并未申请寄单后结算付款内容，不存在付款事由。沧州建行在议付申请书中的签字应认定为是“同意寄单”，长升公司议付款理由不予支持。沧县建安、沧县外贸作为贷款的担保人，应按担保合同约定履行担保义务。长升公司向沧州建行发出变更借款合同还款期限的计划书，因沧州建行并未收到，沧县外贸也没有证据证明此计划书已送达沧州建行。所以，应认定为是长升公司的单方行为。沧县外贸据此不应承担担保责任的理由不成立。该案出口打包贷款合同是以信用证抵押，信用证本身不具备物权抵押要件，但是信用证项下单据所依附物即尚在打包中而没有装运出口的货物应认定为抵押物，此部分货物贷款 8 242 420 元及利息担保人不承担保证责任，担保人对已出口部分货物贷款所欠 7 748 245.05 元承担保证责任（具体数额按担保额比例计算）。

**(五) 一审定案结论**

河北省沧州市中级人民法院根据《借款合同条例》第七条、第八条、第十六条，《中华人民共和国担保法》第三条、第二十一条、第二十八条之规定，作出如下判决：

1. 长升公司偿还贷款 1 529 万元及利息。

2. 沧县建安对长升公司贷款中的 4 842 653 元及利息承担连带责任。

3. 沧县外贸对长升公司贷款中的 2 905 592.05 元及利息承担连带责任。

4. 一、二、三项判决生效后 1 个月内执行完毕。

案件受理费 86 460 元，其他诉讼费 17 292 元，共计 103 752 元，长升公司承担62 752 元，沧县建安承担 26 000 元，沧县外贸承担 15 000 元。

**(六) 二审情况**

1. 二审诉辩主张

(1) 上诉人沧州建行诉称：信用证抵押与打包贷款在银行界是同一概念，信用证抵押并不是《担保法》中的抵押，信用证只是开证行对出口商的一种有条件的付款承诺，即只有并只要出口商提供与信用证要求一致的单据，开证行才付款。所以，信用证抵押贷款即打包贷款，在没有其他保证的前提下，是以出口商的信誉为条件的一种信用贷款。信用证项下单据所依附物也不是抵押物。故沧县建安、沧县外贸不能以信用证抵押、打包贷款是物的抵押为抗辩事由来免除自己的保证责任。沧州建行与沧县建安、沧县外贸签订的两份保证合同真实、有效，为双方当事人的真实意思表示，沧州建行无欺诈行为。虽然沧州建行在议付申请书上签字，但我行的真实意思表示是同意长升公司的寄单申请，并非承诺向长升公司支付对价。2 批出口货物未能收回货款，建行对此无过错。请求二审法院撤销一审判决二、三项，改判为沧县建安对长升公司贷款合同项下的 929 万元本金及利息承担连带责任；改判沧县外贸对长升公司贷款合同项下的 600 万元本金及利息承担连带责任；判决上诉费用由 3 名被上诉人共同承担。

(2) 上诉人沧县建安诉称：打包贷款和信用证抵押都应认为是物的担保。沧县建安作为保证人，其保证金额没有超出物的担保范围，因此，保证人不应承担保证责任。沧州建行作为议付行应向长升公司支付议付款并应及时向开证行收汇，沧州建行未向开证行主张信用证的权利，等于放弃了信用证物的抵押担保，沧县建安应在沧州建行放弃权利的范围内免除保证责任。沧州建行在和沧县建安签订保证合同中有欺诈行为。请求二审法院撤销一审判决，判令沧县建安不承担保证责任，诉讼费用由沧州建行和长升公司承担。

(3) 上诉人沧县外贸诉称：沧州建行在打包贷款合同上写明“信用证抵押”，就不应与沧县外贸签订保证合同，沧县外贸与沧州建行签订保证合同，是因沧州建行处于行业垄断地位，双方地位不平等，保证合同违背公平原则，而非沧县外贸的真实意思表示，故应视为无效合同。沧州建行没有及时向开证行索要出口货物的货款，沧县外贸对此不应承担保证责任。请求二审法院依法改判一审判决。

2. 二审事实和证据

河北省高级人民法院经审理查明：原审认定事实无误，证据属实。另查明，1997 年 12 月 9 日，沧州建行向长升公司发出的“信用证通知书”中注明“我行只做通知，不承担其他任何责任和义务”。对以上事实各方当事人均无异议。

3. 二审判案理由

河北省高级人民法院认为：根据国际商会第 500 号出版物《跟单信用证统一惯例》的规定，信用证是开证行按照开证申请人（进口商）的要求和指示，向受益人（出口商）签发的一种书面约定。根据此约定，如果受益人满足了约定的条件，开证行将向受益人支付信用证中约定的金额。所以，信用证是开证行向受益人有条件付款的凭证，也可以说，信用证是开证行与受益人之间就如何实现付款问题达成的双方享有何种权利、承担何种义务的合同书。对信用证的受益人（出口商）而言，其依据信用证享有的权利，是请求开证行付款的权利，但其前提必须是承担向开证行提交符合信用证规定的单据的义务，即必须“单证相符”。可见，受益人只有履行此义务才能实现其信用证中的权利。由此推断，信用证是一种合同书，并非是物，也非物权凭证。所以，信用证抵押作为出口商为获取打包贷款向贷款行留存、“抵押”信用证的行为，对贷款银行来说，因有开证行开出的信用证，借款人还贷就有了一定的保证，用信用证抵押的打包贷款实质上就是一种信用贷款。“信用证抵押”一语并非符合担保法的“物的抵押”的构成。标的物如作抵押首先应在合同中明确约定，且抵押物是确定的。抵押期间抵押人无权处置抵押物。但本案中，贷款合同中并未明确约定“用信用证项下的货物作抵押”。而信用证与信用证项下的物是两个内涵完全不同的概念。且合同成立时，抵押物尚不存在，尔后，信用证项下的货物又要出口外方，所以，信用证抵押就是用信用证项下货物作抵押的观点不能成立。一审认定信用证本身不具有物权抵押要件是正确的。但其“信用证项下单据所依附的物即尚在打包中而没有装运出口的货物应认定为抵押物”的判断没有法律依据，应予纠正。基于此，沧县建安、沧县外贸主张“其在抵押物之外承担保证责任，而本案保证的贷款额没有超出抵押物的担保范围，因此担保人不应承担保证责任”的上诉理由，本院不予支持。

沧县建安称其是在认为信用证抵押是“物的抵押”成立的情况下才签订保证合同的，如果信用证抵押不是物的抵押则沧州建行存有欺诈。本院认为，信用证抵押是物的抵押是沧县建安一方的理解，对这一理解不认同就推断沧州建行有欺诈行为缺乏证据支持。故沧县建安所持“沧州建行在签订保证合同中存在欺诈行为”的观点不能成立。

沧县外贸称，既然沧州建行在打包贷款写有“信用证抵押”，即是物的抵押，就不应再和沧县外贸订立保证合同，之所以签订保证合同是沧州建行借助其行业垄断地位实现的，其违反了公平原则。本院认为，把信用证抵押视为物的抵押也是沧县外贸的一种单方理解，即使物的抵押担保成立也不能排除债权人另行与他人订立保证合同的可能性和合法性。同时沧县外贸又不能提供沧州建行依其行业垄断地位签订不平等保证合同的相关证据。所以，沧县外贸主张保证合同违背公平原则应为无效保证的观点亦不能成立。

关于议付的问题。本案中，长升公司于 1998 年 1 月 29 日、3 月 6 日向沧州建行填报了议付申请书，沧州建行在申请书中写有“同意寄单”和“同意议付”的字样。但在 1997 年 12 月 9 日沧州建行向长升公司发出的“信用证通知书”中已明确标注“我行只做通知，不承担其他任何责任和义务”。可见沧州建行从一开始对开证行在信用证中指定沧州建行为议付行并未认可。所以，结合“信用证通知书”的标注，议付申请书上“同意寄单”和“同意议付”的矛盾表述应认定为同意寄单才是沧州建行的真实意思表示。而且根据《跟单信用证统一惯例》的规定，即使沧州建行向长升公司议付，也会因得不到开证行的付款而有权向长升公司追回议付款。同时，本案中，沧州建行已在打包贷款中向长升公司贷款 1 600 万元，之后如再向长升公司支付 933 523.50 美元的议付款也是不合情理的。所以，沧县建安、沧县外贸、长升公司主张沧州建行应支付议付款，长升公司所欠贷款应扣除议付款的理由不能成立。另外，因长升公司所还 71 万元贷款并未明确是还哪一笔贷款，故沧县建安、沧县外贸的保证责任应按比例承担。综上所述，一审判决认定事实清楚，但适用法律存在部分不当，应予纠正。

4.二审定案结论

河北省高级人民法院根据《中华人民共和国经济合同法》第二十九条第一款、第四十条第一款第（二）项，《借款合同条例》第八条、第十六条，《中华人民共和国担保法》第三条、第十八条第二款、第二十一条、第三十一条，最高人民法院《关于适用〈中华人民共和国担保法〉若干问题的解释》第四十二条，《中华人民共和国民事诉讼法》第一百五十三条第一款第（二）项之规定，作出如下判决：

（1）维持沧州市中级人民法院（2000）沧经初字第 80 号判决第一项。

（2）变更沧州市中级人民法院（2000）沧经初字第 80 号判决第二项为：沧县建安对长升公司所欠贷款中的 9 556 250 元人民币的本金及利息（利息按银行同期贷款利率计算）承担连带责任。

(3) 变更沧州市中级人民法院（2000）沧经初字第80号判决第三项为：沧县外贸对长升公司所欠贷款中的5 733 750元人民币本金及利息（利息按银行同期贷款利率计算）承担连带责任。

(4) 变更沧州市中级人民法院（2000）沧经初字第80号判决第四项为：上述所欠款项于本判决生效后15日内付清。

(5) 沧县建安、沧县外贸承担上述连带保证责任后，有权向长升公司追偿。

一审案件诉讼费103 752元按原判执行；二审案件受理费86 460元，由沧县建安负担54 037.50元，由沧县外贸负担32 422.50元。

**（七）解说**

本案涉及国际贸易、银行信贷等领域，以及对UCP500、《担保法》的正确理解和运用，对于同类案件的审理有很强的借鉴意义。

1. 即使合同中明确约定了“信用证抵押”，打包贷款仍应是一种信用贷款。信用证是指开证行对出口商的一种有条件的付款承诺，只有出口商提供了与信用证要求一致的单证，开证行才付款。按照《担保法》的规定，作为抵押（或质押）的标的应是抵押人（或质押人）现实拥有的明确财产（或权利），而信用证只是开证行对受益人的一种有条件的付款承诺，不具备《担保法》中规定的抵押（或质押）标的的法律属性，因此，“信用证抵押”中的“抵押”不是《担保法》中规定的抵押，信用证不能认为是物的抵押，本案中的打包贷款是一种信用贷款。

2. 一审法院提出“信用证项下单据所依附的物即尚在打包中而没有装运出口的货物应认定为抵押物”，这种观点是错误的。

(1) 信用证项下单据所依附的物并非尚在打包而没有装运出口的货物。因为只有把货物装运出口，才能获得信用证所要求的单据（如货运提单），这时的货物才能称为信用证项下单据所依附的物；尚在打包而没有装运出口的货物，没有获得货运单据，不可能称为信用证项下单据所依附的物。

(2) 此案中无论信用证项下单据所依附的物还是尚在打包而没有装运出口的物，在签订打包贷款合同时均不存在。这种情况不符合《担保法》中对抵押物的规定，因此，信用证项下单据所依附的物以及尚在打包而没有装运出口的物均不能认定为打包贷款的抵押物。

3. 沧州建行虽然在信用证中被指定为议付行，但并非实质上的议付行。根据UCP500第10条b款第2项之规定：“议付意指被授权议付的银行对汇票及/或单据付出对价。仅审核单据而未付出对价并不构成议付。”这一条款明确了作为议付行应具备两个条件：(1) 议付的银行必须是被开证行授权议付的银行。(2) 必须付出对价。两者缺一不可。本案中，沧州建行虽然被开证行授权为议付行，但是并没有对长升公司支付对价，按照上述UCP500的规定，沧州建行不是实质上的议付行，也就不承担议付的责任。

（范艺娜）

## 17. 江阴龙灯化工有限公司诉招商银行无锡支行担保合同案

### (一) 首部

1. 判决书字号

一审判决书：江苏省无锡市中级人民法院（2001）锡民二初字第195号。

二审判决书：江苏省高级人民法院（2001）苏民二终字第270号。

2. 案由：担保合同案。

3. 诉讼双方

原告（上诉人）：江阴龙灯化工有限公司（以下简称龙灯公司）。

法定代表人：韩振祥，董事长。

委托代理人：张士贤，龙灯公司副总经理。

委托代理人：诸定友，江苏南京振泽律师事务所律师。

被告：招商银行无锡支行（以下简称无锡招行）。

代表人：胡国梁，行长。

委托代理人：成忠，无锡招行副行长。

委托代理人：周秋平，江苏无锡金汇人律师事务所律师。

4. 审级：二审。

5. 审判机关和审判组织

一审法院：江苏省无锡市中级人民法院。

合议庭组成人员：审判长：赵建聪；审判员：梁月明；代理审判员：陆超。

二审法院：江苏省高级人民法院。

合议庭组成人员：审判长：高玉成；代理审判员：陈军、李义延。

6. 审结时间

一审审结时间：2001年8月15日。

二审审结时间：2001年11月26日。

### (二) 一审诉辩主张

1. 原告诉称：龙灯公司为中外合资企业，1992年1月成立时其中方股东为江阴永联集团公司（以下简称江阴永联公司，永联公司的第二名称为国营江阴农药厂，以下简称农药厂）。1995年8月3日，龙灯公司中方股东由农药厂变更为江苏永联集团公司（以下简称永联集团）。2001年3月，龙灯公司董事、副总经理赵国栋私自以龙灯公司的名义为农药厂向无锡招行出具了担保书，担保金额为700万元，其中135万元为农药厂提供的定期存单作为保证金。因农药厂与永联集团系同一单位，而永联集团又系龙灯公司的中方股东，龙灯公司为农药厂还款提供的担保属于为其股东进行担保的行为，违反了担保法的有关规定，该担保应为无效，龙灯公司不应承担任何担保责任。请求判决确认担保无效，解除担保人担保责任，并由无锡招行承担本案的诉讼费。

2. 被告辩称：农药厂与永联集团系两个独立法人，且其注册资本、经营人员、经营范围等均不相同，故不属于同一单位。现龙灯公司的中方股东为永联集团，龙灯公司为农药厂的债务提供担保，不属于公司为其股东还款进行担保，故属有效。另外，龙灯公司在1992年1月成立时中方股东虽然为农药厂，但在1995年8月3日其中方股东已变更为永联集团，而龙灯公司出具担保书的行为在2001年3月无锡招行无义务审查龙灯公司中方股东的变更情况，也不影响龙灯公司担保行为的合法、有效，故龙灯公司出具的担保书仍属有效，应依约承担保证责任，请求驳回龙灯公司的诉讼请求。

**（三）一审事实和证据**

江苏省无锡市中级人民法院经公开审理查明：农药厂系成立较早的国营企业，1993年3月16日，农药厂申请并经工商部门核准变更为江苏永联集团公司江阴农药厂（以下简称永联农药厂），其注册资金为2 602万元，从业人数2 214人，经营方式为制造、加工、自营进出口业务、本厂生产所需原辅材料、机械设备及技术的进口业务。永联农药厂成立后，除使用该企业名称、印鉴外，还一直延用农药厂的名称、印鉴对外经营业务，并明确农药厂的债权债务由永联农药厂承担。同年，农药厂、江阴化工染料厂、江阴编织塑料厂、江阴化肥总厂等16个单位签订关于成立永联集团的协议书。3月16日，由农药厂出面申请开办永联集团。3月20日，农药厂向工商部门出具注册资金数额的证明及负责清理债权债务的保证书，载明：永联集团为农药厂设立的企业法人，农药厂拨给企业资金10 080万元，从业人数为3 080人，经营方式为制造、加工、批发、零售、代购、代销、维修，经营范围为化工、农药、化肥、染料、橡塑、建材、包装材料、电子、电器、仪表、机械、运输、仪表维修、服装、金属加工、煤炭、金属材料，其下属企业为农药厂、江阴化肥总厂、江阴化工染料厂、江阴编织塑料厂等。永联集团章程载明公司是以公有制为主体的多种经济成分联合的跨行业、跨地区、跨所有制的外向型、多功能综合经营的国集联营经济实体，下属核心企业、控股企业和其他股份制形式的联营企业均为集团的二级经济实体，永联集团是一种有多个法人、多层次的管理模式的经济联合体，核算方式为多级独立核算。集团成员企业名称经申请批准可冠以“江苏永联集团公司”字号，经申请批准可以有偿使用永联集团的产品商标。永联集团与下属企业（包括农药厂）各自独立核算，企业各自纳税。而龙灯公司为中外合资企业，1992年2月25日，经江苏省人民政府批准并经工商部门核准成立，董事长为陈毓强，中方股东为农药厂，外国或地区的股东为（香港）龙灯科技开发股份有限公司（以下简称香港龙灯公司）、罗永桂（加拿大）。1995年8月3日，龙灯公司中方股东由农药厂变更为永联集团，并于1996年1月28日经江苏省人民政府批准。1995年12月29日，永联集团出具委派书，委派韩振祥出任龙灯公司董事长。龙灯公司股东罗永桂经批准将其股权转让给香港龙灯公司，龙灯公司股东为永联集团、香港龙灯公司。

2001年1月12日、3月2日，永联农药厂以农药厂的名义与无锡招行签订银行承兑协议各一份，农药厂申请由无锡招行为农药厂签发的银行承兑汇票进行承兑，汇票收款人为江阴泰禾化工有限公司，汇票金额分别为450万元、250万元，汇票到期日分别为7月2日及9月2日，由龙灯公司作为承兑申请人履行协议的保证人，并由其提供银行承兑不可撤销担保书，协议还对其他事项作了约定。永联农药厂在该协议上加盖了农药厂的印鉴。签订协议当日，龙灯公司向无锡招行出具两份担保书，承诺对上述银行承兑协议项下承兑申请人的全部债务承担连带保证责任，保证期间自该担保书签字之日起至银行承兑协议项下银行垫付票款之日起 2 年等。

上述事实有下列证据证明：

1. 江阴永联公司（农药厂）、永联农药厂、永联集团工商登记材料。

2. 龙灯公司工商登记及股东变更材料。

3. 永联农药厂向无锡招行申请承兑及承兑协议、银行承兑汇票及付款证明。

4. 龙灯公司向无锡招行出具的不可撤销担保书等。

**（四）一审判案理由**

江苏省无锡市中级人民法院经审理认为：本案的争议焦点是永联集团与永联农药厂是否属于同一单位，龙灯公司系中外合资企业，其开办时中方股东为农药厂，但在 1995 年 8 月已变更为永联集团。农药厂与永联集团相比成立较早，在永联集团成立的同时，农药厂也申请变更为永联农药厂，永联农药厂为永联集团下属独立法人企业，永联集团、永联农药厂均是独立法人。永联农药厂以农药厂的名义与无锡招行签订的两份银行承兑协议系双方的真实意思表示，未违反国家法律及行政法规的禁止性规定，应为有效。因永联农药厂系农药厂变更而成，并一直延用农药厂的名义、印鉴对外发生经济往来，故农药厂的债权债务依法由永联农药厂承担。龙灯公司向无锡招行出具的两份银行承兑不可撤销担保书系其真实意思表示，亦未违反国家有关法律规定，应属合法有效。因龙灯公司担保的承兑申请人农药厂（实为永联农药厂）与其股东永联集团是两个独立法人，未违反我国公司法、担保法的有关规定，故龙灯公司应按约对永联农药厂的还款义务承担连带责任。另外，龙灯公司向无锡招行出具该担保书时，其股东已为永联集团，龙灯公司在此之前的股东变更情况不属于无锡招行应审查的范围，对无锡招行也不产生拘束力。龙灯公司认为，永联农药厂与永联集团系同一单位，因缺乏相应的证据不能成立。龙灯公司认为该担保书无效，且不应承担保证责任的诉讼请求亦不能成立。不予支持。

**（五）一审定案结论**

江苏省无锡市中级人民法院根据《中华人民共和国担保法》第十八条，《中华人民共和国民事诉讼法》第一百二十八条之规定，作出如下判决：

驳回原告龙灯公司的诉讼请求。

本案案件受理费 38 260 元，由龙灯公司负担。

**（六）二审情况**

1. 二审诉辩主张

（1）上诉人上诉称：龙灯公司的中方股东是江阴永联公司（第二名称是农药厂），1993 年 3 月 3 日，江苏省体改委发文同意江阴永联公司及农药厂更名为永联集团。故龙灯公司按此要求办理股东更名手续。且龙灯公司自成立起一直向农药厂派分红利。银行承兑协议的承兑申请人农药厂自 1993 年 3 月 16 日已不存在，主合同无效，龙灯公司的担保也应无效。请求二审法院撤销原判，认定担保书无效，改判龙灯公司不承担赔偿责任。

（2）被上诉人辩称：龙灯公司在为农药厂担保时工商档案登记的中方股东是永联集团，农药厂与永联集团不是同一企业法人，担保有效，龙灯公司应承担连带担保责任。

2. 二审事实和证据

二审法院基本肯定了一审法院查明的事实和证据。

3. 二审判案理由

江苏省高级人民法院经审理认为：江阴永联公司（第二名称为农药厂）变更为永联农药厂后，除使用自己的印章，还使用农药厂的印章，且在工商局备案，永联农药厂以农药厂名义与无锡招行签订两份银行承兑协议，不违反法律以及行政法规的规定，应确认协议有效。龙灯公司关于两份银行承兑协议无效的上诉理由，因无法律依据，不能成立。龙灯公司为两份银行承兑协议担保时工商档案登记中载明的中方股东是永联集团，与被担保人永联农药厂不属于同一企业法人。因为永联集团是由江阴永联公司投资设立的企业法人，而永联农药厂是由江阴永联公司变更而来，两者的注册资本也不同。龙灯公司为永联农药厂担保，不属于为其股东担保，不违反公司法、担保法的规定，为有效担保。龙灯公司关于担保无效的上诉理由，不能成立，其上诉请求应予驳回。原审认定事实清楚，判决并无不当，应予以维持。

4．二审定案结论

江苏省高级人民法院根据《中华人民共和国民事诉讼法》第一百五十三条第一款第（一）项之规定，判决如下：

驳回上诉，维持原判决。

上诉案件受理费 38 260 元，由龙灯公司负担。

**（七）解说**

根据《公司法》第十八条规定，外商投资的有限责任公司适用本法，有关中外合资经营企业、中外合作经营企业、外资企业的法律另有规定的，适用其规定。本案所涉及的合资企业龙灯公司属于中外合资经营的有限责任公司，而关于公司能否为其股东提供担保，在中外合资经营企业法中并没有相应的规定，只有公司法才有规定，因而本案应当适用《公司法》的有关规定。为防止股东操纵公司事务而损害其他股东或债权人的合法权益，《公司法》第六十条第三款规定，公司董事、经理不得以公司资产为本公司的股东或者其他个人债务提供担保。这一款的规定属于法律的强制性规定。根据《合同法》第五十二条第（五）项规定，违反法律、行政法规的强制性规定签订的合同，为无效合同。

本案的争议焦点即在于龙灯公司是否为其股东提供了担保，即永联农药厂在龙灯公司为其提供担保时是否属于龙灯公司的股东，如果是，则担保合同应为无效；否则不应因此而确认担保合同无效。

从龙灯公司的工商登记及股东变更登记资料来看，龙灯公司成立之初，其中方股东单位为农药厂，农药厂当时的第二名称为江阴永联公司。而其后，农药厂变更成为永联农药厂，在农药厂变更为永联农药厂的同时，由农药厂与其他企业申请投资成立了永联集团，而新设立的永联集团与原农药厂虽然存在投资上的关系，但两者在注册资金、经营范围、经营方式、经营人员等方面均不相同，并且此时农药厂并未注销，而是变更成为永联农药厂，永联农药厂与其他投资单位共同成为新设立的永联集团的下属独立法人企业。其后，龙灯公司将其中方股东由农药厂变更登记为永联集团，应当说由于农药厂依然存在（名称变更为永联农药厂而不是永联集团），龙灯公司股东变更行为不是因为农药厂变更为永联集团，在股东变更后，龙灯公司的中方股东就是永联集团，而不是农药厂变更登记后的永联农药厂。龙灯公司为永联农药厂的债务提供担保，并不属于公司法所禁止的为其股东债务提供担保的行为，虽然永联农药厂与龙灯公司股东永联集团存在一定的投资关系，但目前我国法律尚无规定禁止龙灯公司为与其股东有一定投资关系的其他单位债务提供担保。

即使类似的交易会损害公司的利益，也是应由公司向侵权的股东、董事、经理及受益人主张承担侵权的赔偿责任，而不能一概认定对外所有的担保行为均为无效。而同时，作为债权人的无锡招行，其所知道的龙灯公司的工商登记股东为永联集团，而非永联农药厂，所以,其不存在过错，担保行为应当认定为有效。另外，即使公司为其股东提供担保从而导致担保合同被确认为无效，公司也不是完全不需要承担民事责任，而是应根据《担保法》第五条的规定，依照债权人、债务人及担保人的过错大小确定由担保人承担相应的赔偿责任，所以,龙灯公司要求确认担保合同无效并完全免除其责任的请求是不成立的。

（俞宏雷　赵建聪）

## 18. 海口市慧源典当行诉海口九星印务有限公司等抵押借款案

（一）首部

1. 判决书字号

一审判决书：海南省海口市新华区人民法院（2001）新经初字第 44 号。

二审判决书：海南省海口市中级人民法院（2001）海中法经终字第 115 号。

2. 案由：抵押借款案。

3. 诉讼双方

原告（上诉人）：海口市慧源典当行（以下简称慧源典当行）。

法定代表人：尹培军，董事长。

委托代理人：徐世凡，经理。

被告（被上诉人）：海口九星印务有限公司（以下简称九星公司）。

法定代表人：陈步琼，经理。

被告（被上诉人）：陈百钧，男，1965 年 9 月 8 日出生，汉族，住海口市龙昆南路海南师范学院宿舍。

委托代理人：王德勇，男，海南师范学院印刷厂职员。

4. 审级：二审。

5. 审判机关和审判组织

一审法院：海南省海口市新华区人民法院。

合议庭组成人员：审判长：高芳河；审判员：黎涛；人民陪审员：王莉。

二审法院：海南省海口市中级人民法院。

合议庭组成人员：审判长：林宁波；审判员：张玉萍、张爱珍。

6. 审结时间

一审审结时间：2001 年 7 月 16 日。

二审审结时间：2001 年 12 月 29 日（依法延长审限）。

**（二）一审诉辩主张**

1. 原告慧源典当行诉称：2000 年 3 月 25 日，被告九星公司以其所有的设备及经营权作为抵押物向我行借款 7 万元用于周转，贷款期限为 3 个月，后贷款期限延续至同年 9 月 24 日。抵押的动产由九星公司继续使用。我行与九星公司签订了抵押协议并在海口市工商行政管理局办理了企业动产抵押物登记。同年 9 月 12 日，经九星公司申请，我行又贷款 3 万元给该公司。同年 11 月 10 日，我行发现九星公司的设备被陈百钧转移至海南师范学院院内 213 站台的一处平房内。为维护我们的合法权益，请求人民法院依法判令：九星公司偿还借款本金 10 万元及支付利息、费用 50 500 元；陈百钧将九星公司抵押给我行的设备退还给我行。

2. 被告陈百钧辩称：2000 年 6 月 7 日，我与九星公司签订了由九星公司将 J4104 四开胶印机等 5 件机器设备及配套用品、办公用品转让给我的协议，价款为 16 万元。双方办理了该协议的公证手续。我已付给九星公司 15.7 万元，余 3 000 元作为双方业务款互相抵消。同年 10 月，我将所买的设备迁到海南师范学院印刷厂进行经营。所以，我购买九星公司的设备是合法的，并没有非法转移抵押物。另外，根据《担保法》第四十一条、第四十二条、第四十三条的规定，以企业的设备进行抵押的，必须进行抵押登记，否则不得对抗第三人。原告与九星公司之间的设备典当直至同年 9 月 11 日才办理抵押登记，我受让设备在先，因此，原告与九星公司的典当行为不能对抗我的设备受让行为。综上所述，请求人民法院驳回原告对我的诉讼请求。

3. 被告九星公司没有答辩。

**（三）一审事实和证据**

海口市新华区人民法院经审理查明：2000 年 2 月 25 日，慧源典当行与九星公司签订一份典当协议，约定由九星公司将其经营权及全部设备含景德镇产 4101 四开胶印机、平凉产对开切纸机、鑫光产 D101 订书机和泰兴产对开晒版机作为物当典当给慧源典当行；典当金额为 7 万元，当期从 2000 年 3 月 25 日至同年 4 月 18 日止，利率为 2%，监管费 2%，手续费 1%；超过当期一日，按一个当期加收利息。协议签订当日，慧源典当行付给九星公司借款 7 万元。慧源典当行开出当票后，上述当物未移交给慧源典当行，仍由九星公司占有使用。当期届满后，九星公司付给慧源典当行利息及费用计 7 000 元，但未偿还借款 7 万元给原告慧源典当行，双方同意将当期延长至同年 5 月 13 日。延期届满后，九星公司未偿还借款给慧源典当行，慧源典当行也未处理当物，而由双方签订了印刷厂设备及经营权抵债协议，约定九星公司以其经营权及印刷厂设备抵消上述借款。该抵债协议未履行。同年 8 月 30 日，慧源典当行和九星公司又签订一份典当合同，重新约定了当期即从 2000 年 8 月 30 日至同年 9 月 24 日，利率为 1%，手续费为 4%。该当期届满后，九星公司未偿还借款及支付利息、费用给慧源典当行。尔后，慧源典当行和九星公司又签订了一份印刷厂设备及经营权抵债协议，约定九星公司以上述设备及其经营权抵消上述借款及利息、费用。该抵债协议亦未履行。同年 8 月 30 日，慧源典当行与九星公司还签订了一份设备抵押典当借款合同，约定由慧源典当行借款 7 万元给九星公司，借款期限从 2000 年 8 月 30 日起至 2001 年 8 月 30 日止；本息偿还办法及期限：一个当期为 25 日，每个当期九星公司向慧源典当行支付利息，利率为 1%，手续费及综合费率为 4%；九星公司提供景德镇产 J4101 四开胶印机、平凉印机厂 QZ202A 对开切纸机、温州鑫光产 D101

订书机和泰兴产对开晒纸机各1台作为抵押物抵押给原告。九星公司的法定代表人陈步琼在该合同上签字表示作为还款的保证人。同年9月11日，慧源典当行与九星公司到海口市工商行政管理局办理了上述抵押物的登记。同年9月12日，慧源典当行与九星公司签订典当合同，约定九星公司将上述抵押典当借款合同所列的设备典当给慧源典当行，当价为10万元，当期从2000年9月12日至同年10月6日，利率为1%，手续费及综合费为4%。同日，九星公司出具一张10万元的收据给慧源典当行。该10万元包括了2000年3月25日慧源典当行付给九星公司的借款7万元及2000年9月12日增加的借款3万元。2000年6月7日，九星公司与陈百钧签订一份印刷设备转让协议，约定由九星公司将下列印刷机械设备、配件及办公用品转让给陈百钧：四开单色胶印机、对开切纸机、对开晒版机、订书机、捆书机、拖纸车、磅秤各1台，装订桌2张，书柜1张，木沙发1套（3件），电话1部；转让款为16万元，应于合同签订日一次性付清。同日，九星公司与陈百钧在海南省第二公证处办理了该协议书的公证。陈百钧已付给九星公司设备转让款15.7万元。尔后，九星公司将所转让的设备及办公用品交付给了陈百钧。2000年10月28日，陈百钧将上述设备及办公用品转移到海南师范学院印刷厂。九星公司至今未偿还借款10万元给原告。

上述事实有下列证据证明：

1. 原告与被告九星公司签订的典当合同三份、印刷设备及经营权抵债协议两份、设备抵押典当借款合同一份、海口市工商行政管理局（2000）市工商押字第3号企业动产抵押物登记证。

2. 九星公司与陈百钧签订的印刷设备转让协议一份、海南省第二公证处（2000）琼二证字第694号公证书。

3. 被告九星公司出具给原告的借款收据两张。

4. 被告九星公司法定代表人陈步琼出具给被告陈百钧的收条3张。

**（四）一审判案理由**

海南省海口市新华区人民法院认为：原告作为典当行，其从事的业务为以实物占有权转移形式为非国有中、小企业和个人提供临时性质押贷款。原告与被告九星公司虽然签订了典当合同，约定了当物，原告亦向被告九星公司支付了典当价款，但双方约定作为当物的设备的占有权未转移给原告，双方的行为不符合动产质押的法律规定。并且，双方于2000年8月30日又签订了设备抵押典当借款合同，约定由被告九星公司以典当合同所约定的当物作为借款的抵押物抵押给原告，并办理抵押物登记。该合同签订后，抵押物没有转移给原告占有。原告与被告九星公司的约定及实际履行约定的行为符合《中华人民共和国担保法》关于抵押的法律规定。所以，原告与被告九星公司之间签订的典当合同及设备抵押典当借款合同应认定为抵押借款合同。根据中国人民银行于1996年4月3日发布的《典当行管理暂行办法》的规定，典当行的业务为以使用自有资金从事质押贷款业务为限，没有抵押贷款的业务。原告以典当为名，未经政府主管部门许可，实际从事抵押贷款的业务，违反了我国金融法规的规定。因此，原告与被告九星公司之间的抵押贷款关系应确认为无效，不受法律保护。被告九星公司应将借款10万元返还给原告。两被告签订的印刷设备转让协议系当事人的真实意思表示，内容不违反法律、法规规定，应确认为有效。被告陈百钧已支付大部分转让款给被告九星公司，其所转让的印刷设备亦已移交给了陈百钧，被告陈百钧已取得了印刷设备的所有权，故被告陈百钧对印刷设备的占有及使用均受法律保护。因此，原告主张被告陈百钧侵权，本院不予支持。

**（五）一审定案结论**

海南省海口市新华区人民法院根据《中华人民共和国民法通则》第六十一条第一款的规定，作出如下判决：

1. 限被告九星公司于本判决生效之日起10日内返还借款10万元及支付利息给原告（计息方法：从2000年3月25日起至同年9月11日止，以本金7万元按银行同期6个月期流动资金贷款利率计；从2000年9月12日起至本判决限定的履行日止，以本金10万元按银行同期6个月期流动资金贷款利率计；上述利息减去7 000元为应付利息）；若逾期，则被告九星公司按银行同期最高贷款利率双倍支付迟延履行期间的债务利息给原告。

2. 驳回原告的其他诉讼请求。

本案受理费4 520元，由原告负担1 500元，被告九星公司负担3 020元；保全费1 270元，由原告负担。

**（六）二审情况**

1. 二审诉辩主张

（1）上诉人慧源典当行诉称：第一，一审判决适用法律及有关依据有误。一是《中华人民共和国担保法》（以下简称《担保法》）适用于我国境内所有企业、团体和个人，《担保法》没有任何条文规定典当行不能从事抵押贷款业务，原审判决承认我行与九星公司的约定符合《担保法》有关抵押的规定，但又认为抵押贷款关系无效，显然是矛盾的。虽然中国人民银行发布的《典当行管理暂行办法》（以下简称《暂行办法》）对典当业务有“质押贷款业务”之说，但作为国家法的《担保法》效力大于作为行业条例的《暂行办法》。我行依照《担保法》抵押贷款，理应受到国家法律保护。二是海南省作为经济特区，国家授予立法权，海南省人民政府发布《海南经济特区典当业管理办法》，该办法第十一条第三项典当业务均载明“抵押贷款”，据此，我方在海南经济特区从事抵押贷款业务属于合法。三是我方在工商行政管理局依法登记，所核发企业法人营业执照经营方式一栏明文写着“抵押贷款”。第二，九星公司于2000年3月25日起就将其所有机器设备典当即质押给我行，只是鉴于该设备庞大，我行未另设专门仓库保管。作为进一步保全措施，我行在工商部门作了法定抵押登记，九星公司至今未清偿其债务，典当、抵押关系亦未了结，该公司又与陈百钧签订印刷设备转让协议，属于欺诈行为和恶意串通，损害我行利益。根据《中华人民共和国合同法》第六条、第五十二条、第五十九条及《担保法》第九十四条之规定，该转让协议及转让行为无效，陈百钧由此所得财产应归还我行。综上所述，请求判令九星公司偿还我行贷款本金、利息及典当手续费等综合费用；判令九星公司和陈百钧将非法转移的当物归还我行。

（2）被上诉人九星公司未答辩。

（3）被上诉人陈百钧辩称：第一，典当行只能从事质押贷款，不能从事抵押贷款。法院判决已经否定了上诉人的违法行为。《担保法》生效在《暂行办法》颁布之前，后者不可能与前者相抵触。第二，本人购买九星公司设备是善意、无过错、合法取得，不存在与陈步琼恶意串通、非法转移抵押物、侵占他人财产的故意。相反，有上诉人和陈步琼恶意串通损害本人利益的可能。公证处是证明公民身份、行为合法性的国家机关，其出具的公证证明有明确的法律说明；本人与九星公司的转让手续齐全，公证处在审查设备原始发票后确定其设备可以转让，才办理了公证。当初假如公证处不进行公证，本人不会购买。本人购买九星公司设备之前，上诉人并未办理抵押物登记手续，而以企业动产设备作质押；上诉人没有转移财产，没有作任何公示和公告，没有在九星公司厂房内或机器设备上提示，甚至没有向九星公司索取说明设备合法来源和拥有的原始发票，而原始发票最终随设备转让而由陈步琼一并交给本人。我不可能知道这些设备是被典当的。本人购买该设备后，上诉人无视我与九星公司购买设备的事实，依然与九星公司发生各种典当关系，继续签订各种协议和保证，未及时将陈步琼诉诸法律；上诉人与九星公司的行为，对本人合法购买设备无法律约束力。2000 年 3 月 25 日，九星公司与典当行业务经理徐世凡签订印刷厂设备及经营权抵债协议和印刷设备转让协议，同一天对同一种设备处理签订两份不同的协议，已严重超越其典当的合法性，也证明双方有违法诈骗嫌疑，典当行为违法。本人在 2000 年 6 月 7 日办理公证，同日款货两清。而上诉人与九星公司于同年 9 月 11 日办理抵押登记，他们签订的抵债协议书是同年 8 月 30 日生效；本人转让设备在先，上诉人与九星公司抵债协议不能对抗我的设备转让行为。另外，上诉人办理抵押登记的设备四开胶印机是 J4101 型，而本人向九星公司购买的是 J4104 型，可见，上诉人指控本人的不是同一设备。综上所述，本人与九星公司的设备购买行为事实清楚，并不违反法律、法规规定，请法院确认为合法、有效。上诉人对本人的起诉没有法律依据，请法院驳回其上诉，维持原判。

2. 二审事实和证据

海南省海口市中级人民法院经审理确认了一审的事实和证据。

3. 二审判案理由

海南省海口市中级人民法院认为：上诉人慧源典当行与被上诉人九星公司签名盖章的当票（慧源当字第 0000540 号），是双方质押贷款的意思表示，具有质押贷款合同的特征。依照中国人民银行《暂行办法》及海南省人民政府发布的《海南经济特区典当业管理办法》，质押贷款是慧源典当行的合法经营形式，故该合同内容并未违反国家法律、法规的禁止性规定。但是，质押合同以设定权为目的，而质权的设立需要履行设立手续，即进行公示。质权设立的公示方式应包括质物的交付和出质权利的登记。对质押合同的生效，我国《担保法》第六十四条明确规定自质物交付之日起生效。鉴于以合同签订后九星公司并未实际交付当物，亦未办理质押登记，故双方以当票形式签订的质押合同并未生效。同理，双方后来陆续签订的补充协议、典当合同因均未将质物移交于质权人占有，作为质押贷款合同，上述协议均未生效。双方签订的印刷厂设备及经营权抵债协议，因双方并未实际履行，并且，双方以后来签订的设备抵押典当借款合同对双方债权债务关系重新确定，应视为印刷厂设备及经营权抵债协议已经解除。嗣后，虽然双方于同年 8 月 30 日再次签订设备抵押典当借款合同，并于同年 9 月 11 日依法办理了抵押物登记，但此时因原审被告陈百钧已经通过购买方式取得该抵押物所有权，慧源典当行不享有担保物权。陈百钧购买该印刷设备早于上诉人办理抵押登记的时间，上诉人不能证实购买行为发生时陈百钧知道或应当知道该印刷设备已经典当，故不能认定九星公司与陈百钧恶意串通。陈百钧通过接受转让购买九星公司印刷设备，基本付清货款，并已实际取得该标的物；其购买行为发生时典当双方并未办理质押登记，典当关系尚未发生法律约束力，故不能对抗陈百钧与九星公司的买卖关系；陈百钧购买九星公司转让设备行为并无过错，故其购买行为对上诉人慧源典当行不构成侵权。综上所述，上诉人之上诉理由有悖于事实和法律规定，其上诉请求本院不予支持；原审判决认定事实清楚，适用法律正确，判处适当，应当予以维持。

4. 二审定案结论

海南省海口市中级人民法院根据《中华人民共和国民事诉讼法》第一百五十三条第一款第（一）项之规定，作出如下判决：

驳回上诉，维持原判。

二审案件受理费 4 520 元，由上诉人负担。

**（七）解说**

1. 典当行能否从事抵押贷款的业务？抵押是指债务人或第三人不转移对抵押物的占有，将抵押物作为债权的担保。中国人民银行于 1996 年 4 月 3 日发布的《典当行管理暂行办法》明确了典当行以使用自有资金从事质押贷款业务有限，未经中国人民银行批准，不得从事其他业务。因此，本案原告与被告九星公司签订的设备抵押借款合同应确认为无效。

2. 原告与被告九星公司签订的典当合同未生效。我国《担保法》第六十四条规定，动产质押合同在质物移交于质权人占有时生效。本案中，原告与被告九星公司签订典当合同后，当物未移交给原告占有，因此，双方签订的典当合同未生效。

3. 被告陈百钧已取得被告九星公司转让的印刷设备的所有权，被告陈百钧对该印刷设备的占有及使用受法律保护。原告与被告九星公司的典当合同未生效，设备抵押借款合同亦无效，典当合同设置的质权及抵押借款合同设置的抵押权均不受法律保护，不能对抗被告陈百钧与被告九星公司的印刷设备转让行为，因此，两被告的转让行为并没有侵犯原告的合法权益，被告陈百钧对印刷设备所有权的取得是合法、有效的。

（黎　涛）

## 19. 中外合资经营企业厦新电子有限公司诉外商独资企业厦门佳利企业有限公司反担保合同案

**（一）首部**

1. 判决书字号：福建省厦门市中级人民法院（2001）厦经初字第 13 号。

2. 案由：反担保合同案。

3. 诉讼双方

原告：厦新电子有限公司（中外合资经营企业，以下简称厦新公司）。

法定代表人：师金泉，董事长。

委托代理人；林建东，福建厦门联合信实律师事务所律师。

被告：厦门佳利企业有限公司（外商独资企业，以下简称佳利公司）。

法定代表人：VAGILIDAD JANIE.S，董事长。

委托代理人：林芳，厦门佳利企业有限公司职员。

4.审级：一审。

5.审判机关和审判组织

审判机关：福建省厦门市中级人民法院。

合议庭组成人员：审判长：蔡美苹；代理审判员：曹发贵、白菲莱。

6.审结时间：2001年3月15日。

**（二）诉辩主张**

1.原告诉称：1999年1月6日，厦门象屿保税区青青贸易公司（以下简称青青公司）向厦门市商业银行湖滨支行（以下简称湖滨商业银行）贷款人民币（下同）1 000万元，原告厦新公司、厦门迅达不锈钢制品有限公司（以下简称迅达公司）作为保证人为上述借款的本金及其利息、费用承担连带保证责任。借款期限届满后，青青公司仅归还至1999年6月20日前的利息，尚欠本金1 000万元及相应的利息587 899.91元（计至2000年3月20日）。湖滨商业银行向厦门市中级人民法院起诉要求厦新公司、迅达公司共同偿还该借款本息。厦门市中级人民法院以（2000）厦经初字第137号民事判决、福建省高级人民法院以（2000）闽经终字第222号民事判决判令厦新公司与迅达公司偿还湖滨商业银行借款本金1 000万元及相应的利息（本金与利息相加后扣减100万元），暂计至2000年12月20日为10 152 900元。1998年12月22日，被告佳利公司向原告厦新公司出具反担保书，为原告厦新公司替青青公司向湖滨商业银行贷款1 000万元提供担保而进行反担保，约定若青青公司违约需由原告厦新公司履行其担保义务时，由被告佳利公司无条件地为原告厦新公司履行担保义务及湖滨商业银行因此而收取的费用承担责任。据此，请求判令：(1) 被告佳利公司承担原告厦新公司因提供青青公司向湖滨商业银行贷款担保而承担的全部偿还责任，暂计至2000年12月20日为5 076 450元；(2) 迅达公司支付其作为上述贷款担保的共同保证人应承担而已由原告厦新公司代为偿还的款项235万元（利息暂计至2000年12月20日）；(3) 被告佳利公司承担迅达公司在无法承担上述偿还责任的情况下支付该笔款项给原告厦新公司的责任。原告厦新公司于2001年3月15日撤回对迅达公司的起诉，并请求由被告佳利公司承担反担保责任。

2.被告辩称：(1) 原告厦新公司隐瞒了担保的真实情况，没有告知其与迅达公司共同为青青公司担保的事实；(2) 反担保的保证责任期间已过，反担保人已免责；(3) 被告佳利公司的章程规定对外担保必须经董事会决议，该反担保未经董事会讨论，故反担保无效；(4) 被告佳利公司对贷款的发放、使用不清楚，贷款的实际用途涉嫌犯罪。

**（三）事实和证据**

厦门市中级人民法院经审理查明：1999年1月6日，青青公司向湖滨商业银行贷款1 000万元，原告厦新公司、迅达公司作为保证人为上述借款的本金及其利息、费用承担连带保证责任。1998年12月22日，被告佳利公司向原告厦新公司出具反担保书，为原告厦新公司替青青公司向湖滨商业银行贷款1 000万元提供担保而进行反担保，约定若青青公司违约需由原告厦新公司履行其担保义务时，由被告佳利公司无条件地为原告厦新公司履行担保义务及湖滨商业银行因此而收取的费用承担责任。

上述贷款届期后，青青公司仅归还1999年6月20日以前的利息，尚欠本金1 000万元及利息 587 899.91 元（计至 2000 年 3 月 20 日）。湖滨商业银行起诉要求厦新公司、迅达公司共同偿还该借款本息。福建省高级人民法院以（2000）闽经终字第 222 号民事判决判令厦新公司与迅达公司偿还湖滨商业银行借款本金 1 000 万元及相应的利息（本金与利息相加后扣减 100 万元）。截至 2000 年 12 月 20 日，担保人应承担偿还责任的本息和为 10 152 900元。

2000 年 12 月 29 日，原告厦新公司代青青公司偿还贷款 676 万元，2001 年 1 月 19 日，又代偿 58.8 万元。

被告佳利公司辩称贷款的实际用途涉嫌犯罪，但未举证予以证明。

上述事实有下列证据证明：

1. 被告佳利公司于 1999 年 12 月 22 日出具的反担保书。

2.（2000）厦经初字第 137 号民事判决书、（2000）闽经终字第 222 号民事判决书。

3. 原告厦新公司支付 734.8 万元的凭证。

4. 庭审笔录。

**（四）判案理由**

厦门市中级人民法院认为：原告厦新公司为他人的贷款提供担保，被告佳利公司为此出具反担保书，承诺无条件地承担保证责任。被告佳利公司在该反担保书上未明确表明其保证方式，依照反担保书的内容及有关法律规定，应认定为连带清偿责任。原告厦新公司接受了反担保，应视为双方之间的反担保合同关系成立。该反担保的内容符合法律规定，应认定有效。福建省高级人民法院的生效判决已判令原告厦新公司与迅达公司共同对青青公司从湖滨商业银行取得的贷款 1 000 万元及其利息（本息相加扣除 100 万元）承担还款责任。由于原告厦新公司与迅达公司就该共同还款责任未约定比率，依照最高人民法院《关于适用〈中华人民共和国担保法〉若干问题的解释》第二十条第一款之规定，原告厦新公司及迅达公司对全部债务均有还款义务。因此，对于原告厦新公司已承担的全部担保责任（已支付 734.8 万元），被告佳利公司应当依照反担保书的承诺承担偿还责任。原告厦新公司的诉讼请求经数次变更，最后请求的金额是 7 426 450 元，因此，对于超出原告厦新公司已实际承担责任部分的请求，应予驳回。

被告佳利公司要求免除保证责任的四点答辩意见均不能成立。首先，在原告厦新公司之外是否还有其他担保人，与被告佳利公司向原告厦新公司承担反担保责任无关。被告佳利公司关于原告厦新公司隐瞒了其与迅达公司共同为青青公司担保的事实的抗辩理由不能成立。其次，反担保的保证责任期间应当从原告厦新公司实际承担责任之日（即 2000 年 12 月 29 日、2001 年 1 月 19 日）起计算，因此，被告佳利公司关于反担保的保证责任期间已过的理由不能成立，其认为可以免责没有依据。至于被告佳利公司的章程对对外提供担保如何规定，不能作为已出具的反担保免责的事由。最后，被告佳利公司主张贷款的使用涉嫌犯罪，但未提供任何证据，本院不予采信。

**（五）定案结论**

福建省厦门市中级人民法院根据《中华人民共和国担保法》第四条、第十八条、第十九条之规定，判决如下：

1. 被告佳利公司应于本判决生效之日起 10 日内向原告厦新公司清偿 734.8 万元。

2. 驳回原告厦新公司的其他诉讼请求。

案件受理费46 750元，财产保全费 37 520 元，由被告佳利公司负担。

**（六）解说**

本案涉及两个法律问题。

1．反担保的保证责任期间应如何计算？

《担保法》及其司法解释对于反担保的法律适用，没有另外作出规定，都适用担保的规定。但这些规定对反担保责任从什么时间或在什么情况下开始承担责任，与担保有何不同的法律属性等，未作具体规定。我们认为，担保人承担责任之时，就是计算反担保人担保期间的起始日。这就是说，一方面，如果担保人没有实际承担责任，反担保人也不存在任何责任。另一方面，如果反担保人应承担的责任期间在担保人承担责任之前即已结束，则反担保失去了法律意义，应依照最高人民法院《关于适用〈中华人民共和国担保法〉若干问题的解释》第三十二条第一款之规定处理。如果反担保协议约定了担保期间，就从担保人承担责任之日起计算所约定的期间。如果没有约定反担保的担保期间或者约定不明的，则应分别根据《担保法》第二十六条和最高人民法院《关于适用〈中华人民共和国担保法〉若干问题的解释》第三十二条第二款的规定处理。

2．多个连带保证责任人之间如何分摊债务？

最高人民法院《关于适用〈中华人民共和国担保法〉若干问题的解释》第二十条第二款规定："连带共同保证的保证人承担保证责任后，向债务人不能追偿的部分，由各连带保证人按其内部约定的比例分担。没有约定的，平均分担。"连带共同保证人之间的关系是平等的，本应被平等地对待，都有义务对主债务承担清偿责任。而这个规定的后果是，其中一个连带共同保证人承担责任之后，必须先向主债务人追索，而不能直接向其他连带共同保证人追索，使较有清偿能力的其他连带共同保证人处于不利的地位，而将其他连带共同保证人置于补充责任人的有利的地位。基于此，原告厦新公司不能对其他保证人提起诉讼。

（曹发贵）

## 20．中国工商银行青海省分行营业部诉青海省西宁市花园南街房管所等借款担保合同案

**（一）首部**

1．判决书字号

一审判决书：青海省高级人民法院（2001）青经初字第 7 号。

二审判决书：最高人民法院（2001）民二终字第 172 号。

2．案由：借款担保合同案。

3．诉讼双方

原告（被上诉人）：中国工商银行青海省分行营业部。

代表人：李敏，副总经理。

委托代理人：姜有生，竞帆律师事务所律师。

被告（上诉人）：青海省西宁市花园南街房管所。

法定代表人：苗晓霖，所长。

委托代理人：朱纯真，所党委副书记。

委托代理人：翟林，同一律师事务所律师。

被告（上诉人）：西宁市南川西路房管所。

法定代表人：牛怀敦，所长。

委托代理人：王风山，北京市华博律师事务所律师。

委托代理人：苗拓宁，竞帆律师事务所律师。

被告：青海创新房地产有限公司。

法定代表人：马青，董事长。

委托代理人：李金泉，竞帆律师事务所律师。

4．审级：二审。

5．审判机关和审判组织

一审法院：青海省高级人民法院。

合议庭组成人员：审判长：杜春青；审判员：李晓云；代理审判员：郭国泰。

二审法院：最高人民法院。

合议庭组成人员：审判长：付金联；审判员：臧玉荣、徐瑞柏。

6．审结时间

一审审结时间：2001 年 8 月 28 日。

二审审结时间：2001 年 12 月 10 日。

**（二）一审诉辩主张**

1．原告诉称：1998 年，原告与三被告分别签订了 4 份借款合同及保证合同，借款逾期后，经催要三被告均未履行还款义务及保证责任，为此请求法院判令被告青海省西宁市花园南街房管所、青海创新房地产有限公司偿还借款本金 450 万元，利息 369 790.68 元；判令被告青海省西宁市花园南街房管所、青海省西宁市南川西路房管所偿还借款本金 500 万元，利息 355 322.84 元和承担本案的全部诉讼费用。

2．被告青海省西宁市花园南街房管所辩称：借款合同和保证合同属实，但我方与原告签订的借款合同办理了具有强制执行效力的债权文书公证书，原告应向人民法院申请强制执行，但原告逾期未申请执行，应视为放弃了债权，同时亦丧失了诉权，请求人民法院驳回原告起诉。

3．被告青海创新房地产有限公司、青海省西宁市南川西路房管所的辩称与借款人青海省西宁市花园南街房管所相同，同时提出因原告未申请强制执行，保证的责任应予以免除。

**（三）一审事实和证据**

青海省高级人民法院经审理查明：1998 年 8 月 31 日、9 月 15 日，原中国工商银行青海省分行营业部城北支行与青海省西宁市花园南街房管所分别签订了借款合同两份，借款共计 500 万元，同时青海创新房地产有限公司对上述借款提供连带保证，保证期限 2 年，双方亦签订了保证合同。现已偿还本金 50 万元，还余本金 450 万元和利息319 790.68元未还。1998年11月23日、12月28日，原中国工商银行青海省分行营业部城北支行与青海省西宁市花园南街房管所签订了两份借款合同，共计借款500万元。同时被告青海省西宁市南川西路房管所为上述借款签订保证合同，承担连带责任，保证期限2年。借款人借款到期未还款，三方又达成延期还款协议，延期至2001年7月5日。但至今借款人及保证人对本金500万元及利息355 322.84元均未偿还。

另查明，原中国工商银行青海省分行营业部城北支行与借款人青海省西宁市花园南街房管所在青海省公证处就本案所涉及的借款合同办理了具有强制执行效力的债权文书公证书。

原中国工商银行青海省分行营业部城北支行的业务于2001年4月1日合并至中国工商银行青海省分行营业部，其债权债务由中国工商银行青海省分行营业部承担。

**（四）一审判案理由**

青海省高级人民法院认为：原告中国工商银行青海省分行营业部与被告青海省西宁市花园南街房管所签订的借款合同是双方当事人的真实意思表示，应受到法律的保护。中国工商银行青海省分行营业部与借款人青海省西宁市花园南街房管所、保证人青海创新房地产有限公司和青海省西宁市南川西路房管所签订的保证合同属实，保证人提出因原告工商银行青海省分行营业部未在法定申请执行期限内向人民法院申请执行具有强制执行效力的债权文书的公证书，是放弃了债权，保证人保证责任应予以免除理由与法不符。因具有强制执行效力的债权文书是公证证明文书，法律赋予当事人可以享有凭生效债权文书向人民法院申请强制执行的权利。同时，并不排斥当事人以同一诉讼标的直接向人民法院行使诉权。当事人是依具有强制执行效力的债权文书的公证书向人民法院申请强制执行，还是直接向人民法院提起诉讼，当事人具有选择权。为此当事人并未丧失胜诉权或在程序上无诉权。中国工商银行青海省分行营业部的诉讼请求本院应予支持。

**（五）一审定案结论**

青海省高级人民法院根据《中华人民共和国合同法》第八条、第一百九十六条、第一百九十八条和《中华人民共和国担保法》第十八条、第三十一条的规定，判决如下：

1. 青海省西宁市花园南街房管所偿付中国工商银行青海省分行营业部借款本金950万元，利息675 113.52元。

2. 青海创新房地产有限公司对以上其中的借款本金450万元，利息319 790.68元承担连带责任。

3. 青海省西宁市南川西路房管所对以上其中的借款本金500万元，利息355 322.84元承担连带责任。

担保人青海创新房地产有限公司、青海省西宁市南川西路房管所承担上述保证责任后，有权向借款人青海省西宁市花园南街房管所追偿。

**（六）二审情况**

1. 二审诉辩主张

（1）上诉人青海省西宁市花园南街房管所、南川西路房管所诉称：第一，一审判决有意回避、掩盖本案的基本事实，致使该判决丧失应有的公正基础。本案所涉及的4份借款合同及2份住房借款延期还款协议均办理了具有强制执行效力的债权文书公证书均包括了南川西路房管所作为保证人的保证协议。上述“具有强制执行效力的债权文书公证书”申请强制执行的最后日期分别是：2000年2月19日、2000年9月9日、2000年3月22日、2000年7月14日、2000年12月14日、2001年1月4日。第二，一审判决缺乏应有的法律依据，与有关法律制度、法律精神相背离，是根本错误的。该判决认定没有引用任何法律依据，抹杀了具有强制执行效力债权文书公证书的根本属性，它只是有可执行性而排斥诉讼性。请求二审法院撤销原审法院判决，依法驳回被上诉人的一审诉讼请求，由被上诉人承担全部诉讼费用。

（2）被上诉人辩称：一审法院认定事实清楚，适用法律正确，程序亦无违法之处，应予以维持。首先，具有强制执行效力的债权文书公证书是为了维护债权人的合法权利而设立的，赋予了债权人依据公证书有申请人民法院强制执行的权利，该权利与诉权并不相悖。其次，工商银行青海省分行营业部的诉权并不依答辩人未申请法律强制执行而必然丧失。上诉人以工商银行青海省分行营业部放弃申请法院强制执行之权利未对抗工商银行青海省分行营业部的诉权，系混淆两类不同的法律关系，其理由不能成立。一审判决事实清楚，适用法律正确。请求予以维持原审判决。

2. 二审事实和证据

最高人民法院经审理确认了一审认定的事实和证据。

3. 二审判案理由

最高人民法院认为：本案所涉借款合同和保证合同是各方当事人的真实意思表示，内容不违反法律，应依法得到保护。二审中，两上诉人对原审判决认定的事实并无异议，争议的焦点在于案件的法律适用，即具有强制执行效力的债权文书公证书是否具有禁止诉讼的效力。上诉人认为具有强制执行效力的债权文书公证书本身具有排斥诉讼的作用，原审法院受理本案无法律依据。根据《中华人民共和国公证暂行条例》第二十四条的规定，经过公证处公证证明有强制执行效力的债权文书，一方当事人不按文书规定履行时，对方当事人可以向有管辖权的基层人民法院申请执行。《中华人民共和国民事诉讼法》第二百一十八条明确地将公证机关依法赋予强制执行效力的债权文书纳入可以直接执行的程序中。因此，当事人可以不经过诉讼，持公证书直接申请人民法院对不履行债权文书的当事人强制执行，对于当事人而言，是依公证书申请强制执行还是再行诉讼，是债权人的权利，法律并不禁止当事人行使诉讼权利。上诉人上诉无任何法律依据，本院不予支持。原审判决认定事实清楚，适用法律正确。

4. 二审定案结论

最高人民法院根据《中华人民共和国民事诉讼法》第一百五十三条第一款第（一）项之规定，判决如下：

驳回上诉，维持原判。

**（七）解说**

本案争议的焦点在于具有强制执行效力的债权文书公证书是否具有禁止诉讼的效力。对此问题可以从以下三个方面来分析：第一，公证书首先是双方当事人依中介机构而签订的一份履行债务的协议，当事人可以预见违约的责任，显示出公证机关预防纠纷的职能作用，它是起证明作用的文书。其次是基于证明行为而产生的法律文书；而人民法院作为审判机关作出的裁判文书是基于明确双方权利、义务关系的诉讼行为而产生的法律文书并赋予强制效力，它们的基本属性是不同的。第二，从法律效力上，公证书的法律效力不同于法律规范所产生的法律效力。法律规范的法律效力是一种抽象的效力，是国家运用法律规范调整社会关系的效果，它来源于国家权力机关制作的法律文件，作用的对象是非特定的，即对非特定的主体有约束的作用。公证书的法律效力是一种具体的效力，它对特定的主体具有约束作用，即对公证事项相关的主体产生的约束力。第三，当事人是依具有强制执行效力的债权文书公证书向人民法院申请强制执行，还是向人民法院提起诉讼，当事人享有选择权，债权人可以用尽全部的救济手段。本案债权人没有履行双方约定的内容，而是选择向法院起诉，并不意味着法院要驳回当事人的诉权，而限制当事人行使权利，债务人的抗辩实为一种规避承担义务的行为，法院理应不予支持。

（李晓云）

## 21. 邢台市力车胎有限公司诉中国工商银行邢台分行营业部等免除保证责任案

**（一）首部**

1. 裁判书字号

一审判决书：河北省邢台市中级人民法院（2001）邢经初字第210号。

一审裁定书：河北省邢台市中级人民法院（2001）邢经初字第12号。

二审判决书：河北省高级人民法院（2001）冀经一终字第103号。

2. 案由：免除保证责任案。

3. 诉讼双方

原告（另案被告人、上诉人）：邢台市力车胎有限公司（以下简称力车胎公司）。

法定代表人：陈保林，董事长。

委托代理人：高西恩，副董事长。

委托代理人：梁瑞斌，平乡县滏阳律师事务所律师。

被告（被上诉人）：邢台市橡胶材料有限公司（以下简称橡胶材料公司）。

法定代表人：路会山，董事长。

委托代理人：倪国亮，该公司职员。

被告（另案原告人、被上诉人）：中国工商银行邢台分行营业部（以下简称工行营业部）。

代表人：石建国，主任。

委托代理人：赵慧英，该营业部职员。

委托代理人：杨秋华，河北盛华律师事务所律师。

4. 审级：二审。

5. 审判机关和审判组织

一审法院：河北省邢台市中级人民法院。

合议庭组成人员：审判长：张建英；审判员：徐兴章；代理审判员：苏运平。

另案合议庭组成人员：审判长：张金山；审判员：孙同锁、尹济忠。

二审法院：河北省高级人民法院。

合议庭组成人员：审判长：苑秀霞；代理审判员：杨清、陈振杰。

6. 审结时间

一审审结时间：2001 年 5 月 15 日。

二审审结时间：2001 年 8 月 8 日。

**（二）一审诉辩主张**

原告力车胎公司诉称：1999 年 12 月，被告橡胶材料公司找到我公司，要求为其向被告工行营业部申请的贷款 260 万元提供担保，我公司同意提供担保，但同时约定，只以此贷款购买橡胶，并且须将所购橡胶以低于市场 100 元/吨的价格售给我方。之后，力车胎公司与工行营业部签订了保证合同，合同约定借款用途为购橡胶。但合同订立之后，橡胶材料公司迟迟不向我方供货，经查问得知，260 万元并未实际从工行营业部贷出，而是由工行营业部直接将此贷款扣还了橡胶材料公司的逾期贷款。两被告人隐瞒贷款真实用途，骗取我方担保，将所贷款项用于偿还旧贷，损害了我公司的利益，请求依法撤销保证合同，免除我方的保证责任。

本案在审理期间，工行营业部又以借款合同纠纷为由将借款人橡胶材料公司和保证人力车胎公司诉至该院。原告工行营业部诉称，被告橡胶材料公司于 1999 年 12 月 24 日从我部借款 260 万元，合同约定：贷款期限自 1999 年 12 月 24 日至 2000 年 6 月 21 日，月利率 6.045‰，由力车胎公司为其提供连带责任保证。贷款到期后，被告橡胶材料公司没有依约偿还贷款本金，被告力车胎公司亦未履行连带保证责任，且自 2000 年 5 月 21 日起被告开始拖欠贷款利息。截至 2001 年 3 月 14 日，已欠我部贷款本金 260 万元及利息 146 071.90元。请求依法判令被告偿还我部的贷款本金及利息，并承担诉讼费用。被告人橡胶材料公司未作答辩。力车胎公司辩称，第一，工行营业部与橡胶材料公司双方串通，隐瞒借款真实用途骗取担保，损害了我方的经济利益，依据《中华人民共和国担保法》第三十条和最高人民法院《关于适用〈中华人民共和国担保法〉若干问题的解释》第三十九条的规定，我方的保证责任应予免除。第二，我方得知工行营业部和橡胶材料公司以 260 万元新贷归还旧贷后，已于此前以诉请撤销保证合同为由向该院提起诉讼，依据民事诉讼一案不能两立的原则，该案应当中止审理。

**（三）一审事实和证据**

河北省邢台市中级人民法院经公开审理查明：1999 年 12 月 24 日，以橡胶材料公司为甲方，工行营业部为乙方，签订了流动资金借款合同，约定：甲方为购橡胶向乙方借流动资金 260 万元，借款期限自 1999 年 12 月 24 日至 2000 年 6 月 21 日，月利率为 6.045‰；甲方提供担保并有义务协助乙方与担保人签订保证合同；甲方到期不偿还借款本息，乙方有权对甲方在乙方开立的所有账户资金行使抵消权，同时对逾期借款按日万分之二点一计收利息，并对未支付利息计收复利。本合同经双方签字并盖章后生效，有担保的，自保证合同生效后生效。甲、乙双方均在该合同上签字盖章。

在签订借款合同的当日，以力车胎公司为甲方，工行营业部为乙方，签订了保证合同，约定：甲方完全了解借款用途，为主合同借款人担保完全出于自愿，本合同项下的全部意思表示真实；本合同所担保的主债权为乙方依据主合同发放的 260 万元贷款；保证方式为连带责任保证。同时还约定，乙方与借款人协议变更主合同的，除展期或增加贷款金额外，无须经甲方同意，甲方仍在原保证范围内承担连带保证责任。本合同经甲、乙双方签字盖章后生效，至主合同借款人在主合同项下全部费用清偿之日终止。合同生效后，任何一方都不得擅自变更或解除，如确需变更或解除，应经双方协商一致并达成书面协议，书面协议达成之前，本合同继续有效。甲、乙双方均在保证合同上签字盖章。

借款合同、保证合同生效后，工行营业部于1999年12月24日向橡胶材料公司账户转入贷款260万元。经与橡胶材料公司协商，工行营业部又于同年12月27日以特种转账凭证分三笔从橡胶材料公司账户转出260万元，冲销了本营业部为橡胶材料公司的银行承兑汇票垫付款。而1999年12月24日的借款到期后，橡胶材料公司没有偿还。2000年9月25日，工行营业部向橡胶材料公司、力车胎公司分别送达了贷款逾期催收通知书，上述两公司均签字盖章，未提异议亦未履行约定义务。力车胎公司于2001年3月28日对橡胶材料公司、工行营业部提起撤销权诉讼，请求依法撤销保证合同，由于后案的受理和开庭，前案已经邢台市中级人民法院裁定中止审理。

另查明，在上述借款合同和保证合同签订之前，1999年12月15日，力车胎公司与橡胶材料公司签订一份互惠互利协议书，约定：橡胶材料公司为甲方，力车胎公司为乙方，甲方因购橡胶资金不足需向工行营业部贷款260万元人民币，乙方同意为甲方从工行营业部贷款260万元提供担保。甲方承诺购回橡胶后，按比市场价每吨低100元的价格销售给乙方不低于价值260万元的橡胶。乙方承诺收到橡胶后尽快筹集260万元的货款交甲方，由甲方归还此笔贷款，并由甲方负责从工行营业部撤销260万元的保证合同。双方均在该合同上加盖了公司公章和法定代表人手章。

上述事实有下列证据证明：

1. 橡胶材料公司与工行营业部签订的流动资金借款合同。
2. 力车胎公司与工行营业部签订的保证合同。
3. 橡胶材料公司与力车胎公司签订的互惠互利协议书。
4. 工行营业部向橡胶材料公司转贷款260万元借款凭证。
5. 工行营业部扣收260万元特种转账凭证3张及橡胶材料公司银行对账单1张。
6. 兑付日分别为1999年9月4日、10月6日、10月30日的银行承兑汇票3张。

**（四）一审判案理由**

河北省邢台市中级人民法院经审理认为：工行营业部与橡胶材料公司签订的流动资金借款合同意思表示真实，该合同合法、有效。橡胶材料公司借款后未按合同约定还本付息，应承担偿还本息和逾期付款的违约责任。工行营业部与力车胎公司签订的保证合同，不违背法律规定，完全出于双方自愿，意思表示真实，应合法、有效。本案以借款偿还承兑汇票垫付款不具备以新贷还旧贷的要件，票据与借贷关系不是一个法律关系。因此，力车胎公司抗辩主合同双方当事人串通隐瞒借款真实用途、骗取担保的主张与事实不符，诉请免除保证责任的理由不能成立，力车胎公司应承担连带保证责任。

**（五）一审定案结论**

河北省邢台市中级人民法院根据《中华人民共和国合同法》第八条、第三十二条、第六十条、第二百零七条，《中华人民共和国担保法》第十八条，《中华人民共和国民法通则》第九十条，《借款合同条例》第四条、第六条的规定，作出如下判决：

1. 邢台市橡胶材料有限公司偿还中国工商银行邢台分行营业部贷款本金 260 万元，利息 146 071.90 元（计算至 2001 年 3 月 14 日）以及 2001 年 3 月 15 日起至履行完毕止的利息。本判决生效后 10 日内履行。邢台市力车胎有限公司对以上给付款项承担连带清偿责任。

2. 中国工商银行邢台分行营业部诉讼代理费 26 000 元由邢台市橡胶材料有限公司、邢台市力车胎有限公司共同负担。

案件受理费 23 010 元，其他诉讼费 2 850 元，由邢台市橡胶材料有限公司、邢台市力车胎有限公司共同负担。

**（六）二审情况**

1. 二审诉辩主张

（1）上诉人力车胎公司诉称：原判决认定事实错误。事实是，1999 年 12 月 24 日橡胶材料公司申请贷款前，橡胶材料公司在工行营业部的三笔银行承兑汇票已逾期，并在工行营业部发生银行垫付，在橡胶材料公司无力清偿此笔到期债务的情况下，工行营业部以橡胶材料公司购橡胶为由向其发放贷款 260 万元，直接用于偿还了工行营业部垫付款。两被上诉人隐瞒上述事实真相，骗取上诉人担保，使上诉人的担保变成一笔死贷担保，违背上诉人的真实意思表示，加重了上诉人风险，损害了上诉人的利益，原审认定保证合同合法有效是错误的。根据中国工商银行《银行承兑汇票管理规定》和当事人银行承兑协议的约定，对汇票到期日申请人的保证金账号和结算存款不足的，其不足部分依据银行承兑汇票协议书的有关条款，直接转作逾期贷款处理。因此，工行营业部为橡胶材料公司的三笔承兑汇票的垫付款已按规定转为逾期贷款。主合同双方以贷还贷的事实非常清楚，原审判决认定以该借款偿还承兑汇票垫付款不具备以新贷还旧贷的要件是错误的。请求二审法院撤销原判，改判免除上诉人的保证责任。

（2）被上诉人工行营业部辩称：原审判决认定事实清楚，适用法律正确，保证合同载明“保证人完全了解借款用途，担保完全出于自愿，也是真实意思表示”，并且还约定“除展期或增加贷款金额外，借贷双方变更主合同无须经担保人同意”，因此，力车胎公司不能免除保证责任。请求驳回上诉，维持原判。

2. 二审事实和证据

河北省高级人民法院经审理查明：原审所查事实属实。同时还查明，橡胶材料公司申请的三笔银行承兑汇票并非力车胎公司担保。另工行营业部与橡胶材料公司三笔银行承兑汇票的银行承兑协议均约定承兑汇票到期日之前，申请人橡胶材料公司不能足额交付票款时，承兑银行工行营业部对不足支付部分的票款转作逾期贷款。1999 年 12 月 24 日，工行营业部扣回 260 万元贷款时亦注明“还贷”。对力车胎公司担保时是否知道或应当知道借款人借款的实际用途是偿还以前工行营业部为橡胶材料公司垫付的银行承兑汇票款问题，借款方经办人倪国亮在庭审中陈述：“1999 年底，橡胶材料公司没钱支付银行承兑汇票的到期款，我就与工行营业部当时的经理协商，再贷款 260 万元偿还承兑汇票到期的 260 万元。这是在签订本案借款合同之前协商的，最后也是这样经办的。担保人是我找的，我向担保人讲贷款用途是购橡胶，没有说偿还到期的承兑汇票，在我们的借款申请上写的是橡胶。”2001 年 2 月 28 日，倪国亮给力车胎公司的法定代表人陈保林写一书面便函，表明其借款未经力车胎公司同意偿还了银行承兑汇票到期款，深感歉意。对此，担保人力车胎公司主张倪国亮的陈述符合客观事实，力车胎公司担保时不知道也不应知道橡胶材料公司借款260万元是为偿还旧贷。

3. 二审判案理由

河北省高级人民法院经审理认为：银行承兑汇票虽属票据的一种，但本案不是讲银行承兑汇票的性质是什么，本案双方争议的焦点是银行承兑汇票承兑后，承兑申请人到期不能足额交存兑付款时，对承兑银行垫付的款项应否转为逾期贷款。根据中国工商银行《银行承兑汇票管理规定》第16条的规定，承兑申请人到期未能足额交存兑付款项时，承兑银行除向持票人无条件付款外，对尚未扣回的款项转入逾期贷款户，按人民银行有关规定计算利息。此时，在银行承兑汇票的申请人和汇票承兑银行之间已形成借贷关系。本案所涉的三笔银行承兑汇票到本案借款时确有260万元已形成了申请人橡胶材料公司的逾期贷款，且在工行营业部扣收的三笔特种转账凭证中也明确记载"还贷"。由此可见，橡胶材料公司的260万元的新贷款实际用于偿还了旧贷，原判认定该笔借款偿还承兑汇票垫付款不具备以新贷还旧贷的要件不当，应予纠正。

关于上诉人力车胎公司应否承担保证责任问题，本院认为，保证合同虽然约定"保证人完全了解借款用途，担保完全出于自愿，也是真实意思表示"等，但因该合同没有说明借款用途是为还旧贷或偿还银行承兑汇票的银行垫付款，主合同中又明确约定借款用途为购橡胶，且橡胶材料公司与力车胎公司双方还签有购橡胶协议，所以"完全了解"不能说明是对以贷还贷的了解，"自愿担保"应理解为是对橡胶材料公司购橡胶借款自愿担保、意思表示真实。

保证合同中关于"除展期或增加贷款金额外，借贷双方变更主合同无须经担保人同意"的条款与合同中的"任何一方都不得擅自变更或解除，如确需变更或解除，应经双方协商一致并达成书面协议，书面协议达成之前，原合同继续有效"的约定相矛盾，且借贷双方变更主合同的借款用途并非一般的改变用途，这种以贷还贷的用途的改变，无论是签合同前，还是签合同后，都是将原来他人担保或无担保的债务转嫁到了新的担保人力车胎公司头上，加重了力车胎公司的责任，严重损害了力车胎公司的利益。对此，最高人民法院《关于适用〈中华人民共和国担保法〉若干问题的解释》第三十九条有明确的规定，主合同当事人双方协议以新贷偿还旧贷，除保证人知道或应当知道的外，保证人不承担民事责任。依据本院查明的事实，力车胎公司担保时被告知借款用途购橡胶，借款合同上也注明了该用途，所以，力车胎公司有理由相信借款用途为购橡胶。故工行营业部以上述合同约定条款不能证明力车胎公司知道或应当知道以贷还贷的借款用途。因此，应免除力车胎公司的保证责任，应对力车胎公司的上诉理由予以支持。原审认定事实有误，认为力车胎公司主张应免除其保证责任的理由不成立不妥，应予纠正。

4. 二审定案结论

河北省高级人民法院根据《中华人民共和国民事诉讼法》第一百五十三条第一款第（二）项、第（三）项的规定，作出如下判决：

（1）维持河北省邢台市中级人民法院（2001）邢经初字第210号民事判决第一项中"橡胶材料公司偿还工行邢台营业部贷款本金260万元，利息146 071.90元（计算至2001年3月14日）以及2001年3月15日起至履行完毕止的利息，该判决生效后10日内履行"的内容和第二项中"工行邢台营业部诉讼代理费26 000元由橡胶材料公司负担"的内容。

(2) 撤销河北省邢台市中级人民法院（2001）邢经初字第210号民事判决第一项中“力车胎公司对橡胶材料公司应给付工行邢台营业部的贷款本金及利息承担连带责任”的内容和第二项中“力车胎公司负担工行邢台营业部的诉讼代理费”的内容。

一审案件受理费23 010元，其他诉讼费2 850元，由橡胶材料公司负担。二审案件受理费23 010元，由工行邢台营业部负担。

河北省高级人民法院的终审判决送达生效后，经力车胎公司申请，邢台市中级人民法院对其诉讼的保证合同纠纷案作出了同意撤诉的裁定，全案终结。

**（七）解说**

该案的争执焦点是应否免除保证人的保证责任。最高人民法院《关于适用〈中华人民共和国担保法〉若干问题的解释》第三十九条规定：“主合同当事人双方协议以新贷偿还旧贷，除保证人知道或者应当知道的外，保证人不承担民事责任。”本案上诉人力车胎公司主张不知道主合同当事人双方协议以新贷偿还旧贷，因此，不应承担保证责任；被上诉人工行营业部辩解，本案借款不是以贷还贷，而是偿付因购橡胶而发生银行垫付的承兑汇票款，再者，保证合同载明，“保证人完全了解借款用途”，“借贷双方协议变更主合同的，除展期或增加贷款金额外，无须经保证人同意”，因此，力车胎公司不能免除保证责任。

本案二审主要查明和认定了以下两项事实：

1. 借款人是否以新贷偿还旧贷。银行承兑汇票虽属票据的一种，但问题的关键是银行承兑期届满后，承兑汇票申请人即本案中的橡胶材料公司不能足额交存兑付款项时，导致承兑银行即本案中的工行营业部无条件垫付后，该垫付款已自然转为逾期贷款。根据中国工商银行《银行承兑汇票管理规定》第十六条的规定：“承兑申请人到期未能足额交存兑付款项时，承兑银行除向持票人无条件付款外，应采取下列措施：……（二）对尚未扣回的款项转入逾期贷款户，按人民银行有关规定计收利息。”本案中，1999年12月24日办理由力车胎公司担保的新贷款前，橡胶材料公司申请的3笔银行承兑汇票，因到期未能交存兑付款，已在工行营业部形成了260万元的逾期贷款，工行营业部与橡胶材料公司之间已形成借贷关系。并且，在1999年12月27日工行营业部划扣橡胶材料公司260万元的三张特种转账凭证上也明确地记载了转款用途为“还贷”，从而进一步表明，橡胶材料公司在工行营业部的旧贷的存在，也表明了工行营业部与橡胶材料公司之间具有以贷还贷的共同意思表示和客观上以贷还贷的行为。因此，河北省高级人民法院最终将该案认定为“以贷还贷”是正确的。

2. 保证人是否具备免责条件。在确定了主合同是以贷还贷的事实后，并不能笼统地认定新贷的保证人一律免责，还要依据具体案情看新贷的保证人是否具备免责条件。作为“以贷还贷”保证合同的保证人有三种情况：第一种是新贷、旧贷是同一保证人；第二种是旧贷、新贷为不同保证人；第三种是旧贷无保证人，新贷有保证人。

对于第一种情况下的保证人，不论保证人是否知道或应当知道主合同“以贷还贷”的事实，均应对新贷款承担保证责任。这是因为以新贷偿还旧贷后，原来的贷款合同履行完毕，从而消灭了保证人对旧贷的保证责任，由保证人承担新贷的保证责任，也是公平的，实质上也没有加重保证人的风险责任。因此，无论保证人是否知道或应当知道“以贷还贷”的事实，均应对新贷承担保证责任。

在第二种、第三种情况下，保证人的本意是为新贷出的款项承担保证清偿责任，而“以贷还贷”并不实际贷出款项，并且，以贷还贷的原因都是由于借款人无力偿还旧贷时，银行为了减少逾期贷款才要求借款人重新办理借款手续，变逾期贷款为不逾期贷款，这对于借贷双方的经济利益并无影响，但对于担保人来说，等于直接承担了可能是一笔无法偿还的死贷的保证责任。对于一笔无法收回的贷款，还让保证人提供担保，承担保证责任，显然有违民法上的公平原则。当然，如果保证人在提供保证时是明知而自愿的，则另当别论。事实表明，本案中的保证人不知道贷款的真实用途，更谈不上自愿承担死贷的保证责任，根据最高人民法院对担保法的司法解释，这两种情况下的保证人，如果债权人没有将以贷还贷的事实告知新贷的保证人，则是债权人与债务人恶意串通欺骗保证人提供担保，这时的新贷保证人不承担保证责任。

关于在审判实践中如何界定新贷保证人知道或者应当知道以贷还贷的事实，最高人民法院民二庭编写的《经济审判指导与参考》明确地指出，借款合同中借款用途写明“借款还旧”、“以贷还贷”、“转贷”等，或者写明“流动资金周转”（因归还旧贷亦属流动资金周转的范围），就足以认定保证人知道“以贷还贷”的事实，新贷的保证人在明知以贷还贷的情况下而自愿为其担保，无论保证人属于上述哪种情况，保证人均不得主张免责；如果贷款合同中的借款用途为“购原材料”、“购×××”等，而债权人又不能举出其他有效证据来证明保证人知道或者应当知道以贷还贷的事实，并且保证人属于上述第二种、第三种情况的，保证人应予以免责。

本案中，力车胎公司的真实意思是为橡胶材料公司购橡胶借款担保，而不是为橡胶材料公司以贷还贷作担保，工行营业部又不能提供证明力车胎公司知道或应当知道以贷还贷的事实证据。工行营业部是与橡胶材料公司协商，以购橡胶为名，行以贷还贷之实，将原来非力车胎公司担保的一笔到期无法偿还的死债转嫁到力车胎公司头上，这一行为严重地损害了力车胎公司的合同利益。因此，河北省高级人民法院根据最高人民法院《关于适用〈中华人民共和国担保法〉若干问题的解释》判决免除力车胎公司的保证责任也是完全正确的。

（张建英）

## 22．中国农业银行杭州市延安路支行诉新昌县新龙制冷管件厂等借款合同案（无权代理）

**（一）首部**

1．判决书字号：浙江省绍兴市中级人民法院（2001）绍中经初字第346号。

2．案由：借款合同案。

3．诉讼双方

原告：中国农业银行杭州市延安路支行。

负责人：傅金荣，行长。

委托代理人（特别授权代理）：陈永然，浙江浙民律师事务所律师。

被告：新昌县新龙制冷管件厂。

法定代表人：吴岳明，厂长。

委托代理人（特别授权代理）：张月萍，浙江元大律师事务所律师。

被告：浙江富锦针织有限公司。

法定代表人：吴钢城，经理。

委托代理人（特别授权代理）：何德政、苏登峰，浙江越州律师事务所律师。

4. 审级：一审。

5. 审判机关和审判组织

审判机关：浙江省绍兴市中级人民法院。

合议庭组成人员：审判长：杨荣生；审判员：吴伟、冯培忠。

6. 审结时间：2001 年 9 月 29 日。

**（二）诉辩主张**

1. 原告中国农业银行杭州市延安路支行诉称：1999 年 3 月 25 日，原、被告三方就原告原投入到浙江绍兴新乐针织有限公司的 170 万元本金达成协议，即原告投入的 170 万元本金自 1999 年 3 月 25 日起转为原告向第一被告的贷款，由第二被告提供连带保证；贷款分 7 期归还，最后一期于 2000 年 9 月 20 日归还，并约定如逾期归还，则计收每天万分之三的违约金。协议到期后，被告除分两次还了 30 万元外，尚余 140 万元至今未付。请求判令两被告归还贷款本金 140 万元，支付逾期违约金，承担本案诉讼费、诉讼保全费及实现本债权的其他相关费用。

2. 被告新昌县新龙制冷管件厂辩称：我厂未与原告签订过股权转让协议书，裘仲南用已经作废的印章与原告签订的协议，不是其真实意思表示，且在该协议签订后，我厂也没有进行过追认。故我厂与原告之间不存在债权债务关系。

3. 被告浙江富锦针织有限公司辩称：我公司同意被告新昌县合成纤维厂的答辩意见。中外合资经营企业的股本金转让，应当经过原审批机构批准。本案原告与被告新昌县新龙制冷管件厂签订的股本金转让协议因未经审批机关批准，应属于无效。

**（三）事实和证据**

绍兴市中级人民法院经审理查明：1993 年 1 月，新昌县合成纤维厂、中国农业银行浙江省信托投资公司、奥地利维也纳荣乐园有限公司三方投资设立浙江绍兴新乐针织有限公司。其中中国农业银行浙江省信托投资公司投入 170 万元，占总投资额的 25%。经中国农业银行浙江省信托投资公司和奥地利维也纳荣乐园有限公司同意，从 1993 年 11 月 18 日起，浙江绍兴新乐针织有限公司由新昌县合成纤维厂承包经营。

1996 年 12 月，中国农业银行浙江省信托投资公司改建为中国农业银行浙江省分行直属支行，原中国农业银行浙江省信托投资公司的全部债权债务由改建后的直属支行承担；1998 年 11 月，中国农业银行浙江省分行直属支行更名为中国农业银行杭州市延安路支行。1998 年 6 月，新昌县合成纤维厂更名为新昌县新龙制冷管件厂，其法定代表人由裘仲南变更为吴岳明。

1999 年 3 月 25 日，裘仲南使用已经作废的“新昌县合成纤维厂”印章与原告中国农业银行杭州市延安路支行签订一份协议书，约定：原告原投入浙江绍兴新乐针织有限公司的170万元本金自1999年3月起转为原告向新昌县合成纤维厂的贷款，由新昌县合成纤维厂归还原告，并由被告浙江富锦针织有限公司提供连带责任保证；原告在浙江绍兴新乐针织有限公司的股权及其他权利全部由新昌县合成纤维厂继承。该协议签订后，被告新昌县新龙制冷管件厂对该协议不予认可，亦未履行该协议的义务。被告浙江富锦针织有限公司向原告支付了30万元。

另查明，在协议书签订前后，浙江绍兴新乐针织有限公司的三方投资单位没有按章程规定召开董事会，讨论通过原告转让股本金事宜。至今，原告转让股本金、股东变更事宜未经工商登记。

上述事实有下列证据证明：

1. 被告新昌县新龙制冷管件厂提供的浙江绍兴新乐针织有限公司工商登记材料。

2. 原告提供的中国人民银行浙江省分行（1996）613号、（1998）690号文件。

3. 被告新昌县新龙制冷管件厂提供的该单位的工商登记材料。

4. 原告提供的股本金转让协议书。

5. 当事人的庭审陈述。

**（四）判案理由**

绍兴市中级人民法院根据上述事实和证据认为：

1. 被告新昌县新龙制冷管件厂原法定代表人裘仲南使用作废公章与原告签订股本金转让协议，由于该行为没有得到被告新昌县新龙制冷管件厂的授权，故不能作为新昌县新龙制冷管件厂真实意思表示认定。

2. 在协议书签订前后，原告既没有按章程规定召开董事会，讨论通过原告与第一被告之间的股本金转让事宜，也未就股本金转让、股东变更事宜到工商部门办理变更登记。从庭审查实的情况看，在裘仲南使用作废印章与原告签订股本金转让协议后，被告新昌县新龙制冷管件厂没有以任何方式对裘仲南签订的协议书进行追认。故该股本金转让协议对被告新昌县新龙制冷管件厂没有约束力。

3. 由于原告与被告新昌县新龙制冷管件厂之间的股本金转让合同关系不成立，原告与被告浙江富锦针织有限公司之间的保证合同亦不成立。原告起诉要求两被告履行因股本金转让产生的债务，缺乏事实与法律依据，不予支持。

**（五）定案结论**

浙江省绍兴市中级人民法院根据《中华人民共和国合同法》第九条第一款之规定，作出如下判决：

驳回原告中国农业银行杭州市延安路支行的诉讼请求。

本案案件受理费17 210元，由原告负担。

**（六）解说**

本案是一起因股权转让而产生的债权债务纠纷。争议的主要焦点是新昌县新龙制冷管件厂原法定代表人裘仲南使用作废印章以原企业名称实施的受让股权行为对现在的企业法人是否具有约束力。该案的处理对于正确理解和适用《中华人民共和国合同法》中有关无权代理的规定具有实践意义。

关于裘仲南实施的行为认定为无权代理行为，这需要从三个层面予以分析：

1. 关于裘仲南实施的行为是否属于法人的法定代表人超越职权签订合同的范畴。《中华人民共和国合同法》第五十条规定，法人的法定代表人超越权限签订的合同，除相对人知道或应当知道其超越权限的以外，该代表行为有效。该条款对法人的法定代表人超越权限签订合同的行为采取了“一般有效，例外无效”的原则。但该条款适用的范围应限于法人的责任法定代表人，不应扩大适用到法人的原法定代表人。作为被告新昌县新龙制冷管件厂原任法定代表人的裘仲南，其从该企业法人的法定代表人变更之日起，就不再享有法定代表人的职权。因此，裘仲南与原告签订合同的行为，不属于法人的法定代表人签订合同的情形。

2. 关于裘仲南实施的行为是否属于表见代理行为。这是该案在审理过程中，原、被告之间争议的一个焦点问题。根据《中华人民共和国合同法》第四十九条规定，行为人没有代理权、超越代理权或者代理权终止后以被代理人的名义订立合同，相对人有理由相信行为人有代理权的，该代理行为有效。该条款将行为人以被代理人的名义订立合同作为认定表见代理的一个前提条件。本案中，裘仲南使用的“新昌县合成纤维厂”是被告新昌县新龙制冷管件厂变更前的名称，根据《中华人民共和国企业法人登记管理条例》规定，企业法人只准使用一个名称，企业法人申请登记注册的名称由登记机关核定，经核准登记注册后在规定的范围内享有专用权；企业法人改变名称，应当申请办理变更登记。从上述规定可以看出，企业法人的名称作为该企业法人的组成部分，国家予以强制性管理。作为企业法人，其对自己的名称享有专用权，且只能拥有一个名称。能够代表企业法人的只能是经工商部门核准的原有名称。企业法人的原有名称一经工商部门核准变更即不再代表该企业法人。因此，本案中，裘仲南以被告新昌县新龙制冷管件厂原名称和印章实施的行为，不能认定为以被告的名义实施的民事行为。

3. 关于原告中国农业银行杭州市延安路支行的应知义务和过错责任。在原告中国农业银行杭州市延安路支行与裘仲南签订股权转让协议过程中，双方均有过错。作为原告方，其在转让股权时没有按照公司章程规定召开董事会，征得全体股东的认可；也没有按公司法规定到工商部门办理相关的变更事宜。同时，作为原告方，对被告新昌县新龙制冷管件厂变更法人和法定代表人也属于应当知道。理由是：原告方作为联营一方，对联营另一方的经营情况应当了解；作为工商变更登记的事项，具有对公的效力，即对于原告方属于应当知道的范畴。因此，原告方的过错是明显的，其对股权转让协议不成立应当承担相应的责任。裘仲南在免去法定代表人职务后，利用被告新昌县新龙制冷管件厂新任法定代表人未收回旧印章这一工作上的疏忽，用企业法人的旧印章和旧名称与原告签订一份对该企业明显不利的协议，其不仅主观恶意明显，而且还有与原告串通之嫌。因此，由于协议不成立所产生的民事责任，应由裘仲南个人承担责任，而不应由被告新昌县新龙制冷管件厂承担责任。

（吴　伟）

## 23. 藤县藤州城市信用合作社诉麦庆晚等借贷合同案

### （一）首部

1. 判决书字号：广西壮族自治区梧州市中级人民法院（2001）梧经初字第92号。

2. 案由：借贷合同案。

3. 诉讼双方

原告：藤县藤州城市信用合作社。

法定代表人：刘永祚，主任。

委托代理人：刘炽先、董学繁，顺景律师事务所律师。

被告：麦庆晚，女（杨海健之妻），1952年9月20日出生，汉族，藤县太平镇人，无业，住藤县藤城镇光缆管理站出租屋四楼。

被告：杨健英，女（杨海健之女），1976年10月20日出生，汉族，藤县太平镇人，临时工，住藤县藤城镇光缆管理站出租屋四楼。

被告：杨木英，女（杨海健之女），1978年8月7日出生，汉族，藤县太平镇人，临时工，住藤县藤城镇光缆管理站出租屋四楼。

被告：杨健勇，男（杨海健之子），1980年11月12日出生，汉族，藤县太平镇人，临时工，住藤县藤城镇光缆管理站出租屋四楼。

被告杨健英、杨木英、杨健勇的委托代理人：麦庆晚，系委托人之母。

被告：杨思，女（杨海建之女），1983年8月5日出生，汉族，藤县太平镇人，待业，住藤县藤城镇光缆管理站出租屋四楼。

被告：杨媚，女（杨海健之女），1983年8月5日出生，汉族，藤县太平镇人，待业，住藤县藤城镇光缆管理站出租屋四楼。

被告：杨健铭，男（杨海健之子），1985年10月5日出生，汉族，藤县太平镇人，学生，住藤县藤城镇光缆管理站出租屋四楼。

被告杨思、杨媚、杨健铭的法定代理人：麦庆晚，系被代理人之母。

4. 审级：一审。

5. 审判机关和审判组织

审判机关：广西壮族自治区梧州市中级人民法院。

合议庭组成人员：审判长：邓志强；审判员：严家鹏；审判员：莫少艳。

6. 审结时间：2001年12月26日。

**（二）诉辩主张**

1. 原告诉称：1997年11月4日，杨海健因经营船舶运输需要，向原告贷款45万元，双方签订借款合同一份，借款期限1年，月利率9.36‰。同日双方还签订抵押合同，约定杨海健以自有的太平（六）29号钢质铁船一艘及藤县太平（五）08号钢质铁船一艘作为上述贷款的抵押物。此外，两项合同还约定了双方的其他权利、义务。合同签订后，原告依约发放了贷款。但杨海健除还本金8 000元，利息27 500元外，余款至今未还。2001年8月，杨海健病故，其合法继承人以放弃继承遗产为由拒绝偿还本项贷款，双方协调无果而成讼。请求法院判令以杨海健的抵押物清偿贷款本金442 000元，利息154 948.84元（暂计至2001年9月9日止），不足部分由被告承担，并由被告承担本案有关诉讼费。

2. 麦庆晚等七被告辩称：该借款是杨海健的个人债务，我们均不知情。从原告提供的借款合同和抵押合同等证据上杨海健的签章看，对杨海健借款无异议，由法院依法处理抵押物。但杨海健的上述行为既没有告知我们，我们亦没有得过其给家庭的有关生活费用，我们全家的生活全由杨健英、杨木英的工作收入及亲戚朋友的借助负担的。现我们放弃继承杨海健的一切遗产，本案应与我们无关，依法不应由我们对杨海健的本案债务承担偿还责任。

**（三）事实和证据**

广西壮族自治区梧州市中级人民法院经公开审理查明：1997 年 11 月 4 日，原告与杨海健签订借款合同一份，约定由原告借款 45 万元给杨海健作购船营运用，月利率 9.36‰，期限为 1 年。同日，双方还签订抵押合同一份，约定杨海健以其自有的太平（六）29 号钢质铁船一艘、藤县太平（五）08 号钢质铁船一艘作上述借款抵押，并经藤县港航监督所对藤县太平（五）08 号船进行了抵押登记。上述合同签订后，原告依约将 45 万元贷款支付给杨海健，杨海健得款后未依约还款。原告于 2000 年 6 月 21 日向杨海健发出催收借款通知书。但杨海健除归还本金 8 000 元，利息 27 500 元外，至今尚欠原告贷款本金 442 000 元，利息 154 948.84 元（暂计至 2001 年 9 月 9 日止）。

另查明，麦庆晚与杨海健是夫妻关系，婚生子女有杨健英、杨木英、杨健勇、杨思、杨媚、杨健铭。杨海健于 2001 年 8 月 16 日病故。继承人麦庆晚、杨健英、杨木英、杨健勇、杨思、杨媚、杨健铭对杨海健的遗产表示放弃继承。

上述事实有下列证据证明：

1. 原告与杨海健签订的借款合同、抵押合同、藤县港航监督所的抵押登记证明各一份。

2. 原告的 45 万元借款转账凭证。

3. 杨海健归还本金 8 000 元、利息 27 500 元的银行凭证。

4. 杨海健的死亡证明。

5. 麦庆晚等七被告与杨海健的亲属关系证明。

6. 麦庆晚与七被告对杨海健的遗产表示放弃继承的凭证。

**（四）判案理由**

梧州市中级人民法院认为：本案涉及的借款合同、抵押合同是双方的真实意思表示，符合法律规定，是有效合同。杨海健不按期归还借款本息，显属违约，应承担违约责任。原告主张对抵押物享有优先受偿权合理、合法。原告主张本案七被告对处理抵押物清偿本案债务后的不足部分承担偿还责任证据不足，不能成立。

**（五）定案结论**

广西壮族自治区梧州市中级人民法院根据《中华人民共和国民法通则》第二十九条、第八十四条，《中华人民共和国继承法》第二十五条、第三十三条第二款之规定，判决如下：

1. 确认杨海健欠原告藤县藤州城市信用合作社借款本金 442 000 元，利息 154 948.84 元（暂计至 2001 年 9 月 9 日，以后依法另计）。

2. 上述债务，由被告麦庆晚以清理杨海健的尚有财产偿还给原告藤县藤州城市信用合作社。

3. 原告藤县藤州城市信用合作社对杨海健自有的藤县太平（五）08 号钢质铁船享有优先受偿权。

4. 驳回原告藤县藤州城市信用合作社主张由被告麦庆晚、杨健英、杨木英、杨健勇、杨思、杨媚、杨健铭对处理抵押物清偿本案债务的不足部分承担偿还责任，并负担律师费用12 000元及其他有关诉讼费用的诉讼请求。

本案案件受理费11 099元、其他诉讼费2 220元，财产保全费2 300元，共15 619元（原告已预交）全部由被告麦庆晚以清理杨海健的尚有财产负担。

**（六）解说**

该案为借款合同案，但因为杨海健是个体工商户，且已死亡。故解决本案的焦点在于债务的性质及财产继承的责任承担问题。

1. 关于债务的性质。经审理认定，本案的借款及抵押均由杨海健个人所为，抵押物业主亦为杨海健，七被告对上述事实无异议，但认为家庭未参与经营，此事与家庭无关。《民法通则》第二十九条规定，个体工商户、农村承包经营户的债务，个人经营的，以个人财产承担；家庭经营的以家庭财产承担。还有其他相关的法律规定，对此类债务的认定，都有一个前提，就是以是否是家庭共同劳动、共同使用为分界线。对家庭是否共同劳动容易认定，但对家庭是否共同使用的认定问题在实践中最具有争议性。对该问题的印证，无论原告、被告哪一方举证难度都很大，原告无从掌握个体工商户经营收入的去向，因为七被告均没有固定的工作，有些成年子女是到外地打零工的，要其提供充分的经济来源证据是不现实的。而本案七被告长期共同居住，杨海健经营运输业，长年在外。所以，即使杨海健的经营收入有可能用于家庭，但依“谁主张，谁举证”原则，这个可能的举证责任应由原告承担，因为无论从法律规定或从原告对自己的债权监控来说，其完全有能力在借款时完善借款手续，如果为家庭性质的，应以其成员签字确认，否则，此疏于行使职责的过错而导致举证不能的法律后果应由原告承担。故本案的债务应认定为个人性质。

2. 关于继承问题。由于本案的借款已确定为杨海健的个人债务，在其死亡后，本案七被告已放弃继承其财产，故应依《继承法》第三十三条第二款规定，继承人放弃继承的，对被继承人依法应当缴纳的税款和债务可以不负偿还责任。

综上所述，本案判决驳回了原告要求由七被告对杨海健的财产清偿本案债务的不足部分承担偿还责任的诉讼请求。

（莫少艳）

## 24. 中国光大银行上海分行诉华东三峡经济发展公司、中国三峡经济发展总公司期房抵押借款合同案

**（一）首部**

1. 调解书、判决书字号

一审调解书：上海市第一中级人民法院（1998）沪一中经初字第138号。

一审再审判决书：上海市第一中级人民法院（1999）沪一中经再初字第4号。

二审判决书：上海市高级人民法院（2000）沪高经终字第572号。

2. 案由：借款合同案。

3. 诉讼双方

原告（上诉人）：中国光大银行上海分行（以下简称光大银行，原中国投资银行上海浦东分行）。

法定代表人：冯国荣，行长。

委托代理人：吴家平、张之娴，上海市远东律师事务所律师。

被告（被上诉人）：华东三峡经济发展公司（以下简称华东三峡公司）。

法定代表人：宋燕，经理。

委托代理人：李秀云，北京市天宁律师事务所律师。

被告（被上诉人）：中国三峡经济发展总公司（以下简称中国三峡总公司）。

法定代表人：荆文超，总经理。

委托代理人：王媌，中国三峡总公司法律部副处长。

4. 审级：一审再审、二审。

5. 审判机关和审判组织

一审法院：上海市第一中级人民法院。

合议庭组成人员：审判长：王胜利；审判员：李玉珍；代理审判员：谷玉琴。

一审再审法院：上海市第一中级人民法院。

合议庭组成人员：审判长：张培宜；代理审判员：蔡茜芸；代理审判员：陈莉萍。

二审法院：上海市高级人民法院。

合议庭组成人员：审判长：田文才；审判员：韦杨；代理审判员：马弘。

6. 审结时间

一审审结时间：1998 年 9 月 3 日。

一审再审审结时间：2000 年 8 月 3 日。

二审审结时间：2001 年 12 月 19 日（依法延长审限）。

**（二）一审情况**

1. 一审诉辩主张

（1）原告光大银行诉称：1996 年 7 月 31 日，其与第一被告华东三峡公司签订人民币资金借款合同一份。按约其向第一被告华东三峡公司放贷人民币 1 000 万元，华东三峡公司则依约应于 1997 年 7 月 25 日前向其归还贷款本金及利息。第一被告华东三峡公司同时为其上述借款提供期房抵押担保。第二被告中国三峡总公司为华东三峡公司的借款提供连带责任保证。现因第一被告到期未偿还借款本金及利息，请求法院判令：第一被告华东三峡公司归还贷款人民币 1 000 万元及相应的利息；第二被告中国三峡总公司对第一被告所欠款项承担连带清偿责任；两被告如不能清偿上述欠款，依法拍卖、变卖第一被告已设置的期房抵押担保的房屋，所得款项优先清偿原告。诉讼费用由两被告承担。

（2）被告华东三峡公司辩称：对原告陈述的事实无异议，但对期房抵押合同的效力存在异议。因华东三峡公司未取得抵押房产的产权，故应认定抵押合同无效。

（3）被告中国三峡总公司答辩称：同意第一被告的陈述意见，并愿意尽快督促华东三峡公司偿还贷款。

2. 一审事实和证据

上海市第一中级人民法院经审理查明：1996 年 7 月 31 日，光大银行与华东三峡公司签订了一份编号为1996年DY字第JQ077号的人民币资金借款合同和抵押合同，合同约定光大银行放贷人民币1 000万元给华东三峡公司，期限为1年，借款用途为流动资金。华东三峡公司以其所有的嘉定区封浜乡先农村13号地块上房屋C63、C65—67、C87—89、C131—132、C145及花园抵押给光大银行，并经上海市房地产登记处登记。同日，光大银行又与中国三峡总公司签订了编号相同的保证合同，约定中国三峡总公司为上述借款承担连带清偿责任。在合同签订当日，光大银行如数将约定的借款人民币1 000万元划入华东三峡公司账内，华东三峡公司支付了至1996年12月20日止的利息，借款本金及剩余利息拖欠未付，中国三峡总公司亦未尽担保义务。

在一审审理中，光大银行与华东三峡公司、中国三峡总公司于1998年9月3日达成调解协议，三方约定：(1) 华东三峡公司应分期归还光大银行借款1 000万元及利息；(2) 若原审被告华东三峡公司到期不能履行上述债务时则以其抵押给光大银行的位于嘉定区封浜乡先农村13号地块上经登记的房产及相应的土地使用权进行清偿，所得款项由光大银行优先受偿；(3) 中国三峡总公司对上述抵押物清偿债务后仍不足的部分承担连带清偿责任；(4) 其他无争议。

上述事实有下列证据证明：

(1) 1996年7月31日，借款人华东三峡公司与贷款人光大银行签订的人民币资金借款合同。

(2) 1996年7月31日，抵押人华东三峡公司与抵押权人光大银行签订的抵押合同。

(3) 1996年7月31日，保证人中国三峡总公司为借款人华东三峡公司所贷1 000万元款项与光大银行签订的保证合同。

(4) 1998年6月23日，上海市第一中级人民法院公开开庭审理本案的法庭审理笔录。

(5) 华东三峡公司、中国三峡总公司及光大银行三方共同达成的调解协议。

(6) 光大银行放贷1 000万元的放款凭证。

(7) 用于抵押贷款的坐落于嘉定区封浜乡先农村13号地块上的期房的房地产其他权利证明。

3. 一审判案理由

上海市第一中级人民法院根据以上事实及证据认为：当事人之间自愿达成调解协议，符合我国民事诉讼法调解制度的有关规定。在事实清楚、是非明确的前提下，应予准许调解。

4. 一审定案结论

上海市第一中级人民法院根据《中华人民共和国民事诉讼法》第八十五条、第八十九条的规定，准许各方当事人以调解方式解决讼争。

**(三) 一审再审情况**

1. 一审再审理由

原审调解生效后，上海市高级人民法院民一庭在审理案外人方信房产公司与本案当事人华东三峡公司、光大银行无效抵押一案过程中查明：1995年7月18日，方信房产公司与华东三峡公司签订"皇府别墅房屋预售合同"21份，由华东三峡公司向方信房产公司购买本市嘉定区封浜乡先农村皇府别墅21套。之后，华东三峡公司仅支付定金人民币20

万元。1997 年 7 月 17 日，方信房产公司与华东三峡公司签订终止房屋预售合同协议，协议明确双方同意将 1995 年 7 月 18 日签订的“皇府别墅房屋预售合同”21 份中的 18 份予以终止。该 18 套房屋包括了本案所涉华东三峡公司抵押给光大银行的 10 套房屋。1999 年 4 月 16 日，上海市高级人民法院民一庭以（1998）沪高民初字第 8 号“关于建议你院对（1998）沪一中经初字第 138 号借款纠纷案予以再审的函”向上海市第一中级人民法院（以下简称一中院）建议再审。

一中院接函后，经该院院长提交审判委员会讨论后认为，原审适用法律错误，并于 1999 年 11 月 22 日以（1999）沪一中经监字第 84 号民事裁定书作出裁定，该案另组合议庭进行再审。

2．一审再审事实和证据

上海市第一中级人民法院查明：华东三峡公司于 1998 年 6 月 17 日支付光大银行利息 3 770.59 元。原审查明事实属实，予以确认。

3．一审再审判案理由

上海市第一中级人民法院经再审后认为：光大银行与华东三峡公司签订的借款合同合法、有效，光大银行履行了放款义务，华东三峡公司未依约归还借款本金及利息，应负还款之责。《中华人民共和国担保法》第三十七条规定，所有权、使用权不明或者有争议的财产不得抵押。华东三峡公司用于抵押的房产并未属其所有或者有权处分，故本案所涉抵押合同应为无效，原审调解以上述房产清偿华东三峡公司所欠债务不当，应予纠正。光大银行与中国三峡总公司签订的保证合同合法、有效，中国三峡总公司应按约对华东三峡公司清偿的债务承担连带清偿责任。

4．一审再审定案结论

上海市第一中级人民法院根据《中华人民共和国担保法》第三十七条规定，作出如下判决：

（1）撤销该院（1998）沪一中经初字第 138 号民事调解。

（2）华东三峡公司于判决生效之日起 10 日内归还光大银行借款本金人民币 1 000 万元，并支付该款自 1996 年 12 月 21 日始至 1997 年 7 月 25 日止的利息 728 035 元。

（3）华东三峡公司应于判决生效之日起 10 日内支付光大银行自 1997 年 7 月 26 日始至判决生效之日止的按日万分之四计算的扣除已付利息人民币 3 770.59 元后的逾期利息。

（4）中国三峡总公司对华东三峡公司清偿的债务承担连带清偿责任。

**（四）二审诉辩主张**

1．上诉人光大银行诉称：（1）再审查明的事实不清。再审认定，1995 年 7 月 18 日，方信房产公司与华东三峡公司签订“皇府别墅房屋预售合同”21 份之后，华东三峡公司仅支付定金 20 万元。但事实并非如此，1995 年 7 月 18 日，方信房产公司与华东三峡公司签订房屋预售合同之后，同年 8 月 20 日和 9 月 22 日，华东三峡公司分两次向方信房产公司的中方投资者郑州新信房地产开发有限公司支付了购房款总计人民币 37 473 288.51 元；同年 9 月 26 日，在市公证处办理了预售合同的公证；同年 9 月 28 日，由市房地产交易所办理了房屋预售合同登记；同年 9 月 30 日，方信房产公司出具了承诺书，承诺华东三峡公司对该 21 幢别墅拥有全部产权及处置权。1996 年 7 月，华东三峡公司申请贷款，不仅向上诉人出示了上述文书，并至市房地产登记处办理了抵押登记。（2）再审适用法律不当。经上述有关证据证实，华东三峡公司对其拥有的房产具有处置权，并不属于所有权、使用权不明或有争议的财产。对此，上诉人请求二审法院撤销原判，依法改判。

2. 被上诉人华东三峡公司和中国三峡总公司均未到庭应诉，也未作答辩。

**（五）二审事实和证据**

上海市高级人民法院经审理查明：1995年9月26日，方信房产公司与华东三峡公司签订的"皇府别墅房屋预售合同"21份在市公证处办理了预售合同公证。同年9月28日，在上海市房地产交易所办理了预售合同登记。同年9月30日，案外人方信房产公司出具承诺书，承诺华东三峡公司对该21幢别墅拥有全部的产权和处置权。在华东三峡公司与光大银行签订借款抵押合同之后，又去上海市房地产登记处办理了他项权利证明书。

**（六）二审判案理由**

上海市高级人民法院认为：根据最高人民法院《关于适用〈中华人民共和国担保法〉若干问题的解释》第四十七条规定："以依法获准尚未建造的或者正在建造中的房屋或者其他建筑物抵押的，当事人办理了抵押物登记，人民法院可以认定抵押有效。"在本案中，华东三峡公司为向光大银行借款人民币1 000万元，将皇府别墅中的10幢预售别墅抵押给光大银行作担保，方信房产公司亦出具了华东三峡公司对上述期房拥有完全的产权和处置权的证明，且当事人又到市房地产登记处登记办理了房地产其他权利证书，进行了预告登记，应依法认定有效，其抵押担保的行为符合法律的规定。现行法律及其司法解释并未对期房抵押的用途予以限制。

根据现有证据表明，华东三峡公司确未付清购房款，但房款未付清并不必然导致产权存在争议。光大银行基于承诺书内容以及预售合同公证、预售合同登记、房地产其他权利证明书完全有理由相信华东三峡公司依法有权处分系争抵押物，抵押物在法律上不存在争议，应认定系争抵押合同有效。开发商方信房产公司出具承诺书的行为放弃了本该属于其享有的权利，不利风险后果由其自负。

华东三峡公司与光大银行签订借款及抵押合同的时间先于其与案外人方信房产公司私下订立终止房屋预售合同的时间。其行为显然有违诚实信用的原则和《中华人民共和国担保法》的有关规定，故房屋预售合同的终止亦不应影响本案抵押合同的效力。

**（七）二审定案结论**

上海市高级人民法院根据《中华人民共和国民事诉讼法》第一百五十三条第一款第（二）项，《中华人民共和国合同法》第四十四条，最高人民法院《关于适用〈中华人民共和国合同法〉若干问题的解释（一）》第三条、第四条，最高人民法院《关于适用〈中华人民共和国担保法〉若干问题的解释》第四十七条之规定，判决如下：

1. 撤销上海市第一中级人民法院（1999）沪一中经再初字第4号民事判决第一项、第四项。

2. 维持上海市第一中级人民法院（1999）沪一中经再初字第4号民事判决第二项、第三项。

3. 若被上诉人华东三峡经济发展公司到期不能履行上述债务，则以其抵押给上诉人中国光大银行上海分行的位于上海市嘉定区封浜乡先农村13号地块上经登记的房产及相应的土地使用权折价或者拍卖、变卖，所得款项由中国光大银行上海分行优先受偿。

4. 被上诉人中国三峡经济发展总公司对上述抵押物清偿债务后仍不足的部分承担连

带清偿责任。

本案一、二审案件受理费人民币各60 010元，均由被上诉人华东三峡经济发展公司、中国三峡经济发展总公司共同负担。

**(八) 解说**

本案争议焦点为期房抵押合同的效力问题。围绕争议焦点主要涉及以下几个法律问题：

1.关于预售商品房抵押是否仅限于购房款的借贷抵押问题。期房是我国社会主义市场经济发展中的新生事物，推动了我国房改进程和房地产业的发展。但同时期房的出现冲击了我国抵押权制度的理论，给我国的司法实践亦带来了一定的问题。根据我国传统的民事立法和司法实践，抵押权的标的必须直接地指向现存的具有一定的经济交换价值和即时可让与性的财物或者是能够物化的权利，排除了以期待性利益（即指非现实存在的，并且得于将来一定时期取得或实现的财物或利益）作为抵押权标的的可能。期房虽然是尚不存在的房屋，但购买期房会导致事实上获得房屋，且购买方在买期房时已支付了部分楼款，所以，尽管期房具有一定的不确定性，但它还是具有相当于现房的价值。在司法实践中，期房的转让、抵押等行为是客观存在的，它与房屋抵押无实质性的区别，具有现存财产抵押的基本特征。最高人民法院《关于适用〈中华人民共和国担保法〉若干问题的解释》第四十七条的出现既规定了期房按揭抵押的法律适用问题，同时又将期待权引入了抵押标的物的范畴，丰富了我国传统抵押标的理论的内容。因此，从目前的立法精神来看，房屋的期待权是可以设定抵押的，是一种不动产的抵押方法。只要抵押合同系抵押权人与抵押人之间真实意思的表示，当事人办理了抵押登记手续，可以认定抵押有效。

在本案中，华东三峡公司为向光大银行贷款人民币1 000万元，将皇府别墅中的10幢预售别墅的期待权抵押给光大银行作担保，方信房产公司又出具了华东三峡公司拥有对上述期房完全的产权和处置权的承诺，华东三峡公司取得了对该房屋的期待权。当事人又到市房地产登记处登记办理了房地产其他权利证明书，进行了预告登记，具有物权上的排他效力，其抵押担保的行为符合法律的规定，应当受到法律的保护。

《担保法》与《担保法》的司法解释没有涉及期房抵押所获贷款必须用于购房款这一问题，故应理解为立法机关进行价值选择时未将期房抵押款仅能用于购房款明确予以禁止。在通常情况下，期房抵押所获贷款一般用于购房款，但不能因此得出期房抵押贷款仅能用于购房款而不能作他用的结论。从理论上讲，期房抵押与房屋抵押性质基本相同，惟一的差别是设定的抵押标的不同，期房抵押是用期待权作抵押，而房屋抵押是用所有权作抵押，只要华东三峡公司已取得期待权完全可以不受贷款用途的限制设定抵押。

即使本案系争的房屋期权抵押合同违反了《城市房地产抵押管理办法》中有关期房抵押贷款需用于购房款之规定，但鉴于该办法系建设部颁布，其不属于法律、行政法规，而属于部门规章，抵押合同并不违背法律和行政法规的禁止性规定。同时抵押合同的签订反映了光大银行与华东三峡公司之间真实的意思表示，并办理了公示登记手续，就应当认定有效。《担保法》的司法解释已将房屋期待权引入了抵押标的物的范畴，期房可以设定抵押。司法解释对期房抵押款的用途并未予以限制，允许期房抵押仅仅考虑了扩大融资范围的问题。

2.关于房款未付清是否导致本案抵押合同无效的问题。根据现有证据表明，华东三峡公司确未付清购房款。仅根据方信房产公司的中方投资者郑州新信房地产开发有限公司出具的两张有关华东三峡公司已付清购房款的收据，尚不能证明已付清购房款。

房款未付清并不必然导致产权存在争议。在本案中，房产开发商方信房产公司出具承诺书，承诺华东三峡公司拥有对21幢预售别墅完全的产权和处置权，该内容不仅足以使人相信华东三峡公司已经取得了对该21幢预售别墅的房屋期待权，而且足以使人相信抵押人华东三峡公司享有对抵押物完全的处分权。光大银行基于该份承诺书以及经市公证处办理的预售合同公证、由市房地产交易所办理的预售合同登记、经市房地产登记处登记办理的房地产其他权利证明书完全相信华东三峡公司依法有权处分系争抵押物。从保护善意第三人的合法权益和维护交易安全的角度出发，抵押物在法律上不存在争议，应认定系争抵押合同有效。另一方面，开发商方信房产公司出具承诺书的行为充分表明其已将系争抵押物的产权及处置权自愿移转至华东三峡公司，放弃了本该属于其享有的权利，承担了不利的风险后果。即使华东三峡公司购房款未付清，亦仅形成华东三峡公司与方信房产公司之间的债的纠纷，不能就此影响到已进行了公示的抵押合同的效力。

3．关于房屋预售合同的终止是否导致本案抵押合同无效的问题。华东三峡公司与光大银行签订借款及抵押合同的时间为1996年7月31日，华东三峡公司与案外人方信房产公司签订终止房屋预售合同的时间为1997年7月17日，故抵押贷款行为先于终止预售合同所发生的行为。同时，华东三峡公司订立终止房屋预售合同时，既未事先告知债权人光大银行，又未事后征得债权人的认可，其以事后擅自所为否定当初经双方合意并已办理抵押登记手续的法律行为，显然有违诚实信用的原则和担保法的有关规定，故房屋预售合同的终止不应影响本案抵押合同的效力。

（马　弘）

## 25．上海浦东发展银行股份有限公司诉八佰伴（上海）有限公司等借款合同案

### （一）首部

1．判决书字号

一审判决书：上海市第二中级人民法院（2000）沪二中经初字第383号。

二审判决书：上海市高级人民法院（2001）沪高经终字第223号。

2．案由：借款合同案。

3．诉讼双方

原告（被上诉人）：上海浦东发展银行股份有限公司（原上海浦东发展银行，以下简称浦发银行）。

法定代表人：庄晓天，董事长。

委托代理人：刘大力、刘海涛，上海市通力律师事务所律师。

被告（被上诉人）：八佰伴（上海）有限公司（以下简称八佰伴上海公司）。

法定代表人：和田一夫，董事长。

被告（上诉人）：八佰伴国际集团有限公司联席清盘人谭自觉（以下简称联席清盘人）。

委托代理人：段祺华、王健，上海市段和段律师事务所律师。

4. 审级：二审。

5. 审判机关和审判组织

一审法院：上海市第二中级人民法院。

合议庭组成人员：审判长：耿沛宇；代理审判员：汪毅、崔学杰。

二审法院：上海市高级人民法院。

合议庭组成人员：审判长：张正国；代理审判员：胡宗英、高琼。

6. 审结时间

一审审结时间：2001 年 2 月 23 日。

二审审结时间：2001 年 11 月 11 日。

**（二）一审诉辩主张**

1. 原告诉称：1997 年 6 月 7 日，被告八佰伴上海公司向原告借款美元 300 万元，八佰伴国际集团有限公司（以下简称八佰伴集团公司）以其在上海友谊南方商城有限公司（原上海八佰伴南方商城有限公司）的股份出质给原告，并同时向原告提供了不可撤销的连带责任保证。贷款到期后，被告八佰伴上海公司未归还借款本息，八佰伴集团公司亦未能履行担保义务。现被告八佰伴上海公司已基本处于歇业状态，而八佰伴集团公司已由香港毕马威会计师行的谭自觉作为清算人对该公司进行清盘。为此，原告请求法院判令被告八佰伴上海公司归还借款本金美元 300 万元及至实际清偿之日止的利息；如被告八佰伴上海公司不能偿还上述借款本息，原告有权要求被告联席清盘人对八佰伴集团公司出质给原告的股份进行处分后由原告优先受偿；被告联席清盘人承担连带清偿责任。

2. 被告八佰伴上海公司未作答辩。

3. 被告联席清盘人辩称：原告的诉讼请求缺乏事实和法律依据，不能成立。其理由如下：（1）原告与八佰伴集团公司签署的股份质押协议、八佰伴集团公司出具的担保函及八佰伴集团公司的董事会决议未经公证和认证，没有满足股份质押协议和借款合同约定的生效条件，故质押协议和担保函均未生效，八佰伴集团公司不应承担担保责任。（2）被告联席清盘人有充分证据证明上海友谊南方商城有限公司（以下简称友谊南方商城）及其新股东友谊华侨股份有限公司并不知道八佰伴集团公司所拥有的股权已质押，也不知道该质押已被登记于股东名册，而历年的相关政府主管部门的文件和审计事务所的审计报告也未见该质押的记载，故被告联席清盘人对原告提供的股东名册的真实性持有异议。（3）原告与八佰伴集团公司于 1997 年 6 月 24 日签订股份质押协议后，至今未按对外贸易经济合作部颁布的《外商投资企业投资者股权变更的若干规定》中第十二条的规定，办理质押协议的审批、备案手续，故该质押协议应属于无效合同。（4）原告擅自改变贷款用途，将流动资金贷款用于“借新还旧”，骗取八佰伴集团公司的担保，故八佰伴集团公司不应再承担质押担保责任和保证责任。

**（三）一审事实和证据**

上海市第二中级人民法院经公开审理查明：1997 年 6 月 7 日，原告与被告八佰伴上海公司签订了一份贷款合同，约定由原告向被告八佰伴上海公司贷款美元300万元，期限自1997年6月7日起至1998年6月2日止。该合同还约定：被告八佰伴上海公司应保证在贷款合同签字日起的60日内，向原告提供已经八佰伴集团公司合法适当签署的股份质押协议，且该股份质押协议在提交给原告时已根据其第11条第1款的规定生效；被告八佰伴上海公司还应保证在贷款合同签字日或之前，向原告提供已经八佰伴集团公司合法适当签署的担保书，并保证该保证书和与此相关的八佰伴集团公司董事会决议在贷款合同签字日起的60日内在香港获得中国司法部委任公证人公证并由中国法律服务（香港）有限公司认证。同日，八佰伴集团公司向原告出具了一份担保书，确认以下事项：鉴于原告同意以签订新的贷款合同的方式延长被告八佰伴上海公司贷款美元300万元的期限，八佰伴集团公司向原告保证，如八佰伴上海公司拖延支付新贷款协议所产生的债务，其将在原告第一次书面要求后7日内向原告支付不超过美元300万元和按新贷款协议八佰伴上海公司应付给原告的利息；担保书与新贷款协议同时生效，并在所担保的债务全部清偿前，但不早于新贷款协议到期日后的183日继续有效。上述协议签订后，原告于1997年6月9日向八佰伴上海公司发放贷款美元300万元。同日，八佰伴上海公司将上述款项归还了编号为9611037贷款合同项下的欠款。1997年6月24日，原告与八佰伴集团公司签订了一份股份质押协议，约定八佰伴集团公司愿意将其在八佰伴南方商城内拥有的40%股份中的18%（即全部股份的7.2%）出质给原告。同时，该协议还对协议生效的条件作了约定：(1) 质押协议经双方适当签署；(2) 八佰伴集团公司对质押协议的签署已业经香港的中国司法部委任公证人公证并经中国法律服务（香港）有限公司认证；(3) 原告收到八佰伴集团公司的关于签署质押协议的有效的董事会决议，且该董事会决议已业经香港的中国司法部委任公证人公证并经中国法律服务（香港）有限公司认证；(4) 就质押协议的签署和履行，八佰伴集团公司已获得八佰伴南方商城的其他所有股东的书面同意，该书面同意已提交给了原告；(5) 质押协议项下的股份出质已被记载于八佰伴南方商城股东名册，且八佰伴集团公司已将记载了股份出质并经八佰伴南方商城证实为真实有效的股东名册提交给了原告；(6) 八佰伴集团公司已将八佰伴南方商城向其签发的出资证明书的正本交由原告收执。1997年7月28日、7月31日、8月1日，八佰伴南方商城的其余股东新加坡东光投资有限公司、上海南方商城和新加坡国际商品批发市场分别致函八佰伴集团公司，同意八佰伴集团公司将其拥有的八佰伴南方商城40%股份中的18%出质给原告。1997年8月5日，八佰伴南方商城的董事通过董事局书面巡回议案的方式达成一致意见，同意八佰伴集团公司将其拥有公司股份中的18%出质给原告。嗣后，八佰伴集团公司将八佰伴南方商城出具的出资证明书和已由八佰伴南方商城记载股份出质情况的股东名册交给了原告。贷款到期后，被告八佰伴上海公司仅向原告支付了截至1998年3月20日止的利息，未归还借款本金。八佰伴集团公司亦未履行担保义务。原告经催讨未着，以致涉讼。

上述事实有下列证据证明：

1. 外汇流动资金贷款合同。

2. 股份质押协议。

3. 八佰伴南方商城董事会同意股份质押的函。

4. 新加坡国际商品批发市场、上海南方商城、新加坡东光投资有限公司同意股份质押的三份函。

5. 记载股份质押的股东名册及出资证明书。

6. 八佰伴集团公司向原告提供保证的担保函。

7. 原告按约向被告八佰伴上海公司发放贷款美元300万元外汇贷款的支付凭证。

8. 利息清单。

另查一，1997年5月28日，八佰伴集团公司在香港召开董事会，同意为原告向被告八佰伴上海公司连续提供的金额为美元300万元的贷款作担保，并授权公司的任何二位董事/替代董事代表公司签署担保书和相关文件。同年6月23日，八佰伴集团公司在香港再次召开董事会，决定除了根据1997年5月28日董事会决议同意为原告继续向被告八佰伴上海公司提供美元300万元的贷款签订担保书外，另将公司在八佰伴南方商城40%股份中的18%股份出质给原告，并授权公司的任何二位董事/替代董事代表公司签署质押协议和相关文件。1997年7月22日，八佰伴集团公司的两位候补董事 Kazuhiko Fujita 和 Yoji Aoki 在香港律师（国际公证员）卢伟强面前作出声明：（1）八佰伴集团公司系于1993年7月27日在百慕大根据当地公司条例注册成立的有限公司；（2）根据董事会授权，签订致原告的担保书，就其向八佰伴上海公司贷款作出担保；（3）根据董事会授权就上述贷款与原告签订股份质押协议。

上述事实有下列证据证明：

1. 八佰伴集团公司同意股份质押及担保的董事会决议。

2. 股份质押协议及担保函上的签字董事均已得到八佰伴集团公司的授权声明书。

另查二，1997年5月28日，对外贸易经济合作部、国家工商行政管理局颁布的《外商投资企业投资者股权变更的若干规定》规定："企业投资者与质权人签订股权质押合同后，应将有关文件报送批准设立该企业的审批机关审查，未办理审批和备案的质押行为无效。"该规定自发布之日起施行，但上海市外资委直至1997年7月14日才收到上述规定，故其在1997年7月14日前未办理过有关质押协议的批准和备案。原告与八佰伴集团公司于1997年6月24日签订的股份质押协议亦未办理报批和备案手续。

上述事实有原告提供的下列证据证明：

1. 外资委收文单。

2.1997年第17号文告。

3.1997年7月17日出版的国际商报。

另查三，1996年6月10日，原告与被告八佰伴上海公司签订了一份编号为9611037的外汇流动资金贷款合同，约定由原告向被告八佰伴上海公司贷款美元300万元，期限自1996年6月12日起至1997年6月7日止，月利率为LIBOR+2%（按6个月浮动）。同日，原告又与八佰伴集团公司签订了一份保证合同，约定由八佰伴集团公司为被告八佰伴上海公司的上述借款作担保。合同签订后，原告分期向被告八佰伴上海公司发放了贷款美元300万元。借款合同到期后，原告与被告八佰伴上海公司通过重新签订前述事实中的借款合同，以"借新还旧"的方法，归还了上述借款。

上述事实有原告提供的下列证据证明：

1. 原告与被告八佰伴上海公司于1996年6月10日签订的外汇贷款合同。

2. 外汇支付凭证。

3. 外汇贷款还款凭证。

4. 保证合同及保证人的董事会决议。

另查四，1998年10月26日，外资委作出关于同意八佰伴南方商城股权转让的批复，同意八佰伴南方商城原投资四方共计向上海友谊华侨股份有限公司转让55%股权。转股后，八佰伴南方商城总投资美元7 000万元，注册资本美元5 450万元不变。其中：上海友谊华侨股份有限公司占55%，计美元2 997.5万元；上海南方商城占13.5%，计美元7 357 500元；八佰伴集团公司占18%，计美元981万元；新加坡国际商品批发市场占6.75%，计美元3 678 750元；新加坡东光投资有限公司占6.75%，计美元3 678 750元。之后，八佰伴南方商城办理了工商登记手续，并更名为友谊南方商城。

上述事实有被告联席清盘人提供的上海市外资委（1998）1302号关于股权变更的批复证明。

另查五，八佰伴集团公司是在百慕大注册成立的有限公司，其于1993年10月19日依据香港公司条例在香港作出登记。根据香港高等法院原诉法庭在公司清盘案件1998年第553号于1998年8月12日所颁布的命令，香港的谭自觉先生及邓忠华先生被委任为八佰伴集团公司的临时清盘人，有权共同或各别处理该公司的事务，其中包括：（1）接管、收集、发给收据及保护属于该公司的香港或其他地方的任何资产、物件、账簿、文件等；（2）追讨及收取欠该公司的一切债项；（3）在有需要时在香港或其他地方委任律师、会计师或其他代理人。百慕大最高法院也于1998年8月12日委任香港的谭自觉先生及邓忠华先生为该公司的联席及各别临时清盘人。根据香港高等法院原诉法庭在公司清盘案件1998年第553号于1999年2月26日所颁布的命令，该公司依据香港公司条例被清盘，谭自觉先生及邓忠华先生继续被委任为该公司的临时清盘人。根据香港高等法院原诉法庭在公司清盘案件1998年第553号于1999年6月30日所颁布的命令，谭自觉先生及邓忠华先生被委任为该公司的联席清盘人，可以共同或各别处理该公司的清盘工作及分配公司的资产。

上述事实有被告联席清盘人提供的公证文件证明。

**（四）一审判案理由**

上海市第二中级人民法院根据上述事实和证据认为：原告与被告八佰伴上海公司于1997年6月7日签订借款合同的实际目的虽然为“借新还旧”，但“借新还旧”没有违反法律、法规的有关规定，该合同应属于合法、有效，具有法律约束力。被告八佰伴上海公司未按约归还借款本息，显属不当，理应立即向原告清偿，并承担逾期付款的违约责任。八佰伴集团公司作为被告八佰伴上海公司借款的担保人，其与原告在质押合同中约定的质押合同生效条件已全部成就，该质押合同自股份出质记载于股东名册之日起生效，双方当事人均应恪守。对外贸易经济合作部、国家工商行政管理局颁布的《关于外商投资企业投资者股权变更的若干规定》虽然规定“企业投资者与质权人签订股权质押合同后，应将有关文件报送批准设立该企业的审批机关审查；未按规定办理审批和备案的质押行为无效”，但该规定仅是行政规章，不能替代担保法的有关规定。同时，该规定虽然于1997年5月28日颁布并实施，但对外公告的时间在质押合同签订后，而外资委收到文件的时间为1997年7月14日，其作为审批机关在之前也无法办理有关质押的审批和备案手续，故确定原告与八佰伴集团公司于1997年6月24日签订质押合同的效力，不应以上述规定为依据，仍应以《担保法》第七十八条的规定为准。原告与八佰伴集团公司对股份出质未办理登记，不影响质押合同本身的效力，但该股份出质因涉及国家对外资企业的特别登记规定不具有公示效力，并有可能影响第三方的合法权益，因此，如被告八佰伴上海公司未向原告归还上述借款本息，原告根据生效的质押合同，虽然有权以八佰伴集团公司质押的股份折价或者以拍卖、变卖质押物所得的价款优先受偿，但不得对抗善意第三人。此外，八佰伴集团公司为被告八佰伴上海公司的借款还出具了一份担保书，该担保书没有约定担保书必须经公证才能生效的条款，故被告联席清盘人以原告与被告八佰伴上海公司在借款合同中约定的担保书必须经公证的条款来否定担保书效力的观点不能成立。该担保书合法、有效，具有法律约束力，八佰伴集团公司应根据担保书的承诺对被告八佰伴上海公司的借款承担连带清偿责任。根据本院查明的事实，八佰伴集团公司明知原告与被告八佰伴上海公司于 1997 年 6 月 7 日签订借款合同的实际借款用途是“借新还旧”，故被告联席清盘人以骗保为由要求免除八佰伴集团公司质押担保责任和保证责任的理由不能成立。八佰伴集团公司进入清盘后，经香港高等法院原诉法庭裁决，被告联席清盘人可以共同或各别处理八佰伴集团公司的清盘工作及分配公司的资产，其有责任在对八佰伴集团公司的资产进行清理后，以该公司的资产承担质押担保责任和连带清偿责任。被告联席清盘人在承担上述保证责任及原告实现质权后，有权向债务人即被告八佰伴上海公司追偿。

**（五）一审定案结论**

上海市第二中级人民法院根据《中华人民共和国民法通则》第八十四条第二款、第一百零六条第一款，《中华人民共和国担保法》第十八条、第三十一条、第六十三条第一款、第七十二条、第七十八条第三款、第八十一条和《中华人民共和国民事诉讼法》第一百三十条之规定，作出如下判决：

1. 被告八佰伴（上海）有限公司应于本判决生效之日起 10 日内向原告上海浦东发展银行股份有限公司归还借款本金美元 300 万元。

2. 被告八佰伴（上海）有限公司应于本判决生效之日起 10 日内向原告上海浦东发展银行股份有限公司偿付截至 1998 年 6 月 2 日止的利息美元 21 495.48 元，并支付自 1998 年 6 月 3 日起至本判决生效之日止的逾期付款利息（以美元 300 万元，在 LIBOR + 2% 利率的基础上加收 20% 计收）。

3. 如被告八佰伴（上海）有限公司到期未能偿付以上款项，原告上海浦东发展银行股份有限公司有权以八佰伴国际集团有限公司所持有的上海友谊南方商城有限公司 7.2% 的股份折价或者以拍卖、变卖上述质押股份所得的价款优先受偿，但该质押权不得对抗善意第三人。

4. 确认八佰伴国际集团有限公司对被告八佰伴（上海）有限公司的上述债务承担连带清偿责任。

5. 被告八佰伴国际集团有限公司联席清盘人谭自觉应于本判决生效之日起 3 个月内对八佰伴国际集团有限公司的财产进行清理，并以八佰伴国际集团有限公司的财产履行以及协助原告上海浦东发展银行股份有限公司实现本判决第三项、第四项内容。

6. 被告八佰伴国际集团有限公司联席清盘人谭自觉在以八佰伴国际集团有限公司的财产承担该公司的质押担保和保证责任实现原告上海浦东发展银行股东有限公司质权后，有权向被告八佰伴（上海）有限公司追偿。

本案案件受理费人民币 159 361 元、财产保全费人民币 162 915 元，共计人民币

322 276元，由被告八佰伴（上海）有限公司和被告八佰伴国际集团有限公司联席清盘人谭自觉清理后的八佰伴国际集团有限公司财产共同负担。

**（六）二审情况**

1. 二审诉辩主张

（1）上诉人（原审被告）联席清盘人诉称：第一，被上诉人浦发银行与八佰伴集团公司签订的股份质押协议未经公证和认证，没有满足双方约定的协议生效条件，故该股份质押协议未生效。同时，该股份质押协议未经有关部门的批准、登记，属于无效合同，八佰伴集团公司不应承担质押担保的责任。第二，八佰伴集团公司出具的担保书未按借款合同的规定进行公证和认证，且授权出具担保书的 1997 年 5 月 28 日的董事会决议不符合借款合同规定的生效条件，其真实性亦无法确认，故该担保书未生效，八佰伴集团公司不应承担保证责任。因此，上诉人联席清盘人请求二审法院依法确认股份质押协议、担保书无效，改判原审法院判决主文第四项，撤销原审法院判决主文第五项。

（2）被上诉人（原审原告）浦发银行辩称：股份质押协议虽然未经登记，但系双方的真实意思表示，理应依法成立；八佰伴集团公司出具的担保书规定担保书在借款合同签字后即生效，而上述条件已得到满足，故上诉人联席清盘人担保书未生效的理由不能成立。综上所述，被上诉人浦发银行请求二审法院驳回上诉，维持原判。

（3）被上诉人（原审被告）八佰伴上海公司未作答辩。

2. 二审事实和证据

上海市高级人民法院确认了原审判决认定的事实和证据。二审期间，各方当事人均未提供新证据。

3. 二审判案理由

上海市高级人民法院认为：股份质押协议签订后，八佰伴集团公司根据质押协议的要求，对 2 名候补董事在质押协议、担保书上签字的效力及 2 次董事会会议形成的决议办理了公证和认证手续，并将有关文件递交浦发银行。浦发银行接受相关文件，并未对八佰伴集团公司的签署方式提出任何异议。根据双方当事人的实际履行情况，原审法院认定股份质押协议生效条款约定的对质押协议的签署进行公证和认证，并不是指质押协议必须在公证人员面前签署，而是指公证人员对签署质押协议的签署人是否有权签署质押协议进行公证和认证并无不妥。上诉人联席清盘人对业经公证和认证的董事会决议及八佰伴南方商城股东名册的真实性持有异议，但直至二审庭审结束，仍未提供相应的证据来支持其观点。原审法院以《中华人民共和国担保法》第七十八条的规定确认质押协议的效力，并无不当，二审法院予以确认。同时，二审法院认为，八佰伴集团公司出具的担保书本身并没有约定担保书需经公证才能生效的条款，且八佰伴集团公司对担保书的真实性及签署人均无异议，故该公司仅以担保书未经公证来否定原先承诺的事实，有违诚信原则，其观点不能成立。据此，原审判决事实清楚、证据确凿、审判程序合法，上诉人联席清盘人的上诉理由均不能成立。

4. 二审定案结论

上海市高级人民法院根据《中华人民共和国民事诉讼法》第一百五十三条第一款第（一）项、第一百五十八条之规定，判决如下：

驳回上诉，维持原判。

二审案件受理费人民币 159 361 元，由上诉人八佰伴国际集团有限公司联席清盘人谭自觉负担。

**（七）解说**

本案争议的核心问题是，浦发银行与八佰伴集团公司签订的股份质押协议是否有效？

《中华人民共和国担保法》第七十八条第三款对有限责任公司股份质押的效力已作了非常明确的规定，即“以有限责任公司的股份出质的，适用公司法股份转让的有关规定。质押合同自股份出质记载于股东名册之日起生效”。而《中华人民共和国公司法》第三十五条、第三十六条对股份转让作了如下规定，有限责任公司的股东之间可以相互转让其全部或者部分出资，股东向股东以外的人转让其出资时，需经全体股东过半数同意，不同意转让的股东应购买该转让的出资，如果不购买，则视为同意转让；经股东同意转让的出资，其他股东在同等条件下有优先购买权；股东依法转让其出资后，由公司将受让人的姓名或者名称、住所以及受让人的出资额记载于股东名册。根据上述规定，有限责任公司的股东将其股份出质，也必须得到公司过半数的股东的同意，向质权人转移股东出资证明的占有，并将相关的质押记载于股东名册内。本案中，八佰伴集团公司以其在八佰伴南方商城的股份出质给浦发银行，得到了八佰伴南方商城的全部股东的同意。故法院认为，浦发银行与八佰伴集团公司签订的股份质押协议，自八佰伴集团公司向浦发银行交付出资证明书，并将质押情况记载于八佰伴南方商城股东名册的那一刻起，即发生法律效力，对双方当事人均具有约束力。联席清盘人根据对外贸易经济合作部、国家工商行政管理局颁布的《外商投资企业投资者股权变更的若干规定》中“企业投资者与质权人签订股权质押合同后，应将有关文件报送批准设立该企业的审批机关审查，未办理审批和备案的质押行为无效”的条款，要求法院认定质押协议无效，因该项规定仅是行政规章，其效力远远低于担保法，故其观点不能成立。同时，该规定虽然于 1997 年 5 月 28 日颁布并实施，但对外公告的时间在质押合同签订后，而外资委收到文件的时间为 1997 年 7 月 14 日，其作为审批机关在之前也无法办理有关质押的审批和备案手续，故确定浦发银行与八佰伴集团公司于 1997 年 6 月 24 日签订质押协议的效力，不应以行政规章为依据，仍应以《担保法》第七十八条的规定为准。浦发银行与八佰伴集团公司对股份质押未办理登记，不影响质押协议本身的效力。当然，一、二审法院也注意到行政规章要求外资企业股份质押必须办理质押登记的目的，即质押权设定的公示作用，以防止第三人因不知质押权的存在而遭受不利的后果。故一、二审法院在判令浦发银行拥有质押物优先受偿的同时不得对抗善意第三人。

（崔学杰）

## 26. 香港上海汇丰银行有限公司厦门分行诉厦门象屿崇理国际贸易有限公司等借款合同案

**（一）首部**

1. 判决书字号：福建省厦门市湖里区人民法院（2000）湖经初字第 0723 号。

2. 案由：借款合同案。

3. 诉讼双方

原告：香港上海汇丰银行有限公司厦门分行（以下简称汇丰银行厦门分行）。

代表人：管致中，行长。

委托代理人：张贵茂，福建厦门九信律师事务所律师。

被告：厦门象屿崇理国际贸易有限公司（以下简称崇理公司）。

法定代表人：陈金埭，董事长。

被告：陈金埭，男，1962 年 4 月 3 日出生，系香港居民，香港住址：香港九龙漆咸道北 457—463 号 8 字楼 A，厦门住址：厦门市象屿保税区银盛大厦 11 楼 Q 单元。

4. 审级：一审。

5. 审判机关和审判组织

审判机关：福建省厦门市湖里区人民法院。

合议庭组成人员：审判长：侯春盛；审判员：蔡守业、游国权。

6. 审结时间：2001 年 3 月 31 日。

**（二）诉辩主张**

1. 原告诉称：原告与两被告于 1997 年 11 月 17 日订立贸易筹资一般性协议，约定由汇丰银行为崇理公司的进出口贸易提供融资，陈金埭自愿对汇丰银行融资款项的偿还承担连带保证责任。鉴于此，崇理公司于 1997 年 11 月 24 日向汇丰银行出具出口前信贷同意书、进出口信贷同意书、购买/贴现承兑交单/付款交单项下的汇票/出口单据同意书，同意赔偿汇丰银行因向其发放信贷款而蒙受的所有债务、亏损、成本开支和其他费用等损失。1998 年 3 月 12 日，陈金埭向汇丰银行出具一份个人出具担保书，同意就崇理公司欠汇丰银行的所有款项向汇丰银行承担保证责任，保证期限至汇丰银行收到全部担保款项为止。之后，汇丰银行根据前述融资约定及担保，先后 7 次向崇理公司发放融资贷款共计美元（下同）332 310 元，期限届满后，崇理公司除支付部分借款本息外，至今尚欠汇丰银行借款 261 677.23 元及相应的利息。1999 年 6 月 15 日，崇理公司和陈金埭对上述借款本息及利率进行确认。为此，汇丰银行特请求法院判令：（1）崇理公司立即归还借款本金 261 677.23 元及相应的利息（截至 1999 年 5 月 31 日的利息为9 123.64元，自 1999 年 6 月 1 日起，本金 135 097.99 元按年利率 11%计息，本金中73 769.24元按年利率 11.75%计息，本金中 52 810 元按年利率 10.718 8%计息，均计至偿还之日止）；（2）陈金埭对崇理公司的上述借款本息承担连带责任。

2. 两被告均未作答辩。

**（三）事实和证据**

厦门市湖里区人民法院经公开审理查明：1997 年 11 月 17 日，汇丰银行厦门分行与崇理公司、陈金埭签订一份贸易筹资一般性协议，约定：由汇丰银行厦门分行为崇理公司的进出口贸易提供融资；有鉴于融资之提供，银行对文件及货物须拥有一项抵押权作为保证，直至全部保证款项偿还或付清为止；如果任何文件之承兑或付款得不到履行，客户在到期时未能支付任何保证款项，或者违反本协议或与货物有关之一项信托收据之任何条款等，银行即有权强制执行其抵押权；本协议受香港法律管辖并须按香港法律释义，客户服从香港法院之非专属性司法管辖权，但本协议可以由任何具有司法管辖权之主管法庭执行。同年 11 月 24 日，崇理公司向汇丰银行厦门分行出具出口前信贷同意书、进出口信贷同意书、购买/贴现承兑交单/付款交单项下的汇票/出口单据同意书各 1 份，表示同意执行汇丰银行厦门分行凭跟单信用证向其发放不超过跟单信用证款 70%的出口前信贷（打包信贷）的各条款规定；并保证不超过有关打包信贷项下发放第一笔信贷款后或该跟单信用证到期日两者中较早的一个日期，即把汇丰银行厦门分行认可的跟单信用证项下所有必需单据交呈汇丰银行厦门分行；汇丰银行厦门分行可以动用跟单信用证议付所得款清还有关打包信贷项下崇理公司欠汇丰银行厦门分行的所有债款；崇理公司同意赔偿汇丰银行厦门分行因涉及或由于按打包信贷的规定向其发放信贷款而可能蒙受的所有债务、亏损、成本开支和其他费用等损失，并同意当其不遵照其上述保证交呈跟单信用证项下各单据时，一经汇丰银行厦门分行要求即把有关打包信贷项下的所有已发放款，连同相应的利息和其他费用等一并还付汇丰银行厦门分行。1998 年 3 月 12 日，陈金埭向汇丰银行厦门分行出具一份个人出具担保书，同意为崇理公司的上述融资提供担保，保证期限自汇丰银行厦门分行要求陈金埭偿还担保款项之日起支付担保款项之逾期欠款利息，至汇丰银行厦门分行收到全部担保款项为止。同时，该担保书亦承诺本担保书受香港法律管辖并须按香港法律释义。

嗣后，汇丰银行厦门分行根据崇理公司的申请先后发放了 7 笔融资贷款：（1）1998 年 10 月 20 日，汇丰银行厦门分行向崇理公司发放了一笔信用证编号为 ILC00100119169 号、金额为 77 000 元、期限为 50 日之打包贷款。期限届满后，崇理公司仅偿还借款本金 3 230.76元及部分利息，至今尚欠汇丰银行厦门分行贷款本金 73 769.24 元及相应的利息。（2）1998 年 11 月 20 日，汇丰银行厦门分行向崇理公司发放了一笔信用证编号为 561—01—0087122W3、金额为 70 000 元、期限为 50 日之打包贷款。期限届满后，崇理公司仅偿还借款本金 67 402.01 元及部分利息，至今尚欠汇丰银行厦门分行借款本金 2 597.99元及相应的利息；（3）1998 年 12 月 1 日，汇丰银行厦门分行向崇理公司发放了一笔信用证编号为 AHR9803096、金额为 28 000 元、期限为 90 日之打包贷款。期限届满后，崇理公司未偿还借款本息，至今尚欠汇丰银行厦门分行借款本金 28 000 元及相应的利息。（4）1999 年 2 月 4 日，汇丰银行厦门分行向崇理公司发放一笔信用证编号为 BG20AI9900008、金额为24 500元、期限为 44 日之打包贷款。期限届满后，崇理公司未偿还借款本息，至今尚欠汇丰银行厦门分行借款本金 24 500 元及相应的利息。（5）1999 年 2 月 9 日，汇丰银行厦门分行向崇理公司发放了一笔信用证编号为 BPCXIA900321、金额为 26 405 元、期限为 51 日之出口押汇业务，该单业务最终无法收汇还贷，崇理公司仅偿还部分利息，至今尚欠汇丰银行厦门分行贷款本金26 405元及相应的利息。（6）1999 年 2 月 11 日，汇丰银行厦门分行向崇理公司发放了一笔信用证编号为 BPCXIA900338、金额为26 405元、期限为 49 日之出口押汇业务，该单业务最终无法收汇还贷，崇理公司仅偿还部分利息，至今尚欠汇丰银行厦门分行贷款本金26 405元及相应的利息。（7）1999 年 2 月 12 日，汇丰银行厦门分行向崇理公司发放了一笔信用证编号为 BG20AI19900008、金额为80 000元、期限为 60 日之打包贷款。期限届满后，崇理公司未偿还贷款本息，至今尚欠汇丰银行厦门分行借款本金80 000元及相应的利息。

1999 年 6 月 15 日，汇丰银行厦门分行发函向崇理公司和陈金埭进行催讨，崇理公司和陈金埭确认尚欠汇丰银行厦门分行借款本金261 677.23元及相应的利息。

上述事实有下列证据证明：

1. 汇丰银行与崇理公司签订的贸易筹资一般性协议一份。

2. 崇理公司出具的出口前信贷同意书、进出口信贷同意书、购买/贴现承兑交单/付款交单项下的汇票/出口单据同意书各一份。

3. 陈金埭出具的个人出具担保书一份。

4. 崇理公司向汇丰银行出具的出口前信贷申请书5份及汇丰银行进账单五份。

5. 汇丰银行向崇理公司出具的单据议付/付款通知和拒付通知、急件各一份。

6. 汇丰银行出具的经崇理公司和陈金埭确认函件一份及打包、押汇欠款利息明细表二份。

7. 庭审笔录。

8. 汇丰银行提供的单据、函件等。

**（四）判案理由**

厦门市湖里区人民法院根据上述事实和证据认为：汇丰银行厦门分行与崇理公司及陈金埭约定选择香港法律作为处理本案合同争议所适用的法律，符合《中华人民共和国民法通则》的有关规定，应予准许，故本案应适用香港法律。汇丰银行厦门分行与崇理公司于1997年11月17日签订的贸易筹资一般性协议、出口前信贷同意书、进出口信贷同意书、购买/贴现承兑交单/付款交单项下的汇票/出口单据同意书，系其双方当事人的真实意思表示，与中华人民共和国香港特别行政区《银行业条例》有关放债业务的限制及过高利率之禁止等规定不悖，故上述协议及同意书等合法、有效，对当事人各方均具有约束力。协议签订后，汇丰银行厦门分行已依约向崇理公司发放了贷款，但崇理公司却未依约如数偿还借款本息，其行为已构成违约，依法应承担还款付息的责任。陈金埭出具个人出具担保书，自愿为崇理公司向汇丰银行厦门分行的上述借款承担连带保证责任，与现行香港法例无悖，故应认定担保有效。陈金埭未及时履行连带还款义务，其行为亦已构成违约，依法应对崇理公司所欠汇丰银行厦门分行的上述债务承担连带清偿责任。崇理公司和陈金埭经本院合法传唤，无正当理由拒不到庭，依法缺席审理和判决。

**（五）定案结论**

福建省厦门市湖里区人民法院根据《中华人民共和国民事诉讼法》第一百三十条、中华人民共和国香港特别行政区《银行业条例》第十一条的规定，判决如下：

1. 被告厦门象屿崇理国际贸易有限公司应于本判决生效之日起10日内，偿还原告汇丰银行厦门分行借款本金261 677.23元及相应的利息（截至1999年5月31日的利息为9 123.64元。自1999年6月1日起，本金中135 097.99元，按年利率11%计息；本金中73 769.24元，按年利率11.75%计息；本金中52 810元，按年利率10.718 8%计息。上述利息均计至本判决确定的还款之日止）。

2. 被告陈金埭对被告厦门象屿崇理国际贸易有限公司的上述借款本息承担连带清偿责任。

**（六）解说**

根据《香港特别行政区基本法》的规定，香港享有立法权、行政管理权、独立的司法权和终审权，因此，香港与内地实行的是不同的法律和司法制度，属于同一主权国家内的不同法域。当两个不同法域之间进行各种交往活动时，在法律方面不可避免地发生各种冲突。在审判实践中，如何解决两个法域之间的区际法律冲突是一个亟待解决的问题，这既是一个理论问题，也是一个实践问题。上述案例从程序和实体上给我们提出了两个问题：一是司法管辖权的冲突；二是适用外域法律的困难。

1. 司法管辖权的冲突问题。在本案中，原告为香港公司在厦门的分支机构，作为担保人的被告是香港居民，借款人是厦门的企业，而我国现行法律对涉港澳台（地区）案件的管辖尚无特别规定，最高人民法院在《关于审理港澳经济纠纷案件若干问题的解答》中规定，审理涉港澳经济纠纷案件，在诉讼程序方面按照民事诉讼法关于涉外民事诉讼程序的特别规定办理。从中我们可以看出，香港、澳门地区虽然与内地属于同一主权国家，但在程序处理方面按涉外案件处理。因此，本案在审查管辖权问题时，主要从以下几点入手：

首先，审查当事人是否约定选择香港法院管辖。我国《民事诉讼法》第二百四十四条规定："涉外合同或者涉外财产权益纠纷的当事人，可以用书面协议选择与争议有实际联系的地点的法院管辖。"如果当事人选择了香港法院管辖，则排除了内地法院的管辖权。而本案当事人在有关贷款协议及承诺中，只约定受香港法律的监督和解释，并未明确约定由香港法院管辖。在纠纷发生后，亦未以任何形式达成协议选择与争议有实际联系地点的法院管辖，故未排除内地法院的管辖权。

其次，审查该案与内地法院尤其是湖里区人民法院有无连接点。我国《民事诉讼法》第二十四条规定，因合同纠纷提起的诉讼，由被告住所地或者合同履行地人民法院管辖。而本案中的其中一名被告的住所地即在厦门市湖里区，故湖里区人民法院对本案具有管辖权。

2. 适用香港法律的问题。本案当事人在合同中约定"本协议受香港法律管辖并须按香港法律释义"。因此，依照《中华人民共和国民法通则》第一百四十五条关于"涉外合同的当事人可以选择处理合同争议所适用的法律，法律另有规定的除外"的规定，本案应适用香港法作为处理本案的准据法。但是由于历史的原因，内地和香港相互之间对对方的法律都了解甚少，在审判实践中遇到了许多问题。

在本案的审理过程中，原告向本院提供了香港特别行政区制定的《放债人条例》和《银行业条例》。《银行业条例》系一部专门规范银行主体资格及借贷行为的香港法律，而本案所讼争的债权债务是发生在银行与公民、企业之间，故依法应当适用《银行业条例》作为本案的准据法，而不适用《放债人条例》，因为《放债人条例》是旨在对放债人及放债交易的管制和规范贷款行为的法律，是对除银行外的享有放债资格的法人团体资格及借贷行为的规范。此外，有关调整合同关系特别是担保关系的香港法律并没有相应的成文法条。故大部分法官往往以最高人民法院《关于贯彻执行〈中华人民共和国民法通则〉若干问题的意见（试行）》第一百九十三条关于对于应当适用的外国法律，通过由当事人提供外国法律等五种途径仍不能查明的，适用中华人民共和国法律的规定为由，适用中国内地法律审理此类案件。

湖里区人民法院合议庭经慎重考虑后认为，既然当事人在合同中选择了处理争议所适用的准据法，就应当充分尊重当事人的意愿，尤其是在香港回归祖国后，以"通过上列途径仍不能查明"为理由置当事人的约定于不顾，适用内地法，是不符合"一国两制"精神的，香港特别行政区享有独立的法律制度也成为一句空话。根据担保这一世界上普遍而成熟的法律制度的共同原理，考虑到内地成文法传统与香港判例法为主要特征在适用法律技术上的差异，大胆地运用香港《银行业条例》对本案作出判决，在适用法律的技巧上无疑是成功的，作出的判决也是正确的。

（侯春盛　游国权）

## 27. 中国农业银行永定县支行诉永定县电力公司等借款合同案

### （一）首部

1. 判决书字号

一审判决书：福建省永定县人民法院（2001）永经初字第55号。

二审判决书：福建省龙岩市中级人民法院（2001）岩经终字第55号。

2. 案由：借款合同案。

3. 诉讼双方

原告（被上诉人）：中国农业银行永定县支行。

法定代表人：王家琳，行长。

委托代理人（一、二审）：熊玉明，中国农业银行永定县支行干部。

委托代理人（二审）：邱伟洪，中国农业银行永定县支行干部。

被告（上诉人）：永定县电力公司。

法定代表人：张宗周，经理。

委托代理人（二审）：游大新、游会夫，永定县电力公司干部。

被告（被上诉人）：永定县合溪乡人民政府。

法定代表人：熊玉新，乡长。

委托代理人（一、二审）：沈海宽，合溪乡财政所所长。

被告（被上诉人）：永定县合溪乡财政所。

代表人：沈海宽，所长。

4. 审级：二审。

5. 审判机关和审判组织

一审法院：福建省永定县人民法院。

独任审判：审判员：张跃华。

二审法院：福建省龙岩市中级人民法院。

合议庭组成人员：审判长：张文池；审判员：杨金亮；代理审判员：徐苏闽。

6. 审结时间

一审审结时间：2001年7月25日。

二审审结时间：2001年11月7日。

（二）一审诉辩主张

1. 原告诉称：永定县合溪供电所于1994年11月25日向原告借款人民币2万元，期限到1995年5月25日，由被告永定县合溪乡财政所作贷款担保。永定县合溪供电所由于电力体制改革，现由永定县电力公司接管。贷款到期后，原告曾多次催收，被告未能归还，要求被告永定县电力公司归还借款本息，被告合溪乡人民政府、合溪财政所承担连带保证责任。

2. 被告合溪乡人民政府、合溪乡财政所辩称：1994年11月25日，合溪供电所向原告借款2万元，由合溪财政所担保属实，该款已用于线路维修，现合溪供电所在农网改造时已移交永定县电力公司管理，因此，借款本息应由电力公司归还，被告合溪乡人民政府、合溪财政所不负清偿责任。

3. 被告永定县电力公司未作答辩，亦未到庭参加诉讼。

（三）一审事实和证据

永定县人民法院经公开审理查明：1994年11月25日，永定县合溪供电所向原告中国农业银行永定县支行借款人民币2万元，用于水圳、设备维修，借款期限到1995年5月5日，利率10.98‰，由合溪乡财政所担保（合溪乡财政所系合溪乡人民政府下属单位）。借款逾期后，合溪供电所未能归还，原告于1999年6月14日向合溪供电所发出逾期贷款催收通知，合溪供电所在该通知上盖章，供电所人员签收。1999年9月23日，合溪供电所由合溪乡人民政府移交给电力公司接收，交接资料写明：合溪乡水电工作站于1994年借款2万元用于供电建设。

上述事实有下列证据证明：

1.1994年10月28日合溪乡供电所向中国农业银行合溪营业所申请贷款报告。

2.1994年10月28日合溪乡供电所申请贷款书。

3. 银行调查审批意见。

4.1994年11月25日农行借据。

5.1999年6月14日逾期贷款催收通知单。

6.1999年9月23日合溪供电所交接资料。

（四）一审判案理由

永定县人民法院根据上述事实和证据认为：合溪供电所向原告永定农行借款人民币2万元，有农行付款凭证、借据等证据证实，事实清楚，合溪供电所的财产已由被告永定县电力公司接收管理，合溪供电所向原告借款本金2万元及利息应由永定县电力公司偿还。被告合溪财政所系国家行政机关所属机关，担保主体不合格，担保合同无效，借款人、贷款人和担保人均有过错，应各自承担相应的过错责任，被告合溪财政所应承担的民事过错责任由合溪乡人民政府承担。

（五）一审定案结论

福建省永定县人民法院根据《借款合同条例》第四条、第十六条，《中华人民共和国民法通则》第六十一条第一款的规定，作出如下判决：

1. 被告永定县电力公司应在本判决生效后15日内偿付原告中国农业银行永定县支行借款本金2万元及利息。

2. 被告永定县合溪乡人民政府对上述借款承担1/3的赔偿责任。

3. 永定县合溪乡财政所诉讼费1 210元由电力公司负担，不承担偿付责任。

**(六) 二审情况**

1. 二审诉辩主张

(1) 上诉人永定县电力公司诉称：原合溪供电所为合溪乡人民政府下属企业，并管理乡政府双溪口、七层寨水电站。1999 年 9 月 20 日，根据国务院有关农网改造精神，我县决定实施农电体制改革，由县农电“两改办”会同乡政府、电力公司对乡供电所资产、债务进行划分剥离，按厂网分离，债随资走的原则，乡供电所供电资产交电力公司接收，水电站资产及其债务交还乡政府接收，其中乡政府接收承担的债务包含本案的借款 2 万元，因此，本案借款本息应由乡政府偿还。

(2) 被上诉人中国农业银行永定县支行辩称：乡供电所的债权债务划分未经农行同意，供电所又不具备法人资格，所欠本息应由电力公司偿还。

(3) 被上诉人合溪乡人民政府辩称：向农行借款 2 万元用于供电线路维修，根据债随资走原则，借款本息应由电力公司偿还。

2. 二审事实和证据

福建省龙岩市中级人民法院经审理查明：永定县农电“两改一同价”办公室对原乡供电所债务进行划分时，乡政府所接收的永定农行借款债务 39.8 万元中含有 1994 年 11 月 25 日乡供电所向永定农行借款 2 万元，因此，应确认为本案 2 万元借款债务已划归乡政府负担，但该债务划分属于电力公司和乡政府内部约定，未经债权人永定农行同意，对债权人永定农行不具有约束力。上诉人以其内部约定要求本案债务由乡政府承担理由不足。合溪供电所交接资料附件 8 的调查表中注明的贷款人为乡水电工作站，与本案的贷款人永定农行不是同一主体，不属于同一债务关系，乡政府、乡财政所认为调查表中的 2 万元与本案属于同一笔借款，其用途是供电建设的理由不足。

上述事实除一审法院双方当事人提供的证据证明外，还有：

(1) 1999 年 9 月 20 日永定县政府成立的农电“两改一同价”工作领导小组办公室关于乡供电所资产、负债分离上划的决定。

(2) 1999 年 8 月 3 日永定农行湖雷营业所出具的合溪乡供电所贷款本息清单。

(3) 1999 年 9 月 23 日永定合溪供电所交接资料附件 8。

(4) 1994 年 11 月 6 日乡供电所向合溪乡水利电力工作站借款 2 万元的借条一份。

(5) 1999 年 9 月 20 日合溪乡水利电力工作者证明“乡供电所于 1994 年 11 月 6 日在本站暂借水利粮专款计人民币 2 万元，此款用于本乡石象坑焦坑里村线路整改工作”。

3. 二审判案理由

龙岩市中级人民法院根据上述事实和证据认为：被上诉人中国农业银行永定县支行与合溪乡供电所发生的借款关系，意思表示真实，内容合法，应确认为有效。被上诉人中国农业银行永定县支行依约发放给合溪乡供电所贷款后，合溪乡供电所未按约偿还借款本息，属于违约行为，合溪乡供电所除应支付借款本金外，还应按中国人民银行规定支付利息。由于合溪乡供电所已被永定县电力公司和合溪乡人民政府接收，因此，合溪乡供电所欠永定农行借款本息应由永定县电力公司和合溪乡人民政府共同承担。合溪乡财政所属于乡政府内设机构，不具备法人资格，其为合溪乡供电所提供保证应确认无效，所承担的责任应由合溪乡人民政府承担。

4. 二审定案结论

福建省龙岩市中级人民法院根据《中华人民共和国民事诉讼法》第一百五十三条第一款第（三）项，《借款合同条例》第十六条，《中华人民共和国民法通则》第四十四条第二款、第一百零八条的规定，作出如下判决：

（1）维持永定县人民法院（2001）永经初字第55号民事判决第三项。

（2）撤销永定县人民法院（2001）永经初字第55号民事判决第二项。

（3）变更永定县人民法院（2001）永经初字第55号民事判决第一项为：上诉人福建省永定县电力公司、被上诉人永定县合溪乡人民政府于本判决生效后15日内共同偿还被上诉人中国农业银行永定县支行借款本金2万元，并从1999年11月25日起至还清借款之日止按中国人民银行规定的贷款利率支付利息。

一、二审案件受理费810元，其他诉讼费各400元，合计1 210元，由上诉人永定县电力公司、被上诉人永定县合溪乡人民政府共同负担。

**（七）解说**

本案存在以下几个问题：

1. 1999年8月3日和1999年9月20日，永定县人民政府作出对合溪乡供电所资产、负债分离上划的决定和1999年9月23日合溪供电所交接资料附件8调查表1994年所欠债务2万元在认定事实上存在的问题。

1999年9月20日，永定县人民政府成立的农电“两改一同价”工作领导小组办公室关于乡供电所资产负债分离上划的决定中载明：合溪乡人民政府，你乡所属合溪乡供电所属供电、发电统一核算单位，截至1999年9月16日，根据各部门提供的资料，体现总资产估价为3 644 300元。其中发电固定资产两个电站为290万元，由当地政府接收管理，供电固定资产为744 300元全部上划电力公司接收管理；乡供电所总债务为1 703 494.21元，其中应由当地政府及承包者负担债务1 264 393.68元，内含欠农行湖雷营业所贷款本金39 800元和利息524 926元，上划电力公司债务439 100.59元。1999年8月3日，永定农行湖雷营业所出具的合溪乡供电所结欠贷款本息清单本金39 800元中含1994年11月25日合溪供电所向农行贷款的2万元。而1999年9月23日合溪供电所交接资料附件8调查表所欠债务2万元用于供电建设的钱是合溪供电所向合溪水利电力工作站暂借的水利粮专款，不是农行贷款，这点有合溪供电所向合溪水利电力工作站出具的借条及1999年9月20日合溪水利工作站证明可以证实，因此，二审法院认为，乡政府所接收的合溪供电所债务中永定农行借款39 800元中含有1994年11月25日乡供电所向永定农行借款2万元是正确的；一审法院笼统地认为，合溪供电所财产已由电力公司接管，债务亦应由电力公司偿还是错误的。

2. 合溪供电所向农行借款本金2万元及利息由谁偿还存在的问题。二审法院认为，本案2万元借款债务虽然已划归乡政府负担，但该债务划分属于电力公司与乡政府的内部约定，未经债权人永定农行同意，对债权人永定农行不具有约束力，因供电所已被电力公司和乡政府接收，因此，本案借款本息应由电力公司和乡政府共同偿还，符合《中华人民共和国合同法》第八十四条的规定，是正确的。

3. 合溪乡财政所为合溪供电所向农行借款2万元提供担保是否承担责任的问题。一审、二审法院均认为，合溪乡财政所是合溪乡人民政府下属内设机构，属于行政机关，不具有法人资格，其担保行为应确认无效，所承担的责任由合溪乡人民政府承担，符合《中华人民共和国担保法》第八条的规定，是正确的。

4.适用法律方面存在的问题。一审法院适用《中华人民共和国民法通则》第六十一条第一款关于“民事行为被确认无效或者被撤销后，当事人因该行为取得的财产，应当返还给受损失的一方。有过错的一方应当赔偿对方因此所受的损失，双方都有过错的，应当各自承担相应的责任”的规定与本案的事实不符，本案合溪供电所与永定农行之间的民事行为是借款行为，借款行为是有效的，只是担保无效，担保无效应适用担保法的有关规定，且本案担保人并未因此取得财产，因此，本案不适用《民法通则》第六十一条第一款的规定而二审法院适用《民法通则》第四十四条第二款关于“企业法人分立、合并，它的权利义务由变更后的法人享有和承担”及《民法通则》第一百零八条关于“债务应当清偿”的规定与本案合溪供电所向永定农行借款2万元应当偿还，以及合溪供电所被电力公司和合溪乡人民政府接收管理，其债务借款2万元也应由电力公司和合溪乡人民政府共同偿还是于法有据的，因此，二审法院适用法律是正确的。其依法撤销一审判决第一项，变更第二项，维持第三项完全正确。

（苏月华　王秀华）

## 28.海南省国际信托投资公司诉闵昱借款合同案（违法借贷）

**（一）首部**

1.判决书字号：海南省海口市新华区人民法院（2001）新经初字第249号。

2.案由：借款合同案。

3.诉讼双方

原告：海南省国际信托投资公司。

法定代表人：彭振明，总经理。

委托代理人：高卫星、刘绵坚，公司职员。

被告：闵昱，男，1963年1月7日出生，汉族，原长城证券海口营业部职员，住海口市海甸岛颐海园A—401室。

4.审级：一审。

5.审判机关和审判组织

审判机关：海南省海口市新华区人民法院。

合议庭组成人员：审判长：黎涛；审判员：彭彩燕；人民陪审员：余沃恒。

6.审结时间：2001年12月30日。

**（二）诉辩主张**

1.原告诉称：被告闵昱在原告的海口证券交易营业部进行股票交易期间，与原告的海口证券交易营业部签订了2份融资协议，先后于1997年4月25日和1997年5月13日向原告海口证券交易营业部透支借款40万元、10万元，共计人民币50万元用于炒股，并以其在原告的海口证券交易营业部股票账户内的股票作为质押。经原告的海口证券交易营业部多次催收，被告至今未归还借款。为维护原告的合法权益，故诉请法院判令：被告闵昱偿还借款人民币50万元。

2. 被告闵昱未作答辩。

**（三）事实和证据**

海口市新华区人民法院经公开审理查明：1997年4月25日、1997年5月13日原告的海口证券交易营业部与被告闵昱签订了2份融资协议。约定被告闵昱向原告的海口证券交易营业部借支人民币共50万元，借款利率为每日万分之六，借款本息须在15日之前返还。2001年3月22日，被告闵昱向原告的海口证券交易营业部出具了一份还款承诺书。因被告与徐涛离婚纠纷一案，海口市中级人民法院（2001）海中法民终字第100号民事判决书认定，被告闵昱尚欠原告的海口证券交易营业部的50万元人民币是被告闵昱与徐涛的夫妻共同债务，根据双方的实际情况，由被告闵昱个人偿还。

上述事实有下列证据证明：

1.1997年4月25日、1997年5月13日，海南省国际信托投资公司证券交易营业部与被告签订的2份融资协议。

2.2001年3月22日，被告向原告出具的《承诺书》。

3. 海口市中级人民法院（2001）海中法民终字第100号民事判决书。

**（四）判案理由**

海口市新华区人民法院根据上述事实和证据认为：原告海口证券交易营业部与被告闵昱签订的2份融资协议，实为借款协议，该协议违反了金融法规规定，属于无效协议。被告闵昱据此而取得的财产50万元人民币应予返还。

**（五）定案结论**

海南省海口市新华区人民法院根据《中华人民共和国民法通则》第六十一条第一款规定，作出如下判决：

限被告闵昱在本判决发生法律效力之日起10日内向原告海南省国际信托投资公司返还人民币50万元；若逾期履行，则按银行同期贷款最高利率加倍支付迟延履行期间的债务利息。

本案受理费10 010元、诉讼保全费3 020元，由被告闵昱负担。由于原告已向本院预交了诉讼保全费3 020元，故被告应在本判决生效之日起10日内将3 020元直接支付给原告，本院对已收的费用不再清退。

**（六）解说**

本案的关键是海南省国际信托投资公司证券交易营业部与被告之间的借贷行为是否合法。

本案的借贷纠纷不能等同于一般的金融机构与个人之间的借贷纠纷。原因在于借贷双方的身份。海南省国际信托投资公司证券交易营业部是证券商身份，被告闵昱则是其客户。在我国，证券业与银行业、信托业、保险业分业经营、分业管理。我国对证券业实行审批制，从事证券业的机构由中国证监会批准设立，必须获得经营证券业务许可证才得以经营。证券机构的业务范围有严格的限制，证券机构只能在批准的业务范围内经营业务。

证券机构的业务范围不同于银行，除非得到国务院授权部门的批准，证券机构不能进行融资，向客户融资，即借款给客户则是禁止的。因此，海南省国际信托投资公司证券交易营业部向被告闵昱融资的行为是非法的、无效的，应按照《中华人民共和国民法通则》第六十一条第一款的规定进行处理，即判决被告向原告返还所取得的50万元。

（彭彩燕）

## 29. 中国银行济南市槐荫支行诉山东五龙汽车贸易有限公司等借款合同案

**（一）首部**

1. 判决书字号：山东省济南市槐荫区人民法院（2001）槐经初字第1724号。

2. 案由：借款合同案。

3. 诉讼双方

原告：中国银行济南市槐荫支行（以下简称槐荫中行）。

负责人：刘润溪，行长。

委托代理人：姜涛，该行信贷员。

委托代理人：李曙光，山东常春藤律师事务所律师。

被告：山东五龙汽车贸易有限公司（以下简称五龙公司）。

法定代表人：孙庆文，董事长。

委托代理人：徐涛，五龙公司副经理。

委托代理人：杨国臣，山东金联合律师事务所律师。

被告：山东南华股份有限公司（以下简称南华公司）。

法定代表人：宋志伟，董事长。

委托代理人：崔兵，南华公司总会计师。

委托代理人：王振华，山东舜翔律师事务所律师。

4. 审级：一审。

5. 审判机关和审判组织

审判机关：山东省济南市槐荫区人民法院。

合议庭组成人员：审判长：朱力生；审判员：张代蕙、丁哲。

6. 审结时间：2002年1月30日。

**（二）诉辩主张**

1. 原告诉称：2001年9月13日，原告与被告五龙公司签订2001年槐贷字第075号借款合同，原告向被告发放贷款200万元，期限半年，年息6.696%。同时，原告同被告南华公司签订2001年保字第004号保证合同，由其为该借款提供连带责任担保，在合同履行过程中，由于被告的违约行为已严重威胁原告的贷款安全，因此，原告依照合同约定，宣布该贷款本息全部立即到期。要求被告偿还借款本金200万元。

2. 被告五龙公司辩称：借款期限未到，原告不应起诉。

3. 被告南华公司辩称：我公司提供保证担保，此外还有债务人提供的抵押，我公司的保证范围限于物的担保以外承担保证责任。抵押财产的贬损和灭失不影响南华公司保证责任的范围。

**（三）事实和证据**

济南市槐荫区人民法院经公开审理查明：2001 年 9 月 13 日，槐荫中行与五龙公司签订 2001 年槐贷字 075 号人民币借款合同（短期）1 份，合同约定由槐荫中行贷款 200 万元给五龙公司，借款期限为 6 个月，借款用途为贷新还旧，借款利率为年率 6.696%，由南华公司提供连带责任担保并由借款人提供抵押担保，并约定贷款人有权停止借款人提款或取消借款人尚未提用的借款额度，宣布本合同项下的借款本息全部立即到期的几种情形，其中包括“（1）借款人逾期未付本金或利息超过 30 日；（2）借款人逾期及挪用款项总额达 200 万元人民币；（3）借款人或保证人财务状况严重恶化”。同时，槐荫中行与五龙公司及南华公司分别签订了抵押合同、保证合同各 1 份，约定由五龙公司提供价值 2 936万元的 19 辆商品汽车作为抵押物，南华公司为上述借款提供连带责任保证担保，槐荫中行和五龙公司就抵押物在山东省工商行政管理局办理了登记。在借款合同履行期间，五龙公司财物状况严重恶化，另外一笔于 2001 年 9 月 16 日已到履行还款期的借款 200 万元没有按期归还原告，而且五龙公司违反合同约定擅自处理了抵押汽车。

上述事实有下列证据证明：

1. 借款合同一份。
2. 抵押合同一份。
3. 保证合同一份。
4. 借款凭证一份。
5.（2001）鲁工商抵登字第 0022 号抵押物登记证一份。
6. 车辆合格证 19 份及发票 12 张。
7. 南华公司工商登记材料一宗。
8. 本院从（2001）槐经初字第 1723 号卷宗调取的民事诉状借款合同各一份。
9. 当事人陈述。

**（四）判案理由**

济南市槐荫区人民法院根据以上事实和证据认为：槐荫中行与五龙公司签订的借款合同、抵押合同及槐荫中行与南华公司签订的保证合同是当事人的真实意思表示，合法、有效，受法律保护，合同双方均应严格遵守约定，如实履行各自的义务。槐荫中行按约贷出款项后，在借款期限内，借款人五龙公司财务状况严重恶化，有巨额债务没能按期归还债权人，并违反抵押合同，擅自处理了抵押物，五龙公司上述状况及行为符合五龙公司与槐荫支行约定的贷款人有权宣布借款本息全部立即到期的条件，且槐荫中行在借款期限届满前提前要求借款人和担保人履行还款义务符合我国合同法关于预期违约制度的规定，在借款期限内，五龙公司财务状况严重恶化，有巨额债务没有按期归还债权人，并且其违反抵押合同，擅自处理抵押物。这些行为足以向槐荫中行默示，借款期限届满后，其将不履行或不能履行合同义务，因此，槐荫中行有权在履行期限届满之前，要求其承担违约责任，解除合同。对南华公司辩称现在起诉没有证据的理由本院不予支持。

保证人免除保证责任的条件是债权人放弃物的担保，这种放弃应是债权人的故意行为，但本案中债务人私下出卖抵押车辆发生在较短的时间内，槐荫中行没有实际占有抵押物，很难及时发现这一情况并采取相应的措施，也没有证据证明槐荫中行有疏于监督的过错，不能因此由债权人承担责任。保证合同明确约定保证人南华公司的保证责任的范围是借款合同发生的全部债务，即200万元借款本金、利息、费用等，如抵押物减少并没有加重南华公司的保证责任范围，且本案中抵押物仅是处于下落不明的状态，并不必然导致抵押财产的贬损和灭失，南华公司应在债权人槐荫中行实现抵押权外的债权内承担保证责任。

**（五）定案结论**

山东省济南市槐荫区人民法院根据《中华人民共和国民法通则》第一百零六条第一款、第一百零八条，《中华人民共和国合同法》第九十四条第一款第（二）项、第（四）项，第一百零八条，《中华人民共和国担保法》第六条、第二十八条的规定，判决如下：

1. 解除原告中国银行济南市槐荫支行与被告山东五龙汽车贸易有限公司签订的2001年槐贷字第075号借款合同。

2. 被告山东五龙汽车贸易有限公司于本判决生效之日起10日内偿还原告中国银行济南市槐荫支行借款200万元。

3. 被告山东南华股份有限公司对被告山东五龙汽车贸易有限公司上述债务在以山东省工商行政管理局鲁工商（2001）抵登字第0022号抵押物登记证记载的抵押车辆折价清偿后不足部分承担连带责任。

**（六）解说**

本案借款和担保的事实比较清楚，有争议的是槐荫中行是否可以起诉及南华公司的担保范围，这就牵涉到合同法和担保法中的一些问题。

1. 槐荫中行有权起诉。

第一，符合《合同法》中合同解除的规定。所谓合同的解除，是指合同有效成立后，当具备解除条件时，因当事人一方或者双方的意思表示而使合同关系自始消灭或者是向将来消灭的一种行为。合同依照法律规定或者与当事人双方协议解除后，合同终止。

《合同法》第九十三条规定："当事人协商一致，可以解除合同。当事人可以约定一方解除合同的条件。解除合同的条件成就时，解除权人可以解除合同。"本条即规定了合同的协议解除。合同的协议解除是在双方合意的基础上进行的，只要当事人的协议符合民法有关意思表示的规定，并且不违反其他法律和社会公共道德，就可以产生解除合同的效果。根据解除合同的形式不同，合同的协议解除可以分为两种方式：（1）约定解除，以约定解除权的方式解除合同，是指当事人双方在合同中约定，在合同成立后，没有履行或没有履行完毕之前，由当事人一方在某种情况出现后享有解除权，通过行使解除权，使合同关系终止。约定解除的内容及方式由当事人自行约定，但是必须符合民事法律行为的成立及生效要件，否则约定解除权的条款无效。当然，该条款的无效一般不影响合同本身的效力。（2）协商解除，是指合同成立后，尚未履行或尚未履行完毕之前，当事人双方通过协商一致解除合同，使合同效力消灭的法律行为。由于此种解除方式是在合同成立后通过双方协商解除合同，而不是在合同订立时约定解除权，因此又称为事后解除。

在本案中，槐荫中行和五龙公司签订的借款合同中，明确地规定了几种情形，当这些情形发生时，槐荫中行可以宣布合同项目下的借款本息全部立即到期。这实际上是规定了合同解除的条件，当条件成就时，赋予槐荫中行单方解除权。槐荫中行将借款划到五龙公司账上，即合同开始履行后，五龙公司一笔已到还款期的借款没有按期归还槐荫中行，且五龙公司违反约定擅自处理了抵押汽车，这些符合合同中约定的行使解除权的条件，《合同法》第九十七条规定，合同解除后，尚未履行的，中止履行，已经履行的，根据履行情况和合同性质，当事人可以要求恢复原状，采取其他补救措施。并有权要求赔偿损失。所以，槐荫中行可以起诉，维护自己的合法权益。

第二，符合合同法中预期违约的规定。《合同法》第一百零八条规定："当事人一方明确表示或者以自己的行为表明不履行合同义务的，对方可以在履行期限届满之前要求其承担违约责任。"该条文即是对预期违约的规定。

预期违约，又称先期违约，是指在合同履行期限届满之前，一方当事人无正当理由而明确地向另一方表示或者以自己的行为表明将来不履行合同义务的行为。预期违约可以分为明示违约和默示违约两种样态。明示违约是指一方当事人明确表示自己不履行合同义务，例如，债务人通知债权人不履行合同义务。默示违约是指一方当事人以自己的行为让对方当事人有确切的证据预见到其在履行期限届满时不履行或者不能履行合同义务。例如，甲与乙订立买卖房屋合同，在房屋交付前，甲又将房屋卖给了丙，此时甲的行为已构成默示违约。

预期违约制度对于保护非违约方的利益非常必要。因为在合同成立后，一方当事人已经明确地表示自己不履行合同义务，那么，如果另一方坐等履行和期限届满时才请求对方承担违约责任，他将遭受更大的损失，而预期违约制度有助于将损失降到最低限度。

本案中，在借款期限内，五龙公司财务状况严重恶化，有巨额债务没有按期归还债权人，并且其违反抵押合同，擅自处理抵押物。这些行为足以向槐荫中行默示，借款期限届满后，其将不履行或不能履行合同义务，因此，槐荫中行有权在履行期限届满之前，要求其承担违约责任。

2．南华公司的担保范围。为担保借款合同的履行，槐荫中行分别与五龙公司和南华公司签订了抵押合同及担保合同，设立了抵押和保证两种担保方式。南华公司担保范围的确定，涉及对《担保法》第二十八条及其司法解释的理解。

《担保法》第二十八条第一款规定："同一债权既有保证又有物的担保的，保证人对物的担保以外的债权承担保证责任。"从对该条字面上的理解，在同一债权上人的保证与物的担保并存时，物的担保优先适用于人的保证，但细一想，对于在同一债权上，既有担保物权存在，又有人的保证存在时，特别是该担保物权与保证一样，也是由第三人提供时，不允许债权人选择行使对自己有利的权利，却硬要规定只有先行使担保物权后得不到清偿时，才能再行使保证债权，这样不仅对债权人来说是不公平的，对于提供担保物权的第三人来讲，也是不公平的，因此，司法解释对本条作了限制性的解释，根据物的担保是由债务人自身提供的，还是由第三人提供的，确定不同的处理原则：

（1）同一债权上，既有第三人提供的物的担保，又有他人提供的保证时。此时，物的担保人与保证人处于同一法律地位。债权人对于两个权利的行使有选择权，债权人既可以请求物的担保人承担担保责任，也可以请求保证人承担保证责任。此时，第三人提供的物的担保与第三人提供的保证可以视为是为同一债权所作的共同担保。当事人对保证担保及物的担保范围作出约定时，两者构成按份的共同担保，各自按约定的份额对债权人承担责任，承担了担保责任的担保人可以向债务人追偿，但不能向其他担保人追偿。如果当事人对保证担保的范围或者物的担保范围没有约定或者约定不明白的，两者构成连带的共同担保，既包括履行顺序上的连带，也包括数额方面的连带。承担了担保责任的担保人，既可以向债务人追偿，也可以向其他担保人追偿。

(2) 同一债权上，既有债务人自己提供的担保，又有第三人提供的保证时。此时，应先用债务人提供的物的担保来满足债权人的债权，在物的担保不能全部满足债权时，再由对该债务提供保证的保证人承担剩余部分的清偿责任。因为债务人是本位上的责任承担者，是最根本的债务人，在其他物的担保人或保证人代理债务人承担责任后，他们对债务人享有追偿权。在债务人自己提供物的担保的情况下，先由债务人自己提供的物来清偿债务，可以避免以后产生的追偿权诉讼，节约诉讼成本。

在第二种情况下，当担保物的价值减少或灭失时，第三人保证的范围如何确定呢？根据担保物价值减少或灭失原因不同，可以分不同的情况区别对待。

一是物的担保合同被确认无效或者被撤销时，或者因不可抗力的原因担保物灭失而没有代位物的。

此时，保证人仍应当按合同的认定或者法律的规定承担保证责任。这是因为如果物的担保被确认无效或被撤销，则相当于自始仅有保证人的保证，自然要按约定或规定承担保证责任。如果担保物因不可抗力而灭失且无代位物，则物已不复存在，自然也不能再以拍卖或者变卖该物来清偿债权，因而也无从谈起保证人只对物的担保外的债权承担保证责任的问题。从原则上说，保证人此时应当承担保证责任。

二是债权人怠于行使担保物权，致使担保物的价值减少或者毁损，灭失的。

同一债权既有保证又有债务人自身提供的物的担保的，应先用债务人提供的物的担保来满足债权人的债权，在物的担保不能全部满足债权时，再由对该债务提供保证的保证人来承担剩余部分的清偿责任。如果债权人放弃物的担保，使债务人本来可以清偿债务的财产无法用来清偿债务，势必加大了保证人的保证责任，因此，保证人应当在债权人放弃权利的范围内免责，以示对债权人的惩罚。

三是因债务人或第三人的原因致使担保物价值减少或灭失的。

这种情形下保证人的保证范围法律没有明文规定，由于债权人对于担保的物价值减少无过错，且担保人承担担保责任后，又可以向债务人追偿，从维护交易安全，方便交易的角度出发，保证人不应减轻或免除责任，而应当在担保物剩余价值以外承担保证责任。当然，保证合同另有约定，使保证人承担责任小的从其约定。

本案中，提供抵押物的是五龙公司，因此，在通常情况下，南华公司在抵押物的价值以外承担保证责任。若因债务人或第三人的原因使抵押物价值减少时，南华公司应在抵押剩余价值外承担保证责任，若抵押物灭失时，由于保证合同明确约定保证人南华公司保证的范围是借款合同发生的全部债务，所以，南华公司应对全部债务承担保证责任。但在本案中，抵押物的价值并不是减少，而仅是处于下落不明的状态。根据最高人民法院《关于适用〈中华人民共和国担保法〉若干问题的解释》第六十七条关于"抵押权存续期间，抵押人转让抵押物未通知抵押权人或者未告知受让人的，如果抵押物已经登记的，抵押权人仍可以行使抵押权"的规定，作为抵押物的 19 辆汽车已经作了抵押登记，所以，槐荫中行仍可以行使抵押权，南华公司还是应在抵押物的价值之外承担保证责任。

（王磊　张代蕙）

## 30. 琼中黎族苗族自治县开发建设联合公司诉刘其羡无效承包合同案

### （一）首部

1. 判决书字号

一审判决书：海南省琼中黎族苗族自治县人民法院（2001）琼中经初字第1号。

二审判决书：海南省海南中级人民法院（2001）海南经终字第60号。

2. 案由：承包合同案。

3. 诉讼双方

原告（被上诉人）：琼中黎族苗族自治县开发建设联合公司（以下简称开发公司）。

法定代表人：罗德刚，经理。

委托代理人：曹铮、王伟强，海南外经律师事务所律师。

被告（上诉人）：刘其羡，男，汉族，1948年3月3日出生，系个体户，住琼中黎族苗族自治县营根镇海榆路193号。

委托代理人：曾维军，海南正益律师事务所律师。

4. 审级：二审。

5. 审判机关和审判组织

一审法院：海南省琼中黎族苗族自治县人民法院。

合议庭组成人员：审判长：吉雄；审判员：盘文京、王明成。

二审法院：海南省海南中级人民法院。

合议庭组成人员：审判长：吴佳敏；审判员：蔡大武；代理审判员：王经铭。

6. 审结时间

一审审结时间：2001年3月26日。

二审审结时间：2001年8月10日。

### （二）一审诉辩主张

1. 原告诉称：1994年2月，原告与被告签订承包开采165矿山合同，合同约定：被告向海南长昌煤矿按计划供应石灰石，原告借给被告推土机一部用于矿山开采。该推土机的归还方法是按产品（石灰石）价格扣除抵消，该推土机的价款为6.5万元，即扣除石灰石价值达6.5万元后该推土机属于被告所有，合同期限5年；被告承包第一年每月必须向原告上缴承包金900元，第二年起每月上缴承包金1 100元，每年按10个月计算。合同签订后，原告依约从海南长昌煤矿购买一部价值6.5万元的推土机借给被告。但至今被告没有向原告上缴过承包金，且原告借给被告的推土机也未归还。被告在签订合同后因资金紧缺从原告处预借6 000元，至今也未归还。被告从1994年1月至1995年7月仅向长昌煤矿供应石灰石 125.3 吨，价值 4 974.20 元，后来被告单方停止了开采，经原告多次派员向被告追查该推土机及催收预借款，但被告均不理睬。现被告尚欠原告推土机一部，价值 6.5 万元，预借款 6 000 元，承包金 5 年每月只按 900 元计算共计 4.5 万元，以上三项合计被告共欠原告110 258元。故向法院起诉，请求法院判令被告归还欠原告的110 258元。

2. 被告辩称：原告起诉我现尚欠其推土机款 6.5 万元、预借款6 000元及承包金 4.5 万元都不是事实。我与原告签订合同后，开采了一段时间，由于原告没有按合同约定协助办理开采证，致使我无法开采下去。在此情况下，经原告同意，我已经把该合同转让给第三人，且推土机以及从原告处所借的财产都已全部转给第三人。至于预借款已经用工作量来抵消，当时已经和原告的法定代表人谈妥，已不欠原告的任何款项。现原告起诉的都不是事实，请法院依法作出公正裁决。

**（三）一审事实和证据**

琼中黎族苗族自治县人民法院经审理查明：1994 年 1 月 18 日，开发公司与刘其羡在协商一致的基础上签订联营承包开采牙挽干校石灰岩合同。合同主要内容为：(1) 开发公司负责办理该矿山开采的一切合法手续，负责向矿山投入一台推土机（价值6.5万元）作为联营投资并提供流动资金借款，负责上缴乡镇、管区、资源补偿费等费用。(2) 刘其羡负责矿山的总体规划、组织人力、物力、资金和技术进行开采，负责供销矿产品和处理开采中给他人造成青苗损失的赔偿。(3) 刘其羡从 1994 年 2 月 1 日起到 1994 年 4 月，每月向海南长昌煤矿提供石灰石 600 吨，从 1994 年 5 月起每月提供1 000吨，不足部分由下个月份补足。同时开发公司委托海南长昌煤矿在每吨石灰石款中扣 40%（不含运费），作扣除推土机投资款，直到扣完为止。(4) 刘其羡负责从 1994 年 2 月至 1995 年 2 月止，每月向开发公司上缴 900 元承包款，从 1995 年 3 月起每月上缴1 100元，每年以十个月计算。上缴款须于每月 25 日前交，最晚不超过下月 5 日前，否则开发公司有权按欠款罚款 20%。(5) 合同有效期限 5 年，双方盖章签字之日生效。(6) 在执行本合同中，若刘其羡提前偿清推土机价款，则偿清之日推土机归刘其羡所有，但必须履行矿山、推土、开采义务到合同期满。合同签订后，开发公司从海南长昌煤矿购买一部推土机，价款人民币 6.5 万元，借给刘其羡。刘其羡在履行合同过程中，由于资金紧缺共向开发公司借款 1.2 万元，刘其羡通过缴纳管理费和返还借款的方式已冲抵借款9 700元，尚欠3 300元。

另查明，开发公司在 1993 年至 1998 年间，除 1994 年 7 月 17 日至 1995 年 9 月无开采许可证外，每年均有采矿许可证或临时采矿许可证。1995 年 5 月 30 日，琼中黎族苗族自治县环境资源局以琼环资字（1995）07 号“关于牙挽干校矿山石灰岩开采情况的反映”一文向琼中黎族苗族自治县委、县政府报告：开发公司的采矿许可证在 1994 年 8 月逾期，1994 年年底，局已通知停止开采，并要求其直接向县政府提交开采申请书，但开发公司未取得采矿许可证之前，从 1994 年下半年到 1995 年初还继续开采。1995 年 5 月 8 日，局组织矿山执法检查时，才发现开发公司把开采权转包给刘某等人承包开采，局采取措施将山封闭并停止开采。

再查明，刘其羡在承包 165 矿山期间，依照其与开发公司的合同约定，从 1994 年 1 月 18 日签订合同至 1995 年 7 月共向海南长昌煤矿供应石灰石 125.3 吨。

上述事实有下列证据证明：

1. 刘其羡与开发公司于1994年1月18日签订的联营承包开采牙挽干校石灰岩合同。

2. 开发公司于1993年12月31日购买推土机的发票。

3. 琼中黎族苗族自治县环境资源局琼环资字（1995）07号文。

4. 海南长昌煤矿水泥厂过磅单、借款借据、收款收据、采矿许可证。

5. 双方当事人陈述、询问笔录、庭审笔录等。

**（四）一审判案理由**

琼中黎族苗族自治县人民法院鉴于上述事实和证据认为：开发公司、刘其羡双方是在协商一致的基础上签订合同的，该合同合法、有效，双方应按合同约定履行各自的权利与义务。庭审中刘其羡承认借开发公司推土机一部及预借款5 000元是事实，主张该合同及推土机已经转让与第三人，且得到开发公司的同意，但在两次庭审中特别要求刘其羡提供证据证明，至今刘其羡都未能提供证据证明，故对刘其羡的主张不予支持。开发公司主张刘其羡借款6 000元，但经庭审举证、质证预借款应为5 000元。开发公司提出刘其羡在1994年1月至1995年7月向长昌煤矿供应石灰岩125.3吨，庭审中刘其羡认为不是事实，其理由是至今未与长昌煤矿进行最后结算，故该主张不予以认定。刘其羡未按合同约定履行其权利、义务，属于违约行为，应承担违约责任。现开发公司主张要求刘其羡归还其推土机价款6.5万元及预借款5 000元，应予以支持。关于承包金问题，双方约定第一年每月上缴900元，第二年每月上缴1 100元，但开发公司主张第二年起每月同样上缴900元承包金，放弃每月上缴1 100元的权利，即5年每年按10个月计算，共计金额4.5万元，该主张符合法律规定，应予以支持。

**（五）一审定案结论**

海南省琼中黎族苗族自治县人民法院根据《中华人民共和国民事诉讼法》第六十四条第一款，《中华人民共和国经济合同法》第六条、第二十九条之规定，判决如下：

刘其羡于判决书生效之日起10日内一次性归还琼中黎族苗族自治县开发建设联合公司推土机价款6.5万元、预借款5 000元以及上缴承包金4.5万元，三项共计11.5万元。

案件受理费4 715元，由刘其羡承担。

**（六）二审情况**

1. 二审诉辩主张

（1）上诉人诉称：刘其羡虽然与开发公司于1994年2月签订承包开采165矿山的合同，但刘其羡开采一段时间后，因开发公司没有办好开采该矿山许可证，致使刘其羡无法开采，经开发公司同意，该合同已转让给第三人，推土机及从开发公司处所借的财产都已全部转让第三人；至于预借款5 000元，已经用工作量来抵消。因而，在第三人介入165矿山之前，双方已对承包事宜结算完毕，不存在刘其羡拖欠开发公司推土机款、借款及承包金的事实。综上所述，一审判决认定事实不清，导致适用法律错误，请求撤销原判，驳回开发公司的诉讼请求。

（2）被上诉人辩称：一审判决认定事实清楚、主持公道、合法审理，请求二审法院维持原判。

2. 二审事实和证据

二审法院经审理确认了一审法院认定的事实和证据。

3. 二审判案理由

海南省海南中级人民法院认为：刘其羡与开发公司于1994年1月18日签订的合同，虽然是在双方平等协商一致的基础上达成的协议，但由于其内容涉及矿产资源采矿权的买卖、出租等问题，违反了《矿产资源法》第三条第三款、第四款关于采矿权必须依法取得并不得买卖、出租的规定，故根据《民法通则》第五十八条第一款第（五）项、《经济合同法》第七条第一款第（一）项之规定，该合同应认定为无效合同。无效的合同，从订立的时候起就没有法律效力，其中涉及的权利、义务关系均不受法律保护。造成本合同的无效，双方当事人均有过错：开发公司虽然拥有采矿许可证书，但这是国家有关部门批准给开发公司的采矿权，开发公司应当自行组织人员对165矿山进行统一规划、合理布局、综合勘查、合理开采和综合利用，而开发公司将采矿权承包给刘其羡开采后，从未进行管理、监督，这种以承包方式收取固定承包金的行为，其实质是将采矿权出租的行为，因而开发公司明知采矿权不得出租而出租，应承担造成合同无效的过错责任；刘其羡个人开采165矿山的行为，虽然矿产资源法允许个人采挖零星分散资源和只能用作普通建筑材料的矿、石、粘土以及为生活自用采挖少量矿产，本案中的石灰岩应当属于可用作普通建筑材料的矿产资源，但即使个人开采，该个人仍应向矿产资源管理部门申请颁发给其个人的开采许可证，而不能通过承包（其实质是承租的方式）取得该矿山的开采权，刘其羡在明知个人不得未经批准开采矿产资源的情况下仍然为之，对合同的无效亦应承担相应的过错责任。由于双方当事人均有过错，根据《民法通则》第六十一条第一款之规定，由此造成的经济损失应由双方各自承担，一方从对方取得的财产应相互返还，所以，刘其羡从开发公司处取得的推土机价款人民币6.5万元和预借款3 300元应予以返还。刘其羡主张其与开发公司的合同和推土机已于1994年年底转让给第三人即曾文清等人，但1995年年初仍有其个人缴纳管理费的记载，而且曾文清缴纳的管理费也被用来冲抵刘其羡向开发公司所借的借款，刘其羡提供的曾文清、王国信、高晨峻、林树楹等人的证人证言，只能证明曾文清等人参与了165矿山的开采，而不能证明刘其羡从开发公司处借来的推土机以及合同已转移给曾文清且这种转让是经过开发公司同意的。既然刘其羡不能提供具体办理转让合同和转让推土机的有关凭证及经开发公司同意的有关材料，又不能提供开发公司与第三方就165矿山签订的书面合同，对刘其羡的主张不予支持，刘其羡应依照推土机的价款予以返还。刘其羡主张预借款5 000元已抵作工作量，经二审庭审查证，刘其羡共向开发公司借款1.2万元，但从1995年1月至4月间，刘其羡通过交付管理费、返还借款以及由曾文清交付管理费冲抵刘其羡借款的方式共返还借款9 700元，两项相抵，刘其羡实欠开发公司3 300元，刘其羡主张预借款抵作工作量没有提供有效证据加以证明，根据本案的实际情况，给予部分支持，即刘其羡应返还开发公司预借款3 300元。刘其羡与第三方的关系，属于另一法律关系，本案不作处理，刘其羡可以另行起诉。开发公司起诉主张承包金4.5万元的问题，由于本合同违反国家法律、法规的规定，开发公司无权要求刘其羡支付承包金，开发公司从刘其羡处取得的管理费即承包金已冲抵刘其羡的借款，不再予以返还，对开发公司的主张不予支持。关于开发公司与案外人海南长昌煤矿对125.3吨石灰石的问题，由于刘其羡在庭审中认为该石灰石不是他本人运送，则该部分石灰石由开发公司自行处理，本案不作处理。综上所述，刘其羡应向开发公司共计支付人民币68 300元。一审认定事实基本清楚，程序合法，但适用法律不当，应予以纠正，刘其羡上诉无理，不予支持。

4. 二审定案结论

海南省海南中级人民法院根据《中华人民共和国矿产资源法》第三条第三款、第四款，《中华人民共和国民法通则》第五十八条、第六十一条第一款，《中华人民共和国经济合同法》第七条，《中华人民共和国民事诉讼法》第六十四条、第一百五十一条、第一百五十二条、第一百五十三条第一款第（二）项之规定，作出如下判决：

（1）撤销琼中黎族苗族自治县人民法院（2001）琼中经初字第1号民事判决。

（2）刘其羡与琼中黎族苗族自治县开发建设联合公司于1994年1月18日签订的联营承包开采牙挽干校石灰岩合同无效。

（3）刘其羡应向琼中黎族苗族自治县开发建设联合公司返还人民币68 300元，限于本判决生效后10日内付清。

一、二审案件受理费9 430元，由刘其羡承担4 715元，琼中黎族苗族自治县开发建设联合公司承担4 715元。

**（七）解说**

本案涉及无效合同的认定及无效合同的处理两个问题。

1. 本案的双方当事人签订的联营承包开采牙挽干校石灰岩合同是一份无效合同。对于合同的效力，一、二审法院的认定不一致。一审法院认为开发公司与刘其羡在协商一致的基础上签订合同，合同合法、有效；而二审法院则认为该合同违反了矿产资源法，认定合同无效。对此，二审法院的认定是正确的。这是因为一份有效的合同，除了双方当事人意思表示真实、不损害国家、集体或者第三人利益外，还不得违反法律、行政法规的强制性规定。从本案看，开发公司具有采矿许可证书，但刘其羡没有依法申请取得采矿权，从合同的内容及实际履行可以看出开发公司通过签订合同的方式将采矿权出租给刘其羡，这一行为违反了《矿产资源法》关于采矿权必须依法申请取得并且不得买卖、出租的强制性规定，该行为是违法的。依照《中华人民共和国民法通则》第五十八条第一款第（五）项和第二款的规定，违反法律的行为是无效的民事行为；无效的民事行为，从行为开始起就没有法律效力。因此，双方签订的合同从订立时起就是一份无效合同。

2. 根据《中华人民共和国民法通则》第六十一条第一款规定："民事行为被确认为无效或者被撤销后，当事人因该行为取得的财产，应当返还给受损失的一方。有过错的一方应当赔偿对方因此所受的损失，双方都有过错的，应各自承担相应的责任。"无效合同的法律后果有两个：一是返还财产即返还原物；二是赔偿损失。从本案事实看，开发公司和刘其羡在法律上均有过错，应各自承担相应的责任。开发公司的过错在于明知采矿权不得出租却与刘其羡签订合同，将采矿权出租给刘其羡，故其要求刘其羡支付4.5万元承包金的请求，法律不予保护，责任由其自行负担。刘其羡的过错在于没有采矿权而与开发公司签订合同开采矿产，他应当负返还财产的责任，即将预借款3 300元及推土机1部返还给开发公司，因推土机已经使用并非原物，故不能适用返还原物，只能照原物原价格偿付对方价款6.5万元。一审认定刘其羡欠开发公司预借款5 000元属于事实不清，判决刘其羡支付承包金4.5万元给开发公司则是在错误认定合同效力的基础上作出的。二审法院在彻底查清案件事实、正确区分责任的基础上对一审判决作出改判是适当的。

（谭永强）

# 31. 李继贵诉大庆景山实业总公司<br>生产经营承包合同案<br>（干涉经营自主权）

（一）首部

1. 判决书字号：黑龙江省大庆市红岗区人民法院（2001）经初字第141号。

2. 案由：生产经营承包合同案。

3. 诉讼双方

原告：李继贵，男，1949年12月12日出生，汉族，原大庆景山实业总公司景山蓄电池厂承包人，住大庆市红岗区八百垧北街6—16号楼3单元301室。

委托代理人：张广亮、裴志忠，黑龙江省法律事务所大庆分所法律工作者。

被告：大庆景山实业总公司。

法定代表人：卢东红，经理。

委托代理人：姜波，大庆景山实业总公司干部。

委托代理人：聂晓东，大庆市衡平律师事务所律师。

4. 审级：一审。

5. 审判机关和审判组织

审判机关：黑龙江省大庆市红岗区人民法院。

合议庭组成人员：审判长：孙凤林；审判员：李学珍；代理审判员：刘忠江。

6. 审结时间：2001年7月11日。

（二）诉辩主张

1. 原告诉称：1999年4月12日，我与被告签订了经营承包被告下属的景山蓄电池厂的生产经营承包合同，合同约定了承包形式、期限及双方的权利和义务和违约责任等条款。在合同履行期间，我已按合同约定全面履行了权利和义务。但被告却滥用其行政职权干预我的正常经营活动，并以各种名义扣留费用，给我的经营活动造成巨大的阻力。为此，双方于同年12月31日解除合同，但被告无理扣留各项费用拒不返还。所以诉至法院，请求被告给付风险抵押金10万元，折旧费76 800.29元，管理费11 272.16元，楼管费133 292.35元，损失费66 700元，1999年6月，退换1998年售出的电瓶11个，价值5 863元，此款应由被告负担。1999年9月24日，扣发1998年集体职工效益奖4 800元，此款应退还给我。2000年4月3日，扣发1998年14名家属工退养生活费，每人1 250元，计17 500元，此款应退还给我。2000年5月26日，因被告不履行代扣代缴税款，造成增值税滞纳金罚款1 000元应由被告负担。又因被告控制我厂的往来资金，导致拖欠大庆市萨尔图区沪哈物资经贸有限公司货款47 105元，该公司诉至法院由此发生的诉讼费1 894元应由被告负担。合计被告应给付我419 121.80元，并由被告负担本案诉讼费8 330元。

2. 被告辩称：双方签订的合同是合法、有效的，在合同履行期间我方并没有滥用行政职权干涉原告的经营自主权，也没违反合同约定的义务。造成该合同终止的原因不在我方，而是因为原告经营不善及企业改制后影响了其销售量等原因，自愿于 2000 年 1 月 18 日提出终止合同的。至于我方收取其管理费、折旧费、楼管费一事，是按合同第五条第（二）款七、八两项规定，即承包方必须承担生产经营期间发生的全部费用。所以我方并不存在侵权和滥用职权，擅自扣留的问题。原告请求赔偿损失没有证据证实，我方也没有违约过错，终止合同是原告自愿提出的，故我方不承担赔偿责任。

**（三）事实和证据**

大庆市红岗区人民法院经公开审理查明：原告李继贵与被告大庆景山实业总公司于 1999 年 4 月 12 日自愿签订一份为期 1 年的生产经营承包合同，即将被告下属的大庆市红岗区景山蓄电池厂承包给原告，年租金 10 万元，同时交纳风险抵押金 10 万元。承包形式是在发包方监督下，对承包方实行承包抵押，自主经营，独立核算，自负盈亏。在该合同生效履行后，被告方于 1999 年 5 月批准原告在中国银行大庆分行银浪分理处开设了一个“口袋”账户，即该厂所收结的资金存入银行后，由被告的工业公司财务控制，对外资金周转结算须公司领导批准。由此导致原告对本厂的资金周转失控，失去自主支配权。为此原告多次找当时被告的法定代表人申冠协调此事，未果。被告自当年的 9 月份开始，便不通过与原告协商同意，开始从该厂的账户上扣划各种费用，原告无奈提出提前终止合同，经申冠同意后，由原告于 2000 年 1 月 18 日向被告递交提前终止合同“申请书”。约定于 1999 年 12 月 31 日为合同终止日期，但没制定终止合同协议。合同终止后，被告迟迟不予审计清算，仍在原告的账户上扣收各种款项，经原告多次催找，于 2000 年 10 月 8 日只退给原告 4 个月的租金，（单据写风险抵押金）33 333 元，造成纠纷，原告便诉至法院。请求被告返还抵押金 10 万元，折旧费 76 800.29 元，管理费 11 272.16 元，楼管费 133 292.35元，根据合同第七条第（一）款的规定赔偿经济损失66 700元，退换电瓶款 5 863元，1998 年度的集体职工效益奖4 800元及 1998 年度 14 名家属工退养生活费17 500 元，均应退还给原告。并由被告承担增值税滞纳金罚款1 000元，拖欠沪哈物资经贸有限公司货款的诉讼费1 894元，合计请求退还419 121.80元及本案的诉讼费8 330元。

上述事实有下列证据证明：

1. 原告提供的生产经营承包合同一份。

2. 原告提供由被告出具的记账凭证及明细账页、收据等 14 份。

3. 原告提供的 2001 年 1 月 8 日何淑兰的证言材料一份。

4. 原告提供的杨世聪、范小玲、赵杜子于 2000 年 4 月 12 日共同出具的证明一份。

5. 原告提供本院（2000）红垧经初字第 3 号民事调解书一份。

6. 原告举证双方签订合同的第七条第（一）款，欲证明被告应按合同的约定赔偿经济损失。

7. 原告提供的 2001 年 3 月 5 日制作的“关于李继贵承包景山蓄电池厂财务状况的报告”1 份（此报告是原、被告双方共同结算后作出的，但原告不予认可，未予签字）。

8. 提供原告李继贵于 2000 年 1 月 18 日递交的终止合同“申请书”一份。

9. 被告提供财务出具的收取楼管费、折旧费、管理费的说明各一份。

10. 被告举证合同第五条第（二）款七、八两项的约定，即承包方必须承担生产经营期间发生的全部费用。

11. 被告举证 1999 年李继贵赊售电瓶挂账单一份。

12. 被告举证大庆石油管理局钻井三公司庆局钻三发（1998）56号文件及钻井三公司农工商分公司家属内部提前退养管理办法补充规定各一份。

**（四）判案理由**

大庆市红岗区人民法院根据上述事实和证据认为：原、被告双方签订的生产经营承包合同合法、有效。原告提出的终止合同的申请书已由被告方认可，视为有效。综观全案，导致终止合同的主要原因在被告。因为被告方没完全按照合同约定的第二条办事，即在发包方的监督下，对承包方实行承包抵押，自主经营，独立核算，自负盈亏。由于被告给原告开设的是“口袋”式账户，导致原告对自主经营的资金周转运行失控，不能统筹安排，使生产经营活动受阻，无奈提出终止合同。在实际履行合同过程中，名曰自主经营、独立核算、自负盈亏，实则仍受被告的行政职权监控。故此，原告的诉讼请求有理，但其请求不能全部支持，因为：

1. 原告向被告交纳的风险抵押金10万元，已经在2000年3月5日双方结算时，予以冲抵了原告所负的债务及应付款，剩余的31 144.17元应给付原告。

2. 原告在生产经营中使用的厂房、办公室等的楼管费，应由原告承担，即8个半月，每月10 697.07元，合计为90 925.10元。但职工住宅的楼管费不应由原告承担，因为石油管理局及石油公司、市政府的职工采暖费均由企业和市政支付了，故不应再扣收承包经营人的，而且合同也没约定此款由承包人支付，故应由被告返还给原告42 367.25元。

3. 被告扣收的折旧费76 800.29元应返还给原告。因为原告承包的蓄电池厂，属于职工内部承包，他既要承担在厂职工家属的工资及各项福利待遇，又支付了租金，自己筹资经营，且合同也没约定收取折旧费，故应将此款退还给原告。

4. 被告扣收的管理费11 272.16元，也应返还给原告。因为原告是自主经营，独立核算，自负盈亏，无须被告予以管理，故不应收取管理费，且合同无此项约定，理应返还。

5. 原告请求赔偿经济损失66 700元的请求不予支持。因为提前终止合同是原告申请的，又是双方协商认可的，属于自愿行为，故不能要求被告赔偿损失。

6. 原告于1999年6月为本公司运输大队、装建大队调换电瓶11块，价值5 863元，请求由被告负担，此请求不予支持。因调换电瓶的行为是原告自愿的行为，既未向被告反映，又未计算残值，故不予支持。

7. 被告于1999年9月24日扣发的1998年集体职工效益奖4 800元及2000年4月3日扣发的1998年14名家属工的退养生活费17 500元，应退给原告。因为这两笔款并不是在原告承包经营期间发生的，应由其原单位支付。

8.2000年5月26日的增值税滞纳金罚款1 000元，应由被告负担。因此项罚款是被告没按合同约定履行代缴代扣的义务所造成的。而且双方已于1999年12月31日解除了合同，被告的手中也有原告的抵押金在，理应作为而不作为，所以，此罚款应由被告负担。

9. 原告拖欠大庆市萨尔图区沪哈物资经贸有限公司货款，导致到法院诉讼，由此发生的诉讼费1 894元，应由被告负担。因为被告控制原告的往来资金，导致原告无法清结所致。

10. 原告在承包经营期间赊售的电瓶价值28 479.49元，由原告自行收回，此款归原告。因为该电瓶款是原告承包经营期间没挂账的应收款，理应归原告所有。而且原、被告双方于2001年3月5日协商清算时，已商定此款由原告自行收回。

被告的行为可以视为民事侵权行为，应返还给原告人民币186 777.87元。

**（五）定案结论**

黑龙江省大庆市红岗区人民法院根据《中华人民共和国民法通则》第一百一十七条第一款，作出如下判决如：

1. 自本判决生效之日起15日内，由被告大庆景山实业总公司返还给原告李继贵人民币186 777.87元。

2. 原告李继贵在承包经营期间赊售的电瓶款28 479.49元，归原告所有，并由其自行收款。

3. 原告李继贵在生产经营承包期间的债权、债务由原告自行承担；被告大庆景山实业总公司不承担责任。

诉讼费8 330元，由被告大庆景山实业总公司负担4 330元，原告李继贵负担4 000元。

**（六）解说**

本案纠纷的形成在于被告干涉承包方的经营自主权而迫使原告不得不终止合同。按照原、被告双方签订的承包经营合同，原告方在发包方的监督下，“自主经营，独立核算，自负盈亏”，但在承包期间，发包方擅自开设针对原告的“口袋”式账户，对原告资金随意调取，这实际上是对原告合法经营权的侵害，也必然影响原告的正常经营活动。在正常的生产经营活动无法保证的情况下，原告有权提前终止合同，当然终止合同的责任完全在被告。因而法院认定被告的行为构成侵权，并返还原告相关款项是正确的。

（孙靖松）

## 32. 李宗岑诉李学开等确认承包经营权案<br>（家庭承包确权）

**（一）首部**

1. 判决书字号

一审判决书：广东省阳江市江城区人民法院（2000）城经初字第11号。

二审判决书：广东省阳江市中级人民法院（2000）阳中经终字第49号。

再审判决书：广东省阳江市中级人民法院（2001）阳中法审监经再字第5号。

2. 案由：确认承包经营权案。

3. 诉讼双方

原告（被上诉人）：李宗岑，男，1961年11月28日出生，汉族，阳江市人，现住阳江市江城区正坑一路一号之一。

委托代理人（一审）：王秀娟、钟斯毓，阳江市博众律师事务所律师。

委托代理人（二审）：苏祖耀，广州经纶律师事务所律师。

委托代理人（再审）：苏祖耀、马启斌，广州经纶律师事务所律师。

被告（上诉人）：李学开，男，1929年3月12日出生，汉族，阳江市人，住阳江市江城区漠江路苏石坑。

被告（上诉人）：黄秀珍，女，1932年10月14日出生，汉族，阳江市人，住阳江市江城区漠江路苏石坑。

被告（上诉人）：李宗选，男，1964年10月26日出生，汉族，阳江市人，住阳江市江城区南恩路甜酒巷一巷之四。

被告（上诉人）：李宗达（又名李南），男，1967年10月29日出生，汉族，阳江市人，住阳江市江城区南恩路甜酒巷一巷之四。

委托代理人（一审）：关国正、刘婵，阳江市律师事务所律师。

委托代理人（二审）：关国正，阳江市律师事务所律师。

委托代理人（再审）：关国正、刘婵，广东顺民律师事务所律师。

4．审级：二审、再审。

5．审判机关和审判组织

一审法院：广东省阳江市江城区人民法院。

合议庭组成人员：审判长：林瑞瑜；代理审判员：陈剑华、袁广峰。

二审法院：广东省阳江市中级人民法院。

合议庭组成人员：审判长：王绍贞；代理审判员：张国雄、何桂霞。

再审法院：广东省阳江市中级人民法院。

合议庭组成人员：审判长：杨新础；审判员：谢建新、陈新阳。

6．审结时间

一审审结时间：2000年2月28日。

二审审结时间：2000年8月1日。

再审审结时间：2001年8月9日。

**（二）一审诉辩主张**

1．原告诉称：我通过与平冈镇九姜围垦工程管理所、松中管理区、河东西管理区、东二骑敖村、梅寮村等发包单位签订承包合同，个人承包整个九姜西围约4 000亩的滩涂进行水产养殖，聘请我弟李宗选、李宗达负责该围的经营管理，我按月支付工资给他们，但被告侵犯了我的承包经营权及财产权利，并给我造成了巨大的经济损失。因此，请求法院依法确认我是九姜西围惟一合法承包经营权人，责令被告立即撤离九姜西围，将围完整交还我经营管理，停止一切侵权行为，并赔偿经济损失30万元。

2．四被告辩称：九姜西围的合法承包人是答辩人及包括原告在内的一家，因为承包前都是经答辩人，特别是李宗选、李宗达与发包方干部协商、联系，而取得承包权。在签合同时，答辩人除黄秀珍外，均在场，经家庭研究一致推选长子原告作为家庭承包的代表在合同上签名，这有签订合同的发包方代表可以证实。在包围后，围内外一切改造、修筑以及日常的一切管理工作均由答辩人同心合力搞好，而原告只是挂名的承包者。围的收入则用于答辩人及原告的开支。因此，请求驳回原告的诉讼请求。

**（三）一审事实和证据**

阳江市江城区人民法院经公开审理查明：原告李宗岑从1988年12月11日开始至1992年期间，先后与发包方平冈镇九姜围垦工程指挥部，平冈镇东二管理区骑敖村、梅寮村、平冈镇松中管理区经济联合社、河东西管理区经济联合社等单位签订了7份滩涂、水面承包合同。除了第一份合同经平冈镇人民政府见证外，其余6份均经平冈镇农村承包合同办理处鉴证。

在签订合同过程中，被告李学开、李宗选、李宗达均参与合同的协商、联系工作，且签合同时均在场，但没有在合同上签名，对李宗岑在合同的承包方上以个人的名义签名没有提出异议。原告承包九姜西围后，聘请李宗选、李宗达负责该围的经营管理，对该围的修造、筑堤、修涵、开沟等建设也委托他们办理，这事实已经阳江市中级人民法院(1995)阳中经终字第57号民事判决书以及本院(1995)城法民经初字第075号民事判决书另案判决认定。

经多年的造堤、筑围、修涵等建设，形成了现在连片水面的九姜西围（又称蒲壳山西围)。1995年至1996年间，该围因权属问题而遭受平冈镇蓝丰村村民阻挠和破坏生产，李宗岑曾以承包人或养殖专业户的名义向市、区有关部门投诉。1995年5月4日，市信访办以阳信办报作出了（1995）08号《关于李宗岑承包开发鱼围遭蓝丰村村民破坏的情况调查汇报》，1995年10月10日，阳江市经济开发试验区管委会作出了阳港管（1995）013号《关于李宗岑承包海滩与蓝丰村纠纷的处理决定》。

事件平息后，1997年，海围逐渐恢复经营生产，并投产获得利润。此间，李宗岑聘请其姐夫林创球（林创林）当出纳记账，李宗选负责治安取虾苗，李宗达负责卖虾，大姐李取做炊事员，表弟黄道喜负责治安工作，工资按月支付。

1999年9月，原告认为被告李宗选、李宗达未经其同意擅自低价卖出8.1吨虾没有回数，私吞虾款，而被告则否认，因而引起纠纷。李宗岑于1999年12月6日向《阳江日报》登报声明：解聘李宗选、李宗达、林创球、黄道喜、李取、李燕等工作人员，声明他们不得参与围的经营活动。登报后，四被告认为该围是家庭承包的，继续在围生产经营，原告因无法对围进行生产作业，遂于1999年12月22日向一审法院起诉，请求确认其是江城区平冈镇九姜西围惟一合法承包经营权人。

上述事实有下列证据证明：

1. 承包九姜围石滘河发展海水养殖合同。
2. 承包九姜西围滘路尾围合同。
3. 滩涂养殖合同。
4. 滩涂养殖承包合同。
5. 承包土地开挖排洪河协议书。
6. 承包养殖合同书。
7. 阳信办报（1995）08号《关于李宗岑承包开发鱼围遭蓝丰村村民破坏的情况调查汇报》。
8. 阳江市经济开发试验区管委会作出的阳港管（1995）013号《关于李宗岑承包海滩与蓝丰村纠纷的处理决定》。
9. 广东电视台《社会纵横》节目所作两次报道录制的光碟两盒。
10. 双方提供的账本。
11. 当时签订承包合同发包方的代表及被告方亲属等证人证言。

**(四）一审判案理由**

阳江市江城区人民法院认为：李宗岑与李学开等人讼争的阳江市江城区平冈镇九姜西

围，是李宗岑个人为承包方与发包方签订合同而承包经营的，围的收益主要是李宗岑个人占有，在另案纠纷中，经法院判决认定李宗岑是该围的承包者；李宗选、李宗达等是受李宗岑的委托从事围的管理工作，故认定该围是李宗岑个人承包。李学开、黄秀珍、李宗选、李宗达等主张该围是家庭承包，证据不足，不予采纳。对于李宗岑请求赔偿经济损失30万元，因其没有提供证据，不予采纳。至于其请求李学开等撤离九姜西围，停止该围工作，将该围交还其经营管理的请求，不属于本案调处范围。本案是确认承包经营的争议，所以李宗岑这一请求法院不予采纳。

**（五）一审定案结论**

广东省阳江市江城区人民法院根据《中华人民共和国民法通则》第五条、第七十五条、第八十一条第三款之规定，作出如下判决：

1. 李宗岑是阳江市江城区平冈镇九姜西围惟一合法承包经营权人，予以确认。

2. 驳回李宗岑、李学开等人的其他诉讼请求。

本案受理费3.3万元，由被告承担。

**（六）二审情况**

1. 二审诉辩主张

（1）上诉人（原审被告人）李学开、黄秀珍、李宗选、李宗达诉称：联系承包是由上诉人李学开、李宗选、李宗达进行的，与发包方签订合同时，只是由被上诉人代表家庭签名，不是由被上诉人个人承包。合同转让补偿费、承包费，转包方、发包方均是在上诉人李宗达的眼镜店取款。合同是由被上诉人签名，故收据是写被上诉人的名。转包方、发包方、合同鉴证机关均可以证明这些事实。

合同签订后，该围建设初期，上诉人投入资金，该围堤基、水闸的建设是上诉人李学开、李宗选、李宗达亲力亲为，有关基建合同基本都是李宗选与承建方签订，围一直由李宗选、李宗达负责管理，知情证人都证实该围是家庭承包，而不是被上诉人个人承包。

1996年春节，围被附近村民砸毁，李宗达被作为人质扣押，要求上诉人支付100万元，形成一起恶性事件。被上诉人于1996年4月6日向广东电视台投诉，电视台已调查了解，将事件在《社会纵横》栏目播放。节目中，多次说到九姜西围是李家兄弟承包，被上诉人没有异议。

九姜西围自承包开始至1996年上半年，处在建设之中，收入甚微，仅可维持围的一般建设及家庭日常生活的开支，收入和支出均没有设立账本。1996年下半年，纠纷平息后，围开始正常经营，渐有收入。1997年年初，被上诉人承接阳西县国税局办公大楼，因带资款需要，与上诉人一起商量，带资款暂在围里支付，待工程完工后，再放回围里分红，此时，双方设立账本记账。从账本反映，被上诉人之所以取款多，是因为上述原因，并不是因被上诉人个人承包，完全占有支配权。上诉人亦可在围的收益部分取款、借款，双方对围的收益均有支配权。

两级法院以前所审理的案件，与本案所审理的不是同一纠纷，前案是工程合同纠纷，当时大家一致对外，本案是承包经营权确权纠纷。原审判决以前案查明的法律事实作为本案处理的主要依据，违反了《民事诉讼法》有关规定。原审判决认定事实不清，证据不足，程序不合法。请求二审法院撤销原判，依法改判或发回原审法院重审。

（2）被上诉人（原审原告）李宗岑辩称：被上诉人在1987年前已经分家，与转包方、发包方签订该围的有关合同是个人承包。被上诉人是九姜西围惟一合法承包经营者，有两级法院前一个判决事实确认，经营风险由被上诉人承担。李宗选、李宗达受被上诉人聘请管理该围，每月领取工资。修围的资金、承包费、转包费都是由被上诉人出资。围的收益由被上诉人处分。被上诉人允许上诉人提取部分收入用于家用、建房，只是尽作为儿子和兄长应尽的义务。上诉人主张由其联系承包，被上诉人代表家庭签订承包合同，所提供的证据全是一些证人证言，只是间接证据。证人证言有的前后矛盾，有的认为是兄弟承包，有的认为是李学开家庭承包，有的认为一直未分家，有的认为当时未分家。证人证言各说不一，证人的认知能力和道德水平有限，而且在一审开庭前及庭上作证过程中均受到或明或暗的干扰、恐吓，其证言根本不能采信。原审判决认定事实清楚，处理正确，但未责令上诉人停止侵权，撤离虾围欠妥。请求二审法院驳回上诉人的上诉请求，维持原则，判令上诉人停止侵权。

2. 二审事实和证据

阳江市中级人民法院经审理查明：80 年代以前李学开一家人一直在江城区平冈镇老家务农，李学开亦经营鱼苗生意，李宗岑从 1986 年开始从事建筑行业。1988 年至 1992 年间，先后以李宗岑的名义分别与发包方平冈镇九姜围垦工程指挥部（现改为九姜围垦工程管理所）、平冈镇东二管理区骑敖村、梅寮村、平冈镇松中管理区经济联合社、河东西管理区经济联合社以及转包人谭国富、谭国业、陈厚初、郑耀发、关梗芬、谭显飞、关开浪、林才强等人签订了 13 份合同，其中 7 份承包合同，6 份转包合同，承包平冈镇九姜西围共 4 000 多亩海滩涂进行海水养殖。上述合同，除第一份合同经平冈镇人民政府见证外，其余合同均经平冈镇农村承包合同办理处鉴证。李学开、李宗选、李宗达均参与了合同的协商、联系工作，签订合同时他三人及李宗岑均在场，合同由李宗岑代表签名。

合同签订后，李学开、李宗选、李宗达负责该海围的建设及经营管理。1994 年至 1997 年间，李宗选作为海围的发包方，分别与施工方黄玉华等人签订该海围的筑堤、建涵闸、开沟渠等合同。平冈镇东二管理区骑敖村等发包方在李宗达经营的眼镜店里收取承包费，由李宗选、李宗达缴交，收据写李宗岑的名字，该海围的特产税从 1994 年开始，由李宗选、李宗达到财政所缴交。李宗选、李宗达在 1997 年 2 月至 3 月间，以林养、林明、林荣、敖伟的名义向银行贷款 5.2 万元，用于承包海围的建设，后李宗选、李宗达在海围的收入中取款归还贷款本息。

1995 年，李宗选与施工方黄玉华因海围的建设工程发生纠纷，后李宗选、李宗达扣押黄玉华施工船只，黄玉华于 1995 年向江城区人民法院起诉，请求判令李宗选、李宗达准予施工船只撤离工地，并赔偿误工费和经济损失。后黄玉华申请追加李宗岑为被告参加诉讼。庭审中，李宗选称蒲壳山养殖场是李宗岑个人的，李宗岑也称海围是其个人承包，委托李宗选、李宗达全权管理，李宗达没有表态。江城区人民法院认为，李宗岑是蒲壳山西围的承包经营者，其委托李宗选、李宗达对养殖场经营管理，误工损失的民事责任应由李宗岑承担，判决：李宗岑承担船放行的费用及补偿黄玉华误工费45 200元。宣判后，李宗岑不服，提出上诉。本院于 1996 年 3 月 4 日作出判决，除改判李宗岑补偿误工费 1.6 万元给黄玉华外，其余维持原判。判决生效后，黄玉华申请法院强制执行，李宗选在 1996 年 6 月 17 日缴交 1.6 万元给原审法院执行该案件的判决。

1995 年至 1996 年年初，该海围因权属问题而遭受平冈镇蓝丰村村民阻挠，李宗岑曾以承包人或养殖专业户的名义向市、区有关部门投诉。1995年10月10日，阳江市阳江港经济开发试验区管委会作出了（1995）013号关于李宗岑承包海滩与蓝丰村纠纷的处理决定。1997年年初，纠纷平息，海围逐渐恢复经营生产。

1999年8月，李宗岑认为李宗选、李宗达未经其同意卖掉8.1吨冻虾，卖虾款不入账，而李宗选、李宗达则否认，双方引起纠纷。同年12月6日，李宗岑在《阳江日报》上刊登声明，声称解聘九姜西围的工作人员李宗选、李宗达、李取、林创球等。同月9日，李学开及其妻黄秀珍，儿子李宗选、李宗达，女儿李取、李到、李月青等人联名向阳江市人大等部门写信，述说九姜西围的承包情况，认为九姜西围是家庭承包经营，李宗岑是作为代表在承包及转包合同上签名，李宗岑称其个人承包违背事实。同年12月20日，李宗岑向江城区人民法院起诉，请求确认其为九姜西围惟一合法承包人。

上述事实有下列证据证明：

（1）承包九姜围石滘河发展海水养殖合同。

（2）承包九姜西围滘路尾围合同。

（3）滩涂养殖合同。

（4）滩涂养殖承包合同书。

（5）承包开挖排洪河协议书。

（6）承包养殖合同。

（7）一份承包合同。

以上7份承包合同均证明从1988年至1992年间，上诉人一家人以被上诉人的名义分别与发包方管理所和经济联合社签订有效的承包九姜西围的合同。

（8）1997年、1998年及1999年记账本，账本内容是记载围里有关支出，上诉人与被上诉人借款、取款等。

（9）李到、李取、李月青（均是李学开的女儿）、李丽容等证人证言，内容主要是，签订承包合同时，未分家，围是家庭承包，是李宗岑代表家庭签名。

（10）合同转包方（谭国富、谭国进、关开浪、林才强等）、发包方经办人（曾昭托、谭显兆、谭来弟、谭国富、郑庭英、钟其发等），鉴证单位经办人林文胜，司法所林进创等证人证言。

3. 二审判案理由

阳江市中级人民法院认为：

（1）李学开等人提供第一份合同（在平冈镇人民政府存档），签订时间为1988年2月1日，李宗岑提供第一份合同的时间为1988年12月11日，该合同上的时间有改动，即将“2月1日”改为“12月11日”，故第一份合同的签订时间应为1988年2月1日。

（2）李学开一家原居住的房屋面积约120平方米，有两间两廊一厅一天井，李宗岑主张在1987年已分家，自己分得一间房一半厅，李宗选分得一间房一半厅，父母、弟弟李宗达、妹妹李月青住两廊（廊房），李学开是一家之主，其对分家有决定权，现李学开主张未分家，家庭绝大多数成员主张尚未分家，且按农村分家习惯，李宗岑未能提供家庭分家有关协议；李宗岑虽然提供了李礼、李丽蓉的证人证言，证明已分家，但李丽蓉后来又证明未分家；李礼不同意出庭作证，故李礼、李丽蓉该部分证言不能作为证据使用，李宗岑主张分家的事实和证据不足，不予认定。

(3) 承包合同在签订过程中，李学开、李宗选、李宗达均参与合同联系、协商，合同签订时由李宗岑作为家庭代表在合同上签名，发包方在李宗达的眼镜店收取承包费，因合同由李宗岑签名，收据写李宗岑的名字。这些事实，协商、签订合同的转包方、发包方的经办人，合同鉴证机关经办人均予以证实，证人在庭上进行作证，均证明同一事实，没有矛盾，以上事实应予认定。李宗岑所提供的证人证言，因这些证人有部分不是直接参与合同协商、签订的经办人，其知道事实真相受到客观条件的限制，其证言的证明力较低。李学开等人主张建围初期投入部分资金，提供部分证人证言，李宗岑主张建围资金全部由其个人投入，提供黄道喜、陈合宜的证人证言，阳西县建筑工程公司直属三分公司财会证明。但黄道喜出庭作证时称建围资金由谁投入不清楚；陈合宜出庭作证时，证明李学开等人与李宗岑双方都投入资金。阳西县建筑工程公司直属三分公司的证明书是说明李宗岑在阳西工地取款、支款的有关情况，不能证明李宗岑将该款投入围的建设。承包期间，因对资金投入没有建账，故双方的主张均没有直接证据证明，不予认定。鉴于有双方当事人共同参与合同联系、协调的事实，应认定双方共同投资。李宗岑主张雇请李宗选、李宗达管理该海围，未能提供相应的证据，其主张不予采纳。

(4) 前两级法院的判决，虽然认为李宗岑是围的承包者，但当时两级法院所审理的是围的工程发包合同纠纷而不是海围的经营权纠纷。签订海围的工程发包合同是李宗选，当时双方之间没有纠纷，是作为一方当事人与另一方当事人发生纠纷而进行诉讼。审理过程中，对海围由谁承包的证据没有在庭上进行质证，仅是凭李宗选一人称海围是李宗岑个人的而确认李宗岑是承包经营者，对承包经营权没有进行详细审查。判决结果虽然由李宗岑承担赔偿责任，而履行判决是李宗选。两级法院以前所审理其他案件所查明的事实与本案所审理查明的不是同一法律事实，故其他案件所查明的法律事实，不能作为本案认定的依据。

(5) 按双方提供的记账本，双方均可以在海围的收入中借款、取款，李学开等人除因海围需要所借款项需回还外，其余借款账本没有反映需要回还，双方对海围的经营收益均有支配权，不能因为李学开等人取款数额小，李宗岑取款数额大而证明李宗岑占有完全支配权。李宗岑取款数额大，是其承接工程带资的需要，这有李宗岑雇请的出纳林创林、工地管理人员陈合宜庭上证实。

综上所述，李学开之妻黄秀珍未参与合同的联系、协商和签订，亦未参与该围的经营管理，从平冈镇九姜西围承包合同的签订过程、海围的经营管理、资金投入、经营收益支配、经营风险的承担等事实，九姜西围应确认上诉人李学开、李宗选、李宗达与李宗岑共同承包。黄秀珍未参与合同联系、协商和签订，亦未参与该围的经营管理，其不是九姜西围承包者之一。李学开等人主张是家庭承包的论据不足，不予采纳。原审判决确认是李宗岑个人承包，依据不足。原审判决认定事实不清，处理部分不当，应予纠正。

4. 二审定案结论

广东省阳江市中级人民法院根据《中华人民共和国民事诉讼法》第一百五十三条第一款第（三）项之规定，作出如下判决：

(1) 撤销阳江市江城区人民法院（2000）城经初字第11号民事判决。

(2) 阳江市江城区平冈镇九姜西围属于上诉人李学开、李宗选、李宗达与被上诉人李宗岑共同承包经营，予以确认。

一、二审案件受理费共6.6万元，由上诉人和被上诉人各负担3.3万元。

**（七）再审情况**

1. 再审诉辩主张

李宗岑不服二审判决，于2000年8月10日向阳江市中级人民法院提出申诉。

李宗岑申诉称：二审判决认定事实不清，证据不足。(1) 认定第一份合同的签订时间是1988年2月1日签订是错误的，实际上，李宗达提供的1988年2月1日签订的合同是从平冈镇合同办借出的作废合同，申诉人提供的1988年12月11日签订的合同经庭审质证，是合法、有效的合同；(2) 认定申诉人在合同上的签名是代表签名没有依据，没有一份合同上写明“代表”；(3) 二审判决认定，申诉人主张雇请李宗选、李宗达管理该海围，申诉人未能提供相关证据是错误的。申诉人提交的两份生效判决书均认定李宗岑承包经营平冈镇蒲壳山西围养殖场，后委托其弟李宗选、李宗达对该围进行经营管理，原判对该证明置之不理是错误的；申诉人提供了大量证据证明申诉人是九姜西围的惟一合法承包人，二审判决错误，请求再审改判。

阳江市中级人民法院于2000年8月23日对该案进行立案审查。在复查该案时对李宗岑提出的申诉意见进行了认真、细致的审查，认为李宗岑的申诉理由在一、二审均已陈述，所提供的证据经质证查明，申诉理由不能成立，遂于2001年1月2日驳回其申诉。后李宗岑向阳江市中级人民法院申请再审。阳江市中级人民法院于2001年5月18日作出(2001) 阳中法审监经审字第22号民事裁定，决定对本案进行再审。

2. 再审事实和证据

再审查明的事实与二审判决认定的事实相同。

3. 再审判案理由

阳江市中级人民法院认为：本案以李宗岑的名义与平冈镇有关管理区、九姜围垦工程管理所、经济联社等签订的承包合同，是当事人自愿协商一致签订的，内容不违反法律规定，是合法、有效的合同。

本案申请再审人李宗岑与被申请再审人李学开、李宗选、李宗达系父子、兄弟关系。李宗岑在一、二审诉讼中坚持认为，其于1987年因为摩托车一事与兄弟打架而分家，此后各自独立生活，并提供有关证人证言。但这些证人证言前后说法不一，且内容相矛盾，不能证实申请人已分家的事实，李宗岑至今未能提供已分家的证据。本案再审期间，李宗岑又另行主张其于1984年分责任田时已分家，并提供了相关证据证明。经查证，李宗岑提供的证人李统证实，其并不知道申请人是否已分家；洋边大队的分田簿、粮食定购底册、交售粮食登记卡及延长土地承包期合同书中，均记载了李学开、李宗选、李宗达、李宗岑交售粮食和承包土地的情况，这些证据并不能证明李宗岑已分家。李学开、李宗选、李宗达等家庭其他成员则否认已分家。据此，李宗岑上述两种分家的主张均没有事实依据，本案不予支持。

平冈镇有关管理区、九姜围垦管理所、经济联社等单位所签订的上述合同，发包方经办人、转包方及合同鉴证人，在本案诉讼期间均一致证实，是李学开、李宗选、李宗达一起与他们联系承包事宜及协商有关合同内容；签订合同时，李学开家父子四人均在场，李宗岑是代表李学开家父子四人作为合同承包方在合同上签名。李宗岑认为合同上谁签名谁就是惟一承包人的主张并不符合本案事实。

海围在承包经营过程中，因1988年承包后至1996年以前，对承包海围的投资及生产经营情况没有完整的账册记载，现双方当事人均无充分证据证明海围的投资总额和双方的具体投资数额。经查，李学开、李宗选、李宗达对海围均有投资，李宗岑未能提供证据证实李学开、李宗选、李宗达等对海围的投资是代表李宗岑或受李宗岑委托。诉讼中李学开等三人也承认李宗岑对海围也有投资。根据本案双方提供的证据材料和李学开家尚未分家的事实，本院确认双方当事人对承包海围建设均有投资。

在海围的生产经营中，李宗岑、李宗选、李宗达均以各自的名义对外进行经营活动。双方提供的账册记载表明，李宗岑与李学开、李宗选、李宗达等人均有在海围的收入中借款、取款需经李宗岑同意或批准。双方当事人在海围收益的支配权上地位平等、权利与义务相同。李宗岑主张其是九姜西围的惟一承包人，李学开、李宗选、李宗达在九姜西围进行经营管理和收益支配权上的行为是受其委托或雇用，证据不足，该主张本院不予支持。

本案纠纷发生前，在承包经营九姜西围过程中，因海围的权属问题与当地村民发生纠纷，李宗岑为此以其个人是承包者或养殖专业户的名义向有关部门投诉，有关部门根据李宗岑的投诉所作的报道及调查处理报告和处理决定中，多次表述李宗岑为承包者或养殖专业户，李宗岑以此为据主张其是九姜西围的惟一承包人，已经政府有关部门调查确认。本院认为，有关部门的调查处理是基于李宗岑的投诉进行的，在有关的报道、报告和处理决定中把李宗岑作为承包人进行表述，并不能就此得出李宗岑就是九姜西围的惟一承包人的结论。因为有关政府部门的报告和处理决定，处理的是海围与其他村民之间的纠纷，是海围与其外部的民事法律关系，与本案处理的海围承包经营权属纠纷是不同的法律事实和不同的法律关系。并且，在海围与村民产生纠纷调处的过程中，均是李学开、李宗选、李宗达以自己的名义代表九姜西围承包经营者与当地村民进行调解处理的。李宗岑据此主张其为惟一的承包经营人，不符合本案事实，本院不予支持。

本案再审中，李宗岑以更改了时间的承包合同主张本院原二审判决认定事实错误，与事实不符，其据此主张的申请再审理由不能成立。

从本案事实看，虽然李家尚未分家，但九姜西围合同的联系、签订，海围的经营管理、资金投入、经营收益支配及经营风险的承担等，除了李学开、李宗岑、李宗选、李宗达四人外，没有证据证明李家的其他家庭成员参与了。本案诉讼过程中，黄秀珍虽然参与了诉讼，但其及家庭其他成员对本案二审判决结果没有提出异议，未对海围的承包经营权提出主张，故李学开、李宗选、李宗达主张海围是家庭共同承包的理由缺乏依据，不能成立。

综上所述，从本案承包合同的签订、履行，以至于经营收益的支配等，李宗岑与李学开、李宗选、李宗达四人均是以共同经营人的身份出现的，李宗岑在承包合同上签名是代表四人的签名，海围的承包经营权应属于李宗岑、李学开、李宗选、李宗达四人共有。李宗岑主张九姜西围是其个人承包经营的申请再审理由不能成立，本院不予支持。本院原二审判决确认九姜西围是李学开、李宗岑、李宗选、李宗达四人共同承包经营，而非李宗岑个人承包经营或李家家庭共同承包经营正确，应予维持。

本院原二审判决对黄玉华诉李宗岑、李宗选、李宗达等工程款纠纷一案生效判决所认定的事实不作证据使用，违背了最高人民法院的司法解释，且在前一判决没有改判的情况下，对同一事实作出两种认定是错误的。对此，本院已于2001年8月2日以（2001）阳中法审监经再字第4号民事判决予以纠正。

李学开、李宗选、李宗达、黄秀珍不是本案诉讼的原告，一审审理期间，李学开、李宗选、李宗达、黄秀珍亦未对李宗岑的起诉请求提出反诉。故本院原二审判决虽然撤销了江城区人民法院（2000）城经初字第11号民事判决，但未指出江城区人民法院（2000）城经初字第11号民事判决"驳回原、被告的其他诉讼请求"属于实体处理不当。李宗岑提出起诉的诉讼请求，一是确认其是九姜西围的惟一承包经营权人，此请求缺乏依据；二是要求对李学开等人的侵权行为造成其经济损失进行赔偿。由于李学开等人均是海围的共同承包人，没有证据证明他们有侵权行为及因侵权行为造成了李宗岑的经济损失，故其要求赔偿经济损失的请求，也无充分的依据证实，李宗岑的诉讼请求均不应予支持。但原二审判决在确认九姜西围属于李学开、李宗选、李宗达、李宗岑共同承包经营时，对李宗岑提出的诉讼请求未予处理，亦属不当，应予纠正。

本院原二审判决认为李学开、李宗选、李宗达不知李宗岑在1995年12月6日与阳江市长发实业公司签订九姜西围养殖场使用经营权转让合同书一事。经查，除李学开、李宗选、李宗达的代理人在庭审中称上诉人不知此事外，没有其他证据佐证，原二审判决所作此结论依据不足，原二审判决在论述双方当事人对海围收益均有支配权的问题中，认为李宗岑取款数额大，是其承接工程带资的需要。经查，除出纳林创林、工地管理人员陈合宜在庭审作证外，没有其他证据佐证，原二审判决所作此结论依据不足。并且，原二审判决改判江城区人民法院一审判决时，没有适用实体法，亦属不当。上述错误均应予以纠正。

综上所述，本院（2000）阳中经终字第49号民事判决认定事实清楚，确认阳江市江城区平冈镇九姜西围属于李学开、李宗选、李宗达与李宗岑共同承包经营，并无不当，应予维持；李宗岑的再审申请理由依据不足，不能成立，应予驳回。

4．再审定案结论

广东省阳江市中级人民法院根据《中华人民共和国民法通则》第四条、第五条、第七十五条、第八十一条第三款，《中华人民共和国民事诉讼法》第一百八十四条、第一百五十三条第一款第（一）项，最高人民法院《关于适用〈中华人民共和国民事诉讼法〉若干问题的意见》第二百零一条之规定，作出如下判决：

（1）维持本院（2000）阳中经终字第49号民事判决。

（2）驳回李宗岑的诉讼请求。

**（八）解说**

本案的争议焦点是：九姜西围是李宗岑个人承包还是家庭部分成员共同承包或是家庭承包。

通过本案审查，法院认为：从我国的现实生活看，存在大量的合同是一人代表签名，代表登记的情况，如不动产代表登记，在我国解放初期就有了，对家庭财产或承包由一人代表登记、签名由来已久，在农村承包合同中尤其突出，我国现行法律和政策是承认代表登记的。主张合同上是谁签名，谁就是惟一合法承包者的观点是不全面的，不符合我国的国情，也缺乏法律依据。以李宗岑的名义与平冈镇有关管理区、九姜围垦工程管理所、经济联社等签订的承包合同，是当事人自愿协商一致签订的，内容不违反法律规定，是合法、有效的。法院认定九姜西围是家庭部分成员李学开父子四人承包，有关管理区的发包方经办人、转包方及合同鉴证人均一致证实是李学开、李宗选、李宗达与他们联系承包事宜的，签订合同时父子四人都在场，李宗岑是代表签名的；李学开等人承包九姜西围后，除了李宗岑有投资之外，李学开、李宗选、李宗达对海围不仅有资金投入，还投入养殖技术和大量的人力、物力，并对海围进行具体的经营管理，付出了劳动；因自1988年承包海围以后至1996年以前，没有账本记载，无法确认投资总额和双方的具体投资数额。1997年建立账本后，据1997年账本的记载，李宗选、李宗达均以他人的名义向银行贷款5.2万元投入海围的建设，故法院确认双方均有投资是实事求是的。从查明九姜西围承包合同签订过程，海围的经营管理、资金投入、经营收益支配、经营风险的承担等情况综合分析，确认九姜西围为家庭部分成员李学开、李宗岑、李宗选、李宗达四人共同承包有事实依据。江城区人民法院一审认定海围是李宗岑个人承包的，缺乏事实依据；二审认定李学开之妻黄秀珍未参与合同联系、协商和签订，亦未参与海围的经营管理。李学开等人主张是家庭承包的依据不足。李宗岑起诉告的是李学开、黄秀珍、李宗选、李宗达，没有告其他家庭成员；案卷中，没有证据证明其他家庭成员有参与联系、协商和签订承包合同、参与海围的经营管理；本案判决后，家庭其他成员也没有提出上诉和申诉，一直未主张对海围有承包经营权，据此，不认定为家庭承包是正确的。再审申请人李宗岑主张已分家和第一份合同是1988年12月11日签订的，依据不足，其主张不予支持。法院认定九姜西围为家庭成员共同承包是正确的，也符合我国国情和当前农村承包关系的现状。

综上所述，法院认为二审判决认定的基本事实清楚，实体处理并无不当。《中华人民共和国民事诉讼法》第一百七十九条第一款规定："当事人的申请符合下列情形之一的，人民法院应当再审：(一) 有新的证据，足以推翻原判决、裁定的；(二) 原判决、裁定认定事实的主要证据不足的；(三) 原判决、裁定适用法律确有错误的；(四) 人民法院违反法定程序，可能影响案件正确判决、裁定的；(五) 审判人员在审理该案件时有贪污受贿，徇私舞弊，枉法裁判行为的。"第二款规定："人民法院对不符合前款规定的申请，予以驳回。"李宗岑的再审申请显然不符合上述法律规定的再审条件，法院依照《中华人民共和国民事诉讼法》第一百七十九条的规定予以驳回并无不当。

（钟艳云）

## 33. 合江县佛荫镇人民政府诉周安兴等水库承包合同案（水污染、公共利益）

### (一) 首部

1. 判决书字号

一审判决书：四川省合江县人民法院（2001）合江经初字第160号。

二审判决书：四川省泸州市中级人民法院（2001）泸民二终字第112号。

2. 案由：水库承包合同案。

3. 诉讼双方

原告（被上诉人）：合江县佛荫镇人民政府。

法定代表人：施光良，镇长。

委托代理人（一、二审）：陈友全，该镇副镇长。

委托代理人（一、二审）：刘昌，合江县佛荫镇法律服务所法律工作者。

被告（上诉人）：周安兴，男，1955年2月2日出生，汉族，四川省泸县人，农民，家住泸县福兴村一社。

被告（上诉人）：王洪进，男，1958年3月23日出生，汉族，四川省泸县人，学校退职职工，家住泸县一中教职工宿舍3号楼8号。

委托代理人（一、二审）：王国梁，四川泸州明江律师事务所律师。

委托代理人（二审）：赵剑徽，四川泸州明江律师事务所律师。

4．审级：二审。

5．审判机关和审判组织

一审法院：四川省合江县人民法院。

合议庭组成人员：审判长：付昆仑；审判员：周朝明；代理审判员：周德勇。

二审法院：四川省泸州市中级人民法院。

合议庭组成人员：审判长：赵新；审判员：李斌、程怀武。

6．审结时间

一审审结时间：2001年7月20日。

二审审结时间：2001年11月5日。

**（二）一审诉辩主张**

1．原告诉称：二被告于1998年转包原告所有的狮子坝水库时，未说明转包后采用人工合成方式养鱼，且明知人工合成养鱼会影响民用饮水，却为自身获利，不顾公共利益，向水库投放大量的化肥、饲料和腐烂食品，致使该水库水质受到破坏，不能饮用。原告虽多次找二被告协商解除合同，但均遭拒绝，故原告提起诉讼，请求判令解除原、被告之间的水库承包合同。

2．二被告辩称：原告明知该水库是民用饮用水水源，但仍然向外发包养鱼，应承担全部过错责任，赔偿损失；被告转包时并不知道该水库系民用饮水水源，且进行人工合成养鱼不违反法律、法规规定，故被告没有过错，只要原告赔偿二被告对该水库的投资18万元和可得利益30万元，则同意解除合同。

**（三）一审事实和证据**

四川省合江县人民法院经公开审理查明：原告合江县佛荫镇人民政府所属狮子坝水库，于70年代建成民用饮水供水站，主要供给佛荫镇沙坎场居民和小学师生饮用水。1994年9月8日，镇政府将水库承包给王利全等人经营管理。承包以养鱼为主（但未写明养鱼方式），兼养家禽、种植瓜果。合同约定：年承包费和水库管理费7 400元；水库最低水位时任何单位或个人不得在库内放水、抽水（食用生活用水除外），确保乙方合法权益；承包期为10年。履行合同期间，因承包方采取白水养鱼方式，水质无明显污染，双方无争议。1998年8月，被告周安兴、王洪进对该水库进行实地察看后，经原告同意转包经营。二人与原承包人签订了水库转包协议。协议约定，甲方（原承包方）自愿将狮子坝水库转给周安兴、王洪进（乙方）经营，乙方一次性支付甲方转让费5.6万元；乙方承受甲方在原合同中的权利、义务。协议签订后，周安兴二人支付了转让费，接手水库经营，即开始采用人工合成养鱼方式，向该水库投放了大量的化肥和腐烂物品，使水库水质受到污染。被告为解决养鱼与民用饮水之间的矛盾，于1999年3月与原告协商，在供水站吸水处建一过滤池，所需资金由被告承担。后因设计和施工的原因未建成。尔后，被告继续向该水库投放大量的化肥和腐烂食品养鱼，致水库水质污染日益加重，却未再采取任何防范及处理措施。2000年，原告通过合江县卫生防疫站多次检测该水库水质，均不符合民用饮水标准，当地居民亦纷纷请求解决水质污染问题，原告多次与被告协商解除合同，因损失补偿问题未能协商一致。

审理中，法院委托合江县卫生防疫站对该水库提出科学治理意见为：沙坎狮子坝水库作为沙坎场民用饮水水源必须严格保护，不允许投放化肥、人畜粪便进行人工合成养鱼，只能白水养鱼，在已经污染的沙坎狮子坝水库内，不宜采用人工投放化学药品的方法进行水源处理，以自然净化为宜，避免再次污染。

二被告虽然同意解除合同，但要求原告给付投资款和可得利益。由于提供的证据大部分不能确定，法院酌情确定损失额为2.5万元，估计库内有成鱼1.5万公斤可捕捞出售。

上述事实有下列证据证明：

1. 原告与原承包人签订的水库承包合同以及承包人与被告签订的转包协议。

2. 被告二人关于人工合成养鱼投放实物的陈述和对水质被污染的承认。

3. 被告修建过滤池及费用负担的陈述和协议。

4. 合江县卫生防疫站的勘验笔录和检测报告及治理水源的意见。

5. 证人胡元庆等人的证言。

6. 被告支付转包费用5.6万元，交纳税和承包费16 700元的单据，法院根据承包期限分摊费用，认定损失。

**（四）一审判案理由**

四川省合江县人民法院经审理认为：二被告经原告同意，与原承包人之间自愿签订的转包合同合法、有效，双方均应自觉遵守。原告在发包和转包养鱼时，应当考虑到该水库主要系民用饮水水源，应明示允许的养鱼方式，但未予明确，存在一定的过错。二被告在转包时，对该水库进行了考察，应当知道该水库建有民用供水站，转包后采用人工合成养鱼，必然损害民用饮水水质，在修建过滤池未成，并无其他任何防范措施的情况下，仍然继续实施人工合成养鱼，致使水质污染日益严重，二被告应承担主要过错责任。原、被告的共同过错行为，损害了众多居民饮水安全的公共利益，原告提出解除承包合同的请求应予支持。被告主张可得利益，因需要继续采用人工合成养鱼的方法才能实现，其主张不应支持。该水库停止人工合成养鱼后，治理周边环境和净化水质的费用应由原告负担。被告已投入的损失按2.5万元确定，由双方按过错大小承担。

**（五）一审定案结论**

四川省合江县人民法院根据《中华人民共和国合同法》第七条，第九十一条第（二）项、第（七）项，第九十四条第（五）项，第九十六条和第九十七条之规定，作出判决：

1. 解除原告合江县佛荫镇人民政府与被告周安兴、王洪进的合江县佛荫镇狮子坝水库承包合同。

2. 周安兴、王洪进的损失2.5万元，由原告合江县佛荫镇人民政府赔偿1万元，限于本判决生效后30日内给付，其余损失由被告周安兴、王洪进自行负担。

3. 被告周安兴、王洪进在判决生效之日起至2002年3月30日，将水库的成鱼全部捕捞后，水库交还原告；被告周安兴、王洪进在此期间，禁止向该水库投放饲料和污染物。

4. 原告合江县佛荫镇人民政府应加强管理，做好天然净化水质工作，所需费用由原告合江县佛荫镇人民政府承担。

案件受理费10 910元，其他诉讼费300元，合计11 210元，则原告合江县佛荫镇人民政府负担4 484元，被告周安兴、王洪进负担6 726元。

**（六）二审情况**

1. 二审诉辩主张

（1）上诉人周安兴、王洪进诉称：承包合同约定上诉人享有对水库承包经营权利，上诉人与被上诉人并未约定具体的养鱼方法，上诉人并不知道该水库是居民饮水水源，上诉人只享有养鱼的权利，没有兼顾自来水公司供应居民饮水的义务。上诉人与被上诉人签订的修水池协议约定，若水库达到1999年防疫检测水质指标则同意肥水养鱼，而该时水质也是高浓度肥水养鱼水质。被上诉人明知水库是居民饮用水源而签订水库发包合同，应承担过错赔偿责任。上诉人在承包期间支出5.6万元转包费，饲料等投资13万元，6万余尾鱼苗到2004年承包期满可得利益30万元，合计48万元。原审判决不予认定是错误的，请求二审依法予以改判。

（2）被上诉人以原审判决正确为由进行答辩。

2. 二审事实和证据

泸州市中级人民法院经审理确认了一审法院认定的事实和证据。

另查明：1999年3月23日，佛荫镇人民政府与王洪进签订狮子坝水库修水池协议，申明为了更好地开发利用狮子坝水库水资源，解决居民及学生饮水问题，双方约定新建水池一个。1999年，县防疫站化验场镇饮水时在水库取水化验。2000年，再取样化验对比，若符合第一次化验指标，甲方同意乙方在水库搞肥水养鱼。随后由王元海承建了一个过滤池，王洪进支付工程款5 000元。1999年6月14日，合江县卫生防疫站作出卫检（99）字第82号卫生检测结果报告书，沙坎自来水站（新街）管网水检验评价为："除色度、浑度、氨氮、细菌总数，大肠菌群数超标外，其余指标符合GB5749—85卫生标准，望加强水质净化和消毒。"该防疫站同日作出的（99）字第85号卫生检测结果报告书对沙坎自来水站（老街）管网水抽检结论为："细菌总数超过国家GB5749—85卫生标准的2倍，大肠菌群超国家标准5 000多倍，该水必须通过消毒，尽快使水质达到国家标准。"2000年11月7日，合江县卫生局检查人员对沙坎供水站提出检查意见："你站自来水经县卫生防疫站3次检测，均不符合生活饮用水卫生标准，限短期内改进：（1）立即终止供水源养鱼、养鸭合同……"2001年3月19日，合江县卫生防疫站对狮子坝水库现场检查记录："沙坎场大部分群众反映，狮子坝水库近期来为了养鱼，在水库内投放化肥和人畜粪便；王洪进称，从去年8月份以后，未投放化肥和人畜粪便，投放了肥力高复合生物菌肥50包；现场调查，狮子坝水库内有网箱养鱼两处，其中有不少死鱼；狮子坝周围有学校、锅厂、居民生活污水排入。"同时抽水样化验结论为："所检项目中色度、浊度、臭和味、肉眼可见物均不符合国家《地面水环境质量》的基本要求，不宜作为生活用水水源。"在此期间，狮子坝水库周围居民纷纷要求解决水库水质污染问题，终止水库承包合同。2001

年4月5日、5月24日，佛荫镇人民政府与王洪进、周安兴两次座谈协商解除承包合同未果后，诉至原审法院，请求依法解除承包合同。另查明：1999年7月30日佛荫镇税务所收取王洪进水产品农业税800元，计税收入为6 154元。

上述事实有下列证据证明：

(1) 佛荫镇人民政府与王洪进签订的修建水池协议。

(2) 合江县卫生防疫站卫检（99）字第82号、第85号检测报告。

(3) 合江县卫生局检查人员的检查意见书。

(4) 合江县卫生防疫站2001年3月对水库现场检查记录及抽样检测结论。

(5) 被告王洪进水产品完税证，修建水池支付工程款的收据。

3. 二审判案理由

四川省泸州市中级人民法院经审理认为：上诉人周安兴、王洪进有权按照承包合同所确定的内容进行承包经营，但该水库作为当地居民饮用水源，为保护人民群众身体健康，维护社会公共利益，该水库不宜综合开发养殖业，原审判决解除承包合同是正确的。佛荫镇人民政府作为一级地方行政机关，肩负着监督管理水资源污染防治的职责，明知该水库是饮用水源，而将其作为养殖业进行不恰当的开发利用，在发包合同中又未明确限制养殖方式，落实污染防治措施，还在不能确保水质的情况下附条件地同意承包方进行肥水养鱼，是导致水源必然受污染的主要原因，因此，佛荫镇人民政府应对解除承包合同造成的损失承担主要的过错责任。周安兴、王洪进在签订转包合同时对原承包合同的内容是清楚的，即知道该水库是饮用水源，而进行了不适当的饲养方式，应承担相应的过错责任。上诉人主张48万元损失，除转包费5.6万元，完税收入6 154元，修水池5 000元的证据双方无异议，可予以确认外，其余11万元投资额均为上诉人单方采集，而对方不予认可的白条，并且已养成鱼售后可收回成本等，不应作为损失计算；30万元可得利益收入，上诉人并未提供确切可信的依据，并且继续以添加饲料等进行养殖将会以损害公众利益为代价换取效益，本院不予支持。按转包期分摊转包费用损失为23 272.64元，正常收入损失14 272元，修水池分摊损失2 318.72元，合计39 863.36元，应由佛荫镇人民政府与周安兴、王洪进按主次责任分担。上诉人的部分上诉理由成立。

4. 二审定案结论

四川省泸州市中级人民法院根据《中华人民共和国民事诉讼法》第一百五十三条第一款第（三）项之规定，作出如下判决：

(1) 维持合江县人民法院（2001）合江经初字第160号民事判决第一项、第三项和第四项。

(2) 撤销合江县人民法院（2001）合江经初字第160号民事判决第二项。

(3) 因解除承包合同承包人周安兴、王洪进的损失39 863.36元，由合江县佛荫镇人民政府承担31 890.69元，周安兴、王洪进共同承担7 972.67元，合江县佛荫镇人民政府在本判决生效后10日内将其承担款项给付周安兴、王洪进。

一、二审诉讼费22 420元，由合江县佛荫镇政府负担17 936元，周安兴、王洪进共同负担4 484元。

**（七）解说**

本案是水库开发利用中，因合同的履行造成水资源污染，损害社会公共利益而导致合同应予以解除产生的争议，主要应明确三点：

1. 签订合同时当事人对环境保护的注意义务。水库开发利用，对水库的灌溉功能、饮水供应功能必然产生一定的影响，特别是环境保护问题，合同的双方当事人都应当有充分注意的义务。地方各级人民政府、开发经营业主都有在资源开发利用中保护环境、防治污染的责任，在签订合同时就应当考虑，并采取相应的防治措施。本案当事人在签订水库承包合同时，存在主观上的疏忽大意和放任污染产生的过错。作为发包方的佛荫镇人民政府，只考虑了水库开发利用从事养殖业可以产生的经济效益，对养殖业可能产生水质污染，影响当地居民饮水安全，却未考虑，合同内容上没有限制养殖方式，也没有防治污染的条款。原承包人采取的白水养鱼方式，对水质没有产生明显的污染结果，在转包时，镇政府继续忽视了对水质的保护职责。合同转包后的承包方当事人，不仅从原合同的内容上知道该水库有饮用水功能，而且在实地考察时，也知道该水库有供水站承担供水任务，明知自己采取人工合成养鱼（亦称肥水养鱼）方式，必然影响水质，而未向发包方明示，主观上应当是一种放任的态度。本案当事人均未履行水污染的防治义务，在签订合同时就存在过错。

2. 合同的履行损害了社会公共利益是解除合同的法定事由。饮用水的污染，对一个地方的居民群体产生危害，损害的是社会公共利益。当事人在签订合同时只是未能充分注意其行为可能对社会公共利益产生危害（也是两级法院未认定合同无效的原因），但在合同履行中，被告投放化肥、腐烂食物的行为，产生了严重污染水质，损害众多居民饮水安全，影响身体健康的结果，违反了《中华人民共和国水污染防治法》的规定和《中华人民共和国合同法》第七条关于“当事人订立、履行合同，……不得损害社会公共利益”的规定，其损害结果也到了相当严重的程度。根据卫生防疫站检测，细菌总数超标两倍，大肠细菌群超标 5 000 多倍，已经引起沙坎场居民的公愤。双方当事人虽然曾经采取一定措施，但协议的水质标准并未按国家标准要求，并且在过滤池没有建成的情况下，继续采用肥水养鱼方式，是合同履行中故意污染水质，损害社会公共利益的行为，此种行为不能再让其持续下去，该合同必须予以解除。一审法院判决解除该承包合同符合合同法律原则和合同法关于解除合同的“法律规定的其他情形”。

3. 合同解除承担损失责任的分担。合同的解除，对已履行的合同当事人而言，存在一定的经济损失，依法应当按责任承担。本案双方当事人承担损失的责任划分，一、二审法院有不同的认识。一审法院是从当事人主观上的过错状态划分责任的，即佛荫镇人民政府出于疏忽大意，轻视自身防治污染职责的状态，承担次要责任，而承包方是明知会污染水质，而采用肥水养鱼方式，采取防范措施未成的情况下，继续而为之，是主观故意的过错，应承担主要责任。但二审法院则认为，佛荫镇人民政府是地方一级行政机关，负有法律规定的防治污染的管理职责，并在已知被告肥水养鱼污染水质时，持放任态度，这种不履行职责的政府行为，与单个的经营业主的行为相比，危害性更大，因而应承担主要责任。从对政府机关的严格责任讲，政府承担主要责任是可行的，可以促进乡镇一级政府机关，注意履行法律职责，承担起环境保护的重大责任。

（陈立生）

# 34. 李继文诉宜良县耿家营彝族苗族乡耿家营村民委员会土官村村民小组农业承包合同案（情事变更）

（一）首部

1. 判决书字号：云南省宜良县人民法院（2001）宜经初字第117号。

2. 案由：农业承包合同案。

3. 诉讼双方

原告：李继文，男，现年43岁，汉族，宜良县人，农民，住所：宜良县耿家营村民委员会土官村村民小组。

委托代理人：陈永明，展望律师事务所律师。

被告：宜良县耿家营彝族苗族乡耿家营村民委员会土官村村民小组（以下简称土官村村民小组）。

负责人：李雪锋，土官村村民小组组长。

委托代理人：李曰域，男，现年55岁，土官村村民。

委托代理人：达胜，展望律师事务所律师。

4. 审级：一审。

5. 审判机关和审判组织

审判机关：云南省宜良县人民法院。

合议庭组成人员：审判长：罗丹阳；审判员：陈思文、官成富。

6. 审结时间：2001年7月20日。

（二）诉辩主张

1. 原告诉称：1999年7月25日，原告与原土官村村民委员会（现土官村村民小组）签订了一份承包加工房合同，承包期从1999年7月25日至2004年7月25日，共计5年，原告每年交村上承包款1 500元，合同同时约定，本村的照明电及电费由原告负责管理代收。合同生效后，原、被告双方均按约履行。2001年5月2日，土官村新任村民小组组长李雪锋将加工房的用电断掉，强行终止合同。请求法院判令被告继续履行合同，赔偿因强行断电给我造成的经济损失，并由被告承担本案诉讼费。

2. 被告辩称：原告诉称不是事实。1994年7月25日，原告以公开投标的方式承包了土官村管电及加工房，合同期限为5年。承包期满后，1999年7月25日，在没有经过公开投标的情况下，原代理村长李如祥、副村长李继明与原告续签了承包加工房合同。今年年初，因全国性的农村电网改造，该合同中管电一项内容发生变更，即合同中的主要内容已不存在，经全村村民一致要求，土官村村民小组于2001年4月26日召开村民大会，公开投标重新承包加工房。原告也积极参与投标，并以每年交承包款6 500元中标。但随后原告又以原合同应继续有效为由，拒绝与被告重新签订承包合同。

**（三）事实和证据**

云南省宜良县人民法院经公开审理查明：1999年7月25日，原告李继文与原土官村村民委员会（现为土官村村民小组）签订了一份承包加工房合同，合同约定：由原告李继文承包本村的加工房，承包期为5年（从1999年7月25日至2004年7月25日），年承包款为1 500元，该款必须在每年的7月25日前交清。合同同时约定，本村的照明电及电费由李继文管理代收，合同还对其他事项进行了约定。合同签订后，原告李继文按约定交纳了1999年和2000年两年的承包款，并实际管理经营该村的加工房及照明电近两年。2000年年底，由于县电力公司根据国家有关规定对被告土官村小组的农村电网进行建设（改造），该村的照明用电由现土官村村民委员会统一管理，原告李继文便丧失了对该村照明电的管理权。由此，被告土官村小组以承包加工房合同中管电部分的协议内容已不能履行和加工房的承包款过低为由，于2001年4月26日晚，对本村的加工房承包进行公开招投标，原告李继文参与竞标，并以年承包款6 500元中标。随后，原告李继文以原来所签的承包加工房合同应继续有效为由，拒绝按年承包款6 500元与被告土官村小组重新签订合同。

上述事实有下列证据证明：

1.1999年7月25日承包加工房合同（原件）。

2.1999年7月25日和2000年7月5日原告交纳承包款收据二份（原件）。

3.1998年9月17日，国办发（1998）134号国务院办公厅文件一份（复印件）、1999年9月15日，宜政通（1999）54号《宜良县人民政府关于农网建设改造实施办法的通知》（复印件）。

4.被告方代理人对村民李继尧、李学富和潘海仙的三份调查笔录及加工房情况反映书。

**（四）判案理由**

云南省宜良县人民法院根据上述事实和证据认为：

1.原、被告双方于1999年7月25日签订的承包加工房合同属于有效合同。该合同有合同双方——原告和被告土官村原村委的有效签字，合同内容未违反法律或侵犯村民集体利益。合同成立后，原告按约交清了1999年和2000年的承包款，并实际投资管理经营加工房和照明用电近2年。在此期间，土官村村民对此也未公开提出异议。依据最高人民法院《关于审理农业承包合同纠纷案件若干问题的规定（试行）》第二十五条的规定，该合同应属于有效合同，双方均应严格遵守履行。因此，原告要求该合同属于有效合同，合同中履行期限条款继续有效的诉讼请求应予支持。被告方认为该合同违反公开、公平和民主议定原则，没有事实依据和法律依据。故不应予以支持。

2.由于合同履行过程中出现了情事变更情形，加工房承包款应按公平原则予以变更。原、被告双方于1999年7月25日签订合同时，由于当时农村偷漏电现象较为严重，承包农村照明用电管理权的管电员要负责偷漏电部分的电费，双方就有用降低加工房承包款来补偿管电员的考虑，故该合同中关于年承包款1 500元的约定，有偏低的事实存在。在合同履行过程中，2000年年底，由于全国性的农村电网改造，宜良县电力公司对被告土官村民委员会土官村村民小组的照明电进行建设（改造），该村的照明电按政策规定由土官村村民委员会统一管理。原、被告双方在合同中约定的有关管理照明用电的权利、义务消失，出现法定的情事变更情形，因此，双方签订合同时用降低加工房承包款来补偿管电员的考虑因素已不存在，如果再按合同约定的加工房年承包款1 500元的条款继续履行，显然有失公平，在一定程度上损害了集体村民的利益，依照《中华人民共和国民法通则》第四条的规定，适用公平原则，该合同条款应予以变更。

加工房年承包款变更的数额的确定，可以参照原、被告双方于2001年4月26日对该加工房进行公开招投标时，原告以年承包款6 500元中标的事实结论。此承包款数额，是在公开、公平的情形下确立的，符合当事人的善良的订约意图，符合情事变更前后的对比价比例，也未损害双方的利益，因此，将该加工房年承包款变更为6 500元符合公平原则。交款日期按原合同约定履行较为妥当。故被告要求原告按照其中标的年承包款6 500元继续承包加工房的答辩主张，应予以支持。

3. 由于加工房断电和停止经营至今的事实存在，且原告管理该村照明用电近2年，有过维修电线、电表的投资事实存在，给原告造成一定的经济损失，故根据公平原则，应由被告给予原告适当经济补偿。补偿数额的确定，应在维持原有合同关系的基础上，重新平衡当事人的利益关系，使之符合诚实信用、公平合理的原则，在此前提下，经法庭主持调解，双方均同意一次性按2 000元即时进行补偿。

4. 案件受理费的分担。由于本案中被告方有利用行政手段，欲单方强行终止合同履行的行为存在，故在总体上属于败诉方，但其要求变更年承包数额的答辩请求具有一定的合法性和合理性，依据《人民法院诉讼费收费办法》第十九条关于“案件受理费由败诉的当事人负担。双方都有责任的由双方分担”的规定，案件受理费860元，由原告负担110元，被告负担750元。

**（五）定案结论**

云南省宜良县人民法院根据《中华人民共和国民法通则》第四条和第五十九条第一款第（二）项，最高人民法院《关于审理农业承包合同纠纷案件若干问题的规定（试行）》第六条之规定，作出如下判决：

1. 原告李继文与被告宜良县耿家营彝族苗族乡耿家营村民委员会土官村村民小组于1999年7月25日签订的承包加工房合同第一条中的承包期限约定，第二条、第五条和第六条继续有效。

2. 该合同中加工房的年承包款变更为6 500元，2001年承包款限期于本判决发生法律效力之日付清，今后承包款的交付期限按原合同履行。

3. 由被告宜良县耿家营彝族苗族乡耿家营村民委员会土官村村民小组补偿原告李继文损失费人民币2 000元；限期于本判决发生法律效力之日交执行。

案件受理费860元，由原告负担110元，被告负担750元。

**（六）解说**

农村承包合同，是农村在实行家庭联产承包责任制的改革过程中，乡村基层组织与其成员或其他单位人员，就农业、林业、畜牧业和乡村工业、建筑业等所确定的承包关系，为明确双方权利、义务而订立的协议。审理该类案件，不能采取简单化的办法，要全方位、多角度的综合分析案情，既要维护合同的严肃性，不能随意改变和撕毁合同，促使合同双方认真履行合同，又要认真调查研究，在分析双方争议焦点的基础上，区别不同案情加以处理，对少数确实属于依仗权势强行承包，侵犯群众利益或私自转包从中牟利的，要变更或解除合同，对情节严重的还要进行相关处理。同时，还要注意化解由此产生的基层矛盾，确保农村社会环境的稳定，使农村的经济朝着有序化健康发展。

基于上述指导思想，综合全案的审理过程中，本案的审理有三个方面的特点：

1. 原、被告双方于1999年7月25日所签订的承包加工房合同，虽未举行公开招投标大会，但应认定其为有效合同。其理由是：首先，该合同已经村委讨论同意，有村长、副村长的有效签字，合同内容未违反相关法律或侵犯村民集体利益，原告按约交清承包款，并实际投资管理经营加工房和照明用电近两年，且在此期间，土官村村民对此也未公开提出异议，依照最高人民法院《关于审理农业承包合同纠纷案件若干问题的规定（试行)》第二十五条规定，应认定其为有效合同。其次，该合同的履行期间，恰逢村换届选举，为维护合同的严肃性，防止新产生的村领导随意改变和撕毁已生效履行的合同，从警示教育和有序化发展的目的出发，也应认定其为有效合同。

2. 情事变更原则的适用。本案在合同履行过程中，由于全国性的农村电网改造，使该合同的履行发生了双方当事人不能预料并不可归责于当事人的情事，由此造成原、被告双方在合同中约定的有关管理照明用电的权利、义务消失，双方签订合同时用降低加工房承包款来补偿管电员（原告）的因素已不存在，如果仍然维持合同中有关条款的效力，将产生显失公平的结果。因此，从平衡双方利益，权衡情事变更前后的对价比例，以及体现公平、公正的角度出发，本案适用情事变更原则变更了该合同中对加工房承包款的约定条款。

3. 综合平衡原、被告双方的诉讼利益。个人利益服从集体利益，因此，当两者利益发生矛盾冲突时，受损害的往往是个人利益。但从合同契约的角度来看，个人与集体均属于民事主体，相应的，其利益的享有也应是公平的。本案在审理过程中，充分认识到合同纠纷的实质是利益分配问题，因此，既考虑到为维护集体利益而依法变更加工承包款的约定数额，同时也考虑到由此给个人造成的损失的补偿，从而较为公平、合理地平衡了原、被告双方的诉讼利益，妥善化解了双方的矛盾冲突。

（罗丹阳）

## 35. 昆明呈贡县洛羊镇大洛羊村民委员会诉张玉珍承包合同案（承包期限）

**（一）首部**

1. 判决书字号：云南省昆明市中级人民法院（2000）昆法经初字第667号。

2. 案由：承包合同案。

3. 诉讼双方

原告：呈贡县洛羊镇大洛羊村民委员会（以下简称大洛羊村委会）。

法定代表人：张先，村委会主任。

委托代理人：康正君，云南霄玮律师事务所律师。

委托代理人：赵应祥，大洛羊村五组组长。

被告：张玉珍，女，1948年1月6日出生，汉族。住呈贡县洛羊镇大洛羊村五组。

委托代理人：王界均，张玉珍的丈夫。

委托代理人：任庆安，云南万成律师事务所律师。

4. 审级：一审。

5. 审判机关和审判组织

审判机关：云南省昆明市中级人民法院。

合议庭组成人员：审判长：段立斌；审判员：曾蕙菁、邱靖。

6. 审结时间：2001年3月28日。

**（二）诉辩主张**

1. 原告诉称：1994年10月28日，原告下属的第五组村民小组（原碓臼村村民委员会）与张玉珍双方签订了鱼塘承包合同，将碓臼村惟一的生产灌溉水源——大塘子发包给张玉珍经营。双方在合同中对承包时间作了特别约定："由于大塘子主要是用作本村农灌蓄水塘，故此承包不确定承包年限。但遇生产社需要或是天旱改造塘子时，乙方（指张玉珍）必须服从甲方（指大洛羊村委会）安排。甲方应提前两个月通知乙方做好准备，等乙方将塘内的鱼拿完以后，将塘交给甲方处理。"1999年3月12日，原告依照合同向张玉珍发出通知，要求张在同年5月12日将大塘子交归原告。而张则以一份其私下与原村委会主任李敏签订的鱼塘承包补充协议为依据，于1999年4月6日向呈贡县人民法院起诉村委会。经过两审诉讼，该鱼塘承包补充协议被昆明市中级人民法院（1999）昆法经二终字第456号判决书确认为无效合同。之后，原告再次向张玉珍发出通知，要求其按合同约定期限将大塘子交归原告管理，但张却置之不理。故请求判令张玉珍：（1）将大塘子交归原告管理；（2）赔偿其在承包期间未经原告同意，任意扩大水面淹没农田、强行填埋放水口，以及不经土地管理部门批准随意占地建房等违约行为，给集体和村民造成的损失共计1 332 879.80元；（3）恢复擅自打埂前大塘子原状；（4）承担诉讼费及违约造成的损失46 922元。

2. 被告辩称：（1）鱼塘承包合同和鱼塘承包补充协议是合法、有效的，大洛羊村委会单方撤销合同的行为已构成严重违约。（2）大洛羊村委会于1999年3月12日单方向张玉珍发出的通知不仅违反了合同的约定，而且是无效的。因为它不具备收回鱼塘的条件，也违反了法定程序，冒用了碓臼村村民委员会的扩大会议的名义，不具有任何法律效力。（3）鱼塘承包补充协议至今未被任何有权机关确认为无效，其承包期限为10年的约定对协议双方当事人仍具有约束力。昆明市中级人民法院（1999）昆法经二终字第456号判决并未判决此协议无效；根据最高人民法院《关于审理农业承包合同纠纷案件若干问题的规定（试行）》第二十五条的规定，此协议是合法、有效的。（4）大洛羊村委会要求张玉珍赔偿1 332 879.80元经济损失是毫无事实依据的。（5）大洛羊村委会的诉讼请求属于两个不同的诉，第一项是变更之诉，第二项是损害赔偿给付之诉，应作两案诉讼。

**（三）事实和证据**

昆明市中级人民法院经公开审理查明：1994年10月28日，大洛羊村委会与张玉珍签订了鱼塘承包合同书，约定：大洛羊村委会将其大塘子发包给张玉珍养鱼；每年承包费

7 000元；承包不确定年限，“但遇生产社需要或是天旱改造塘时，乙方（指张玉珍）必须服从甲方（指大洛羊村委会）安排”，“甲方应提前两个月通知乙方做好准备，待乙方将塘内的鱼拿完后，将塘交给甲方处理”；“水位不限，甲方生产用水，乙方不得干预”，“若塘内缺水，生产社应及时抽水蓄塘，以确保乙方养殖及甲方生产用水”。签约后，双方照之履行。1996年9月1日，双方又签订了鱼塘承包补充协议，将原合同中“承包不确定年限”的约定改为“定承包期限10年”，从1996年8月30日起至2006年8月30日止。此后，双方仍照之履行。

1999年3月12日，大洛羊村委会向张玉珍发出了通知，其内容是：“村上要治理大塘子，从今日通知你，到1999年5月12日大塘子水要干。请你办好有关事宜。另外经碓臼村村民民委员会扩大会议决定，大塘子将于1999年10月，本着公开、公平、公正的原则，向广大村民招包。”此后，大洛羊村委会就不再向大塘子内抽水，并且还开闸放水。为此张玉珍于1999年4月6日向呈贡县人民法院提起诉讼，要求确认鱼塘承包合同书及鱼塘承包补充协议有效，继续履行，判令大洛羊村委会承担违约责任。呈贡县人民法院审理后作出（1999）呈经初字第26号民事判决书，确定：鱼塘承包合同书及鱼塘承包补充协议有效，继续履行。宣判后，大洛羊村委会不服，提出上诉。经昆明市中级人民法院二审，于1999年11月26日作出了（1999）昆法经二终字第456号民事判决书，确认鱼塘承包补充协议的签订违反了“村务公开”的原则性规定，是无效协议，并判决撤销原判、驳回张玉珍的诉讼请求，此后，由于张玉珍未将大塘子交出，故大洛羊村委会提起了诉讼。

另外，大塘子是大洛羊村的农业灌溉蓄水塘，由水面、水淹地和秧田组成，其中水淹地面积有70余亩。大塘子里的水是由村委会统一管理的，抽水进塘增加蓄水量或是放水灌溉减少蓄水量都由村民委员会控制和安排。水位随季节的变化而变化，当大塘子水位高时，水淹地基本上会被淹没。张玉珍在承包期间在固定资产上共投资了53 790.53元，在大塘子边上新盖和翻盖了用作看守鱼塘的房子各一间。新盖的房子是张玉珍在他人的土地上建盖的，但取得了该土地使用者的同意。经原村委会主任同意，张玉珍将鱼塘和秧田之间的坝埂予以加宽和加高。大洛羊村委会向张玉珍发出收回大塘子的通知后，开闸放水。张玉珍则以维护其养鱼利益和村民生产用水为由，将放水口堵住。后放水口又被挖开。现放水口未再被堵。2000年度呈贡县大白菜的价格是0.2元/千克。

上述事实有下列证据证明：

1. 1994年10月28日鱼塘承包协议书。

2. 农田被淹损失计算：(1) 农田被淹农户的名单及水淹面积清单26份；(2) 2000年11月28日，呈贡县人民政府办公室呈政办发（2000）123号文件《关于统一2000年度农村经济年报中农副产品计算价格的通知》。

3. 1999年11月26日昆明市中级人民法院（1999）昆法经二终字第456号民事判决书。

4. 村民签字的清单一份和云南电视台录制的反映村民就收回鱼塘开会进行讨论的录像带一盒。

5. 1999年3月12日和2000年5月12日碓臼村村民委员会向张玉珍发出的通知2份。

6. 6张鱼塘放水口的照片。

7. 1999年11月3日呈贡县洛羊镇人民政府和呈贡县洛羊镇大洛羊办事处出具的情况说明书。

8. 1995年11月16日、1998年3月31日和1998年10月30日鱼塘承包费收据。

9. 2000年5月1日呈贡县物价局价格鉴定结论书。

10. 1999年4月18日碓臼村部分村民"关于我们不愿听张先煽动村民签字收回大塘子的证明材料"。

11. 1999年4月13日部分碓臼村村民提出的"关于要求查处张先有关问题及罢免其镇人民代表资格、村民委员会主任的报告"。

12. 2001年1月15日云南省农垦旅游总公司出具的关于承包碓臼村鱼塘有关情况的证明，咼爱华、刘海和李吉出具的证明书和1999年5月6日赵加林"关于我村大塘子蓄水淹了周围的地及塘子里的秧田不作任何赔偿的证实材料"。

13. 2001年1月16日张玉珍代理人任庆安律师对何富、刘海、刘俊忠、李廷章、李敏、赵加林的调查记录。

14. 1999年2月28日至2000年4月10日关于村民抽水灌溉的一组照片共8张。

诉讼中本院对承包标的物大塘子进行了现场勘验，双方一致确认以下事实：(1) 大塘子包括水面、水淹地和秧田，其中水淹地面积有70余亩；(2) 大塘子的水是由村委会统一管理的，抽水进塘增加蓄水量或是放水灌溉减少蓄水量都由村委会控制和安排；(3) 水位随季节的变化而变化，当大塘子水位高时，水淹地基本上被淹没；(4) 张玉珍曾填埋过放水口，但此行为是否会对村民生产造成影响，双方各执一词；(5) 目前放水口仍在放水，村民的生产用水未受影响；(6) 张玉珍在承包期间，在大塘子边上新盖和翻盖了用作守鱼塘的房子各一间，新盖的房子是张玉珍在他人的土地上建盖的，但取得了该土地使用者的同意；(7) 经原村委会主任同意，张玉珍将鱼塘和秧田之间的坝埂予以加宽和加高。

**(四) 判案理由**

昆明市中级人民法院根据上述事实和证据认为：双方当事人争议的问题是：(1) 大洛羊村委会能否收回大塘子？其收回的理由是否能成立？(2) 鱼塘承包补充协议是有效，还是无效？(3) 大洛羊村委会提出的损失赔偿有无事实依据？(4) 大洛羊村委会能否在一案中既提出变更之诉，又提出给付之诉？对于原告大洛羊村委会的诉讼请求能否得到支持？被告张玉珍的反驳理由是否能够成立？法院作如下评判：

1. 关于合同效力问题。对于鱼塘承包合同书的效力，双方当事人均无异议。对于鱼塘承包补充协议的效力，双方的认识截然不同，大洛羊村委会认为无效，而张玉珍则认为有效。已经生效的本院（1999）昆法经二终字第456号民事判决书，已经以鱼塘承包补充协议的签订违反了"村务公开"的原则性规定而确认其为无效协议。该判决虽然未在判决主文中明确写明"鱼塘承包补充协议无效"，但在阐述判决理由时已对无效的理由作了充分的论述，将判决理由与判决主文之间的关系已交待得明确、清楚。本院撤销原审判决、驳回张玉珍的诉讼请求，即表明对张玉珍要求确认鱼塘承包补充协议为有效是无理的，此协议当然也就是无效的。因此，张玉珍主张我院（1999）昆法经二终字第456号判决并未判决此补充协议无效是站不住脚的，本院不予支持。另外，张玉珍还认为，根据最高人民法院《关于审理农业承包合同纠纷案件若干问题的规定（试行）》第二十五条的规定，此补充协议是合法、有效的。这也是没有依据的。因为此规定第二十五条（共2款）的内容是：“人民法院在审理依本规定第二条所起诉的案件中，对发包方违背集体经济组织成员大会或者成员代表大会决议，越权发包的，应当认定该承包合同为无效合同，并根据当事人的过错，确定其应承担的相应责任。属本条前款规定的情形，自承包合同签订之日起超过一年，或者虽未超过一年，但承包人已实际做了大量的投入的，对原告方要求确认该承包合同无效或者要求终止该承包合同的，人民法院不予支持。但可根据实际情况，依照公平原则，对该承包合同的有关内容进行适当调整。”而此规定第二条则是：“发包方所属的半数以上村民，以签订承包合同时违反《中华人民共和国土地管理法》和《中华人民共和国村民委员会组织法》等法律规定的民主议定原则，或者其所签合同内容违背多数村民意志，损害集体和村民利益为由，以发包方为被告，要求确认承包合同的效力提起诉讼的，人民法院应当依法受理，并可通知承包方作为第三人参加诉讼。”由上述规定可以清楚地看出，本案并不适用此规定，因为本案不是村民起诉村民委员会。

由于鱼塘承包补充协议是无效的，因而协议中关于为期10年的承包期限之约定也是无效的。由于承包期限的约定是无效的，因而承包合同也就没有期限。合同没有期限，大洛羊村委会就可以在任何时候，根据需要，依据鱼塘承包合同书中关于在“遇生产社需要或是天旱改造塘时”，大洛羊村委会可以收回鱼塘的约定，以及法律规定，行使合同解除权，从而终止合同。但必须给张玉珍一定时间的准备期限，也就是合同中约定的两个月。因此，张玉珍在接到大洛羊村委会收回鱼塘的通知后，应在两个月内拿完塘中的鱼，将大塘子交回。

大洛羊村委会行使合同解除权符合法律的规定，本院予以支持。而张玉珍在接到通知至今都未将大塘子交给大洛羊村委会处理，已构成了违约，应承担违约责任。

2. 关于损失赔偿问题。大洛羊村委会认为，张玉珍在承包期间未经其同意，任意扩大水面淹没农田、强行填埋放水口，以及不经土地管理部门批准随意占地建房等违约行为，给集体和村民造成的损失共计1 332 879.80元，因而要求张赔偿这些损失。本院认为，大洛羊村委会的这一主张是缺乏依据的。理由如下：(1) 任意扩大水面淹没农田的问题。经过审理，没有发现大洛羊村委会所称“任意扩大水面淹没农田”的事实。大塘子本身就是由水面、秧田和70余亩水淹地组成。水位高时，水淹地基本上就会被淹没。而蓄水量的多少主要是由季节、气候变化以及人为的抽、灌、开关闸来控制的。在合同中双方当事人约定大塘子的“水位不限”，而且抽水进塘增加蓄水量或是放水灌溉减少蓄水量都由村民委员会控制和安排。所以，大洛羊村委会以张玉珍“任意扩大水面淹没农田”为由，要求其赔偿承包6年给村民造成水淹地不能种植而形成的损失1 223 100元是没有事实依据的。(2) 关于“强行填埋放水口”的问题。经审查，张玉珍在大洛羊村委会向其发出收回大塘子的通知并开闸放水后，确有填埋放水口的行为。但此行为造成了多少损失，大洛羊村委会并没有提供依据，因此大洛羊村委会以张玉珍“强行填埋放水口”给其造成损失为由要求赔偿，本院不予支持。(3) 关于张玉珍不经土地管理部门批准随意占地建房的问题。经审查，张玉珍在承包期间共新建和翻建了看守鱼塘的房屋各1间。其中新建房屋是经土地使用者同意的，如需办理批准手续之事宜，属于土地管理部门主管范围，本院亦不予处理。其中翻建房屋是否须经土地管理部门批准，亦属土地管理部门主管范围，本院亦不予处理。因此，大洛羊村委会以张玉珍“不经土地管理部门批准随意占地建房给集体和村民造成的损失”为由要求张进行赔偿，本院不予支持。

3. 关于擅自打埂的问题。经审查，张玉珍在承包期间确实将鱼塘和秧田之间的坝埂进行了加宽和加高，但这已经得到原村民委员会主任的同意。因此，大洛羊村委会要求张玉珍“恢复擅自打埂前大塘子原状”的诉讼请求，本院不予支持。

4. 关于大洛羊村委会能否在一案中既提出变更之诉，又提出给付之诉的问题。张玉珍在此称变更之诉，是指大洛羊村委会提出解除合同，给付之诉是指损害赔偿。本院认为，这两个诉讼请求是基于承包合同这一法律关系而提出的，并没有必须分开进行两个诉讼的理由。因此，大洛羊村委会的这两种诉讼请求可以在本案中一并处理。

5. 关于其他违约造成的损失46 922元的问题。本院认为，因这些费用中除了本案的诉讼费外，其余均与本案无关，而本案诉讼费的承担并非判决内容。故本院对此诉讼请求不予支持。

6. 关于大洛羊村委会提起这次诉讼是否合法的问题。虽然这不是当事人的诉讼请求，但在审理过程中双方当事人还是对此提出了各自的意见。对此，本院认为，大洛羊村委会的起诉是合法的。至于这次诉讼的提起是大多数村民的意见，还是少部分村民的意见，或是否经过了法定的程序，这只能以大洛羊村委会主任张先的身份及其授权他人代理诉讼是否合法为据。到目前为止，本院尚未发现张先不是村民委员会主任的证据，也没有发现张先的行为有违反法律、法规而不能代表大洛羊村委会之处，因此，其行为及其授权他人代理诉讼的行为是有效的。

**（五）定案结论**

云南省昆明市中级人民法院根据《中华人民共和国合同法》第九十四条第（五）项，《中华人民共和国民法通则》第一百三十四条第一款第（四）项之规定，作出如下判决：

1. 解除大洛羊村委会与张玉珍签订的鱼塘承包合同书。

2. 由张玉珍在本判决生效后 2 个月内将大塘子交回大洛羊村委会处理。

3. 驳回大洛羊村委会关于要求张玉珍赔偿给集体和村民造成的损失共计1 332 879.80元，以及违约造成的损失46 922元和要求张玉珍恢复擅自打埂前大塘子原状的诉讼请求。

本案案件受理费16 674元，由大洛羊村委会承担11 671.80元，由张玉珍承担5 002.20元。

**（六）解说**

1. 本案的背景。本案是从呈贡县人民法院提审的，提审原因主要有两个：一是原、被告双方当事人矛盾非常尖锐，情绪激动。双方当事人就鱼塘承包补充协议的效力确定已进行了两审诉讼，在此过程中村民委员会主任张先曾带领村民到呈贡县人民政府请求解决。为此，昆明市中级人民法院审判人员到当地调停。在本次诉讼中，本院审判人员到实地进行勘验时，双方在勘验过程中恶言相向，激烈争吵，使勘验工作数次中止。在审判人员对双方做了大量的思想工作后，双方才基本上控制住情绪，勘验工作也才得以完成。在开庭审理时，双方也曾对对方进行人身攻击。在法庭的制止和批评下，双方当事人才将陈述发言集中到诉讼上来。由于双方当事人积怨颇深，加之案情复杂，在当地影响较大，由昆明市中级人民法院作一审更妥当一些。二是被告张玉珍的丈夫王界均（也是张的诉讼代理人）是呈贡县政协副主席，呈贡县人民法院认为在审理过程中可能会受到干扰。另外，村委会一方的部分村民是支持张玉珍的，包括原村民委员会的主任。收回大塘子的意见在村民中产生了两种完全相反的反映。虽然大部分村民是支持现任村民委员会主任收回大塘子，但毕竟有少部分村民认为张玉珍的承包合同仍应继续得到执行。不同意见的村民之间可能存在利益的冲突，他们都十分关注本案的处理。严格依法裁判对妥善解决本案纠纷具有重要的意义。

2. 对村民委员会主任行为的限制。在审理中，双方当事人对鱼塘承包补充协议的效力仍然存在分歧。张玉珍始终坚持此协议是有效的，并陈述其正在申诉，以求得法院能够撤销就协议无效所作出的判决。虽然本案不就鱼塘承包补充协议的效力再作处理，但由此引出的法律问题还是值得重视的。此补充协议是原村民委员会主任与张玉珍签订的。在一般情况下，村民委员会主任的行为是能够代表村民的，其行为的后果是由村民委员会来承担的。但本案中，村民委员会主任就鱼塘承包所为的行为，关乎村民的重大利益，法律对之作出一定的限制。1988 年 6 月 1 日起试行的《中华人民共和国村民委员会组织法》第十一条第一款规定："村民委员会向村民会议负责并报告工作。"该条第二款规定："村民会议由村民委员会召集和主持。有 1/5 以上的村民提议，应当召集村民会议，涉及全村村民利益的问题，村民委员会必须提请村民会议讨论决定。"1998 年 11 月 4 日新公布的《中华人民共和国村民委员会组织法》第十九条规定，村民的承包经营方案，村民委员会必须提请村民会议讨论决定，方可办理。因此，本案中作为村民惟一生产用水水源的大塘子对外承包，是涉及全村村民利益的事情，必须经村民会议讨论后，村民委员会才有权对之进行处理。而大塘子的承包期限在承包合同中又是一个十分重要的条款，要对之进行更改，应当经过村民会议的讨论决定。原村民委员会主任在未经村民会议讨论决定的情况下，擅自与张玉珍改变了承包期限，违反了《中华人民共和国村民委员会组织法》的强制性规定，因而是无效的。张玉珍仍应按原合同的约定履行。

（段立斌）

## 36. 同仁县手工业联社等诉才旦加企业承包合同案（解除合同）

### （一）首部

1. 判决书字号

一审判决书：青海省同仁县人民法院（2001）同民初字第 106 号。

二审判决书：青海省黄南藏族自治州中级人民法院（2001）黄经终字第 5 号。

2. 案由：企业承包合同案。

3. 诉讼双方

原告（被上诉人）：同仁县手工业联社。

法定代表人：李志新，主任。

委托代理人（二审）：杜辉春，同仁县经济建设局干部。

原告（被上诉人）：同仁县手工业联社铁工生产合作社。

法定代表人：马有布，社长。

委托代理人（一审）：李顺春，同仁县司法局退休干部。

被告（上诉人）：才旦加，男，1966 年 8 月出生，藏族，个体工商户，住隆务镇四合吉村。

委托代理人（二审）：刘慧泉，黄南州检察院干部。

4. 审级：二审。

5. 审判机关和审判组织

一审法院：青海省同仁县人民法院。

合议庭组成人员：审判长：马红年；审判员：冷有海；代理审判员：陈云。

二审法院：青海省黄南藏族自治州中级人民法院。

合议庭组成人员：审判长：杨晋平；代理审判员：拉加才让、赵永山。

6. 审结时间

一审审结时间：2001 年 9 月 24 日。

二审审结时间：2001 年 11 月 8 日。

**（二）一审诉辩主张**

1. 原告诉称：同仁县手工业联社铁工生产合作社于 2000 年 3 月 26 日委托同仁县手工业联社在 2000 年 7 月 21 日与被告之间签订一份企业承包协议，根据协议，被委托单位同仁县手工业联社将同仁县手工业联社铁工生产合作社承包给被告才旦加个人经营，承包期限为 49 年，承包费为 6.8 万元（承包费由同仁县手工业联社保管）。该协议虽然已经开始履行，但同仁县政府认为承包前由于考虑的问题不全面，存在许多问题：如承包费用过低、承包期限过长、且未履行各项登记审批手续，若继续履行协议，势必使双方的权利、义务显失公平。同仁县手工业联社于 2000 年 8 月 4 日书面通知才旦加解除承包协议，但才旦加于 2000 年 8 月 5 日书面作出不同意解除承包协议。原告诉请要求不承担通知解除合同以后造成的损失。

2. 被告辩称：承包协议是在同仁县手工业联社和主管部门掌握下，由双方盖章、县土地管理局批准达成的，在政策上和程序上都是合法、有效的。承包协议为 49 年是企业实施改革的政策，承包费 6.8 万元是我以投标竞争取得的承包权。被告方要求，如果解除合同，原告方要赔偿由此给被告造成的经济损失87 800元。

**（三）一审事实和证据**

同仁县人民法院经公开审理查明：2000 年 3 月 26 日，同仁县手工业联社铁工生产合作社委托同仁县手工业联社为其寻找该社土地及附属物的承包人和租赁人，承包费或租金由同仁县手工业联社与承包人或租赁人协商为准。2000 年 7 月 21 日，同仁县手工业联社以自己的名义同被告才旦加签订了企业承包协议，将同仁县手工业联社铁工生产合作社所属的2 105.53平方米的土地及平房 14 间等以 6.8 万元租赁给被告才旦加，并根据同仁县土地管理局签署的意见推定租赁期限为 49 年，才旦加有权根据市场变化决定生产经营范围，协议签订后双方即开始履行。被告才旦加将其木材加工厂搬迁至原告同仁县手工业联社铁工生产合作社的经营场所内。2000 年 8 月 4 日，同仁县手工业联社以书面形式通知才旦加要求解除合同。2000 年 8 月 5 日，被告才旦加也以书面形式进行了答复，不同意解除，并要求赔偿损失。

上述事实有下列证据证明：

1. 双方当事人的当庭陈述。

2. 双方签订的承包协议。

3. 原告提供的委托书、国有土地使用证、营业执照。

4. 同仁县劳动人事局的证明、关于成立同仁县手工业联社的批复。

5. 被告方提供的李巴的收据 2 份。

6. 一审法院依职权调取的同仁县国家税务局职工孙永福、辛世英的调查笔录。

7. 同仁县工商行政管理局李海琴的调查笔录。

8.2000 年、2001 年才旦加的验照登记表。

9. 才旦加的营业执照。

10. 同仁县土地管理局的证明。

**（四）一审判案理由**

同仁县人民法院经审理认为：同仁县手工业联社接受同仁县手工业联社铁工生产合作社的委托后，却以自己的名义与第三人签订了合同，从合同的内容看应该是租赁而非企业承包，由于合同中涉及土地使用权租赁的内容违反了行政强制性规定，内容违法，此外，租赁的合同签订后未办理有关登记手续，合同也未生效，所以，该合同属于无效合同。对该无效合同的签订，同仁县手工业联社及同仁县手工业联社铁工生产合作社应承担主要责任，被告才旦加承担次要责任。被告才旦加要求原告赔偿向私人借款 7 万元，年分红利 25 200元，无法律依据，本院不予采纳。其主张的拆除原木材加工厂房屋损失 1.5 万元，拆除跑车水泥道损失3 000元，拆除围墙、大门等损失2 500元，拆除供电装置、供水设施损失1 200元，同仁县手工业联社铁工生产合作社厂房看护人员工资3 600元（1 人，每月 300 元，从 2000 年 7 月 21 日起至 2001 年 7 月 20 日止，工资共计3 600元），被告以上所述，无证据证明，本院不予支持。拆除房屋搬运机器等费用1 500元，安装机器、修新跑车水泥道等费用 800 元，事实清楚，证据确实、充分，原告应予适当赔偿。被告才旦加占用原告厂房、设备，应予支付租金1 387元。原告所收的租赁费 6.8 万元应予返还，对于被告损失的年营业额 1.6 万元，原告应予适当补偿。

**（五）一审定案结论**

青海省同仁县人民法院根据《中华人民共和国民法通则》第六条、第六十三条第一款，《中华人民共和国合同法》第七条、第五十二条第（五）项、第五十八条，《中华人民共和国城市房地产管理法》第五十五条，《中华人民共和国城镇国有土地使用权出让、转让暂行条例》第四十五条，《中华人民共和国划拨土地使用权管理办法》第六条的规定，作出如下判决：

1. 原、被告双方签订的合同无效。

2. 原告同仁县手工业联社铁工生产合作社、同仁县手工业联社退还租金款 6.8 万元，被告才旦加向原告同仁县手工业联社铁工生产合作社支付租金1 387元。

3. 原告同仁县手工业联社铁工生产合作社、同仁县手工业联社赔偿被告才旦加停产补偿费11 200元，其他经济损失1 610元。

诉讼费2 894.69元，原告承担2 024.88元，被告才旦加承担 869.81 元，其他费用 200 元，原、被告各承担 100 元。

（六）二审情况

1. 二审诉辩主张

（1）上诉人诉称：根据原审法庭调查，上诉人与被上诉之间签订的书面承包协议合法、有效，是符合《中华人民共和国合同法》规定的；原判决不能简单地以“违反行政强制性规定、内容违法”而否定合同的合法、有效性；各项损失均有事实根据，但一审法院不予支持，加重了上诉人的经济负担；请求二审法院维护合同的有效性和保护上诉人的经济等权益。

（2）被上诉人同仁县手工业联社辩称：签订合同是客观存在的，但签订后情况发生了变化，所以要求解除合同；我方认为铁工生产合作社的厂址因属于隆务寺院的范围之内，应该由隆务寺院承包手工业联社铁工生产合作社比较合适；上诉人所提经济损失的真实情况无法证明，请求法庭核实。

（3）被上诉人同仁县手工业联社铁工生产合作社辩称：本案的承包合同是我方的上级主管部门手工业联社作为发包方签订的合同，我方认为上级主管部门有权签订这样的合同，由于其他原因（行政干预）造成本合同的解除，我方也无可奈何。

2. 二审事实和证据

黄南州中级人民法院经公开审理查明：2000 年 7 月 21 日，同仁县手工业联社与才旦加签订了承包协议。协议约定，同仁县手工业联社将同仁县手工业联社铁工生产合作社土地2 105.53平方米、平房 14 间和一台 100KVA 变压器、配电盘、大门等以 6.8 万元的承包费承包给才旦加生产经营。才旦加有权根据市场变化决定生产经营范围，承包期限为 49 年。合同签订后，同仁县手工业联社于 2000 年 8 月 4 日书面通知才旦加要求解除合同，2000 年 8 月 5 日，才旦加书面答复不同意解除合同。由于同仁县手工业联社擅自解除承包合同，造成才旦加不能生产经营 1 年零 3 个月。

上述事实有下列证据证明：

（1）双方签订的承包协议。

（2）同仁县手工业联社解除承包协议的通知。

（3）才旦加不同意解除合同的答复。

（4）同仁县工商局年检报告。

（5）同仁县工商局干部李海琴调查笔录等证据证明。

3. 二审判案理由

黄南州中级人民法院经审理认为：企业承包经营合同是企业实行承包经营责任制的表现形式，企业承包合同依法成立，即具有法律效力，任何一方均不得随意变更或解除。上诉人才旦加与被上诉人同仁县手工业联社签订的企业承包经营合同是在协商一致、平等互利的基础上订立的，其合同内容符合国家法律、政策的要求，属于有效合同，应受到国家法律的保护。此合同本应双方严格遵守，认真履行，但同仁县手工业联社无视合同的严肃性和国家法律的有关规定，单方解除合同，这是严重的违约行为，应承担违约责任。原审法院依照国家房地产管理、土地管理的法律、行政法规的规定，判决上诉人与被上诉人签订的企业承包合同无效，属于适用法律错误，判决不当，应予纠正。

4. 二审定案结论

青海省黄南藏族自治州中级人民法院根据《中华人民共和国民事诉讼法》第一百五十

三条第三款第（三）项，《中华人民共和国合同法》第八条、第一百零七条、第一百一十三条，并依照《全民所有制工业企业承包经营责任制暂行条例》第十四条、第十八条、第二十四条的规定，作出如下判决：

（1）撤销青海省同仁县人民法院（2001）同民初字第106号民事判决书。

（2）上诉人与被上诉人签订的企业承包合同有效，承包合同继续履行。

（3）被上诉人同仁县手工业联社赔偿上诉人才旦加经济损失2万元（于本判决生效后10日内一次性付清）。

一、二审案件诉讼费5 792.69元，均由同仁县手工业联社负担（于本判决生效后7日内一次性交纳）。

**（七）解说**

此案一、二审判决分歧较大。一审判决双方签订的企业承包合同属于无效合同，认定双方签订的承包合同违反了行政法律、法规，二审改判为双方签订的企业承包合同属于有效合同，理由如下：

1. 关于同仁县手工业联社以自己的名义订立的合同是否有效的问题。《全民所有制企业承包经营暂行条例》第十四条规定："实行承包经营责任制，必须由企业经营者代表承包方同发包方订立承包经营合同。""发包方为人民政府指定的有关部门，承包方为实行承包经营的企业。"从该条款可以看出，手工业联社作为铁工生产合作社的上级主管单位，有权依法与才旦加订立承包合同。一审认为从内容看违反了行政法律、法规，将合同定为无效合同，上述条款的规定说明了订立合同的合法、有效性。

2. 关于政府机关废止合同的行为问题。《合同法》第四条规定："当事人依法享有自愿订立合同的权利，任何单位和个人不得非法干预。"第八条规定："依法成立的合同，对当事人具有法律约束力。当事人应当按照约定履行自己的义务，不得擅自变更或者解除合同。依法成立的合同，受法律保护。"同时该合同不存在《合同法》第五十二条规定的合同无效条款。按照上述法律规定，政府无权以行政命令手段解除合同。

3. 关于一审法院在判决中适用房地产法规、土地法等的问题。由于认识不同，导致一、二审判决结果不同，究其原因主要是因为：一是没有将承包和租赁区别开来，而是按照协议字面含义将承包划为租赁；二是将房地产的有关规定强行套在承包合同中，属于适用法律错误。

（薛　艳）

## 37. 施清体等诉朱嵘强等承包合同案
## （隐名投资）

**（一）首部**

1. 判决书字号

一审判决书：福建省厦门市中级人民法院（2001）厦经初字第333号。

二审判决书：福建省高级人民法院（2001）闽经终字第285号。

2. 案由：承包合同案。

3. 诉讼双方

原告（上诉人）：施清体（SZE, Ching Tai），男，1957年9月3日出生，中国香港人。

原告（上诉人）：陈德兴（CHAN TAK HENG），男，1940年11月1日出生，中国澳门人。

原告（上诉人）：米勇，男，1962年11月7日出生，回族，住济南市历下区所里街47号。

以上三原告共同委托代理人：徐晓江、卫勇学，福州至理律师事务所律师。

被告（被上诉人）：朱嵘强，男，1969年6月19日出生，汉族，住福建省厦门市开元区后江埭路55号401室。

被告（被上诉人）：朱振华，男，1935年7月18日出生，汉族，住福建省厦门市开元区光彩街57号。

以上二被告共同委托代理人：郭志豪，福建厦门联合信实律师事务所律师。

4. 审级：二审。

5. 审判机关和审判组织

一审法院：福建省厦门市中级人民法院。

合议庭组成人员：审判长：周红岩；审判员：陈宗杰；代理审判员：纪荣典。

二审法院：福建省高级人民法院。

合议庭组成人员：审判长：林杰；代理审判员：林毅、张序涛。

6. 审结时间

一审审结时间：2001年9月26日。

二审审结时间：2001年12月5日。

**（二）一审诉辩主张**

1. 原告施清体、陈德兴、米勇（以下均称三原告）诉称：1999年12月17日，三原告与被告朱嵘强签订承包合同，合同约定由三原告将厦门云亭饭店发包给被告朱嵘强，被告朱嵘强在第一年以每月人民币（下同）6.3万元，第二年至第四年每月6.5万元计付租金给三原告；如被告朱嵘强连续两个月不支付租金，三原告有权没收40万元保证金，并终止承包合同，被告朱振华为被告朱嵘强的履约承担连带保证责任。由于被告朱嵘强自2000年6月始未向三原告支付租金，被告朱振华也未承担保证责任，三原告催讨未果，为此向法院提起诉讼，请求判令：（1）被告朱嵘强给付租金共83.3万元（从2000年6月起至2001年7月止）；（2）被告朱嵘强所支付的40万元保证金不予退还；（3）被告朱嵘强承担三原告因拖延支付租金造成的损失计80万元；（4）被告朱振华对被告朱嵘强的上述债务承担连带保证责任；诉讼费由二被告承担。庭审中，三原告承认，被告支付的款项为租金系表述不当，应为承包金。

2. 被告朱嵘强、朱振华辩称：对三原告提交的证据的真实性虽然没有异议，但三原告由于自知缺乏发包主体等情况，其自愿于2000年9月30日开具了一份“证明”，以解除该份“承包合同”，因承包合同已“全部失效”，故应驳回三原告的诉讼请求。

**（三）一审事实和证据**

福建省厦门市中级人民法院经公开审理查明：本案承包的企业为厦门云亭餐饮有限公司（以下简称厦门云亭），该公司于1999年1月15日由厦门市工商行政管理局批准成立，公司住所地为厦门市湖滨中路7号，注册资本为60万元，投资者为被告朱嵘强和厦门市开元区公园物业公司，投资金额分别为54万元和6万元。1999年5月11日，原告施清体、陈德兴、米勇分别作为合资的甲、乙、丙三方签订一份合资协议书，协议书约定三方共同出资建立厦门云亭，聘任被告朱嵘强为厦门云亭的总经理和法定代表人，由朱嵘强代表股东三方向厦门市工商行政管理局申办营业执照，同时约定各股东的投资比例。被告朱嵘强作为被委托方也在协议书上签了名。协议签订后，被告朱嵘强未向工商行政管理部门申请设立公司，也未到工商行政管理局办理厦门云亭的股东变更手续。1999年2月11日、6月3日，原告施清体、陈德兴分别向厦门云亭投资80万元和12万元。1999年12月17日，原、被告签订一份承包合同（即本案的讼争合同），由原告施清体、陈德兴、米勇作为甲方（发包方），被告朱嵘强作为乙方（承包方），由被告朱嵘强对厦门云亭进行承包经营，自1999年12月18日起承包期限4年，承包金额第一年每月6.3万元，第二年至第四年每月6.5万元，承包者须于每月10日前，按股东投资比例付给甲方（甲方施清体占投资比例40%，陈德兴占投资比例40%，米勇占20%）。被告朱振华作为被告朱嵘强的履约担保人在合同上签名确认。合同签订后，被告朱嵘强已付清截至2000年9月份的承包金。2000年9月30日，原告陈德兴、米勇以三原告的名义出具一份“证明”（以下简称证明）给原告朱嵘强，证明的内容为：“位于厦门市湖滨中路7号云亭餐饮有限公司（酒楼）三名股东施清体、陈德兴、米勇与朱嵘强所签订的全部合同、协议，自即日起全部失效，特此证明。”原告施清体没有在证明上签字。

上述事实有下列证据证明：

1. 企业法人营业执照、验资报告、经营公司设立基本住所材料及房屋租赁合同各一份。

2. 1999年5月11日合资协议书一份，合资的甲、乙、丙方分别为原告施清体、陈德兴、米勇，协议书约定的内容为建立“厦门云亭餐饮有限公司”，各股东所应投资比例及委托被告朱嵘强任公司总经理、法定代表人并向厦门市工商行政管理局申办营业执照。

3. 1999年12月17日承包合同一份，合同甲方为三原告，乙方为被告朱嵘强，合同约定的内容如原告在起诉状中所述，被告朱振华作为被告朱嵘强的履约保证方在承包合同上签名确认。

4. “厦门云亭流动资产、负债对照表”、“厦门云亭流动资产、负债对照表调整说明”各一份，由被告朱嵘强经手、厦门云亭为收款人的收据两份。

5. 2000年9月30日三原告出具证明一份。

**（四）一审判案理由**

福建省厦门市中级人民法院认为：证明的有效与否，应以讼争的承包合同是否有效为前提。本案三原告以承包合同纠纷为由提起诉讼，承包的企业系位于湖滨中路7号的厦门云亭，三原告是承包合同的发包方，被告朱嵘强是合同的承包方。但厦门云亭系由被告朱嵘强和厦门市开元区公园物业公司投资设立的有限责任公司，在厦门云亭依法成立之后，三原告要对其进行再投资，应当经过厦门云亭的另一位股东——厦门市开元区公园物业公司同意，并且应当按照规定到工商行政部门办理有关手续，否则，根据《中华人民共和国公司登记管理条例》第二十八条“公司增加注册资本的，应当自股款缴足之日起30日内申请变更登记”，以及最高人民法院《关于适用〈中华人民共和国合同法〉若干问题的解释（一）》第九条“依照合同法第四十四条第二款的规定，法律、行政法规规定合同应当办理批准手续，或者办理批准、登记等手续才生效，在一审法庭辩论终结前当事人仍未办理批准手续的，或者仍未办理批准、登记等手续的，人民法院应当认定该合同未生效”的规定，应当认定该投资行为尚未生效。三原告虽然同被告朱嵘强以签订合资协议书的形式对厦门云亭进行投资，但其投资因未到厦门市工商行政管理局办理股东变更手续，其投资行为尚未生效，三原告仍不是厦门云亭法律意义上的投资者，其也不能取得因投资行为而对企业享有的所有权和经营管理权。而发包行为系企业的投资者对企业经营管理权的处分行为，三原告无权对厦门云亭的经营权进行发包，该承包合同应认定为无效。根据《中华人民共和国民法通则》第五十八条第二款关于无效的民事行为，从行为开始起就没有法律约束力的规定，该承包合同自签订之日起对原、被告双方均无法律约束力，依据该承包合同所产生的民事行为亦无法律效力，因此，三原告依据承包合同有效所提出的诉讼请求，不予支持。

**（五）一审定案结论**

福建省厦门市中级人民法院根据《中华人民共和国民法通则》第五十八条第一款第（五）项、第二款，《中华人民共和国公司登记管理条例》第二十八条，最高人民法院《关于适用〈中华人民共和国合同法〉若干问题的解释（一）》第九条之规定，判决如下：

驳回原告陈德兴、米勇、施清体的诉讼请求。

本案案件受理费20 175元，由原告陈德兴、米勇、施清体负担。

**（六）二审情况**

上诉人（原审原告）陈德兴、米勇、施清体提起上诉之后，在福建省高级人民法院审理期间，于2001年12月4日向二审法院申请撤回上诉。福建省高级人民法院依照《中华人民共和国民事诉讼法》第一百五十六条的规定，裁定：

准许上诉人陈德兴、米勇、施清体撤回上诉，双方均按原审判决执行。

**（七）解说**

这是一起境外投资者因隐名投资而产生的承包合同纠纷，案件事实清楚，法律关系并不复杂，因该类似情况在厦门地区经常出现而使本案具有典型性。

到中国内地投资，这本身是件好事，当地政府也会积极创造条件吸引外资并保护投资者的合法权益。但有些投资者完成投资行为后，因未产生预期后果，引起纠纷，诉诸法院，但其诉讼请求却得不到支持。如本案，三原告虽然同被告朱嵘强以签订合资协议书的形式对厦门云亭进行投资，且把企业的经营权发包给被告朱嵘强，其要求承包方支付承包金的诉讼请求，却因手续上的欠缺而得不到法律保护。

本案主要涉及合同的成立与生效的问题。本案中，三原告签订合资协议之后，因该协议是当事人真实的意思表示，内容并不违反法律规定，合资协议已经成立。被告朱嵘强作为被委托方在协议中签字，其也受已经成立的协议书有关条款约束。由于三原告之间与朱嵘强达成的合资协议，是对已经成立的公司的股东和注册资本进行变更。根据《中华人民共和国公司法》第三十九条第二款的规定，“股东会对公司增加或者减少注册资本、分立、合并、解散或者变更公司形式作出决议，必须经代表三分之二以上表决权的股东通过”和《中华人民共和国公司登记管理条例》第二十八条规定，“公司增加注册资本的，应当自股款缴足之日起30日内申请变更登记”，以及最高人民法院《关于适用〈中华人民共和国合同法〉若干问题的解释（一）》第九条规定，“依照合同法第四十四条第二款的规定，法律行政法规规定合同应当办理批准手续，或者办理批准、登记等手续才生效，在一审法庭辩论终结前当事人仍未办理批准手续的，或者仍未办理批准、登记等手续的，人民法院应当认定该合同未生效”，该投资行为尚未生效，三原告虽然对厦门云亭进行实际投资，但仍不能改变协议尚未生效的性质。因投资协议尚未生效，三原告无法取得股东的地位，当然无法取得对企业享有的所有权和经营自主权，更不能对企业进行发包，其因承包行为而产生的纠纷，也就不能得到法院的保护。

（纪荣典）

## 38．章敏诉陈国光联营合同案

**（一）首部**

1．判决书字号：浙江省绍兴市越城区人民法院（2001）越经初字第1635号。

2．案由：联营合同案。

3．诉讼双方

原告：章敏，男，1969年1月5日出生，汉族，绍兴市人，住绍兴市越城区望花桥河沿16号。

委托代理人（特别授权代理）：沈沛敏、马陶明，浙江越光律师事务所律师。

被告：陈国光，男，1976年12月18日出生，汉族，绍兴市人，住绍兴市区东街365号。

4．审级：一审。

5．审判机关和审判组织

审判机关：浙江省绍兴市越城区人民法院。

独任审判：审判员：许钟军。

6．审结时间：2001年11月29日。

**（二）诉辩主张**

1．原告诉称：2001年8月23日，原、被告双方签订北京陈府爆烤鸭加盟协议，约定由原告连锁加盟被告的北京陈府爆烤鸭店，由原告一次性交纳加盟费8 000元及支付购买机器的费用和广告费4 000元，合计1.2万元；双方签订合同后，原告依约支付了上述款项，但后经原告查实，被告所谓的北京陈府爆烤鸭店既非源产北京，也非有200年的历史，所谓的陈府也属虚构，被告的上述欺诈行为已构成了合同欺诈，故原告向法院提起诉讼，请求法院撤销原、被告之间签订的加盟协议，并由被告返还原告加盟费8 000元、购买机器和广告费4 000元，合计1.2万元。

2．被告未作答辩。

**（三）事实和证据**

绍兴市越城区人民法院经审理查明：原告章敏与被告陈国光于2001年8月23日签订北京陈府爆烤鸭加盟协议一份，约定由原告加盟被告的北京“陈府爆烤鸭”，由原告交纳加盟费8 000元，原告可以委托被告购买北京“陈府爆烤鸭”的制作设备，并由被告授受原告北京“陈府爆烤鸭”的制作方法，由被告有偿提供制作配料；合同签订当日，原告交付被告加盟费8 000元及机器购买金3 800元、广告费200元；后被告为原告购买制作设备并为原告开设的店面进行了装潢，在连锁经营的店面广告上注明“陈府”标号字样及北京“陈府爆烤鸭”名称，并在其下方备注“始于1795年初，清乾隆末年，历史长达两百余年”，上述内容与被告对外宣传北京“陈府爆烤鸭”的内容一致，并宣称该鸭由八十多种名贵中药腌制，采用现代工艺经高温、高压爆烤而成，并刊出了诚征北京“陈府爆烤鸭”经营商的广告，在连锁经营店的店面上注明了加盟热线的联系办法。

另经本院审理查明：被告陈国光系绍兴市越城区陈府爆烤鸭的业主，为个体工商户。

上述事实有下列证据证明：

1. 原、被告签订的北京“陈府爆烤鸭”加盟协议一份及被告出具的收条与证明各一份。

2. 被告对北京陈府爆烤鸭进行公开宣传的三份宣传资料及原、被告已开设的北京陈府爆烤鸭店的外观照片三张。

3. 被告为个体工商户的工商登记材料。

**（四）判案理由**

绍兴市越城区人民法院认为：原、被告签订的北京陈府爆烤鸭加盟协议中所称的北京“陈府爆烤鸭”，由被告宣称产自北京并具有200多年的历史，并注明“陈府”标号，被告是将北京“陈府爆烤鸭”中的北京爆烤鸭作为一种商品的产地识别标记中的原产地名称来宣传，如“绍兴老酒”、“桂林腐乳”等名称，标明了产品所具有的某种质量和特性，是对原产地地域范围以外产生对抗性权利的一种产品区别标记，本案在审理过程中，查明被告所称的“陈府爆烤鸭”为被告经营的个体工商户的字号名称，并非为公众所知晓，被告的宣传资料并不能说明北京陈府标号的历史可靠性及显示陈府爆烤鸭应具有的特产的知名度；同时，被告在经营过程中仅向原告传授了烤鸭设备的制、烤流程及有偿向原告提供了加工配料，并未向原告提供原产地的制作主料或特殊的制作配方（包括中药的腌制方法），使其产品具有北京烤鸭特产的特性，综上所述，被告在宣传北京“陈府爆烤鸭”的产地、来源及产品特性时，陈述虚假，误使人信其真实，违背了《中华人民共和国反不正当竞争法》第九条关于经营者不得利用广告或者其他方法，对商品的质量、制作成分、性能、用途、生产者、有效期间、产地等作引人误解的虚假宣传的规定，已对原告构成了欺诈，故本院认为，被告以欺诈的手段，使原告在签订合同时违背了其真实意思，原、被告签订的合同可予以撤销，对原告提出撤销合同的请求予以支持，对于原告要求返还款项及赔偿的请求，因本案导致合同撤销的过错方为被告，故由合同撤销导致的损失应由被告承担，被告应返回原告已交纳的加盟费、购买设备款，对于原告的店面装潢而支出的费用，原告已支出了该项费用，故该费用的损失也应由被告承担。综上所述，本院对原告的诉讼请求予以支持。

（五）定案结论

浙江省绍兴市越城区人民法院根据《中华人民共和国合同法》第五十四条第二款、第五十八条，《中华人民共和国反不正当竞争法》第九条第一款，《中华人民共和国民事诉讼法》第一百三十条的规定，作出如下判决：

1．撤销原告章敏与被告陈国光签订的北京陈府爆烤鸭加盟协议。

2．被告陈国光应返回原告章敏款项计人民币11 800元并赔偿损失200元，合计12 000元，于本判决生效后10日内履行。

3．在原告章敏经营的北京“陈府爆烤鸭”店处的由被告购买的制作设备一套返回给被告陈国光。

4．上述第二项、第三项判决内容一并履行。

本案案件受理费490元，财产保全费130元，合计620元，由被告陈国光承担，由被告在履行上述第二项判决内容时一并支付给原告。

（六）解说

本案是在合同履行过程中涉及签订合同的双方是否体现了公平竞争、诚实信用的原则及是否侵害了知识产权保护法对商品的无形财产权利的保护问题，因本案涉及多种法律关系，首先是合同的法律关系，其次是侵权的法律关系，在侵权的法律关系中又包含对商品名称是否构成产权保护的界定的法律问题以及认定中涉及举证责任的如何分配，最后是对本案案由的确定问题，因双方签订的协议名为连锁加盟协议，本案是属于连锁经营纠纷还是联营合同纠纷或其他经济纠纷。

1．对于本案案由的确定问题，本案纠纷的起因是双方签订的连锁加盟协议，该协议构成本案认定的基础，因此，本案仍属于合同项下的一种纠纷，而非构成其他经济纠纷，包括许可权纠纷，且被告未享有实际的许可权利，因本案协议名为“连锁加盟”，形式上已构成连锁经营的纠纷，但本案事实上争议之点为加盟事宜，而非“连锁”问题，因对于连锁经营的企业而言，国家内贸部规定连锁企业须具有一定的规模，在品牌经营、物流配送等方面遵循同一企业规程，其纠纷也产生于连锁企业之间具体的连锁事务方面，而本案被告为个体工商户，原、被告双方均为自然人，且本案也非属双方因具体加盟经营事务之争议发生纠纷，故本案不应定连锁经营纠纷；本案起因是由于被告授权原告经营北京“陈府爆烤鸭”之行为，北京“陈府爆烤鸭”中“北京爆烤鸭”之名称与“陈府”字样在形式上已构成一种商品的产地识别标记中的原产地名称与商品的认证标号，具有财产权性质，原告因基于对被告陈述之信任而支付款项并委托被告购买设备以获得被告之许可经营，正基于北京“陈府爆烤鸭”之财产权，原、被告双方构成了经营北京“陈府爆烤鸭”的协作性关系的联营体，双方的权利、义务关系基于双方签订的协议而产生，根据1990年11月12日法（经）（1990）27号最高人民法院《关于审理联营合同纠纷案件若干问题的解答》的规定，联营一方应为独立承担责任的企业法人或事业法人，虽然本案的联营双方均为自然人，但均具有独立民事行为能力，而且《中华人民共和国合同法》于1999年10月1日施行后，确立了自然人、法人、其他组织均为独立的平等主体的法律地位，因此，本案的案由确定为联营合同，仍可以参照上述最高人民法院的司法解释适用。

2．对于北京“陈府爆烤鸭”是否构成产权保护的界定问题，应先明确原、被告双方的举证责任分配问题，原告诉请中认为被告的行为构成欺诈，因原告是基于对被告关于北京“陈府爆烤鸭”介绍的信任而与被告签订协议，被告应负有责任证明其介绍的真实性且未构成欺诈，证明方为被告，被告应向法庭说明北京“陈府爆烤鸭”的产地、历史、来源等基本情况的真实性及“陈府”的历史可靠性，被告未能说明则应承担举证不能的责任。另外，因为“北京烤鸭”已然成为一种商品名称，正如“绍兴老酒”，而非一种商品品牌，因此，被告所陈述北京“陈府爆烤鸭”由“陈府”标号及北京爆烤鸭的原产地两部分构成，其产品的质量、成分及制烤方式应具备“北京烤鸭”特产的通常标准，使其产品具有特产的特性，故被告的任何一种虚假陈述都将对“北京烤鸭”商品的商誉产生损害，侵害其财产权。本案中，被告未到庭参加诉讼，对北京“陈府爆烤鸭”介绍材料的真实性未能加以说明，且北京“陈府爆烤鸭”仅为被告经营的个体工商户名称，不具有“陈府”的商品品牌，也未为一般公众所知晓，故本院认定被告对北京“陈府爆烤鸭”的陈述虚假，被告所称的北京“陈府爆烤鸭”的名称未能为我国知识产权法加以保护。

3. 对于被告的行为是否构成侵权的问题，因《反不正当竞争法》第九条规定，经营者不得利用广告或者其他方法，对商品的质量、制作成分、性能、用途、生产者、有效期间、产地等作引人误解的虚假宣传，故被告之行为已违反了该条的规定，已侵害了市场交易应遵循的公平、诚实信用的原则。

4. 最后，对于本案合同效力的认定问题，因《反不正当竞争法》第二十条也对经营者应承担的法律责任作了规定，原告在诉讼中选择以被告构成合同欺诈为由提起诉讼，根据法规竞合的选择原则，原告有权选择《合同法》向法院提起诉讼，因被告已构成了欺诈，违背了原告的真实意思表示，原告有权要求法院予以撤销双方签订的合同，并由被告返还原告款项并赔偿由此造成的损失，对于其中的装潢费用问题，因原告已支出了该项费用，被告据此予以制作，现制作的成果未能予以返还被告，故原告支出的该项费用应认定为损失，由被告予以赔偿，综上所述，本院对原告的诉讼请求予以支持。

（许钟军）

## 39. 石曲山诉刘永好联营合同案
## （国有企业产权出售）

（一）首部

1. 判决书字号：四川省达州市中级人民法院（2001）达经初字第25号。

2. 案由：联营合同案。

3. 诉讼双方

原告：石曲山，男，48岁，汉族，四川变压器厂原厂长，住宣汉县东乡镇解放南路8号。

委托代理人：昌定扬、黄先平，四川法尊律师事务所律师。

委托代理人：黄先平，四川法尊律师事务所律师。

被告：刘永好，男，38岁，汉族，四川天府能塑料有限公司董事长兼总经理，住达县南外镇。

委托代理人：刘传礼，四川法尊律师事务所律师。

4. 审级：一审。

5. 审判机关和审判组织

审判机关：四川省达州市中级人民法院。

合议庭组成人员：审判长：何其；审判员：刘发华；代理审判员：唐其安。

6. 审结时间：2001 年 6 月 15 日。

**(二) 诉辩主张**

1. 原告诉称：原告与被告刘永好合伙竞买四川变压器厂后，在联营中产生分歧，双方自愿达成退出联营协议书，且已实际履行完毕。被告却反悔，并影响原告正常生产。诉请人民法院依法判决退出联营协议书有效。

2. 被告辩称：被告与原告石曲山合伙竞买四川变压器厂后，原告想挤走被告，被告迫于无奈与原告签订退出联营协议书。且四川变压器厂产权尚未依法转移，原、被告双方没有资格转让其股份。退出联营协议书应无效，请求人民法院依法驳回原告的诉讼请求。

**(三) 事实和证据**

四川省达州市中级人民法院经公开审理查明：原宣汉县变压器厂属于国有企业，1989 年更名为四川变压器厂，1995 年改制组建了四川科达变压器有限责任公司，设置总股本金 800 万元，其中国家股 3 724 560 元，占 46.6%；企业股595 863元，占 7.4%；法人股 2 227 624元，占 27.8%；个人股1 451 953元，占 18.2%。企业股终极所有权属于国家。原四川变压器厂的牌子仍然保留，经营模式依然未变。1998 年，经宣汉县经贸委批准，四川科达变压器有限责任公司将所属四个分厂组建成四个独立的法人企业，即四川变压器厂、四川宣汉电机厂、四川宣汉电磁线厂、四川宣汉云蒙山食品厂，但土地的使用权未划分给四个分厂。分离后的四川变压器厂仍沿用了原四川变压器厂的工商登记。2000 年，宣汉县委、县政府决定出售四川变压器厂。同年 9 月，四川变压器厂根据县委、县政府的要求，委托四川万信会计师事务所对该厂整体资产进行评估。四川万信会计师事务所根据县委、政府有关会议精神，只对该厂厂房滴水界内的土地使用权价值作了评估，而对该厂实际占用的空地使用权价值未作评估。同年 11 月 10 日，宣汉县企业产权制度改革领导小组办公室在《达州日报》公告，决定将四川变压器厂等企业面向社会公开竞价出售。被告刘永好见公告后决定购买四川变压器厂，在宣汉联系购买事宜期间，经朋友介绍与原告石曲山相识，并协商签订了联合竞买四川变压器厂协议，决定双方联合竞买四川变压器厂。同年 11 月 28 日，在企业产权竞卖会上，原、被告在没有其他竞买人参加竞买的情况下，以 1 万元人民币和承接债权债务、安置全部职工为标的，合伙中标购买了四川变压器厂。同年 12 月 1 日，原、被告双方共同与宣汉县经贸委签订了企业产权转让协议，约定：甲方宣汉县经贸委将四川变压器厂整体资产（含无形资产）全部一次性转让给乙方石曲山、刘永好，乙方必须以其合法法人资产或个人财产向甲方支付人民币 1 万元，并支付企业职工安置费；乙方负责企业的职工安置，承接债权债务；甲、乙双方对企业资产进行当面清点，并办理移交手续等事项。协议签订后，刘永好先后分 4 次出资 270 万元对企业部分职工进行了安置，石曲山本人一直未出资。后二人在履行企业产权转让协议约定的义务和企业生产经营方面产生分歧，造成纠纷，致原、被告未能如实履行企业产权转让协议约定义务，企业职工安置、资产清点和产权交接工作中断，企业产权包括土地使用权均未办理过户手续，营业执照未变更登记。原、被告合作困难，被告刘永好提出由一方单独经营四川变压器厂的要求。2000年12月23日，原、被告双方签订退出联营协议书，约定：刘永好自愿退出其在四川变压器厂的股权，由石曲山一人享有四川变压器厂的股权；石曲山退还刘永好职工安置费270万元和支付给宣汉县经贸委的1万元竞买价款，自愿补偿刘永好50万元；并对付款时间作了约定，特别约定石曲山不能在约定时间内将款付给刘永好，石曲山自动丧失其在四川变压器厂的股权，随之转让给刘永好。同年12月27日，原告石曲山在约定时间内向被告刘永好支付了全部款项321万元，同时向宣汉县经贸委申请办理产权变更登记。被告刘永好收到321万元款项后，即向宣汉县经贸委提出退出联营协议书无效，并要求退还50万元补偿金，继续履行企业产权转让协议。同年12月29日，宣汉县经贸委发文同意刘永好退出股权，四川变压器厂的股权由石曲山一人享有。同年12月30日，刘永好将金额为51万元的汇票退交宣汉县人民政府。2001年1月2日，宣汉县委、政府、人大、政协的领导和有关部门负责人参加，并邀请石曲山、刘永好参加，召开了紧急会议。在听取石曲山、刘永好双方的情况汇报后决定：由于竞卖的条件还没有完全落实，政府与购买人还没有进行产权交接，四川变压器厂仍是国有企业，暂由原厂长石曲山全权负责其生产经营，任何人不得干扰，政府组成工作组进驻四川变压器厂协助企业组织生产经营；县经贸委关于同意刘永好退出股权的文件收回，待通过法律程序对退出联营协议书的效力确认后，县上再予以相应的确认等。2001年1月3日，原告石曲山向人民法院起诉，请求确认退出联营协议书有效。宣汉县审计局根据紧急会议决定对四川变压器厂原厂长石曲山任职期间的经济责任进行审计，并于2001年3月28日出具了审计结果报告。

上述事实有下列证据证明：

1. 宣汉县经贸委有关四川变压器厂改制的文件。
2. 四川万信会计师事务所对四川变压器厂整体资产评估报告。
3. 2000年11月10日的《达州日报》。
4. 企业产权转让协议。
5. 退出联营协议书。
6. 宣汉县企业产权制度改革领导小组办公室“企业改制”简报。
7. 宣汉县审计局对四川变压器厂原厂长石曲山任职期间的经济责任审计结果报告。
8. 收据、收条和职工安置表等证据。

**（四）判案理由**

四川省达州市中级人民法院经审理认为：四川变压器厂虽然几经更名、改制、另建，但其国有性质的主体地位并未发生变化，仍属于国有企业。国有企业产权的出售，目前法律、行政法规尚无明确规定，但1999年2月11日国家经贸委、财政部、中国人民银行联合发文《关于出售国有小型企业中若干问题意见的通知》对国有企业出售的若干问题，诸如审批程序、清算资产、职工安置、产权过户、工商登记等均作了明确规定。对国有企业的出售应按该通知的规定处理。而四川变压器厂的出售却未按照该通知要求的审批权限进行审批，出售前未对企业资产进行清点，对企业原法定代表人未进行离任审计，对土地的使用权未进行界定。虽然对企业资产和土地使用权价值进行了评估，但该评估在企业土地使用权界定不明的情况下，仅对企业厂房滴水界内的土地使用权价值作了评估，而对企业实际占用的空地使用权价值未作评估，这与公告出售的企业整体资产范围有歧义，易造成国有资产流失。出售方与原、被告签订企业产权转让协议并出售四川变压器厂，违反了《关于出售国有小型企业中若干问题意见的通知》的有关规定，且因购买方内部合作不好未能真正履行转让协议约定的内容，企业职工安置、产权清点和移交工作中断，企业产权和土地使用权、企业法人及工商税务等变更登记手续均未办理，四川变压器厂还未依法转让给原、被告。宣汉县委、政府也已决定四川变压器厂仍属于国有企业。因此，原、被告还未依法取得四川变压器厂的产权，无权对四川变压器厂的产权协商转让，原、被告双方签订的退出联营协议书无效。原告石曲山的诉讼理由不成立，其诉讼请求不予支持。

**（五）定案结论**

四川省达州市中级人民法院根据《中华人民共和国民事诉讼法》第一百二十八条和《中华人民共和国合同法》第七条、第五十二条第（五）项之规定，作出如下判决：

驳回原告石曲山的诉讼请求。

案件受理费26 010元，其他诉讼费7 803元，共计33 813元，由原告石曲山负担。

**（六）解说**

本案的审理有以下两个方面的独到之处：一是正确适用部门规章认定国企改制合同的效力；二是对因无权处分行为而订立的合同之效力的认定。

本案涉及国企改制及国企产权出售问题。目前法律、行政法规对国企产权出售尚无明确规定，但 1989 年 2 月 19 日国家体制改革委员会、国家计划委员会、财政部、国家国有资产管理局联合发布的《关于出售国有小型企业产权的暂行办法》（以下简称《暂行办法》）和 1999 年 2 月 11 日国家经贸委、财政部、中国人民银行联合发文《关于出售国有小型企业中若干问题意见的通知》(以下简称《通知》)，对国有企业产权出售的问题，诸如审批程序、清算资产、职工安置、产权过户、工商登记等均作了明确规定。案发地地方政府也制定了相应的地方性文件，但这些地方性文件中的一些规定明显与《暂行办法》和《通知》的有关规定不一致，甚至相抵触。应当以什么作为本案审理及确认本案中国企出售合同效力的依据？本案审理一方面注意适用民法通则、合同法、全民所有制工业企业法等法律的有关规定，同时特别注意适用国企出售行为发生时的国家有关的政策、部门规章及规范性文件。地方制定的有关文件，因与有关国家政策、部门规章及规范性文件相抵触，未作为案件审理的依据。因此，本案未适用地方制定的有关文件，也未适用四川变压器厂出售行为发生前较早制定的部门规章《暂行办法》，而是适用四川变压器厂出售行为发生时最新的部门规章《通知》的有关规定，认定四川变压器厂的出售却未按照通知要求的审批权限进行审批，出售前未对企业资产进行清点，对企业原法定代表人未进行离任审计，企业产权和土地使用权、企业法人及工商税务等变更登记手续均未办理，原、被告还未依法取得四川变压器厂的产权，无权对四川变压器厂的产权协商转让。

本案原、被告双方签订的退出联营协议书属于当事人无权处分行为而订立的合同。根据《合同法》第五十一条之规定，无权处分的人处分他人财产而订立的合同属于效力待定合同。原则上对财产的处分只能由享有处分权的人行使，无处分权的人处分他人财产则构成对他人财产的侵害。但是，无处分权的人处分他人财产并非必然导致合同无效的后果，只要对处分的标的享有处分权的人事后追认或者无处分权人自合同订立后取得了处分权，该合同仍然发生效力。对处分的标的享有处分权的人事后追认，既可以向处分人作出追认，也可以向买受人作出追认，无论向谁作出追认，均使效力待定合同得以补正，合同溯及既往地发生效力。无处分权人合同订立后取得了处分权的，便可以消除无权处分的状态和导致合同效力待定的原因，从而使因无权处分行为而订立的合同转变为有效合同。本案原、被告双方对其无权处分的财产签订退出联营协议书进行无权处分，订立合同后并未依法取得处分权，相反对处分的标的享有处分权的人却决定四川变压器厂仍属于国有企业，未追认原、被告双方的无权处分行为。因此，本案确认原、被告双方签订的退出联营协议书无效是正确的。

（何其　唐其安）

## 40. 富川瑶族自治县电力公司诉富川瑶族自治县富阳镇涝溪水电站联营债务纠纷案

（一）首部

1. 判决书字号：广西壮族自治区富川瑶族自治县人民法院（2001）富经初字第54号。

2. 案由：联营债务纠纷案。

3. 诉讼双方

原告：富川瑶族自治县电力公司（以下简称电力公司）。

法定代表人：邓斌，经理。

委托代理人：邓永忠，神源律师事务所律师。

被告：富川瑶族自治县富阳镇涝溪水电站（以下简称涝溪电站）。

法定代表人：何仕爱，站长。

委托代理人：程克平，富阳镇党委副书记。

4. 审级：一审。

5. 审判机关和审判组织

审判机关：广西壮族自治区富川瑶族自治县人民法院。

独任审判：审判员：韦书平。

6. 审结时间：2002年1月8日。

（二）诉辩主张

1. 原告诉称：1996年1月9日，被告涝溪电站与富川瑶族自治县电力服务公司（以下简称电力服务公司）联营兴办富川县电石厂时，其应两联营单位的要求，向银行贷款80万元，转付富川县电石厂使用，因富川县电石厂停建，借款一直无法归还。2001年7月26日，原、被告经协商，就80万元贷款的还款事宜签订贷款还款协议，约定由涝溪电站与电力服务公司各承担80万元贷款本息的50%，被告负担部分从其电费中扣除，至2002年8月前还清。

但由于被告欠他人债务被拍卖及其于2001年12月21日由富阳镇人民政府与本县自来水厂签订协议改为股份制企业，被告无法按双方签订的协议履行还款义务，请求法院判令被告偿还贷款本金40万元，垫支的利息、评估费、咨询费等123 778.97元，合计523 778.97元；并承担本案诉讼费用。

2. 被告辩称：该笔贷款属于涝溪电站与电力服务公司合办的原富川县电石厂所欠的债务，现富川县电石厂已经被县工商行政管理局吊销了企业法人营业执照，企业债权债务尚未清算，债权债务尚有争议；且该债务还未到双方约定的最后履行期限，被告也与申请执行人达成执行和解协议，不能履行债务的原因消失。因而，原告要求提前履行无理，请求法院依法驳回原告的诉讼请求；并提出其已支付电力公司106 691.40元的利息。

**（三）事实和证据**

富川瑶族自治县人民法院经公开审理查明：1996年1月9日，被告涝溪电站与电力服务公司签订联营合同，协议联办富川县电石厂，约定固定资产共同投资220万元，双方各投资110万元。为筹措建设资金，经协商，电力公司同意为富川县电石厂贷款80万元，并分别于1995年12月28日、1996年2月15日、2月26日、3月28日、5月27日通过中国工商银行富川县支行和中国农业银行富川县支行转入富川县电石厂账户。收到贷款后，因各种原因，富川县电石厂一直未能建成投产，最后该厂停建，导致该笔贷款本息也一直未能归还。为明确该贷款的债权债务关系，2001年7月26日，原、被告经协商，签订贷款还款协议，约定上述贷款本金及利息由涝溪电站和电力服务公司各承担50%；涝溪电站应偿还的本金40万元及利息，在2002年8月前从电站发电费中每月按比例扣还，全部还清给电力公司。在当月发电电费中预留2.5万元作为电站开支工资和正常生产费用。并约定，贷款还清前，利息由涝溪电站承担。协议签订后，电力公司即按约定每月从发电费中扣减贷款本息，至2001年11月30日止，共扣减利息72 711.63元，此外，因富川县电石厂无力偿还贷款本息，从1996年12月30日起至2001年12月31日止，电力公司共垫付贷款利息379 097元，咨询费12 672元，评估费2 400元。

另查明，富川县电石厂因未按照规定办理2000年度检验，已于2001年8月6日被本县工商行政管理局依法吊销了企业法人营业执照。涝溪电站因拖欠长城公司债务，被贺州地区中级人民法院公告拍卖，当事人双方于2001年12月7日达成执行和解，由涝溪电站分期偿还借款。但在2001年12月21日，本县富阳镇人民政府（甲方）与本县自来水厂（乙方）达成协议，将涝溪电站由集体所有制企业改为股份制企业，并改变了企业的管理体制，成立董事会，管理电站的生产经营活动；在该协议第五条还约定："360万元股金由镇政府用于支付涝溪电站所欠的债务及有关补偿全部款项，余下部分归镇政府所有，不作企业所有（所欠款及补偿由甲方负责，与改制后的电站无任何关系）。"

上述事实有下列证据证明：

1. 中国工商银行、中国农业银行进账单（收账通知）。

2. 原富川县电石厂的记账凭证。

3. 中国工商银行富川县支行的计收利息清单。

4. 电力公司出具的1996年12月至2001年12月代支银行利息及其他费用明细清单。

5. 贷款还款协议。

6. 关于涝溪电站实行股份制有关问题的协议。

7. 联营合同。

8. 富川县工商行政管理局富工商企处字（2001）011 号行政处罚决定书。

9. 被告提供的关于涝溪电站诉讼案执行和解的协议。

**（四）判决理由**

富川瑶族自治县人民法院经审理认为：原、被告为明确的债权债务关系，于 2001 年 7 月 26 日所签订的贷款还款协议，是双方在自愿、协商一致的基础上达成的，其内容没有违反法律、行政法规的强制性规定，为合法、有效的合同。合同双方当事人均应按照合同的约定全面履行各自所承担的义务。原告已依约履行了自己的义务，被告虽然在被拍卖期间与申请执行人达成执行和解协议，但其在合同履行期间未经原告同意，即由其主管部门与他人订立改制协议，约定改变企业所有制性质，并明确原企业的债务与改制后的电站无任何关系，使债务履行主体发生了变化，损害了债权人的合法权益，被告的行为已构成违约，依法应承担违约责任。因此，原告要求被告按照双方所签订的协议履行合同的义务，请求判令被告归还借款本息的诉讼请求理据充分，应予以支持。原、被告在协商一致的基础上就原富川县电石厂所欠原告的借款达成的还款协议，应受法律保护；被告提出富川县电石厂已被县工商行政管理局吊销企业法人营业执照，企业债权债务尚未清算，该笔借款属于富川县电石厂的债务，且该债务还未到双方约定的履行期限，原告要求提前履行无理，请求法院依法驳回原告的诉讼请求的主张，理据不充分，应不予采纳；其提出的已归还原告借款利息106 691.4元的主张，没有提供证据证实，应不予采信。

**（五）定案结论**

广西壮族自治区富川瑶族自治县人民法院根据《中华人民共和国合同法》第六十条、第一百零七条之规定，作出如下判决：

被告应归还原告借款本金人民币 40 万元及垫付的利息、评估费、咨询费等 123 778.97元（利息计至 2001 年 12 月 31 日止，此后利息按中国人民银行有关逾期贷款的规定分段计付），合计523 778.97元。

**（六）解说**

本案属于企业之间联营如何承担民事责任问题的案例。企业之间或者企业、事业单位之间联营，从事经济活动，是经济活动中常见的一种形式。对于企业之间联营民事责任的承担问题，《中华人民共和国民法通则》第五十一条、第五十二条、第五十三条有明确的规定。但现实生活中，有许多案件是不可能完全符合法律的某条规定的，本案就是如此。如上所述，被告涝溪电站在与电力服务公司联营新办富川县电石厂的过程中，为筹集建设资金，由电力公司出面为联营双方贷款，由于种种原因，富川县电石厂停建，及至被本县工商行政管理局吊销企业法人营业执照，导致该笔借款本息无法归还。而为明确债权债务关系，原、被告经协商，就该笔借款如何归还的问题达成一致，签订了贷款还款协议。在履行期间，又发生了被告因拖欠他人借款，被人民法院公开拍卖和由被告的主管机关与他人签约对企业进行改制的事。因而，本案有三个问题需要解决：（1）如何确定本案案由？（2）原、被告签订的贷款还款协议是否合法、有效？（3）原告是否有权请求被告提前履行合同义务？

1. 关于本案案由如何确定的问题，从法理上说，民事案件的案由是当事人诉讼请求的集中反映，表明了当事人之间诉争的核心，也是法院审判对象的概括和总结，是法院审判活动的中心，可以防止重复起诉，有利于人民法院正确适用法律，进行统一、科学和司法统计。正确确定案件案由的标准就是当事人诉争的法律关系及其纠纷的原因。明确这两点，我们就能较好地确定案由。最高人民法院颁布实施的《民事案件案由规定（试行）》规定："第一审法院立案时可根据当事人的起诉确定案由。当事人起诉的法律关系与实际诉争的法律关系不符时，结案时以法庭查明的当事人之间实际存在的法律关系作为确定案由的依据。"根据上述法理精神和最高人民法院的有关规定，结合本案实际情况来看，本案债务关系的产生，实际是被告涝溪电站与电力服务公司联办富川县电石厂时，由原告为两联营单位贷款，供富川县电石厂使用，但因该厂停建而无法归还贷款才出现的。因此，原告要求被告履行的款项实质上应是原联营企业所欠的债务，故而本案案由应定为联营债务纠纷为妥。

2. 关于原告与被告之间签订的贷款还款协议是否有效的问题的说明。法律评价当事人各方的约定，在合同效力方面，是规定合同的有效要件作为评价的标准。所谓合同的有效要件，又称为合同的生效要件，是指在合同的成立要件之外，使合同能够依照意思表示内容发生法律效果的要件。我国《民法通则》第五十五条规定了民事法律行为的有效要件，即行为人具有相应的民事行为能力；意思表示真实；不违反法律或者社会公共利益。《合同法》第五十二条也对合同无效的情形作了明确的规定。从本案情况看，当事人双方具有相应的民事行为能力是毫无疑问的，而该协议的签订，是当事人双方按照自愿、平等原则，在协商一致的基础上达成的，双方意思表示真实，其内容没有《合同法》第五十二条所列合同无效的五种情形之一；当事人在诉讼中都没有对该协议的效力提出异议，从尊重当事人意思自治原则出发，法院也不宜轻易认定协议无效。因此，我们认为原、被告双方于 2001 年 7 月 26 日签订的贷款还款协议是合法、有效的。

3. 关于原告是否有权请求人民法院判令被告提前履行合同义务的问题，根据法律的规定和案件的事实，我们认为原告的诉讼请求是有道理的。这是因为，《合同法》第八条规定："依法成立的合同，对当事人具有法律约束力。当事人应当按照约定履行自己的义务，不得擅自变更或者解除合同。依法成立的合同，受法律保护。"《合同法》第六十条规定："当事人应当按照约定全面履行自己的义务。"从本案看，原告电力公司已依约履行了自己的义务，每月按照协议从被告的电费中扣除约定的款项，被告涝溪电站则没有完全按照合同的约定全面履行自己的义务，虽然它在被拍卖期间与申请执行人达成执行和解协议，但其在合同履行期间未与作为债权人的原告协商，即由其主管部门与他人订立改制协议，改变了企业所有制性质，并明确原企业的债务与改制后的电站无任何关系，使债务履行主体发生了变化，损害了债权人的合法权益，被告的行为已构成违约，依法应承担违约责任。因此，原告要求被告按照双方所签订的协议履行合同的义务，请求判令被告归还借款本息的诉讼请求理据充分。法院应依法支持原告的合法又合理的诉讼请求。也就是说，因为被告没有按照合同的约定全面履行自己的义务，已构成违约，应当承担违约责任，所以，原告有权请求被告提前履行合同义务，以便维护自己的合法权益。

（韦书平）

# 41. 法律出版社诉中国华兴河北实业发展公司企业出售合同案

（一）首部

1. 判决书字号

一审判决书：河北省石家庄市中级人民法院（1999）石知初字第120号。

二审判决书：河北省高级人民法院（2001）冀经一终字第3号。

2. 案由：企业出售合同案。

3. 诉讼双方

原告（反诉被告、被上诉人）：法律出版社。

法定代表人：贾京平，总编辑。

委托代理人：高学庆、吉达珠，北京惠中律师事务所律师。

被告（反诉原告、上诉人）：中国华兴河北实业发展公司（以下简称华兴河北公司）。

法定代表人（一审）：刘冲，总经理。

法定代表人（二审）：刘亚明，总经理。

委托代理人：高富德，华兴河北公司法律顾问。

委托代理人：马广立，河北维正律师事务所律师。

4. 审级：二审。

5. 审判机关和审判组织

一审法院：河北省石家庄市中级人民法院。

合议庭组成人员：审判长：黄良涛；审判员：冯孟杰；代理审判员：霍晨光。

二审法院：河北省高级人民法院。

合议庭组成人员：审判长：马胜泉；代理审判员：赵国栋、牛杰。

6. 审结时间

一审审结时间：2000年8月7日。

二审审结时间：2001年6月29日。

（二）一审情况

1. 一审诉辩主张

（1）原告（反诉被告）诉称：原、被告于1993年8月6日在石家庄签订了有偿转让我社印刷厂契约，约定华兴河北公司应于1995年8月31日前付给我社300万元转让费。双方还签订了华兴河北公司于1994年2月底前偿还法律出版社34.5万元纸款的协议。以上两笔款共计334.5万元，华兴河北公司已偿还150万元，尚欠184.5万元，后经多次催要未果。请求法院判令被告偿还拖欠原告150万元的印刷厂转让费和34.5万元纸款共计184.5万元及利息，并赔偿因拖欠该款给原告造成的经济损失20万元，本案诉讼费由被告承担。

（2）被告（反诉原告）辩称：双方于1993年8月6日签订关于将法律出版社印刷厂有偿转让给中国华兴公司河北公司的契约，同时法律出版社向我方出具了关于向转让后原法律出版社印刷厂继续提供印刷任务的备忘录。我方接收印刷厂后，按约支付了150万元转让费，但对方违背契约附件中所作的承诺，只提供了少量的印刷任务，使我方在接收印刷厂后，因印刷任务不到位，不能正常营业，累计停工5个多月，损失达1 812 263.45元，由于对方违约，我方才未付清转让费。原告关于我公司欠纸款34.5万元，与事实不符。另外，根据国家体改委（1990）32号《关于变更全民所有制企业隶属关系的审批办法的通知》，该印刷厂转让应当报经有关部门批准，未经批准，转让契约无效。请求法院对该契约的效力作出判决，判令对方赔偿我方经济损失1 812 263.95元并承担本案全部诉讼费。

（3）法律出版社针对华兴河北公司的反诉辩称：契约是经过相关部门审批后才签订的，具有法律效力。备忘录只是一份意向书，不具合同效力，我方已履行了备忘录中的有关业务，造成印刷厂亏损是因被告管理不善，转租、转卖印刷厂的设备，致使印刷质量差，任务无法完成，责任应由被告自行承担。

2. 一审事实和证据

石家庄市中级人民法院经审理查明：法律出版社印刷厂隶属于法律出版社，系全民所有制企业。1993年8月6日，法律出版社与华兴河北公司签订关于将法律出版社印刷厂有偿转给中国华兴公司河北公司的契约，约定法律出版社所属印刷厂经财政部、司法部批准，以300万元转让给华兴河北公司。转让费自签约后分三次付清。第一次于1993年8月31日前付100万元；第二次于1994年8月31日前付100万元；第三次于1995年8月31日前付100万元。契约生效之日起，法律出版社的资产及债权、债务转归华兴河北公司，在册职工（包括离退休职工）由华兴河北公司负责妥善安置与管理。契约附有6份附件：（1）财政部批文；（2）司法部发往财政部的函；（3）司法部计划财务司发往出版社的函；（4）关于法律出版社印刷厂转让中国华兴公司河北公司之后法律出版社继续提供印刷任务的备忘录；（5）关于尽快成立中国法律图书公司河北公司的备忘录；（6）关于原法律出版社印刷厂偿还法律出版社纸款的协议。其中财政部批文载明，同意将法律出版社印刷厂转让，但应对该厂的财产物资进行全面、彻底的清查，并将清查结果于该厂转让前书面报该部，收回的资金仍用于新印刷厂的建设，专款专用。附件（4）载明，原高等学校法学教材的纸型或软片，仍交由该厂承印，不因印刷厂转让而改变，并根据印刷厂生产能力、设备及技术水平发展状况，在各方面条件同等情况下，法律出版社可以优先提供教材以外的其他图书的印刷任务，印制教材和图书的数量，大体保持在近两年以来的平均数（约一万令纸左右）。1993年9月28日，国家国有资产管理局向司法部发文，同意司法部对法律出版社印刷厂的资产评估结论，确认该印刷厂的总资产为10 593 200元，负债为1 988 900元，净资产为8 604 300元。

契约签订后，华兴河北公司接收了印刷厂及全部职工，1993年9月12日，将该印刷厂变更为河北华兴印刷厂，后将该厂部分设备出售。华兴河北公司于1993年11月、1995年2月两次共给付法律出版社转让费150万元，尚欠150万元。法律出版社自1995年3月至1996年5月先后从印刷厂扣纸款125 705.53元，尚有219 294.47元余额。1995年8月15日，华兴河北公司将河北华兴印刷厂转让给河北省专利技术开发公司。河北华兴印刷厂遂更名为河北省科技印刷厂。

上述事实有下列证据证明：

(1) 双方于1993年8月6日签订的关于将法律出版社印刷厂有偿转让给中国华兴公司河北公司的契约及6份附件。

(2) 国家国有资产管理局1993年9月28日对法律出版社印刷厂有偿转让项目资产评估结果的确认通知。

(3) 1993年11月6日华兴河北公司向出版社电汇100万元的凭证及1995年2月21日电汇50万元的凭证。

(4) 1995年3月16日法律出版社与河北华兴印刷厂的会议纪要。

(5) 1996年6月14日河北省科技印刷厂出具的1995—1996年法律出版社扣印刷厂加工费补欠纸款的统计表。

(6) 河北省工商行政管理局企业申请变更登记注册书。

3. 一审判案理由

石家庄市中级人民法院经审理认为：原、被告所签订的关于将法律出版社印刷厂有偿转让给中国华兴公司河北公司的契约是双方真实意思的表示，不损害他人及社会公共利益，不违背法律规定，系有效合同。合同签订后，原告将法律出版社印刷厂转让给了被告并办理了变更注册登记，印刷厂隶属关系的变更，是原告履行契约的标志。原告履行合同义务后，被告不能按约定全部支付拖欠转让费，系违约行为，依法应承担违约责任。原告关于要求被告支付转让费150万元及利息损失的请求合法、有理，本院予以支持。契约附件(6)是原、被告就法律出版社印刷厂偿还原告纸款而达成的协议，原告主张让被告偿还纸款，证据不足，关于让被告赔偿20万元的请求，因没有相应的证据，故不予支持。

被告(反诉原告)所诉契约违反体改委(1990)32号《关于变更全民所有制企业隶属关系的审批办法的通知》，未经有关部门审批而无效一节，该通知调整的是有计划的商品经济条件下，国务院各部门与地方之间，各省、自治区、直辖市之间和国务院各部门之间无偿划转企业，改变企业隶属关系的情况，而本案是企业之间的有偿转让，不适用该通知的规定。另外，该项转让是双方在平等协商的基础上，根据企业的具体情况而达成的契约，转让前已报经财政部批准，财政部的批文也已抄送国家国有资产管理局，国家国有资产管理局并未提出异议，鉴于当时财政部与国家国有资产管理局业务存在一定交叉，而财政部的批文又无不当之处，因此，应视为国家国有资产管理局已认可此项转让的效力。华兴河北公司关于让法律出版社赔偿1 812 263.95元损失的请求，证据不足，本院不予支持。

4. 一审定案结论

河北省石家庄市中级人民法院根据《中华人民共和国民事诉讼法》第一百二十六条，《中华人民共和国民法通则》第八十四条，《中华人民共和国经济合同法》第六条之规定，判决如下：

(1) 被告(反诉原告)华兴河北公司偿付原告(反诉被告)法律出版社转让费150万元，并从1995年9月1日起至付款之日止按银行同期贷款利率支付利息。

(2) 驳回法律出版社关于华兴河北公司支付纸款34.5万元及利息的诉讼请求。

(3) 驳回法律出版社关于华兴河北公司赔偿经济损失20万元的诉讼请求。

(4) 驳回华兴河北公司关于将法律出版社印刷厂有偿转让给华兴河北公司的契约无效及要求法律出版社赔偿1 812 263.95元的反诉请求。

本案诉讼费28 800元，法律出版社承担7 688元，华兴河北公司承担21 120元。反诉费28 800元由华兴河北公司承担。

**（三）二审诉辩主张**

1. 上诉人诉称：原审判决歪曲了上诉人的诉讼主张，回避了诉辩双方争议的焦点，在错误的基础上，得出一个错误的判决结果。首先，本案纠纷的性质是国有小型企业的有偿转让纠纷，诉辩双方对此并没有任何争议。而原判将上诉人的观点归纳认定为上诉人“主张契约的性质是企业隶属关系的单纯变更”，原判就此进行批驳并得出结论认定上诉人该“主张”不成立。原审判决故意歪曲上诉人的观点。其次，印刷厂转让契约属无效协议，原审作出有效认定是错误的。法律出版社本身并没有权力决定是否转让和以什么价格转让印刷厂，在转让行为中它只是一个签约人，而协议核心内容，即转让价格只能由财政部门和国有资产管理部门确定，否则即构成对国有资产的侵权，并违反了国家体改委、财政部、国家国有资产管理局于 1989 年 2 月 19 日制定的体改经（1989）39 号《关于出售国有小型企业产权的暂行办法》，及与其配套的于 1989 年 8 月 26 日发布的《财政部关于出售国有小型企业产权财务处理的暂行规定》，该契约应属于无效协议。再次，原审判决认定原、被告之间的契约有效的依据有两点：一是在平等协商的基础上达成的；二是此项转让事前得到了财政部门的批准，国家国有资产管理局也默认。上诉人认为，转让国有企业整体产权的协议不同于一般的民事合同，代表被出售企业签约的一方并不享有对企业的实体处分权，企业是否出售和以怎样的价格出售须经有处分权的财政和国有资产管理部门批准和确认，仅有平等协商是不够的。财政部的批文仅仅是同意出售企业，但出售给谁，出售价格是多少，财政部和国有资产管理部门并不知情。为此，财政部财国字（1998）168 号文件明确地指出此项交易的实际转让价并未报经国家国有资产管理局确认，而原审判决认定国家国有资产管理局已认可此项转让的效力，这没有根据。

2. 被上诉人辩称：原审判决准确地查明了事实，正确地适用了法律，应予维持，上诉人曲解事实与法律；纯系无理纠缠，其上诉请求根本不成立。请求依法驳回其上诉。

**（四）二审事实和证据**

河北省高级人民法院经审理查明：法律出版社于 1992 年 12 月 25 日向司法部呈报“关于法律出版社印刷厂转让及合资另建的请示报告”，称 1983 年在财政部支持下拨款 270 万元买下了河北省石家庄地区印刷厂，并将其更名为法律出版社印刷厂，此后，财政部又先后拨款 400 万元给该厂用于购买机器设备及流动资金，自 1983 年至 1987 年 11 月国家拨款给该印刷厂共计 670 万元。但近几年来，该印刷厂因地处石家庄、管理不便、揽活困难、开工不足、人才匮乏，经济效益逐年滑坡，而且所承印图书均得附加运费，成本高，不利于竞争，全厂 600 多名职工，今年（1992 年）离退休职工已达 207 人，占全厂职工总数 30%左右，到 1992 年 11 月底各项亏损已达 3 596 100 元（参见报告所附的附件）；该厂背着如此沉重的包袱，已难以为继，必须寻找出路，为 600 名职工长远利益打算，应将该厂转让给具有各方面优势的企业经营；目前解放军 1202 印刷厂为扩大经营，有意购买我社印刷厂，这样我们可以一举两得，既能把该厂救活，使职工生活有保障，又能把国家先后所拨资金一大部分收回来，我们还可以用收回的资金与丰台区印刷厂合作，在北京另建一小型印刷厂，请批示。1993年1月13日，司法部以“关于法律出版社石家庄印刷厂转让的函”请示财政部：我部法律出版社石家庄印刷厂是在贵部支持下买下的原河北省石家庄地区印刷厂；贵部近十年来已拨款670万元买厂房、购设备及流动资金，但因该厂地处石家庄、管理不便、揽活困难，离退休职工占30%，职工队伍不稳定，企业领导束手无策。为扭转这种困境，减少国有财产损失并为职工利益着想，拟同意法律出版社将该厂转让并利用回收资金在北京另建一小型印刷厂，请贵部予以核准。1993年2月5日，财政部以（93）财文字第9号“关于法律出版社石家庄印刷厂转让事宜的复函”批复司法部：经研究同意你部将该厂转让，同时请你部做好以下几项工作：(1) 严格按照国务院清产核资领导小组国清（1992）4号《关于印发〈国家行政事业单位财产清查登记工作方案〉的通知》，对该厂的财产物资进行全面彻底清查，并将清查结果于该厂转让前书面报我部。(2) 对该厂转让后收回资金要专款专用，仍用于印刷厂的建设，若改变用途需报我部审批。(3) 另建新厂所需资金财政不再增拨经费。该复函尾部注明抄送国家国有资产管理局。1993年4月5日，司法部致函法律出版社：根据财政部（93）财文字第9号文件，财政部已同意你社转让印刷厂，为此，请你社尽快办理印刷厂的有关转让手续。1993年5月25日至6月15日，中发国际资产评估公司接受司法部法律出版社的委托对印刷厂的资产进行评估。1993年9月16日，国家国有资产管理局资产评估中心对中发国际资产评估公司所作出的印刷厂资产评估报告（评估基准日为1993年3月31日）进行审核验证，认为评估印刷厂净收入资产860.43万元的结果基本合理，1993年9月28日，国家国有资产管理局以国资评（1993）405号“对法律出版社印刷厂有偿转让项目资产评估结果的确认通知”致函司法部：同意该评估结论，资产评估后，法律出版社印刷厂的总资产为1 059.32万元；负债为198.89万元，净资产为860.43万元。上述过程表明，财政部、国家国有资产管理局对司法部的请示予以批复时并未同意将法律出版社印刷厂定向出售，更未经有关行政部门确认和同意以300万元将印刷厂卖给华兴河北公司。而1993年8月6日法律出版社、华兴河北公司却达成印刷厂有偿转让契约。

1989年2月19日，国家体改委、财政部、国家国有资产管理局体改经（1989）39号《关于出售国有小型企业产权财务处理的暂行规定》规定，经审核批准被出售的企业，由同级国有资产管理部门委托公证性、权威性资产评估组织对出售企业的固定资产、流动资产、专项资产、无形资产进行评估，评估资产值由国有资产管理部门核准确认。被出售企业的产权出售底价，应以核准确认的评估资产价值为依据并综合考虑经土地管理机关批准有偿转让的国有土地使用权、经房管部门同意一并出卖的国有房产、被出售企业职工等因素合理核定，被出售企业的产权出售成交价，应以被出售企业的产权出售底价为基础，在公开竞争中形成，禁止私下交易或贱价甩卖，被出售企业的产权出售底价和产权出售成交价须经国有资产管理部门确认。

1993年8月6日，法律出版社与华兴河北公司（中国华兴集团公司的全资子公司，为中央直属企业）达成印刷厂有偿转让契约，法律出版社在契约中进行了不实陈述，“法律出版社印刷厂……经财政部、司法部批准，以300万元人民币将该厂转让给华兴河北公司”，该合同还约定：(1) 转让费300万元；(2) 分三次付清，1993年8月31日前付100万元，1994年8月31日前付100万元，1995年8月31日前付100万元；(3) 契约生效之日起，法律出版社印刷厂的资产及债权、债务转归华兴河北公司；(4) 契约生效之日起，法律出版社印刷厂现有在册职工（包括离退休职工）由华兴河北公司负责妥善安置与管理；双方勾去了第五条，即“法律出版社负责提供办理产权和土地使用权之转移手续所需批文（附后）”。该合同附件有“关于法律出版社印刷厂转让给华兴河北公司后法律出版社继续提供印刷任务的备忘录”，该备忘录约定“为帮助转让后的印刷厂能维持正常的生产经营，仍将继续提供印刷任务给该厂：（1）原有高等学校法学教材纸型或软片，仍交由该厂继续承印；（2）在同等条件下，法律出版社可以优先提供教材以外的其他图书的印刷任务。印刷教材和图书的数量，大体保持在近两年来的平均数（约一万令左右）；（3）为保证教材和图书的出版周期，印刷厂应优先安排并保证产品质量必须达到中国印刷公司所规定的合格品要求。”

1993 年 8 月 24 日，转让的印刷厂被华兴河北公司命名为河北华兴印刷厂，同时向工商行政管理局以“隶属关系转变”为由进行企业主体的变更登记，隶属关系变为华兴河北公司，名称为河北华兴印刷厂，企业法人资格未变，房屋、设备等资产未进行过户登记、企业未进行国有资产产权变动登记。

1990 年 7 月 12 日，国家体改委、国家计委、财政部、国家国有资产管理局以体改经（1990）32 号发布《关于变更全民所有制企业隶属关系的审批办法的通知》，国家体改委办公厅于 1996 年 8 月 20 日针对司法部的咨询复函；该通知的适用范围是当时有计划的商品经济条件下国务院各部门与地方之间，各省、自治区、直辖市之间和国务院各部门之间无偿划转企业，改变隶属关系，而不适用于企业之间的有偿转让。国有小型企业有偿转让适用《关于出售国有小型企业产权的暂行办法》。1997 年 3 月 10 日，国家国有资产管理局针对司法部的咨询以国资法规函发（1997）3 号文答复：法律出版社将其所属印刷厂转让给华兴河北公司，你部当时已报财政部批准，虽然未按《关于出售国有小型企业产权的暂行办法》到我局履行批准手续，但财政部的批准文件已抄送我局，我局并未提出异议，我局承认财政部对此项产权转让批文的效力。经查，该答复中所叙述的印刷厂转让的申请审批内容及过程不实，财政部批文只是批准同意转让印刷厂，并未确定受让对象。当时不是针对出售给华兴河北公司而是其他主体。国家国有资产管理局于 1995 年以国资产发（1995）54 号《关于加强企业国有产权转让监督管理工作的通知》规定，出售国有小型企业要严格按照《关于出售国有小型企业产权的暂行办法》执行，转让企业国有产权，必须严格按照《国有资产评估管理办法》（1991 年 11 月 16 日国务院第 91 号令）的规定对全部企业资产统一进行评估，评估价值要经过国有资产管理部门确认并据此作为转让底价；允许成交价在底价基础上有一定幅度的浮动，如果浮动价低于评估价的 90%，要经同级国有资产管理部门批准，凡未按规定进行评估的，一律不予办理产权变更登记。1997 年 10 月 30 日，国家国有资产管理局针对原审法院的请示以国资评便字（1997）56 号文复函：“我局 1995 年发布的《关于加强企业国有产权转让监督管理工作的通知》，对于 1993 年发生的产权变动行为不具追溯力，以此判断当时成交价格是否合理是不妥的，我局确认的资产评估价值是企业经济行为中的参考依据，具体成交价格需根据交易时的实际情况，由交易双方具体协商确定，如果成交价偏离评估值过多，则须报有关部门批准，国资法规函发（1997）3 号文件认定转让审批手续完备，因此，原法律出版社印刷厂转让过程中成交价是合法的。”该函表明是以国家国有资产管理局评估中心的名义而不是以国家国有资产管理局名义发布的。1998 年 5 月 15 日，财政部以财国字（1998）168 号“关于原法律出版社印刷厂产权转让法规问题咨询的复函”答复原审法院：法律出版社整体转让其印刷厂产权（即出售企业）事先已报经财政部下文批准（（93）财文字第9号），国资法规函发（1997）3号文件重申了财政部批文的效力，并由国家国有资产管理局下文确认了对该厂资产的评估结果（评估值约为860万元），但法律出版社与华兴河北公司合同约定的300万元实际转让价并未报经国家国有资产管理局确认。

另外，1990年1月2日，国务院发布《关于加强国有资产管理工作的通知》（国发［1990］38号文件），规定：各级政府要组织国有资产管理部门和其他有关部门对企业所占用的国有资产进行产权登记，建立，健全管理制度。1990年12月5日，国家国有资产管理局、财政部、国家工商行政管理局以国资综字（1990）第66号发布《国有资产产权登记办法（试行）》，规定：凡是占有、使用国有资产的企业都必须按照本办法办理产权登记手续，企业分立、合并、迁移、撤销应向国有资产管理部门申请办理产权变动登记。1992年，上述三部门以国资综发（1992）20号文件发布《国有资产产权登记管理试行办法》，规定：国有资产产权登记是国家管理部门代表国家对国有资产进行登记，确认国家对国有资产的所有权以及企业单位占有、使用国有资产的法律行为，企业的经济性质、主管单位需要变动以及资产额发生超过一定比例的变化，应在向国有资产管理部门申办变动产权登记后向工商行政管理机关申请办理相应的变更登记和改变隶属关系的备案手续，国有资产产权未办理相应的产权变动登记、注销产权登记的，工商行政管理机关不予办理相应的登记。

已查明，双方于1993年8月6日达成印刷厂转让契约后，华兴河北公司于1993年8月24日仅以“隶属关系转变”为由，由工商行政管理局核准仅进行了工商管理的变更登记。

1993年8月6日，印刷厂转让契约达成后不久，华兴河北公司对印刷厂的情况进行摸底：厂子处于半停产状态，设备过于陈旧，在职和退休职工工资、医疗费没有着落。于是华兴河北公司派李太学到印刷厂帮助工作（其在法定代表人许振章离位后继任厂长即法定代表人）。因印刷厂仍保持原独立法人资格，企业法人财产权一直未能变动，华兴河北公司购买印刷厂产权曾设想对该地块进行综合开发，但印刷厂职工反对华兴河北公司购买及其开发行为，不同意华兴河北公司的房地产开发计划。

按印刷厂转让契约附件关于印刷厂转让后法律出版社继续提供印刷任务的备忘录的约定，自1993年至1995年3年间，法律出版社应提供约定的印刷任务（如继续执行原来的高校法学教材的承印任务、法律出版社优先提供教材以外其他图书的印刷任务等），但法律出版社违反其承诺未提供约定的任务，转让后的印刷厂仍揽活不足，无活可干。

1993年11月、1995年2月，华兴河北公司共给付法律出版社转让费150万元，按转让契约约定尚欠150万元未付。由于印刷厂职工抵制华兴河北公司对印刷厂地块进行开发，华兴河北公司确定由印刷厂自主经营、生产自求的方针，此间华兴河北公司已给予印刷厂近百万元的资金、实物等，用以支付印刷厂拖欠职工的工资、医疗费及注入部分生产流动资金和一辆日产客货车。华兴河北公司作为上级法人未收取过印刷厂上交利费，并未占有印刷厂的设备并出售给他人。

1995年8月15日，华兴河北公司与河北省专利技术经济开发公司（以下简称专利公司）未经与法律出版社协商将印刷厂交给专利公司，并约定由该公司直接向法律出版社给付尚欠的150万元转让费。

**（五）二审判案理由**

河北省高级人民法院经审理认为：1993年8月6日，双方所订的印刷厂转让契约的性质是国有小型企业整体产权的有偿转让，即国有企业出售，不是在政府部门上下级之间上收或下放无偿划转企业变更其行政隶属关系，1993年8月24日，印刷厂进行工商管理变更登记时以“隶属关系转变”为由不当。而关于国有企业出售等国有企业改制问题我国目前还未制定相应的法律规定，当时我国调整国有企业出售的仅有两个部门规章，即1989年2月19日国家体改委、财政部、国有资产管理局联合发布的体改经（1989）39号《关于出售国有小型企业产权的暂行办法》及与此配套的由财政部于1989年8月26日发布的（1989）财工字第134号《关于出售国有小型企业产权财务处理的暂行规定》。体改经（1989）39号文件规定：“国有小型企业的产权（包括整体产权）原则上都可以出售，出售国有企业产权，应由各级政府的国有资产管理部门负责，尚未建立国有资产管理部门的地方，按企业隶属关系，由财政部门会同企业主管部门报同级政府作出决定，事先应征求企业经营者和职工代表大会的意见，做好职工思想工作，减少不必要的震荡和损失。对被出售企业，由资产所有者代表提出出售底价，被出售企业产权价格的确定，要在公开竞争中形成，禁止私下交易。要妥善安置被出售企业的退休职工，其中一种安置办法为买方以接受全部退休职工为条件，在确定底价时考虑这一因素；对在职职工实行双向选择，职工或走或留应在成交过程中达成协议。企业出售成交后，买卖双方要签订契约，办理产权和土地使用权转移手续，契约内容包括退休及在职职工安置办法等事项。”财政部（1989）财工字第134号文件规定：“财政部门负责提出是否同意企业被出售的意见，国有资产管理部门办理是否同意企业被出售的审批手续时，应考虑财政部门的审查意见，经审核批准被出售的企业，在由专门小组进行资产评估后，评估资产价值由国有资产管理部门核准确认。被出售企业的产权出售底价，应以核准确认评估资产价值为依据，并综合考虑经土地管理机关批准有偿转让的国有土地使用权、经房管部门同意一并出卖的国有资产、被出售企业职工等因素合理核定。被出售企业的产权出售成交价，应以被出售企业的产权出售底价为基础，在公开竞争中形成，禁止贱价甩卖、被出售企业的产权出售底价和产权出售成交价须经国有资产管理部门确认。”1990年国务院发布国发（1990）38号文件《关于加强国有资产管理的通知》，要求企业所占有的国有资产必须进行产权登记，后于1992年5月11日国家国有资产管理局、财政部、国家工商行政管理局发布《国有资产产权登记管理试行办法》，于1996年1月25日国务院发布《企业国有资产产权登记管理办法》并相应地由国家国有资产管理局制定《企业国有资产产权登记管理办法实施细则》。企业国有资产产权登记是指国有资产管理部门代表政府对占有国有资产的各类企业资产、负债、所有者权益等产权状况进行登记，依法确认产权归属关系的行为。按上述有关规定，企业发生名称变更或企业组织形式、国有资本额、国有资本出资人发生变动，应当在向工商行政管理部门申请变更登记前，向原产权登记机关办理变动产权登记，其中国有产权出售给国有企业的，对被出售企业应当申办出资人变动的变动产权登记。

依据上述规定，虽然双方当事人于1996年前就印刷厂出售成交，但土地使用权、房产权未办理有关的行政审批手续，亦未办理国有资产变动产权的登记，而且法律出版社出售印刷厂事先应征求企业职工代表大会的意见，以使华兴河北公司的购买行为免遭印刷厂职工的抵制，因此，产权转让契约规避了行政规章，违反了行政规章的强制性规定而未能依约履行，双方自1995年发生纠纷至今。1999年10月1日实施的《中华人民共和国合同法》及其司法解释规定，合同不违反法律、行政法规强制性规定的不认定为无效，华兴河北公司主张合同无效，现依照《合同法》的规定不能成立。根据双方在契约中约定"自契约生效之日起，法律出版社印刷厂资产及债权、债务转归买方"，法律出版社有义务进行产权的变更登记，但至今，房地产产权过户及整体国有资产产权变动登记尚未完成，法律出版社没有完全履行移交该企业的法律手续。法律出版社起诉请求给付尚欠150万元转让费不能支持。关于华兴河北公司反诉请求的损失赔偿，原审判决驳回其该项索赔请求后，其并未上诉，故本院对此不再处理。

**（六）二审定案结论**

河北省高级人民法院根据《中华人民共和国民事诉讼法》第一百五十三条第一款第（三）项之规定，判决如下：

1. 维持河北省石家庄市中级人民法院（1999）石知初字第120号民事判决第二项、第三项，即驳回法律出版社关于华兴河北公司支付纸款34.5万元及利息、赔偿经济损失20万元的诉讼请求。

2. 撤销河北省石家庄市中级人民法院（1999）石知初字第120号民事判决第一项、第四项。

3. 法律出版社于本判决生效后60日内补办印刷厂出售的相关行政确认手续和国有资产产权变动手续，华兴河北公司予以协助。

4. 在本判决第三项所规定的期限完成补办手续后10日内由华兴河北公司给付法律出版社转让费150万元。

一审案件受理费28 800元，由双方各负担14 400元，反诉费28 800元由华兴河北公司负担，二审案件受理费28 800元亦由双方各负担14 400元，上诉人华兴河北公司预交的上诉费不再退还，由被上诉人法律出版社将其应承担的14 400元径付上诉人华兴河北公司。

**（七）解说**

本案是一起国有小型企业整体产权的有偿转让，即国有企业出售合同纠纷。案件的焦点在于原告法律出版社与被告华兴河北公司签订的关于将法律出版社印刷厂有偿转给中国华兴公司河北公司的契约是否有效。一种意见认为该契约无效，本案中，法律出版社作为出售方，其转让企业的行为事先未征求企业职工代表大会的意见，事后也未办理产权和土地使用权转移手续，违反了国家体改委、财政部、国家国有资产管理局于1989年2月19日制定的体改经（1989）39号《关于出售国有小型企业产权的暂行办法》，及与其配套的于1989年8月26日发布的《财政部关于出售国有小型企业产权财务处理的暂行规定》，因此，该契约应属无效协议。另一种意见认为该契约有效，理由是该契约是双方在平等协商的基础上，根据企业的具体情况达成的，且原、被告双方自1995年发生纠纷至今，虽然原告法律出版社在转让企业的过程中事先未征求企业职工代表大会的意见，也未办理土地、房产的行政审批手续及国有资产变动产权的登记手续，原、被告双方所签订的该契约违反了有关的行政规章，但是根据《合同法》及其司法解释的规定，合同不违反法律、行政法规的强制性规定的不认定为无效，因此，本案中的企业出售合同应为有效合同。笔者同意第二种意见。

关于合同效力问题，在《合同法》颁布以前，审判实践中评判合同效力偏好于“严刑峻法”，动辄就以违法为由主张合同无效，以至于在实践中无效合同的数量已达到了惊人的程度。这种状况已产生了一些消极作用，不仅造成财产不必要的损失和浪费，而且不利于鼓励交易。因此，《合同法》对原《经济合同法》中关于合同无效的法定事由作了重大修改，其中，《合同法》没有笼统地规定违反法律的合同无效，而是作了两个方面的限定，一是将违法限定为违反全国人民代表大会及其常务委员会通过的法律及国务院发布的行政法规，地方性法规及行政规章均不能作为认定合同无效的依据；二是将违法限定为违反法律、行政法规的强制性规定。另外，最高人民法院关于《合同法》的司法解释对合同效力采取了“从旧兼从轻”原则，即对合同效力的认定原则上依据合同成立时的法律，但如果依合同法应认为合同有效的，适用合同法的规定。因此，本案应适用合同法的相关规定认定合同有效。

（王　靖）

## 42．李翠英诉中国人寿保险公司西平县支公司保险合同案（保险责任）

**（一）首部**

1．调解书字号：河南省西平县人民法院（2001）西经初字第192号。

2．案由：人身保险理赔案。

3．诉讼双方

原告：李翠英，女，1949年出生，汉族，住西平县柏城镇车站街。

委托代理人：范连军，男，1970年出生，汉族，住西平县柏城镇车站街。

委托代理人：李丙坤，驻马店新义律师事务所律师。

被告：中国人寿保险公司西平县支公司。

法定代表人：王健全，经理。

委托代理人：耿得林，中国人寿保险公司西平县支公司办公室主任。

委托代理人：杨明，驻马店新义律师事务所律师。

4．审级：一审。

5．审判机关和审判组织

审判机关：河南省西平县人民法院。

独任审判：审判员：唐敏。

6．审结时间：2001年6月26日。

**（二）诉辩主张**

1．原告诉称：2000年2月28日、6月21日，我丈夫范进才分两次与被告公司签订人身意外伤害综合保险合同三份。2000年8月22日，范进才因车祸死亡，被告公司只赔偿了三份保险合同中的两份，对另一份拒绝理赔，现依法起诉，请求被告公司支付保险理赔款 3 万元。

2. 被告辩称：我公司代办员于 2000 年 2 月 28 日、6 月 21 日分两次预收范进才三份人身意外伤害综合保险费 300 元属实，但经公司审核，只同意承保二份，签发了保险单，其中另一份我公司不同意承保，未签发保险单，我公司按规定已向原告理赔了二份保险合同，另一份因未签发保险单，我公司不应理赔。

**（三）事实和证据**

西平县人民法院经公开审理查明：2000 年 2 月 28 日、8 月 16 日，原告李翠英及其子范连军分别为范进才交纳三份人身意外伤害综合保险费共计 300 元，被告公司分别出具了一份日期为 2 月 28 日，两份日期为 6 月 21 日的保险费预收收据，保险费预收收据上声明：“（1）本收据为预收收据，若本公司同意承保，将出具保险费收据，如不同意承保，预收保险费无息返还。（2）本公司未签发保险单，加盖业务专用章之前，保险合同不成立，本公司不负担任何保险责任。”被保险人范进才于 2000 年 8 月 22 日因车祸受重伤，同年 9 月 6 日零时去世。在对范进才抢救期间，被告公司对 2000 年 2 月 28 日和 6 月 21 日中的一份保险合同签发了保险单，而 6 月 21 日的另一份未签发保险单，被告公司对已签发了保险单的两份合同进行了理赔，对没有签发保险单的另一份保险合同未予理赔。人身意外伤害保险金额为 3 万元，意外医疗保险金额为6 000元。

上述事实有下列证据证明：

1. 中国人寿保险公司西平县支公司给李翠英出具的保险费预收收据两份。

2. 当事人陈述。

**（四）定案结论**

本案在审理过程中，经西平县人民法院主持调解，双方当事人自愿达成协议如下：

1. 被告中国人寿保险公司西平县支公司于 2001 年 11 月 10 日前一次性支付给原告李翠英人身意外伤害综合保险金 1.5 万元。

2. 案件受理费1 450元，实际费用 300 元，共计1 750元，由原告负担。

**（五）解说**

此案在双方未达成和解协议之前，争议的主要焦点是 2000 年 6 月 21 日的两份保险费预收收据对未出具保险单的一份能否视为保险合同成立给予理赔。法院认为，被告中国人寿保险公司西平县支公司虽然对其中的一份未签发保险单，也应当给予理赔，理由是：(1) 被告方代办员受被告委托收取保险费并向原告出具加盖了被告印章预收条的行为属于代理行为，根据《保险法》第十二条、第一百二十二条规定，担保人提出保险要求，须经保险人同意承保，并就合同的条款达成协议，保险合同成立。保险代理人根据保险人的委托，在保险人授权的范围内代办保险业务，根据我国目前的业务实践，许多保险合同是由保险代理人完成的。在合同订立过程中，保险代理人推销保险讲解保险条款的行为，应属于一种要约邀请；而投保人填写投保单则属于合同中的要约行为；保险代理人接收投保申请，收取保险费并出具保险费预收收据的行为则应属于承诺行为。在一般情况下，保险代理人根据投保的保险要求，出具保险费预收票据的行为，是在经过审查符合保险人所提出的基本条款要求的前提下，代保险人作出的同意承保的意思表示，表示双方已就合同的条款达成协议，保险合同成立。(2) 保险合同属于格式合同，且被告向原告出具的保险费预收收据与正式保险费收据是一式二份，并不存在另签合同的问题。被告在向原告出具保险费预收收据时，注明：本收据为预收收据，若本公司同意承保，并出具保险费收据，如不同意承保，预收保险费无息返还；本公司未签发保险单，加盖业务专用章之前，保险合同不成立，本公司不负担任何保险责任。我国《合同法》第四十条规定："格式条款具有本法第五十二条和第五十三条规定情形的，或者提供格式条款一方免除其责任、加重对方责任、排除对方主要权利的，该条款无效。"本案的上述条款，实际上是在未开出保险单之前免除了被告方的保险责任。排除了原告在这期间享受保险的主要权利，因此，应当认定被告提出的这两条格式条款是无效的。(3) 被告方在庭审中提出因为没给签发保险单，所以不予赔偿，但被告始终未提供不予签发保险单的理由和相关证据，根据谁主张谁举证的原则，现被告不能举出不签发保险单是有正当理由的证据，那么，就应当承担举证不能所产生的法律后果。因此，被告应该承担赔偿责任。

（郭智原）

## 43．王婉妮诉中国人民保险公司厦门市分公司财产保险合同案（保险费率）

**（一）首部**

1．判决书字号

一审判决书：福建省厦门市开元区人民法院（2001）开经初字第1609号。

二审判决书：福建省厦门市中级人民法院（2001）厦经终字第425号。

2．案由：财产保险合同案。

3．诉讼双方

原告（上诉人）：王婉妮，女，1963年8月5日出生，汉族，住厦门市开元区铁路南宿舍5号。

委托代理人（一、二审）：黄舟雄，福建厦门嘉禾嘉律师事务所律师。

被告（被上诉人）：中国人民保险公司厦门市分公司（以下简称人保厦门公司）。

诉讼代表人：赵一平，总经理。

委托代理人（一、二审）：邓小荣，人保厦门公司职员。

委托代理人（一、二审）：陈志铭，福建厦门联合信实律师事务所律师。

4．审级：二审。

5．审判机关和审判组织

一审法院：福建省厦门市开元区人民法院。

合议庭组成人员：审判长：吴瑞华；代理审判员：戴卫真、林芳。

二审法院：福建省厦门市中级人民法院。

合议庭组成人员：审判长：傅远平；代理审判员：何春晓、孙仲。

6．审结时间

一审审结时间：2001年9月24日。

二审审结时间：2001 年 11 月 25 日。

**（二）一审诉辩主张**

1. 原告诉称：原告于 2000 年 11 月 13 日购买厦门禾祥商城 C 座 8 层 C802 室，房屋总价值人民币841 499元，而向中国工商银行厦门市城建支行按揭贷款人民币 58 万元，贷款年限 15 年，并按贷款人的要求向被告投个人抵押贷款房屋保险。被告单方确定 1‰费率，并于合同订立前的 2000 年 11 月 23 日一次性收取保险费人民币12 622.49元。近悉，被告的总公司早在 1999 年 11 月向中国保监会报备的个人抵押贷款房屋保险费率收费标准，其中 10 年以上至 20 年以下为 0.6‰。原告认为，被告既然已向中国保监会报备保险费率，就应无条件地完全执行，其在与投保人订立保险合同时，应当履行告知费率标准之义务，并按 0.6‰的费率标准收费，但被告却背地另立收费标准，按最高一档的费率 1‰收取，多收原告保险费人民币5 049元。原告催促被告退还多收的保险费未果，为此请求判令：（1）被告退还原告多收的保险费人民币5 049元；（2）被告赔偿原告多收的保险费5 049元自 2000 年 12 月 6 日至 2001 年 9 月 6 日的利息损失人民币 221 元；（3）被告赔偿原告因催讨多收保险费所花费的交通费 100 元；（4）确认被告提供的格式条款（即个人抵押贷款房屋保险条款）第十条、第二十一条为无效条款；（5）变更保险费支付方式为按年分期支付或被告对一次性提前收取的保险费向原告支付利息。

2. 被告辩称：（1）讼争保险合同的保险费率是经原告同意的，对原告具有约束力；（2）个人抵押贷款房屋保险业务的保费条款和费率的制定权在保险公司，而不是保险监管部门；（3）原告主张要求按 0.6‰的费率退回5 049元没有事实和法律依据；（4）在确认被告与原告订立的保险合同所使用的个人抵押贷款房屋保险条款及费率合法、有效的前提下，即使在理解和执行费率存在偏差的情况下，也应当由保险监管部门依据有关规定并结合保险市场的具体情况进行调整，而不能像原告所主张的按照 0.6‰的费率变更合同；（5）原告在庭审中增加要求被告赔偿利息损失、交通费，并确认讼争合同保险条款第十条、第二十一条无效，以及变更保险费支付方式等诉讼请求是无理要求，应予驳回。

**（三）一审事实和证据**

福建省厦门市开元区人民法院经公开审理查明：2000 年 11 月 23 日，原告王婉妮因购买厦门禾祥商城 C 座 8 层 C802 室房屋，需要向银行贷款，而按贷款人的要求向被告人保厦门公司投个人抵押贷款房屋保险，并向被告支付保险费人民币12 622.49元。当日，被告人保厦门公司出具给原告王婉妮一张保险费发票。同年 11 月 29 日，被告人保厦门公司签发给原告一份“个人抵押贷款房屋保险保险单”（保险单号：PAJF200035020502002125）。该保险单载明：投保人王婉妮；保险标的厦门禾祥商城 C 座 8 层 C802 室；保险期限自 2000 年 12 月 6 日零时起至 2015 年 12 月 5 日 21 时止；保险金额人民币841 499元，保险费率 1‰；保险费人民币12 622.49元。该保险单的背后印有中国人民保险公司个人抵押贷款房屋保险条款。保险条款第十条规定，投保人必须在本合同生效前一次性全部交清；第二十一条规定，在抵押期间，被保险人不得以任何理由中断或撤销本保险。原告王婉妮收到保险单时没有提出异议，后原告获悉被告人保厦门公司与其订立的保险合同所使用的个人抵押贷款房屋保险条款及费率规章，是中国人民保险公司（以下简称人保公司）于 1998 年 9 月 30 日向当时的中国人民银行保险司报备的保险条款及其费率规章。1998 年 10 月 28 日，人保公司（原中保财产保险有限公司）以保财发（1998）190 号文通知执行该保险条款及费率规章。1998 年报备的费率规章将保险费率分为三档：5 年内为 1‰；5 年至 10 年为 0.8‰；11 年至 20 年为 0.6‰；并可以在 30％的幅度内上下浮动。1999 年 10 月 20 日，人保公司向中国保监会报备修改后的个人抵押贷款房屋保险条款及其费率规章。中国保监会于 1999 年 11 月 12 日审定同意备案。2000 年 2 月 15 日，人保公司以人保发（2000）31 号文通知执行修改后的个人抵押贷款房屋保险条款及其费率规章。修改后的保险条款删除了原条款第二十一条；费率规章将保险费率改为四档，其中 10 年以上至 20 年的为 0.6‰，删除了允许费率在一定的幅度内浮动的条款。人保厦门公司接到通知后，即向人保公司请示暂不执行新版住房按揭保险条款。人保公司于 2000 年 3 月 11 日作出人保产复（2000）66 号批复，同意人保厦门公司暂不执行新版住房按揭保险条款及费率。为此，人保厦门公司根据人保公司的批复，在个人抵押贷款房屋保险业务中，仍然执行旧版保险条款及其费率规章，费率按 30％浮动后不分档次，统一执行 1‰的标准。在本案诉讼过程中，被告人保厦门公司于 2001 年 8 月 21 日以厦人保发（2001）131 号文向福州保监办（全称为中国保险监督管理委员会福州特派员办事处）请示其执行的保险条款及其费率是否准确。2001 年 8 月 24 日，福州保监办作出保监闽函（2001）020 号“关于执行个人抵押贷款房屋保险条款及费率的复函”。该“复函”称：“你司可以执行总公司向保险监管部门报备的‘个人抵押贷款房屋保险条款’。但在费率方面，你司未按总公司报备的条款费率分档次执行，应予以纠正。对 2001 年 3 月后原保险费率浮动幅度最高应以 30％为限，即个人抵押贷款房屋保险保险期限超过 10 年的费率应以 0.78‰为限。”

上述事实有下列证据证明：

1．人保厦门公司签发给王婉妮的“个人抵押贷款房屋保险保险单”（保险单号：PA-JF200035020502002125）。

2．人保公司印制的个人抵押贷款房屋保险条款。

3．人保厦门公司出具给王婉妮的保险费发票。

4．人保公司保财发（1998）190 号关于执行保险条款及其费率规章的通知。

5．人保公司向中国保监会报备修改后的个人抵押贷款房屋保险条款及其费率规章。

6．人保公司人保发（2000）31 号关于执行修改后的保险条款及其费率规章的通知。

7．人保厦门公司向人保公司请示暂不执行新版住房按揭保险条款的函件。

8．人保公司人保产复（2000）66 号关于同意人保厦门公司暂不执行新版住房按揭保险条款及其费率的批复。

9．人保厦门公司厦人保发（2001）131 号关于向福州保监办请示其执行的保险条款及其费率是否准确的函件。

10．福州保监办保监闽函（2001）020 号“关于执行个人抵押贷款房屋保险条款及费率的复函”。

**（四）一审判案理由**

福建省厦门市开元区人民法院经审理认为：原告王婉妮因购房需按揭贷款，而向被告人保厦门公司投个人抵押贷款房屋保险，并履行了支付保险费的全部义务；被告人保厦门公司为此签发给原告一份个人抵押贷款房屋保险保险单；原告收到保险单后，未就保险单所载明的内容以及保险单背面印制的格式保险条款提出异议，上述事实足以证明原、被告就保险合同的条款已自愿达成协议，双方之间订立的保险合同依法成立并已生效。该保险条款已于1998年报金融监管部门备案，符合《保险法》的有关规定，且其内容并未违反有关法律、法规的强制性规定，应确认为有效条款。原告主张该条款第十条明显加重原告责任，根据《合同法》第十四条规定，应确认为无效条款；该保险条款第二十一条与《保险法》第十四条规定相冲突，亦应确认为无效条款，其理由均不能成立。故其诉讼请求不予支持。被告人保公司厦门公司使用旧版保险条款及其费率规章，已征得其总公司许可，且事后亦得到福州保监办的确认。福州保监办是中国保监会派出的办事机构，其依职权作出的复函，并没有变更其上级机关审定的费率，而是确认人保厦门公司可以使用旧版保险条款及其费率规章。因而，被告人保厦门公司执行旧版保险条款及其费率规章是有依据的。但被告人保厦门公司在费率方面未按总公司报备的条款费率分档次执行，而是将各档次的费率上浮30%后不分档次统一执行1‰的费率标准，违反了《保险法》的有关规定，故保险单所载明的有关保险费率及保险金额等条款无效。本案的保险费率应以0.78‰为限，保险费不应超过9 845.53元。被告人保厦门公司多收原告王婉妮保险费人民币2 776.96元应当退还原告，并支付相应的利息122元（按银行同期贷款利率计）。原告要求被告赔偿因催讨多收保险费所花交通费人民币100元的诉求，因其证据不充分，本院不予支持。

**（五）一审定案结论**

福建省厦门市开元区人民法院根据《中华人民共和国保险法》第十二条第一款、第一百零六条第二款，《中华人民共和国合同法》第五十二条第一款第（五）项、第五十八条之规定，作出如下判决：

1. 被告中国人民保险公司厦门市分公司应于本判决生效后10日内退还原告王婉妮多收的保险费人民币2 776.96元，并支付利息122元。

2. 驳回原告王婉妮的其他诉讼请求。

本案受理费211元，原告王婉妮负担81元，被告中国人民保险公司厦门市分公司负担130元。

**（六）二审情况**

1. 二审诉辩主张

（1）上诉人诉称：第一，人保厦门公司执行旧版保险条款和费率没有法律依据，依据其总公司向中国保监会报备的保险条款和费率，保险期限15年的费率应是0.6‰，而不是0.78‰，更不是1‰。福州保监办作出的复函不仅程序上违法，而且其内容也与其上级中国保监会审定同意报备的具有法律效力的保险条款和费率相矛盾。即使人保厦门公司向福州保监办按正当程序履行报备手续，其效力也只能从核准同意之日起开始，而没有任何溯及力。第二，保险合同第十条格式条款剥夺了王婉妮分期支付保险费的权利，增加了其付款压力，第二十一条排除了王婉妮解释合同的权利，显失公平，上述条款违反了《合同法》和《保险法》的规定，应确认为无效。第三，王婉妮为催讨被多收的保险费所花费的交通费是客观的，合情、合理、合法。请求撤销一审判决，改判支持其在一审中提出的诉讼请求，并判决由人保厦门公司承担本案一、二审诉讼费。

（2）被上诉人辩称：第一，新、旧两版条款的报备都符合《保险法》的有关规定，均为合法、有效条款，人保厦门公司使用旧版个人抵押贷款房屋保险条款并不违反《保险法》的规定。第二，福州保监办的《复函》是保险监管部门的意见，无论从程序上还是内容上都没有违反《保险法》。第三，讼争合同所使用的个人抵押贷款房屋保险条款第十条、第二十一条没有违反法律、行政法规的强制性规定。第四，王婉妮主张交通费损失证据不足。请求驳回上诉。

2. 二审事实和证据

福建省厦门市中级人民法院经审理确认了一审法院认定的事实和证据。

3. 二审判案理由

福建省厦门市中级人民法院经审理认为：本案保险单背面印制的个人抵押贷款房屋保险条款并没有违反法律、行政法规的强制性规定，并于1998年报中国保监会备案，符合《中华人民共和国保险法》第一百零六条关于“商业保险的主要险种的基本保险条款和保险费率，由金融监督管理部门制订。保险公司拟订的其他险种的保险条款和保险费率，应当报金融监督管理部门备案”的规定，应确认为合法、有效。王婉妮主张该条款第十条、第二十一条的上诉请求没有法律依据，本院不予支持。作为中国保监会的派出机构，福州保监办在2001年8月24日作出保监闽函（2001）020号“关于执行个人抵押贷款房屋保险条款及费率的复函”，对人保厦门公司执行其总公司向保险监管部门报备的个人抵押贷款房屋保险条款予以认可，并确认保险期限超过10年的个人抵押贷款房屋保险费率应以0.78‰为限。该复函的意义在于，保险监管部门的报备事实上已确认人保厦门公司可以按0.78‰的费率收取保险费，原审法院对此认定是正确的。至于王婉妮的代理人在诉讼过程中产生的交通费用，这与本案不具有关联性。综上所述，上诉人王婉妮的上诉请求无相应的事实和法律依据，本院不予支持。

4. 二审定案结论

福建省厦门市中级人民法院根据《中华人民共和国民事诉讼法》第一百五十三条第一款第（一）项的规定，作出如下判决：

驳回上诉，维持原判。

**（七）解说**

这是一起个人抵押贷款房屋保险合同纠纷案，具有代表性。

近几年来，个人购房按揭贷款的情况越来越多，按照贷款人的要求，贷款购房者必须向保险公司投个人抵押贷款房屋保险，否则银行不予发放贷款，从而使保险公司承保这一险种的业务量急剧上升。保险公司开展这项业务所使用的个人抵押贷款房屋保险条款均为格式条款，其制订的保险条款及保险费率，投保人一般不会产生质疑。由于本案被告人保厦门公司未按其总公司（人保公司）制订并报金融监督管理部门备案的保险条款及其费率规章执行，其中保险期限为10年以上至20年的保险费率超过规定的费率标准，原告王婉妮获悉后遂向本院提起诉讼。

本案双方当事人争议的焦点是：人保厦门公司以1‰的费率收取保险费是否有法律依据；个人抵押贷款房屋保险条款第十条、第二十一条是否有效。

1. 关于保险条款的效力问题。本案讼争的保险条款系人保公司于1998年9月30日向当时的中国人民银行保险司报备的个人抵押贷款房屋保险条款，该条款第十条关于“投保人必须在本合同生效前一次性交清全部保险费”和第二十一条关于“在抵押期间，被保险人不得以任何理由中断或撤销本保险”的规定，并未违反有关法律、法规的强制性规定，亦不存在显失公平的问题，因此，应确认为有效条款。

2. 关于保险费的问题。由于新版保险条款删除了旧版保险条款的第二十一条；费率规章将保险费率改为四档，其中10年以上至20年的为0.6‰，并删除了允许费率在30%的幅度内浮动的条款。人保厦门公司在接到总公司通知其执行新版保险条款后，即向人保公司请示暂不执行新版保险条款，人保公司批复同意其暂不执行。但是，人保厦门公司在执行旧版保险条款及其费率规章时，费率未分档执行，而是将各档次的费率上浮30%后不分档次统一执行1‰的费率标准，又未报金融监督管理部门备案，违反了《保险法》第一百零六条第二款规定，故保险单所载明的有关保险费率及保险金额的条款无效。在本案诉讼过程中，人保厦门公司向福州保监办请示其执行的保险条款及费率是否准确，福州保监办作的保监闽函（2001）020号关于执行个人抵押贷款房屋保险条款及费率的复函，对人保厦门公司执行旧版保险条款及费率予以认可，并确认保险期限超过10年的个人抵押贷款房屋保险费率应以0.78‰为限。故本案人保厦门公司可以按0.78‰的费率收取王婉妮保险费9 845.53元，超出部分的保险费应当退还。一审法院对此认定是正确的。应当指出：福州保监办作为中国保监会的派出机构，有权作出上述复函，该复函并没有变更其上级机关审定的费率规章。

（吴瑞华）

# 44. 厦门喜盈门家具制品有限公司诉中国人民保险公司龙海市支公司保险合同案（格式条款　第三人）

（一）首部

1. 判决书字号

一审判决书：福建省龙海市人民法院（2001）龙经初字第132号。

二审判决书：福建省漳州市中级人民法院（2001）漳经终字160号。

2. 案由：保险合同案。

3. 诉讼双方

原告（被上诉人）：厦门喜盈门家具制品有限公司（以下简称喜盈门家具公司）。

法定代表人：邱季瑞，董事长。

委托代理人（一审）：陈斌、杜晓东，福建厦门嘉禾嘉律师事务所律师。

委托代理人（二审）：陈斌、杨瑜，福建厦门嘉禾嘉律师事务所律师。

被告（上诉人）：中国人民保险公司龙海市支公司（以下简称中保龙海支公司）。

代表人：卢民荣，经理。

委托代理人（一审）：吴文祥，中保龙海支公司副经理。

委托代理人（一审）：陈贰二，福建弘信律师事务所律师。

委托代理人（二审）：黄长江，福建方圆人律师事务所律师。

委托代理人（二审）：吴文祥，中保龙海支公司副经理。

4. 审级：二审。

5. 审判机关和审判组织

一审法院：福建省龙海市人民法院。

独任审判：审判员：郭漳明。

二审法院：福建省漳州市中级人民法院。

合议庭组成人员：审判长：周洪福；代理审判员：郑通斌、傅志杰。

6. 审结时间

一审审结时间：2001年6月15日。

二审审结时间：2001年11月22日。

**（二）一审诉辩主张**

1. 原告诉称：原、被告双方于1998年11月30日签订闽E—00561号机动车辆保险合同。1999年12月12日，投保车辆与闽D—12890号小货车发生碰撞，原告投保的车辆受损，同时致闽D—12890号车的乘客江丽珍受伤。交警部门认定，原告驾驶员负有次要责任。事故发生后，被告委托中国人民保险公司厦门分公司进行处理。原告投保的车辆经厦门广宇汽车贸易有限公司进行维修，维修金额为12 126元。根据合同约定，被告应赔偿车辆实际损失的95%的保险金，请求判令被告给付车辆损失险保险金11 519.70元。

2. 被告辩称：被告未否认投保的车辆受损属于保险责任范围，也未拒绝赔偿，原告称被告拒绝赔付保险金的诉告没有依据。原告拒绝履行"机动车辆保险条款"第十九条规定的特定义务，不具备向被告请求赔偿的前置条件。与投保的闽E—00561号车辆发生碰撞，造成原告投保车辆受损的闽D—12890号车辆负有主要责任，其驾驶员甘国光与本案处理结果有法律上的利害关系，应追加甘国光为本案第三人参加诉讼。请求驳回原告的诉讼请求，依法追加闽D—12890号小货车驾驶员甘国光为本案第三人。

**（三）一审事实和证据**

福建省龙海市人民法院经公开审理查明：原、被告双方于1998年11月30日签订车号为闽E—00561号机动车保险合同。原告将所属闽E—00561号车辆向被告进行投保，保险期限至2000年1月7日。1999年12月12日，闽E—00561号车辆与闽D—12890号小货车发生碰撞。1999年12月14日，交警部门作出责任认定，闽D—12890号车驾驶员甘国光应负本事故的主要责任，闽E—00561号车驾驶员李良仁应负本事故的次要责任。1999年12月28日，经保险公司、原告、修理厂评估，保险公司核定修理工时、材料费为8 850元。2000年1月19日，修理厂具结维修及材料费金额为12 126元的发票。此外，原告支付施救费100元。

另查明，2000年1月21日，交警部门对闽E—00561号车与闽D—12890号车交通事故一案调解终结。

上述事实有下列证据证明：

1. 原告投保闽E—00561号车辆的机动车辆保险单，载明保险价值45万元，保险金额15万元，费率1.2%。

2. "中保财产保险有限公司机动车保险条款"第十九条的规定。

3. 道路交通事故责任认定书。

4. 中保龙海支公司发给中国人民保险公司厦门分公司的机动车辆保险双代委托函。

5. 中国人民保险公司厦门分公司对闽 E—00561 号车辆估损单。

6. 厦门广宇汽车贸易有限公司具结的闽 E—00561 号车辆维修工时及配件结算明细单、发票。

7. 道路交通事故调解记录、调解终结书。

**(四)一审判案理由**

福建省龙海市人民法院经审理认为:原、被告双方签订了保险合同,双方的保险合同关系有效。我国有关部门对机动车辆实行强制性保险,以机动车保险条款的内容作为合同双方的权利、义务。机动车保险条款属于保险人提供的合同格式条款。但条款中第十九条的规定,明显地增加了被保险人的负担,加重被保险人的责任,依法应认定该条款无效。原告投保的机动车发生保险事故,被告有赔付保险金的义务。原告请求确认该条规定无效,被告应赔付保险金的理由成立,依法应予支持。被告支付保险金之日起,代位行使原告向第三者请求赔偿的权利。但原告请求赔偿保险金的数额应以三方评估时核定的数额为基础,以条款约定的赔偿比例计算赔偿金,超过部分由原告自行承担。被告提出追加甘国光为第三人参加诉讼的主张,因分属不同法律关系,该主张不予采纳。

**(五)一审定案结论**

福建省龙海市人民法院根据《中华人民共和国合同法》第三十九条、第四十条、第五十六条、第六十条,《中华人民共和国保险法》第三十九条第二款、第四十四条第一款之规定,作出如下判决:

1. 中国人民保险公司机动车辆保险条款第十九条规定无效。

2. 被告中国人民保险公司龙海支公司应于本判决生效后 10 日内支付原告厦门喜盈门家具制品有限公司赔偿保险金3 050元。

案件受理费 470 元,由原告厦门喜盈门家具制品有限公司负担 346 元,被告中国人民保险公司龙海支公司负担 124 元。

**(六)二审情况**

1. 二审诉辩主张

(1)上诉人诉称:原审法院以"机动车保险条款"第十九条的规定,加重了被保险人的责任为由认定该条款无效错误;该条款符合法律规定且没有加重被上诉人的负担。机动车辆保险条款系中国保监会下发全国通用的部门规章,不是合同,不能通过民事诉讼程序予以确认和撤销,原审判决从程序上或从实体上都是错误的,请求二审法院依法改判。

(2)被上诉人辩称:原审判决认定机动车保险合同属于格式合同条款,其中的第十九条即要求投保人先行起诉他人的规定加重了喜盈门家具公司的负担正确,请求二审法院维持原审判决,驳回上诉人的上诉。

2. 二审事实和证据

福建省漳州市中级人民法院经公开审理确认了一审法院认定的事实和证据。

3. 二审判案理由

福建省漳州市中级人民法院经审理认为:双方当事人签订的机动车辆保险合同系由上诉人中保龙海支公司提供的格式合同,该合同不仅受保险法规的调整,亦应受《合同法》有关格式合同规定的规范,本案合同背面所附的"中保财产保险有限公司机动车辆保险条款”第十九条规定，在出现需由第三方承担责任时，应由被保险人向第三人索赔，若索赔未果，应当提起诉讼，将提起诉讼作为在出现此情形时被保险人获得保险人理赔的前置条件，该规定超出了《中华人民共和国保险法》和《中华人民共和国财产保险合同条例》要求被保险人在出现相同情形时所应承担的义务，而且，保险人不宜将防止出现被保险人与第三方串通骗保或擅自放弃对第三方索赔的特例出现时对被保险人的要求扩充为对被保险人的通常和普通的要求，该规定显然加重了被上诉人即被保险人的负担，况且，这样的规定与上诉人取得代位追偿权的法律规定不相吻合，因此，应当优先适用《中华人民共和国保险法》和《中华人民共和国财产保险合同条例》的有关规定。根据合同法的规定，提供格式条款一方加重对方责任的，该条款无效，故原审认定本案合同背面所附“中保财产有限公司机动车辆保险条款”第十九条无效并无不当。上诉人上诉强调，“机动车辆保险条款”系由中国保监会和中国人民银行所制定和颁发的，系部门规章，作为“法规”收录于《中华人民共和国法律全书》和《中华人民共和国法律法规大典》的光盘中，该条款不应通过普通的民事诉讼程序对其效力进行否定，上诉人的该主张理由不能成立，且一个规范性文件是否属于法律、法规，并不取决于其是否收录于《中华人民共和国法律全书》或《中华人民共和国法律法规大典》的光盘中，故上诉人上诉无理，应予驳回。

4. 二审定案结论

福建省漳州市中级人民法院根据《中华人民共和国民事诉讼法》第一百五十三条第一款第（一）项之规定，作出如下判决：

驳回上诉，维持原判。

二审案件受理费 470 元，由上诉人中国人民保险公司龙海支公司负担，一审案件受理费收取不变。

**（七）解说**

本案争议的主要焦点为中国人民保险公司机动车辆保险条款第十九条的规定是否有效，即原告要求被告支付赔偿保险金是否要先行起诉第三方。一、二审法院从以下两个方面准确地对该条款的效力作出了定性。

1. “机动车辆保险条款”是否属于部门规章。本案中的“机动车辆保险条款”虽然由保监会制定，并经中国人民银行批准，但它作为保险合同的一部分，规定的是保险合同双方当事人因机动车保险所应承担的权利、义务，即保险合同关系，不是由国家强制力保证实施，具有普遍约束力的规范，只有参加保险关系的被保险人才受其约束。该条款在被保险人签订合同后，即成为保险人与被保险人之间的约定。最后，该条款收录于《中华人民共和国法律全书》和《中华人民共和国法律法规大典》的光盘中，并不意味着该规定就属于法规、规章，光盘只是一种载体，是否属于法规、规章，要从其制定、颁发的主体、制定的内容及其效力来认定，不能从其在某种载体上出现来认定。所以，该条款不属于部门规章，应受《合同法》、《保险法》及其他法律、法规的调整。

2. “机动车辆保险条款”第十九条的规定是否明显加重对方的责任，该条款是否有效。根据《中华人民共和国财产保险合同条例》第十九条规定：“保险标的发生保险责任范围内的损失，应当由第三者负责赔偿；投保方应当向第三万要求赔偿，如果投保方向保险方提出赔偿要求时，保险方可以按照保险合同规定，先予赔偿，但投保方必须将向第三者追偿的权利转让给保险方，并协助保险方向第三者追偿。”并未规定被保险人获得保险人理赔的前提条件是向第三方提起诉讼。同样，《保险法》亦无要求被保险人在前述情形发生时向第三方提起诉讼的要求。因此，上诉人要求被上诉人先行起诉之后其才予以理赔之主张缺乏法律依据。"机动车辆保险条款"第十九条的规定与《中华人民共和国财产保险合同条例》及《保险法》的规定相比，显然将起诉第三方的义务置于被保险人身上，且在第三方不予支付赔偿时将起诉第三方作为保险人理赔的前提条件，这种规定超出了《保险法》和《中华人民共和国财产保险合同条例》中规定在出现相同情形时要求被保险人所应承担的义务。该条规定系为防止出现被保险人与第三方串通骗保或保险人放弃对第三方的索赔的特例出现，保险人不宜将出现特例时对保险人的要求扩充为对被保险人通常的、普通的要求。本案合同系上诉人提供的统一的格式合同，格式合同应受合同法有关规定的调整，根据《合同法》第四十条的规定，"……提供格式条款一方免除其责任，加重对方责任、排除对方主要权利的，该条款无效"。所以，"机动车辆保险条款"第十九条的规定无效。

我国在加入世界贸易组织后，某些按计划经济体制模式所制定的规则，已与市场经济的要求不相适应；同时，也与新制定的法律、法规的基本精神相违背。"机动车辆保险条款"是计划经济体制模式下的产物，某些条款理应作适当修改，以符合市场经济规则的要求，促进市场经济的健康发展。

（郭漳明）

## 45. 北京华侨大厦有限公司诉华泰财产保险股份有限公司保险合同案

（一）首部

1. 判决书字号：北京市西城区人民法院（2001）经字第111号。

2. 案由：保险合同案。

3. 诉讼双方

原告：北京华侨大厦有限公司（以下简称华侨大厦）。

法定代表人：郭麟恭，董事长。

委托代理人：于世华，北京中凯律师事务所律师。

委托代理人：邓群，北京市兴航律师事务所律师。

被告：华泰财产保险股份有限公司（以下简称华泰保险）。

法定代表人：王梓木，董事长。

委托代理人：汪有为，华泰保险法律顾问。

4. 审级：一审。

5. 审判机关和审判组织

审判机关：北京市西城区人民法院。

独任审判：审判员：高峙。

6. 审结时间：2001 年 1 月 19 日。

**（二）诉辩主张**

1. 原告诉称：2000 年 2 月，我方将 9 辆机动车向华泰保险投保。华泰保险同意承保，并签发 9 份保险单。我方向华泰保险支付保险费65 599.20元。在我方车辆出险，提出赔偿申请时，华泰保险却以我方未交保险费为由拒绝履行赔偿义务。现起诉要求解除其中 8 份保险合同（不含 HB2000201191000020５ 号保险合同），退还保险费57 520.80元，并赔偿我方所交保险费的存款利息损失 405.67 元。

2. 被告辩称：双方签订的保险合同有效，我方履行了合同义务。因内部原因，我方未能及时查清华侨大厦缴纳保险费的事实，致使赔付工作拖延。但我方一直同意承担保险责任。对原告解除保险合同的主张我方不持异议，但不同意退还全部保险费及利息。

**（三）事实和证据**

北京市西城区人民法院经公开审理查明：2000 年 2 月 3 日，华侨大厦与华泰保险签订了 9 份机动车辆保险合同（保险单号码为：HB20002011910000195—202、HB20002011910000205），合同约定保险期限自 2000 年 2 月 4 日零时起至 2001 年 2 月 3 日 24 时止；合同签订当日，华侨大厦向华泰保险交纳了保险费65 599.20元；2000 年 4 月 5 日至 2000 年 10 月 22 日期间，上述保险合同（不含 HB20002011910000205 号保险合同）项下保险标的物 7 次出险，华侨大厦及时将出险事实通知了华泰保险，华泰保险对出险车辆进行了定损。其后，华侨大厦与华泰保险达成了自修协议，华侨大厦依此协议对受损车辆进行了维修，并将维修费发票交付给华泰保险；华泰保险未及时向华侨大厦支付保险赔款。2000 年 11 月 10 日、27 日，华泰保险通知华侨大厦：双方签订的 9 份保险单真实并在保险期限内有效；请求华侨大厦协助核实保险费去向，提供证明。2000 年 12 月 25 日，华侨大厦向本院提起诉讼，要求解除合同、退还所交保险费。2000 年 12 月 28 日，我院将起诉书送达华泰保险。

上述事实有下列证据证明：

1. 华侨大厦提供的保险单、保险费发票、银行对账单、双方往来函件。

2. 华泰保险提供的定损单、修车发票。

3. 北京市西城区人民法院送达回证及当事人的陈述等证据材料。

**（四）判案理由**

北京市西城区人民法院根据上述事实和证据认为：华侨大厦就其所有的机动车向华泰保险提出保险要求，经华泰保险同意承保，并就保险条款达成协议，保险合同成立。华泰保险签发的 9 份保险单，作为保险合同的凭证，足以证明双方成立了 9 份保险合同。上述合同符合法律规定，均为有效合同。保险合同成立后，华侨大厦按约交纳了保险费，保险合同即产生法律效力，对于已生效的合同，合同双方当事人均应严格履行合同义务。华泰保险应按约定的时间开始承担保险责任。华侨大厦在投保车辆发生保险事故后，履行了通知、协助等应尽义务。华泰保险亦对保险事故造成的损失进行定损，并就受损车辆的修理与华侨大厦达成自修协议，应视为部分履行了义务。华泰保险在收到华侨大厦索赔请求后，未及时进行理赔，存在过错。鉴于华侨大厦仅诉请要求解除与华泰保险之间的 8 份保险合同，退还其交纳的全部保险费。未要求华泰保险承担赔偿保险金责任及逾期赔付产生的损失等责任，依不诉不理的原则，对此当事人可以另行处理。华侨大厦要求解除其与华泰保险签订的8份保险合同的诉讼请求，因该解除权系法定任意解除，当事人可以随时行使，故本院予以支持；但行使单方解除权应通知对方，合同自通知到达时解除。华侨大厦未能举证证明其曾通知华泰保险解除合同，故合同解除的日期应自华泰保险收到我院送达的华侨大厦要求解除合同的诉状之日起计算。保险合同作为特定的合同，已开始的保险责任不因保险人华泰保险未能及时履行赔偿保险金责任、投保人华侨大厦解除合同而消灭。华泰保险的保险责任自华侨大厦支付保险费后，即依合同约定时间开始，至华侨大厦解除通知到达时止。据此，本院认定本案涉及的8份保险合同，保险责任已经开始。华泰保险有权收取自保险责任开始之日起至合同解除之日止的保险费，剩余部分应予退还。华侨大厦在华泰保险迟延履行赔偿义务时，如认为丧失信赖利益，可以随时解除合同。其未能及时行使解除权，由此造成的法律后果应由其自担。同理，在华侨大厦未解除合同前，华泰保险对保险标的发生的保险事故，仍应承担保险责任。华侨大厦要求华泰保险退还8份保险合同项下的全部保险费及自缴纳之日起的利息的诉讼请求，缺乏事实与法律依据，本院部分予以支持。

**（五）定案结论**

北京市西城区人民法院根据《中华人民共和国合同法》第四十四条、第九十六条，《中华人民共和国保险法》第十二条、第十三条、第十四条、第三十八条之规定，判决如下：

1．北京华侨大厦有限公司与华泰财产保险股份有限公司签订的8份保险合同（保险单号码为：HB20002011910000195—202）自2000年12月28日起解除。

2．华泰财产保险股份有限公司退还北京华侨大厦有限公司保险费5 814.94元。

案件受理费2 490元，由原告北京华侨大厦有限公司负担2 238.28元（已交纳）；由被告华泰财产保险股份有限公司负担251.72元。

**（六）解说**

通过本案的审理可以说明以下问题：

1．投保人对保险合同依法享有任意解除权。投保人订立保险合同的目的在于，当保险标的发生保险事故时，保险人依合同约定承担保险责任，赔偿投保人的损失或给付保险费。如果保险事故发生后，保险人拒绝理赔，依合同法规定应视为债务人（保险人）明确表示拒绝履行主要债务，投保人可以解除合同。就本案而言，当保险人迟延履行赔偿义务时，投保人享有两种权利，一是行使请求权，诉至法院寻求公力救济，要求保险人承担赔偿责任和延期赔付的责任；二是自己行使解除权，自力救济，要求解除合同，退还剩余保险费。投保人提出保险要求，经保险公司同意承保并就合同条款达成协议时，保险合同成立。投保人缴纳保险费后，保险合同生效。保险人应当依据合同约定的时间开始承担保险责任。如果行使了解除权，投保人可以获得解除后至合同期间届满的保险费。当投保人认为保险人不能正确履行保险责任时，应及时通知保险人解除合同，以减少自己的损失。

2．合同解除并不消灭已经开始的保险责任。《保险法》规定，投保人提出保险要求，经保险公司同意承保并就合同条款达成协议时，保险合同成立。投保人缴纳保险费后，保险合同生效。保险人应当依据合同约定的时间开始承担保险责任。在合同解除前保险责任依然存在。本案中，投保人缴纳保险费后，保险责任开始。合同的解除并不消灭已开始的保险责任，在合同解除前，保险合同继续生效，保险责任依然存在。保险人对解除合同前的保险事故继续承担保险责任。本案中保险人对投保人的保险事故，应当承担赔偿责任。其业务员挪用保险费，应属于其内部管理不善，不能以此拒不履行合同义务。故保险人应赔付投保人在合同解除前7次保险事故造成的损失，并承担延期赔付的责任。

3. 保险合同解除不具有溯及力。要明确保险合同解除是否有溯及力必须明确特别法与普通法的关系。依民法、合同法理论，合同解除后，尚未履行的，应当终止履行；已经履行的，应当恢复原状。恢复原状，就是要恢复到合同签订前的状况。保险人拒不履行合同义务，致使投保人不能实现合同目的，该合同应予解除。但合同法是处理民商事合同的普通法，保险法则是民商事合同中的特别法。特别法优于普通法是基本法律原则。合同解除的效力，在一般情况下有溯及力，既然解除的效力有溯及力，则已经发生的履行应当恢复原状。恢复原状是民法的基本做法，但不是惟一的做法。应当分不同情况加以处理。通常继续性合同的解除没有溯及力，如租赁、承揽等合同。这类合同的履行不能返还，无法恢复原状。保险合同应当属于这类合同。保险法虽然没有明确规定合同解除的溯及力，但其规定保险责任开始后，投保人要求解除保险合同的，保险人可以收取保险责任开始后至保险合同解除时的保险费。由此可以推定保险合同的解除不具有溯及力。既然保险合同的解除没有溯及力，那么，解除前的履行依然有效。保险人仍应承担保险责任，相对应投保人仍应支付保险费。不能僵硬地认为解除合同必定导致返还，而不考虑保险法作为特别法的特殊性。本案投保人不及时行使权利，依照法律规定的方式行使解除权，导致合同效力依然存续，经过诉讼解除了合同，对合同解除前的保险责任没有溯及力，保险人应对合同解除前的保险事故承担赔付责任，投保人亦承担交纳合同解除前保险费的责任。

（刘建勋）

## 46. 香港特别行政区敏佳贸易有限公司诉厦门盈利达工贸有限公司等外贸代理合同违约案

### （一）首部

1. 判决书字号

一审判决书：福建省厦门市思明区人民法院（2001）思经初字第57号。

二审判决书：福建省厦门市中级人民法院（2001）厦经终字第280号。

2. 案由：外贸代理合同违约案。

3. 诉讼双方

原告（上诉人）：香港特别行政区敏佳贸易有限公司（以下简称敏佳公司），住所地：香港特别行政区太古城道6号潘阳阁13楼H座。

法定代表人：吴慧敏，经理。

委托代理人（一、二审）：吴维平，职员。

被告（上诉人）：厦门盈利达工贸有限公司（以下简称盈利达公司）。

法定代表人：蔡宁泽，经理。

委托代理人（二审）：纪亚赞，福建厦门恒丰泰律师事务所律师。

被告（被上诉人）：厦门建发股份有限公司（以下简称建发公司）。

法定代表人：王宪榕，董事长。

委托代理人（一审）：林伯翊，职员。

委托代理人（一审）：吴旭，福建厦门旭丰律师事务所律师。

委托代理人（二审）：叶衍榴、肖婷，建发公司职员。

4. 审级：二审。

5. 审判机关和审判组织

一审法院：福建省厦门市思明区人民法院。

合议庭组成人员：审判长：黄冬阳；审判员：黄振源；代理审判员：郑文雅。

二审法院：福建省厦门市中级人民法院。

合议庭组成人员：审判长：王小兰；代理审判员：李桦、郑萍。

6. 审结时间

一审审结时间：2001 年 5 月 25 日。

二审审结时间：2001 年 11 月 22 日。

**（二）一审诉辩主张**

1. 原告诉称：其根据与被告建发公司、盈利达公司之间签订的踏板车买卖合同的约定，提供预付款美元11 802元，并开立以被告建发公司为受益人的信用证。然而，建发公司未能按合同约定如期将货物装船运往英国销售，造成其对外商违约。故诉请两被告连带返还预付款美元11 802元及利息美元 236 元，赔偿履行合同的费用美元 246 元及人民币3 403元，并赔偿预期利益损失美元9 618元。

2. 被告盈利达公司在答辩期内未作书面答辩。

3. 被告建发公司辩称：其是基于盈利达公司关于代理出口踏板车的委托而与原告签订买卖合同的，盈利达公司已经介入该合同的签订；其与盈利达公司之间属于间接代理，根据《合同法》第四百零二条的规定，涉案合同直接约束敏佳公司与盈利达公司，与其无关；且涉案合同未履行系因盈利达公司的责任，其已尽合同义务，故应驳回原告敏佳公司对其的诉讼请求。

**（三）一审事实和证据**

厦门市思明区人民法院经公开审理查明：2000 年 9 月 30 日，原告敏佳公司与被告建发公司签订一份踏板车买卖合同，约定由被告建发公司提供数量为2 100辆的踏板车，总价为美元38 682元，交货期为同年 10 月 22 日。合同对双方的其他权利、义务也作了约定。被告盈利达公司亦在合同中签字盖章，直接表明其作为建发公司的委托人的身份。2000 年 10 月 4 日，敏佳公司依约向建发公司提供 30％的预付款计美元11 802元，并开具以建发公司为受益人的金额为美元26 880元的信用证，建发公司亦将预付款美元11 802元如数转给盈利达公司。交货期届满时，因盈利达公司作为生产厂家未能提供货物，建发公司亦未能将2 100辆踏板车装船发运英国。而后，盈利达公司和建发公司未退还预付款，敏佳公司经催讨未果，遂于 2001 年 2 月 16 日提起诉讼。

另查明，2000 年 9 月 27 日，原告敏佳公司与英国 ZEIIERDESIGN 公司之间签订了同标的、同数量，总价为美元48 300元的买卖合同。敏佳公司支出的信用证通知、取消和转让等费用共为美元 246 元；前往厦门验货的机票和住宿费为人民币3 403元。同年 10 月 31 日，敏佳公司向二被告发出催款函，载明：由于生产厂家盈利达公司未能按合同和信用证要求，在 2000 年 10 月 22 日前将2 100辆踏板车装船发运，决定取消销售合同；要求建发公司 7 日内归还预付款，并保留进一步索赔的权利；望建发公司作为生产厂家之代理作出安排，使问题如期解决。

**（四）一审判案理由**

厦门市思明区人民法院根据上述事实和证据认为：

1. 原告敏佳公司与被告建发公司、盈利达公司之间签订的踏板车出口代理合同为有效合同，具有法律约束力。敏佳公司已依约履行提供预付款的义务，建发公司亦随即将该款支付给盈利达公司进行组织生产。合同交货期满后，盈利达公司却未履行交货义务，导致敏佳公司对外合同无法履行，其行为已构成违约，依法应承担偿还预付货款及利息并赔偿预期利益损失的民事责任。故敏佳公司对盈利达公司的诉讼请求，合理、合法，应予支持。但敏佳公司关于履行合同的费用（美元 246 元和人民币3 403元）的主张，因该部分属于买卖合同中正常的业务支出，可计入成本并在预期利益中得到回报，故不予支持。

2. 本案涉讼合同的签订及履行均发生在《合同法》颁布实施后，且《合同法》效力等级高于作为部门规章的《关于对外贸易代理制的暂行条例》（以下简称《暂行规定》），因此，本案应适用《合同法》进行处理。现行《合同法》第四百零二条、第四百零三条的规定，旨在通过委托合同关系来构筑一个新的产品销售代理制度，即承认受托代理人以自己的名义为他人销售货物也可以成立代理关系，在委托人和第三人之间直接构筑起合同关系，或通过赋予委托人介入权来联结两个独立合同项下的三方当事人的关系，赋予他们相互救济的权利。在本案中，敏佳公司与建发公司签订的合同里已明确了建发公司是盈利达公司的代理人，盈利达公司亦在合同中签字盖章；盈利达公司在涉讼合同中签字盖章，还意味着其已全部认可建发公司的行为，建发公司是在代理权限内从事代理业务，没有越权；且该合同也无仅约束敏佳公司和建发公司的文字和意思表示。因此，根据合议庭对《合同法》第四百零二条立法本意的理解，本案合同直接约束敏佳公司和盈利达公司，建发公司的抗辩主张成立。

3. 在合同“直接约束”敏佳公司和盈利达公司的情况下，建发公司作为代理人仍然是合同的当事人。在合同得不到履行或违约时，“直接约束”赋予敏佳公司和盈利达公司相互主张的权利，但建发公司不能因此免除合同履行的一切义务，准确地说，还应承担协助履行的义务，包括接受或交付货物、货款及其他辅助义务。在敏佳公司或盈利达公司不当履行的情况下，建发公司只负有通知义务而不负违约赔偿的责任。当然，若建发公司未尽协助履行义务或履行不当，则敏佳公司有权要求建发公司承担过错责任。但本案中，敏佳公司既未提出这样的主张，也未提供相应的证据。因此，敏佳公司对被告建发公司的诉讼请求，不符合法律规定，不予支持。

**（五）一审定案结论**

福建省厦门市思明区人民法院根据《中华人民共和国民事诉讼法》第六十四条、第一百三十条、《中华人民共和国合同法》第八条、第六十条第一款、第一百零七条第一款、第一百一十三条、第四百零二条的规定，作出如下判决：

1. 被告厦门盈利达工贸有限公司应于本判决生效之日起 3 日内偿还给原告香港特别

行政区敏佳贸易有限公司预付款美元11 802元及利息美元236元，并赔偿经济损失美元9 618元，共计美元21 656元。

2. 驳回原告香港特别行政区敏佳贸易有限公司的其他诉讼请求。

本案案件受理费5 096元，由被告厦门盈利达工贸有限公司负担。

**（六）二审情况**

1. 二审诉辩主张

（1）上诉人盈利达公司诉称：原审认定事实有误，其在履约过程中一直积极生产并准备交货装运，但敏佳公司和建发公司却指示暂缓发货，其并无违约，因此，请求撤销原判，改判敏佳公司继续履行合同。

（2）上诉人敏佳公司诉称：第一，敏佳公司从未发出暂缓发货的指示，而盈利达公司实际上也只完成一半的生产量。第二，一审适用法律不当，根据特别法优于一般法的原则，本案应优先适用《对外贸易法》、《暂行规定》的规定和《合同法》中买卖合同的条款，而非适用委托合同的条款；本案涉及买卖合同和委托代理合同两个法律关系，一审将两个法律关系混为一谈，在敏佳公司与盈利达公司没有直接合同关系的情况下，判决由盈利达公司直接向敏佳公司承担建发公司的违约责任，于法无据。第三，建发公司在买卖合同中系作为卖方而非代理人，不能以其和盈利达公司有委托关系而推卸其合同义务。故请求改判由建发公司承担违约责任，盈利达公司承担连带责任。

（3）被上诉人建发公司辩称：在买卖合同中建发公司虽然以卖方的身份出现，但事实上只是盈利达公司的出口代理人，敏佳公司对此是明知的；由于盈利达公司的自动介入，故应适用《合同法》第四百零二条的规定，该合同只约束敏佳公司和盈利达公司，而与其无关。故应驳回敏佳公司的上诉请求。

2. 二审事实和证据

厦门市中级人民法院经审理确认了一审法院认定的事实和证据。另查明：（1）2000年9月30日，敏佳公司与建发公司签订的踏板车买卖合同中注明："卖方作为厦门市盈利达公司工贸有限公司的代理"，并加盖盈利达公司的公章；（2）2000年11月4日，盈利达公司致函建发公司，称经与订方协商同意，应于2000年11月30日前支付预付货款97 484.52元，该款汇往建发公司再转汇给吴先生（敏佳公司职员）。

3. 二审判案理由

厦门市中级人民法院认为：

（1）盈利达公司上诉主张其并未违约，而是根据敏佳公司的指示暂缓发货，证据不足，不予采信。盈利达公司未能按期足额生产和交货，已构成违约。

（2）涉讼合同虽然系敏佳公司和建发公司签订，但各方当事人均明知建发公司是接受盈利达公司的委托，在盈利达公司的授权范围内以建发公司的名义与敏佳公司订立出口销售合同的，建发公司仅是外贸代理商。《合同法》第四百零二条、第四百零三条的规定，正是为了解决过去外贸代理业务在法律结构上的矛盾和冲突，本案应适用《合同法》第四百零二条的规定。委托人盈利达公司可以介入第三人敏佳公司和受托人建发公司订立的合同，以自己的名义直接享有权利和承担义务，故该合同直接约束盈利达公司和敏佳公司。敏佳公司主张应适用《合同法》关于买卖合同的规定，系片面割裂三方当事人之间的法律关系；而《对外贸易法》仅是对外贸代理中的间接代理模式作了一般性的规定；至于对外经济贸易部发布的《暂行规定》，因其系部门规章，其效力无法和《合同法》相提并论。故敏佳公司关于法律适用的上诉主张，不予支持。

4. 二审定案结论

福建省厦门市中级人民法院根据《中华人民共和国民事诉讼法》第一百三十五条第一款第（一）项的规定，作出如下判决：

驳回上诉，维持原判。

二审案件受理费5 096元，由厦门盈利达工贸有限公司和香港特别行政区敏佳贸易有限公司各负担一半。

**（七）解说**

本案讼争合同是外贸代理合同中的出口代理合同，在外贸实务中大量存在。按我国《对外贸易法》、《暂行规定》和以往审判实践的习惯做法，对此类案件均以进出口合同和委托代理合同两个法律关系分开进行审理，外商不得越过外贸代理商直接和委托人（一般为生产厂家）发生法律关系。但在《合同法》颁布实施以后，如何正确理解和适用《合同法》的相关规定，已对外贸代理合同当事人的权利、义务产生了重大影响，常成为当事人的争议焦点，也是审判实务必须解决的问题。因此，此类案件的正确审理，必将改变旧有观念，并重新规范外贸代理业务。

应当看到，外贸代理制是在我国特殊体制下，为解决许多企业没有外贸经营权，必须通过有外贸权的进出口代理公司对外买卖而设立的。但随着外贸自主权的不断扩大，我国过去的外贸代理制度已不能适应经济发展的要求。对外贸易代理制度不仅要解决企业有无外贸权的问题，而且要与国际公约和国际惯例相衔接。对此，现行《合同法》已突破《民法通则》关于委托代理制度的规定，借鉴了英美法系未显名代理和隐名代理以及大陆法系行纪的做法，并在第四百零二条、第四百零三条中予以体现。《合同法》的立法本意，旨在通过委托合同关系来构筑一个新的代理制度，即承认受托人以自己的名义为委托人处理事务也可以成立代理关系，在委托人和第三人之间直接构筑合同关系，或通过赋予委托人介入权和第三人选择权来联结两个独立合同项下的三方当事人的关系，赋予他们相互救济的权利。从第四百零二条的规定来看，受托人以自己的名义从事受托行为可以直接产生代理的效果，由委托人对第三人直接承担法律责任；但前提是第三人在与受托人交易时知道（包括应当知道）受托人与委托人存在委托代理关系，如果第三人不知道则不产生代理效果。这与英美法系中的未显名代理非常相似。第四百零三条规定，受托人以自己的名义从事受托行为，第三人不知道委托人存在或存在代理关系的，在有损于第三人或委托人利益的时候，第三人可以行使选择权和委托人可以行使介入权，以使委托人和第三人架起直接的合同关系或直接进行违约损害赔偿请求。这是引入了英美法系中的隐名代理制度，赋予委托人和第三人相互进行司法救济的手段，也与大陆法系中的行纪性质相同。

本案讼争合同的签订及履行均发生在《合同法》颁布实施之后，且《合同法》效力等级高于作为部门规章的《暂行规定》；此外，《对外贸易法》的有关规定并不明确，因此，本案应适用《合同法》进行处理。在本案中，讼争合同已明确了建发公司是盈利达公司的代理人，盈利达公司亦在合同中签字盖章，敏佳公司作为第三人知道建发公司和盈利达公司存在委托代理关系；同时，盈利达公司的签字盖章，意味着其已全部认可建发公司的行为，建发公司是在代理权限内从事代理业务，没有越权；且该合同也无约束敏佳公司和建发公司的规定。因此，根据《合同法》第四百零二条的规定，本案合同直接约束敏佳公司和盈利达公司，建发公司的抗辩主张成立。当然，建发公司作为代理人仍然是合同的当事人，在合同得不到适当履行时，“直接约束”赋予第三人敏佳公司和委托人盈利达公司相互主张权利的权利，建发公司不负违约责任。但建发公司不能因此免除所有义务，准确地说，还应负协助履行的义务，包括接受或交付货物、货款及通知等其他辅助义务。若被告建发公司未尽协助履行义务或履行不当，则敏佳公司有权要求建发公司承担过错责任。但本案中，敏佳公司既未提出这样的主张，也未提供相应的证据。因此，一、二审的判决无疑是正确的。

通过对本案的评析和对《合同法》第四百零二条、第四百零三条的考察，我们认为，现行《合同法》在委托代理制度方面的突破，为我国外贸代理实务提供了较为完整的法律规范和多种多样的交易方式，当事人可以根据需要采取显名代理、未显名代理、隐名代理或行纪等方式进行交易；而审判实务中，也应及时转变原有的观念，抛弃《暂行规定》片面割裂外贸代理合同内外两种法律关系的谬误，正确理解和适用《合同法》审理外贸代理合同纠纷。

（黄冬阳　黄振源）

## 47. 上海申达股份有限公司诉香港汇丰银行股份有限公司上海分行委托合同案

**（一）首部**

1. 判决书、调解书字号

一审判决书：上海市浦东新区人民法院（2000）浦经初字第3831号。

二审调解书：上海市第一中级人民法院（2001）沪一中经终字第1066号。

2. 案由：委托合同案。

3. 诉讼双方

原告（上诉人）：上海申达股份有限公司。

法定代表人：席时平，董事长。

委托代理人（一、二审）：许文宝，上海市科伟律师事务所律师。

委托代理人（一审）：何兴安，上海市科伟律师事务所律师。

委托代理人（二审）：高路，上海市东方世纪律师事务所律师。

被告（被上诉人）：香港汇丰银行股份有限公司上海分行。

法定代表人：林洵，行长。

委托代理人（一、二审）：刘海涛、刘大力，上海市通力律师事务所律师。

4. 审级：二审。

5. 审判机关和审判组织

一审法院：上海市浦东新区人民法院。

合议庭组成人员：审判长：沈惠平；代理审判员：陈昶、张风翔。

二审法院：上海市第一中级人民法院。

合议庭组成人员：审判长：刘茂馥；审判员：周继红；代理审判员：蔡茜云。

6. 审结时间

一审审结时间：2001 年 4 月 20 日。

二审审结时间：2001 年 12 月 17 日。

**（二）一审诉辩主张**

1. 原告诉称：被告制作的“汇票提示清单”存在错写收件人地址的疏忽，致本应该寄往其指定的代收行加州银行的托收单据误寄给了非代收行佛州银行，造成托收事故，并致其托收款至今未能收到，被告负有向其赔偿经济损失的民事责任。原告请求法院判令由被告赔偿其结算款140 393.55美元（折合人民币1 162 458.60元）、利息损失人民币65 911元及出口退税损失人民币202 839.89元，并承担本案受理费。

2. 被告辩称：原告未就本次托收向其指定过代收行，其没有违反原告托收指令的行为；在原告未向其指定代收行的情况下，其依照国际商会第 522 号《托收统一规则》（以下简称 522 规则）规定可以自行选择代收行；其制作的汇票提示清单虽然有笔误，但未影响全套托收单据安全寄达代收行佛州银行，该笔误与托收事故没有因果关系；被告建议法院驳回原告的起诉请求。

**（三）一审事实和证据**

上海市浦东新区人民法院经公开审理查明：原告与美国万隆公司（又名 ITECH GROUP）建有销售合同关系，原告在委托上海新海捷船务有限公司（以下简称船务公司）将一批茄克衫运往美国万隆公司指定的交货地美国加利福尼亚州某港的同时，根据美国万隆公司提出的 Release Documents against Payment（以下简称付款交单）付款方式，委托被告按此种方式托收此笔货款。原告为托收货款，开出汇票一份，该汇票记载开证行为联合国民银行，开票日期为 2000 年 1 月 12 日，金额为140 393.55美元。原告将该汇票及全套托收提单交给被告。并与被告签订了托收委托书一份。同日，被告制作了汇票提示清单，该单记载收件人的地址为美国佛罗里达州迈阿密联合国民银行，汇票及全套托收单据由该行收到。2000 年 2 月，船务公司告知原告，美国万隆公司已于 2000 年 2 月 1 日换单。原告还从船务公司处得知，银行在未收取托收款的情况下放单。嗣后，原告致函美国万隆公司催索货款，但遭拒绝，故原告转而要求被告对其赔偿，也遭到拒绝，遂提起本案诉讼。

上述事实有下列证据证明：

1. 美国万隆公司向原告提出的要求以付款交单方式结算货款的函。

2. 由被告印制，并由原告填写的格式化托收委托书。

3. 被告发给原告的确认收取汇票、提单等托收跟单的确认书。

4. 被告制作的汇票提示清单。

5. 美国万隆公司复原告的拒绝给付货款函。

**（四）一审判案理由**

浦东新区人民法院认为：托收是由卖方对买方开出汇票，委托银行向买方收取货款的一种结算方式。委托人和托收行的关系是委托代理关系，托收银行应按照委托书所提出的指示办理托收事宜。原告填写了由被告提供的格式化委托书，双方当事人之间的委托合同关系已经成立。如果被告违反委托人原告的指令，致原告遭受损失，被告应承担向原告赔偿经济损失的责任。本案中，被告作为托收行存在工作方面的疏忽，但无违反委托人原告托收指令的行为，故原告请求判令由被告赔偿其托收款及相关经济损失缺乏法律依据。

**（五）一审定案结论**

上海市浦东新区人民法院根据《中华人民共和国合同法》第三百九十六条之规定，判决如下：

驳回原告的诉讼请求。

**（六）二审情况**

1. 二审诉辩主张

（1）上诉人诉称：被上诉人有违反其关于指定美国加利福尼亚州联合国民银行（United National Bank）（以下简称加州银行）为国外代收行指令的行为，一审判决未予认定有错误；要求二审法院予以纠正；被上诉人制作的汇票提示清单发生收件行地址错误，致使本应该寄给加州银行的托收单据误寄给非代收行美国佛罗里达州梅隆联合国民银行（Mellon United National Bank）（以下简称佛州银行），属于有重大疏忽的过错，依法应向其承担赔偿经济损失的责任，原审法院对其起诉请求未予支持是错误的，要求二审法院予以纠正。

（2）被上诉人辩称：上诉人未向其指定过代收行，其没有违反上诉人托收指令的行为；其制作的汇票提示清单虽然有收件行名称的笔误，但该单及托收单据仍然为其选择的代收行安全收妥；该笔误与托收事故没有因果关系；托收事故的发生系因代收行违反托收指令引起，上诉人可以向代收行追索，其只负有在上诉人授权和由上诉人承诺承担追索风险情况下代为追索的义务；按照 522 规则规定，托收单据自寄达代收行时起后，托收风险就转移由代收行与上诉人承担，其作为托收行可以免责；原审法院作出的判决是正确的，建议予以维持。

2. 二审事实和证据

上海市第一中级人民法院确认一审法院认定的事实属实。该院经公开审理还查明：上诉人曾多次向美国万隆公司销售茄克衫，并委托被上诉人托收货款，以往托收中的国外代收行系加州银行，该行是美国万隆公司的开户银行。为本次托收，上诉人填写了由被上诉人提供的格式化托收委托书，要求托收金额为140 393.55美元，托收方式为付款交单，托收按 522 规则规定办理等。同时，上诉人开具了与上述委托书所载金额、托收方式相同的汇票一份，汇票记载的开证行是加州银行。上诉人于同年 1 月 14 日将该汇票、提单等全套跟单交给被上诉人。被上诉人收取上述单据后致函上诉人作了收妥上述单据的确认，还确认托收按 522 规则办理。被上诉人分行为办理本次托收制作了汇票提示清单。该单除提示了托收金额和托收方式外，还提示了不要放弃托收和收取利息及手续费的要求。该汇票提示清单载收件人为加州银行，而收件行地址却载为美国佛罗里达州迈阿密西南一路 1399 号，即佛州银行的住所地，全套托收单据均由该行收到。此前，被上诉人与佛州银行未发生过包括代收在内的业务往来。佛州银行将所收到的汇票、提单等全套单据径直寄给了美国万隆公司。美国万隆公司凭非正常途径取得的提单提取了全部货物。

二审采用的证据与一审相同。

3. 二审法院判案理由

上海市第一中级人民法院认为：上诉人与被上诉人建立的系有偿托收关系。上诉人虽然在以往的托收中向被上诉人指定了加州银行为国外代收行，但未能举证证明其为本次托收向被上诉人指定了国外代收行，故不能认定被上诉人有违反上诉人指令的行为；在上诉人没有指定代收行的情况下，被上诉人可以自行选择适当的银行作为国外代收行，但佛州银行非被上诉人选择妥当的代收行；佛州银行收取托收单据，是由于被上诉人制作的汇票提示清单发生收件行地址错误导致；汇票提示清单系托收重要文件，虽然不能否定被上诉人是以善意的目的投入制作，但发生收件行地址错误的疏忽事实证明该行未以合理的谨慎工作，并由于该疏忽导致发生托收事故的严重后果，造成上诉人托收款及滞收托收款利息损失及相关经济利益的损失，被上诉人作为有偿委托合同的受托方，依法负有向委托人赔偿经济损失的民事责任。

4．二审定案结论

上海市第一中级人民法院在查明事实和分清责任的基础上，主持上诉人与被上诉人达成了如下调解协议：

（1）由被上诉人赔偿上诉人托收货款98 275.49美元。

（2）上诉人于 2000 年 1 月 14 日开具的、金额为140 393.55美元的汇票项下托收款及相关债权转让给被上诉人。被上诉人在得到该债权后，享有对相关义务人追索的权利。如经追索兑现债权超过98 275.49美元，则在该款额至140 393.55美元范围内返还上诉人。

一、二审案件受理费共计人民币34 332元，由上诉人与被上诉人各半负担。

**（七）解说**

本案系发生于国际托收中的一起委托合同纠纷案件，二审法院审理该案，适用 522 规则这一国际惯例及我国相关法律，通过阐释国际托收中特殊的法律问题，正确地分清和确认当事人的民事责任，成功地调解了该案纠纷。这些观点和做法均具有一定的典型意义。

1．关于适用委托人指定代收行，还是托收行自行选择代收行规则的法律问题。在国际托收中，除有委托人和受委托人（一般为委托人所在国的银行，称托收行）外，至少还需要由国外代收行参加，才能构成完整的托收关系，办理托收事项。本案中，原告系委托人，被告系托收行，而被告是需要通过代收行办理托收事项的，因而产生了代收行的确定问题。

522 规则第三条第五款第四项规定，为了使委托人的指示得以实现，寄单行将以委托人所指定的银行作为代收行。在（委托人）未指定代收行时，寄单行将使用他自身的任何银行或者在付款或承兑的国家中，或在必须遵守其他条件的国家中选择代收行。根据该规定，如果原告向被告指定了国外代收行，那么，被告必须通过原告指定的代收行办理托收。托收行只有在委托人未就代收行有指定的情况下，才可以自行选择代收行。上述两种代收行确定方法均有各自的规则，而规则的适用将直接关系到民事责任的认定。

审理本案的一审和二审法院均认为原告未就本次托收向被告指定代收行，理由是：(1) 代收行的指定一般有这样两种情况，一是委托人为与某一个客户的全部交易货款而专门指定了代收行，那么，该代收行指定，对所涉及的该客户全部交易货款托收均有效；二是委托人为与某一客户进行的某一笔交易货款的托收指定了代收行，那么，该代收行的指定仅对该笔交易货款托收有效。原告以往委托被告向美国万隆公司托收货款时指定了代收行，因未明确指定为延续至本次托收的代收行，就不能认定原告就本次托收指定了代收行。(2) 汇票记载的开证行系加州银行，开证行为付款行，以付款行作为代收行较为安全，但付款行并不等同于代收行，所以，不能认定汇票记载的开证行系原告就本次托收指定的代收行。

由于原告未就本次托收向被告指定代收行，那么，被告就可以自行选择适当的银行为代收行，包括可以选择加州银行。被告制作的汇票提示清单反映，该行拟选择的代收行系加州银行，即使如此，也只能视被告选择的代收行与原告以往指定的代收行之竞合。所以，被告应按自行选择代收行之规则承担民事责任，而不能认定被告有违反原告指令的行为。

2. 关于佛州银行是否系被告选择的代收行的法律问题。522 规则第十一条第一款规定，为使委托人的指示得以实现，银行使用另一银行或其他银行的服务是代该委托人办理的，因此，其风险由委托人承担。根据该规定，如果佛州银行系本次托收的代收行，即使被告制作的汇票提示清单有笔误，只要未影响托收单据安全寄达佛州银行，该笔误与托收事故就没有因果关系。而且当托收单据由佛州银行收到后，托收风险就转移由佛州银行及委托人承担，被告可以免责。反之，被告就不能适用上述 522 规则的规定免责。

二审认为佛州银行非被告选择的代收行，理由是：首先，国际上的银行之间不固然存在代收的法律关系，一银行成为他行之代收行，一般基于以下情形：一是该银行系托收行的分支机构；二是该银行与托收行具有长期的，包括代收在内的业务关系；代收已成为约定俗成；三是该银行与托收行签订了代收协议。被告与佛州银行之间未存在上述关系，故不能认定佛州银行系被告当然的代收行。其次，522 规则第一条第一款第二项规定，银行没有义务必须办理某一托收或任何托收指示或以后的相关指示。该规定可以理解为，代收不属于银行通常必须办理的业务，也不能依单方的意思表示确立代收法律关系。本案中，托收单据虽然寄达佛州银行，即使将该单据的寄达理解为被告选择代收行的行为，也仅系被告单方的意思表示，在佛州银行未作出接受作为代收行的承诺情况下，被告与佛州银行之间的代收法律关系是不能认定为确立的。所以，不能认定佛州银行系被告选择的代收行。

3. 关于被告在托收事故中责任定位的法律问题。本次托收事故形成的原因有：(1) 被告制作的汇票提示清单错写代收行地址，导致了托收单据误寄往非代收行的佛州银行。(2) 佛州银行虽然没有必须执行托收指令的义务，当其收到寄自于被告的托收单据后，依法负有无因管理义务。该行可以消极管理，如将托收单据作留置，或作退回寄单行的处理，也可以作积极的管理，如按托收指令办理代收。但佛州银行没有作如上所述的正确管理，而是不顾付款交单的托收指令，将提单等托收单据径直寄给了美国万隆公司，属于不适当的无因管理。(3) 倘若受单人美国万隆公司能遵循诚实信用的交易原则，即使发生了被告错写代收行地址的疏忽，抑或是佛州银行的不适当无因管理，托收事故仍然可以避免。但是受单人美国万隆公司未遵循诚实信用原则，在其经非正常途径取得提单提取了货物后，却拒绝向供货方原告给付货款，致使托收事故不可避免的最终酿成。可以说，本次托收事故系由相关当事人的混合过错原因造成的。

由于原告是以香港汇丰银行股份有限公司上海分行为被告提起索赔诉讼，故需要研究的是被告在本次托收事故中的责任定位的法律问题。一审法院对此认为，被告虽然未尽到善意、谨慎之义务，但未违反委托人原告的托收指令，不负有对原告赔偿经济损失的民事责任。二审法院则认为被告负有对原告赔偿经济损失的民事责任，理由是：（1）522 规则第四条第九款规定，银行将以善意和合理的谨慎办理业务。该规定可以理解为，银行办理托收持有的谨慎应以确保托收指令得到兑现为标准。汇票提示清单系托收业务中用于传达托收指令的重要文件，被告制作该文件而发生收件行地址错写，说明被告没有尽到该规则规定的职责。(2) 托收事故虽然由相关当事人混合过错造成，但就托收法律关系而言，被告是受到其与原告签订的委托合同和 522 规则之约束的，被告办理托收有疏忽，该疏忽是托收事故的起因，被告应按合同约定和 522 规则承担相应的民事责任。(3) 本案双方当事人约定托收按 522 规则办理，由于该规则未就托收行对委托人之责任承担有规定，故还应适用我国的相关法律。《合同法》第四百零六条规定，有偿的委托合同，因受托人的过错给委托人造成损失的，委托人可以要求赔偿损失。原告与被告建立的是有偿的委托合同关系，被告作为有偿的受托人在履行受托事项中有疏忽过错，并已造成原告经济损失，按该规定应向原告赔偿经济损失。

4. 关于托收事故给原告造成的经济损失能否确定的法律问题。至法院受理本案时止，因托收事故给原告造成的经济损失能否确定？对此曾有不同的意见。一种意见认为，托收事故虽然影响到原告未能在原定的日期收妥货款，但原告享有的托收款债权并没有丧失，且在原告与美国万隆公司未就货款作最终结算前，还可能发生因货物质量减少货款的可能，故原告的经济损失尚不能确定。还有一种意见认为，托收事故给原告造成的经济损失是可以确定的。二审持第二种意见，理由是：（1）托收事故发生后，原告本应该收取的托收款转变为债权存在，但债权需要经过主张，并需要通过债务人履行后才能兑现，故现实的托收款与债权有较本质的区别，故不能以原告享有托收款债权而认为其经济损失不能确定；（2）本案双方当事人约定本次托收方式为付款交单，按该托收方式，托收款应于提单交给赎单人时收妥。这种托收方式系可以排除货物质量问题等抗辩事由，只以提单等相关单据为交付前提条件的收款方式。也就是说，假如美国万隆公司以原告货物有质量问题抗辩，并有减少给付货款理由，也应该在其履行了给付托收款义务之后另行解决，故应认定原告可以得托收款全额、托收款滞收期利息及其他相关经济利益是原告的实际经济损失。

本案二审期间在法官主持下达成的调解协议，既体现了被告依法应向原告承担经济赔偿责任的原则，也体现了对被告在本案中所发生的过失疏忽这一特殊过错责任可以有条件减轻的合理原则，同时也较好地解决了被告履行对原告经济赔偿责任后，属于原告享有的相关托收款债权的处理问题。

（周继红）

## 48. 赵双繁诉昆明市宜良冷冻饮料厂保管合同案
## （保管物）

（一）首部

1. 判决书字号：云南省宜良县人民法院（2001）宜经初字第 93 号。

2. 案由：保管合同案。

3. 诉讼双方

原告：赵双繁，男，1953 年 11 月 5 日出生，汉族，云南省昆明市人。

委托代理人：马巍、高冰，云南天平律师事务所律师。

被告：昆明市宜良冷冻饮料厂。

法定代表人：郭琼芬，厂长。

委托代理人：左树林，宜良县南羊镇政府干部。

4. 审级：一审。

5. 审判机关和审判组织

审判机关：云南省宜良县人民法院。

合议庭组成人员：审判长：罗丹阳；审判员：陈思文、官成富。

6. 审结时间：2001 年 12 月 11 日（依法延长审限）。

**（二）诉辩主张**

1. 原告诉称：2000 年 8 月 22 日，原告将价值121 207.75元的 418 件速冻牛肝菌存放在被告处，由被告代为冷藏保管，被告出具了收条。随后，被告未经原告同意，将该批货物擅自处理给他人，致使原告无法按合同约定向他人交付该批货物，造成原告经济损失 1.3 万元。请求法院判令被告返还原告121 207.75元的货款，赔偿经济损失 1.3 万元。

2. 被告辩称：418 件速冻牛肝菌不是原告的，我厂出具给原告的入库 418 件速冻牛肝菌的凭据是原告和鲍得宝采用非正常手段取得的，是一个无效证据。418 件货是曲靖市翠峰绿色食品发展有限责任公司（以下简称翠峰公司）提出处理的。

**（三）事实和证据**

云南省宜良县人民法院经公开审理查明：2000 年 7 月 6 日，鲍得宝将 418 件速冻牛肝菌从昆明海口颖慧冷冻厂运至被告昆明市宜良冷冻饮料厂速冻。同年 8 月 22 日，鲍得宝将 418 件速冻牛肝菌转给原告赵双繁，同日，由被告冷冻厂出具收条给原告。2000 年 10 月 9 日，被告冷冻厂将该批货物全部处理给翠峰公司。为此，原告诉至法院。

上述事实有下列证据证明：

1. 2000 年 8 月 22 日由被告法定代表人郭琼芬出具的收条一份。

2. 企业法人申请开业登记注册书。

3. 2000 年 8 月 21 日移交白牛肝菌速冻清单一份。

4. 2000 年 10 月 9 日翠峰公司提货单、结算清单各一份。

5. 庭审笔录。

**（四）判案理由**

云南省宜良县人民法院经审理认为：

1. 鲍得宝移交 418 件牛肝菌给赵双繁的移交清单及被告冷冻厂出具给原告赵双繁的收货进行冷藏的收条客观、真实，合法、有效。我国《合同法》规定，保管合同是保管人保管寄存人交付的保管物，并返还该物的合同，保管合同自保管物交付时成立，寄存人向保管人交付保管物的，保管人应当给付保管凭证。该案中，2000 年 8 月 22 日，鲍得宝将 418 件牛肝菌在被告冷冻厂转移给原告赵双繁，并由被告出具收条给原告，即在原告赵双繁与被告冷冻厂之间产生保管权利、义务关系，保管合同依法成立。收条系被告出具给原告的保管凭证。

2. 被告冷冻厂擅自将保管物处理给第三人，应承担损害赔偿责任。《合同法》规定，保管人应当妥善保管保管物；第三人对保管物主张权利的，除依法对保管物采取保全或者执行的以外，保管人应当履行向寄存人返还保管物的义务；保管期间，因保管人保管不善造成保管物毁损、灭失的，保管人应当承担损害赔偿责任。然而，该案中，被告在没有证据证实自己与翠峰公司有任何保管关系的前提下，也没有法定事由出现的情况下，就将保管物交给第三人翠峰公司提走，并结清货款，视为在履行合同过程中，被告违反了合同法规定，造成保管物灭失，因此，被告应承担赔偿原告由此而造成的损失。

3. 关于损失的计算，于法于理于据，原告均应获得赔偿。原告起诉时有两个诉讼请求：第一，要求被告赔偿货物损失折合款项121 207.75元；第二，与他人签订供货合同，因未履行，而被处罚违约金的经济损失1.3万元。因为该案争议的标的物系鲜货，返还保管物也不实际，赔偿损失更为妥当，对于货物的数量无争议，而对于价款，合议庭认为，双方没有书面的约定，按公平合理的原则，综观全案分析，以被告处理给翠峰公司的实际收益价75 268.20元认定为宜。对于原告诉讼请求之二，即"赔偿经济损失1.3万元"，由于原告在该主张中所提交的2000年7月16日昆明海口颖慧冷冻厂出具的结算清单、2000年8月30日原告赵双繁发送名威菇场有限公司（函）件、2000年9月11日原告赵双繁与名威菇场签订的协议、2000年9月14日名威菇场出具收到赵双繁违约金1.3万元的收据属于伪证，其行为已严重妨碍法院对该案的审理。依照《中华人民共和国民事诉讼法》第一百零二条第一款、第一百零四条的规定，决定对赵双繁罚款人民币1 000元（另作罚款决定书）。因此，对于原告要求被告承担保管物损失的诉讼请求，应予支持。对于赔偿其他经济损失1.3万元不予支持。

4. 对于被告的辩解意见不予支持。被告辩称，"该批货物是翠峰公司的，不是赵双繁的，冷冻厂出具的收条系无效证据"。被告在整个诉讼过程中，没有提交相关证据予以证实。货物虽然是鲍得宝从昆明海口颖慧冷冻厂运至宜良冷冻厂冷藏，尔后，在冷冻厂鲍得宝已将货物转移给了原告赵双繁，被告是明知的，才会出具收条给赵双繁，鲍得宝与翠峰公司是什么关系？从证据材料看，鲍得宝事前在昆明海口颖慧冷冻厂冷藏该批货及事后转让货物，均无证据证实得到翠峰公司的授权和追认，系鲍得宝个人行为。加之，被告将货物处理给翠峰公司提走时，翠峰公司按质论价，付了货款75 268.20元给冷冻厂，这说明，如果保管物是翠峰公司的，翠峰公司只应支付保管费或者按约免交保管费，就不应该交付货款。因而，冷冻厂辩称货物是翠峰公司的辩解意见依法不成立。

**（五）定案结论**

云南省宜良县人民法院根据《中华人民共和国合同法》第三百六十五条、第三百六十七条、第三百六十八条、第三百六十九条第一款、第三百七十三条、第三百七十四条之规定，作出如下判决：

由被告昆明市宜良冷冻饮料厂于本判决发生法律效力之日起赔偿原告赵双繁保管物折价款人民币75 268.20元。此款交本院执行。

案件受理费4 255元，由原告赵双繁负担1 457元，由被告昆明市宜良冷冻饮料厂负担2 798元。

**（六）解说**

保管合同纠纷案件是新类型的民事案件。长期以来，在立法上，《经济合同法》将仓储保管合同归在一类，适用同一条款，在处理案件上带来不便，更为突出的是条款已难以调整争议的法律关系。为此，新《合同法》的颁布实施，从根本上解决了有法可依，有法必依的问题，保管合同和仓储合同分离开，成为独立的有名合同，条款明确，便于操作，确实起到了保护合同当事人的合法权益，维护社会经济秩序的作用。审理这类案件的主要依据是《合同法》的相关规定。审理中，既不能违背法律的精神，也要具体案件具体分析。本案的特点是：（1）寄存人对保管物是否一定要享有所有权？一种意见认为，寄存人对保管物享有所有权；另一种意见认为，寄存人不一定就是保管物的所有人。《合同法》对于保管合同的成立规定，保管合同是保管人保管寄存人交付的保管物，并返还该物的合同，保管合同自保管物交付时成立；保管物品的，称为保管人，交付物品保管的一方，称寄存人。可见，法律并没有明确要求保管物一定由寄存人享有所有权。（2）保管物灭失的赔偿责任比较典型。（3）赔偿损失的计算，充分体现了法官自由裁量与当事人合理接受的原则。（4）保护与处罚相结合。对于当事人于法有据的主张，能得到法律支持。对于弄虚作假的伪证，同样受到处罚。

（杨品洁）

## 49．中铁十二局集团有限公司诉惠阳惠兴实业有限公司等建设工程施工合同案

**（一）首部**

1．判决书字号

一审判决书：上海铁路运输中级法院（2000）沪铁中经初字第7号。

二审判决书：上海市高级人民法院（2001）沪高经终字第304号。

2．案由：建设工程施工合同案。

3．诉讼双方

原告（被上诉人）：中铁十二局集团有限公司（以下简称中铁十二局）。

法定代表人：金普庆，董事长。

委托代理人（一、二审）：潘培生，上海市大明律师事务所律师。

委托代理人（一审）：郭富文，中铁十二局职员。

委托代理人（二审）：朱学文，中铁十二局职员。

被告（上诉人）：惠阳惠兴实业有限公司（以下简称惠兴有限公司）。

法定代表人：刘燕彬，董事长。

委托代理人（一、二审）：刘海涛、谢青，上海市通力律师事务所律师。

被告（上诉人）：上海建筑材料集团房地产开发总公司（以下简称建材房产公司）。

法定代表人：张士忠，总经理。

委托代理人（一、二审）：薛一曼，上海汇峰律师事务所律师。

委托代理人（一、二审）：舒加安，建材房产公司法律顾问。

4. 审级：二审。

5. 审判机关和审判组织

一审法院：上海铁路运输中级法院。

合议庭组成人员：审判长：张爱莉；审判员：陈巍；代理审判员：项勇。

二审法院：上海市高级人民法院。

合议庭组成人员：审判长：田冰星；代理审判员：陈子龙、冯广和。

6. 审结时间

一审审结时间：2001 年 6 月 4 日。

二审审结时间：2001 年 9 月 25 日。

**（二）一审诉辩主张**

1. 原告诉称：1996 年 4 月 9 日，原告中铁十二局作为总承包单位与建设单位惠兴有限公司、建材房产公司签订上海万利大厦综合楼施工总承包合同（以下简称"施工总承包合同"），合同对建设单位和总承包单位的权利、义务作了约定。合同订立后，依法办理了建设工程招投标、建筑工程施工许可等手续。1996 年 7 月 23 日，原告按约对万利大厦工程进行施工。随着工程进度的深入，被告工程款的拨付逐渐滞后，原告多次致函惠兴有限公司，始终未得到明确答复，至 1997 年 4 月，工程被迫停工。1998 年 3 月 13 日，原告收到惠兴有限公司的正式函复：暂停施工，暂时中止施工合同，何时复工，到时再议。1998 年 7 月 6 日，经上海市建设工程招标咨询公司对已完工程进行审价，审定造价为人民币28 962 759元。扣除被告惠兴有限公司已付工程款人民币15 924 217元，尚欠原告工程款人民币13 038 542元。由于被告拖欠支付工程款，造成原告贷款利息、人员工资、机械停置、建筑材料等重大经济损失。原告诉讼请求：（1）判令二被告向原告支付工程款人民币13 038 542元；赔偿原告因二被告逾期付款而造成的利息损失（按银行 5 年同期贷款利率 11.7%计算，自 1997 年 4 月始至本案判决生效日止）；（2）判令二被告赔偿因其违约而造成原告的人员工资、机械停置以及建筑材料等直接经济损失人民币3 695 017.43元；（3）本案诉讼费由二被告承担。

2. 被告惠兴有限公司辩称："施工总承包合同"因不具备法律规定的要件和违反强制性法律规定而无效；原告工程款本金的主张比实际数额多出了 20 万元；原告主张11.70%的利息损失有悖于最高人民法院有关规定；对原告主张的人员工资、机械停置以及建筑材料等经济损失人民币3 695 017.43元存在异议；本案"施工总承包合同"无效，原告只能向获得财产的上海建筑材料（集团）公司要求返还，故要求认定"施工总承包合同"无效，驳回原告诉讼请求。

3. 被告建材房产公司辩称：建材房产公司虽然在"施工总承包合同"上加盖公章，但工程款支付约定系由原告和被告惠兴有限公司单独接洽，建材房产公司未参加，亦未认可，作为涉案工程土地提供方对工程款的拖欠无过错，合同履行中也未出现因土地提供方的原因而导致停工，建材房产公司已尽到督促惠兴有限公司支付工程款的义务，故原告要求建材房产公司承担连带责任无依据。

**（三）一审事实和证据**

上海市铁路运输中级法院经审理查明：

1．1996 年 4 月 9 日，惠兴有限公司与建材房产公司签订合作开发建设万利大厦协议书，双方约定合作开发位于上海市中山西路 2025 号万利大厦商办服务综合楼，建材房产公司负责项目立项、批准手续等义务，惠兴有限公司负责支付项目建设资金等义务。

2．1996 年 4 月 9 日，原告与被告惠兴有限公司、建材房产公司签订“施工总承包合同”，该合同约定：惠兴有限公司、建材房产公司为建设单位，中铁十二局为总承包单位，工程名称为上海万利大厦商办综合楼，工程地点位于中山西路 2025 号，承包方式为包工包料，合同约定工程造价暂定人民币7 000万元，待工程完工后以实际工程量按 93 定额进行决算，以决算数确定工程总造价；工程预付款按当年计划工作量的 25％支付工程备料款，以后每年度 1 月 15 日前，甲方均按当年计划工作量的 25％支付工程备料款；工程款实行每月 15 日按月施工计划工作量的 50％拨付，月末结算；工程约定的竣工日期为 1998 年 4 月 23 日；该合同还对工程内容、工程质量、违约和索赔等其他权利、义务作了约定。合同签订后，原告中铁十二局与被告惠兴有限公司签订付款补充协议，对工程备料款、施工进度款、开办费等作了补充约定，建材房产公司未加盖公章。

3．1996 年 7 月 11 日，上海市建设工程招标投标管理办公室向建材房产公司及中铁十二局核发了施工中标通知书，1996 年 7 月 23 日，原告正式对万利大厦建设工程进行施工。后因被告惠兴有限公司停止拨付工程款，原告向被告惠兴有限公司多次发函要求支付工程款，但被告惠兴有限公司未予答复，至 1997 年 4 月 19 日，工程停工。1998 年 3 月 13 日，原告收到被告惠兴有限公司的正式函复：暂停施工，暂时中止施工合同，何时复工，到时再议。该函同时要求原告做好工程款结算工作，撤退全部人员和有关施工设备。

4．1998 年 5 月，被告惠兴有限公司委托上海市建设工程招标咨询公司对万利大厦综合楼已完工程进行审价，1998 年 7 月 6 日，上海市建设工程招标咨询公司出具审价报告，审定造价为人民币28 962 759元。

5．经原告申请，并经被告惠兴有限公司同意，一审法院委托上海市建设工程招标咨询公司对工程索赔费用进行鉴定。2000 年 12 月 15 日，鉴定单位出具万利大厦工程款纠纷索赔鉴定报告，鉴定结论为1 891 546元，经庭审质证，当事人对此鉴定结论持有异议。2000 年 12 月 28 日，鉴定单位出具补充报告，鉴定结果更正为1 811 546元。被告惠兴有限公司对鉴定结论仍持有异议，但根据各方对停工损失的举证情况及鉴定结论依据，被告对其辩解未能提供充分、有效的证据，对鉴定单位的补充鉴定结论一审法院予以确认，因停工造成原告经济损失为人民币1 811 546元。

6．“施工总承包合同”签订时，原告名称为铁道部第十二工程局，1998 年经国家工商行政管理局批准，原铁道部第十二工程局按照公司法改制，该企业名称变更为中铁十二局集团有限公司。1996 年 1 月，经建设部核发建设业企业资质证书，资质等级为工程施工总承包一级企业。

7．“施工总承包合同”签订时，被告名称为惠阳惠兴实业公司，该公司成立于 1992 年 1 月 14 日，经济性质为联营企业，股东是惠阳市财贸集团公司与湛港（惠兴）运输公司，由于惠阳市财贸集团未参与投资，实际是由邓茂源私人投资设立，且该公司联营期限届满。1997 年 2 月 24 日，股东惠阳市财贸集团公司向惠阳市工商行政管理局申请要求惠阳惠兴实业公司的一切债权债务由投资方（邓茂源）负责清理以及顺延申办新企业承担。1997年2月26日，惠阳市财贸集团公司与湛港（惠兴）运输公司向惠阳市工商行政管理局申请要求办理惠阳惠兴实业公司注销登记的同时，进行私营性质企业的规范登记。1997年2月27日，惠阳市工商行政管理局核准成立了惠阳惠兴实业有限公司，企业性质为有限责任公司，惠阳惠兴实业有限公司成立后，实际参与了涉案工程的建设，故一审法院确认惠阳惠兴实业有限公司承担原惠阳惠兴实业公司的债权债务。

上述事实有下列证据证明：

1. 上海万利大厦施工总承包合同。

2. 付款补充协议。

3. 上海市建设工程施工中标通知书。

4. 万利大厦工程纠纷索赔鉴定报告。

**（四）一审判案理由**

上海铁路运输中级法院认为：（1）关于"施工总承包合同"的效力。被告惠兴有限公司关于涉案工程未取得土地使用权及未按土地设计用途开发土地的辩解理由，因系二被告合作开发合同中存在的问题，属于二被告之间的权利、义务关系，与本案施工总承包合同纠纷系不同的法律关系，不影响对工程承包合同效力的认定。"施工总承包合同"系三方当事人的真实意思表示，涉案工程项目经政府主管部门的规划许可，并经有关招投标管理部门鉴证办理了招投标手续，施工单位具备涉案工程施工的相应资质，且该建设工程并不违反法律禁止性规定，应认定为有效。（2）关于工程款本金及利息。被告惠兴有限公司对工程款本金争议的20万元系用于万利大厦售楼处的建造和装修，因售楼处的建造和装修费用并非"施工总承包合同"约定的工程范围，且不在已完工程总造价审价范围，惠兴公司已付工程款中不能包括该售楼处建造及装修费用20万元，改确认被告尚欠原告工程款本金为人民币13 038 542元；因工程停工欠付工程款数额须经审价才能确定，故应当从审价报告出具之日起计算相应的利息，原告主张自1997年4月计算利息不予支持。（3）关于工程停工造成原告的其他经济损失。经委托审价单位对索赔费用进行鉴定，被告虽然对鉴定结论持有异议，但被告对其辩解未能提供有效证据，对补充鉴定结论一审法院予以确认，因停工造成原告的经济损失为人民币1 811 546元。（4）关于被告建材房产公司是否应承担责任。上海铁路运输中级法院认为，付款补充协议因各方对其真实性没有异议，可予以确认，但该付款补充协议中原告垫资的约定违反了我国建设工程有关规定，故垫资约定应当认定无效，故对垫资期间的利息不予保护。建材房产公司虽然未在付款补充协议上盖章，但因涉案工程项目系二被告合作开发，被告建材房产公司既是涉讼工程的立项方，又是涉讼工程的发包方，且万利大厦筹建处系被告惠兴有限公司、建材房产公司共同设立，建材房产公司实际参与了涉案工程，建材房产公司与惠兴有限公司均系涉案工程的建设单位，对施工单位应当共同承担责任，故建材房产公司虽然未参与工程款的拨付，也应对被告惠兴有限公司的工程款支付、停工损失赔偿责任承担连带清偿义务，至于二被告之间责任如何划分因涉及二被告之间合作开发另一法律关系，本案对此不予处理。

综上所述，上海铁路运输中级法院认为，"施工总承包合同"系当事人真实意思表示，并未违反法律禁止性规定，且涉案工程经政府有关主管部门的批准，亦经有关建筑主管部门鉴证办理了招投标手续，对惠兴有限公司、建材房产公司与中铁十二局工程主建与施工关系已作了认可，故应确定三方所签订的“施工总承包合同”有效。依法成立的合同受法律保护，当事人应当严格履行自己的义务，由于被告惠兴有限公司停止拨付工程款，建设工程缺乏资金，造成工程停工，原告据此要求解除合同并向被告主张该已完工程的工程款及赔偿由此造成的经济损失，并无不当。该已完工程经审价确定尚欠原告工程款人民币13 038 542元，该款应从审价报告出具之日起支付相应的利息。因迟延支付工程款造成原告停工经济损失人民币1 811 546元，应由被告惠兴有限公司承担。建材房产公司虽然未参与工程款的拨付，但作为涉案工程的建设单位，办理了相关招投标手续，且实际参与涉案工程的建设，建材房产公司应当对惠兴有限公司欠付工程款及停工经济损失承担连带的清偿责任。

**（五）一审定案结论**

上海铁路运输中级法院根据《中华人民共和国经济合同法》第六条、第三十四条之规定，判决如下：

1. 被告惠阳惠兴实业有限公司于本判决生效之日起10日内支付原告中铁十二局集团有限公司人民币13 038 542元。

2. 被告惠阳惠兴实业有限公司于本判决生效之日起10日内支付原告中铁十二局集团有限公司人民币13 038 542元的利息（按中国人民银行同期贷款利率计，从1998年7月6日起计算至本判决生效之日止）。

3. 被告惠阳惠兴实业有限公司于本判决生效之日起10日内支付原告中铁十二局集团有限公司停工损失费人民币1 811 546元。

4. 上海建筑材料集团房地产开发总公司对上述债务承担连带清偿责任。

本案案件受理费人民币93 678元，由中铁十二局集团有限公司承担人民币10 305元，被告惠阳惠兴实业有限公司、被告上海建筑材料集团房地产开发总公司共同承担人民币83 373元。鉴定费人民币84 754元，由中铁十二局集团有限公司承担人民币43 225元，被告惠阳惠兴实业有限公司、被告上海建筑材料集团房地产开发总公司共同承担41 529元。

**（六）二审情况**

1. 二审诉辩主张

（1）上诉人惠兴有限公司诉称：第一，“施工总承包合同”中的建设方惠兴有限公司与建材房产公司均未取得涉案土地使用权，作为建设方无权发包工程，涉案“施工总承包合同”无效。导致合同无效的责任，应由建材房产公司承担。第二，上海建筑材料（集团）公司是涉案工程土地使用权的拥有者，也是建造涉案工程的受益者，故上海建筑材料（集团）公司负有向中铁十二局支付工程款的义务。故应追加上海建筑材料（集团）公司为诉讼当事人。

（2）上诉人建材房产公司诉称：第一，建材房产公司虽然在“施工总承包合同”上盖章确认，但并未在惠兴有限公司与中铁十二局签订的付款补充协议上盖章确认，故建材房产公司不应对惠兴有限公司欠付的工程款承担连带偿付责任。第二，惠阳惠兴实业公司与惠阳惠兴实业有限公司并无继承债权债务的法律上的联系，故惠兴有限公司不具有参加本案诉讼的主体资格。第三，“施工总承包合同”已无继续履行的可能，应予解除。

（3）被上诉人中铁十二局辩称：第一，“施工总承包合同”主体适格，签约前亦已办理过必要的审批手续，作为建设方未取得工程的土地使用权，并不影响“施工总承包合同"的法律效力。第二，上海建筑材料（集团）公司不是"施工总承包合同"的当事人，不能参加本案诉讼。第三，中铁十二局系接到惠兴有限公司的通知才停止履行合同的，惠兴有限公司应参加本案诉讼。第四，本案"施工总承包合同"已无继续履行条件，同意解除。

2. 二审事实和证据

上海市高级人民法院经审理查明：原审认定中铁十二局履行合同后，因惠兴有限公司停止支付工程款导致工程停工，经审计欠付中铁十二局工程款人民币13 038 542元，停工损失人民币1 811 546元的事实清楚，应予认定。

另查明，惠兴有限公司、建材房产公司均未取得上海市中山西路2025号土地使用权，持有该地块房地产权证的是上海市建筑材料（集团）公司。签订《施工总承包合同》的惠阳惠兴实业公司于1997年3月7日被注销。要求中铁十二局停止履行合同的惠兴有限公司于1997年2月27日成立，惠兴有限公司成立后即作为惠阳惠兴实业公司债权债务的继承人，主动参加已建工程的费用结算。

3. 二审判案理由

上海市高级人民法院认为：(1) 本案"施工总承包合同"合法、有效。作为工程施工总承包方的中铁十二局经过招标、投标得以中标，政府管理部门也核发"建设工程施工许可证"，故中铁十二局具有涉案工程的施工资质，其签订、履行合同已经过审核，程序合法。作为工程建设方的建材房产公司、惠兴有限公司经政府管理部门分别核发了建设用地规划许可证、建设工程项目施工许可证，故发包工程系有效的法律行为，鉴于工程施工合同与房屋开发合同的性质不同，确定合同效力的标准亦不相同。工程施工合同的合法性在于施工单位承包工程及建设单位发包工程的合法性。故不能以需要取得土地使用权，即开发房产合同具有法律效力的标准来否定施工合同的法律效力。综上所述，惠兴有限公司提出合同无效及追加上海建筑材料（集团）公司参加诉讼的上诉请求不予支持。(2) 建材房产公司应承担连带支付工程款的义务。作为共同建设方，与承包方中铁十二局签订的"施工总承包合同"中，有建设方按时支付工程款的条款，该条款对惠兴有限公司和建材房产公司具有同等的约束力。至于建材房产公司未在付款补充协议上盖章确认，由于付款补充协议是对"施工总承包合同"中的支付工程款条款所作的补充，并不能否定"施工总承包合同"的法律效力。故建材房产公司上诉提出不应承担付款责任的上诉请求不予支持。另惠兴有限公司具有本案的诉讼主体资格。惠兴有限公司在惠阳惠兴实业公司申请注销进行私营登记时，由工商机关批准成立，惠兴有限公司与惠阳惠兴实业公司有一定的法律上的联系。尤其是惠兴有限公司成立后即替代惠阳惠兴实业公司建设方的地位，要求承包方停止施工，撤离人员，并参加工程费用结算。对此中铁十二局亦已接受。惠兴有限公司主动参与本案诉讼，是在行使自己的诉讼权利，故建材房产公司提出惠兴有限公司不能参加本案诉讼的上诉请求，亦不能支持。(3) 鉴于惠兴有限公司、建材房产公司以及中铁十二局均无继续履行"施工总承包"合同的任何意向，故建材房产公司上诉要求解除合同的诉请，可以准许。

4. 二审定案结论

上海市高级人民法院根据《中华人民共和国民事诉讼法》第一百五十三条第一款第(一)项、第一百五十八条，《中华人民共和国经济合同法》第二十七条第五款之规定，判决如下：

（1）驳回上诉人惠阳惠兴实业有限公司的全部上诉。

（2）驳回上诉人上海建筑材料集团房地产开发总公司关于其不应连带承担清偿责任及上诉人惠阳惠兴实业有限公司不具有本案诉讼主体资格的上诉。

（3）维持原审各项判决。

（4）涉案上海万利大厦综合楼施工总承包合同予以解除。

二审案件受理费人民币93 678元，由上诉人惠阳惠兴实业有限公司与上诉人上海建筑材料集团房地产开发总公司各半负担。

**（七）解说**

本案争议的焦点问题是合同的效力以及建材房产公司是否应承担工程款的连带责任问题。

1. 关于合同的效力。订立经济合同，必须遵守法律和行政法规，任何利用合同损害国家利益和社会公共利益的行为均是予以禁止的，本案应适用《中华人民共和国经济合同法》，根据《中华人民共和国经济合同法》第七条规定，违反法律和行政法规的合同无效，本案"施工总承包合同"并不存在违反法律和行政法规的禁止性规定。被告惠兴有限公司主张合同无效，其依据是建设单位未取得涉案土地使用权。我们认为，合作开发合同与建设工程施工合同之间是具有关联的两类不同性质的合同，前者的无效不会导致后者的当然无效。合作开发合同的效力在诉讼过程中仍可以通过如补办土地使用权手续等途径促使其有效，在此种情形下，建设工程施工合同能够继续履行；如合作开发合同被确定无效，则建设工程施工合同应予解除，以免使合作开发合同无效造成的损失继续扩大，同时合作开发合同被确定无效，与之有关联的建设工程施工合同也缺乏继续履行的基础。本案建设工程中途停工，因合作开发合同存在纠纷导致建设工程施工合同无法继续履行，故当事人要求解除合同是应当允许的。本案"施工总承包合同"仍然具有有效合同的要件，首先，施工方具有工程施工的相应资质。且经过招投标手续，政府管理部门核发了建设工程施工许可证；其次，作为建设方具有发包工程的资质。本案中，建设委员会、规划管理局、计划委员会等政府部门的有关批复以及中标通知书，均证实了政府部门认可建设单位具有工程发包的资质，证实了该工程发包为有效的法律行为。故建材房产公司未取得涉案土地所有权导致合作开发合同无效并不影响对建设工程施工合同作有效认定。二审法院维持一审法院对合同效力的判决，其依据在于建设工程施工合同与合作开发合同的性质不同，确定合同效力的标准亦不相同。建设工程施工合同的合法性在于施工单位承包工程及建设单位发包工程的合法性。故不能以需要取得土地使用权，即合作开发合同具有法律效力的标准来否定建设工程施工合同的法律效力。

2. 关于建材房产公司是否应承担连带责任。被告建材房产公司认为工程款系中铁十二局与惠兴有限公司之间的法律关系，建材房产公司并未参与工程款的拨付，故不应承担工程款支付责任。我们认为，付款补充协议系对工程款拨付条款的补充约定，并不能否定"施工总承包合同"的法律效力，更不能否定"施工总承包合同"中作为建设单位的建材房产公司对施工单位应承担的义务。建材房产公司虽然未参与工程款的拨付，但由于在工程法律关系中的建设方地位，既是涉讼工程的立项方，又系涉讼工程的发包方，且万利大厦筹建处也系惠兴有限公司与建材房产公司共同设立，故建材房产公司实际也参与了涉案工程，其与惠兴有限公司对施工单位应当共同承担责任，故建材房产公司应当对被告惠兴有限公司的偿付、赔偿责任承担连带清偿义务，至于二被告之间如何划分责任系合作开发另一法律关系。

3. 关于本案诉讼主体问题。在本案审理过程中，“施工总承包合同”上的盖章单位是惠阳惠兴实业公司，而非本案被告惠兴有限公司，两者相差“有限”两字，经调查有关工商资料显示，二公司在注销和成立的时间上存在一定的关联，且惠兴有限公司成立后，实际参与了该涉案工程的建设，故一审法院确认惠兴有限公司承担原惠阳惠兴实业公司的债权债务。二审法院也认为惠兴有限公司在惠阳惠兴实业公司申请注销进行私营登记时，由工商机关批准成立，惠兴有限公司与惠阳惠兴实业公司有一定的法律上的联系。尤其是惠兴有限公司成立后即替代惠阳惠兴实业公司的建设方的地位，故惠兴有限公司作为本案的诉讼主体，其承担责任主体适格。

4. 关于解除合同。涉案纠纷已历时数年，继续履行合同的可能性不大，原告诉讼请求中虽然未包括解除合同，但各方在诉讼中均表示同意解除合同，故根据本案的情况，解除合同对于彻底解决纠纷，方便当事人诉讼均有利，故二审法院维持了原审各项判决，加判“施工总承包合同”予以解除。

（项　勇）

## 50. 泸县建筑安装工程总公司宜昌分公司诉宜昌市建筑安装工程总公司二公司等建设工程施工合同案（母子公司责任）

**（一）首部**

1. 判决书字号：湖北省宜昌市伍家岗区人民法院（2001）伍经初字第79号。

2. 案由：建设工程施工合同案。

3. 诉讼双方

原告：四川省泸县建筑安装工程总公司宜昌分公司。

负责人：刘水昭，经理。

委托代理人：李玉梅、段炳荣，湖北试比高律师事务所律师。

被告：宜昌市建筑安装工程总公司二公司。

法定代表人：韩楚辉，经理。

委托代理人：李鹏，宜昌市建筑安装工程总公司二公司经营科科长。

被告：宜昌市建筑安装工程总公司。

法定代表人：杨益民，总经理。

委托代理人：罗健，宜昌市建筑安装工程总公司法律顾问。

4. 审级：一审。

5. 审判机关和审判组织

审判机关：湖北省宜昌市伍家岗区人民法院。

独任审判：审判员：王庆。

6. 审结时间：2001 年 10 月 22 日。

**（二）诉辩主张**

1. 原告四川省泸县建筑安装工程总公司宜昌分公司诉称：1994 年至 1995 年间，我公司承建了宜昌市体育综合训练馆和胜利三路大公怡园 2 号住宅楼工程。工程完工后，经结算，被告宜昌市建筑安装工程总公司二公司共欠我公司工程款155 246.07元，其中市体育馆综合训练馆欠工程款98 581.35元，市胜利三路大公怡园 2 号住宅楼欠工程款56 664.72元。我公司多次向被告宜昌市建筑安装工程总公司宜昌市建筑安装工程总公司二公司索款，其均承认欠款属实，但以无力付款为由，至今分文未付。被告宜昌市建筑安装工程总公司系宜昌市建筑安装工程总公司二公司的投资主管部门，对宜昌市建筑安装工程总公司二公司有过度管理行为，应承担连带赔偿责任。故请求被告宜昌市建筑安装工程总公司二公司支付工程款155 246.07元，由宜昌市建筑安装工程总公司承担连带清偿责任。并承担本案诉讼费用。

2. 被告宜昌市建筑安装工程总公司二公司辩称：原告的起诉已超过法定期限，应驳回原告的起诉。

3. 被告宜昌市建筑安装工程总公司辩称：我公司不是工程的承包方和建筑方，与本案无关，法院应驳回原告对我公司的起诉。

**（三）事实和证据**

宜昌市伍家岗区人民法院经公开审理查明：1993 年 11 月 26 日，原告与宜昌市建筑安装工程总公司第二分公司（以下简称二分公司）签订建设工程施工合同协议条款（分包合同）1 份，约定二分公司将宜昌市体育综合训练馆分包给原告承建。1997 年 1 月 10 日，经原告与二分公司结算，拟订东山体育村综合馆工程结算明细 1 份，确认二分公司尚欠原告工程款98 581.35元，双方均盖章认可。2000 年 8 月 31 日，原告向被告宜昌市建筑安装工程总公司二公司索要欠款，被告宜昌市建筑安装工程总公司二公司法定代表人韩楚辉在上述结算明细上签字证明欠款情况属实。1994 年 6 月 10 日，二分公司与其下属第一施工处签订一份施工合同，二分公司将胜利三路大公怡园 A 区工程发包给第一施工处进行施工。1994 年 8 月 8 日，二分公司将其院内 A 座住宅楼工程分包给原告，并签订工程分包合同一份。约定了工程建筑面积、范围、形式、计费标准及付款办法、双方责任等。1997 年 1 月 27 日，第一施工处向原告出具欠条一张，表明欠原告大公怡园二号楼工程款56 664.72元。1999 年 1 月 29 日，第一施工处职工汪协立签字表明“因公司目前实际困难，望给予分期与分批代付为盼。”2000 年 11 月 22 日，汪协立在欠条上再次签名。1995 年 7 月 5 日，宜昌市建筑安装工程总公司第二分公司名称变更为宜昌市建筑安装工程总公司二公司。

另查明，2000 年 3 月，被告宜昌市建筑安装工程总公司下发宜市建司文（2000）6 号、7 号、8 号文，标题分别为“总公司关于组建物业分公司的决定”、“总公司关于组建周材租赁站的决定”、“关于组建宜昌市兴发设备租赁有限责任公司的决定”。其文件内容分别为：（1）被告宜昌市建筑安装工程总公司将机关、一公司、二公司、四公司、五公司所管理的土地房屋（包括办公楼、车间、仓库、门面、宿舍等）集中起来，成立物业分公司对其进行统一管理。各单位物业管理部门不再接受原单位领导，其管理的资产、物业及相关的债权、债务归并于物业分公司。物业分公司为总公司的分支机构，不具备独立法人地位。(2) 被告宜昌市建筑安装工程总公司决定自2000年3月1日起将原一公司、二公司、四公司、五公司管理的周材（钢管、模板、扣件等），由新组建的周材租赁站统一集中经营管理，各公司原周材租赁站不再接受原单位的领导，其管理的资产用相关的债权、债务统一归并于周材租赁站。周材租赁站为总公司专业分支机构，不具备独立的法人资格。周材租赁站的财务由总公司财务处管理。(3) 被告宜昌市建筑安装工程总公司决定组建宜昌市兴发设备租赁有限责任公司。决定将原一公司、二公司、四公司、五公司的建筑施工设备集中到总公司，各公司的设备租赁站不再接受原单位的领导。各公司的建筑施工设备及相关的债权、债务归兴发公司管理。2001年4月23日，宜昌市建筑安装工程总公司物业分公司二物业管理处向原告负责人刘水昭收取2001年3月至4月的房租费，该房屋产权为被告二公司所有。

上述事实有下列证据证明：

1. 原告与二分公司签订的建设工程施工合同协议条款（分包合同）。

2. 东山体育村综合馆工程结算明细。证实被告宜昌市建筑安装工程总公司二公司尚欠原告工程款98 581.35元，2000年8月31日，被告宜昌市建筑安装工程总公司二公司法定代表人韩楚辉的签字证实原告曾向被告催要欠款，并未超过诉讼时效。

3. 被告二分公司与第一施工处签订的施工合同、与原告签订的工程分包合同。

4. 1997年1月27日被告宜昌市建筑安装工程总公司二公司一施工处出具的欠款。

5. 企业申请变更登记注册书。

6. 2000年3月1日被告总公司宜市建司文（2000）6号文、2000年3月8日宜市建司文（2000）7号文、2000年3月10日宜市建司文（2000）8号文。

7. 宜昌市建筑工程二工区房屋所有权证。

8. 宜昌市建筑安装工程总公司物业分公司二物业管理处在被告二公司收款凭证上盖章，收取原告负责人刘水昭的房租。

9. 当事人的陈述。

10. 受诉法院开庭笔录。

**（四）判案理由**

宜昌市伍家岗区人民法院根据上述事实和证据认为：原告与被告宜昌市建筑安装工程总公司二公司签订的建设工程施工合同协议条款（分包合同）和工程分包合同是双方当事人真实意思表示，合法、有效。合同订立后，原告依约已实际履行了施工的义务，被告宜昌市建筑安装工程总公司二公司理应履行给付工程款的义务，但被告宜昌市建筑安装工程总公司二公司却长期拖欠原告经双方确认和认可的工程款155 246.07元，其拖欠货款的行为属于违约行为。原告在多次催要未果的情况下，向法院起诉主张索款权利，于法有据，本院应予支持。被告宜昌市建筑安装工程总公司二公司在答辩中提出原告的起诉已超过法定期限，但查明的事实是：原告对以上两笔工程款最后一次主张权利的时间分别为2000年8月31日（韩楚辉的签字）和2000年11月22日（汪协立的签字），均在法定期限内，故原告的起诉并未超过诉讼时效。被告宜昌市建筑安装工程总公司作为被告宜昌市建筑安装工程二公司的主管部门，无视宜昌市建筑安装工程二公司的独立法人资格，于2000年

3月下文决定管理被告宜昌市建筑安装工程二公司的房屋、周材及公司设备、债权债务和相关财务，并已实施了管理行为，收取了本应由二公司收取的房屋租金，其过度控制、混同被告宜昌市建筑安装工程总公司二公司财产的行为，违反了诚实信用原则，扰乱了社会经济秩序，侵害了原告的合法权益，被告宜昌市建筑安装工程总公司理应承担连带清偿责任。

**（五）定案结论**

湖北省宜昌市伍家岗区人民法院根据《中华人民共和国合同法》第六条、第六十条、第一百零九条，《中华人民共和国民法通则》第四条的规定，作出如下判决：

1. 被告宜昌市建筑安装工程总公司二公司在判决生效后10日内支付原告四川省泸县建筑安装工程总公司宜昌分公司工程款155 246.07元。

2. 被告宜昌市建筑安装工程总公司对上述款项承担连带清偿责任。

本案诉讼费6 610元，由被告宜昌市建筑安装工程总公司二公司负担。

**（六）解说**

本案是建设施工合同纠纷，事实清楚。双方当事人争执的焦点是被告宜昌市建筑安装工程总公司是否对其子公司宜昌市建筑安装工程总公司二公司的债务承担连带清偿责任。受诉法院运用诚实信用的法理原则，对我国公司法人制度作了积极、有利的探讨。

公司责任制度是公司制度的核心。我国公司制度被确立为企业制度创新的主要形式，对推进企业改革，发展生产力具有不可或缺的积极作用。我国民商法确立了法人人格独立及股东有限责任的原则。这些原则发挥的积极功能是减少出资人的投资风险，增大债权人风险，以维护全社会的交易安全。消极功能是这些原则确立后在我国经济领域出现了利用法人形式规避法律及合同义务，侵害法人债权人利益的现象。

目前我国法律对母子公司利用公司法人制度规避法律及合同义务的行为应当如何处理未作规定。本案适用法理原则的主要法律依据是《民法通则》第四条的规定，即“民事活动应当遵循自愿、公平、等价有偿、诚实信用的原则”，以及《合同法》第六条的规定，即“当事人行使权利、履行义务应当遵循诚实信用原则”。诚实信用原则是市场经济发展过程中形成的道德准则，该条款作为民商法的基本原则，在无相关具体法律规范适用时，法律并不禁止适用该条款，被誉为民商法的“帝王条款”，具有补充解释法律漏洞的作用。该案中二被告是母子公司。母子公司是指彼此具有独立法人人格又相互存在控制与被控制关系的一种集团公司。我国《公司法》第十三条虽然确认了这种母子公司在法律上是两个独立的法律主体，但在本案中，原告举证证实被告宜昌市建筑安装工程总公司违反分离原则及公司治理结构的要求，对其子公司过度控制，其控制范围包括子公司的房屋、周材及公司设备、债权债务和相关财务，并已实施了管理行为。这种母子公司资产、事务过度混同的情形，违反了公司法的规范性规定。母公司为了整个公司集团的利益而滥用其控制权，干预子公司内部活动。损害了子公司的利益，也为债权人主张实体权利设立了程序上的障碍，进而侵害了子公司债权人的利益。而法律对该类行为如何处理并无规定，本案运用诚实信用原则，将母公司列为共同诉讼当事人参与诉讼，在子公司无力偿还债务时让母公司承担连带清偿责任，处理是得当的。该案判决后，二被告表示服从判决，均未提起上诉，并完全履行了生效的法律文书所确认的债务，取得了良好的社会效果。

（李　玮）

## 51. 胡加斌诉上海铁路局南京铁路分局等铁路旅客运输合同赔偿案

**(一) 首部**

1. 判决书字号：南京铁路运输法院（2001）宁铁经初字第 74 号。

2. 案由：铁路旅客运输合同赔偿案。

3. 诉讼双方

原告：胡加斌，男，38 岁，汉族，农民。

被告：上海铁路局南京铁路分局。

法定代表人：杜光远，局长。

委托代理人：张捷，南京铁路分局法律事务室法律顾问。

委托代理人：朱达，南京铁路分局南京站安技室工作人员。

被告：成都铁路局成都铁路分局。

法定代表人：贾定成，局长。

委托代理人：方世华，成都铁路分局客运段安检科科长。

4. 审级：一审。

5. 审判机关和审判组织

审判机关：南京铁路运输法院。

合议庭组成人员：审判长：王振昌；审判员：钱国平；代理审判员：乔顺民。

6. 审结时间：2001 年 11 月 22 日。

**(二) 诉辩主张**

1. 原告诉称：2001 年 1 月 14 日，原告持车票从成都乘坐 1434 次旅客列车到南京。列车于 2001 年 1 月 16 日上午到达南京站，当时因春运人多，原告在下车时，被乘客一挤，再加上车梯上有冰较滑，从第二层车梯上摔下车，跌倒在站台上。当列车乘务员扶原告站起来时，原告已无法站起。后由南京站工作人员将原告送至南京铁路中心医院治疗，诊断为左髌骨骨折。原告因赔偿事宜与二被告协商未果，故诉至南京铁路运输法院，请求判令二被告赔偿医疗费、误工费及二次治疗费等共计21 648.10元，另赔偿保险金5 000元。

2. 被告南京铁路分局辩称：原告当时从车梯上摔下受伤后，被告所属南京站工作人员及时送其到铁路医院治疗。同时又于 2001 年 1 月 17 日电报通知成都铁路分局客运段处理。因此，被告南京铁路分局对原告摔伤没有责任，不应承担赔偿责任。

3. 被告成都铁路分局辩称：原告自诉伤害情况基本属实，但这是由于原告自身不慎，加之车梯有冰，导致摔伤，纯属旅客意外伤害。冬季在车梯上有冰属于自然现象，是不可抗力的自然因素，原告摔伤后，经南京车站工作人员送铁路中心医院治疗和按铁路旅客意外伤害处理，已尽到了承运方的责任和义务。因此，由于不可抗力和旅客自身原因造成的伤亡，铁路运输企业不承担赔偿责任。

**（三）事实和证据**

南京铁路运输法院经公开审理查明：2001 年 1 月 14 日，原告持成都至南京客票一张，从成都乘坐由被告成都铁路分局客运段值乘的 1434 次列车，于 2001 年 1 月 16 日上午 10 时 10 分到达南京站。原告在下车时，由于人多拥挤，车梯第二层有冰较滑，不慎摔到车下。该车厢乘务员将原告扶起时，原告已站不起来。当南京站工作人员发现后，列车已启动，为救治受伤旅客，南京站客运值班室及时编制客运记录，将原告送至南京铁路中心医院治疗，医院诊断为左髌骨骨折。南京站遂于 2001 年 1 月 17 日电报通知成都铁路分局客运段前来处理。2001 年 7 月 19 日，在由原告胡加斌，被告南京铁路分局所属南京站安技科和被告成都铁路分局所属成都客运段派员，南京、成都铁路公安人员参加的事故调查处理会上，因原、被告之间分歧较大，未达成处理意见。故原告诉至法院，请求判令二被告赔偿损失21 648.10元，并赔偿保险金5 000元。

上述事实有下列证据证明：

1.2001 年 1 月 14 日成都到南京西硬座车票一张，票号为 V0005073。

2. 南京站于 2001 年 1 月 16 日编制的记录号为 02372 客运记录一份。

3. 南京铁路中心医院于 2001 年 2 月 5 日、8 月 22 日出具的诊断证明二份。

4. 住院治疗费及药费收据、护理费、交通费票据计 39 张。

**（四）判案理由**

南京铁路运输法院根据上述事实和证据认为：本案原告与被告成都分局争议的焦点是原告摔伤是不可抗力还是原告自身原因。原告当时所乘坐的 1434 次旅客列车，正值春运高峰，人多拥挤，车梯上有冰，这是导致原告下车时摔伤的主要原因。根据《中华人民共和国合同法》第三百零二条的规定，承运人不能证明是旅客故意或重大过失造成的，就应承担损害赔偿责任。至于列车在冬季运行，车梯上有冰是自然现象，但作为值乘的被告成都分局客运段负有清理积冰，保证旅客上下车安全的义务，被告成都分局客运段未能做好冬季防寒、防冻工作，管理工作不善造成原告摔伤结果的发生，应承担主要责任。原告是具有独立行为能力的人，其下车时，由于疏忽大意造成摔伤，也负一定的责任。在赔偿数额上，依照国务院批准的《铁路旅客运输损害赔偿规定》和《铁路旅客意外伤害强制保险条例》的规定，参照江苏省公安交警总队《关于 2000 年度道路交通事故有关费用标准的通知》，认定如下：（1）医疗费：治疗费及药费3 353元；护理费2 381元（按年均生活费标准6 073元计算，二人护理计 72 日）；交通费 455.10 元，营养费1 400元（按月平均生活费 400 元的 50％计算，计 7 个月）；以上合计7 589.10元。（2）误工费7 000元（按固定收入每月1 000元，计 7 个月）。（3）二次治疗费1 000元。（4）保险金4 000元（按保险额 2 万元的 20％计算）。对原告的其他诉讼请求，因超出规定的赔偿范围，故不予支持。

**（五）定案结论**

南京铁路运输法院根据《中华人民共和国合同法》第三百零二条，《中华人民共和国铁路法》第五十八条第一款的规定，作出如下判决：

1. 被告成都铁路局成都铁路分局支付原告胡加斌医疗费、护理费等计15 589.10元，于本判决生效之日起 10 日内付清。

2. 被告成都铁路局成都铁路分局支付原告胡加斌保险金4 000元，于本判决生效之日起 10 日内付清。

3. 驳回原告胡加斌的其他诉讼请求。

本案案件受理费1 076元，由原告胡加斌负担 266 元，被告成都铁路局成都铁路分局负担 810 元。

**(六) 解说**

铁路旅客运输合同是明确铁路运输企业与旅客之间权利与义务关系的协议，该合同自承运人向旅客交付客票时成立。在运输过程中，铁路运输企业，即承运人应当保证旅客运输的安全和列车正点到达。本案中，原告购票乘坐由被告成都铁路分局值乘的1434次旅客列车，就与作为承运人的被告成立了铁路旅客运输合同关系。原告因下车时摔伤，作为承运人的被告是否要承担责任、应承担什么责任？试从以下三个方面来分析：

1. 原告摔伤的责任应由谁承担。《合同法》第三百零二条第一款规定："承运人应当对运输过程中旅客的伤亡承担损害赔偿责任，但伤亡是旅客自身健康原因造成的或者承运人证明伤亡是旅客故意、重大过失造成的除外。"《铁路法》第五十八条第一款也规定："因铁路行车事故及其他铁路运营事故造成人身伤亡的，铁路运输企业应当承担赔偿责任；如果人身伤亡是因不可抗力或者由于受害人自身的原因造成的，铁路运输企业不承担赔偿责任。"上述规定明确了客运合同关系的归责原则和承运人免责的法定事由。本案原告是在下车时，因人多拥挤，车梯上有冰较滑而导致摔伤的。原告在诉讼中提供了车票、客运记录以及医院诊断医治情况的证据证明，作为被告的承运人就应当承担赔偿责任。承运人如果要免责，必须具备免责的法定事由，即能证明原告的摔伤是由于自身原因或者是故意、重大过失造成的，这个举证责任应由承运人负责。我国《民事诉讼法》关于举证责任的一般原则是"谁主张，谁举证"，即当事人对自己所主张的事实负有举证责任。但在一些侵权诉讼中则适用举证责任倒置的规则。最高人民法院《关于适用〈中华人民共和国民事诉讼法〉若干问题的意见》规定，对原告提出的侵权事实，被告否认的，由被告负责举证。本案作为承运人的被告不能证明原告摔伤是由于自身原因、故意或者重大过失造成的，因此，负有举证责任的被告就应当承担不能举证的不利后果，对原告的摔伤承担赔偿责任。

2. 关于赔偿责任。依照国务院批准的《铁路旅客运输损害赔偿规定》第五条第一款规定："铁路运输企业依照本规定应当承担赔偿责任的，对每名旅客人身伤亡的赔偿责任限额为人民币40 000元，自带行李损失的赔偿责任限额为人民币 800 元。"原告在下车时从车梯上摔下，造成左髌骨骨折，承运人应承担赔偿责任。根据原告所诉请的医疗费、误工费以及二次治疗费21 648.10元，虽然未超出规定的限额，但有的费用则提的过高，超过当地年均生活费标准，还有费用预计得过高，如二次治疗费，对这些超出部分不予认定。在审理中，经举证、质证和对证据的认定，确定了赔偿金的数额为15 589.10元，比较合理。判决后，原、被告均未提出上诉。

3. 关于保险责任。《铁路旅客运输损害赔偿规定》第六条规定："铁路运输企业依照规定给付赔偿金，不影响旅客按照国家有关铁路旅客意外伤害强制保险规定获取保险金。"关于保险责任和保险金额的认定，依照《铁路旅客意外伤害强制保险条例》规定：凡持票乘铁路火车之旅客，均应向中国人民保险公司投保铁路旅客意外伤害保险，其手续由铁路局办理，不另签发保险凭证。铁路旅客的保险费是在购买车票时，包括在票价之内，按基本票价的 2% 收费。旅客的保险金额，不论座席等次、全票、半票、免票，一律为每人人民币2万元。旅客的保险有效期间自旅客持票进站加剪后开始至到达旅程终点缴销车票出站时止。在保险有效期间内，旅客由于遭到外来剧烈及明显的意外事故受到伤害需治疗者，由承运人代保险公司向旅客给付医疗费用，其数额不超过保险金额2万元为限。本案原告受伤部位和程度系左髌骨骨折，按比例应当得到保险金限额的20%，原告诉请要求赔偿5 000元过高，故认定保险金4 000元。

（王振昌）

## 52. 黄普田诉方东升等货物运输合同案

**（一）首部**

1. 判决书字号

一审判决书：河南省唐河县人民法院（2000）唐经初字第108号。

二审判决书：河南省南阳市中级人民法院（2001）南经终字第540号。

2. 案由：货物运输合同案。

3. 诉讼双方

原告：黄普田，男，34岁，汉族，农民，住陕西省西安市胡家庙蔬菜批发市场。

委托代理人：邢国敏，南阳市法律援助中心法律工作者。

被告：方东升，男，25岁，汉族，司机，住唐河县昝岗乡朱店村委五组。

委托代理人：秦中祥、张年彤，南阳昊宏律师事务所律师。

被告：唐河县第一汽车运输公司（以下简称一运公司）。

法定代表人：牛朝聘，经理。

委托代理人：李志恒，南阳匡世律师事务所律师。

4. 审级：二审。

5. 审判机关和审判组织

一审法院：河南省唐河县人民法院。

合议庭组成人员：审判长：张立学；审判员：郑明；代理审判员：仝之锐。

二审法院：河南省南阳市中级人民法院。

合议庭组成人员：审判长：邹字生；审判员：宋汉亭、余顺波。

6. 审结时间

一审审结时间：2000年5月30日。

二审审结时间：2001年4月16日。

**（二）一审诉辩主张**

1. 原告诉称：1999年12月9日，经广东省廉江市货运信息部介绍，我同驾驶豫R66023号货车的方东升签订了货物运输合同一份。该合同明确地约定了双方各自的权利、义务。我在起点出发前付给方东升首笔运费3 300元，到达终点卸车前，我付清下余运费3 250元。方东升保证于1999年12月14日到达西安。全程运行4日。在路途中，方东升无理向我索要650元。1999年12月13日早上7时左右，方东升把车停放在南阳市粮兴宾馆院内，不顾我的再三阻止，把四季豆从车上卸下，直接导致四季豆发黄变老，又擅自把我的四季豆低价变卖，并将价款交由南高新区公证处提存。我的蔬菜共600筐，经公证处称量，平均每筐44.6斤，方东升共卖我蔬菜26 760斤。货物到达地西安的蔬菜价格为每市斤1.6元，价值总计为42 816元。依合同约定：方东升违约，按运费全额赔偿，另追罚全额运费50%的违约金，共计52 641元。双方签订的合同为有效合同。一运公司是豫R66023号货车的所有权人，我同该公司聘用的司机签订货物运输合同，其司机违约，一运公司有不可推卸的责任。请求法院判令：（1）方东升赔偿我经济损失及违约金共计52 641元；（2）一运公司承担连带责任；（3）被告方东升负担本案的诉讼费用。

2. 被告方东升辩称：（1）我不应当是本案的被告。我是豫R66023号运输货车的租赁承包者，我的运输行为是一种职务行为，车辆所有人对此行为应负责任。（2）我提存货物是合法的，货物没有因为提存而损失，我不应承担责任。（3）运输合同是原告出具的格式合同，它应当是一种无效合同。即使是有效的话，也是部分有效。黄普田采取欺诈的方法，利用格式合同加重我的责任，显失公平。1999年12月13日早上7时左右，因超载车辆二梁断裂，后桥变形，两个轮胎锅子损坏，车辆无法行驶，经黄普田同意，我将车停放在南阳粮兴宾馆院内，协商另找车辆，但黄普田出尔反尔，置货物与损坏车辆于不顾，一走了之。由于货物即将变质，损失会更大，车辆又需要及时维修，我便在南阳高新公证处公证员的支持下，将货物变卖并提存价款。原告请求赔偿4万元没有依据。四季豆发黄不是卸车造成的，而是黄普田造成的。依照合同约定，14日到西安，而四季豆在13日就变黄了。（4）车辆损失、修理费3 560元应由黄普田承担。

3. 被告一运公司辩称：一运公司不应当对本案负法律责任。理由：（1）造成损失应由黄普田承担，货物于13日开始变质；（2）黄普田请求的货物计算方法不对，不应以西安的市场价格计算；（3）方东升与我公司签订了社会人员租赁车辆承包经营合同，该合同第四条规定：对外一切经济责任由方东升个人负担；（4）方东升是自然人，签订合同没有我公司委托授权，方东升的行为，我公司并不知道，同时也未予追认。（5）承包合同已于1999年11月1日宣布解除，并于同年12月6日提起诉讼。

**（三）一审事实和证据**

河南省唐河县人民法院经审理查明：1999年12月，黄普田在广东省廉江市购买了四季豆。黄普田、方东升于1999年12月9日签订了货物运输合同。合同规定，双方就起点廉江至终点西安运输事宜达成以下条款：（1）黄普田装货保证不超过600筐。（2）黄普田应付方东升运费共计6 550元。自起点出发前黄普田必须付给方东升首笔运费3 330元，到达终点卸车前，黄普田必须结清余下运费3 250元。（3）方东升保证于1999年12月9日准时发车，于1999年12月14日到达。全程运行4日。（4）运输途中，车辆如发生意外事故所造成的货物损失由方东升负责赔偿。（5）方东升承担运输途中的费用及罚款。（6）本合同经双方签字生效，如任何一方违约，则按运费全额赔偿，另追罚全额运费50%的违约金。黄普田在合同甲方处签字，方东升在合同乙方处签字。依此合同规定，黄普田给付方东升首笔运费3 300元。在开往西安途中，方东升要求加付运费900元。后黄普田付给方东升600元。1999年12月13日早上7时左右，该车停放在南阳粮兴宾馆院内。方东丬擅自把黄普田的蔬菜从其车上卸下。1999年12月15日，经南阳高新公证处派员称量并现场监督，测得黄普田的四季豆平均每筐44.6斤，共600筐。方东升以5 000元的价格将黄普田的600筐四季豆全部处理。方东升预扣1 000元，其余4 000元交南阳高新公证处提存。黄普田无奈，于1999年12月15日向南阳宛城区人民法院提起诉讼，请求依法处理。宛城区人民法院受理后，依原告的财产保全申请，依法对方东升驾驶的豫R66023号货车的处分权予以冻结，并将方东升在公证处提存的货款4 000元执行给了黄普田。

另查明，方东升驾驶的豫R66023号货车系一运公司所有，双方订立了社会人员租赁车辆承包经营合同。该车承包运营里程25万公里，承包期从1997年10月20日至2003年3月15日止。

此外，经陕西省西安市工商行政管理局新城分局胡家庙工商所证实：1999年12月14日至15日，西安市四季豆的市场价格为每市斤1.6元～1.7元。

上述事实有下列证据证明：

1.1999年12月9日原告黄普田与被告方东升订立的货物运输合同。

2.（1999）宛市证民字第809号、第810号公证书2份。

3.西安市工商行政管理局新城分局胡家庙工商所出具的四季豆价格证明。

4.1997年10月20日一运公司与方东升签订的社会人员租赁车辆承包经营合同。

**（四）一审判案理由**

唐河县人民法院经审理认为：黄普田与方东升签订的货物运输合同合法、有效，合同双方当事人均应严格履行。方东升未能按合同规定，按时、适当地把黄普田的蔬菜四季豆运抵目的地西安，应承担违约责任。一运公司是豫R66023号货车的所有人，是方东升所承包经营车辆的发包人，依法应对方东升在承包经营中所负债务承担民事责任。针对方东升对黄普田的四点抗辩理由，法院认为：（1）方东升与黄普田签订了货物运输合同，方东升和一运公司是承包合同关系；（2）方东升提存货物价款不符合提存的法定条件；（3）运输合同是双方当事人的真实意思表示，内容和形式均符合法律规定，为有效合同；（4）在履行合同过程中，车辆的维修费双方没有约定，且方东升不能证明车辆损坏是由黄普田造成的。综上所述，方东升提出的抗辩理由均不能成立。针对一运公司的五点抗辩理由，法院认为：（1）造成损失的原因是方东升未按合同规定的时间将货物运抵目的地；（2）黄普田请求的货物计算方法应以到达西安的价格计算；（3）一运公司与方东升签订的社会人员租赁承包合同第四条的规定系其内部管理问题，对外不能形成抗辩；（4）方东升的行为一运公司不知道，不追认，对外不能形成抗辩；（5）一运公司未提供解除该公司与方东升车辆承包合同的有关证据，且方东升实际仍在承包一运公司豫R66023号车辆进行营运。综上所述，一运公司提出的抗辩理由均不能成立。我国《合同法》规定，货物的毁损、灭失的赔偿额，当事人有约定的，按照约定，没有约定并且没有协议补充或不能达成协议补充的，按照交付或当交付时货物到达地的市场价格计算。1999年12月14日至15日，四季豆在西安的市场价格是每市斤1.6元～1.7元。且经南阳高新公证处现场测量，方东升所卖黄普田四季豆共600筐，平均每筐44.6斤。按每市斤1.6元计算，黄普田的四季豆价值为42 816元。对此，方东升应予赔偿。黄普田要求方东升返还运费的请求，法院认为：方东升对货物运输合同已部分实际履行，故其要求方东升返还运费的诉讼请求，不予支持。

（五）一审定案结论

河南省唐河县人民法院根据《中华人民共和国合同法》第四十四条、第六十条、第一百零七条、第三百一十条、第三百一十一条，第三百一十二条，《中华人民共和国民事诉讼法》第一百二十八条之规定，作出判决如下：

1. 黄普田与方东升签订的货物运输合同为有效合同。

2. 方东升应于判决生效后1日内赔偿黄普田经济损失42 816元。

3. 一运公司对方东升所负债务负连带责任。

4. 驳回黄普田的其他诉讼请求。

案件受理费2 090元，财产保全费及执行费 200 元，共计2 290元，方东升负担1 900元，黄普田负担 390 元。

（六）二审情况

1. 二审诉辩主张

（1）上诉人一运公司诉称：方东升是以个人名义与黄普田签订的运输合同，属于个人行为，一运公司没有参与，不是合同当事人，不应对方东升的行为承担连带责任。

（2）被上诉人黄普田辩称：一运公司是车辆所有人，又是方东升的发包方，方东升的经营活动代表了一运公司，因此，一运公司依法应承担连带责任，请求驳回上诉，维持原判。

（3）被上诉人方东升下落不明，未提供答辩。

2. 二审事实和证据

二审法院经审理确认了一审法院认定的事实与证据。

3. 二审判案理由

南阳市中级人民法院经审理认为：（1）方东升与黄普田签订的货物运输合同，是其二人真实意思表示，不违反法律，应为有效合同。方东升未按合同约定履行义务，属于违约行为，除赔偿黄普田经济损失外，还应承担合同约定的违约责任，但原判对黄普田主张的违约金未支持，黄普田亦未上诉，对此上诉法院亦不予考虑；（2）原判按胡家庙工商所价格证明计算四季豆价值42 816元是正确的，但先予执行的4 000元亦应予扣除，即42 816元－4 000元＝38 816元；（3）方东升是社会闲散人员，其与一运公司签订的社会人员租赁车辆承包经营合同的实质是租赁合同，不符合承包合同的法律特征，与方东升、黄普田之间的货物运输合同亦无必然联系。方东升是以个人名义签订的运输合同，由此产生的债务应由其个人承担，一运公司不是运输合同的主体，故不应对运输合同之债承担民事责任，原审判令一运公司对方东升的债务负连带责任没有法律依据。综观全案，原判认定事实清楚，证据确实、充分，但部分法律适用及处理欠妥，应予纠正。一运公司上诉有理，予以支持。

4. 二审定案结论

河南省南阳市中级人民法院根据《中华人民共和国合同法》第三百一十一条、第三百一十二条和《中华人民共和国民事诉讼法》第一百五十三条第一款第（二）项之规定，作出如下判决：

（1）维持原判第一项、第四项，撤销原判第二项、第三项。

（2）本判决生效后 10 日内方东升赔偿黄普田经济损失38 816元，并从 1999 年 12 月

15 日起按中国人民银行同期借款利率计付利息，至款付清之日止。

一、二审诉讼费共计4 380元，由方东升负担。

**（七）解说**

从本案一、二审的争议和判决结果来看，以下两个方面问题值得探讨。

1. 如何正确理解违约金问题？我国《合同法》第一百一十四条规定："当事人可以约定一方违约时应当根据违约情况向对方支付一定数额的违约金，也可以约定因违约产生的损失赔偿额的计算方法。"由此可以看出，支付违约金是违约责任的一种重要方式。从本案一审判决对违约金的处理情况看，法院在认定被告方东升违约行为的基础上，责令其承担违约责任，但却判决驳回了原告黄普田要求方东升支付违约金的诉讼请求。笔者认为有欠妥当。理由是忽视了违约金所具有的惩罚和补偿的双重特征。我国立法和司法实践均承认违约金具有补偿性和惩罚性的双重性质，违约金的意义在于对履行利益的补偿。因此，本质意义上的违约金应当是补偿性的违约金，这一点，从《合同法》第一百一十四条规定即可以看出。另外，在确定违约金的基本性质为补偿性的同时，不排除当事人在公平、诚实、信用原则的指导下，约定使用惩罚性的违约金。违约金的惩罚性，表明了它与损害赔偿的基本区别。如果违约金只有补偿性而无惩罚性，即违约金的作用就基本上等同于约定的损害赔偿。从而抹杀了违约金所固有的特点，而不能有效地制裁违约行为，充分保护非违约方的利益。结合本案，黄普田与方东升于 1999 年 12 月 9 日订立的货物运输合同中的违约责任条款（第六条）实质上是对违约方违约行为的惩罚，体现了违约金的惩罚性。因此，一审法院对黄普田主张的违约金未予支持是不正确的。

2. 如何正确认识承包经营合同与财产租赁合同？本案中，对于被告方东升同一运公司签订的社会人员租赁车辆承包经营合同，一审法院认定具有承包经营性质，二审法院认定具有租赁性质，并根据各自的认识作出了完全不同的判决。因此，如何正确认识承包经营合同与财产租赁合同，是决定一运公司是否要承担连带责任的关键。首先，从承包经营合同的分类来看。目前对于承包经营合同的分类，还没有统一的规定。结合司法实践及承包经营合同的主体、客体、权利主体的差异，基本上可以将承包经营合同划分为：农业承包经营合同、乡镇企业承包经营合同、国有企业承包经营合同，个人承包经营合同（是以公民个人或个人合伙为承包方承包经营某一经济组织的合同，主要表现为企业内部承包合同）四类。对照本案，被告方东升与一运公司之间的合同关系，不属于上述任何一类，因此，两者之间不具有承包经营合同关系。其次，从财产租赁合同的概念上看，财产租赁合同是指出租人将租赁财产交付承租人使用、收益，承租人支付租金的合同。本案被告方东升作为社会闲散人员，其同一运公司签订合同后的营运行为，并不向一运公司报告，也不受一运公司的监督和管理，只是按合同要求定期向一运公司交纳一定数额的租金。由此可以看出，被告方东升与一运公司之间的合同关系符合租赁合同的法律特征，属于财产租赁合同。据此，二审法院在认定财产租赁合同的同时，支持了一运公司的上诉理由，判决撤销一审法院要求一运公司承担连带责任的判决条款是正确的。

（刘　蕊）

## 53. 湖南省浏阳市中天有机化贸易有限公司诉安徽省铜陵市戴家冲金矿投资合同案

**（一）首部**

1. 判决书字号

一审判决书：四川省甘孜藏族自治州中级人民法院（2000）甘中经初字第11号。

二审判决书：四川省高级人民法院（2000）川经终字第339号。

2. 案由：投资合同案。

3. 诉讼双方

原告（上诉人）：湖南省浏阳市中天有机化贸易有限公司（以下简称湖南公司）。

法定代表人：罗荣玉，经理。

委托代理人（一、二审）：罗励民，湖南公司工作人员。

委托代理人（一、二审）：黄幼圆，湖南擎宇律师事务所律师。

被告（被上诉人）：安徽省铜陵市戴家冲金矿（以下简称安徽金矿）。

法定代表人：孙昌铭，矿长。

委托代理人：（一审）：鲍克群，铜陵市金都律师事务所律师。

委托代理人：（一、二审）：王爱华，安徽文正律师事务所律师。

4. 审级：二审。

5. 审判机关和审判组织

一审法院：四川省甘孜藏族自治州中级人民法院。

合议庭组成人员：审判长：邓萍；审判员：彭康琼、马千里。

二审法院：四川省高级人民法院。

合议庭组成人员：审判长：李学斌；审判员：徐红；代理审判员：李葆中。

6. 审结时间

一审审结时间：2000年10月19日。

二审审结时间：2001年6月6日（依法延长审限）。

**（二）一审诉辩主张**

1. 原告湖南公司诉称：其与被告安徽金矿于1999年9月2日签订合同，约定成立康定县康陵矿业开发有限责任公司（以下简称康陵公司），由双方共同出资开采四川省康定县铜墙沟金矿。其于签约后投入资金80万元，安徽金矿投入资金230万元。按合同约定安徽金矿负责金矿资源前期调查勘探工作，并以此作为其享有150万元无形资产的权利。双方签订合同前，安徽金矿向湖南公司出示了康定金矿选冶工艺试验报告，该试验报告鉴定该矿平均金品位为14.44克/吨。安徽金矿后又以康陵公司名义向康定县人民政府及有关部门提供金矿资源的可行性报告称该矿有可开采金矿20万吨以上，平均金品位达3克～5克/吨。但在合同签订后的筹建开采过程中，经多次取样化验鉴定，发现该项目前期勘探检测结果与实际不符，该矿含金品位极低，无实际开采价值，项目被迫停工，经董事会研究决定解散公司。湖南公司认为，安徽金矿勘探失误，其提供的勘探资料失实，其应对康陵公司项目失败负完全责任，其误导湖南公司投资，已构成侵权；双方签订合同是在湖南公司不知晓安徽金矿提供的探矿成果不真实的情况下签订的，属于有重大误解的合同，请求撤销合同，判令有错误的安徽金矿赔偿湖南公司投资款 80 万元及由此产生的损失 14 万元。

2. 被告辩称：双方之间系联营关系，其签订的联营合同有效。在合同签订过程中，安徽金矿并未向湖南公司提供任何虚假资料，也未误导其投资，对投资风险，双方在合作前都已预见。合同签订后，湖南公司投入资金 80 万元，安徽公司亦投入资金 230 万元，表明在合同履行中双方是认真的、有诚意的，并无欺诈和诱骗对方的故意和行为。湖南公司在投资前未查阅探矿的有关资料，勘探结果的失误是无法预见的，请求驳回湖南公司的诉讼请求。

**（三）一审事实和证据**

四川省甘孜藏族自治州中级人民法院经公开审理查明：1999 年 4 月，安徽金矿对康定县铜墙沟金矿进行前期地质勘探工作，并收集了一定的地质资料，同年 8 月形成试验报告。同年 8 月 13 日，湖南公司与安徽金矿初步达成合作协议，并就合资开发康定县矿业进行会谈。同年 9 月 2 日，双方签订共同投资组建康陵公司，共同开采金矿合同书，合同约定了双方的投资额、投资比例及各自的权利、义务。同年 9 月 15 日，双方成立的公司召开第一次董事会并形成纪要，通过了公司章程，并在康定县工商行政管理局办理了康陵公司的企业法人营业执照。合同签订后，湖南公司于同年年底投入资金 80 万元，安徽金矿亦投入资金 230 万元。之后，在筹建开采中，发现该处矿产金品位极低，无开采价值，遂于 2000 年 2 月 20 日召开董事会并形成决议：解散康陵公司；依公司章程，对财物进行结算、分取；清算过程中如出现争议，可以由铜陵市仲裁委员会进行仲裁。同年 2 月 27 日，湖南公司向原审法院提起诉讼。

上述事实有下列证据证明：

1.1999 年 9 月 2 日湖南公司与安徽金矿就共同投资组建康陵公司，共同开采金矿签订的合同书。

2. 康陵公司董事会纪要、公司章程及决议。

3. 地质资料及安徽省地质局化验中心关于金品位含量的试验报告。

4. 庭审笔录。

**（四）一审判案理由**

四川省甘孜藏族自治州中级人民法院基于上述事实和证据认为：湖南公司与安徽金矿在平等、自愿的基础上达成联营共识并签订合同，在合同履行过程中，由于前期勘探资料的瑕疵，而使联营公司履行已无必要，为此湖南公司、安徽金矿就联营体解散及联营清算的事宜达成了协议，以上合同内容真实，符合法律规定，具有法律效力；湖南公司先以侵权、后又以对合同有重大误解为由，要求判决安徽金矿承担民事责任的诉讼请求不能成立，因侵权是侵权人主观故意或过失的违约行为造成的损害事实，并由此引发损害赔偿，本案中湖南公司未举出相关证据证明安徽金矿主观上有故意或过失的违法行为等情况，继而变更诉讼请求为“重大误解”的诉因，而“重大误解”是指对合同内容某些事实因素主观认识上的错误而订立的合同，本案联营合同所指标的物矿产资源因地质勘探资料的瑕疵而使合同不能履行，湖南公司、安徽金矿亦就合同的终止达成了协议，该联营合同的解除，并不意味湖南公司与安徽金矿对合同事实具有主观上的错误；本案所涉合同实际上是联营合同的解除形成的清算问题，对于合同终止后的清算纠纷，当事人已达成一致意见，该争议不属于本案审理范围，对湖南公司的主张不予支持。

**（五）一审定案结论**

四川省甘孜藏族自治州中级人民法院根据《中华人民共和国民事诉讼法》第六十四条，《中华人民共和国民法通则》第五十一条，《中华人民共和国合同法》第五十四条之规定，作出如下判决：

驳回原告湖南省浏阳市中天有机化贸易有限公司的诉讼请求。

案件受理费14 410元，由原告湖南省浏阳市中天有机化贸易有限公司承担。

**（六）二审情况**

1. 二审诉辩主张

（1）上诉人诉称：原审中湖南公司所称的侵权系指安徽金矿的行为构成对湖南公司权利的实质侵害，并非提起侵权之诉；对重大误解应按最高人民法院关于《民法通则》贯彻意见的规定解释，原判对重大误解系擅作解释，其以诉因不当驳回湖南公司的诉讼请求，违反《民事诉讼法》规定的法院审理民事案件以事实为根据，以法律为准绳的原则；原判认定双方所签订的合同有效，则双方对150万元使用费约定亦有效，安徽金矿的成果已作价150万元有偿使用，其既然享受了权利，就应履行义务、承担责任；原审判决既已认定前期勘探错误是合同无法履行的惟一原因，却又判决安徽金矿不承担责任，系认定事实与判决结果矛盾；本案非联营关系，湖南公司起诉追索的不是联营开采的亏损，而是安徽金矿因勘探技术失误误导其投资的投资款，是追究因没有金品位的勘探成果而导致的错误投资的责任，而原判却认定本案双方联营中的清算问题，此认定与原审法院及省高级人民法院的裁定相悖。请求撤销原判，依法改判。

（2）被上诉人辩称：湖南公司由原起诉状所称的安徽金矿误导其投资，对其构成侵权，及因重大误解请求撤销合同，至上诉称湖南公司起诉追索由于安徽金矿的勘探技术失误导致其经济损失，此非简单的诉讼请求的变更，而是诉讼种类发生了变化；侵权由故意或过失构成，但误导之侵权的主观内容只能是故意，金品位前后差异，双方原本就未能预见，因而任何一方都欠缺误导而侵权的基础；可撤销合同之重大误解是指对合同要素的误解，此与湖南公司所称的重大误解具有根本区别，即使是可撤销合同，由案件事实所决定，湖南公司需自负重大误解的责任，对于请求撤销合同的问题，湖南公司在二审中已不再提起，而是坚持合同效力基础上，依合同中“无形资产”条款来随意推理、演绎安徽金矿的所谓权利、义务；联营合同中的无形资产主要是指双方合作前，由安徽金矿经过大量投入形成的勘探资料，因这一部分的大量投入未在联营中折算股份；而在合营企业形成利润后给予补偿，属于公平合理，就其权利、义务而论，实质是安徽金矿在勘探中的投入属其已尽义务，故待联营企业盈利后再予补偿属于正当的权利实现；双方所订的是联营合同，而非技术成果转让合同，安徽金矿没有也不必要为其技术成果作任何承诺，故在联营合同中，双方没有对勘探资料作丝毫约束的条款；安徽金矿的勘探本身是规范、科学、严密的，其勘探结果经多家专业机构进行化验、检验，故安徽金矿在这一问题上无任何过错；金品位前后存在极大差异的原因，至今尚未明确，合营企业第三次董事会决议及1999年工作总结均表明尚需追加投资、作进一步地质工作及加大探采工作力度，但由于湖南公司的原因，致这一工作无法进行。请求驳回上诉，维持原判。

2. 二审事实和证据

四川省高级人民法院经审理查明：1999年4月、6月，安徽金矿对康定县铜墙沟金矿进行前期地质勘探，并委托安徽省地质局化验中心作出关于该区域金品位含量的检验报告及甘孜州321地质队作出重沙检验报告。同年8月，安徽金矿委托北京矿冶研究总院选矿室对四川康定金矿进行氰化可选性试验，并作出康定金矿选冶工艺试验报告，该报告显示该矿为石英脉金矿，含金量为17.17克/每吨，回收率达99.53%。同年8月13日，安徽金矿与湖南公司初步达成合资开采金矿协议。同年9月1日，双方就合资开发康定县金矿举行会谈，决定共同出资成立康陵公司，还就投资额及各方出资比例等进行了磋商，并形成会议纪要。次日，双方为联合开采康定铜墙沟金矿正式签订合同书，合同主要约定：总投资额为800万元人民币；安徽金矿投资480万元，占总投资的60%，湖南公司投资320万元，占总投资的40%，双方均以资金投入；甲方（安徽金矿）负责办理采矿许可证、营业执照及税务登记证，负责采、选工程的设计及生产管理中的有关技术，负责办理好矿山所需的选厂及附属设施的土地征用；甲方前期调研勘探，取得大量地质工作成果，获得部分详查地质资料，此项地质资料作为无形资产，价值150万元，待公司形成利润后分期支付。合同还同时约定了经营管理模式及双方按投资比例分享红利、承担亏损等内容。同年9月12日，双方向工商行政机关提交公司设立登记申请书。同年9月21日，工商行政机关向联营企业正式颁发康陵公司企业法人营业执照。同年11月3日，康陵公司召开第二次董事会，会议除肯定了公司前期工作成绩外，还讨论并同意湖南公司法定代表人罗荣玉提出的撤股15%，由安徽金矿购买其撤出的15%的股份，股权结构重新调整为安徽金矿占总投资额的75%，湖南公司占总投资额的25%。同年年底，湖南公司投入资金80万元，安徽金矿投入资金230万元。同年12月，湖南公司法定代表人罗荣玉派人在开发区内取样送检后，发现所取样品金品位极低，不具有开采价值，并通知安徽金矿法定代表人孙昌铭。后双方又取样检验，其含金量仍达不到开采要求。2000年2月3日，康陵公司对其1999年的工作进行了总结，认为该矿点有找矿前景，但要加强地质工作，在进一步做好地表工作基础上采用钻探及井探进行深部探矿，预计地质探矿约需1年时间。在后一部工作计划中，公司建议董事会追加投资150万元人民币进行地质详查工作。同年2月20日，康陵公司召开第三次董事会并形成决议称：由于铜墙沟金矿前期所做的地质工作经后期验证，发现采矿许可证范围内的矿体含金品位达不到开采要求，需作进一步地质工作，致使公司无法运行，经董事会决议，宣布公司解散；依公司章程，成立清算组织，截至同年2月26日，对公司财产进行清算、分取；清算过程中如果出现争议，可以由铜陵市仲裁委员会进行仲裁；清算结果经董事会双方认可后，依法注销公司。同年2月27日，湖南公司以安徽金矿为被告向法院起诉。

上述事实除一审法院认定的证据外，还有下列证据证明：

(1) 甘孜州321地质队对金品位含量作出的重沙检验报告。

(2) 北京矿冶研究总院选矿室出具的康定金矿选冶工艺试验报告。

(3) 二审庭审笔录。

3. 二审判案理由

四川省高级人民法院经审理认为：安徽金矿与湖南公司在平等、自愿基础上就联合开采四川康定铜墙沟金矿而签订的合同书，应当确认为合法、有效。本案中被上诉人安徽金矿在联营开采金矿之前即进行了一系列的地质考察工作，经过多次取样并委托有关权威机构化验论证，均证实开采区具有丰富的含金量，极具开采价值，安徽金矿亦深信不疑，故其投资额占联营体总股本的60%，湖南公司占40%，后湖南公司提出撤股15%，安徽金矿亦购入该15%的股份，至其股份占总投资额的75%，湖南公司仅持25%股份。而当湖南公司取样送检发现开采区金品位不足，无开采价值，并将此情况告知安徽金矿时，安徽金矿当时亦不相信这一事实，并再由双方共同取样送检。由此可见，安徽金矿对此检验结果亦未有所预见，不存在安徽金矿明知此情况而误导湖南公司进行投资的事实。湖南公司称安徽金矿于1999年8月（即联营前）出具的试验报告显示的高含金量不实，有明显过错，且依合同约定安徽金矿的地质资料作为无形资产作价150万元，安徽金矿已享受权利，故应承担责任，但因该试验报告是经安徽金矿取样后委托权威机构作出的，湖南公司未举出安徽金矿在取样过程中存在任何过错，合同有关安徽金矿前期地质勘探成果作为无形资产作价150万元的约定，是因为安徽金矿在联营前确做了大量的地质考察工作，即使委托有关权威部门进行检验亦需投入资金，而合同对该150万元无形资产的约定为“待公司形成利润后分期支付”，此约定本身亦包含了安徽金矿所承担的风险，事实上安徽金矿并未享受到这一权利，故无须承担义务。根据本案证据显示，该开发区最终是否具有开采价值，双方组成的联营体已确认还需作进一步地质工作，需追加投资150万元，而双方均未再投资，故该采矿区有无开发价值尚无定论。即使安徽金矿的勘验报告确有错误，因系委托有关权威机构作出的报告，双方都无法预测，且双方在联营的合同中安徽金矿并未承诺其提供的勘验报告的金品位在实际开采中一定能达到什么标准，取得收益。故勘验报告错误所带来的投资风险，属于正常商业风险，双方均未能预见，其造成的投资损失应各自承担。湖南公司上诉提出安徽金矿对其投资存在误导，且对其投资失败存在过错的上诉理由不能成立，法院不予支持。

4. 二审定案结论

四川省高级人民法院根据《中华人民共和国民事诉讼法》第一百五十一条、第一百五十三条第一款第（一）项之规定，并经本院审判委员会讨论决定，判决如下：

驳回上诉，维持原判。

二审案件受理费14 410元，由上诉人湖南省浏阳市中天有机化贸易有限公司承担。

**（七）解说**

本案争议焦点为：安徽金矿对湖南公司的投资是否存在误导；湖南公司的投资损失是否属于正常的商业风险；安徽金矿是否应承担返还湖南公司投资款及赔偿损失的责任。

对安徽金矿对湖南公司的投资是否存在误导的问题，基于前述事实及理由，合议庭一致认为安徽金矿对湖南公司的投资不存在误导。但对湖南公司的投资损失是否属于正常商业风险，安徽金矿是否应对其损失承担责任问题，合议庭另一种观点则认为，安徽金矿提交的勘验报告中金品位含量的多少，是否具有商业开采价值显然是湖南公司与其签订合同进行联营的基础，如报告显示的金品位含量达不到开采要求，湖南公司即不会作此项投资。根据现有实际开采情况及检验结果，该金矿的金品位含量极低，与安徽金矿提交的报告相差甚远，完全达不到商业开采条件，由此可以认定，湖南公司对其与安徽金矿合约并投资的标的物的品质发生了错误认识，使行为的后果与该公司的意思相悖，并造成较大损失，符合民法通则重大误解的规定；勘验报告虽系安徽金矿委托权威机构作出，但其系由安徽金矿作为合约的基础资料向湖南公司提供，且包括勘探报告在内的一系列前期勘探成果，双方同意作价150万元作为无形资产由安徽金矿在联营体以后的利润中收回，安徽金矿所作的此项工作享受了对等权利，造成湖南公司对金品位含量及行为后果发生误解，进而与安徽金矿合约并致投资失败的责任主要在安徽金矿，由此造成的损失理应由安徽金矿承担。该项投资的失败，并非正常的商业风险，因矿区金品位含量是一种自然状况，是确定的、客观存在的，其本身并不存在风险问题而只存在勘验是否准确的问题，就本案而言，其商业风险应主要包括投资联营中市场黄金价格发生波动、开采量大小、开采成本高低等因素，而从本案情况看，双方发生的投资损失，并非这些原因造成，而是前期对金品位含量勘验不准所致。此种意见有一定的合理性，但对商业风险的理解仅限于市场黄金价格的波动、开采量大小、开采成本高低等，其排除在不能证明安徽金矿取样及送检中存在过错的情况下，勘验结果因某种原因而失真引起的开采风险。商业风险的存在应不以是否能预见为前提，其具有不确定性及客观性，本案中的商业风险既包括可预见的市场黄金价格波动、开采量大小及开采成本高低等因素，还应包括未能预见的因勘验结果失误而造成不能开采的风险，对商业风险不应作狭义理解。对于因商业风险所造成的损失，双方当事人应自行承担，此亦符合公平及诚信原则。基于此，审判委员会最终采纳了本案因勘验报告失误所带来的投资风险系正常的商业风险，投资双方均未能预见，双方均存在对合同标的物的重大误解，对其造成的损失应各自承担的主张，而作出维持原判的决定于法于理更显充分。

（徐　红）

## 54．邹德惠诉秦震亚等租赁合同案

（一）首部

1．判决书字号：湖北省宜昌市三峡坝区人民法院（2000）三经初字第25号。

2．案由：租赁合同案。

3．诉讼双方

原告：邹德惠，男，1970年11月20日出生，汉族，个体工商户，住武汉市青山区红卫路和平大道743号。

委托代理人：谢方涛，湖北普济律师事务所律师。

委托代理人：张闽山，湖北三联集团公司干部。

被告：秦震亚，男，1971年9月1日出生，汉族，石家庄市中建物资工程有限公司职员，住河北省石家庄市华光路东。

被告：陶兴国，男，1967年7月1日出生，汉族，现羁押于枝江市第一看守所。

被告：余世平，男，1962年11月11日出生，汉族，住枝江市歌舞团宿舍。

被告：王琦，男，1963年3月19日出生，汉族，住枝江市民政局宿舍。

4．审级：一审。

5．审判机关和审判组织

审判机关：湖北省宜昌市三峡坝区人民法院。

合议庭组成人员：审判长：第云环；代理审判员：黄冬仙、李广盛。

6．审结时间：2001 年 6 月 27 日。

**（二）诉辩主张**

1．原告诉称：2000 年 4 月 28 日，原告邹德惠与被告秦震亚经协商签订一份设备租赁协议，双方对租赁期限、租金及其支付期限和方式、租赁物维修等进行相关约定。协议签订后，原告依约履行了自己的义务，而被告秦震亚仅支付 4 万元租赁费、1 万元的返程费，同时因被告秦震亚与其他方面有民事纠纷未解决，又违反协议未安排固定现场管理人员，致使挖掘机被陶兴国、余世平无理扣押，使原告遭受经济损失 2.9 万元。据此，请求法院判令被告秦震亚支付原告邹德惠租赁费 10 万元及工人工资 13 500 元、工人食宿费用 4 750 元，支付违约损失 6 万元，被告陶兴国、余世平、王琦对其中 110 250 元承担连带责任；判令被告陶兴国等三人返还扣押设备所勒赎金 2.9 万元，被告秦震亚对该款承担连带责任。

2．被告秦震亚未作答辩。

3．被告余世平辩称：侵权根本不存在，原告的设备是张腾达带进我方施工场地的，我方与张腾达有联合协议，合同约定，在张腾达违约的情况下，我方有权将张腾达的设备作抵押，索取赔偿费。

4．被告陶兴国、王琦未作答辩。

**（三）事实和证据**

宜昌市三峡坝区人民法院经公开审理查明：2000 年 4 月 28 日，原告邹德惠与被告秦震亚签订一份设备租赁协议，协议主要内容为，被告秦震亚租用原告邹德惠所有的 DH220LC—V 大宇挖掘机 1 台进行土石方装车，租期 1 年（从 2000 年 4 月 28 日起至 2001 年 4 月 27 日止）。被告秦震亚的主要责任及义务为：负责现场施工总协调、指挥和管理，及时办理租赁费用的结算，按月包工作小时计算，月 300 小时 4 万元，超过 300 小时的，超过部分每小时 175 元，被告秦震亚并负责原告方机械操作手 2 人人工工资，每人每月 1 500 元，负责原告方 3 人食宿费用。被告秦震亚须在合同签订后支付原告 1 个月租赁费 4 万元和设备返程费 1 万元，被告秦震亚在每月 29 日前将下一个月的设备租赁费支付给原告邹德惠。原告邹德惠的主要责任为：服从被告秦震亚人员的调度指挥，提供操作人员 2 名，管理人员 1 名，保证设备每月出勤 25 日。合同签订后，被告秦震亚依约支付了原告 1 个月租赁费、设备返程费共计 5 万元。原告邹德惠依约将大宇挖掘机（机号 20849）调入被告秦震亚指定的工作现场，配置了 2 名机械操作人员，1 名管理人员，开始进行施工。2000 年 5 月 29 日，被告秦震亚未依合同约定将次月租赁费支付给原告邹德惠，且本人及管理人员均离开了三峡，在此情况下，原告邹德惠即向被告秦震亚电话提出要求提前解除合同并准备将大宇挖掘机撤离施工现场。在设备撤离施工现场过程中，挖掘机被被告陶兴国、余世平扣留。陶兴国、余世平扣留该机的理由是：该挖掘机系与陶兴国、余世平、王埼有联合协议的张腾达提供的设备，依照与张腾达签订的合同予以扣留。因此，不准其设备退场。同年 7 月初，原告邹德惠用电话与被告秦震亚联系，告知其设备被陶兴国等扣留，秦震亚答复其与陶兴国等人无任何关系，亦未拿他们的钱，该怎么处理就怎么处理，并应原告邹德惠的要求答应10日之内来三峡，但其后未来三峡。原告邹德惠的设备从2000年5月29日至2000年8月10日一直被被告陶兴国等扣留。2000年8月10日，原告邹德惠为取回挖掘机即与陶兴国、余世平达成协议，由原告邹德惠代张腾达退陶兴国租赁设备部分预付款2.9万元，设备退回原告邹德惠。同日由被告余世平写下“现有南韩大宇DH220LC挖掘机1台，机号20849，从2000年4月29日开始至2000年8月10日止一直在我部位工作，经双方协商，已解决以前一切遗留问题，双方不再有任何纠纷”的证明1份，原告的现场施工代表罗建华亦签了字。

另查明，原告提供的3名工作人员4个月用去生活费3 600元，住宿费600元，水电费550元，合计4 750元。

再查明，被告秦震亚未经原告邹德惠同意，将从原告邹德惠处租赁来的挖掘机转租给张腾达。张腾达又与被告陶兴国、余世平、王琦签订了联合协议1份，并约定若张腾达违约，陶兴国等有权将张腾达的设备作抵押索取赔偿费。现张腾达下落不明。

上述事实有下列证据证明：

1. 邹德惠与秦震亚、秦震亚与张腾达签订的设备租赁协议各1份。
2. 张腾达与陶兴国签订的联合协议1份，余世平证明2份。
3. 明建平的证明1份。
4. 周汉平的收条2份。
5. 李雪斌的收条1份及原告邹德惠、被告余世平的陈述。

**（四）判案理由**

原告邹德惠与被告秦震亚签订的设备租赁协议系双方当事人的真实意思表示，合同依法有效，双方应遵循合同之约定。2000年5月29日，原告邹德惠在被告秦震亚未依合同约定支付次月的设备租赁费，且秦震亚及现场负责人均已离开三峡的情况下，向被告秦震亚电话提出解除合同，并拟将设备撤离现场，系要求解除合同的意思表示，但因被告秦震亚未经原告同意擅自将设备转租给他人且其本人及现场管理人员均离开施工现场致使大宇挖掘机未能撤出，原告邹德惠与被告秦震亚的租赁关系此时未能终止。被告秦震亚对此应承担相应的民事责任。2000年8月10日，原告邹德惠与被告陶兴国、余世平协商，取回了挖掘机，可以视为被告秦震亚至此履行了设备返还义务，双方提前终止了租赁合同关系。原告邹德惠提前解除合同的行为符合《合同法》的有关规定。原告邹德惠就此之前向被告秦震亚主张合同权益应予支持。被告秦震亚已支付原告1个月的租金，尚应支付原告邹德惠从2000年5月28日至2000年8月10日的租金及2000年4月28日至2000年8月10日的工人工资、食宿费用。在没有证据证明因原告原因致使月工作时间不足300小时的前提下，应以合同约定的每月4万元支付租金，即被告秦震亚尚应支付原告租金98 667元、工人工资10 400元（每人每月1 500元，2人），食宿费用3 640元（每人每月生活费300元，住宿费50元，计3人）。因合同中无水电费的约定，因此，原告主张的水电费550元本院不予支持。因原告邹德惠与被告秦震亚签订的租赁合同无违约条款约定且诉讼中原告未提供其解除合同后有直接损失的证据（因2000年8月10日设备已被原告邹德惠收回），故要求被告秦震亚赔偿从2000年8月10日至起诉时2000年9月19日的损失6万元的请求本院不予支持。关于原告邹德惠认为被告陶兴国等人无理扣押设备已构成侵权，对被告秦震亚的违约责任中的部分 110 250 元应承担连带责任之请求因无法律依据，本院亦不予支持。原告邹德惠认为其设备被被告陶兴国等人扣留，原告邹德惠为取回设备付给被告陶兴国等 2.9 万元，认为陶兴国等已构成侵权，应承担返还 2.9 万元的侵权责任，因该行为与本案审理的租赁合同不属于同一法律关系，故本案不予合并审理（原告邹德惠可以另行起诉）。

**（五）定案结论**

湖北省宜昌市三峡坝区人民法院根据《中华人民共和国民事诉讼法》第一百三十条和《中华人民共和国合同法》第一百零七条之规定，作出如下判决：

1. 被告秦震亚支付原告邹德惠租金98 667元，工人工资10 400元，食宿费用3 640元，合计112 707元。

2. 驳回原告邹德惠对被告秦震亚的其他诉讼请求。

3. 驳回原告邹德惠要求被告陶兴国、余世平、王琦对被告秦震亚违约责任承担110 250元的连带责任的诉讼请求。

**（六）解说**

本案涉及合法转租与不合法转租的法律后果问题。顾名思义，合法转租，即指承租人转租取得了出租人同意；不合法转租，系指未经出租人允许所进行的转租。《中华人民共和国合同法》第二百二十四条规定："承租人经出租人同意，可以将租赁物转租给第三人。承租人转租的，承租人与出租人之间的租赁合同继续有效，第三人对租赁物造成损失的，承租人应当赔偿损失，承租人未经出租人同意转租的，出租人可以解除合同。"本案系属于后者，原告邹德惠与被告秦震亚之间系租赁合同关系，被告秦震亚未经原告允许将设备转租案外人，作为出租人既可以不顾承租人的转租行为，向其主张租金的支付，也可以以承租人违约为由，解除合同，并由承租人承担违约责任。本案在查明被告何时违约及因被告的原因导致原告无法及时解除合同后，对原告的损失作出了正确的认定。同时本案中尚有另外几个法律关系，即在秦震亚与案外人张腾达之间及张腾达与陶兴国之间的层层转租关系，那么，在转让人与受让人之间已成立租赁合同关系，但因出租人向受让人主张权利，致使受让人不能按约定对租赁物进行使用、收益，受让人有权要求转租人承担权利瑕疵担保责任，并可以要求解除合同，减少租金或者不支付租金。但受让人不得以其租赁权对抗出租人行使所有权，故被告陶兴国等其后所采取的行为是否构成侵权，因其与租赁合同法律关系不属于同一法律关系，在本案中未合并审理，对此，出租人可以在与承租人解除合同后，对因受让人的行为使其所受损失另案起诉。

（黄冬仙）

## 55. 海南南洋电脑实业有限公司诉海口吉特电子产品有限公司加工承揽合同案（加工费）

**（一）首部**

1. 判决书字号：海南省海口市新华区人民法院（2001）新经初字第256号。

2. 案由：加工费案。

3. 诉讼双方

原告：海南南洋电脑实业有限公司。

法定代表人：罗昌照，董事长。

委托代理人：杨晓勇，海南南洋电脑实业有限公司总经理。

委托代理人：邹祯林，海南国星律师事务所律师。

被告：海口吉特电子产品有限公司。

法定代表人：陈锐升，董事长。

委托代理人：闰瑾、杜娟，海南弘纲律师事务所律师。

4. 审级：一审。

5. 审判机关和审判组织

审判机关：海南省海口市新华区人民法院。

合议庭组成人员：审判长：高芳河；审判员：陈泰武；人民陪审员：余沃恒。

6. 审结时间：2001 年 12 月 6 日。

**（二）诉辩主张**

1. 原告诉称：2001 年 2 月 21 日和 3 月 29 日，我公司分别接受被告 2K103NY—1 和 GTS2K104NY 两份加工订单，为被告加工 FC—22、FC—518LS、FC515LS4、FC—515LS 滤波器，截至 2001 年 5 月 24 日，累计加工费321 865元人民币，为保护我公司的合法权益，特向法院提起诉讼，请求判令被告向原告支付加工费合计人民币321 865元，承担赔偿原告经济损失等违约责任，并承担本案诉讼费。

2. 被告辩称：原告诉称我公司于 2001 年 2 月 21 日和 3 月 29 日，分别让其接受 2K103NY—1 和 GTS2K104NY 两份订单，为我公司加工 FC—22、FC—518LS、FC515LS4、FC—515LS 滤波器，是与事实不符的。我公司从未与原告在 2001 年 2 月 21 日和 3 月 29 日签订过任何加工订单。原告以我公司为被告，要求我公司承担加工费，明显是找错债务主体，该诉讼行为违反了《中华人民共和国民事诉讼法》第一百零八条中起诉条件的规定，故恳请法院根据最高人民法院《关于适用〈中华人民共和国民事诉讼法〉若干问题的意见》第一百三十九条裁定驳回原告的起诉，同时我公司保留要求原告赔偿因诉前财产保全给我公司造成的经济损失。

**（三）事实和证据**

海南省海口市新华区人民法院经公开审理查明：从 1995 年起，原告与被告就开始开展原料加工业务，双方均已实际履行。2000 年 5 月 28 日，双方签订一份加工合同，约定被告向原告提供加工滤波器 FC/20/22 等产品所需的原材料。原告将被告提供的原材料加工成虑波器 FC/20/22 等产品后全部交付给被告；被告所提供的原材料，经原告所在地商检部门根据双方认可的技术参数检验各格后，原告方可接受；如出现原材料技术参数与被告提供的技术参数有差异，或运输过程中原材料的破损，原告可凭商检部门的证明办理退货，被告给予补发；原告生产的成品应按被告的技术参数自检后再经商检部门复检合格后方可出口；被告收到产品后，由被告向原告开立即期信用证，按价格支付给原告加工费；合同有效期为 2000 年 5 月 28 日至 2001 年 5 月 28 日止。合同签订后，由被告提供原材料，原告进行加工各种规格的滤波器产品。2001 年 2 月 21 日，由银道忠、被告海口吉特电子产品有限公司职员洪碧穗签名，给原告下了一份印有 GTS 吉特磁技有限公司函头的加工订单，订单写明品名规格、加工单价、数量及金额。加工订单条款规定，付款方式为月结 90 日，每月结账由上月 26 日至本月 25 日止，并于次月 25 日付款；每批次送货回签单，发票、对账明细每月 26 日前传真或 E-mail 到海口吉特公司财务部汇整，如未按此规定办理，公司概不付款等。2001 年 3 月 29 日，银道忠、被告海口吉特电子产品有限公司职员洪碧穗又给原告下一份除部分品名规格、加工单价、数量不同，其余格式条款均与第一份订单相同的加工订单，原告在订单加工单位回签栏盖章并签名。两份加工订单下达后，被告按加工合同及订单向原告提供原材料，原告按要求为被告加工各种规格的滤波器。截至 2001 年 5 月原告加工成成品的各种规格的滤波器已全部交付给被告，并验收合格，累计加工费为321 865元人民币。被告收到加工的产品后，未向原告支付加工费。

另查，2001 年 8 月 20 日，被告向本院提出诉前财产保全异议书，确认其公司欠加工费为321 866元。后经核算确认尚欠加工费为321 865元。三份委外加工费表（加工费结算）均盖有被告的财务专用章，并分别由银道忠、洪碧穗签名确认。

上述事实有下列证据证明：

1. 原、被告双方于 2000 年 5 月 28 日签订的加工合同。
2. 2001 年 2 月 21 日及 3 月 29 日的两份加工订单。
3. 委外加工费表。
4. 成品入库通知单。
5. 诉前财产保全异议书。
6. 双方当事人的陈述及庭审笔录。

**（四）判案理由**

海南省海口市新华区人民法院根据上述事实和证据认为：原、被告双方于 2000 年 5 月 28 日签订的加工合同意思表示真实，主体合格，内容合法，属于有效合同，受法律保护。2001 年 2 月 21 日及 3 月 29 日的 2 份加工订单是加工合同的组成部分，应确认为有效。被告提供原材料给原告加工，原告依约完成工作，并向被告交付加工产品，且验收合格。原告已履行了约定的义务，被告收到原告加工的产品，未向原告支付加工费，已构成违约，应承担逾期付款的违约责任。被告以加工订单没有其公司的盖章，否认给原告下加工订单。因加工订单上的单位主管栏及财务栏分别由银道忠及被告职员洪碧穗签名，且加工的产品已交付被告，应视为被告的行为。被告提出从未与原告签订加工订单，主张驳回原告的诉讼请求，没有事实和法律依据，不予采纳。原告要求被告支付加工费321 865元及承担违约责任有理，应予支持。

**（五）定案结论**

海南省海口市新华区人民法院根据《中华人民共和国民法通则》第四十三条，《中华人民共和国合同法》第二百六十三条规定，作出如下判决：

被告海口吉特电子产品有限公司于本判决生效后 10 日内偿付原告加工费321 865元及违约金（计算方法：从 2001 年 8 月 24 日至本判决限定履行之日止，以本金321 865元按银行规定的同期逾期贷款利率的标准计算）。如果逾期履行，则按《中华人民共和国民事诉讼法》第二百三十二条规定办理。

本案诉讼费7 337元，诉前财产保全费2 270元（原告均已预付），由被告负担，并在本判决生效后 10 日内直接付给原告。

**（六）解说**

本案是一起加工承揽合同纠纷，分歧焦点是被告是否为加工承揽关系的一方主体。受诉法院认定被告海口吉特电子产品有限公司为加工承揽合同的一方主体是正确的，理由是：(1) 原告与被告于 2000 年 5 月 28 日签订的加工合同意思表示真实，内容合法，是有效合同。2 份加工订单系在加工合同约定的合同履行期限内向原告下达的，被告职员洪碧穗在订单上签名；(2) 在订单的履行过程中，被告向原告提供原材料、验收原告加工的产品；(3) 在加工费结算表中仍然是银道忠、洪碧穗的签名，而被告三次在结算表中盖章认可；(4) 在被告向法院提交的财产保全异议书中，被告亦认可了欠原告加工费的事实。因此，虽然两份加工订单的函头及委外加工费表的函头标明为“GTS 吉特磁技公司”，但是，从两份加工订单的下达时间、下达人员、履行过程，结算过程直至债务确认皆证实加工订单的合同主体一方是本案被告。我国《民法通则》第四十三条规定，企业法人对它的法定代表人和其他工作人员的经营活动，承担民事责任，本案涉及的两份加工订单，虽然未加盖被告公章，但被告主管人员在订单上签名，受诉法院结合其他证据，认定为被告主管人员的职务行为，应由被告承担民事责任，是正确的。

（吴　清）

## 56. 浙江李字实业集团有限公司诉杭州中亿贸易有限公司承揽合同案（按日常生活经验法则认证）

**（一）首部**

1. 判决书字号

一审判决书：浙江省诸暨市人民法院（2001）诸经初字第 1711 号。

二审判决书：浙江省绍兴市中级人民法院（2001）绍中经终字第 401 号。

2. 案由：承揽合同案。

3. 诉讼双方

原告（被上诉人）：浙江李字实业集团有限公司。

法定代表人：李经春，董事长。

委托代理人（特别授权代理）：杨光明，浙江正众律师事务所律师。

被告（上诉人）：杭州中亿贸易有限公司。

法定代表人：陈镇杰，经理。

委托代理人（特别授权代理）：陈三联，浙江人地律师事务所律师。

委托代理人（特别授权代理）：章天兴，杭州中亿贸易有限公司职员。

4. 审级：二审。

5. 审判机关和审判组织

一审法院：浙江省诸暨市人民法院。

独任审判：代理审判员：施得健。

二审法院：浙江省绍兴市中级人民法院。

合议庭组成人员：审判长：杨荣生；审判员：吴伟、冯培忠。

6. 审结时间

一审审结时间：2001年8月30日。

二审审结时间：2001年11月27日。

**（二）一审诉辩主张**

1. 原告诉称：2000年9月25日，经双方协商，原、被告就原告办公大楼一楼自动门整体门洞制作安装工程签订合同。约定：合同总额为人民币20万元，技术要求符合日本松下公司厂标；付款计划为合同签订之日付35%预付款，全部设备到现场时付55%，调试完毕并经原告验收合格后付10%；交货时间为被告到预付款之日起30日货到现场，安装高度再需要10日～15日；违约责任为被告无理延期交货，每天支付合同总额5‰的违约金。即日，原告支付了预付款。但被告至今未能完成自动门安装工程。经原告多次催促，被告却提出先由原告支付55%合同款后再派员完成工作，对此，原告严正指出被告之主张违反了合同约定，并再次要求被告立即安装调试。但被告仍未能依合同履行。故原告起诉要求被告继续履行合同并支付违约金10万元（计算至2001年4月24日）。庭审中，原告增加违约金的诉讼请求，要求再支付自2001年4月25日至2001年8月24日约定违约金的一半6万元。

2. 被告杭州中亿贸易有限公司未提交书面答辩状，亦未出庭应诉答辩。

**（三）一审事实和证据**

浙江省诸暨市人民法院经审理查明：原、被告双方对合同签订及第一笔预付款支付不存在争议，双方争议的焦点是原告的第二次付款义务的履行及电脑控制器究竟是未运到现场还是运到现场后被被告方取回。对该问题，原、被告均未提供证据。因此，认定本节事实的关键就是举证责任的落实。根据“谁主张，谁举证”原则，提出积极主张的一方负举证责任。又根据双方的往来函件，对电脑控制器目前尚在被告处而未安装在现场的事实双方无异议，而双方合同约定的是全部设备应运到现场，该现场应该指原告的新办公大楼。因此，这就需要被告对电脑控制器曾经运到过现场负举证责任。现被告未能提供证据，原告对此又予以否认，因此，应由被告承担举证不能的法律后果。据此，认定被告未将电脑控制器运到现场。

上述事实有下列证据证明：

1. 双方签订的工程合同。

2. 双方往来函件。

3. 诸暨市公证处（2001）浙诸证民字第78号公证书。

**（四）一审判案理由**

浙江省诸暨市人民法院认为：本案原、被告双方经充分协商后签订的合同，意思表示真实，内容合法，依法成立。现被告作为先履行合同当事人，在没有确切证据证明的情况下，单方中止合同的履行依法应当恢复履行并承担违约责任。本案原、被告在合同中明确约定“无理延期交货，每天支付合同总额5‰的违约金”，根据合同自由原则，该约定受法律保护，被告应当依该约定支付违约金。现原告诉请要求支付的违约金数额低于该约定计算的数额，此系原告对自己合法权利的自由处分，原告诉请，符合法律规定，予以支持。被告经合法传唤，无正当理由拒不到庭参加诉讼，依法缺席判决。

**（五）一审定案结论**

浙江省诸暨市人民法院根据《中华人民共和国合同法》第六十八条第二款、第一百一十四条第三款，《中华人民共和国民事诉讼法》第一百三十条之规定，作出如下判决：

1. 原告浙江李宇实业集团有限公司与被告杭州中亿贸易有限公司于2000年9月25日签订的安装工程合同于本判决生效之日起继续履行。

2. 被告杭州中亿贸易有限公司支付原告浙江李宇实业集团有限公司约定违约金16万元，款限本判决生效之日起5日内付清。

案件受理费6 910元，由被告杭州中亿贸易有限公司负担。

**（六）二审情况**

1. 二审诉辩主张

（1）上诉人诉称：在合同签订后，上诉人已按约将自动门安装完毕，由于被上诉人未按约支付55%的货款，上诉人才将控制器拆走。原判认定事实错误，请求二审法院撤销原判，依法改判。

（2）被上诉人辩称：由于上诉人未依合同约定将全部设备送至被上诉人处（缺少电脑控制器），构成违约。被上诉人主张的违约金符合合同约定和法律规定，请求二审法院依法驳回上诉，维持原判。

2. 二审事实和证据

浙江省绍兴市中级人民法院经审理查明：2000年9月25日，双方签订一份工程合同，由上诉人为被上诉人的新办公楼定作一扇自动圆门。由上诉人完成整体门制作安装，技术要求符合日本松下公司的厂标，合同约定总价款为20万元，付款时间为合同签订当天预付35%，全部设备到现场时支付55%，在调试完毕并经被上诉人验收合格后支付10%。交货时间为上诉人收到预付款之日起30日，安装调试再需10日～15日。如上诉人无理延期交货，每天支付合同总额5‰的违约金。合同还对其他有关事项作了约定。合同签订后，被上诉人向上诉人支付了7万元的预付款。上诉人于2000年12月23日将全部设备运至被上诉人处，因被上诉人要求安装后再付款，上诉人即组织人员进行了安装，在全部设备安装完毕后，被上诉人仍拖延支付货款，上诉人遂采取将自动圆门电脑控制器中的主要部件及四个感应器拆除的方法，迫使被上诉人按约支付货款。2001年1月9日至1月12日，双方两次致电对方进行交涉，因双方各执一词，发生讼争。

上述事实有下列证据证明：

（1）双方签订的工程合同及双方的庭审陈述，该组证据证实上诉人与被上诉人之间存在承揽合同关系，上诉人为被上诉人制作自动圆门，被上诉人已支付第一期7万元预付款，上诉人已于2001年12月23日将自动门装置运至被上诉人处等事实。

（2）本院所作的现场勘查笔录及上诉人在庭审中提供的电脑控制器部件，该组证据证实自动圆门有明显的拆卸痕迹，上诉人提供的电脑控制器部件与自动圆门上的电脑控制器相吻合，及该部件安装后自动圆门即能运转等事实。

（3）双方的往来5份电报，该组证据证实双方在上诉人将自动圆门有关部件拆除后，各执一词，发生争执的事实。

3.二审判案理由

浙江省绍兴市中级人民法院认为：双方当事人签订的安装工程合同，双方主体适格，内容合法，意思表示真实，应确认有效。根据该合同对双方权利、义务内容的设定，应确定该合同为承揽合同。上诉人作为承揽合同的承揽方，其签约的目的是为了推销其经营的自动门装置，以取得利润。根据上诉人已将自动门装置运至被上诉人处并安装完毕的事实，可以确定，上诉人在积极追求承揽合同的履行。在承揽合同的主要标的物——自动门装置已经安装完毕，上诉人按约即将能够得到55%货款的情况下，其没有理由不交付自动门控制器部件。经现场勘查，被上诉人所称上诉人未交付的电脑控制器实为电脑控制器中的一个主要部件，经现场安装测试，被上诉人自动圆门上方所缺电脑控制器部件即为上诉人在庭审中提交的部件，根据自动圆门上方及两端遗留的拆卸痕迹，可以认定，上诉人所称其是在安装完毕，被上诉人拒付55%货款的情况下才拆掉控制器的主张，符合事实。被上诉人所称，系上诉人未交付控制器，其才拒绝支付55%货款的主张，与事实不符，本院不予支持。因被上诉人违约在先，故上诉人以拆除控制器、感应器以迫使被上诉人履约的行为不构成违约。原审判决认定上诉人违约错误，应予纠正。上诉人在一审期间，既不答辩又无正当理由拒不到庭，导致一审误判，应承担相应的诉讼费用。

4.二审定案结论

浙江省绍兴市中级人民法院根据《中华人民共和国民事诉讼法》第一百五十三条第一款第（三）项，《中华人民共和国合同法》第二百六十三条、第二百六十四条之规定，作出如下判决：

（1）撤销诸暨市人民法院（2001）诸经初字第1711号民事判决的第二项及诉讼费负担部分，即被告杭州中亿贸易有限公司支付原告浙江李字实业集团有限公司约定违约金16万元，款限于判决生效之日起5日内付清。本案受理费6 910元，由被告杭州中亿贸易有限公司负担。

（2）维持诸暨市人民法院（2001）诸经初字第1711号民事判决的第一项，即原告浙江李字实业集团有限公司与被告杭州中亿贸易有限公司于2000年9月25日签订的安装工程合同于本判决生效之日起继续履行。

（3）限双方在本判决书送达之日起90日内履行完毕。

（4）驳回被上诉人浙江李字实业集团有限公司的其他诉讼请求。

一审案件受理费6 910元，由上诉人杭州中亿贸易有限公司负担1 000元，被上诉人浙江李字实业集团有限公司负担5 910元；二审案件受理费6 910元，由上诉人杭州中亿贸易有限公司负担。

**（七）解说**

本案原、被告双方争执的焦点是合同是否得到履行，即被告是按约交付自动圆门全部装置，还是由于原告未按约付款，被告将已经安装调试好的电脑控制器部件拆除。对该争执事实的认定，除按举证责任，即由当事人对自己主张进行举证外，人民法院还应当就双方提供的证据和所作的陈述，依据职业道德和生活经验，作出符合情理的判断。该争议事实的认定，在一定程度上反映法官自由心证的认证理念。

本案原、被告双方对承揽合同的履行的基本事实没有异议，即被告已在约定期限内将自动圆门运至被告处进行了安装。争执的主要焦点是：自动圆门上缺少的电脑控制器部件是被告没有交付，还是被告在交付安装后，由于原告未按约付款而拆走的。自动圆门上缺少电脑控制器部件，这是一个客观事实，原告就是依据这一事实主张被告没有全面履行交付义务。因此，本案主要应当审查认定的是：被告提出的抗辩理由是否成立。人民法院最后认定被告的抗辩理由成立，主要基于以下两个方面考虑：

从证据上看，有一系列证据反映的事实与被告的抗辩理由相吻合。主要有：(1) 被告提供的电脑控制器部件，该证据证实被告有交付该部件的能力；(2) 被告提供的电脑控制器部件与自动圆门上缺少的部件从部件整体位置到安装的螺丝孔均相吻合的事实，该证据印证了被告所主张的“该部件系拆走”的主张；(3) 被告现场进行的安装调试，在法院现场勘查中，被告仅用 10 分钟就将电脑控制器部件安装完毕，自动圆门即能运转，该事实印证了被告主张的“其已经进行了安装调试，电脑控制器部件是在调试完毕后拆走”的主张；(4) 现场勘查时在现场发现的拆卸痕迹，该证据印证了被告主张的“在安装调试完成后拆走”的事实。

应该说上述 4 项证据，如果单独就某一项证据而言，均不足以证实被告的抗辩理由，人民法院在对上述证据进行综合考虑，并认定被告的抗辩理由时，根据日常生活经验法则，在遵循法官职业道德规范的基础上，充分发挥了法官的自由心证。即合议庭认为，根据日常的生活和交易习惯，应当认定被告已经交付了自动圆门的全部装置。合议庭在认定这一事实时是这样考虑的：被告与原告签订承揽合同的目的是销售自己所经营的自动圆门装置，根据被告已经将自动圆门的整体装置运至原告处，并进行了安装调试的事实，可以认定被告是在积极促使合同的履行。在其已经按约完成交付义务，即将能够取得合同约定的 55% (11 万元) 货款的情况下，其没有理由不交付一个不能单独使用、价值仅千余元的电脑控制器部件。同时，合议庭还考虑到，根据双方合同约定，在被告将货运至原告处，原告即应付款 11 万元，即原告付款义务在前，被告安装调试义务在后。如果原告所述成立，那么，在原告认为被告没有完全履行交货义务，其拒绝付款的情况下，被告还有什么理由进行安装调试工作，既然被告已经进行了安装调试工作，被告又有什么理由不安装自己完全有能力交付和安装的电脑控制器呢？上述种种，均可以看出原告所称不符合正常的交易习惯和思维，而被告的主张则符合日常生活交易的习惯，因此，合议庭根据日常生活习惯，采取自由心证的方法，认定被告主张成立。

(杨荣生)

# 二、知识产权、竞争法案例

## 57. 陈佩斯、朱时茂诉湖北省扬子江音像出版社等侵犯著作权案（著作权侵权、表演者的权利）

**（一）首部**

1. 判决书字号：上海市第二中级人民法院（2001）沪二中知初字第1号。

2. 案由：著作权侵权案。

3. 诉讼双方

原告：陈佩斯，男，1953年2月12日出生，汉族，中国广播艺术团演员。

原告：朱时茂，男，1954年3月28日出生，汉族，中国广播艺术团演员。

二原告委托代理人：富敏荣、纪炎慈，上海市新文汇律师事务所律师。

被告：湖北省扬子江音像出版社（以下简称扬子江出版社）。

法定代表人：周述胜，社长。

委托代理人：张国喜，湖北省扬子江音像出版社副社长。

委托代理人：孙建红，北京市国信律师事务所律师。

被告：广东中凯文化发展有限公司（以下简称中凯公司）。

法定代表人：敦岳洲，经理。

委托代理人：孙建红，北京市国信律师事务所律师。

被告：上海天鼎音像制品有限公司（以下简称天鼎公司）。

法定代表人：赵春森，经理。

委托代理人：周波红，上海市申中律师事务所律师。

4. 审级：一审。

5. 审判机关和审判组织

审判机关：上海市第二中级人民法院。

合议庭组成人员：审判长：吕国强；审判员：谢晨、陆卫民。

6. 审结时间：2000年12月19日。

**（二）诉辩主张**

1. 原告陈佩斯、朱时茂诉称：二原告是《烤羊肉串》、《大变活人》和《宇宙体操队选拔赛》三个小品的创作者和表演者，依法享有著作权和表演者权。被告扬子江出版社和中凯公司未经二原告许可，将二原告在春节联欢晚会上表演的上述三个小品制作 VCD 出版；被告中凯公司负责该 VCD 全国范围内的总经销；被告天鼎公司在上海地区销售该 VCD。三被告的行为侵害了二原告作品的使用权、获得报酬权和表演者的使用权。二原告请求判令三被告：（1）停止制作、发行、销售侵权 VCD；（2）在《中国电视报》、《文汇报》公开向二原告赔礼道歉，消除影响；（3）赔偿二原告经济损失人民币 100 万元。

2. 被告扬子江出版社、中凯公司辩称：二原告确实是三个小品的主要创作者和表演者，二被告也制作、发行了含有二原告在春节联欢晚会上表演的三个小品 VCD。但二原告只是三个小品的创作者之一，三个小品的创作者还包括编舞和在二原告创作过程中给予具体指导的中央电视台的编导、领导等有关人员。二被告使用的小品是中央电视台摄制的历年春节联欢晚会上的节目，属于电视作品。中央电视台作为电视作品的制片者，对包括三个小品在内的春节联欢晚会节目享有著作权。虽然二原告是三个小品的创作者之一，但他们只享有在电视作品上署名的权利，电视作品的其他著作权由中央电视台享有。关于表演者权的问题，因为作者在电视作品上也只享有署名权，根据著作权法的立法精神以及世界各国的法律规定，表演者不应该获得比作者更多的权利。因此，二原告不是本案的权利人，无权提起本案诉讼。此外，二被告出版、发行二原告表演的小品也得到了相关权利人的授权。综上所述，二被告认为没有侵害二原告的著作权和表演者权，要求驳回二原告的诉讼请求。

3. 被告天鼎公司辩称：其作为音像制品销售者，在经销音像制品时按照规定进行了必要的审查，因此，其销售行为不构成侵权。

**（三）事实和证据**

上海市第二中级人民法院经公开审理查明：被告扬子江出版社是湖北省的国有企业，具有出版、发行、销售广播电视录音、录像制品的经营范围。被告中凯公司是一家在广东注册获得音像制品经营许可证的有限公司。1999 年，由被告扬子江出版社提供版号、出具复制和销售委托书，被告中凯公司负责实施，二被告共同出版发行了“开心一刻”系列剧 VCD 光盘 1 套，共 6 辑。在其中的开心果经典精品：陈佩斯小品（以下简称《陈佩斯小品》）中，被告扬子江出版社、中凯公司未经二原告许可，使用了二原告创作并分别于 1986 年、1994 年、1997 年在中央电视台春节联欢晚会上合作表演的《烤羊肉串》、《大变活人》、《宇宙体操队选拔赛》三个小品。被告天鼎公司是一家具有零售兼批发音像制品经营范围的企业。该公司向被告中凯公司购进《陈佩斯小品》，然后在上海地区批发销售。在购买 VCD 时，中凯公司向天鼎公司提供了扬子江出版社的销售委托书以及河北尊华影视音乐制作交流中心（以下简称河北尊华）的授权书。

二原告在春节联欢晚会表演三个小品时，未与中央电视台签订演出或许可协议，授权中央电视台在演出之后可以复制发行二原告表演的小品。同时，二原告也未收取演出报酬或许可使用费。

上述事实有下列证据证明：

1. 刊载于 1986 年第 10 期《中国电视报》的《羊肉串上市记》一文。

2. 刊载于 1999 年 10 月 30 日《法制日报》的《陈佩斯、朱时茂小品创作表演情况》一文。

3. 刊载于 2001 年 3 月 11 日《北京晚报》的《陈佩斯、朱时茂》一文。

4. 北京市第一中级人民法院（1999）一中知初字第108号民事判决书。

5.《难忘今宵》VCD和节目单。

**（四）判案理由**

上海市第二中级人民法院根据上述事实和证据认为：

1. 关于被告扬子江出版社、中凯公司出版发行《陈佩斯小品》是否侵害原告权利问题。《陈佩斯小品》收录的由二原告创作和表演的三个小品，均来自于中央电视台录制的春节联欢晚会。春节联欢晚会是中央电视台每年投入大量人力、财力、精力而创作完成的综艺电视节目，整台晚会节目的选择、编排、节目主持人串连词以及灯光、舞台、服装的设计等，均由中央电视台创作完成，因此，春节联欢晚会符合《著作权法》和《著作权法实施条例》规定的电视作品的特征。

《著作权法》第十五条对电视作品的著作权归属作了规定。该条第一款规定，“电影、电视、录像作品的导演、编剧、作词、作曲、摄影等作者享有署名权，著作权的其他权利由制作电影、电视、录像的制片者享有”。据此，电视作品的导演、编剧等作者在电视作品上只享有署名的权利，电视作品的整体著作权（除署名权）为制片人所有。而该条第二款则规定，“电影、电视、录像作品中剧本、音乐等可以单独使用的作品的作者有权单独行使其著作权”。因此，虽然电视作品的整体著作权归制片人，但是作为电视作品中可以单独使用的作品，其作者仍享有单独行使著作权的权利。本案中，二原告创作的三个小品虽然是春节联欢晚会电视作品的有机组成部分，但三个小品又是能完全单独使用的作品。根据《著作权法》第十五条第二款的规定，二原告对三个小品仍享有单独行使著作权的权利。同时，二原告在参加春节联欢晚会时并未与中央电视台签订过任何书面协议和接受任何报酬，因此，二原告并不因为参加演出而丧失对小品的著作权。他人如果出版发行二原告创作的小品，仍需征得二原告的许可并支付报酬。

关于二原告作为表演者的权利问题，《著作权法》第一条规定，著作权法是“为保护文学、艺术和科学作品作者的著作权，以及与著作权有关的权益”而制定的。第三十六条也规定了表演者的权利。而且，该法第四十五条第（八）项规定，“其他侵犯著作权以及与著作权有关的权益的行为”应当承担侵权民事责任。因此，根据著作权法的立法原则，二原告作为表演者享有许可他人复制、发行录有其表演的录音录像制品，并获得报酬的权利。而被告扬子江出版社、中凯公司未经二原告许可并支付报酬，出版、发行含有二原告表演的三个小品的音像制品，侵害了二原告依法享有的表演者权，应承担相应的民事责任。

2. 关于被告天鼎公司销售行为是否构成侵权问题。民事侵权适用的是过错责任原则。销售侵权音像制品是否构成侵权，主要看销售者主观上是否有过错，无过错不承担侵权责任。判断销售者主观上是否有过错，主要审查其销售的音像制品来源是否合法，包括音像制品是否由具有合法资质的出版社出版，进货渠道是否正当等。如果销售者能证明其是向有音像制品经营许可证的销售商购买的，且音像制品是由具有合法资质的出版社出版的，可以视为销售者尽到了合理注意义务，主观上无过错。本案中，天鼎公司销售的《陈佩斯小品》是由具有出版资质的扬子江出版社出版的，而且是向具有音像制品经营许可证的中凯公司购买，中凯公司也向其出示了扬子江出版社的销售委托书。因此，本院认定天鼎公司销售的《陈佩斯小品》来源合法，天鼎公司主观上没有过错，其销售行为不构成侵权。

3. 关于如何确定被告的赔偿额。根据《著作权法》第四十五条之规定，侵权人侵害他人著作权应当承担赔偿损失等民事责任。审判实践中，对被告赔偿额的确定，通常采用下列方式：侵权人应当按照权利人的实际损失给予赔偿；权利人的实际损失难以计算的，可以按照侵权人的违法所得给予赔偿。在权利人的实际损失和侵权人的违法所得都不能确定的情况下，法院可以根据权利人的请求，综合侵权人实施侵权行为的手段、规模、情节、主观过错程度、造成的后果等因素，酌情确定赔偿数额。鉴于二原告的实际损失确实难以计算，二被告的获利也无法查清，故法院根据本案情况酌情确定二被告的赔偿额。由于二原告是我国著名的喜剧演员，在演艺界有较高的知名度；被侵权的三个小品诙谐幽默，深受公众喜爱；被告扬子江出版社和中凯公司是专业的出版社和音像制品经营者，明知出版发行音像制品应获得授权而故意侵权；二被告侵权持续时间长，地域广，从 1999 年至 2001 年在全国范围内发行《陈佩斯小品》；被告中凯公司法定代表人在法院证据保全时，故意不提供相关财务账册和凭证等因素，故酌情确定二被告赔偿二原告包括合理费用在内的经济损失人民币 30 万元。

**（五）定案结论**

上海市第二中级人民法院根据《中华人民共和国著作权法》（1990 年 9 月 7 日第七届全国人民代表大会常务委员会第十五次会议通过）第十一条第一款、第二款、第十五条第一款、第二款、第三十六条、第四十五条第（八）项、第四十六条第（二）项之规定，判决如下：

1. 被告湖北省扬子江音像出版社、广东中凯文化发展有限公司停止出版、发行开心果经典精品：陈佩斯小品 VCD。

2. 被告湖北省扬子江音像出版社、广东中凯文化发展有限公司于本判决生效之日起 30 日内在《中国电视报》、《文汇报》刊登声明，向二原告赔礼道歉，消除影响（内容须经本院审核）。

3. 被告湖北省扬子江音像出版社、广东中凯文化发展有限公司于本判决生效之日起 10 日内赔偿二原告经济损失人民币 30 万元，并承担连带责任。

4. 被告上海天鼎音像制品有限公司停止销售开心果经典精品：陈佩斯小品 VCD。

5. 原告陈佩斯、朱时茂其余诉讼请求不予支持。

**（六）解说**

本案是一起因擅自出版发行喜剧演员在春节联欢晚会上表演的小品 VCD 而引发的著作权侵权案件。本案在事实认定和法律适用上都颇有争议。主要的事实和法律问题有以下三点：

1. 原告没有提供小品剧本，是否可以认定原告是作者。

本案涉及三个小品，原告均主张著作权，但原告并未提供相应的剧本。被告据此认为二原告并非是仅有的作者，还可能有其他人参与了创作。本案中，合议庭并没有因为原告提供不出文字剧本就不认定原告的作者身份，而是综合全案情况，运用证据规则，并根据内心确信确认了二原告的作者身份。合议庭认为，原告主张的三个小品中，其中的“烤羊肉串”已由北京市第一中级人民法院的生效判决确认二原告是作者；另两个小品原告在法庭上详细陈述了创作经过，并明确由原告首次表演。被告虽然否定原告是两个小品的惟一作者，但未提供相应的证据。综合以上情况，合议庭认定原告是三个小品的作者。

2. 原告在春节联欢晚会上表演了由其创作的小品，是否就对该小品节目丧失了作者和表演者所享有的使用权。这个问题涉及春节联欢晚会的法律性质。修改前的《著作权法》第十五条第一款虽然规定电视作品的整体著作权归制片人，导演、编剧等作者只享有署名权。但该条第二款对第一款作出了补充规定，即电视作品中可以单独使用的作品的作者可以单独行使其著作权。因此，作为电视作品的春节联欢晚会的整体著作权虽然归中央电视台，但由于作为春节联欢晚会组成部分的小品节目是可以单独使用的，所以，原告作为作者仍然有权行使著作权。原告作为表演者对小品是否还享有权利，修改前的著作权法对此规定不明确，但修改后的著作权法明确地规定，只要表演者未授权，表演者就享有许可他人复制发行其表演节目的权利。因此，该判决根据著作权法的基本原理，并结合修改后的著作权法，认定原告享有表演者权。

3. 销售商销售侵权制品是否应承担侵权责任。在著作权侵权案件审判中，销售商民事责任认定的标准不甚统一，有的过宽，有的过严。知识产权案件属于民事案件，应适用《民法通则》规定的过错责任归责原则。本案从进货渠道、进货价格、是否审查了有关权利凭证等几方面来判断销售商是否尽到了审查义务，主观上是否有故意或过失。由于中凯公司是合法的音像制品经销者，而且也向天鼎公司提供了出版者的有关授权证明，VCD的批发价格也难以说不合理，因此，认定销售商销售侵权制品主观上无过错，不承担侵权民事责任。但为了防止侵权制品散发给权利人造成进一步损害，也为了明确销售商不得销售侵权制品的法定义务，判决虽然认定销售商不构成侵权，但要求它停止销售侵权制品。

（陆卫民）

## 58. 重庆南方景象图片有限公司诉成都成达房地产发展有限公司等侵犯著作权案（著作权使用权与获得报酬权）

**（一）首部**

1. 判决书字号：四川省成都市中级人民法院（2001）成知初字第14号。

2. 案由：侵犯著作权使用权与获得报酬权案。

3. 诉讼双方

原告：重庆南方景象图片有限公司（以下简称南方公司）。

法定代表人：秦嘉，总经理。

委托代理人：吕金马，四川鼎立律师事务所律师。

委托代理人：赵博，南方公司业务经理。

被告：成都成达房地产发展有限公司（以下简称成达公司）。

法定代表人：颜清文，董事长。

委托代理人：张永文，四川成都中法律师事务所律师。

被告：成都博瑞广告有限公司（以下简称博瑞公司）。

法定代表人：孙旭军，董事长。

委托代理人：曾志明，四川鼎立律师事务所律师。

被告：成都商报社（以下简称商报社）。

法定代表人：何华章，社长。

委托代理人：江敏，四川鼎立律师事务所律师。

4. 审级：一审。

5. 审判机关和审判组织

审判机关：四川省成都市中级人民法院。

合议庭组成人员：审判长：赵凤霞；审判员：陈苹；陪审员：黄煜。

6. 审结时间：2001年7月11日。

**（二）诉辩主张**

1. 原告诉称：2000年9月15日，被告成达公司未经许可也未支付报酬，擅自使用原告享有著作权的作品在《成都商报》上做商业广告，获取非法利益。请求判令成达公司在《成都商报》登载致歉声明，消除影响；赔偿损失3万元。

2. 被告成达公司辩称：原告诉请均不能成立。南方公司对该摄影作品享有著作权属实；但侵权的实质是博瑞公司在广告作品设计制作中，未经著作权人同意，且在未付酬的情况下，擅自使用了南方公司的作品，应独立承担法律责任，故申请追加博瑞公司和商报社为被告。

3. 被告博瑞公司辩称：自己只负责做广告，不负有审查内容的责任，故不构成侵权。

4. 被告成都商报社辩称：《广告法》没有规定广告发布者负有审查广告主或广告经营者提供的广告创意是否侵犯他人著作权的责任；商报社只是对他人提供的广告来稿照登，而在创作中采用该图片的人才是使用者，故商报社没有侵犯原告的著作权。商报社主观上无侵权的故意和过失，就不应承担连带责任。

**（三）事实和证据**

四川省成都市中级人民法院经审理查明：南方公司于1999年7月4日与聘请模特进行图片拍摄，双方约定所拍摄的图片作为南方公司的著作财产权归其所有，并有权使用于法律允许的任何范围；南方公司一次性支付给模特拍摄劳务及肖像权使用费200元。

成达公司于2000年8月28日与博瑞公司签订了一份广告发布业务合同，约定成达公司委托博瑞公司发布广告；广告发布媒介为《成都商报》B版；广告采用博瑞公司样稿。博瑞公司有权审查广告内容和表现形式，对不符合法律、法规的广告内容和表现形式，博瑞公司应要求成达公司作修改。合同签订后，成达公司于2000年9月11日付给博瑞公司广告费11 840元。同时，博瑞公司将其制作的广告样稿交给成达公司审查后，成达公司无异议，博瑞公司即将广告样稿交与商报社，商报社于2000年9月15日在《成都商报》B7版上发布了一次。

上述事实有下列证据证明：

1.1999年7月4日南方公司与模特签订的拍摄劳务及肖像权使用协议以及该摄影作品的底版1份。

2.2000年8月28日博瑞公司与成达公司签订的广告发布业务合同。

3.2000 年 9 月 15 日《成都商报》B7 版上刊登了南方公司的摄影作品，被冠名为“禁不住春色满园”。

4.2000 年 9 月 1 日成达公司支付博瑞公司广告费的发票。

**（四）判案理由**

四川省成都市中级人民法院认为：南方公司举出了其与模特所签订的拍摄劳务及肖像权使用协议，且持有该摄影作品的底版，在没有相反证据的情况下，应认定南方公司是该摄影作品的著作权人。

被告博瑞公司在代理成达公司制作广告时，以营利为目的，未经南方公司许可，使用了南方公司享有著作权的摄影作品制作广告，其行为直接侵犯了南方公司的著作权。

被告成达公司作为广告的直接受益者，在广告播出前，对广告内容的合法性未尽充分的审查注意义务，同意博瑞公司使用南方公司享有著作权的摄影作品为其做商业性的广告宣传，未经南方公司许可，主观上具有过失，其行为侵犯了南方公司的著作权。

被告商报社作为该广告的发布者，其审查责任并不仅限于对广告内容的客观性、真实性方面，对于广告内容所涉及的著作权问题亦负有必要的审查义务。而商报社未履行必要的审查义务，发布了博瑞公司制作的具有侵权内容的广告摄影作品，主观上具有过失，对侵权结果的发生负有一定的责任。

**（五）定案结论**

四川省成都市中级人民法院根据《中华人民共和国民事诉讼法》第一百三十四条第一款、第二款、第三款，《中华人民共和国民法通则》第九十四条、第一百一十八条、第一百三十条，《中华人民共和国著作权法》第四十五条第一款第（五）项、第（六）项，《中华人民共和国广告法》第四十七条第一款第（五）项之规定，作出如下判决：

1. 博瑞公司、成达公司、商报社连带赔偿南方公司著作权损失费 1.5 万元。

2. 博瑞公司、成达公司、商报社在《成都商报》B7 版上刊登道歉声明（内容须经本院审查），以消除影响。如果逾期不履行，南方公司可以申请本院刊登判决的主要内容，费用由博瑞公司、成达公司、商报社连带承担。

3. 驳回南方公司其余诉讼请求。

案件受理费1 210元，其他诉讼费 500 元，共计1 710元，由博瑞公司承担1 026元，由成达公司和商报社分别承担 342 元。

**（六）解说**

本案为侵犯著作权使用权与获得报酬权纠纷案。本案需要研究的法律问题是：

1. 著作权侵权的归责原则及责任分担。《著作权法》是民法的特殊法。《民法通则》第一百零六条第二款规定：“公民、法人由于过错侵害国家的、集体的财产，侵害他人财产、人身的，应当承担民事责任。”这一规定当然适用著作权侵权案件。在一般情况下，行为人实施侵权行为时，主观上是具有故意或过失的过错的。而过错推定原则是过错责任原则的一种特殊表现形式。《民法通则》通过列举的方式，将一些特殊侵权行为的归责原则确定为过错推定原则。应当这样理解，《著作权法》第四十五条、第四十六条对几种著作权侵权行为的规定实际是体现过错推定原则的一种形式。在审理著作权侵权案件的司法实践中，适用过错推定原则的情形较多。过错推定原则的特殊性在于将举证责任倒置，侵权人需要证明自己无过错，否则推定其有过错，应当承担民事赔偿责任。

本案中，认定广告主成达公司、广告经营者博瑞公司、广告发布者商报社的行为是否构成侵权适用的正是过错责任原则和推定过错原则。博瑞公司作为广告的直接制作者，以营利为目的，未经南方公司许可，使用了南方公司享有著作权的摄影作品制作广告，其主观上具有侵权的故意，客观上实施了侵权行为，应承担侵权责任。

成达公司作为广告的直接受益者,在广告播出前,应对广告内容的合法性进行审查,但成达公司不能举证证明自己尽到了审查义务,应推定其主观上具有过失,其行为构成侵权。

对商报社而言，对广告内容的审查难度相对于广告主和广告经营者而言要大一些。但商报社作为专业的广告发布者，其对广告内容的客观性、真实性以及广告内容所涉及的著作权问题均负有必要的注意和审查义务，而不是对来稿照登。商报社不能举证证明履行了必要的注意和审查义务，应推定其主观上具有过失，对侵权结果的发生负有一定的责任。

《广告法》第四十七条规定，广告主、广告经营者、广告发布者侵犯他人合法民事权益的，依法承担民事责任。《民法通则》规定，二人以上共同造成他人损害的，应当承担连带责任。故本案中，三被告承担连带责任。

2. 如何认定广告主体是否尽到必要的审查义务。既然各广告主体均有对广告涉及的著作权问题进行审查的义务，那么，法院在审理时如何认定他们是否尽到这种义务了呢?各类作品涉及的著作权问题各不相同，在此不一一赘述。就本案摄影作品的著作权问题而言，各广告主体应尽的审查义务是审查该摄影作品是否有底版，是否与模特签订了拍摄合同等，即制作者是否为合法著作权人或者使用该图片是否征得著作权人的同意，并支付费用。

当然，由于广告发布者商报社相对于广告主和广告经营者的审查难度更大，因此，在广告发布者履行了合理审查义务的情况下，其承担的责任应该相对较轻，只承担停止侵权、消除影响、赔偿其所收取的广告费的责任即可；但是如果广告发布者没有履行基本的审查义务，则应该承担与其他侵权人同样的责任。

3. 赔偿标准的确定。此类案件与一般侵犯著作权案件相比，其特点在于侵权行为不是直接依靠复制被侵权作品牟利，而是在其他商业性行为中使用他人享有著作权的作品，目的是宣传产品或服务。

如何确定这种侵权行为的赔偿标准，在实践中存在两种不同的认识：一种观点认为，应当以侵权行为所产生的利润作为著作权人所受损失。另一种观点认为，赔偿的数额以一般情况下应该给付权利人的使用费为依据。

两种处理方法各有不足之处。此类案件的侵权人不是直接依靠侵权行为获得最终利润，而是借助侵权行为宣传自己的产品或服务。行为人虽然实施了侵权行为，但其所获利润不完全是由侵权行为产生的。相反，所获利润中，使用侵权作品所形成的份额往往不大，更多的是源于行为人的其他投入。若将行为人因产品或服务所获的最终利润赔偿给著作权人，不仅于法无据，而且显失公平。而适用第二种方法，则赔偿数额明显偏低，无法起到保护权利人合法权益的效果，甚至难以弥补权利人的诉讼支出。

所以，综合考虑《成都商报》发行量较大、覆盖面较广，南方公司因本案纠纷所支付的律师代理费、工商查档费，成达公司向博瑞公司支付广告费等因素，法院采取了定额赔偿的办法。

（曾英　赵凤霞）

## 59. 布鲁克（成都）工程有限公司诉四川万豪实业有限责任公司等侵犯著作权案（著作权侵权·作品的认定）

**（一）首部**

1. 判决书字号

一审判决书：四川省成都市中级人民法院（2000）成知初字第8号。

二审判决书：四川省高级人民法院（2000）川经终字第197号。

2. 案由：著作权侵权纠纷案。

3. 诉讼双方

原告（上诉人）：布鲁克（成都）工程有限公司（以下简称布鲁克公司）。

法定代表人：Mr. Jozefus Commissaris，董事长。

委托代理人（一、二审）：徐和平，英济律师事务所律师。

委托代理人（一审）：周迎庆，布鲁克公司总经理。

被告（上诉人）：四川万豪实业有限责任公司（以下简称万豪公司）。

法定代表人：丁跃国，经理。

委托代理人（上诉人）：罗群革，四川科信律师事务所律师。

被告（被上诉人）：陈莉，女，汉族，1960年2月4日出生，万豪公司职员。

4. 审级：二审。

5. 审判机关和审判组织

一审法院：四川省成都市中级人民法院。

合议庭组成人员：审判长：陈苹；代理审判员：张洪、何岗。

二审法院：四川省高级人民法院。

合议庭组成人员：审判长：颜桂芝；代理审判员：林涛、栾黎。

6. 审结时间

一审审结时间：2000年5月25日。

二审审结时间：2001年8月6日。

**（二）一审诉辩主张**

1. 原告诉称：布鲁克公司是瑞士布鲁克集团公司（以下简称瑞士公司）在中国的一家子公司，该公司从1995年8月8日开始将SNS柔性防护技术引入国内，做了大量的宣传工作。1999年5月至6月，陈莉（系原布鲁克公司职员）利用工作之便，违反公司保密制度，与万豪公司将布鲁克公司的摄影作品1幅制作成宣传资料向外散发，同时在其宣传资料中抄袭布鲁克公司的工程设计，产品设计图、原理、特点及说明，以此获得经济利益，这种侵犯著作权的行为，给布鲁克公司造成了重大的经济损失。据此，诉请人民法院判令：二被告停止侵权，消除影响，公开赔礼道歉；支付报酬，赔偿损失50万元。

2. 被告万豪公司辩称：布鲁克公司不享有著作权，故不具备原告诉讼主体资格；外国人的作品首先要在中国境内发表的，才受中国法律保护，而本案所涉的有些工程作品并没有在中国境内发表。布鲁克公司著作权获得许可使用是在 2000 年 2 月 9 日，之前并未获得许可使用，故万豪公司未构成侵权；请求赔偿损失 50 万元缺乏依据。

3. 被告陈莉辩称：我从未利用工作之便，违反公司保密制度，与万豪公司将布鲁克公司的摄影作品制作成宣传资料向外散发，也没有抄袭布鲁克公司的工程设计，产品设计图、原理、特点及说明，以此来获得经济利益，故不构成侵权。

**（三）一审事实和证据**

四川省成都市中级人民法院经公开审理查明：

1. 布鲁克公司是于 1995 年 8 月 8 日在中华人民共和国国家工商行政管理局注册登记的外商独资企业，并领取企业法人营业执照，系瑞士公司在中国投资的公司。经营范围为 SNS 柔性防护系统、架空索道、钢缆产品以及附属产品的设计、加工、安装及销售；自然灾害治理以及岩土体相关的特殊防护工程的设计、咨询与施工。

2. 本案在审理过程中，2000 年 2 月 9 日，瑞士公司致函说明：随函附 14 张彩色照片复印件，2 份介绍 SNS 石崩保护系统与斜坡保护的使用，生产与技术详情的公司小册子。上述文件上的照片是瑞士公司制作，用于该公司全球营销活动的。这些文件的版权为瑞士公司独家拥有，许可布鲁克公司作为瑞士公司在中国境内独家代表充分使用这些照片，并对非法使用这些照片或文件的公司或部门（不论其目的是什么）提起法律诉讼。瑞士若曼逊公证处公证员认定：瑞士公司总经理伯纳德·艾奇先生及行政经理尼古拉斯·凯勒先生代表瑞士公司在该函上署名；14 幅彩色照片（注：其中与本案有关的 13 幅）与底片完全一致，并已提交底片；2 份公司介绍册子及所附全部文件的版权为瑞士公司独家拥有。对上述文书，瑞士大使馆大使认证：图尔高州大法庭的玛丽·路易沙·珍科露瑞的签名与印章属实。布鲁克公司所举的与本案有关的 14 幅工程摄影作品中有 13 幅作品的底片在瑞士公司处，布鲁克公司承认瑞士公司享有著作权，布鲁克公司拥有在贵州省的工程中拍摄的工程摄影作品 1 幅的底片。这些底片都已当庭向法庭出示，本院查实 14 幅工程摄影照片与底片所记录的客观物体形象一致。另查明，14 幅工程摄影照片中的部分照片布鲁克公司已在瑞士发表。

3. 布鲁克公司《技术报告汇编 97》、《技术报告汇编 98》中有关于 SNS 石崩柔性边坡保护系统性能特征、传统方法等方面的工程技术使用文字说明。万豪公司未经布鲁克公司许可在其宣传画册上使用了布鲁克公司《技术报告汇编 97》、《技术报告汇编 98》上关于 SNS 石崩柔性边坡保护系统工程技术使用文字说明作品。

上述事实有下列证据证明：

(1) 布鲁克公司的中华人民共和国企业法人营业执照。

(2) 万豪公司工商登记材料。

(3) 瑞士公司及布鲁克公司刊登有介绍 SNS 柔性石崩防护系统与斜坡保护系统 14 幅工程摄影作品的宣传画册各 2 份和 5 份。其中瑞士公司宣传画册名称为：《ROCKFALL PROTECTION TECHNOLOGY》、《EROSION PROTECTION》。布鲁克公司宣传画册名称为：《人·环境·灾害》、《岩崩防护》、《斜坡保护系统》、《滑坡、风化雪落防护》、《雪崩防护》。

(4) 布鲁克公司及瑞士公司宣传画册上的工程摄影作品 14 幅的底片及经瑞士若曼逊公证处公证，瑞士大使馆大使认证的与本案有关的 13 幅工程摄影作品的有关文书。

(5) 万豪公司名为《柔性防护和最佳性价比的选择》的宣传画册 1 份。

(6) 布鲁克公司《技术报告汇编 97》、《技术报告汇编 98》。

**(四) 一审判案理由**

四川省成都市中级人民法院认为：

1. 本案所涉及的 14 幅工程摄影作品是瑞士公司和布鲁克公司记录 SNS 石崩、边坡保护系统使用、设计技术各种瞬间的工作成果摄影作品，该作品受著作权保护。瑞士公司持有 13 幅 (1～13) 工程摄影作品的底片，布鲁克公司持有 1 幅 (14) 国内工程摄影作品的底片，在没有相反证据的情况下，可以认定瑞士公司、布鲁克公司分别是 13 幅、1 幅工程摄影作品的著作权人。

2. 著作权人除自己使用作品外，可以就著作权财产权的使用与使用者订立许可使用合同。2000 年 2 月 9 日，瑞士公司书面确认许可布鲁克公司在中国境内独占充分使用该 13 幅工程摄影作品，该许可并未限定许可使用作品的方式，仅说明了“充分使用”，故可以认定布鲁克公司取得了该 13 幅工程摄影作品的使用权和获得报酬权。瑞士公司在书面确认许可布鲁克公司独占充分使用前，布鲁克公司事实上已经在使用该 13 幅工程摄影作品，瑞士公司并没有提出异议，这一行为是一事实上的授权行为，经 2000 年 2 月 9 日瑞士公司的书面确认许可使用，这一行为是对过去事实上的授权使用行为通过书面形式予以确认，因该授权委托书并没有对授权的起止时间进行限制。布鲁克公司有权根据著作权许可使用合同享有的权利，以自己的名义向二被告提起诉讼。万豪公司未经布鲁克公司许可在其名为《柔性防护和最佳性价比的选择》的宣传画册上复制该 14 幅作品，已构成对布鲁克公司在中国境内独家享有 13 幅工程摄影作品的使用权和获得报酬权以及布鲁克公司对 (14) 号工程摄影作品享有的署名权、使用权和获得报酬权的侵权，应承担侵权责任。

3. 布鲁克公司的《技术报告汇编 97》、《技术报告汇编 98》系工程技术作品，布鲁克公司享有著作权，而万豪公司在《柔性防护和最佳性价比的选择》的宣传画册第三页上将布鲁克公司的作品当作自己的作品使用，亦构成侵权，亦应承担侵权责任。

4. 原告布鲁克公司自己在宣传画册上使用瑞士公司的工程摄影作品，即是外国人作品在中国境内发表。中国和瑞士均系《保护文学和艺术作品伯尔尼公约》的成员国，该公约第三条第一款 (a) 项规定，作者为本同盟任何成员国的国民者，其作品无论是否已经出版，都受到保护。故瑞士公司亦可以将尚未在中国境内发表的作品许可给布鲁克公司。布鲁克公司系瑞士公司在中国投资的中国法人，其著作权受中国著作权法的保护。

5. 布鲁克公司认为第二被告陈莉违反该公司保密制度与万豪公司将布鲁克公司享有权利的 14 幅作品制作成宣传资料向外散发，并与万豪公司一起在宣传资料中抄袭布鲁克公司享有著作权的《技术报告汇编 97》、《技术报告汇编 98》中的内容，因证据不足，本院不予支持。

6. 由于布鲁克公司的实际损失和万豪公司的非法所得难以查清，综合考虑万豪公司主观过错责任、态度及是否采取补救措施，侵权行为的社会影响及布鲁克公司支出的调查费、律师代理费和国外公证费、认证费用、可能获得的稿酬等，本案决定采用定额赔偿。

**（五）一审定案结论**

四川省成都市中级人民法院根据《中华人民共和国民事诉讼法》第一百三十四条第一款、第二款、第三款，《保护文学艺术作品伯尔尼公约》第三条第一款（a）项，《中华人民共和国著作权法》第二条、第三条第一款第（四）项和第（六）项、第四十六条第一款第（一）项和第（二）项，《中华人民共和国民法通则》第九十四条之规定，判决如下：

1. 万豪公司在本判决生效之日起立即停止使用布鲁克公司分别享有署名权、使用权、获得报酬权的 14 幅工程摄影作品及 SNS 石崩、边坡柔性保护工程的技术、使用文字说明工程技术作品。

2. 万豪公司在本判决生效后 10 日内在《四川日报》上向布鲁克公司公开赔礼道歉，消除影响（道歉声明书需经本院审查）。逾期不执行，法院将公开刊登判决的主要内容，其费用由万豪公司承担。

3. 万豪公司在本判决生效后 10 日内赔偿布鲁克公司损失费 5 万元。

4. 驳回布鲁克公司的其他诉讼请求。

5. 驳回布鲁克公司对陈莉的诉讼请求。

案件受理费 2 100 元，其他诉讼费 300 元，共计 2 400 元，由被告万豪公司承担 2 160 元，布鲁克公司承担 240 元。

**（六）二审情况**

1. 二审诉辩主张

（1）上诉人布鲁克公司诉称：万豪公司赔偿 5 万元不足以弥补原告损失，陈莉违反保密制度，与万豪公司共同将原告的摄影作品制作成宣传资料向外散发，侵犯了原告的著作权，亦应承担侵权责任，请求判令二被告赔偿原告经济损失、支付报酬 50 万元。

（2）上诉人万豪公司诉称：第一，布鲁克公司与瑞士公司是两个独立的企业法人，布鲁克公司于 2000 年 2 月 9 日才取得瑞士公司的授权，取得对瑞士公司照片及文件在中国境内独家使用权及对非法使用的诉讼权，故其于 1999 年 8 月 11 日起诉是尚未取得瑞士公司的授权，其不具备原告的主体资格。第二，布鲁克公司在本案起诉前，已以同一诉讼事实起诉万豪公司侵犯其商业秘密权，构成不正当竞争，根据民事诉讼“一事一审”、“一事不再理”的法律原则，一审法院不应再受理因同一法律事实而起诉的著作权侵权之诉，应当驳回布鲁克公司的起诉，原审法院基于同一法律事实同时受理两个诉讼属于适用法律错误，应予撤销，请求驳回布鲁克公司的诉讼请求。

2. 二审事实和证据

四川省高级人民法院对原审查证的主要事实予以确认。另查明：2000 年 10 月 8 日，瑞士公司致函说明：在此授权其子公司布鲁克公司在中华人民共和国境内为瑞士公司的惟一代表；许可布鲁克公司在中国境内有独占 SNS 柔性防护技术及有关的摄影图片（所有的工程图片）的权利，并有获得报酬的权利；许可时间从 1996 年 8 月 20 日开始。布鲁克公司已于 1996 年 8 月 20 日即开始使用瑞士公司的前述 13 幅工程摄影作品。1999 年 8 月 11 日，布鲁克公司以万豪公司侵犯其著作权和侵犯其商业秘密构成不正当竞争为由，分别向四川省成都市中级人民法院提起两个诉讼。

3. 二审判案理由

四川省高级人民法院认为：瑞士公司享有的 13 幅、布鲁克公司享有的 1 幅记录 SNS

石崩、边坡保护系统使用、设计技术各种瞬间的工作成果摄影作品，以及布鲁克公司的《技术报告汇编 97》、《技术报告汇编 98》工程技术作品，均属著作权的范围，应当受到法律保护，瑞士公司、布鲁克公司分别是 13 幅工程摄影作品、1 幅工程摄影作品及工程技术作品的著作权人。布鲁克公司系瑞士公司在中国投资开办的子公司，其在自己的宣传画册上使用瑞士公司的工程摄影作品，即为外国人作品在中国境内发表，中国和瑞士均系《保护文学和艺术作品伯尔尼公约》的成员国，按照该公约第三条第一款（a）项规定，作者为本同盟任何成员国的国民者，其作品无论是否已经出版，都受到保护，故瑞士公司可以将其尚未在中国境内发表的作品许可布鲁克公司使用，该作品受中国著作权法保护。瑞士公司许可布鲁克公司从 1996 年 8 月 20 日起在中国境内独占使用该 13 幅工程摄影作品，并于 2000 年 2 月 9 日授权对非法使用该照片或文件的公司或部门提起法律诉讼，因此，布鲁克公司取得了该 13 幅摄影作品的使用权和获得报酬权，其有权根据著作权许可使用合同享有的权利及瑞士公司的授权，以自己的名义向侵权人提起诉讼。万豪公司未经布鲁克公司许可，擅自在其名为《柔性防护和最佳性价比的选择》的宣传画册上使用该 14 幅工程摄影作品及《技术报告汇编 97》、《技术报告汇编 98》工程技术作品，已构成对布鲁克公司在中国境内独家享有 13 幅工程摄影作品的使用权和获得报酬权及对 1 幅工程摄影作品、工程技术作品享有的署名权、使用权和获得报酬权的侵权，应承担侵权的民事责任。因本案 13 幅工程摄影作品的著作权人瑞士公司授权布鲁克公司在中国境内独家使用该 13 幅工程摄影作品，并对非法使用该照片或文件的公司或部门提起法律诉讼，故布鲁克公司具有在该 13 幅作品受到侵权时提起诉讼的主体资格。万豪公司关于布鲁克公司不具备原告主体资格，无权对其提起诉讼的上诉理由不能成立。万豪公司称布鲁克公司基于同一侵权法律事实分别提起著作权侵权和商业秘密侵权两个诉讼不当。本院认为，著作权侵权与商业秘密侵权属两个不同的法律关系，其构成要件、法律特征均不相同，是否构成对两者的侵权应根据不同的法律事实加以判定，故万豪公司关于布鲁克公司已提起商业秘密侵权诉讼，即不应再提起著作权侵权诉讼的上诉理由亦不能成立。陈莉原系布鲁克公司职工，后到万豪公司工作，万豪公司在其宣传画册上使用瑞士公司、布鲁克公司作品时，系以万豪公司的名义使用，陈莉并未署名，故陈莉不构成对布鲁克公司著作权侵权，布鲁克公司上诉称陈莉侵犯其著作权缺乏相应的事实及法律依据，其要求陈莉承担著作权侵权责任的上诉请求本院不予支持。在布鲁克公司的实际损失和万豪公司的非法所得难以查清的情况下，原审法院综合考虑万豪公司主观过错责任、态度及是否采取补救措施、侵权行为的社会影响及布鲁克公司支出的调查费、律师代理费和国外公证费、认证费用、可能获得的稿酬等，采取定额赔偿的方法来确定本案的赔偿是适当的。上诉人布鲁克公司上诉称一审判令万豪公司赔偿 5 万元不足以弥补其损失，万豪公司应赔偿其经济损失、支付报酬 50 万元，但又未举出相应的事实和证据，故对布鲁克公司的该上诉理由本院亦不予支持。综上所述，上诉人布鲁克公司和万豪公司的上诉理由均不能成立。原判认定事实清楚，适用法律正确，审理程序合法。

4. 二审定案结论

四川省高级人民法院根据《中华人民共和国民事诉讼法》第一百五十三条第一款第（一）项之规定，作出如下判决：

驳回上诉，维持原判。

二审案件受理费2 100元，其他诉讼费 20 元，共计2 520元，由布鲁克公司和万豪公司各负担 260 元。

**（七）解说**

本案是一起诉讼客体含有涉外因素的著作权纠纷案，处理好本案的关键是解决好以下三个问题：

1. 关于本案作品的认定。著作权法保护的智力创作成果主要体现在作者创作的作品上。因此，对作品的认定就对著作权人权利的保护具有重要的意义。根据《著作权法实施条例》第二条的规定，受著作权法保护的作品应具备以下条件：属于文学艺术和科学领域内的智力创作成果；具有独创性；具有某种具体形式的客观表现，能被固定在载体上，并能被复制使用。摄影作品是借助于器械在感光材料上记录客观物体形象的艺术作品。摄影作品应当具有体现独创性的艺术性和文献性，纯复制性质的摄影照片因不具备独创性而不能视为摄影作品。本案所涉 14 幅摄影照片是瑞士公司和布鲁克公司记录 SNS 石崩、边坡保护系统使用、涉及技术多种瞬间的工程工作成果摄影照片。为了广告宣传的需要，该摄影照片既要追求形式美的艺术形象，又要表现一定的思想内涵，故应当认定 14 幅摄影照片在构图、选择等方面表现出独创性，属于受著作权法保护的作品。技术报告汇编的内容主要是关于 SNS 石崩柔性边坡保护系统性能特征、传统方法等方面的工程技术使用文字说明。它是以文字表现的为工程施工及承揽工程的目的而制定的便于实际操作及宣传的工程技术说明。故这种文字说明系工程技术作品应为受著作权法保护的客体。

2. 布鲁克公司是否具备原告的诉讼主体资格。本案认定瑞士公司是 13 幅工程摄影作品的著作权人；布鲁克公司是 1 幅工程摄影作品及工程技术作品的著作权人。万豪公司对布鲁克公司作为原告就其享有著作权的作品提起侵权之诉，没有异议。但万豪公司认为布鲁克公司无权作为原告就瑞士公司享有著作权的 13 幅摄影作品提起侵权之诉。布鲁克公司在 13 幅摄影作品受到侵权时是否具备提起诉讼的原告主体资格，关键在于布鲁克公司对 13 幅摄影作品是否取得专有使用权及诉讼权。首先，著作权人除自己使用作品外，可就著作财产权的使用与使用者订立许可使用合同。著作权许可使用合同是指著作权人与使用者就作品的著作财产权在一定范围、方式和期限的使用和支付报酬而订立的协议。其特点在于使用人得到的只是使用权，著作权仍然全部属于著作权人。根据许可合同性质可以分为专有和非专有使用合同，取得某项专有使用权的使用者，有权排除著作权人在内的一切他人以同样的方式使用作品。根据该特点，笔者认为，被许可人对第三人侵犯自己的使用权和获得报酬权的行为，有权在著作权许可使用合同约定的权利范围内，以自己的名义向侵权行为人提起诉讼，要求其停止侵权。在本案审理中，瑞士公司于 2000 年 2 月 9 日及同年 10 月 18 日的 2 次函件，关于许可布鲁克公司从 1996 年 8 月 20 日起在中国境内独占使用 13 幅摄影作品并有权获得报酬的内容可以说明，作为外国法人的瑞士公司与作为中国法人的布鲁克公司之间就 13 幅摄影作品存在着国际著作权许可使用合同法律关系，而且这种许可是专有许可。因此，布鲁克公司取得了该 13 幅摄影作品的专有使用权和获得报酬权。其有权根据著作权许可使用合同享有的权利，以自己的名义向侵权行为人提起诉讼。其次，2000 年 2 月 9 日，瑞士公司授权布鲁克公司对非法使用 13 幅摄影作品的公司或部门提起法律诉讼。据此，布鲁克公司亦有权根据瑞士公司的授权，以自己的名义向侵权行为人提起诉讼。

3. 外国作品的保护。作者或者其他著作权人是《保护文学和艺术作品伯尔尼公约》成员国的国民或者在该条约的成员国有经常居所的居民的作品可以称为外国作品。关于著作权主体，《保护文学和艺术作品伯尔尼公约》只规定“作者”享有著作权，但又未给“作者”下一个明确的定义。作为著作权主体的“著作权人”，在理论上的争论并不大，即版权人既可能是作者，也可能是从作者手中受让著作权或者以其他方式取得著作权的其他人。所以，著作权人既可以是自然人，也可以是法人，在中国还可以是“非法人团体”。瑞士公司系营业地在瑞士并在瑞士注册的企业法人，故对其享有著作权的13幅摄影作品，应认定为外国作品。万豪公司认为，瑞士公司的摄影作品未在中国境内公开发表，故不应受中国法律保护。我国著作权法与《保护文学和艺术作品伯尔尼公约》相冲突的地方，主要是对外国作品的保护。《保护文学和艺术作品伯尔尼公约》要求外国人的作品不论是否出版，均享有国民待遇，而我国于1990年9月7日公布的《著作权法》第二条第二款规定，首先在中国境内发表的外国作品受我国著作权法保护。本案13幅外国作品是否受中国法律保护，主要解决以下三个问题：(1) 已在中国境内首先发表的作品的保护。外国作品只要首次发表在中国领域内，该作品的著作权就受到我国著作权法的承认和保护。发表是指通过多种使用作品的形式，将作品公之于众。布鲁克公司从1996年8月20日起即开始在自己对外公开的宣传画册上使用瑞士公司的13幅摄影作品，这一行为应认定为是外国人作品在中国境内发表。但由于瑞士公司先期又在瑞士境内的宣传画册上部分使用了该13幅摄影作品，故只能推定未在瑞士境内发表的摄影作品，为在中国境内首次发表，该份摄影作品均适用《著作权法》第二条第二款的规定来保护。(2) 已在瑞士发表的作品的保护。《著作权法》第二条第三款规定，外国人在中国境外发表的作品，根据共同参加的国际条约享有著作权。瑞士公司所举证据证明，13幅摄影作品有部分作品在瑞士境内发表，而瑞士与中国均系《保护文学和艺术作品伯尔尼公约》的成员国，故该部分在瑞士境内发表的作品受中国著作权法保护。(3) 外国人作品不论是否发表，均享有国民待遇。在我国加入《保护文学和艺术作品伯尔尼公约》以前，我国只保护首先在中国境内发表的外国作品，参加公约以后，外国作品不论是否首先在中国发表，也不论其是否发表，都受我国著作权法的保护。根据我国《民法通则》的规定，国内法与国际条约不一致的，优先适用国际条约，我国法律与《保护文学和艺术作品伯尔尼公约》冲突的地方已基本在《实施国际著作权条约的规定》中加以解决。故本案退一步说，该13幅摄影作品即使未在中国境内外发表，亦受我国著作权法保护。

（梁群　陈苹）

## 60. 奥多比公司诉上海年华电脑图文技术有限公司计算机软件侵权纠纷案（计算机软件著作权）

（一）首部

1. 判决书字号

一审判决书：上海市第一中级人民法院（2000）沪一中知初字第17号。

二审判决书：上海市高级人民法院（2000）沪高知终字第51号。

2. 案由：著作权侵权案。

3. 诉讼双方

原告（被上诉人）：美国奥多比公司（Adobe Systems Incorporated）（以下简称奥多比公司）。

法定代表人：约翰·华纳克（John E. Warnock），董事长。

委托代理人：陈乃蔚、李玉峰，上海市锦天城律师事务所律师。

被告（上诉人）：上海年华电脑图文技术有限公司（以下简称年华公司）。

法定代表人：夏冰蕙，董事长。

委托代理人：杨钢、周志荣，上海市国贸律师事务所律师。

4. 审级：二审。

5. 审判机关和审判组织

一审法院：上海市第一中级人民法院。

合议庭组成人员：审判长：蒋丽珍；审判员：黎淑兰；人民陪审员：江乃雄。

二审法院：上海市高级人民法院。

合议庭组成人员：审判长：金长荣；审判员：吕国强；代理审判员：李澜。

6. 审结时间

一审审结时间：2000年7月4日。

二审审结时间：2001年4月16日。

**（二）一审诉辩主张**

1. 原告诉称：作为世界上最大的个人电脑软件公司之一，其计算机软件产品遍及图形设计、图像制作、数码视频等领域，原告拥有奥多比电子照相馆（Adobe Photoshop）、奥多比绘图大师（Adobe Illustrator）、奥多比排版专家（Adobe Pagemaker）、奥多比电子杂技（Adobe Acrobat）等计算机软件的著作权。经原告调查发现，被告年华公司在未经原告许可，亦未向原告支付软件费用的情况下，在销售苹果牌电脑时采用非法预装的方式将原告的上述软件产品装入计算机并向顾客销售。原告的计算机软件作品依照《中美关于保护知识产权谅解备忘录》、《保护文学和艺术作品伯尔尼公约》、《中华人民共和国著作权法》的有关规定受中国著作权法的保护。被告的行为严重地损害了原告的合法权益，并给原告带来巨大的经济损失，被告应承担相应的侵权责任。原告请求判令被告立即停止侵权；登报赔礼道歉；赔偿原告经济损失人民币50万元；承担原告支出的律师费和调查费计人民币47 800元。

2. 被告辩称：被告不存在非法预装原告软件的行为，被告是应原告代理人的要求才安装奥多比软件的，且该安装行为是被告职员个人行为而非职务行为。此外，原告的购买行为本身是一种调查行为，没有给原告造成损害，故被告的责任可以免除。因此，被告的行为不构成侵权。

**（三）一审事实和证据**

上海市第一中级人民法院经公开审理查明：原告奥多比公司系美国奥多比（特拉华）公司与加利福尼亚奥多比公司于1997年5月30日合并重组的公司。原告曾向美国版权局对奥多比排版专家6.5版软件（Adobe Pagemaker 6.5Macintosh）、奥多比电子杂技3.0版软件（Adobe Acrobat 3.0 for Macintosh，Windows and UNIX）、奥多比电子照相馆5.0版软件（Adobe Photoshop Version 5.0 Macintosh and Windows）、奥多比绘图大师8.0版软件（Adobe Illustrator 8.0 for Macintosh and Windows）进行了登记，登记号分别为：TX4—524—555、TX4—856—009、TX4—953—097，登记生效日期分别为：1997年4月29日、1998年8月10日、1998年10月24日。上述软件首次发表均在美国。

被告年华公司于1998年3月9日经工商行政管理局核准注册登记，其经营范围为计算机及附件、工业自动化的技术开发等。

1999年8月，原告委托上海市锦天城律师事务所对侵犯原告软件的行为进行市场调查。该所接受委托后于同年8月11日派出两名调查人员至被告处洽谈购买苹果牌计算机。同年8月24日，在上海市公证处公证员的监督下，上述两名调查人员以普通消费者身份在被告处以人民币2.2万元购得一台苹果牌“G3/350CD+17”、整机编号为M5183的计算机，被告并随机附送一张光盘。上述购机过程由上海市公证处公证员彭传奇、傅匀进行了监督，并对该计算机及光盘予以封存。同日，在公证员的监督之下，上述计算机被送至苏州市技术监督电子产品质量检验站进行检测。经当日检测，该计算机内装有的软件中有：奥多比电子照相馆5.0版、奥多比绘图大师8.0版、奥多比排版专家6.5版软件。1999年8月26日，苏州市技术监督电子产品质量检验站出具了检验报告，该报告中有：检验结果汇总、检验说明、1999年8月24日的计算机软件检查记录表以及检验结果附件18张照片。上海市公证处就上述现场监督过程于1999年9月6日出具了（1999）沪证经字第5499号公证书。

庭审中，原告提出其要求赔偿人民币50万元，因原告的实际损失和被告的非法利润均难以计算，故请求法院酌情确定赔偿数额。

另查明，原告因被告的侵权行为委托代理人进行调查取证等所发生的费用共计人民币47 800元，包括取证购买电脑费2.2万元、公证费1 000元、检测费1 000元、翻译费3 800元、律师费2万元。

上述事实有下列证据证明：

1.奥多比（特拉华）公司证明书（包括公证、认证及中文翻译材料）；奥多比（特拉华）公司与加利福尼亚奥多比公司合并为奥多比公司的合并协议等文件（包括公证、认证及中文翻译材料）。

2.原告将其软件在美国版权局进行版权登记的登记证明书（包括公证、认证及中文翻译材料）。

3.上海市公证处于1999年9月6日出具的（1999）沪证经字第5499号公证书。

4.1999年11月22日出版的第87期《慧聪商情广告》第73页、2000年3月6日出版的第100期《慧聪商情广告》第60页；上海麦金电脑系统有限公司销售奥多比公司奥多比排版专家6.5版软件的发票1张；上海齐成科技有限公司销售奥多比公司奥多比绘图大师8.0中文版软件的发票1张；北京昆仑联通网络系统技术有限责任公司分别于1999年6月30日、7月8日、11月8日销售奥多比公司奥多比电子照相馆5.0版、奥多比电子杂技4.0版、奥多比绘图大师8.0中文版和奥多比排版专家6.5中文版软件的北京市商业零售专用发票各1张。

5.1999 年 5 月 26 日原告奥多比排版专家 6.5 版软件的销售发票 1 张；2000 年 1 月 17 日、3 月 13 日原告"ADOBE 出版集萃中文 MAC"软件的销售发票 2 份。

6.ADOBE（奥多比）总代理——上海佳都信息技术有限公司最新价格表。

7. 被告公司销售员张于喆的证词。

8. 上海市锦天城律师事务所调查员陈运的证词。

**（四）一审判案理由**

上海市第一中级人民法院认为：根据我国《计算机软件保护条例》和《保护文学和艺术作品伯尔尼公约》的规定，奥多比公司在美国版权局登记并生效的奥多比排版专家 6.5 版、奥多比电子照相馆 5.0 版、奥多比绘图大师 8.0 版软件受我国《计算机软件保护条例》的保护。年华公司辩称系争软件可以免费从网络上下载，但其提供的网站并非是奥多比公司开设的网站，年华公司也不能证明这些软件系合法途径所得，故其在销售的苹果牌计算机中安装奥多比公司的软件未经奥多比公司许可。对于年华公司在计算机中安装奥多比公司的软件一节，年华公司未能提供其他有效的证据证明其是应奥多比公司委托的调查人员的要求所为，故年华公司应对其侵权行为承担相应的民事责任。此外，年华公司应对其销售人员在其职权范围内的经营行为承担法律责任。综上所述，由于年华公司在销售计算机时非法复制了奥多比公司的软件作品，致使奥多比公司软件的市场销售份额受到了影响，给奥多比公司造成了一定的经济损失。

**（五）一审定案结论**

上海市第一中级人民法院根据《保护文学和艺术作品伯尔尼公约》第五条，《计算机软件保护条例》第六条第三款、第三十条第（六）项的规定，判决如下：

1. 被告上海年华电脑图文技术有限公司停止对原告美国奥多比公司享有的奥多比排版专家 6.5 版软件（Adobe Pagemaker 6.5 Macintosh）、奥多比电子照相馆 5.0 版软件（Adobe Photoshop Version 5.0 Macintosh and Windows）、奥多比绘图大师 8.0 版软件（Adobe Illustrator 8.0 for Macintosh and Windows）著作权的侵害。

2. 被告上海年华电脑图文技术有限公司赔偿原告美国奥多比公司经济损失人民币 15 万元，于本判决生效之日起 10 日内履行完毕。

3. 原告美国奥多比公司的其他诉讼请求不予支持。

案件受理费人民币10 488元，由原告美国奥多比公司负担人民币3 671元，被告上海年华电脑图文技术有限公司负担人民币6 817元。

**（六）二审情况**

1. 二审诉辩主张

（1）上诉人诉称：销售人员是经奥多比公司委托的调查员请求、诱导，并声称如果不安装软件就不购买电脑的情况下，才将软件进行安装、复制的，故此行为不构成侵权。该套系争软件的市场销售价仅8 000余元，而原审法院由此判令年华公司赔偿奥多比公司经济损失 15 万元明显高于奥多比公司受到的损失，缺乏依据。

（2）被上诉人辩称：原判认定事实清楚；适用法律正确，判决金额适当。上诉人对其上诉理由并未提供相应的证据；由于上诉人的非法利润无法计算，故根据被上诉人的请求，原审法院依法酌情确定 15 万元赔偿额是合适的。

2. 二审事实和证据

奥多比公司系美国奥多比（特拉华）公司与加利福尼亚奥多比公司于1997年5月30日合并重组的公司。奥多比公司曾向美国版权局对奥多比排版专家6.5版软件（Adobe Pagemaker 6.5 Macintosh）、奥多比电子照相馆5.0版软件（Adobe Photoshop Version 5.0 Macintosh and Windows）、奥多比绘图大师8.0版软件（Adobe Illustrator 8.0 for Macintosh and Windows）进行了登记，登记号分别为TX4—524—555、TX4—856—009、TX4—953—097，登记生效日期分别为：1997年4月29日、1998年8月10日、1998年10月24日。上述软件首次发表均在美国。

1999年8月，奥多比公司委托上海市锦天城律师事务所对侵犯其软件的行为进行市场调查。该所接受委托后于同年8月11日派出2名调查人员至年华公司处洽谈购买苹果牌计算机。同年8月24日，上述2名调查人员以人民币2.2万元向年华公司购得一台苹果牌"G3/350 CD+17"、整机编号为M5183的计算机，年华公司并随机附送一张光盘。经苏州市技术监督电子产品质量检验站当日检测，该计算机内装有奥多比排版专家6.5中文版、奥多比电子照相馆5.0版、奥多比绘图大师8.0版软件。上述从购机到检测的整个过程，由上海市公证处进行了公证，并出具了（1999）沪证经字第5499号公证书。

另查明，奥多比公司因年华公司侵权行为委托代理人进行调查取证等所发生的费用共计人民币47 800元，包括取证购买电脑费2.2万元、公证费1 000元、检测费1 000元、翻译费3 800元、律师费2万元。

3．二审判案理由

上海市高级人民法院经审理认为：年华公司以营利为目的，为出售计算机而实施的复制、安装奥多比公司软件的行为，构成对奥多比公司计算机软件著作权的侵犯，应承担相应的民事责任。未经软件著作权人或者其合法受让者的同意复制或者部分复制其软件作品的，应承担停止侵害、消除影响、公开赔礼道歉、赔偿损失等民事责任。由于本案中奥多比公司的损失和年华公司的获利难以计算，原审法院根据年华公司的主观过错、侵权情节、损害后果等因素酌情确定15万元赔偿额，亦无不当。原审判决未明确区分奥多比排版专家6.5英文版软件和中文版软件，应予纠正。年华公司非法复制、安装的奥多比电子照相馆5.0版和奥多比绘图大师8.0版系在Macintosh环境下运行的计算机软件，原审法院混淆了上述软件在Macintosh和Windows两种环境下运行的差异，也应予以一并纠正。综上所述，年华公司未经合法授权，在出售的计算机中擅自复制、安装奥多比公司软件，构成对奥多比公司计算机软件著作权的侵犯，应承担相应的民事责任。年华公司的上诉理由不能成立，法院不予支持。

4．二审定案结论

上海市高级人民法院根据《中华人民共和国民事诉讼法》第一百五十三条第一款第（一）项、第（二）项，第一百五十八条之规定，判决如下：

（1）维持上海市第一中级人民法院（2000）沪一中知初字第17号民事判决第二项：被告上海年华电脑图文技术有限公司赔偿原告美国奥多比公司经济损失人民币15万元，于本判决生效之日起10日内履行完毕。

（2）维持上海市第一中级人民法院（2000）沪一中知初字第17号民事判决第三项：原告美国奥多比公司的其他诉讼请求不予支持。

（3）变更上海市第一中级人民法院（2000）沪一中知初字第17号民事判决第一项为：

上海年华电脑图文技术有限公司停止对美国奥多比公司享有的奥多比排版专家6.5版（Adobe Pagemaker 6.5 Macintosh）、奥多比排版专家6.5中文版、奥多比电子照相馆5.0版（Adobe Photoshop Version 5.0 Macintosh）、奥多比绘图大师8.0版（Adobe Illustrator 8.0 for Macintosh）软件著作权的侵害。

本案二审诉讼费人民币10 488元，由上诉人上海年华电脑图文技术有限公司负担。

**（七）解说**

1. 销售商在其出售的计算机中非法预装他人软件并随机赠送的行为系营利性商业行为，法院应认定销售商的行为构成软件著作权侵权并赔偿权利人的损失。年华公司预装系争软件的行为使其销售的计算机增加了产品功能，增强了对消费者的吸引力。虽然系争软件为免费赠送，但客观上增强了年华公司计算机的市场竞争力，因此，仍应视为一种营利性商业行为。由于年华公司该行为未经奥多比公司同意和许可，故法院认定年华公司擅自预装他人软件并随机赠送的行为构成对奥多比公司计算机软件著作权的侵犯，应承担相应的民事责任。

2. 原告就同一软件享有中英文两个版本时，每一版本均独立受我国著作权法保护。奥多比排版专家6.5中文版软件与奥多比排版专家6.5版（Adobe Pagemaker 6.5 Macintosh）软件系两个不同的软件，奥多比公司对上述两个软件均享有著作权。由于奥多比排版专家6.5中文版软件系在奥多比排版专家6.5版的基础上进行改进的作品，因此，年华公司擅自复制奥多比排版专家6.5中文版软件的行为，既侵犯了奥多比排版专家6.5中文版软件的著作权，同时也侵犯了奥多比排版专家6.5版软件的著作权。

3. 在权利人的实际损失和侵权人的违法所得不能确定的情况下，法院可以根据侵权行为的范围、影响、时间和其他侵权情节等因素，在法定赔偿额的范围内酌情确定侵权损害赔偿数额。赔偿数额还应包括权利人为制止侵权行为所支付的合理开支。依照我国民法通则、著作权法以及最高人民法院关于审理知识产权案件的有关规定，人民法院在确定侵权损害赔偿数额时，主要根据被侵权人因侵权行为受到的实际经济损失或者侵权人因侵权行为所获的利益计算赔偿数额。对于已认定构成侵权并造成权利人损害，但被侵权人的实际损失和侵权人的侵权获利情况都难以计算的，根据法律，人民法院可以根据具体侵权行为的社会影响、侵权手段和情节、侵权时间和范围、侵权人的主观过错程度、被侵权人合理开支等因素酌情确定赔偿额。由于本案中奥多比公司的损失和年华公司的获利难以计算，故法院根据案情酌情确定赔偿额为15万元。

（李　澜）

## 61. 杨月波诉毛贵民等侵犯著作权案

**（一）首部**

1. 判决书字号

一审判决书：江苏省淮阴市中级人民法院（2000）淮知初字第2号。

二审判决书：江苏省高级人民法院（2001）苏知终字第004号。

2. 案由：侵犯著作权案。

3. 诉讼双方

原告（上诉人）：杨月波，男，1939年12月10日出生，汉族，淮阴县商业联合公司退休干部，住淮阴县北京路5号。

委托代理人：杨未来，淮阴威来法律咨询服务事务所法律工作者。

被告（被上诉人）：毛贵民，男，1954年9月29日出生，汉族，江苏省文联创作研究部主任，住南京市福建路洪庙巷3—1号404室。

被告（被上诉人）：马惠飞，男，1955年6月29日出生，汉族，南京有线广播电视台（以下简称南京有线台）电视剧制作部导演，住南京市三条巷18号。

被告（被上诉人）：南京有线广播电视台。

法定代表人：梁立成，台长。

委托代理人：郑一兵，江苏友诚律师事务所律师。

被告（被上诉人）：江苏电视台。

法定代表人：许洪祥，台长。

委托代理人：杨宁，南京大陆律师事务所律师。

4. 审级：二审。

5. 审判机关和审判组织

一审法院：江苏省淮阴市中级人民法院。

合议庭组成人员：审判长：孙彤；代理审判员：徐慧莉、吴书萍。

二审法院：江苏省高级人民法院。

合议庭组成人员：审判长：刘媛珍；审判员：谭筱清、王红琪。

6. 审结时间

一审审结时间：2000年11月21日。

二审审结时间：2001年6月27日（依法延长审限）。

（二）一审诉辩主张

（1）原告诉称：我是业余作家，于1994年创作《英烈雄魂》电视剧本并将该剧本投稿给江苏电视台，但至今江苏电视台未采用亦未将剧本退还。2000年3月，由毛贵民、马惠飞执笔创作剧本，南京有线台与淮阴县委宣传部合拍的电视剧《浴血刘老庄》播出，该剧情节有多处与我创作的《英烈雄魂》雷同，使我有理由相信该剧是对我剧的抄袭、剽窃。毛贵民、马惠飞抄袭、剽窃我的作品，南京有线台在摄制时对著作权人未加严格审查，江苏电视台将我的剧本流传，导致被他人抄袭、剽窃，四被告均侵犯我的著作权。请求法院判令四被告停止侵权，公开赔礼道歉、消除影响、赔偿损失2万元并承担诉讼费。庭审中，杨月波增加了要求江苏电视台返还原稿的诉讼请求。

（2）被告毛贵民辩称：我与杨月波素不相识，未读过其任何作品，我和马惠飞在创作《浴血刘老庄》电视剧本的过程中，未抄袭、剽窃任何作品。请求法院公正判决。

（3）被告马惠飞辩称：《浴血刘老庄》电视剧本为我和毛贵民独立创作完成，未侵犯原告著作权。请求法院判决驳回原告的诉讼请求。

（4）被告南京有线台辩称：电视剧《浴血刘老庄》与原告提供给法庭的剧本《英烈雄魂》除历史事实外，有天壤之别，不存在抄袭、剽窃。请求法院判决驳回原告的诉讼请求。

(5) 被告江苏电视台辩称：我台确于1994年收到原告寄来的剧本，但我台从未将剧本流传亦未承诺退稿，我台不应作为本案被告。

**(三) 一审事实和证据**

江苏省淮阴市中级人民法院经审理查明：1994年，杨月波独立完成八集电视剧《英烈雄魂》剧本的创作，经原淮阴市委宣传部工作人员靳全生建议，杨月波将剧本寄往江苏电视台。江苏电视台收到剧本后，于1994年10月31日写信给杨月波，告知其有关事宜可与电视剧部贾德荣导演联系。此后，江苏电视台未采用《英烈雄魂》剧本，亦未将剧本退还杨月波。

1999年6月，为纪念建国50周年，中共淮阴县委决定筹拍电视剧《浴血刘老庄》，该剧由淮阴县委宣传部与南京有线台合作拍摄，电视剧本由毛贵民、马惠飞执笔主创。经查阅历史资料，走访刘老庄战役的目击者及召开征求意见座谈会，毛贵民、马惠飞完成了《浴血刘老庄》电视剧本的创作。2000年2月，电视剧《浴血刘老庄》拍摄制作完成。2000年3月，电视剧《浴血刘老庄》分别在淮阴市、县等地电视台播出。

杨月波观看《浴血刘老庄》电视剧后，认为该剧剧本抄袭、剽窃其于1994年创作的《英烈雄魂》剧本，遂以毛贵民、马惠飞、南京有线台、江苏电视台侵犯其著作权为由，向法院提起诉讼。

上述事实有下列证据证明：

1. 靳全生于1994年7月26日致杨月波函。

2. 江苏电视台于1994年8月5日致杨月波明信片。

3. 江苏电视台于1994年10月31日致杨月波函。

4. 律师调查贾德荣、汪人元、钱爱东笔录。

5. 《英烈雄魂》剧本。

6. 《浴血刘老庄》剧本原稿《血祭河山》。

7. 《浴血刘老庄》剧本。

8. 淮阴县委（1999）150号文。

9. 淮阴县委宣传部出具的“电视剧《浴血刘老庄》创作、拍摄的有关情况”证词。

10. 江苏电视台于1994年6月13日征稿启事。

11. 江苏电视台于1995年1月9日评奖结果信息。

12. 法院调查笔录。

13. 鉴定委托书和咨询笔录。

**(四) 一审判案理由**

江苏省淮阴市中级人民法院认为：根据已查明的事实，《英烈雄魂》电视剧本为原告杨月波独立创作完成的文字作品。《中华人民共和国著作权法》第二条规定，“中国公民、法人或者非法人单位的作品，不论是否发表，依照本法享有著作权”，故杨月波依法享有《英烈雄魂》剧本的著作权，当其认为自己的著作权受到侵犯时，有权向人民法院提起诉讼。但原告起诉的侵权事实不存在，理由为：（1）原告曾将其剧本寄往江苏电视台，后该剧本被江苏电视台遗失，而《浴血刘老庄》剧本的作者毛贵民、马惠飞均非江苏电视台的工作人员。原告未能提供充分证据证明毛贵民、马惠飞曾取得其寄往江苏电视台的剧本，亦未能证明毛贵民、马惠飞的创作素材来源于其《英烈雄魂》剧本。(2) 淮阴县委宣传部已证实毛贵民、马惠飞是在参考有关史料并实地走访刘老庄战役的目击者、举行群众座谈会等基础上独立完成《浴血刘老庄》剧本的创作;(3)《著作权法》所称的抄袭、剽窃是指将他人作品或作品的片断窃为己有,抄袭者不付出创造性劳动的行为。通过对两个剧本的分析比较可以看出:(1) 为我国《著作权法》所保护的作品的独创性是指作品的表达,即作品的表现形式,而非作品反映的思想、观点、信息等。本案中两个剧本反映的刘老庄战役是客观存在的史实,该史实并非《著作权法》保护的客体。(2) 从两个剧本的表现形式来看,《英烈雄魂》的主线仅为战争,而《浴血刘老庄》有两条平行的主线,分别为战争及李云鹏与二霞的感情发展;《英烈雄魂》对历史人物的刻画较为简单、粗线条,而《浴血刘老庄》对历史人物性格刻画较为细腻;从戏剧语言来看,《英烈雄魂》中大量使用旁白来干预和带动剧情,而《浴血刘老庄》是靠人物的对白交待剧情。(3) 关于原告列举的"侵权内容及形式摘要",因两个剧本中所虚构的人物、情节,开头、结尾的表现手法及对战争场面的描写均不相同,故原告的列举无事实依据。综上所述,《浴血刘老庄》剧本在创作风格、文字处理等表现形式上与《英烈雄魂》剧本不同,体现了自己的特点,具有独创性,不存在对《英烈雄魂》剧本的抄袭、剽窃。原告要求四被告承担侵犯其著作权的民事责任的诉讼请求无事实和法律依据,不予支持。此外,原告于庭审中增加的要求江苏电视台返还原稿的诉讼请求,因原告未能提供江苏电视台承诺退稿的事实依据,亦未能提供征集稿件必须退稿的法律依据,故该诉讼请求亦不能成立。

**(五) 一审定案结论**

江苏省淮阴市中级人民法院根据《中华人民共和国著作权法》第二条第一款,《中华人民共和国民事诉讼法》第一百二十八条的规定,判决如下:

驳回原告杨月波的诉讼请求。

案件受理费 860 元,其他诉讼费 600 元,均由杨月波负担。

**(六) 二审情况**

1. 二审诉辩主张

(1) 上诉人杨月波诉称:一审法院篡改原审被告名称,将南京有线电视台改为南京有线广播电视台;一审认定剧照及解说词为淮阴党史工委布置、撰写无事实依据;上诉人起诉的侵权事实存在;一审驳回上诉人要求退稿的诉讼请求不公平。

(2) 被上诉人毛贵民辩称:本人诉讼前不认识杨月波,也未看过其作品,本人没有抄袭杨月波作品,我和马惠飞合作的剧本与杨月波无关。杨月波认为我剽窃、抄袭其作品是错误的,两剧中个别成语、文字相同不构成侵权。

(3) 被上诉人马惠飞辩称:我和毛贵民的剧本是自行创作完成的,创作时不知道杨月波,也未看过其作品。创作历史体裁都会根据真实内容、情节创作;历史体裁是真实历史事件,不是杨月波独有的。杨月波二审提交的文字相同只是个别字相同,这些字是社会共有的字,不构成剽窃抄袭。

(4) 被上诉人南京有线台辩称:杨月波未能举证证明剽窃与抄袭,请求二审法院维持原判。

(5) 被上诉人江苏电视台辩称:上诉人无证据证明我台恶意流传其剧本,杨月波是于1994 年向我台寄剧本,而毛贵民和马惠飞受委托创作剧本是 1999 年。我台因搬家确实丢失了剧本，但法律未规定返还义务。我台征集剧本时明确是戏剧剧本，上诉人仍寄剧本，自身有过错，鉴于上诉人有底稿，从公平角度，我台无返还义务。

2. 二审事实和证据

江苏省高级人民法院确认了一审法院认定的事实和证据，另查明：南京有线电视台是南京有线广播电视台的简称，南京有线电视台与南京有线广播电视台系同一单位。认定该事实的证据为二审法院调查笔录。

3. 二审判案理由

江苏省高级人民法院经审理认为：原审判决所列被告之一南京有线广播电视台，与上诉人原审起诉的被告之一南京有线电视台系同一单位，上诉人杨月波关于原审错列当事人的上诉理由不成立。因刘老庄烈士纪念馆第二展厅展出的图片及解说词的摄制、撰写及版面制作者等均非本案被上诉人，因此，上诉人杨月波关于本案被上诉人撰写解说词侵犯其著作权的上诉理由也不成立。上诉人二审所列举的剧本《英烈雄魂》与剧本《浴血刘老庄》的相同点，不属于著作权法上的相同表达形式，不构成剽窃抄袭，上诉人关于四个被上诉人侵犯其著作权的上诉理由同样不成立。根据著作权法有关规定精神，在双方无约定的情况下，投稿者有权要求受稿者返还稿件。因此，上诉人杨月波要求江苏电视台返还剧本的上诉理由成立，应予支持。由于江苏电视台已将该剧本丢失无法承担返还责任，江苏电视台应当给予杨月波经济补偿，杨月波该部分上诉理由成立。

4. 二审定案结论

江苏省高级人民法院根据《中华人民共和国民事诉讼法》第一百五十三条第一款第（二）项，《中华人民共和国著作权法实施条例》第四十条的规定，判决如下：

（1）撤销江苏省淮阴市中级人民法院（2000）淮知初字第2号民事判决。

（2）江苏电视台给付杨月波经济补偿费4 000元，于本判决生效之日起10日内支付。

（3）驳回杨月波其他诉讼请求。

一、二审案件受理费各860元，杨月波分别负担690元，江苏电视台分别负担170元。

**（七）解说**

对该案的处理涉及以下四个问题：

1. 审查《浴血刘老庄》剧本是否构成对《英烈雄魂》剧本的抄袭、剽窃。对抄袭、剽窃行为的认定主要通过对作品的分析来进行。本案在认定侵权行为是否存在时分以下几个步骤进行。第一步，审查原告对《英烈雄魂》剧本有无著作权，以此来确定原告有无诉权。原告提供了其创作《英烈雄魂》剧本的手稿、曾于1994年见过其作品的证人的证词，由此可以认定《英烈雄魂》剧本是由原告创作完成的。在我国，著作权的取得采取创作主义，作品一经创作完成，作者就取得著作权，因此，原告的作品虽然未发表，不影响原告主张权利。第二步，鉴于原告的作品未经发表，须进一步审查毛贵民、马惠飞二人有无可能接触过原告作品。根据原告举证，其将作品投稿给江苏电视台参加评选，而评委中有人熟悉毛贵民、马惠飞，可能传阅其作品。尽管毛贵民、马惠飞称从未见过原告的作品，但原告的陈述有其客观性，不能排除原告所述的可能性。第三步，对《浴血刘老庄》剧本的创作过程进行分析。文学作品的创作不可能闭门造车，需要作者付出艰苦的智力劳动。从被告的举证可以看出，毛贵民、马惠飞为了征集素材，召开了群众座谈会、采访当时的目击者和党史办同志，在此基础上完成《浴血刘老庄》剧本的写作。第四步，通过两部作品内容的对照分析，看有无实质相似，即排除作品中的已属于公有领域中的思想的表达，仅对作品的表现形式进行分析。本案通过对两部作品的主线、叙事手法、人物刻画、语言特点等方面的综合比较，得出《浴血刘老庄》剧本不构成对《英烈雄魂》剧本抄袭、剽窃的结论，在实体处理上是慎重、恰当的。

2. 如何看待历史题材作品的著作权。不同作者就同一历史题材创作的作品，由于其素材来源于同一客观存在的史实，而历史题材作品的创作要求尊重客观事实，因此，不同的作者尽管在创作风格、文学处理等表现形式上有所不同，在叙述人物、时间、事件等内容时所反映的客观史实和所利用的史料却难免雷同，为此很容易引发著作权之争。对此，应重点审查作品的独创性，本案在认定《浴血刘老庄》剧本具有独创性时，主要是从作品的表现形式入手，认为《浴血刘老庄》剧本以战争和爱情两条平行的主线来展开剧情，在人物塑造、戏剧语言等方面均有自己的风格，因而具有独创性。

3. 如果《浴血刘老庄》剧本构成侵权，作为制作单位的南京有线台是否应承担责任。原告起诉时将《浴血刘老庄》剧本的制作单位南京有线台列为共同被告，认为南京有线台应与毛贵民、马惠飞共同承担侵权责任。这里涉及影视作品的著作权归属以及侵犯著作权案件的归责原则问题。根据《著作权法》第十五条，有线台作为电视剧《浴血刘老庄》的制片者，依法对该电视剧享有著作权，而电视剧本的著作权归作者毛贵民、马惠飞享有。我国著作权侵权损害赔偿的归责原则主要为过错责任原则和一定条件下的过错推定原则，结合本案，如果《浴血刘老庄》剧本侵权，以剧本为基础的电视剧作品必然侵权，南京有线台对剧本未经严格审查，主观上有过失，因此，亦应承担民事责任。

4. 征集稿件遗失，征稿单位是否应承担赔偿责任。对该问题，《著作权法》未作明文规定，这种情况下应以当事人之间的约定作为定案的依据。本案中，江苏电视台在发出征稿启事时并未承诺不采用的稿件退还作者。原告投寄的稿件系复印件，原稿仍由其自己保存。原告得知获奖名单以及在未接到用稿通知的情况下亦从未向江苏电视台索取稿件。因此，二审改判江苏电视台赔偿原告4 000元损失，在法律依据和赔偿数额的确定方面均值得商榷。

（徐慧莉）

## 62. 新力唱片（香港）有限公司诉石家庄华泰音像有限责任公司等著作权侵权案

**（一）首部**

1. 判决书字号：河北省石家庄市中级人民法院（2001）石知初字第16号。

2. 案由：著作权侵权案。

3. 诉讼双方

原告：新力唱片（香港）有限公司。

法定代表人：冯建强，经理。

委托代理人：居永和、官冰，北京市天为律师事务所律师。

被告：石家庄华泰音像有限责任公司。

法定代表人：霍爱军，经理。

委托代理人：付建军，石家庄华泰音像有限责任公司副经理。

被告：湖北东湖光盘技术有限公司。

法定代表人：邱久钦，经理。

委托代理人：方平，湖北东湖光盘技术有限公司副经理。

委托代理人：詹曼，湖北正信律师事务所律师。

被告：福建省长龙影视公司。

法定代表人：庄家焕，经理。

4. 审级：一审。

5. 审判机关和审判组织

审判机关：河北省石家庄市中级人民法院。

合议庭组成人员：审判长：程建玲；审判员：王玲丽；代理审判员：程存杰。

6. 审结时间：2001 年 5 月 22 日。

**（二）诉辩主张**

1. 原告诉称：原告于 2000 年 12 月 25 日在被告石家庄华泰音像有限责任公司所属的音像超市以单价 10 元的价格购得彩封标为“LEON 黎明——终于拥有”，盘心标为“终于拥有”的 CD 光盘 4 个。该光盘的盘心上还标明“福建省长龙影视公司出版发行 ISRC 码为 CN－E19－99－519－00/A.J6”，SID 码为 L200，即复制单位为湖北东湖光盘技术有限公司。经审查，该盘第 4、5、6、7、8、9、10、12、13、14、15（共计 11 首）曲目的著作权（也就是录音制作者权），均为原告所有。原告在获得侵权证据的情况下，诉至石家庄市中级人民法院，请求判令三被告停止侵权，赔礼道歉，赔偿经济损失 31.8 万元，承担原告为调查取证和起诉所支出的合理费用 3 万元及委托律师费用 15 万元。

2. 被告石家庄华泰音像有限责任公司辩称：对销售彩封标为“LEON 黎明——终于拥有”，盘心标为“终于拥有”的 CD 光盘的事实予以认可，但销售数量很少，原告要求其赔偿的数额过大。

3. 被告湖北东湖光盘技术有限公司辩称：对复制上述 CD 光盘的事实予以认可，但其复制行为是基于被告福建省长龙影视公司的授权，不应承担主要责任。原告要求被告支付的律师费用偏高，不符合有关规定。

4. 被告福建省长龙影视公司未答辩。

**（三）事实和证据**

河北省石家庄市中级人民法院经公开审理查明：由被告石家庄华泰音像有限责任公司销售的彩封标为“LEON 黎明——终于拥有”，盘心标为“终于拥有”的 CD 光盘唱片，系被告福建省长龙影视公司委托被告湖北东湖光盘技术有限公司复制，有“录音录像制品复制委托书”为证。经国际唱片业协会亚洲区办事处认证，该盘第 4、5、6、7、8、9、10、12、13、14、15（共计 11 首）曲目的版权（也就是录音制作者权），均为原告持有。根据国际唱片业协会（香港会）有限公司证明在中国大陆地区出版的香港流行歌星 CD 唱盘，每张唱盘的版税平均为港币15元；被告福建省长龙影视公司的“录音录像制品复制委托书”标明复制数量为2万张；按照港币和人民币的汇率（1比1.06）可以计算出原告的经济损失为31.8万元。经庭审认定原告为调查取证及诉讼支出的合理费用为28 681.70元。根据国家物价局、财政部《关于发布司法系统行政事业收费项目和标准的通知》的有关规定，原告律师诉讼代理费为15 520元。

**（四）判案理由**

河北省石家庄市中级人民法院认为：原告是所诉“黎明歌曲”的著作权人。三被告未经原告授权擅自出版、复制、销售原告享有著作权曲目的CD光盘，严重地侵害了原告的合法权益，依法应承担相应的民事责任。

**（五）定案结论**

本案在审理过程中，被告石家庄华泰音像有限责任公司、湖北东湖光盘技术有限公司与原告在本院主持下达成庭前调解协议：

1. 上述二被告停止侵权，销毁并不再复制、销售侵犯原告著作权的录音制品。

2. 向原告提交书面致歉书。

3. 赔偿原告经济损失10万元，其中被告湖北东湖光盘技术有限公司支付9.8万元，被告石家庄华泰音像有限责任公司支付2 000元。

被告福建省长龙影视公司在开庭审理时，经传票传唤，无正当理由拒不到庭，故依照《中华人民共和国民事诉讼法》第一百三十条，《中华人民共和国著作权法》第四十六条第五项，《中华人民共和国民法通则》第一百三十四条第（一）项、第（七）项、第（九）项、第（十）项的规定，缺席判决如下：

1. 被告福建省长龙影视公司立即停止出版发行原告享有著作权的上述载有黎明歌曲的CD光盘。

2. 在《人民日报》海外版发表致歉声明，向原告赔礼道歉。

3. 赔偿原告经济损失21.8万元，调查取证费28 681.70元及律师诉讼代理费15 520元，并承担本案诉讼费9 980元。

**（六）解说**

1. 本案销售商是否应承担侵权责任。我国《著作权法》在法律责任一章即第四十五条、第四十六条中，对销售侵权作品者是否应承担侵权责任，在何种情况下承担责任，未作明确的规定。从本案中被告石家庄华泰音像有限责任公司销售盗版光盘的行为可以看出，首先，其销售盗版光盘的行为给原告造成了经济上的损失，存在损害事实。其次，其销售盗版光盘的行为与损害事实之间有因果关系。再次，销售盗版光盘的行为是我国著作权法所禁止的行为，具有违法性。最后，被告销售盗版光盘的行为有主观过错。虽然被告福建省长龙影视公司是合法的出版单位，被告湖北东湖光盘技术有限公司也有合法的光盘复制权，但上述二被告并未取得此案所涉及的黎明歌曲的复制发行权，即被告石家庄华泰音像有限责任公司所销售的光盘为盗版光盘。被告石家庄华泰音像有限责任公司作为CD光盘的销售商有义务审查货源的合法性，如果该销售商的音像制品货源版权不可靠，价格异常，其应当预见或者能够预见会发生侵权后果，那么，该销售商就具有过失的过错。经原告举证，在香港购买正版黎明唱片光盘的价格是每盘120港元～150港元，而本案盗版光盘的销售单价仅为10元人民币。可见本案的销售商是有过错和过失的。鉴于本案被告石家庄华泰音像有限责任公司销售侵权复制品的量不大，经原、被告双方协商，被告石家庄华泰音像有限责任公司赔偿原告经济损失2 000元，是符合法律规定的。

2. 此案可以部分调查、部分判决。本案在审理过程中，被告石家庄华泰音像有限责任公司、湖北东湖光盘技术有限公司与原告达成庭前调解的意愿，要求在法院主持下进行调解。法院根据《中华人民共和国民事诉讼法》第八十五条、最高人民法院《关于适用〈中华人民共和国民事诉讼法〉若干问题的意见》第九十二条的规定，根据当事人自愿的原则，在事实清楚的基础上，经本院主持调解，原告与上述二被告达成庭前调解协议。

被告福建省长龙影视公司在庭前未与原告达成调解的意愿和协议，开庭时，经传票传唤，无正当理由拒不到庭，也未提出任何答辩意见。原告新力唱片（香港）有限公司提交了其侵权的充分证据，并有被告湖北东湖光盘技术有限公司提交的相关证据予以印证的情况下，法院对其进行了缺席判决，并在判决其承担的赔偿额中扣除了已由上述二被告承担的10万元（判决送达后，双方当事人均未上诉，判决已生效）。

本案部分调解，部分判决的结案方式，不仅不违反程序法的规定，而且还反映了当事人的意愿，充分地保护了当事人的民事权利和处分权利，亦不违反实体法的规定。

3. 公证证据的证明力。由于公证证据的证明力高于一般证据，本案原告采取了公证购买的方式，即在公证员在场的情况下，进行购买行为，并由公证处对所购物品进行证据保全，由公证处对这一购买结果出具公证书，这样既便于原告举证，也保证了所购买光盘的真实性，使诉讼的进行更为便利。在著作权侵权诉讼，尤其是软件、光盘侵权诉讼中，公证购买的方式不失为一种好的取证方式，权利人可以在实践中予以借鉴。

4. 本案赔偿额的确定及调查取证费与律师代理费能否支持的问题。在侵犯著作权纠纷诉讼中，侵权人对被侵权人的赔偿数额常以侵权人因侵权获得的非法利润或以被侵权人因被侵权而受到的损失为依据。本案原告新力唱片（香港）有限公司在诉讼中提出了被告应赔偿其经济损失31.8万元，是以其版税的损失为赔偿数额的。根据国际唱片协会（香港会）有限公司证明"在中国大陆地区出版的香港流行歌曲CD唱盘，每张唱盘的版税平均为15港元"。被告福建省长龙影视公司给被告湖北东湖光盘技术有限公司的"录音录像制品复制委托书"中标明复制数量为2万张，按照港币与人民币的汇率（1比1.06）可以计算出原告的经济损失为31.8万元。法院应予支持。

在著作权侵权纠纷案件中，侵权损害赔偿应适用全面赔偿的原则，既应包括直接经济损失，也应包括间接经济损失，即合理的调查取证费及适当的律师代理费，这也是TRIPs协议的最低要求。经庭审认定，原告为调查取证及诉讼支出的合理费用为28 681.70元（不包括案件受理费9 980元）。依照国家物价局、财政部《关于发布司法系统行政事业收费项目和标准的通知》及《律师服务收费管理办法》的有关规定，代理本案诉讼的律师费用应为15 520元。如果以原告与律师之间的协议收费金额15万元作为被告赔偿的依据，则对被告有失公允。法院必须参照有关部门的规定确定被告应承担原告的律师费用。因此，在本案中，对原告提出的合理的调查取证费及适当的律师代理费的要求，法院予以支持。

**（程建玲）**

## 63. 上海榕树下计算机有限公司诉中国社会出版社侵犯作品使用权和获得报酬权案

(一) 首部

1. 判决书、调解书字号

一审判决书：北京市第一中级人民法院（2000）一中知初字第156号。

二审调解书：北京市高级人民法院（2001）高知终字第32号。

2. 案由：侵犯著作权案。

3. 诉讼双方

原告（被上诉人）：上海榕树下计算机有限公司（以下简称榕树下公司）。

法定代表人：盛伟敏，总经理。

委托代理人：陶鑫良，上海市华诚律师事务所律师。

委托代理人：张平，北京大学知识产权学院副教授。

被告（上诉人）：中国社会出版社（以下简称社会出版社）。

法定代表人：刘国林，社长。

委托代理人：李显冬，北京市华坤律师事务所律师。

4. 审级：二审。

5. 审判机关和审判组织

一审法院：北京市第一中级人民法院。

合议庭组成人员：审判长：罗东川；代理审判员：赵静、娄宇红。

二审法院：北京市高级人民法院。

合议庭组成人员：审判长：程永顺；代理审判员：胡平、周翔。

6. 审结时间

一审审结时间：2000年12月1日。

二审审结时间：2001年6月7日。

(二) 一审诉辩主张

1. 原告诉称：我公司于1997年12月创办的“榕树下”（网址为http：//www.rong-shu.com）网站是全球最大的中文原创作品网站之一，在该网站上凝聚了一大批优秀的网络原创作品作者，发表了大量网络原创作品。在该网站上发表网络原创作品的许多作者包括本案所涉及的《我的轻舞飞扬》等9篇文章的作者，都与我公司签订了著作权许可使用合同，授予我公司在全国范围内自行出版或者再许可第三方出版其作品的独占性出版权利。社会出版社于2000年4月出版的《网络人生系列丛书》（以下简称《丛书》）中的《烛光夜话》、《寂寞如潮》、《爱若琴弦》、《幽默男女》、《网事悠悠》5本书中，未经我公司许可收进了我公司享有专有出版权的《我的轻舞飞扬》等9篇文章。被告的行为侵犯了我公司的专有出版权。我公司就其侵权行为主动与被告联系，但没有得到被告的积极回应。为维护我公司的合法权益，根据我国著作权法的有关规定，请求法院判令被告：(1) 停止对我公司专有出版权的侵害，立即停止销售并销毁书籍《烛光夜话》、《寂寞如潮》、《爱若琴弦》、《幽默男女》、《网事悠悠》；(2) 在《新民晚报》、《北京晚报》和原告 http：//www. rongshu. com 网站刊登启事向原告和各作者赔礼道歉；(3) 赔偿原告人民币10 001元；(4) 承担本案的诉讼费用。

2. 被告辩称：(1) 原告诉我方侵犯其专有出版权，系告错了对象。我社出版的《丛书》由李洪涛、刘怀宇等汇编，于 2000 年 4 月出版。我社于 1999 年 12 月 31 日与该《丛书》的作者代表李洪涛签订了正式的图书出版合同。合同约定：如果出现了侵犯他人著作权的情况，由甲方（李洪涛等人）承担全部责任。因此，原告应要求汇编作品的编辑人承担法律责任。(2) 原告混淆了汇编作品中编辑的义务与图书出版过程中编辑的义务。即使编辑作品的整体著作权人侵犯了原始作者的著作权，这与出版社在编辑出版该《丛书》时应负的编辑责任也是完全不同的两个法律关系。汇编作品的编辑人对汇编作品享有整体的著作权，也应对其作品承担"文责自负"的法律责任。对出版社而言，其仅仅承担编辑出版过程中形式审查的责任。出版社不可能对文章是否侵犯他人著作权进行实质性审查。原告是将自己与编辑作品的编辑人之间的权利、义务，强加在出版者身上，混淆了两种不同的法律关系。因此，我社在编辑出版此书过程中没有过错。(3) 网络上传输的数字化作品并非是我国著作权法明文规定的保护客体。目前法学界一般认为，对数字化作品的下载应一概赋予"法定许可"的属性，即下载使用者不必征得授权，但要尊重作者的人身权利，而且必须照章纳费。我社即是按照这一原则来要求编辑作品整体著作权人去解决有关权益问题。我社向汇编作者支付的全部稿酬中当然包括了被汇编作品原始著作权人的报酬。(4) 汇编作品的编辑人取得原始作者的授权是在原告取得所谓的"专有出版权"之前，故原告要求我社公开赔礼道歉、赔偿损失没有法律依据。该《丛书》的主编之一刘怀宇于 1996 年 6 月以前即通过 E-mail 取得了包括陈万宁在内的各位原始作者和登载有关作品的网站的授权。而且，原告并非国家批准的出版机构，我国也从未有任何法律、法规规定网站对在网站登载的作品可以享有专有出版权。

综上所述，在本书编辑出版过程中，我社已经尽到了必要的注意义务，对本书可能出现的侵权行为的法律责任承担，已与作者作出了明确的约定，原告指控我社侵犯其专有出版权没有事实和法律依据，请求驳回原告的诉讼请求。

**(三) 一审事实和证据**

北京市第一中级人民法院经公开审理查明：

1. 原告榕树下公司取得权利的事实。原告榕树下公司分别于 2000 年 2 月 17 日、2 月 22 日、3 月 1 日、3 月 2 日与《我的轻舞飞扬》、《假装纯情》、《聊天室泡妞不完全手册》、《男孩喜欢和什么样的女孩聊天》、《聊天室套狼（郎）不完全手册》的作者陈万宁（笔名宁财神），与《长发为君留》的作者施煜华（笔名航云），与《CHAT 里的睡美人》的作者顾叙（笔名 Hecong），与《网络 CHAT 女性防狼手册》，《马屁圣经（工作篇）》的作者季伟亮（笔名 JASCHA）签订著作权许可使用合同，约定上述 4 位作者授予原告在全国范围内自行出版或者由原告再许可第三方出版上述作品的独占性出版权利，且如有第三人侵犯上述作品的独占性出版权利的，由原告以榕树下公司的名义向第三人主张权利。

以上事实有原告与作者签订的 4 份著作权许可使用合同予以证明。被告对此证据的真实性及证明力无异议。故对上述证据的真实性及其所证明事实予以确认。

2. 关于被告社会出版社辩称取得作者授权的事实及证据。被告辩称，在原告与作者签订著作权使用许可合同之前，《丛书》编者与作者或登载有关作品的网站，通过 E-mail 取得联系，并取得了专有出版权授权，因此，不存在侵犯原告的专有出版权的问题。为证明这一主张，被告于庭审前提交了由《丛书》编者之一刘怀宇整理的 E-mail 材料。庭审质证时，原告对此证据的真实性及证明力明确地表示了异议，认为该 E-mail 材料并非是原始件，且与其提供的由作者陈万宁出具的书证有矛盾之处。合议庭当庭认定，被告提供该证据系刘怀宇事后整理的材料，不是原始的 E-mail 文件，经过了编辑加工，故不能作为抗辩证据使用。在原告对此真实性有异议的情况下，尚待被告进一步举证，并当庭限定被告在规定期内提交原始证据。被告于庭审后在规定期限内提交了由刘怀宇"取得"作者陈万宁及有关网站"授权"的 5 份电子邮件界面的打印件（带屏幕显示）及其软盘。在刘怀宇于 1999 年 6 月 16 日与宁财神（即陈万宁）联系的 E-mail 上载说明："宁财神：您好，我将要在我的一本关于网络文化方面的书中选用来自你网站上的文章和其他网站上署名为'宁财神'的文章。我将在文章最后注明：本文作者：宁财神，网址：jb2ds.163.net。本着对你原创作品版权的尊重，避免今后引起纠纷，特写信请求许可选用署名为'宁财神'的文章。希望及时给予回复。刘怀宇。""宁财神"对此的回复为："你好，刘怀宇，特此授权，你的书中可以转载我网站中的作品。但请告知你将转载哪些文章。另：请书出来之后，将样书寄给我一份。"原告榕树下公司对上述证据的真实性和合法性均提出了异议，认为上述证据上载明的信息和日期是普通的计算机技术人员极易伪造和编造的，且为当庭出示的陈万宁本人的书面证明所否定。

上述事实有刘怀宇整理的 E-mail 材料、保存有 E-mail 材料的磁盘、陈万宁的书面证明等证据证明。

3.1999 年 12 月 31 日，社会出版社（乙方）与李洪涛（甲方）签订《网文丛书》图书出版合同，约定甲方授予乙方 5 年内，在世界各地以图书形式出版该作品的专有出版权，该合同第二条还规定：本作品系甲方本人创作（著、译、编、绘、编著、编绘、编译）的原稿，保证没有侵害他人著作权及违反我国宪法、法律或导致其他法律纠纷的事情。如有发生此类事情，由甲方承担全部责任，并在承担乙方蒙受的全部经济损失的同时，赔偿乙方的名誉及精神损失费 1 万元整。

上述事实有《丛书》图书出版合同予以证明。原告对该证据的真实性无异议，但对该证据的法律意义即社会出版社对出版图书发生侵权而不承担责任的主张有异议。

4. 被告出版《丛书》的事实及证据。2000 年 4 月，被告社会出版社出版发行《丛书》共 6 本，其中《烛光夜话》、《寂寞如潮》、《爱若琴弦》、《幽默男女》、《网事悠悠》5 本书（共约1 500页）中，收进了原告享有"独占出版权"的《我的轻舞飞扬》等 9 篇文章（约占《丛书》的 80 页）。该套丛书署名的主编为刘怀宇、浩瀚（系李洪涛之笔名）、郭玲、吴燕、张小玉等，每册定价均为 15 元，印数为 1 万册。对上述事实及其证据，双方当事人在庭审时均表示无异议，并有《烛光夜话》、《寂寞如潮》、《爱若琴弦》、《幽默男女》、《网事悠悠》5 本书予以证明。

**（四）一审判案理由**

北京市第一中级人民法院根据上述事实和证据认为：针对被告社会出版社的答辩及双

方当事人争议的焦点，本案审理涉及以下五个问题：

1. 关于被告社会出版社在本案中的诉讼主体资格问题。被告认为根据《丛书》出版合同，其不应作为本案被告，而应由《丛书》编辑作者作为被告。法院认为，被告社会出版社与编辑作者代表之一李洪涛签订的图书出版合同，只能设定合同当事人双方的权利和义务，仅对合同双方当事人产生法律效力，不得对抗合同之外的第三方。因此，在出版社出版的图书涉嫌侵权的情况下，出版社不能以其与编辑作者签订了出版合同，明文约定"编辑作者保证没有侵犯他人著作权，如有发生此类事情，由编辑作者承担全部责任"，作为免责的抗辩理由。被告对其出版涉嫌侵权图书的行为是否构成侵权，存在法律上的利害关系，在原告对其提起诉讼的情况下，社会出版社应作为本案的被告。

2. 网上数字化作品是否受法律保护的问题。法院认为，数字化技术使作品传播形式发生改变，但不改变作品本身。作者的作品于网上登载，其作品本身没有发生变化，只是承载作品的载体由纸张书籍变成了网络。因此，网上使用作品仍应由著作权法予以调整和保护。被告辩称网上数字化作品并非是我国著作权法明文规定的保护客体，下载使用网上作品不必获得授权没有法律依据。

3. 原告榕树下公司是否享有"专有出版权"问题。被告认为原告不是国家批准的出版单位，国家也没有任何法律规定网站对在网站登载的作品可以享有专有出版权，因此，原告对本案涉及的作品不享有专有出版权。原告依据其与作者签订的著作权许可使用合同所取得的只是"独占出版权"，而非"专有出版权"，因而原告无权主张专有出版权。原告认为，"独占出版权"与"专有出版权"是同一概念，专有出版权不是出版社的专有权利，我方与作者签订的合同可以证明我方享有"独占出版权"。法院认为，双方对"专有出版权"和"独占出版权"的理解，均无法律依据，法院不予认可。双方当事人是从不同角度对出版权进行的界定，但双方解释的不同并不影响原告依著作权许可使用合同取得的合法权利的依法行使。依据我国著作权法的规定，著作权人有以复制、发行、改编、编辑等方式使用作品的权利，也有许可他人以上述方式使用作品并获得报酬的权利。本案所涉9篇文章的作者将其作品的"独占出版权"许可给原告，从合同约定的具体权利、义务来看，实际上是将其享有的对作品的复制、发行等使用权转让给了原告。原告与作者签订的"著作权许可使用合同"并未违反有关法律规定，系合法、有效的合同。原告有无出版资格只影响其权利的具体行使方式及途径，并不影响其权利来源的合法性及请求司法保护权利的行使，故榕树下公司有权作为原告提出诉讼主张。

4. 被告在出版含有本案所涉9篇文章的汇编作品时，是否审查该《丛书》作者取得了有关文章作者的授权？被告是否尽到了合理的审查注意义务？在主观上是否有过错？

法院认为，依据现行《合同法》，电子邮件可以作为合同的书面形式，也就是可以在诉讼中作为证据使用，但是电子邮件作为可采信的证据必须是该电子邮件系真实且合法、有效。本案中，榕树下公司对社会出版社提交的由刘怀宇取得陈万宁及有关网站授权的5份电子邮件的真实性和合法性均提出了异议，且在作者陈万宁否认曾授权给刘怀宇的情况下，被告至今没有其他相关的证据进一步予以佐证，故该授权能否成立不能认定。即使这些电子邮件的真实性毋庸置疑，从其所载明内容看，除陈万宁外，并没有其他3位作者的任何授权许可，即使是陈万宁的"授权"，也没有明确的授权许可，其内容缺少授权许可的必要条款，如许可使用的篇目、许可使用的范围及具体书目等。因此，该授权亦不能成立。而对于有关网站的授权，由于被告未提交证据证明有关网站有权许可他人出版其网站上登载的文章，故法院亦不予认定。综上所述，被告提交的有关电子邮件并不能证明该《丛书》作者早于原告取得了本案所涉文章作者的合法授权。

被告出版的《丛书》属于编辑作品，因此涉及双重版权问题。确实社会出版社不必与被编辑作品的每一位作者订立合同取得许可，而仅需与编辑作品的作者订立合同取得许可，但作为出版社应审查编辑作品的作者是否得到被编辑作品的著作权人的明确授权，这是出版社应尽的审查义务。本案中，被告社会出版社并未对编辑作品的原始授权即作者和有关网站的授权情况进行详细审查，在未确认《丛书》作者已经取得本案所涉文章作者明确授权的情况下，就与《丛书》编辑作品作者代表李洪涛签订出版合同，以致引起本案侵权纠纷，社会出版社在主观上显然有过错。因此，被告没有尽到出版者的审查注意义务，其出版《丛书》的行为侵犯了原告的著作权，应承担由此而产生的法律责任。被告关于出版社仅仅承担编辑出版过程中形式审查的责任，其在出版过程中履行了出版社的注意义务的主张，缺乏法律根据，法院不予支持。

5. 原告的诉讼请求是否应予支持？基于上述认定，被告未经原告许可出版发行《丛书》的行为侵犯了原告的著作权使用权。原告请求判令被告停止侵权行为、赔礼道歉、赔偿损失，法院予以支持。原告请求的侵权赔偿额1万元是依被告因侵权行为而获得的非法利益和被侵权作品占该《丛书》的比例为计算依据，1元的精神损失只是象征性赔偿请求，故法院认为原告的损失赔偿请求主张于法有据，应予支持。

由于本案所涉9篇文章的作者并未作为共同原告向法院提起诉讼请求，故对榕树下公司要求被告向各作者赔礼道歉的请求，法院不予支持。

**（五）一审定案结论**

北京市第一中级人民法院根据《中华人民共和国著作权法》第十条第（五）项、第四十五条第（八）项、第四十六条第（二）项和第（三）项之规定，作出如下判决：

1. 被告中国社会出版社于本判决生效之日起，立即停止出版、发行含有本案所涉《我的轻舞飞扬》等9篇文章的《烛光夜话》、《寂寞如潮》、《爱若琴弦》、《幽默男女》、《网事悠悠》书籍。

2. 被告中国社会出版社于本判决生效之日起30日内，在《新民晚报》、《北京晚报》上就其侵权行为向原告上海榕树下计算机有限公司公开赔礼道歉（道歉内容须经本院审核。逾期不执行，本院将公布判决的主要内容，其费用由被告中国社会出版社承担）。

3. 被告中国社会出版社于本判决生效之日起10日内，赔偿原告上海榕树下计算机有限公司10 001元。

4. 驳回原告上海榕树下计算机有限公司的其他诉讼请求。

案件的受理费410元，由被告中国社会出版社负担（于本判决生效后7日内交纳）。

**（六）二审情况**

本案一审宣判后，被告中国社会出版社不服一审判决，以与一审中相同的抗辩理由及证据向北京市高级人民法院提起上诉。在二审审理过程中，当事人达成了如下调解协议：

1. 被告中国社会出版社于本判决生效之日起，立即停止出版、发行含有本案所涉《我的轻舞飞扬》等9篇文章的《烛光夜话》、《寂寞如潮》、《爱若琴弦》、《幽默男女》、《网事悠悠》书籍。

2. 被告中国社会出版社赔偿原告上海榕树下计算机有限公司 10 001 元。

案件受理费一、二审各 410 元，均由被告中国社会出版社负担。

**(七) 解说**

该案是人民法院首次就网站主张著作权进行判决的案件，也是首例新型媒体——网络公司对传统媒体——出版商提起的著作权侵权诉讼案。原告是目前国内大型的中文网站。该案与以往的网络著作权侵权案件不同，以往的案件均为未经许可将他人作品上载到互联网上引发侵权纠纷，该案则是因将他人作品从互联网上下载后，以传统的书籍出版方式使用作品而引发的侵权诉讼。本案的审判确立了如下原则：

著作权法保护的是作者的智力成果，是作品而非载体，网络是一种载体。数字化作品使作品传播形式发生改变，并未使作品本身发生改变。因此，网上数字化作品应受到法律保护。换言之，作者的作品于网上登载，其作品本身没有发生变化，只是承载作品的载体由纸张书籍变成了网络，因此，使用网上作品仍应由著作权法予以调整和保护。

（赵　静）

## 64. 深圳唐锋电器实业有限公司等诉胡松等专利申请权权属案

**(一) 首部**

1. 判决书字号

一审判决书：上海市第二中级人民法院（1999）沪二中知初字第 126 号。

二审判决书：上海市高级人民法院（2000）沪高知终字第 73 号。

2. 案由：专利申请权权属案。

3. 诉讼双方

原告（被上诉人）：深圳唐锋电器实业有限公司（以下简称深圳唐锋）。

法定代表人：周武贤，董事长。

委托代理人（一审）：张康、徐晓青，上海市金泰律师事务所律师。

委托代理人（二审）：曾春富，深圳唐锋电器实业有限公司经理。

委托代理人（二审）：徐晓青，上海市金泰律师事务所律师。

原告（被上诉人）：上海克莱美斯有限公司（原名上海唐锋电器有限公司，以下简称上海唐锋）。

法定代表人：骆雄华，董事长。

委托代理人（一审）：张康、徐晓青，上海市金泰律师事务所律师。

委托代理人（二审）：严宗伟，上海克莱美斯有限公司干部。

委托代理人（二审）：张康，上海市金泰律师事务所律师。

被告（上诉人）：胡松，男，1945 年 6 月 5 日出生，汉族，住山东省烟台市芝罘区东沟路 14—4 号。

委托代理人（一审）：吴军，北京市大成律师事务所律师。

委托代理人（二审）：傅桦，北京市大成律师事务所律师。

委托代理人（二审）：李庆杰，吉林新锐律师事务所律师。

第三人：武汉大学。

法定代表人：侯杰昌，校长。

委托代理人（一、二审）：冯果、周元全，武汉大学教师。

4．审级：二审。

5．审判机关和审判组织

一审法院：上海市第二中级人民法院。

合议庭组成人员：审判长：陈默；代理审判员：吴登楼、芮文彪。

二审法院：上海市高级人民法院。

合议庭组成人员：审判长：须建楚；审判员：于金龙；代理审判员：李澜。

6．审结时间

一审审结时间：2000 年 9 月 15 日。

二审审结时间：2001 年 5 月 25 日。

**（二）一审诉辩主张**

1．原告深圳唐锋和上海唐锋诉称：1996 年 4 月 19 日，深圳唐锋（甲方）和被告胡松（乙方）订立了一份协议书，约定：被告的责任为主持开发、研制臭氧技术应用产品及其他领域的新产品；协议签订后，甲方正式拥有乙方对臭氧技术应用产品之研制成果与权利。协议签订后，二原告由于协调分工缘故，决定臭氧技术应用产品的研制工作改在上海唐锋进行。此后，上海唐锋聘任被告胡松为总工程师，并投入了大量的人力、物力和财力，进行有关的研制开发工作。不料被告胡松瞒着原告深圳唐锋和上海唐锋，于 1997 年 11 月 19 日以其个人名义擅自与第三人武汉大学共同申请了"电解式臭氧发生装置"的发明专利。二原告认为，被告是执行本单位的研制开发任务，利用本单位的物质条件完成的发明创造，是职务行为；系争电解式臭氧发生装置的发明专利的共同申请人应当是上海唐锋和武汉大学。为此诉至法院，请求判令将系争发明专利的申请人之一胡松改为原告上海唐锋。

2．被告胡松辩称：系争电解式臭氧发生装置在深圳唐锋与被告合作之前，已经由武汉大学和胡松共同研制开发成功。二原告诉称该装置在上海唐锋处研制开发成功的说法与事实不符。深圳唐锋知道被告申请系争专利一事，并支付了有关专利费用，被告没有隐瞒二原告。本案系争的技术是武汉大学实验室的研制产品的技术，被告将其加以提炼、生产并使之成为实际应用产品。所以，被告和武汉大学是本案系争技术的发明人和专利申请人。故请求法院驳回二原告的诉讼请求。

3．第三人武汉大学述称：系争申请专利的技术是在第三人于 1993 年申请并获得专利权的"固体聚合物电解质膜复合电极电解臭氧发生器系统"实用新型专利（以下简称 93 专利）的基础上经过改进，再加上 SPE 膜的制备工艺和配方结合而成的。系争技术方案的完成日期是 1997 年 3 月后至申请专利之前。被告辩称系争申请专利的技术是由第三人和被告共同完成的说法与事实不符。1997 年 3 月，第三人是在受被告蒙骗的情况下才与被告签订共同申请专利的协议的。自己当时并不知道原告和被告之间的关系，否则是不会与被告签订共同申请专利的协议的。

**（三）一审事实和证据**

上海市第二中级人民法院经公开审理查明：1996 年 2 月 8 日，被告胡松以西北轻工业学院思达德实业公司（以下简称思达德公司）的名义与武汉大学签订协议书一份（以下简称 2·8 协议），获得了武汉大学 93 专利的使用权。同年 4 月 19 日，胡松以技术入股的形式用该专利技术与深圳唐锋进行了应用产品的开发与合作。此后，被告胡松又使用了二原告的物质条件，以二原告职工的身份与武汉大学共同开发了本案系争申请专利技术（“电解式臭氧发生装置”的发明专利，专利申请号为 97 1 22126.X）。该系争申请专利技术方案的最后完成时间为 1997 年 11 月，参与研制人员有：武汉大学电解式臭氧技术研究课题组人员及胡松等。

上述事实有下列证据证明：

1.93 专利的文献资料。

2. 胡松以思达德公司的名义与武汉大学签订的协议书。

3. 思达德公司的授权书。

4. 胡松与深圳唐锋签订的合作协议及履行该协议的有关资料。

5. 胡松收取深圳唐锋 22 万元人民币的收据。

6. 胡松提供给深圳唐锋 93 专利的有关资料；深圳唐锋购买武汉大学专利技术的付款清单。

7.1997 年 3 月 5 日，胡松以个人名义与武汉大学签订的关于共同申请“固体聚合物电解质膜复合电极电解臭氧发生器系统”专利的协议书。

8.1997 年 11 月 19 日，胡松以个人名义与武汉大学共同提出的系争电解式臭氧发生装置发明专利的申请。

9. 胡松作为深圳唐锋的总经理向深圳唐锋提取有关款项的申请单。

10. 武汉大学臭氧技术专家到深圳唐锋为胡松等人传授臭氧技术的机票。

11. 胡松领取有关研制物品的申领单。

12. 深圳唐锋和上海唐锋关于胡松任职的聘任书。

13. 胡松以部门总工程师的名义给深圳唐锋副总经理周武贤的函。

**（四）一审判案理由**

上海市第二中级人民法院根据上述事实和证据认为：系争申请专利的技术方案不仅包括臭氧发生器核心部件的制造工艺及配方，还包括臭氧发生器外部水箱结构的具体技术方案。该技术与 93 专利有联系，但不完全相同；与被告胡松将 93 专利与二原告合作研制的其他臭氧技术应用产品的技术方案也不完全相同。被告胡松利用了二原告的物质条件与第三人武汉大学于 1997 年 11 月就本案系争申请专利技术方案共同完成了发明创造，其行为属于职务行为。本案系争申请专利的共同发明人应是二原告与武汉大学。原告深圳唐锋将系争申请专利的所有权划归上海唐锋，于法不悖，予以准许。

**（五）一审定案结论**

上海市第二中级人民法院根据《中华人民共和国专利法》第六条第一款，《中华人民共和国专利法实施细则》第十条第一款的规定，判决如下：

“电解式臭氧发生装置”（申请号：97 1 22126.X）发明专利的申请权归原告上海克莱

美斯有限公司和第三人武汉大学所有。

本案一审案件受理费人民币1 000元，由被告胡松负担。

**(六) 二审情况**

1. 二审诉辩主张

(1) 上诉人胡松（原审被告）诉称：1）被上诉人上海唐锋无原告资格；2）上诉人的行为不是职务行为；3）一审认定的系争申请专利的起始时间错误。为此，请求撤销一审判决，予以改判。

(2) 被上诉人深圳唐锋和上海唐锋共同辩称：一审法院根据事实和法律，作出了公正的判决。为此，请求维持原判，驳回上诉人的上诉请求。

(3) 原审第三人武汉大学述称：一审法院认定事实全面、客观，处理公正，适用法律正确，上诉人的上诉理由不能成立。

2. 二审事实和证据

上海市高级人民法院经公开审理查明：原审认定的事实基本属实。

上海市高级人民法院又查明：1996年2月8日，上诉人胡松代表乙方思达德公司与甲方武汉大学签订的2·8协议内容为：乙方了解到甲方在武汉大学实验室内已成熟地掌握93专利；双方认定，由乙方将甲方实验室的SPE膜电解臭氧技术研制成可以工业化生产的SPE膜电极式臭氧发生器产品；甲方对乙方经过调研、比较后决定其新产品的臭氧发生器采用SPE膜电解式的臭氧发生器表示欢迎；甲方要求乙方不论其臭氧技术应用新产品是否产生效益，均需向甲方支付非独家专利使用费人民币15万元；甲方有责任向乙方提供该专利准确、全面的技术文件资料，在乙方生产中及时予以现场指导，以确保乙方在批量生产中掌握、稳定SPE膜电极技术；本协议有效期为3年等。后来思达德公司又出具授权书，将2·8协议的权利、义务转让给上诉人胡松。同年4月19日，胡松在未告知武汉大学的情况下，以该专利技术入股的形式与深圳唐锋签订了协议书一份（以下简称4·19协议）。该协议书约定：协议范围是臭氧技术应用产品及其他领域的新产品；此协议所述合作方式以股份制形式成立，财务独立核算，股份比例：甲方（深圳唐锋）占90%，乙方（胡松）占10%（技术股）；本协议签订后，甲方正式拥有乙方对臭氧技术应用产品之研制成果与权利，乙方不得再与第三者合作生产；甲方支付乙方定金22万元整等。另外还约定，胡松在被上诉人处领取薪金，并享受退休保险和重大疾病保险、报销医疗费用及有关福利等。协议签订后，上诉人胡松依约定收到被上诉人深圳唐锋支付的定金人民币22万元，并在被上诉人处领取薪金及享受有关福利等。

1996年7月22日，深圳唐锋聘任上诉人胡松为本公司开发三部经理，负责臭氧水机之研发及管理工作。此后，武汉大学应胡松的要求，多次派电解式臭氧技术研究课题组人员到被上诉人深圳唐锋处就93专利的有关技术进行指导和培训。同时，该课题组人员与胡松及深圳唐锋的有关人员一起，利用深圳唐锋的物质条件，以93专利为基础进行系争申请专利“电解式臭氧发生装置”的研制工作。

1997年3月5日，胡松与武汉大学签订关于共同申请“固体聚合物电解质膜复合电极电解臭氧发生器系统”专利的协议书（以下简称3·5协议）。该协议书内容为：本协议以“2·8协议”为基础；双方共同认为按“2·8协议”，乙方（胡松）已将甲方（武汉大学）实验室的SPE膜电极臭氧技术研制成为可以工业化生产的SPE膜电极式臭氧发生器产品。(即固体聚合物电解质膜复合电极电解臭氧发生器系统),该产品在结构上已较甲方原专利(ZL 93 2 46255.3)有了巨大的发展与完善,具备了申报新的实用新型专利的条件。因此,双方同意共同申请新的实用新型专利,以及向国外申请相应的专利等。

1997 年 3 月 7 日,中国专利局受理了胡松与武汉大学提出的“固体聚合物电解质膜复合电极电解臭氧发生器系统”的实用新型专利的申请。在此基础上,胡松以个人名义和武汉大学于同年 11 月 19 日又提出了系争“电解式臭氧发生装置”发明专利申请并被中国专利局受理(申请号为 97 1 22126.X)。

1997 年 6 月 28 日,深圳唐锋与上海唐锋签订一份备忘录,约定:深圳唐锋研发三部中工业臭氧技术应用产品的研制工作由上海唐锋具体实施,上海唐锋的臭氧事业部负责臭氧技术应用产品的研制;深圳唐锋研发三部胡松经理的关系转至上海唐锋臭氧事业部,由上海唐锋发放工资、奖金及其他福利待遇;深圳唐锋同胡松签订的协议中约定由深圳唐锋拥有的权利归上海唐锋等。1997 年 9 月 2 日,上海唐锋任命胡松为本公司臭氧水机事业部总工程师。此期间,武汉大学与胡松等人一起利用上海唐锋的资金和物质条件,对系争专利的技术方案进行了进一步的完善和最终确定的工作。

永新专利商标代理有限公司北京办事处收到被上诉人上海唐锋电汇的向日本申请专利等费用后,于 1999 年 4 月 23 日发文告知上海唐锋:由武汉大学和贵公司胡松先生委托我公司对“电解式臭氧发生装置”发明分别在中国大陆和台湾地区、日本申请发明专利,且已交付了有关费用。待上述申请的有关事宜完成之后,贵方可以要求我公司财务部门提供详细的费用支出情况表等。同年 11 月,二被上诉人以胡松擅自用个人名义与武汉大学共同申请系争专利为由,提起诉讼。深圳唐锋明确表示系争申请专利中有关深圳唐锋的权利由上海唐锋享有。

上述事实有一审以及下列新证据证明:

(1) SPE 膜臭氧发生机照片两张。

(2) 武汉市洪山区公证处(2000)洪证内字第 2323 号公证书。

上述证据(1)至(2)证明 93 专利确系武汉大学研制。

(3) 系争专利产品的主要模具图纸。

(4) 电解式臭氧发生装置(物证)一件。

(5) 武汉大学高荣老师关于武汉大学与胡松合作情况的补充说明。

(6) 1996 年、1998 年、1999 年胡松在被上诉人处领取工资的薪金领取签章表复印件 3 张。

(7) 被上诉人深圳唐锋和上海唐锋为胡松支付的养老保险、医疗保险等费用。

上述证据(3)至(7)证明胡松以被上诉人员工的身份与武汉大学开发了系争专利。

3. 二审判案理由

上海市高级人民法院根据上述事实和证据认为:上诉人胡松与武汉大学共同研制系争申请专利技术期间,在深圳唐锋时任开发三部经理,后又在上海唐锋时任臭氧水机事业部总工程师。上诉人胡松不但以被上诉人员工的身份对外进行工作,同时在二被上诉人处领取薪金和享受有关的养老保险、医疗保险等福利待遇。系争申请专利技术方案的初步形成和最终完成又是在二被上诉人处,并主要利用了二被上诉人的资金等物质条件。在系争申请专利的研制中,上诉人胡松虽然作了有关的工作,但其实施的行为完全符合《专利法》

及实施细则关于职务行为的规定，应属于职务行为。上诉人胡松与深圳唐锋、武汉大学签订的4·19协议、3·5协议等有关情节，并不影响对其职务行为的认定。所以，上诉人胡松诉称其行为不属于职务行为的上诉理由没有法律和事实依据，不能成立。上诉人又诉称一审认定系争专利形成的起始时间错误，4·19协议之前上诉人胡松已掌握系争专利的有关技术。经查，1996年2·8协议的有关内容说明，此时上诉人尚未掌握系争专利的基础技术（即93专利）。上诉人提供的其他证据也不能充分证明该上诉理由。第三人武汉大学关于系争专利技术方案是自1996年7月后至1997年11月在被上诉人处最终完成的陈述与本案的有关证据能相互印证。一审判决关于此节事实的认定并无不当。因此，上诉人的这一上诉理由也不能成立。上诉人还诉称上海唐锋无原告资格。经查，胡松受聘于深圳唐锋和上海唐锋，并在此期间完成了系争专利技术。上海唐锋认为胡松擅自以个人名义与武汉大学申请系争专利的行为损害了自己的合法权益而与深圳唐锋一起提起诉讼，符合法律的有关规定，上海唐锋具有诉讼主体资格。上诉人的这一上诉理由同样不能成立。综上所述，原审法院认定事实清楚，适用法律正确，审判程序合法。

4. 二审定案结论

上海市高级人民法院根据《中华人民共和国民事诉讼法》第一百五十条第一款第（一）项、第一百五十八条之规定，作出判决如下：

驳回上诉，维持原判。

本案二审案件受理费人民币1 000元，由上诉人胡松负担。

**（七）解说**

本案中有4个当事人，涉及4·19协议、2·8协议、3·5协议等多个协议，且被告胡松在其中又采取了某些不正当的手法等情节，故案情较复杂。但一、二审针对本案事实，紧紧抓住了解决本案的主要法律问题，因而作出了正确的判决，收到了较好的法律效果。本案涉及的主要法律问题是：

1. 被告胡松行为的法律性质。确定上诉人胡松参与研制系争发明申请专利："电解式臭氧发生装置"行为的法律性质，是解决好本案的关键。胡松的行为如果是职务行为，那么，系争发明申请专利的申请权应属于被上诉人所有；如果是非职务行为，那么，胡松可以成为系争发明专利申请的申请权人。因本案纠纷发生的时间是1992年专利法施行之时，故一、二审法院是按1992年专利法（以下均称专利法）的规定判决的。

从本案来看，胡松在深圳唐锋是开发三部经理，负责臭氧水机之研发及管理工作；在上海唐锋是臭氧水机事业部总工程师。其工作性质和职责范围与系争申请专利的技术成果有密切联系，系争申请专利的技术是属于本单位工作任务范围之内的。另外，胡松还以深圳唐锋公司经理等公司员工的名义，对系争申请专利研究开发所需的材料进行采购、申领、签订合同等有关工作。胡松在与武汉大学研制系争申请专利的技术方案时主要利用了二被上诉人的物质条件。因此，胡松在系争申请专利技术方案完成过程中实施的行为，同时具备了法律规定的关于职务行为的上述两个法律特征。

至于胡松瞒着武汉大学与被上诉人签订的有关协议，以及瞒着被上诉人与武汉大学签订的有关协议，不但显然违背了诚实信用原则，而且这些协议不管其效力如何，对胡松实施职务行为的事实均没有对抗力，不能否定对胡松职务行为的认定。

综上所述，一、二审判决关于胡松在系争申请专利中是实施职务行为的认定是正确的。根据我国专利法关于实施职务行为所完成的发明创造，申请专利的权利属于该单位等有关规定，本案系争申请专利的申请权应由上海唐锋和武汉大学享有。

2. 上海唐锋有无原告资格。上海唐锋是否具有原告资格的问题，实质是其起诉是否符合《民事诉讼法》关于起诉条件的问题。根据我国《民事诉讼法》第一百零八条的规定，起诉必须具备的4个条件中，首先是原告应与本案有直接的利害关系。综观本案，除了胡松实施的上述职务行为外，深圳唐锋与上海唐锋签订的备忘录中也明确约定：深圳唐锋拥有的有关权利归上海唐锋所有。在一审中，深圳唐锋又明确表示了关于将自己在系争申请专利中的权利划归上海唐锋所有的请求。深圳唐锋依法处分自己的权利并无不当。上海唐锋已具备了对系争技术申请专利的权利，与本案有直接的利害关系。其认为自己的合法权益受到了侵害，并依法提起诉讼，符合民事诉讼法的规定。同时，上海唐锋也具备了诉讼的其他条件，完全具备本案原告的资格。

（于金龙）

## 65. 云南百汇门窗工程有限公司诉昆明艺康装饰设计有限责任公司专利侵权案

### （一）首部

1. 判决书字号：云南省昆明市中级人民法院（2001）昆经初字第132号。

2. 案由：专利侵权案。

3. 诉讼双方

原告：云南百汇门窗工程有限公司（以下简称百汇公司）。

法定代表人：李向红，经理助理。

委托代理人：王昆汉，云南派特律师事务所律师。

被告：昆明艺康装饰设计有限责任公司（以下简称艺康公司）。

法定代表人：何万康，经理。

委托代理人：欧阳桥，云南省专利事务所律师。

4. 审级：一审。

5. 审判机关和审判组织

审判机关：云南省昆明市中级人民法院。

合议庭组成人员：审判长：袁学红；代理审判员：陈寒梅、屈忠义。

6. 审结时间：2001年6月6日。

### （二）诉辩主张

1. 原告诉称：1998年6月23日，原告与专利权人李茂平签订了“隐框式推拉窗”实用新型专利实施许可合同，由原告独占实施专利号为“ZL 96213448.1”的专利技术。1998年，被告艺康公司法人代表以另外单位的名义侵犯该专利，于2001年3月7日专利局专利复审委员会作出了维持专利权的有效的决定。在长达二三年的过程中，被告生产制造了数十处大楼的窗，侵犯了原告享有的权利，且被告参与了共同无效该专利的过程，被告是明知专利而侵权的。为此，原告起诉请求判令：(1) 被告立即停止侵权并赔礼道歉；(2) 被告赔偿原告损失 38 万元；(3) 由被告承担本案诉讼费。

2. 被告辩称：原告所诉与事实不符，被告没有侵犯原告的专利权利，请求驳回原告的诉讼请求。

**(三) 事实和证据**

云南省昆明市中级人民法院经公开审理查明：1997 年 11 月 1 日，中国专利局授予李茂平名称为“隐框式推拉窗”、专利号为“ZL 96213448.1”的实用新型专利权。1998 年 6 月 23 日，原告与专利权人李茂平就该实用新型专利签订了实施许可合同，合同约定：由原告在中国境内独占实施该专利技术，期限与该专利权的有效期相同，许可费为 38 万元，合同生效后付总额的 50%，交付清所有技术资料再付 50%。双方就该许可合同进行了履行，但原告并未将 38 万元许可费实际支付给专利权人李茂平。1999 年 2 月 9 日，昆明云港装饰设计工程公司和被告向中国专利局复审委员会就专利权人李茂平的上述专利权提出无效宣告请求，国家专利局专利复审委员会于 2001 年 3 月 7 日作出了在该专利权利要求中“玻璃与窗框骨架的连接为粘接”的技术方案之二的基础上维持该专利有效，宣告该专利权利要求中“玻璃与窗框骨架的连接为镶嵌”的技术方案之一无效的终局决定。在该决定中载明：“本专利权利要求以及说明书中都描述玻璃设在窗框骨架外表面，玻璃的外形尺寸至少等于（即等于或大于）窗框骨架的外形尺寸，这样，在保证隐框的前提下，按照本领域普通技术人员的知识，玻璃与窗框骨架之间镶嵌连接是不可能的，说明书也没有给出这种情况的实例，因此，本领域的普通技术人员根据本专利文件的描述不能实施该技术方案；本专利说明书也未充分公开技术方案之一（镶嵌连接），不符合《专利法》第二十六条第三款的规定。”因此，原告享有权利的此项专利的必要技术特征为：一种隐框式推拉窗，主要由窗边框 (2) 玻璃及窗扇构成；窗扇由窗框骨架 (3) 及玻璃 (1) 构成；玻璃外形尺寸至少等于窗框骨架外形尺寸；玻璃设在窗框骨架外表面；玻璃与窗框骨架的连接为粘接。被告的产品所使用的技术特征是：(1) 一种隐框幕墙式推拉窗，由镀膜玻璃和固定镀膜玻璃的框架组成，框架包含固定窗框和滑动窗框；(2) 滑动窗框的框架上有“L”型的固定钩；(3) 镀膜玻璃镶嵌于固定钩中，用胶和密封条对嵌缝进行密封；(4) 镀膜玻璃外形尺寸小于固定镀膜玻璃的框架。被告运用该技术生产安装了包括昆明医学院第一附属医院大楼在内的 7 处建筑物的窗玻璃。

上述事实有下列证据证明：

原告提交的证据：

1. 原告提交下列证据证明其享有诉权，被告应赔偿原告专利许可费的损失 38 万元。

(1) 原告单位的公司登记基本情况。

(2) 1997 年 11 月 1 日中国专利局颁发的名称为“隐框式推拉窗”实用新型专利证书、专利说明书。

(3) 1998 年 6 月 23 日原告与专利权人李茂平签订的专利实施许可合同。

2. 原告提交下列证据证明专利权有效及该专利的保护范围和被告的侵权行为。

(1) 2001 年 3 月 7 日中国专利局专利复审委员会作出的第 3031 号无效宣告请求审查

决定。

(2) 被告制作、安装的昆明医学院第一附属医院大楼等7处建筑物窗玻璃的照片。

被告提交的证据:

1. 无效宣告请求审查决定及专利权人李茂平的“隐框式推拉窗”专利说明书,证明该专利在专利权利要求中“玻璃与窗框骨架的连接为粘接”的技术方案之二的基础上有效。

2. 被告提交了其产品窗框骨架的铝合金型材4块,证明被告是用此型材以镶嵌方案连接玻璃与窗框骨架,玻璃是嵌在型材上带有“L”型固定钩的槽内,并非粘接在窗框骨架外表面。

**(四) 判案理由**

云南省昆明市中级人民法院根据上述事实和证据认为:专利权人李茂平依法享有名称为“隐框式推拉窗”、专利号为“ZL 96213448.1”的实用新型专利权,其许可原告在中国境内独占实施该专利技术,期限与该专利权的有效期相同,除许可费未实际交付外,双方已就该合同进行了履行。根据《中华人民共和国专利法》第六十条第一款的规定,原告作为利害关系人有权向人民法院提起诉讼。

根据中国专利复审委员会作出的无效宣告审查终局决定,以该专利仍然有效的必要技术特征与被告生产的产品进行比较,被告产品所使用的技术缺少了原告专利中的第3项、第4项、第5项必要技术特征,本院对以上不同点作如下评判:

1. 原告推拉窗的玻璃的外形尺寸至少等于(即等于或大于)窗框骨架的外形尺寸,这是原告专利技术区别于现有技术的一项关键的必要技术特征,但复审决定中已经认定,在保证隐框的前提下,按照本领域普通技术人员的知识,玻璃与窗框骨架之间镶嵌连接是不可能的,本领域的普通技术人员根据本专利文件的描述不能实施该技术方案,正是在此基础之上,专利复审委员会才对该专利技术方案之二予以维持有效。而被告产品的窗框骨架型材上带有“L”型固定钩,玻璃镶嵌于固定钩中,必然导致玻璃的外形尺寸只能小于窗框框骨架的外形尺寸,这是两者技术的不同点之一。

原告辩称其专利的发明目的是从效果上造成隐框而达到美观目的,这种隐框是宏观上的美观,被告的玻璃小于窗框骨架仅是毫米级差异,从宏观上或建筑尺寸上都可以认为是等于,而根据等同原则,被告的产品技术特征与原告的专利也是等同的。本院认为原告专利是实用新型专利,其技术中的玻璃的外形尺寸至少等于窗框骨架的外形尺寸,是其专利技术的一项必要技术特征。在该专利的权利要求书、说明书及附图中均未记载原告当庭陈述的所谓“宏观上的美观”,相反在该说明书中反复强调“玻璃长宽尺寸大于或等于窗框骨架长宽尺寸,玻璃设在窗框骨架外表面……在外面就看不到窗框骨架,只看到具有装饰性的玻璃”。原告对其专利权利要求的解释不能脱离说明书及附图作任意扩大的解释,况且在无效宣告决定书中肯定了对比文件均未公开“玻璃外形尺寸至少等于窗框骨架外形尺寸的特征”,进而将该特征作为该专利的区别技术特征予以保留,所以,原告认为被告产品的该项技术特征与原告专利技术特征也是等同的理由不能成立。

2. 原告的专利技术是将玻璃设在窗框骨架外表面,而被告是将玻璃镶嵌于“L”型的固定钩中。因为原告已经认可被告的产品在固定窗扇和滑动窗扇上均使用了带“L”型的固定钩,而此固定钩是与窗框骨架的型材连为一体的,被告的窗框骨架外表面应当是

"L"型固定钩的外侧，被告用这种带有固定钩的型材实施生产，显然不可能将玻璃设在窗框骨架外表面。而原告正是因为将玻璃设在窗框骨架外表面，才使其玻璃的外形尺寸至少等于窗框骨架的外形尺寸，以此来达到隐框的美观效果。因此，这是两者技术的不同点之二。

3. 原告的专利技术是玻璃与窗框骨架的连接为粘接，而被告则是将玻璃镶嵌于固定钩中，用胶和密封条对嵌缝进行密封。因为原告对被告所使用的型材及玻璃安装的位置均无异议，被告是用带"L"型固定钩的型材以镶嵌方案将玻璃与窗框骨架进行连接，玻璃是嵌在"L"型固定钩的槽内，并非粘接在窗框骨架外表面，其使用的胶和密封条所起的作用是对连接部位进行气密和防水处理，与原告的粘接用胶的作用是不同的。因此，这是两者技术的不同点之三。

原告还答辩认为，被告使用的带"L"型固定钩的技术是完全覆盖了原告专利技术特征之外多出来的一项附属技术，但从两者技术特征的以上三点不同之处可以看出，被告产品的技术特征并未覆盖了原告的专利必要技术特征，与原告已经形成了明显的技术方案上的差异，被告产品使用的技术是其自有的与原告不相同也不等同的技术方案。因此，原告的这一答辩理由不能成立，本院不予支持。

综上所述，原、被告之间在技术方案上有明显的不同，被告的产品所使用的技术未覆盖原告享有权利的专利必要技术特征，因原告提交的证据不能证明其诉讼主张，其请求不能成立，被告不构成对原告该专利权利的侵权，亦不应承担侵权的民事责任。

**（五）定案结论**

云南省昆明市中级人民法院根据《中华人民共和国民事诉讼法》第六十四条第一款，《中华人民共和国专利法》第六十条第一款的规定，判决如下：

驳回原告云南百汇门窗工程有限公司的诉讼请求。

本案案件受理费 8 210 元，由原告云南百汇门窗工程有限公司承担。

**（六）解说**

本案是实用新型专利侵权纠纷，在国家专利局专利复审委员会作出了专利权部分无效的终局决定之后，首先需要确定的是原告享有权利的专利必要技术特征是什么，其次是对被告的产品技术特征作出界定，最后才能进行比对确认是否构成侵权。以该专利仍然有效的必要技术特征与被告生产的产品进行比较，被告产品所使用的技术缺少了原告专利中的三项必要技术特征，因此，被告产品的技术特征并未覆盖原告的专利必要技术特征，与原告的专利技术已经形成了明显的差异，被告不构成侵权。

（屈忠义）

## 66. 金银海诉路南北大塑料厂专利侵权案

**（一）首部**

1. 判决书字号：云南省昆明市中级人民法院（2001）昆法经初字第 0131 号。

2. 案由：专利侵权案。

3. 诉讼双方

原告：金银海，男，彝族，47 岁，住云南省陆良县板桥镇云南燃料一厂宿舍。

委托代理人：何健，云南省机械专利事务所律师。

委托代理人：钱坤秀，云南省宣威市金叶塑料厂工作人员。

被告：路南北大塑料厂（以下简称塑料厂）。

法定代表人：戴先印，厂长。

委托代理人：王林芳，塑料厂职工。

委托代理人：陈跃龙，华清律师事务所律师。

4. 审级：一审。

5. 审判机关和审判组织

审判机关：云南省昆明市中级人民法院。

合议庭组成人员：审判长：袁学红；代理审判员：陈寒梅、屈忠义。

6. 审结时间：2001 年 6 月 15 日。

**（二）诉辩主张**

1. 原告诉称：1997 年 8 月 29 日，原告向中国专利局申请“农用长串粘连式营养袋及分袋盒”实用新型专利权，1998 年 12 月 2 日，该申请被中国专利局授予专利权，专利号为 ZL97224984.2。此后，原告发现被告塑料厂未经原告许可，于 2000 年年底生产和销售该专利产品，被告的行为构成侵权，使原告遭受了巨大的经济损失，根据专利法的相关规定，原告以许可使用费为索赔额，请求法院判令被告停止侵权行为，赔偿原告经济损失 6 万元，公开赔礼道歉并承担诉讼费用。

2. 被告辩称：我从未生产过原告的专利产品。2000 年 3 月，原告请被告代销其产品粘连式营养袋，因原告的产品价格较高，被告代销 8 个月销量不好，原告又自行取回其产品，原告从未告知被告销售的是原告的专利产品。被告还销售过另一些营养袋，而这些营养袋是在 2001 年 3 月由安徽省桐城市梅龙塑料厂向被告推销，并由被告所购买的，产品来源合法，被告不知该营养袋是否是专利产品。另外，被告曾与原告合作，帮原告生产塑料薄膜，但被告自始至终不知道原告有上述专利。综上所述，被告在不知道是专利产品的情况下的销售行为不构成侵权，不应承担侵权责任。原告的请求与事实不符，请法院驳回原告的诉讼请求。

**（三）事实和证据**

云南省昆明市中级人民法院经公开审理查明：

1.1997 年 8 月 29 日，原告金银海向中国专利局提出“农用长串粘连式营养袋及分袋盒”的实用新型专利申请，于 1998 年 10 月 10 日获实用新型专利权，专利号为 ZL 97224984.2，名称为“农用长串粘连式营养袋及分袋盒”。其权利要求为：“（1）一种农用长串粘连式营养袋及其分袋盒，包括具有一定几何形状的分袋盒及吹塑成形的无底塑料营养袋，其特征在于：折叠的若干个营养袋竖直放置在分袋盒内，袋与袋之间相互接触面上至少有两处粘结在一起，构成长串链条式营养袋。（2）根据权利要求（1）所述营养袋及其分袋盒，其特征在于：分袋盒侧面开有与营养袋相匹配的出袋口，盒体上面可有一盒盖。”

2. 被告塑料厂销售了长串粘连式营养袋，但其销售的长串粘连式营养袋缺少原告专利的必要技术特征，原告的专利是一种农用长串粘连式营养袋及其分袋盒，包括具有一定几何形状的分袋盒及吹塑成形的无底塑料营养袋，既有营养袋又有分袋盒，而被告销售的营养袋没有分袋盒，只有长串粘连式营养袋。

上述事实有下列证据证明：

1. 实用新型专利证书，专利说明书及权利要求书，缴纳专利年费的发票。

2. 大莫古工商所出具的证明材料，对王兰英等人的调查笔录，被告开具的收条及收据，安徽省桐城市梅龙塑料厂开具的收据，北大村企业办公室出具的证明。

**（四）判案理由**

云南省昆明市中级人民法院根据上述事实和证据认为：双方争议的焦点在于被告是否侵犯原告专利权的问题。对比被告销售的长串粘连式营养袋特征与原告专利的保护范围，原告专利既有营养袋又有分袋盒，而被告只销售了长串粘连式营养袋，没有销售分袋盒，缺少原告专利的必要技术特征。从原告专利的内容看，该项专利名称为“农用长串粘连式营养袋及分袋盒”，既有营养袋，又有分袋盒，两者构成该项专利的整体方案和技术特征；该专利权利要求书独立权利项记载“一种农用长串粘连式营养袋及其分袋盒，包括具有一定几何形状的分袋盒及吹塑成形的无底塑料营养袋，其特征在于：折叠的若干个营养袋竖直放置在分袋盒内……”，分袋盒同样为该项专利不可缺少的技术特征；再从专利说明书看，“本实用新型提供一种农用长串粘连式营养袋及分袋盒，它既方便装土育苗又有利于存放和携带，并能大大提高装袋工效”。“本实用新型具有以下优点的积极效果：只要从分袋盒中拉出粘连在一起的长串袋，营养袋便自然规范地张口；……因长串粘连式营养袋是折叠放置于分袋盒内的，风力大时，可采取拉出一个装一个，因而不受气候影响仍可作业”。以上表明，该专利的目的和积极效果的实现均与分袋盒不能分开，有无分袋盒与营养袋能否“自然规范地张开”有关，并且其作业可能会受气候影响，没有分袋盒不能充分实现专利的目的和积极效果，故分袋盒是原告专利的必要技术特征。被告虽然有销售长串粘连式营养袋的行为，但被告销售的长串粘连式营养袋缺少原告专利的必要技术特征，被告行为不构成对原告专利权的侵犯。

**（五）定案结论**

云南省昆明市中级人民法院根据《中华人民共和国专利法》第五十九条第一款，《中华人民共和国专利法实施细则》第二十一条、第二十二条，《中华人民共和国民事诉讼法》第六十四条的规定，判决如下：

驳回原告金银海的诉讼请求。

案件受理费 2 310 元，由原告金银海承担。

**（六）解说**

判断是否侵犯专利权的关键在于被告销售的产品是否覆盖了专利的必要技术特征，本案中，被告的产品缺少原告专利的必要技术特征，因此不构成侵权。

本案中被告答辩的理由是同类型案件中常见的被控侵权方的答辩理由，归纳为两点：一是被控侵权方与专利权人有过合作；二是被控侵权方辩称不知道销售的是专利产品。对于第一点抗辩理由，双方进行合作的行为是专利权人许可专利权的生产或销售的行为，专利权人是同意的，在这种情况下被控侵权方不构成侵权。但是，第二点抗辩理由不能成立，根据《专利法》及有关规定，国家专利局在授予专利权后要对专利的名称、专利号及专利权人等内容进行公告，公告意味着向公众公布，被控侵权方推定为应当知道专利权人享有该项专利，其辩解的理由不能成立。

（陈寒梅）

## 67. 江阴市农业药械厂诉盐城市农业药械厂等专利侵权案

**（一）首部**

1. 判决书字号

一审判决书：上海市第一中级人民法院（1999）沪一中知初字第71号。

二审判决书：上海市高级人民法院（2001）沪高知终字第42号。

2. 案由：专利侵权案。

3. 诉讼双方

原告（被上诉人）：江阴市农业药械厂。

法定代表人：吴晓龙，厂长。

委托代理人（一、二审）：徐申民、王锋，上海市华诚律师事务所律师。

被告（上诉人）：盐城市农业药械厂（以下简称盐城药械厂）。

法定代表人：王宏友，厂长。

委托代理人（一、二审）：汤志武，南京天翼专利代理有限责任公司工作人员。

被告：上海松江昆冈商业公司（以下简称昆冈公司）。

法定代表人：周乐元，经理。

委托代理人（一审）：钱端定，昆冈公司工作人员。

4. 审级：二审。

5. 审判机关和审判组织

一审法院：上海市第一中级人民法院。

合议庭组成人员：审判长：孙爱民；代理审判员：姜山、黎淑兰。

二审法院：上海市高级人民法院。

合议庭组成人员：审判长：须建楚；审判员：于金龙、王海明。

6. 审结时间

一审审结时间：2001年6月6日。

二审审结时间：2001年9月21日。

**（二）一审诉辩主张**

1. 原告江阴市农业药械厂诉称：原告于1998年10月10日获得“喷雾器塑料筒”外观设计专利权。1999年5月，原告发现被告昆冈公司销售被告盐城药械厂生产的“农丰牌”喷雾器，经比对，该产品与原告的外观设计图案相同或近似，二被告的行为构成侵权。请求判令：被告昆冈公司停止销售侵犯原告专利权的产品——喷雾器；被告盐城药械厂停止生产与销售侵犯原告专利权的产品——喷雾器；销毁生产侵权产品的模具；赔偿原告经济损失人民币 5 万元；书面向原告赔礼道歉。

2. 被告昆冈公司辩称：其已停止销售该喷雾器产品。

3. 被告盐城药械厂辩称：其与被告昆冈公司没有经济往来，双方没有共同实施侵权行为，故二被告各自的行为是单独的行为，原告不应将二被告列入一案进行诉讼。

**（三）一审事实和证据**

上海市第一中级人民法院经审理查明：原告于 1997 年 5 月 23 日申请、1998 年 10 月 10 日获得“喷雾器塑料筒”外观设计专利权（专利号为：ZL 97 3 07008.0）。1999 年 5 月，原告发现被告昆冈公司销售被告盐城药械厂生产的“农丰牌”长江—10 型喷雾器。经外观比对，被告盐城药械厂生产的喷雾器产品与原告外观设计专利的图片虽有差异，但其主体外观仍与原告的外观设计专利的图片中所展示的产品形状相似。

上述事实有下列证据证明：

1. 原告于 1997 年 5 月 23 日申请、1998 年 10 月 10 日获得的“喷雾器塑料筒”外观设计专利证书、外观设计图 4 页、专利收费收据、无效宣告请求审查决定书。

2. 原告在被告昆冈公司购买的“农丰牌”强塑喷雾器及其发票，被告昆冈公司的进货单 1 张。

**（四）一审判案理由**

上海市第一中级人民法院认为：原告依法享有“喷雾器塑料筒”外观设计专利权，在专利保护期限内，应受法律保护。根据《专利法》第五十九条第二款规定，被告盐城药械厂生产的“农丰牌”长江—10 型喷雾器经与原告的外观设计专利图片比对，仅有细小差异，其主体外观与原告的外观设计专利的保护范围相似，因此，该产品为侵权产品。被告盐城药械厂提出该产品不是其生产与销售，且其在原告专利申请日之前已生产出相同产品，但被告盐城药械厂对此未能提供证据予以证实，故该辩解理由不能成立，其应承担相应的法律责任。被告昆冈公司系该产品的销售商，故其应停止销售该侵权产品。原告在庭审中提出要求法院酌情判令被告盐城药械厂应承担的赔偿数额，由于被告盐城药械厂未提供其生产的侵权产品的销售数量与获利情况，故由法院根据被告侵权时间、造成的影响等因素酌情确定。原告要求被告盐城药械厂书面赔礼道歉的诉请，由于被告盐城药械厂的行为会使原告在实施专利时受到一定的影响，故该院对此诉请予以支持。

**（五）一审定案结论**

上海市第一中级人民法院根据《中华人民共和国专利法》第十一条第二款、第五十九条第二款、第六十条第一款之规定，判决如下：

1. 被告上海松江昆冈商业公司于本判决生效之日起停止销售侵犯原告江阴市农业药械厂享有的“喷雾器塑料筒”外观设计专利权（专利号：ZL 97 307008.0）的产品。

2. 被告盐城市农业药械厂于本判决生效之日起停止对原告江阴市农业药械厂享有的“喷雾器塑料筒”外观设计专利权（专利号：ZL 97 307008.0）的侵害，销毁“农丰牌”长江—10 型喷雾器模具。

3. 被告盐城市农业药械厂于本判决生效之日起 10 日内赔偿原告江阴市农业药械厂经济损失人民币 3 万元。

4. 被告盐城市农业药械厂于本判决生效之日起 30 日内向原告江阴市农业械厂书面赔

礼道歉，内容须经法院审核。

案件受理费人民币 2 110 元，由原告江阴市农业药械厂负担人民币 422 元，被告盐城市农业药械厂负担人民币 1 688 元。

**（六）二审情况**

1. 二审诉辩主张

（1）上诉人（原审被告）盐城药械厂诉称：第一，原审法院认定被上诉人提供的“农丰牌”强塑喷雾器是由上诉人生产和销售的并无充分的证据；第二，原审法院在未征得上诉人同意的情况下将普通的共同诉讼当作必要的共同诉讼；第三，上诉人在被上诉人专利申请日以前已公开销售的长江—10 型产品属于合法的使用公知技术，根本不应存在侵权问题；第四，上诉人生产的长江—10 型产品的外观形状与被上诉人的外观设计专利有明显的区别；第五，被上诉人外观设计专利的载体长江—10 型喷雾器在其申请日前已公开销售而应当属于现有技术。因此，即使上诉人的产品与被上诉人的专利相似，亦不应当构成侵权。故请求二审法院依法撤销原审判决。

（2）被上诉人（原审原告）江阴市农业药械厂辩称：一审判决认定事实清楚，适用法律正确，应当予以维持。

2. 二审事实和证据

上海市高级人民法院经公开审理查明：被上诉人江阴市农业药械厂于 1997 年 5 月 23 日向国家专利局申请“喷雾器塑料筒”外观设计专利，1998 年 10 月 10 日获得授权（专利号为：ZL 97 3 07008.0）。

上诉人盐城药械厂的经营范围是喷雾器、植保机械配件制造及销售。上诉人从 80 年代开始生产和销售长江—10 型喷雾器，材质由铁制发展到塑料，但其外观形状没有变化。原审被告销售的产品系上诉人生产。

另查明，苏州农业药械厂从 60 年代开始生产长江—10 型喷雾器，上诉人的产品与苏州农业药械厂的产品外观形状一致。

将被控侵权产品与上诉人的专利进行比对：两者从主视图看，均有摇杆座和一个扣环；两者从后视图看，均有托架和两个扣环；两者从左视图看，均有一个扣环，托架上有一个带扣；两者从右视图看，均有一个扣环，托架上有一个带扣；两者从仰视图看，均呈圆形，可以看到摇杆座；两者从俯视图看，前者唧筒安装口为圆形，顶部到筒身为圆弧过渡，无菱形凸起和回液孔，后者唧筒安装口为圆形，外围有一圈菱形凸起，内有两个回液孔，顶部到筒身为圆弧过渡；两者从立体图看，均由筒、进液孔、挂钩、环带、摇杆座、出液口组成并有圆弧过渡。

上述事实有下列证据证明：

（1）1996 年上诉人生产的长江—10 型喷雾器产品（铁质），该产品上印有“96 年 1 月”字样。

（2）江苏省电信公司盐城分公司郭猛支局及盐都县郭猛镇人民政府关于郭猛镇电话号码于 1995 年 7 月 28 日由 6 位升至 7 位的证明。

（3）江都市惠农化肥农药有限公司的证明、该公司与上诉人于 1996 年签订的工矿产品购销合同及产品照片。

（4）建湖县近湖供销合作社的证明。

(5) 公开出版物《植保机械的使用与维修》。

(6) 上诉人与泰县洪林供销社 1987 年签订的合同、上诉人与淮阴县农业生产资料公司 1993 年签订的合同、上诉人与泗阳县农机公司 1994 年签订的合同、上诉人与安徽省宣州市水阳供销社 1996 年签订的合同。

(7) 盐城市郭猛榕山印刷厂的证明。

(8) 盐都县郭猛镇乡镇企业管理服务站的证明。

3. 二审判案理由

上海市高级人民法院认为：被上诉人江阴市农业药械厂依法享有"喷雾器塑料筒"外观设计专利权，并受法律保护。根据上诉人盐城药械厂在二审中提供的证据可以证明，上诉人明显在被上诉人的专利申请日之前，已经开始生产和销售被控侵权产品即长江—10 型喷雾器，且上诉人的产品在被上诉人申请日前后除材质有变化外，外观形状基本一致，因此，上诉人制造和销售长江—10 型喷雾器的行为不视为侵犯了被上诉人的专利权。上诉人提出的上诉人销售的长江—10 型产品属于合法使用公知技术，根本不应存在侵权问题等，并要求撤销原判的上诉理由成立，该院予以支持。

4. 二审定案结论

上海市高级人民法院根据《中华人民共和国民事诉讼法》第一百五十三条第（二）项、第（三）项，第一百五十八条之规定，判决如下：

(1) 撤销上海市第一中级人民法院（1999）沪一中知初字第 71 号民事判决。

(2) 驳回被上诉人江阴市农业药械厂的诉讼请求。

本案一、二审诉讼费人民币 4 220 元，由被上诉人江阴市农业药械厂负担。

**（七）解说**

妥善审理本案，关键应从以下两个方面着手：

1. 被控侵权产品是否是现有技术。在一审中，被告盐城药械厂曾提供证据证明被控侵权产品属于现有技术及在原告申请专利日之前就已经生产和销售，但一审法院对被告盐城药械厂的证据没有采纳。在二审中，被告又补充了新的证据。从被告盐城药械厂二审中提供的证据足以证明苏州农业药械厂从 60 年代就开始生产长江—10 型喷雾器，而被告盐城药械厂在原告的外观设计和申请日前，也已经开始生产长江—10 型喷雾器，被告盐城药械厂的产品在原告申请日前后除材质有变化外，外观形状基本一致，且被告盐城药械厂生产的长江—10 型喷雾器外观形状与 60 年代苏州农业药械厂的产品外观形状一致。因此，被控侵权产品属于自由公知技术，被告盐城药械厂显然有权利自由使用已有技术。

2. 被控侵权产品和专利是否相同或相近似。原告的外观设计和申请日前的已有长江—10 型喷雾器外观相比，外形和主视图的主要设计都一样，不同点在于原告的外观设计的唧筒安装口为圆形，外围有一圈菱形凸起，内有两个回液孔，而被控侵权产品的唧筒安装口为圆形，顶部到筒身为圆弧过渡，无菱形凸起和回液孔。在二审中原告也对其外观设计的其他部分即筒、挂钩、环带、摇杆座、出液口等属于现有技术并不表示异议，因此，原告外观设计专利的保护范围应限于唧筒安装口的改进设计部分。在审查判断被告盐城药械厂产品是否侵犯了原告的外观设计专利权时，关键在于审查被告盐城药械厂产品是否模仿或复制了原告专利设计中的唧筒安装口的改进设计部分。一审法院则认为被控侵权产品与原告外观设计专利的图片虽然有差异，但其主体外观仍与原告的外观设计专利的图片中所展示的产品形状相似。但一审法院在判决中并没有具体指明两者之间的异同之处，对如何构成侵权的理由也没有阐述清楚，显然欠妥。从二审法院审查的角度来看，两者的唧筒安装口是不同的，原告专利的其他外观设计部分属于公众可以自由使用的技术内容，不能用来认定侵权。已知的外观设计内容不受专利法律保护。

最后，二审法院从被控侵权产品属于现有技术角度认定专利侵权不成立，撤销了一审判决，驳回了原告的诉讼请求。

从本案可以看出，法院在确定外观设计专利的保护范围时应当注意划清申请日前已有外观设计和原告外观设计的界限。

（王海明）

## 68. 靖江市强力干燥设备厂诉靖江市大东机电制造有限公司专利侵权案

**（一）首部**

1. 判决书字号

一审判决书：江苏省南京市中级人民法院（2000）宁知初字第130号。

二审判决书：江苏省高级人民法院（2001）苏知终字第050号。

2. 案由：专利侵权案。

3. 诉讼双方

原告（被上诉人）：靖江市强力干燥设备厂（以下简称强力厂）

法定代表人：曹汝荣，厂长。

委托代理人（一审）：白洁，南京正天衡律师事务所律师。

委托代理人（一、二审）：柏尚春，南京苏高专利事务所专利代理人。

被告（上诉人）：靖江市大东机电制造有限公司（以下简称大东公司）。

法定代表人：陈全，董事长。

委托代理人（一、二审）：陈立忠，大东公司总经理。

委托代理人（一、二审）：方正静，江苏泰州信义诚律师事务所律师。

4. 审级：二审。

5. 审判机关和审判组织

一审法院：江苏省南京市中级人民法院。

合议庭组成人员：审判长：姚兵兵；代理审判员：夏雷、王劲松。

二审法院：江苏省高级人民法院。

合议庭组成人员：审判长：张婷婷；代理审判员：袁滔、汤茂仁。

6. 审结时间

一审审结时间：2001年6月18日。

二审审结时间：2001年12月6日。

**（二）一审诉辩主张**

1．原告诉称：强力粉碎干燥机是原告的专利产品，被告未经原告的许可生产和销售该机，侵犯了原告的专利权，请求判令被告立即停止生产（专利产品），并赔偿原告损失15万元；诉讼费由被告承担。

2．被告辩称：被告生产的产品是上海化工装备研究所许可实施的专利，原告的产品系抄袭该所的专利，是无效专利，请求驳回原告的诉讼请求。

**（三）一审事实和证据**

江苏省南京市中级人民法院经公开审理查明：强力厂于1995年6月2日向中国专利局申请名称为“强力粉碎干燥机”实用新型专利，1996年9月28日取得授权，专利号为95239883.4。该实用新型专利的独立权利要求为：一种强力粉碎干燥机，包括含有粉碎轴、轴承、粉碎盘、锤轴、粉碎锤、粉碎筒的粉碎机构，含有进风口、吸风口的干燥机构，含有粉碎筒、分级器、分级轴、轴承、叶片的分级机构，含有双螺旋输送器的进料机构，其特征在于分级机构设置在粉碎机构的上部，分级轴与粉碎轴在同一轴线上；进料机构设置在分级机构与粉碎机构的侧部，双螺旋输送器的出料口设置在粉碎筒与分级筒之间的筒壁上；干燥机构贯穿于粉碎机构和分级机构中，进风口设置在粉碎盘下方的粉碎筒的筒壁上，进风口与粉碎盘之间还设有筛板，吸风口设置在分级器的上方，分级器的上端外缘设有导流圈。

在审理中，该院于2001年2月20日在大东公司内，就该公司生产的2台粉碎干燥机中的一台进行勘验，双方当事人均到场，原告认为，该台机器与原告专利的独立权利要求的范围完全一致，仅未装筛板，但已预留装筛板的位置。被告认为，被告产品的名称为锤击式粉碎机；原告专利中表述的粉碎轴，被告产品称为传动轴；粉碎轴的上轴承和下轴承，被告产品安装在上盖上，其位置与原告专利的结构不一样；原告专利中表述的锤轴8，被告产品上称为销子；原告专利中表述的调节支撑块，在被告产品中没有。双方当事人均认可，另一台粉碎干燥机的技术特征与对比产品完全一致。

2000年4月，大东公司曾向滁州市塑料编织总厂销售一台DFG—II系列粉体干燥机。对该产品技术特征与专利是否一致，原告认为，根据勘验记录可以认定其一致，被告认为技术特征不一致，但未提交相关证据。

上海市化工装备研究所（以下简称上海所）与江苏靖江工程机械厂（以下简称靖江机械厂）于1992年4月签订专利实施许可合同。上海所的该专利名称为“多功能干燥机”，申请号为90215600.4。该专利披露的技术方案是：一种用于对粉体湿料进行干燥、粉碎、分级的多功能干燥机，包括筒体，筒体的侧面有进料口，下端有通热空气孔板和热风进口，上端有出料口，其特征在于孔板上方装有粉碎机，出料口下方装有旋转式分级机，分级机和粉碎机之间保留有效距离为干燥区。

上述事实有下列证据证明：

1．95239883.4号“强力粉碎干燥机”实用新型专利相关文件及缴纳年费收据。

2．靖江市公证处出具的公证书两份及署名为大东公司的产品说明书一份。

3．照片若干。

4．专利实施许可合同一份。

5．申请人为上海所、申请号为90215600.4“多功能干燥机”公告文件一份。

**(四）一审判案理由**

江苏省南京市中级人民法院认为：强力厂所申请的95239883.4“强力粉碎干燥机”实用新型专利尽管可能是在上海专利基础上作出的，但其有自己的创造发明内容，已被国家专利局授权，应受法律保护。

被告产品经现场勘验：(1）其产品名称及有关部件的不同不足以否认两者技术特征相同；(2）粉碎轴上轴承和下轴承安装的位置、结构，以及调节支撑块，并非原告专利保护范围，侵权判定时可以不考虑；(3）原告专利“筛板”这一特征与上海专利权利要求书中：“(通热空气的）孔板上方安置金属丝网”，从位置、功能判断应属于同一装置，且该装置是承托物料必不可少的装置，被告产品上已预留了筛板的位置，且其并未提交证据证明无该装置亦能实现原告专利效果和功能的证据。故被告产品完全覆盖原告专利的技术特征。

被告否认已销售的产品与对比产品技术特征一致，该院要求其就此问题进行举证，但被告未能举证，现原告主张该台设备的技术特征与对比产品技术特征一致，因证据持有方拒绝举证可以推定另一方的主张成立。

被告以上海专利提出现有技术的抗辩，但原告专利保护范围中涉及的“双螺旋输送器”、“分级器的上端外缘设有导流圈”两项特征未在上海专利中披露，实施上海专利不可能涉及上述特征，而被告产品包含了上述特征，这是实施原告专利的必然结果，在原告专利权有效的前提下对被告的抗辩不予采信。

综上所述，被告以营利为目的生产了3台（并销售了其中1台）干燥粉碎机，落入原告专利保护范围，侵犯了原告专利，应承担相应的民事责任。原告要求赔偿15万元，提供了自己产品的价格及成本计算表作为依据，被告对此有异议，原告尚无其他证据佐证，故对其赔偿主张不予全部支持，将结合案件的实际情况酌情确定赔偿数额。

**(五）一审定案结论**

江苏省南京市中级人民法院根据《中华人民共和国专利法》第十一条第一款、第五十九条第一款的规定，作出如下判决：

1. 被告靖江市大东机电制造有限公司立即停止生产、销售侵犯原告靖江市强力干燥设备厂95239883.4“强力粉碎干燥机”实用新型专利产品的行为。

2. 被告靖江市大东机电制造有限公司在本判决生效之日起10日内赔偿原告靖江市强力干燥设备厂经济损失10万元。

本案诉讼费4 510元，由被告靖江市大东机电制造有限公司负担。

**(六）二审情况**

1. 二审诉辩主张

(1）上诉人诉称：第一，一审判决认定事实错误，缺乏法律依据。上诉人所生产的产品先于被上诉人，一审法院对此事实没有认定。被上诉人的专利实际抄袭上诉人转让获得的上海专利，如上海专利中的孔板就是被上诉人专利中的筛板。螺旋式加料技术及导流圈是公开技术，且上诉人设备中没有安装导流圈。被上诉人的专利应为无效专利，一审法院认定被上诉人专利有效错误。第二，上诉人于1994年就开始生产研制多功能干燥机，被上诉人一直知道，现起诉已超过诉讼时效。第三，一审判决赔偿10万元没有法律依据。第四，一审程序违法。故请求二审法院撤销原判，驳回被上诉人的诉讼请求。

(2) 被上诉人辩称：被上诉人的产品已完全落入专利保护范围，上诉人于1994年开始生产没有证据，以上海在先专利作为抗辩理由不能成立，故一审判决认定事实清楚，证据充分，应予维持。

2. 二审事实和证据

江苏省高级人民法院经审理查明：2001年9月24日，国家知识产权局专利复审委员会作出决定，宣告涉案95239883.4号实用新型专利的权利要求1、2、4、7无效，在权利要求3、5、6、8的基础上维持其专利权有效。该实用新型专利原权利要求3为：根据权利要求1所述的干燥机，其特征在于所说的筛板（16）为两个半爿组合构成。原权利要求5为：根据权利要求1所述的干燥机，其特征在于所说的粉碎锤（9）为中空六棱体结构。原权利要求6为：根据权利要求1所述的干燥机，其特征在于所说的粉碎轴上轴承（6）设有包括动密封片（31）、静密封片（32）的迷宫式强制循环油冷却、润滑机构。原权利要求8为：根据权利要求1所述的干燥机，其特征在于所说的双螺旋输送器（11）在左、右螺旋的主、副段之间分别设有安装调节支承块（46）。

二审审理中，因涉案专利权被宣告部分无效，故本院于2001年10月18日召集双方当事人到上诉人大东公司，根据新的专利权利要求，对一审已勘验的大东公司生产的一台粉碎干燥机再次进行勘验比对。(1) 关于筛板为两个半爿组合构成这一特征。上诉人认为自己的产品没有筛板，即使安装筛板，也是在整台机器拆开后，将机器中间的轴抽掉，筛板是整体从装筛板的安装盘插口插进去，与专利两爿组合结构不同。被上诉人认为勘验设备虽然未装筛板，但预留安装筛板的安装盘两边均留有插口，故其筛板的结构应与专利对开式筛板的结构相同，否则安装盘两边没有必要都留有插口。(2) 关于粉碎锤为中空六棱体结构及双螺旋输送器在左、右螺旋的主、副段之间分别设有安装调节支承块这两个特征，双方均认可勘验设备此两处结构的特征与专利的这两个特征不同。(3) 关于粉碎轴上轴承设有包括动密封片、静密封片的迷宫式强制循环油冷却、润滑机构这一特征。由于无法拆开机器对比这部分结构，被上诉人要求对方提供生产用图，而上诉人在现场只提供一份设计用图，故此处结构特征未作比对。双方当事人均认为，另一台粉碎干燥机的技术特征与对比产品完全一致。

上述事实有下列证据证明：

国家知识产权局专利复审委员会第3984号无效宣告请求审查决定书。

3. 二审判案理由

江苏省高级人民法院根据上述事实和证据认为：

(1) 上诉人在二审中陈述其生产的产品除双螺旋输送器和导流圈外，是根据上海专利进行生产的。根据上海专利权利要求书并结合其说明书、附图，上海专利中用来通热空气的孔板是其专利产品中必不可少的一个装置，孔板是整体安装在干燥机封闭的筒体内。而现场勘验的设备中并没有上海专利所述的孔板，且预留的是安装筛板的两边有插口的安装盘，故上诉人生产的被控侵权产品与上海专利并不相同。不锈钢只是生产机械设备的原材料，不能证明是为生产被控侵权产品作的准备。上诉人对自己享有先用权的上诉主张未能提供充分、有效的证据予以证明，故其认为在专利申请日前已制造相同产品并在原有范围内生产不构成侵权的上诉理由不能成立，本院不予支持。同时，上诉人认为被上诉人于1994年就知道其生产被控侵权产品，起诉超过时效的上诉理由，因上诉人未提供证据证明于1994年就开始生产被控侵权产品，故该上诉理由无事实依据，本院不予采信。

(2) 本案专利权经专利复审委员会审查后，原独立权利要求和部分从属权利要求被宣告无效，但原权利要求3、5、6、8因具备创造性，故专利复审委员会在此基础上作出维持涉案专利权有效的决定。上诉人认为专利无效的上诉理由无事实和法律依据，本院不予采纳。

(3) 专利权经部分无效予以维持的，应当以新的独立权利要求为依据界定专利的保护范围。由于原权利要求3从属于原权利要求1，故该权利要求中所包含的限定技术特征与原权利要求1所包含的公知技术特征构成一个完整的技术方案，形成一个新的独立权利要求，该新的独立权利要求所包含的全部技术特征均为实现该专利的必要技术特征。故只要被控侵权产品的主要技术特征包含了该新的独立权利要求中记载的全部必要技术特征，即覆盖了专利的保护范围，构成侵权。

结合一、二审勘验情况及双方当事人的陈述。首先，被控侵权产品的技术特征与原权利要求1中的技术特征相同。上诉人在二审中称其没有使用导流圈，但因其在一审勘验时未对此提出异议，故此辩称不足采信。至于被控侵权产品是否具有筛板，上诉人在上诉状及二审第一次开庭时均陈述其产品预留的是孔板的位置，而孔板与筛板仅是名称不同，但在二审勘验和第二次开庭时却又辩称没有筛板。对上诉人前后矛盾的陈述，因其未提供其他证据予以佐证，根据有关证据规则，只能采信对其不利的陈述，故应认定被控侵权产品设有筛板。

其次，应当认定被控侵权产品的筛板结构特征与原权利要求3中所记载的筛板为两个半爿组合构成这一技术特征相同。理由是：(1) 根据现场勘验，被控侵权产品虽然未装筛板，但已预留装筛板位置的安装盘，且安装盘的两边是插口结构；(2) 上诉人认为其筛板与上海专利中的孔板是一致的，而安装筛板的方法是整台机器拆开后，将机器中间的轴抽掉，筛板进行整体安装。而现场勘验表明，上诉人设备中筛板特征与上海专利中的孔板特征不一致，且若按上诉人的说法，安装筛板如此繁琐，上诉人不可能预留筛板的位置，而应在制造机器时直接安装筛板，安装盘的两边无须留有安装插口，故上诉人的辩称缺乏逻辑性。因此，被控侵权产品完全覆盖了专利权独立权利要求中记载的全部必要技术特征，落入专利保护范围。上诉人构成专利侵权，理应承担相应的法律责任。一审法院根据案件的实际情况酌定上诉人赔偿10万元并无不当，且程序中亦无违法行为可能影响案件正确判决的情形，故上诉人认为其不构成专利侵权、一审法院判决赔偿10万元没有法律依据及程序违法的上诉理由不能成立，本院不予采纳。

4. 二审定案结论

江苏省高级人民法院根据《中华人民共和国民事诉讼法》第一百五十三条第一款第(一)项的规定，作出如下判决：

驳回上诉，维持原判。

二审案件受理费4 510元，由上诉人靖江市大东机电制造有限公司负担。

**(七) 解说**

本案在审理中遇到的难题并不在于当事人之间的争议，而是涉案专利权被宣告部分无效后，作为法官应该如何认定权利要求，以重新界定专利权的保护范围。

专利侵权判断的基本准则，即将被控侵权物的主要技术特征与专利独立权利要求中记载的全部必要技术特征，逐一进行分析比较，以得出是否侵权的结论。因此，在进行专利侵权判断时，必须明确专利的独立权利要求是什么。对于专利侵权案件来说，只要在专利权有效期间，其权利要求书中记载的独立权利要求必然是明确的，不会出现任何异议。但专利权被宣告部分无效后，如何看待独立权利要求呢？以往专利复审委员会作出的部分无效决定，多是要求专利权人提交新的经过修改的权利要求，在此基础上维持专利权的有效，或是宣告独立权利要求无效的同时，在明确原某项从属权利要求作为新的独立权利要求的基础上维持专利权有效。这些无效决定中，新的独立权利要求还是相当明确的，作为法官应该不难认定。但在本案中，涉案专利经无效程序后，专利复审委员会作出宣告涉案专利的权利要求1、2、4、7无效，在权利要求3、5、6、8的基础上维持其专利权有效的决定。可以看出，这个决定中新的独立权利要求不是十分明确，对于这种情况，我们应该如何认定呢？

本案在审理过程中，主要有两种不同观点。一种观点认为，由于该专利权是在权利要求3、5、6、8的基础上维持有效，那么，这些引用原权利要求1的从属权项应当全部提到独立要求中作为区别技术特征，而原权利要求1作为新的独立权利要求的前序部分，这样形成一个新的独立权利要求。另一种观点认为，由于涉案专利权的权利要求1被宣告无效，而被维持的几项从属权利要求之间没有任何隶属关系，且均引用的是原权利要求1，那么，每项从属权利要求中所包含的限定技术特征与原独立权利要求1中的公知技术特征都构成一个完整的技术方案，也即形成4个新的独立权利要求，每个新的独立权利要求较原独立权利要求保护范围缩小了。但是，持第一种观点的人却认为，根据专利法实施细则的规定，一项发明或实用新型应当只有一个独立权利要求，而现在涉案专利权经无效程序后出现4个独立权利要求是错误的，对于这一点应该如何理解呢？根据专利法的有关规定，作为一件发明或实用新型专利，应当只涉及一项发明或实用新型，但是属于一个总的发明构思的发明或者实用新型，可以有两项以上的发明或实用新型。因此，我们日常所说的被授予专利权的发明或实用新型指的是一件，而非一项。在一件专利中完全可以出现多个独立权利要求，这与一项发明或实用新型应当只有一个独立权利要求并不矛盾。合议庭最终采纳了第二种观点。第一种观点的不正确在于它将所有被维持有效的、彼此之间无隶属关系的从属权利要求均上升作为新的独立权利要求中的区别技术特征，增加了技术方案当中的技术特征，无形中大大缩小了涉案专利权的保护范围，这种认定新的独立权利要求的方法不利于专利的保护。

通过本案，我们可以看出，对于专利权被宣告部分无效后，若新的独立权利要求不明确，应该根据专利复审委员会作出的决定，并结合该专利原权利要求书所撰写的内容综合分析，从而确定新的独立权利要求。由于专利复审委员会作出的部分无效决定一般认定独立权利要求无效，而从属权利有效，或独立权利要求和部分从属权利要求无效。也就是说，要看被维持有效的从属权利要求引用的是原哪项权利要求，一般被引用的某项或某几项原权利要求及该被维持有效的某项从属权利要求中所记载的技术特征经过重新组合若能构成一个完整的技术方案，即可形成一个新的独立权利要求。如果被维持有效的从属权利要求有几项，则看从属权利要求之间是并列关系还是隶属关系，以及从属权利要求原引用关系，从而确定形成一个还是多个新的独立权利要求。总之，专利权被宣告部分无效后予以维持的，必须根据每个专利不同的情况具体分析，以明确新的权利要求，从而正确界定专利权的保护范围。

（袁 滔）

## 69. 厦门市雅宝电脑有限公司诉北京今点万维网络技术有限公司等商标侵权案

**（一）首部**

1. 判决书字号

一审判决书：北京市第一中级人民法院（2001）一中知初字第59号。

二审判决书：北京市高级人民法院（2001）高知终字第99号。

2. 案由：商标侵权案。

3. 诉讼双方

原告（上诉人）：厦门市雅宝电脑有限公司（以下简称厦门雅宝公司）。

法定代表人：余肇耕，总经理。

委托代理人：张帆、曾咏岚，厦门信实律师事务所律师。

被告（被上诉人）：北京今点万维网络技术有限公司（以下简称今点万维公司）。

法定代表人：苏添洪，执行董事。

委托代理人：孙彦，北京市大洋律师事务所律师。

被告（被上诉人）：北京雅宝在线拍卖有限公司（原北京雅宝拍卖有限公司，以下简称雅宝拍卖公司）。

法定代表人：苏添洪，执行董事。

委托代理人：孙彦，北京市大洋律师事务所律师。

4. 审级：二审。

5. 审判机关和审判组织

一审法院：北京市第一中级人民法院。

合议庭组成人员：审判长：刘勇；代理审判员：娄宇红、苏杭。

二审法院：北京市高级人民法院。

合议庭组成人员：审判长：刘继祥；审判员：魏湘玲；代理审判员：周翔。

6. 审结时间

一审审结时间：2001年7月20日。

二审审结时间：2001年12月17日（依法延长审限）。

**（二）一审诉辩主张**

1. 原告厦门雅宝公司诉称：我公司成立于1992年，主要从事计算机网络工程设计、安装、软件开发、计算机及配件销售等业务。1997年4月，我公司向国家商标局申请了"雅宝"的文字商标，注册类别为第38类即电信类。1998年2月7日正式取得注册商标证书。此后，我方积极使用和宣传"雅宝"商标，使该商标在市场上树立了良好的服务形象和商誉，形成了一定的知名度。1999 年 6 月，被告今点万维公司以互联网方式向网民提供了“雅宝拍卖”的服务网站，在该网站上使用了“雅宝”的文字标识作为服务标志。2000 年 6 月，被告雅宝拍卖公司成立，并于同年 10 月份代替被告今点万维公司，以站主的身份继续使用原告注册的“雅宝”文字商标，二被告在经营网站的过程中，在业界、互联网及全国大型媒体上大量宣传其“雅宝”服务商标。被告雅宝拍卖公司自称为“雅宝”公司，在社会公众，特别是 IT 业对“雅宝竞拍网”的服务来源产生了误解及混淆，误认为二被告与原告之间存在某种联系。二被告的行为给原告的正常经营活动带来影响，侵犯了原告的商标专用权。请求法院判令二被告立即停止侵权行为，公开赔礼道歉，消除影响，各赔偿经济损失 10 万元，承担案件诉讼费及其他合理费用。

2. 被告今点万维公司辩称：我公司是从事数据库和信息分类服务的公司，服务性质属于商标分类第 35 类的范围，不属于原告注册商标核定的第 38 类的使用范围，且我公司于 2000 年 1 月在商标分类的第 35 类注册了“雅宝”的文字商标，本公司不曾使用和侵犯原告商标专用权。

3. 被告雅宝拍卖公司辩称：我公司是依法成立的有限责任公司，雅宝是我公司的字号。我公司在网上使用自己的企业名称中的字号开展经营活动，符合法律规定，更没有侵犯原告的商标专用权，请求法院驳回原告的诉讼请求。

**（三）一审事实和证据**

北京市第一中级人民法院经审理查明：原告厦门雅宝公司是 1992 年成立的有限责任公司，其经营范围为计算机网络工程设计、安装、计算机应用软件、系统软件设计、开发、办公设备维修等。

1998 年 2 月 7 日，原告厦门雅宝公司获得“雅宝”文字商标注册证书，证书号为第 1157977 号，核定服务项目为第 38 类，其注册服务项目为：计算机辅助信息、图像传送、计算机辅助信息、图像传输，计算机终端联络，信息发送设备出租，电讯发送，信息传送，电子邮递，电缆电话联络业务，有效期限自 1998 年 2 月 7 日至 2008 年 2 月 6 日止。

2001 年 11 月 23 日，厦门市公证处出具了（2000）年厦证经字第 12785 号公证书，该公证书对今点万维公司在“雅宝拍卖网”上使用“雅宝”标识的情况进行现场公证。该网网址为 http：//www. yabuy. com，网页署名为“北京今点万维网络技术有限公司 版权所有 Copyright ©，1999—2000”。在公证书中载明：通过 163 拨号上网方式进入 Internet，打开 Internet Explorer 浏览器，输入“雅宝拍卖网”网址 http：//www. yabuy. com 后，进入“雅宝拍卖网”主页，拍照并打印了该页面。点击主页上的超级链接“更多新闻”后，进入“雅宝新闻与动态”页面，拍照并打印了该页面……在公证书中记录了各操作步骤及打印结果，并以附件 1 至附件 8 的形式记录在公证书内。经查在被告网站的显著位置和栏目中多处出现“雅宝”的文字标识。

雅宝拍卖公司于 2000 年 6 月成立，2000 年 6 月 22 日，取得北京市公安局颁发的公特京拍字第 HK0009 号特种行业许可证，经营范围为拍卖企业股权、知识产权、工农业产品、房地产房屋使用权、专利技术等。2001 年 2 月 20 日，该公司取得北京市工商行政管理局颁发的网站名称注册证书、经营性网站备案登记证书，该证书载明：注册网站名称为“雅宝拍卖网”，网站所有者为“北京雅宝在线拍卖有限公司”。

在本案诉讼期间被告雅宝拍卖公司向法庭提交了其在 35 类申请注册商标的有关材料，

但未能提交商标注册证书。

另查，今点万维公司于1999年5月成立，同年6月开通雅宝竞拍卖网。2000年6月30日，该公司将雅宝竞拍卖网的资产转让给被告雅宝拍卖公司。雅宝拍卖公司于同年10月开始经营雅宝竞拍卖网。

厦门雅宝公司向法庭提交了部分为维护其商标专用权所做宣传、广告及为诉讼支出费用票据。

上述事实有下列证据证明：

1. 第1157977号商标注册证书。

2.（2000）年厦证经字第12785号公证书。

3. 网站名称注册证书、经营性网站备案登记证书、网上下载的有关证据材料、票据。

4. 双方当事人陈述及开庭笔录。

**（四）一审判案理由**

北京市第一中级人民法院认为：原告注册的“雅宝”文字商标，从服务商标类别看属于电信服务。主要服务范围是电信设施和电信技术服务。被告使用“雅宝”的文字标识是以网站的方式提供拍卖信息服务，从被告注册网站名称、网主的企业名称、网页设计、栏目设置、服务内容具有明显的拍卖行业的特征。被告的服务类别与原告注册商标的服务类别，不属于商标法所称的相同和类似的服务。因此，被告使用“雅宝”文字标识的行为没有侵犯原告的商标专用权，原告对被告侵犯其商标专用权的指控，不能成立。

**（五）一审定案结论**

北京市第一中级人民法院根据《中华人民共和国商标法》第三十八条第（一）项的规定，判决如下：

驳回原告厦门市雅宝电脑有限公司的诉讼请求。

**（六）二审情况**

1. 二审诉辩主张

（1）上诉人厦门雅宝公司诉称：第一，原判决对于本案双方当事人之间的服务是否相同或类似认定错误。原审判决把上诉人和被上诉人的服务简单归结为基础电信服务和增值电信服务，并以此作为对比对象，分析是否属于相同或类似服务，脱离了本案事实，违反了《商标法》第三十八条关于认定商标侵权的判定规则。第二，认定服务是否相同或类似，应在商标法意义上进行分析，不应依据《电信条例》对电信服务的分类。被上诉人提供的“网络广告、网上聊天、拍卖物品上传、应价信息交互、自动邮件订阅、会员档案信息”等服务均属于“信息传递”或“电子邮递”服务。请求二审法院查明事实，依法改判。

（2）被上诉人今点万维公司和雅宝拍卖公司服从原审判决。

2. 二审事实和证据

二审查明的事实和一审查明的事实相一致。

3. 二审判案理由

北京市高级人民法院认为：注册商标专用权的保护范围，以核准注册的商标和核定使用的商标或服务为限，超范围的内容不在保护范围之内，判断类似服务，应当根据服务的内容及其本质特征来确定。

厦门雅宝公司注册服务商标核定使用的服务项目与今点万维公司、雅宝拍卖公司提供的网上拍卖服务虽然在信息处理的技术手段和方式上有相同或相似之处，但两者的服务对象、服务内容均不相同。厦门雅宝公司注册服务商标核定使用的服务项目属于国际分类第38类，在类似商品和服务区分表中被归入第3802“通讯服务”类群。今点万维公司和雅宝拍卖公司经营的“雅宝拍卖网”站，主要是利用互联网提供拍卖信息服务，从网络名称、网主的企业名称、网页设计、栏目设置、服务内容来看，都反映了显著的拍卖行业特征。拍卖服务属于国际分类第35类，在类似商品和服务区分表中被归入第3503“销售（合同）代理”类群。因此，厦门雅宝公司注册服务商标核定使用的服务项目与今点万维公司、雅宝拍卖公司所从事的拍卖服务并不构成类似服务。二被上诉人在“雅宝拍卖网”站使用“雅宝”文字标识不会导致消费者对服务的提供者产生混淆和误认，二被上诉人并未侵犯厦门雅宝公司的注册商标专用权，厦门雅宝公司的上诉理由不能成立，其上诉请求不予支持，原审判决认定事实、适用法律均无不当，二审予以维持。

4. 二审定案结论

北京市高级人民法院根据《中华人民共和国民事诉讼法》第一百五十三条第一款之规定，判决如下：

驳回上诉，维持原判决。

**（七）解说**

本案争议的焦点系被告今点万维公司和雅宝拍卖公司网站的主页设计、栏目设置及网站内容中使用了与原告注册的“雅宝”文字商标相同的标识，判断原告与被告提供的服务是否为相同和近似的服务，这是本案的关键所在。

原告注册的“雅宝”文字商标为电信服务类。根据《中华人民共和国电信条例》第二条规定，电信是指利用有线、无线的电磁系统或者光电系统，传送、发射或者接受语音、文字、数据、图像以及其他任何形式的信息活动。电信业务分为基础电信业务和增值电信业务。基础电信业务，是指提供公共网络基础设施、公共数据传送和基本话音通信服务的业务。基础电信业务包括：固定网络国内长途及本地电话业务；移动网络电话和数据业务；卫星通信及卫星移动通信业务；互联网及其他公共数据传送业务；带宽、波长、光纤、光缆、管道及其他网络出租、出售业务；网络承载、接入及网络外包等业务；国际通信基础设施、国际电信业务；无线寻呼业务；转售基础电信业务。增值电信业务，是指利用公共网络基础设施提供的电信与信息服务业务。增值电信业务包括：电子邮件；语音信箱；在线存储和检索；电子数据交换；在线数据处理与交易处理；增值传真；互联网接入服务；互联网信息服务；可视电话会议服务。原告注册商标的主要服务范围包括至少能使二人之间通过感觉方式进行通讯的服务，该类服务包括：（1）能使一人与另一人进行交谈；（2）将一人的消息传递给另一人；（3）使一人与另一人进行口头或视觉的联系。将商标分类与电信条例规定相对照，原告注册商标的服务性质应属于通讯设施和信息传送技术服务。从商标分类中第38类对电信的定义看，原告注册商标的服务项目限于辅助信息传递的服务，尚未包括增值信息服务的项目。被告是以网站的方式提供信息服务，服务性质为网上信息经营者，服务行业为拍卖行业。从其注册网站名称、网主的企业名称、网页设计、栏目设置、服务内容具有明显的拍卖行业的特征。原告提供的是电信设施和电信技术服务，被告是利用电信设施和电信技术提供拍卖信息服务，被告的服务类别与原告注册商标的服务类别，在电信类的大范围内比较，存在明显的差别。

另外，即使是在互联网的服务范围内，原、被告的服务类别也是存在明显差别的。在互联网的服务范围内，按基础设施性服务和增值信息服务分为网络经营商和网络信息服务商，如通常所说的ISP和ICP的服务。网络经营商指为用户提供上网的各种设备连接的经营者。网络信息服务商是指利用网络技术提供信息服务。在信息服务的大概念下，信息服务按服务性质亦分为专业性网站信息服务和综合性网站的信息服务。专业性网站的信息服务，如提供专项交易服务、教育服务、医疗服务、拍卖等；综合性网站的信息服务指提供综合信息、全景网站，如雅虎、搜狐、新浪。原告不能简单地以其“雅宝”商标注册的类别系电信类为由，就认为其商标服务范围也包括了电信类中不同类别和性质的所有服务项目。原告的认识是对其权利保护范围的理解有误。

本案中，厦门雅宝公司注册服务商标核定使用的服务项目与今点万维公司、雅宝拍卖公司提供的网上拍卖服务虽然在处理信息的技术手段和方式上有相同或相似之处，但两者的服务对象、服务内容均不相同。厦门雅宝公司注册服务商标核定使用的服务项目属于国际分类第38类，在类似商品和服务区分表中被归入第3802“通讯服务”的类群。今点万维公司和雅宝拍卖公司经营的“雅宝拍卖网”站，主要是利用互联网提供服务，从网络名称、网主的企业名称、网页设计、栏目设置、服务内容看，都反映出了显著的拍卖行业特征。拍卖服务属于国际分类第35类，在类似商品和服务区分表中被归入第3503“销售（合同）代理”类群。因此，厦门雅宝公司注册服务商标核定使用的服务项目与今点万维公司、雅宝拍卖公司所从事的拍卖服务并不构成类似服务。今点万维公司、雅宝拍卖公司在“雅宝拍卖网”上使用“雅宝”文字标识不会导致消费者对服务的提供者产生混淆和误认，故今点万维公司、雅宝拍卖公司没有侵犯厦门雅宝公司的商标专用权。

（刘　勇）

## 70．广东省烧鹅仔集团有限公司诉成都红沙石健身休闲俱乐部有限公司商标侵权、不正当竞争案（近似商标侵权）

**（一）首部**

1．判决书字号

一审判决书：四川省成都市中级人民法院（2000）成知初字第3号。

二审判决书：四川省高级人民法院（2000）川经终字第351号。

2．案由：商标侵权、不正当竞争案。

3．诉讼双方

原告（被上诉人）：广东省烧鹅仔集团有限公司（以下简称烧鹅仔公司）。

法定代表人：林伟成，董事长。

被告（上诉人）：成都红沙石健身休闲俱乐部有限公司（以下简称红沙石公司）。

法定代表人：陈宇明，董事长。

4. 审级：二审。

5. 审判机关和审判组织

一审法院：四川省成都市中级人民法院。

合议庭组成人员：审判长：陈苹；代理审判员：张洪；人民陪审员：匡世联。

二审法院：四川省高级人民法院。

合议庭组成人员：审判长：张丽华；代理审判员：张冰、谢可。

6. 审结时间

一审审结时间：2000 年 9 月 26 日。

二审审结时间：2001 年 3 月 23 日。

**（二）一审诉辩主张**

1. 原告诉称：烧鹅仔公司于 1994 年 11 月 28 日获得“烧鹅仔”文字及图形的商标注册证。1999 年 9 月，红沙石公司未经烧鹅仔公司许可，擅自使用烧鹅仔公司的注册商标开设银河烧鹅仔美食城。同时，红沙石公司利用烧鹅仔公司已取得的商誉进行虚假宣传，使消费者造成误认。红沙石公司的行为侵犯了烧鹅仔公司的注册商标专利权和构成不正当竞争，请求法院判令红沙石公司立即停止侵权、消除影响；立即停止不正当竞争行为；赔偿因侵权造成的损失 355 万元；向烧鹅仔公司公开赔礼道歉。

2. 被告辩称：烧鹅仔公司并非合法的商标注册人，不具备诉讼主体资格；红沙石公司开办的银河烧鹅仔美食城是经工商行政管理局登记注册的合法企业，所用的商标、文字与企业名称相同，红沙石公司的“烧鹅仔（zi）”并没有读作“烧鹅仔（zai）”，不存在商标侵权和不正当竞争等。

**（三）一审事实和证据**

四川省成都市中级人民法院经审理查明：烧鹅仔公司经受让获得第 772716 号、第 778415 号商标，1995 年 9 月 7 日、1996 年 12 月 28 日，经国家商标局核准为商标注册人。第 772716 号商标核定服务项目为第 41 类，有效期为自 1994 年 11 月 28 日至 2000 年 11 月 27 日。第 778415 号商标核定服务项目为第 42 类，服务项目包括餐馆，有效期为自 1995 年 2 月 21 日至 2005 年 2 月 20 日止。两商标的图案均为：上由三线条组成的鹅，中间系拼音 shaoezai，下为汉字“烧鹅仔”组成的商标。

1999 年 9 月 10 日，银河烧鹅仔美食城经成都市工商行政管理局核准登记注册，并于同月开业。经营范围为餐饮。银河烧鹅仔美食城系红沙石公司的分支机构，不具备法人资格。银河烧鹅仔美食城在经营餐饮场所内的订餐卡、店堂招牌、菜单查询单及广告宣传上均使用上为鹅头，下为与烧鹅仔公司商标文字相同字形不同的“烧鹅仔”三文字组成的图案作为其服务标识。

1999 年 9 月 14 日，红沙石的分支机构银河烧鹅仔美食城在《成都商报》上刊登的《烧鹅仔来了——银河烧鹅仔美食城透视之一》一文中称：“被誉为中国‘麦当劳’的‘烧鹅仔’原产于广东，风靡全国，在北京、上海、沈阳、西安、昆明等大城市已有近 50 家连锁店……‘烧鹅仔’徘徊 3 年之久，迟迟不能进入成都市场，主要是考虑到餐饮王国源远流长，根深蒂固的川菜壁垒和先期进入成都且风头甚劲的洋快餐的剧烈竞争。”

成都市中级人民法院还查明：烧鹅仔公司与北京、广东、西安、石家庄等地签订了特许授权经营合同或加盟经营管理合同等，在全国范围内已形成连锁店的规模；烧鹅仔公司还提交了其与 16 家公司签订的“烧鹅仔”商标使用许可合同。烧鹅仔公司就“烧鹅仔”商标品牌及公司先后在《人民日报》、《北京日报》、《南方日报》、《经济日报》等二十余家全国各地报刊上进行了宣传报道。

烧鹅仔公司未能举证证明红沙石公司侵权期间所获得的利润和其被侵权期间因被侵权所受到的利润损失。广东烧鹅仔公司举出连锁店加盟的许可费和加盟金有 50 万元、100 万元等。烧鹅仔公司为本案诉讼共支付律师费 18 万元。

上述事实有下列证据证明：

1. 国家商标局核准转让第 772716 号、第 778415 号注册商标证明。

2. 烧鹅仔公司店堂内外招牌、标识卡等。

3.1999 年 9 月 14 日、15 日《成都商报》刊载的《烧鹅仔来了——银河烧鹅仔美食城透视之一》、《设计理念，以人为本——银河烧鹅仔美食城透视之二》。

4.1999 年 9 月 16 日《华西都市报》关于银河烧鹅仔美食城的开业广告宣传。

5. 烧鹅仔公司在全国连锁店一览表。

6. 受诉法院的调查笔录、开庭笔录等。

**（四）一审判案理由**

四川省成都市中级人民法院根据上述事实和证据认为：烧鹅仔公司系第 778415 号、第 772716 号“烧鹅仔”商标的合法注册人。注册商标的专用权，以核准注册的商标和核定使用的商品为限。红沙石公司的分支机构在烧鹅仔美食城使用的服务标识与烧鹅仔公司的“烧鹅仔”商标相比，其表现手法雷同，风格近似，整体外观均是使用上为鹅的图形与下为“烧鹅仔”的文字组成的图形。“烧鹅仔”三字读音、含义和排列相同，仅在表现形式上不尽相同；图形所指事物及内涵相同，仅在鹅的局部与整体及表现形式上不尽相同，应认定为近似商标。红沙石公司分支机构银河烧鹅仔美食城未经商标专用权人许可，在与烧鹅仔公司的注册商标核定使用的相同服务上使用与烧鹅仔公司注册商标相近似的服务标识，构成对烧鹅仔公司商标专用权的侵犯。银河烧鹅仔美食城在报刊上的宣传，易使消费者对市场主体及服务来源产生混淆，误认为红沙石公司的分支机构系烧鹅仔公司的关联企业。在红沙石公司开办的分支机构银河烧鹅仔美食城经营与烧鹅仔公司相同服务的情况下，银河烧鹅仔美食城的行为侵害了烧鹅仔公司公平竞争的合法权益，违反了诚实信用原则和公认的商业道德，构成了不正当竞争。银河烧鹅仔美食城系红沙石公司的分支机构，红沙石公司应承担由此产生的商标侵权及不正当竞争的民事法律责任。综合烧鹅仔公司已取得的商誉及进行的广告投入，知识产权的类型，红沙石公司不正当竞争的影响及侵权时间以及烧鹅仔公司实现诉讼开支合理的差旅费、律师费，红沙石公司主观过错等，法院采用定额赔偿方法，决定损害赔偿额为 30 万元。烧鹅仔公司请求赔偿损失 355 万元的主张证据不足，法院不予支持。

**（五）一审定案结论**

四川省成都市中级法院根据《中华人民共和国民事诉讼法》第一百三十四条第一款、第二款、第三款，《中华人民共和国反不正当竞争法》第二条、第九条第一款，《中华人民共和国商标法》第四条第三款、第三十七条、第三十八条第一款第（一）项之规定，作出如下判决：

1. 红沙石公司立即停止在其分支机构银河烧鹅仔美食城餐馆的服务场所、服务招牌、服务工具、广告中使用烧鹅仔公司“烧鹅仔”商标专用权的侵权行为。

2. 红沙石公司立即停止不正当竞争行为。

3. 红沙石公司在《成都商报》上刊登向烧鹅仔公司致歉声明。

4. 红沙石公司向烧鹅仔公司支付赔偿金 30 万元。

5. 驳回烧鹅仔公司其他诉讼请求。

案件受理费 27 260 元，陪审员费 500 元，共计 27 760 元，由红沙石公司承担。

**（六）二审情况**

1. 二审诉辩主张

（1）上诉人诉称：上诉人开办的分支机构银河烧鹅仔美食城系经依法核准登记注册的合法企业，其所使用的标识中的文字“银河烧鹅仔”或“烧鹅仔”与其企业名称相同，上诉人依法享有该企业名称权并受相关法律、法规保护。该企业名称及其标识与被上诉人烧鹅仔公司的注册商标相比，其外观、形状、构图、字形、读音、图形与文字的组合、含义、表现形式等完全不同，两者之间并无相似之处，且不会造成消费者的误认，因此，上诉人开办的分支机构的企业名称及其使用的标识不构成对被上诉人注册商标的侵权；《成都商报》和《华西都市报》上刊载的宣传文章系该报的记者所为，与上诉人无关。因此，报刊记者所为的宣传文章，应由其承担法律责任。一审判决将报社及记者的行为认定为上诉人的行为而判定上诉人构成不正当竞争与事实不符。综上所述，一审判决在认定事实错误的前提下，却适用《商标法》第四条第三款、第三十七条、第三十八条第一款第一项之规定，显然系适用法律错误；此外，被上诉人的“烧鹅仔”注册商标违反了《商标法》第八条第一款第（五）项、第（六）项的禁止性规定，使用了本商品的通用名，直接表示了商品的原料，属于不当注册，商标评审委员会已受理了上诉人提出的裁定撤销该注册商标的申请，上诉人在一审开庭时提出对本案中止审理的要求，未根据有关法律规定作出中止诉讼的裁定；被上诉人在一审中起诉上诉人“擅自使用”其注册商标而侵犯其商标权，而一审法院却对上诉人的分支机构使用的服务标识与被上诉人的注册商标是否近似加以认定；原审判决损害赔偿金额为 30 万元，却未表明认定该赔偿额的有关依据。综上所述，原审判决认定事实有误，适用法律错误，审理程序违法。请求二审法院查明事实，依法撤销一审判决，驳回被上诉人的诉讼请求。

（2）被上诉人辩称：上诉人分支机构使用的“烧鹅仔”文字和图形，虽然在字形和图形上有的不同，但在读音、含义、排列顺序上相同，从文字与图形的整体结构上来看也非常相似；另外，该企业所从事的服务，与被上诉人注册商标核定使用的服务项目相同，而上诉人在服务标识上故意突出其字号，如在酒楼内的餐具以及纸巾外包装上，都醒目地印上了“烧鹅仔”字样，却不使用企业名称的全称，其用意不言自明；为了扩大影响，在开业前，上诉人连续两天在《成都商报》上对烧鹅仔的起源、发展以及经营模式作了详细介绍，同时向记者表明，银河烧鹅仔美食城就是徘徊了 3 年之久才进入成都市场的广东“烧鹅仔”，上诉人在《华西都市报》所做的开业广告中，自称为“中国的‘麦当劳’，风靡全国的品牌”，上述行为明显地是在做虚假宣传，并借用烧鹅仔公司的商誉，误导消费者，将其开办的“银河烧鹅仔”与被上诉人创办的广东烧鹅仔混为一体。上诉人的上述行为构成了不正当竞争。综上所述，请求二审法院依法驳回上诉人的上诉，维持一审判决。

2. 二审事实和证据

四川省高级人民法院经审理查明，一审法院查明的事实属实。

二审法院还查明，1999 年 3 月 30 日，国家工商行政管理局商标局商标（1999）12 号《关于保护服务商标若干问题的意见》第五条第一款第（二）项对在相同或类似服务上，擅自将与他人服务商标相同或者近似的文字作为服务名称使用，并足以造成误认的，确认属于服务商标侵权行为。

二审确认的证据与一审确认的证据相同。

3．二审判案理由

四川省高级人民法院认为：商标是区别不同商品或者服务来源的标志，由文字、图形或者其组合构成。烧鹅仔公司系经国家商标局转让注册核准取得"烧鹅仔"注册商标的合法注册人，故烧鹅仔公司即是"烧鹅仔"注册商标的专用权人，其合法权益应受法律保护，未经商标注册人许可，任何企业均不得在其经营中擅自将与他人注册商标相同或近似的文字作为服务标识使用。上诉人的分支机构银河烧鹅仔美食城在其经营餐饮中的订餐卡、店堂招牌、菜单查询单等服务标识上均使用上为鹅头、下为与被上诉人注册商标"烧鹅仔"文字相同的图案，虽然上诉人在其服务标识上使用的"烧鹅仔"与被上诉人注册商标的"烧鹅仔"字体不同，但两者使用的文字相同，含义相同，按通常的习惯读音也相同。因此，上诉人的分支机构银河烧鹅仔美食城在相同服务上，擅自将与被上诉人注册商标相同的"烧鹅仔"文字作为服务标识使用，已构成对被上诉人注册商标的侵权。

企业名称是区别不同市场主体的标志，由行政区划、字号、行业或经营特点、组织形式构成。上诉人的分支机构银河烧鹅仔美食城经成都市工商行政管理局核准注册登记的企业名称中有"烧鹅仔"文字，其企业名称在该注册所在地行政区域范围内享有专用权，受企业名称登记管理的有关法律、法规保护。但是，由于企业名称及注册商标分别受不同法律、法规调整，上诉人的分支机构在其服务标识上擅自使用烧鹅仔公司注册在先的商标中的文字"烧鹅仔"作为其服务标识，而注册商标依法受《商标法》保护，任何人未经许可均不得擅自使用他人注册商标，故上诉人的分支机构以其合法享有银河烧鹅仔美食城企业名称，则在其服务标识上使用与其企业名称中的字号相同的文字"烧鹅仔"不构成对被上诉人注册商标侵权的主张不能成立。

上诉人的分支机构银河烧鹅仔美食城于 1999 年 9 月 14 日在《成都商报》上刊登的《烧鹅仔来了》一文中称：被誉为中国"麦当劳"的烧鹅仔原产于广东，风靡全国，在北京、上海等大城市已有近 50 家连锁店……烧鹅仔徘徊 3 年之久，迟迟不能进入成都市场，主要是考虑到餐饮王国源远流长等，但实际上上诉人的分支机构系当年 9 月 10 日经工商行政管理局核准登记。该文的宣传易使消费者对市场主体及服务来源产生混淆，误认为上诉人分支机构系被上诉人的关联企业，或上诉人的分支机构源于广东"烧鹅仔公司"。由此，一审法院关于上诉人分支机构的行为，侵害了被上诉人的公平竞争的合法权益和有损于被上诉人的正当经营而构成不正当竞争的认定正确。上诉人称一审判决未对《成都商报》登载的内容进行审查认定的理由，因与事实不符，本院不予支持。《成都商报》登载该文虽无上诉人及分支机构的署名，但《成都商报》广告部的情况说明中说明，《成都商报》登载该文系上诉人出资刊登该文，故一审法院认定《成都商报》于 1999 年 9 月 14 日登载的《烧鹅仔来了》一文系上诉人出资刊发广告的行为正确，上诉人称该宣传文章系该报的记者所为而与其无关，因与事实不符，本院不予支持。

上诉人以被上诉人的“烧鹅仔”注册商标违反了《商标法》第八条第一款第（五）项、第（六）项的禁止性规定，直接表示了商品的原料属于不当注册并已由该商标评审委员会受理了上诉人请求裁定撤销该注册商标的申请为由，要求对本案中止审理，但因上诉人关于诉讼中商标评审委员会受理了当事人的请求裁定撤销注册商标申请，本案即应中止对案件的审理并无相应的法律依据，一审法院未裁定中止本案的审理并无不当，故上诉人称一审法院违反法定程序无法律依据，本院不予支持。

本案被上诉人在一审中未能举证证明上诉人红沙石公司及其分支机构银河烧鹅仔美食城在侵权期间所获利润和其在被侵权期间因被侵权所受到的损失，上诉人在一审期间内亦未能提交侵权获利的相关证据，一审法院综合烧鹅仔公司已取得的商誉及进行的广告投入，红沙石公司不正当竞争的影响及侵权时间以及“烧鹅仔”公司实现诉讼的合理开支，红沙石公司的主观过错等，采用定额赔偿方法确定损害赔偿额的方法合理，且不违反法律规定。上诉人称原审判决认定赔偿额无依据而程序违法，因于法无据，本院不予支持。

4．二审定案结论

四川省高级人民法院根据《中华人民共和国民事诉讼法》第一百五十三条第一款第（一）项之规定，作出如下判决：

维持原判，驳回上诉。

本案第二审诉讼费 13 630 元，全部由红沙石公司负担。

**（七）解说**

1．企业名称（字号）保护与注册商标保护的冲突是本案当事人争议的焦点。企业名称是区别不同市场主体的标志，通常由行政区划、字号、行业或经营特点和组织形式构成，实行的是企业名称在该注册所在地行政区划范围内享有专用权，受《企业名称登记管理规定》有关法规的保护。本案上诉人的分支机构银河烧鹅仔美食城系经成都市工商行政管理局核准登记，其企业名称在成都市行政区划内享有专用权。注册商标“烧鹅仔”依法受商标法保护，未经商标专用权人许可，擅自使用与注册商标相同或相似的服务标记即构成对商标专用权的侵犯。依据国家工商行政管理局于 1999 年发布的《关于解决商标与企业名称若干问题的意见》，商标专用权和企业名称权均是经法定程序确认的权利，分别受商标法律、法规和企业名称登记管理法律、法规保护，由于企业名称及注册商标分别受不同法律、法规调整，我国目前没有明确处理商标专用权与字号或企业名称权冲突的法规，该意见只是规定了商标中的文字和企业名称中的字号相同或者近似，使他人对市场主体及其商品或者服务的来源产生混淆的可能，应当适用维护公平竞争和保护在先合法权利人利益的原则。司法实践中对驰名商标的保护已扩大到在企业名称上使用与驰名商标相同的文字构成侵犯商标专用权，对非驰名商标则不能扩大到此保护范围。依据上述意见，在发生损害商标专用权人的公平竞争和在先合法权益时，构成对商标专用权人的不正当竞争。因此，企业名称的保护与注册商标的保护：一是保护范围不同，企业名称只在注册地的行政区划内受保护。注册商标在全国范围内受保护；二是法律适用及后果不同，企业名称受行政规章的调整，违反有关规定的后果是受行政处罚。注册商标受商标法调整，违反有关规定，依法应承担民事侵权责任，后果严重的，还要负刑事责任。因此，本案上诉人的分支机构银河烧鹅仔美食城虽然符合相关企业名称登记管理的规定，但因上诉人在相同服务上将与他人注册商标相同的文字作为其经营场所的服务名称和商品装潢使用，构成商标法中侵权的法定要件，仍应承担侵犯注册商标专用权的侵权责任。

2. 注册商标专用权范围及保护范围不同。商标是商品的生产者或者经营者在其生产、加工和销售的商品上或者服务中以文字、图形、字母、数字等所制作的用以证明该商品或者服务的特定身份的一种标记，即商标是将一企业的商品或者服务与其他企业的商品或者服务区分开的标记。由此可见，商标最基本的作用就是用以区分商标或者服务的提供者。商标分商品商标和服务商标两大类。服务商标是指经营者对其提供的服务项目经申请注册取得的一种标志。根据商标法的规定，有关商品商标的规定同样适用于服务商标，也就是说，服务商标同样可以通过注册获得法律保护。

2001 年新修改的《商标法》第五十一条规定，注册商标的专用权以核准注册的商标和核定使用的商品为限。"核准注册的商标"是指经过核准的文字、图形或者其组合经注册后依法享有注册商标专用权。注册商标的专用权"以核定使用的商品为限"是指注册商标的专用权只能在核定的商品上使用。此条款一是明确了注册商标专用权的权利内容，二是明确了注册商标在什么范围或者对象上使用。同理，服务商标的专用权则以其核准注册的商标和核定的服务项目为限。本案被上诉人核准注册的服务商标图案为上由三线条组成的鹅，中间系拼音 shaoezai，下为汉字"烧鹅仔"，核准的服务项目为第 41 类、第 42 类，即被上诉人的注册商标在包括餐饮在内的服务项目范围内享有专用权。上诉人的分支机构在其经营的餐饮中的订餐卡、店堂招牌、菜单等服务工具上均使用了上为鹅头，下为与被上诉人的注册商标文字相同，字形不同的"烧鹅仔"三文字的组合图案作为其服务标记。其在服务标记上使用的"烧鹅仔"虽然与被上诉人注册商标的"烧鹅仔"字体不同，但两者的文字相同，含义相同，按通常习惯读音也相同。因此，应确认上诉人分支机构在其经营中使用的服务标记与被上诉人注册商标的文字"烧鹅仔"相近似，根据商标法的有关规定，已构成对注册商标专用权的侵犯。此外，还须注意的是，根据《商标法》第五十一条的规定，商标专用权人独占使用其注册商标专用权的范围以其注册核定的商品或者服务项目为限。依据《商标法》第五十二条规定，注册商标专用权的保护范围则大于注册商标专用权的范围，即注册商标专用权的保护范围除核准注册的商品外，还扩大到在类似商品上使用与其注册商标相同或者相近似的商标、销售侵犯注册商标专用权的商品等都构成侵犯注册商标专用权。

3. 不正当竞争问题。不正当竞争是指经营者违反诚实信用原则，采取损害其他经营者的合法权益，扰乱经济秩序的行为。根据《反不正当竞争法》第九条的有关规定，经营者利用广告和其他方法对商品的质量、生产者等作引人误解的虚假宣传属于不正当竞争行为。本案被上诉人在北京、广东等全国范围内已形成连锁店的规模，并就"烧鹅仔"商标品牌先后在《人民日报》、《南方日报》、《经济日报》等二十余家全国各地报刊上进行了宣传报道。上诉人的分支机构系当年的 9 月 10 日经工商行政管理局核准登记，同年 9 月 14 日即在当地报刊上登载易使消费者对市场主体及服务来源产生混淆，误认为上诉人的分支机构与被上诉人之间有关联的广告宣传。由于上诉人在报刊上的载文已属于足以导致消费者对其服务产生误解的虚假宣传，其"搭便车"的目的明显，该行为侵害了被上诉人公平竞争的合法权益和有损于被上诉人的正当经营，依照《反不正当竞争法》的有关规定，上诉人的行为已构成对被上诉人的不正当竞争。

（罗书平　张冰）

## 71. 上海白象天鹅电池有限公司诉无锡高达电池有限公司等商标侵权案

(一) 首部

1. 判决书字号

一审判决书：上海市第一中级人民法院（2000）沪一中知初字第67号。

二审判决书：上海市高级人民法院（2000）沪高知终字第34号。

2. 案由：商标侵权案。

3. 诉讼双方

原告（被上诉人）：上海白象天鹅电池有限公司。

法定代表人：范宪，总经理。

委托代理人：刘继明，上海白象天鹅电池有限公司员工。

委托代理人：施全红，上海市华联律师事务所律师。

被告（上诉人）：无锡高达电池有限公司（以下简称高达公司）。

法定代表人：顾耀明，董事长。

委托代理人：高志平，江苏无锡高志平律师事务所律师。

被告（上诉人）顾永彦，男，汉族，1951年12月22日出生，住江苏省锡山市前洲镇浮舟村陈家坝。

委托代理人：华江燕，江苏无锡泰伯律师事务所律师。

被告：上海老同盛有限公司（以下简称老同盛公司）。

法定代表人：顾栋华，董事长。

委托代理人：毛伟亮，老同盛公司员工。

4. 审级：二审。

5. 审判机关和审判组织

一审法院：上海市第一中级人民法院。

合议庭组成人员：审判长：蒋丽珍；代理审判员：黎淑兰、刘洪。

二审法院：上海市高级人民法院。

合议庭组成人员：审判长：须建楚；审判员：于金龙、王海明。

6. 审结时间

一审审结时间：2001年4月25日。

二审审结时间：2001年9月11日。

(二) 一审诉辩主张

1. 原告上海白象天鹅电池有限公司诉称：原告是电池"白象牌"注册商标的所有人，生产的"白象牌"电池是上海市工商行政管理局（以下简称上海市工商局）第一批认定的著名商标之一，同时被列入全国重点商标保护名录。自1998年2月至2000年11月间，被告人高达公司未经其许可，擅自生产“白象牌”“LR6（5号）、LR3（7号）”电池及白坯电池（白坯电池底部均印有“白象牌”电池专用标记“H”），其间曾受到锡山市工商行政管理局（以下简称锡山市工商局）和无锡工商行政管理局（以下简称无锡市工商局）的行政处罚。1999年9月10日，顾永彦在给无锡陈小英提供假冒的“白象牌”电池时，被苏州工商行政管理局金阊分局（以下简称苏州市工商局）当场查获。同年10月28日，该局对顾永彦和陈小英分别作出了行政处罚。2000年1月，上海市工商行政管理局浦东新区分局（以下简称浦东工商局）在检查时发现老同盛公司销售假冒的“白象牌”电池，电池包装箱内发现1张高达公司的产品合格证。

原告认为，三被告生产或销售假冒“白象牌”电池的违法行为，严重地侵犯了原告的注册商标专用权，扰乱了原告正常的生产经营秩序，给原告带来较大的经济损失，并对原告的商品声誉构成了巨大危害。尤其是高达公司和顾永彦屡教不改。原告请求法院判令：(1) 三被告停止侵害原告注册商标专用权的行为，不得再生产、销售使用原告注册商标的产品；(2) 高达公司和顾永彦就其侵权行为登报赔礼道歉、消除不良影响，老同盛公司书面向原告道歉；(3) 高达公司赔偿原告经济损失人民币72万元；(4) 顾永彦赔偿原告经济损失人民币28万元。

2. 被告高达公司辩称：(1)“白象牌”注册商标的原所有人上海电池厂已依法破产，原告在1999年10月28日才受让该注册商标，所以，原告对高达公司在此日期之前的商标侵权行为没有资格主张权利；(2) 原告与破产企业上海电池厂也没有债权、债务上的继承关系，故原告对上海电池厂存续期间，高达公司的商标侵权行为也不能代位主张权利；(3) 顾永彦个人的商标侵权行为与高达公司无关。

3. 被告顾永彦辩称：顾永彦在原告诉讼主体资格问题上的辩称意见与高达公司相同。另辩称，苏州市工商局认定其制造、销售假冒“白象牌”电池的数量中，有部分是其在高达公司的职务行为，不应由其个人承担责任。

4. 被告老同盛公司没有提出答辩意见。

**(三) 一审事实和证据**

上海市第一中级人民法院经公开审理查明：

1. 白象图形、“白象牌”及“WHITE ELEPHANT”是原上海电池厂的注册商标，商标注册证为第100073号，核准使用商品第9类：干电池。1999年5月20日，原告依法成立。同年7月1日，上海电池厂破产清算组与原告签订一份商标使用许可合同，将上述注册商标许可原告使用，并约定合同至该商标所有权转让之日终止。该许可合同报国家工商行政管理局商标局（以下简称商标局）备案。同年8月27日，破产清算组与原告又签订了一份产权转让合同，约定上海电池厂的机器设备、厂房、商标和流动资产等产权，经资产评估后以人民币5 000万元有偿转让给原告。在债权、债务的处理一栏内，双方约定：上海电池厂的债务由其清算组自行解决。该合同经上海产权交易所鉴证，合同编号：(1999年) B003号。同年9月2日，上海市第二中级人民法院裁定认可上海电池厂破产清算组的破产财产分配方案，清偿率为2.04%。同年9月21日，该院裁定终结上海电池厂破产程序。次日，上海市工商局与原告签订了商标权益保护协议书，约定该局对原告拥有的“白象牌”注册商标给予特殊保护。同年10月27日，上海电池厂被依法注销。同年10月28日，商标局核准“白象牌”注册商标由上海电池厂转让给原告。该注册商标现尚在有效期限内。

1997年7月31日，经上海市工商局审定，上海电池厂注册并使用在电池商品上的“白象牌”商标为上海市著名商标。2000年7月26日，《中国工商报》上刊登了“全国重点商标保护名录”，其中序号18为“白象牌”商标，注册人为原告。2001年1月，该商标再次被审定为上海市著名商标。

上述事实由下列证据证明：

(1) 原告的营业执照、商标使用许可合同及其备案表、产权转让合同、上海市第二中级人民法院民事裁定书、商标权益保护协议书、“白象牌”商标注册证。

(2) 著名商标证书、全国重点商标保护名录和上海市工商局著名商标公告。

2.1998年12月，经上海电池厂举报，锡山市工商局前往高达公司调查取证，在该公司车间里发现上海电池厂“白象牌”电池包装纸，经询问该公司副总经理顾永年，顾承认当年6月1日，浙江义乌市劲量电池有限公司（以下简称劲量公司）金某拿来“白象牌”电池的包装纸、包装盒，委托加工“白象牌”电池，在这些电池上均印有上海电池厂的厂名及厂址，金某未提供商标使用许可合同。据顾提供的增值税专用发票记载，高达公司为劲量公司加工假冒“白象牌”LR6电池19 200节，单价为人民币0.74元，LR3电池18 816节，单价为0.72元，共计销售款27 755.52元。顾在询问中还承认，1998年2月至7月间，高达公司为他人生产假冒“白象牌”电池提供白坯电池，其中LR6电池113 040节，LR3电池98 992节。正品LR6白坯电池单价为0.72元或0.74元，LR3白坯电池单价为0.72元，共计销售款151 986.24元。顾亦向锡山市工商局提供了高达公司销售上述白坯电池的增值税专用发票。1999年2月9日，锡山市工商局对高达公司作出了行政处罚。

上述事实有下列证据证明：

1999年2月9日锡山市工商局对高达公司的行政处罚决定书。

3.2000年1月20日，浦东工商局在检查老同盛公司北艾商场时发现该商场销售假冒的“白象牌”电池，并在其仓库内查获假冒的“白象牌”LR6电池832节、LR3电池1 293节。在商场销售的“白象牌”电池的包装箱内发现有上海电池厂和高达公司的产品合格证各一张，合格证上均标有“2000年1月8日”的日期。同年3月13日，该局会同无锡市工商局追踪到高达公司，查获了高达公司生产假冒“白象牌”电池的现场，并查扣假冒“白象牌”LR6电池7 000节、LR3电池2 000节、“白象牌”商标标贴1.5万张及印有“白象牌”注册商标和原告企业名称的电池包装盒2 000只。高达公司副总经理邓岳兴在工商部门询问时承认从1999年4月至案发，高达公司共生产假冒“白象牌”LR6、LR3电池各3.2万节，以每节0.60元的价格销售LR6电池2.5万节，以每节0.55元的价格销售LR3电池3万节，共得销售款31 500元。邓还承认，由于知道是制假，所以交易时不订合同，不开发票，不留任何证据。同年4月25日，无锡市工商局对高达公司作出了行政处罚。

上述事实有下列证据证明：

(1) 浦东工商局于2000年1月在老同盛公司北艾商场查获的假冒“白象牌”电池产品合格证。

(2) 产品鉴定报告。

(3) 该局向老同盛公司北艾商场唐国光所作的询问笔录。

(4) 同年4月25日无锡市工商局对高达公司作出的行政处罚决定书。

4.2000年下半年,苏州富士胶片映像机器有限公司(以下简称富士公司)发现购进的"白象牌"电池质量有问题,遂与原告交涉,被告知是假冒电池。同年11月17日,原告为此请求苏州市技术监督局(以下简称苏州技监局)对上述假冒劣质电池进行调查。根据调查获取的增值税专用发票记载,2000年3月至11月,高达公司向苏州工业园区天龙电器有限公司(以下简称天龙公司)销售电池408 480节,每节价格1.30元。期间天龙公司以每节1.70元的价格销售给苏州市平江区新欣物资公司(以下简称新欣公司),新欣公司又以每节1.90元的价格销售给富士公司。高达公司开具给天龙公司和天龙公司开具给新欣公司的增值税专用发票上均只写明是LR6电池。新欣公司开具给富士公司的增值税专用发票上写明是"白象牌"5号电池,合计数量为36万节。天龙公司和新欣公司的业务员在苏州技监局询问时都承认销售给下家的电池系"白象牌"。天龙公司经理李明和业务员王苏娅陈述该公司销售给下家的"白象牌"电池均从高达公司进货,并提供了增值税专用发票。

上述事实有下列证据证明:

(1) 2000年3月至11月高达公司向天龙公司销售LR6电池而开具的增值税专用发票。

(2) 苏州技监局向天龙公司业务员所作的调查笔录。

(3) 原告律师向天龙公司经理所作的调查笔录。

5. 顾永彦原是高达公司的副厂长,1999年3月离开高达公司。同年4月8日,其与他人共同投资成立锡山市永华电池有限公司(以下简称永华公司)。1999年9月10日,因苏州客户需要,陈小英要求顾永彦提供假冒"白象牌"LR6电池20箱、LR3电池10箱。顾永彦因无货,遂与上海的秦某联系。该人当即将货运至无锡陈小英处。陈小英因没有交通运输工具,顾永彦遂帮助其联系了车辆,将上述假冒"白象牌"LR6电池20箱(720节/箱)、LR3电池10箱(1 080节/箱)运往苏州,结果被苏州市工商局查获。在工商部门,顾永彦承认自1999年4月起,由于永华公司的设备尚未调试好,故其个人采用购进假冒的"白象牌"商标标贴、"白象牌"电池内、外包装盒等手法,委托他人加工假冒"白象牌"LR6、LR3电池共30余万节,主要销给陈小英及上海的秦某,利润由其个人赚取。期间的所有交易均不订合同、不开发票、现金结算。1999年10月28日,苏州市工商局对顾永彦作出了行政处罚。

上述事实有下列证据证明:

(1) 永华公司的工商登记资料。

(2) 1999年10月28日苏州市工商局分别对顾永彦和陈小英作出的行政处罚决定书。

**(四) 一审判案理由**

上海市第一中级人民法院根据上述事实和证据认为:

1. "白象牌"是原告从破产企业上海电池厂依法受让的注册商标,原告依法享有的注册商标专用权应受法律保护。"白象牌"是原上海电池厂和本案原告标明自己生产的电池与同业竞争企业生产的电池相区别的标记。"白象牌"注册商标被审定为上海市著名商标和列入全国重点商标保护名录,这反映了"白象牌"电池的质量、信誉和社会的认知程度。高达公司和顾永彦明知“白象牌”注册商标权利人先后为原上海电池厂和本案原告，但仍在生产、经营活动中将伪造或仿造的“白象牌”商标标识用于自己生产的电池上，其目的在于引起消费者的误认、误购，挤占商标权人的商品市场，从中牟取非法利润。二被告的这种行为违背了诚实信用的商业道德，损害了注册商标权利人及消费者的合法权益，破坏了公平竞争的市场秩序。《商标法》第三十八条第（一）项规定，未经注册商标所有人的许可，在同一种商品或者类似商品上使用与其注册商标相同或者近似的商标的，是侵犯注册商标专用权行为。根据该项规定，高达公司和顾永彦的行为系侵犯原告注册商标专用权的行为，而且是一种假冒注册商标的行为。另外，《商标法实施细则》第四十一条第（三）项规定，故意为侵犯他人注册商标专用权行为提供仓储、运输、邮寄、隐匿等便利条件的，属于《商标法》第三十八条第（四）项规定的“给他人的注册商标专用权造成其他损害”的行为。因此，顾永彦为他人销售假冒“白象牌”电池提供运输等便利条件的行为，也是一种侵犯原告注册商标专用权的行为。

2．高达公司在庭审中否认从富士公司查获的假冒“白象牌”电池来源于自己的公司。本院对此如何作出认定，应根据现有的证据分析判断。从查获的增值税专用发票看，反映电池的流通过程是从高达公司到天龙公司，再到新欣公司，最后到富士公司，电池的销售单价依次递增，销售的数量依次递减，由此可以看出，电池销售的单价、数量与其流通的方向未存在矛盾。从电池的品牌来看，在富士公司查获的是假冒“白象牌”电池，这些电池是由新欣公司提供的，而新欣公司提供的电池来源于天龙公司，上述三公司对自己销售或使用的电池系假冒“白象牌”电池无异议。天龙公司提供了其购买上述电池的增值税专用发票，证明供货方为高达公司。高达公司也承认向天龙公司销售过40万余节电池，但辩解是白坯电池。然而该电池的销售单价恰恰与高达公司以前销售白坯电池的单价发生了矛盾，高出将近1倍，且高达公司也未提供其他有效证据证明其辩解，故该辩解不能成立。综合上述证据分析，结合高达公司以前已有制假行为，本院认定富士公司购进的假冒“白象牌”电池最终来源于高达公司。

3．高达公司否认老同盛公司销售的假冒“白象牌”电池与其有关。鉴于在老同盛公司销售的假冒“白象牌”电池的包装箱内查获了高达公司的产品合格证，无锡市工商局接此举报后，在高达公司的生产车间查获到大量的假冒“白象牌”电池、“白象牌”商标标贴和包装盒，且印有原告的企业名称。因此，本院认定老同盛公司销售的假冒“白象牌”电池来自高达公司。

4．顾永彦虽然辩称其在苏州市工商局承认的制假30余万节的数量中有部分是其在高达公司的职务行为，但未能提供证据予以证明，且其对苏州市工商局的行政处罚决定书和该局对其所作询问笔录的真实性亦无异议。

5．关于高达公司、顾永彦对原告主张受让“白象牌”注册商标前的商标权利所提异议，本院认为，首先应该确定原告从何时开始可以对被告的侵权行为主张权利。虽然原告是在1999年10月28日被商标局核准受让“白象牌”注册商标，但在当年的7月1日原告就已经通过合同取得了该注册商标的使用许可。在被许可使用到核准受让注册商标这段时间内，该注册商标的所有人上海电池厂已进入破产清算程序，无法使用该注册商标从事经营活动。在本案的审理中被告也未举证证明该注册商标有除原告以外的其他被许可使用人，故原告从1999年7月1日起就可以作为该注册商标的利害关系人，对被告的侵权行为主张权利。对 1999 年 7 月 1 日之前，被告侵犯上海电池厂“白象牌”注册商标专用权的行为，原告能否主张权利呢？从原告与上海电池厂破产清算组签订的产权转让合同来看，原告是有偿受让上海电池厂的机器设备、厂房、商标和流动资产等产权。原告与上海电池厂不存在债权、债务上的继受关系，对上海电池厂存续期间发生的侵权之债权，在合同中也未明确约定由原告取得。故原告对 1999 年 7 月 1 日以前被告侵犯上海电池厂“白象牌”注册商标专用权的行为主张权利，尚缺乏法律依据，本院难以支持。高达公司、顾永彦的异议能够成立。

6. 高达公司在假冒他人注册商标的行为被工商行政管理部门行政处罚后仍不予改正。顾永彦离开高达公司后继续实施假冒他人注册商标的行为，二被告恶意侵权的主观过错十分明显。

综上所述，原告要求高达公司、顾永彦停止侵害、赔偿损失、公开赔礼道歉、消除影响的诉讼请求于法有据，应予支持。由于原告的实际损失和二被告的侵权获利难以计算，故由本院根据二被告的主观过错、侵权事实和情节酌情确定。

最后，老同盛公司在庭审中对自己销售假冒“白象牌”电池的行为未作任何辩解，也未提供其销售的电池来源于合法渠道的证据，且对原告要求其承担的民事责任也未提出异议，本院视为老同盛公司同意原告对其提出的诉讼请求。原告要求老同盛公司停止侵权、书面赔礼道歉的诉讼请求可予支持。

**（五）一审定案结论**

上海市第一中级人民法院根据《中华人民共和国民法通则》第一百三十四条第（一）项、第（七）项、第（九）项、第（十）项，《中华人民共和国商标法》第三十八条第（一）项、第（四）项的规定，作出如下判决：

1. 被告无锡高达电池有限公司、顾永彦停止对原告上海白象天鹅电池有限公司“白象牌”注册商标专用权的侵害。

2. 被告上海老同盛有限公司停止销售假冒原告上海白象天鹅电池有限公司“白象牌”注册商标的电池。

3. 被告无锡高达电池有限公司赔偿原告上海白象天鹅电池有限公司经济损失人民币 50 万元，于本判决生效之日起 10 日内履行完毕。

4. 顾永彦赔偿原告上海白象天鹅电池有限公司经济损失人民币 25 万元，于本判决生效之日起 10 日内履行完毕。

5. 被告无锡高达电池有限公司、顾永彦于本判决生效之日起 1 个月内各自在上海《新民晚报》、江苏《新华日报》除中缝以外的版面上刊登道歉声明（尺寸 9cm×11cm，内容须经本院审核），就各自侵犯“白象牌”注册商标专用权的行为向原告上海白象天鹅电池有限公司赔礼道歉、消除影响。

6. 被告上海老同盛有限公司于本判决生效之日起 10 日内就其销售假冒“白象牌”注册商标电池的行为向原告上海白象天鹅电池有限公司书面赔礼道歉。

本案诉讼费人民币 15 010 元，由被告无锡高达电池有限公司负担 1 万元，顾永彦负担 5 000 元，被告上海老同盛有限公司负担 10 元。

**（六）二审情况**

1. 二审诉辩主张

(1) 上诉人高达公司诉称：第一，原审判决认定事实错误。上诉人认为上海电池厂已于 1999 年 9 月 21 日依法裁定破产，因此，上海电池厂已丧失了对其破产前侵犯其商标权的侵权行为的诉讼资格，被上诉人无权代替破产的上海电池厂行使追诉权。被上诉人指挥上诉人侵犯“白象牌”商标权的侵权行为均发生在 1999 年 10 月 28 日之前，因此，被上诉人对侵犯上海电池厂商标专用权的行为不享有诉权。2000 年 4 月 25 日，无锡市工商局对上诉人作出的行政处罚所认定的事实是上诉人擅自假冒被上诉人公司名称而非侵犯被上诉人“白象牌”商标专用权。第二，被上诉人请求上诉人赔偿的数额缺乏证据。被上诉人既未提供其因被侵权所受到的损失的证据，也未提供上诉人因侵权所获利润的证据，法院判决上诉人赔偿被上诉人 50 万元经济损失在法理和事实上没有依据。请求二审法院撤销原判，依法改判或者发回重审。

(2) 被上诉人上海白象天鹅电池有限公司辩称：其从 1999 年 7 月 1 日起就对上诉人和原审被告的侵权行为享有诉讼权利。请求二审法院驳回上诉人的上诉请求。

2. 二审事实和证据

上海市高级人民法院查明：(1) 二审法院认定白象图形、“白象”和“WHITE ELEPHANT”是原上海电池厂依法取得的注册商标。(2) 1999 年 7 月 1 日，上海电池厂破产清算组与被上诉人签订一份商标使用许可合同，将上述商标许可被上诉人使用，且未将上述商标许可给被上诉人以外的任何第三人，该许可合同并报国家工商行政管理局备案。(3) 同年 8 月 27 日，破产清算组与被上诉人又签订一份产权转让合同，将商标等产权，有偿转让给被上诉人。同年 8 月 28 日，国家商标局核准“白象牌”注册商标由上海电池厂转让给被上诉人。(4) 2000 年 3 月 14 日，工商部门在上诉人处当场查获了部分侵权产品并取得大量相关侵权证据。(5) 2000 年 4 月 25 日，无锡市工商局工商案（2000）第 52 号处罚决定书，认定上诉人未经被上诉人许可，擅自生产假冒被上诉人名称的“白象牌”电池的行为是商标侵权。

3. 二审判案理由

上海市高级人民法院认为：

(1) 被上诉人有诉权。我国法律没有禁止商标被许可使用人在受到商标侵权时，无权行使诉权。因此，被上诉人的诉权可以从 1999 年 7 月 1 日起计算。上诉人认为被上诉人的诉权从 1999 年 10 月 28 日开始的上诉理由，与事实和法律不符。

(2) 赔偿数额的确定并无不当。原审法院在被上诉人的实际损失和上诉人的侵权获利难以计算的情况下，根据上诉人的主观恶性程度、屡次侵权的事实等性质和情节，可以酌情确定赔偿数额。

4. 二审定案结论

上海市高级人民法院根据《中华人民共和国民事诉讼法》第一百五十三条第一款第（一）项、第一百五十八条的规定，作出如下判决：

驳回上诉，维持原判。

二审诉讼费人民币 15 010 元，由上诉人无锡高达电池有限公司负担 12 508 元，上诉人顾永彦负担 2 502 元。

**（七）解说**

1. 运用推定的证据规则，认定从富士公司查获的假冒“白象牌”电池来源于高达公司。

面对高达公司在庭审中否认在富士公司查获的假冒“白象牌”电池来源于自己的公司，法院采用的是综合全案推定的证据规则，即从本案查获的增值税发票，电池的销售单价，销售的数量，电池的品牌，结合高达公司以前已有制假行为，故法院认定在富士公司处发现的假冒“白象牌”电池就是来源于高达公司。

综合全案推定的证据规则是“打假”案件中的一项重要的、行之有效的规则。因为制假者为了逃避法律的制裁，总是想方设法不留证据，或者隐匿、毁灭证据，这就要求法官能从现有证据中找出制假者留下的破绽，运用证据规则，果敢地作出认定。但是，运用上述证据规则必须遵循两项原则：一是证据之间不能有相互矛盾之处；二是在民事案件中，该推定在逻辑上只要充分即可。换句话说，只要能够形成证据优势。

也有人认为，综合全案推定的证据规则包含了一定程度的法官自由心证。笔者认为这样的提法不无道理。针对“打假”案件的特点，应当允许法官有合理、适度的自由心证权。如果对证据的要求过于严格，对法官心证的限制过多，在实践中将会造成放纵假冒的后果，这对市场经济秩序的规范与完善是极其不利的。

2. 关于如何确定高达公司和顾永彦的侵权赔偿数额。知识产权案件的侵权损害赔偿一直是司法实务界争论的一个难点问题。尤其在“打假”案件中，传统的计算侵权损害赔偿的方法，即计算原告损失或被告获利更是难以运用。因为被告在制假过程中均采用一些隐蔽的手法，可查证到的证据有限，真实的制假数量根本无法统计。故根据最高人民法院有关司法解释的规定，法院可以考虑被侵犯的知识产权的种类、内容，侵权的性质和情节等因素，酌情采用定额赔偿的方法，但不宜超过 50 万元（新修改的《商标法》第五十六条已将上述司法解释的内容吸收进去）。鉴于高达公司一而再、再而三地假冒原告的“白象牌”商标，屡教不改，制假数量大，侵权性质恶劣，故决定对其适用定额赔偿的最高额 50 万元；对顾永彦辩称其在苏州市工商局承认的制假 30 余万节的数量中有大部分是在高达公司的职务行为，其未能提供证据证明。顾永彦侵权的性质同样恶劣，故酌定其赔偿原告经济损失 25 万元。

（刘　洪）

## 72. 上海东方网股份有限公司诉济南开发区梦幻多媒体网络技术开发中心不正当竞争案（域名恶意注册）

### （一）首部

1. 裁判书字号

一审判决书：上海市第二中级人民法院（2000）沪二知初字第 109 号。

二审裁定书：上海市高级人民法院（2001）沪高知终字第 25 号。

2. 案由：不正当竞争案。

3. 诉讼双方

原告（上诉人）：上海东方网股份有限公司。

法定代表人：吴谷平，董事长。

委托代理人（一、二审）：陶鑫良，上海市华诚律师事务所律师。

委托代理人（一、二审）：季诺，上海市建纬律师事务所律师。

被告（上诉人）：济南开发区梦幻多媒体网络技术开发中心。

法定代表人：姜因锋，总经理。

委托代理人（一、二审）：寿步，上海市明日律师事务所律师。

委托代理人（一、二审）：朱妙春，上海市天宏律师事务所律师。

4. 审级：二审。

5. 审判机关和审判组织

一审法院：上海市第二中级人民法院。

合议庭组成人员：审判长：齐奇；审判员：杨钧；代理审判员：陈默；人民陪审员：李顺德、李勇。

二审法院：上海市高级人民法院。

合议庭组成人员：审判长：须建楚；代理审判员：李澜、朱丹。

6. 审结时间

一审审结时间：2001年4月24日（依法延长审限）。

二审审结时间：2001年7月23日。

**（二）一审诉辩主张**

1. 原告诉称：原告对域名“eastday.com”和“eastday.com.cn”享有独占性的使用权，原告使用该域名开通了名称为“EASTDAY东方网”的大型综合性信息服务网站。在网站的筹备阶段，原告投入巨资宣传自己的企业形象和“eastday. com”、“eastday.com.cn”域名及“EASTDAY东方网”的服务品牌，并凭借其强大的资源优势和先进的设备、技术手段，使之成为上海和全国的知名网络服务品牌。然而被告在原告网络开通不久即开始经营名称为“EASTDAYS东方网”、域名为“eastdays.com”和“eastdays.com.cn”的网站。被告网站的首页页面及其他频道页面与原告极其相似，其9个频道名称与原告网站开通时的频道名称一字不差，且每个频道的页面风格、布局、文字、色彩、字体等选用也依照原告网站；网站的许多内容也来自原告网站；且在自我介绍栏目中声称，其“东方网是中国地区最大的提供新闻媒介服务和相关信息服务的媒介网站之一”，并据此在网上进行公开的广告招商。此外，被告还注册了“soohu.com.cn”、“suhoo.com.cn”等与其他知名网站相似的域名，实施恶意抢注的不正当行为。被告的上述行为严重地违背了商业经营中诚实信用的基本原则和公认的商业道德，构成了不正当竞争，给原告造成了巨大的经济损失及商誉损失，给社会带来了不良的影响。为此，诉请法院判令被告：（1）立即停止侵害原告网页页面著作权的不正当竞争行为；（2）立即停止侵害原告“EASTDAY东方网”知名商品（服务）特有名称权益的不正当竞争行为；（3）立即停止侵害原告网页页面知名商品（服务）特有装潢权益的不正当竞争行为；（4）立即停止在其网页上进行虚假宣传，损害原告商誉的不正当竞争行为；（5）立即停止使用和注销其恶意抢注的“eastdays.com”、“eastdays.com.cn”的域名；（6）在原告网站以及《互联网周刊》、《新民晚报》、《齐鲁晚报》上向原告公开赔礼道歉、消除影响；（7）赔偿原告经济损失人民币 100 万元；（8）承担本案的诉讼费和原告合理的调查费用。

2. 被告辩称：在原告“东方网”正式开通前，Internet 网上早已存在很多中文名称为“东方网”，以及包含“东方网”三个字的网站，因此，原告对于作为网站名称的“东方网”三个字不存在任何使用在先权利。“东方网”中文域名的注册者是北京金视达文化艺术有限责任公司，原告对此不享有任何权利。“eastday. com”和“eastday. com. cn”这两个域名的注册者都是解放日报社，而不是原告，因此，原告对此域名本身不享有任何权利，原告的诉讼主体资格不适格。从程序上看，原告的第一项和第三项的诉讼请求是竞合的，著作权和知名商品的特有装潢都指向网页的页面，如同一主体侵犯同一客体，产生了两个侵权行为，原告只能主张其中的一项。在系争的 2000 年 7 月 31 日至 8 月 3 日期间，被告的“eastdays.com 东方网”网站既未开通，又未试运行，在此期间，被告的员工学习页面上传技术，这是正当的“合理使用”。被告的广告宣传是客观、正常的，被告所要建立的是一个商家至顾客之间的电子商务网站，该广告宣传与 8 月份被告经营的“东方网上超市”网站的性质一致，并无不当。因此，被告并未对原告实施不正当竞争行为。基于原告诉讼中的相关权利均无法可依，请求法院依法驳回原告的诉讼请求。

**（三）一审事实和证据**

上海市第二中级人民法院经公开审理查明：

1. 原、被告基本情况及相关域名的注册使用。原告筹建于 2000 年 2 月，是经上海市人民政府批准，由解放日报社、上海电视台等十余家新闻单位联合上海东方明珠股份有限公司等单位共同投资，依法登记成立的企业法人，注册资本人民币 6 亿元，经营范围包括信息采集、加工、发布、咨询服务。原告的前身上海东方网股份有限公司（筹备组）与解放日报社于 2000 年 2 月 16 日签订关于东方网相应域名注册及使用协议，协议主要内容是，鉴于原告尚未完成工商注册登记，还不能以自己的名义申请注册相关域名，故委托解放日报社办理相应的域名（包括“eastday.com.cn”、“eastday.com”、“eastday.net.cn”、“eastday.net”）的注册手续；协议同时约定《解放日报》社完成上述域名的注册登记后，上述 4 项域名无条件地提供给原告独占性使用（包括网络使用、广告使用及其他使用），一旦原告完成工商注册登记，解放日报社即将上述 4 项域名依有关规定变更转移至原告名下。此后，解放日报社分别于 2000 年 2 月 20 日和 2000 年 3 月 24 日申请注册了“eastday.com”和“eastday.com.cn”的域名。自 2000 年 10 月 28 日起，域名“eastday.com”的注册人变更为原告。

被告是于 1999 年 4 月 27 日在山东省济南市登记成立的私人所有制企业，资金数额为人民币 9.8 万元，主营计算机软件开发、网络工程、技术服务、域名注册、互联网信息发布、电子商务等，经营方式为咨询服务。被告于 2000 年 5 月 27 日申请注册了“eastdays.com”的域名，同年 6 月 5 日，申请注册了“eastdays.com.cn”的域名。

上述事实有下列证据证明：

（1）原、被告工商登记资料。

（2）关于东方网相关域名注册及使用协议和上海东方网股份有限公司域名注册及使用补充协议。

（3）CNNIC 域名信息查询资料。

2. 网页设置。原告的筹建组使用域名“eastday.com”、“eastday.com.cn”设立了名称为“EASTDAY.com 东方网”的网站，该网站于2000年4月27日推出测试版。筹建组于2000年5月15日获得国务院新闻办公室批准，其网站可以上载新闻内容。2000年5月18日，上海市国民经济和社会信息化领导小组办公室发给原告准营证。2000年5月28日，原告使用上述域名和网站名称正式开通其网站。原告在其网站上设置了“东方首页”和“东方新闻”等9个频道页面。从开通时起至系争事件发生后的一个阶段，原告网站各页面保持着同一的表现形式。

被告使用“eastdays.com”域名于同年7月下旬开通名称为“EASTDAYS.com 东方网”的网站，“eastdays.com.cn”域名未予使用。在其2000年8月1日的网站页面上，主要设有“东方首页”、“东方新闻”等共7个频道页面。

在本案中，涉及原、被告网站页面设置、布局及结构的比对，共有五个部分：

第一部分，比对原被告网站“东方首页”频道页面的页头。两者各有三个部分组成。

(1) 网标。原告的网标在于由手写体“e”的变体形成蓝色椭圆，四个红色球体穿过椭圆由大至小依次上叠，由此组成“网上东方明珠”的特定图案，位于页面的左上角。被告的网标在于由放大的红色手写体“e”字加浅灰色的弧线交替而成，位于页面的左上角。原、被告的网标自成一体，各不相同。

(2) 网站名称。原告的网站名称为“EASTDAY.com 东方网”，横向排列于原告网标的右侧。其中大小写各异的“EASTDAY.com”都为粗黑体，字母“D”采用变体；中文红色手写体“东方网”系专人书写，与“.com”呈上下结构，横向排列于“EASTDAY”右侧。被告的网站名称为“EASTDAYS.com 东方网”，其英文词语的造词，各类字体的选用，单个字母的变体手法，中英文的搭配，整个文字的排列顺序、结构编排、色彩运用与原告的网站名称的表现形式相似，差异之处在于被告的英文词语中多一个字母“S”。

(3) 频道条。原告的频道条为在深底色上用白字依次写明9个频道名称的长条，载于上述网标和网站名称的下方，成为页头具有标志性装潢的下线。9个频道的名称依顺序分别为“东方首页”、“东方新闻”、“东方财经”、“东方体育”、“东方商机”、“东方生活”、“东方文苑”、“东方图片”、“东方论坛”。被告频道条名称、排列顺序、设置位置与原告的频道条相同，色彩运用近似。

上述网标、网站名称和频道条组成一个综合图案，展示原、被告“东方首页”页头的标志特征，构成其页头样式。综合比较原、被告上述页头样式，其网标与网站名称及频道条的位置编排，结构布局、排列组合，以及色彩运用等表现形式十分近似。

对于被告在其网站页面的频道条中所列示的“东方图片”、“东方论坛”频道，人们无法通过点击进入其页面。

第二部分，比对原、被告网站另设的“东方新闻”等6个频道页面的页头。两者也各有三个部分组成。

(1) 网标。原、被告各频道页面的网标与各自“东方首页”的网标相同。

(2) 频道名称。在原告“东方新闻”、“东方财经”、“东方体育”、“东方商机”、“东方生活”、“东方文苑”6个频道页面上，各频道名称与“www.eastday.com”呈上下结构，横向排列于网标的右侧；其中，各频道名称为略带有变化的红色黑体文字，“www.eastday.com”为黑体字。将被告的相应频道名称与原告比对，其英文词语的造词，各类字体的选用，中英文的搭配，整个文字的排列顺序、结构编排、色彩运用与原告的表现形式相似，差异之处在于被告的英文词语中多一个字母“S”。

(3) 频道条。与前述“东方首页”频道条相同，位于上述网标与频道名称的下线。

上述各部分组成一个个综合图案，展示原、被告的各频道页面页头的标志特征，构成原、被告网站“东方新闻”等6个频道页面页头的样式。综合比对原、被告上述“东方新闻”等6个频道页面页头的样式，其网标与频道名称及频道条的位置编排、结构布局、排列组合，以及色彩运用等表现形式十分近似。

第三部分，比对原、被告5个系争频道页面的栏目设置、布局及结构。

(1) 比对原、被告“东方首页”频道页面的栏目设置、布局及结构。在原告该频道页面的左侧，设置了“特别推荐”、“媒体连接”栏目，比对被告该频道页面的左侧，同样设置了上述栏目；在原告页面的中间，设置了“新闻精选”、“网络参考”、“东方精华”等栏目，比对被告的页面中间，亦设置了上述栏目。

(2) 比对原、被告“东方体育”频道页面的栏目设置、布局及结构。原告在该频道页面的右侧最后一个栏目位置，设置了“钢笔铁嘴”栏目，对比被告的页面右侧，在相同位置也设置了同一名称的栏目；原告在该栏目之下以上海几位体育记者名字的关键字设置了“老马戏说”、“秦天论道”、“葛兄叫板”、“先春先说”四个分栏目，被告以同样名称也设置了上述四个分栏目。

(3) 比对原、被告“东方商机”频道页面栏目设置、布局及结构。原告在该频道页面的左侧设置了“创业故事”、“上海寻梦”、“成功经验”、“生意点拨”、“经理人语”栏目，比对被告的页面左侧，同样设置了上述栏目名称；原告在页面右侧设置了“政策大全”(下设“投资政策”、“税收政策”、“人事政策”、“劳动政策”分栏目) 和“政策咨询”栏目，被告在相同位置以同样名称也设置了上述全部栏目。

(4) 比对原、被告“东方生活”频道页面栏目设置、布局及结构。被告的栏目名称与原告的不尽相同，但栏目的结构编排、名称顺序、表现手法、创作风格近似。

(5) 比对原、被告“东方新闻”频道页面的栏目设置。原告在该频道页面的左上角，设置了“新闻中心”栏目，其英文为“WORLD NEWS”。原告认为，该英文系误译，应该译为“NEWS CENTER”。被告在与原告页面相同的位置也用“WORLD NEWS”表述这一栏目名称。

第四部分，比对原、被告网站“东方首页”等7个频道页面页底部分。原告在该7个频道页面的页底，均设置了“东方网版权所有，未经授权禁止复制或建立镜像”的警示语，被告在相应频道页面的页底，设置了相同的警示语。

第五部分，比对原、被告网站“东方体育”、“东方商机”频道页面中的链接图标及设置布局。

在原告“东方体育”频道页面右侧上半部，载有一个“欧洲杯2000”的链接图标。该图标左右两侧对应部分分别为：一个黑白色的足球和欧洲杯球状标识，中间部分中英文的文字“欧洲杯2000”和“EURO2000”呈对应排列。被告在其“东方体育”频道页面的相同位置，设置了与之完全相同的链接图标。

在原告“东方商机”频道页面右侧下半部分设置了一个“注意了”的链接图标。该图标以浅蓝色为底色，呈长方形结构，左边载有三个字“注意了”，右边有一个锃亮的眼珠。

被告在其“东方商机”频道页面的相同位置，设置了与之完全相同的链接图标。

另外，自2000年8月3日起，被告网站原先使用的“EASTDAYS.com 东方网”网站名称，及相关的页面样式、栏目设置等表达方式未在其网站上再现。同年8月下旬，被告网站全面推出“东方网上超市（www.eastdays.com）”的新页面样式。

上述事实有上海市公证处公证的原、被告网站上述系争下载页面的打印件证明。

3. 网站装潢及知名度。原告所主张其网站的装潢，与前述各频道页面的页头样式相同。原告所主张被告网站的装潢，与前述被告各频道页面的页头样式亦相同。

上海东方网股份有限公司（筹备组）及其委托的案外人上海新闻宣传网站筹建领导办公室自2000年3月26日至5月28日之间，分别在北京、上海、香港等地的各大报刊、电台和电视台等媒体上发布宣传原告网站的网标、名称“EASTDAY.com 东方网”，以及“EASTDAY”等标识的广告。2000年5月28日之前，原告共投入了约1 500万元的广告费。

2000年5月，上海零点市场调查有限公司在其编制的《上海市民新世纪生活概念调查》报告中载明：在原告网站开通前，在上海市民中有54%的人知晓原告的“东方网”，而在网站开通后，在上网人群中知道“东方网”的人均比例约80%。2000年7月，中国互联网络信息中心在其主办的《通讯》第7期第70页上，刊载了该中心于同年6月举办的“中国互联网站影响力调查”排行榜，开通刚满月余的原告网站在整个网站排列顺序中，位居第36名，而在新闻网站的排列顺序中，仅次于中央电视台，位居第二名。

上述事实有下列证据证明：

（1）上海三亚信息广告有限公司为原告设计“EASTDAY.com 东方网”标识装潢的说明。

（2）原告为宣传其网站和其主张的上述知名商品（服务）特有的名称和装潢及享有知名度的报刊、视听等宣传资料、统计资料，以及原告已支付的人民币4 800万元的广告费用的凭据。

4. 有关域名的注册使用。被告自2000年3月16日至4月17日还注册了下列8个与在国内外有影响的品牌相似的域名：（1）与“sohu.com”（搜狐）名称相似的域名“e-sohu.com”、“e-sohu.net”、“soohu.com.cn”和“suhoo.com.cn”；（2）与“上海大众”汉语发音相同的域名“shanghaidazhong.com”；（3）含有“Intel”商标和企业名称的域名“intelnic.com（intelnic代表Intel公司的网络信息中心）”；（4）与“荣宝斋”商号汉语发音相同的域名“rongbaozhai.net”；（5）与“中国银行”英文译文相同的域名“band-of-china.net”；（6）与“新民”、“文汇”汉语发音相同的域名“xinmin.net”和“wenhui.net”。在上述域名记录中，“soohu.com.cn”、“suhoo.com.cn”、“intelnic.com”域名的所有人、管理联系人等均为被告或被告法定代表人姜因锋；其余域名的所有人为案外的公民或法人，但管理联系人则是被告或被告的法定代表人姜因锋。

此外，被告实际使用“eastdays.com”域名开设了系争的“EASTDAYS.com 东方网”网站，使用“namesky.com”域名开设了“namesky.com 域名星空”网站。被告于2000年11月13日在其“域名星空（Namesky）”网站上发表、转载了宣扬域名抢注的两篇文章，名称分别为“域名圈地——有识之士看好网络域名商机”，以及“二三百元投资什么最赚钱?”。

上述事实有下列证据证明：

(1) 上海网都信息科技有限公司出具的关于被告注册域名的情况说明、相关域名的注册登记资料。

(2) 从被告网站下载文章打印件。

5. 广告等宣传。被告在其网站的“东方首页”频道页面，建有“新闻报道”、“新闻精选”、“网络参考”等栏目；在其“东方新闻”频道页面，建有“新闻中心”、“今日热点”、“国际新闻”、“国内新闻”、“体育新闻”等栏目，以此发布和转载新闻。另外，被告网站上载新闻内容未经国务院新闻办公室审批。

被告在其网站“东方首页”等7个频道页面的页底，都建有“广告招商”链接，通过点击该链接，网民可以进入被告的“广告招商”页面。在2000年8月1日被告网站的“广告招商”页面上，设置了“广告招商”、“广告类别”、“业务代理”和“收费标准”栏目。在其中“广告招商”的栏目上载明：“东方网是中国地区最大的提供新闻媒介服务和相关信息服务的媒介网站之一。东方网强大的技术力量及每日数万人左右的浏览量……东方网是您发布广告、占领市场的最佳桥梁。”

被告于2000年8月3日在其网站“东方首页”频道页面上，附有一封“致网友”信，其中写道：其“东方网将建设成为山东省标志性的媒体网站”、“立足本地新闻及各信息频道”、“建设为山东省极具影响力的第四媒体”、“东方网（www.eastdays.com）将凭借自身的智力资源和技术优势，通过依托强有力的人力支持和各大传统媒体的力量及政府的鼎力支持，强强联手，树立一个在全国乃至整个世界的著名网络媒体品牌”。

上述事实有下列证据证明：

(1) 经上海市公证处公证的于2000年8月1日、3日下载的被告网站上“广告招商”页面。

(2)“致网友”信的打印件证明。

**(四) 一审判案理由**

上海市第二中级人民法院根据上述事实和证据认为：

1. 网络经营行为。原、被告作为网络服务商，为有效登载或传输信息，需要制作具有特定表现形式的页面样式以刊载信息，向网民提供网络信息服务。原告是系争的“EASTDAY.com 东方网”网站页面的设计主体，其将文字、线条、颜色及图案以数字化的方式加以特定的排列组合搭配，在各频道整体页面，尤其是页头部分及链接图标，形成具有独特内涵和艺术底蕴的特定表达方式，作为其网站页面传输信息的固定结构样式，上载于其网站页面之上，为其网络经营服务。被告设置的系争网站的各频道页面，尤其是页头部分，其结构布局、栏目编排，文字、线条、颜色和图案的排列组合搭配，与原告的表达方式已构成实质性的相同；其使用的链接图标，与原告的表达方式完全相同。两者主要部分和整体印象的近似，足以使社会普通网民误认为这两个网站存在某种内在的联系，误认为被告网站提供的新闻信息服务就是原告网站提供的新闻信息服务。对此，被告未能证明这些相同部分的表达方式由其独立创作完成，或来自公共领域。因此，应认定被告未经原告许可，采取抄袭、仿冒和篡改的手法，擅自使用原告网页页面表达方式，造成两个网站服务内容的混淆。导致普通网民误认，因而构成对原告的不正当竞争。

2. 网络宣传行为。在网络经营活动中，无论是新闻网站，还是非新闻单位依法建立的综合性互联网站，通过互联网发布和转载新闻，需经有关部门审核同意，并报国务院新闻办公室批准，非新闻单位依法建立的其他互联网站，包括电子商务网站，不得从事发布和转载新闻业务。原告所开通的“EASTDAY.com 东方网”网站享有可从事信息采集、加工、发布，上载新闻内容的资质，定位为“媒体网站”，原告依法从事的网络信息发布和转载的经营活动受我国法律的保护。被告开通的“EASTDAYS.com 东方网”网站未曾取得相关部门的审核批准，不具有从事互联网新闻发布和转载的资质。然而，被告在其网站的“东方首页”和“东方新闻”频道页面，设置8个不同类别的新闻栏目，擅自从事互联网的新闻发布和转载。与此同时，被告在其网站上发布由其制作的“广告招商”中，声称其网站“是中国地区最大的提供新闻媒介服务和相关信息服务的媒介网站之一”、具有“每日数万人左右的浏览量”、“是您发布广告、占领市场的最佳桥梁”；在其“致网友”信中又称，其网站“立足本地新闻及各信息频道”、“建设为山东省极具影响力的第四媒体”。被告为开拓其广告业务之需，编造不实之词，虚构其网站的资质，夸大其网站的功能和作用，作引人误解的虚假宣传，与包括原告在内的网络经营者进行不正当竞争；与此同时，联系被告所实施的前述多层面擅自使用原告网页页面样式及链接图标的不正当竞争行为，被告的上述虚假宣传行为，势必使普通网民进一步误认为被告网站与原告网站之间有某种联系，或者认为这就是原告所经营并大力宣传的网站，从而对原告和网民和利益造成损害，并从中为自己获取较多的商业机会，进而获取商业利润。这种行为背离市场公平竞争的原则，违背良好的商业道德，构成对原告的不正当竞争。

3. 与域名有关的其他行为。认定行为人注册、使用域名构成侵权或者不正当竞争在于，主张者请求保护的在先民事权利合法、有效，或具有合法的民事利益；行为人注册、使用的域名或域名的主要部分已经构成对驰名商标等前述享有民事权利的标识的复制、模仿、翻译或音译，并引起混淆；行为人对该域名或域名的主要部分不享有在先权利，也无注册、使用该域名的其他正当理由；行为人对该域名的注册、使用具有恶意。

在网络环境下，原告的网站名称为“EASTDAY.com 东方网”，而原告对其中单个词语“EASTDAY”主张其知名商品（服务）特有名称的在先权利，并以此排斥被告所注册的域名“eastdays.com”、“eastdays.com.cn”，对此，原告并没有提供充分的证据，证明仅“EASTDAY”已构成其知名商品（服务）的特有名称，其对此享有在先权利。原告也缺乏相应的依据，论证以其网站名称之一部分，可足以排斥被告所注册的相关域名。鉴于此，原告要求被告停止使用和注销上述域名的诉请不予支持。此外，原告提出，被告还注册了“soohu.com.cn”、“suhoo.com.cn”等与其他知名网站相似的域名，实施恶意抢注的不正当行为。法院认为，因原告不是上述法律关系的相关权利人，原告的该诉请不予处理。

**（五）一审定案结论**

上海市第二中级人民法院根据《中华人民共和国民法通则》第四条，第五条，第一百三十四条第一款第（一）项、第（七）项、第（九）项、第（十）项，《中华人民共和国反不正当竞争法》第二条、第九条第一款之规定，作出如下判决：

1. 被告济南开发区梦幻多媒体网络技术开发中心停止使用原告上海东方网股份有限公司“eastday.com 东方网”网站的系争页面样式、链接图标的不正当竞争行为。

2. 被告济南开发区梦幻多媒体网络技术开发中心停止实施虚假宣传的不正当竞争

行为。

3. 被告济南开发区梦幻多媒体网络技术开发中心在原告上海东方网股份有限公司的“EASTDAY.com 东方网”网站上，以及在《互联网周刊》、《新民晚报》、《齐鲁晚报》上刊登致歉声明，公开向原告赔礼道歉、消除影响（此项判决内容，自本判决生效之日起30日内履行完毕。致歉声明内容需经本院审核；在原告网站上登载致歉声明的时间为4日）。

4. 被告济南开发区梦幻多媒体网络技术开发中心向原告上海东方网股份有限公司赔偿经济损失，包括原告用于调查的合理费用，合计人民币30万元（此项判决内容，自本判决生效之日起30日内履行完毕）。

5. 原告上海东方网股份有限公司的其他诉讼请求不予支持。

案件受理费人民币15 010元，由原告上海东方网股份有限公司负担5 253元，被告济南开发区梦幻多媒体网络技术开发中心负担9 757元。

**（六）二审情况**

一审原、被告在上诉期内皆提出上诉，在二审中上诉人以达成和解为由分别向上海市高级人民法院提出申请撤回上诉，上海市高级人民法院于2001年7月23日裁定准许上诉人上海东方网股份有限公司和济南开发区梦幻多媒体网络技术开发中心撤回上诉，双方均按一审判决执行。

**（七）解说**

这是一起涉及在计算机互联网上从事网络经营的服务商就信息的登载、发布和传输而发生的不正当竞争纠纷，它是随着互联网的运行，商家进入网络从事经营活动而发生的新类型案件。其中既涉及对被告擅自使用原告的网页页面的样式、链接图标等行为的法律适用，又涉及目前争议较大的域名恶意注册、使用的认定，还涉及原告的主体资格等问题。为确保本案能公正、公平的审理，我们特意邀请了中国社会科学院知识产权中心副主任、研究员、博士生导师、北京、天津仲裁委员会仲裁员李顺德先生，中国国际贸易促进委员会法律部部长、中国国际经济贸易仲裁委员会副主任、世界知识产权组织仲裁与调解中心仲裁员及域名争议解决专家成员李勇先生担任人民陪审员，共同参与对本案的审理。

就诉讼主体资格问题，被告提出：本纠纷发生之前，原告始终不是前述“eastday.com”和“eastday.com.cn”两个域名的注册人或持有人，原告与他人所签订的域名许可使用协议，仅在原告与协议的相对方之间发生效力，原告无权以此对抗作为协议第三方的本案被告，由此原告提出域名诉讼的主体资格不合适。我们认为，民事诉权是随民事法律关系确立而产生的一种司法保护权利，一旦民事法律关系确立，其主体即取得了诉权，诉权的行使，要求该主体必须与这种民事法律关系有直接的利害关系。原告开设“EASTDAY.com 东方网”网站，从事网络服务经营活动，是该民事权利、义务关系的主体。这一民事法律关系的变更或消灭，对原告的民事权益有直接的影响。原告以被告实施的网络经营活动对其构成不正当竞争，损害其合法权益为由行使诉权，而并非直接以域名纠纷为诉因提起诉讼，也不是主张所谓的“域名权”，其诉讼所及的不正当竞争法律关系直接，诉请明确，诉讼主体资格适格。

本案争议焦点主要有五个方面：（1）被告是否实施与原告作品有关的不正当竞争行为？（2）原告是否享有“EASTDAY 东方网”知名（商品）服务特有的名称权、系争网页页面知名（商品）服务特有的装潢权，以及被告是否实施与之相关的不正当竞争行为？(3) 被告是否实施恶意注册的不正当竞争行为？(4) 被告在其网页上是否实施虚假宣传、损害原告商誉的不正当竞争行为？(5) 被告的上述行为是否导致原告遭受经济损失人民币100万元？

一审法院在审理时紧紧围绕这五个方面的问题查清案件事实，并有充分的证据予以证明。在判案时，一审法院充分说理，指出令原、被告较为信服的被告不正当竞争行为及其损害后果。本案的庭审邀请专家担任陪审员也不失为一个成功的审案经验。

（杨　钧）

# 73. 上海澳灵顿电子有限公司诉上海琪联工贸有限公司等不正当竞争案（侵害商业秘密）

## （一）首部

1. 判决书字号：上海市浦东新区人民法院（1999）浦知初字第10号。

2. 案由：侵害商业经营秘密案。

3. 诉讼双方

原告：上海澳灵顿电子有限公司。

法定代表人：归为民，董事长。

委托代理人：董仑楚，上海市广厦律师事务所律师。

委托代理人：廖佩娟，上海市申阳律师事务所律师。

被告：上海琪联工贸有限公司（原名上海正鑫工贸有限公司，以下简称琪联公司）。

法定代表人：洪旭明，经理。

委托代理人：刁骅，上海市复兴律师事务所律师。

被告：洪旭明，男，1966年9月14日出生，汉族，浙江省宁波市人，琪联公司经理。

委托代理人：赵海根，上海市复兴律师事务所律师。

被告：魏路明，男，1974年11月14日出生，汉族，琪联公司工作人员。

委托代理人：钱石群，上海市复兴律师事务所律师。

4. 审级：一审。

5. 审判机关和审判组织

审判机关：上海市浦东新区人民法院。

合议庭组成人员：审判长：徐亚丽；代理审判员：孙玉；人民陪审员：金克刚。

6. 审结时间：2001年7月19日。

## （二）诉辩主张

1. 原告上海澳灵顿电子有限公司诉称：原告系澳大利亚在华独资企业，被告洪旭明和魏路明先后受聘于原告，并分别担任销售部副经理和业务员。在原告和二被告签订的劳动合同书中，分别约定该二被告必须保守原告的商业、技术等秘密，在合同期间和离职2年内，不得参与其他企业与原告的业务竞争。如二被告违约，损害原告利益，原告有权要求二被告赔偿原告全部经济损失。同时，原告和该二被告还约定，由于该二被告在原告任职的原因，使其掌握了原告的商业秘密，二被告保证在原告任职期间和因故离职后2年内保守原告的商业秘密，不向任何人披露或允许他人使用其掌握的商业秘密，自己不直接利用原告的商业秘密从事同样的经营业务。原告和二被告约定的商业秘密是指：(1) 原告生产澳灵顿品牌系列产品的原料来源、生产技巧等技术秘密；(2) 原告的销售策略、销售网络、客户名册和销售状况及进货渠道的经营秘密；(3) 原告不对外公布的经营成果及财务账册资料。4个月后，洪旭明离职后进入被告琪联公司，从事与原告完全相同的业务，其业务模式照搬原告。同时将原告的户名名单、进货渠道资料、进销价格资料等商业秘密全部带入琪联公司。不久，魏路明也离职进入琪联公司并从事与原告相同的业务。在短时间内，原告的123家客户（其中本市105家，外地18家）与原告终止了业务往来。原告认为，三被告利用原告的商业秘密，从事与原告相同的业务，已构成了对原告的侵权，严重地损害了原告的正常生产经营秩序，故请求判令三被告停止侵权行为，在《解放日报》、《文汇报》、《新民晚报》头版公开向原告赔礼道歉，收缴在三被告处的属于原告商业秘密的客户名单及与经营相关的有关原告的文件，赔偿原告经济损失20万元并承担本案诉讼费。

2. 被告琪联公司辩称：(1) 原告没有属于商业秘密的客户名单；(2) 琪联公司没有从事与原告完全相同的经营业务，这从双方的营业执照中的经营范围即可看出。因此，原告的诉讼请求没有事实和法律依据，请求驳回原告的诉讼请求。

3. 被告洪旭明辩称：(1) 原告主张的客户名单不存在；(2) 被告没有侵害原告的商业秘密。

4. 被告魏路明辩称：根据劳动合同约定，被告确有义务保守原告的商业秘密，但根据劳动法及相关政策规定，原告应对此给予一定的经济补偿，但被告并未获得任何经济补偿，因此，被告的行为不构成对原告的侵权。

**(三) 事实和证据**

上海市浦东新区人民法院经公开审理后查明：原告是一家外商独资企业，其经营范围是生产和销售激光打印机、复印机用硒鼓等。在经营过程中，原告先后发展了数百家客户，主要向客户提供原装硒鼓、硒鼓充粉、硒鼓维修等服务。为了保护其客户名单等商业经营秘密，原告制定了销售管理办法，对商业经营秘密的范围作了明确的规定；同时，在原告和其销售人员签订的劳动合同或协议书中，约定销售人员对原告的客户名单等商业经营秘密负有保密义务。琪联公司主要经营机电设备及配件、五金交电、电线电缆等。洪旭明一直担任琪联公司的法定代表人。

1998年6月和1997年12月，洪旭明和魏路明先后应聘进入原告单位工作，分别担任销售部副经理和销售代表。应聘时，洪旭明隐瞒了其系琪联公司法定代表人的身份。在和原告签订的劳动合同中，洪旭明和魏路明均承诺保守原告的客户名单等商业经营秘密。1998年12月30日，洪旭明离职。1999年1月6日，魏路明自原告单位辞职，其后进入琪联公司工作。洪旭明、魏路明自原告处离职后，琪联公司开始经营原装硒鼓、硒鼓充粉、硒鼓维修等业务，在其客户中，有36家客户与原告的客户相同。琪联公司与上述36家客户发生第一次业务往来的时间均在洪旭明、魏路明自原告单位离职以后。

上述事实有下列证据证明：

1. 原告的客户名单。

2. 琪联公司的财务账册及其在1997年4月11日至1999年12月25日期间的统一发票和增值税发票。

3. 原告与36家客户发生业务关系的统一发票和增值税发票。

4. 原告于1998年1月3日制定的“上海澳灵顿电子有限公司保密制度”、于1998年10月5日制定的“上海澳灵顿电子有限公司关于进一步加强保密工作的补充规定”。

5. 销售管理办法，该销售管理办法是由被告洪旭明参与制定的，被告魏路明也对此予以签字确认。

6. 原告和洪旭明于1998年8月11日签订的劳动合同书和洪旭明于1999年1月22日签署的离职声明。

7. 原告和魏路明于1997年12月23日签订的协议书、试用劳动合同及魏路明于1999年1月6日签署的辞职书。

8. 被告琪联公司的私营企业开业申请登记表和验资报告、企业名称变更核准通知书。

9. 被告洪旭明自己打印的简历材料。

10. 原告和被告琪联公司的营业执照。

**（四）判案理由**

上海市浦东新区人民法院根据上述事实和证据认为：客户名单作为经营信息要构成商业秘密，应当具备新颖性、秘密性、实用性和价值性。就新颖性来看，原告通过销售人员的工作，已经形成特定的客户名单，即使其内容不够系统，但并不影响其构成客户名单；原告和这些客户的业务往来均涉及原装硒鼓、硒鼓充粉、硒鼓维修等，属于具有特殊需要的特定客户群；原告的客户有数百家，具有一定的信息量，且不为同行业内人所共知。因此，原告的客户名单具有新颖性。就秘密性来看，原告制定的销售管理办法，对商业经营秘密的范围作了明确的规定；在原告和洪旭明、魏路明分别签订的劳动合同中，约定了二被告对原告的商业经营秘密负有保密义务。因此，应当认定原告对其客户名单采取了合理的保密措施，其客户名单具有秘密性。就实用性来看，客户名单能够被原告直接用于经营活动，从而获得经济利益，具有实用性。就价值性来看，原告拥有客户名单，可以定期或不定期地了解到客户的需求，为客户提供相应的产品或服务，扩大自身的经营业务，从而带来现实或潜在的经济利益，因此，应当认定原告的客户名单具有价值性。综上所述，原告的客户名单符合商业秘密的构成要件。洪旭明和魏路明均有条件接触到原告的客户名单，二被告对其接触到的客户名单，均负有保守原告商业秘密的义务。洪旭明在担任琪联公司的法定代表人职务的情况下，隐瞒自己的身份，应聘担任原告的销售部副经理，4个月后即离职，具有窃取原告商业秘密的故意。琪联公司和原告的经营范围并不相同，但在洪旭明和魏路明自原告单位离职后，实际开展的经营活动却与原告相同，其客户群中有36家和原告的客户一致。因此可以认定，洪旭明、魏路明违反保密约定，将其掌握的原告的客户名单披露给了琪联公司，琪联公司及洪旭明、魏路明使用了原告的客户名单，三被告的行为侵犯了原告的商业经营秘密，且具有共同的过错，是共同侵权，依法应当共同向原告承担侵权的民事责任。

**（五）定案结论**

上海市浦东新区人民法院根据《中华人民共和国民法通则》第一百三十四条第一款第（一）项、第（七）项、第（十）项及《中华人民共和国反不正当竞争法》第十条的规定，判决如下：

1. 被告上海琪联工贸有限公司、洪旭明、魏路明应自本判决生效之日起停止使用原告上海澳灵顿电子有限公司的36家客户资料。

2. 被告上海琪联工贸有限公司、洪旭明、魏路明应自本判决生效之日起30日内在《解放日报》上刊登"启事"，向原告上海澳灵顿电子有限公司赔礼道歉（内容须经本院审定，版面尺寸不小于11.5cm×7.5cm），所需费用由三被告共同负担。逾期不执行，本院将在《新民晚报》上公布本判决，相关费用由三被告共同负担。

3. 被告上海琪联工贸有限公司、洪旭明、魏路明应于本判决生效后共同赔偿原告上海澳灵顿电子有限公司人民币8万元。

案件受理费5 510元，由原告上海澳灵顿电子有限公司负担1 653元，被告上海琪联工贸有限公司、洪旭明、魏路明共同负担3 857元。

**（六）解说**

本案的处理主要涉及两个法律问题：

1. 如何判断客户名单构成商业经营秘密。商业秘密分为商业技术秘密和商业经营秘密两类。根据《反不正当竞争法》第十条的规定，商业秘密是指不为公众所知悉，能为权利人带来经济利益，具有实用性，并经权利人采取保密措施的技术信息和经营信息。由此可见，商业秘密必须同时具备新颖性、秘密性、实用性和价值性四个要件才能受到法律的保护。

在侵害商业经营秘密纠纷案件中，如何判断客户名单能否构成商业经营秘密，一直是此类案件审理中的难点。客户名单要构成商业经营秘密，必须具备商业秘密的构成要件即新颖性、秘密性、实用性和价值性。

(1) 新颖性的判断。新颖性是客户名单构成商业秘密的关键，它具有以下特征：一是权利人通过花费一定劳动和努力得到的；二是对某种商品或服务有特殊需要的特有"客户群"；三是具有一定的信息量，且是不为本行业内人所共知的信息。对于新颖性的判断，应当采取原、被告分别举证的原则，即确认原告的客户名单是通过花费一定劳动和努力得到且是对某种商品或服务有特殊需要的特有"客户群"，由原告负举证责任；确认原告的客户名单是否与业已存在的公开信息相同，由被告负举证责任。本案中，原告的客户名单是通过销售人员的工作形成的，且属于具有特殊需要的特定客户群并具有一定的信息量，被告没有证据证明上述客户名单为同行业内人所共知，因此，可以判定原告的客户名单具有新颖性。

(2) 秘密性的判断。对于秘密性的判断，应从两个方面入手：一是看原告是否采取了合理的保密措施，对此，原告应负举证责任。所谓保密措施，是指是否建立了保密规章制度，是否与员工签订了保密协议、是否具有秘密信息的管理措施等；所谓合理，是指采取的保密措施与具体的秘密信息相适应，足以防备可以预见的泄露。二是看原告的客户名单是否为公众所知悉。由于客户名单是生产经营中的一种信息，其经济价值只有通过利用才能实现。因此，它有一定的公开范围，通常包括企业内部的有关人员和企业外部的客户等出于业务需要而必须知悉的人员。但是，这种知悉必须是采取合理保密措施下的知悉。在审判实践中，原告很难证明客户名单不为公众所知悉，一般宜采取举证责任倒置的方法由被告举证。如果被告不能充分举证证明，则可以判定原告的客户名单不为公众所知悉。本案中，原告制定了销售管理办法，对客户名单等商业秘密作了明确的规定，同时在与员工签订的劳动合同中规定了员工对客户名单等商业秘密负有保密义务。因此，应当认定原告对其客户名单采取了合理的保密措施。另外，三被告没有证据证明原告的客户名单已经公开或已为不特定的多数人知悉，因此，可以判定原告的客户名单具有秘密性。

(3) 实用性的判断。对于实用性的判断，原告应当负举证责任，由原告提供该客户名单用于生产实践以及经营管理的证据。本案中，原告提供了其与客户名单中的客户进行业务来往的证据，因此，应当判定原告的客户名单具有实用性。

(4) 价值性的判断。对于价值性的判断，原告应当负举证责任，由原告提供客户名单能为其带来现实的或潜在的经济利益或市场竞争优势的证据。当然，被告也可以提供相反的证据。本案中，原告拥有这些客户名单，可以定期或不定期地了解到客户的需求，为客户提供相应的产品或服务，扩大自身的经营业务，带来现实或潜在的经济利益，被告对此没有相反证据予以推翻。因此，应当认定原告的客户名单具有价值性。

2. 如何判断侵权行为的构成。虽然《反不正当竞争法》对侵犯商业秘密的行为作了列举式规定，但在审判实践中如何判断被告披露、使用原告客户名单的行为构成对原告商业秘密的侵犯，还应当根据“接触加相似”的原则，把握下列判断标准：

(1) 被告是否有条件接触到原告的客户名单。只有被告有条件接触到原告的客户名单，才有发生侵权行为的可能。因此，被告有条件接触到原告的客户名单是构成侵犯原告商业秘密的前提。本案中，被告洪旭明和魏路明原先分别担任原告销售部的副经理和销售代表，而被告的客户名单是通过销售人员的工作积累起来的。因此，二被告掌握原告的客户名单。二被告离职后，进入琪联公司工作，因此，琪联公司亦有条件接触到原告的客户名单。

(2) 被告披露、使用的客户名单是否与原告的客户名单相似。对此进行判断的依据，首先原告要有初步证据，即原告应有一定的证据证明两者的部分客户相同；同时，由于被告披露、使用原告客户名单的行为难以被发觉，即使被发觉，原告也难以对此进行举证，因此，应由被告承担主要举证责任。一般来说，以下几种情况不属于对原告客户名单的侵犯：属于被告自行拓展的与原告相同的客户名单；从其他合法权利人处受让的客户名单；原告许可被告使用其客户名单；由于原告的疏忽而善意取得的客户名单。如果被告不能证明其使用属于以上几种情况的，可以认定构成对原告客户名单的侵犯。本案中，三被告无法证明其与原告相同客户的合法来源。

(3) 被告是否具有主观过错。过错是侵权行为构成的法定要件之一，商业秘密侵权在主观构成上既可能是故意也可能是过失。本案中，被告洪旭明在担任琪联公司法定代表人的情况下，隐瞒其身份应聘担任原告单位销售部副经理，其主观上有窃取原告客户名单的故意；被告魏路明向琪联公司披露、使用原告的客户名单，琪联公司使用被告洪旭明、魏路明披露的原告的客户名单，其主观上亦存在故意。

综上所述，三被告均有条件接触到原告的客户名单，且不能说明其与原告相同客户的合法来源，在主观上亦存在过错，因此，三被告的行为侵犯了原告客户名单，构成商业经营秘密侵权。

（孙　玉）

## 74. 厦门精通科技实业有限公司诉厦门信达商情有限公司不正当竞争案（侵犯商业秘密）

**（一）首部**

1. 判决书字号：福建省厦门市中级人民法院（2001）厦知初字第02号。

2. 案由：不正当竞争案。

3. 诉讼双方

原告：福建省厦门精通科技实业有限公司（以下简称厦门精通公司）。

法定代表人：龚少晖，董事长。

委托代理人：李忻，福建省厦门友业律师事务所律师。

委托代理人：张丽娟，厦门精通公司职员。

被告：福建省厦门信达商情有限公司（以下简称信达商情）。

法定代表人：周昆山，董事长。

被告：李韶军，男，1970年2月11日出生，汉族，系信达商情职员。

被告共同特别授权委托代理人：于海燕、汪卫东，福建省厦门兴天地律师事务所律师。

4. 审级：一审。

5. 审判机关和审判组织

审判组织：福建省厦门市中级人民法院。

合议庭组成人员：审判长：王灵石；代理审判员：林勤、曾聆。

6. 审结时间：2001年3月17日。

**（二）诉辩主张**

1. 原告厦门精通公司诉称：2000年5月，被告李韶军向原告发出电子邮件称愿加盟其公司，原告与李韶军接触后，认为其符合条件，于2000年7月20日与李韶军签订了保密协议。李韶军在原告工作期间，作为原告的高级管理人员参加了各种重要会议和各项商业策划活动，原告的战略计划、决策信息、管理方案、经营信息、营销策略、内部机密、客户名单、技术秘密及其他商业秘密都对其开放。原告重要的商业秘密4E电子商务体系中所包含的商业模式、套餐档位划分、套餐报价、套餐功能配置等信息资料以及公司的发展构想与规划、产品与服务的定位及推广理念均为李韶军所知悉。被告李韶军在原告公司工作了一个月后，突然不辞而别。2000年11月底，被告信达商情推出了与原告4E体系相一致的所谓“企业上网1+1体系”。被告信达商情在李韶军进入原告公司工作之前，主要运营以旅游资讯为内容的旅游网站，在李韶军进入原告任高级管理人员后，被告信达商情便着手开展企业上网解决方案活动，并随后推出在整体方案设计、创意、运行模式及宣传推广方式等与原告4E电子商务体系相一致的“企业上网1+1体系”，而只通过一些文义与表述上的修改，或对内容进行稍加改动。显然，作为被告信达商情总经理的李韶军不正当地将其在原告公司接触到的原告正在实施的能为原告带来可观利润和竞争优势并经原告采取保密措施的4E电子商务体系等商业秘密提供给被告信达商情使用，被告信达商情不正当地使用了上述商业秘密。自从被告信达商情推出“企业上网1+1体系”以来，原告的客户量明显减少，市场预期下降，使原告遭受重大的经济损失。

此外，被告李韶军还违反了保密协议中关于其离职后3年内不得参与同业竞争的约定，在离开原告公司后直接回到被告信达商情任总经理一职，与原告展开同业竞争。李韶军在为原告服务的同时，仍在为被告信达商情服务。被告信达商情明知李韶军有以上违法行为，而将其召回并确定为总经理。二被告的行为违反了“厦门市反不正当竞争条例”有关禁止徇私竞业和经营者不得以高薪或者其他优厚条件聘用掌握或者了解权利人商业秘密的人员，以获取、使用、披露权利人的商业秘密之规定。其行为侵犯了原告的商业秘密，构成对原告的不正当竞争，请求判令二被告：（1）立即停止以套餐形式宣传推销其“1+1”企业上网服务体系；（2）连带赔偿原告经济损失人民币10.5万元，律师费5 000元，总计11万元；（3）在全国发行的报纸上公开向原告赔礼道歉；（4）承担本案诉讼费用。

2. 被告信达商情辩称：原告的陈述没有任何事实和法律依据。第一，原告的4E商务体系与被告信达商情的“企业上网1+1体系”根本不是仅在字面上略有不同的一致方案，两者有本质的不同。信达商情推出的面对中小企业的“中国指南企业上网1+1互动体系”，该系统一方面代表“中国指南”为企业提供的“1套上网体系”和“1套互动体系”，另一方面代表企业平台与“中国指南”平台的互动和企业与企业之间的互动。该体系作为一个整体概念，创意及运作方式都是信达商情首创的，并无侵犯他人的知识产权。而原告的4E商务体系则是将客户企业作为其商务体系中的一部分，并无两套互动体系，两者在创意及外包装上没有共同之处。

第二，原告所谓的4E商务体系并非原告的商业秘密。原告的4E电子商务体系既非其独创，也不具备秘密性。整体方案设计、创意、运行模式均在其网站上公开体现，任何不特定的主体均可能过上网的方式加以了解。而其宣传推广的方式本身即针对公众，一经推广，即具有公开性，并不属于商业秘密的范畴。且“你好万维网”的3E企业商务平台、“5E商务网”无论在名称、整体方案、创意、运行模式与4E商务体系大同小异。

第三，信达商情的“企业上网1+1体系”的实质内容动作已经多年，该创意也是由信达商情独立讨论、策划的，与原告无关。信达商情早在1996年就建设了“中国指南”这一大型中英文网站，包括商业、贸易、旅游等内容，同时开展域名注册、虚拟主机租用、网站设计、网页设计、网页制作、互联网应用技术开发等业务。2000年，本公司员工周日新提出“企业上网1+1”的原始创意，公司经认真讨论、策划、研究，在原有的网站内容和业务的基础上，决定推出“1+1”的包装，并在11月将网站改版。从“中国指南企业上网”前、后版面的对比上看，“1+1”是在原有业务经过有创意的包装之后的延续，无论其内容还是形式均为信达商情自行设计并建设的，与原告无关。

第四，原告诉称被告李韶军将其商业秘密提供给信达商情没有任何事实依据。李韶军自2000年8月开始起就不再是信达商情的总经理，也没有正式在原告处工作，更没有提出“企业上网1+1”的创意。请求驳回原告的诉讼请求。

3.被告李韶军辩称：第一，“企业上网1+1体系”不是我提出的，是信达商情市场部经理周日新提出的；第二，“企业上网1+1体系”与原告的4E商务体系内容虽然一样，但“企业上网1+1体系”与信达商情1996年开始动作的“中国指南”是相同的业务，比原告的要早许多；第三，我没有在原告公司正式工作过，也未从原告公司领取过工资。请求驳回原告的诉讼请求。

**（三）事实和证据**

厦门市中级人民法院经审理查明：1996年，被告信达商情在“中国指南”网站上推出了包括商贸指南、旅游指南等内容的域名注册、虚拟主机租用、网站建设、网页设计、互联网应用开发等业务。

1999年7月21日，原告厦门精通公司以套餐的形式在其网站上向中小企业推出4E商务体系，其内容包括：“网络品牌服务”，提供域名注册、企业邮局和虚拟主机服务；“建站平台服务”，提供在线自动建站服务；“电子商贸服务”，提供企业之间的电子商务平台和B to B交易服务；“风云商务社区”，提供虚拟的商务社区服务。4E套餐分为简易系列、商务系列和豪华系列，其中简易系列和商务系列均分为标准型、专业型、增强型；豪华系列分为超强型、高级型和豪华型。以上套餐报价信息只有其用户通过输入密码方可登录。

2000年5月，被告李韶军给原告厦门精通公司发出电子邮件，称“有意应聘贵公司的副总经理兼海外事业部经理”，落款为“李韶军厦门信达商情有限公司总经理”。同年7月20日，双方签订了保密协议，约定李韶军在聘用期间（含试用期）内应该保守原告的技术和商业秘密，解聘后3年内不得从事与原告同类的业务；同年7月20日至8月22日，李韶军利用休息时间以厦门精通公司海外事业部经理的身份数次参加了原告工作会议和开展海外业务。

2000年9月，被告信达商情的员工周日新提出“企业上网1+1互动体系”的原始创意后，同年11月，被告信达商情针对中小企业以套餐的形式推出“企业上网1+1互动体系”，其含义是指：“1套上网方案”，客户可以构建自己的动态电子商务网站；“1套互动体系”，客户可以入驻“中国商贸指南”，借助该系统实现数据库互动，买家、卖家互动。业务内容亦包括域名注册、虚拟主机租用、网站建设、网页设计、互联网应用开发等。“企业上网1+1互动体系”的套餐分为普通套餐、标准套餐、增强套餐和豪华套餐。其中普通套餐与原告商务系列增强型的价格均为5 800元，标准套餐与原告的豪华系列超强型的价格均为8 800元；而两者的套餐服务内容不完全相同。

另查明：原告厦门精通公司针对万网、新网等企业作出有关4E体系类似产品及服务的市场调查。原告委托厦门友业律师事务所参加本案诉讼，支付律师代理费5 000元。

以上事实有下列证据证明：

1.有关“中国频道”的公证书一份。

2.有关“中国指南”的公证书一份。

3.有关新浪网上发布的“4E”与“企业上网1+1”新闻报道的公证书。

4.4E的宣传材料及相关媒体上的报道。

5．“企业上网1+1”的宣传材料。

6．有关4E体系类似产品及服务的市场调查。

7．李韶军发给厦门精通公司的求职电子邮件以及双方签订的保密协议、职员档案登记表、李韶军以厦门精通公司海外部经理的名义与其客户开展业务的电子邮件。

8．律师代理费收据。

9．厦门精通公司的会议记录一份。

10．中国指南“1+1商务体系”市场推广计划及“关于给予周日新、张兰田同志通报表扬的决定”、被告的总经理肖炳恒的工作记录。

11．中国指南2000年11月以前的版面及“5E商务网”、“你好万维网”等网站的业务内容。

12．双方当事人在法庭上的陈述及法院的证据保全笔录、调查笔录、庭审笔录等。

**（四）判案理由**

厦门市中级人民法院根据上述事实和证据认为：商业秘密是指不为公众所知悉、能为权利人带来经济利益、具有实用性并经权利人采取保密措施的技术信息和经营信息。原告厦门精通公司主张其享有4E电子商务体系的商业秘密，应当就其商业秘密的范围、状态以及是否采取保密措施等进行举证证明。由于原告厦门精通公司的4E电子商务体系的商业信息、经营策略及市场宣传已发表在“中国频道”网站上，任何人均可以在访问该网站时知悉其内容，因此，上述内容不具备秘密性，依法不予保护。原告厦门精通公司4E电子商务体系的套餐报价必须在输入其用户名和密码后方可进入，原告主张其具备秘密性，本院予以认可。但被告信达商情的套餐报价中仅有普通套餐的价格与原告商务系列增强型的价格以及标准套餐的价格与原告豪华系列超强型的价格相同，两者的套餐服务内容却不相同。由于该套餐报价的核心是服务内容，因此，原告认为被告信达商情侵犯其套餐报价体系，与事实不符，且证据不足，不予支持。

至于“有关4E体系类似产品及服务的市场调查”，由于其中“万网工程卡”涉及的时间是2000年9月1日，此时李韶军与原告已无任何关系，原告亦无法证明李韶军曾接触过该份材料，其主张无事实依据，本院不予支持。

况且原告主张被告信达商情的“企业上网1+1体系”系在李韶军提供4E电子商务体系后，仅对其中的文义、表述或内容进行修改，缺乏证据。原告厦门精通公司明知被告李韶军在向其求职时仍是被告信达商情的高级职员，在李韶军未与被告信达商情解除劳动关系的情况下，要求李韶军参加其工作会议，且将其所主张的商业秘密向李韶军开放，对此行为，其应当预见到“商业秘密”可能会被信达商情所知悉，而仍采取放任的态度，足见其保密措施不当，对此所产生的后果则应由原告自行承担。

**（五）定案结论**

福建省厦门市中级人民法院根据《中华人民共和国反不正当竞争法》第十条，《中华人民共和国民事诉讼法》第六十四条之规定，作出如下判决：

驳回原告福建省厦门精通科技实业有限公司的诉讼请求。

本案诉讼费人民币3 610元，由原告福建省厦门精通科技实业有限公司负担。

**（六）解说**

本案是厦门市中级人民法院审理的首起网络侵犯商业秘密的案件。在处理本案时，着重把握了案件审理的两个方面问题：

1. 依职权采取证据保全措施，确保案件的正确处理。本案原、被告的信息均发布在网络上，网络信息不仅具有传播速度快捷等优点，尚存在保存的不稳定性等缺点，当事人易于隐匿或删除这些证据。诉讼中，若不及时采取必要的措施，可能会出现证据灭失或难以取得的情况，会给今后的实体审理带来困难。因此，在原告厦门精通公司向法院起诉后，厦门市中级人民法院就根据《民事诉讼法》第七十四条的规定，依职权对被告厦门信达商情进行了证据保全，及时从网上下载了有关“企业上网1+1体系”的内容，扣押了该体系形成的有关证据材料。从而为本案关键的实体问题的公正审理打下了基础，本案双方当事人对此颇为赞赏。

2. 被告厦门信达商情、李韶军是否侵犯了原告厦门精通公司的商业秘密。对此，合议庭主要从三个方面进行分析：

(1) 原告厦门精通公司的4E电子商务体系是否具有秘密性。从案件查证的事实分析，原告厦门精通公司的4E电子商务体系中有关的商业信息、经营策略及市场宣传等内容均已发表在其网站“中国频道”上，任何人在访问该网站时均可知悉其内容，可见4E电子商务体系的内容是公开的，因此，原告厦门精通公司提供的具有商务服务内容的4E电子商务体系不具有秘密性。但是，该体系所对应的有关价格的套餐报价系统并未在网上完全公开，只有在输入相关的用户名和密码后方可进入。可见，这部分内容并非任何一个上网的人可以随意看到，而是有针对性的，应当具有秘密性。

(2) 被告信达商情的“企业上网1+1体系”是否与原告厦门精通公司的4E电子商务体系相似，尽管被告信达商情的“企业上网1+1体系”与原告厦门精通公司的4E电子商务体系的服务内容和形式均为相似，但套餐服务的内容却完全不同。法院认为，套餐报价系统的核心是所提供的服务内容，而非金额。因此，衡量两者是否相似，应从两者的服务内容出发进行比对，况且从人民法院保全的“企业上网1+1体系”的证据表明，“企业上网1+1体系”的创意人并非李韶军，而是信达公司的周日新等职员，该公司还因此奖励了这些人员。因此，在原告厦门精通公司无法提供反证推翻现有事实的情况下，应认定被告厦门信达商情提供的证据是客观真实的。原告厦门精通公司主张被告信达商情侵犯了其4E电子商务体系的套餐报价系统是不成立的。

(3) 从原告厦门精通公司对其商业秘密是否采取了保密措施，也可以进一步印证4E电子商务体系的内容不具有保密性。因为原告厦门精通公司在明知被告李韶军向其应聘时系被告信达商情的总经理，后李韶军仍未与被告信达商情解除劳动关系，仍然是被告信达商情的员工的情况下，主动要求李韶军参加其工作会议，将“公司的重大经营活动和策略”均告知李韶军。可见原告厦门精通公司对其主张的“商业秘密”的保密在客观上是采取了一种放任的态度，现在又以此主张李韶军侵犯其商业秘密显然证据不足。

综上所述，原告所主张的“商业秘密”由于缺少秘密性和采取保密措施等必要条件，其主张未能得到法院的支持，人民法院依法驳回其诉讼请求是正确的。

（林　勤）

# 75. 河北新河鸿泰冻品有限公司诉河北新河绿尔特食品有限公司不正当竞争案（仿冒外包装）

## （一）首部

1. 判决书字号

一审判决书：河北省新河县人民法院（2001）新民初字第85号。

二审判决书：河北省邢台市中级人民法院（2001）邢经终字第473号。

2. 案由：不正当竞争案。

3. 诉讼双方

原告（被上诉人）：河北新河鸿泰冻品有限公司。

法定代表人：付同江，董事长。

被告（上诉人）：河北新河绿尔特食品有限公司。

法定代表人：李振江，经理。

委托代理人（一审）：田书营，职员。

委托代理人（一审）：李东健，河北省新河县鸿达法律服务所法律工作者。

委托代理人（二审）：丁琛、赵伟，河北三和时代律师事务所律师。

4. 审级：二审。

5. 审判机关和审判组织

一审法院：河北省新河县人民法院。

合议庭组成人员：审判长：孙瑞节；审判员：张巨才；代理审判员：薛志刚。

二审法院：河北省邢台市中级人民法院。

合议庭组成人员：审判长：刘志纯；审判员：高春风、孙士英。

6. 审结时间

一审审结时间：2001年9月5日。

二审审结时间：2001年12月19日。

## （二）一审诉辩主张

1. 原告诉称：我公司多年前就上了红烧乳鸽这个产品项目，我们生产的红烧乳鸽已成为新河县的特产，被新河县技术监督局、邢台市技术监督局命名为名牌产品。我公司“秀菊”牌红烧乳鸽已在国家商标局注册，注册号为1550605。被告擅自使用我公司产品的外包装照片、图案、文字，冒充新河特产，鱼目混珠，侵犯了我公司产品的包装版权，违反了《中华人民共和国反不正当竞争法》和国家工商行政管理局《关于禁止仿冒知名商品特有的名称、包装、装潢的不正当竞争行为的若干规定》，给我公司造成了经济损失，请求依法判令被告停止侵害，恢复我公司的包装名誉，并赔偿我公司经济损失15万元。

2. 被告辩称：（1）原告生产的红烧乳鸽不是“知名商品”。“知名商品”是由国家法定机关——工商行政管理局认定的。原告的红烧乳鸽未经工商行政管理局认定，因此不属于知名商品。原告所称的市、县两级技术监督局命名名牌产品行为，系政府行为，是对产品的品质认定，不是对商品“知名”的认定。(2) 目前我公司使用的产品包装纯属通用产品的包装，该包装上既有明显的公司名称，又有具体的厂址，所以，不构成对原告的侵权。(3) 原告的产品虽然进行了注册，但我公司的产品包装也已申请了专利，应该同样受到法律保护。(4) 原告生产的红烧乳鸽至今既无标准证书、更无标准备案证书，属于无标生产，是非法生产。既然是非法生产的产品，就无权利可言，何来侵权。请求依法驳回原告的诉讼请求。

**(三) 一审事实和证据**

河北省新河县人民法院经审理查明：原告生产红烧乳鸽已有十余年历史，1998 年决定更换新包装。1998 年 10 月，原告委托河北省菲林广告制作有限公司拍摄了本公司生产的红烧乳鸽照片，并以此为图案设计了红烧乳鸽产品的软包装袋，又以蓝天白云绿草地中间一只鸽子的构思设计了外包装箱，尔后，由石家庄众鑫纸箱厂根据该设计为原告的红烧乳鸽产品的外包装箱制了版，石家庄众鑫包装印刷有限公司为原告印制了红烧乳鸽的外包装箱，石家庄软包装彩印厂根据河北省菲林广告制作有限公司的设计为原告制版并印制了红烧乳鸽的软包装袋。在原告委托拍摄照片、设计包装和印制包装时，未与受托方约定版权归属，但在事后，河北省菲林广告制作有限公司、石家庄众鑫纸箱厂、石家庄软包装彩印厂均明确表示所拍摄的照片、设计的外包装的版权归原告所有。

上述事实有下列证据证明：

1. 河北省菲林广告制作有限公司的证明材料及该公司的收费单据。

2. 法庭对石家庄众鑫纸箱厂、石家庄软包装彩印厂的调查笔录。

3. 石家庄众鑫包装印刷有限公司的增值税发票。

还查明：自 1998 年 12 月原告开始在红烧乳鸽产品上使用该软包装和包装箱。1999 年 10 月 27 日，原告在国家商标管理局办理了红烧乳鸽“秀菊”牌商标注册手续。原告的红烧乳鸽产品曾被新河县技术监督局评为名牌产品，该产品在邢台市技术监督局监制的宣传册上，列在邢台企业名牌一栏中。

1999 年下半年，现任被告公司总经理的李振江离开原告公司，开办了河北新河绿尔特食品有限公司，在离开之前，李振江任原告公司经理。1999 年，被告公司在国家专利局对所使用的红烧乳鸽包装申请了外观设计专利。

经过对原、被告产品的包装进行对比可以看出，被告的红烧乳鸽的外包装箱与原告的相近似，都是以绿色为底色，用的图案为蓝天白云绿草地中间一只鸽子的图案，原、被告产品的软包装袋上的鸽子及三个小图案相近似。

被告认为自己使用的红烧乳鸽外包装是自己设计制作的外包装，并未使用原告的外包装，但被告未提供其包装是由谁设计的证据。庭审中其法定代表人称这种场景是电脑中通用的，是从石家庄众鑫纸箱厂的电脑中调取的。根据法庭对石家庄众鑫纸箱厂的调查笔录可以证实，被告的外包装箱确实是在石家庄众鑫纸箱厂制的版。

经过新河利源会计师事务所审计，原告公司 1999 年春节比 1998 年春节同期销售收入减少 109 220 元，销售利润减少 10 838.06 元；2000 年春节比 1998 年春节同期销售收入减少 193 301 元，销售利润减少 54 079.04 元。2 年销售利润共计减少 64 917.10 元。

根据法庭调查，新河县技术监督局的笔录可以证实，原告公司的红烧乳鸽产品没有国家标准、行业标准，应制定企业标准，现还未制定出企业标准。按法律规定，产品无标应责令其限期改正，新河县技术监督局允许原告公司边生产、边规范、边制定标准，现原告的红烧乳鸽产品标准正在制定中。

**（四）一审判案理由**

河北省新河县人民法院根据上述事实和证据认为：

1. 由新河县技术监督局允许原告边生产，边制定标准，可以认定原告的生产不是非法生产。

2. 原告公司与受托方虽然未订立合同明确约定所设计制作的包装版权归属问题，但在事后受托方均表示其所设计制作的包装版权归原告所有，可以认定原告使用的红烧乳鸽产品的包装版权归原告所有。

3. 原告公司在使用蓝天白云绿草地中间一只鸽子的外包装前，就已生产红烧乳鸽多年，在新河县乃至邢台地区颇有影响，1998 年 12 月使用该外包装后，方便了消费者识别，更增加了知名度，可以认定原告公司的红烧乳鸽产品为知名商品。而被告为谋取不正当利益，仿冒原告红烧乳鸽产品的外包装，与产品包装与原告产品包装的整体效果、外观效果相似，造成与原告的商品混淆，极易导致消费者的误认，并已实际致使原告的销售利润减少，被告的行为具备了法律规定的不正当竞争的构成要件，根据《反不正当竞争法》的规定，被告应对原告的损失承担赔偿责任。

4. 由于被告在侵权期间因侵权所获得的利润难以计算，再者对原告产品的包装侵权也并非被告一户，故本案参照原告公司的利润减少值，酌情确定赔偿额为34 917.10元。

**（五）一审定案结论**

河北省新河县人民法院根据《中华人民共和国反不正当竞争法》第五条第（二）项、第二十条的规定，作出如下判决：

1. 被告人河北新河绿尔特食品有限公司立即停止使用仿冒原告河北新河鸿泰冻品有限公司的红烧乳鸽产品的外包装。

2. 被告人河北新河绿尔特食品有限公司赔偿原告河北新河鸿泰冻品有限公司损失34 917.10元。判决书生效后10日内交付。

案件受理费 4 510 元，其他诉讼费 1 215 元，共计诉讼费 5 725 元。由原告河北新河鸿泰冻品有限公司负担3 941元，被告河北新河绿尔特食品有限公司负担 1 784 元。

**（六）二审情况**

1. 二审诉辩主张

一审判决后，被告河北新河绿尔特食品有限公司不服，以“原告产品不是知名商品，不属于《反不正当竞争法》调整范围”为由，向河北省邢台市中级人民法院提起上诉。

2. 二审事实与证据

二审法院确认了一审法院认定的事实。

3. 二审判案理由

河北省邢台市中级人民法院认为：被上诉人河北新河鸿泰冻品有限公司从1998 年开始经营红烧乳鸽，多年来所生产的产品深受当地消费者欢迎，曾被新河县、邢台市的产品质量监督部门命名为名牌产品，具有一定的知名度，应认定为知名商品；上诉人河北新河绿尔特食品有限公司所生产的红烧乳鸽软包装袋的图案与被上诉人的红烧乳鸽软包装袋的图案相同，外包装箱上的图案也是蓝天白云绿草地中间一只鸽子，与被上诉人的产品外包装相似，尤其是中间一只鸽子图形完全相同。上诉人仿冒知名商品特有的名称、包装、装潢的行为，使其产品的包装图案足以使消费者在视觉上与被上诉人的产品相混淆，侵害了被上诉人的合法权益。其行为构成不正当竞争行为。上诉人对其使用的产品包装虽然取得了外观设计专利权，但由于被上诉人注册商标在先，使用在先，又鉴于被上诉人生产的红烧乳鸽商品为知名商品，从保护消费者利益的角度出发，上诉人应停止使用一只鸽子和三个小图案组合的红烧乳鸽软包装，停止使用以蓝天白云绿草地中间一只鸽子为图案的外包装，并向被上诉人赔偿损失。关于赔偿数额，一审按被上诉人两年销售利润减少额并考虑到对被上诉人的侵权并非上诉人一户而予以酌减，确定为 34 917.10 元并无不妥，上诉人的上诉理由不能成立。

4. 二审定案结论

河北省邢台市中级人民法院根据《中华人民共和国民事诉讼法》第一百五十三条第一款第（一）项的规定，作出如下判决：

驳回上诉，维持原判。

二审案件受理费 4 510 元，其他诉讼费 1 215 元，由上诉人河北新河绿尔特食品有限公司负担。

**（七）解说**

根据《反不正当竞争法》第五条的规定，经营者擅自使用知名商品特有的名称、包装、装潢，或者使用与知名商品近似的名称、包装、装潢，造成和他人的知名商品相混淆，使购买者误认为是该知名商品的行为属于不正当竞争行为。本案是一起典型的由不正当竞争行为引发的侵权赔偿案件。被告人的法定代表人曾在原告企业任职，分手后利用原企业已创建的名牌产品的包装来伪装自己的产品，侵害了原告方的合法权益，损害了消费者的利益，同时也践踏了商品交易的诚信原则。根据 1995 年 7 月 6 日国家工商行政管理局发布的《关于仿冒知名商品特有的名称、包装、装潢的不正当竞争的若干规定》，“知名商品”是指在市场上具有一定的知名度，为相关公众所知悉的商品，本案原告的产品红烧乳鸽符合知名商品的认定条件，因此，一、二审法院以知名商品对其加以保护是正确的。

本案的另一特点是审判思路上的特点，表现为：如何选择适合该案纠纷的准据法。本案涉及知识产权的版权、商标权、专利权，如果以知识产权的相关法律引领办案思路，必定要对当事人版权、商标权、专利权取得的合法性、存在的合法性及商标权与专利权发生矛盾时如何适用法律等问题进行查证和裁判，那样就会使案件的认定和处理变得极为复杂，既拖延诉讼时间，又加大诉讼成本，是不可取的。本案审理时根据被告人的行为特征，以被告行为是否构成不正当竞争为切入点，直接适用反不正当竞争法是避繁就简的理智之举。并且，被告的不正当竞争行为一经人民法院认定判决，相关的知识产权问题也会迎刃而解。既然繁简可以殊途同归就应该选择简捷途径，这样做有利于案件的及时处理，有利于审判工作效率的提高。

（张建英）

# 76. 北京恒基伟业电子产品有限公司诉北京建达蓝德科技有限公司不正当竞争案（商业信誉）

（一）首部

1. 判决书字号

一审判决书：北京市第一中级人民法院（2000）一中知初字第168号。

二审判决书：北京市高级人民法院（2001）高知终字第53号。

2. 案由：不正当竞争案。

3. 诉讼双方

原告（被上诉人）：北京恒基伟业电子产品有限公司（以下简称恒基伟业电子产品公司）。

法定代表人：张征宇，董事长。

委托代理人：韦之，北京市同和通正律师事务所律师。

委托代理人：刘军，恒基伟业电子产品公司法律助理。

被告（上诉人）：北京建达蓝德科技有限公司（以下简称建达蓝德科技公司）。

法定代表人：陆虹，总经理。

委托代理人：储亚洲、尹秀超，北京市岳成律师事务所律师。

4. 审级：二审。

5. 审判机关和审判组织

一审法院：北京市第一中级人民法院。

合议庭组成人员：审判长：刘海旗；代理审判员：李燕蓉、姜颖。

二审法院：北京市高级人民法院。

合议庭组成人员：审判长：刘继祥；审判员：魏湘玲；代理审判员：周翔。

6. 审结时间

一审审结时间：2001年3月8日。

二审审结时间：2001年6月25日。

（二）一审诉辩主张

1. 原告诉称：我公司是国内最主要的掌上电脑生产厂家之一，近年来推出的“商务通”产品由于设计合理、技术含量高以及相关服务优异，迅速在全国取得了非常突出的销售业绩。“商务通”作为我公司的专用品牌，在用户心目中建立了良好的声誉。被告在2000年3月19日、21日的《参考消息》和2000年3月24日的《南方周末》等报刊上连续刊登广告，在宣传其自己的“掌上通”掌上电脑的同时，对我公司的产品进行恶性诋毁。声称“还在把上不了网的电子记事本当作掌上电脑？想在网络化生活中继续领先于人，您应该选择真正的掌上电脑掌上通”，并且用大号字体宣称“网都上不了，商务怎么通”，其中“商务”二字采用的是我公司“商务通”的特殊字体。被告将矛头直接对准我公司产品，极大地损害了我公司产品的声誉，使我公司产品销量明显下降。故请求法院判令被告：(1) 在《参考消息》和《南方周末》上以其侵权广告的同样篇幅、数次刊登道歉广告；(2) 赔偿我公司经济损失100万元；(3) 承担我公司因本案诉讼所产生的一切费用。

2. 被告辩称：原告的“商务通”并非注册商标，不受法律保护。原告声称“商务通”为其专用品牌于法无据。我公司的广告宣传没有针对性，原告不让他人使用“商务通”一词没有道理。我公司的广告是一个系列广告，除了“网都上不了，商务怎么通”之外，还有“网都上不了，公务怎么通”等不同的创意设计。我公司在广告中使用的字体是电脑字库中的海报体，不是“商务通”专用的特殊字体，不能因为“商务通”使用了该字体就禁止他人使用。我公司在广告中表述的意思是能够上网，会给公务、商务、业务等提供便利和机会，并意在提醒消费者电子记事本不是掌上电脑，其上不了网是事实，并不存在恶意诋毁原告产品的问题。同时，我公司的掌上电脑与原告的电子笔记本不是同一类的产品，两者之间不存在竞争关系。故请求法院驳回原告的诉讼请求。

**(三) 一审事实和证据**

北京第一中级人民法院经审理查明：恒基伟业电子产品公司于1998年年底推出“商务通”MBA991（又称“全能高手”）产品，此外，恒基伟业电子产品公司生产的“商务通”产品还包括“银色月光MBA998”、“连笔王602、603”、“盛世经典801”、“快乐星808”等。上列产品由于配置不同，功能和用途亦有所区别。

建达蓝德科技公司于2000年3月19日、3月21日和3月24日，分别在《参考消息》、《南方周末》等报刊上为宣传其产品“掌上通”刊登广告。在广告中使用了醒目的大号字体“网都上不了，商务怎么能”，“商务”二字的字体与恒基伟业电子产品公司“商务通”广告中使用的“商务”二字字体无明显区别，该广告同时载明“还在把上不了网的电子记事本当作掌上电脑？想在网络化生活中继续领先于人，您应该选择真正的掌上电脑掌上通”。

恒基伟业电子产品公司就建达蓝德科技公司的上述广告内容向北京市工商行政管理局投诉。北京市工商行政管理局海淀分局于2000年5月31日作出海工商经检调处字(2000) 第13号责令改正通知书，认定建达蓝德科技公司对同类商品中没有上网功能的掌上电脑进行贬低的行为，违反了《反不正当竞争法》第十四条的规定，根据《行政处罚法》第二十三条的规定，责令建达蓝德科技公司于2000年6月1日前改正上述违法行为。建达蓝德科技公司对该决定未提出异议。

1998年3月至2000年3月，恒基伟业电子产品公司为进行“商务通”系列产品的广告宣传，在中央电视台、《参考消息》、《南方周末》等媒体投入的广告费共计3 250万元。

2000年10月19日，国家工商行政管理局商标评审委员会作出商评字（2000）第3264号“商务通”商标驳回复审终局决定书，认为恒基伟业电子产品公司自1998年开发出“商务通”掌上手写电脑以来，在全国范围内进行了广泛的推广、宣传。“商务通”一词已与恒基伟业电子产品公司密切相连，产生了显著性，可以作为商标获得注册。决定恒基伟业电子产品公司在第9类掌上手写电脑等商品上申请注册的“商务通”商标应予以初步审定和公告，并已将该案移交商标局办理有关初步审定及公告事宜。

2000年10月17日，国家质量技术监督局发布了《中华人民共和国国家标准手持式个人信息处理设备通用规范》(实施日为2001年10月1日)。在该国家标准中，载明的手持式个人信息处理设备具有以下功能的一部分或全部：存储和检索各种信息；可以方便地录入、管理或处理必要的信息；支持声音或图像信息；可以通过一定的通信接口在同机种或异机种之间传送信息、连接网络、支持无线数据传送等功能。电子辞典、电子记事簿、手持式计算机等产品都是具有代表性的例子。此外，在1989年3月1日实施的《中华人民共和国国家标准微型数字电子计算机通用技术条件》中，载明的微型机（微型计算机）是指在结构上自成一体的基本硬件实体，即以CPU为核心，包括RAM、ROM、I/O接口电路以及实体内配接的外围设备、输入输出设备、电源等所构成的硬件设备。

上述事实有下列证据证明：

1.恒基伟业电子产品公司的广告宣传品、广告费发票。

2.建达蓝德科技公司在《参考消息》、《南方周末》报刊上刊登的广告。

3.北京市工商行政管理局海淀分局海工商经检调处字（2000）第13号责令改正通知书。

4.《中华人民共和国国家标准手持式个人信息处理设备通用规范》、《中华人民共和国国家标准微型数字电子计算机通用技术条件》。

5.国家工商行政管理局商标评审委员会商评字（2000）第3264号“商务通”商标驳回复审终局决定书。

6.开庭笔录及双方当事人陈述。

**(四) 一审判案理由**

北京市第一中级人民法院根据上述事实和证据认为：双方当事人所生产的产品均属于微型计算机小型化的产品，因此可以认定为同一类的产品。双方具有竞争关系是显而易见的。建达蓝德科技公司在报刊媒体刊登广告的内容，除宣传推广自己的产品外，还直接将恒基伟业电子产品公司的“商务通”产品进行对比，其广告具有明显的针对性。“商务通”系列产品已占有了相应的市场份额，并在同类产品中享有较高的知名度。该公司的“商务通”系列产品应认定为知名商品，“商务通”也已成为恒基伟业电子产品公司产品的特有名称。在恒基伟业电子产品公司的“商务通”产品在公众中已享有较高知名度的情况下，建达蓝德科技公司所使用的广告用语，必然使公众产生其广告中所称“网都上不了，商务怎么通”的产品系指恒基伟业电子产品公司“商务通”产品的认识。建达蓝德科技公司在媒体刊登的广告指向单一，主观故意明显，其形式和内容足以造成误导公众，使恒基伟业电子产品公司的商业信誉和商品声誉受到损害，其行为构成不正当竞争，应当赔偿恒基伟业电子产品公司因此受到的经济损失。

**(五) 一审定案结论**

北京市第一中级人民法院根据《中华人民共和国民法通则》第一百三十四条第（七）项、第（十）项，《中华人民共和国反不正当竞争法》第十四条之规定，作出如下判决：

1.建达蓝德科技公司以其侵权广告的篇幅在《参考消息》报上连续刊登两次、在《南方周末》报上刊登一次，公开向恒基伟业电子产品公司赔礼道歉。

2.建达蓝德科技公司赔偿恒基伟业电子产品公司经济损失100万元。

3.驳回恒基伟业电子产品公司其他诉讼请求。

**(六)二审情况**

1. 二审诉辩主张

(1) 上诉人建达蓝德科技公司诉称：第一，一审法院判令上诉人赔偿恒基伟业电子产品公司100万元的经济损失没有事实和法律依据。第二，上诉人的广告并没有直接说出“商务通”三个字，也没有任何一处提到“恒基伟业电子产品公司”字样，一审判决认定上诉人的广告指向单一，所使用的方法是“联想+推理”，其结论不是必然的，而仅仅只是一种可能。一审判决将这种可能性当作既成的事实来认定，是法律所不允许的。恒基伟业电子产品公司使用了公众性极强的“商务”一词加“通”字作商标，有误导公众消费的意图，为我国《商标法》所不许可。其使用这种商标，客观上获得了不正当的利益，这种不正当的利益不应得到法律保护，故无权干涉他人使用“商务”一词。上诉人没有捏造散布虚伪事实，不具有构成商业诋毁行为的实质性要件。恒基伟业电子产品公司也没有损害结果的发生。因此，一审判决认定上诉人的广告行为构成不正当竞争没有事实依据。综上所述，一审判决认定事实有误，适用法律不当，请求二审法院撤销一审判决中的第一项、第二项。

(2) 被上诉人恒基伟业电子产品公司服从原审判决。

2. 二审事实和证据

二审法院确认了一审法院查明的事实与证据。

3. 二审判案理由

北京市高级人民法院根据上述事实和证据认为：恒基伟业电子产品公司的“商务通”系列产品与建达蓝德科技公司的“掌上通”产品均属于微型计算机小型化产品，被称为手持式计算机（俗称“掌上电脑”）。因此，可以认定双方产品为同一类产品，双方具有竞争关系。

恒基伟业电子产品公司自1998年推出“商务通”掌上手写电脑以来，在全国范围内进行了广泛的推广宣传。“商务通”商标广告常见于中央电视台、凤凰卫视等电视频道及《参考消息》、《南方周末》等报刊、杂志，该产品在同类产品中享有较高的知名度，在个人掌上手写电脑市场中占有较大的份额。“商务通”一词已成为恒基伟业电子产品公司产品的特有名称，使公众看到这一名称时，立刻会与恒基伟业电子产品公司联系在一起。在恒基伟业电子产品公司的“商务通”产品在公众中已享有较高知名度的情况下，建达蓝德科技公司所使用的“网都上不了，商务怎么通”、“还在把上不了网的电子记事本当作掌上电脑？想在网络化生活中继续领先于人，您应该选择真正的掌上电脑掌上通”的广告用语，很容易使公众得出恒基伟业电子产品公司的“商务通”产品不如建达蓝德科技公司的“掌上通”产品的结论。建达蓝德科技公司的广告在宣传自己的产品的同时，直接针对恒基伟业电子产品公司的“商务通”产品进行对比，片面地宣传自己产品的某种功能，同时贬低同行业他人的产品，从而误导消费者，以此获得不正当的竞争优势，其行为已构成不正当竞争，应承担相应的法律责任。建达蓝德科技公司在其广告中虽然没有直接说出恒基伟业电子产品公司的企业名称及其产品的全称“商务通”三个字，但因其广告中所使用的“商务”二字与恒基伟业电子产品公司在广告中所使用的“商务通”的字体基本相同，且系在特指的情况下，故这种使用足以导致公众推知其广告中所称产品即为恒基伟业电子产品公司的“商务通”产品。因此，建达蓝德科技公司关于其广告内容和形式均没有针对恒基伟业电子产品公司的主张不能成立。本案中，“商务通”三字已具有了标识商品来源的作用，其作为商标使用并无不当。建达蓝德科技公司以“商务通”一词具有较强的公众性为由，主张恒基伟业电子产品公司获得了不正当利益是不能成立的。

恒基伟业电子产品公司在其商业信誉和商品声誉因建达蓝德科技公司的不正当竞争行为而受到损害的情况下，要求其赔偿经济损失的诉讼请求，正当合法。由于恒基伟业电子产品公司的损失额与建达蓝德科技公司的获利额均不能确认，二审法院根据1998年7月20日最高人民法院《关于全国部分法院知识产权审判工作座谈会纪要》的相关规定，并考虑本案的具体情况，酌情确定本案的赔偿数额。原审判决确定的赔偿数额明显过高，二审法院予以纠正。

4.二审定案结论

北京市高级人民法院根据《中华人民共和国民事诉讼法》第一百五十三条第一款第(三)项之规定，判决如下：

(1) 维持北京市第一中级人民法院(2000)一中知初字第168号民事判决的第一项、第三项，即北京建达蓝德科技有限公司以其侵权广告的篇幅在《参考消息》报上刊登两次、在《南方周末》报上刊登一次，公开向北京恒基伟业电子产品有限公司赔礼道歉；驳回北京恒基伟业电子产品有限公司的其他诉讼请求。

(2) 撤销北京市第一中级人民法院(2000)一中知初字第168号民事判决的第二项，即上诉人北京建达蓝德科技有限公司赔偿被上诉人北京恒基伟业电子产品有限公司经济损失100万元。

(3) 上诉人北京建达蓝德科技有限公司赔偿被上诉人北京恒基伟业电子产品有限公司经济损失15万元，于本判决生效之日起10日内付清。

一审案件受理费15 010元，由北京建达蓝德科技有限公司负担2 251.50元(于本判决生效之日起7日内交纳)，北京恒基伟业电子产品有限公司负担12 758.50元；二审案件受理费15 010元，由北京建达蓝德科技有限公司负担2 251.50元(已交纳)，北京恒基伟业电子产品有限公司负担12 758.50元。

**(七) 解说**

本案是一起典型的贬低同行业他人的产品以抬高自己产品并以此获得不正当的竞争优势的不正当竞争案。本案在审理中，当事人诉争激烈，主要涉及以下五个法律问题：

1.“商务通”系列产品是否为知名商品？我国《反不正当竞争法》并未对什么是知名商品作明确定义，其他规范中只有国家工商行政管理局于1995年7月6日发布的《关于禁止仿冒知名商品特有的名称、包装、装潢的不正当竞争行为的若干规定》(以下简称《若干规定》)第三条有以下规定：本规定所称知名商品，是指在市场上具有一定知名度，为相关公众所知悉的商品。在本案的审理过程中审判人员严格依据该条进行知名商品的认定。

首先，须判断商品在市场上是否具有一定的知名度。恒基伟业电子产品公司推出“商务通”掌上手写电脑时间虽然不长，但自1998年以来在全国范围内通过巨额广告费用的投入进行了广泛的推广。“商务通”商标广告常见于中央电视台、凤凰卫视等电视频道及《参考消息》、《南方周末》等报刊、杂志。通过大量的媒体宣传，得到相关公众的认可和理解，应当认定该产品在同类产品中享有较高的知名度。

其次，须判断商品是否为相关公众所知悉。此处的“相关公众”应特指该商品所对应的相关消费人群中为特定公众所知悉为条件，即该知名商品对人的“有效范围”。知名商品既不以所有人都知晓该商品为必要条件，也不以个别任意消费者的认识作为判断标准。此外还要考虑该商品所覆盖的范围，即地域范围。由于受消费水平、消费观念、消费习惯的需要，有些商品在不同地区的认知程度不同。在认定商品是否为相关公众所知悉时亦应考虑。恒基伟业电子产品公司通过大量的媒体宣传，使“商务通”一词成为恒基伟业电子产品公司产品的特有名称，当公众看到这一名称时，立刻会与恒基伟业电子产品公司联系在一起。而且需要注意的是，生产销售时间长短不是判断商品是否知名的依据，主要还看这种商品在相关消费群体中被知悉的程度。

另外，恒基伟业电子产品公司的“商务通”掌上手写电脑商品已在个人掌上手写电脑市场中占有较大的份额。

综上所述，恒基伟业电子产品公司的“商务通”系列产品应认定为知名商品。

2.“商务通”是否是特有名称？知名商品的特有名称，是指知名商品独有的、与通用名称有显著区别的商品名称。知名商品的特有名称不需要任何部门的认定或授予，而完全是经营者的一种市场成果，只要一种商品名称在市场上具有了区分相关商品的作用，就应认定具有了特有名称的意义。

“商务通”仅是一般名称，但当它与某些商品名称联系到一起时，就成为了特定名称。在本案中，“商务通”作为一种掌上手写电脑的商品名称是恒基伟业电子产品公司先使用并通过其使用而知名的。作为商品名称，“商务通”已与该企业密切相关，成为一体。“商务通”三个字虽然没有独特的创新，但由于恒基伟业电子产品公司自 1998 年以来在全国范围内进行了广泛的推广宣传，“商务通”产品在同类产品中享有较高的知名度，在个人掌上手写电脑市场中占有较大的份额，使公众看到这一名称时，立刻会与恒基伟业电子产品公司联系在一起，成为该商品的代表和象征。故“商务通”一词已经具有了与其他相关商品相区别的显著特征，应认定“商务通”为恒基伟业电子产品公司产品的特有名称。

3. 建达蓝德科技公司的“掌上通”产品与恒基伟业电子产品公司的“商务通”系列产品是不是同一类的产品，两者之间是否存在竞争关系？本案在审理过程中，审判人员参考了国家质量技术监督局发布的《中华人民共和国国家标准手持式个人信息处理设备通用规范》(2001 年 10 月 1 日实施)。在该国家标准中，载明的手持式个人信息处理设备是指除专用通信终端以外的各种袖珍型手持式电子信息产品。该类产品具有以下功能的一部分或全部：存储和检索各种信息；可以方便地录入、管理或处理必要的信息；支持声音或图像信息；可以通过一定的通信接口在同机种或异机种之间传送信息、连接网络、支持无线数据传送等功能。电子辞典、电子记事簿、手持式计算机等产品都是具有代表性的例子。恒基伟业电子产品公司的“商务通”系列产品与建达蓝德科技公司的“掌上通”产品均属于微型计算机小型化产品，被称为手持式计算机（俗称“掌上电脑”)。因此，依据上述规章，可以认定双方产品为同一类产品，双方具有竞争关系。

4. 建达蓝德科技公司的行为是否构成不正当竞争？在恒基伟业电子产品公司的“商务通”产品在公众中已享有较高知名度的情况下，建达蓝德科技公司所使用的“网都上不了，商务怎么通”、“还在把上不了网的电子记事本当作掌上电脑？想在网络化生活中继续领先于人，您应该选择真正的掌上电脑掌上通”的广告用语，很容易使公众得出恒基伟业电子产品公司的“商务通”产品不如建达蓝德科技公司的“掌上通”产品的结论。建达蓝德科技公司的广告在宣传自己的产品的同时，直接针对恒基伟业电子产品公司的“商务通”产品进行对比，片面地宣传自己的产品的某种功能，同时贬低同行业他人的产品，从而误导消费者，以此获得不正当的竞争优势，其行为已构成不正当竞争。建达蓝德科技公司在其广告中虽然没有直接说出恒基伟业电子产品公司的企业名称及其产品的全称“商务通”三个字，但因其广告中所使用的“商务”二字与恒基伟业电子产品公司在广告中所使用的“商务通”的字体基本相同，且系在特指的情况下，故这种使用足以导致公众推知其广告中所称产品即为恒基伟业电子产品公司的“商务通”产品。本案中，“商务通”三字已具有了标识商品来源的作用，其作为商标使用并无不当。恒基伟业电子产品公司在其商业信誉和商品声誉因建达蓝德科技公司的不正当竞争行为而受到损害的情况下，要求其赔偿经济损失的诉讼请求是正当、合法的。

5. 人民法院是否有权认定知名商品或知名商品的特有名称？从有关立法上看，仅国家工商行政管理局《关于禁止仿冒知名商品特有的名称、包装、装潢的不正当竞争行为的若干规定》中对知名商品进行了界定。尽管该规定的性质属于部门规章，人民法院在审理不正当竞争纠纷案件中是否可以适用没有明确的规定，但应当认识到，虽然工商行政管理部门在知名商品的认定上所适用的程序和效力与人民法院采用的程序和认定效力不同，但行政机关与审判机关在审查认定知名商品时，所适用的原则是一致的，在对什么是知名商品的问题上应当不存在实质上的差异。因此，在处理不正当竞争纠纷案件的实践中，因人民法院的判决是公开的、具有普遍约束力的，故工商行政管理机关可以直接援引。而人民法院对于工商行政管理机关的处理意见，认为正确的，也可以作为认定的一个依据，同时在法律文书中予以确认；如果认为不正确，可以综合各方面的意见得出结论。

2000 年 10 月 19 日，国家工商行政管理局商标评审委员会作出商评字（2000）第 3264 号“商务通”商标驳回复审终局决定书，决定恒基伟业电子产品公司在第 9 类掌上手写电脑等商品上申请注册的“商务通”商标应予以初步审定和公告，并已将该案移交商标局办理有关初步审定及公告事宜。综合本案情况来看，国家工商行政管理局的认定事实清楚，证据确实、充分，程序合法，人民法院应当予以认可，作为定案的依据。

（焦　彦）

## 77. 石家庄博大电脑控制工程有限公司诉石家庄市宏瑞自动化系统有限公司等侵犯商业秘密案

（一）首部

1. 判决书字号

一审判决书：河北省石家庄市中级人民法院（2001）石知初字第 134 号。

二审判决书：河北省高级人民法院（2001）冀经二终字第 83 号。

2. 案由：侵犯商业秘密案。

3. 诉讼双方

原告（被上诉人）：石家庄博大电脑控制工程有限公司（以下简称博大公司）。

法定代表人：董中洲，董事长。

委托代理人：韩劲松，博大公司副总经理。

委托代理人：李强，河北冀华律师事务所律师。

被告（上诉人）：石家庄市宏瑞自动化系统有限公司（以下简称宏瑞公司）。

法定代表人：赫鸿宾，经理。

被告（上诉人）：赫鸿宾，男，汉族，1965年7月8日出生，住石家庄市谈固乡白佛村徐家街。

被告（上诉人）：张治奎，男，汉族，住石家庄市栗康街102号1单元503号。

上述三被告委托代理人：李景智，河北石君安律师事务所律师。

委托代理人：赫建永，河北三平律师事务所律师。

4．审级：二审。

5．审判机关和审判组织

一审法院：河北省石家庄市中级人民法院。

合议庭组成人员：审判长：程存杰；审判员：刘维士；代理审判员：程建玲。

二审法院：河北省高级人民法院。

合议庭组成人员：审判长：赵建亮；代理审判员：郝守军、牛世红。

6．审结时间

一审审结时间：2001年7月12日。

二审审结时间：2001年12月20日（依法延长审限）。

**（二）一审诉辩主张**

1．原告博大公司诉称：1997年，原告投入大量的人力、物力开发研制出高新技术产品，变配电综合自动化系统及DS系列电力监控器，该系统具有功能强、价格低、施工调试方便等特点。1997年10月23日，河北省技术监督局对"DS系列电力监控器"的企业标准进行了技术检验，颁发了河北省工业产品执行标准证书，以上产品的实际应用，收到了良好的经济效益和社会效益。原告制定了相关的技术保密制度，加强了对该技术成果的保密措施，被告宏瑞公司经理赫鸿宾利用在原告公司工作期间，采取不正当手段取得了"DS系列电力监控器"的技术资料，并伙同被告张治奎进一步窃取了原告新开发研制的JKH系列电力监控器，被告宏瑞公司开始非法生产、销售侵权产品，给原告造成了重大经济损失，请求判令被告立即停止侵权，销毁现存的侵权产品和半成品；返还载有原告商业秘密的软件等资料，保证不向第三方泄露原告的商业秘密；赔偿原告经济损失80万元，并公开赔礼道歉。

庭审时，原告称其技术秘密隐含在DS系列电力监控器和JKH系列电力监控器中，具体内容包含硬件接线图、印刷电路板图、运行程序数据格式和参数设置。

2．被告宏瑞公司辩称：原告主张的商业秘密能从公开渠道直接取得，已为公众所知悉，原告也未采取任何保密措施；被告生产的产品与原告的产品不同；赫鸿宾、张治奎虽然在原告公司工作过，但并不掌握原告所谓的商业秘密；原告的起诉已超过诉讼时效。

3．被告赫鸿宾辩称：原告没有商业秘密，赫鸿宾没有窃取原告的所谓商业秘密。

4．被告张治奎辩称：原告没有商业秘密，张治奎也没有侵犯原告的所谓技术秘密，并且遵守了保密义务。

**（三）一审事实和证据**

河北省石家庄市中级人民法院经审理查明：

1.DS、JKH系列电力监控器是原告与北京国际银燕电脑控制工程有限公司共同开发研制的，两者为成套产品。1997年3月15日，河北省计量测试研究所进行了测试，1997年10月25日，石家庄市工业产品许可证办公室给原告出具了“确认原告开发生产的DS系列电力监控器不在生产许可证管理范围之内，可以不办生产许可证”的证明，在这之后，原告还进行了反复测试，至1998年6月完全成型。北京国际银燕电脑控制工程有限公司于2001年2月8日出函声明放弃对DS、JKH系列电力监控器的诉讼权利和实体权利。

上述事实有下列证据证明：

(1) 1997年3月15日河北省计量研究所测试结果通知书。

(2) 1997年10月25日石家庄市工业产品生产许可证办公室证明。

(3) 2001年2月8日北京国际银燕电脑控制工程有限公司出具的函。

(4) 当事人的陈述等。

2.被告赫鸿宾于1995年8月至1998年9月在原告处工作，任销售部经理（工程部经理)，主要负责销售工作，向客户、设计院介绍公司的产品。被告张治奎于1997年七八月份至2000年3月底，2000年5月8日至9月18日在原告处工作，任车间技术员，车间生产的产品包括DS产品。

上述事实有下列证据证明：

当事人的陈述、工资表。

3.原告于1997年10月1日制定了技术保密制度。规定公司全体人员应认真贯彻执行，技术保密范围：公司开发生产的全部产品的外观结构、硬件接线图、印制板图、软件、设计思路、技术方案、数据格式、参数设置、技术参数等。

上述事实有下列证据证明：

原告于1997年10月1日发布并执行的技术保密制度。

被告认为技术保密制度是伪造的，但未能举出证据。

4.被告赫鸿宾于1998年9月与他人共同出资开办了宏瑞公司，赫鸿宾为法定代表人，主营电力自动化测控装置及监控系统集成产品的生产、销售等。被告宏瑞公司于1998年年底开始生产、销售被控侵权产品PPLC电力监控器，该产品曾销售到河北省邮电学校、河北省人大招待处、内蒙古东胜污水处理厂、河北防汛抗旱调度中心等单位。

上述事实有下列证据证明：

(1) 宏瑞公司营业执照、销售合同、投标书。

(2) 当事人的陈述等。

5.关于原告主张的DS—1型、JKH—201型电力监控器的硬件接线图、印刷电路板图、运行程序、数据格式和参数设置是否为公知技术，被告宏瑞公司生产的PPLC型微机监控器所使用的技术信息是否与原告相同，本院依法委托国家科学技术部知识产权事务中心进行了技术鉴定，鉴定结论为：(1) 原告生产的DS—1型、JKH—201型电力监控器整体硬件接线图、整体印刷电路板图、程序结构框图、通讯数据格式和参数设定地址为非公知技术信息；(2) 被告宏瑞公司生产的PPLC型微机测控器使用了与原告生产的DS—1

型、JKH—201 型电力监控器整体硬件接线图、整体印刷电路板图基本相同的技术信息；（3）在被告宏瑞公司的计算机硬盘上，存在内容与原告主张的 DS—1 型、JKH—201 型电力监控器参数设定地址基本相同的文档。原告对鉴定结论无异议，被告则主要对鉴定专家的资格、鉴定为非公知技术的依据和鉴定结论中“基本相同”的含义提出了质疑。国家科学技术部知识产权事务中心将有关质疑经专家研究后答复如下：（1）鉴定专家均为知名高校计算机领域从事计算机单片机硬件和软件教学和科研工作具有高级职称的资深教授，专家名单已事先征询当事人的意见，并未对专家提出回避，鉴定组主体合法、程序合法；（2）鉴定专家以该技术能否通过资料公开或使用公开，为本领域专业技术人员普遍了解或容易获得为依据，针对被告提供的公知资料和有关证据材料进行判定原告的技术是否为公知技术；（3）鉴定结论第二点关于“基本相同”应理解为：被告宏瑞公司生产的 PPLC 型微机测控器与原告生产的 DS—1 型、JKH—201 型电力监控器在整体硬件接线图、整体印刷电路板图上虽然有细微差别，但两者并无实质性区别。第二点应理解为：在被告宏瑞公司的计算机硬盘上，存在核心内容与原告主张的 DS—1 型、JKH—201 型电力监控器参数设定地址（带 * 号的预留单元除外）相同的文档。

6. 在被告宏瑞公司工商登记档案中显示被告张治奎为该公司的副经理，在该公司 2000 年投标书中显示张治奎为安装调试人员，本院在宏瑞公司处调查时，张治奎和赫鸿宾也承认张治奎在宏瑞公司工作，只是称工作时间不长。

上述事实有下列证据证明：

（1）工商登记材料、投标书。

（2）当事人的陈述。

7. 原告庭审时提出由于被告的侵权行为从 1999 年至 2000 年共给原告造成盈利减少 1 109 703元，并提供了原告与客户、被告宏瑞公司与客户所签订的合同及原告所计算的单件产品的利润。另外，被告宏瑞公司投标书中显示其 1998 年营业总额为 50 万元，1999 年营业总额为 180 万元。

**（四）一审判案理由**

石家庄市中级人民法院根据上述事实和证据认为：

1. 国家科学技术部知识产权事务中心所作的技术鉴定结论合法、有效，根据鉴定结论，原告和北京国际银燕电脑控制工程有限公司共同研制开发的 DS—1 型、JKH—201 型电力监控器的整体硬件接线图、整体印刷电路板图、程序结构框图、通讯数据格式和参数设定地址为非公知技术信息。原告于 1997 年 10 月制定并实施了技术保密制度，对此技术信息采取了保密措施，属于商业秘密，应受法律保护，北京国际银燕电脑控制工程有限公司放弃诉权，应予认可。

2. 根据鉴定结论，被告宏瑞公司生产的 PPLC 型微机测控器使用了原告的技术信息，被告赫鸿宾、张治奎曾在原告处工作，本应遵守保密制度，而赫鸿宾却与他人共同成立宏瑞公司，张治奎在原告处工作的同时又在被告公司任职，使用原告的技术信息，生产、销售同类产品，其行为已构成侵权，应承担侵权赔偿责任。

3. 由于原告所提因被告侵权其利润减少 110 余万元，属于单方计算，被告未予认可，不能作为定案依据，对被告因侵权所获利润又难以计算，因此，应参照被告侵权的时间和范围、侵权的手段和情节、经营状况、主观过错和对原告所造成的损失程度等因素，酌情予以赔偿。

4. 三被告辩称的原告的技术为公知技术，未采取保密措施，其生产的产品与原告的不一样，理据不足，不予支持。工商登记材料、投标书和当事人的陈述均证实张治奎在宏瑞公司工作，并且在该公司成立后即在该处任职。

**（五）一审定案结论**

河北省石家庄市中级人民法院根据《中华人民共和国民法通则》第一百一十八条，第一百三十四条第一款第（七）项、第（九）项和《中华人民共和国反不正当竞争法》第十条第一款第（一）项、第（二）项、第（三）项，第十条第三款，第二十条第一款之规定，判决如下：

1. 自本判决生效之日起至原告 DS—1 型、JKH—201 型电力监控器的技术秘密权利终止之日止，被告宏瑞公司停止使用原告上述技术秘密生产、销售 PPLC 型微机监控器，被告赫鸿宾、张治奎停止披露其掌握的上述技术秘密。

2. 被告宏瑞公司、赫鸿宾、张治奎分别赔偿原告经济损失人民币 25 万元、3 万元、2 万元。

3. 被告宏瑞公司、赫鸿宾、张治奎在《河北日报》上刊登启事，消除影响（内容经本院审核）。

4. 驳回原告其他诉讼请求。

上述第二项判决在判决生效之日起 15 日内执行完毕，第三项在判决生效之日起 30 日内执行完毕。

案件受理费13 010元，诉讼保全费3 020元，共计16 030元，由原告负担9 510元，由被告负担6 520元，技术鉴定费 1.7 万元，由三被告负担。

**（六）二审情况**

1. 二审诉辩主张

一审判决后，被告宏瑞公司、赫鸿宾、张治奎以原判认定原告的产品是商业秘密没有事实和法律依据，张治奎同时在原、被告公司工作自相矛盾为由，向河北省高级人民法院提起上诉。

2. 二审事实和证据

河北省高级人民法院确认了一审认定的事实和证据。

3. 二审判案理由

河北省高级人民法院认为：原告博大公司生产的 DS—1 型、JKH—201 型电力监控器的整体硬件接线图、整体印刷电路板图、程序结构框图、通讯数据格式和参数设定地址为非公知，属于商业秘密。根据国家科学技术部知识产权事务中心的鉴定报告，被告宏瑞公司的产品使用了上述商业秘密。三上诉人的行为构成了侵权，应承担相应的责任。在赔偿数额问题上，原审判决认定赔偿数额的方法上并无不当，但根据情况，赔偿数额偏高，予以适当变更。张治奎在侵权中所起作用较小，应予以考虑。因上述三被告构成共同侵权，对博大公司因侵权造成的损失应负连带责任。

4. 二审定案结论

河北省高级人民法院根据《中华人民共和国民事诉讼法》第一百五十三条第一款第（三）项的规定，判决如下：

（1）维持原判决第一项、第三项、第四项。

（2）撤销原判决第二项，改判被告宏瑞公司、赫鸿宾、张治奎分别赔偿原告经济损失12.5万元、2万元、5 000元，并承担连带责任。

一、二审案件受理费、诉讼保全费、鉴定费按一审判决数额和比例由各方负担；二审案件受理费13 010元，由三上诉人石家庄市宏瑞自动化系统有限公司、赫鸿宾、张治奎负担1万元，被上诉人博大公司负担3 010元。

**（七）解说**

1．关于商业秘密及侵权认定。法律要保护权利人的商业秘密首先就是要确定权利人拥有商业秘密，这也是本案审理的焦点之一。对于实用性和价值性往往是最好判断的，在当事人之间也是争议最小的，因为有人使用该项技术信息就足以证明了它的实用性和价值性。关于商业秘密的秘密性其实就是指商业信息的新颖性，也就是"不为公众所知悉"。从世界各国包括我国的司法实践来看，在诉讼中，有关当事人对其所系争的商业秘密的秘密点之所在往往不能准确地加以说明，本案中，原告将其商业秘密泛指其生产产品的技术，而被告则将原告有关产品说明书上记载的特征、技术参数作为原告商业秘密的秘密点，从而以原告的商业秘密已经公开来抗辩。在这时法官就应当从客观角度分清哪些是已公开的商业信息，哪些是案件争议焦点即商业秘密的秘密点从而确定司法保护的对象。由于本案涉及的商业秘密技术性较强，因此，法院委托专门鉴定机关——国家科学技术部知识产权事务中心进行了鉴定，并经过双方当事人对鉴定结论进行质证，以此来确定原告的商业秘密之所在，并将原、被告产品及技术进行比较，得出被告的产品及使用的技术与原告的商业秘密基本相同的结论，从而为判定被告侵权提供了有利的证据。

商业秘密的管理性在我国《反不正当竞争法》中规定为"经权利人采取保密措施"。最高人民法院《关于审理科技纠纷案件的若干问题的规定》中规定，非专利技术成果应具备的管理性条件为："拥有者采取了适当保密措施，并且未曾在没有约定保密义务的前提下将其提供给他人。"国家工商行政管理局《关于禁止侵犯商业秘密行为的若干规定》中，对保密措施进一步限定："本规定所称权利人采取保密措施，包括订立保密协议，建立保密制度及采取其他合理的保密措施。"世界各国的法律及有关国际公约均要求商业秘密权利人对其所拥有的商业秘密采取必要的或合理的保密措施，并以此作为是否对其给予法律救济的一个重要的考虑因素。一些国家和国际公约都强调保密措施只需要在特定情势下是合理的，这是一个十分弹性的标准，由法官根据公平正义的原则把握。从一些国家的司法判例来看，法官是倾向于商业秘密需要受保护这一边的，只要其对自己的商业秘密保持了合理的谨慎态度。本案中，原告举证证明：被告赫鸿宾、张治奎都曾是原告单位的雇员，在原告与二被告的劳务合同中，都有保密条款，而且原告也制定并实施了相关的保密制度，虽然二被告在一、二审中都予以否认，但一、二审法院都在二被告未提出反证的情况下，认定原告采取了必要的保密措施，作出了对权利人有利的判决。

2．关于赔偿数额的认定，法官有自由裁量权。商业秘密具有价值性，能为权利人带来经济利益，正因为如此，侵权人才采用不正当手段进行窃取、披露和使用。本案中，被告赫鸿宾、张治奎曾在原告处工作，本应遵守保密制度，履行保密义务，而赫鸿宾却与他人共同成立宏瑞公司，张治奎在原告处工作的同时又在被告公司任职，使用原告的技术信息，生产、销售同类产品，从而获取不正当利益。而权利人也是因为该项信息具有经济价值，才不予公开并采取保密措施。因此，在审理侵犯商业秘密纠纷案件中，当事人很少就该项商业秘密有无经济价值发生争议，人民法院一般也不需要主动审查确定信息有无经济价值。但在确定侵权赔偿数额时，一般应确定该项信息经济价值的大小，并确定相应的赔偿数额。本案中，由于原告所提因被告侵权其利润减少110余万元，属于单方计算，被告未予认可，不能作为定案依据，对被告因侵权所获利润又难以计算，因此，应参照原告销售该产品的利润、被告侵权的时间和范围、侵权的手段和情节、经营状况、主观过错和对原告所造成的损失程度等因素，酌情予以赔偿。这里法官的自由裁量权得以体现。二审法院认为“张治奎在侵权中所起作用较小，应予考虑。因上述三被告构成共同侵权，对博大公司因侵权造成的损失应负连带责任”。应该说在认定三被告的侵权责任上，二审法院考虑得更全面。

（程建玲）

## 78. 四川绵竹剑南春酒厂诉四川省食品发酵工业研究设计院等不正当竞争案

### （一）首部

1. 判决书字号：四川省成都市中级人民法院（2000）成知初字第50号。

2. 案由：不正当竞争案。

3. 诉讼双方

原告：四川绵竹剑南春酒厂（以下简称剑南春酒厂）。

法定代表人：乔天明，厂长。

委托代理人：张学、刘江红，四川德阳旭辉律师事务所律师。

被告：四川省食品发酵工业研究设计院（以下简称食品研究院）。

法定代表人：夏友书，院长。

委托代理人：孙泽辉，食品研究院副院长。

被告：安徽省霍邱县中华玉泉酒厂（以下简称玉泉酒厂）。

法定代表人：张文素，厂长。

委托代理人：陈江华，联合律师事务所律师。

委托代理人：储圣桥，合肥君安律师事务所律师。

被告：安徽省霍邱县中华玉泉酒业有限公司（以下简称玉泉公司）。

法定代表人：张文素，董事长。

4. 审级：一审。

5. 审判机关和审判组织

审判机关：四川省成都市中级人民法院。

合议庭组成人员：审判长：何岗；代理审判员：黄勇；陪审员：赵蜀健。

6. 审结时间：2001年11月27日。

### （二）诉辩主张

1. 原告剑南春酒厂诉称：2000 年 8 月 15 日，食品研究院酿酒工业研究所（以下简称研究所）未经剑南春酒厂同意擅自为玉泉酒厂出具一份证明，证明玉泉酒厂生产的新酒，按“剑南春酒厂的制曲和酿酒生产工艺”生产，“该酒已基本具备剑南春酒风格”。2000 年 8 月 19 日，玉泉酒厂、玉泉公司在安徽省合肥市召开新产品推介会，在该会上公开使用这份证明。会后，玉泉酒厂的推销员在推销产品时也使用了该证明。研究所撰写和玉泉酒厂、玉泉公司使用这份证明，是借用中国名酒剑南春的名，将玉泉酒厂新生产的酒和中国名酒剑南春混在一起，使人产生错觉，产生误解，对剑南春酒厂的市场造成冲击。这种引人误解的虚假宣传，将给剑南春酒市场造成极大的危害。据此，诉请人民法院判令：三被告停止侵害，当庭或书面赔礼道歉，消除影响；由三被告连带赔偿剑南春酒厂损失 300 万元。

2. 被告食品研究院辩称：（1）玉泉酒厂是食品研究院酿酒技术服务的单位之一，于 1999 年签订技术服务协议，服务内容包括制曲窖泥培养、酿酒生产工艺及勾兑，整个技术路线按照五粮型工艺实施。（2）剑南春酒厂诉食品研究院擅自为玉泉酒厂出具“证明”，内容包括“参照剑南春酒厂的制曲和生产工艺……”该制曲及生产工艺采用的是公知通用技术，故不存在侵害。（3）关于“证明”所述“新酒”已基本具备剑南春酒风格，剑南春酒厂认为是借用了中国名酒剑南春的名。食品研究院认为剑南春酒是一种面对公众的商品，其风格系专家和消费者经过品尝和喝酒所得出的结论。“证明”中的“剑南春酒的独特风格”，食品研究所使用的是公开发行的书籍，不存在借用谁的名的问题。（4）研究所是食品研究院的下属部门，在技术服务过程中，根据企业的要求出具的并非原始证明而仅仅是传真件。

3. 被告玉泉酒厂辩称：（1）剑南春酒厂诉称事实与实际情况不符，2000 年 8 月 19 日，玉泉酒厂召开的不是新产品推介会，而是新产品鉴定推介会；玉泉酒厂没有公开使用食品研究院出具的“证明”宣传新酒，玉泉酒厂在会上提供“证明”仅供评酒委员会参考，说明该新酒是由五种粮食酿造而成，而不是作为推介会的宣传资料。会后，玉泉酒厂根本没有使用该“证明”。（2）剑南春酒厂认为玉泉酒厂擅自使用剑南春酒厂的名称和使用“证明”宣传的行为构成了不正当竞争，没有事实和法律依据。剑南春酒厂制曲和酿酒生产工艺不是商业秘密。（3）剑南春酒厂要求赔偿损失 300 万元没有事实和法律依据。

4. 被告玉泉公司辩称：（1）剑南春酒厂不应追加玉泉公司为本案被告。该酒是玉泉酒厂生产，不是玉泉公司生产；2000 年 8 月 19 日，新酒鉴定推介会是玉泉酒厂召开的，不是玉泉公司召开的，其宣传资料是玉泉酒厂未经玉泉公司的同意，将玉泉公司的名字印刷在部分材料上；食品研究院开具的“证明”是给玉泉酒厂，不是给玉泉公司的；玉泉公司在鉴定推介会后，一直没有使用该“证明”推销玉泉酒厂的酒。（2）玉泉公司没有不正当竞争行为，不应承担侵权的民事法律责任。

### （三）事实和证据

四川省成都市中级人民法院经审理查明：

1.1999 年 4 月 16 日，研究所与玉泉公司签订的技术服务协议书约定：玉泉公司为提高产品质量，决定引进曲酒生产工艺，特邀请研究所进行技术服务；技术服务内容含有：窖池改造，培养窖泥、提供五粮型酒制曲工艺及生产配方、工艺规程等技术措施；玉泉公司向研究所提供技术服务费5万元。2000年8月15日，研究所未经剑南春酒厂同意为玉泉酒厂出具一份证明，该证明载明“四川省食品发酵工业研究设计院酿酒工业研究所根据协议，自1997年1月开始，针对安徽省中华玉泉酒厂的实际情况，按五粮液酒厂和剑南春酒厂的制曲和酿酒生产工艺，将该酒厂由原来的单粮酿酒工艺改为五粮酿酒工艺。从几年的生产实践来看，该工艺已基本成熟，对其生产的原酒的尝评结果表明，该酒已基本具备了剑南春酒的风格。特此证明。”2000年8月19日，玉泉酒厂、玉泉公司为推出“大中华五粮酿造酒”，在安徽省合肥市召开“五粮大中华皇家庆宴鉴定推介会”。此会有安徽省、合肥市、六安市、霍邱县等有关领导和玉泉酒厂、玉泉公司的商家，玉泉公司董事长、玉泉酒厂厂长张文素，新闻媒体等单位参加。在该会上，玉泉酒厂、玉泉公司将“五粮大中华皇家庆宴鉴定推介会”资料一套向会议散发，该资料落款为玉泉公司，该资料将“证明”作为会议材料附件公开使用作为推销、宣传资料。2000年8月24日，食品研究院给玉泉酒厂一函。该函载明：“由我院酿酒所于2000年8月15日开具给贵厂的‘证明’，事先未请示院及主管部门领导。其中提到‘已基本具备剑南春酒的风格’，我们认为是非常不合适的，首先我们作为合作双方成果应由其他部门或单位去评价，尤其是不应提到某一具体知名品牌，以免侵权之嫌。为此我们慎重提出，请贵厂立即收回并停止使用该‘证明’，以免对‘剑南春酒’造成负面影响。我院有关领导已当面向剑南春集团法律顾问和有关领导表示了歉意。由于我院与这些名酒厂有着长期的友好关系，口头上已达成了初步谅解，诚望贵厂尽快处理好此事。并盼望你们的回音。”2000年8月25日，玉泉酒厂给食品研究院回函。该函载明：“贵院酿酒所于2000年8月15日为我厂‘大中华五粮酿造酒’开具的‘基本具有剑南春风格’的证明，当时只在新产品推介会上作为附件出现，发放范围仅限于参加会议的人员，并未在推介会范围以外发放，同时，我们在推介会上发放的附件已全部收回。对于贵院出具的证明，我们将作出如下处理：第一，我们没有也不会在媒体上用该证明进行宣传；第二，我们将在《合肥晚报》上郑重声明贵院为我厂‘大中华五粮酿造酒’出具的‘基本具有剑南春风格’的证明不具备法律效力，也不会在有关媒体上进行宣传。”

2. 剑南春酒厂为调查及制止不正当竞争行为开支的航空机票、民用机场管理建设费、航空旅客人身意外伤害保险单，住宿费，出租车费，律师代理费共计331 921元。

3. 玉泉酒厂于1997年6月16日经安徽省六安地区行政公署经济体制改革委员会批准，同意玉泉酒厂改制，由张文素等44个股东代表共同发起，设立玉泉公司。公司股本总额1 132.6万元，其中国有优先股1 014.2万元，国有优先股为玉泉酒厂持有。2000年玉泉酒厂企业法人营业执照、1997年玉泉公司企业法人营业执照及2000年6月7日年检报告载明的法定代表人均为张文素；企业住所地均为霍邱临水镇。

4. 研究所系食品研究院内设的一个科研部门，对外不具有法人资格。

上述事实有下列证据证明：

1. 2000年8月19日玉泉公司印制的“五粮大中华皇家庆宴鉴定推介会”宣传资料及五粮大中华皇家庆宴产品鉴定推介会主席名单。

2. 2000年8月23日《皖西日报》及2000年8月28日《安徽日报》B版B2刊载的《潮起潮落看“玉泉”》的宣传文章。

3. 2000年8月24日食品研究院写给玉泉酒厂的函。

4. 1998年5月四川剑南春集团有限责任公司制订的“生产工艺手册”。

5. 2000年3月31日剑南春酒厂川剑集团发（2000）034号“关于调整酿酒粮食配方和发酵周期的通知”。

6. 2001年10月10日食品研究院出具的“证明”。

7. 2000年8月19日大中华五粮酿造酒专家鉴定意见及玉泉酒业大中华五粮酿造酒专家鉴定结论宣传资料。

8. 1997年6月16日安徽省六安地区行政公署经济体制改革委员会地改（1997）16号“关于同意霍邱中华玉泉酒厂改制为中华玉泉酒业有限责任公司的批复”文件。

9. 玉泉公司的企业法人营业执照，玉泉公司的年检验资报告和公司设立、变更登记审核表。

10. 1999年4月16日食品研究院与玉泉公司签订的技术服务协议书。

11. 中国轻工业出版社出版，周恒刚、徐占成编著《白酒生产指南》。

12. 四川科学技术出版社出版，徐占成著《名酒新论》。

13. 玉泉酒厂的“中华玉泉酒厂制曲工艺操作规程”、“曲酒生产操作规程”、“中华玉泉酒厂窖史简介”。

14. 剑南春酒厂人员实现诉讼开支的差旅费及律师代理费用凭证共计331 921元。

**（四）判案理由**

四川省成都市中级人民法院根据上述事实和证据认为：

1. 剑南春酒厂所举四川剑南春集团有限责任公司制订的“生产工艺手册”、“关于调整酿酒粮食配方和发酵周期通知”等有效证据，已表明剑南春酒厂的制曲和酿酒工艺虽然与《白酒生产指南》、《名酒新论》等书籍所介绍的一般白酒的制曲和酿酒生产工艺有共同之处，但其还有他人所不知晓的独有的技术秘密和特殊要求，并不等同于一般白酒的制曲和酿酒工艺。因此，本院对食品研究院、玉泉酒厂辩称的剑南春酒厂制曲和酿酒生产工艺为公知通用技术的主张不予支持。

2. 食品研究院、玉泉酒厂所举有效证据表明，玉泉酒厂的制曲和酿酒生产工艺与剑南春酒厂的制曲和酿酒生产工艺存在明显的差异；同时，食品研究院、玉泉酒厂、玉泉公司均不能呈举能够证明“大中华五粮酿造酒”“已基本具备了剑南春酒的风格”的有效证据，食品研究院也不能提供能够证明自己具备出具评判某种白酒是否具有剑南春酒风格证明的合法资格的有效证据，充分证明食品研究院为玉泉酒厂出具的“证明”不具有真实性。玉泉酒厂、玉泉公司公开举行其产品的鉴定推介会，公开散发其产品的宣传资料，表明二被告该次推介会明显具有宣传、推销产品的性质，是商业促销活动，不是单纯的产品质量技术鉴定会议，故本院对玉泉酒厂辩称该次“推介会”是产品鉴定会的主张不予支持。

3. 玉泉酒厂、玉泉公司在商业促销活动中，未经权利人剑南春酒厂同意，擅自使用研究所为其开具的虚假“证明”，引人误解地宣传其产品，擅自无偿使用剑南春酒厂的企业字号和剑南春酒厂知名商品的特有名称“剑南春”作为对自己企业和产品的商业宣传陪衬，不正当地利用剑南春酒厂的商业信誉和其知名商品的商品声誉，树立和提高自己企业的商业形象和产品声誉，吸引购买者，挤占市场，争夺竞争优势；另一方面，由于玉泉酒厂、玉泉公司没有任何合法、有效的证据证明其产品“已基本具备了剑南春酒的风格”，其购买者就会将酒的“风格”所包含的品质、口感、香味等各方面与剑南春酒有差异的玉泉酒厂、玉泉公司酒产品的风格误认为是中国名酒剑南春酒的风格，损害剑南春酒厂的商业信誉和剑南春酒的商品声誉。玉泉酒厂、玉泉公司的前述行为，不但构成了《反不正当竞争法》第九条第一款所禁止的，并指向剑南春酒厂的不正当行为，同时也违反了《民法通则》第四条规定的诚实信用的基本民事原则，侵犯了剑南春酒厂的企业字号权和特定的知识产权，应承担侵权责任。

4. 玉泉公司主张玉泉酒厂擅自在新酒鉴定推介会上使用该公司的名义，玉泉公司不知晓，故玉泉公司不应当承担侵权民事责任。因本案已存在有效证据证明玉泉公司由玉泉酒厂改制设立，其90％股份是玉泉酒厂出资，玉泉公司与玉泉酒厂的法定代表人均是张文素，玉泉公司与玉泉酒厂是关联单位。而且，作为玉泉公司董事长的张文素参加了鉴定推介会，鉴定推介会宣传资料编辑制作单位署名也为玉泉公司。故玉泉公司辩称玉泉酒厂使用该公司的名义，玉泉公司不知晓，不应承担侵权责任的主张证据不足，本院不予支持。

5. 剑南春酒厂主张，玉泉酒厂在会后仍使用“证明”推销产品，因证据不足，本院不予支持。

6. 玉泉公司与玉泉酒厂作为同业竞争者，使用“证明”进行宣传，这一行为共同实施了对剑南春酒厂的不正当竞争行为，应承担侵权责任。研究所系食品研究院的内部职能部门，作为法人单位的食品研究院应对其内部职能部门从事的侵权活动承担民事责任。食品研究院作为玉泉酒厂、玉泉公司开发“大中华五粮酿造酒”的获得经济利益者，仍应认定为同业竞争者，研究所为玉泉酒厂提供虚假“证明”，直接帮助了玉泉酒厂、玉泉公司实施不正当竞争行为，亦应承担侵权责任。

7. 由于剑南春酒厂未能举证证明侵权人食品研究院、玉泉酒厂、玉泉公司在侵权期间侵权所获得的利润和其在被侵权期间因被侵权所受到的损失，本案剑南春酒厂损失额及食品研究院、玉泉酒厂、玉泉公司获利额均不能确认，本院决定采用定额赔偿方法来确定损害赔偿额。鉴于剑南春酒在中国酒类市场上享有较高声誉并为相关公众所熟知，剑南春酒厂为调查及制止不正当竞争行为而开支的差旅费、部分合理的律师代理费等因素，决定损害赔偿30万元。

**（五）定案结论**

四川省成都市中级人民法院根据《中华人民共和国民事诉讼法》第一百三十四条第一款、第二款、第三款，《中华人民共和国民法通则》第四条，《中华人民共和国反不正当竞争法》第九条第一款、第十四条之规定，作出如下判决：

1. 本判决生效后被告安徽省霍邱县中华玉泉酒厂、安徽省霍邱县中华玉泉酒业有限公司立即停止使用该“证明”。

2. 本判决生效后10日内，被告四川省食品发酵工业研究设计院、被告安徽省霍邱县中华玉泉酒厂、被告安徽省霍邱县中华玉泉酒业有限公司应分别书面向原告四川绵竹剑南春酒厂赔礼道歉，其内容须经本院审查。逾期不履行，原告四川绵竹剑南春酒厂可以申请本院在《人民法院报》上公开判决书的主要内容，费用由被告四川省食品发酵工业研究设计院、被告安徽省霍邱县中华玉泉酒厂、被告安徽省霍邱县中华玉泉酒业有限公司承担。

3. 本判决生效后10日内，被告四川省食品发酵工业研究设计院、被告安徽省霍邱县中华玉泉酒厂、被告安徽省霍邱县中华玉泉酒业有限公司连带赔偿原告四川绵竹剑南春酒厂损失费30万元。

本案案件受理费25 010元，其他诉讼费5 561.50元，共计30 571.50元，由被告四川食品发酵工业研究设计院、被告安徽省霍邱县中华玉泉酒厂、被告安徽省霍邱县中华玉泉酒业有限公司各承担10 190.50元。

**(六) 解说**

本案是随着人们对知识产权保护意识的提高而不断出现的典型的不正当竞争侵权案件，它发生在虚假宣传、侵犯企业商誉中，具有独特性和一定的普遍意义。本案的关键是要解决好以下四个问题：

1. 剑南春酒厂制曲和酿酒生产工艺是否为技术秘密。我国《反不正当竞争法》第十条第三款规定商业秘密是指不为公众所知悉、能为权利人带来经济效益、具有实用性并经权利人采取保密措施的技术信息和经营信息。而技术信息是指技术诀窍、技术配方、工艺流程等。剑南春酒厂所举四川剑南春集团有限责任公司制订的“生产工艺手册”、“关于调整酿酒粮食配方和发酵周期通知”等有效证据，已表明剑南春酒厂的制曲和酿酒工艺虽然与《白酒生产指南》、《名酒新论》等书籍所介绍的一般白酒的制曲和酿酒生产工艺有共同之处，但其还有他人所不知晓的独有的技术秘密和特殊要求，并不等同于一般白酒的制曲和酿酒工艺。而食品研究院所举研究所与玉泉酒厂签订的技术服务协议书、玉泉酒厂所举“中华玉泉酒厂制曲工艺操作规程”、“曲酒生产操作规程”等有效证据表明，玉泉酒厂的制曲和酿酒生产工艺与剑南春酒厂的制曲和酿酒生产工艺存在明显的差异；食品研究院、玉泉酒厂、玉泉公司均不能呈举能够证明“大中华五粮酿造酒”“已基本具备了剑南春酒的风格”的有效证据，故剑南春酒厂所生产的剑南春酒具有独特的技术秘密。

2. 食品研究院、玉泉酒厂、玉泉公司是否构成虚假宣传，构成不正当竞争。

首先，一个合理的市场竞争，是由各个经营者就商品的质量、效能、价格等因素所进行的效能竞争。在当今的工商业社会中，商品的种类纷繁多样，尽管商品的质量、价格、服务等应当是决定购买者或消费者进行选择的根本因素，但商品宣传对于引起消费者的注意、购买或改变其选择仍具有不可低估的意义。而且，购买者或消费者不可能对所有的商品都具有足够的知识，商品上的标注、广告等宣传无疑是其获取商品信息的主要来源，也是其判断是否购买商品的最主要的依据之一。如果经营者对商品进行虚假的或者引人误解的宣传，必然因误导消费者或者购买者而获取较高的商业机会，此时显然背离了市场的正当轨道，损害了效能竞争，构成不正当竞争行为。用于本案食品研究院不能提供能够证明自已具备出具评判某种白酒是否具有剑南春酒风格证明的合法资格的有效证据及“大中华五粮酿造酒”、“已基本具备剑南春酒的风格”的有效证据，故食品研究院为玉泉酒厂出具主要含有“按五粮液酒厂和剑南春酒厂的制曲和酿酒生产工艺，将该酒厂由原来的单粮酿酒工艺改为五粮酿酒生产工艺……该酒已基本具备了剑南春酒的风格”等内容的“证明”不具有真实性。玉泉酒厂、玉泉公司选择不是其住所地的大城市公开举行其产品的鉴定推介会，邀请包括新闻广告媒体、销售商等与商业营销活动直接有关联的部门、人员参会，公开散发其产品的宣传资料，表明二被告该次推介会明显具有宣传、推销产品的性质，是商业促销活动，不是单纯的产品质量技术鉴定会议。

其次，经营者的字号和其知名商品的特有名称，在一定程度上体现和反映了经营者及其知名商品的商业信誉和商品声誉，同时又是其企业形象和其高品质、高声誉商品的象征。这种“象征”是经营者占领市场，争取交易机会，建立竞争优势，获得商业利益的重要工具，具有实用价值和经济价值。知名商品特有的名称是经营者特定的知识产权。玉泉酒厂、玉泉公司在商业促销活动中，未经权利人剑南春酒厂同意，擅自使用研究所为其开具的虚假“证明”，引人误解地宣传其产品“大中华五粮酿造酒”是“按五粮液酒厂和剑南春酒厂的制曲和酿酒生产工艺”改造的工艺生产的，“已基本具备了剑南春酒的风格”；擅自无偿使用剑南春酒厂的企业字号和剑南春酒厂知名商品的特有名称“剑南春”作为对自己企业和产品的商业宣传陪衬，不正当地利用剑南春酒厂的商业信誉和其知名商品的商品声誉，树立和提高自己企业的商业形象和产品声誉，吸引购买者，挤占市场，争夺竞争优势；另一方面，由于玉泉酒厂、玉泉公司没有任何合法、有效证据证明其产品“已基本具备了剑南春酒的风格”，其购买者就会将酒的“风格”所包含的品质、口感、香味等各方面与剑南春酒有差异的玉泉酒厂、玉泉公司酒产品的风格误认为是中国名酒剑南春酒的风格，损害剑南春酒厂的商业信誉和剑南春酒的商品声誉，构成不正当竞争。

3. 食品研究院、玉泉公司、玉泉酒厂应承担什么样的法律责任。玉泉公司与玉泉酒厂作为同业竞争者，使用“证明”进行宣传，这一行为共同实施了对剑南春酒厂的不正当竞争行为，应承担侵权责任。研究所系食品研究院的内部职能部门，作为法人单位的食品研究院应对其内部职能部门从事的侵权活动承担民事责任。食品研究院作为玉泉酒厂、玉泉公司开发“大中华五粮酿造酒”的获得经济利益者，仍应认定为同业竞争者，研究所为玉泉酒厂提供虚假“证明”，直接帮助了玉泉酒厂、玉泉公司实施不正当竞争行为，亦应承担侵权责任。根据《民法通则》第一百三十条规定，二人以上共同侵权造成他人损害的，应当承担连带责任。民事责任的承担是根据损害事实决定的，行为人无论是故意还是过失侵犯他人的权利，都应当承担民事责任。行为人在主观上有共同故意或共同过失，即有共同过错，他们的违法行为由于是造成损害结果的原因，因而他们应当承担连带责任。根据上述理由，食品研究院、玉泉酒厂、玉泉公司的行为构成共同侵权，应连带赔偿给剑南春酒厂造成的经济损失。

4. 如何考虑合理的律师费赔偿问题。在知识产权诉讼中，当事人均可以委托律师代为参加诉讼。当事人为委托律师所支付的律师费，在对方当事人败诉的情况下，经胜诉方主张，败诉方应在合理的范围内予以赔偿，即败诉方应承担胜诉方合理的律师费。律师费是否按权利人起诉时的标的额，让败诉方予以赔偿，法院认为，在权利人主张的赔偿额与法院实际支持的赔偿额过于悬殊的情况下，合理的律师费应依据律师收费标准按法院实际支持的赔偿额计算，而不应依据当事人起诉时的赔偿额计算。剑南春酒厂为调查及制止不正当竞争行为而开支的律师代理费 29.8 万元，该代理费是按剑南春酒厂起诉时的标的 300 万元计算的。法院根据上述理由判决食品研究院、玉泉酒厂、玉泉公司共同连带赔偿 30 万元。律师代理费应从赔偿的 30 万元内考虑，并从定额中体现。

（何　岗）

## 79. 重庆川仪总厂有限公司诉重庆盖德仪器仪表有限公司侵害名称权、标识权不正当竞争案

**（一）首部**

1. 判决书字号

一审判决书：重庆市第一中级人民法院（2000）渝一中经初字第 610 号。

二审判决书：重庆市高级人民法院（2000）渝高法知终字第 18 号。

2. 案由：侵害名称权、标识权不正当竞争案。

3. 诉讼双方

原告（被上诉人）：重庆川仪总厂有限公司（以下简称川仪公司）。

法定代表人：孙维梁，董事长。

委托代理人：杨殊凡，川仪公司法规处处长。

委托代理人：冯九红，重庆川仪七厂（以下简称川仪七厂）职工。

被告（上诉人）：重庆盖德仪器仪表有限公司（以下简称盖德公司）。

法定代表人：高先明，董事长。

委托代理人：周忠、黄雪莲，重庆新隆基律师事务所律师。

4. 审级：二审。

5. 审判机关和审判组织

一审法院：重庆市第一中级人民法院。

合议庭组成人员：审判长：陈波；审判员：顾河；代理审判员：穆健。

二审法院：重庆市高级人民法院。

合议庭组成人员：审判长：邹廷清；审判员：孙红；代理审判员：程晓东。

6. 审结时间

一审审结时间：2000 年 9 月 18 日。

二审审结时间：2001 年 7 月 16 日（依法延长审限）。

**（二）一审诉辩主张**

1. 原告诉称：1998 年 3 月，被告从原告所属川仪七厂购买了 24 台精小型变送器，并将该批变送器的“川”字牌凸纹标志铣掉，将川仪七厂的标牌取下，换上被告的标牌销往广东省韶关市国联实业代理（以下简称韶关代理），目的在于宣传其产品和创牌子。被告的行为违背了诚实信用原则和商业道德，侵害了原告的名称权和标识权。请求：(1) 被告停止侵害“川仪”的名称权、标识权；(2) 在用户中消除影响并赔礼道歉；(3) 赔偿经济损失42 942.50元；(4) 承担案件诉讼费。

2. 被告辩称：从原告处购买仪表后，被告于 1998 年 3 月 7 日发往韶关代理，出具发票时间为同年 5 月 29 日，原告起诉时间为 2000 年 6 月 14 日，已过 2 年诉讼时效。此外，对购买仪表进行了结构改变，使产品在原理、功能上出现大的变化，是半成品加工和

技术革新。而且原告已从销售中获取利润，无任何损失。因此，不构成侵权和不正当竞争。

**（三）一审事实和证据**

重庆市第一中级人民法院经公开审理查明：1997 年 12 月 4 日，盖德公司与广东省韶关市国联实业代理订立购销合同。合同约定：由盖德公司提供变送器 24 台，结算价款为 11 696元。翌年 1 月 22 日，盖德公司与川仪公司所属仪表七厂签订购销合同，约定提供变送器 24 台，共计货款82 170元。盖德公司提货后，将 24 台变送器的“川”字牌标识铣掉，对部分变送器作了辅助性和细微改动，并将 24 台变送器的标有厂名、型号等内容的铭牌换下，换上自己的铭牌。后将该批货发往韶关代理，收取货款111 946元（比合同约定少了 7 750 元）。盖德公司购销侵权产品差价 37 526元，扣除原告认可的加工费 2 660.30 元，附加税 817.88元，为34 047.82元。川仪公司为调查侵权行为支付的合理费用为 5 145 元。共计经济损失39 192.82元。加工费10 500元，包括出差费、运费、管理费在内的销售费用14 583.40元，以及增值税5 452.50元和所得税590.80元，不应列入成本。

上述事实有下列证据证明：

1. 原、被告工商执照。

2. 川仪七厂与被告于 1999 年 1 月 22 日签订的购销合同、售货发票。被告从原告处购买 24 台变送器的购货发票、付款支票存根。

3. 川仪七厂变送器铭牌、被告使用的铭牌以及重庆市公安局北碚区分局在韶关啤酒厂现场拍摄的变送器、铭牌照片。

4. 韶关代理的购货发票。

5. 重庆市工商行政管理局北碚区分局调查高先明（被告法定代表人）、邹锐（被告业务员）的调查笔录。

6. 重庆市公安局北碚区分局调查韶关代理的法定代表人邹凯、业务员蒋平荣、韶关啤酒厂职工袁曲程的调查笔录。

7. 袁曲程提供的变送器清单。

8. 2000 年 1 月 18 日川仪七厂向重庆市工商行政管理局北碚区分局立案报告以及（2000）第 56 号行政处罚决定书。

9. 原、被告变送器技术参数表。

10. 原告索赔42 942.50元损失的相关票据。

11. 川仪七厂关于改型费用的价格说明。

12. 被告与韶关代理于 1997 年 12 月 4 日签订的购销合同。

13. 韶关代理付款凭证和被告售货发票。

14. 被告于 1997 年 12 月 28 日购买材料款8 599.80元发票及支票存根。

15. 被告于 1998 年 3 月 5 日购买 14 台硅油款10 500元发票及支票存根。

16. 被告购买 24 台变送器的利润说明。

**（四）一审判案理由**

重庆市第一中级人民法院根据上述事实和证据认为：1999 年 9 月 13 日，川仪公司所属仪表七厂发现盖德公司送厂维修的变送器为假冒产品，即向工商、公安机关报案，请求查处。其诉讼请求未超过诉讼时效。盖德公司未经许可，擅自将川仪公司在变送器主机外壳的“川”字标识铣掉，换上标有盖德公司名称等内容的铭牌，目的是利用川仪公司的产品为自己宣传，使他人产生误认，属于不正当竞争行为，侵犯了川仪公司的名称权、标识权。配套厂家有权在自己的产品上使用其名称、标识，他人改变使用应征得同意，否则构成侵权。因不正当竞争行为造成的损失赔偿额，为侵权人在侵权期间因侵权所获得的利润，并应承担因调查不正当竞争行为所支付的合理费用。

**（五）一审定案结论**

重庆市第一中级人民法院根据《中华人民共和国民法通则》第九十九条、第一百二十条，《中华人民共和国反不正当竞争法》第二条、第二十条，《重庆市反不正当竞争条例》第九条第二款，《中华人民共和国民事诉讼法》第一百二十八条的规定，作出如下判决：

1. 被告重庆盖德仪器仪表有限公司停止侵害原告重庆川仪总厂有限公司产品的名称权、标识权。

2. 被告重庆盖德仪器仪表有限公司向原告重庆川仪总厂有限公司书面赔礼道歉，致歉内容须经本院审核，判决生效后10日内履行。

3. 被告重庆盖德仪器仪表有限公司赔偿原告重庆川仪总厂有限公司经济损失39 192.82元，判决生效后10日内履行。

**（六）二审情况**

1. 二审诉辩主张

（1）上诉人（原审被告）诉称：第一，原判认定侵权和侵权获利事实错误。盖德公司已对买进仪表作了改动，是技术进步；川仪公司已获得产品利润，没有损失，不应赔偿；税收、运输、管理等费用应计入成本。第二，原判适用法律错误。盖德公司有权在对他人的产品改造加工后标注自己的商标和厂名，没有利用他人的品牌为自己的商品开路，也不是“擅自”撤换他人的标识。请求依法改判。

（2）被上诉人（原审原告）辩称：原审判决正确，表示服从判决。

2. 二审事实和证据

重庆市高级人民法院经公开审理查明：1997年12月4日，盖德公司与韶关代理订立购销合同。约定由盖德公司提供变送器24台，结算价款为119 696元。翌年1月22日，盖德公司与川仪公司所属仪表七厂签订购销合同，由仪表七厂提供变送器24台，共计货款82 170元。盖德公司提货后，将24台变送器的“川”字牌商标铣掉，对部分变送器加上了法兰，部分变送器的外观和内部电路板线路作了细微改动，并将24台变送器的标有厂名、型号等内容的铭牌撤下，贴上自己的铭牌。后将该批货发往韶关代理，收取货款111 946元。同年6月，盖德公司开始生产合同标的的变送器。1999年9月13日，川仪公司所属仪表七厂发现盖德公司送维修的变送器为假冒产品，即向工商、公安机关举报，请求查处。工商机关在向盖德公司董事长高先明调查时，高先明认可将24台变送器改装并加上自己的标牌后卖给韶关代理的事实，并称其目的是为宣传自己的产品打下基础。其技术负责人邹锐的陈述基本印证了高先明的说法，即盖德公司将24台变送器壳体上的“川”字商标铣掉，换上盖德公司的标牌后销往韶关代理。盖德公司购销侵权产品差价37 526元，加工费10 500元，包括出差费、运费、管理费在内的销售费用14 583.40元，增值税5 452.50元，附加税817.88元，所得税590.80元，原告认可加工费2 660.30元。川仪公司为调查侵权行为支付的合理费用为5 145元。

另查明，“川”字商标是四川仪表总厂于80年代获得注册的注册商标。现为中国四联仪器仪表集团有限公司所有，该商标被核准使用的商品不包括变送器。1999年7月，该商标获得重庆市著名商标。川仪公司是其子公司，是我国的仪器仪表制造基地，相关消费者群体广为认知，其所属仪表七厂自1995年12月生产变送器商品以来，一直在变送器上使用该商标和企业名称，并在1999年9月提出了该商标的注册申请，请求核准在国际分类的第9类的变送器商品上使用。

除一审认证证据外，“川”字商标注册使用（包括获得著名商标认定和新提起注册）情况以及变送器商品制造历史的证据已经一审质证，二审予以认证。

3. 二审判案理由

重庆市高级人民法院根据上述事实和证据认为：

（1）关于名称权侵权。根据我国《民法通则》第九十九条第二款的规定，法人享有名称权。我国《产品质量法》第四条也明确规定，禁止伪造或者冒用他人的厂名、厂址。最高人民法院《关于贯彻执行〈中华人民共和国民法通则〉若干问题的意见（试行）》第一百四十一条规定，盗用、冒用他人姓名、名称造成损害的，应当认定为侵犯姓名权、名称权的行为。由以上有关保护企业名称权的法律规定来看，名称权具有区别不同企业主体、避免市场混淆的作用，其同时亦具有区分商品不同来源的识别性标记功能。名称权的权利内容，除了权利人可以在自己生产的商品上真实标注其名称，积极地行使名称标注权外，权利人还应当有禁止他人擅自撤下其企业名称并利用其商品进行虚假标注的权利。企业名称与作为其载体的商品，通过市场而相互作用、相互影响，质量恒定而优质的商品为市场所确认，知名度得以提升，而附载其上的识别性标记——企业名称的知名度也会得到强化，由此形成了有良好声誉的商品和企业，消费者或者市场经营者能够对商品或者企业进行相互识别，特别是对正处于创名牌商品的企业，这种相互识别的功能就更为重要。借他人知名企业名称在其不知名商品上标注，进而为这种不知名商品进入市场开道的伪造、冒用、盗用他人企业名称的行为，正在于经营者违反市场的诚实信用原则，意图使他人的知名的企业名称与自己不知名的商品相联系，产生混淆和误认，显属法律所禁止的行为，构成对他人企业名称权的侵犯。而借他人知名商品为其开道恰恰相反，其意图是使他人知名商品与自己产生某种联系，淡化并切断他人知名商品与标注其上的企业名称的有机联系，这同属市场混淆行为，当为法律所禁止。其行为的实质，不但剥夺了他人在自己的商品上真实标注生产者即企业名称的权利，还剥夺了他人借其有良好市场声誉的商品提高企业知名度的权利。川仪公司所属仪表七厂生产的变送器，已为相关的仪表生产行业和消费者所熟知，具有一定的知名度，当属知名商品。从其申请核准在第九类变送器商品上使用“川”字商标的事实来看，亦属意图通过商标注册进行保护的正在创名牌的知识商品。而盖德公司时无变送器商品生产能力，不为相关公众所知晓，因此，盖德公司的行为明显属于侵犯川仪公司企业名称权所涵盖的禁止他人撤换企业名称的权利的行为，其已构成对川仪公司企业名称权的侵犯。

上诉人盖德公司虽然有权在对他人的产品改造加工后标注自己的商标和厂名，但这种权利的范围，当限制在对商品的内外在的实质性改动上。这种实质性改动的本质在于，使改动后的商品与改动前的商品形成前后两个不相同的商品，至少能够为相关消费者所区分和识别。本案中，盖德公司对川仪公司变送器的改动，特别是对其外观的改动，正如本案事实查明部分的认定，属于非实质性改动，其目的是为宣传自己的产品打下基础。因此，无论是从其主观动机或是从实际结果来看，盖德公司的行为起到了切断川仪公司的变送器商品与标注其上的川仪公司企业名称的有机联系的作用，模糊了市场和消费者对川仪公司变送器的辨识，制造了盖德公司也能生产和川仪公司一样的变送器商品的假象，引起了市场混淆。故盖德公司的此一上诉理由难以成立。这种利用他人的商品为自己的牌子开路与利用他人的品牌为自己的商品开路一样，均属于法律所禁止的行为。因此，没有利用他人的品牌为自己的商品开路，就不构成侵权的上诉理由，显然也不能成立。

（2）关于标识权侵权。标识是指有关区分商品来源的识别性标记，表现为有关民事权利的一种载体。作为一种民事权利，标识权具体和主要表现为注册商标专用权、企业名称权（或商号权）、地理标志以及原产地名称权等。因此，可以认为标识权是上述识别性标记权利的总称。本案当事人川仪公司请求保护的标识权，其载体是"川"字牌未注册商标，而非其他类型的标记。根据我国商标法的规定，对注册商标的保护，被严格限定在核定使用的商品类别上。其未要求对变送器类商品给予保护，则视为未注册商标，不能获得商标法的保护。将川仪公司不能获得商标法保护的未注册商标变相以侵犯标识权进行保护，会直接损害我国保护注册商标的法律制度。而对有一定知名度的企业及其标识，包括其所标注的有一定知名度的变送器商品，如果不给予法律保护，听任假冒者违反诚实信用的市场竞争规则，擅自撤换他人的企业名称和未注册商标标识，就会直接损害有序市场经济的健康发展。

我国《反不正当竞争法》第九条规定，经营者不得利用广告或者其他方法，对商品的质量、制作成分、性能、用途、生产者、有效期限、产地等作引人误解的虚假宣传。盖德公司在无生产能力的前提下，将川仪公司产品上标注有生产者等内容的标牌取下，并铣掉"川"字标识，在本不是自己生产的产品上标注自己，使他人误认为合同标的变送器由盖德公司生产，其行为符合我国《反不正当竞争法》第九条规定所列举的虚假宣传情形之一种，即盖德公司对商品的生产者作引人误解的虚假宣传。其更换标牌的行为，不但侵犯了川仪公司的企业名称权，而且也构成了不正当竞争，其属于民法理论上的法规竞合情况，应从一而处断，结合川仪公司的诉讼请求，盖德公司仅应对其此一行为承担侵犯企业名称权的民事责任；但其铣掉"川"字标识的行为，又单独构成不正当竞争，并应当承担相应的民事责任。根据我国《民事诉讼法》第六十四条的规定，盖德公司应当对其作了实质性技术改进的上诉理由提供事实依据，但其并未举出充分的相关证据；其实无生产能力的事实，反而可以说明其不可能进行技术改进；其铣掉标识的目的，是为宣传自己的产品打下基础。因此，盖德公司不但直接违反了我国《反不正当竞争法》第九条的规定，而且也违反了我国《反不正当竞争法》第二条的规定，即经营者在市场交易中，应当遵循自愿、平等、公平、诚实信用的原则，遵守公认的商业道德。以上更直接、充分地说明，盖德公司并未如其抗辩所称，作了实质性的技术改进。因此，盖德公司的上诉理由不能成立。

原审法院援引的《重庆市反不正当竞争条例》的立法主要依据是我国《反不正当竞争法》，据此不能得出有关标识权民事权利的规定。原审法院适用《重庆市反不正当竞争条例》第九条，认为未注册商标存在标识权，认定盖德公司侵犯川仪公司标识权，属于适用法律错误。为此，本院予以纠正。

(3) 关于损害赔偿。全面赔偿原则，是我国民事损害赔偿的基本原则。在上诉人盖德公司已侵犯川仪公司企业名称权构成不正当竞争的前提下，应当依法对川仪公司所造成的损害进行全面赔偿。参照我国《商标法》等有关法律的规定，盖德公司的侵权获利即为川仪公司的损失，包括依照我国《反不正当竞争法》第二十条所规定的"因调查侵权行为所支付的合理费用"。盖德公司上诉认为"川仪公司已获得产品利润，没有损失，不应赔偿"的理由不能成立。通常，侵权利润为营业利润，即销售收入减去成本、费用、应交税金。原审法院认定盖德公司的侵权获利额及合理调查费用时，已对有关费税作了剔除，但未将有关产品增值税扣除不当，对此，本院予以纠正。由于盖德公司的加工、运输、管理等费用，除了川仪公司认可的部分费用外，其余全部是用于进行侵权和不正当竞争的，因此，其上诉提出应计入成本予以扣除的理由亦不能成立。

4.二审定案结论

重庆市高级人民法院根据《中华人民共和国民法通则》第九十九条第二款，最高人民法院《关于贯彻执行〈中华人民共和国民法通则〉若干问题的意见（试行）》第一百四十一条，《中华人民共和国反不正当竞争法》第二条、第九条、第二十条，《中华人民共和国民事诉讼法》第六十四条、第一百五十三条，作出如下判决：

(1) 变更重庆市第一中级人民法院（2000）渝一中经初字第 610 号民事判决第一项的被告停止侵害原告产品的名称权、标识权为：上诉人（原审被告）重庆盖德仪器仪表有限公司停止侵害被上诉人（原审原告）重庆川仪总厂有限公司的企业名称权以及不正当竞争行为。

(2) 变更重庆市第一中级人民法院（2000）渝一中经初字第 610 号民事判决第三项的被告赔偿原告经济损失39 192.82元为：上诉人（原审被告）重庆盖德仪器仪表有限公司赔偿被上诉人（原审原告）重庆川仪总厂有限公司赔偿经济损失33 740.32元，判决生效后 10 日内履行。

(3) 维持重庆市第一中级人民法院（2000）渝一中经初字第 610 号民事判决第二项，即上诉人（原审被告）重庆盖德仪器仪表有限公司向被上诉人（原审原告）重庆川仪总厂有限公司书面赔礼道歉，致歉内容须经本院审核，判决生效后 10 日内履行。

**（七）解说**

1.企业名称权包含了转让、标注使用等积极权利，同时也包含禁止非最终用户的撤换使用等消极权利。

我国对企业名称权的保护并没有如对专利、商标等的专门立法保护，而是分散于《产品质量法》、《反不正当竞争法》以及《企业名称登记管理条例》等不同位阶的法律、法规中。但是，分析其权利之内容，企业名称权的权利人除了可以在自己生产的商品上真实标注其名称，积极地行使名称标注权外，权利人还应当有禁止他人擅自撤下其企业名称并利用其商品进行虚假标注的权利。企业名称与作为其载体的商品，通过市场相互作用、相互影响，质量恒定而优质的商品为市场所确认，知名度得以提升，而附载其上的识别性标记——企业名称，其知名度也会得到强化，消费者或者市场经营者能够对商品或者企业进行相互识别，特别是对正处于创名牌商品的企业，这种相互识别的功能就更为重要。

借他人知名企业名称在其不知名商品上标注，进而为这种不知名商品进入市场开道的伪造、冒用、盗用他人企业名称的行为，正在于经营者违反市场的诚实信用原则，意图使他人知名的企业名称与自己不知名的商品相联系，产生混淆和误认。有关法律、法规予以明确的侵权行为也主要是指这种情况。而借他人知名商品为其开道恰恰相反，其意图是使他人的知名商品与自己产生某种联系，淡化或者切断他人的知名商品与标注其上的企业名称的有机联系，这同属于市场混淆行为。其行为的实质，不但剥夺了他人在自己的商品上真实标注生产者即企业名称的权利，还剥夺了他人借其有良好市场声誉的商品提高企业知名度的权利。虽然有关法律、法规对此并无明确规定，但是，法官不能拒绝裁判。诚信原则作为民事法律的“帝王条款”，其依然对此种行为存在规制作用。

在目前的法律架构下，企业名称权作为知识产权的权利客体，相关立法分散而粗糙，判决对企业名称权权利性质、内容以及功用的理解阐述，进行了大胆的探索和尝试，应当说具有积极的现实意义，特别是对于知识产权保护法律体系的完善和知识产权审判实践，更具有重要的实践意义。

2. 对企业名称权权利行使的限制。盖德公司虽然有权在对他人的产品改造加工后标注自己的商标和厂名，但这种权利的范围当限制在对商品的内外在的实质性改动上。这种实质性改动的本质在于，使改动后的商品与改动前的商品形成前后两个不相同的商品，至少能够为相关消费者所区分和识别。在本案中，盖德公司对川仪公司变送器的改动属于非实质性改动，其目的是为宣传自己的产品打下基础。因此，无论是从其主观动机或是从实际结果来看，盖德公司的行为均起到了混淆市场的作用。这种利用他人的商品为自己的牌子开路与利用他人的品牌为自己的商品开路一样，均属于法律所禁止。

判决注意到了对企业名称权作为知识产权客体进行保护的基本原则，即权利限制原则。在本案中，对该原则的运用主要表现为两个方面，即川仪公司行使名称权不得妨碍技术进步，具体来说，就是川仪公司不得挟名称权行使之名，阻碍盖德公司对其产品的技术改进；而盖德公司行使名称权亦不得挟技术进步之名，行侵犯名称权之实。权利限制原则可以很好地规制权利人，使其正确行使权利。但各类知识产权权利行使的限制均存在一个“临界点”，就本案而言，判决明确了两个问题，一是明确“临界点”为“是否对商品进行实质性改动”；二是明确实质性改动的判断，即“使改动后的商品与改动前的商品形成前后两个不相同的商品，至少能够为相关消费者所区分和识别”。判决所明确的企业名称权权利行使的临界点及操作判断是否精准，尚有待知识产权审判实践的进一步检验，但该判决至少已走出了具有积极意义的第一步，在知识产权的司法保护上进行了可贵的探索和尝试。

3. 未注册商标并非不能获得法律的保护。我国实行商标登记注册制度，对未注册商标的保护，在理论以及司法实践中均存在一定的分歧和争论。本案判决将这些争论予以搁置，根据案件的实际情况（包括当事人的诉讼请求），并主要考虑其作为一种未依法律上升为民事权利的标识，应存在相应的民事权益并应给予相应的保护，将未注册商标纳入《反不正当竞争法》第二条、第九条予以保护，符合法律的基本精神。其主要理由有以下三点：

（1）由于我国实行商标在核定商品上使用的制度，但该标识所有人在其他类产品上已注册使用，且在被仿冒的商品上实际使用多年（至起诉时已近 5 年时间），因此，其虽然非为驰名商标不能跨类保护，但并不意味着无民事权益存在。

（2）该“川”字贵为标识，已有揭示商品来源和生产者之功用。对于变送器商品而言，其虽非为注册商标，但已具备商标的基本属性和功能，即具有识别性和避免混淆之功能。

(3)《反不正当竞争法》系规制市场经济秩序的“经济宪法”，其在知识产权法律体系中具有“兜底”的性质和功用，其不应对违反诚实信用原则的市场混淆行为“视而不见”、“坐视不管”。

此外，判决对知识产权的侵权损害赔偿原则亦作了积极的探索，如对营业利润的界定。对于故意侵权、恶意竞争行为，亦体现了知识产权的司法保护价值理念。同时，判决对“标识权”进行的澄清，亦有积极的实践意义。

（程晓东）

## 80. 普罗克特和甘布尔公司诉上海晨铉智能科技发展有限公司不正当竞争案（域名抢注）

（一）首部

1. 判决书字号

一审判决书：上海市第二中级人民法院（2000）沪二中知初字第23号。

二审判决书：上海市高级人民法院（2001）沪高知终字第4号。

2. 案由：不正当竞争案。

3. 诉讼双方

原告（被上诉人）：普罗克特和甘布尔公司（The Procter & Gamble Company，以下简称宝洁公司）。

法定代表人：阿兰·吉·拉费雷（Alan G. Lafley），董事长兼首席执行官。

委托代理人（一、二审）：陶鑫良，上海市华诚律师事务所律师。

委托代理人（一、二审）：郭克强，广州宝洁有限公司法律经理。

被告（上诉人）：上海晨铉智能科技发展有限公司（以下简称晨铉公司）。

法定代表人：梁键，总经理。

委托代理人（一、二审）：岳文辉，上海市闻达律师事务所律师。

委托代理人（一审）：李鸿，上海市鸿和律师事务所律师。

4. 审级：二审。

5. 审判机关和审判组织

一审法院：上海市第二中级人民法院。

合议庭组成人员：审判长：杨钧；代理审判员：陆卫民、吴登楼。

二审法院：上海市高级人民法院。

合议庭组成人员：审判长：吕国强；审判员：王海明；代理审判员：朱丹。

6. 审结时间

一审审结时间：2000 年 10 月 9 日。

二审审结时间：2001 年 7 月 5 日。

**（二）一审诉辩主张**

1. 原告诉称：原告在中国注册了“SAFEGUARD”、“舒肤佳”、“safeguard \ 舒肤佳”等商标。原告还在一百多个国家和地区注册了二百二十多个“safeguard”文字及图形商标。上述商标系享有很高知名度的注册商标。被告晨铉公司将原告“safeguard”商标注册在域名中，明显是恶意注册和“搭便车”的不正当竞争行为，容易使网上公众误认为被告与原告及其“safeguard”商标之间有关联，损害了原告的合法利益，故请求法院：（1）判令被告晨铉公司停止使用并撤回已注册“safeguard.com.cn”域名；（2）判令被告承担案件全部诉讼费用。庭审中，原告宝洁公司主张 safeguard 系驰名商标，要求根据《保护工业产权巴黎公约》等有关规定，制止被告的不正当竞争行为。

2. 被告辩称：safeguard 商标并非驰名商标。原告中文“舒肤佳”注册商标在中国的知名度不能说明其英文“safeguard”注册商标在中国的知名度。被告的经营范围中包括“安防系统的设计安装维修”，“安防”的英文表述为“safeguard”，所以，被告注册“safeguard.com.cn”域名属于善意在先注册，并非恶意抢注行为。

**（三）一审事实和证据**

上海市第二中级人民法院经审理查明：1976 年 5 月，原告宝洁公司在中国注册“safeguard”商标，核定使用商品为第 70 类香皂、肥皂等。1994 年 6 月，原告宝洁公司在中国注册“safeguard \ 舒肤佳”商标，核定使用商品为第 3 类肥皂、护发制剂等。原告宝洁公司在我国还注册了“舒肤佳”、“safeguard”及其组合的多个商标。在国际上，原告“宝洁公司”自 1962 年起在美国、德国、日本、法国和澳大利亚等多个国家和地区注册了“safeguard”商标。

原告宝洁公司许可其在中国投资组建的广州宝洁公司和天津宝洁公司在香皂、沐浴露等日用清洁系列产品上使用其“safeguard”、“舒肤佳”及“safeguard \ 舒肤佳”等商标。原告宝洁公司使用“safeguard”注册商标的香皂在中国销售时，产品外包装均同时有“safeguard \ 舒肤佳”、“舒肤佳”注册商标。宝洁（中国）有限公司在中国利用多种媒体对“safeguard”、“舒肤佳”及“safeguard \ 舒肤佳”注册商标的商品进行了广告宣传，投入了大量的广告费。1993 年 10 月，“舒肤佳”香皂获国内贸易部颁发的'93 全国畅销国产商品金桥奖。1994 年 2 月，中国企业管理协会和中国企业家协会授予“舒肤佳”香皂在 1993 年全国市场产品竞争力排行榜中列“理想品牌”第二名和“实际购买品牌”第二名证书。《市场时报》中国化妆品专版刊登的中国 50 家大、中型零售商场化、洗用品零售额座次排行表中，“舒肤佳”香皂在香皂类商品中 1995 年 12 月、1996 年 1 月、4 月、6 月和 10 月份的销售额居第一名。中华全国商业信息中心市场监评部公布的全国大型零售企业商品销售统计及品牌监测资料表明，“舒肤佳”香皂于 1998 年 12 月和 1999 年 3 月市场综合占有率、市场销售份额、市场覆盖面在香皂类商品中均为第一。2000 年 3 月 26 日的《中国商报》和 2000 年 4 月 5 日的《中华工商时报》刊登的“全国重点大型商场 1999 年商品品牌市场销售状况”中，“舒肤佳”香皂在香皂类商品中的市场综合占有率为第一名。北京华通现代市场信息咨询有限公司、北京市精诚兴信息有限责任公司在部分城市进行的调查表明，从 1997 年至 2000 年 3 月，“舒肤佳”香皂的认知率、使用率超过 90%。1997

年，国家技术监督局将广州宝洁有限公司的“宝洁系列洗发护发、洗涤产品”列为第二批重点保护名优产品之一。2000年，原告宝洁公司被列为广州市工商行政管理局重点商标保护企业之一。同年6月，国家工商行政管理局将“safeguard \ 舒肤佳”列为全国重点保护商标之一。

1999年1月18日，上海晨铉科贸有限公司向中国互联网络信息中心申请注册了“safeguard.com.cn”域名。2000年1月3日，上海晨铉科贸有限公司更名为上海晨铉智能科技发展有限公司。同年2月1日，“safeguard.com.cn”域名注册人变更为被告晨铉公司。被告晨铉公司的经营范围包括“弱电系统及安防系统工程的设计安装维修”等。同年4月，被告晨铉公司获中国安全防范产品行业协会颁发的会员证书。

上述事实有下列证据证明：

1. 原告在中国获准注册“safeguard”、“舒肤佳”和“safeguard \ 舒肤佳”商标的商标注册证。

2. 原告自1962年起在美国、德国、日本、法国、澳大利亚等19个国家和地区注册“safeguard”商标的商标注册证复印件。

3. 宝洁（中国）有限公司1998年和1999年在中国进行广告宣传的电视台统计表及各电视台播出的40条广告的录像带。

4. 原告与广州宝洁有限公司签订的商标许可使用合同复印件；广州宝洁有限公司与天津宝洁公司签订的转让及支持协议复印件；“safeguard \ 舒肤佳”香皂包装盒两个；中华全国商业信息中心市场监评部公布的报告；《市场时报》中国化妆品专版公布的统计表；《中国商报》和《中华工商时报》刊登的统计表；北京精诚兴信息有限责任公司和北京华通现代市场信息咨询有限公司的调查报告。

5. “舒肤佳”香皂获国内贸易部颁发的奖状，获中国企业管理协会和中国企业家协会颁发的证书；国家技术监督局（1997）196号文件及附件；广州市工商行政管理局（2000）169号通知及附件；国家工商行政管理局商标局商标（2000）28号通知及《全国重点商标保护名录》复印件。

6. “safeguard.com.cn”域名注册证。

7. 被告的企业法人营业执照和中国安全防范产品行业协会会员证书。

8. 被告网页及被告公司简介。

**（四）一审判案理由**

上海市第二中级人民法院认为：在市场竞争中，经营者应当遵守诚实信用的原则和公认的商业道德。原告宝洁公司系“safeguard”、“舒肤佳”及“safeguard \ 舒肤佳”等注册商标的权利人。原告“safeguard”商标在世界上多个国家和地区注册。原告为宣传使用“safeguard \ 舒肤佳”商标的商品投入了巨额的广告费。原告使用“safeguard \ 舒肤佳”商标的商品在同类商品中拥有较高的市场占有率、市场销售份额和市场覆盖面。原告“safeguard \ 舒肤佳”注册商标在消费者中认知率高，声誉良好。原告的“safeguard \ 舒肤佳”注册商标已被国家工商行政管理局列为重点保护商标。所以，原告“safeguard”注册商标应当被认定为在市场上享有较高声誉并为相关公众所熟知的注册商标。被告晨铉公司在申请注册“safeguard”为其三级域名前，对“safeguard”本身并不享有任何合法的权利和利益，相反，被告应当知道原告“safeguard”注册商标在市场上享有的优良信誉和广泛知名度。被告仍然实施该注册行为，阻止了原告将其“safeguard”注册商标在“.com.cn”中注册为三级域名的可能。应当认定被告晨铉公司的“safeguard.com.cn”域名注册行为属于恶意注册。被告晨铉公司的域名注册行为损害了“safeguard”注册商标权人的利益，构成了不正当竞争。

**（五）一审定案结论**

上海市第二中级人民法院根据《保护工业产权巴黎公约》第十条之二（1）、(2)，《中华人民共和国民法通则》第四条，《中华人民共和国反不正当竞争法》第二条第一款的规定，作出如下判决：

被告晨铉公司注册的“safeguard.com.cn”域名无效，被告晨铉公司应立即停止使用并于判决生效之日起15日内撤销该域名。

**（六）二审情况**

1. 二审诉辩主张

（1）上诉人（原审被告）诉称：第一，“safeguard”具有“保卫、保护”的含义，它与上诉人的经营范围和产品“安防系统工程的设计安装维修”的意思吻合，因此，上诉人将safeguard注册为三级域名并无不当，该域名与被上诉人safeguard商标相同是一种巧合，上诉人注册域名的行为不构成恶意抢先注册。第二，上诉人因变更名称而再次在中国互联网络信息中心注册系争域名。上诉人两次注册系争域名均很顺利，说明被上诉人的safeguard商标知名度并不高，连中国互联网络信息中心也不知道safeguard是被上诉人的商标，同时说明上诉人的域名注册行为不存在恶意。第三，给予被上诉人的safeguard商标以驰名商标的待遇没有事实和法律依据。第四，认定上诉人的域名注册行为构成不正当竞争没有法律依据。上诉人请求撤销原判，发回重审或者依法改判。

（2）被上诉人（原审原告）辩称：驰名商标是某个商标在特定时期所处的事实状态，被上诉人的safeguard等商标已经构成驰名商标。根据《保护工业产权巴黎公约》关于保护驰名商标的规定，被上诉人的safeguard等商标应当被作为驰名商标予以保护，并且国家工商行政管理局已经禁止他人在非类似商品上注册与safeguard商标相近似的商标。上诉人的公司名称、商标及其他标识均与safeguard没有联系，因此，上诉人将被上诉人safeguard商标注册为域名的行为构成恶意抢注。上诉人的域名注册行为违反了我国《民法通则》和《反不正当竞争法》关于诚实信用原则的规定，构成对被上诉人的不正当竞争。

2. 二审事实和证据

上海市高级人民法院经审理查明：1976年5月，在中国注册“safeguard”商标的是（瑞士）普罗克特和甘布尔公司，而不是被上诉人。被上诉人于1992年8月经国家工商行政管理局核准，从（瑞士）普罗克特和甘布尔公司受让上述商标。原审法院对其余事实的认定正确。

另查明：（1）国家工商行政管理局商标局（1999）商标异字第3852号“关于第1122322号‘JEYES SAFEGUARD’商标异议的裁定”认为，由于“safeguard”商标被长期使用并获得一定的知名度，因此，禁止他人在与“safeguard”商标使用商品非类似的商品上注册与“safeguard”商标相近似的商标。（2）国内贸易部商业信息中心发布的《全国重点大商场暨消费品市场1997年度监测报告》显示，1997年“舒肤佳”香皂的市场综合占有率、市场销售份额、市场覆盖面在香皂商品中均名列第一。(3) 上诉人第一次注册系争域名后，被上诉人曾书面通知上诉人，称上诉人注册的系争域名使用了被上诉人的safeguard注册商标，而safeguard与上诉人的公司名称、商标没有联系，要求上诉人对注册的域名进行修改或予以注销。上诉人于1999年11月书面答复被上诉人，称其对被上诉人所述情况有疑问，要求被上诉人派人来协商解决。上诉人变更企业名称后，于2000年2月1日再次注册系争域名。(4) 被上诉人在菲律宾设立的公司生产的洗手液的包装瓶使用了“safeguard”英文和图形组合商标。被上诉人以此证明safeguard商标在中国以外的国家进行了使用。(5) 天津宝洁有限公司生产的香皂上直接印制有“safeguard”英文与图形组合商标。被上诉人以此证明safeguard商标被广泛使用于香皂上。

上述事实有下列证据证明：

(1) 被上诉人的“safeguard”商标注册证。

(2) 国家工商行政管理局商标局（1999）商标异字第3852号裁定。

(3) 国内贸易部商业信息中心发布的“全国重点大商场暨消费品市场1997年度监测报告”。

(4) 双方当事人之间就域名争议进行交涉的书面材料及上诉人的域名注册证。

(5) 被上诉人在菲律宾设立的公司生产的洗手液的包装瓶。

(6) 天津宝洁有限公司生产的香皂。

3. 二审判案理由

上海市高级人民法院经审理认为：

(1) 上诉人注册的三级域名与被上诉人的“safeguard”英文商标、“safeguard”英文和图形组合商标及“safeguard\舒肤佳”文字和图形组合商标中的英文字母相同。因此，上诉人的域名注册行为足以造成公众对双方当事人关系的误认。

(2) 上诉人在注册系争域名前对safeguard本身不享有正当的权利或合法利益。上诉人的企业名称、商标等商业标志均与safeguard一词没有联系，虽然上诉人的经营范围和产品与safeguard的意思有关，但是这不能证明在系争域名注册前，上诉人对safeguard本身享有正当的权利或合法利益，也不能证明上诉人系正当注册系争域名。可见，上诉人在注册系争域名前对safeguard本身不享有正当的权利或合法利益。

(3) 上诉人注册系争域名具有明显过错。首先，被上诉人使用在香皂商品上的“safeguard\舒肤佳”文字和图形组合商标构成驰名商标。商标的驰名程度是一个客观事实。根据被上诉人“safeguard”英文商标、“safeguard”英文和图形组合商标及“safeguard\舒肤佳”文字和图形组合商标在中国的注册情况、使用情况、广告宣传情况、在公众中的认知情况，以及国家工商行政管理局、国家技术监督局等行政部门对上述商标及使用上述商标的商品的保护情况等事实，可以认定上述商标在中国具有较高声誉和知名度，其中被上诉人使用在香皂商品上的“safeguard\舒肤佳”文字和图形组合商标已构成驰名商标。上诉人应当知道被上诉人的上述驰名商标。尤其是上诉人在因变更企业名称而再次注册系争域名前，经被上诉人书面通知，上诉人已经知道其原来注册的三级域名与被上诉人驰名商标中的safeguard相同，上诉人仍然再次将safeguard注册为域名，可见上诉人将safeguard注册为域名绝不是巧合，上诉人在注册系争域名时主观上具有明显过错。其次，上诉人在域名注册前应当进行而没有进行必要的商标查询。国务院信息化工作领导小组办公室于

1997年5月发布的《中国互联网络域名注册暂行管理办法》第十一条对“三级以下（含三级）域名命名的限制原则”作了规定，该条第（五）项规定，“不得使用他人已在中国注册过的企业名称或者商标名称”，该办法第二十三条规定，“各级域名管理单位不负责向国家工商行政管理部门及商标管理部门查询用户域名是否与注册商标或者企业名称相冲突，是否侵害了第三者的权益。任何因这类冲突引起的纠纷，由申请人自己负责处理并承担法律责任”。因此，虽然进行商标查询不是域名注册的前提条件，但是，为避免注册的域名与他人的商标相冲突，上诉人仍有义务进行必要的商标查询，以确定注册 safeguard 为域名是否与他人的商标相冲突，然而上诉人没有进行必要的商标查询就将被上诉人驰名商标中的 safeguard 注册为域名，可见上诉人注册系争域名具有过错。同时，中国互联网络信息中心作为域名注册管理机构，其在行使域名注册管理职能时没有进行商标查询的职责，并且中国互联网络信息中心是否准许域名注册不是判定商标知名度的标准，也不是判定域名注册人在注册域名时是否具有过错的标准。

（4）上诉人的域名注册行为违反了有关法律的规定。公民、法人、其他组织申请注册域名应当遵循诚实信用的原则和公认的商业道德，不得通过注册域名造成公众对域名持有人与其他经营者及其提供的商品或服务的混淆和误认，不得通过注册域名无偿利用他人的商业信誉、损害他人的合法权益。上诉人的域名注册行为违反了下列法律的规定：《保护工业产权巴黎公约》第六条之二关于保护驰名商标的规定；该条约第十条之二（2）的规定，“凡在工商业事务中违反诚实的习惯做法的竞争行为构成不正当竞争的行为”；《中华人民共和国民法通则》第四条的规定，“民事活动应当遵循诚实信用的原则”；《中华人民共和国反不正当竞争法》第二条第一款的规定，“经营者在市场交易中，应当遵循诚实信用的原则，遵守公认的商业道德”。

综上所述，上诉人晨铉公司在注册系争域名前对 safeguard 本身不享有正当的权利或合法利益，上诉人注册系争域名在主观上具有明显过错，在客观上足以造成公众对双方当事人关系的误认，上诉人的域名注册使用行为构成对被上诉人宝洁公司的不正当竞争。晨铉公司的上诉理由不能成立，原审判决认定事实清楚，适用法律正确。

4. 二审定案结论

上海市高级人民法院根据《中华人民共和国民事诉讼法》第一百五十三条第一款第（一）项的规定，并经该院审判委员会讨论决定，作出如下判决：

驳回上诉，维持原判。

**（七）解说**

本案有以下三个问题值得研究：

1. 将他人商标注册为域名使用产生的纠纷是否属于法院受理民事诉讼的范围？对此问题存在两种观点：

第一种观点认为，域名的注册和使用是存在于网络虚拟空间的行为，具有跨国界性。因域名的注册使用而产生的纠纷往往具有国际性，而法院的司法活动具有地域的局限性，因此，将他人的商标注册为域名使用产生的纠纷应当由当事人协商解决，或由当事人提交有关域名仲裁机构解决，此类纠纷不属于人民法院受理民事诉讼的范围，法院不应当受理此类案件。

第二种观点认为，虽然域名的注册使用具有跨国界性，具有网络虚拟性，但是域名的标识功能决定了域名的注册、使用行为是设定和使用一定的标识的民事行为。因此，将他人的商标注册为域名使用产生的纠纷属于民事纠纷，此类纠纷属于法院受理民事诉讼的范围。1998 年 10 月，在美国加州成立的互联网名称和数码分配公司（The Internet Corporation for Assigned Names and Numbers，简称 ICANN）主要负责执行和检查与互联网域名系统的协调有关的功能。ICANN 于 1999 年 10 月 24 日批准实施适用于国际互联网域名纠纷仲裁的《统一域名争议解决政策》（Uniform Domain Name Dispute Resolution Policy），该政策第三条 b 项规定，域名注册机构将取消、转移以及变更域名注册，只要域名注册机构收到有管辖权的法院要求其采取相应措施的命令。该政策第四条 k 项规定，解决域名争议的强制性行政程序并不排斥当事人通过法律诉讼解决域名争议。因此，从国际互联网域名争议仲裁的实践来看，域名纠纷仲裁并不排除法院对域名争议的管辖权。所以，将他人的商标注册为域名使用产生的纠纷属于人民法院受理民事诉讼的范围，法院应当依法受理此类案件。

法院采纳了第二种观点，依法受理本案。

2. 法院在审理将他人的商标注册为域名使用的案件中，能否对系争商标是否构成驰名商标作出认定？对此问题存在两种观点：

第一种观点认为，我国《商标法》规定，商标注册、管理的法定机关是国家工商行政管理局于商标局；国家工商行政管理局 1996 年发布的《驰名商标认定和管理暂行规定》规定，国家工商行政管理局商标局负责驰名商标的认定与管理工作。任何组织和个人不得认定或者采取其他变相方式认定驰名商标。因此，驰名商标的认定和管理属于国家工商行政管理局商标局的职权范围，法院无权在具体案件的审判中认定驰名商标。

第二种观点认为，首先，商标是否构成驰名商标是一个客观事实状态，法院在案件的审判工作中应当查明案件事实，如果案件事实涉及系争商标是否构成驰名商标时，法院应当对系争商标是否构成驰名商标作出明确的认定。系争商标是否属于驰名商标往往涉及域名注册人在注册使用域名时是否具有过错的问题，这对判定域名的注册使用是否构成不正当竞争有重要的影响。因此，法院可以在具体案件的审判中认定驰名商标。其次，虽然商标法规定国家工商行政管理局商标局主管全国商标注册和管理工作，但这只是从商标的行政管理方面赋予国家工商行政管理局商标局一定的行政职权，商标法并没有否定法院可以在审判中对系争商标是否驰名依法作出认定。虽然《驰名商标认定和管理暂行规定》规定，国家工商行政管理局商标局是认定驰名商标的惟一机关，但这一行政规章对法院的司法活动没有法律约束力。最后，从国外司法实践来看，法院有权在具体案件的审判中认定系争商标是否构成驰名商标是司法上的通行做法。因此，法院在审理将他人的商标注册为域名使用而产生冲突的案件中，可以根据当事人的请求，对系争商标是否构成驰名商标作出认定。

法院采纳了第二种观点，根据当事人的请求和有关证据，确认宝洁公司使用在香皂上的“safeguard \ 舒肤佳”文字和图形组合商标构成驰名商标。在本案终审判决后的 2001 年 7 月 24 日，最高人民法院《关于审理涉及计算机网络域名民事纠纷案件适用法律若干问题的解释》开始施行，该解释第六条规定，人民法院审理域名纠纷案件，根据当事人的请求以及案件的具体情况，可以对涉及的注册商标是否驰名依法作出认定。2001 年 10 月 27 日修正的《商标法》第十三条明确地规定了对驰名商标的保护，第十四条明确地规定了认定驰名商标应当考虑相关公众对该商标的知晓程度，该商标使用的持续时间，宣传该商标的持续时间、程度、地理范围，该商标作为驰名商标受保护的记录等因素。

3. 将他人的商标注册为域名使用构成不正当竞争的判定标准。对此问题有两种观点：

第一种观点认为，我国《反不正当竞争法》没有规定将他人的商标注册为域名使用的行为是不正当竞争行为，因此，将他人的商标注册为域名使用不构成不正当竞争。

第二种观点认为，不正当竞争行为千变万化，新的不正当竞争行为层出不穷，反不正当竞争法不可能穷尽所有的不正当竞争行为的具体表现形式，不能因为反不正当竞争法没有明文规定某一行为是不正当竞争行为，就认为此种行为不构成不正当竞争。对不正当竞争行为的具体表现形式不实行法定主义是世界各国反不正当竞争法的立法通例。同时，《保护工业产权巴黎公约》第十条之二（2）规定，“凡在工商业事务中违反诚实的习惯做法的竞争行为构成不正当竞争的行为”；《中华人民共和国民法通则》第四条规定，“民事活动应当遵循自愿、公平、等价有偿、诚实信用的原则”；《中华人民共和国反不正当竞争法》第二条第一款规定，“经营者在市场交易中，应当遵循自愿、平等、公平、等价有偿、诚实信用的原则，遵守公认的商业道德”。如果域名的注册使用人违反这些规定，将他人的商标注册为域名使用即构成对商标专用权人的不正当竞争。因此，根据以上法律规定的精神，在判定将他人的商标注册为域名使用是否构成不正当竞争时，应当同时考虑以下因素，只有同时具备以下四个条件，才构成不正当竞争：

（1）系争域名的注册使用人具有过错。《统一域名争议解决政策》列举了“过错”的表现形式，可以作为参考。该政策第四条 b 项规定，域名的注册和使用具有恶意的证据如下，但又不限于以下情形：1）注册或取得域名的目的主要是为了出售、出租或以别的方式转让给作为申诉人的商标权人或者申诉人的竞争对手，以获得超过其取得域名所付出的成本的利益；2）域名注册的目的是阻止商标权人用相应的域名来体现其标识；3）注册域名的目的主要是阻止竞争对手的经营；4）域名持有人为盈利而使用域名，意图吸引网络用户进入其网站或其他在线地址，采用了造成申诉人的商标与其网站或网址之间或与该网站或网址提供的产品或服务之间在来源、赞助人、附属关系、认可关系上可能混淆的手段。此外，如果将他人的驰名商标或驰名商标的主要部分注册为域名使用，也应当认定域名注册使用人具有过错。

（2）系争域名的注册使用造成了商标权人的损害。这种损害主要表现为系争域名与商标权人的商标相同或混淆性相似，足以造成公众对域名注册使用人与商标权人的关系或对两者提供的商品、服务产生混淆和误认。

（3）域名注册使用行为与商标权人的损害结果有因果关系。即系争域名的注册使用行为是导致公众对域名注册使用人与商标权人的关系或对两者提供的商品、服务产生混淆和误认的原因。

（4）系争域名的注册使用人对该域名标志不享有正当权利或利益。《统一域名争议解决政策》列举了域名注册使用人对该域名享有权利或正当利益的几种情况。该政策第四条 c 项规定，有下列情形之一，但又不限于下列情形，即证明域名持有人对域名享有权利或正当利益：第一，域名持有人在收到任何与本域名有关的纠纷的通知前，在提供商品或服务时善意使用或能够证明准备善意使用域名或与域名有关的名称；第二，域名持有人已因域名而知名，即使其还未取得商标权。第三，域名持有人合理地非商业性使用或正当使用域名，并且不以盈利为目的误导消费者或淡化商标。如果域名注册使用人对其域名享有正当权利或利益的，则该域名注册使用人就不构成对商标权人的不正当竞争。

法院采纳了第二种观点。法院经审理认为，晨铉公司注册系争域名在主观上具有明显过错，在客观上足以造成公众对双方当事人关系的误认，晨铉公司在注册系争域名前对safeguard本身不享有正当的权利或合法利益，因此，晨铉公司的域名注册行为构成对宝洁公司的不正当竞争。

（吕国强　朱丹）

# 三、公司、股权、证券、票据、存单、信用证案例

## 81．中国东方航空股份有限公司厦门营业部诉厦门市人山航空票务代理有限公司等机票销售代理协议欠款案（公司法人人格否认）

**（一）首部**

1．判决书字号

一审判决书：福建省厦门市思明区人民法院（2000）思经初字第001号。

二审判决书：福建省厦门市中级人民法院（2001）厦经终字第228号。

2．案由：机票销售代理协议欠款案。

3．诉讼双方

原告(被上诉人)：中国东方航空股份有限公司厦门营业部(以下简称东航厦门营业部)。

代表人：肖其贤，经理。

委托代理人（一、二审）：蔡天源，福建厦门自立律师事务所律师。

委托代理人（二审）：朱新华，东航厦门营业部职员。

被告：厦门市人山航空票务代理有限公司（以下简称人山票务公司）。

法定代表人：王伟荣，总经理。

被告（上诉人）：许义民，男，1966年1月9日出生，汉族，住厦门市美头山10号803室。

委托代理人（一、二审）：林薰，福建厦门建昌律师事务所律师。

委托代理人（二审）：李明全，福建厦门建昌律师事务所律师。

4．审级：二审。

5．审判机关和审判组织

一审法院：福建省厦门市思明区人民法院。

合议庭组成人员：审判长：黄冬阳；代理审判员：王叶萍、王及。

二审法院：福建省厦门市中级人民法院。

合议庭组成人员：审判长：陈锦清；代理审判员：颜海防、孙仲。

6．审结时间

一审审结时间：2000年12月12日。

二审审结时间：2001年12月17日。

**（二）一审诉辩主张**

1．原告东航厦门营业部诉称：原告与被告人山票务公司于1997年2月10日签订一

份客运销售代理合同，约定由其向被告人山票务公司提供空白航空客票，被告人山票务公司应在每月终了后7日内将销售的票款（扣除3%代理费）汇入其账户。合同签订后，原告依约履行合同义务，但人山票务公司却于1999年8月拖欠票款171 738元未结。经其多方查找，发现人山票务公司已停止经营，下落不明。而被告许义民早在人山票务公司成立之前就先后以厦门新华旅行社、美仁宫售票处、东航长青售票处等名义代销原告机票。从1995年4月起至1996年5月间，共欠原告机票款979 155元。1996年5月28日，被告许义民利用其对人山票务公司的实际控制地位，抽逃出资，将刚经过验资的人山票务公司100万元注册资金中的979 155元支付给原告，用以清偿前述欠款。被告许义民的行为致使人山票务公司从成立伊始就陷于资金不足的状况，后来又滥用股东控制权，有计划地通过股权转让、变更法定代表人、变更经营场所等，使人山票务公司空壳化，以逃避所欠原告的债务。综上所述，人山票务公司拖欠原告机票款，应承担逾期付款的违约责任；许义民作为控股股东滥用被告人山票务公司的法人人格，妨碍原告实现合法债权，其行为违反公平、公正、诚实信用原则，应与人山票务公司共同承担向原告付款的民事责任。故向法院起诉，请求判令二被告支付原告人民币171 738元及逾期付款违约金（从1999年8月10日计至付款之日止，以每日万分之二点一计算）。

2. 被告人山票务公司在答辩期内未作书面答辩。

3. 被告许义民辩称：（1）原告认为被告存在抽逃出资缺乏事实依据，也未能证明人山票务公司于1996年5月28日付款给原告的979 155元系用于清偿被告许义民旧欠原告的款项，况且许义民当时并非人山票务公司的股东，不具备抽逃出资的主体资格；（2）所谓人山票务公司股东“抽逃出资”的行为，其直接受益人是原告，原告并未存在因“抽逃出资”而导致损害的事实，因此认定许义民具有侵权行为缺乏构成要件。而此后人山票务公司拖欠机票款更与该“抽逃出资”行为没有因果关系。在许义民侵权行为不成立的情况下，本案不能适用公司法人人格否认，径行要求许义民为尚存的人山票务公司的债务承担连带责任。综上所述，请求驳回原告对被告许义民的诉讼请求。

**（三）一审事实和证据**

厦门市思明区人民法院经公开审理查明：

1. 厦门新华旅行社于1991年成立，被告许义民曾任法定代表人至1995年3月。1994年6月28日，许义民代表厦门新华旅行社向原告东航厦门营业部申请在厦门市厦禾路美仁宫设立航空售票点，双方开始发生代理销售机票业务。期间，许义民之妻（后离异）王建民均以“美仁宫售票处”之名向原告领取空白客票用以销售。1995年3月，许义民申请离任厦门新华旅行社法定代表人职务，并经工商变更登记。同年5月，被告许义民租用厦门市长青路408号设立“东航长青售票处”，继续与原告发生代理销售机票业务。

2.1995年9月，许义民与郭丽虹共同发起成立厦门市人山商贸发展有限公司（以下简称人山商贸公司），注册资本为人民币200万元，许义民占78.6%的股权，任董事长及法定代表人、总经理，其妻王建民任公司监事。1996年4月3日，人山商贸公司申请变更住所地为厦门市长青路408号二楼，经营范围增加了民航客货代理的业务。同时，申请设立了人山商贸公司民航分公司，营业场所为厦门市长青路408号一楼，负责人为许义民。1996年5月，人山商贸公司与王建民共同出资设立厦门市人山航空票务代理有限公司（即本案被告），注册资金人民币100万元，其中人山商贸公司出资60万元，王建民出资 40 万元，许义民任法定代表人，住所地仍为厦门市长青路 408 号。同时，人山商贸公司民航分公司以“已办理独立核算公司”为由进行注销。1999 年 1 月 19 日，人山商贸公司因未参加年检，被厦门市工商局公告拟予以吊销营业执照，同年决定吊销营业执照。

3.1996 年 5 月 8 日，厦门市会计师事务所将人山票务公司的验资款 100 万元转入该公司的账户。同年 5 月 28 日，人山票务公司将其中的979 155元转入原告账户，转账支票上加盖人山票务公司的财务章及许义民的私章，款项用途登记为“机票款”。

4.1997 年 2 月 10 日，许义民代表人山票务公司与原告签订一份航空旅客国内运输销售代理协议及相关附件，约定由原告委托人山票务公司在厦门代理原告办理国内航线的航空旅客国内运输销售业务，并对领取客票、票款结算、代理手续费等事项作了规定，被告方应在每月终了后 7 日内将销售日报上所列的票款总额减去退款和规定的代理手续费(3%)，以人民币汇入原告账户；逾期支付每天应承担 2‰的滞纳金。此后，双方均按约履行，但在 1999 年 8 月，人山票务公司拖欠原告票款171 738元未予支付。同年 8 月 13 日，人山票务公司开出一张金额为39 846元的转账支票给原告，用以支付拖欠的部分机票款，经查，该支票系空头支票而无法兑现。

5.1999 年 1 月，人山票务公司法定代表人由许义民变更为王建民。同年 5 月，已被吊销的人山商贸公司原投入人山票务公司的 60 万元变更为许义民投入，仍占人山票务公司注册资金的 60%；公司住所变更为莲花南路 18 号（新中林酒店一楼大厅)。同年 8 月，王建民投入被告人山票务公司的 40 万元变更为王伟荣投入，法定代表人亦变更为王伟荣(女，1978 年 3 月 24 日出生，汉族，住河南省滑县老店乡王岳村，暂住厦门的理由为务工)。同年 9 月，人山票务公司在新中林酒店办理房屋清退手续，至今无经营场所。

上述事实有下列证据证明：

1. 1997 年 2 月 10 日许义民代表人山票务公司与原告签订的航空旅客国内运输销售代理协议及相关附件。

2. 人山票务公司的从业人员吴根凤以东航长青售票处名义编制的四份机票销售报表，金额为979 155元。

3. 1996 年 5 月 28 日由人山票务公司转账979 155元给原告东航厦门营业部的银行转账支票一张，注明用途为机票款。

4. 厦门新华旅行社、人山商贸公司、人山票务公司有关成立、变更、吊销的工商登记材料。

5. 法院调查笔录及庭审笔录等。

**(四) 一审判案理由**

厦门市思明区人民法院经审理认为：

1. 原告与被告人山票务公司签订的航空旅客国内运输销售代理协议为有效合同，原告已依约履行其合同义务，人山票务公司却未依约按期支付机票款，故应承担逾期付款的违约责任。原告对人山票务公司的诉讼请求，应予支持。

2. 被告许义民存在抽逃被告人山票务公司注册资金的行为。首先，人山票务公司于 1996 年 5 月 28 日转款979 155元给原告用于支付机票款，显然并非用于人山票务公司自身的业务需要，而是用于清偿许义民在 1996 年 5 月 28 日之前对原告负有的到期债务。其次，在人山票务公司付款979 155元给原告时，被告许义民虽然并非人山票务公司的股东，但其既是人山票务公司控股股东、人山商贸公司的法定代表人和控股股东（占78.6%），同时还是人山票务公司的法定代表人。其利用特殊的身份和职务之便将人山票务公司的资金用于清偿其个人债务，虽然主体身份在形式上与一般抽逃出资行为不同，但仍构成实质意义上的抽逃出资。

3. 被告许义民抽逃出资的行为势必影响到人山票务公司的正常经营及其偿债能力，而且许义民也未能证明其在此之后又以其他方式补足人山票务公司的注册资本金，该抽逃出资行为与原告或其他债权人的债权不能实现有一定的因果关系。

4. 被告许义民在本案中的行为构成滥用股东控制权，应适用公司法人人格否认理论责令其承担法律责任。首先，被告许义民作为人山票务公司的控股股东代表（后也变更为直接股东），利用资本多数决定的原则，已实际控制了人山票务公司，并滥用对公司的控制权，直接支配公司财产用于清偿个人债务，其行为违反了公司法人制度中公司财产与股东财产相分离的基本原则。当公司控股股东违反上述原则时，公司已失去了独立的意思和人格。若再允许股东以公司人格独立、股东承担有限责任为借口而逃避法定或约定义务，显然会侵害债权人或社会公众利益，不符合追求公平、公正、诚实信用的法理念，也不符合公司法人制度设置的初衷。因此，在特殊场合、个别案件中否认公司的法人人格，直接追究股东的民事责任已为法理和各国司法实践所认同。其次，本案具备适用公司法人人格否认理论的三个构成要件：（1）公司法人人格滥用者应为对公司有实质控股权的股东。在本案中，许义民对人山票务公司的过度控制十分明显，符合公司法人人格否认的主体要件要求。（2）许义民在客观上存在滥用对人山票务公司的控制权以回避义务的行为。许义民将公司财产混同于个人财产，把公司注册资本金的绝大部分用于清偿个人债务，致使公司处于空壳经营运行状态，并最终导致公司无资力履行债务，而陷于停止状态。本案具备公司法人人格否认的行为要件。（3）被告许义民的行为致使人山票务公司资本严重不足，给原告也给其他交易相对人造成极大的风险，最终妨碍了原告合法债权的实现，已给他人或社会造成损害，具备公司法人人格否认的结果要件。再次，公司法人人格否认仅限于个案，而非全盘否认，其法律后果是滥用公司控制权的股东应为公司债务承担连带赔偿责任。因此，许义民应对人山票务公司的债务承担连带赔偿责任，但以不超出其法定出资额为限。

**（五）一审定案结论**

福建省厦门市思明区人民法院根据《中华人民共和国民事诉讼法》第一百三十条，《中华人民共和国民法通则》第四条、第五十五条第一款第（三）项、第一百零六条第一款，《中华人民共和国公司法》第三十四条的规定，作出如下判决：

1. 被告人山票务公司应于本判决生效后15日内支付给原告人民币171 738元及逾期付款违约金（从1999年8月10日起计至还款之日，以每日万分之二点一计算）。

2. 被告许义民应对上述还款义务承担连带赔偿责任。

本案案件受理费5 550元，诉讼保全费1 520元，由被告人山票务公司、被告许义民共同负担。

**（六）二审情况**

1. 二审诉辩主张

（1）上诉人许义民诉称：原审认定事实、适用法律及运用法学理论均属不当，应予以改判，并驳回原告对许义民的诉讼请求。理由如下：第一，认定许义民利用人山票务公司的资金清偿其个人债务的证据不足；第二，1996 年 5 月 28 日的转款行为是人山票务公司的合法行为，不应认定为“抽逃出资”；第三，本案不能适用“法人人格否认”理论并对许义民追究连带责任。

(2) 被上诉人东航厦门营业部辩称：原审认定的事实证据充分，适用“法人人格否认”理论正确，应驳回上诉，维持原判。

2. 二审事实和证据

厦门市中级人民法院经审理确认了一审法院认定的事实和证据。

二审期间，被上诉人与许义民自愿达成调解协议；许义民自愿代人山票务公司于 2002 年 1 月 3 日前偿还原告人民币 10.5 万元，原告放弃对许义民的其他诉讼请求。

3. 二审判案理由

厦门市中级人民法院认为：东航厦门营业部与人山票务公司签订的航空旅客国内运输销售代理协议合法、有效，人山票务公司未依约按期支付机票款，应承担逾期付款的违约责任。原审判令人山票务公司支付东航厦门营业部机票款171 738元及逾期付款违约金正确。鉴于东航厦门营业部与被告许义民自愿达成调解协议，系对各自实体权利的处分，不违反法律规定，应予以照准。

4. 二审定案结论

厦门市中级人民法院根据《中华人民共和国民事诉讼法》第一百三十条、第一百五十三条、第一百五十五条的规定，作出如下判决：

(1) 变更厦门市思明区人民法院（2000）思经初字第 1 号民事判决第一项为：许义民应于 2002 年 1 月 3 日前代厦门市人山航空票务代理有限公司偿还被上诉人中国东方航空股份有限公司厦门营业部机票款 10.5 万元，另66 738元及逾期付款违约金厦门市人山航空票务代理有限公司应于本判决生效之日起 10 日内偿还被上诉人中国东方航空股份有限公司厦门营业部。

(2) 撤销厦门市思明区人民法院（2000）思经初字第 1 号民事判决第二项。

本案二审案件受理费5 550元，由上诉人许义民负担，一审案件受理费及财产保全费由厦门市人山航空票务代理有限公司负担。

**（七）解说**

所谓公司法人人格否认制度，是指在承认公司具有法人人格的前提下，对特定法律关系中的公司法人人格的机能加以否认，使得债权人可以直接追索公司背后成员的责任的法律制度。也即当发生利用公司法人制度，滥用公司人格，损害公司债权人的合法权益的行为时，在不必要全面否认公司法人的情况下，就特定的案件或场合，否定公司法人人格的机能，将公司与其股东在法律上视为同一体，而责令股东直接为公司承担债务的一种制度创设。

20 世纪初，公司法人人格否认理论在美国法院首创后，很快为德国、法国、英国等国家效仿；日本也于 20 世纪 60 年代在司法实务中予以适用。在公司法人制度尚不完善、信用体制尚未建立的我国，常有滥用公司法人人格逃避责任、侵害债权的情况出现。因此，现行法律虽然没有相关规定，但有关公司法人人格否认的理论探讨却如火如荼，只是因为如何判别和具体适用存在困惑，而导致实务中很少有案例出现。

对公司法人人格的否认常常发生在公司资本严重不足和法人人格混同的场合。在本案中，被告人山票务公司既因被抽逃出资而导致资本严重不足，也发生了公司法人人格混同的情形。首先，在人山票务公司成立后，许义民即利用其对人山票务公司的实际控制，将公司注册资金100万元中的979 155元转给原告以清偿旧欠的个人债务。此后，人山票务公司在资本严重不足的情况下运转，导致最终停止经营，无力偿还债务。其次，公司法人人格混同是指公司控股股东利用其对公司的实际控制，使公司的业务、财产与其本身的业务、财产混同，导致公司空壳化；当公司对债权人负有法定或约定义务时，其即以公司法人人格为掩护，主张由公司承担，从而损害债权人的权益。在本案中，许义民长期与原告发生代理销售机票的业务，其后成立的人山票务公司也经营同样业务；许义民利用对人山票务公司的实际控制，动用公司资金为其个人清偿债务，已造成公司业务、财产与其本身业务、财产的混同；在公司负债的情况下，则有计划地通过各种股权转让、变更法定代表人等行为，致使人山票务公司空壳化以逃避义务。

本案一、二审期间，对于许义民应对人山票务公司的债务承担责任均无异议，但有的观点认为直接追究许义民抽逃出资的责任即可，不必适用法无明文规定的公司法人人格否认理论进行判案。我们认为，从法理上讲，以抽逃出资为由只能追究许义民在抽逃金额范围内对公司债务承担补充的赔偿责任；而适用公司法人人格否认理论，则可以要求许义民为公司债务承担连带赔偿责任，许义民与公司同为第一顺序的义务人，两者的责任后果不同。从个案而言，本案有否认人山票务公司的法人人格，直接追究股东的民事责任的现实需要和意义。许义民为逃避约定或法定义务，设计了一套严密的计划，以其实际控制的人山商贸公司和其妻王建民发起成立人山票务公司，进而滥用对人山票务公司的控制权，直接支配公司财产用于清偿个人债务，违反公司法人制度中的财产分离原则，造成公司法人人格混同。当公司已失去了独立的意思和人格时，若再允许股东以公司人格独立、股东承担有限责任为借口而逃避债务，显然不符合追求公平、公正、诚实信用的法理念，不利于维护公司债权人和社会公众的利益，也违背了公司法人制度设置的初衷。此亦为各国立法及实践所认同。从公司法人人格否认的具体适用标准分析，本案具备适用公司法人人格否认理论的三个构成要件：（1）公司法人人格滥用者应为对公司有实质控股权的股东。在本案中，人山票务公司的初始控股股东虽非许义民，但也系许义民可以控制的人山商贸公司（后于1999年5月直接变更为许义民出资）；而其余股份则由许义民之妻王建民占有。因此，许义民符合公司法人人格否认的主体要件要求。（2）被告许义民在客观上存在滥用对人山票务公司的控制权以回避义务的行为。许义民利用对人山票务公司的控制，将个人意思上升为公司意思，把公司的注册资本金的绝大部分用于清偿个人债务，其行为已使公司财产混同于个人财产，致使公司处于空壳经营运行状态；当公司对外负债时，则有计划地通过各种股权转让、变更法定代表人等行为，致使人山票务公司空壳化以逃避义务。本案具备公司法人人格否认的行为要件。（3）被告许义民的行为已给他人或社会造成损害，具备公司法人人格否认的结果要件。在本案中，由于人山票务公司在与原告发生业务之前已处于空壳运行状态，资本严重不足，由此不仅给原告也给其他交易相对人造成极大的风险，并且最终导致人山票务公司清偿不能的结果，妨碍了原告或其他债权人合法债权的实现。

综上所述，一审法院在本案中适用公司法人人格否认理论进行处理，同时基于我国法律尚无相关规定而适用《民法通则》关于诚信原则的规定，无疑是适当的。二审法院在确认许义民应负责任的基础上，根据双方当事人的意愿进行调解，也是对一审判决结果的肯定。需要注意的是，公司法人人格法理的适用虽然有利于实现公平、正义的法理念，有利于矫正商事活动中违反诚实信用原则的行为，但也必须有严格的限制，审判人员在实务中应准确把握其构成要件，避免因滥用而造成对公司法人制度的不当冲击。

（黄冬阳）

## 82. 厦门思明制药有限公司诉庄金阳、第三人厦门金世德食品有限公司损害公司权益案（竞业禁止）

### （一）首部

1. 判决书字号

一审判决书：福建省厦门市思明区人民法院（2001）思经初字第132号。

二审判决书：福建省厦门市中级人民法院（2001）厦经终字第314号。

2. 案由：损害公司权益案。

3. 诉讼双方

原告（被上诉人）：厦门思明制药有限公司（以下简称思明制药公司）。

法定代表人：郭聪斌，董事长。

委托代理人：陈建明、邱春晖，厦门兴天地律师事务所律师。

被告（上诉人）：庄金阳，男，1957年10月28日出生，汉族。

第三人：厦门金世德食品有限公司（以下简称金世德公司）。

法定代表人：易德钦，总经理。

4. 审级：二审。

5. 审判机关和审判组织

一审法院：福建省厦门市思明区人民法院。

独任审判：代理审判员：郑文雅。

二审法院：福建省厦门市中级人民法院。

合议庭组成人员：审判长：颜海防；代理审判员：骆炎辉、孙仲。

6. 审结时间

一审审结时间：2001年6月20日。

二审审结时间：2001年9月5日。

### （二）一审诉辩主张

1. 原告诉称：被告庄金阳身为原告公司的董事，却代表金世德公司与明龙公司签订委托加工协议，全力帮助设立第三人金世德公司，并担任该公司卫生负责人，其行为已损害了原告公司的合法权益。现要求被告庄金阳立即辞去卫生负责人这一职务，并向原告赔礼道歉。

2. 被告辩称：被告并非第三人金世德公司的卫生负责人，对卫生许可证上将被告列为卫生负责人，被告并不知情，并且现在卫生许可证上的卫生负责人已变更为易德钦，原告要求被告辞去卫生负责人一职的诉讼请求没有事实依据。被告代表第三人金世德公司与明龙公司签订协议，只是受人之托帮忙而已，并未侵犯原告的权益，原告要求被告赔礼道歉没有法律依据。要求驳回原告的诉讼请求。

3. 第三人金世德公司述称：申办卫生许可证时将被告作为卫生负责人并未告知被告，被告发现这一情况后即向第三人提出异议，第三人随即着手办理变更手续，现卫生许可证上的卫生负责人已变更。被告与明龙公司签订协议的行为只是朋友之间的帮忙，并没有损害原告公司的权益。

**（三）一审事实和证据**

福建省厦门市思明区人民法院经公开审理查明：1998 年 11 月 11 日，厦门佳益集团有限公司委派被告庄金阳为厦门市思明制药厂（原告思明制药公司的前身）董事。2000 年 12 月 25 日，由于设立金世德公司的需要，被告庄金阳以金世德公司代表的身份与明龙公司签订委托加工协议，约定金世德公司委托明龙公司加工青果豉袋泡茶产品。金世德公司的卫生许可证载明：卫生负责人为庄金阳（现已变更为易德钦）。

上述事实有下列证据证明：

1.1998 年 11 月 11 日厦门佳益集团有限公司作出的委派董事函。

2.2000 年 12 月 25 日金世德公司与明龙公司签订的委托加工协议。

**（四）一审判案理由**

福建省厦门市思明区人民法院经审理认为：由于没有证据表明第三人金世德公司申办卫生许可证过程中有被告本人的签名或申请，也没有证据证实被告曾履行过卫生负责人的职务行为，因此，可以认定被告庄金阳实际上并未担任过该公司的卫生负责人。况且，现卫生许可证上的卫生负责人也已变更为易德钦。因此，原告要求被告庄金阳辞去第三人金世德公司卫生负责人职务的诉讼请求缺乏事实依据，本院不予支持。被告庄金阳作为原告思明制药公司的董事，明知金世德公司的主营范围与原告思明制药公司相同，却接受易德钦的委托，代表金世德公司对外签订协议，为金世德公司的设立提供了帮助，其行为可能会对原告思明制药公司造成不利的影响，此种不利影响主要缘于金世德公司已经或可能是原告思明制药公司在生产青果豉方面的竞争对手，从而给原告思明制药公司的青果豉业务带来风险。因此，可以认定被告庄金阳的行为不利于原告思明制药公司。被告庄金阳的行为显属不当，原告要求被告赔礼道歉是合理、合法的，本院予以支持。

**（五）一审定案结论**

福建省厦门市思明区人民法院根据《中华人民共和国民事诉讼法》第六十四条第一款，《中华人民共和国公司法》第六十一条第一款，《中华人民共和国民法通则》第一百三十四条第一款第（十）项的规定，判决如下：

1. 被告庄金阳应于本判决生效之日起 3 日内以书面形式向原告厦门思明制药有限公司赔礼道歉（内容应经本院审查）。

2. 驳回原告厦门思明制药有限公司的其他诉讼请求。

本案案件受理费 100 元，由被告庄金阳负担。

**（六）二审情况**

1. 二审诉辩主张

（1）上诉人（原审被告）诉称：委派董事函是由思明制药公司的股东之一厦门佳益集团有限公司单方作出的，违背了公司法的有关规定，不具备证据的合法性，不能作为证据使用。且上诉人在思明制药公司所处的地位和所获得的报酬也证明其并没有享有作为一个董事应享有的权利，因此，上诉人不是思明制药公司的董事。其行为因被上诉人无法举证证明损害事实而不构成侵权。即使上诉人应为其行为承担民事责任，也仅仅是损害了被上诉人的财产性利益，从法理及立法精神可以得出结论，侵犯财产权不适用赔礼道歉。原审适用法律错误。

（2）被上诉人（原审原告）辩称：庄金阳已被公司股东会确认为董事，其所享受的待遇与本案无关。

2. 二审事实和证据

福建省厦门市中级人民法院经审理查明：双方当事人对一审查明的事实没有异议，本院予以确认。

二审中被上诉人补充提供以下证据：

（1）1999 年 3 月 15 日公司股东会纪要，证明庄金阳为公司董事。

（2）1999 年 3 月 15 日公司董事会纪要、委任书，证明庄金阳作为董事亦在上面签字。

3. 二审判案理由

福建省厦门市中级人民法院认为：思明制药公司股东之一厦门佳益集团有限公司委派庄金阳为思明制药公司董事，思明制药公司也对庄金阳作为公司董事的身份进行了确认。公司董事的产生符合公司法的规定，可以认定庄金阳为思明制药公司的董事。公司法明确地规定了公司董事对公司应负有忠实的义务，庄金阳的行为未经思明制药公司股东大会同意，违反了董事负有的竞业禁止的法定义务，侵犯了思明制药公司的利益，理应承担民事责任。赔礼道歉是行为人有过错或不当之处而致歉的一种承担民事责任方式，原审作出庄金阳向思明制药公司赔礼道歉的判决并无不当。上诉人的上诉请求无事实和法律依据，本院不予支持。一审认定事实清楚，适用法律正确，判决恰当，应予维持。

4. 二审定案结论

福建省厦门市中级人民法院根据《中华人民共和国民事诉讼法》第一百五十三条第一款第（一）项之规定，判决如下：

驳回上诉，维持原判。

二审案件受理费 100 元，由庄金阳负担。

**（七）解说**

本案涉及的是竞业禁止的法律问题。

所谓竞业禁止，是指义务人不得从事与自己的营业相同、类似或相关的营业。义务人的行为是否构成竞业禁止，可以从以下四个方面加以判断：（1）行为人负有法定或约定的竞业禁止义务；（2）义务人的行为与权利人形成竞争；（3）该行为损害了权利人的特定权利或利益，这种损害不以对权利人产生实际经济损失或造成实际竞争为要件；（4）行为人有过错，并以过错推定作为行为人过错认定的归责原则。

在本案中，首先，庄金阳作为原告思明制药公司的董事，符合公司法规定的竞业禁止的义务人范围；其次，生产青果豉是原告思明制药公司的经营范围，也是金世德公司的主营业务，在这一业务领域内，金世德公司成为原告思明制药公司的竞争对手；再次，庄金阳为思明制药公司的竞争对手提供帮助的行为，显然损害了原告思明制药公司的利益；最后，在代表金世德公司对外签订协议时，庄金阳明知金世德公司的主营范围与思明制药公司相同，可见其主观上具有过错。因此，被告庄金阳的行为符合竞业禁止的构成要件。

根据法律规定，义务人违反竞业禁止义务，权利人可以行使以下权利：停止侵害请求权、介入权、损害赔偿请求权，此外，权利人也可以要求义务人承担赔礼道歉、违约金等民事责任。

在本案中，庄金阳损害思明制药公司的行为已经完成，要求其停止侵害已无意义，也没有证据表明庄金阳从其行为中牟取非法利益或思明制药公司因此蒙受了经济损失，在这种情况下，思明制药公司要求庄金阳承担赔礼道歉的民事责任符合法律规定，法院作出庄金阳向思明制药公司赔礼道歉的判决是正确的。

（郑文雅）

## 83. 上海物资贸易中心股份有限公司诉黄建国、何云妹等股权转让协议返还转让款案

### （一）首部

1. 判决书字号

一审判决书：上海市第二中级人民法院（1999）沪二中经初字第744号。

二审判决书：上海市高级人民法院（2001）沪高经终字第10号。

2. 案由：股权转让协议返还转让款案。

3. 诉讼双方

原告（被上诉人）：上海物资贸易中心股份有限公司（以下简称物贸公司）。

法定代表人：朱明连，董事长。

委托代理人：费华平，国浩律师集团（上海）事务所律师。

委托代理人（二审）：储丽莉，物贸公司职员。

被告（上诉人）：黄建国。

委托代理人：傅文园，上海市华诚律师事务所律师。

委托代理人：王跃龙，上海市润和律师事务所律师。

被告（上诉人）：何云妹。

委托代理人（二审）：傅文园，上海市华诚律师事务所律师。

委托代理人（二审）：王跃龙，上海市润和律师事务所律师。

第三人：上海建国度假村有限公司（以下简称建国度假村）。

法定代表人：黄建国，董事长。

4. 审级：二审。

5. 审判机关和审判组织

一审法院：上海市第二中级人民法院。

合议庭组成人员：审判长：章华；代理审判员：张铮、俞巍。

二审法院：上海市高级人民法院。

合议庭组成人员：审判长：胡曙光；审判员：宋向今；代理审判员：熊雯毅。

6. 审结时间

一审审结时间：2000 年 11 月 24 日。

二审审结时间：2001 年 7 月 17 日（依法延长审限）。

**（二）一审诉辩主张**

1. 原告物贸公司诉称：物贸公司曾于 1998 年 3 月 3 日与二被告签订股权转让协议，约定由物贸公司出资人民币1 200万元受让黄建国、何云妹拥有的建国度假村 51%股权。协议同时约定黄建国、何云妹在签约后的 1 个月内协助物贸公司办理股权过户、股东变更的手续，同时约定建国度假村由物贸公司进行经营管理。同日，三方签订补充协议，对物贸公司支付股权转让款的条件进行了补充约定。至 1999 年 5 月 31 日，物贸公司陆续给付黄建国、何云妹股权转让款人民币11 941 454.94元，差额部分因黄建国、何云妹原因未付。同时，物贸公司依约对建国度假村进行经营管理，并另支付人民币1 669 325.42元作为经营投入。但黄建国、何云妹不仅不协助物贸公司办理变更登记手续，反而设置障碍，使物贸公司合法的股东地位无法得到确立。同年 9 月、10 月，黄建国、何云妹采取过激行为导致双方关系恶化，造成建国度假村目前经营处于瘫痪状态。请求判令：黄建国、何云妹立即返还物贸公司股权转让款人民币 11 941 454.94 元和经营投入款人民币 1 669 325.42元，建国度假村承担连带清偿责任。

2. 被告黄建国、何云妹共同辩称：物贸公司支付的款项性质是投资款，这有黄建国、何云妹收款凭证、双方签订的协议、物贸公司的年度报告以及物贸公司制作的建国度假村广告等证明。黄建国、何云妹已完全履行了转让协议和补充协议约定的义务，但物贸公司迟迟没有足额付清转让款。工商变更登记未办理的责任也在于物贸公司派出的董事长人选不愿辞去公职所致。物贸公司仅要求返还投资款，但不承担其经营建国度假村两年期间的亏损和费用，有失公平。

3. 第三人建国度假村述称：同意黄建国、何云妹的答辩意见。

**（三）一审事实和证据**

上海市第二中级人民法院经审理查明：1996 年 11 月 18 日，由黄建国、何云妹各出资 50%成立建国度假村，注册资本为人民币800 万元，法定代表人为黄建国。1997 年 9 月 19 日，黄建国代表建国度假村与物贸公司就共同投资经营建国度假村事宜签订协议书（草签）一份，约定：甲方（建国度假村）同意将原投资建国度假村的土地、别墅、综合楼等设施按投资的 51%比例转让给乙方（物贸公司）；甲方同意将建国度假村的经营权委托上海物资贸易大厦管理；乙方同意投资建国度假村人民币1 200万元；乙方从 1997 年 9 月 23 日安排上海物资贸易大厦人员正式进驻建国度假村等。协议签订后，物贸公司与黄建国办理了建国度假村的交接手续，物贸公司派出的接管人员签收了建国度假村的营业执照、固定资产和财务印鉴、凭证等。1998 年 3 月 3 日，物贸公司与黄建国、何云妹正式签订股权转让协议和补充协议。

股权转让协议载明：甲方（黄建国）向丙方（物贸公司）转让建国度假村21%的股权；乙方（何云妹）转让30%的股权。丙方以人民币1 200万元入股，受让上述股权。股权转让后，注册资本不变，甲方持股29%，乙方持股20%，丙方持股51%，三方以此比例对建国度假村承担责任、分享权益。甲、乙方应协助丙方在本协议签订后的1个月内共同办理好股权过户、股东变更的有关手续。三方共委派5人组成董事会，董事长从丙方委派的3名董事中推荐产生，董事长为公司的法定代表人。从1998年3月1日起，建国度假村由丙方正式全权经营管理。交由丙方正式全权经营前建国度假村的经营亏损由甲、乙方负责，须从丙方受让股权款中扣除后，留给建国度假村以弥补亏损。丙方受让51%股权的1 200万元在本协议签订后1个月内分批到位。

补充协议载明：甲、乙方在正式协议生效之前，必须办妥建国度假村正式营业所必需的治安、文化、环保、特种经营等所有许可证，并将所有原件移交给建国度假村，由丙方保管等。

同年3月25日，召开了由物贸公司和黄建国、何云妹参加的建国度假村第一届股东会暨董事会，会议决议载明：会议确认股权转让协议；选举原告副总经理董锡明任公司董事长、法定代表人；同意重新刻制公司的公章，重新启用之日起，原公章作废。

同年6月22日，物贸公司派出的接管人员签收了黄建国、何云妹交付的建国度假村文化经营许可证、食品卫生许可证、公共场所卫生许可证等。在此前后，物贸公司陆续向黄建国、何云妹交付了协议所称的受让股权的投资款。但由于双方在股权转让款是否到位、经营亏损的承担、法定代表人变更等问题上发生争议，建国度假村未办理股东变更的工商登记。1999年10月，物贸公司退出建国度假村的经营，并于同月20日与黄建国、何云妹达成协议，决定封存物贸公司在经营建国度假村期间的财务账册交付审计，通过诉讼途径解决双方纠纷。

原审审理中，经黄建国、何云妹申请，法院委托上海求是会计师事务所有限公司对涉及本案的有关账目进行审计。审计结论为：（1）从1997年10月1日至1999年10月31日，物贸公司投入建国度假村资金人民币13 527 324.31元；（2）物贸公司通过建国度假村结转给黄建国、何云妹往来款人民币11 950 227.68元，其中人民币11 434 454.94元经黄建国确认为股权转让款；(3) 从1997年10月至1999年10月，建国度假村经营亏损累计人民币4 312 174.46元。

上述事实有下列证据证明：

1.1997年9月19日建国度假村与物贸公司签订的协议书（草签），1997年12月30日物贸公司与建国度假村及黄建国、何云妹签订的协议书。

2.1998年3月3日黄建国、何云妹与物贸公司签订的股权转让协议及补充协议。

3.1998年5月26日建国度假村发给青浦县工商管理局的关于变更企业法人代表的申请。

4.黄建国、何云妹出具给物贸公司的收条13份，物贸公司向建国度假村付款的本票申请书（存根）两份。

5.1998年3月25日建国度假村第一届股东会暨董事会决议。

6.黄建国、何云妹与物贸公司之间的往来信函。

7.1999年10月15日建国度假村部分设施被封贴的照片，1999年10月20日物贸公司与黄建国、何云妹及上海新城投资（集团）有限公司签订的关于共同封存建国度假村财务账册的协议书。

8.1998年3月15日上海财达资产评估有限公司出具的上海建国度假村整体资产评估报告，证明股权转让协议签订时建国度假村的资产状况。

9.建国度假村的工商登记档案，证明建国度假村的股权转让未进行工商变更登记。

10.物贸公司1998年度报告摘要，物贸公司起草的度假村1998年度工作报告，证明物贸公司已以股东的身份在履行对公司的经营责任。

**（四）一审判案理由**

上海市第二中级人民法院根据上述事实和证据认为：物贸公司与黄建国、何云妹签订的股权转让协议及相关协议，系双方当事人的真实意思表示，符合自愿、公平的原则，上述协议自签订之日起依法成立。但根据《中华人民共和国公司登记管理条例》第三十一条的规定，因建国度假村的股权转让至今未向工商行政管理机关办理变更登记，故该股权转让行为尚未生效。现物贸公司提出要求返还股权转让款和经营投入款的诉请，黄建国、何云妹在另案中亦提出要求物贸公司承担建国度假村经营亏损等诉请，故虽然当事人双方均未在本案及另一案中提出解除股权转让协议的诉请，但应视为双方对于终止该协议的履行已形成合意。物贸公司、黄建国与何云妹应各自返还依据协议书从对方所取得的财产。据此，物贸公司要求黄建国、何云妹返还股权转让款的诉请，应予支持，其数额应以该院委托审计所确认的物贸公司通过建国度假村结转给黄建国、何云妹的往来款人民币11 950 227.68元为依据。至于物贸公司要求黄建国、何云妹返还经营投入款一节，该款系物贸公司经营建国度假村的支出费用，不属于黄建国、何云妹收入的股权转让款，故应列入建国度假村的经营亏损在另案中一并处理。另物贸公司要求第三人建国度假村对黄建国、何云妹的还款义务承担连带责任的诉请，缺乏法律依据，法院不予支持。

**（五）一审定案结论**

上海市第二中级人民法院根据《中华人民共和国民法通则》第四条，第六条，第五十四条，第五十六条，第一百三十四条第一款第（四）项、第（五）项的规定，判决如下：

1.被告黄建国、何云妹应于判决生效之日起10日内返还原告上海物资贸易中心股份有限公司人民币11 950 227.68元；上海建国度假村有限公司归黄建国、何云妹所有。

2.对原告上海物资贸易中心股份有限公司的其他诉讼请求不予支持。

本案受理费人民币78 063元，由原告上海物资贸易中心股份有限公司负担人民币9 524元、二被告黄建国、何云妹共同负担人民币68 539元；财产保全申请费人民币60 227元，由二被告黄建国、何云妹共同负担。

**（六）二审情况**

1.二审诉辩主张

(1) 上诉人黄建国、何云妹诉称：第一，原审期间经审计确定黄建国、何云妹收到物贸公司的股权转让款为人民币11 434 454.94元，而非人民币11 950 227.68元。第二，人民币11 434 454.94元的股权转让款包括1997年10月至1998年2月间的经营亏损额人民币449 633.37元，根据与此相关的另一案件民事判决书的认定，该部分亏损应由物贸公司承担。第三，在黄建国签收的人民币11 434 454.94元中，有人民币50万元并无收据，其也未实际收到该款，应从股权转让费中扣除。第四，本案股权转让协议没有生效的主要原因系物贸公司未依法向工商行政管理机关办理变更登记。第五，原审法院要求上诉人黄建国、何云妹全额返还物贸公司的股权转让款，作为对价物贸公司应将建国度假村完整交还黄建国、何云妹。第六，要求物贸公司归还建国度假村的房屋产权证、营业执照、固定资产、财务账册、文化经营许可证等。

(2) 被上诉人物贸公司辩称:第一,11 434 454.94元只是股权转让款的一部分,在此之后还陆续支付给黄建国40余万元,故原审认定黄建国、何云妹收到物贸公司11 950 227.68元股权转让款是正确的。第二,1997年10月至1998年2月的亏损由物贸公司一方承担无依据。第三,关于黄建国所称50万元没有收到的问题,物贸公司认为交付给黄建国的股权转让款不一定都通过建国度假村,有的是物贸公司直接交给黄建国的,黄建国签收的收据是最好的凭证。第四,本案是返还投资款纠纷,故上诉人要求物贸公司归还建国度假村的房屋产权证、营业执照、账册、文化经营许可证等请求不属于本案审理范围,应另案处理。

(3) 原审第三人建国度假村没有陈述答辩意见。

2. 二审事实和证据

上海市高级人民法院经公开审理，确认了一审法院认定的事实和证据，并进一步查明：黄建国在1998年12月21日亲笔签收股权转让款11 434 454.94元之后，又陆续签收了4张收条共计42万元。黄建国、何云妹在庭审中确认该4笔款项为股权转让款。

物贸公司及黄建国、何云妹在庭审中均对股权转让协议及其相关协议的效力予以认可。

又查明：1998年3月25日由物贸公司和黄建国、何云妹参加的建国度假村第一届股东会暨董事会召开，会上讨论通过了新的“上海建国度假村有限公司章程”，章程由物贸公司代表和黄建国、何云妹签名认可。章程明确：公司由股东贸易公司和黄建国、何云妹共同出资成立；物贸公司以货币形式出资、黄建国、何云妹以实物资产出资；三方出资额分别占股权的51%、30%和19%。章程还规定：股东之间可以相互转让其全部出资或者部分出资。股东向股东以外的人转让其出资时，必须经全体股东过半数同意；不同意转让的股东应当购买该转让的出资，如果不购买该转让的出资，视为同意转让；经股东同意转让的出资，在同等条件下，其他股东对该出资有优先购买权。二审期间，物贸公司及黄建国、何云妹对该章程的真实性、合法性均无异议，二审法院对该事实予以确认。

再查明，物贸公司在其公布的1998年公司年报重大事项披露：“投资项目：上海建国度假村有限公司，投资额：1 200万元，占该公司股本：51%。”并注明建国度假村正在办理有关工商登记事宜。

3. 二审判案理由

上海市高级人民法院认为：

(1) 关于当事人之间就建国度假村股权转让协议等相关协议的成立与效力问题。首先，本案各方当事人签订的股权转让协议及相关协议，系各方当事人的真实意思表示，符合自愿、公平的原则，且不违反法律规定，上述协议应自签订之日起依法成立。对此，本案各方当事人没有异议，原审法院也持此观点，应予以认定。其次，关于股权转让协议的效力问题。二审法院认为，对于股权转让协议，法律并无必须登记才生效的规定，故协议应自成立时即生效。因此，当事人嗣后未办理股东变更登记，并不影响股权转让协议的效力。从各方当事人股权转让协议的签订及协议的实际履行来看，各方签订并已实际履行了协议，即股权转让款的绝大部分已实际交付，董事会也已召开。董事会决议表明，本案争议各方已经以公司股东、董事的身份参加了公司的股东会暨董事会，并形成董事会决议。在其董事会通过的章程中明确公司的股东是物贸公司和黄建国、何云妹，并对各方的出资方式和出资额等作了规定，表明当事人已成为公司的股东，且已按照董事会的决议由物贸公司派员担任董事长及总经理，建国度假村也已由物贸公司实际经营，当事人各方均已依协议行使股东的权利，故应视公司内部的股东登记已完成。根据《中华人民共和国公司登记管理条例》第三十一条的规定，因建国度假村的股权转让至今未向工商行政管理机关办理股东变更登记，故该股权转让行为原则上对公司以外不产生法律效力，但并不影响对股权转让各方的法律效力。原审法院以建国度假村的股权转让至今未向工商行政管理机关办理股东变更登记，违反《中华人民共和国公司登记管理条例》第三十一条的规定，认定该股权转让行为尚未生效，将股权转让之后的登记行为视为股权转让协议的生效条件不妥，应予纠正。

（2）关于物贸公司要求返还股权转让款的诉讼请求能否成立的问题。首先，物贸公司基于合法、有效的股权转让协议，支付相应的股权转让款后取得建国度假村 51% 的股权，虽然各方当事人因故未办理股东变更登记，但并不能否定物贸公司已成为建国度假村的实际股东的事实。物贸公司仅以未办理股东变更登记为由认为应终止协议，要求黄建国、何云妹返还股权转让款的诉讼请求，缺乏事实依据。其次，原审法院根据物贸公司提出要求返还股权转让款和经营投入款的诉请，及黄建国、何云妹在另案中亦提出要求物贸公司承担建国度假村经营亏损等诉请，推断双方对于终止该协议的履行已形成合意不妥。协议的解除或终止履行应由各方当事人协商一致，本案各方当事人并未就协议的解除形成明确的合意，也没有对协议解除的财产后果达成一致意见。故原审法院以物贸公司与黄建国、何云妹签订的股权转让协议因缺少工商登记而未生效，以及根据双方的诉请，推断双方对于终止该协议的履行已形成合意为由，判决各方返还依据股权转让协议从对方取得的财产，缺乏法律依据。据此，物贸公司要求黄建国、何云妹返还股权转让款的诉讼请求不应予以支持。

（3）关于上诉人黄建国、何云妹要求物贸公司返还建国度假村的房屋产权证、营业执照、固定资产、财务账册、文化经营许可证等请求，由于该请求不属于本案审理范围，故此项上诉请求依法不予以支持。

综上所述，物贸公司与黄建国、何云妹之间的股权转让协议及相关协议已经成立、生效并已实际履行，物贸公司已是建国度假村的实际股东，现物贸公司以未办理工商变更登记为由要求返还股权转让款的诉讼请求，没有事实和法律依据，不应予以支持。本案所涉审计费人民币 5 万元，原审法院已在与此相关的另一案件中处理，本案不再处理。

4. 二审定案结论

上海市高级人民法院根据《中华人民共和国民事诉讼法》第一百五十三条第一款第（二）项、第一百五十八条之规定，判决如下：

（1）维持上海市第二中级人民法院（1999）沪二中经初字第 744 号民事判决第二项。

（2）撤销上海市第二中级人民法院（1999）沪二中经初字第 744 号民事判决第一项及一审案件受理费和财产保全申请费承担部分。

(3) 对上海物资贸易中心股份有限公司一审要求黄建国、何云妹返还股权转让款人民币11 941 454.94元的诉讼请求不予支持。

一、二审案件受理费各人民币78 063元，财产保全费人民币60 227元，均由上海物资贸易中心股份有限公司负担。

**（七）解说**

本案的焦点在于股权转让协议签订并已实际履行后，由于协议双方未办理股权变更的工商登记，对该股权转让协议的效力应如何认定，以及受让人能否据此要求返还股权转让款?

1. 关于股权转让的登记行为是否为股权转让协议生效要件的问题。股权转让协议生效与否应从合同的生效要件来考察。由于《民法通则》、《合同法》以及《公司法》等对股权转让合同并无登记生效的规定，当事人对此也无特别约定，故未办理股东变更登记，并不影响股权转让协议的效力，协议应自成立时即生效。

本案所涉股权转让协议不仅签订并已实际履行，即股权转让款的绝大部分已实际交付，董事会也已召开。董事会决议表明，本案争议各方已经以公司股东、董事的身份参加了公司的股东会暨董事会，并形成决议。在其董事会通过的章程中明确公司的股东是物贸公司和黄建国、何云妹，并对各方的出资方式和出资额等作了规定，表明当事人已成为公司的股东，且已按照董事会的决议由物贸公司派员担任董事长及总经理，建国度假村也已由物贸公司实际经营，当事人各方均已在依协议行使股东的权利，故该协议的签订不仅没有违反法律的规定，且已为当事人的实际履行行为所认可。

根据《中华人民共和国公司法》第三十六条及《中华人民共和国公司登记管理条例》第三十一条之规定，股东转让出资要进行股东变更登记，变更登记包括两个方面内容：一是公司内部的股东登记；二是工商登记。这两种登记都是对股东变更的公示方式，即在股权转让双方履行了股权转让协议后，向社会公示股权的变更结果。登记与否并不影响股权转让协议本身的效力。因此，工商登记不是股权转让协议的生效要件。原审法院以建国度假村的股权转让至诉讼时未向工商行政管理机关办理股东变更登记，认定该股权转让行为尚未生效，是将股权转让之后的登记行为视为股权转让协议的生效条件，应予纠正。

2. 关于股权受让方能否以转让行为未登记为由要求转让方返还转让款的问题。首先，《公司法》第三十五条规定，“股东之间可以相互转让其全部出资或者部分出资。股东向股东以外的人转让其出资时，必须经全体股东过半数同意；不同意转让的股东应当购买该转让的出资，如果不购买该转让的出资，视为同意转让。经股东同意转让的出资，在同等条件下，其他股东对该出资有优先购买权”。可见，股东的出资，在一般情况下依法不得抽回，只有在股东之间协商一致的情况下可以转让。本案物贸公司基于股权转让协议，支付相应股权转让款，虽然各方当事人因故未办理股东变更登记，但并不能否定物贸公司已成为建国度假村实际股东的事实。作为股东，根据公司法的资本维持原则，其投资款只能转让，不能抽回。由于当事人之间并未就转让投资款事宜达成合意，故物贸公司要求黄建国、何云妹返还转让款没有依据。二审据此判决对物贸公司要求黄建国、何云妹返还股权转让款的诉讼请求不予支持，是正确的。

3. 本案的处理思路。对本案的处理曾有几种不同的意见：

第一种意见认为，本案股权转让各方已实际履行股权转让协议，物贸公司已实际取得建国度假村的股东地位，故不存在收回股权转让款的问题。应判令股权转让双方当事人限时到工商管理机关补办登记手续，在物贸公司股东身份完全合法化之后，再解决股权转让或公司的去留问题。

第二种意见认为，本案各方当事人已实际履行股权转让协议，物贸公司已实际取得建国度假村的股东地位，原则上对物贸公司返还股权转让款的请求不予支持。鉴于股权转让双方已无继续合作的可能，应依据当事人在相关联的两个案件的诉讼请求，判决解除股权转让协议，物贸公司根据建国度假村现有股值收回股权。驳回另一股权转让赔偿纠纷案件中当事人的赔偿请求。

第三种意见认为，鉴于本案各方当事人已实际履行股权转让协议，物贸公司已实际取得建国度假村的股东地位，故物贸公司请求黄建国、何云妹返还股权转让款的请求不能支持，应判决对物贸公司请求黄建国、何云妹返还股权转让款的请求不予支持。双方在判决生效后可以依照《中华人民共和国公司登记管理条例》的规定，办理股东变更登记。作为公司股东如无继续合作意愿，应根据《中华人民共和国公司法》和公司章程的规定，可以将所持股份转让给其他股东，或经其他股东同意，转让给股东以外的第三人。如公司股东均无继续经营公司的意愿，就解散公司形成合意，则应依法对公司进行清算后解散公司。

我们认为，本案当事人的诉讼请求不是请求确立股东地位的确权之诉，故第一种观点判令当事人补办工商登记，超越了当事人的诉讼请求范围，鉴于此，二审法院没有采纳此观点。第二种观点的出发点是为了从根本上解决当事人之间的纠纷，但不符合民法通则关于合同解散的条件及公司法有关股权转让的有关规定，由于股权转让协议已成立并生效，虽说工商登记未办理，但不至于导致协议的根本性违约，只要双方继续履行协议就可以解决问题，不存在协议的解除问题。故此观点最终也未被采纳。第三种观点既符合公司法的精神，又针对当事人的诉请，符合案件的实际，有利于规范公司在股权转让中的行为，对今后同类案件的审理也具有借鉴作用，故二审法院最终采纳了此种观点。

（宋向今）

## 84. 淮阴市信托投资公司等诉殷林股权转让案（国有股权转让）

**（一）首部**

1. 判决书字号

一审判决书：江苏省淮安市中级人民法院（2000）经初字第53号。

二审判决书：江苏省高级人民法院（2001）苏民二终字第175号。

2. 案由：股权转让案。

3. 诉讼双方

原告（被上诉人）：淮阴市信托投资公司（以下简称信托投资公司）。

法定代表人：成廷铸，总经理。

委托代理人（一、二审）：毛周勤，江苏淮阴中淮律师事务所律师。

委托代理人（一、二审）：宋延安，淮安市法律援助中心市直工作处工作人员。

原告（被上诉人）：淮阴市金信实业公司（以下简称金信公司）。

法定代表人：成廷铸，总经理。

委托代理人（一、二审）：毛周勤，江苏淮阴中淮律师事务所律师。

委托代理人（二审）：宋延安，淮安市法律援助中心市直工作处工作人员。

被告（上诉人）：殷林，男，1957 年 3 月 27 日出生，汉族，上海市人，淮阴市淮信房地产开发有限公司（以下简称淮信房地产公司）董事长，住上海市玉田路 414 弄 6 号 104 室。

委托代理人（一审）：黄洪扣，江苏经纬律师事务所律师。

委托代理人（二审）：何小艳，江苏博杰律师事务所律师。

4. 审级：二审。

5. 审判机关和审判组织

一审法院：江苏省淮安市中级人民法院。

合议庭组成人员：审判长：蒋其文；审判员：陈永顺；代理审判员：谢新竹。

二审法院：江苏省高级人民法院。

合议庭组成人员：审判长：刘建功；代理审判员：徐美芬、孔燕。

6. 审结时间

一审审结时间：2001 年 3 月 23 日。

二审审结时间：2001 年 8 月 1 日。

**（二）一审诉辩主张**

1. 原告信托投资公司、金信公司诉称：1999 年 8 月，殷林出任淮信房地产公司董事长，利用其担任淮信房地产公司董事长的优势地位，损害了原告的利益。原告请求：(1) 判令被告殷林赔偿经济损失8 015 700元；(2) 被告无条件提供淮信房地产公司股东大会记录，提供全部财务资料进行审计，并由被告承担审计费用及本案的所有诉讼费用。2001 年 2 月 14 日，原告向本院提交了变更诉讼请求申请书，对其诉讼请求进行了变更，称 1999 年 8 月 24 日，原、被告签订一份“淮阴市淮信房地产开发有限公司股东会关于股本转让协议书”，约定信托投资公司将原股金 580 万元转让给被告殷林股本金1 714 300元，该协议违反了国家法律、法规的规定，请求：(1) 依法确认并宣告 1999 年 8 月 24 日股本转让协议书无效；(2) 责令被告返还控股权力，将淮信房地产公司全部印章、印鉴和财务账簿交给原告；(3) 由被告承担本案的全部诉讼费用。

2. 被告殷林辩称：1999 年 8 月 24 日，股本转让协议依法成立，合法、有效，并已实际履行；违反资产评估办法与产权登记办法并不影响本案股权转让合同的效力，未依法进行国有资产评估只使交易合同的价格条款无效，不影响合同其他部分的效力；殷林以替公司还贷款方式已将1 714 300元资金转入淮信房地产公司。

**（三）一审事实和证据**

江苏省淮安市中级人民法院经公开审理查明：1997 年 2 月 4 日，信托投资公司与淮阴市城市建设规划技术咨询服务部共同出资成立淮信房地产公司，注册资本为人民币 300 万元，其中信托投资公司出资298.5万元，淮阴市城市建设规划技术咨询服务部出资 1.5

万元。信托投资公司在出资前，于1997年1月29日到淮阴市国有资产管理局办理了企业国有资产产权登记，淮阴市国有资产管理局经审定后同意出资。1998年4月24日，淮信房地产公司股东及注册资本发生变更。淮阴市城市建设规划技术咨询服务部将其股本全部转让给金信公司，殷林也作为股东加入淮信房地产公司；淮信房地产公司注册资本由300万元变更为1 000万元，其中信托投资公司出资580万元，金信公司出资20万元，殷林出资400万元。

1999年8月24日，信托投资公司、金信公司与殷林签订了淮信房地产公司股东会关于股本转让协议书，内容为：根据1999年8月24日股东会议研究，同意股东内部转让股本，信托投资公司由原股金580万元，现变更为4 085 700元，并同意转让给殷林1 714 300元，持股本总额为4 085 700元，占股本总额40.857%；殷林于1999年6月14日在原股金400万元基础上同意认购1 714 300元股本，并已将此股金转入淮信房地产公司账户，目前实际投资为5 714 300元，占股本总额的57.143%。同日，三方对淮信房地产公司的章程作了相应的修改，将淮信房地产公司章程第三章第九条“股东出资及出资方式”修改为：信托投资公司出资为4 085 700元，以货币形式出资，占注册资本40.857%；殷林出资5 714 300元，以货币形式出资，占注册资本57.143%；金信公司出资20万元，以货币形式出资，占注册资本2%。1999年10月20日，淮信房地产公司法定代表人由成廷铸变更为殷林。在审理期间，法院于2000年7月31日委托淮阴国信会计师事务所有限公司对淮信房地产公司的财务状况进行了审计。2000年10月30日，淮阴国信会计师事务所有限公司出具淮国信审报（2000）第271号审计报告。审计报告中对淮信房地产公司注册资本金投入情况的审计结论为：1999年8月24日经股东会决议，信托投资公司同意将1 714 300元股本转让给殷林，但是本次审计未能发现该公司收到殷林购买1 714 300元股本的充分依据。

上述事实有下列证据证明：

1.淮信房地产公司的工商注册登记材料。

2.1999年8月24日淮信房地产公司股东会关于股本转让协议书及同日作出的关于淮信房地产公司章程的修正案。

3.1998年3月30日淮阴会计师事务所淮会验（1998）38号验资报告。

4.淮安市国有资产管理局于2001年2月22日作出的淮国资产（2001）5号“关于纠正淮信房地产公司国有资产转让的批复”。

**（四）一审判案理由**

江苏省淮安市中级人民法院认为：信托投资公司的经济性质为国有企业，该公司是国有资产占有单位。信托投资公司在投资成立淮信房地产公司时，对其投入的资本在淮阴市国有资产管理局办理了企业国有资产产权登记，信托投资公司投入到淮信房地产公司中的资本经淮阴市国有资产管理局审定系国有资产。信托投资公司用国有资产向淮信房地产公司投资而拥有的财产权利为国有产权。信托投资公司作为国有资产占有单位将其在淮信房地产公司的股本金1 714 300元转让给殷林，该行为系国有资产转让行为。根据国务院《国有资产评估管理办法》第三条第（一）项的规定，国有资产占有单位在资产拍卖、转让时，应当进行资产评估。信托投资公司在实施国有资产转让行为时，未按规定向国有资产管理部门申请立项、确认，也没有经有关国有资产评估机构对转让的股权进行价值评估，违反了国家行政法规的强制性规定，该转让行为无效。对股本转让行为无效，转让双方均有责任。在淮信房地产公司股本转让行为中，殷林无证据证实已将1 714 300元股本认资到位。殷林在庭审中称以替淮信房地产公司还贷款的方式将资金转入淮信房地产公司，并提供4份进账单，该证据不能证明与本案认购股本具有关联性，且代偿淮信房地产公司贷款的行为也不能认定为认购股本的行为。淮信房地产公司的股东在转让股权时，未进行资产评估，以审定变更股权的价值，也未办理变动产权登记，审计报告也注明未能发现殷林购买1 714 300元股本的充分依据，殷林称已将1 714 300元认资到位证据不足。殷林并不具备成为淮信房地产公司控股股东的资格。

综上所述，原告要求确认淮信房地产公司股东会关于股本转让协议书无效的请求成立，予以支持。原告要求被告殷林返还控股权力，交还淮信房地产公司的印章、印鉴及财务账簿，该项请求涉及的是淮信房地产公司内部管理问题，可以由淮信房地产公司的股东召开股东会，按公司章程规定的表决权作出股东会决议予以解决，不属于法院审理裁决的范围，对原告的该项诉讼请求不予支持。

**（五）一审定案结论**

江苏省淮安市中级人民法院根据国务院《国有资产评估管理办法》第三条第（一）项，《中华人民共和国民事诉讼法》第一百二十八条的规定，作出如下判决：

1999年8月24日，信托投资公司、金信公司、殷林三方签订的淮阴市淮信房地产开发有限公司股东会关于股本转让协议书无效。

案件受理费62 320元，其他诉讼费600元，审计费64 000元，合计126 920元，原告信托投资公司负担42 306.67元，被告殷林负担84 613.33元。

**（六）二审情况**

1. 二审诉辩主张

（1）上诉人殷林诉称：殷林已将1 714 300元资金转入淮信房地产公司，该1 714 300元系殷林向淮信房地产公司补足的出资；本案所涉协议其性质并非股权转让而是股权确认，不应适用国务院《国有资产评估管理办法》；即使将本案定性为股权转让纠纷，该股权转让协议也应是有效协议，国有资产评估是为避免国有资产流失而对交易价格的国家干预，未评估所影响的仅应是合同交易价格条款的效力，整个协议仍应认定有效。

（2）被上诉人信托投资公司辩称：本案所涉协议转让的股权是国有股权，属于国有资产；该股权转让属于应当进行评估之列，违反国务院《国有资产评估管理办法》及其实施细则规定的转让行为无效；根据审计报告，未发现淮信房地产公司收到殷林1 714 300元股本的充分依据，即使殷林支付了转让款，也是在殷林和淮信房地产公司之间形成债权债务关系，而与转让协议是否有效没有关系。

2. 二审事实和证据

江苏省高级人民法院确认了一审法院认定的事实和证据，另查明：殷林已将1 714 300元股权转让款投入淮信房地产公司。

上述事实有下列证据证明：

（1）中国人民银行1998年9月11日特种转账付出传票。

（2）1999年8月24日淮信房地产公司股东会议决议，主要内容为殷林于1999年6月14日认缴股本金1 714 300元。

(3) 信托投资公司、金信公司、殷林出资证明书。

(4) 淮信房地产公司分别于1998年9月22日、1999年6月14日向殷林出具的金额分别为4 300元、171万元的收据。

(5) 1999年5月28日的中国农业银行特种转账贷方传票；1999年5月4日现金解款单；1999年6月14日进账单。

3. 二审判案理由

江苏省高级人民法院经审理认为：本案所涉协议的性质应认定为股权转让协议，从股东会决议、协议书内容来看，双方的真实意思表示是将信托投资公司持有的部分股权转让给殷林，殷林关于该协议性质应认定为股权确认协议的上诉理由不能成立；本案所涉股权转让协议应当认定为无效，信托投资公司属于国有企业，其拥有的淮信房地产公司股权属于国有资产，价值已超过百万元，属于《国有资产评估管理办法》规定的应当评估之列，该规定属于行政法规的强制性规定，未履行相关评估手续，该协议应认定为无效；殷林已交付了股权转让款，信托投资公司应当向殷林返还股权转让款。

4. 二审定案结论

江苏省高级人民法院根据《中华人民共和国民法通则》第六十一条，《中华人民共和国民事诉讼法》第一百五十三条第一款第（一）项、第（二）项的规定，作出如下判决：

(1) 维持江苏省淮安市中级人民法院（2000）经初字第53号民事判决。

(2) 被上诉人淮阴市信托投资公司在本判决生效后10日内向殷林返还1 714 300元，并赔偿相应的法定孳息损失（按照同期银行贷款利率从1999年8月24日计算至本判决生效之日）。

一审案件受理费18 582元，其他诉讼费600元，审计费64 000元；二审案件受理费18 582元，由被上诉人淮阴市信托投资公司负担。

**（七）解说**

本案是一起因有关国有股权转让而发生纠纷的案件。

1. 审理本案的关键是要对信托投资公司股权转让行为的性质有一个正确的认识。

首先，要正确认识信托投资公司及淮信房地产公司的性质。根据国务院《国有资产评估管理办法》及施行细则的规定，国有资产占有单位包括国有企业、事业单位，各种形式的国内联营和股份经济单位，其他占有国有资产的单位等。该案中，信托投资公司的经济性质为国有企业，系国有资产占有单位；信托投资公司在淮信房地产公司的股权及其增值均系国有资产，淮信房地产公司亦为国有资产占有单位。

其次，要正确认识信托投资公司在淮信房地产公司中股权的性质，该股权系国有产权。国有产权是指政府及其授权部门或者机构依法对企业、事业单位的国有资产拥有的财产权利以及企业、事业单位依法用国有资产向其他单位投资而拥有的财产权利。信托投资公司用国有资产向淮信房地产公司投资，在淮信房地产公司中所拥有的财产权利为国有产权。

基于以上分析可以得出结论，即该案的股权转让是一种国有资产转让行为。根据国务院《国有资产评估管理办法施行细则》第六条规定，国有资产转让是指国有资产占有单位有偿转让超过百万元或者占全部固定资产原值20%以上的非整体性资产的经济行为；该案中，信托投资公司作为国有资产占有单位，将其在淮信房地产公司的国有股本

1 714 300元转让给殷林，该股权转让已构成国有资产转让行为。因此，本案股权转让实质上是一种国有资产转让行为。

2. 国有资产转让应遵循《国有资产评估管理办法》及其施行细则的规定进行。对于国有资产转让，国务院有明确的规定：一是须报请政府国有资产管理部门（或者财政部门）批准；二是要依法进行资产评估，并依据评估价确定交易底价。违反上述规定，对于应当进行资产评估而没有进行评估，或者没有按照规定立项、确认的国有资产转让行为无效。该案中，信托投资公司在实施国有资产转让行为时，未按规定向国有资产管理部门申请立项、确认，也没有经有关国有资产评估机构对转让的股权进行价值评估，在实施转让行为致使国有资产占企业实收资本比例发生变化后，也未按国务院《企业国有资产产权登记管理办法》的规定办理变动产权登记，违反了国家行政法规的强制性规定。

3. 国有股权转让须依法进行评估。资产评估是确定股权转让底价的依据，未经评估，则无法确定转让股权的实际价值及交易价格。资产评估是根据资产原值、净值、新旧程度、重置成本、获利能力等因素，选择科学的方法综合估算价值量。国有股权的转让涉及国有资产的利益，进行股权转让既不能按账面价值，更不能按注册资金，而应严格依照《国有资产评估管理办法》的规定，由有关国有资产评估机构对需变更的股权进行价值评估，准确确定股权转让交易价格，在经国有资产管理部门确认后，以确认的评估结果作为变更股权的作价依据。只有这样，才能有效防止国有资产的流失，切实保障国有资产权益不受侵犯，该案中，信托投资公司在淮信房地产公司成立时投入580万元而占有淮信房地产公司58%的股权份额，在淮信房地产公司的长期经营中，该股权份额所代表的资产额已发生了变更，1 714 300元的转让价格已不能简单等同于取得17.143%的股权份额。未经评估而转让，可能使股权的转让价格同实际价值相差很大，如果转让成立，就会造成国有资产的严重流失。

综上所述，在本案中，信托投资公司未经资产评估实施了转让国有股权的行为，违反了国家行政法规的强制性规定，使股权的转让价格与实际价值不符，该国有股权转让行为无效。

（谢新竹）

## 85. 张廷泼等五人诉郑星辉侵犯股东权案

**（一）首部**

1. 判决书字号：福建省厦门市集美区人民法院（2001）厦集民初字第566号。

2. 案由：侵犯股东权案。

3. 诉讼双方

原告（反诉被告）：张廷泼，44岁，汉族，住厦门市湖里区南山路212号202室。

原告（反诉被告）：陈孔尚，男，52岁，汉族，住厦门市集美区集岑路1号。

原告（反诉被告）：王世峰，男，33岁，汉族，住厦门市开元区槟榔东里83号102室。

原告（反诉被告）：肖孙祺，男，44 岁，汉族，住厦门市集美区集岑路 1 号。

原告（反诉被告）：刘逸静，女，28 岁，汉族，住厦门市湖里区濠头村之四。

委托代理人：陈卫东，福建天衡联合律师事务所律师。

被告（反诉原告）：郑星辉，男，38 岁，汉族，住厦门市集美区集岑路 1 号 11 号楼 503 室。

委托代理人：林建东、陈晋捷，福建厦门联合信实律师事务所律师。

4. 审级：一审。

5. 审判机关和审判组织

审判机关：福建省厦门市集美区人民法院。

合议庭组成人员：审判长：罗晓东；代理审判员：周碎丽、刘海峰。

6. 审结时间：2001 年 12 月 29 日。

**（二）诉辩主张**

1. 原告张廷泼等人诉称：2001 年 6 月 25 日，厦门集友会计师事务所有限公司董事会依据公司章程规定，作出罢免被告郑星辉主任会计师、董事长及法定代表人职务的决议，但被告拒不履行该决议，不交出公司印章，导致公司无法完成变更手续，侵犯了原告作为公司股东的合法权益，请求法院判令被告郑星辉执行公司董事会关于更换主任会计师、董事长及法定代表人的决议，交出公司印章，协助办理相关变更手续。

2. 被告郑星辉辩称：2001 年 6 月 25 日，原告等人召开的董事会程序违法，未提前 10 日通知全体董事，未经 2/3 以上的董事推选召集人主持召开会议，未作书面会议记录，部分参加会议人员即肖孙祺、王世峰和刘逸静三人不享有合法的董事资格，因此，该会议通过的变更主任会计师、董事长及法定代表人的决议无效，原告等人的诉求应予以驳回。同时反诉称，2001 年 6 月 25 日，公司召开全体股东会议讨论刘元添辞去董事职务及增选王世峰、刘逸静为董事事宜，反诉被告等人于会议中突然提出增选肖孙祺为董事，反诉原告及郑淑娟要求另行择日召开股东会讨论该议题，但反诉被告却背着原告及郑淑娟自行通过增选王世峰、刘逸静及肖孙祺为发起人、董事的决议，该行为违反了公司法和公司章程的规定，当属无效。同时，反诉被告于 2001 年 6 月 25 日下午召开的董事会并作出变更主任会计师、董事长及法定代表人的决议违反法定程序，未提前 10 日通知相关董事，未作会议记录，未经 2/3 以上的董事推选的代表召集和主持会议，参加会议进行表决的肖孙祺、王世峰及刘逸静三人不是公司董事，因此，该董事会决议无效，请求法院判决确认反诉被告于 2001 年 6 月 25 日作出的关于增选发起人、董事的股东会议决议无效；确认反诉被告作出的关于更换主任会计师、董事长和法定代表人的董事会决议无效。

3. 针对反诉理由，反诉被告张廷泼等人辩称：2001 年 6 月 25 日召开的股东会合法、有效，全体有表决权的股东均到场，并由董事长郑星辉召集，虽然未将增选肖孙祺为公司董事的议题提前通知与会人员，但法律、章程未对公司股东会的决议作出限制性规定，对得到与会大多数股东同意的决议，是否也应进行表决予以规定。同日召开的董事会通过的变更主任会计师、董事长及法定代表人的决议合法、有效，经陈孔尚口头通知反诉原告及郑淑娟，但二人均拒绝参加，以往习惯电话或口头通知，不要求时间上的提前量，因此，应驳回反诉原告郑星辉的诉求。

### （三）事实和证据

厦门市集美区人民法院经审理查明：原告张廷泼、陈孔尚、王世峰、肖孙祺、刘逸静与被告郑星辉及案外人郑淑娟、陈荣华、刘元添、胡英等十人为厦门集友会计师事务所有限公司（以下简称事务所）股东，所占股权比例为郑星辉16%、张廷泼14.5%、郑淑娟14.5%、陈孔尚14.5%、刘元添14.5%、王世峰4%、肖孙祺7%、刘逸静3.5%、陈荣华8%、胡英3.5%。前五位为公司董事、发起人，郑星辉任主任会计师、董事长、法定代表人，陈荣华为公司监事。

2001年6月25日上午，郑星辉召集公司全体股东召开股东大会，讨论刘元添辞去董事职务、转所及增选王世峰、刘逸静为公司董事、发起人事宜。会议中，原告张廷泼等五人临时提议增选肖孙祺为董事、发起人，郑星辉及郑淑娟两位董事提出异议，要求另行择日讨论，在双方分歧无法调和的情况下，郑星辉中途退出会场。原告张廷泼等五人于会后制作两份股东会决议，内容分别为同意刘元添辞去董事、发起人及转让所有股份并转所和增选王世峰、刘逸静为发起人，增选肖孙祺、王世峰、刘逸静为公司董事，分别有原告张廷泼等五人和监事陈荣华的签名。该股东会未对所议事项的决定作成会议记录，也未经所有出席大会人员签名认可。同日上午，股东会结束后，原告张廷泼等五人推选陈孔尚为代表召集、主持当日下午临时董事会，陈孔尚于同日中午电话通知郑星辉参加下午董事会，未告知议题。当日下午2时30分，原告张廷泼等五人于公司住所召开董事会，会议未指定人员形成会议记录以及与会人员签名，未通知监事列席董事会，会议通过决议，免去郑星辉主任会计师、董事长、法定代表人职务，选举原告张廷泼为主任会计师、董事长、法定代表人。

另外，股东胡英于2000年转往厦门东友会计师事务所有限公司执业；股东刘元添于2001年9月19日经福建省注册会计师协会批准，转往福州闽都有限责任会计师事务所厦门分所执业。

上述事实有下列证据证明：

1. 厦门集友会计师事务所有限公司章程。

2. 厦门市工商行政管理局于2000年4月1日颁布实施的《公司登记条例》。

3. 厦门集友会计师事务所有限公司股东会议决议两份。

4. 董事会纪要和厦门集友会计师事务所有限公司董事会决议各一份。

5. 福建省财政厅闽财会协（2001）42号“关于公布2000年度全省注册会计师年检结果的通知”和福建省注册会计师协会闽注会协（2001）76号“关于同意陈娟等10位注册会计师转所执业的批复”各一份。

6. 原告张廷泼等五人提议召开董事会的提议一份。

7. 原告张廷泼等五人致被告郑星辉的“通知”一份。

8. 原告张廷泼等五人对郑星辉中途退出会议以及下午通知其参加董事会的情况所作的“说明”一份。

9. 被告郑星辉委托代理人向股东、董事郑淑娟作的调查笔录一份。

### （四）判案理由

厦门市集美区人民法院认为：股东会是依照法定职权议决公司重要事务的最高权力机关，它应按照法定的方式和程序进行议决，股东有权对股东会的召开及形成的决议是否符合法律或章程的规定予以监督，只有这样，才能充分代表和体现全体股东的真实意思表示，使股东能够充分参与公司重要事务的决策管理，维护其权益。原告无足够证据证明2001年6月25日的股东会已于15日前通知全体股东参加，并对会议所议事项作成记录，由出席会议的股东在会议记录上签名，致使股东之间发生争议时无法查明会议的真实情况，无法判断会议内容的真实性，因此，股东会上表决通过的增选王世峰、刘逸静为发起人、董事和增选肖孙祺为董事的决议的真实性也无法确认，得不到确认的股东会决议不能产生决议所期望发生的法律后果，因此，2001年6月25日，公司股东会增选王世峰、刘逸静为发起人、董事和增选肖孙祺为董事的决议无效。

董事会系公司依照《公司法》的规定设立的由全体董事参加的法定常设业务执行机关，应依照公司法及公司章程规定的方式和程序议决公司日常重要事项，充分代表和体现全体董事的意志。原告主张以公司习惯方式，即以电话或口头通知相关董事，也不需要时间上的提前量，只要大多数董事同意就可以召开临时董事会的主张违背了《公司法》关于"召开董事会，应当于会议召开10日以前通知全体董事"的强制性规定，足以使董事缺乏足够时间去充分表达其真实意志，损害董事的合法权益。另外，参加董事会人员王世峰、刘逸静、肖孙祺不具备合法的董事资格。会议未对会议所议事项作成记录，由出席会议的董事在会议记录上签名，致使董事之间发生争议时无法查明会议的真实情况，无法判断会议内容的真实性。因此，2001年6月25日召开的董事会会议程序违法，不能充分代表公司全体董事的真实意思表示，该董事会作出的罢免郑星辉主任会计师、董事长及法定代表人职务，并选举张廷泼为主任会计师、董事长及法定代表人的决议无效。

**（五）定案结论**

福建省厦门市集美区人民法院根据《中华人民共和国公司法》第三十九条第一款、第四十二条、第四十九条，《中华人民共和国民法通则》第五十八条第一款第（五）项、第二款之规定，判决如下：

1. 驳回原告（反诉被告）张廷泼、陈孔尚、王世峰、肖孙祺、刘逸静的诉讼请求。

2. 厦门集友会计师事务所有限公司于2001年6月25日股东会作出的增选发起人、董事的决议无效。

3. 厦门集友会计师事务所有限公司于2001年6月25日董事会作出的变更主任会计师、董事长及法定代表人的决议无效。

本案案件受理费100元，由原告（反诉被告）张廷泼、陈孔尚、王世峰、肖孙祺、刘逸静负担。

**（六）解说**

本案是一起集股东会议表决权、股东决议侵害股东权以及股东会召集权等多个股东权利于一体的股东权纠纷案件。股东权是股东享有的从股份公司获取资产收益并参与股份公司经营管理的权利。根据《中华人民共和国公司法》的规定以及该事务所公司章程第十五条的规定，股东享有查阅股东会会议记录、选举或被选举为事务所董事、监事等权利。股东权保护应基于股东平等的基本原则，即股份公司在基于股东资格而发生的法律关系中，不得在股东之间实行不合理的不平等待遇，并应按股东所持有的股份的性质和数额实行平等待遇。

本案涉及的主要问题是：在现代公司权力构造中，如何有效地保护股东权利？如何确保股东大会、董事会忠实履行议事规则和表决方式?

股东大会（在本案中为出资人大会）是由股份有限责任公司的全体股东所组成的公司议事机关和最高权力机关。股东大会上的各项决议必须严格按照程序和议事规则，在充分保障股东权利的基础上才能产生法律效力。结合本案，导致股东大会决议无效或可撤销的情形主要包括：

1.股东会召集程序违反法律或章程，如股东大会未经充分、适当的通知或公告，召集地点不合适等。根据《公司法》和公司章程第二十六条规定，选举和更换董事、对股东退让出资额等事项必须通过股东大会决议；召开出资人大会，应当于会议召开15日以前通知全体股东；在通知形式上，一般都要求采用足以到达应受通知股东的方式，如书面直接呈送、邮寄通知或公告通知等。在本案中，董事长郑星辉根据惯例，以电话通知股东召开大会的时间、地点，股东大会也于2001年6月25日上午召开，10名股东实到9名，应当认定董事会召集股东大会的通知义务已经履行，但并未提前通知“增选肖孙祺为董事”的决议事项，而是临时决定增选，可能影响股东作出正确判断或决定。

2.股东大会决议方法违反法律或章程。根据《公司法》和公司章程规定，股东大会（出资人大会）应当对所议事项的决定作成会议记录，出席会议的股东应当在会议记录上签名；会议由董事长召集并主持，董事长因特殊原因不能履行职权时，由董事长指定其他董事主持。本案中，由于股东之间就是否增选董事、发起人的问题发生重大分歧，董事长郑星辉中途退出股东大会，未指定其他董事继续主持，张廷泼等五名股东于会后自行制作了两份股东会决议，该决议已经严重侵犯了董事长作为股东的表决权，因此，该决议方法已经违反了法定程序和公司章程规定的议事规则。

3.决议内容本身存在重大瑕疵。股东大会在张廷泼等五名股东的操作下作出了“增选董事、发起人”的决议，已经侵犯了其他股东的固有权，违反股东平等原则，该决议无法产生决议所期望发生的法律后果。

综上所述，合议庭认为，原告（反诉被告）提供的关于“增选王世峰、刘逸静为发起人、董事和增选肖孙祺为董事”的股东会决议未按照法定的方式和程序进行议决，未能充分代表和体现全体股东的真实意思表示，侵犯了股东参与公司重要事务的决策管理的权利，其真实性无法确认，该决议应属无效。

另外，基于2001年6月25日上午股东大会决议，于当日下午召集的董事会中，王世峰、刘逸静和肖孙祺作为董事参与决议，作出的相关人事变动的决议也不符合法律的规定。董事会系公司依照《公司法》的规定设立的由全体董事参加的法定常设业务执行机关，根据《公司法》的规定，召开董事会应当于会议召开10日前通知全体董事，本案中原告（反诉被告）提出已电话通知郑星辉等两名董事参加董事会，但并无证据证明已充分尽到通知义务，另外，王世峰等三人不具备合法的董事资格，在会议期间也未对会议所议事项作成记录，由出席会议的董事在会议记录上签名，因此，合议庭对该份董事会决议作出无效认定是正确的。

（孙晓岚）

## 86. 陈聂春诉福建省永安轴承有限责任公司股权案（内部职工股配股）

（一）首部

1. 判决书字号

一审判决书：福建省永安市人民法院（2001）永经初字第147号。

二审判决书：福建省三明市中级人民法院（2001）三经终字第117号。

2. 案由：股权案。

3. 诉讼双方

原告（被上诉人）：陈聂春，男，1974年1月4日出生，汉族，待业。

被告（上诉人）：福建省永安轴承有限责任公司（以下简称轴承公司）。

法定代表人：冯忠铭，董事长。

委托代理人：刘丽君，福建威明律师事务所律师。

4. 审级：二审。

5. 审判机关和审判组织

一审法院：福建省永安市人民法院。

独任审判：审判员：颜文春。

二审法院：福建省三明市中级人民法院。

合议庭组成人员：审判长：王文光；代理审判员：姜顺华、连雄杰。

6. 审结时间

一审审结时间：2001年8月16日。

二审审结时间：2001年11月25日。

（二）一审诉辩主张

1. 原告诉称：1996年12月26日，原告向轴承公司认购内部职工股5股2 500元，并配送5股2 500元。1997年11月8日，轴承公司签发股权证给原告，确认原告持有轴承公司股份10股金额5 000元（后改为5 000股每股1元）。1998年12月，轴承公司送股3 000股金额3 000元给原告。2000年，轴承公司以原告不是公司的职工为由，要求原告以认购数2 500元退股并不给当年的股息400元，请求确认原告持有轴承公司股份8 000股，并要求被告支付2000年度的股息400元。

2. 被告辩称：代表公司内部职工持股的主体是公司工会，应由轴承公司的工会承担民事责任，本案的被告主体不适格，应驳回陈聂春的诉讼请求。

（三）一审事实和证据

永安市人民法院经公开审理查明：1996年12月26日，陈聂春向轴承公司认购内部职工股5股2 500元，并获配股5股2 500元。1997年11月8日，轴承公司签发股权证给陈聂春，股权证确认陈聂春持有轴承公司股份10股金额5 000元（后改为5 000股每股1

元）。1998 年 12 月，轴承公司又送股3 000股金额3 000元给陈聂春，至此陈聂春的累计持股量为8 000股（8 000元）。1998 年 12 月 28 日，轴承公司第二届股东会第一次会议通过了新的公司章程，章程规定由公司工会代表公司内部职工持股。2000 年 5 月，陈聂春被轴承公司除名。同年年底，轴承公司以陈聂春不是公司的职工为由，要求陈聂春按实际出资额退股并不给当年的股息 400 元。

上述事实有下列证据证明：

1．陈聂春提供由轴承公司出具的收款收据一张。

2．陈聂春提供由轴承公司签发的股权证一本。

3．陈聂春提供轴承公司原章程一份。

4．轴承公司提供于 1998 年 12 月 28 日通过的公司新章程一份。

5．轴承公司提供于 2000 年 3 月 22 日持股职工代表大会通过的内部职工股实施细则一份。

**（四）一审判案理由**

永安市人民法院根据上述事实和证据认为：（1）根据轴承公司签发的股权证可以证实陈聂春持有轴承公司的股份，公司工会只是代表内部职工持股，其并未实际持有轴承公司的股份，现陈聂春因其持有轴承公司的股份产生纠纷，依据轴承公司签发的股权证起诉轴承公司，本案被告主体并无不当；（2）根据陈聂春持有的股权证，可以证实陈聂春持有轴承公司的股份8 000股，现轴承公司仅根据持股职工代表大会通过的“福建省永安轴承有限责任公司内部职工股实施细则”（以下简称实施细则）的规定，否认陈聂春的持股事实，缺乏法律依据，损害了陈聂春的合法权益，对此不予支持，对陈聂春持有轴承公司 8 000 股股份的事实予以确认。

**（五）一审定案结论**

福建省永安市人民法院根据《中华人民共和国民法通则》第五条、第七十一条的规定，判决：

1．确认原告陈聂春享有被告福建省永安轴承有限责任公司的股份 8 000 股（8 000 元）。

2．被告福建省永安轴承有限责任公司应支付原告陈聂春 2000 年度的股息 400 元。

案件受理费 346 元，其他诉讼费 69 元，合计 415 元，由被告福建省永安轴承有限责任公司承担。

**（六）二审情况**

1．二审诉辩主张

（1）上诉人诉称：第一，上诉人的持股职工代表大会于 2000 年 3 月 22 日通过的实施细则是根据公司的章程和公司的有关规定制定的，该实施细则合法、有效，应作为公司处理内部职工股股权配送、转让等的依据，原审对此未予以认定是错误的，其认定缺乏法律依据。第二，被上诉人主张的8 000股股权中只有 2 500 股是被上诉人出资购买的，其余的5 500股是上诉人用历年结余工资、配股补贴及当年的红利给付的，被上诉人被公司除名后已不能享受该5 500股，上诉人按 2 500 股退还给被上诉人的做法是正确的。第三，被上诉人被公司除名后已不能享受当年的股息，上诉人不给付 2000 年的 400 元股息是正确的。请求依法撤销原审判决，并依法作出公正的判决。

(2) 被上诉人辩称：第一，1996 年被上诉人入股时虽然只出资2 500元，但其余的5 500股是被上诉人在上诉人处工作期间公司配送的股份，且上诉人也已签发股权证给被上诉人，因此，被上诉人持有的 8 000 股股份是合法的，应受到法律的保护，上诉人现按实施细则的规定要求被上诉人退股是错误的，该实施细则对被上诉人不具有法律效力。第二，被上诉人合法持有公司的股票，上诉人就应按规定支付 2000 年度的 400 元股息，其以被上诉人不在公司上班为由而拒绝支付股息是错误的。请求驳回上诉，维持原判。

2. 二审事实和证据

福建省三明市中级人民法院经公开审理查明的事实与一审查明的事实相同，双方均无新的证据提供，双方对事实部分和对一审双方提出的证据的真实性均无异议。

3. 二审判案理由

福建省三明市中级人民法院根据上述事实和证据认为：(1) 被上诉人陈聂春提起诉讼是要求确认其享有上诉人轴承公司的 8 000 股内部职工股的股权和支付 2000 年度的股息，但轴承公司认为陈聂春已不具备享有公司内部职工股的资格，其应向持股会按实际出资额退出股份，该请求应属于反诉范围，而本案在提起诉讼时，轴承公司对陈聂春是否应退股并未作出处理，也未收回陈聂春的股权证，且陈聂春持有轴承公司的股份也是合法取得的，轴承公司在原审诉讼过程中也未提起反诉，因此，本案对轴承公司要求陈聂春退股的请求不予审理，其应另案处理。陈聂春至今仍享有8 000股的股权应予以确认。(2) 轴承公司的 2000 年度的股息是轴承公司依据公司的总股本数计算出来的，双方在原审庭审中对 2000 年度的股息为 400 元均无异议，而陈聂春至今仍享有公司8 000股的股权，其有权获得应得的股息，因此，轴承公司应当支付 2000 年度的股息计 400 元给陈聂春。

4. 二审定案结论

福建省三明市中级人民法院根据《中华人民共和国民事诉讼法》第一百五十三条第一款第（一）项的规定，作出如下判决：

驳回上诉，维持原判。

案件受理费 415 元，由上诉人福建省永安轴承有限责任公司承担。

**(七) 解说**

本案涉及的法律问题是，企业能否剥夺配送给职工的股权？持股会制订的实施细则中有关职工被除名后收回配送股权的规定是否构成对配股所附的条件？职工被除名后其所购买的股份能否强制退回？

1. 轴承公司能否剥夺配送给职工的股权？轴承公司在成立时向职工发行内部职工股，其实质是向职工募筹企业资金，而陈聂春出资购买公司的股权并在公司颁发股权证后，已成为公司的股东，对其出资所购得的股份拥有所有权。轴承公司无论是以有偿形式发售股份，还是以配送形式增加股份，都必然增加公司的股本总额。轴承公司剥夺配送给职工的股份，是否会引起公司股本总额的减少，是应当关注的问题。这方面的理由，下文另行阐述。如果在不引起股本总额减少的情况下，轴承公司用历年结余工资、配股补贴及当年的红利配送的股份，可否因陈聂春被除名而收回。这需要分析企业配股资金的性质和配股后股权的权利归属。

轴承公司配送给职工股权的资金系公司历年结余工资、配股补贴及当年的红利。其中除配股补贴的性质不明外，结余工资和红利的性质是清楚的。结余工资是企业所提取的工资中，当期发给职工所剩余的部分。结余工资在发给职工之前，虽然其所有权仍属于企业，但其实质是职工的劳动所得，使用权已经特定化。用这部分资金给职工配送股份，实际上是支付职工工资的一种特殊形式。公司的红利，是企业的税后利润在弥补亏损、提取公积金、公益金后应分配给股东的部分，也可以称未分配利润。用这部分资金给职工配送股份，实际上是红利分配的变通。可见用企业结余工资和红利配送股份，并不是企业对职工的恩赐，而是既有利于企业增加资本金，增强企业实力，也有利于保护股东和职工利益的双赢的做法。企业剥夺这部分给职工的配送股份，无疑是剥夺职工的合法权益。

轴承公司在配送股份过程中，已把陈聂春应得的份额划入陈聂春的股权证。根据《民法通则》第七十二条关于“按照合同或者其他合法方式取得的财产，财产所有权从财产交付时起转移”的规定，轴承公司把股份划入陈聂春股权证的行为，应认定为财产交付的行为。股份的所有权从划入陈聂春股权证起转移为陈聂春所有，配送的 5 500 股股份应认定为陈聂春的合法财产。陈聂春在轴承公司工作期间因其他原因被公司除名，应属于劳动法调整的范围。轴承公司因陈聂春被除名而剥夺其合法财产没有法律依据，而且构成了对陈聂春合法财产权的侵犯。

2. 持股会制订的实施细则中有关职工被除名后收回配送股权的规定是否构成对配股所附的条件？轴承公司筹资、发行股票及配送股份的行为是商行为，应由《公司法》、《证券法》调整。对这种商行为，笔者倾向于将其视为民事行为的一种特殊形式，也属于作为基本法的《民法通则》的调整对象。《民法通则》第六十二条规定：“民事法律行为可以附条件，附条件的民事法律行为在符合所附条件时生效。”那么，持股会制订的实施细则中有关职工被除名后收回配送股权的规定，是否构成对配股所附的条件呢？答案是否定的。因为给陈聂春配送股份的是轴承公司，而不是持股会。持股会是股东的联合体，实质上是股东的代理人，仅有权代理会员行使股东权，而无剥夺会员股权的权利。因此，持股会制订的实施细则中有关职工被除名后收回配送股权的规定，不构成对配股所附的条件。轴承公司依持股会实施细则的规定剥夺陈聂春的股权是不能得到法律支持的。

假设轴承公司在给职工配送股时，明确地规定职工被除名后收回配送的股权，那么，笔者认为可以把这样的规定看做配送股权时所附的条件。这种条件能否交付执行，除了取决于所附的条件是否成就外，还取决于所附的条件是否合理和合法。假设在本案中有公司附条件的事实发生，也必须考察配送股份的资金来源。如果配送股份的资金属于本来就应分配给职工的财产，配送股份不过是财产分配的一种特殊形式，那么，公司用附条件的形式剥夺职工在公司劳动期间的应得利益，是不能支持的。除此之外，可以认可所附条件的效力。

3. 职工被除名后其所购买的股份能否强制退回？在本案中，陈聂春被除名后要强制退回其所购买的内部股份，也是来源于持股会的规定，而不是公司的规定。鉴于以上分析的理由，这样的规定对陈聂春没有约束力，法院不应支持。但是，如果是公司章程或公司发行内部股份及配送股份时有明确规定的，应区别对待。

公司股份有公开发行与非公开发行之别。凡公开发行股份，应严格按照《公司法》、《证券法》规定的条件、程序操作。依此程序发行的股份，如果由公司内部职工购买，也不能因职工离职、被除名而强制其退出。即使公司对此附有条件，这样的条件也因违反《公司法》的原则应确认为无效。因为，公开发行股份而把股东的身份以附条件的形式限定为公司职工，是没有法律依据的。而且，公司强制职工股东把所购买的股份卖回公司，已违反了《公司法》第一百四十九条关于“公司不得收购本公司的股票”的强制性规定，因为这一行为会使公司减少股本，不符合公司资本运营中的“资本确定、资本维持、资本不变”三原则。

在一些实行股份合作制的企业，其内部发行股份时，不完全按职工人数均等处理，而是与职工的年资、贡献等挂钩，带有调动职工工作积极性，增强职工凝聚力的因素。而且这种股份往往未经证券管理部门批准甚至备案，不能公开对外发行和流通，只能在企业内部转让。如果企业发行这种股份时，把在企业工作作为购买和持有股份的条件，企业章程或发行股份的其他文件明确地规定职工离开企业时应当把所购买的股份原价退回。只要这一行为不至于引起企业资本的减少，那么，应当确认企业发行股份时所附的条件有效。

（姜顺华）

## 87. 云南昙华商业有限公司、唐坚诉宋高荣股东会议表决权案

**（一）首部**

1. 判决书字号：云南省昆明市中级人民法院（2001）昆法经初字第0197号。

2. 案由：股东会议表决权案。

3. 诉讼双方

原告：云南昙华商业有限公司。

法定代表人：唐坚，执行董事。

委托代理人：里宁枫，恒业律师事务所律师。

原告：唐坚，男，1952年9月出生，汉族，广东省湛江市人，在云南昙华商业有限公司工作。

委托代理人：金卫国，恒业律师事务所律师。

被告：宋高荣，男，1944年4月出生，汉族，重庆市人，在云南昙华商业有限公司工作。

委托代理人：何锡峰，成都军区云南法律顾问处律师。

4. 审级：一审。

5. 审判机关和审判组织

审判机关：云南省昆明市中级人民法院。

合议庭组成人员：审判长：杜跃林；审判员：吴迪；代理审判员：陈林。

6. 审结时间：2001年8月16日。

**（二）诉辩主张**

1. 原告云南昙华商业有限公司和唐坚诉称：1996年4月17日，唐坚、宋高荣与吴坚三个自然人股东在云南省工商局申请成立昙华商业公司，公司注册资金为300万元，原告

唐坚的出资额为51%。原告唐坚任执行董事，被告宋高荣任总经理，吴坚任公司监事。公司成立后，即开始投资进行昙华灯具市场的土建和招商工作。1996年9月，三个股东决定由唐坚任公司总经理。1997年3月31日，公司投资的市场正式开业，公司的经营也步入正轨。

自1998年6月15日起，股东吴坚强行管理公司及市场，直到2000年5月，吴坚因在经济上出现了一些问题，三个股东决定共同管理公司。但从2000年8月起，吴坚、宋高荣未经任何法定程序，擅自任命被告宋高荣为公司总经理，并实际掌握了公司的经营管理权，原告又一次被排挤出公司，无法行使公司执行董事的职权，也无法享受股东权益。

被告宋高荣在经营管理公司期间，出现了下列损害公司利益并侵害股东利益的事实：第一，收取的租金未偿还公司债务，债务人已对公司提起诉讼，公司的经营、财务状况不清。第二，2000年8月10日，被告以公司的名义在《春城晚报》刊登公司公章遗失的公告，并擅自雕刻了一枚公章，以公司的名义在法院进行诉讼和经营工作中使用，而公司的公章并未遗失，一直由原告唐坚合法持有。第三，无理查封了商户谢志标的铺面，谢志标已对公司提起诉讼，向公司索赔上百万元。第四，原告无法行使执行董事的职权并被剥夺了作为控股股东应当享有的股东权利。

为了维护自己的合法权益，原告委托云南正太会计师事务所对公司的财务进行了审计，并决定召开2000年股东会，以解决公司的经营管理问题。2001年3月2日，原告向宋高荣、吴坚送达了召开股东年会的通知。同年3月19日，在公司办公室，由原告唐坚主持召开了股东年会，出席的股东有原告唐坚、被告宋高荣。在讨论审议股东年会决议的过程中，被告宋高荣中途退场，股东会仍按程序进行，最后根据公司法及公司章程的规定，并经代表公司51%股权的股东（唐坚）表决通过了股东会决议。同年3月20日，原告唐坚到公司要求被告宋高荣执行股东会决议，被告拒不执行，并当场撕毁了股东会决议。因此，为维护公司和股东的合法权益，特向法院起诉，要求法院作出如下判决：(1)确认2001年3月19日的股东会决议合法、有效；(2)判令被告立即交出云南昙华商业有限公司的全部财务凭证、手续等以进行财务审计；(3)判令被告将非法雕刻的云南昙华商业有限公司的公章交出并销毁；(4)判令被告将云南昙华商业有限公司的经营管理工作全面移交给原告。

2.被告宋高荣辩称：(1)原告唐坚侵吞公司巨额资金，长期躲逃在外，不履行公司执行董事的职责，损害公司利益和股东利益，公司已经向昆明市公安局经济侦查大队举报，该大队已经对唐坚立案，本着先刑后民的原则，要求法院中止本案的审理。宋高荣作为股东之一，在没有人管理公司的情况下，有权主持工作，管理公司。(2)唐坚负责经营管理期间，财务混乱。(3)按照公司章程的规定，执行董事的任期为3年，唐坚从担任执行董事至今，已经超过3年，唐坚没有主持重新选举。(4)公司的公章被唐坚带走，在唐坚下落不明的情况下，我们只能认为公司公章已经遗失，所以重新雕刻公章。(5)2001年3月19日的股东会是唐坚单方面召开的，是违法的。

**（三）事实和证据**

昆明市中级人民法院经公开审理查明：1996年4月17日，唐坚、宋高荣与吴坚三个自然人股东在云南省工商行政管理局申请成立云南昙华商业有限公司，公司注册资金为300万元，原告唐坚出资153万元，占公司注册资本的51%；吴坚、宋高荣各出资73.5

万元，各占公司注册资本的24.5%。唐坚任执行董事，宋高荣任总经理，吴坚任公司监事。公司成立后，即开始投资进行昙华灯具市场的土建和招商工作。1997年3月31日，公司投资的市场正式建成开业，云南昙华商业有限公司的经营也步入正轨，铺面的招商工作也顺利进行。但三个股东却因为云南昙华商业有限公司的经营管理和财务问题发生严重分歧。

2000年5月，股东吴坚因涉嫌经济犯罪，被昆明市公安局经济侦查大队立案侦查并拘押。

2000年8月1日，宋高荣为了全面掌握对云南昙华商业有限公司的代表权和经营管理工作，给公司各部门发出通知，指出：从2000年8月1日起，由公司总经理宋高荣主持公司的日常工作。2000年8月10日，宋高荣还以公司的名义在《春城晚报》上刊登公司公章遗失的公告，并擅自雕刻了一枚公章，在公司经营中使用。而公司的公章并未遗失，一直由唐坚持有。宋高荣主持公司日常工作期间，并未向法定代表人唐坚负责，持所雕刻的公章全面进行民事活动，并在本院审理的其他经济纠纷案件中，与唐坚争夺对云南昙华商业有限公司的代表权。

2001年3月2日，唐坚为了夺回对云南昙华商业有限公司的代表权和经营管理权，印制了三个通知：一是给宋高荣发出通知，要求宋高荣交出2000年8月至2001年2月的财务凭证，提交给其委托的正太会计师事务所进行审计；二是通知宋高荣、财务部和市场管委会，要求自接到通知之日起，收取的市场租金只能存入指定的专用账户，公司的一切开支必须经法定代表人签字后方可支出；三是通知宋高荣，公司定于2001年3月19日召开股东会，并告知了决议事项。以上几份通知通过云南省公证处送达给了宋高荣。由于股东吴坚被昆明市公安局经济侦查大队拘押，唐坚还委托公证处将召开股东会的通知送达到经济侦查大队，请其帮助送达吴坚。

2001年3月19日，股东会如期进行，唐坚与宋高荣参加了会议，吴坚未派人参加。因唐坚、宋高荣二人意见严重分歧，宋高荣中途退场。唐坚以控股股东的身份作出了股东会决议，其主要内容包括：(1) 委托正太会计师事务所对公司财务进行审计。(2) 唐坚所持的公章是公司惟一合法的公章，宋高荣所雕刻的公章不得使用并交回公司销毁；由该公章对外发生的法律责任，公司概不承担。(3) 宋高荣等人侵害商户谢志标的行为，公司不承担责任，由宋高荣等人自行承担责任。(4) 公司偿还债务的方案：主动召集债权人、担保人协商还债问题；公司通过经营还债；公司通过贷款还债。(5) 聘任唐坚为公司总经理，负责公司全面的经营管理工作，自决议通过的第二日起，由宋高荣将公司的全面工作移交给唐坚，双方制作移交清单。

2001年3月20日，唐坚委托公证处将股东会决议送达宋高荣，被宋高荣当众撕毁。同日，唐坚委托公证处将股东会决议送达昆明市公安局经济侦查大队，请其转交吴坚，该大队拒绝转交。上述送达过程都由云南省公证处进行了公证。

上述事实有下列证据证明：

原告提交的四组证据：

1. 云南昙华商业有限公司章程。

2. 刊登公章遗失的《春城晚报》和各种通知。

3. 召开股东会的通知和股东会决议。

4.2001年云南省公证处的1194号、1195号公证书。

被告宋高荣提交的三组证据：

1. 云南昙华商业有限公司的一份记账凭证。

2. 唐坚准备将其持有的51%的股份全部转让出去而与他人签订的合同。

3. 宋高荣为了通知唐坚召开股东会而在报纸上刊登的通告、情况说明。

**（四）判案理由**

昆明市中级人民法院认为：云南昙华商业有限公司于2001年3月19日召开的股东会决议是合法、有效的。首先，从股东会召开的程序看，该公司章程第二十三条规定："股东会由执行董事召集。"唐坚作为公司执行董事，有权召集股东会。在送达开会通知的程序上，宋高荣虽然不承认收到通知，但云南省公证处已经对送达过程进行过公证，应当确认唐坚已经将开会通知送达宋高荣。因吴坚被刑事拘押，唐坚虽然未能将开会通知直接送达吴坚，但已经委托公证处将该通知送达昆明市公安局经济侦查大队，请其转交。吴坚自然不可能参加会议，也没有委托他人参加会议，但股东会又不能因为吴坚被拘押而不召开。其次，从实体表决看，该公司章程第九条规定，唐坚认缴出资额153万元，占公司注册资本的51%。第三十一条规定，公司设立执行董事，为公司股东会的常设机构，对股东会负责，唐坚为执行董事。第二十五条规定，股东在股东会上按其出资比例行使表决权。2001年3月19日的股东会，宋高荣虽然中途退场，但唐坚持有公司51%的股份，其表决结果符合公司章程第二十六条关于股东会的普通决议由代表公司1/2以上表决权的股东通过的规定。从以上两方面可以看出，2001年3月19日的股东会决议是合法、有效的。但是，必须说明，该决议第二条、第三条关于排除公司责任的决议，第四条关于还债方案的决议，仅仅在云南昙华商业有限公司股东之间有效。

综上所述，唐坚依据股东会决议要求判令被告宋高荣立即交出云南昙华商业有限公司全部财务凭证、手续等以进行财务审计；要求判令被告将其非法雕刻的公章交出销毁；要求判令被告宋高荣将云南昙华商业有限公司的经营管理工作全面移交给原告，应当支持。

**（五）定案结论**

云南省昆明市中级人民法院根据《中华人民共和国公司法》第三十九条、第四十一条以及云南昙华商业有限公司章程的规定，作出如下判决：

1. 原告云南昙华商业有限公司于2001年3月19日召开的股东会决议合法、有效。

2. 被告宋高荣应当在本判决生效后10日内向原告唐坚交出云南昙华商业有限公司全部财务凭证、手续等以进行财务审计。

3. 被告宋高荣应当在本判决生效后10日内向原告唐坚交出非法雕刻的云南昙华商业有限公司的公章以便销毁。

4. 被告宋高荣应当在本判决生效后10日内将云南昙华商业有限公司的经营管理工作全面移交给原告唐坚。

案件受理费25 010元，由被告宋高荣负担。

**（六）解说**

这是一起涉及《公司法》的案件，该案有以下问题值得研究：

1. 案件诉讼当事人。第一，云南昙华商业有限公司的诉讼地位，在本案中是否应当作为原告？民事诉讼理论认为，凡是为了保护自己的民事权益，并以自己的名义向人民法院提起诉讼，因而引起民事诉讼程序发生的人，是原告。在本案中，四项诉讼请求均与云南县华商业有限公司的民事权益息息相关，它有权作为原告提起诉讼，并且实际上也由唐坚代表公司提起了诉讼。在对公司的代表权问题上，在昆明市中级人民法院审理的其他几个民事案件中，唐坚与宋高荣都曾持公司公章，争夺对公司的代表权。经过审查，唐坚手中的公章才是合法存在的公章，而宋高荣以原公章遗失为由申请补办的公章，不能代表公司。第二，另一股东吴坚是否必须参加本案诉讼？本案股东表决权的争议，发生在唐坚与宋高荣二人之间，四项诉讼请求均指向宋高荣，吴坚没有被列为被告，不必将其追加为共同被告；其也未提出保护自己的民事权益的请求，也不必将其追加为共同原告。案件的处理结果与吴坚只有事实上的利害关系，而没有法律上的利害关系，即无论吴坚是否参加股东会，均不能改变表决的结果。因此，也没有必要通知他作为第三人参加诉讼。

2. 案由如何确定。本案的结案案由确定为股东会议表决权纠纷，虽然原告的四项诉讼请求并没有直接涉及股东表决权问题，但经过审理可以确定，本案争议的焦点是：2001年3月19日的股东会决议是否合法、有效？而解决这一争议问题的基础和核心就是股东表决权。只要股东会程序合法，最终结果就是由表决权的多少来决定股东会决议的合法性。因此，将本案案由确定为股东会表决权纠纷，有其《公司法》上的基础。另外，从最高人民法院关于民事案由的规定看，在所规定的案由当中，只有这个案由与本案最为接近。

3. 处理本案的依据。在适用法律问题上，本案主要适用的是公司章程，其原因在于，公司章程一旦依法通过，就相当于该公司内部的宪法，对公司、股东、董事，甚至对公司成员均有约束力。根据该公司章程第二十五条规定，股东在股东会上按其出资比例行使表决权。这就排除了以股东个人能力、威望等来处理公司事务。当然，持有多数股份的股东作出决议时，除了程序合法以外，还必须遵守国家的相关法律、法规，本案决议第二条、第三条关于排除公司责任的决议、第四条关于还债方案的决议，有可能损害无辜债权人的利益，因此，对外不能生效，仅仅在云南县华商业有限公司股东之间有效。

（杜跃林）

## 88. 成都国通实业有限责任公司等诉王荣等股权转让合同案

**（一）首部**

1. 判决书字号：四川省达州市中级人民法院（2001）达经初字第32号。

2. 案由：股权转让合同案。

3. 诉讼双方

原告（反诉被告）：成都国通实业有限责任公司（以下简称国通公司）。

法定代表人：谢志树，总经理。

原告（反诉被告）：冯光淑，女，1946年12月10日出生，汉族，住成都市武侯区机投桥街233号。

原告（反诉被告）：谢志树，男，1947年1月6日出生，汉族，住成都市武侯区机投桥街233号。

委托代理人：高建强，四川成都高扬律师事务所律师。

委托代理人：周季兰，四川达州天地大律师事务所律师。

被告（反诉原告）：王荣，男，1961年1月21日出生，汉族，住四川省崇州市崇阳镇东学街44号。

委托代理人：袁朝轩、崔吉成，四川宣汉县恒河法律事务所律师。

被告（反诉原告）：董成国，男，1951年4月14日出生，汉族，住四川省南充市人民西路16号。

委托代理人：刘传礼，四川宣汉县恒河法律事务所律师。

4. 审级：一审。

5. 审判机关和审判组织

审判机关：四川省达州市中级人民法院。

合议庭组成人员：审判长：何其；代理审判员：唐其安、罗彬。

6. 审结时间：2001年8月20日。

**（二）诉辩主张**

1. 原告国通公司等诉称：三原告是宣汉县汉通天然气有限责任公司（以下简称汉通公司）发起人股东。2001年2月23日，三原告与被告王荣、董成国签订股权转让合同，将汉通公司的股权作价1 160万元全部转让给被告。合同签订后，原告已全部履行合同义务，被告却不按合同约定与原告签订抵押担保合同，向原告支付股权转让金。诉请人民法院依法解除股权转让合同；判令被告返还汉通公司的资产、资料和相关手续，归还原告所有的库存物资和被告经营汉通公司所收取的880 650元开户费；判决原告收取被告预付股权转让金100万元不予退还。

2. 被告（反诉原告）王荣等辩称：股权转让合同约定未尽事宜协商解决条款，合同签订后原告又享有汉通公司5%的股份，但未履行给付58万元股东出资的义务。且原告在与被告签订合同时隐瞒了开户"股权证"问题，原、被告双方签订的抵押担保合同已约定原告用未收取的股权转让金担保解决开户"股权证"问题。被告不按期支付50万元股权转让金不属于违约，请求人民法院驳回原告的诉讼请求，并反诉要求原告给付58万元出资。

3. 反诉被告国通公司、冯光淑、谢志树辩称：我方享有汉通公司5%的股份，就是作价1 160万元转让汉通公司95%的股权，不应出资。请求人民法院驳回反诉原告的诉讼请求。

**（三）事实和证据**

四川省达州市中级人民法院经公开审理查明：1999年4月9日，国通公司、冯光淑、谢志树三人发起设立了汉通公司。2001年2月23日，国通公司、冯光淑、谢志树三人为甲方，王荣、董成国为乙方签订股权转让合同，约定：甲方将汉通公司的股权全部经营性资产、经营所需证照和手续等全部转让给乙方；乙方同意出资股权转让金1 160万元购买汉通公司的全部股权，直接向甲方支付股权转让金800万元，其余360万元股权转让金由乙方直接及时支付汉通公司在建开江至宣汉长输管线工程款。乙方向甲方支付800万元股权转让金的期限为：合同签订后3日内预付100万元，30日内再付50万元，余款650万元在合同签订后180日内付清；汉通公司变更工商登记后，与甲、乙双方签订抵押担保合同，用汉通公司全部资产对未给付的股权转让金承担保证责任。合同还约定，本合同签订前汉通公司的库存物资归甲方所有，汉通公司收取的开户费属于甲方所有，汉通公司的债权债务由甲方处理，与乙方无关。对违约事项的约定是：乙方违约，本合同终止，甲方收取乙方的股权转让金不予退还；乙方经营汉通公司收取的开户费如数退还甲方；甲方收回汉通公司产权和经营权。甲方违约，本合同终止，甲方双倍返还乙方预付款，并赔偿乙方经营汉通公司投入资金的全部损失，乙方经营汉通公司收取的开户费退还甲方。抵押担保合同签订不符合合同约定和法律规定，视为乙方违约，甲方有权解除合同，收回汉通公司，甲方收取乙方的股权转让金不予退还。合同还约定了对汉通公司的资产及经营状态以现实情况全部移交；未尽事宜甲、乙双方协商解决等条款。

合同签订后3日内，王荣、董成国按约定向国通公司、冯光淑、谢志树三人支付了预付款100万元。2001年2月26日，汉通公司召开股东会议表决同意增加王荣、董成国为股东。国通公司、冯光淑、谢志树为原股东，王荣、董成国为新股东。在公司原注册资本280万元不变的情况下，改变公司的股份构成为：董成国134.4万元占48%、王荣131.6万元占47%、谢志树8.4万元占3%、国通公司2.8万元占1%、冯光淑2.8万元占1%。2001年3月3日，国通公司、冯光淑、谢志树向王荣、董成国移交了汉通公司的审批手续；同年3月13日，汉通公司进行了工商变更登记；同年3月15日，国通公司、冯光淑、谢志树向王荣、董成国移交了汉通公司的实物工程及相关资料；同年3月23日，移交了汉通公司的工商营业执照、税务登记证照和公章等；同日，国通公司、冯光淑、谢志树作为甲方委托张路军与乙方王荣、董成国签订抵押担保合同，约定乙方用汉通公司的全部资产和经营权为履行股权转让合同及未支付的股权转让金和违约责任提供抵押担保；甲方用乙方未支付的股权转让金作反担保，以解决甲方经营汉通公司时产生的开户“股权证”问题。汉通公司未作为当事人签订该抵押担保合同，抵押物未进行登记。2001年3月25日，股权转让合同签订后的第三十日到期，王荣、董成国未向国通公司、冯光淑、谢志树支付50万元股权转让金。同年4月18日，国通公司、冯光淑、谢志树委托律师通知王荣、董成国解除合同；当天王荣、董成国也委托律师发函进行了回复，要求国通公司、冯光淑、谢志树到宣汉磋商解决转让中的遗留问题。同年4月22日，国通公司、冯光淑、谢志树向法院起诉，以王荣、董成国严重违约为由，要求解除合同。庭审中，王荣、董成国以国通公司、冯光淑、谢志树应给付出资为由，提出反诉。

法院同时查明，已发生法律效力的宣汉县人民法院（2001）宣法经初字第152号民事判决书认定，汉通公司从1999年5月至2000年年底发展天然气用户711户，向394户发放了股权证，向354户收取开户费未给用户安装供气。2001年3月至4月，汉通公司在经营中从库存物资中领用了无缝钢管、镀锌铁管等物。2001年4月至7月，汉通公司经营用去天然气表309只。

上述事实有下列证据证明：

1. 公司设立登记申请书、变更登记申请书。

2. 股权转让合同。

3. 抵押担保合同。

4. 移交清单，证明资料、资产和手续的移交情况。

5. 宣汉县人民法院（2001）宣法经初字第152号民事判决书。

6. 领物签字清单。

7. 汉通公司仓库保管员邓承芳的证言。

8. 成都高扬律师事务所、宣汉县恒河法律事务所函。

**（四）判案理由**

四川省达州市中级人民法院认为：原告是汉通公司的发起人股东，依法有权部分或全部转让汉通公司的股权。原告与被告签订的股权转让合同是双方的真实意思表示，应当合法、有效。原告作价1 160万元向被告转让汉通公司100%的股权应当予以确认。汉通公司于2001年2月26日召开股东会议表决同意的股东组成及增加股东后的股份构成，是全体股东的真实意思表示，并已进行了工商变更登记，应当予以确认。原告享有5%的股权，应当以双方转让汉通公司全部股权的价款为标准计算并及时给付股权转让金，向被告承担给付58万元股权转让金的义务，被告有权主张原告给付58万元股权转让金，被告要求原告给付58万元股权转让金的反诉理由成立，其反诉请求予以支持。2001年3月23日，原告委托张路军与被告签订的抵押担保合同，是原、被告双方的真实意思表示，只是因未进行抵押物登记尚未生效。因此，原告以被告未按合同约定给付50万元股权转让金和签订抵押担保合同为由起诉被告严重违约的理由不成立，且股权转让合同已实际部分履行，其要求解除合同的诉讼请求不予支持，原、被告双方应当继续履行股权转让合同。汉通公司经营中领取原告的库存物资，原告应向汉通公司追偿，应另案处理。原告以汉通公司经营中领用天然气表的数量要求被告退还开户费880 650元的证据不充分，理由不成立，不予支持。

**（五）定案结论**

四川省达州市中级人民法院根据《中华人民共和国民事诉讼法》第一百二十八条和《中华人民共和国合同法》第六十条、第一百零七条之规定，作出如下判决：

1. 原告（反诉被告）成都国通实业有限责任公司、冯光淑、谢志树与被告（反诉原告）王荣、董成国签订的股权转让合同有效，继续履行。

2. 被告（反诉原告）王荣、董成国向原告（反诉被告）成都国通实业有限责任公司、冯光淑、谢志树给付股权转让金700万元人民币，扣除被告（反诉原告）王荣、董成国主张的原告（反诉被告）成都国通实业有限责任公司、冯光淑、谢志树应给付的58万元股权转让金，实际还应给付642万元。此款限本判决生效后30日内付清。

3. 驳回原告（反诉被告）成都国通实业有限责任公司、冯光淑、谢志树的其他诉讼请求。

案件诉讼费95 010元，反诉费1万元，共计105 010元，由原告（反诉被告）成都国通实业有限责任公司、冯光淑、谢志树承担31 510元，被告（反诉原告）王荣、董成国负担73 500元。

**（六）解说**

本案的审理涉及有限责任公司股权转让中的下列问题：

1. 股权是否可以转让。有限责任公司的股权是股东在公司设立或者增加注册资本时向公司缴纳和增加出资，让渡出资财产的所有权而取得的对公司的权利，也称为股东的权利或者股东权。股权是一种具有复杂内容的权利，股权尽管以财产权为基本内容，但它又不同于债权和所有权，股权还包含公司内部事务管理权等非财产权内容。根据我国《公司法》的规定，有限责任公司的股东享有红利分配请求权、剩余财产分配请求权、增资优先认购权、出资转让权、召集或召开股东会议的请求权、出席股东会议权和表决权等主要权利。股东享有出资转让权，股东转让出资的同时也应当放弃相应的股东权利。因此，股东转让出资其实就是转让股权，买受人购买股东的出资实际上就是购买股东的权利。《公司法》虽然未对股权转让作出明确的规定，但规定股东有权通过法定方式转让其全部出资或者部分出资，这表明股权可以全部转让或者部分转让。

2. 股东出资与股权转让金之比较。有限责任公司的股东出资是指公司设立或者增加注册资本时，全体股东根据公司法和公司章程的规定向公司缴纳的出资份额，其总和构成公司的注册资本。出资通常在制定或者修改公司章程时就已由股东认缴，并作为绝对必要记载事项在公司章程中予以载明，个别股东不能足额缴纳所认缴出资的，应当向已足额缴纳出资的股东承担违约责任。股权转让金是股东转让出资时由买受人购买其出资所支出的出资份额，实际上是买受人购买股权的出资份额。一般说来，随着公司的发展，同等份额的股权转让金应大于股东出资。买受人不能按合同约定支付股权转让金，系买受人与股权转让人之间的法律关系，买受人应当向股权转让人承担违约责任。

3. 对股权转让有关事项未约定或约定不明之认定。股东与买受人签订合同全部转让股权后，因种种原因，公司股东会议表决同意增加买受人为新股东；股权转让人为原股东，并占有公司一定比例的股份。公司据此办理工商变更登记，由此形成的公司股东组成及股份构成是全体股东的真实意思表示，股权转让约定应当确认有效。在本案中，虽然股权转让约定未对原股东所占公司股份的出资额及给付时间进行约定，但根据合同法的有关规定，当事人有明确约定的应当按照约定予以确认，没有明确约定或者未作约定的应根据合同法的有关规定予以确认。原股东全部转让股权后又占公司股份的出资额，其性质应认定为原股东又从新股东处购买了部分股权，原股东因此享有的股权与股权转让合同约定转让的股权系同一性质，且对股权全部转让的价格已作了明确约定，原股东应以该股权转让价格为标准，向新股东给付其占有股份的相应的股权转让金，而不是只按注册资本向公司缴纳股东出资。

4. 股权转让合同当事人行使法定和约定解除权与法院裁判权之冲突。根据合同法的规定，合同当事人可以在合同中约定一方解除合同的条件，解除合同的条件成就时，解除权人可以解除合同，这种解除情形称为约定解除。合同成立以后，未履行或未完全履行之前，当事人一方在出现某种法定情况时通过行使解除权，使合同关系消灭，这种情形属于法定解除。合同当事人在遇有法定解除事由时可以行使解除权解除合同。法定解除权、约定解除权与解除权的行使是两回事。法定解除权、约定解除权本身并不导致合同的解除，只有当出现法定解除事由或者约定解除条件成就时，享有解除权一方当事人实际行使解除权后方可导致合同的解除。但是，当事人行使解除权有其法定程序，根据合同法的规定，当事人行使解除权，应当通知对方。对方有异议的，可以请示人民法院确认解除合同的效力。为了使合同各方当事人之间关于合同解除的争执得到公平、合理的解决，解除权人可以请求人民法院确认解除合同的效力；对方当事人也可以请求人民法院宣告解除合同的行为无效。人民法院在审理合同解除行为效力纠纷时，关键要审查行为人是否享有法定的或者约定的解除权，并根据具体案情最终裁决合同是否解除。股权是一种具有复杂内容的权利，其转让不同于简单的物的买卖，还涉及管理、投资、经营等多项权利的转换。公司股权一经全部转让，各种权利、义务也随之移转，买受人获得股权后，与社会形成各种新的复杂的法律关系。若再因一方当事人行使解除权而解除股权转让合同，势必会造成更多的纠纷发生。因此，人民法院在审理股权全部转让的合同时，既要保护行为人依法享有的权利，又要从有利于公司正常生产经营的角度出发，慎重地解决股权转让合同的解除问题。

（何其　唐其安）

## 89. 南安市官桥水产冷冻厂诉香港联达实业公司股权转让案

### （一）首部

1. 判决书字号

一审判决书：福建省南安市人民法院（2001）南经初字第165号。

二审判决书：福建省泉州市中级人民法院（2001）泉经终字第756号。

2. 案由：股权转让案。

3. 诉讼双方

原告（上诉人，互为被上诉人）：南安市官桥水产冷冻厂。

法定代表人：柯贤金，厂长。

委托代理人：傅绿松、林慧，南安正成功律师事务所律师。

被告（上诉人，互为被上诉人）：香港联达实业公司。

法定代表人：柯子东，总经理。

委托代理人：李琴声，泉州闽荣律师事务所律师。

4. 审级：二审。

5. 审判机关和审判组织

一审法院：福建省南安市人民法院。

合议庭组成人员：审判长：杨炳源；审判员：黄冬水；代理审判员：尤江岚。

二审法院：福建省泉州市中级人民法院。

合议庭组成人员：审判长：张洪生；代理审判员：黄哲明、傅家顶。

6. 审结时间

一审审结时间：2001年6月12日。

二审审结时间：2001年11月12日。

### （二）一审诉辩主张

1. 原告诉称：与被告香港联达实业公司于1993年4月6日合资设立泉州市联达建筑石材有限公司。1996年9月21日，泉州市联达建筑石材有限公司董事会达成股权变更协议。同日，原、被告签订退股协议书，约定被告退股撤资，原告应于1998年9月10日前分期偿还被告投资本金2 191 670元。该份退股协议书经公证后，原告陆续支付被告1 601 670元，未能按协议全部付清，为此双方发生纠纷。经福建省泉州市中级人民法院（2000）泉经终字第440号民事判决书确认：退股协议书未按规定报批、登记，双方约定的股权变更违反了有关规定，尚未生效。故原告认为原、被告签订的股权变更协议及退股协议书违反了公司法、中外合资经营企业法、外商投资企业投资者股权变更的若干规定等法律、法规，是无效合同，被告从原告处取得的股权转让费应返还原告。请求判令被告返还占用的股金1 601 670元及利息。

2. 被告辩称：1996年9月21日，泉州市联达建筑石材有限公司召开董事会，就合资公司股权及董事成员变更作出决议。同日，在董事会决议基础上，被告与原告达成退股协议书。退股协议书有原告及其法定代表人柯贤金签章，并经南安市公证处公证，体现了双方当事人的真实意思表示，原告亦依照协议实际履行了大部分义务。后因59万元未还引发纠纷，福建省南安市人民法院、福建省泉州市中级人民法院经审理均认定，转让协议一旦经审批机关批准即生效。目前，退股协议书虽未生效，但不是无效。原告请求返还1 601 670元股金没有法律依据，应予驳回。同年7月2日，泉州市联达建筑石材有限公司董事会通过董事会议记录，决定被告转让45%股权给原告。同年9月23日，经南安市对外经济贸易委员会批复同意，并办理了工商变更登记手续。据此，原告应支付股权转让金135万元给被告。此外，被告从香港进口货物折作现金491 670元无息借给原告，原告于退股协议书中同意退还。两笔款项相加，原告应支付被告1 841 670元。

**（三）一审事实和证据**

福建省南安市人民法院经公开审理查明：

1. 原告南安市官桥水产冷冻厂与被告香港联达实业公司于1993年4月合资成立中外合资经营企业泉州市联达建筑石材有限公司，注册资金300万元，其中原告出资90万元，被告出资210万元，合营期限50年。后被告实际投入合营公司的资产达2 591 670元。

2.1996年7月2日，泉州市联达建筑石材有限公司召开董事会，通过决议：被告将其股金的45%转让给原告，原告出资比例由30%变更为75%，被告出资比例由70%变更为25%；公司增加注册资金为600万元；柯子东辞去董事长职务，中方代表柯贤金担任董事长兼总经理。同年9月3日，泉州市联达建筑石材有限公司将董事会决议报审批机关审批。同年9月23日，南安市对外经济贸易委员会批复同意：公司注册资本变更为600万元；中外双方的投资比例变更为中方占注册资本的75%，外方占注册资本的25%；董事长由柯贤金担任，并兼任总经理。泉州市联达建筑石材有限公司依据该批复，于同年10月31日办理了企业法人营业执照变更登记手续。

3.1996年9月21日，泉州市联达建筑石材有限公司董事会召开会议，通过关于股份及董事成员变更协议的决议：被告将其持有的25%的股份转让给港方代表柯韶岗；原港方董事柯子东等四人退出，董事长变更由柯贤金担任，董事会由中方重新组建。同日，原、被告又签订退股协议书，约定：原告同意被告退股撤资，被告同意分担公司亏损40万元，该款从其投资款中扣除；原告应偿还被告投资本金为总投资2 591 670元扣除分担亏损40万元，计2 191 670元，由原告于1998年9月10日前分批还清。南安市公证处于同年10月22日为该退股协议书办理了公证，出具了公证书。嗣后，原告依协议陆续支付被告1 601 670元。但上述股份及董事成员变更协议及退股协议书均未报审批机关批准。

4.1999 年，被告香港联达实业公司向法院起诉原告南安市官桥水产冷冻厂，要求其偿还投资款 59 万元。该案经福建省南安市人民法院、福建省泉州市中级人民法院审理，判决驳回香港联达实业公司的诉讼请求。

双方当事人存在争议的事实为：退股协议书中约定被告总投资款中超出合营合同约定的491 670元属于投资款或被告出借给原告的借款。

对此，原告认为，合营双方对合营企业的出资均超出合同约定，其中被告对合营企业泉州市联达建筑石材有限公司实际投入的资产达到2 591 670元，故双方在退股协议书中明确认定被告的全部出资为2 591 670元。

被告认为，退股协议书中约定的被告投资本金中超出其应出资的491 670元是被告从香港进口货物折作现金无息借给原告的借款，原告同意和投资款一并偿还被告。

本院认为，原、被告签订的退股协议书第三条明确约定原告应分期偿还被告投资本金2 191 670元，为总投资2 591 670元扣除分担亏损额 40 万元，依照该条款的文义，应认定双方确认被告对合营公司的总投资为2 591 670元，该款应为被告投入合营企业的实际投资额。被告主张超出其应出资额的491 670元是其从香港进口货物折作现金无息借给原告的借款，证据不足，不予采纳。

**（四）一审判案理由**

福建省南安市人民法院根据上述事实和证据认为：原、被告在合资经营泉州市联达建筑石材有限公司期间，于 1996 年 7 月达成被告将其持有的 70％的股权出让 45％给原告的协议，该股权转让协议报经南安市对外经济贸易委员会批准，并办理了工商变更登记手续，依法发生效力，双方应予履行，原告应支付泉州市联达建筑石材有限公司注册资本45％，计 135 万元的转让金给被告；同年 9 月 21 日，双方签订的退股协议书约定被告退股撤资，将其出资全部转让给原告，股权转让金为被告总投资扣除分担亏损，计2 191 670元，该退股协议书虽然办理了公证，但未报经审批机关批准和登记机关变更登记，依法不发生效力；原告实际支付被告1 601 670元，其中 135 万为其应付的受让被告45％股权的转让金，现要求返还没有法律依据，其余251 670元被告应予返还；因原告对未办理报批手续负有过错，其要求被告支付利息的诉讼请求不予支持。

**（五）一审定案结论**

福建省南安市人民法院根据《中外合资经营企业法实施条例》第二十四条，《中华人民共和国合同法》第一百二十五条的规定，判决如下：

被告香港联达实业公司应于本判决生效后 10 日内返还原告南安市官桥水产冷冻厂251 670元。

本案受理费19 374元，由原告南安市官桥水产冷冻厂负担16 330元，被告香港联达实业公司负担3 044元。

**（六）二审情况**

1. 二审诉辩主张

（1）上诉人南安市官桥水产冷冻厂诉称：双方签订的退股协议书无效，要求改判香港联达实业公司返还占用的股金1 601 670元及利息。

（2）上诉人香港联达实业公司诉称：原审判决对491 670元款项的定性错误，应认定该款系南安市官桥水产冷冻厂向其所借款项，且已先行支付；原审法院认为退股协议书尚未生效，并依此判决返还251 670元，缺乏法律依据，南安市官桥水产冷冻厂及柯贤金对未办理报批手续负有过错。1996 年 9 月 21 日，股份及董事成员变更协议书明确上诉人将25%股权转让给柯韶岗，不管由柯韶岗或被上诉人受让 25%股权，都应由上诉人办理批准手续，对于尚未生效合同已实际履行的，不能按无效合同的法律后果来处理。请求撤销原审判决，驳回南安市官桥水产冷冻厂的全部诉讼请求。

2. 二审事实和证据

南安市官桥水产冷冻厂未在法定期限内预交上诉费，也未提出缓交、减交或免交申请，福建省泉州市中级人民法院按其自动撤回上诉处理，对其上诉请求不予审查。针对本案当事人的争议事实，即491 670元属于香港联达实业公司投资款或南安市官桥水产冷冻厂向香港联达实业公司的借款，二审期间，香港联达实业公司向法院提供一张 1993 年 11 月 8 日客户为泉州市联达建筑石材有限公司的发票及一张 1994 年 10 月 31 日库存物资报表，以说明其从香港进口板材折价借给南安市官桥水产冷冻厂。福建省泉州市中级人民法院认为，香港联达实业公司提供的发票上写明客户是泉州市联达建筑石材有限公司，而不是南安市官桥水产冷冻厂，其主张南安市官桥水产冷冻厂支付的1 601 670元包括该厂向其所借款项491 670元缺乏证据，不予采纳。

3. 二审判案理由

福建省泉州市中级人民法院认为：香港联达实业公司、南安市官桥水产冷冻厂于 1996 年 9 月 21 日签订的退股协议书未报经审批机关批准和登记机关变更登记，且违反法律规定，该协议应认定无效。南安市官桥水产冷冻厂实际支付香港联达实业公司 1 601 670元，扣除应付 45%股权的投资款 135 万元，实际多付251 670元，现要求返还，应予支持。上诉人香港联达实业公司的上诉请求缺乏事实和法律依据，其上诉理由不能成立，不予支持。原审判决认定香港联达实业公司货款491 670元为投资款不当，该款项属于另外一个法律关系，不属于本案审理范围，应另行处理。但原审判决香港联达实业公司返还南安市官桥水产冷冻厂款项251 670元正确，审理程序合法，应予维持。

4. 二审定案结论

福建省泉州市中级人民法院根据《中华人民共和国民事诉讼法》第一百五十三条第一款第（一）项的规定，作出如下判决：

驳回上诉，维持原判。

二审受理费19 374元，由上诉人香港联达实业公司负担。

**（七）解说**

本案是一起涉港的中外合资经营企业中、港股东因股权转让而发生的纠纷，争议焦点有两个：一是事实方面的争议，即退股协议书中约定香港联达实业公司总投资款中超出合营合同约定其应出资的491 670元属于该公司投资款或香港联达实业公司出借给南安市官桥水产冷冻厂的借款。二是法律方面的争议，即退股协议书法律效力问题。

关于第一个问题，根据退股协议书第三条约定，南安市官桥水产冷冻厂应分期偿还香港联达实业公司投资本金2 191 670元，为总投资2 591 670元扣除分担亏损额 40 万元。当事人对该条款的理解存在的争议，从法律上说是合同的解释问题。对合同解释的规则，《合同法》第一百二十五条作出了规定。福建省南安市人民法院依照该条第一款规定的文义解释方法，按照协议书使用的词句，认定香港联达实业公司对合营公司的实际投资额为2 591 670元，即合营合同约定其应出资额为 210 万元，而香港联达实业公司实际出资2 591 670元，超出合同约定的出资额的491 670元属于该公司在实际经营中多投资的款项。而二审法院以香港联达实业公司主张该款项为对南安市官桥水产冷冻厂借款的证据，即该公司向法院提供的时间为 1993 年 11 月 8 日、客户为泉州市联达建筑石材有限公司的发票及 1994 年 10 月 31 日库存物资报表，认定该款系泉州市联达建筑石材有限公司拖欠香港联达实业公司的货款。然而，法院应该注意到的是，泉州市联达建筑石材有限公司即香港联达实业公司和南安市官桥水产冷冻厂合资设立的合营企业。香港联达实业公司和南安市官桥水产冷冻厂作为泉州市联达建筑石材有限公司的股东，有权通过协商达成协议，将香港联达实业公司对合营企业的债权转化为股权。双方签订的退股协议书经过公证机关公证，其内容体现了当事人的真实意思表示。因此，依照民商事活动意思自治原则，认定合营双方在签订退股协议书时，达成将港方股东对合营企业的债权转化为其股权的协议，既符合当事人当时的真实意思表示，也不违反法律、行政法规的规定。

关于第二个问题，即退股协议书的效力问题，一、二审法院作出了不同的认定，两者分歧点是：(1) 退股协议书的内容是否合法；(2) 退股协议书在完成审批手续和营业执照变更登记手续前的法律效力。关于第一点，二审法院认为，退股协议书实际上是约定香港联达实业公司退股撤资，将其尚持有的 25% 股权转让给南安市官桥水产冷冻厂，双方合资企业泉州市联达建筑石材有限公司由官桥水产冷冻厂独资经营，该约定违反了公司法关于有限责任公司由二个以上股东共同出资的规定，其内容违反法律规定。中外合资经营企业的中、外方股东是否有权达成一方将其持有的全部股权转让给另一方的协议？笔者认为，法律没有禁止中外合资经营企业的一方股东将其持有的全部股权转让给另一方，因股权转让致使企业出资者只剩一人，不符合有限责任公司条件，但并不妨碍企业登记设立为独资企业。因此，退股协议书的内容并不违反法律、行政法规的规定。只是由于该股权转让协议改变了合营企业性质，并且可能导致企业形式的变更，应办理相关的审批及营业执照变更登记手续。法院不能仅以退股协议书约定港方合资者退股撤资而确认其无效。

关于第二个分歧点，根据最高人民法院《关于适用〈中华人民共和国合同法〉若干问题的解释（一）》（以下简称《合同法解释（一）》）第四条的规定，合同法实施后，人民法院确认合同无效，应当以全国人民代表大会及其常务委员会制定的法律和国务院制定的行政法规为依据。《合同法解释（一）》第九条同时规定，法律、行政法规规定合同应当办理批准手续，或者办理批准、登记等手续才生效，在一审法庭辩论终结前当事人仍未办理批准手续的，或者仍未办理批准、登记等，人民法院应当认定该合同尚未生效，法律、行政法规规定合同应当办理登记手续，但未规定登记后生效的，当事人未办理登记手续不影响合同的效力，合同标的物所有权及其他物权不能转移。关于中外合资经营企业的股权转让，根据《中外合资经营企业法实施条例》第十七条、第二十四条规定，修改合营企业协议、合同、章程应报经审批机构批准后生效，并向登记管理机构办理变更登记手续。本案的股权转让改变了企业性质，其内容实质是解散合营企业，根据《中外合资经营企业法实施条例》第一百零二条规定，应由董事会提出解散申请书，报审批机构批准。由于香港联达实业公司和南安市官桥水产冷冻厂仅签订了关于解散合营企业退股协议书，但在一审法庭辩论终结前未办理审批及变更登记手续，一审法院根据《合同法解释（一）》的有关规定，确认退股协议书尚未生效，不发生履行效力，判决香港联达实业公司返还据此多收的股权转让金251 670元给南安市官桥水产冷冻厂。二审法院则认为退股协议书未报经审批机关批准和登记机关变更登记，故认定无效。两级法院发生分歧的原因在于对《合同法解释（一）》关于合同效力规定的理解不同。综合《合同法解释（一）》有关合同效力的第四条、第九条规定，可以看出最高人民法院的司法解释将审批、登记手续对合同的效力的影响分为三种情况：（1）全国人民代表大会及其常务委员会制定的法律和国务院制定的行政法规规定，应办理审批手续，并且未办理审批手续无效；（2）法律、行政法规规定合同应当办理批准手续，或者办理批准、登记等手续才生效，但未规定未办理审批手续无效；（3）法律、行政法规规定合同应当办理登记手续，但未规定登记后生效。最高人民法院的这一解释体现了尊重当事人意思自治，减少国家对当事人民商事活动的干涉的精神。本案属于第二种情况，应确认合同未生效，如果当事人补办审批和变更登记手续，仍可以发生法律效力。在合同生效前，双方当事人的权利、义务应恢复到生效前的状态。如认定合同无效，不符合最高人民法院的司法解释的精神。从本案的情况看，香港联达实业公司签订退股协议书后，即完全退出了合营企业的经营。而南安市官桥水产冷冻厂利用对合营企业的控制权，继续以中外合资经营企业的名义经营，虽然支付了部分股权转让金，但拒不办理解散合营企业的审批手续。待合营企业因经营情况严重恶化而停产后，又以退股协议书无效为由，违背签订退股协议书时的真实意思，要求香港联达实业公司返还股权转让金。法院确认退股协议书无效，意味着当事人无法通过补办审批、登记手续而使之生效，港方合营者的合法权益将无法得到救济。

（尤江岚）

## 90. 张润成诉华夏证券公司连云港证券交易营业部证券交易代理合同案

### （一）首部

1. 判决书字号：江苏省连云港市连云区人民法院（2000）港经初字第343号。

2. 案由：证券交易代理合同案。

3. 诉讼双方

原告：张润成，男，1957年10月21日出生，汉族，连云港市人，连云港市鲁成实业发展有限公司经理。

被告：华夏证券公司连云港证券交易营业部（以下简称连云港营业部）。

代理人：王兴武，经理。

委托代理人：朱德堂，江苏红五星律师事务所律师。

委托代理人：徐道波，江苏连云港维尔利律师事务所律师。

4. 审级：一审。

5. 审判机关和审判组织

审判机关：江苏省连云港市连云区人民法院。

合议庭组成人员：审判长：浦洪；审判员：顾猛；代理审判员：李玉华。

6. 审结时间：2001 年 9 月 3 日。

**（二）诉辩主张**

1. 原告诉称：原告于 1999 年 11 月底在连云港营业部墟沟服务部（以下简称墟沟服务部）开户，并被指定在墟沟服务部交易大厅内交易。2000 年 3 月 25 日，原告按照中国证券监督管理委员会（以下简称中国证监会）颁布的新股发行办法，对改革后的第二支新股“亿阳配售”进行申购，并于第二天获得 25 个配号，随即在同年 3 月 27 日非常幸运地中签了该支股票的 1 000 股原始股。按照中国证监会 2005 号文件规定的细则：被告“应在交易场所的显著位置张贴中签结果”，而被告却未在墟沟服务部张贴该支股票的中签结果公告。致使原告丧失知情权，从而未能购得该支股票的原始股。2000 年 7 月 20 日，“亿阳信通”上市，当日最高成交价即为 66.58 元/股（原始股价 18.24 元/股）。至此，被告给原告权益造成的损害已实际形成，差价损失48 340元。请求人民法院判令被告给付原告“亿阳信通”上市首日交易价格与该支股票原始股配售价格之间的差价损失48 340元（66.58 元×1 000 股－18.24 元×1 000 股），并对原告知情权丧失予以赔偿人民币 3 万元。

2. 被告辩称：（1）原告未备足认购资金是其丧失原始股票购得权的直接原因。原告因自己的过错造成损失，向被告主张于法无据。（2）被告已经充分、适当地履行了委托代理义务，并无任何过错。被告已根据原告的账户金额为原告代购了 63 股“亿阳信通”。（3）原告诉称被告未履行中国证监会 2000 年第 5 号通知规定的张贴中签结果公告的义务，无事实依据和法律依据。被告已在营业部内张贴了中签结果公告。中国证监会要求证券公司营业部在交易场所的显著位置张贴，并没有任何规定要求在服务部张贴，而墟沟服务部并不是交易场所，因此，被告无张贴的义务。原告也有多种途径可以查询中签结果。（4）被告代理原告进行新股认购行为是无偿代理行为，无故意或重大过失行为，不负赔偿委托人损失的义务。请求人民法院依法驳回原告的诉讼请求。

**（三）事实和证据**

江苏省连云港市连云区人民法院经审理查明：被告连云港营业部成立于 1997 年 12 月 8 日。为了方便连云地区的股民从事证券投资，连云港营业部在连云区墟沟海棠路工商银行楼上设立了墟沟服务部，但未经有关部门的批准。墟沟服务部为股民提供即时行情服务（大屏幕）、电话委托、自助委托服务（网上委托交易）、咨询服务等。1999 年 11 月底，墟沟服务部工作人员代表被告与原告张润成签订了代理有价证券交易协议书，该协议书为格式条款合同。协议约定，客户委托证券交易和证券商接受委托，应遵守国家的法律、法规和证券交易所的有关规定；此外还规定了双方的风险和责任划分等方面的内容。同时原告在被告处开立了资金账户，成为被告的股民。

2000 年 2 月 13 日，中国证监会以证监发行字（2000）5 号《关于向二级市场投资者配售新股有关问题的通知》（以下简称《通知》）向上海、深圳证券交易所及各证券公司发出通知，自 2000 年 2 月 22 日起，在新股发行中试行向二级市场投资者配售新股。主要内容：在新股发行时，将一定比例的新股由上网公开发行改为向二级市场投资者配售，投资者根据其持有上市流通证券的市值和折算的申购限量，自愿申购新股；投资者每持有上市流通证券市值 1 万元限申购新股 1 000 股，申购新股的数量应为 1 000 股的整倍数；投资者申购新股时，无须预先交纳申购款；当有效申购总量大于拟向二级市场投资者配售的总量时，证券交易所按1 000股有效申购量配一个号的规则，对有效申购量连续配号。主承销商组织摇号抽签，投资者每中签一个号配售新股1 000股；中签的投资者认购新股应缴纳的股款，由证券营业部直接从其资金账户中扣缴。因投资者认购资金不足，不能认购的新股，视同放弃认购。具体操作程序：（1）T－2（注：表明时间，其中“T”代表申购日）刊登招股说明书概要；（2）T－1刊登发行公告；（3）T＋0自愿申购；（4）T＋1摇号抽签，证券营业部在交易场所的显著位置向投资者公布配号结果；主承销商在公证机关的监督下组织摇号抽签；（5）T＋2公布中签结果。证券营业部在交易场所的显著位置张贴中签结果公告，主承销商在中国证监会指定报纸上公布抽签结果；（6）T＋3收缴股款，各证券营业部向中签投资者收取新股认购款。账户资金不足，视同放弃认购。

2000年3月25日，原告张润成参与了新股改革后第二支新股“亿阳信通”股票配售的委托申购。原告持有的上海证券交易所上市流通证券市值25万余元，其有效申购数量为2.5万股，应获配号25个。2000年3月27日、3月28日，被告连云港营业部未在墟沟服务部公布和张贴该支股票的配号结果和中签结果公告。原告张润成亦未通过其他途径自行查询。2000年3月30日，原告张润成发现自己已实际购得63股“亿阳信通”，即去连云港营业部本部打印成交交割单，发现自己在2000年3月27日中签1 000股“亿阳信通”，但由于2000年3月29日其资金账户资金仅有1 154.84元，故仅能认购63股（每股发行价为18.24元）。原告遂向被告交涉，双方协商未果。2000年7月20日，“亿阳信通”在上海证券交易所上市（股票代码600289），开盘价即为65元，当日最高价为66.58元，最低为61.18元，收盘价为63.55元。2000年10月20日，原告张润成以每股57.25元的成交价格卖出购得的63股“亿阳信通”。

**（四）判案理由**

江苏省连云港市连云区人民法院认为：原、被告双方签订的代理有价证券交易协议书系双方的真实意思表示，依法成立，具有法律效力。原、被告之间因此形成委托与代理合同关系。我国相关法律、法规及作为证券行为主管部门的中国证监会制定的规章、交易规则等规范性文件所确定的证券公司及投资者的权利、义务内容双方均应享有和承担，并应视为协议的一部分。墟沟服务部为原告等股民提供了除柜台委托以外的其他方式的委托交易服务，其并不仅仅是提供股市行情服务的场所。墟沟服务部设立后，股民不必到连云港营业部本部，而在墟沟服务部即可完成证券交易，故墟沟服务部符合交易场所的特征，且已基本具备交易场所的功能。墟沟服务部不能打印交割单等事实，是被告提供的服务不够全面的客观表现，并不能因此否认其交易场所的性质。墟沟服务部是被告设立的交易场所之一。被告应当为其在墟沟服务部交易的股民提供与营业部本部相当的服务，应当按照中国证监会《通知》的要求在墟沟服务部张贴“亿阳配售”的申购配号公告及中签结果公告。被告连云港营业部主张原告张润成有义务通过查阅公告以外的其他途径主动查询配号结果和中签结果，但并没有法律、法规或其他规范性文件规定股民有此义务。若股民均有此义务，则中国证监会要求证券公司营业部张贴公告即失去了意义。我国证券法规定买卖成交后，证券公司应当按规定制作买卖成交报告单交付客户。按此规定，原告在委托被告申购后，被告应当将申购结果包括配号结果和已中签结果告知原告。由于申购股民数量庞大，且时间紧迫，规定证券公司营业部在交易场所的显著位置张贴公告是根据客观情况作出的变通规定。自张贴中签结果公告至收缴股款有一天时间，若被告即时张贴公告，原告张润成有一天的备款时间，且原告当日拥有远远超出 1 000 股亿阳信通发行价金额的有价证券，原告具备认购能力。被告未在墟沟服务部张贴中签结果公告与原告未能购得 937 股“亿阳信通”原始股有法律上的因果关系，故被告连云港营业部提出的四点辩论意见不能成立。综上所述，被告连云港营业部未履行中国证监会《通知》中确定的向在其墟沟服务部委托申购“亿阳配售”的股民公布配号结果和中签结果，系履行委托合同过程中的违约行为，应赔偿因其违约行为而给原告造成的经济损失。因原告已实际购得 63 股“亿阳信通”原始股，本院对原告诉讼请求中 1 000 股“亿阳信通”发行价与上市后差价损失中的 937 股部分予以支持；损失计算标准，本院以原告出售已购得的 63 股的成交价作为计算依据，同时应扣除合理的交易费用。原告主张“知情权”丧失赔偿3 000元的诉讼请求，无法律依据，不予支持。

**（五）定案结论**

江苏省连云港市连云区人民法院根据《中华人民共和国民法通则》第四条，《中华人民共和国证券法》第一百四十条第一款，《中华人民共和国合同法》第一百一十三条第一款、第四百零六条第一款的规定，作出如下判决：

1. 被告连云港营业部于本判决生效后 10 日内赔偿原告张润成人民币36 278.23元。

2. 驳回原告张润成要求被告连云港营业部对其“知情权”丧失赔偿3 000元的诉讼请求。

案件受理费1 940元，其他诉讼费 970 元，合计2 910元，由原告承担 400 元，被告承担2 510元（因原告已预交，被告承担部分于给付赔偿款时一并给付原告）。

**（六）解说**

本案纠纷是基于被告营业部未履行告知义务，致使原告张润成未能购得中签原始配售股票而引发的可得利益损失求偿纠纷。争议焦点有两个：一是墟沟服务部未张贴中签结果公告与原告张润成未购得新股是否存在法律上的因果关系；二是对求偿部分以什么标准予以确定。

由于第一个争议焦点属于本质争议，双方在以下方面分歧重大：（1）墟沟服务部是否属于交易场所及有无义务张贴配号公告、中签结果公告。原告认为，墟沟服务部是交易场所，因为他是由被告指定并且也一直在墟沟服务部进行交易的；被告则认为，墟沟服务部不是交易场所，而只是其提供的便民场所，主要为股民提供股市行情服务，不能进行柜台委托，不能打印交割单。所以，墟沟服务部不是交易场所，也就无义务张贴有关中签公告。（2）原告张润成有无义务通过其他途径主动查询中签结果。原告张润成认为，其没有义务主动查询。因为没有任何依据要求股民主动查询，中国证监会的《通知》要求证券公司营业部张贴公告，并未要求股民通过其他途径查询，《证券法》也规定，证券公司应当在买卖成交后，应将成交报告单交付客户；被告营业部则认为，原告有义务到营业部本部查询，或通过电话、网络、报刊等途径查询。（3）对未在墟沟服务部张贴中签结果公告与未购得新股事实之间的关系问题。原告认为，因未张贴公告，使其丧失了知情权，从而未能购得 937 股“亿阳信通”原始股；被告认为，原告了解中签结果的途径不仅一条，原告作为股民，有责任通过多种途径了解自己是否中签。其作为投资者，对自己的投资漠不关心，不履行自己应尽的义务，致使其无法知晓中签结果。

笔者认为，争议双方签订的代理有价证券交易协议书系双方的真实意思表示，由此形成委托与代理合同关系。我国相关法律、法规及作为证券行业主管部门的中国证监会制定的规章、交易规则等规范性文件所确定的证券公司及投资者的权利、义务内容等，双方均应享有和承担。墟沟服务部为股民提供除柜台委托以外的其他方式的委托交易服务，其并不仅仅是提供股市行情服务的场所。墟沟服务部设立后，股民不必到营业部本部，而在墟沟服务部即可完成证券交易。故墟沟服务部符合交易场所的特征，且已基本具备交易场所的功能。墟沟服务部不能打印交割单等事实，是营业部提供的服务不够全面的客观表现，并不能因此否认其交易场所的性质。墟沟服务部是营业部设立的交易所之一，其应当为在墟沟服务部交易的股民提供与营业部本部相当的服务，应当按照中国证监会《通知》的要求在墟沟服务部张贴“亿阳信通”的申购配号公告及中签结果公告。被告主张原告也有义务通过查阅公告以外的其他途径主动查询配号结果和中签结果，但并没有法律、法规或其他规范性文件规定股民有此强制性义务。另外，若股民均有此义务，则中国证监会要求证券公司营业部张贴公告即失去了意义。我国《证券法》规定买卖成交后，证券公司应当按规定制作买卖成交报告单交付客户；按此规定，原告在委托被告申购后，被告应当将申购结果（包括配号结果和已中签结果等）告知原告。规定证券公司营业部在交易场所的显著位置张贴公告是根据客观情况作出的变通规定。从案情来看，自张贴中签结果公告至收缴股款有一天时间，若营业部及时张贴公告，原告有一天的备款时间，且其当日拥有远远超出 1 000 股“亿阳信通”发行价金额的有价证券，具备认购能力，因此，被告未在墟沟服务部张贴中签结果公告与原告未能购得 937 股“亿阳信通”原始股有法律上的因果关系，被告未履行向在其墟沟服务部公布委托申购“亿阳配售”股民的配号和中签结果，系履行委托合同过程中的违约行为。原告主张因此造成的损失，被告应予赔偿。因原告已实际购得 63 股“亿阳信通”原始股，法院应对原告诉讼请求中 1 000 股“亿阳信通”发行价与上市后差价损失中的 937 股部分予以支持。

对原告诉请的可得利益即其损失的计算标准，审理中，有以下四种不同的意见：

1. 以 2000 年 7 月 20 日“亿阳信通”股上市时的开盘价 65 元作为赔偿的依据。理由是：被告未履行张贴公告的义务致使原告于 2000 年 3 月 27 日丧失购得原始股的机会，被告已违约并应赔偿原告的损失。但该损失在股票上市前是无法确认的，只能以股票上市时的开盘价为依据计算原告的损失。另外，亦不能以股票上市开盘后的价格为依据，因为股票作为一种有价证券，上市后的股价经常处于涨跌之中，难以确定以何时的股价作为赔偿的标准。

2. 以原告提起诉讼时当天的最高价作为赔偿的依据。理由是：当原告得知已中签但未能购得“亿阳信通”原始股后，遂与被告交涉，要求赔偿。但直至该支股票上市后，双方仍未能对赔偿一事达成协议。原告于 2000 年 9 月 14 日向人民法院提起诉讼，通过行使诉权来要求被告赔偿其损失。但因“亿阳信通”在诉讼阶段的股价仍是不断变化的，故只能以 2000 年 9 月 14 日立案时即原告主张权利时该支股票当天的最高价作为赔偿的标准。

3. 以“亿阳信通”股上市后至人民法院判决前，该支股票的平均价作为赔偿的依据。理由是股票的价格不同于其他物价，加之股票市场千变万化，股价随时都在不断涨跌之中，因此，无法确定原告的损失达到何种程度。只能依据“公平原则”，以该支股票上市后至人民法院判决前的平均价作为赔偿标准。

4. 以原告卖出已购得63股"亿阳信通"原始股的成交价作为损失计算依据。笔者赞同这一观点。

股民作为证券投资者，以受益最大化为其追求目标。而要实现该目标，在理论上应于股票在最低价位时买进，在最高价位时卖出。在本案中，原告系申购原始股，发行价格是确定的，那么，损失额则决定于卖出该原始股时的价格。股票的交易价格是不固定的、动态的，甚至是震荡的。不同的投资者把握交易时机的能力是不尽相同的，而且对这种能力很难作出准确的评价。因此，司法实务中，出现多种意见也是正常的。但从本案原告已实际购得63股、并且在一定时间后卖出的事实来看，原告以每股57.25元卖出已购的63股"亿阳信通"，便是原告把握交易时机能力的实际体现。与采用其他观点相比，以此作为本案损失计算依据，可以更为准确，也更为直观地反映出原告损失的程度。

在此，笔者认为，证券交易比其他民事行为更多地体现出追求可得利益的目的，投资者对上市股票的买卖无不以追求赢利为最初动机。因此，这种行为更为符合可得利益所具有的期待性、未来性、客观性法律特征。但就本案争议而言，我国《证券法》有关民事责任的规定未明确涉及，这不能不说是一种缺憾。这是因为，在证券市场中，只有广大投资者才是市场的真正主体，《证券法》的全部条文关于保护投资者个人合法利益的民事责任规定极少，即是经济立法上重行政、刑事责任而轻民事责任倾向的反映。因此，在强化民事责任的作用方面应引起重视，以发挥司法审判在最终解决证券交易纠纷中的功能。

（周　澎）

## 91. 严柳珍诉广西证券有限责任公司梧州桂江二路证券营业部证券交易案（透支交易）

### （一）首部

1. 判决书字号

一审判决书：广西壮族自治区梧州市万秀区人民法院（2000）万经初字第11号。

二审判决书：广西壮族自治区梧州市中级人民法院（2000）梧经终字第65号。

再审判决书：广西壮族自治区梧州市中级人民法院（2001）梧民再终字第25号。

2. 案由：证券透支交易案。

3. 诉讼双方

原告（上诉人、再审申请人）：严柳珍，女，1950年8月25日出生，汉族，住梧州市工厂一路大山脚1号。

诉讼代理人（一、二、再审）：黄正红，争鸣律师事务所律师。

被告（被上诉人、再审被申请人）：广西证券有限责任公司梧州桂江二路证券营业部（以下简称证券营业部）。

负责人：伍燕玲，经理。

诉讼代理人（一审）：赵法，桂江律师事务所律师。

诉讼代理人（二审）：刘荣进，东中律师事务所律师。

诉讼代理人（再审）：李安华，远东律师事务所律师。

诉讼代理人（一、二、再审）：李宁，证券营业部职员。

4. 审级：二审、再审。

5. 审判机关和审判组织

一审法院：广西壮族自治区梧州市万秀区人民法院。

合议庭组成人员：审判长：杨龙章；审判员：方志宗、金明。

二审法院：广西壮族自治区梧州市中级人民法院。

合议庭组成人员：审判长：柳裕庆；审判员：吴大平、周春兴。

再审法院：广西壮族自治区梧州市中级人民法院。

合议庭组成人员：审判长：周松贤；审判员：邝淑华；代理审判员：林远。

6. 审结时间

一审审结时间：2000 年 6 月 16 日。

二审审结时间：2000 年 10 月 27 日。

再审审结时间：2001 年 12 月 20 日。

**（二）一审诉辩主张**

1. 原告诉称：1998 年 11 月，我在证券营业部开设股票账户一个，因不大懂股票知识，与朋友共同操作买卖股票。1998 年 12 月 3 日，我在证券营业部开设的账户内以每股约 248 元价格购买了 134 股南化转债券，后以电话委托卖出了 1 股。1999 年 5 月 17 日，用电话委托以每股 203 元卖出 133 股。过几天发现账户多了许多钱，还以为是朋友增资（因为双方曾商议过增资），便用账户内的钱买了川长江、北大车行等股票。至同年 6 月 25 日，账户股票余额为川长江28 300股、北大车行3 200股。同年 6 月 26 日左右，证券营业部通知我到其处，称我卖了证券营业部1 000多股南化转债券，原因在于我买进 134 股南化转债券时，电脑出错，将交易量扩大了 10 倍，即实际买了1 340股，证券营业部因此而垫支该股1 206股资金，并称该债券与其他股票有很大区别，账面上显示是 100 股，但实际持有是1 000股。此时，我估计多出的资金可能与证券营业部有关，于是表态，如果证券营业部有材料证明该款是证券营业部的，可以退还本金并给一定的利息给证券营业部。但证券营业部则认为，我卖了证券营业部的南化转债券，再用所得款购买了川长江、北大车行等股票，故应按其垫支款所占比例分享利润或退还1 206股南化转债券。对此我不同意，并表示我开始并不知道该款是谁打入的，是善意占用这笔款来买股票，股票所有权应属于我本人，盈亏后果由我承担，我与证券营业部只是金钱债务关系，不同意证券营业部上述做法，并称协商不了，可以找有关部门处理。但后来证券营业部即分别于同年 6 月 28 日、29 日擅自卖出我账户内的26 900股川长江（2000 年 3 月 13 日川长江最高价为 17.58 元），北大车行2 200股（该股 10 送 3 后最高价为 18 元），并划走所得款项。证券营业部擅自卖出我账户内股票，属于侵权行为，应赔偿我的损失171 964元及逾期付款利息。

2. 被告辩称：1998 年 12 月 3 日，我部财务人员对当日交易业务进行财务处理时，发现账务偏差，随之查账发现，上海证交所清算交割表显示当日我部账户交易了 134 手（1 340张）南化转债券，清算金额为332 880元。从我部电脑库存资料显示，当日仅严柳珍两次委托我部购买南化转债券。其中，第一次委托以 250 元/张买入 130 张。随即撤单成立的同时，又委托以 248 元/张买入 120 张。由于我部电脑系统中交易南化转债券系统出现技术故障，将严柳珍委托以 252 元/张买入 130 张债券的信号误定为 130 手（1 300 张）输入委托库进行交易。实际交易了 140 张时，严柳珍委托撤单成立的同时，又将严柳珍再次委托以 248 元/张买入 120 张债券的信号误定为 120 手（1 200张），输入委托库交易。我部两次将错误信号输入委托库交易，造成我部出资300 191.18元误购南化转债券1 206张。由于当日委托买入南化转债券的 2 次信号是从严柳珍账户发出，因此，严柳珍购买的债券和我部的电脑故障误购的债券一并落入严柳珍账户内。根据《民法通则》第五十四条、第六十三条和第七十二条之规定，严柳珍委托我部购买 134 张南化转债券，属于有效委托，严柳珍仅支付了33 288元对价。所以，严柳珍对 134 股南化转债券拥有所有权。而我部电脑技术故障误购1 206股南化转债券，并动用了相应的资金，所以，我部对1 206股南化转债券拥有所有权。严柳珍称其对1 206股南化债券拥有所有权的观点没有合法根据。

1999 年 6 月 28 日、29 日，我部强行卖出严柳珍账户中26 900股川长江股票和2 200股北大车行股票，收回资金和合法收益的行为，是完全合法、有效的。如前所述，1 206股南化转债券的所有权属于我部所有，而严柳珍在 1999 年 5 月 17 日出卖自己的南化转债券时，也将我部为1 206股南化转债券出卖。随之，严柳珍运用我部的资金进行了营利性的股票炒作买卖的行为没有合法根据，是取得不当得利的行为。我部发现严柳珍出卖自己的1 206股南化转债券后，利用该笔款进行营利性股票交易时，即设法联系严柳珍协商解决此问题未果的情况下，根据《民法通则》第九十二条和最高人民法院《关于贯彻执行〈中华人民共和国民法通则〉若干问题的意见》第一百三十一条规定，为了及时制止股票投资风险而殃及自己利益受损害的事情发生，惟有将严柳珍账户内属于我部所有权的股票及利用不当得利投资股票而孳生所得的应收利益一并强行出卖。我部收回资金及应得的合法利益的行为合法、有效，严柳珍诉称我部的行为侵害其合法权益于法无据。综上所述，严柳珍诉请无理，请求法院驳回严柳珍的诉讼请求。

**（三）一审事实和证据**

广西壮族自治区梧州市万秀区人民法院经公开审理查明：1998 年 5 月 28 日，严柳珍在证券营业部处开设账户进行股票买卖。1998 年 12 月 3 日，严柳珍用电话形式以 252 元/股价格委托证券营业部买入 130 股（张）南化转债券。由于证券营业部电脑技术故障而错误地将严柳珍委托购买 130 股处理为 130 手（每手为 10 股），实际成交为 14 手 140 股，金额为35 350.56元（含佣金 70.56 元）；此后严柳珍撤单。接着又以 248 元/股委托证券营业部买入 120 股南化转债券，证券营业部电脑又错误地将 120 股处理为 120 手（1 200 股），金额为298 195.20元（含佣金 595.20 元）。严柳珍当时真实原意是委托证券营业部买入 134 股南化转债券，但证券营业部却为严柳珍实际买入了1 340股南化转债券。为此，共动用资金333 545.90元，除严柳珍当日账上可用保证金为35 589.17元（含严柳珍账户余额 238.47 元）外，其余资金298 195.20元均为证券营业部垫资。1999 年 1 月 22 日，严柳珍以 233 元/股出卖 1 股南化转债券，但证券营业部电脑错误处理为严柳珍出卖 1 手（10 股），得款2 330 元（含佣金 5 元）。1999 年 5 月 17 日，严柳珍以 203 元/股卖出 133 股南化转债券，而证券营业部电脑错误处理为1 330股出卖，得款269 990元（含佣金

539.98元），并将两次出卖南化转债券所得款271 775.02元（已减去佣金544.98元）转入严柳珍保证金账户。至1999年5月17日止，严柳珍保证金账户资金余额为272 013.63元（含账户原有余额238.61元）。此时，严柳珍已明知自己的保证金账户资金与原有资金不符，证券营业部亦知道其垫资的资金划入了严柳珍保证金账户中，但双方未作任何处理。

1999年5月21日至6月16日，严柳珍利用其保证金账户上资金272 013.63元进行川长江、北大车行等股票买卖，证券营业部亦按正常的操作收取严柳珍股票交易的佣金等费用。截至1999年6月27日，严柳珍账户资金余额为6 110.07元，股票余额：川长江28 300股、北大车行3 200股。1999年6月26日，证券营业部通知严柳珍到证券营业部进行协商，因原告、证券营业部对电脑出错造成后果处理问题而协商未果。1999年6月28日，证券营业部未经得严柳珍同意采取应急措施出卖严柳珍股票账户中的川长江股票24 500股（每股12.43元），得款304 544.75元，北大车行股票2 200股，其中以每股15.70元出卖1 600股，以每股15.94元出卖600股，得款34 684.34元；同年6月29日，证券营业部又以每股12.8元出卖川长江2 400股，得款30 727.80元。至此证券营业部共出卖严柳珍股票账户中的川长江26 900股和北大车行2 200股，两项合计得款369 956.89元。后证券营业部从严柳珍保证金账户中划走资金总额366 227元。此时，严柳珍保证金账户资金余额为9 832.96元，股票账户余额为川长江股票1 400股（市值每股12.67元，价值17 738元）、北大车行1 000股（市值每股16.88元，价值16 880元），三项合计为44 450.96元。经核，严柳珍从1998年12月3日以自有资金35 589.17元加上证券营业部电脑错误垫资298 195.20元，合计333 784.37元进行股票买卖，至证券营业部于1999年6月29日强行出卖严柳珍股票时止总收益为76 893.59元。具体计算方式：证券营业部划走366 227元加上严柳珍账户资金余额9 832.96元加上川长江1 400股市值17 738元加上北大车行1 000股市值16 880元减去严柳珍原有资金35 589.17元减去证券营业部垫支298 195.20元得出收益76 893.59元。1999年6月30日，证券营业部将处理误购南化转债券问题的通知发给严柳珍。严柳珍收到证券营业部信函后，不同意证券营业部的处理方案，于1999年12月17日以证券营业部证券侵权为由向本院提起诉讼，请求判令证券营业部赔偿因侵权而造成的损失，并在诉讼中增加诉讼请求数额，要求证券营业部赔偿损失279 564元及利息。证券营业部以上述答辩理由拒赔，请求法院驳回严柳珍的诉讼请求。

另查明，证券营业部从1998年12月3日至1999年6月29日期间，共收取严柳珍股票交易佣金6 390.83元和代收印花税5 920.08元。

上述事实有下列证据证明：

1. 严柳珍开设资金与证券账户的有关资料。

2. 严柳珍在证券营业部开设的现金与证券账户内的资金与证券交割清单。

3. 1999年6月30日证券营业部就处理误购南化转债券而发给严柳珍的通知函。

**（四）一审判案理由**

广西壮族自治区梧州市万秀区人民法院认为：严柳珍委托证券营业部买卖股票，应该本着公平、诚实信用原则，遵守证券交易的有关规定，在自有资金担保的额度内进行股票交易。证券营业部在接受严柳珍委托后，因电脑故障，错误地将严柳珍的交易额扩大10倍，使严柳珍在没有合法根据的情况下，取得超过自有资金的款项。严柳珍取得多于自有资金的款项属于不当得利。根据《民法通则》第九十二条的规定，严柳珍取得不当得利，造成证券营业部的损失，应当将取得的不当得利298 195.20元返还给证券营业部。证券营业部在严柳珍未能及时返还所垫支的资金时，根据证券交易的有关规则，强行出卖严柳珍账户相应的股票，收回资金，证券营业部虽然未在规定的第二个交易日前强行平仓，有过错故意，但未造成严柳珍的损失。证券营业部明知严柳珍利用因不当得利而获得的资金进行股票交易，而未及时采取措施加以制止，并按正常交易收取严柳珍的交易佣金等费用，这些行为属于法律、法规及行业惯例严格禁止的行为，所以，双方因此而获得的收益（包括盈利和佣金等）应予收缴。根据最高人民法院《关于贯彻执行〈中华人民共和国民法通则〉若干问题的意见（试行）》第一百三十一条之规定，对严柳珍、证券营业部利用不当得利所取得的其他利益（含盈利76 893.59元和佣金5 709.42元），扣除严柳珍劳务管理费，即盈利 10%（7 689.36元）后，予以收缴（另行制作民事制裁决定书）。严柳珍主张证券营业部赔偿其损失，于法无据，应予驳回。但证券营业部划款后存于严柳珍账户上的股票归严柳珍所有，证券营业部应付严柳珍款项6 206.35元。其计算公式为，严柳珍本金35 589.17元加上运用自有资金买卖股票应分得收益7 378.78元加上证券营业部应付严柳珍劳务管理费7 689.36元，减去严柳珍当日股票市值及账户余额共44 450.96元得出。

**（五）一审定案结论**

广西壮族自治区梧州市万秀区人民法院根据《中华人民共和国民法通则》第四条、第九十二条、最高人民法院《关于贯彻执行〈中华人民共和国民法通则〉若干问题的意见（试行）》第一百三十一条之规定，作出如下判决：

1. 原告严柳珍返还不当得利298 195.20元给证券营业部（该款证券营业部已取回）。
2. 证券营业部给付原告严柳珍6 206.35元,应在本判决生效后 10 日内返还原告严柳珍。
3. 驳回原告严柳珍的其他诉讼请求。

本案案件受理费 6 560 元，其他诉讼费1 300元，共计7 860元，由原告严柳珍负担5 220元，证券营业部负担2 640元。

**（六）二审情况**

1. 二审诉辩主张

（1）上诉人诉称：第一，一审认定事实错误，严柳珍占用的资金应以卖出南化转债券时244 818元为准。第二，严柳珍属于善意占用证券营业部的资金；所购股票为记名股票，所有权归严柳珍；严柳珍只需返还同类相等数额资金及利息即可。第三，证券营业部擅自卖出严柳珍的股票已构成侵权，一审认定证券营业部行为合法无事实和法律依据。

（2）被上诉人辩称：第一，严柳珍超出保证金进行交易于法无据，应当返还；证券营业部因电脑失误，垫资购进股票，依法应拥有所有权；证券营业部将严柳珍的股票平仓，是依法行使职权。第二，原审对本案认定为不当得利是正确的，二审应予维持。

2. 二审事实和证据

广西壮族自治区梧州市中级人民法院经公开审理，确认了一审法院认定的事实和证据。

3. 二审判案理由

广西壮族自治区梧州市中级人民法院经审理认为：严柳珍委托证券营业部买卖股票，证券营业部在接受严柳珍的委托后，因电脑故障，错误地将严柳珍的交易额扩大 10 倍，并为此垫支多购股票资金，一审据此认定严柳珍取得多于自有资金的款项属于不当得利是正确的，虽然证券营业部事后即知，并对严柳珍使用该资金持默认的态度，但并不影响严柳珍取得该款项的性质，在此情况下证券营业部对严柳珍的股票强行进行平仓并没有构成侵权。一审据此判令严柳珍将取得的不当得利返还给证券营业部，并对双方利用不当得利所取得的其他利益在扣除严柳珍劳务管理费后予以收缴是正确的。严柳珍上诉所提，理据不足，对其上诉请求不予支持。

4. 二审定案结论

广西壮族自治区梧州市中级人民法院根据《中华人民共和国民事诉讼法》第一百五十三条第一款第（一）项的规定，作出如下判决：

驳回上诉，维持原判。

上诉案件受理费6 560元，其他诉讼费 1 300 元，合计7 860元，由上诉人严柳珍负担。

**（七）再审情况**

1. 再审诉辩主张

（1）再审申请人严柳珍诉称：原判认定的事实证据不足，经济损失的承担责任不清，实体处理不公。案由不当得利定性不准，裁定收缴有误。

（2）再审被申请人证券营业部辩称：一、二审判决正确，要求再审予以维持。

2. 再审事实和证据

广西壮族自治区梧州市中级人民法院经公开审理查明：1998 年 12 月 3 日，严柳珍电话委托证券营业部买入 130 股南化转债券（252 元/股）。由于证券营业部电脑技术故障而错误地将 130 股处理为 130 手（每手为 10 股），实际成交 14 手（即 140 股）后，严柳珍撤单。接着严柳珍又委托买入 120 股南化转债券（248 元/股），证券营业部电脑又错误地将 120 股处理为 120 手（1 200股）。在两次交易中严柳珍只委托买入 134 股南化转债券，而证券营业部却为严柳珍实际买入了 1 340 股，共用资金333 545.76元，其中证券营业部垫入资金298 195.20元。严柳珍当日账上可用保证金为35 589.17元。次日证券营业部即发现错误，但未作处理。

1999 年 1 月 22 日，严柳珍以 233 元/股出卖 1 股南化转债券，证券营业部电脑同样错误地处理为出卖 1 手（10 股）。1999 年 5 月 17 日，严柳珍以 203 元/股卖出 133 股南化转债券，证券营业部电脑仍错误地处理为 1 330 股。这样两次出卖南化转债券共得款271 775.02元（已减除佣金 544.98 元）。截至 1999 年 5 月 17 日止，严柳珍保证金账户资金余额为272 013.63元（含账户原有余额 238.61 元）。

1999 年 5 月 21 日至 6 月 16 日，严柳珍用其保证金账户上资金272 013.63元进行川长江、北大车行等股票买卖，证券营业部亦按正常的操作收取严柳珍股票交易的佣金等费用。至 1999 年 6 月 27 日，严柳珍账户资金余额为6 110.07元，股票余额为川长江28 300股、北大车行 3 200股。1999 年 6 月 26 日，证券营业部与严柳珍进行协商未果，便于1999 年 6 月 28 日、29 日，擅自出卖严柳珍股票账户中的川长江26 900股、北大车行2 200股，共计得款369 956.89元，并从严柳珍保证金账户中划走366 227元。此时，严柳珍保证金账户资金余额9 832.96元，股票账户余额为川长江股票1 400股（市值 12.67 元/股，价值17 738元）、北大车行1 000股（市值 16.88 元/股，价值16 880元），以上共计44 450.96元。严柳珍于 1999 年 12 月 17 日以证券营业部侵权为由向一审法院起诉，请求判令证券营业部赔偿因侵权而造成的损失，并在诉讼中增加诉讼请求数额，要求证券营业部赔偿损失279 564元及利息。

另查明，证券营业部从1998年12月3日至1999年6月29日期间，共收取严柳珍股票交易佣金6 390.83元（其中南化转债券交易佣金为1 210.74元，川长江、北大车行交易佣金为5 180.09元）和代收印花税5 920.08元。

上述事实有下列证据证明：

(1) 严柳珍开设资金与证券账户的有关资料。

(2) 严柳珍的股票交易流程表。

(3) 证券营业部于1999年6月30日发给严柳珍的通知函。

(4) 证券营业部收取严柳珍股票交易佣金及代收印花税的凭证。

(5) 严柳珍与证券营业部在庭审中的陈述。

3. 再审判案理由

广西壮族自治区梧州市中级人民法院经审理认为：严柳珍委托证券营业部买卖南化转债券股票，证券营业部在接受委托后，因电脑技术故障，错误地将交易额扩大10倍，因此，扩大交易的损失应由证券营业部承担。买入南化转债券1 340股，用去资金共333 545.76元，卖出得款271 775.02元，损失为61 770.74元。其中属于严柳珍委托买卖的是134股（占总交易量的10%），损失为6 177.08元。证券营业部损失为55 593.66元。严柳珍自有资金为35 589.17元，除去损失后，尚余29 412.09元。证券营业部垫入资金为298 195.20元，除去损失后，尚余242 601.54元，此款应由证券营业部收回。严柳珍用证券营业部资金242 601.54元进行川长江、北大车行等股票买卖属于违反国家有关证券交易法规的行为，因此，对该交易所得利益及交易佣金，应依法收缴，上缴国库（另行制作决定书）。

严柳珍买卖川长江、北大车行等股票的本金为272 013.63元，其中242 601.54元属于证券营业部的资金，约占89.18%。严柳珍进行川长江、北大车行等股票交易所得的总收入（含本金）为410 677.96元（已平仓的股票以卖出的实际价值计，未卖出的股票价值以1999年6月29日的股票市值计），其中包括证券营业部平仓后划走的366 227元及严柳珍账户资金和股票余额共44 450.96元。因此，严柳珍买卖川长江、北大车行等股票的总利润为138 664.33元。其中属于严柳珍用证券营业部资金242 601.54元炒股所得利润为123 660.84元（138 664.33元×89.18%=123 660.84元），对此利润应予收缴。属于严柳珍自有资金所得利润为15 003.49元，加上其自有资金29 412.09元，严柳珍应得款为44 415.58元。严柳珍账户资金和股票余额共44 450.96元，已超出其应得款额35.38元。

证券营业部共收取川长江、北大车行等股票交易佣金为5 180.09元，其中属于严柳珍用证券营业部资金242 601.54元炒股的交易佣金为4 619.60元（5 180.09元×89.18%=4 619.60元），对此交易佣金应予收缴。

综上所述，严柳珍主张其用证券营业部资金炒股所得利润应属于其所有并要求证券营业部赔偿损失，没有法律依据，应予驳回。本案主要是证券营业部在南化转债券股票交易中错误扩大交易量所至，因此，证券营业部应对本案诉讼费负主要责任。

4. 再审定案结论

广西壮族自治区梧州市中级人民法院根据《中华人民共和国民事诉讼法》第一百八十四条、第一百五十三条第一款第（二）项的规定，作出如下判决：

(1) 撤销梧州市中级人民法院（2000）梧经终字第65号民事判决，撤销梧州市万秀区人民法院（2000）万经初字第11号民事判决。

(2) 驳回严柳珍的诉讼请求。

一审、二审、再审诉讼费共23 580元，由严柳珍负担7 910元，广西证券有限责任公司梧州桂江二路证券营业部负担15 670元。

另外根据《中华人民共和国民法通则》第一百三十四条第三款的规定，决定收缴严柳珍用证券营业部的资金进行股票交易所得利益及交易佣金共128 280.44元。此款应于决定生效之日起5日内向广西壮族自治区梧州市万秀区人民法院交付，其中由证券营业部交付128 245.06元，由严柳珍交付35.38元。

**(八) 解说**

本案是一个典型的股票透支交易纠纷。股票透支交易，是指在股票交易过程中，证券经营机构使客户超出账户资金购买股票的行为。股票透支交易是违反我国有关证券交易法规及证券行业规定的行为。本案中造成透支的原因开始是证券营业部工作疏忽，其计算机出错，从而使严柳珍透支买入股票；其后是证券营业部为赚取交易费和弥补损失，违反股票交易的有关规定，明知严柳珍透支进行股票交易而不作为，允许严柳珍透支。因两个原因产生的前后两种透支行为有一定的区别，前者是在严柳珍不知情的情况下，因证券营业部的过错而发生的透支交易行为，后者是双方在已知道发生了透支交易后，仍然利用透支资金进行股票交易的行为。因为证券营业部不可能在长达五个多月的时间内不知道向客户多打了三十多万元，而严柳珍更不可能对该情形不知情。故应认定双方以默认的方式形成透支交易。上海证券交易所于1993年10月"关于继续查处信用交易的通知"第二条规定，"各会员单位在受理委托中发现客户信用透支要求应坚持拒绝，有权在发现当天或最迟在下一交易日强制性'平仓'。否则，本所将追究会员单位的责任"。证券营业部没有按该规定及时通知严柳珍和进行平仓，而严柳珍在卖出债券时已经知道透支，此时严柳珍本应向证券营业部返还的透支资金应当是卖出透支购入的债券后实际占用的账内资金。但严柳珍未向证券营业部返还资金，证券营业部亦未要求严柳珍返还透支资金，这种透支交易行为是严柳珍、证券营业部均知情的情况下进行的，违反了《证券法》第三十六条关于"证券公司不得从事向客户融资或者融券的证券交易行为"的规定，对于透支交易产生的盈利，由于透支交易行为属于法律、法规及行业惯例严格禁止的行为，双方当事人对透支盈利的取得缺乏合法依据，故应将全部透支盈利予以没收。同时，对于允许客户透支的证券商，也应将其从中赚取的手续费予以没收。对于透支交易产生亏损的承担，应遵循以下两个原则：一是过错与责任相一致的原则。在处理透支交易造成的亏损时，要分析各方当事人是否有过错以及过错的性质、大小，过错和损失之间的因果关系，并据此确认民事责任的承担。二是利益与责任相一致的原则。除了强调过错责任原则外，还应贯彻利益与责任相一致的原则。在透支交易产生亏损后，对于可能因透支盈利而受益的当事人亦应使其承担相应的亏损。本案在证券营业部进行强行平仓时已不存在亏损问题，故应对透支交易而产生的收益（包括股票交易利润及证券营业部收取的交易手续费等）按《证券法》的规定予以收缴。综上所述，再审判决驳回严柳珍的诉讼请求，对严柳珍用证券营业部的资金进行股票交易所得利益及证券营业部收取的交易佣金予以收缴是正确的。

（林　远）

## 92. 湖南证券有限责任公司诉湛江市商业银行等证券回购交易案（未进行实物交割者无效）

（一）首部

1. 判决书字号

一审判决书：北京市第二中级人民法院（2000）二中经初字第703号。

二审判决书：北京市高级人民法院（2001）高经终字第99号。

2. 案由：证券回购交易案。

3. 诉讼双方

原告（被上诉人）：湖南证券有限责任公司（以下简称证券公司）。

法定代表人：谭载阳，董事长。

委托代理人（一审）：尹成林，湖南证券有限责任公司法律顾问。

委托代理人（二审）：杨智良，湖南证券有限责任公司法律顾问。

被告（上诉人）：湛江市商业银行（以下简称商业银行）。

法定代表人：梁培，董事长。

委托代理人：练卫争，广东省展望律师事务所律师。

被告：湛江市商业银行三星营业部（以下简称银行营业部）。

负责人：苏福三。

委托代理人：陈峰，湛江市商业银行干部。

被告：广东三星企业（集团）股份有限公司（以下简称股份公司）。

4. 审级：二审。

5. 审判机关和审判组织

一审法院：北京市第二中级人民法院。

合议庭组成人员：审判长：高苹；代理审判员：王辉、申小琦。

二审法院：北京市高级人民法院。

合议庭组成人员：审判长：李淑莱；代理审判员：王肃、夏林林。

6. 审结时间

一审审结时间：2000年11月27日。

二审审结时间：2001年5月23日。

（二）一审诉辩主张

1. 原告证券公司诉称：我方于1995年5月10日，以场内回购方式拆给银行营业部资金1 000万元整，期限为6个月。1996年，我方与银行营业部、股份公司签订了一份协议书，之后，股份公司陆续归还我方本金29万元及利息187.8万元，余下的971万元本金及相应的利息至今未还。我方多次催收，均无结果。故提起诉讼。请求判令二被告返还购券款 971 万元并赔偿利息损失、承担诉讼费用。庭审后，证券公司于 2000 年 11 月 28 日撤回对股份公司的诉讼。

2. 被告商业银行辩称：我行下属机构银行营业部在股份公司工作人员胡某、黄某、魏某的操纵下，于 1995 年 5 月 10 日在北京 STAQ 系统以回购形式拆借证券公司1 000万元人民币后，在上述人员指使、操纵下，于 1995 年 5 月 11 日将除 200 万元的保证金后的余额 800 万元，通过中信实业银行办理汇票汇到股份公司的账户，后被股份公司实际占有及使用了。基于以上事实，既然是股份公司工作人员假借银行营业部的公章拆借的款，且上述款项没有进银行营业部的账户却直接汇到股份公司的账上，历年来股份公司累计支付了 216.8 万元给证券公司，而证券公司也从没有向我行催收，我行账面上也没有反映出此证券回购款1 000万元，现在没有理由要我行承担还款责任。股份公司也承认实际支配、使用了这笔款项，则本案应由股份公司承担返还责任，胡某也因涉及刑事案件被判有期徒刑入狱，故与我行无关。根据 1998 年 12 月 18 日最高人民法院的法（1998）152 号《关于中止审理、中止执行编入全国证券回购机构间债务清欠链条的证券回购经济纠纷案件的通知》规定，既然此证券回购属于全国证券回购机构间债务清欠链条，也应中止诉讼，驳回证券公司的诉讼请求。

3. 被告银行营业部与湛江商行答辩意见相同。

4. 被告股份公司未答辩。

**（三）一审事实和证据**

北京市第二中级人民法院经公开审理查明：1995 年 5 月 10 日，证券公司与银行营业部在 STAQ 系统以债券回购形式从事了一笔资金拆借业务，证券公司拆借给银行营业部资金1 000万元，期限 6 个月，到期后，银行营业部未偿还本息。1996 年 11 月 26 日，证券公司与银行营业部、股份公司签订协议书，确认银行营业部应按照中国人民银行清理证券回购的有关文件精神积极筹措清偿该笔回购本息和罚息；股份公司同意提供一辆汽车，价值 28 万元用以抵偿银行营业部欠证券公司的利息。此后，股份公司陆续归还证券公司的本息 29 万元及利息 187.8 万元。根据全国证券回购债务清欠台账确认，截至 1999 年 12 月 31 日，银行营业部尚欠证券公司回购款本金 971 万元，期内利息 694 600 元，逾期利息56 39 831元。

商业银行、银行营业部对银行营业部曾从证券公司拆入资金1 000万元未提出异议，但认为当时银行营业部系受股份公司工作人员胡某、黄某、魏某操纵，且该笔资金拆入后其中 800 万元汇入了股份公司，并由股份公司实际使用，此后还款也是由股份公司直接向证券公司归还的，故证券公司不应要求商业银行和银行营业部偿还该款。对上述主张，商业银行和银行营业部提供了股份公司任命魏某为财务处证券科副科长，胡某为银行营业部副主任的任职通知；银行营业部向 STAQ 系统出具的授权黄某、魏某代表该部进行证券交易的授权书；银行营业部于 1995 年 5 月 11 日电汇 800 万元到股份公司的凭证；股份公司内部关于以其自有车辆冲抵银行营业部欠证券公司的部分利息；1995 年 5 月通过银行营业部向证券公司拆入资金1 000万元的审批手续；证券公司工作人员前往股份公司联系提车等事宜的介绍信、提车手续及所出具的确认以车辆抵偿部分欠款利息的证明。上述证据均系从股份公司调取，并由股份公司财务会计部盖章确认。证券公司对上述证据的真实性未提出异议，但认为 800 万元款项系银行营业部转给股份公司的，与证券公司无关；股份公司实际偿还欠款的事实不能否认证券公司与银行营业部之间的债权债务关系。

另查明：银行营业部系商业银行的下属机构，不具有法人资格。

再查明：本案所涉证券回购交易未编入全国证券回购机构间债务清欠链条。

上述事实有下列证据证明：

1. 证券回购协议书。

2. 证券公司与银行营业部、股份公司有限公司签订的协议书。

3. 全国证券回购债务清欠办公室出具的（2001）007号函。

**（四）一审判案理由**

北京市第二中级人民法院根据上述事实和证据认为：商业银行和银行营业部提供的胡某、魏某等人系股份公司工作人员的证据不能佐证上述人员作为银行营业部驻STAQ系统交易员期间所从事的相关业务系代表股份公司，亦不能证明证券公司在进行该笔交易时知悉交易对方实际为股份公司，故该笔交易应认定系银行营业部与证券公司所从事。商业银行和银行营业部虽然举证证明该笔款项由股份公司实际使用，股份公司实际向证券公司还了部分欠款且证券公司亦予接受，但这些证据均不能证明证券公司认可股份公司为交易对方并因此放弃向银行营业部主张债权。故银行营业部仍应承担偿还所欠证券公司回购款本息的责任。银行营业部不具有法人资格，其上级法人单位商业银行应与之共同承担还款责任。商业银行和银行营业部辩称该笔回购业务已编入全国证券回购机构债务清欠链条，与事实不符，对其以此为由要求中止本案诉讼主张本院不予支持。另外，鉴于证券公司已撤回对股份公司的起诉，本院不再对股份公司与证券公司之间的法律关系进行处理。

**（五）一审定案结论**

北京市第二中级人民法院根据《中华人民共和国民法通则》第四十三条、第一百零六条第一款之规定，作出如下判决：

被告湛江市商业银行和湛江市商业银行三星营业部偿还原告湖南证券有限责任公司拆借款本金971万元及利息（截至1999年12月21日，期内利息为694 600元，逾期利息为5 639 831元；自1999年12月22日起至付清之日止，按中国人民银行同期逾期贷款计息标准计算）。

**（六）二审情况**

1. 二审诉辩主张

上诉人（原审被告）商业银行诉称：（1）本案回购交易实际是证券公司与股份公司之间违法借贷，不应由我方偿还资金；（2）证券公司在长达4年的时间内未向银行营业部主张过权利，已经超过了诉讼时效。

被上诉人未作答辩。

2. 二审事实和证据

北京市高级人民法院经公开审理，确认的事实和证据与一审确认的事实和证据相同。

3. 二审判案理由

北京市高级人民法院根据上述事实和证据认为：商业银行对证券公司与银行营业部于1995年5月10日在STAQ系统以债券回购形式从事的资金拆借业务并无异议。

1996年，证券公司与银行营业部、股份公司签订协议书中明确银行营业部应按照中国人民银行清理证券回购的有关文件精神积极筹措清偿该笔回购本息和罚息，进一步明确了证券公司与银行营业部之间的债权债务关系。因此，商业银行关于本案回购交易实际是证券公司与股份公司之间违法借贷，其不应承担责任的上诉理由，法院不予支持。

商业银行和银行营业部提供的胡某、魏某等人系股份公司工作人员的证据不能佐证上述人员作为银行营业部驻 STAQ 系统交易员期间所从事的相关业务系代表股份公司，亦不能证明证券公司在进行该笔交易时知悉交易对方实际为股份公司，故该笔交易应认定系银行营业部与证券公司所从事。商业银行和银行营业部虽然举证证明该笔款项由股份公司实际使用，股份公司实际向证券公司还了部分欠款且证券公司亦予接受，但这些证据均不能证明证券公司认可股份公司为交易对方并因此放弃向银行营业部主张债权。故银行营业部仍应承担偿还所欠证券公司回购款本息的责任。银行营业部不具有法人资格，其上级法人单位商业银行应与之共同承担还款责任。商业银行和银行营业部辩称该笔回购业务已编入全国证券回购机构间债务清欠链条，与事实不符，对其以此为由要求中止本案诉讼主张法院不予支持。原审法院判决认定事实清楚、适用法律正确，应予维持。

4. 二审定案结论

北京市高级人民法院根据《中华人民共和国民事诉讼法》第一百五十三条第一款第（一）项规定，作出如下判决：

驳回上诉，维持原判。

**（七）解说**

1. 关于股份公司是否与银行营业部具有资金拆借关系。1995 年 5 月 10 日，证券公司与银行营业部在 STAQ 系统以证券回购形式从事了一笔资金拆借业务，证券公司拆借给银行营业部资金1 000万元，期限 6 个月。双方在非标准回购成交报告书上确定了券种代码，第一交割日为 1995 年 5 月 10 日，第二交割日为 1995 年 11 月 10 日，面值总额为 1 000（万元），并加盖了公章。1996 年，证券公司银行营业部、股份公司签订协议书，确认证券公司与银行营业部于 1995 年 5 月 10 日在 STAQ 系统成交了一笔1 000万元的回购交易，该当事人双方分别为债权方和债务方。股份公司提供一辆汽车，作为抵偿银行营业部欠证券公司的部分利息。上述事实说明，证券回购（实质上是资金拆借）当事人双方是证券公司和银行营业部，在这个法律关系中，股份公司仅仅是代偿部分款项。

商业银行和银行营业部对银行营业部从证券公司拆入资金1 000万元的事实未提异议。但商业银行主张该笔资金拆入后其中 800 万元汇入了股份公司，且还款也是由股份公司直接向证券公司归还的，以此否认其与证券公司具有债权债务关系。商业银行的主张法院不应支持。理由是：证券公司向银行营业部拆出1 000万元，在二公司之间形成了资金拆借关系，此后，银行营业部又自行将其中 800 万元转入股份公司，这与前者是两个不同的法律关系。合同具有相对性，它确定了合同当事人的权利、义务关系，而对第三人则不具有约束力。尽管在协议书中约定由股份公司向证券公司偿还部分款项，但这种行为仍然是以证券公司与银行营业部之间的资金拆借关系为基础的，其性质仅仅属于代偿。虽然证券公司多次向股份公司主张还款，股份公司也曾向证券公司还款，但这并不能表明证券公司放弃了对银行营业部的债权。因此，银行营业部仍应承担偿还所欠证券公司证券回购款本息的责任。

2. 关于诉讼时效的问题。商业银行主张证券公司自 1996 年 11 月以后未向其主张权利，故已过诉讼时效。对此，全国证券回购债务清欠办公室在全清办（2000）007 号函中专门作了明确的说明，即“凡在全国证券回购债务清欠办公室下发台账之内的机构债权，均为该机构在全国证券回购债务清欠办公室统一领导下正在追索的债权记录”。该函还确认了证券公司在证券交易台账中的债权数额。全国证券回购债务清欠办公室是根据国务院有关文件成立的指导、协调各地区、各部门的证券回购债务清偿工作的专门机构。凡债权在其下发的台账之内的机构，均应视为已在规定的期间内申报债权，即主张权利。因此，在本案中，证券公司的诉讼时效应当适用诉讼时效中断的规定。该诉讼时效的中断是不以证券公司向银行营业部主张债权为条件的。

3. 对本案涉及的法律问题的分析。本案属于典型的借用证券回购名义，买空卖空，变相拆借资金的行为。可以说，这是本案所涉及的最关键的问题。在交易中，没有实物券的交割，仅有一份证券公司和银行营业部盖章的非标准回购成交报告书作为交割凭证。在一审和二审诉讼中，当事人均承认证券公司和银行营业部进行的回购交易实质上是资金拆借。

证券回购业务是指债券持有人在卖出一笔债券的同时，与买方签订协议，约定一定期限和价格，买回同一笔债券的融资活动。证券回购业务成立的要件包括：

(1) 交易主体。根据 1995 年 8 月 8 日中国人民银行、中国证监会、财政部银传(1995) 60 号《关于重申对进一步规范证券回购业务有关问题的通知》的规定以及最高人民法院召开审理证券回购纠纷案件座谈会的精神，非金融机构、个人以及不具有法人资格的金融机构一律不得直接参与证券回购业务。因此，对没有人民银行颁发的金融许可证，或者虽然有金融许可证但没有从事证券交易经营范围的单位或者个人，一般应认定不具备订立证券回购合同的主体资格，其订立的证券回购合同应认定为无效。金融机构的分支机构无论是否领取了企业法人营业执照，只要在《关于重申对进一步规范证券回购业务有关问题的通知》下发后，都应认定其不具有从事证券交易的主体资格。但在文件下发前，金融机构的分支机构以自己的名义签订的证券回购合同，应确认其主体资格合法。在诉讼中，只要金融机构的分支机构领取了营业执照，就具有诉讼的主体资格。但在实体处理上，对分支机构没有偿付能力的，应由其主管企业法人承担民事责任。

(2) 回购期限。最长不得超过 1 年。

(3) 证券回购的券种只能是国库券和经中国人民银行批准发行的金融债券。

(4) 交易场所。交易分为场内交易和场外交易。凡未经国务院和中国人民银行批准的证券交易场所和融资中心，一律不得开办证券回购业务。

(5) 必须有真实、足额的实物券。这是构成证券回购交易的最重要的条件。《信贷资金管理暂行办法》第五十二条规定，证券回购业务中的回购方应有真实的、足额的有价证券，必须向对方办理交割或者由对方封存。此外，在《关于坚决制止国债券卖空行为的通知》、《关于重申对进一步规范证券回购业务有关问题的通知》中都规定了证券交易必须有足额的实物券。因此，在证券回购交易中，融资方未向对方当事人实际交割或封存足额实物券的，该证券回购协议应认定为无效合同。合同被认定为无效后，应当返还融资本金，按同业拆借利率赔偿拆借期间的利息损失，并承担逾期罚息。

在本案中，证券公司与银行营业部没有进行实物券的交割或封存，而仅有一份非标准回购成交报告书作为交割的记录，所以，双方的行为实际上是资金拆借。在诉讼中，各方当事人对此均未提出异议。法院应当根据国务院、中国人民银行以及最高人民法院的有关规定，按照同业拆借处理。

（杨绍煜）

## 93. 榆林市人民政府招待所诉中国工商银行榆林市分行榆阳区支行票据损害赔偿案

**（一）首部**

1. 判决书字号

一审判决书：陕西省榆林市榆阳区人民法院（2001）榆经初字第83号。

二审判决书：陕西省榆林市中级人民法院（2001）榆中法经二终字第54号。

2. 案由：票据损害赔偿案。

3. 诉讼双方

原告（上诉人）：榆林市人民政府招待所（以下简称市招待所）。

法定代表人：马跃，所长。

委托代理人：刘修文，陕西文星律师事务所律师。

被告（被上诉人）：中国工商银行榆林市分行榆阳区支行（以下简称榆阳区工商银行）。

负责人：安瑞峰，支行行长。

委托代理人：杨波，陕西正北律师事务所律师。

4. 审级：二审。

5. 审判机关和审判组织

一审法院：陕西省榆林市榆阳区人民法院。

合议庭组成人员：审判长：景爱春；代理审判员：杨少莉、刘红雨。

二审法院：陕西省榆林市中级人民法院。

合议庭组成人员：审判长：刘静妮；代理审判员：李广海、张逸群。

6. 审结时间

一审审结时间：2001年5月31日。

二审审结时间：2001年8月29日。

**（二）一审诉辩主张**

1. 原告诉称：2000年5月29日，我所给西安碑林区华达电线销售处开出一张票面为1 095元的转账支票，该票没有任何不符合票据法规定的地方，但被告方的财会人员却以字迹不规范为由将该票据退回要求重开，不得已我所便于2000年6月5日另开一张同样款额的转账支票，只应开票人的要求，未写大写及收款单位名称，但在小写前面我所填写了限制符号“¥”。2000年6月9日，我所又以同样手法给同一收款人开出一张票面为270元的转账支票，至2000年7月27日，我所去该行对账时才发现双方账面款额不符，经查发现，2000年6月5日与2000年6月9日的两张转账支票时间都应该为6月20日，

2000 年 6 月 5 日的1 095元支票将小写前面的“¥”符号涂去加了个 4，使支票变成41 095元，2000 年 6 月 9 日的那张支票以同样的手法在前面涂去“¥”加了个 11，支票变成11 270元，两张支票共被骗去 5.1 万元。我所当即去公安部门报案，并告知被告受理涂改后的转账支票要承担责任，待公安部门去查，款早已取走，经销商单位名称是假的，人也不知去向，其后我所找被告协商处理此事，被告不予认可，为此，我们起诉请求被告赔偿因其失职行为给我所造成的全部经济损失，并承担本案的诉讼费用。

2. 被告辩称：原告的财会人员违反财会管理制度，给经销商开的票据只写时间、小写，不写收款单位和大写，给犯罪分子可乘之机，我方工作人员经核对票据法的规定，给原告造成的损失责任应由其自负。

**（三）一审事实和证据**

榆林市榆阳区人民法院经审理查明：2000 年 5 月 29 日，原告给西安碑林区华达电线销售处开出一张票面金额为1 095元的转账支票，被告的财会人员以字迹不规范为由，将该票退回，要求重开。原告便又于 2000 年 6 月 5 日另开一张同样金额的转账支票，原告在支票上只写了时间和小写，在小写金额前面填写了限制符号“¥”，未写大写及收款单位名称。2000 年 6 月 9 日，原告又以同样的方法给同一收款人开出一张票面金额为 270 元的转账支票。2000 年 7 月 27 日，原告去被告处对账时发现 2000 年 6 月 5 日与 2000 年 6 月 9 日的两张转账支票时间都改成 6 月 20 日，2000 年 6 月 5 日的1 095元支票将小写前面的“¥”符号涂去，加了个“4”，使票据款额变成41 095元，2000 年 6 月 9 日的那张支票以同样的方式将小写前面的“¥”符号涂去，加了个“11”，使票面款额变为11 270元，两张支票共被骗去人民币 5.1 万元。原告发现后当即向公安机关报案，并将此事告知被告，要求被告承担一定的责任，待公安部门去查时，款早已取走，单位名字也是假的，人也无法查找，之后原告找被告协商解决此事，被告以自己无责任为由拒绝协商解决。为此，原告于 2000 年 9 月 26 日向本院起诉，于 2000 年 11 月 7 日又撤回起诉，就此事原告于 2001 年 4 月 9 日又诉讼到本院，请求被告赔偿由其失职行为给其造成的经济损失 5.1 万元，并承担本案的诉讼费。

经庭审质证，原告向本院提供了 2000 年 6 月 5 日、2000 年 6 月 9 日的两张转账支票存根，以证明原告给西安碑林区华达电线销售处开的两张转账支票 6 月 5 日的票面金额为1 095元，6 月 9 日的票面金额为 270 元这一事实。被告对此有异议，并向本院提供了2000 年 6 月 20 日的两张转账支票，以证明原告给西安碑林区华达电线销售处出具的两张支票分别为41 095元和11 207元这一事实。合议庭认为，2000 年 6 月 5 日、2000 年 6 月 9 日，原告给西安碑林区华达电线销售处出具的两张转账支票，其中 6 月 5 日的支票金额为1 095元，6 月 9 日的支票金额为 270 元，原告在支票上只写了时间和小写，同时在小写金额前面加了限制符号“¥”，未写收款单位和大写就交给经销商，经销商经过变造将 6 月 5 日的票据时间改为 6 月 20 日，金额由1 095元改为41 095元后由自己填写了收款单位和大写金额，将 6 月 9 日的支票时间改为 6 月 20 日，金额由 270 元改为11 270元后由自己填写了收款单位和金额去被告处转款，被告经核实发现支票的大小写一致，便将款转入经销商的账户。

**（四）一审判案理由**

榆林市榆阳区人民法院认为：原告给西安碑林区华达电线销售处出具的 2000 年 6 月 5 日的转账支票金额为1 095元，2000 年 6 月 9 日的转账支票是事实，但原告应经销商的要求，两张转账支票只写出票时间和小写金额，虽然在小写金额前面加了限制符号“¥”，但未写收款单位名称和大写，给经销商变造支票提供了可乘之机，法律规定，对票据未记载事项或者未完全记载事项作补充记载，补充事项超出授权范围的，出票人对补充后的票据应当承担票据责任。给他人造成损失的，出票人还应当承担相应的民事责任。故原告的损失应由其自负。

**（五）一审定案结论**

陕西省榆林市榆阳区人民法院根据《中华人民共和国票据法》第九条、第十四条，《关于审理票据纠纷案件若干意见的规定》第六十八条，《支付结算办法》第二百三十四条的规定，作出如下判决：

驳回原告的诉讼请求。

案件受理费 2 040 元，其他诉讼费 1 020 元，共计 3 060 元，由原告榆林市人民政府招待所负担。

**（六）二审情况**

1. 二审诉辩主张

（1）上诉人诉称：原审认定事实清楚，但适用法律错误。经销商更改了票据金额，此票据应是无效的，被上诉人按有效票据予以支付，依据票据法的有关规定，被上诉人对更改的票据没有辨认出，应承担责任。请求撤销原判。改判被上诉人承担主要责任。

（2）被上诉人未答辩。

2. 二审事实和证据

陕西省榆林市中级人民法院经公开审理，确认了一审法院认定的事实和证据。

3. 二审判案理由

榆林市中级人民法院认为：原审法院认定事实清楚，但适用法律错误。上诉人市招待所开出的两张票据，票据金额被更改，更改的票据应是无效的；但被上诉人榆阳区工商银行在付款时，对更改后的票据没有认真核对，未能识别出变造的票据，属于重大过失，给上诉人造成损失的，应当依法承担民事责任；上诉人市招待所给西安碑林区华达电线销售处出具的金额为1 095元和 270 元的两张转账支票，只写出票时间和小写金额，虽然在小写金额前面加了限制符号“¥”，但未写收款单位名称和大写，给经销商变造支票提供了可乘之机，对此上诉人自己也应承担一定的责任。双方对造成的损失 5.1 万元，应各承担25 500元的责任。故上诉人所持上诉理由成立，应予以支持。

4. 二审定案结论

陕西省榆林市中级人民法院根据《中华人民共和国票据法》第九条第二款、第五十七条，《关于审理票据纠纷案件若干问题的规定》第四十三条、第六十九条，《中华人民共和国民事诉讼法》第一百五十三条第一款第（二）项，作出如下判决：

（1）撤销榆阳区人民法院（2001）榆经初字第 83 号民事判决。

（2）榆林市招待所于 2000 年 6 月 5 日和 2000 年 6 月 9 日签发的两张票据无效。

（3）榆林市榆阳区工商银行赔偿榆林市人民政府招待所损失25 500元。

一、二审案件受理费6 000元，榆林市人民政府招待所和榆林市榆阳区工商银行各承担3 000元。

**（七）解说**

本案是一起典型的票据损害赔偿纠纷，本案中的争议焦点是经销商变造、涂改票据后，支取了现金，造成的损失责任在哪一方，应由谁承担。经销商变造、涂改票据，有犯罪嫌疑，但是由于经销商所用的单位名称是假的，公安部门无法侦查。原告提起民事赔偿诉讼，对此损失双方都有责任。而原审依据《票据法》第九条、第十四条，《关于审理票据纠纷案件若干意见的规定》第六十八条，《支付结算办法》第二百三十四条的规定，以对票据未记载事项或者未完全记载事项作补充记载，补充事项超出授权范围的，出票人对补充后的票据应当承担票据责任。给他人造成损失的，出票人还应当承担相应的民事责任。故给原告造成的损失责任应由其自负。驳回原告的诉讼请求。

二审法院经审理认为一审认定事实清楚，但适用法律错误。依据票据法的规定，更改的票据无效，被告在付款时未对票据认真核对，未能识别出变造的票据，属于重大过失，付款人不能免责。但出票人也有一定的责任。责任各承担一半。

现在随着市场经济的发展，利用票据犯罪的案件越来越多，付款人应严格按照《票据法》的规定付款，稍有不慎就使一些人有机可乘，造成损失。

（刘静妮）

## 94. 秦申园诉南方证券有限公司上海分公司南京西路证券营业部等股票交易赔偿案

**（一）首部**

1. 判决书字号：上海市静安区人民法院（2001）静经初字第306号。

2. 案由：股票交易赔偿案。

3. 诉讼双方

原告：秦申园，男，汉族，1946年1月30日出生，住上海市金家坊149号。

委托代理人：姜志明、黄震尧，上海市中和律师事务所律师。

被告：南方证券有限公司上海分公司南京西路证券营业部（以下简称南方证券）。

负责人：周祥，总经理。

委托代理人：李峰，南方证券法律顾问。

被告：王桂英，女，汉族，1945年3月21日出生，住上海市殷行一村8号502室。

委托代理人：王玮（系王桂英女儿），女，汉族，1972年6月6日出生，住上海市殷行一村8号502室。

委托代理人：王国忠，上海市金马律师事务所律师。

被告：应植融，男，汉族，1939年7月23日出生，住上海市岳阳路79弄18号。

被告：邹文杰，男，汉族，1968年9月3日出生，住上海市长阳路640弄21号。

委托代理人：韩海鸣、蒋楚明，上海市金马律师事务所律师。

4. 审级：一审。

5. 审判机关和审判组织

审判机关：上海市静安区人民法院。

合议庭组成人员：审判长：张仁明；代理审判员：郭大梁、刘志宏。

6. 审结时间：2001 年 12 月 20 日。

**（二）诉辩主张**

1. 原告秦申园诉称：1998 年 4 月 10 日，原告在被告处开设资金账户，并陆续存入 20 万元，委托卞惠杰进行证券交易。2000 年 3 月 22 日，卞惠杰自杀身亡。原告至南方证券处了解，方知卞惠杰在买卖股票中有透支行为，南方证券未尽监管义务，致原告股票遭到亏损，现原告账户内的股票被抛售后由他人将资金提取，为此，原告诉至法院，请求法院判令南方证券偿付 20 万元，并承担诉讼费。

2. 被告南方证券辩称：原告从未在其营业部开设资金账户和存款，与原告无委托关系，故不同意原告的请求。对原告提供的证据无异议。

3. 被告王桂英辩称：8000 号账户的户名原系上海天瀛投资咨询有限公司，该账户由下挂的若干小账户组成，8000 号账户本身无资金，小账户由受委托的代理人直接操作，上海天瀛投资咨询有限公司对此从不加以干涉。卞惠杰虽系上海天瀛投资咨询有限公司的职工，但原告是委托卞惠杰买卖股票，并交付其资金，故原告与卞惠杰之间存在委托关系，上海天瀛投资咨询有限公司从未接收原告的委托及收取资金，故与上海天瀛投资咨询有限公司无关。对原告及南方证券提供的证据无异议。

4. 被告应植融未答辩。

5. 被告邹文杰辩称：借用 8000 号账户是为享受手续费的优惠，因账户户名使用公司名义不方便，就同意将 8000 号账户户名更名为"邹文杰"，但 8000 号实际是一个虚拟的账号。对原告及南方证券和王桂英提供的证据无异议。

**（三）事实和证据**

上海市静安区人民法院经公开审理查明：1998 年 4 月 10 日，原告与卞惠杰签订一份委托书，委托卞惠杰从事股票买卖、资金存取、交割账户和销户等行为，南方证券在该份委托书上盖章予以确认。同日，户名是上海天瀛投资咨询有限公司的 8000 号账户下与股东代码一栏"秦申园"相对应的 F00084 账号存入 7 万元。同年 5 月 15 日、5 月 21 日，F00084 账号分两次存入资金共计 13 万元。F00084 账号由卞惠杰买卖股票至 1998 年 6 月 26 日，其中卞惠杰在账户内资金仅有34 154.68元的情况下于 1998 年 4 月 29 日买入深科技 A 股票 2 000 股，单价 33 元，总计66 561元，该股于 1998 年 4 月 30 日卖出，得款 68 988.57元，盈利2 427.57元；1998 年 6 月 26 日，在当时账户资金余额为94 285.13元的情况下占用透支资金 71 410.08 元买入爱使股份 1 万股，单价 16.45 元，总计 165 695.21元。1999 年 4 月 20 日，卞惠杰购买的 1 万股爱使股份被他人卖出，得款 101 346.07元，该股亏损64 349.14元。次日，从 8000 号账户下的 8 个小账户（包括秦申园的账户 F00084）共划出资金259 817.40元至另一小账户 F00077（户名为俞文萍，俞文萍也委托卞惠杰操作股票、存取资金等）账户上，其中秦申园账户被划出资金120 400.29 元，账户资金余额为零。1999 年 4 月 22 日，上海天瀛投资咨询有限公司财务韩玉满自 8000 号账户提取资金 20 万元，南方证券提供的当天 8000 号交易记录显示：F00077（俞文萍）账户被取款 20 万元。2000 年 3 月 22 日，卞惠杰自杀身亡。

又查，上海天瀛投资咨询有限公司系王桂英与应植融出资成立的有限责任公司，该公司因被吊销营业执照于 2000 年 4 月 17 日歇业。8000 号账户原户名系王桂英，后变更为上海天瀛投资咨询有限公司及邹文杰。

上述事实有下列证据证明：

1. 客户资金对账单、资金存取凭条、指定交易协议书。

2. 秦申园及 8000 号资金账号下其他委托人委托卞惠杰的委托书、与股东账号相对应的子账号、8000 号资金账号的交易记录和资金存取记录、开户凭证、南方证券公司武夷路营业部资金存款凭条、上海天瀛投资咨询有限公司的工商材料、劳动协议书、销户凭证、居民死亡确认书。

3. 卞惠杰签字的南方证券公司的交割清单。

**（四）判案理由**

上海市静安区人民法院根据上述事实和证据认为：证券公司对股民的股票及资金负有保管义务。南方证券在明知接受原告股票买卖、资金存取等委托的卞惠杰尚未开设原告独立的资金账户的情况下，仍允许卞惠杰买卖股票，违反了证券法规。南方证券对 8000 号账户下的小账户已根据股东代码相对应地设立了不同的账户，故南方证券对小账户负有监管责任。现南方证券未经原告及其代理人卞惠杰同意擅自将原告的资金120 400.29元划出，造成原告的损失，南方证券应承担赔偿责任。卞惠杰在原告资金不足的情况下买入爱使股份和深科技 A 股票，现原告对该两笔股票交易不予认可，并表示买卖深科技 A 股票的赢利也不属于其所有，故卞惠杰以透支资金71 410.08元购入爱使股份股票而造成的27 732.71元亏损，因南方证券未经审查义务，该笔损失应由其承担连带赔偿责任。现原告仅向被告南方证券主张赔偿，可予以支持。亏损金额为爱使股份交易的损失27 732.71元和深科技 A 的盈利2 427.57元的差额25 305.14元。

上海天瀛投资咨询有限公司未经原告同意提取原告资金120 400.29元，侵犯了公民的合法权益，应予返还。南方证券在赔偿原告损失后，有权向上海天瀛投资咨询有限公司追索。现上海天瀛投资咨询有限公司已歇业，作为公司股东的王桂英及应植融应对公司的财产负责清理，并以清理后的财产赔偿南方证券。8000 号户名虽然变更为邹文杰，但邹文杰不是该账户的所有人，且也未提取原告的钱款，故邹文杰不应承担民事责任。被告应植融经本院合法传唤，无正当理由，拒不到庭应诉，法院依法作缺席审理。

**（五）定案结论**

上海市静安区人民法院根据《中华人民共和国民事诉讼法》第一百三十条，《中华人民共和国民法通则》第一百零六条的规定，作出如下判决：

1. 被告南方证券有限公司上海分公司南京西路证券营业部应在本判决生效之日起 10 日内赔偿原告秦申园股票损失120 400.29元及交易亏损损失25 305.14元。

2. 被告王桂英、应植融应在本判决生效之日起 30 日内对上海天瀛投资咨询有限公司的财产进行清理，并以清理后的财产偿付被告南方证券有限公司上海分公司南京西路证券营业部120 400.29元。

本案受理费5 510元，由原告秦申园负担1 086元，被告南方证券有限公司上海分公司南京西路证券营业部负担4 424元（应于本判决生效之日起 10 日内付给原告秦申园）。

## （六）解说

这是一起因民间委托投资理财而引发的股票交易赔偿案件。本案主要的争议焦点是：

1. 原告秦申园是否与南方证券存在委托关系。原告认为南方证券提供的资金对账单显示原告在与“秦申园”相对应的账户内存入20万元，即应认定原告与南方证券存在委托关系。而南方证券认为原告未在其处开设资金账户，在南方证券开设资金账户的户名系上海天瀛投资咨询有限公司，与原告无关。法院认为，根据南方证券提供的8000号资金对账单及被告王桂英和邹文杰所述证实，南方证券在8000号账户下为股东“秦申园”已设定一小账户F00084，而8000号账户是虚拟的账号，本身并无资金，8000号账户的资金余额系若干小账户的资金总额。原告委托卞惠杰操作股票，存取资金的行为可以认定为委托代理关系。根据《民法通则》的有关规定，代理人的行为后果直接归属于被代理人。且南方证券对此代理行为也是知悉的，故卞惠杰的行为代表了原告的行为，原告与南方证券之间存在委托关系，其在南方证券存入20万元，应予确认。

2. 南方证券对8000号账户下挂的小账户之间的资金进出是否有监管责任。南方证券认为，在其处开设资金账户8000号的户名系上海天瀛投资咨询有限公司，其仅对8000号账户负有监管责任，而8000号账户下的小账户的资金进出不属于其监管的范围。原告则认为南方证券允许8000号账户下挂小账户，本身就是违规行为。法院认为，南方证券既然对不同的股东设定了小账户，就是为了加以区别，便于管理。根据1994年中国证监会《关于健全查验制度防范股票盗卖的通知》的有关规定，证券经营机构应当建立健全各项制度，加强内部管理，对资金账户管理方面的不足之处进行改进。证券经营机构在办理投资者提款手续时应当认真核对身份证、股东账户卡和资金卡，原则上要求本人提取。而本案中，南方证券未尽监管责任，使“秦申园”账户在资金不足的情况下买卖股票造成亏损，并在未经原告同意的情况下，由上海天瀛投资咨询有限公司擅自提取原告的资金，由此造成的损失，应由南方证券承担赔偿责任。由于在案件审理中，法院发现被告南方证券公司在对客户资金的监管，及私设资金小账户等方面均存在违规操作的问题，为此特向该公司发出司法建议，以进一步完善资金存取程序及股票交易手续，通过建章立制，采取防范措施，杜绝类似问题的发生。

3. 上海天瀛投资咨询有限公司是否应承担责任。原告及王桂英表示卞惠杰虽系上海天瀛投资咨询有限公司的职工，但原告是委托卞惠杰买卖股票的，与上海天瀛投资咨询有限公司无关，上海天瀛投资咨询有限公司不应承担责任。南方证券则表示8000号账户的户名系上海天瀛投资咨询有限公司，该账户资金的存取一直是由其财务韩玉满操作，原告的资金最终是由韩玉满提取，故上海天瀛投资咨询有限公司应承担责任。审理中为查明案件事实，法院依南方证券的申请，追加上海天瀛投资咨询有限公司为本案的共同被告。法院认为，由于原告与南方证券存在委托关系，南方证券未尽资金监管义务，造成原告的经济损失，应由其向原告先行赔偿。而上海天瀛投资咨询有限公司提取20万元中的120 400.29元系原告秦申园所有，该公司未经原告同意擅自提取原告资金120 400.29元，侵犯了公民的合法财产权益，应予返还。故南方证券在原告赔偿后，有权向上海天瀛投资咨询有限公司追索。为减少讼累，法院直接判决上海天瀛投资咨询有限公司向南方证券支付该笔赔偿款。8000号户名虽然变更为邹文杰，但邹文杰不是该账户的所有人，且也未提取原告的钱款，故邹文杰不应承担民事责任。现上海天瀛投资咨询有限公司已歇业，作为公司股东的王桂英及应植融应对公司的财产负责清理，并以清理后的财产赔偿南方证券。

（张仁明　丁晓燕）

## 95．上海兰生股份有限公司诉华侨银行有限公司上海分行等票据国际托收赔偿案

### （一）首部

1．判决书字号

一审判决书：上海市第二中级人民法院（1995）沪二中经初字第13号。

二审判决书：上海市高级人民法院（2000）沪高经终字第335号。

2．案由：国际托收赔偿案。

3．诉讼双方

原告（被上诉人）：上海兰生股份有限公司（以下简称兰生公司）。

法定代表人（一审）：张兰生，董事长。

法定代表人（二审）：赵效定，董事长。

委托代理人（一审）：陆宗英，兰生公司副总经理。

委托代理人（一审）：周汉民，上海市申茂律师事务所律师。

委托代理人（二审）：王蕊蓉，公司法律顾问。

委托代理人（二审）：朱兆敏，上海市申茂律师事务所律师。

被告（被上诉人）：华侨银行有限公司上海分行（以下简称华侨银行）。

负责人（一、二审）：李耀元，总经理。

委托代理人（一、二审）：萧长水，华侨银行职员。

委托代理人（一、二审）：徐捷，上海市段和段律师事务所律师。

被告（上诉人）：花旗银行（CITIBANK，N.A.）。

代表人（一审）：John J.Roche，执行副总经理。

代表人（二审）：Victor J.Menezes，总裁。

委托代理人（一、二审）：顾耀良，北京市金杜律师事务所上海分所律师。

委托代理人（一审）：管云翔，北京市金杜律师事务所上海分所律师。

委托代理人（二审）：李绍文，北京市金杜律师事务所上海分所律师。

4．审级：二审。

5．审判机关和审判组织

一审法院：上海市第二中级人民法院。

合议庭组成人员：审判长：章华；代理审判员：壮春晖、俞巍。

二审法院：上海市高级人民法院。

合议庭组成人员：审判长：胡曙光；审判员：邹碧华；代理审判员：鞠晓红。

6. 审结时间

一审审结时间：2000 年 4 月 25 日（系涉外案件）。

二审审结时间：2001 年 8 月 2 日（系涉外案件）。

**（二）一审诉辩主张**

1. 原告兰生公司诉称：兰生公司曾于 1993 年 4 月至 10 月向美国 L.J.GLOBAL, INC.（以下简称 LJ 公司）出口鞋类共 13 批，总计货款美元1 494 795.60元，并委托华侨银行办理该笔货款的托收。兰生公司向华侨银行交付了上述货物的 13 套单据，收款方式约定为 D/P20 天或 D/P45 天，由华侨银行指令花旗银行按此条件执行代收。嗣后，兰生公司未能收到上述货款，经催询得知，花旗银行在根本没有收到 LJ 公司付款的情况下就将有关单据交给 LJ 公司，造成原告货、款两空。兰生公司遂请求被告华侨银行赔偿货款本息美元1 873 168.43元，并负担本案全部诉讼费。审理中，原告兰生公司以花旗银行没有合理、谨慎履行义务致其重大损失为由，申请追加花旗银行为被告，请求：(1) 判令二被告完成货款托收；如果不能履行，则应归还全部单据，或向原告赔偿托收货款本息美元1 965 098.38元（截至 1995 年 10 月 17 日）以及上述款项自 1995 年 10 月 17 日至今的利息美元156 953.53元。(2) 本案诉讼费和律师费由二被告共同承担。

2. 被告华侨银行辩称：华侨银行以应有的善意和合理的谨慎完全按原告的指示，向花旗银行转达和转交了原告的指令和单证，并无过错。本案中的代收行及提示行花旗银行由原告指定，花旗银行在工作中存在过错导致的损失，与华侨银行无关，原告应向花旗银行追究。故请求驳回原告对华侨银行的诉讼请求。

3. 被告花旗银行辩称：根据《中华人民共和国票据法》中的冲突法规范，本案票据接收、承兑交单行为发生在美国，故应以《美国统一商法典》为处理争议的法律。原告与花旗银行没有直接利益关系和法律关系，故原告对花旗银行不具有诉权。即使原告对花旗银行享有诉权，其起诉也已超过诉讼时效。花旗银行已完全按照《美国统一商法典》的规定合理、合法地行事，不存在过错。故请求驳回原告对花旗银行的诉请。

**（三）一审事实和证据**

上海市第二中级人民法院经公开审理查明：兰生公司（原为上海市文教体育用品进出口公司，1994 年 2 月 4 日经上海市工商行政管理局核准变更登记为现名）于 1993 年 2 月 10 日、4 月 1 日、4 月 8 日分别与美国 LJ 公司签订 3 份售货确认书，约定由兰生公司向 LJ 公司销售各式鞋类，总计货款美元1 564 140.60元。第 1 批至第 4 批货的付款条件为 D/P45 天，第 5 批至第 13 批货的付款条件为 D/P20 天。上述售货确认书约定，凡因执行该合同所发生的或与该合同有关的一切争议，如协商不能解决，应提交中国国际经济贸易仲裁委员会上海分会仲裁。合同签订后，兰生公司履行供货义务，分批委托迪港有限公司装运，并由承运人开出 11 套提单。

兰生公司将销售发票、收款汇票、提单及保险单、装箱单如数交给华侨银行签收，并向华侨银行指定花旗银行作为代收行向付款人 LJ 公司托收上述货款，约定付款条件为 D/P20 天或 D/P45 天。华侨银行收单后即根据兰生公司的委托事项（付款方式、付款金额）制作托收指示书 10 份并附相应的汇票、发票、提单、装箱单、保险单等，邮寄至花旗银行。托收指示书的有关指示为："付款后交单"；"承兑后请以航空信方式告知到期日"；"未承兑或未付款请电传告知并说明理由，保留项目，等待我方指示"；"必要时，根据受票人或我方指示，保存货物并办理保险”；“如有手续费，再加上其他费用，均从受票人处收取”；“凡适用处，均按国际商会第322号出版物（1978年修订本）《托收统一规则》办理”。在此后合理的期限内，因托收货款未即时转入，花旗银行对托收结果也未作回复，华侨银行曾多次向花旗银行查询，兰生公司亦多次向华侨银行查询。直至1995年1月25日，花旗银行致函华侨银行，承认其以承兑交单方式处理了上述单据。兰生公司与华侨银行、华侨银行与花旗银行在交涉无果的情况下，兰生公司提起诉讼。

上述事实有下列证据证明：

1. 兰生公司与LJ公司签订的售货确认书、出口货物明细单、提单。

2. 兰生公司开具的销售发票、收款汇票以及货物的海运提单、保险单、装箱单，华侨银行收取兰生公司单据的签收单。

3. 华侨银行致花旗银行的托收指示书，该指示书明确托收方式为D/P20天或D/P45天；华侨银行留存的托收指示上盖有“查询”章。

4. 兰生公司与华侨银行、华侨银行与花旗银行之间进行查询、交涉的往来传真函16份。

**（四）一审判案理由**

上海市第二中级人民法院根据上述事实和证据认为：

1. 关于本案准据法的确定。兰生公司和华侨银行就系争法律关系适用国际商会第322号出版物《托收统一规则》没有争议，华侨银行致花旗银行的托收指示中亦明确载明适用该规则，花旗银行接收该指示后并无拒绝办理的意思表示，故本案所适用的准据法应为《托收统一规则》。

2. 关于三方当事人之间法律关系的认定。本案三方当事人之间的法律关系应根据《托收统一规则》的有关规定来确定。基于：（1）国际托收业务由委托人委托、托收行接受委托、托收行转委托代收行收款、代收行代收等一系列连续、完整的行为组成，托收行转委托代收行是国际托收中的一个必不可少的环节；（2）《托收统一规则》关于托收行利用其他银行的服务的风险应由委托人承担的规定；（3）本案三方当事人事实上均知晓上述代理行为的连续性、完整性等理由，认定本案当事人之间的法律关系符合复代理的法律特征，兰生公司作为委托人有权一并起诉代理人华侨银行和复代理人花旗银行。

3. 关于兰生公司起诉花旗银行是否超过诉讼时效的认定。兰生公司对银行享有两项权利，一为当收货人已支付货款时，有向银行索取货款的权利；二为遭收货人拒付货款时，有收回托收单据的权利。在本案中，直至1995年1月25日，兰生公司通过华侨银行转来的花旗银行传真函，才清楚地得知单据已由花旗银行按承兑交单方式交给了付款人，故兰生公司对花旗银行的诉讼时效应从此时开始起算。兰生公司在1996年9月27日向法院申请追加花旗银行为共同被告，符合我国《民法通则》的规定。故兰生公司的起诉并未超过诉讼时效。

4. 关于本案的责任承担。华侨银行接受兰生公司的委托，已及时地将托收指示和相关单据寄交花旗银行，并按照行业惯例履行了查询、告知义务，故华侨银行没有过错。花旗银行收到托收指示，在未征得委托人同意的情况下，擅自将远期D/P作D/A处理，显然违反了《托收统一规则》的规定，应当承担由此产生的赔偿责任。鉴于花旗银行已不可能履行其代收行之收款义务，至今亦未返还任何一套托收单据，故兰生公司主张由花旗银行按收款汇票所记载的金额予以赔偿的诉讼请求，依法予以支持。花旗银行另应赔偿兰生公司自汇票到期日起至本判决生效之日止的利息。由于在13张汇票中经华侨银行和花旗银行一致认可到期日的汇票为8张，花旗银行无法举证另5张汇票的承兑通知，故按寄送已知到期日的8张汇票中的最长在途时间来推定该5张汇票的到期日。对兰生公司的其他诉讼请求不予支持。

**（五）一审定案结论**

上海市第二中级人民法院根据《中华人民共和国民法通则》第一百三十七条、第一百四十条、第一百四十二条第一款和第三款、第一百四十五条以及《托收统一规则》（国际商会第322号出版物）第一条、第三条、第十条、第十三条、第二十条的规定，经该院审判委员会讨论决定，判决如下：

1. 被告花旗银行应于本判决生效之日起15日内偿付原告上海兰生股份有限公司美元1 494 795.60元。

2. 被告花旗银行应于本判决生效之日起15日内偿付原告上海兰生股份有限公司上述款项自汇票到期日起的利息损失（以136 800美元为基数，自1993年6月10日起；以342 540美元为基数，自1993年6月25日起；以147 600美元为基数，自1993年7月18日起；以136 800美元为基数，自1993年8月16日起；以113 400美元为基数，自1993年9月21日起；以34 200美元为基数，自1993年10月18日起；以405 255.60美元为基数，自1993年11月8日起；以178 200美元为基数，自1993年12月2日起，均按中国人民银行同期1年期6个月美元贷款浮动利率计付至本判决生效之日）。

3. 对原告上海兰生股份有限公司的其他诉讼请求不予支持。

案件受理费人民币97 756.85元，由被告花旗银行负担。

**（六）二审情况**

1. 二审诉辩主张

(1) 上诉人花旗银行诉称：第一，一审法院认定兰生公司于1995年1月25日才知晓花旗银行放单的事实，并以此开始起算诉讼时效不当。兰生公司作为委托人，其在汇票到期日未收到货款，即应知道自己的权利受到侵害，故应从最后一张汇票的付款到期日即1993年11月20日起算，兰生公司对花旗银行的起诉已超过诉讼时效。第二，一审判决认定国际托收的三方当事人之间的法律关系为复代理关系没有法律依据。根据中国国际贸易及结算方面的专家和法学家的观点，委托人与托收行、托收行与代收行系两个独立的委托关系，委托人与代收行之间没有委托合同，委托人不能直接起诉代收行。第三，一审判决适用《托收统一规则》作为准据法错误，托收指示中明确“Where applicable subject to the Uniform Rule for Collections”之约定，应理解为“在适用的情况下，适用《托收统一规则》”，如不适用，即可不适用。本案系票据承兑、付款引发的纠纷，应根据《中华人民共和国票据法》确定的冲突规范来确定准据法，即适用票据行为地法律——《美国统一商法典》为准据法。第四，上诉人依据《美国统一商法典》规定，以承兑交单方式将单据交给受票人没有过错。兰生公司自1993年5月30日起知道货款未收到后即应停止发货，故此后所发生的六笔价值731 056.80美元的货款不属于上诉人的过失。据此，上诉人请求撤销原审判决，驳回兰生公司的诉讼请求。

(2) 被上诉人兰生公司辩称：一审认定事实清楚，适用法律正确。托收指示中明确载明本案系争托收事务适用《托收统一规则》，上诉人接受该指示未作出相反的意思表示，故应认定各方就适用《托收统一规则》达成意思表示一致。一审认定本案三方当事人之间系复代理关系正确，上诉人援引的学理观点，并不具有说服力。上诉人违背托收指示，擅自将付款交单改为承兑交单，应当承担由此产生的责任。兰生公司在提单签发和货物出运时，并不知晓上诉人办理托收的结果如何，故上诉人主张兰生公司对损失的造成存在过错没有依据。据此，请求二审法院驳回上诉人的上诉，维持原判。

（3）被上诉人华侨银行辩称：一审适用《托收统一规则》处理本案争议正确，上诉人主张本案属于票据纠纷，并要求适用《美国统一商法典》作为处理本案争议的准据法的依据不当。一审认定三方当事人之间的法律关系为复代理关系正确，上诉人主张委托人与代收行之间不存在法律关系的观点不能成立。上诉人关于诉讼时效起算的观点不正确，一审认定兰生公司在诉讼时效内行使诉权，并判决上诉人承担责任是正确的。据此，请求二审法院驳回上诉人的上诉，维持原判。

2．二审事实和证据

上海市高级人民法院经公开审理确认了一审法院认定的事实和证据。

3．二审判案理由

上海市高级人民法院根据原审查明的事实和证据认为：

（1）本案是国际托收纠纷，虽然涉及汇票的承兑和付款，但票据行为本身不是本案争议的问题，各方争议的焦点在于托收行和代收行是否违反了托收指令。故应按照债法冲突规范确定准据法，即应按照民法通则之规定确定冲突规范。上诉人关于本案应按照票据法确定冲突规范的主张不能成立。华侨银行致花旗银行的托收指示中已约定适用《托收统一规则》，故原审法院适用该规则是正确的。

（2）本案各方当事人之间法律关系的性质应结合托收的实现方式、当事人的意思表示、当事人的具体行为以及《托收统一规则》的相关规定，认定兰生公司与华侨银行系委托代理关系，兰生公司与花旗银行之间属于复代理关系。从托收业务的实际操作以及风险承担的角度，允许委托人直接起诉代收行并不违反立法的本义，且有利于平衡委托人承担托收风险与委托人行使司法救济手段受限制的矛盾。

（3）根据《民法通则》第一百三十七条的规定，诉讼时效期间应从知道或者应当知道权利被侵害时起算。上诉人虽然告知华侨银行汇票已被承兑，但并未明确承认其已放单，故兰生公司无法据此判断单据是否已经被放走或款项是否收回，也无法知晓自己的权利是否受到侵犯。1995 年 1 月 25 日，花旗银行传真函确认其按照承兑交单方式处理了单据，故原审法院以此起算诉讼时效符合法律规定。

（4）上诉人将远期 D/P 作 D/A 处理，其行为违反了《托收统一规则》的规定，导致兰生公司货、款两空，应承担由此产生的法律责任。据此，兰生公司对上述单据的价值应当予以赔偿，原审法院判决并无不当。华侨银行已尽到谨慎、善意之义务，其不应对花旗银行的过错承担责任。原审法院认定事实清楚，适用法律正确，上诉人所提出的各项上诉理由不能成立。

4．二审定案结论

上海市高级人民法院根据《中华人民共和国民事诉讼法》第一百五十三条第一款第（一）项、第一百五十八条之规定，判决如下：

驳回上诉，维持原判。

二审案件受理费人民币97 756.85元，由上诉人花旗银行负担。

**（七）解说**

本案主要涉及以下争议问题：

1. 关于本案准据法的确定问题。花旗银行主张，本案属于票据的承兑、付款行为引发的纠纷，属于票据纠纷，故应根据《票据法》规定的冲突规范选择处理争议的准据法；本案所涉汇票的承兑行为发生在美国，应适用美国法律——《美国统一商法典》作为处理争议的法律。兰生公司和华侨银行则主张适用国际商会第 322 号出版物《托收统一规则》处理争议。

笔者认为，本案虽然涉及商业汇票的承兑和付款，但票据行为本身不是本案的争议问题。本案作为国际托收纠纷，各方当事人争议的焦点在于托收行和代收行是否违反了委托人的托收指令。鉴于托收行为从其本质上判断，属于当事人依合意而产生的特定条件下的委托代理行为，即委托人委托托收行，托收行转委托代收行，而非单纯的票据行为，故本案应按债法冲突规范确定准据法，亦即应按我国《民法通则》之规定确定冲突规范。花旗银行关于本案应按《票据法》确定冲突规范的主张不能成立。

关于花旗银行基于其对托收指示中“Where applicable subject to the Uniform Rules for Collections”的理解，认为其意思是“在适用的情况下，适用《托收统一规则》”，说明本案并没有就适用该规则达成协议，本案并不适用《托收统一规则》。笔者认为，“Where applicable subject to”结构是当事人在合同中订立法律适用条款时经常使用的一个结构，其含义的正确理解应为“凡是能够适用的地方，即应适用”。这是国际贸易中的一个基本常识。花旗银行所作的理解有违国际贸易常识，故合议庭未予采纳。

花旗银行在审理中提出，国际惯例并不是当然的准据法，其适用必须满足两个条件：一是要明确规定托收交易全部由该规则管辖，但根据托收指令上的表述，并没有达成适用该规则；二是适用该惯例与本国法不相冲突，而《托收统一规则》对远期付款交单的规定显然与《美国统一商法典》相冲突。笔者认为，根据我国《民法通则》第一百四十二条第二款的规定，中华人民共和国法律和中华人民共和国缔结或者参加的国际条约没有规定的，可以适用国际惯例。从这一规定可以看出，我国对涉外民事关系的准据法可以是内国法，也可以是外国法，还可以是国际条约或国际惯例，这也是国际私法界的共识。花旗银行认为《托收统一规则》不适用的理由不能成立。

鉴于兰生公司与华侨银行对托收指示中约定适用《托收统一规则》并无异议，花旗银行收到华侨银行所寄交的托收指示后并未提出异议，托收指示已经明示选择了适用《托收统一规则》等事实，故一、二审法院根据《民法通则》第一百四十二条第二款规定，确定《托收统一规则》作为处理本案争议的法律依据是正确的。

2. 关于本案当事人之间法律关系的性质的争议。对于托收法律关系的性质认定，是本案争议的又一焦点。花旗银行援引我国国际贸易结算的学者、专家的观点，主张委托人与托收行、托收行与代收行之间系两个独立的委托代理关系，委托人与代收行之间不存在法律关系，委托人无权对代收行直接主张权利。

法院在审理中发现，上述专家、学者著作中主张的观点，均是按照《托收统一规则》的前身《商业单据托收统一规则》（以下简称原规则）发展而来。原规则的定义部分规定：

“有关各方当事人是指委托银行进行托收的原主（即委托人），上述被委托的银行（即托收行），以及由托收行委托办理承兑或托收商业单据的代理行（即代收行）。”第十六条规定：“银行为了实现委托人的指示利用另一家银行的服务时，其费用与风险应由委托人负担。”“银行可以自由利用其在付款或承兑国家内的代理行作为代收行。”“如委托人指定了代收行，托收行仍有权通过自己选择的代理向该指定的代收行递交商业单据。”从这些规则规定中可以看出，委托人委托托收行，托收行委托代收行，托收行在代收行的指定上享有决定权。基于这些规定，专家、学者将托收关系界定为两个独立的委托关系，得出了“委托人与代收行之间没有法律关系”、“委托人不能直接对代收行主张权利”的结论。

但我们应当注意到，1978 年和 1995 年，国际商会对原规则进行了两次修订，并改称为《托收统一规则》。规则在托收定义部分作了修改，规定：“托收行是指受委托人的委托，办理托收业务的银行。代收行是指除托收行以外，参与办理托收指示的任何银行。”改变了原来可能导致对托收法律关系予以界定的提法。第三条规定，“为了执行委托人的指示，托收行可能利用下列银行作为代收行：委托人提名的代收行；如果无这样的提名，则由托收行或其他银行视情况而选择的付款或承兑所在国家的任何银行”，即在代收行的指定上，委托人享有自主权。上述改动，体现了实务界对托收关系的认识也在不断发展。尤其是在对代收行的定义上，特别剔除了“接受托收行委托”的提法，改用“参与办理”的提法。而这一提法，与托收实务操作是相一致的。在实务操作中，代收行收到的托收指令上，已明确是代委托人收款，而非代托收行收款。因此，托收关系从其本质上分析，更符合民法的复代理关系。结合民法中关于复代理的法律特征：（1）代理人以自己的名义选任复代理人，但复代理人仍是被代理人的代理人（花旗银行为兰生公司的复代理人）；（2）需要有被代理人的事先同意或事后追认（事实上花旗银行由兰生公司指定）；（3）复代理人的行为后果直接归属于被代理人（花旗银行的行为直接归属于兰生公司）。从托收的操作过程看，托收是由委托人委托、托收行接受委托、托收行转委托代收行并告知托收指令、代收行按指令收款等行为组成，其中托收行自行指定代收行或按照委托人的要求指定代收行是完成托收的必经环节，因此，从整体上可以认为托收符合复代理的法律特征。在符合复代理的情形下，兰生公司作为委托人，其追究复代理人花旗银行代理过程中的过错责任是符合法律规定的，兰生公司对花旗银行享有诉权。

笔者认为，虽然对托收法律关系的性质认定目前尚存在争议，但不管如何界定，均不应剥夺委托人对代收行的诉权。根据《托收统一规则》规定，“代收行是除托收行以外参与办理托收指示的任何银行”，“托收行为了实现委托人的指示利用其他银行服务的费用与风险应由委托人负担”。该规定虽然没有直接明确委托人可否直接起诉代收行，但从其对代收行的定位和风险承担角度分析，允许委托人直接起诉代收行并不违反其立法本义，且有利于平衡委托人承担风险与行使司法救济途径受限制的矛盾。由于托收关系中，托收行主要起到寄单、联络的作用（故有些学者将托收行直接称为寄单行），其在履行了相应的义务后，对委托人能否收款一般不承担责任。如果由于代收行的过错，导致委托人损失，委托人不能直接追究代收行的责任，而只能追究托收行的责任，而托收行在没有过错的情形下，其又不承担责任，导致委托人无法获得司法救济权。法律或《托收统一规则》中并未规定在代收行存在过错的情况下，托收行必须代委托人向代收行主张权利。这样，导致代收行往往逃避其应承担的责任，对委托人而言，显然不公平。结合《中华人民共和国合同法》第四百零二条、第四百零三条的规定，也肯定了委托人对第三人直接主张权利的做法。

3．关于兰生公司对花旗银行起诉是否超过诉讼时效的问题。根据我国《民法通则》的规定，诉讼时效作为民法中的一项强制性的法律制度，法院应当依职权进行审查。同时，根据《民法通则》第一百三十七条的规定，诉讼时效期间应从知道或者应当知道权利被侵害时起计算。花旗银行提出其在汇票获承兑后即通知了华侨银行，兰生公司和华侨银行应当知道汇票的到期日，在到期日届满未收到货款即可表明其知道或应当知道自己的权利被侵害，故花旗银行主张诉讼时效期间应为汇票到期日开始的2年。

法院经审理认为，在仅告知汇票被承兑的情况下，兰生公司确实无法据此判断单据是否已经放走、款项是否已经收回，故也无法知晓自己的权利是否受到侵犯。根据原审法院查明的事实，1995年1月25日，兰生公司通过华侨银行转来的花旗银行传真函，才清楚地得知单据已由花旗银行按照其自己对托收的理解完全交给了付款人。故原审法院确认兰生公司对花旗银行的诉讼时效从1995年1月25日起算符合法律规定。

4．关于本案各方当事人的责任问题。花旗银行提出，其在LJ公司对汇票承兑的情况下放单，符合《美国统一商法典》的规定，其不存在过错。同时，本案所涉汇票中最早到期的一份为1993年5月30日，兰生公司在此期限未收到货款，即应知道自己的权利被侵害，其应当主动停止发货。故对于此后发生的6笔货的损失，花旗银行不应承担责任。

法院经审理认为，虽然在南美有些国家，有将远期付款交单作承兑交单处理的情况，但美国作为《托收统一规则》的承认国，本案应适用《托收统一规则》作为确定本案各方当事人责任的依据。花旗银行在未征得委托人和托收行同意的情况下，未按照托收指示的要求，擅自将远期付款交单作承兑交单处理，且在放单以后未及时将该事实告知华侨银行，其行为违反了《托收统一规则》的规定，具有明显的过错，应承担由此产生的赔偿责任。花旗银行以《美国统一商法典》的规定主张将远期付款交单作承兑交单处理没有过错，因本案并不适用《美国统一商法典》，故对其抗辩，法院不予采信。对于兰生公司是否应及时采取止损措施的问题，笔者认为，告知汇票被承兑与告知改变托收交单条件并放单系两个完全不同的事实，兰生公司知道汇票被承兑，并不能由此得出其已知晓单据被放走和货款未收到的事实。故在此种情形下，兰生公司尚不知道有损害事实发生，也就不存在应采取止损措施的义务。

关于华侨银行是否应承担责任的问题，根据《托收统一规则》的规定，华侨银行作为托收行的首要义务在于毫无差错地及时按照兰生公司的委托向花旗银行寄交托收指示及相关单据。华侨银行完全履行了该义务。华侨银行在单据寄出后，按照行业惯例及时向花旗银行进行查询，并向兰生公司回复查询结果。至于华侨银行是否向兰生公司出具拒付通知书，根据《托收统一规则》之规定，取决于代收行是否已毫无延误地将拒付通知书交托收行，或已设法确定托付货款的理由。由于本案中的代收行花旗银行并未及时履行该项义务，故华侨银行不负有向兰生公司出具拒付通知书的义务。依据《托收统一规则》的规定，华侨银行不负有为了兰生公司的利益而进一步采取诉讼行为的义务。在兰生公司没有明示授权的特别约定，亦不表示支付诉讼费用的情况下，要求华侨银行通过诉讼途径进行追索缺乏相应的依据。据此，华侨银行事实上已以善意和合理的谨慎履行了托收行应尽的义务，华侨银行对兰生公司未能收回货款的损失，不应承担民事责任。故判决华侨银行不承担责任是正确的。

（胡曙光）

# 96. 鸿丰房地产（上海）有限公司诉中国光大银行上海分行存款案（非法拆借资金）

(一) 首部

1. 裁判书字号

一审判决书：上海市第一中级人民法院（1996）沪一中经初字第595号。

二审裁定书：上海市高级人民法院（1998）沪高经终字第103号。

重审一审判决书：上海市第一中级人民法院（1999）沪一中经重字第4号。

重审二审判决书：上海市高级人民法院（2001）沪高经终字第264号。

2. 案由：存款案。

3. 诉讼双方

原告（上诉人）：鸿丰房地产（上海）有限公司（以下简称鸿丰公司）。

法定代表人：张持国，董事长。

委托代理人（一审）：王景祥，上海市金翔律师事务所律师。

委托代理人（二审）：顾兆康，上海市第七律师事务所律师。

委托代理人（二审、重审一审）：张建华，上海市第七律师事务所律师。

委托代理人（重审一审）：祁群，鸿丰公司法律顾问。

委托代理人（重审二审）：陈剑平，上海市联合律师事务所律师。

被告（上诉人）：中国投资银行上海分行（以下简称投资银行），1999年6月18日投资银行的债权债务均被光大银行整体接收，故被告变更为中国光大银行上海分行（以下简称光大银行）。

负责人（一、二审）：苏仲，行长。

负责人（重审一审）：冯国荣，行长。

负责人（重审二审）：刘正民，副行长。

委托代理人（一审）：陈殷，光大银行职员。

委托代理人（一审）：徐为华，上海市第三律师事务所律师。

委托代理人（二审）：泽晓红，光大银行职员。

委托代理人（重审一审、重审二审）：谢振雄，光大银行职员。

委托代理人（二审、重审一审、重审二审）：马新民，上海市鲤庭律师事务所律师。

第三人（被上诉人）：上海一达生物化工研究院（以下简称一达院）。

法定代表人：除一达，院长。

委托代理人（重审一审）：祝秋芳，一达院职工。

4. 审级：二审、重审。

5. 审判机关和审判组织

一审法院：上海市第一中级人民法院。

合议庭组成人员：审判长：张聪；审判员：顾克强；代理审判员：陈星。

二审法院：上海市高级人民法院。

合议庭组成人员：审判长：张昌华；代理审判员：季嘉林、鞠晓红。

重审一审法院：上海市第一中级人民法院。

合议庭组成人员：审判长：赵卫平；审判员：谷玉琴；代理审判员：周清。

重审二审法院：上海市高级人民法院。

合议庭组成人员：审判长：张正国；代理审判员：熊雯毅、胡宗英。

6. 审结时间

一审审结时间：1997 年 12 月 25 日。

二审审结时间：1999 年 3 月 23 日。

重审一审审结时间：2001 年 2 月 23 日。

重审二审审结时间：2001 年 11 月 23 日。

**（二）一审诉辩主张**

1. 原告诉称：1994 年 12 月，一达院为向被告贷款要求鸿丰公司将美元存入投资银行处，然后由投资银行再贷给一达院。1994 年 12 月 9 日，鸿丰公司在投资银行处存入美元 300 万元，1994 年 12 月 16 日，投资银行与一达院订立人民币短期借款合同，并于当日由鸿丰公司、投资银行及一达院订立业务合作协议，约定由鸿丰公司以外汇存款补偿一达院到期不还的本息和罚款的责任，但鸿丰公司要投资银行保证合同到期后可以凭存单提款，并由鸿丰公司保管存单才予以签署该协议。之后，由于一达院未按约归还贷款，投资银行扣划鸿丰公司的存款作偿还一达院的欠款。鸿丰公司诉请法院判令业务合作协议及一达院与投资银行之间的借款合同无效，被告投资银行返还鸿丰公司被扣划的存款美元963 671.68元，并赔偿利息损失及承担诉讼费。

2. 被告辩称：业务合作协议对投资银行与一达院借款并由鸿丰公司以美元作担保达成一致意见，由于一达院到期未归还所借款项，投资银行则根据协议约定扣划了鸿丰公司在投资银行处的存款美元963 671.68元。鸿丰公司的诉请没有依据。另外，鸿丰公司和一达院之间有融资协议，一达院支付鸿丰公司高额息差，故被告请求驳回鸿丰公司的诉请。

**（三）一审事实和证据**

上海市第一中级人民法院经公开审理查明：1994 年 12 月 16 日，鸿丰公司、投资银行及一达院签订业务合作协议，约定：鸿丰公司将自有外汇资金美元 300 万元存入投资银行，存款期限自 1994 年 12 月 9 日至 1995 年 1 月 9 日，存款年利率为5.625 0‰；根据鸿丰公司要求并与投资银行商定，按 1∶5.5 的比例贷给一达院人民币1 650万元，期限自 1994 年 12 月 16 日至 1995 年 1 月 8 日，贷款月利率为 9‰；贷款到期后，一达院应主动偿还投资银行的贷款本息，如果一达院未能按期偿付，投资银行有权拒付鸿丰公司到期存款，直至一达院全部清偿为止；若一达院在贷款逾期 15 个营业日内仍未清偿所欠投资银行的债务，投资银行则有权主动将鸿丰公司存入的外汇存款结成人民币，用以补偿贷款本息及罚款；三方还约定，鸿丰公司存入投资银行的外汇存款在一达院与投资银行之间的债务未清偿之前，鸿丰公司不得提取，不得用作抵押。业务合作协议签订之同日，投资银行与一达院签订人民币短期借款合同 1 份，约定：投资银行借给一达院人民币1 650万元，期限为 1994 年 12 月 16 日至 1995 年 1 月 8 日，月利率为 9‰；三方签订的业务合作协议作为借款合同之条款及附件。合同签订后，投资银行于 1994 年 12 月 26 日依约将人民币1 650万元贷给一达院。后因一达院未按时归还借款，投资银行依据业务合作协议的约定，扣划了鸿丰公司的美元存款963 671.68元。另查，该 300 万美元的存单在鸿丰公司处。鸿丰公司曾与一达院签订协议书 1 份，约定由一达院补贴因鸿丰公司融资 300 万美元的利息差，并由一达院出具保证书一份给鸿丰公司，保证在约定期限内偿还鸿丰公司本金 300 万美元和利息。

上述事实有下列证据证明：

1.1994 年 12 月 16 日鸿丰公司、投资银行及一达院签订的业务合作协议。

2.1994 年 12 月 16 日投资银行与一达院签订的人民币短期借款合同。

3.1995 年 3 月 11 日外汇付款结汇通知单、兑换水单。

4.1994 年 12 月 6 日鸿丰公司与一达院签订的协议书及 1994 年 12 月 8 日一达院向鸿丰公司出具的保证书。

**（四）一审判案理由**

上海市第一中级人民法院根据上述事实和证据认为：鸿丰公司、投资银行与一达院签订的业务合作协议，其实质内容为以存单质押担保；因存单没有被实际出质，故没有生效，投资银行依据未生效的协议扣划鸿丰公司的存款，显属无理；理应返还鸿丰公司的存款，赔偿由此造成的损失，鸿丰公司诉请要求确认借款合同无效，因该合同系投资银行与他人所签，不属本案审理范围，故不予支持。

**（五）一审定案结论**

上海市第一中级人民法院根据《中华人民共和国担保法》第六十四条之规定，判决如下：

1. 原告鸿丰房地产（上海）有限公司与被告中国投资银行上海分行及上海一达生物化工研究院于 1994 年 12 月 16 日签订的业务合作协议无效。

2. 被告中国投资银行上海分行返还原告鸿丰房地产（上海）有限公司的存款963 671.68美元。

3. 被告中国投资银行上海分行返还原告鸿丰房地产（上海）有限公司上述款项的利息损失，从 1994 年 12 月 9 日起至本判决生效之日止，按同期美元存款利率计。

4. 原告的其他诉讼请求不予支持。

**（六）二审情况**

被告不服原审判决向上海市高级人民法院提起上诉。上海市高级人民法院根据原审查明事实认为，本案系存单纠纷，一达院系实际用资人，其应作为诉讼当事人参加诉讼，原审法院未追加其作为诉讼当事人，影响案件的正确处理。

上海市高级人民法院根据《中华人民共和国民事诉讼法》第一百五十三条第一款第（四）项的规定，裁定如下：

1. 撤销上海市第一中级人民法院（1996）沪一中经初字第 595 号民事判决。

2. 发回上海市第一中级人民法院重审。

**（七）重审一审情况**

1. 重审一审诉辩主张

原、被告诉辩意见同原审一审。

一达院没有提出答辩意见。

2. 重审一审事实和证据

上海市第一中级人民法院经公开审理查明：原审一审法院查明事实属实。并进一步查明：1994 年 12 月 26 日，一达院签发金额为人民币 850 万元的转账支票交给鸿丰公司，鸿丰公司取得该笔款项并无偿使用至 1995 年 1 月 16 日。1995 年 1 月 10 日，鸿丰公司将存在投资银行的美元 300 万元到期转存至其他账户，其中美元 130 万元于 1995 年 1 月 10 日要求投资银行调剂外汇，并于 1995 年 1 月 16 日用调剂的人民币归还给一达院人民币 850 万元，同日，一达院归还给投资银行人民币 870 万元；另外美元 150 万元划至另一账户，投资银行给予其享受 7 日的定期利息。但一达院在借款到期后未将剩余借款人民币 780 万元及利息归还给投资银行。鸿丰公司美元 150 万元 7 日定期到期后曾多次欲提取该笔款项，投资银行拒付存款。1995 年 3 月 11 日，投资银行将该笔美元 150 万元中的美元 963 671.68元兑换成人民币，用于归还一达院欠其的剩余借款本息。后鸿丰公司与投资银行就投资银行划款行为多次书信往来交涉，未果。

上述事实有下列证据证明：

(1) 1994 年 12 月 26 日一达院签发金额为人民币 850 万元的转账支票证明一达院将人民币 850 万元交由鸿丰公司无偿使用。

(2) 1995 年 1 月 16 日的划款凭证，证明鸿丰公司将美元 300 万元存款中的美元 130 万元兑换成人民币后，还给一达院人民币 850 万元，一达院再还给投资银行。

(3) 1995 年 1 月 10 日存款凭证，证明鸿丰公司将美元 150 万元从其往来账户中转存定期 7 日。

(4) 1995 年 3 月 15 日、1995 年 3 月 20 日鸿丰公司和投资银行之间的来往函件，证明鸿丰公司知悉美元存款被扣后向投资银行提出质疑及回复。

3. 重审一审判案理由

上海市第一中级人民法院根据上述事实和证据认为：鸿丰公司与一达院签订的协议书约定由鸿丰公司向一达院融资美元 300 万元，年利为一分；两天后，一达院又向鸿丰公司出具保证书，向鸿丰公司保证偿还本息的期限；后鸿丰公司、投资银行及一达院为达到加速资金周转，提高资金利用率，平衡鸿丰公司与一达院之间资金余缺的特殊目的，又签订了业务合作协议，三方根据鸿丰公司的要求并与投资银行商定，由投资银行按 1∶5.5 的比例贷给一达院人民币1 650万元，该协议内容违反了银行有关放贷的一般要求。在实际履行过程中，鸿丰公司将上述美元 300 万元存入投资银行，投资银行向鸿丰公司出具存单 2 张后，又将人民币1 650万元转借给一达院；一达院将其中的人民币 850 万元交由鸿丰公司使用至 1995 年 1 月 16 日，根据一达院和投资银行签订的借款合同约定的借款月利率 9‰计算，鸿丰公司从无偿使用人民币 850 万元中无形取得利差人民币53 550元。最高人民法院《关于审理存单纠纷案件的若干规定》第六条第一款规定，在出资人直接将款项交与用资人使用，或通过金融机构将款项交与用资人使用，金融机构向出资人出具存单或进账单、对账单或与出资人签订存款合同，出资人从用资人或从金融机构取得或约定取得高额利差的行为中发生的存单纠纷案件，为以存单为表现形式的借贷纠纷案件。该规定第六条第二款第（三）项规定，出资人将资金交付给金融机构，金融机构给出资人出具存单或进账单、对账单或与出资人签订存款合同，出资人再指定金融机构将资金转给用资人的；首先由用资人返还出资人本金和法定利息。金融机构因其帮助违法借贷的过错，应当对用资人不能偿还出资人本金部分承担赔偿责任，但不超过不能偿还本金部分的40%。综上所述，从鸿丰公司、投资银行及一达院的协议及实际履行过程来看，鸿丰公司、光大银行及一达院之间的行为属于以存单为表现形式的借贷行为，鸿丰公司的资金应扣除其所得的利差人民币53 550元后，由一达院向鸿丰公司返还本金和法定利息；投资银行因其具有帮助违法借贷的过错，应当对一达院不能偿还鸿丰公司本金部分承担赔偿责任，但不超过不能偿还本金部分的40%。因投资银行被中国光大银行上海分行整体接收，投资银行的债权债务由光大银行承担，故上述投资银行的赔偿义务亦应由光大银行承担。

4. 重审一审定案结论

上海市第一中级人民法院根据《中华人民共和国民法通则》第五十八条、第八十四条，最高人民法院《关于审理存单纠纷案件的若干规定》第六条第一款、第六条第二款第（三）项的规定，判决如下：

（1）第三人上海一达生物化工研究院于本判决生效之日起10日内归还原告鸿丰房地产（上海）有限公司美元963 671.68元（按照还款日的美元与人民币牌价折合人民币）扣除利差人民币53 550元，并支付该款自1995年3月11日起至本判决生效之日的存款利息（存款利率按中国人民银行规定的企业同期存款利率支付）。

（2）被告中国光大银行上海分行对上述第三人上海一达生物化工研究院不能归还原告鸿丰房地产（上海）有限公司本金部分，承担40%的赔偿责任。

案件受理费人民币55 001元，由第三人上海一达生物化工研究院负担。

**（八）重审二审情况**

1. 重审二审诉辩主张

鸿丰公司、光大银行均不服重审一审判决，向上海市高级人民法院提起上诉。

鸿丰公司坚持认为：投资银行与一达院之间的借款是合法的；不是非法融资关系；三方业务合作协议是借款合同的从合同，约定的质押条款因没有实际质押而没有生效。被告除应当返还扣划的款项外，同时还认为提出主张其将款项存入投资银行，系受投资银行与一达院所骗。鸿丰公司诉请：撤销上海市第一中级人民法院（1999）沪一中经重字第4号民事判决第二项；改判支持其原审诉请。

光大银行同样坚持认为：投资银行与一达院之间的借款关系是合法的，原审认定为非法关系错误；同时还认为，鸿丰公司明确放弃对借款人一达院的诉请，所以，原审判令一达院承担法律责任没有依据。要求光大公司承担一达院不能清偿部分的法律责任也相应失去实际追偿权。光大银行请求：撤销上海市第一中级人民法院（1999）沪一中经重字第4号民事判决，并驳回鸿丰公司的诉请。

一达院未到庭参加诉讼，也没有提出书面意见。

2. 重审二审事实和证据

上海市高级人民法院经审理查明，原审法院查明事实属实。

3. 重审二审判案理由

上海市高级人民法院根据上述查明事实认为：

（1）本案是以存单为表现形式的借贷纠纷案件。本案所涉协议书、保证书、业务合作协议均系相应各方的真实意思表示。从上述书面材料的内容，以及鸿丰公司按协议约定的相应的时间将款项存入投资银行，再由投资银行将款项贷给一达院的事实看，鸿丰公司与一达院之间有将美元300万元存入投资银行，再由投资银行贷款给一达院的约定；从资金流向看，也按照上述书面协议的约定实际履行，即资金从鸿丰公司流向投资银行、一达院；鸿丰公司还与一达院存在追求高额利差的约定，“由一达院向鸿丰公司补偿利息差”等；在本案系争标的存款期间，鸿丰公司对其使用一达院资金人民币850万元，无偿取得利益人民币53 550元，没有合理解释和依据。根据民事活动等价有偿原则，以及鸿丰公司与一达院之间约定有收取高额息差的约定，原审认定鸿丰公司无偿使用一达院资金而取得人民币53 550元的利益为取得的利差是正确的。因此，鸿丰公司已实际取得一达院支付的利差人民币53 550元。以上特征符合最高人民法院《关于审理存单纠纷案件的若干规定》第六条第一款规定，在出资人直接将款项交与用资人使用，或通过金融机构将款项交与用资人使用，金融机构向出资人出具存单或进账单、对账单或与出资人签订存款合同，出资人从用资人或从金融机构取得或约定取得高额利差的行为中发生的存单纠纷案件，为以存单为表现形式的借贷纠纷案件。最高人民法院《〈关于审理存单纠纷案件的若干规定〉的解释与适用》在对以存单为表现的借贷纠纷案件的认定中也进一步明确了：如存款人收取利差或与金融机构、用资人约定利差，应认定款项出借中有存款人的意思表示，仍按以存单为表现形式的借贷行为处理。据此，应当认定为以存单为表现形式的借贷纠纷。

（2）以存单为表现形式的借贷，行为因意欲套取金融机构信用、转嫁风险，实质上形成了由金融机构承担风险的企业间借贷，违反我国金融法律、法规，应认定为违法借贷。出资人收取的高额息差应充抵本金，出资人、金融机构与用资人因参与违法借贷均应当承担相应的民事责任。在本案中，鸿丰公司将资金交给投资银行，投资银行给鸿丰公司出具存单，鸿丰公司再指定投资银行将资金转给一达院，根据上述事实，上海市第一中级人民法院根据《关于审理存单纠纷案件的若干规定》第六条第二款第三项规定，判令：用资人一达院返还出资人鸿丰公司本金和法定利息，以及金融机构投资银行因帮助违法借贷（信贷员向公安的供述中承认参与的行为）的过错，应当对用资人一达院不能偿还的本金部分承担赔偿责任，但不能超过不能偿还本金部分的40%，符合法律规定，应予维持。二上诉人认为，本案纠纷是合法借贷纠纷，因二上诉人所称投资银行与一达院之间的合法借贷关系，是为帮助鸿丰公司与一达院之间的非法借贷之目的而为，故对二上诉人之主张不予支持。

（3）关于鸿丰公司上诉认为，其将款项存入投资银行，是受投资银行与一达院所骗，非其真实意思表示之主张是否成立的问题。鸿丰公司为证实自己的主张，提供了4份有关人员的陈述笔录。经查，该4份笔录的内容，均证实了鸿丰公司、投资银行与一达院之间协商非法融资的过程。至于鸿丰公司称投资银行没有将对一达院资信审核的真实情况告知鸿丰公司，是一种欺骗行为之主张，因鸿丰公司存在收取高额息差之目的，故鸿丰公司自己应当承担放款的风险责任；鸿丰公司愿意用其存款为一达院的借款作担保，鸿丰公司自己也应承担审核的责任。据此，对鸿丰公司有关其非法融资行为系受欺骗所致的主张，不予支持。

（4）关于光大银行上诉认为鸿丰公司在一审中明确放弃对一达院的诉请，原审判令一达院承担法律责任没有依据，由此判令光大银行承担一达院不能清偿部分的法律责任也相应失去实际追偿权的主张是否成立的问题。经查，鸿丰公司虽然在原审中没有对一达院提出诉请，但原审法院根据《关于审理存单纠纷案件的若干规定》对以存单为表现形式的借贷纠纷的处理意见所明确的用资人应当承担的责任而作判决，并无不当（具体理由详见上述内容)。另在二审上诉时，鸿丰公司没有要求撤销对一达院的判决，对此，从不增加当事人讼累以及从实体处理上没有增加光大银行责任的因素考虑，对光大银行的此主张不予支持。

4. 重审二审定案结论

上海市高级人民法院根据《中华人民共和国民事诉讼法》第一百五十三条第一款第（一）项之规定，作出如下判决：

驳回上诉，维持原判。

二审案件受理费人民币55 001元，由鸿丰房地产（上海）有限公司负担人民币27 500.50元，由中国光大银行上海分行负担人民币27 500.50元。

（九）解说

本案的主要问题是对案件性质的认定。对此，鸿丰公司主张以及原审一审法院认定本案性质是合法存款关系；重审一审法院认定本案的性质为以存单为表现形式的非法借贷纠纷；鸿丰公司、投资银行不服重审一审法院的认定，主张鸿丰公司、投资银行与一达院之间是合法的委托贷款和存款担保关系；重审二审法院确认了重审一审法院的认定。

重审一、二审法院对本案性质认定为以存单为表现形式的借贷纠纷，主要根据最高人民法院《关于审理存单纠纷案件的若干规定》第六条第一款和第二款的规定，从以下三个特征进行把握：一是当事人至少有三方，即出资人、金融机构和用资人；二是资金必须由出资人流向用资人，并且在资金流动过程中三方均参与实施（但不要求资金一定流入金融机构后再流入用资人)；三是主观上有违法拆借资金的过错，具体表现为约定收取高额息差或已经收取高额息差。鸿丰公司、投资银行主张的和原审一审法院认定的存款关系或委托贷款关系，均是从单个的、表面的法律关系对案件性质的理解，忽略了整体的、实质的内容，即出资人与用资人之间约定取得和实际收取高额息差的情形。这样就使得非法拆借资金的行为通过披上合法的外衣而得到了法律保护，并将拆借资金的风险全部转嫁给了金融机构，不利于打击违法拆借资金，扰乱金融秩序的行为。

（胡宗英）

## 97. 中国人民解放军51052部队诉中国建设银行张家口桥西办事处存单案（以存单为形式违法借贷）

（一）首部

1. 判决书字号

一审判决书：河北省张家口市中级人民法院（2000）张经初字第11号。

二审判决书：河北省高级人民法院（2000）冀经一终字第6号。

2. 案由：存单案。

3. 诉讼双方

原告（被上诉人）：中国人民解放军51052部队（以下简称解放军51052部队）。

法定代表人：曹泽，部队长。

委托代理人：冯海兵、蒋书铎，河北海龙律师事务所律师。

被告（上诉人）：中国建设银行张家口桥西办事处（以下简称建行桥西办事处）。

负责人：张国声，办事处主任。

委托代理人：程建平、陈小利，河北华研律师事务所律师。

第三人（被上诉人）：河北省农业机械集团张家口公司（以下简称农机公司）。

法定代表人：陈元，总经理。

委托代理人：雷挺，河北海龙律师事务所律师。

第三人：张家口市金属机电设备公司（以下简称金属公司）。

法定代表人：王春瑞，经理。

委托代理人：李毅，河北经华律师事务所律师。

4. 审级：二审。

5. 审判机关和审判组织

一审法院：河北省张家口市中级人民法院。

合议庭组成人员：审判长：张敬民；代理审判员：田雨海、王悦。

二审法院：河北省高级人民法院。

合议庭组成人员：审判长：任丽波；审判员：马增华；代理审判员：苑秀霞。

6. 审结时间

一审审结时间：2000年9月20日。

二审审结时间：2001年4月2日。

**（二）一审诉辩主张**

1. 原告诉称：被告为吸收存款，多次找到原告，要求帮助解决资金困难。原告考虑被告属国家银行，资金存入安全，就于1997年3月12日将200万元存入被告所属西河沿分理处，被告于同年3月14日给原告开有收到200万元的存款收据。存款到期后，被告于1998年3月20日归还原告本金50万元，其余本息以种种理由拒付，故诉至贵院，请求判令被告归还存款本金150万元及约定利息、承担违约金及本案全部诉讼费用。

2. 被告辩称：被告指定原告将资金转给用资人证据不足，应推断是原告自行将资金转给用资人；第三人金属公司注册资金不到位，应由其开办单位第三人农机公司替代承担民事责任；第三人金属公司的赔偿请求应另案处理。据此，首先由农机公司返还原告本金和利息，被告因帮助违法借贷有过错，应当对农机公司不能偿还出资人本金部分承担赔偿责任，但不超过不能偿还本金部分的20%。

3. 第三人金属公司述称：我公司作为用资人不仅早已将所有资金偿还给被告，而且被告还应向我公司退回多收的部分，因此，从事实上作为用资人的我公司不应该承担本案实体给付的义务，同时要求被告赔偿其经济损失。

4. 第三人农机公司述称：作为用资人的开办单位，在注册资金足额投入的情况下，不应对其承担民事责任，至于采用何种形式投资都是可以的。

**（三）一审事实和证据**

张家口市中级人民法院经审理查明：1997 年 3 月 12 日，原告（甲方）与被告下属西河沿分理处（乙方）订立存款协议，约定：原告将 200 万元人民币整存入乙方，期限为 1 年，年利率为 13%，到期还本；乙方每 3 个月结算支付甲方存款利息一次；乙方不按期支付甲方存款本息，按超出天数，每天赔偿甲方本息 2‰的违约金；甲方中途抽走资金，抽走部分乙方按活期存款利率计付利息；甲方不干涉乙方资金用途，乙方保证甲方资金安全。1997 年 3 月 14 日，原告按照西河沿分理处的指定，将 200 万元存款汇给第三人金属公司，西河沿分理处给原告开具了 200 万元的存款收据。1998 年 3 月 14 日，西河沿分理处支付原告存款本金 50 万元，剩余本金 150 万元、利息 26 万元（按年利率 13% 计算），共计 176 万元，于 1998 年 3 月 20 日给原告开具了中国建设银行单位定期存款开户证实书，将此款转为定期 1 年存款，年利率为 5.22%，并备注：此款为原协议存款本息转存款。转存款到期后，原告支取时，被告拒绝支付。第三人金属公司借得此款后，先后 3 次归还西河沿分理处现金共计 70 万元。

另查明，用资人金属公司由河北省张家口市农业机械总公司（现称农机公司）开办，1994 年 3 月 17 日登记注册，具有独立法人资格。其注册资金 50 万元由开办单位农机公司拨付，该公司从 1994 年 4 月至 1995 年 6 月，以拨款、代付货款和借款的方式分 7 笔投入 510 816.13 元。金属公司于 1995 年 3 月 24 日年检后停业至今。

上述事实有下列证据证明：

1. 存款协议、存款收据、银行汇票、单位定期存款开户证实书。
2. 被告经办人李成贵的讯问笔录。
3. 孔庆范、王春瑞的谈话笔录。
4. 农机公司与金属公司之间的往来凭据。
5. 庭审笔录。

**（四）一审判案理由**

张家口市中级人民法院鉴于上述事实和证据认为：原告解放军 51052 部队与被告建行桥西办事处之间的存款协议的真实性毋庸置疑，原告要求取得存款本息的正当权益应受到法律的保护。然而，原告为获取高额存款利息，与被告签订存款协议，被告高息揽储，并让原告将存款直接转给其指定用资人金属公司给原告开具存款收据，从而出资人原告解放军 51052 部队、被告建行桥西办事处、用资人金属公司三方的行为均违反了有关金融法规，实属以存单为表现形式的违法借贷，依法均应承担相应的民事责任。

原告约定取得的存款利息，超出了人民银行规定的同期存款利息，其超出部分不予保护。被告辩称是原告自行将资金转给用资人的与事实不符，故对其仅应承担用资人的不能偿还本金部分的 20% 的主张不予支持。用资人金属公司虽然自 1995 年年检后停业至今，但该公司的企业法人营业执照尚未被吊销，公司尚未注销，根据最高人民法院《关于审理存单纠纷案件的若干规定》的相关规定，首先应由其偿还原告未支取的存款本息，被告对用资人不能偿还本息部分承担补充赔偿责任。第三人农机公司关于其以拨款、代付货款和借款的方式分数次向金属公司投入的 50 万元应认作注册资金的主张应予照准。被告所抗辩之农机公司投入的 50 万元不是注册资金，因而金属公司不具备法人资格，民事责任应由开办单位农机公司替代承担的要求不予支持。用资人金属公司关于偿还给被告的借款已超出实际借款，并要求被告在本案中赔偿其经济损失的请求涉及数笔借款，超出了原告的诉讼请求范围，应另案处理，故其不承担本案实体给付义务的抗辩不能成立。原告要求被告承担不能按期支付存款的违约金之诉求于法无据，予以驳回。

**（五）一审定案结论**

河北省张家口市中级人民法院根据最高人民法院《关于审理存单纠纷案件的若干规定》第六条第（二）项第二目之规定，作出如下判决：

1．第三人张家口市金属机电设备公司偿还原告中国人民解放军 51052 部队存款本金 150 万元、利息 230 887.50 元（按人民银行同期存款利率计算至 2000 年 7 月 31 日），合计1 730 887.50元。

2．被告中国建设银行张家口桥西办事处对张家口市金属机电设备公司不能偿还原告上列款项部分承担补充赔偿责任。

上述本金及利息应于本判决生效后 15 日内付清，利息按人民银行同期存款利率计算至给付之日。

案件受理费18 664元，由第三人张家口市金属机电设备公司负担，其负担不能部分由被告中国建设银行张家口桥西办事处负担。

**（六）二审情况**

1．二审诉辩主张

（1）上诉人诉称：第一，上诉方工作人员李成贵以个人牟利为目的，私自以上诉人所属西河沿分理处的名义吸收解放军 51052 部队存款不入账，违法出具权利凭证，客观上导致解放军 51052 部队与金属公司形成非法借贷关系。张家口市桥西区人民法院因此认为李成贵构成用账外客户资金非法拆借、发放贷款罪，并判决其承担刑事责任。因此，李成贵与解放军 51052 部队签订存款协议的行为不属于职务行为，而是李成贵个人违法犯罪行为。李成贵犯罪行为的后果应由其自行承担，上诉人对此不应承担民事责任。第二，注册资金应是企业法人成立时在登记机关填报并且实收的财产总额。本案金属公司在 1994 年 4 月成立时，农机公司未注资，故金属公司成立时不具备企业法人的条件。农机公司所谓“陆续将货款、借款转为投资，作为注册资金”的抗辩理由也不能成立。货款只能说明两者之间存在经济往来，农机公司购买货物，从而支付货款；借款体现的是一种负债，属于债务关系。而注册资金则应是指企业法人拥有所有权的财产。因此，货款、借款与注册资金是不同的概念。即使农机公司单方放弃债权，也不能等同于注册资金。因此，应认定农机公司对金属公司的注册资金投入没有到位，金属公司不具备企业法人资格。依照最高人民法院《关于企业开办的其他企业被撤销或者歇业后民事责任承担问题的批复》第一条第三项之规定，金属公司的民事责任应由其开办单位农机公司负担。建行桥西办事处要求改判金属公司的民事责任由农机公司承担；建行桥西办事处不承担本案的民事责任。

（2）被上诉人解放军 51052 部队辩称：李成贵的刑事犯罪行为和本案的民事纠纷是不同类别的法律关系，不能因李成贵具有犯罪行为就认定李成贵在本案民事纠纷中的行为就是个人行为。李成贵在从事与解放军 51052 部队签订存款协议等行为时是建行桥西办事处西河沿分理处的主任，协议上加盖了该分理处公章，李成贵的行为应属于职务行为。解放军 51052 部队和建行桥西办事处共有 8 笔存款业务关系，有的是和建行桥西办事处发生的，有的是和建行桥西办事处分理处发生的。8笔存款业务形式除时间和存款额不同外，其他完全一致。建行桥西办事处仅认为这笔存款是李成贵个人行为没有道理。原审法院根据最高人民法院《关于审理存单纠纷案件的若干规定》判决建行桥西办事处对用资人不能偿还解放军51052部队存款部分承担补充赔偿责任正确。解放军51052部队要求驳回上诉，维持原判。

(3) 被上诉人农机公司辩称：金属公司于1994年3月成立后，农机公司于同年4月7日以拨款的形式向金属公司注入10万元，以后的6笔款也是根据金属公司的经营情况陆续投入，虽然形式上是以借款、货款等名目，但农机公司始终认为是投资款。而且在1998年年底经请示省公司后，于1999年年初账目上已作长期投资处理。因此，农机公司对金属公司的投入在投资方式上虽然不够规范，但客观上投入的资金总额已达到了注册资金数额。故应认定农机公司对金属公司的投入已经到位。金属公司具备独立法人资格，农机公司不承担本案的民事责任。

2. 二审事实和证据

河北省高级人民法院经审理查明：李成贵是建行桥西办事处西河沿分理处主任。1997年3月12日，李成贵以该分理处的名义与解放军51052部队签订了“存款协议”，协议上加盖了该分理处公章。李成贵事后以该分理处的名义给解放军51052部队开具的200万元的“存款收据”以及“存款证实书”上亦加盖了该分理处公章。因此，李成贵被张家口市桥西区人民法院判处有期徒刑3年，缓刑5年，张家口市桥西区人民法院认为李成贵私自以西河沿分理处的名义与解放军51052部队签订存款协议，指定解放军51052部队将存款直接转入用资人账户，因而构成用账外客户资金非法拆借、发放贷款罪。

金属公司的工商登记档案记载，金属公司由农机公司开办，1994年3月17日登记注册，具有企业法人资格，法定代表人是王春瑞，注册资金50万元，由开办单位拨付。金属公司成立时，农机公司向工商管理部门为金属公司出具了资金信用证明，但未实际向金属公司支付资金。同年4月2日，农机公司给付金属公司2万元，金属公司法定代表人王春瑞向农机公司出具了借款单，借款单上记载的借款理由是广州、沈阳、北京接汽车；同年4月7日，农机公司付给金属公司10万元，王春瑞给金属公司出具了领用支票凭单，凭单上记载的“内容”是付公司拨款；同年12月19日，农机公司付给金属公司7万元，王春瑞给农机公司出具了借款单，借款理由是重庆接斯太尔汽车；1995年2月23日，农机公司付给金属公司5万元，王春瑞向农机公司出具了借款单，借款理由是加斯太尔马槽；1995年4月27日，农机公司代金属公司汇给华蔚实业总公司内部银行货款6.9万元；同年5月2日，农机公司汇给金属公司14.1万元，汇票上记载的汇款用途是付货款；同年6月29日，农机公司又汇给金属公司60 816.13元，汇票上记载的汇款用途是付运费。上述7笔款共51 0816.13元，农机公司当时制作的记账凭证上记载均为应收款。1999年1月，农机公司将上述款项在明细分类账中记载为长期投资。双方当事人对上述事实及有关证据的真实性无异议。农机公司主张，其向金属公司付出上述款项时，虽然是以各种名目，但其与金属公司之间无其他业务往来关系；款付出后，其一直认为就是向金属公司履行投资义务。事后其也已将上述款项在账目上记载为“长期投资”。故应认定其对金属公司的投资已到位。建行桥西办事处认为注册资金的主要特征是它的无条件性、无对价性、无偿性、单务性，开办单位将注册资金投入到被开办单位后，无权要求被开办单位承担返还、给付、偿还注册资金的义务。本案7笔款项发生的名目均是货款、运费、借款，会计记账也均记在“应收款”科目，“应收款”本身的含义就体现为债权。故农机公司给付金属公司的7笔款项应属于法律意义上的平等主体之间的债权债务关系。金属公司负有向农机公司偿还上述7笔款项的义务。农机公司给付金属公司的7笔款项不应认定是注册资金投入。

3. 二审判案理由

河北省高级人民法院经审理认为：最高人民法院《关于在审理经济纠纷案件中涉及经济犯罪嫌疑若干问题的规定》第三条规定：“单位直接负责的主管人员和其他直接责任人员，以该单位的名义对外签订经济合同，将取得的财物部分或全部占为己有构成犯罪的，除依法追究行为人的刑事责任外，该单位对行为人因签订、履行该经济合同造成的后果，依法应当承担民事责任。”上述规定的意义在于，单位的负责人只要是以单位的名义对外签订经济合同，无论其目的是为单位牟取利益，还是假借单位的名义为个人牟取利益，单位都要对其行为的后果承担民事责任。本案李成贵在与解放军51052部队签订存款协议时，其身份是建行桥西办事处西河沿分理处的主任，符合上述规定中“单位直接负责的主管人员”的身份特征。李成贵在与解放军51052部队签订的存款协议上加盖了单位公章，其事后向解放军51052部队出具的存款收据及存款证实书亦加盖了单位公章。上述事实能够说明李成贵是以单位的名义与解放军51052部队签订了存款协议。事后李成贵未将解放军51052部队的存款入单位账户，而是指定解放军51052部队将款项直接转给用资人金属公司，从而构成犯罪，但按上述规定，建行桥西办事处也应对李成贵行为的后果承担民事责任。因此，原判认定李成贵以单位名义与解放军51052部队签订和履行存款协议的后果应由建行桥西办事处承担民事责任正确，建行桥西办事处主张李成贵个人犯罪行为的后果应由其个人承担，单位不应承担民事责任的上诉请求没有法律依据，不予支持。

最高人民法院《关于审理存单纠纷案件的若干规定》第六条第一款第（二）项第二目规定：“出资人未将资金交付给金融机构，而是依照金融机构的指定将资金直接转给用资人，金融机构给出资人出具存单或进账单、对账单或与用资人签订存款合同的，首先由用资人偿还出资人本金及利息，金融机构对用资人不能偿还出资人本金及利息部分承担补充赔偿责任”。原审法院是依此规定判决建行桥西办事处对金属公司不能偿还解放军51052部队存款部分承担补充赔偿责任。从本案的事实看，解放军51052部队未将资金交付建行桥西办事处，则建行桥西办事处承担补充赔偿责任的关键在于其是否指定解放军51052部队将款直接转给用资人。张家口市桥西区人民法院对李成贵作出的刑事判决中认定解放军51052部队是按李成贵的指定将款直接付给了用资人。原审法院在对本案作出的一审判决中也认定是建行桥西办事处西河沿分理处指定解放军51052部队将款直接转给用资人。建行桥西办事处在上诉状中对原审法院认定是其指定解放军51052部队将款转给用资人未提出异议，只是主张李成贵“指定”行为的后果应由李成贵个人承担民事责任。如前所述，因李成贵行为的后果应由建行桥西办事处承担民事责任。故原审法院认定是建行桥西办事处西河沿分理处指定解放军51052部队将款转给用资人金属公司的事实因建行桥西办事处主张李成贵行为的后果应由其个人承担不能成立和张家口市桥西区人民法院刑事判决中已认定系李成贵指定解放军51052部队将款转给用资人而能够成立。原审法院进而判决建行桥西办事处对金属公司不能偿还解放军51052部队存款部分承担补充赔偿责任符合上述法律规定，应予维持。

注册资金是企业法人成立时拥有的财产总额的体现，是否拥有足够的资金是衡量一个企业是否具备法人资格的重要条件。企业只有拥有一定数额的资金，才能满足独立开展经营活动的需要，才能满足独立承担民事责任的需要。由此，法律规定企业必须拥有一定数额的注册资金的目的主要是为了满足企业上述两个方面的需要。《中华人民共和国企业法人登记管理条例》及其实施细则均规定，申请企业法人登记单位应具有符合国家规定并与其生产经营和服务规模相适应的资金数额。按此规定，在一般情况下，企业的注册资金应由出资方在企业成立时付足。但因企业拥有注册资金的目的在于正常开展经营活动并进而承担民事责任，而在企业成立后，企业存续期间内，出资单位陆续付给企业资金仍然能够满足企业的正常经营需要，能够实现企业的经营目的，故出资单位陆续向企业支付资金虽然不符合有关规定，但并不能因此导致企业丧失法人资格。最高人民法院《关于企业开办的其他企业被撤销或者歇业后民事责任承担问题的批复》第一条第二款规定，企业被撤销、歇业后，对于企业开办的其他企业已经领取了企业法人营业执照，其实际投入的自有资金虽然与注册资金不符，但达到了《中华人民共和国企业法人登记管理条例实施细则》第十五条第（七）项或者其他有关法规规定的数额，并且具备了企业法人其他条件的，应当认定其具备法人资格，以其财产独立承担民事责任，但如果该企业被撤销或者歇业后，其财产不足以清偿债务的，开办企业应当在该企业实际投入的自有资金与注册资金差额范围内承担民事责任。此规定的意义在于，在出资人未按规定在企业成立时足额出资时，则补救的方法是在企业被撤销或歇业后由出资人承担补足资金差额的有限责任，但仍然肯定企业的法人地位。上述规定为出资人未在企业成立时足额出资的情况下，仍有条件地对企业承担有限责任提供了法律依据。因此，只要在企业成立后，企业存续期间，出资人足额履行了出资义务，就应认定企业具有法人资格，独立承担民事责任。

本案农机公司作为金属公司的开办单位，按其承诺负有向金属公司履行出资 50 万元的义务。金属公司成立时，其虽然未立即全额给付，但在此后一年的时间里，其根据金属公司的要求陆续给付金属公司 51 万余元，金属公司已经将上述款项用于企业的正常经营活动，故农机公司在金属公司成立后一年内陆续支付投资款项并不影响企业的正常经营活动，应认定是农机公司向金属公司履行出资义务，金属公司具备法人资格。农机公司向金属公司具体支付款项时，名目虽然不完全是“投资”，但其与金属公司之间并无买卖合同，或运输合同或借款关系，故其在有关付款凭证上记载的货款、运费等用途及王春瑞向其出具的借款单均不能体现双方之间真实的法律关系，不能体现款的真实用途。农机公司在当时制作的记账凭证上虽然将上述款项记载为应收款，但款付出后长达五六年的时间里，其未向金属公司索要过，且在 1999 年 1 月本案纠纷诉至一审法院前即已将上述款项在账目上调整为长期投资。而其付款的数额和其承诺出资的数额也大体相符。故农机公司主张，其向金属公司付出 7 笔款就是履行出资义务的主张能够成立。建行桥西办事处关于农机公司付出 7 笔款项体现其与金属公司之间有对价的交易关系的理由不能成立。因此，原审法院认定农机公司已履行了对金属公司的出资义务，金属公司具备企业法人资格，应独立承担民事责任正确。

4. 二审定案结论

河北省高级人民法院根据《中华人民共和国民事诉讼法》第一百五十三条第一款第

(一)项之规定；判决如下：

驳回上诉，维持原判。

本案二审案件受理费共18 664元，由中国建设银行张家口桥西办事处负担。

**（七）解说**

存单纠纷案件是近几年来人民法院受理的一种新类型案件。这类案件一般都带有诉讼标的额或犯罪数额大、案情复杂，当事人追求高额暴利，涉案的金融机构工作人员多有违规操作甚至违法犯罪行为等典型特征。为此，最高人民法院专门制定了《关于审理存单纠纷案件的若干规定》，对此类案件的正确定性处理提供了法律依据。

《关于审理存单纠纷案件的若干规定》第六条规定："在出资人直接将款项交与用资人使用，或通过金融机构将款项交与用资人使用，金融机构向出资人出具存单或进账单、对账单或与出资人签订存款合同，出资人从用资人或从金融机构取得或约定取得高额利差的行为中发生的存单纠纷案件，为以存单为表现形式的借贷纠纷案件。"此类案件有三个典型特征：

1. 当事人至少有三方，出资人、金融机构、用资人；而一般存单案件中只有存单持有人和金融机构两方当事人。

2. 有资金流动，即出资人的资金有从出资人流向金融机构，再流向用资人的资金流动现象，金融机构对出资人和用资人之间的借贷合同关系的建立和履行起着帮助作用。而一般存单纠纷案件是存款人将资金存入金融机构，即资金是从出资人流向金融机构，金融机构是存款合同关系的一方当事人，其作为或不作为关系到存款合同的成立或不成立、履行或不履行。

3. 出资人为追求高额利差，与金融机构或用资人约定了利差或已扣除利差。以存单为表现形式的借贷纠纷案件中的出资人和一般存单纠纷案件中的存款人都有追求高额利息的相同目的，所不同的是，前者是从用资人一方或者从金融机构一方获取高额利息，无论从何方获取实际都是由用资人一方支付该项利息，后者则是从金融机构一方获取高额利息，实际上也是由金融机构支付该项利息。另外，前者往往在出资的同时即已预先收取或扣除约定的高额利息，后者一般是在存款到期时得到约定的高额利息。

本案中原告解放军 51052 部队为了获取高额利息，与被告下属西河沿分理处签订存款协议，协议中约定年利率为 13%，远远高于同期银行存款利率。被告给原告出具了存单，并让原告将存款直接转给其指定的用资人金属公司，从而出资人原告解放军 51052 部队、被告建行桥西办事处、用资人金属公司三方之间形成了以存单为表现形式的借贷关系，三方的行为违反了金融法规，破坏了正常的金融秩序，损害了国家的利益，属违法借贷，出资人与用资人之间的借贷合同为无效合同。按照《民法通则》、《合同法》的相关规定，当事人基于无效合同取得的财产应予返还，所造成的财产损失应由有过错的当事人依其过错的大小承担责任。《关于审理存单纠纷案件的若干规定》即按此原则根据案件中的资金交付、处分情况以及各种情况下当事人相应的过错，对以存单为表现形式的借贷纠纷案件规定了四种基本处理原则，本案应按照《关于审理存单纠纷案件的若干规定》第六条第一款第（二）项第二目之规定进行处理，即"出资人未将资金交付给金融机构，而是依照金融机构的指定将资金直接转给用资人，金融机构给出资人出具存单或进账单、对账单或者与用资人签订存款合同的，首先由用资人偿还出资人本金及利息，金融机构对用资人不能偿还出资人本金及利息部分承担补充赔偿责任；利息按中国人民银行同期存款利率计算至给付之日。”

（王　靖）

## 98. 四川省合江县第二建筑公司金穗分公司诉中国农业银行玉林分行城郊支行存单纠纷案（存单、融资）

### （一）首部

1. 判决书字号

一审判决书：广西壮族自治区玉林市中级人民法院（2000）玉中经初字第66号。

二审判决书：广西壮族自治区高级人民法院（2001）桂经终字第122号。

2. 案由：存单融资案。

3. 诉讼双方

原告（被上诉人）：四川省合江县第二建筑公司金穗分公司（以下简称金穗公司）。

代表人：陈思中，经理。

委托代理人（一、二审）：钱智勇，四川泸州荔香律师事务所律师。

委托代理人（一、二审）：覃永平，广西顺通律师事务所律师。

被告（上诉人）：中国农业银行玉林分行城郊支行（以下简称城郊农行）。

代表人：罗训勤，行长。

委托代理人（一审）：吕冰，城郊农行干部。

委托代理人（一审）：林靖波，桂金剑律师事务所律师。

委托代理人（二审）：廖永龙，方圆律师事务所律师。

委托代理人（二审）：张杰，城郊农行干部。

第三人：李朝雄，男，玉林市福绵管理区樟木镇人，现在逃。

第三人：李江，又名李泽江，男，住玉林市玉林镇大北路317号，现羁押于玉林市第一看守所。

委托代理人（一审）：马东威，桂三力律师事务所律师。

第三人：宾文豪，男，住南宁市建政路文化大院文华公苑601号。

4. 审级：二审。

5. 审判机关和审判组织

一审法院：广西壮族自治区玉林市中级人民法院。

合议庭组成人员：审判长：韦子荣；审判员：马夏光；代理审判员：卢涛。

二审法院：广西壮族自治区高级人民法院。

合议庭组成人员：审判长：张小庆；代理审判员：蒋太仁、鲍容琴。

6. 审结时间

一审审结时间：2000 年 10 月 26 日。

二审审结时间：2001 年 8 月 27 日。

**（二）一审诉辩主张**

1. 原告诉称：1996 年 8 月 28 日，原告公司职员陈思中、栗一蒂自带汇票 500 万元解汇至中国农业银行玉林市支行火车站营业部（以下简称火车站营业部）办理通存通兑储蓄卡后，因经办项目未成，于同月 30 日在该营业部临柜办理了活期转定期存款手续，由栗一蒂填写 500 万元活期取款凭条及以陈思中的名义存入 500 万元的定期 1 年存款凭条后连同储蓄卡、身份证、密码号交给柜台内银行工作人员，而后获得了一张编号为 0107941、金额 500 万元、定期 1 年的农行电脑定期存单，经核对存单格式、印章、时间及金额均是真实的。该款是原告金穗公司的公款。存款到期后，原告派人持存单前往火车站营业部要求取款，该部无理拒付，并将存单原件扣缴。请求法院判令被告兑付 500 万元存款本金及利息，并赔偿原告因存、取款及开庭差旅费损失34 350.80元，本案诉讼费用由被告承担。

2. 被告辩称：原告称于 1996 年 8 月 30 日在火车站营业部存款 500 万元不是事实，其所持存单经鉴定亦非被告的打印机所打印，且存单记载金额打印出格，存在明显瑕疵；本案属于以存单为表现形式的借贷纠纷，栗一蒂所持储蓄卡中的 500 万元事实上已由其支取并直接交由李朝雄等人使用，原告除向李朝雄收取利差706 500元外，还委托宾文豪收取了利差 30 万元，共计已收回资金1 006 500元；第三人李朝雄等是本案款项的用资人，应由其直接履行还款的义务；被告为非法借款提供了帮助，依照最高人民法院《关于审理存单纠纷案件的若干规定》第六条第（二）项第三目之规定，仅对用资人不能偿还的本金部分承担不超过 40％的赔偿责任；原告要求兑付存款本息及赔偿损失无事实和法律依据，不应支持。

3. 第三人李江述称：原告诉请被告兑付存款本息属于一般存单纠纷，不存在用资人的问题；原告的款项已交付给被告，存款关系成立，第三人与本案存款无任何法律上的利害关系，被告要求由第三人承担还款义务毫无依据。

**（三）一审事实和证据**

广西壮族自治区玉林市中级人民法院经审理查明：1996 年 5 月、6 月间，第三人李江以玉林市鸣峨水泥厂扩大生产急需投入资金为由，请求第三人宾文豪帮助引资，称所引资金先存入银行后再由其负责贷出使用，并许以投资方高额利差。宾文豪经他人介绍认识原告金穗公司经理陈思中后告知此事。同年 8 月 25 日，原告为获取高额利差，决定由陈思中到南宁与宾文豪协商存款事宜。商谈后，宾文豪通知李江到南宁并提出三个条件：一是 500 万元从银行贷出后他要使用 100 万元；二是资金由正规银行接收并出具真实存单；三是资金按月 26‰计息，利差在存款后付清。李江经与第三人李朝雄联系同意了所提条件。同年 8 月 27 日，李江陪同陈思中、宾文豪到达玉林。同年 8 月 28 日，原告委派其职员栗一蒂携带金额 500 万元的银行汇票到玉林与陈思中会合，并于当天办理解付手续，将 500 万元转入栗一蒂在火车站营业部开立的 519—20010 账户。为便于验证存单的真伪，陈思中还于当天以其名义在该营业部办理了 200 元定期 1 年存款手续，取得一张编号为 0107949、金额 200 元并加盖有该营业部储蓄专用章及经办人唐联等人印鉴的农行电脑定期存单。次日下午，陈思中、栗一蒂在火车站营业部办理了活期储蓄存款手续，将 519—

20010账户中的500万元存入到户名为栗一蒂、卡号为5359109200824105中国农业银行储蓄卡。当晚，第三人李朝雄与火车站营业部原主任薛永成应约与陈思中等人商定存款事宜，陈思中提出500万元款要存入银行、由银行出具正式存单、月利息按25‰计付等条件，李朝雄、李江均未有异议，薛永成称因资金属账外经营，该存单不许查询、挂失和提前支取。商妥后，李朝雄要求及时办理存款手续。同年8月30日中午，陈思中、栗一蒂持储蓄卡到火车站营业部办理了取款500万元及定期存款500万元手续，该营业部职员唐联收下储蓄卡及取、存款凭条后违规操作，将李朝雄所变造的电脑定期存单交栗一蒂收执。该存单载明编号为0107941、储户账号114、定期1年（1996年8月30日至1997年8月30日）、年息7.47%、存入金额500万元，并加盖有该营业部储蓄专用章及复核黄荣超、电脑操作唐联的印鉴，因格式存单存入金额栏最高限定为十万位，已明显打印出格。陈思中核对存单样式、印章及记载内容后离去。之后，唐联在柜台内将上述储蓄卡及凭条交李朝雄，李朝雄销毁取、存款凭条后持储蓄卡分两次取出500万元（经西南政法大学司法鉴定中心鉴定取款凭条上的字迹非栗一蒂或陈思中所写）并存入其持有的卡号为5359109200672603储蓄卡，当日又办理500万元支取手续，将其中706 500元存入以栗一蒂名义开设的卡号为5359109200598303储蓄卡并将该卡交栗一蒂收执，将118万元存入宾文豪持有的卡号为5359109200598402储蓄卡，并于同年9月2日按事先商定付给李江100万元，余下2 113 500元由其个人支配使用。原告金穗公司取得存单后于1996年9月6日以存单为质押向合江县农业银行借款500万元。存款到期后原告向该行借出存单到火车站营业部要求取款，被告经查账上无该笔存款便扣收存单原件并向玉林市公安局报案。经鉴定，本案编号为0107941的定期存单不是被告的打印机所打印。

另经公安机关侦查查明，李朝雄等人为拆借外地资金，多次与薛永成、唐联等人串通谋取空白定期电脑存单。1996年8月24日中午，薛永成利用唐联、黄荣超值班之机以买快餐为由支走黄荣超，由唐联操作以陈宁的名义办理200元定期存款手续，套取出编号为0107941空白定期电脑存单，并盗用由黄荣超保管的储蓄专用章及其印鉴加盖在存单上，后将该空白存单交给李朝雄，李朝雄将该空白定期电脑存单变造为本案争议的存单，并于栗一蒂办理存款当日先将存单交给唐联，由唐联交给栗一蒂收执。事后，李朝雄付给薛永成10万元，付给唐联5万元。

上述事实有下列证据证明：

1. 定期存单、银行汇票、转账支票存根、储蓄卡及持卡人存根。

2. 司法鉴定书、存取款凭条。

3. 公安机关对李江、宾文豪等人的讯问笔录及本院（2000）玉中刑初字第14号刑事判决书。

**（四）一审判案理由**

广西壮族自治区玉林市中级人民法院认为：

1. 关于本案所争议的存单是否存在瑕疵的问题。原告所持存单虽然属被告正常使用的存单样式，且记载内容完整，但从表面上看存单记载的金额已超出限定的十万位，且经司法鉴定证实该存单非被告的打印机所打印，而是由唐联、薛永成违规操作套取空白存单后交由李朝雄等人在柜台外打印变造而成，据此应认定该存单存在瑕疵。

2. 关于本案性质的认定。从本案法律关系发生的原因和过程分析：主观上，先是李江等人为获得外地资金使用，以高息为诱饵向宾文豪提出了引资计划，再通过宾文豪联系潜在的出资人，其间宾文豪及李朝雄均表明了用资的意向，此三人均有进行非法融资活动的目的；而原告将自有资金投到玉林，其意图是为了谋取高额利息回报；被告工作人员薛永成、唐联为牟取不法利益而帮助违法借贷的企图也是显而易见的；三者在用资、拆资和帮助融资上均存在主观故意。客观上，事实亦证明李朝雄等用资人通过一系列的活动最终取得资金的支配权；出资人金穗公司不仅获得了存单，且得到了利差706 500元；帮助违法借贷的金融机构也为之出具了定期存单；三者在客观上均有用资、拆资和帮助融资的不法行为。因上述行为而引发的纠纷，依照最高人民法院《关于审理存单纠纷案件的若干规定》第六条第（一）项的规定，应认定为以存单为表现形式的借贷纠纷。由于该行为违反了有关金融法规的规定，应认定存单无效；出资人已取得的高额利差706 500元没有法律依据，应予充抵本金；出资人、用资人及金融机构还应根据其过错大小承担相应的民事责任。

3. 关于谁是用资人及谁指定用资人的问题。用资人的认定亦应从主观故意及客观行为上综合考虑。本案中，李江、宾文豪、李朝雄是为了引进资金使用而“巧合地”串通并积极参与其中的，事件起因先是李江提出用资意向，宾文豪在帮助引资过程中明确表示要“分羹”，李朝雄则在联系接收资金银行、办理取存款过程中直接参与了资金的分割，客观上三人亦均得到了其中部分资金使用，应是共同用资人，均应承担偿还所占用的资金并计付利息给原告的民事责任。另外，资金虽然是以玉林市鸣峨水泥厂名义引来，但该厂未得到资金使用，也未实际参与其中，不能认定为本案用资人。至于谁指定用资人的问题，因各方对此陈述不一，亦无直接证据确认，应从举证责任角度分析，案中原告到银行柜台办理了取、存款手续并将资金交付给被告工作人员后，资金的控制权已在被告手中，对谁指定用资人应由其承担举证责任，由于其始终不能提供充足证据证明，是按照原告的指定将资金交给用资人使用，据此应推定为被告自行将资金交由用资人使用。

4. 陈思中、栗一蒂和薛永成、唐联分别是原、被告的职员，其所为行为均是代理单位的职务行为，所产生的民事法律后果应由其单位承担责任。原告请求兑付存款 500 万元及计付逾期罚息并要求赔偿损失 34 350.80 元均无充足的事实和法律依据。被告称原告委托宾文豪代收利差 30 万元并无充足证据证实，不能认定。

**（五）一审定案结论**

广西壮族自治区玉林市中级人民法院根据《中华人民共和国民法通则》第五十八条第一款第（五）项、第六十一条和最高人民法院《关于审理存单纠纷案件的若干规定》第六条第（一）项、第（二）项第一目之规定，作出如下判决：

1. 第三人李朝雄偿还本金2 113 500元及利息给原告金穗公司，利息以本金2 113 500元为基数按中国人民银行同期存款利率计算至给付之日。

2. 第三人李江偿还本金 100 万元及利息给原告金穗公司，利息以本金 100 万元为基数按中国人民银行同期存款利率计算至给付之日。

3. 第三人宾文豪偿还本金 118 万元及利息给原告金穗公司，利息以本金 118 万元为基数按中国人民银行同期存款利率计算至给付之日。

4. 被告城郊农行对上述第 1 项、第 2 项、第 3 项债务承担连带清偿责任。

5. 驳回原告要求被告赔偿其损失34 350.80元的诉讼请求。

本案案件受理费35 010元，其他诉讼费5 000元，合计40 010元（原告已预交），由原告负担8 000元，李朝雄负担16 010元，李江负担7 500元，宾文豪负担8 500元。

**（六）二审情况**

1. 二审诉辩主张

(1) 上诉人城郊农行诉称：第一，一审判决认定被上诉人将500万元交付给上诉人错误，推定上诉人指定用资人亦无事实根据，被上诉人并没有办理定期存款手续，而是将资金交付给用资人占有，应由其对谁指定用资人负举证责任。第二，一审判决未认定被上诉人收取利差30万元错误。第三，一审适用法律错误，存单无效，则双方不存在真实的存款关系，应驳回被上诉人的诉讼请求。

(2) 被上诉人金穗公司辩称：被上诉人与上诉人之间只存在存款关系，并未指定用资人，也未委托过宾文豪收取30万元利差；500万元存进银行后分两次支取非被上诉人所为；一审判决正确，应予维持。

2. 二审事实和证据

广西壮族自治区高级人民法院经公开审理，确认了一审法院认定的事实和证据。

3. 二审判案理由

广西壮族自治区高级人民法院经公开审理认为：本案属于以存单为表现形式的借贷纠纷，应认定存单无效；被上诉人所取得的利差706 500元无法律依据，应充抵本金；上诉人称被上诉人另从宾文豪处取得利差30万元，因证据不足，不予认定；本案事实足以证明被上诉人已将500万元交付给上诉人，上诉人应对谁指定用资人负举证责任，但其并无确凿证据证明被上诉人指定将其款项交给用资人李朝雄等人使用，相反有证据证明存款前后其职员与李朝雄串通变造存单并协助办理取款等手续的事实，应认定上诉人自行将资金交由用资人支配使用。一审判决认定事实清楚，适用法律正确，应予维持。

4. 二审定案结论

广西壮族自治区高级人民法院根据《中华人民共和国民事诉讼法》第一百五十三条第一款第（一）项之规定，作出如下判决：

驳回上诉，维持原判。

二审案件受理费40 010元，由上诉人中国农业银行玉林分行城郊支行负担。

**（七）解说**

1. 以存单为表现形式的借贷纠纷的法律特征。依照最高人民法院《关于审理存单纠纷案件的若干规定》第六条第（一）项的规定，以存单为表现形式的借贷纠纷案件应具有以下主要法律事实：一是出资人直接或通过金融机构将款项交与用资人使用，即有用资人及其支配使用特定款项的事实；二是金融机构向出资人出具存单或进账单、对账单或与出资人签订存款合同，即出资人持有存款凭证的事实；三是出资人从用资人或金融机构取得或约定取得高额利差的事实，即有高额利差的存在，不论是否已经实际取得。用资人、存款凭证及利差三者共同构成了该类案件的法律特征。本案中李朝雄、李江、宾文豪为获得资金的使用展开了一系列的活动，最后通过银行职员的帮助取得了资金的支配使用权；火车站营业部为帮助违法借贷出具了本案争议的存单交出资人收执；金穗公司亦按事先商定取得了高额利差；以上事实，符合以存单为表现形式的借贷纠纷案件的基本特征。其与一般存单纠纷案件相比较，主要区别在于：一是当事人不同，前者为出资人、金融机构及用资人，后者仅为存款人及金融机构；二是资金运用方式不同，前者金融机构为非法借贷提供形形色色的帮助及用资人积极参与相结合，后者一般由金融机构内部运作；三是利差来源不同，前者出资人可以从用资人或金融机构取得利差，后者利差由金融机构支付；四是存单效力不同，前者属于非法借贷，存单一律无效，后者应根据存单是否真实、有无真实存款关系综合认定；五是处理原则不同，前者资金由用资人直接偿还，金融机构根据其帮助违法借贷的过错大小承担相应的民事责任，而后者则由金融机构独立承担民事责任。正确区分两者差异，直接决定了案件的实体处理。

2. 准确把握在以存单为表现形式的借贷案件中的举证责任分配原则。在以存单为表现形式的借贷纠纷中，偿还资金的责任应由用资人承担，金融机构承担的主要是帮助违法借贷的过错责任，但如何界定其过错责任的大小呢？司法实践中一般从以下两个因素综合考虑：一是资金是否交付给金融机构，二是谁指定用资人。对此，诉讼中当事人大多会各执一词，且无充足的直接证据证实，因此，应遵从公平合理的原则明确当事人的举证责任并结合相关间接证据综合认定。首先，在存单纠纷案件中，存款人一般只持有存单，其他主要凭证在金融机构手中，对于案件性质是否是以存单为表现形式的借贷纠纷、有无用资人及是否存在利差的问题其既无法亦不愿予以证实；金融机构欲对抗存款人的兑付存款请求，就应当提供证据证实存款的不真实性，提供证明属于以存单为表现形式的借贷及谁是用资人、有无高额利差的有效证据，否则，其应承担兑付存款的义务。其次，在资金是否交付金融机构的问题上，一般存款人需就办理存款、取得存单的过程作出合理的陈述；金融机构否认资金已交付的，则需提供证据证明资金不是交付银行而是在柜台以外的地方直接交给用资人的事实，否则，应认定存款人已交付了资金。再次，在谁指定用资人的问题上，应从资金的支配权来合理分配当事人的举证责任，如资金没有交付给金融机构的，资金风险并未转移，谁指定用资人应由出资人承担举证责任；如资金已交付给金融机构，此时资金的支配权理应掌握在其手中，金融机构应承担保证资金安全的风险，在其无法举证证明是按出资人的指定将资金交由用资人使用的情况下，应认定其指定了用资人并承担相应的民事责任。本案中，原告的资金是在被告的营业场所交付给被告职员的，因被告无法提供证据证明是按原告的指定将资金转给李朝雄等用资人使用，应认定是其自行将资金转给用资人，依照最高人民法院《关于审理存单纠纷案件的若干规定》第六条第（二）项第一目之规定，其与用资人应对偿还出资人本金及利息承担连责任。

3. 规范金融秩序，消除金融隐患。以存单为表现形式的借贷实质是一种违法借贷，其产生并非偶然，与当前经济体制转轨时期资金运作相对乏力、法律规范尚未健全息息相关。虽然表面上其能一定程度地刺激资金流通、活跃市场环境，但其作为“借存单之名行转嫁风险之实”的非法融资手段，对整个社会经济状况而言无异于“饮鸩止渴”，既有悖于资金使用的效益性和安全性，人为地扩大了融资和信贷规模，扰乱了金融秩序，又损害了金融机构的信誉和正当权益，助长了以违法违规手段牟取非法暴利的不正之风。因此，国家整治经济环境，必先整顿金融市场，切实抓好以下主要工作：一要转变观念，加强金融立法，弥补不法融资行为赖以存在的法律空白；二要以维护金融机构信誉为重，顾全、稳定大局，切实做好金融机构账外账的清查和流失资金的回收及赔付工作，化解因此而产生的金融危机；三要建章立制，严格管理，堵塞资金运作及空白凭证管理上的漏洞，彻底追究有关责任人的法律责任；四要深入调查研究，建立合理的资金流通体制，逐步培养决策科学、规范有序的货币市场环境，从源头上根除滋生不法借贷的各种消极的社会因素。

（卢　涛）

## 99. 陈国玲等诉中国银行玉林分行存单兑付案

### （一）首部

1. 判决书字号

一审判决书：广西壮族自治区玉林市博白县人民法院（2000）博经初字第1420号。

二审判决书：广西壮族自治区玉林市中级人民法院（2001）玉中经终字第17号。

2. 案由：存单兑付案。

3. 诉讼双方

原告：陈国玲，女，1938年7月8日出生，汉族，退休干部，住博白县博白镇饮马江二路。

原告：宋晓雯（与原告陈国玲系母女关系），1966年10月5日出生，汉族，广西企业总公司干部，住广西南宁市大板区宿舍。

委托代理人（一、二审）：黄继勇，顺运律师事务所律师。

委托代理人（二审）：宋家椿，退休干部，系宋晓雯之父。

被告：中国银行玉林分行。

代表人：吴东喜，行长。

委托代理人（一、二审）：陈天中，鸿冠律师事务所律师。

委托代理人（一、二审）：邓亦兵，中国银行玉林分行干部。

4. 审级：二审。

5. 审判机关和审判组织

一审法院：广西壮族自治区玉林市博白县人民法院。

合议庭组成人员：审判长：张勇；审判员：朱军杰；代理审判员：谢凤。

二审法院：广西壮族自治区玉林市中级人民法院。

合议庭组成人员：审判长：徐伟康；审判员：刘树坤；代理审判员：盘达。

6. 审结时间

一审审结时间：2000年11月17日。

二审审结时间：2001年4月24日。

### （二）一审诉辩主张

1. 原告陈国玲、宋晓雯诉称：原告从1998年12月起至1999年3月在中国银行玉林分行的下属机构原中国银行博白支行共有4笔定期存单金额共67万元。账号分别是48087—020301—0009562、48087—020301—0009571、48087—070301—0009999、48087—070301—0010721，原告于1999年11月到原中国银行博白支行兑付存款时，才知道原中国银行博白支行的工作人员詹夏采用多收少报挪用存款，这些款没有入账。随后，当原告拿存单到该行兑付时，詹夏以换电脑打印存单为由，从原告手中骗走4张存单烧毁。后来，原中国银行博白支行正、副行长及储蓄所主任为推卸责任，采取欺骗、威胁手段由詹夏的丈夫马春林写了一张67万元的借条强行交给原告，因而引起纠纷。原中国银行博白县支行工作人员收到存款后，出具加盖有效业务章给原告的存单属于有效、合法的存单，应受法律保护，而中国银行博白支行领导为了推卸责任炮制由马春林写借条强给原告，违背了原告的真实意思表示，属于无效的民事行为。原中国银行博白支行工作人员詹夏挪用公款一案，已经有博白县人民法院生效的刑事判决书作出认定。鉴于此，原中国银行博白支行被撤销后，其债权债务由被告负责。因此，请求法院判令被告兑付67万元存款并按中国银行同期同类存款利率计息给原告，并承担本案的一切诉讼费。

2. 被告中国银行玉林分行辩称：原告起诉无原存单原件，缺乏证据，原告不能证明自己是存单的证明人，原告宋晓雯与马春林有借贷关系，原中国银行博白支行没有收到原告的67万元存款。原告的存款中有20万～30万元是手续费。请法院依法驳回原告的诉讼请求。

**（三）一审事实和证据**

玉林市博白县人民法院经公开审理查明：原告于1998年12月10日向原中国银行博白支行采用无记名方式分别存款18万元、13万元，该行收到存款后开具了手工书写的手续齐全的2张中国银行人民币定期存款存单给原告，账号分别是48087—020301—0009562、48087—020301—0009571，银行底单号分别是8582718、8582719，存期均为定期3个月，存款利率为2.79%。1999年3月16日，原告又到原中国银行博白支行同样采用无记名方式存款11万元，该行收到存款后开具了手工书写的、手续齐全的中国银行人民币定期存款存单1张给原告，账号是48087—070301—0009999，银行底单号8584171，定期存款3个月，利率为2.79%。1999年3月28日，原告再次到原中国银行博白支行同样采用无记名方式存款25万元，该行收到存款后，开具了手工书写的手续齐全的中国银行人民币定期存款存单1张给原告，账号是48087—070301—10721，银行底单号8598045，定期存款3个月，利率为2.79%。原告4次存款共67万元，均是原中国银行博白支行储蓄员詹夏经办，并且4张存款存单均盖有中国银行博白县支行中南储蓄所的业务公章。1999年11月23日，原告持上述4张存单到原中国银行博白支行兑付，该行中南储蓄所主任封长文发现这些存款与银行底单金额严重不符，觉得问题严重，于是，该所封长文主任即拿原告的4张存单复印并拿存单的复印件向行领导汇报，中行以此为重要证据，并向检察机关报案。詹夏为了掩盖其罪行，便以换电脑打印存单为由将原告的4张存单骗回烧毁。原中国银行博白支行在向检察机关报案的同时，在明知收到原告存款并出具了手续齐全的存单给原告的情况下，积极撮合詹夏的丈夫马春林写了一张67万元的借条给原告。詹夏挪用存款一案，经检察机关侦查，并起诉到博白县人民法院，经博白县人民法院（2000）博刑初字第88号刑事判决（已生效），依法认定詹夏于1996年至1999年11月间，利用担任中国银行博白支行储蓄员之便，单独或伙同他人先后挪用包括原告67万元存款在内的储蓄公款共1 652 900元，并以被告人詹夏犯挪用公款罪判处有期徒刑11年。因此，原告要求被告兑付存款，但被告不予兑付，因而引起本案纠纷。

另查明，原告提供的4张金额共67万元的定期存单复印件与本院（2000）博刑初字第88号一案认定的詹夏挪用宋晓雯的67万元存款的4张存单、金额、利率、账号、银行底单号、存入期和到日期等均相同。

还查明：原中国银行博白支行是经博白县工商行政管理局核准领取企业法人营业执照

和中国人民银行核准经营金融许可证的金融机构，原中国银行博白支行依据中国人民银行玉林市中心支行于2000年6月7日玉银复(2000)90号《关于同意撤销中国银行博白支行及其所辖机构的批复》的精神已被撤销，其被撤销后的债权债务由中国银行玉林分行承担。

上述事实有下列证据证明：

1. 原告于1998年12月10日两次，1999年3月16日、1999年3月28日在原中国银行博白支行分别4次存款67万元的中国银行人民币定期存款存单复印件共四张。

2. 博白县人民检察院对被告人詹夏、马春林夫妇分别在博白县看守所羁押期间的讯问笔录的复印件共11份。

3. 广西壮族自治区博白县人民法院于2000年8月22日对被告人詹夏、马春林挪用公款一案作出判决的（2000）博刑初字第88号刑事判决书。

4. 中国人民银行玉林市中心支行于2000年6月7日作出的《关于同意撤销中国银行博白支行及其所辖机构的批复》的玉银复（2000）90号文件的复印件。

5.1998年9月2日中国人民银行广西壮族自治区分行向中国银行玉林分行颁发的B20326240001号经营金融许可证。

6.2000年9月26日玉林市工商行政管理局向中国银行玉林分行颁发的（分）4509001000412—1号营业执照。

**（四）一审判案理由**

玉林市博白县人民法院经审理认为：原告向原中国银行博白支行存入定期存款67万元，原中国银行博白支行收到存款后开具了手续齐全的存单给原告，原告与原中国银行博白支行的存款关系依法成立，受法律保护。该行储蓄员詹夏利用职务之便挪用的是公款，后詹夏将原告存单骗去烧毁，并不影响原告与原中国银行博白支行有67万元存款的事实存在。被告辩称的原告举不出存单原件、原告与詹夏的丈夫马春林有借贷关系、银行没有收到原告的67万元存款，原告的存款中有20万～30万元手续费及原告不能证实其是存单记名人等问题，本院认为，原告对存单复印件的瑕疵提供了合理陈述，并得到了本院(2000）博刑初字第88号刑事判决书的依法认定。关于原告与詹夏丈夫马春林有借贷关系，本院认为，原中国银行博白支行在举报詹夏的经济犯罪的同时，在明知自己开具了手续齐全的存单给原告的情况下，为了推卸责任，积极撮合詹夏的丈夫马春林写借条给原告，企图将存款关系转变为借贷关系，违背了原告的真实意思表示，本院认定原告与马春林的借贷关系依法不能成立。关于银行未收到67万元存款的问题，本院认为，詹夏作为原中国银行博白支行的储蓄员，其收了原告的存款并开具了手续齐全的存单给原告，詹夏的行为属于法人的经营行为，根据《民法通则》第四十三条的规定，本院认定原中国银行博白支行已收到了原告的67万元存款。该行工作人员采取收入不入账并挪用公款行为的风险应由该行自己承担。关于原告的存款有20万～30万元的手续费问题，被告举不出证据证实，本院依法不予认定；关于原告不能证明其是存单记名人的问题，本院认为，詹夏证实这67万元是宋晓雯的存款，原告作为存单的持有人，宋晓雯述称这些存款与其母亲陈国玲共有，本院依法认定二原告即为存单的记名人。原中国银行博白支行被撤销后，其债权债务由被告负担，原告请求判令被告兑付存单存款并支付利息，合法、合理，本院依法应予支持。

（五）一审定案结论

广西壮族自治区玉林市博白县人民法院根据最高人民法院《关于适用〈中华人民共和国民事诉讼法〉若干问题的意见》第七十五条第（四）项，《中华人民共和国民法通则》第四十三条和最高人民法院《关于审理存单纠纷案件的若干意见》第五条第（二）项第三目的有关规定，作出如下判决：

1. 被告中国银行玉林分行应兑付 67 万元存款给原告陈国玲、宋晓雯。

2. 被告中国银行玉林分行应支付存款利息给原告（计息方法是：从 1998 年 12 月 10 日起以 31 万元为基数，从 1999 年 3 月 16 日起以 11 万元为基数，从 1999 年 3 月 28 日起以 25 万元为基数，均按中国银行 3 个月定期存款种类的 2.79% 利率计息。定期分别满 3 个月后的利息，均分别按上述金额为基数，按中国人民银行对此类存款的规定计息，计至本案生效判决规定的履行期限最后一日止）。

本案受理费11 810元，其他诉讼费7 086元，合计18 896元，由被告中国银行玉林分行负担。

上述债务，义务人应于本案判决发生法律效力之日起 5 日内履行完毕，逾期则应加倍支付履行期间的债务利息。

（六）二审情况

1. 二审诉辩主张

（1）上诉人中国银行玉林分行诉称：首先，一审法院认定本案的存款关系不真实，被上诉人没有把存款交到柜台，原告现持有的存单复印件是无效的证据；其次，被上诉人与詹夏、马春林有真实的借款关系，一审法院未将詹夏、马春林列为第三人参加诉讼是违反法定诉讼程序；再次，博白县人民法院（2000）博刑初字第 88 号刑事判决书认定被告人詹夏挪用公款中包括被上诉人的存款失实，应予纠正；此外，对于詹夏的个人犯罪行为，原中国银行博白支行没有过错，不应承担任何民事责任。请求二审法院撤销一审判决，依法改判驳回被上诉人的诉讼请求。

（2）被上诉人陈国玲、宋晓雯答辩称：一审法院判决认定事实清楚，处理正确，请求驳回上诉，维持原判。

2. 二审事实和证据

玉林市中级人民法院经公开审理，确认了一审法院认定的事实和证据。

3. 二审判案理由

玉林市中级人民法院经审理认为：被上诉人宋晓雯、陈国玲与原中国银行博白支行的存款关系成立，真实有效，受法律保护，原中国银行博白支行依法应承担兑付存款 67 万元的本息给被上诉人宋晓雯、陈国玲的义务。原中国银行博白支行被依法撤销后，其债权债务已由上诉人中国银行玉林分行承受，一审判决上诉人中国银行玉林分行兑付本案存款 67 万元的本息给被上诉人宋晓雯、陈国玲是正确的，依法应予维持。上诉人主张本案存款关系不真实，但未能提供充分的证据加以证明，其提供的中国人民银行银发（1996）447 号文件“关于加强大额定期存款管理的通知”以及中国银行中银发（1997）2 号文件“转发关于加强大额定期存款管理的通知”，均不能作为认定原中国银行博白支行出具给被上诉人宋晓雯、陈国玲收执的存单为无效存单的依据。已发生法律效力的博白县人民法院（2000）博刑初字第 88 号刑事判决书亦已认定了本案存款 67 万元属于原中国银行博白支行公款而被该行储蓄员詹夏挪用的事实。故对上诉人的上诉主张，依法不予采纳。上诉人上诉无理，依法予以驳回。

4．二审定案结论

广西壮族自治区玉林市中级人民法院根据《中华人民共和国民事诉讼法》第一百五十三条第一款第（一）项的规定，并经本院审判委员会讨论决定，作出如下判决：

驳回上诉，维持原判。

二审案件受理费11 810元，其他诉讼费3 545元，合计15 355元，由上诉人中国银行玉林分行负担。

**（七）解说**

本案的原、被告双方争议的焦点是原告与原中国银行博白支行的67万元存款关系是否存在。从本案的实际情况来看，下列事实比较明确：

1．詹夏办理存款业务的行为是一种代表单位经营的行为。詹夏是原中国银行博白支行的储蓄员，她办理原告的存款67万元，并开具了盖有效业务公章、手续齐全的4张存单给原告，是代表单位经营行为，不是个人行为。因此，原告与原中国银行博白支行存在着67万元存款关系的事实存在，储户的利益应受法律保护。

2．詹夏挪用公款的行为被他人揭发后，原中国银行博白支行的领导在向检察机关报案的同时，在明知收到原告存款并出具手续齐全的存单给原告的情况下，积极撮合詹夏的丈夫马春林写了一张款额67万元的借条给原告，企图将存款关系转为借贷关系，来推卸兑付存单存款的责任，是乘人之危的情况下立写的，违背了原告的真实意思表示，因此，原告与詹夏之夫马春林的借贷关系依法不能成立。

3．詹夏挪用原中国银行博白支行包括原告等储户的存款刑事一案，经检察机关侦查终结，并向法院提起公诉，法院审理后以被告人詹夏挪用公款罪被判处有期徒刑，并有生效的博白县人民法院（2000）博刑初字第88号刑事判决书的认定，依法认定了詹夏挪用的存款是原中国银行博白支行的公款，并不是私人的借款。

4．原中国银行博白支行在管理、监督员工工作过程中措施不到位，存在着过错。詹夏利用职务之便、采取大头小尾、收入不入账等手段单独作案，挪用了包括原告的67万元存款在内的储蓄公款1 652 900元达两年之久，并未被发现，由于制度形同虚设、监督措施不力，给员工以可乘之机，因此，过错在于原中国银行博白支行内部管理问题，这也是造成原中国银行博白支行必然付出惨重代价的主要原因。

综上所述，原中国银行博白支行的职员詹夏收取了原告的存款67万元，并开具了手续齐全的存单给原告，原告便与原中国银行博白支行形成了一种存款关系，存单存款真实、有效，应受法律保护，但在存款存续期间被员工挪作他用，属于原中国银行博白支行的内部管理问题，与储户无关，因此，原中国银行博白支行应承担兑付存单存款的责任。鉴于原中国银行博白支行已被撤销，其债权债务由被告负责，故被告中国银行玉林分行应承担兑付存单存款67万元及利息给原告，待后再向被告人詹夏追偿。法院的判决，既保护了储户的合法权益，又维护了国家金融法律、法规的严肃性，也为新形势下如何加强金融机构对银行工作人员的遵纪守法观念和职业道德教育再次敲响了警钟和提出新的要求，以减少金融经济犯罪的行为发生。

（李　明）

# 100. 中华人民共和国海关总署诉中国经济开发信托投资公司存单案

**（一）首部**

1. 判决书字号

一审判决书：北京市第一中级人民法院（2000）一中经初字第659号。

二审判决书：北京市高级人民法院（2000）高经终字第548号。

2. 案由：存单案。

3. 诉讼双方

原告（被上诉人）：中华人民共和国海关总署（以下简称海关总署）。

法定代表人：钱冠林，署长。

委托代理人：韩春宁，北京市天元律师事务所律师。

被告（上诉人）中国经济开发信托投资公司（以下简称中经开公司）。

法定代表人：姜继增，总经理。

委托代理人：于学会，北京市汉华律师事务所律师。

4. 审级：二审。

5. 审判机关和审判组织

一审法院：北京市第一中级人民法院。

合议庭组成人员：审判长：张洁芳；代理审判员：张杰；人民陪审员：刘志鹏。

二审法院：北京市高级人民法院。

合议庭组成人员：审判长：刘纹；代理审判员：邢立新、闫辉。

6. 审结时间

一审审结时间：2000年7月27日。

二审审结时间：2001年2月9日。

**（二）一审诉辩主张**

1. 原告诉称：我署在被告处存款1 000万元，存入日为1994年4月10日，期限为1年，利率为月利9.15‰，到期日为1995年4月10日。存款到期后，中经开公司未能支付存款本金及利息。经我署催促，中经开公司将存款续存1年，于1996年1月办理了续存1年的手续，1996年4月存款到期后，中经开公司一直未偿还我署存款本金及利息，我署多次向其催款未果，请求法院判令：中经开公司归还存款1 000万元并支付利息，承担本案的诉讼费用。

2. 被告辩称：原告所述不属实，存款数额不准确，北京恒昌经济开发公司（以下简称恒昌公司）于1993年4月10日存入中经开公司1 000万元，其中600万元以委托贷款方式贷出，海关总署应承担委托贷款的风险；我方共向原告支付过三次本金或利息，请求法院公正判决。

**（三）一审事实和证据**

北京市第一中级人民法院经公开审理查明：1993 年 4 月 10 日，中经开公司与海关总署下属恒昌公司分别签订科信存字 9311 号、9312 号信托存款协议书，约定：恒昌公司存入中经开公司共计人民币1 000万元，期限 1 年，即自 1993 年 4 月 10 日起至 1994 年 4 月 10 日止，利率月息 6.3‰；在存款期限内，如恒昌公司有零星款项提取或急需大量用款时，应提前 20 日通知中经开公司，取出的款项按 1.5‰计息；存款期满后尚未提取的部分，可视为定期存款连续计算存期，存款利息按年结算。协议签订后，恒昌公司将人民币1 000万元存入中经开公司。1993 年 8 月 9 日，恒昌公司致函中经开公司，称"考虑到深圳中兴钦州实业发展公司（以下简称钦州公司）急于用款，请先拨付 600 万元给该公司使用，委托贷款协议书随后补签"。1993 年 8 月 9 日，恒昌公司、中经开公司、钦州公司签订委托贷款协议，约定：恒昌公司愿将资金人民币 600 万元以委托贷款方式贷给钦州公司，恒昌公司已将上述款项以委托存款方式一次存入中经开公司。在贷款期内，恒昌公司不得中途抽回。中经开公司保证在协议生效后 7 日内，将款项一次贷给钦州公司。贷款期限半年，即自 1993 年 8 月 9 日起至 1994 年 2 月 9 日止，月息 12‰，中经开公司在放贷前按委托贷款的 10‰收取恒昌公司的手续费。1993 年 8 月 14 日，中经开公司电汇给钦州公司人民币 594 万元。1994 年 5 月，恒昌公司致函中经开公司，称"北京恒昌经济开发公司存入你公司的人民币1 000万元整（从 1993 年 4 月 10 日至 1994 年 4 月 10 日），恒昌公司因政策性原因决定撤销，原恒昌公司存款改为海关总署财务司存款，因此，1 年期的存款利息请直接划入海关总署"。1994 年 4 月 10 日，中经开公司给海关总署财务司开具了编号为 IX III00000182 的存单，金额为人民币1 000万元，期限 1 年，1995 年 4 月 10 日到期，利率为月息 9.15‰。1994 年 7 月 7 日，中经开公司给付海关总署利息人民币1 063 001元。1996 年 1 月 18 日，中经开公司给海关总署财务司续开编号为 IX III00000448 的存单，金额为人民币1 000万元，期限 1 年，自 1995 年 4 月 10 日起至 1996 年 4 月 10 日止，利率为月息 9.15‰。1996 年 1 月 19 日，中经开公司给付海关总署利息人民币1 317 600元。

上述事实有下列证据证明：

1. 存款协议、委托贷款协议。

2. 恒昌公司给中经开公司函、存单、付款凭证。

**（四）一审判案理由**

北京市第一中级人民法院认为：恒昌公司于 1993 年 4 月 10 日存入中经开公司1 000万元属实，嗣后，恒昌公司与中经开公司及钦州公司所签订的委托贷款协议中未明确所贷款项系此1 000万元中的款项，中经开公司开具给海关总署财务司存单时亦未扣除任何款项，事后亦未以任何书面形式通知海关总署存单内容有误。因此，海关总署不应对本案所涉 600 万元贷款承担任何责任。海关总署于 1994 年 7 月 7 日收到中经开公司1 063 001元，扣除恒昌公司 1 年（1993 年 4 月 10 日至 1994 年 4 月 10 日）存款利息 75.6 万元及 1994 年 4 月 11 日至同年 7 月 7 日的利息121 800元，余款185 201元冲抵本金后，海关总署实际存款本金为9 814 799元。海关总署要求偿还本金1 000万元与事实不符，其诉讼请求中本金超额部分本院不予支持。海关总署于 1996 年 1 月 19 日收到1 317 600元应作为中经开公司所付利息。中经开公司抗辩海关总署应承担委托贷款的风险损失缺乏足够证据，本院不予支持,其应按存单利率（月息 9.15‰）偿还海关总署的存款本金9 814 799元及利息。

**（五）一审定案结论**

北京市第一中级人民法院根据《中华人民共和国民法通则》第八十四条、第八十五条之规定，作出如下判决：

中经开公司于本判决书生效后 10 日内偿还海关总署存款本金9 814 799元并给付利息（自 1994 年 7 月 8 日起至款付清之日止，按月息 9.15‰计息；并扣除已付利息1 317 600元）。

**（六）二审情况**

1. 二审诉辩主张

（1）上诉人（原审被告）诉称：第一，一审判决认定事实错误，恒昌公司与中经开公司及钦州公司所签订的委托贷款协议中 600 万元系此1 000万元中的款项。第二，一审判决适用法律错误，本案所涉 600 万元为委托贷款关系，应适用委托贷款的法律规定。第三，存单到期后，海关总署未要求兑付，并非中经开公司不支付本息，一审判决在利息计算上加重了中经开公司的责任，存单期外利息应按中国人民银行颁布的单位定期存款逾期支取的有关规定计算。

（2）被上诉人辩称：海关总署与中经开公司之间为存款关系。恒昌公司与中经开公司之间的法律关系，与海关总署无关。服从原审法院判决。

2. 二审事实和证据

除一审查明的事实和在案证据，二审庭审中，中经开公司提供以下新证据：（1）恒昌公司工商登记书证，证明恒昌公司系海关总署工会办公司；工商登记主管部门为海关总署，该公司 1994 年未年检，1995 年 10 月 3 日被吊销营业执照；（2）1993 年 8 月 9 日，中经开公司与恒昌公司签订科委存字 9303 号委托存款协议书原件，该协议书第一条“乙方（恒昌公司）将科信存字 9311 号、9312 号存入甲方（中经开公司）信托存款人民币600 万元转为委托存款，委托甲方办理委托贷款业务”，据此，1993 年 8 月 13 日，中经开公司将恒昌公司信托存款人民币 600 万元转为委托存款。科委存字 9303 号委托存款协议书经庭审质证，海关总署在本院规定的期限内未对该协议书上恒昌公司的印章提出异议。海关总署提供以下新证据：信汇凭证、转账发票存根、专用发票，证明恒昌公司在中经开公司除本案1 000万元外，尚有存款 500 万元。针对海关总署提供的新证据，中经开公司提供新证据：科信存字 9307 号存款协议书、进账单、信汇凭证，证明海关总署主张的500 万元存款系恒昌公司于 1993 年 3 月 9 日存入，并分别于同年 6 月 9 日、12 月 9 日全部取走。

二审传恒昌公司原法定代表人出庭作证。证人当庭证明：对中经开公司与恒昌公司签订科委存字 9303 号委托存款协议书上恒昌公司印章的真实性无异议，但称对该协议未见过，对相关情况不清楚或记不清了。

3. 二审判案理由

北京市高级人民法院根据上述事实和证据认为：海关总署据以提起诉讼的依据是中经开公司出具的 1 000 万元存单，该 1 000 万元存款系恒昌公司于 1993 年 4 月 10 日存入中经开公司，并于 1994 年 5 月指令中经开公司将该存款改为海关总署财务司存款，依据最高人民法院《关于审理存单纠纷案件的若干规定》第二条之规定，存单纠纷案件实际审理时应以存单纠纷案件中真实法律关系为基础依法处理，本案应以恒昌公司与中经开公司之间的真实法律关系作为认定事实、适用法律的依据。根据二审庭审中中经开公司提交的科委存字 9303 号委托存款协议书原件，可以认定恒昌公司于 1993 年 4 月 10 日存入中经开公司的1 000万元中的 600 万元已转为委托存款，并于同日由恒昌公司、中经开公司、钦州公司签订委托贷款协议，原审判决认为“恒昌公司与中经开公司及钦州公司所签订的委托贷款协议中未明确所贷款项系此1 000万元中的款项”，被该证据否定。本案所涉 400 万元存款与 600 万元委托贷款不是同一法律关系；应分案处理。中经开公司对海关总署存款 400 万元应当承担兑付义务；海关总署对 600 万元委托贷款应当另案起诉。一审判决中经开公司按照 1994 年 4 月 10 日给海关总署开具存单利率月息 9.15‰给付利息至款付清之日止，违反中国人民银行关于存款利率的有关规定，鉴于中经开公司与恒昌公司签订信托存款协议书约定“存款期满后尚未提取的部分，可视为定期存款连续计算存期，存款利息按年结算”，存款期内利息应按约定利率计算，存款期外利息应按中国人民银行颁布的同期定期存款利率计算。中经开公司以支付利息名义共给付海关总署2 380 601元，应当在执行中按已付款一并扣除。综上所述，原审判决认定事实错误，应予改判。

4. 二审定案结论

北京市高级人民法院依照最高人民法院《关于审理存单纠纷案件的若干规定》第五条第二款第（二）项，《中华人民共和国民事诉讼法》第一百五十三条第一款第（三）项之规定，判决如下：

(1) 撤销北京市第一中级人民法院（2000）一中经初字第 659 号民事判决。

(2) 中国经济开发信托投资公司于收到本判决后 10 日内偿还中华人民共和国海关总署存款本金 400 万元并给付利息（自 1993 年 4 月 10 日起至 1993 年 8 月 13 日止，按本金 1 000万元，月息 6.3‰计息；自 1993 年 8 月 14 日起至 1994 年 4 月 9 日止，按本金 400 万元，月息 6.3‰计息；自 1994 年 4 月 10 日起至 1996 年 4 月 10 日止，按本金 400 万元，月息 9.15‰计息；自 1996 年 4 月 11 日起至款付清之日止，按本金 400 万元，中国人民银行颁布的同期定期存款利率计息。执行中扣除已付款2 380 601元)。

(3) 驳回中华人民共和国海关总署其他诉讼请求。

**(七) 解说**

1. 海关总署据以提起诉讼的依据是中经开公司出具的人民币1 000万元存款单，该1 000万元人民币存款系恒昌公司于 1993 年 4 月 10 日存入中经开公司，并于 1994 年 5 月指令中经开公司将该存款转为海关总署财务司存款。恒昌公司工商登记书证证明，恒昌公司系海关总署工会办公司；工商登记主管部门为海关总署，该公司 1994 年未年检，1995 年 10 月 3 日被吊销营业执照。综上所述，海关总署主张的该笔债权源于恒昌公司将其对中经开公司的债权作出的让与。本案应以恒昌公司与中经开公司之间的法律关系作为认定事实、适用法律的基础。

2. 本案涉及的法律问题是如何认识“存单”的法律本质。对此，理论界有三种不同的观点：第一种观点认为，存单的法律本质是票据关系，只要持有人所持存单表面形式合法，出具存单的金融机构即应无条件兑付存单；第二种观点认为，存单的法律本质是合同关系，其仅证明存款人与出具存单的金融机构之间存在合同关系；第三种观点认为，存单的法律本质既具有合同关系，又兼有票据关系，属于权利与凭证不可分离。最高人民法院《关于审理存单纠纷案件的若干规定》第二条规定：存单纠纷案件“实际审理时应以存单纠纷案件中真实法律关系为基础依法处理”。本案采用了第二种观点，即存单的法律本质是合同关系。

存单纠纷案件系指当事人以存单、进账单、对账单、存款合同为主要依据向人民法院提起诉讼的案件。法院受理该类案件数量于1994年开始逐渐增加，1999年达到高峰。至2001年，该类案件在法院受理的商事案件中仍占有一定的比例。存单案件就其证据表面形式均表现为存款人与金融机构之间的存款关系，但由于该类案件产生于特定的历史时期，在存款关系的表现形式下存在着多种法律关系。

根据最高人民法院《关于审理存单纠纷案件的若干规定》，存单纠纷案件中包括三种真实的法律关系：第一，一般存单纠纷案件。当事人以存单或进账单、对账单、存款合同等凭证为主要证据向人民法院提起诉讼，人民法院审查存单、进账单、对账单、存款合同等凭证的真实性，以及上述凭证持有人与金融机构之间存款关系的真实性，在确认双重真实性的基础上，认定存款关系成立，金融机构承担兑付款项的义务，反之，认定上述凭证持有人与金融机构之间不存在存款关系，并判决驳回原告的诉讼请求。第二，以存单为表现形式的借贷纠纷案件。出资人直接将款项交与用资人使用，或通过金融机构将款项交与用资人使用，金融机构向出资人出具存单或进账单、对账单或与出资人签订存款合同，出资人从用资人或从金融机构取得或约定取得高额利差的存单纠纷案件，为以存单为表现形式的借贷纠纷案件。该类案件的性质属于违法借贷，出资人收取的高额利差应充抵本金，出资人、金融机构与用资人因参与违法借贷均应当承担相应的民事责任。第三，存单纠纷案件中存在的委托贷款关系和信托贷款关系。在存单纠纷案件中，出资人与金融机构、用资人之间按有关委托贷款的要求签订了委托贷款协议，金融机构向出资人出具存单或进账单、对账单或与出资人签订的存款合同，均不影响金融机构与出资人之间委托贷款关系的成立。出资人与金融机构之间签订委托贷款协议后，由金融机构自行确定用资人的，出资人与金融机构之间成立信托贷款关系。构成委托贷款的，金融机构出具的存单或进账单、对账单或与出资人签订的存款合同不作为存款关系的证明，借款方不能偿还贷款的风险应当由委托人承担。如有证据证明金融机构出具上述凭证是对委托贷款进行担保的，金融机构对偿还贷款承担连带担保责任。委托贷款中约定的利率超过人民银行规定的部分无效。构成信托贷款的，按人民银行有关信托贷款的规定处理。

在本案中，中经开公司出具的1 000万元人民币存单虽然为真实存单，但存单项下款项分属两个不同的法律关系，即600万元委托贷款关系与400万元存款关系。两种法律关系的法律依据、民事责任承担及诉讼当事人均不相同。本案审理的是存款合同关系，故海关总署对600万元委托贷款应当另案起诉。

3. 1994年4月10日，中经开公司给海关总署财务司开具的存单，期限1年，1995年4月10日到期；1996年1月18日，中经开公司给海关总署财务司续开存单，期限1年，1997年1月18日到期。根据中国人民银行1997年发布的《人民币单位存款管理办法》第十四条规定：“单位定期存款到期不取，逾期部分按支取日挂牌公告的活期存款利率计付利息。”一审判决中经开公司按照1994年4月10日给海关总署开具存单利率月息9.15‰给付利息至款付清之日止，既无双方当事人的合同约定，又无法律、法规依据，明显不当。鉴于中经开公司与恒昌公司签订信托存款协议中约定“存款期满后尚未提取的部分，可视为定期存款连续计算存期，存款利息按年结算”，该约定系当事人的真实意思表示，不违反国家相关法律、法规的规定，应当有效。二审对原审关于存款利率部分的判决予以改判。存款期内利息按约定利率计算，存款期外利息按中国人民银行颁布的同期定期存款利率计算。

（刘　纹）

## 101．王香兰等 51 人诉平顶山市市郊铁炉农村信用合作社及赵玉玲储蓄合同案（非法吸收公众存款）

（一）首部

1．判决书字号

一审判决书：河南省平顶山市中级人民法院（2001）平经初字第 60 号。

二审判决书：河南省高级人民法院（2001）豫法经一终字第 305 号。

2．案由：储蓄合同案。

3．诉讼双方

原告（被上诉人）：王香兰、史满如等 51 人。

诉讼代表人：钱桂荣，女，1955 年 7 月 4 日出生，汉族，市民，住平顶山市卫东区新李堂村 115 号。

诉讼代表人：史满如，女，1952 年 8 月 15 日出生，汉族，农民，住平顶山市湛河区北渡镇李堂村。

被告（上诉人）：平顶山市市郊铁炉农村信用合作社（以下简称铁炉信用社）。

被告（被上诉人）：赵玉玲，女，1955 年 3 月 14 日出生，汉族，现押于河南省第五监狱。

4．审级：二审。

5．审判机关和审判组织

一审法院：河南省平顶山市中级人民法院。

合议庭组成人员：审判长：宋新敏；审判员：王建民、潘广伟。

二审法院：河南省高级人民法院。

合议庭组成人员：审判长：袁荷刚；代理审判员：王少禹、谷彩霞。

6．审结时间

一审审结时间：2001 年 9 月 25 日。

二审审结时间：2001 年 11 月 29 日。

（二）一审诉辩主张

1．原告王香兰等 51 人诉称：我们 51 位原告先后在被告铁炉信用社下属的铁炉信用站存款249万余元，铁炉信用站出具了定期或活期存单。存款到期后，被告以种种理由不予兑付。故诉至法院，请求判令被告赵玉玲与铁炉信用社共同支付51位原告存款2 496 674元及利息，赔偿经济损失，并承担诉讼费用。

2. 被告铁炉信用社辩称：原告的存款与我社无关，因为他们的存款是在铁炉信用站与我社脱钩后存入的，其损失实质上是赵玉玲的个人犯罪行为引起的，原告只能主张其直接损失，不应包括利息，我社不应对原告的存款承担兑付责任。

3. 被告赵玉玲辩称：51位原告起诉的金额不实，我已支付了高息，公安机关也兑付了一部分存款，应予扣除。对于本案我有责任，信用社也有责任，我愿意用个人财产兑付原告的存款。

**（三）一审事实和证据**

平顶山市中级人民法院经审理查明：1997年8月，赵玉玲与铁炉信用社原负责人协商，由赵负责筹建铁炉储蓄业务代办站，取名为铁炉信用站，赵玉玲以铁炉信用站名义吸收存款，铁炉信用社收到赵吸收的存款后，按一定比例提取业务代办费给赵玉玲。之后，铁炉信用社交给赵玉玲一枚原子印章，印文为“平顶山市市郊铁炉农村信用合作社铁炉信用站业务专用章”。赵玉玲开始营业前，自费装修了铁炉信用站营业用房，并在营业室门口上方制作了“铁炉信用社”几个大字招牌。赵玉玲营业至1998年年底，铁炉信用社根据中国人民银行关于整顿金融秩序的规定决定解除与赵玉玲开办的铁炉信用站的挂靠关系。1998年12月12日，铁炉信用社与铁炉信用站脱离行政隶属关系，同年12月17日，双方签订了脱钩协议，并于当日进行公证，脱钩协议约定：（1）自双方签字之日起，赵玉玲立即停止以铁炉信用站名义从事金融代办业务；（2）赵玉玲在挂靠期间从事的金融代办业务均由赵玉玲负责，铁炉信用社概不负责；（3）赵玉玲在挂靠期间所发生的一切债权、债务均由赵玉玲自行处理，铁炉信用社不负任何法律责任；（4）协议签字之日起，赵玉玲将铁炉信用站业务专用章交铁炉信用社封存，各种账册、库存现金仍归赵玉玲管理。1998年12月23日，铁炉信用社在《平顶山日报》上发表“声明”：自1998年12月12日起铁炉信用社与铁炉信用站脱离行政隶属关系，铁炉信用站业务专用章同时作废。

脱钩后，赵玉玲仍管理原铁炉信用站的各种账册和库存现金，并仍以原铁炉信用站的名义兑付储户到期存款。1999年4月、6月，铁炉信用社曾派人通知赵玉玲停止营业活动，但一直没有在铁炉信用站营业场所及附近张贴公告，消除其与铁炉信用站曾存在挂靠关系的影响，铁炉信用社也未派人摘掉或捣毁挂在原铁炉信用站营业室门口上方的“铁炉信用社”招牌。致使该招牌保存到1999年9月份才被摘掉。

1999年3月份，赵玉玲私刻了一枚铁炉信用站业务专用章，该印章印模形状、印文及字体与脱钩前铁炉信用社交给赵玉玲使用铁炉信用站的业务专用章一样，只是赵私刻的是塑料印章，原来用的是原子印章。赵玉玲利用私刻的印章，以铁炉信用站的名义对外吸收公众存款，从1999年3月31日起至1999年10月13日止，赵玉玲先后以铁炉信用站的名义吸收王香兰等51人存款64笔，共计2 496 674元（存单账面金额）；存款时赵玉玲先以高息支付储户，支付本案51位原告的高息共计315 360.20元，51位原告实际存入现金2 181 313.80元。2000年4月初，有储户持赵玉玲开具的存单找铁炉信用社要求兑付存款，铁炉信用社才发现赵与铁炉信用社脱钩后仍以铁炉信用站的名义吸收存款的线索，即向公安机关报案。后赵玉玲被逮捕，2001年1月10日被湛河区人民法院以非法吸收公众存款罪判处有期徒刑4年。2001年1月18日，市政府有关部门协调给本案51位原告兑付一部分存款，51位原告共领取现金217 880元。

上述事实有下列证据证明：

1. 原告提交的存单、公安机关讯（询）问赵玉玲、王晓玲、赵向丽笔录和翟红霞、代玉梅等人证言以及原铁炉信用站营业室、招牌照片等。

2. 被告铁炉信用社提交的脱钩协议、《平顶山日报》上发表的“声明”、印章提取单、湛河区人民法院刑事判决书、公安机关制作的赵玉玲支付高息清单和扣押物品清单及赵的资产评估报告等。

3. 被告赵玉玲的陈述。

4. 本院询问赵玉玲、代玉梅、翟红霞等人的笔录。

**（四）一审判案理由**

平顶山市中级人民法院根据以上事实和证据认为：我国法律规定民事活动必须遵守法律、遵循诚实信用的原则。在本案中，被告赵玉玲在与铁炉信用社脱钩后，私刻公章，盗用铁炉信用社原下属的铁炉信用站名义，非法吸收公众存款，其行为显然违背了诚实信用的民事活动原则，属于欺诈的民事行为；原告王香兰等51人在高息的诱惑下，轻信他人，未尽必要的审查、注意义务，其储蓄行为属于无效民事行为。无效的民事行为，从行为开始起就没有法律约束力，被告赵玉玲因该行为取得的财产，应当返还给王香兰等51位原告，并且适当赔偿王香兰等51人因此所受的经济损失。但是王香兰等51人获取的高息依法不应予以保护，其实际存入的本金应以存单（账面）记载金额扣除高息后的数额为准，市政府有关部门协调已兑付的金额应在执行中一并扣除。被告铁炉信用社在与赵玉玲负责经营的铁炉信用站解除挂靠关系时，核对了铁炉信用站的账册，收回了该站使用的印章，公证了脱钩协议，并在当地报纸上发表了“声明”宣布与铁炉信用站脱离行政隶属关系，也尽到了一定的责任。但是铁炉信用社在与赵玉玲解除挂靠关系后，仍让赵保管原铁炉信用站的账册及库存现金，并负责兑付原铁炉信用站吸收的到期存款，未消除其与铁炉信用站曾有隶属关系的影响，铁炉信用社虽然在报纸上发表了“声明”，但对包括本案51位原告在内的广大储户来讲，并不产生法定的约束力，他们没有法定的注意报纸“声明”等内容的义务。铁炉信用社在脱钩后也未采取有效措施，摘掉挂在原铁炉信用站营业室门口的“铁炉信用社”招牌，该招牌在脱钩后仍得保留，时间长达数月，致使赵玉玲利用上述条件非法吸收公众存款，与原告王香兰等51人存款不能兑付有一定的因果关系。综上所述，被告铁炉信用社在清理铁炉信用站时采取的措施不力，不足以阻止赵玉玲继续以铁炉信用站的名义非法吸收公众存款，对王香兰等51人存款不能及时兑付负有过错责任，依法应承担相应的民事责任。根据最高人民法院《关于审理经济合同纠纷案件中涉及经济犯罪嫌疑若干问题的规定》第五条第二款的规定，行为人私刻单位公章，以签订合同的方法进行犯罪活动，单位有明显过错，且该过错行为与被害人的经济损失之间具有因果关系的，单位应对该犯罪行为所造成的经济损失承担赔偿责任。故本案中应首先由被告赵玉玲以其个人财产承担返还王香兰等51人存款的责任，不足清偿的部分由铁炉信用社承担赔偿责任。

**（五）一审定案结论**

河南省平顶山市中级人民法院根据《中华人民共和国民法通则》第四条、第六条、第五十八条第一款第（三）项、第六十一条第一款和最高人民法院《关于审理经济合同纠纷案件中涉及经济犯罪嫌疑若干问题的规定》第五条第二款及《中华人民共和国民事诉讼法》第一百三十八条的规定，判决如下：

1. 被告赵玉玲在本判决生效后10日内返还原告王香兰等51人存款2 181 313.80元，并赔偿经济损失（按中国人民银行规定的同期同类存款利率从存款之日至执行完毕之日计算损失数额），市政府有关部门协调已兑付的金额在执行中一并扣除（王香兰等51人应得返还存款的数额和已兑付的金额详见本判决后附表）。

2. 被告平顶山市市郊铁炉农村信用合作社对原告王香兰等51人的上述存款及经济损失负赔偿责任。

3. 驳回原告王香兰等51人的其他诉讼请求。

案件受理费21 560元，由被告赵玉玲负担。原告王香兰等51人已预交的诉讼费不再退还，在执行中由被告赵玉玲径付王香兰等51人。

**（六）二审情况**

铁炉信用社不服一审法院判决，提起上诉。上诉后以尽快解决纠纷为由申请撤回上诉。河南省高级人民法院根据《中华人民共和国民事诉讼法》第一百五十六条之规定，准许上诉人平顶山市市郊铁炉农村信用合作社撤回上诉，双方均按原审判决执行。

**（七）解说**

在本案审理中，在适用法律上存在分歧，争议较大，出现三种不同的意见：

第一种意见认为，赵玉玲在脱钩后以铁炉信用站的名义吸收存款是一种表见代理行为。赵玉玲与铁炉信用社脱钩前后，其办公场所没有改变，前后使用的印章的形状、字体大小基本一致，门口的招牌也未摘掉，且仍负责兑付脱钩前吸收的存款，广大储户有足够理由相信赵玉玲的行为是为铁炉信用社办理储蓄业务，是表见代理行为。虽然铁炉信用社在《平顶山日报》上发布了公告，但这种行为属于铁炉信用社单方行为，并不具有普遍的约束力。而对广大储户而言，没有必须查阅报纸公告或“声明”的法定注意义务。再者，该公告是在《平顶山日报》中缝部位刊登，由于阅读习惯等原因，以及对媒体的接触范围等局限和差别，广大储户看不见公告内容也在所难免。如果因为一方当事人已发布公告或“声明”就让其免责，对相对人来说是不公平的。因此，赵玉玲的行为是表见代理行为，应依据《合同法》第四十九条的规定，判令由被代理人即铁炉信用社承担相应的法律责任，兑付该案原告的存款本金及利息。

第二种意见认为，赵玉玲在铁炉信用社与铁炉信用站脱钩之后，私刻公章，盗用铁炉信用社的名义，以高息为诱饵，非法吸收公众存款的犯罪行为是造成该案原告存款不能兑付的直接原因，与铁炉信用社没有法律上的因果关系，原告应提起附带民事诉讼或另行起诉赵玉玲以维护自己的合法权益。该案的性质实质上是刑事案件退赃、追赃的问题，且事实上公安机关已着手追赃，变现后也按比例兑付原告一部分存款。所以，原告向法院起诉不符合法律规定，应依照《民事诉讼法》第一百零八条的规定，裁定驳回原告起诉。

第三种意见认为，我国法律规定民事活动必须遵守法律，遵循诚实信用的原则。本案中被告赵玉玲在与铁炉信用社脱钩后，私刻公章，盗用铁炉信用社原下属的铁炉信用站的名义，非法吸收公众存款，其行为显然违背了诚实信用的民事活动原则，属于欺诈的无效的民事行为。该行为从行为开始起就没有法律约束力，被告赵玉玲因该行为取得的财产，应当返还给王香兰等51位原告，并且适当赔偿王香兰等51人因此所受的经济损失。被告铁炉信用社在与赵玉玲负责经营的铁炉信用站解除挂靠关系时，核对了铁炉信用站的账册，收回了该站使用的印章，公证了脱钩协议，并在当地报纸上发表了“声明”宣布与铁炉信用站脱离行政隶属关系，也尽到了一定的责任。但是铁炉信用站在与赵玉玲解除挂靠关系后，仍让赵保管原铁炉信用站的账册及库存现金，并负责总付原铁炉信用站吸收的到期存款；未消除其与铁炉信用站曾有隶属关系的影响，铁炉信用社虽然在报纸上发表了“声明”，但对包括本案51位原告在内的广大储户来讲，并不产生法定的约束力，他们没有法定的注意报纸“声明”等内容的义务。铁炉信用社在脱钩后也未采取有效措施，摘掉在铁炉信用站营业室门口的“铁炉信用社”招牌，致使该招牌在脱钩后仍得以保留，时间长达数月，从而使赵玉玲利用上述条件非法吸收公众存款，与原告王香兰等51人存款不能兑付有一定的因果关系。被告铁炉信用社在清理铁炉信用站时采取的措施不力，不足以阻止赵玉玲继续以原铁炉信用站的名义非法吸收公众存款，应对王香兰等51人存款不能及时兑付负有过错责任，依法应承担相应的民事责任。根据最高人民法院《关于审理经济合同纠纷案件中涉及经济犯罪嫌疑若干问题的规定》第五条第二款的规定，行为人私刻单位公章，以签订合同的方法进行犯罪活动，单位有明显过错，且该过错行为与被害人的经济损失之间具有因果关系的，单位应对该犯罪行为所造成的经济损失承担赔偿责任。故本案中应首先由被告赵玉玲以其个人财产承担返还王香兰等51人存款的责任，不足清偿的部分由铁炉信用社承担赔偿责任。

前两种意见也是诉、辩双方所持的观点。依照《合同法》第四十九条的规定，表见代理的法律后果产生有效的代理行为，其民事权利、义务关系应受到法律保护。第一种意见认为赵玉玲的行为是表见代理行为，与赵玉玲已构成经济犯罪的行为存在矛盾。第二种意见认为原告起诉不符合法律规定，应裁定驳回起诉，这种观点没有法律依据。在刑事诉讼中，本案原告均未提出附带民事诉讼，且赵玉玲非法吸收公众存款一案已审结的刑事案件已发生效力，该案也未处理相关民事部分的问题。回避矛盾，驳回起诉，众原告的合法权益就得不到依法保护，让哪个部门去处理该案？所以，第一种、第二种意见均与有关法律规定相悖，第三种意见应当是正确的。

（宋新敏）

## 102. 冯文献诉上海市邮政局卢湾邮电支局等储蓄合同案

**（一）首部**

1. 判决书字号

一审判决书：上海市卢湾区人民法院（1998）卢经初字第1003号。

二审判决书：上海市第一中级人民法院（2000）沪一中经终字第120号。

再审判决书：上海市第一中级人民法院（2001）沪一中经再终字第21号。

2. 案由：储蓄合同案。

3. 诉讼双方

原告（上诉人、再审申请人）：冯文献，男，1963年6月29日出生，住江苏省昆山市玉山镇南街26号506室。

委托代理人（一、二审）：王抗成，上海市泛亚律师事务所律师。

委托代理人（再审）：王家宝，上海市大明律师事务所律师。

被告（上诉人、再审被申请人）：上海市邮政局卢湾邮电支局（以下简称卢湾支局）。

负责人：吴立强，支局长。

委托代理人（一、二、再审）：江宪，上海市联合律师事务所律师。

委托代理人（一、二审）：李定，上海市邮政局市南区局储汇分局职员。

被告（上诉人、再审被申请人）上海市邮政储汇局（以下简称储汇局）。

负责人：李文华，局长。

委托代理人（一、二、再审）：江宪，上海市联合律师事务所律师。

委托代理人（一、二审）：陈磊，该局职员。

被告（上诉人、再审被申请人）：上海市邮政局（以下简称邮政局）。

法定代表人：王观，局长。

委托代理人（一、二、再审）：何际民，该局职员。

委托代理人（一、二、再审）：江宪，上海市联合律师事务所律师。

4. 审级：二审、再审。

5. 审判机关和审判组织

一审法院：上海市卢湾区人民法院。

合议庭组成人员：审判长：隋海君；审判员：邱培昌；代理审判员：顾文凯。

二审法院：上海市第一中级人民法院。

合议庭组成人员：审判长：朱敏；审判员：卢进；代理审判员：陆凤玉。

再审法院：上海市第一中级人民法院。

合议庭组成人员：审判长：丁裕先；审判员：何玲；审判员：卑其荣。

6. 审结时间

一审审结时间：1999年11月29日。

二审审结时间：2000年4月25日。

再审审结时间：2001年11月20日。

**（二）一审诉辩主张**

1. 原告冯文献诉称：1998年11月30日，原告在卢湾支局储蓄柜台开立账户，存款人民币30万元，同时设立密码，在"领用邮政储蓄卡申请书"上预留了身份证号码。同年12月2日，原告发觉存折遗失，遂至卢湾支局查询，得知账户内仅剩人民币100余元。原告认为，因存折设立密码，其本人未泄露密码及遗失身份证，卢湾支局在变更密码手续中违反邮电部有关变更密码操作的规定，对存款被冒领有过错，要求卢湾支局返还存款人民币30万元及支付利息，并要求被告储汇局、邮政局对此承担连带责任。

2. 被告卢湾支局辩称：在办理本案系争储蓄业务的存、取款过程中，其已严格执行规章制度，操作程序规范正确。1998年12月2日，有人持原告同名身份证及存折来其下属储蓄柜台称因遗忘密码，要求变更密码并取款，营业员审查该身份证件，因无预留身份证号码可进行核对，且身份证姓名与存折上姓名一致，相片与取款人一致，符合有效证件整体识别要求，办理了变更存折密码。原告遗失存折后未在存款被他人支取之前及时申请挂失，本案的过错责任在原告自身，原告的过错与存款被冒领存在因果关系，本案损失发生的法律责任应由原告本人承担。

3. 被告储汇局、邮政局的辩称意见与被告卢湾支局相同。

**（三）一审事实和证据**

上海市卢湾区人民法院经公开审理查明：1998 年 11 月 30 日，原告与一案外人为业务需要至被告卢湾支局下属储蓄柜台开设账户，存款人民币 30 万元，原告设立了密码，营业员未要求其预留身份证号码。原告同时办理了邮政储蓄卡，并在领用邮政储蓄卡申请书上填写身份证号码、工作单位及家庭住址。同年 12 月 2 日上午，一男子持原告存折至被告卢湾支局下属储蓄柜台称，因遗忘存折密码，要求变更密码，柜台营业员在查验其提供的存折、身份证件及填写的密码申请书（该申请书上登录的身份证号码为 320506630629001）后，当即办理了变更密码手续，该男子提款人民币 4 万元。至当日下午，原告剩余存款人民币 26 万元陆续被他人在不同的邮政储蓄柜台冒领。同日下午 1 时，原告发觉存折遗失，下午 5 时，至被告卢湾支局储蓄柜台查询存款余额，得知存款余额仅人民币 100 余元，当即向公安机关报案，并要求被告卢湾支局返还存款人民币 30 万元。

1998 年 12 月 1 日，原告存折上反映在黄浦邮电支局存入人民币 118 元，而原告否认其存入该款项。

另外，冒领者在申请变更密码时提供的身份证编号 320506630629001，其中 320506 属行政区域编号，全国尚无此编号。原告身份证编号为 320523630629001。

1999 年 5 月 17 日，上海市公安局卢湾分局刑侦支队致函法院称，“到目前为止，未发现冯文献有犯罪嫌疑情节”。

上述事实有下列证据证明：

1. 存款凭单，证明原告存款事实。

2. 冯文献身份证，证明伪造身份证号码与冯的号码不一致。

3. 领用邮政储蓄卡申请书，证明原告存款办卡时预留了准确的身份证号码。

4. 密码申请书，证明被告曾要求提出修改密码的人填写申请书并登录身份证号码，该号码与原告身份证号码不一致。

5. 黄浦邮电支局存款记录，证明有人曾存入账户钱款。

6. 卢湾分局刑侦支队函，证明基本可以排除原告参与诈骗的可能性。

**（四）一审判案理由**

上海市卢湾区人民法院根据上述事实和证据认为：原告在被告卢湾支局存款后，双方即建立了储蓄合同关系，被告卢湾支局在接受原告存款后应依约负有确保原告资金安全等义务。原告在存折遗失后虽然未在存款被支取前申请挂失而负有一定的责任，但由于原告存款时设定了密码，故本案过错责任的确定，主要不在于挂失时间的早晚，而在于被告卢湾支局在办理密码变更过程中是否有过错，故被告卢湾支局关于“原告未挂失而存款已被支取，其不负责任”的辩称，法院不予采信。有关储户遗忘密码，要求变更一节，根据邮电部有关规定，营业员应审查储户存折及证件；根据中国人民银行有关批复，即储蓄机构对身份证只进行形式审查。本案原告的存款在储蓄合同存续期间被他人冒领，而冒领人申请变更密码时所提供的身份证被登录的行政区域编号，为全国不存在之编号，系伪造品。被告卢湾支局辩称已对冒领人提供的身份证作了形式审查、操作程序无过错之说，无证据证实，且被告卢湾支局在储户存款时设立密码不预留身份证号码，造成变更密码时审查身份证无参照对象，制度前后无法衔接，对原告存款被冒领事实的发生，被告卢湾支局应承担主要赔偿责任；该支局系被告邮政局的分支机构，被告邮政局应对被告卢湾支局承担民事责任负连带责任；被告储汇局系被告卢湾支局上级业务指导单位，原告要求被告储汇局承担连带责任之诉请，法院不能支持。又因原告对其存折未尽妥善保管之义务，遗失后未及时采取挂失措施，对造成存款被冒领事实的发生应承担次要责任。

**（五）一审定案结论**

上海市卢湾区人民法院根据《中华人民共和国民法通则》第一百零六条第一款、第二款，第一百三十一条的规定，作出如下判决：

1. 被告卢湾支局赔偿原告存款人民币 21 万元。

2. 被告卢湾支局赔偿原告利息损失（按存款金额人民币 21 万元，自 1998 年 12 月 1 日起至判决生效之日止的活期存款利率计算）。

上述两项，于本判决生效之日起 10 日内履行完毕。

3. 被告邮政局对被告卢湾支局履行上述两项义务承担连带责任。

4. 原告其余诉讼请求不予支持。

案件受理费人民币7 010元，由原告承担人民币2 010元，被告卢湾支局承担人民币5 000元。

**（六）二审情况**

1. 二审诉辩主张

(1) 上诉人冯文献诉称：根据《邮政储蓄业务计算机处理规定（试行）》规定，要求邮政储蓄单位在储户设立存折密码时，必须登录身份证内容，以便储户以后更改密码时有核对参照。卢湾支局在为冯文献办理密码业务时，未要求登录身份证内容，显然违反了规定的操作规程，且卢湾支局亦无证据证实其已对冒领人提供的身份证件作了形式审查，故卢湾支局、邮政局应对冯文献的存款被冒领承担全部赔偿责任。

(2) 上诉人卢湾支局、储汇局、邮政局诉称：卢湾支局按《储蓄管理条例》、中国人民银行执行《储蓄管理条例》若干规定、《邮政储蓄业务计算机处理规定（试行）》规定的操作程序办理储蓄业务，卢湾支局在办理遗忘变更密码业务中无过错，其已按有关规定对储户提供的身份证进行了形式审查，故其不应对冯文献的存款损失承担赔偿责任。

2. 二审事实和证据

上海市第一中级人民法院经审理查明：原审认定事实属实，应予确认。卢湾支局、储汇局、邮政局在二审庭审期间提供了存款被领取时段的监控录像，以证明其已对冒领人提供的身份证件作了形式审查。冯文献则认为录像内容模糊，从中不能看出冒领人提供的身份证件的材质及内容，从中亦不能证实上诉人已审查了身份证件。

3. 二审判案理由

上海市第一中级人民法院根据上述事实和证据认为：根据《邮政储蓄业务计算机处理规定（试行）》第二十条规定，储户加办密码时应填写密码申请书，写明账号、户名、申请内容、日期、证件名称、证件号码、发证机关等。因加办密码是储户办理存折时未设立密码，而事后进行增加设立密码，而本案冯文献办理存折时设立密码，不属于加办密码业务范围，故卢湾支局为冯文献办理密码业务时，未要求登录身份证内容，并未违反邮政部有关规定。卢湾支局在办理变更密码业务过程中，登录了领款人提供的身份证姓名及号码，证明其已对领款人提供的身份证进行了形式审查。至于领款人提供的系虚假身份证，因储蓄机构不负有鉴别身份证真伪的责任，故卢湾支局在冯文献对存款申请挂失止付前，办理的密码变更业务在操作上无过失，其对冯文献丢失存折致存款损失不负有赔偿责任。原审判决认定卢湾支局存在过错有误，应予纠正。

4. 二审定案结论

上海市第一中级人民法院根据《中华人民共和国民事诉讼法》第一百五十三条第一款第（二）项及第一百零七条之规定，作出如下判决：

（1）撤销上海市卢湾区人民法院（1998）卢经初字第1003号民事判决。

（2）上诉人冯文献的诉讼请求不予支持。

一、二审案件受理费各人民币7 010元，均由上诉人冯文献负担。

**（七）再审情况**

1. 再审诉辩主张

（1）申诉人冯文献诉称：卢湾支局没有按照银行关于变更密码的时候适用挂失止付，在7日后才能支付存款的规定，致使没有保留止付时间防止他人冒领存款，且卢湾支局不能提供证据证明对他人冒名变更密码而提供的身份证进行审查，故冯文献存款30万元被他人冒领系由卢湾支局的过错所造成，卢湾支局、邮政局、储汇局应对他人冒领30万元的经济损失承担赔偿责任。

（2）被申诉人卢湾支局、邮政局、储汇局辩称：卢湾支局已按规定对冒领者办理密码变更所提供的身份证作了形式审查，卢湾支局对冯文献存款被他人冒领没有过错，冯文献的存款被他人冒领的主要原因在于冯文献将存折丢失，过错责任在冯文献本人，故卢湾支局等不应对冯文献的存款被他人冒领承担赔偿责任。

2. 再审事实和证据

上海市第一中级人民法院经审理查明：冯文献办理开立账户及存款与冯文献办理邮政储蓄卡是两个不同的储蓄业务。卢湾支局在审核冒领者为变更密码所提供伪造的身份证时，未与冯文献办理邮政储蓄卡申请书填写的身份证号码等内容相核对。另查明，原一、二审对本案事实的认定属实，应予确认。再审期间双方当事人对本案的事实均无异议，也未提供新的证据。

3. 再审判案理由

上海市第一中级人民法院根据上述事实和证据认为：本案争议的焦点在于冯文献存款30万元被他人冒领的过错责任是储户本人还是储蓄机构或系双方共同过错造成及应由谁承担被冒领款项的损失。冯文献在卢湾支局办理了存款账户并存入人民币30万元，冯文献领取了卢湾支局交给的存折，双方形成储蓄合同关系。存折是储蓄合同权利、义务的载体和凭证，冯文献应妥善保管存折，这是作为储蓄合同的存款人，应当承担的合同附随性义务。冯文献不仅未对存折妥善保管，且冯文献对在什么时间、什么地点遗失存折没有适时发现，从而丧失挂失和防止他人冒领存款的最佳时机，由于冯文献将存折丢失，在客观上为他人冒领存款提供了重要条件和时机。故冯文献的存款被他人冒领，冯文献本人负有一定的过错。冯文献称卢湾支局没有按照中国人民银行关于变更密码适用挂失止付及7日后才能领取存款的规定，卢湾支局应对其存款被他人冒领而造成的经济损失承担赔偿责任。冯文献该诉称理由所持的依据是中国人民银行于1999年3月2日下发的《关于储蓄存单、存折密码更换手续有关问题的批复》，该批复确要求在储户更换存折密码时，金融机构应参照储蓄管理条例中关于挂失止付的规定，但该批复是在本案发生后下发的，不适用本案，故冯文献该诉称理由不能成立。保护储户的合法权益，加强储蓄管理，是发展储蓄事业的宗旨。国家邮政部于1997年10月颁布的（1997）291号《邮政储蓄业务计算机处理规定（试行）》第二十条规定，储户遗忘密码时，必须在开户局变更或撤销其密码，储户须提交存折（单）及本人有效身份证件。该规定所指的有效证件应当理解为身份证。根据本案的事实，卢湾支局让冒领者填写了密码申请书并在验看了冒领者提供的身份证与存折姓名相符后变更了密码，故冯文献认为卢湾支局没有对冒领者的身份证进行审核是与事实不符的。但本案事实同时显示，卢湾支局仅是对冒领者提供伪造的身份证所记载内容是否齐全进行了审核，显然这种审核并不能达到所审核的身份证是否有效的目的，不能切实保护储户存款的安全，与保护储户合法权益的宗旨是相悖的。由于卢湾支局没有对冒领者提供伪造的身份证进行严格审查而许可冒领者变更了密码，致使冒领者持冯文献丢失的存折陆续冒领了冯文献的存款，卢湾支局对此负有过错。卢湾支局等辩称已对证件从形式上审查过，对冯文献的存款被他人冒领不负赔偿责任，其依据亦是中国人民银行下发的《关于储蓄存单、存折密码更换手续有关问题的批复》，因该批复不适用本案，故卢湾支局等的这一诉辩理由本院不予采纳。此外，储蓄机构在制度和管理上存在严重缺陷，储蓄机构没有查验身份证的规章制度和查验身份证的操作方法。一方面，冯文献在卢湾支局办理开立账户存款时，按储蓄机构有关制度不需登录存款人身份证号码，致使冒领者使用假身份证无参照物予以核对。另一方面，冯文献办理邮政储蓄卡时在领用邮政储蓄卡申请书上填写了本人身份证号码、工作单位及家庭地址，但卢湾支局在审核冒领者为变更密码所持伪造的身份证时未与该申请书核对，使原本能避免冯文献存折密码被变更而未能避免，从而最终为冒领者冒领存款具备了取款条件。卢湾支局作为储蓄合同的一方当事人应对其储蓄制度和管理上的缺陷而造成储户存款被他人冒领的损失，承担赔偿责任，卢湾支局等认为自己没有过错，不应承担赔偿责任的理由不能成立。综上所述，冯文献的存款被他人冒领是由冯文献与卢湾支局共同过错所造成的，鉴于卢湾支局对冒领者变更密码提供的身份证未作严格审查及在储蓄业务制度和管理上存在的严重缺陷，是造成冯文献的存款被他人冒领的主要原因，应承担主要过错责任。冯文献对存折保管不妥，应负次要责任。双方应根据各自的过错程度，承担本案系争款项被他人冒领的损失。原二审判决对储蓄机构不负有鉴别身份证真伪的责任，卢湾支局在对冯文献存款申请挂失止付前，办理的密码变更业务在操作上无过失，其对冯文献丢失存折致存款损失不负赔偿责任的认定不当，应予纠正。原一审判决认定双方当事人对冯文献的存款被他人冒领应承担主次责任及判令卢湾支局、邮政局对赔偿冯文献的损失承担连带责任和判令储汇局不承担赔偿责任正确，原一审判决应予维持。

4. 再审定案结论

上海市第一中级人民法院根据《中华人民共和国民事诉讼法》第一百八十四条、第一百五十三条第一款第（一）项之规定，作出如下判决：

（1）撤销本院（2000）沪一中经终字第120号民事判决。

（2）维持上海市卢湾区人民法院（1998）卢经初字第1003号民事判决。

原二审案件受理费人民币7 010元，由冯文献负担人民币3 505元，上海市邮政局卢湾邮电支局、上海市邮政储汇局、上海市邮政局负担人民币3 505元。

**（八）解说**

近几年来，储蓄合同纠纷比较多，究其原因，存款人遗失存折，未尽保管义务，应属过失，但储蓄机构未尽充分注意义务，导致冒领人提取存款，符合混合过错的特征。但是如何认定过错责任，法院也有几种不同的看法。本案通过一审、二审、再审程序，反映了上述情况。特别要指出的是，本案再审程序充分发挥了审判监督职能，具体体现在：

1. 正确判断了卢湾支局对冒领者提供的伪造身份证的审查情况。一审判决认为，卢湾支局无证据证明已对冒领人提供的身份证作了形式审查；二审认为卢湾支局操作程序无过错，理由是该支局在办理变更密码业务过程中，登录了领款人提供的身份证姓名及号码，证明其已对领款人提供的身份证进行了形式审查，正是一、二审的不同认识，导致了截然不同的判决结果，而再审认定，卢湾支局让冒领者填写了密码申请书并在验看了冒领者提供的身份证与存折姓名相符合后变更了密码，即再审肯定了卢湾支局职员的“验看”行为，但是再审又认定卢湾支局没有对冒领者提供伪造的身份证进行严格审查而许可冒领者变更了密码，应该说，再审较客观地判断了卢湾支局审查伪造的身份证的事实，填补了一审认为卢湾支局未审查身份证的事实空白，纠正了二审对卢湾支局登录冒领人姓名和身份证号码的认定，使人较为信服。

2. 驳斥了审查身份证只进行形式审查，不负有鉴别身份证件真伪的责任的观点。在储蓄机构内部确实存在审查身份证形式审查、不辨真伪的观点。再审认为，有效证件应当理解为真实身份证，卢湾支局仅对冒领者身份证进行形式审查，不能达到所审核的身份证是否有效的目的，不能切实保护储户存款的安全，与保护储户合法权益的宗旨是相悖的，这样用民法基本原理，否定了带有行业保护性质的做法，切实维护了公民的合法财产利益，其指导意义十分深远。

3. 指出了储蓄机构在制度和管理上存在严重缺陷，特别是未建立查验身份证的规章制度和查验身份证的操作方法，为储蓄业务管理上的漏洞敲响了警钟，促使储蓄机构尽快制订较完善的措施，防止同类事件再次发生，这也是本再审案件带来的社会意义。

（隋海君　顾文凯）

## 103. 中国工商银行三峡分行诉湖北华龙石材有限公司等信用证担保合同欠款案

**（一）首部**

1. 判决书字号

一审判决书：湖北省宜昌市中级人民法院（1999）宜中经初字第169号。

二审判决书：湖北省高级人民法院（2000）鄂经终字第274号。

2. 案由：信用证担保合同欠款案。

3. 诉讼双方

原告（被上诉人）：中国工商银行三峡分行（以下简称三峡工行）。

代表人：陈焕祥，行长。

委托代理人（一、二审）：赵东波，三峡工行职工。

委托代理人（一、二审）：秦生伟，湖北百思特律师事务所律师。

被告：湖北华龙石材有限公司（以下简称华龙公司）。

法定代表人：刘佳妮，董事长。

委托代理人（一审）：李先利，总经理。

委托代理人（一审）：吴灿江，华龙公司职工。

委托代理人（二审）：代小虎，华龙公司职工。

被告（上诉人）：三峡证券有限责任公司（以下简称三峡证券）。

法定代表人：邓贵安，董事长。

委托代理人（一审）：陈辉，三峡证券职工。

委托代理人（一审）：黄振华，湖北恒德信律师事务所律师。

委托代理人（二审）：宫楠，三峡证券职工。

委托代理人（二审）：徐葵，湖北安百隆律师事务所律师。

4. 审级：二审。

5. 审判机关和审判组织

一审法院：湖北省宜昌市中级人民法院。

合议庭组成人员：审判长：邓丽华；代理审判员：徐晓东、胡远亮。

二审法院：湖北省高级人民法院。

合议庭组成人员：审判长：刁传鼎；审判员：贺章好；代理审判员：杨明华。

6. 审结时间

一审审结时间：2000年6月1日。

二审审结时间：2001年1月3日（依法延长审限）。

**（二）一审诉辩主张**

1. 原告三峡工行诉称：应华龙公司申请，三峡工行下属国际业务部于1998年7月31日为其出具一份315万美元，时间为提单日后360日的远期进口信用证，三峡证券为此信用证提供了2 091.6万元人民币的无条件不可撤销的担保。1999年9月6日，三峡工行指令下属临江办事处分次向华龙公司和三峡证券送达催款通知，要求华龙公司和三峡证券在1999年9月以前存入2 072万元人民币保证金（华龙公司已存有539万元人民币），以确保按期支付。华龙公司和三峡证券未能按要求存入保证金。为维护国际信誉，三峡工行于1999年9月10日和10月5日，分两次承兑315万美元，形成巨额垫付。请求判令华龙公司立即支付欠款250万美元，偿付利息12万美元（暂计算至2000年4月18日），合计262万美元；三峡证券对华龙公司欠款本息承担2 091.6万元人民币的连带清偿责任。

2. 被告华龙公司辩称：原告所诉情况属实，无其他辩论观点。

3. 被告三峡证券辩称：申请开证违背了有关法律规定，因为申请人无申请资格，也未报有关部门批准，华龙公司和原告之间的主合同无效，所以，进行担保的从合同也属于无效合同。造成开证无效的原因和责任不在三峡证券，所以，三峡证券不应承担连带责任。

**（三）一审事实和证据**

湖北省宜昌市中级人民法院经公开审理查明：1998 年 7 月 10 日，华龙公司向三峡工行出具一份不可撤销跟单信用证申请书，请求向意大利商业银行开具一份 315 万美元的远期信用证等内容。1998 年 7 月 10 日，三峡证券向三峡工行国际业务部出具一份担保书，其内容："本公司，三峡证券有限责任公司，愿为湖北华龙石材有限公司在贵行开出 SXA/LC42398159 号信用证提供付款担保。我公司的担保金额为2 091.6万元人民币。如果开证申请人，湖北华龙石材有限公司在上述信用证的付款日无足款资金支付全部信用证款项，我公司将按照《中华人民共和国担保法》有关规定承担保证责任。本担保为无条件不可撤销的担保。" 1998 年 7 月 31 日，三峡工行国际业务部向意大利商业银行开具一份编号为 LCSXA42398159 的远期不可撤销信用证，载明：申请人为华龙公司，金额为 315 万美元，时间为提单后 360 日，装船地点为意大利 GENOA，目的港为中国武汉等内容。并在此前，三峡工行向国家外汇管理局宜昌分局申办了 315 万美元的进口付汇备案表，同时，经请示，中国工商银行国际业务部批准同意开立该远期信用证。1998 年 12 月 4 日、1998 年 12 月 11 日，三峡工行国际业务部分别向华龙公司送达了两份进口付款通知书，通知华龙公司审核有关单据，并确定了 315 万美元的承兑事宜。华龙公司签收后，表示同意按信用证条款承兑。1999 年 9 月 6 日，三峡工行临江办事处向华龙公司和三峡证券送达了一份催款通知，称：截至 1999 年 9 月 6 日，华龙公司保证金账户仅有 539 万元人民币，与信用证金额相比尚差2 072万元人民币（按当日牌价计算），请速将2 072万元人民币汇入我行，以保证我行按期付款等内容。华龙公司签收后未按通知补存入保证金。为维护中国工商银行的国际信誉，依照国际惯例，三峡工行向意大利商业银行分别于 1999 年 9 月 13 日支付1 674 160美元，于 1999 年 9 月 30 日支付1 475 840美元，依约履行了承兑义务，并在国家外汇管理部门办理了两份金额分别为1 674 160美元和1 475 840美元的"贸易进口付汇核销单（代申报单）"。而华龙公司仅于 1999 年 9 月 20 日利用保证金账上存款购买了 65 万美元，支付给三峡工行临江办事处。三峡工行、华龙公司对信用证的开具及履行过程均未提出异议。

另查明，三峡工行领取了"中华人民共和国经营外汇业务许可证"，并办理了注册登记，可以经营外汇存款、外汇贷款、外汇汇款、外汇兑换、贸易和非贸易结算等外汇业务。三峡工行国际业务部与三峡工行临江办事处均为三峡工行下设非独立核算机构。

上述事实有下列证据证明：

1. 华龙公司的不可撤销跟单信用证申请书。

2. 三峡工行国际业务部开具的远期不可撤销信用证及 2 份进口付款通知书。

3. 三峡证券出具的担保书。

4. 三峡工行临江办事处发送的催款通知。

5. 三峡工行向意大利商业银行的付款凭证。

6. 有关信用证开立的审批材料。

**（四）一审判案理由**

湖北省宜昌市中级人民法院认为：（1）三峡工行具有外汇经营资格，并且开立信用证前有外汇管理机构和中国工商银行的审批手续，其开立远期不可撤销信用证并不违反法律、法规的禁止性规定，合法、有效。同时，根据《中华人民共和国商业银行法》有关规定，商业银行对其分支机构实行全行统一核算、统一调度资金，分级管理的财务制度；三峡工行在中国工商银行的授权范围内，将有关具体手续及事项交给下属国际业务部和临江办事处办理，并不违反法律、法规的禁止性规定，三峡工行国际业务部和三峡工行临江办事处履行信用证的行为可以视为三峡工行的行为。（2）三峡工行依据国际惯例和双方约定，已向意大利商业银行支付信用证项下315万美元承兑款，履行了全部义务；华龙公司仅向三峡工行支付65万美元，造成三峡工行250万美元的垫付及相应损失，其全部过错均在华龙公司，华龙公司应负违约责任。（3）根据《担保法》有关规定，保证合同合法、有效，三峡证券应在2 091.6万元人民币范围内承担连带保证责任。（4）美元应折算成人民币支付。

**（五）一审定案结论**

湖北省宜昌市中级人民法院根据《中华人民共和国合同法》第六条、第四十四条、第六十条、第一百零七条、第一百一十三条第一款，《中华人民共和国担保法》第十九条、第二十一条第一款，《中华人民共和国外汇管理条例》第七条之规定，判决如下：

1. 华龙公司应向原告中国工商银行三峡分行偿付250万美元及其贷款利息损失（其中1 024 160美元从1999年9月11日起，1 475 840美元从1999年10月1日起，按年利率7.187 5%，计算至本判决生效确定的付款之日止）。限本判决生效后3个月内清偿。

2. 上述美元应当兑换成人民币支付，即按本判决生效后确定的给付日国家外汇管理局公布的美元汇率（汇卖价）折算。

3. 三峡证券在2 091.6万元人民币范围内对上述债务承担连带保证责任。

本案案件受理费114 590元，由二被告共同负担。

**（六）二审情况**

1. 二审诉辩主张

(1) 上诉人三峡证券诉称：三峡工行违反中国人民银行银发（1997）430号文件“关于商业银行国际结算远期信用证业务经营风险管理的通知”的规定，逃避国家外汇管理部门监管，所开具的远期信用证是非法的、无效的。根据中国工商银行工银国（1995）14号文件“中国工商银行国际业务部关于开立远期业务的规定”，三峡工行无权开具100万美元以上的远期信用证。三峡工行的开证行为应属于无效，根据《担保法》有关规定，三峡证券提供的保函作为从合同也应无效，担保责任应予免除。请求二审法院依法查明本案事实，撤销原判，改判免除三峡证券的连带保证责任。

(2) 被上诉人三峡工行辩称：我行的开证行为得到了工行总行的授权同意，开证行为有效；我行的付汇行为得到了外管部门的审批同意。三峡证券应承担连带保证责任。

(3) 华龙公司未作答辩。

2. 二审事实和证据

湖北省高级人民法院经审理查明：1998年7月21日，三峡工行向中国工商银行国际业务部申请开立大额远期信用证，1998年7月28日，中国工商银行国际业务部致函三峡工行，同意三峡工行为华龙公司开立金额为315万美元，付款期限为提单后360日的远期信用证。三峡工行开立信用证后，将信用证副本报中国工商银行国际业务部备案。中国人民银行宜昌市分行宜市银发（1996）第75号文，撤销三峡工行国际业务部，设立三峡工行临江办事处，三峡工行国际业务部的所有业务划归三峡工行临江办事处，三峡工行临江办事处为三峡工行下设非独立核算机构。

3. 二审判案理由

湖北省高级人民法院认为：华龙公司在申请开立信用证时持有国家外汇管理局宜昌分局核发的进口付汇备案表，该表注明“本笔付汇已经我局审查备案，请按规定办理付汇手续”。三峡工行在办理付汇手续后，将由国家外汇管理局武汉分局签发的贸易进口付汇核销单交由国家外汇管理局宜昌分局审查备案。以上事实证明三峡工行的付汇行为得到了外汇管理部门的审批同意。根据中国工商银行工银国（1995）14号“中国工商银行国际业务部关于开立远期信用证业务的规定”，经中国工商银行总行批准，可开立100万美元以上的远期信用证。三峡工行经中国工商银行批准，并报外汇管理部门审批，开具远期不可撤销信用证，其开证行为符合有关法律、法规的规定，开证行为有效。三峡工行国际业务部撤销后，其所有业务已划归三峡工行临江办事处，三峡工行临江办事处作为三峡工行下设的非独立核算单位，其具体履行信用证的行为，应视为三峡工行的行为。三峡证券上诉称三峡工行开证行为无效的理由不成立。三峡证券向三峡工行出具担保书，为华龙公司在三峡工行开出的信用证提供付款保证，其意思表示真实，内容不违反法律、法规，保证合同有效，三峡证券应在保证范围承担连带保证责任。原审判决认定事实清楚，适用法律正确，三峡证券的上诉理由不成立。

4. 二审定案结论

湖北省高级人民法院根据《中华人民共和国民事诉讼法》第一百五十三条第一款第（一）项的规定，判决如下：

驳回上诉，维持原判。

二审案件受理费114 590元，由上诉人三峡证券有限责任公司负担。

**（七）解说**

本案争议焦点为三峡工行开立的信用证是否合法、有效？其涉及两个方面的问题：是否违反法律、法规禁止性规定？是否超越授权范围？

1. 根据国家外汇管理局《贸易进口付汇核销监管暂行办法》、《进口付汇核销贸易真实性审核规定》等有关规定，国家外汇管理局及其分支局负责所有进口付汇的核销、核查和管理，并对进口单位和外汇指定银行进行监督、检查；外汇指定银行应当向所在地外汇局报送“贸易进口付汇核销单（代申报表）”及有关报表，对外付汇的进口单位应当向所在地外汇局办理进口付汇核销报审手续；不在“对外付汇进口单位名录”上的进口单位不得直接到外汇指定银行办理进口付汇，应当在付汇或开立进口信用证前逐笔向所在地外汇局申请并办理进口付汇备案表手续，外汇指定银行凭进口付汇备案表按规定为其办理付汇手续。本案外汇指定银行三峡工行和不在“对外付汇进口单位名录”上的进口单位华龙公司按上述规定办理了进口付汇备案表、“贸易进口付汇核销单（代申报表）”。三峡工行开立信用证并履行的行为符合国家外汇管理局的规定。

2. 根据《中华人民共和国商业银行法》有关规定，商业银行对其分支机构实行全行统一核算、统一调度资金，分级管理的财务制度。根据中国人民银行“关于商业银行国际结算远期信用证业务经营风险管理的通知”的规定，商业银行办理远期信用证业务，要建立完善的内部管理和控制机制，严格审查分支机构的管理水平，制定明确的授权制度。中国工商银行“中国工商银行国际业务部关于开立远期信用证业务的规定”明确地规定：各地市级分支行有权开立1年期内单笔金额为100万元以下的远期信用证；如需开立超过规定的期限或金额的远期信用证，各分行应将进口商的开证申请、商务合同、批准进口的有关批件、拟开信用证的草稿和保证金（或担保）落实情况的证明文书及其他有关文件上报总行国际业务部，经总行批准后，方可开立。在本案中，三峡工行经请示中国工商银行国际业务部批准同意后开立该远期信用证，没有超出中国工商银行的授权范围。

（徐晓东）

# 四、海事、海商案例

## 104. 德国赫尔微底亚瑞士保险公司诉上海新兴技术开发区联合发展有限公司海上货物运输保险合同代位求偿案

**(一) 首部**

1. 裁判书字号

一审判决书：上海海事法院（1997）沪海法商初字第312号。

二审裁定书：上海市高级人民法院（2000）沪高经终字第508号。

重审一审判决书：上海海事法院（2001）沪海法商重字第3号。

重审二审判决书：上海市高级人民法院（2001）沪高经终字第437号。

2. 案由：海上货物运输保险合同代位求偿案。

3. 诉讼双方

原告（被上诉人）：德国赫尔微底亚瑞士保险公司（HELVETIA SCHWEIZERISCHE VERSICHERUNGSGESELLSCHAFT）。

法定代表人：Dr. Peter Reusch。

委托代理人：汪淮江、徐疆华，上海市海翔律师事务所律师。

被告（上诉人）：上海新兴技术开发区联合发展有限公司。

法定代表人：王志洪，董事长。

委托代理人：张春荣，上海市龙华律师事务所律师。

4. 审级：二审、重审。

5. 审判机关和审判组织

一审法院：上海海事法院。

合议庭组成人员：审判长：林海龙；审判员：马佩芳；代理审判员：杨玲。

二审法院：上海市高级人民法院。

合议庭组成人员：审判长：张利荣；审判员：王晓娟；代理审判员：冯广和。

重审一审法院：上海海事法院。

合议庭组成人员：审判长：倪春南；代理审判员：沈军、张亮。

重审二审法院：上海市高级人民法院。

合议庭组成人员：审判长：田冰星；审判员：吴建英；代理审判员：冯广和。

6. 审结时间

一审审结时间：2000 年 6 月 23 日。

二审审结时间：2001 年 4 月 25 日。

重审一审审结时间：2001 年 8 月 7 日。

重审二审审结时间：2001 年 11 月 30 日。

**（二）一审诉辩主张**

1. 原告诉称：1995 年 4 月，被保险人德国 MAYER & CIE. 有限公司从德国出口一台装于集装箱的圆筒针织机运抵上海港。提单号为 BRE/SHA/5074，承运人为中国远洋运输（集团）总公司，托运人为捷高电子有限公司（香港），收货人为捷高电子（上海）有限公司（以下简称上海捷高公司）。1995 年 4 月 7 日，收货人将货物提离港区，并于同日至被告仓库。次日，被告在其场地拆箱并进行装卸作业，货物在吊装过程中从 1 米多高处掉下，圆筒针织机被摔坏。经中国人民保险公司上海分公司鉴定，该圆筒针织机全损。因出险事故发生在被告仓库内，尚未到达收货人仓库，故保险人的保险责任尚未终止。同年 10 月 12 日，原告赔付被保险人后，取得代位求偿权。原告认为，事故系被告操作失当侵权所造成。请求判令被告支付货价、重新发运的运费总计 207 615 马克（折合 138 410 美元）及其利息，并由被告承担诉讼费用。

2. 被告辩称：本案无论在事实或在法律上均与被告无关。本案货损事故已超出保险责任范围，原告理赔不当。涉案保险单载明货物目的港是上海，收货人为上海捷高公司。现原告承认货物已运抵上海港，且已交付收货人，表明原告的海上货物运输保险义务已告完成。此后，原告作出任何理赔明显不当。涉案海上货物运输保险单“仓至仓”条款中，到货仓应指目的港仓。货物卸入目的港仓，原告的保险责任即告终止。当货物在被告处拆箱吊装作业并发生事故时，涉案保险合同已经终止，因此，德国 MAYER & CIE. 有限公司无权向本案原告提起索赔，本案原告亦无代位求偿权。况且，上海捷高公司提取货物并自运至指定地点，被告仅为其提供机械和劳务协助，双方并不存在合同约定或法律规定的法律关系。且发生事故后，有关上海捷高公司的损失被告已与上海捷高公司协商解决。

**（三）一审事实和证据**

上海海事法院经审理查明：1991 年 8 月 26 日，保险经纪人瓦格纳保险公司营业所有限公司（以下简称 WAGNER 公司）代原告向投保人 DIE MAYEN FIRMENGRUPPE、MAYER & CIE. GMBH & CO. 签订货物运输预约保险合同，保险期自 1992 年 1 月 1 日至 1993 年 1 月 1 日，届期无异议，保险合同自动延长 1 年。预约保险单上载明：名称交换权——1996 年 1 月 1 日起生效。1995 年 2 月 10 日，WAGNER 公司代原告向持单人（THE BEARER）签发编号为 95/2001 的格式海运保险单，明确所保之险获准划入上述预约保险单，保险利益授予持单人，保险金额214 500德国马克，保险货物为上海捷高公司的 1 个 20 英尺集装箱，内含两个货盘架，货物内容按发票记录，货物毛重 3 500 公斤，海运从德国 Albstadt 途经汉堡至上海，保险责任期间仓库至仓库，保险费已付，理赔机构为中国人民保险公司上海分公司，承保条件（Conditions）：德国海上保险通则（ADS）、装货特别条件（ADS 货物 1973，1984 年版本）；预约保险合同的规定和条件；保险单格式为 ADS 全保险单；附加 DTV 战争、罢工、机器和运输工具险条款。涉案海运保险单背面条款载明：保险期间（仓至仓），按照 ADS 货物 1973，1984 年版本的第五条规定，保险责任终止于货物在目的地交付于收货人指定的地点（最终交付地）等。

预约保险单特别条件、德国海上保险通则（ADS货物1973，1984年版本）规定，预约保险单在法律和ADS的意义范围内并不是一份保单，单独保单在法律和ADS的意义范围内是一份保单；如果货物未以约定的方式运输，保险人解除保险义务；当货物在目的地交付于收货人指定的地点（最终交付地）时，或者当货物在目的港卸货后，运至一个未经保险合同约定的目的地，并因目的地改变而增加风险的，或者在目的港卸离远洋船舶后60日，保险解除；如果被保险人要求偿付保险金额，在保险人选择偿付保险金后即获得被保险货物的一切权利和救济即代位求偿；保险合同基础是德国海上保险一般规定之货物的特殊规定（ADS货物1973）等；庭审中，原告不能说明德国海上保险通则（ADS货物1973，1984年版本）是德国法律还是保险公司的格式保险条款。

1995年2月18日，承运人在德国BREMEN签发了中国远洋运输（集团）总公司BRE/SHA/504号海运提单，其上载明：托运人德国捷高机械工程（香港）有限公司，收货人上海捷高公司，从汉堡至上海，CY—CY，毛重3 500公斤，货物装于1个20英尺集装箱等。货物于3月21日抵沪。同年4月4日，被告向上海漕河泾海关进口报关，称货物属于外资设备，系一台德国产圆筒针织机，CIF上海9.8万德国马克，并获免征进口关税。同年4月7日，涉案货物在上海漕河泾高科技园区的关栈拆箱。中国人民保险公司上海分公司应上海捷高公司请求出具的鉴定报告载明：针织机由托运人放置在木质货盘架上，用铝箔纸包裹，然后装入集装箱。另鉴定人经收货方告知，同年4月8日，当关栈人员提升已拆箱的货盘架准备把机器送入仓库时，货盘架突然翻转，从1米多高处掉落跌到关栈的地上。该针织机几乎全部变形，鉴于其精密程度，认定为已无修复价值。该鉴定报告认为“货损原因为提升货盘托架时发生的事故”。1997年3月19日，被告有关人员就此起事故向原告出具情况说明，称：由于上海捷高公司无集装箱拆箱设备及拆箱后搬运货物至厂房的机具，遂要求被告提供服务。1995年4月7日，涉案货物在被告处露天存放。同年4月8日，当被告操作人员用铲车将针织机从集装箱铲出时未发现异常情况。当按计划用吊车将针织机吊上平板卡车运至上海捷高公司厂房时，因上海捷高公司在吊装前未告知针织机包装袋内配件未固定，货物超重170公斤，发生货物重心偏移、倾斜倒地并致机器全损。嗣后，经双方协商，被告向上海捷高公司赔付了原告不予保险理赔的费用计人民币13 833.15元。此款包括上述鉴定事项、针织机残骸装箱出口以及重新进口针织机报关仓储等费用。

1995年10月12日，德国MAYER & CIE. GMBH & CO. 收到原告保险经纪人WAGNER公司支付的保险赔款计190 000德国马克，同时将对第三者的索赔权转让给保险人即原告。

另外，原告于1997年3月向上海市第一中级人民法院提起诉讼。同年8月11日，该院将案件移送本院审理。在本院原审庭审笔录中，原告陈述：德国的被保险人是涉案货物的销售方，货物卖给了德国捷高公司，贸易合同中指定收货人为上海捷高公司，价格为CIF价。

上述事实有下列证据证明：

1. 原告签发的海运保险单。

2. 德国MAYER & CIE. 有限公司收到原告190 000德国马克保险赔款并转让索赔权

的证明（权益转让书）。

3. 中国人民保险公司上海分公司对涉案事故的鉴定报告。

4. 中国远洋运输（集团）总公司签发的海运提单。

5. 涉案货物进口报关单。

6. 涉案货物进口免税证明。

7. 上海捷高公司函告本院关于收到被告支付的事故处理费及随附的相关证据。

8. 被告向原告出具的货损情况说明。

9. 发票。

10. 重新发货的空运单据。

11. 货物进口报关单。

11. 进口货物免税证明。

12. 被告与上海捷高公司就损失进行协商的函件和有关发票等。

**（四）一审判案理由**

上海海事法院认为：原告向德国被保险人支付保险赔款后，在中华人民共和国提起代位求偿诉讼，应认为原告接受中华人民共和国法院管辖，本案应适用中华人民共和国法律。原告不能证明涉案保险事故发生在预约保险合同有效期间内，该合同对涉案保险单不具有法律效力。涉案货物收货人为上海捷高公司，该公司对货物具有利害关系。原告在未证明德国 MAYER & CIE. GMBH & CO. 对涉案货物具有惟一和排他利害关系的情况下，即使支付保险赔偿，也不能取得对被告的追偿权。涉案货物既已提卸进仓，并由上海捷高公司自行组织陆路运输至另一处所储存，故涉案事故已不在保险责任期间。涉案货物价值当以海关申报并获免税文件所示 9.8 万马克为准，且原告不能举证推翻之。我国海商法规定，海上保险合同的时效为 2 年，被告以海上货物运输合同纠纷 90 日的追偿时效抗辩原告诉权，显属不当。

**（五）一审定案结论**

上海海事法院根据《中华人民共和国民法通则》第八十四条第一款、第一百四十二条，《中华人民共和国海商法》第二百五十二条第一款、第二百五十七条第一款、第二百六十四条的规定，判决如下：

对原告德国赫尔微底亚瑞士保险公司的诉讼请求不予支持。

**（六）二审情况**

1. 二审诉辩主张

上诉人（原审原告）诉称：保险合同的理赔应适用保险人营业地法，即德国法；本案应按涉案预约保险合同的规定审理；德国 MAYER & CIE. GMBH & CO. 对涉案货物具有利害关系，原审对“仓至仓”的解释有误等，请求撤销原判，重新审理。

被上诉人（原审被告）辩称：涉案保险合同应适用中国法；德国 MAYER & CIE. GMBH & CO. 与涉案货物没有利害关系；原审对“仓至仓”的认定正确，请求驳回上诉，维持原判。

2. 二审事实和证据

上海市高级人民法院经审理查明：原判认定事实清楚，证据确实充分，应予确认。二审法院另查明，涉案海上保险单背面有关保险责任终止于货物在目的地交付于收货人指定的地点等，系“保险公司”的代理人翻译。涉案预约保险合同并无运输方式、起止地点、保险货物的金额、名称等约定。上海捷高公司的注册地、办公地和营业地均在上海漕河泾高科技园区内。

3．二审判案理由

上海市高级人民法院认为：原审法院对已参加过庭审活动的原告适格代理人的代理行为未作认定，却对不符合法定条件的代理人资格予以确认，并同意其参与庭审活动的全过程，违反了我国的程序法有关规定，可能影响案件的公正审理，故原审判决应予撤销。

4．二审定案结论

上海市高级人民法院根据《中华人民共和国民事诉讼法》第五十八条、第二百四十二条、第一百二十三条、第一百五十三条第一款第（四）项之规定：

（1）撤销上海海事法院（1997）沪海法商初字第312号判决。

（2）案件发回上海海事法院重审。

**（七）重审一审情况**

1．重审一审判案理由

上海海事法院认为：按照当事人意思自治原则，合同当事人可以选择合同适用的法律，但原告未举证证明涉案保险合同当事人事前对法律适用的选择，也未提供与保险合同有最密切联系的德国相关法律。庭审中，原告同意适用中国法律，被告主张适用中国法律，因此，适用中国法律是原告和被告的合意，与法不悖，故本案保险合同关系的处理适用我国相关的法律。根据我国法律规定，海上保险合同指保险人按照约定，对被保险人遭受的保险事故造成保险标的损失和产生的责任负责赔偿，而由被保险人支付保险费的合同。保险标的发生保险责任范围内的损失是由第三人造成的，被保险人向第三人要求赔偿的权利自保险人支付赔偿之日起相应转移给保险人。显然，我国法律规定保险代位求偿权的取得必须基于在合法、有效的保险合同关系下，保险人对其所承保的保险责任范围内的保险事故向具有保险利益的人作出适当合理的保险理赔。对不适当不合理的理赔，即使获得权益转让书，保险人也不能当然拥有保险代位求偿权的诉讼主体资格。在本案中，原告就贸易环节仅提供了一份与涉案保险合同关系和海上货物运输合同关系无实际联系的定单，而未举证证明贸易双方关于货物所有权是否有约定，未能证明保险被代位人在事故发生时对货物享有所有权或具有保险利益，故即使被代位人持有保险单，根据保险利益原则，也不能证明其具有保险利益。而根据原告庭审陈述，涉案货物已经卖给了德国捷高公司，并指定上海捷高公司为收货人，在货物运抵上海后，上海捷高公司也已提取了货物，很显然，货物交付后，所有权已经发生了转移，此时，德国的投保人对涉案货物已不具有任何权益。而根据提单的物权性质，提单记名收货人为上海捷高公司，且事实证明上海捷高公司已凭提单提取了涉案货物，理应推定其具有物权，享有保险利益，也证明了保险被代位人已不具保险利益。原告向投保人理赔，并接受权益转让书，其保险代位求偿权的取得明显缺乏法律和事实依据，不具有对涉案货物保险代位求偿的诉讼主体资格。由于原告未能证明货损当时保险被代位人对货物享有何种权利，故对原告关于其基于保险被代位人债权转移而取得保险代位求偿权的主张，不予支持。

涉案保险单载明保单适用德国海上保险通则（ADS货物1973），该通则是否为德国法律，原告未予证明，但这不影响该通则对本案应予适用的法律效力。该通则中关于保险责任期间“仓至仓”条款的规定适用于涉案保险合同。由于原、被告双方对该条款“收货人指定的地点（最终交付地）”的理解存在分歧，且原告未举证德国法律或国际惯例有关“最终交付地”的法律解释，而我国法律对此亦无定义或解释，故按照国际上极具影响并被广泛使用已成为国际惯例的ICC（伦敦协会货物险）条款解释涉案“仓至仓”条款。涉案保险条款“货物在目的地交付于收货人指定的地点（最终交付地）时，保险解除”应理解为保险责任在货物抵目的港后，并运至收货人在当地的“第一仓库或其他储存处所”时即行终止。“第一仓库或其他储存处所”包括“自用、租用、借用或寄存的处所”。结合本案货物运输的实际情况，涉案货物已经运抵上海捷高公司所在地上海漕河泾高科技园区，应视为货物已至货物“最终交付地”，保险责任期间已经结束。退而言之，货物在被告处拆箱后再行运输，即货物从集装箱运输到非集装箱运输，实质上已改变了货物的运输方式，增加了运输风险，依据保险条款的约定，保险责任亦告终止，保险人也不应再对货损承担责任。原告关于货损发生在保险责任期间的主张，缺乏事实依据，不予认定。

由于原、被告无合同法律关系，且涉案货损发生在中国境内，根据侵权损害赔偿适用侵权行为地法律的法律适用准则，本案侵权纠纷应适用中华人民共和国法律。根据我国法律规定，涉案吊运作业不属于法律规定的适用无过错责任的法定情形，侵权之诉的被害人应当举证证明损害事实、行为的不法性和行为与损害之间的因果关系。涉案鉴定报告和情况说明都对货损的情状作了描述，鉴定报告还就货损的原因作了推定，然而，两份证据均缺少对货损责任的分析。对被告操作人员在作业过程中存在过失，原告缺乏证据证明。相反，由其提供的被告工作人员的情况说明却证明是集装箱内货物包装、配载不当，导致货损。由于原告未能证明被告过失的客观存在，也未证明涉案货损与被告过失之间的因果关系，故原告请求判令被告承担侵权赔偿责任缺乏事实依据，不予支持。

2. 重审一审定案结论

上海海事法院根据《中华人民共和国民事诉讼法》第六十四条第一款，《中华人民共和国民法通则》第八十四条第一款、第一百四十二条、第一百四十五条、第一百四十六条，《中华人民共和国海商法》第七十一条、第二百一十六条、第二百五十二条第一款的规定，判决如下：

对原告德国赫尔微底亚瑞士保险公司的诉讼请求不予支持。

**（八）重审二审情况**

1. 重审二审诉辩主张

上诉人（原审原告）诉称：保险合同的理赔应适用保险人营业地法，即德国法；本案应按涉案预约保险合同的规定审理；德国 MAYER & CIE. GMBH & CO. 具有可保利益，上诉人享有诉权；原审对“仓至仓”的解释有误等，请求撤销原判，重新审理。

被上诉人（原审被告）辩称：涉案保险合同应适用中国法；涉案预约保险合同对本案不适用；德国 MAYER & CIE. GMBH & CO. 没有可保利益；原审对“仓至仓”的认定正确等，请求驳回上诉，维持原判。

2. 重审二审事实和证据

上海市高级人民法院经审理查明：原判认定事实清楚，证据确实、充分，应予确认。

上海市高级人民法院另查明：涉案海上保险单背面有关保险责任终止于货物在目的地

交付于收货人指定的地点等，系“保险公司”的代理人翻译，涉案预约保险合同并无运输方式、起止地点、保险货物的金额、名称等约定。上海捷高公司的注册地、办公地和营业地均在上海漕河泾高科技园区内。

3. 重审二审判案理由

上海市高级人民法院认为：上诉人依据海运保险单、海运提单、权益转让书等证据，要求被上诉人赔偿货物受损的损失，系海上货物运输保险合同代位求偿纠纷。鉴于涉案海上货物运输的保险合同系海运保险单，故涉案预约保险合同对本案海上货物运输并无保险效力。且预约保险合同并未涉及海上运输、起运地 Albstadt、目的港上海、所运货物圆筒针织机、保险 214 500 马克等本案海上货物运输保险的内容。“保险公司”依据与其他证据相矛盾的预约保险合同起诉并无合同关系的被上诉人，依法不能给予支持。又由于上诉人未提供德国法，且本案海上货物运输合同的目的港是中国，货物受损地在中国，故本案适用中国法律。上诉人要求适用德国法的上诉理由不能成立。另海运保险单虽然约定保险期间是“仓至仓”，由于收货人上海捷高公司已将货物提离港区并运至上海捷高公司所在地上海漕河泾高科技园区存放，海上货物运输合同承运人的责任期间结束，所以，海上货物运输保险合同保险人的保险责任期间亦已经终结，对于海上货物运输保险合同终结后发生的货损事故，该合同的保险人不必承担理赔责任。现上诉人在海上保险合同结束后作出的是不当保险理赔，且不是从海上货物运输合同托运人处取得代位求偿权，即使“保险公司”从海上货物运输合同托运人处取得代位求偿权，亦只能追究承运人的货损责任，而不能追究收货人上海捷高公司提货后再委托被上诉人吊运货物发生的货损责任，故保险公司认为被上诉人应承担货损责任的上诉理由不能成立。

4. 重审二审审定案结论

上海市高级人民法院根据《中华人民共和国民事诉讼法》第一百五十三条第一款第（一）项、第一百五十八条之规定，判决如下：

驳回上诉，维持原判。

**（九）解说**

本案案情复杂，涉及的法律理论问题有先决问题（法律关系）的准据法的确定（法律适用）、保险代位求偿权的取得和行使条件、“仓至仓”条款的认识，以及涉案货损的责任认定等诸多问题。当事人的争议相当之大，充分体现在整个审理程序之中。

1. 法律关系这一先决问题准据法的确定和主要问题的法律适用。根据国际惯例，应根据最密切联系原则确定先决问题的准据法。在本案中，保险合同签订地在德国，保险人与投保人（被保险人）均是德国公司，双方对处理保险合同争议所适用的法律未作选择，应确定德国法作为解决上述先决问题的准据法。但是，由于保险公司未能提供与保险合同有最密切联系的德国相关法律，法院对本案保险合同关系这一先决问题适用了法院地法——中国法律。鉴于双方当事人就本案纠纷（主要问题）法律适用问题形成合意——适用中国法律，故重审法院以中华人民共和国法律作为解决涉案纠纷的准据法，是完全正确的。

2. 保险代位求偿权的取得和行使。保险人应否理赔成为其是否具有行使保险代位诉讼权的争议焦点。由此产生了两个问题：

第一，投保人在保险事故发生时是否具有保险利益？我国《保险法》和《海商法》对如何确定保险利益的存在时间没有明确规定。在货物启运前，投保人对货物享有所有权并承担风险，投保人具有保险利益。在事故发生时，收货人已经取得提单并已经实际提货。此时，货物的所有权及风险都转移给收货人，投保人对于货物已经没有法律上的利益。因此，以保险事故发生当时来确定谁具有保险利益直接决定了保险合同的效力。本案中，在保险事故发生当时，投保人并未按惯例将保险单连同提单一并转让给收货人，导致持有保险单的被保险人和保险利益发生分离。保险公司向持有保险单但不具有保险利益的人支付保险赔偿金，依法不能取得保险代位求偿权，即事实上不能享有对第三人行使保险代位求偿权的诉讼主体资格。

取得权益转让书不代表必然符合行使保险代位权的条件。索赔或诉讼发生时，权益转让书是保险人享有代位权的形式证明，尚不能构成享有代位权的充分证明，保险人还必须证明代位权取得的法定性，即（1）被保险人对造成保险标的损坏的第三人享有赔偿请求权；（2）保险标的损坏属于保险事故；（3）保险人在其承保责任范围内已作适当赔偿，这才是保险人取得代位求偿权诉讼主体资格的实质性要件和证明。

第二，本案货损事故是否发生在保险合同约定的“仓至仓”保险责任期间？目前国际上对“仓至仓”条款下保险人责任期间的界定基本一致：保险责任终止于货物在目的地交付于收货人最终仓库或其指定存放地点，并以保险标的卸下船舶之日起 60 日为限。对于“最终”仓库或货物存放地点约定不明，实际事故地点是否属于收货人最终仓库或其指定地点存在不同的认识。处理的原则是，首先可以由保险合同双方当事人约定或由收货方指定，如果据此无法确定，则应将通常运输过程以外，收货人实际用于分配货物或存放货物的地点视为收货人指定地点。否则可能产生规避《海商法》第二百五十二条的后果。本案中，货物在收货人所在的工业园区内发生事故，通常的集装箱运输过程已经结束，保险人不应再承担责任。

3. 第三人责任的认定。由于原、被告无合同法律关系，本案侵权纠纷应适用侵权行为地法律——中华人民共和国法律。根据我国法律规定，涉案吊运作业不属于法律规定的适用无过错责任的法定情形，侵权之诉的被害人应当完成如下举证责任：（1）证明损害事实；（2）行为的不法性；（3）行为与损害结果之间的因果关系。但是，涉案鉴定报告和情况说明都缺少对货损责任的分析。对被告操作人员在作业过程中是否存在过失，原告未能举证证明。相反，由其提供的被告工作人员的情况说明却证明是集装箱内货物包装、配载不当，导致货损。由于原告未能证明被告过失的客观存在，也未证明涉案货损与被告过失之间的因果关系，显然，原告请求判令被告承担侵权赔偿责任缺乏事实依据。

综上所述，由于原告未能举证保险被代位人在涉案事故发生时具有保险利益，涉案货物发生在“仓至仓”期间之外，原告作为保险人并无保险赔偿责任，原告并不具有保险代位求偿人的诉讼主体资格。而且，原告也未能举证被告的行为构成侵权，故原告的诉讼请求不可能被支持。

（沈　军）

## 105. 德清县新市油厂诉巴拿马蒂哪玫克凯奥有限公司海上货物运输合同货损货差案

**(一) 首部**

1. 判决书字号

一审判决书：上海海事法院（2000）沪海法商初字第407号。

二审判决书：上海市高级人民法院（2001）沪高经终字第316号。

2. 案由：海上货物运输合同货损货差案。

3. 诉讼双方

原告（被上诉人）：德清县新市油厂。

法定代表人：陆超群，董事长。

委托代理人（一、二审）：厉明，上海市四维律师事务所律师。

委托代理人（二审）：徐新铭，中国人民保险公司浙江省分公司职员。

被告（上诉人）：巴拿马蒂哪玫克凯奥有限公司（DYNAMIC CARES. A. PANAMA)。

法定代表人：Vasilatos Dionysios，公司董事。

委托代理人（一、二审）：黄顺刚、陈柚牧，上海市华利律师事务所律师。

4. 审级：二审。

5. 审判机关和审判组织

一审法院：上海海事法院。

合议庭组成人员：审判长：马佩芳；代理审判员：孙英伟、浓军。

二审法院：上海市高级人民法院。

合议庭组成人员：审判长：田冰星；代理审判员：陈子龙、冯广和。

6. 审结时间

一审审结时间：2001年6月12日。

二审审结时间：2001年9月25日。

**(二) 一审诉辩主张**

1. 原告诉称：原告从欧洲进口49 856.69吨油菜籽，每吨价值212.50美元，共计10 594 547美元。该批货物由被告运往中国上海。货卸完后，经检验短少817.08吨，损失金额173 629.50美元；4 700吨货物霉变并掺有杂质，贬值率12%～15%，损失金额119 850美元。原告还由此产生检验、申请法院扣船、诉讼等费用共计人民币4.2万余元。原告请求法院判令被告赔偿货物损失293 479.50美元及从原告索赔之日起至判决生效之日止的利息，并判令被告承担本案诉讼费用及其他费用5 000美元。

2. 被告辩称：原告对本案货物没有合法的诉权。本案两份提单托运人非贸易合同卖方，故其非提单项下货物的所有权人，无权对提单进行背书转让。通标标准技术服务有限公司（以下简称 SGS）出具的货物短少 124 吨的水尺检验记录报告，经被告认可，具有法律效力。原告以卸货港码头装卸公司灌包作业记录单向被告索赔货物短少损失不应获支持。根据货物检验要求，损坏货物应与好货分拆，SGS 验残报告鉴定方法不科学，其结论不能作为定案依据。此外，原告未采取措施防止损失扩大，而是将声称的受损货物与好货混装，不能证明其有货损。原告主张的诉讼费用、申请扣船费用及律师代理费，均不是必然产生的费用，不应向被告索赔。

**（三）一审事实和证据**

上海海事法院经审理查明：2000 年 5 月 29 日，瑞士 GLENCORE 公司与原告签订 5 万吨油菜籽售货合同，单价每吨 212.50 美元，2000 年 7 月 28 日，GIENCORE 公司与被告签订航次租约。2000 年 8 月 28 日及 31 日，被告所属“VITA HOPE”轮的船长先后签发 4 份清洁凭指示提单，其中 1 号、2 号提单托运人为 GLENCORE 公司，3 号提单托运人为 SALCO GRAIN AG，4 号提单托运人为 EAST POINT TRADING LTD.，四份提单通知人均为德清新市油厂，装货港 CONSTANTZA，卸货港中国上海，承运船舶“VITA HOPE”，货物品名欧洲油菜籽，重量分别为 11 184.5 吨、3 万吨、7 058.99 吨及 1 613.2 吨，总计 49 856.69 吨。上述 4 份提单均由托运人背书转让至原告。2000 年 10 月 3 日晚，船抵上海港，引航员及原告委托的 SGS 检验人员登船，10 月 4 日开始水尺检验。2000 年 10 月 5 日，“VITA HOPE”轮减载，经水尺检验减载数量为 7 500 吨。10 月 6 日晚，“VITA HOPE”轮靠泊开始卸货。减载和卸下的货物经港区定量灌包后被运往浙江、河南等地。据上海港装卸和杂项作业单和“VITA HOPE”轮减载交接计数单记载，10 月 10 日，2、4、6 舱货卸完，1、3、5、7 舱在卸，卸货总量达 41 336 吨。同日，SGS 检验员会同船长和被告委托的保赔协会的检验员对 1、3、5、7 舱货物品质进行检查。10 月 11 日，SGS 工作人员向船长发出传真，称 10 月 10 日在卸货过程中 SGS 检验员发现 3、5 舱菜籽有结块，船、货双方进行了联合检查，并已采样作进一步实验。10 月 11 日，卸货完毕，上海港装卸和杂项作业单和“VITA HOPE”轮减载交接计数单记载的总计卸货量为 49 767 吨，被告及原告委托装卸的公司共同对此予以签字确认。10 月 12 日，港口灌包计重最终累计结果为 49 039.61 吨。10 月 13 日，SGS 人员做最终水尺检验，检验记录中所记载的水尺检验完成时间为 10 月 11 日 22 时，结果为货物总卸量 49 732.197 吨，被告代表在该记录上签章予以确认。检验人员对水尺检验结果作了“因船舶缺陷，水尺检验结果可能有误”的批注，该批注未得到被告确认。在货损检验中，残损货物未被分拆及分别堆放。其间，原告将部分货物转卖给浙江中润油脂有限公司。10 月 20 日，SGS 出具商检报告，结论为：据估算，截至 2000 年 10 月 10 日共有结块货物约 3 500 吨，10 月 10 日后共有结块货物 1 200 吨，所有早期霉变的结块货物共计 4 700 吨，该 4 700 吨货物的贬值率为 12%～15%（C&F + 进口税 + VAT + 保险费）。

SGS 系经批准成立的中外合资企业，具有外商投资检验鉴定公司资格证书，其经营范围为根据客户委托，检查、鉴定、监督、货物查验、评定和其他技术服务等。

2000 年 10 月 11 日，原告申请诉前财产保全，请求扣押被告所属“VITA HOPE”轮，为此产生扣船费用人民币 5 000 元。2000 年 11 月 10 日，中国人民保险公司浙江省分公司国际保险营业部委托律师为本案进行诉讼代理，为此支付代理费用人民币 168 731 元。

上述事实有下列证据证明：

1. 原告提供的货物提单、发票、SGS关于货物数量及品质的检验报告及附件。

2. SGS工作人员贾某发给原告工作人员张某的传真。

3. 上海明洋货运代理有限公司发给中润油脂工业有限公司和原告的传真。

4. 上海港民生港务公司进口货物卸货日报表。

5. 上海港民生港务公司关于《上海港装卸和杂项作业单》有关记录事项的说明。

6. SGS公司营业执照、外商投资检验鉴定公司资格证书、外商投资企业批准证书。

7. 民生港务公司的营业执照、灌包计量设备检测检定证书、进口货物报关单、原产地证、贸易合同和信用证。

8. SGS对商检报告的补充说明。

9. 律师委托代理合同、律师服务发票及银行划款凭据。

10. 英国保赔协会的担保函以及被告提供的上海港装卸和杂项作业单及船货双方减载交接单。

11. 本案托运人与被告签订的航次租约。

12. SGS人员于2000年10月11日发给"VITA HOPE"轮船长的传真。

**(四) 一审判案理由**

上海海事法院认为：贸易合同中的货物所有权转移与运输合同下的提单流转是两个不同的法律关系。本案4份提单为指示提单，经记名背书或空白背书即可转让。4份提单均经提单记载的托运人背书转让至原告，原告合法持有提单，有权就提单所涉货物提出权利主张，其依提单与被告之间形成的海上货物运输合同关系依法成立，提单条款对双方均有约束力，当事人应根据提单的约定，全面、适当、及时地履行各自的义务，并有权行使其权利。被告认为原告对涉案3号、4号提单中的货物无诉权的抗辩理由缺乏法律依据，法院不予采纳。

根据法律规定，承运人对非集装箱货物的责任期间，应为从货物装上船时起至卸下船时止，货物处于其掌管之下的全部期间。承运人向收货人交付货物时，收货人应将货物短少及损坏的情况书面通知承运人，如短少及损坏的情况不明显，收货人也应在货物交付的次日起连续7日内，将有关情况书面通知承运人，否则此项交付即视为承运人全数完好交付货物的初步证据。如果船、货双方在货物交付时对货物进行了联合检查，原告对双方所查明的货物短少及损坏情况毋须提交书面通知。本案货物的交付从2000年10月5日开始，至10月11日结束，在整个交付过程中，原告未向被告提交有关货物短少情况的书面通知。原告委托的SGS检验人员于10月13日对上述水尺检验结论作了"因船舶缺陷结果可能有误"的批注，但该批注无被告的签字确认，且原告未证明该书面批注确已于货物交付的次日起连续7日内送达被告。因此，卸货结束时双方对经水尺检验货物短少124吨的结论进行的签字确认，应视为被告向原告如数交付货物的初步证据。上海港民生港务公司非商品检验机构，其定量灌包设备虽经有关部门定期校验、检查，并获得检测、检定证书，但港口灌包计重方式既非本案船、货双方的事先约定，又未得到被告事后确认；被告对计重过程中可能出现的各种情况，如计重记录是否准确、完整等，无法进行监控；灌包完毕后，货物随即被出运，被告亦无法复验。货物一旦交付，其风险和责任便同时由被告转至原告。按照有关国际航运惯例，国际海运中大宗散货计量允差为千分之十五，本案货物总量应为49 856.69吨，除船、货双方曾经共同确认后又被原告否认的短少124吨外，原告未能证明在被告的责任期间内货物发生了其他短少。因此，即使被告确实少交付124吨货物，亦属千分之十五合理允耗范围。在有关货物短少的书面通知和货物数量计量方面，原告未尽到举证义务，且其未证明货物短少系发生于承运人掌管期间内，对其关于货物短少的诉讼请求，法院不予支持。

关于货物的品质损坏方面，双方于2000年10月10日共同对1、3、5、7舱在卸的货物进行了联合检查，SGS检验人员于10月11日向被告发出书面通知，告知3、5舱货损的情况，此应视为被告未按提单记载将货物以完好品质交付原告的初步证据。由于原告未能证明其曾在被告交货时或交货次日起7日内向被告提交有关2、4、6舱内货物损坏情况的书面通知，可视为被告将2、4、6舱货物以良好品质交付原告的初步证据。原告委托的检验机构出具的货损鉴定报告认定，截至10月10日，共有货损约3 500吨，10月10日以后共有货损约1 200吨，在被告无有效的证据对此报告的结论予以否定的情况下，该报告应被视为被告未将4 700吨货物以良好品质交付原告的最终证据。货物的分拆分堆是商检法规定的为保护和施救货物而应当作出的行为。SGS认为货损未达到必须分拆的程度，且分拆会增加不必要的损失，其作为合法成立的、具有鉴定资质的检验机构，有资格和能力结合货物的损坏程度及市场价格等因素，对有关货损的数量及其贬值率进行评估。被告方未能提供有效证据证明本案SGS鉴定报告对货损数量及贬值率的鉴定结论错误，其关于原告方鉴定人员有关货损数量及贬值率定损不当的抗辩理由缺乏事实依据。被告认为本案货损系因货物自身品质缺陷所致，但其未向法院提供有效的证据，其主张亦缺乏事实依据。原告将收到的货物部分转卖给浙江中润油脂有限公司，货物转卖价格受市场风险、销售渠道等各种因素影响，与原告因被告运输责任而受到的实际损失无直接和必然的因果关系，因此，对被告关于原告转卖货物未受到实际损失的抗辩理由，法院不予采信。原、被告对本案货物价值为每吨212.50美元没有异议，原告仅以受损货物的C&F价格及就贬值率的下限12%提出诉讼请求，可予支持。

原告申请诉前财产保全而发生的扣船费是其为主张诉讼权利而发生的合理费用，有权要求被告赔付，对该项诉讼请求可予支持。原告方律师代理费用系由案外人中国人民保险公司浙江省分公司支付，原告未向法院提供其与该公司之间关于律师费支付方面的约定的有效证据，该诉讼请求没有事实和法律依据，故不予支持。

**（五）一审定案结论**

上海海事法院根据《中华人民共和国海商法》第四十六条、第五十一条、第五十五条、第七十九条、第八十一条及《中华人民共和国合同法》第八条、第六十条第一款、第一百零七条的规定，判决如下：

1. 被告巴拿马蒂哪玫克凯奥有限公司应于判决生效之日起10日内向原告德清县新市油厂支付4 700吨货损的价款119 850美元及其利息。

2. 被告巴拿马蒂哪玫克凯奥有限公司应于判决生效之日起10日内向原告德清县新市油厂支付诉前财产保全费损失人民币5 000元。

3. 对原告德清县新市油厂的其他诉讼请求不予支持。

**（六）二审情况**

1. 二审诉辩主张

上诉人（原审被告）诉称：SGS无资格确定受损货物的贬值率，其检验报告不能作为定案依据。被上诉人未提供其自用和转卖货物受损的依据，故不存在实际损失。请求法院重新处理。

被上诉人（原审原告）辩称：SGS有资格确定受损货物的贬值率，其检验报告是客观、公正的。被上诉人自用和转卖部分货物，不能据此否定货损的客观事实。

2. 二审事实和证据

上海市高级人民法院经审理查明：原判认定事实清楚，证据确实、充分。另查明，涉案船大副在卸货作业单上批注部分货物有结块。SGS测得受损货物游离脂肪酸含量为2.4%，高于进口贸易合同规定的2%。

3. 二审判案理由

上海市高级人民法院认为：本案承运人和收货人的权利与义务应当依据提单确定。被上诉人合法持有被告签发的4份清洁提单，有权要求承运人完好交付货物。涉案货物到港经检验已发生货损，上诉人未履行谨慎管货的义务，应赔偿由此造成的损失。SGS具有检验、鉴定货物的资质，其和船方联合检查受损货物，应视为法院认可SGS作为商检机构检查、鉴定货物。SGS根据货损程度，结合市场价格等因素，确定了受损货物的贬值率。上诉人虽然否认该结论，但未提供相反证据，故上诉人关于SGS无资质确定受损货物贬值率的上诉理由不能成立。SGS认定部分受损货物贬值率为12%～15%，证明被上诉人存在实际损失，其自用和转卖部分货物不影响对该损失的认定。上诉人关于被上诉人无实际损失的上诉理由无事实依据。

4. 二审定案结论

上海市高级人民法院根据《中华人民共和国民事诉讼法》第一百五十三条第一款第(一)项、第一百五十八条之规定，判决如下：

驳回上诉，维持原判。

**（七）解说**

1. 关于本案货物数量的短缺和质量的损坏。本案原告无法证明货物的短少发生于承运人责任范围以内，故其此项诉讼请求未获法院支持。

原、被告双方对在卸货物进行联合检查，随后原告向被告发出书面通知，告知货损情况，此为货物受损的初步证据。联合检查时被告未对SGS检查、鉴定货物的资质提出异议，SGS鉴定结论出具后，被告无有效证据对此予以否定，此为4 700吨货物受损的最终证据。诉讼中双方就货物质量争议最大的是SGS鉴定报告的客观、公正性问题。被告认为SGS检验程序不规范，为此向法庭提交了国外许多专家的分析意见。由于这些意见主要是从理论分析的角度针对SGS鉴定结论提出质疑，而非基于对涉案货物进行实际检验后作出的鉴定结论，并且专家的身份、资格亦无法确认，故法院对其意见未予采纳。此外，在承运人责任期间内货物因自然特性或固有缺陷发生灭失或损坏，承运人据此要求免责的，法律规定应当由承运人自己负举证责任。本案被告主张货损系因自身品质缺陷所致，但未提供此方面的证据，其该项诉讼请求亦未获支持。

2. 对应归责于被告的实际货损的认定。被告称原告自用和转卖了部分货物，实际并未受损失。SGS作为本案中具有合法鉴定人身份的检验机构，结合货物的损坏程度及市场价格等因素，对货损的数量和贬值率进行了评估，其鉴定结论应为原告货物实际损失的依据。原告自用和转卖货物，并不能改变货物已实际损坏的事实，损坏货物转卖的价格受市场行情等因素影响，不应以此作为原告实际货损的依据。诉前财产保全是利害关系人因情况紧急，不立即申请财产保全将会使其合法权益受到难以弥补的损害时，在起诉前向法院申请采取的措施。由此产生的费用，是原告为主张诉讼权利而发生的合理费用，被告应予赔付。原告非本案律师代理费的实际支付人，该笔费用支出前，原告对此无所有权。保险人支付律师费仅具有为原告履行委托律师合同义务的意义，这并不能表明原告最终有权获得该笔费用。如果该笔费用系保险人为原告垫付，则原告无权对此提出诉讼请求；如果该笔费用构成涉案货物保险赔款的一部分，原告应提供此方面的证据。原告未证明其与保险人之间就该笔费用的实际承担人有所约定，其主张这一费用缺乏事实依据。

（孙英伟）

## 106．深圳迅隆船务有限公司诉防城港市金湾贸易有限公司等船舶碰撞损害赔偿案

**（一）首部**

1．判决书字号：北海海事法院（2001）海事初字第002号。

2．案由：船舶碰撞损害赔偿案。

3．诉讼双方

原告：深圳迅隆船务有限公司。

法定代表人：崔铁鹰，总经理。

委托代理人：赵劲松，深圳迅隆船务有限公司法律顾问。

委托代理人：邓晓茅，广东其正律师事务所律师。

被告：防城港市金湾贸易有限公司（以下简称金湾公司）。

法定代表人：翁兆金，总经理。

委托代理人：尹年长，湛江海洋大学教师。

被告：广西海洋运输公司（以下简称海运公司）。

法定代表人：何建平，总经理。

委托代理人：袁晓勇，邕江律师事务所律师。

4．审级：一审。

5．审判机关和审判组织

审判机关：北海海事法院。

合议庭组成人员：审判长：张德生；审判员：张乾成、倪学伟。

6．审结时间：2001年12月19日。

**（二）诉辩主张**

1．原告深圳迅隆船务有限公司诉称：2000年9月7日晚2100时，原告所属“迅隆二

号”客船从香港港澳码头开出，当其驶入北航道后，发现一小型货船（被告所属“雄昌一号”）从其右舷前方驶来，我船迅速采取避让措施，鸣笛一声，紧急减速停车，但两船仍发生碰撞。此碰撞系因“雄昌一号”轮未保持正规瞭望、未采取安全航速行驶、未选择恰当时机穿越航道、在存在碰撞危险时未采取有效避让措施所致，被告船舶应承担全部碰撞责任。该碰撞事故造成“迅隆二号”轮海损修理费用、船期损失等共计3 066 002.10港元。为此请求法院判令被告赔偿原告上述损失，并承担本案诉讼费用。

2. 被告金湾公司辩称：船舶碰撞属实，但原告在航道内高速航行，疏于瞭望，应负碰撞的主要责任，被告方仅负次要责任。原告修船费用中不属于碰撞损失的部分，如主螺旋桨修理、新换窗帘毛毯等费用应予剔除，原告方的间接损失不在赔偿之列，被告只应按碰撞责任比例分摊合理的碰撞损失。

3. 被告海运公司辩称：我公司既非“雄昌一号”轮船东，也非该轮经营人，且该轮船员不是我公司所派，故对该碰撞事故我公司不承担任何责任。

**（三）事实和证据**

北海海事法院经公开审理查明：2000 年 9 月 7 日 2100 时，原告所属“迅隆二号”客船载 35 名旅客，驶离香港中环港澳码头，开往深圳蛇口。“迅隆二号”轮离开码头后即驶入维多利亚港北航道，沿该航道由东南向西北以真航向 320°、航速 30 节（该船具有香港政府航道管理机关准其在航道内以 30 节航速航行的“航速豁免证书”）驶近四号浮标附近。被告所属“雄昌一号”轮由二副苏伟成操舵，船长高应光控制车速，水手翁兆金观测雷达，于 2035 时载运锑锭自香港葵涌货柜码头去锚地待泊。当时，香港地区海面天气状况良好，东北风 4 级，轻浪，能见度 3 海里～5 海里。2107 时，于东经 114°7′30″、北纬 22°9′12″附近，“迅隆二号”轮发现其右舷正横前约 0.4 海里处的“雄昌一号”，遂鸣长笛一声并操左满舵避让，但尚未发生舵效即被“雄昌一号”轮撞中其右舷第 18 号至第 23 号肋骨间。自原告船舶发现“雄昌一号”轮至两船相撞，相隔约 20 秒钟。“雄昌一号”轮自述系以真航向 220°、航速 4 节～5 节航行，当发现“迅隆二号”轮黄色灯及红绿舷灯后约 10 秒钟即发生碰撞。据香港海事处雷达监测显示图表反映，两轮在碰撞前均没有明显的减速和避让行动。当夜，“迅隆二号”轮被拖轮拖至香港友联船厂有限公司（以下简称友联船厂）停靠和修理。

次日，原告委托中国船级社并会同“迅隆二号”轮保险人华安财产保险公司委托的中国检验有限公司（该公司转委托香港海事公证行有限公司进行实地检验）对该轮碰撞损伤进行检验，并分别形成了书面检验报告。经各方当事人当庭确认，中国检验有限公司编号为 2000BS2256 号检验报告为可证明“迅隆二号”轮海损的书面证据。该报告称：“迅隆二号”轮损坏处均在其第 18 号至第 23 号肋骨跨度之间，表明“雄昌一号”轮是以近 90°角撞击“迅隆二号”的 18 号至 20 号肋骨部位，所有被撞损的项目均在该轮水线以上。该报告列述“迅隆二号”轮损坏项目计 8 项 30 余处，估计全部修理费用需 135 万港元。此后，原告委托中国船级社对“雄昌一号”轮检验，因该轮船长高应光拒绝验船师登船，检验未果。但该船长及其水手翁兆金等在香港海事处调查中，承认自己未受过或仅在两天左右的较短时间内受过雷达观测训练，并缺乏操船的基本常识；船长高应光在海事调查报告中称，“‘雄昌一号’轮左船头轻微擦伤油漆”。

2000 年 9 月 8 日至 10 月 15 日，“迅隆二号”轮在友联船厂进行修理，其间适逢“国庆”假期，原告决定中止修理而将该轮投入营运，该轮遂于2000年9月30日至10月8日期间离开友联船厂，从事“国庆”期间营运。该轮在友联船厂修理期间，即2000年9月8日至9月29日和2000年10月9日至10月15日，原告为维持蛇口至香港航线间的正常营运，曾两次租用他公司客船顶替“迅隆二号”轮。

原告向法庭提交其支付友联船厂拖船费、船舶修理费、修船期间的租船费、港口使费、燃油及润滑油费、支付中国船级社验船费、安排碰撞受阻旅客食宿交通费、处理碰撞事故的交通及通讯费、海事调查费、法律咨询费、律师费等有关票据总计3 066 002.10港元。其中包括：碰撞事故后，支付“迅隆二号”轮拖轮拖带费45 745港元、救生筏专修费73 020港元；友联船厂对该轮修理费用总计1 500 880港元，包括修船项目中坞修工程主螺旋桨修理、海损工程费中更换救生筏释放器及连接绳、客舱内换新窗帘及购新毛毯，轮机部分维修费、“国庆”期间临时复航增支费及由此增加停靠码头和系泊服务费等计151 402.50港元；因2000年9月8日至9月29日、10月8日至10月15日租用他公司客船顶替“迅隆二号”营运，分别支付船舶租金60万港元和190 911港元，并支付租船期间船舶消耗的燃油费391 708港元、润滑油费9 894.80港元、港口使费119 017港元；委托中国船级社检验船舶，支付检验费32 100港元；安排因碰撞受阻旅客的食宿和交通，支付费用15 638.30港元；为处理碰撞事故，支付交通、通讯费15 020港元、海事调查费2 931港元、法律咨询费5 000港元及律师费64 137港元。

另查明，“迅隆二号”轮为铝合金高速双体客运船，于1998年8月在挪威建造，船长38米，宽11.20米，深3.90米，总吨531吨，净吨159吨，功率3 152千瓦。所有权证书取得时间为1998年8月14日，所有权人为原告。

“雄昌一号”轮系干货船，船籍港为广西壮族自治区防城港，1988年建于越南，船长53.55米，宽7.63米，深3.20米，总吨298吨，净吨176吨，功率224千瓦。该船拥有两套船舶证明文件，其中一套为“中华人民共和国船舶所有权登记证书”（取得所有权日期为1996年6月12日）、“中华人民共和国船舶国籍证书”（证书有效期为1996年6月12日至2001年6月12日），登记的船舶所有权人均为被告金湾公司、船舶所有人的法定代表人均为翁兆金；另一套证明文件，即“中华人民共和国船舶国籍证书”（证件有效期为1997年11月21日至2002年11月20日）和数份“航行港澳船舶证明”（证件有效期分别为1997年5月至2000年5月30日、1997年9月18日至2000年9月17日、2000年5月30日至2002年9月30日等），登记的船舶所有权人和经营人均为被告海运公司。金湾公司系翁兆金名下的私营企业，因船舶个体营运者不能越境从事海洋运输，该公司遂于1997年11月20日与海运公司签订了一份船舶代管协议书，约定：“雄昌一号”轮所有权属金湾公司，海运公司同意金湾公司以其名义办理船舶登记、营运证等申办运输所需手续，海运经营范围：中国沿海区域（包括香港、澳门），中国至越南；代管期限：1997年至1998年；海运公司作为代管方每年收取船舶所有人、经营人管理费3万元。此后，“雄昌一号”轮如约以海运公司的名义注册并取得在香港、越南航线从事海上运输的经营许可，但未依约向海运公司交付代管费用。合同约定的代管经营期满后，海运公司既未向有关部门申请撤销“雄昌一号”以其名义申领的海洋运输许可及相应证件，也未公开声明解除其同金湾公司的代管关系。金湾公司始终以海运公司的名义进行海上营运，但海运公司未对该轮实际履行监管责任。

上述事实有下列证据证明：

1. 船舶所有权证书、国籍证书。

2. 航海日志、碰撞后双方向香港海事处填写的“海上意外事故报告”、香港海事处对事故的认定意见、雷达测绘显示图。

3. 中国船级社、中国检验公司的船舶检验报告。

4. 友联船厂修理船舶费用清单和其他费用凭证。

5. 船舶代管协议。

**（四）判案理由**

北海海事法院根据上述事实和证据认为：本案系船舶碰撞损害赔偿纠纷。二被告为广西域内两公司，原告向本院提起船舶碰撞损害赔偿之诉，本院依法具有管辖权。海事虽然发生在香港水域，但原、被告双方均为中国大陆当事人，且船籍港均在中国大陆，根据《中华人民共和国海商法》第二百七十三条第三款关于“同一国籍的船舶，不论碰撞发生于何地，碰撞船舶之间的损害赔偿适用船旗国法律”之规定，本案应适用《中华人民共和国海商法》等有关法律以及国际海上避碰规则。

“雄昌一号”轮的实际所有人即被告金湾公司并无从事越境海洋运输的资质，将船舶挂靠在他人名下取得法律上的有关资格后，并不能当然地在客观上或在事实上使船舶具备法定的适航条件。该船舶上至船长、下至值班水手，均无从事海洋运输的专业技能和基本知识，不能熟练使用船上雷达进行标绘或与其相当的系统观察，不熟悉甚至于不了解国际海上避碰规则所规定的船舶瞭望、船舶穿越狭水道或航道的航行规则。当其准备横越航道时，未对该航道内船舶的航行动态及有关情况进行周密的观察和了解，即其疏于用视觉、听觉及适合当时环境和情况下的一切手段保持正规瞭望，以至于未能尽可能早地发现在航道内高速行驶的“迅隆二号”轮；而当其贸然横越航道并发现“迅隆二号”时，距离两船相撞仅有10秒钟左右的时间，显然，此时碰撞的紧迫局面业已形成。根据《1972年国际海上避碰规则》第五条以及第九条第四款“船舶不应穿越狭水道或航道，如果这种穿越会妨碍只能在这种水道或航道以内安全航行的船舶通行”的规定，“雄昌一号”轮疏于瞭望，且不应该在有他船在航道内航行时横越该航道，因而其对碰撞紧迫局面的形成应负主要的过失责任。“迅隆二号”轮尽管具有香港政府航道管理机关准其在航道内以30节航速航行的“航速豁免证书”，但这绝不意味着其有权在任何时间、任何情况下都可以该航速在航道内高速航行。在视线比白天差的晚间、在维多利亚港北航道如此繁忙的水域，“迅隆二号”轮应该因应时间、地点等条件的变化而采用安全航速航行，其不分时间、地点地一味高速航行，实际上是对自身船舶及他船之航行安全采取的一种极不负责任的放任态度，即其对海事的发生存有过失之心理状态。“迅隆二号”轮发现被告船舶时，两船相距约0.4海里，在此之前虽然保持了瞭望，但并未发现对方船舶，这亦说明其瞭望存有疏漏或不周之处，是为过失。0.4海里的距离相对于以30节航速前进的船舶而言，已无充分的空间距离和足够的时间让其采取有效的避碰措施，因而可以认定在此之前碰撞紧迫局面已经形成，“迅隆二号”轮对该局面的形成负有一定的过失责任。在碰撞紧迫局面下，“迅隆二号”轮称自己鸣长笛一声以提醒对方，但避碰规则针对此情况要求立即用号笛鸣放至少5声短而急的声号，及可用至少五次短而急的闪光来补充，因而其鸣放长笛一声的措施是不够的。虽然“迅隆二号”轮采取了左满舵的紧急避碰措施，但客观上未产生避碰效果，被被告船舶以几乎近90°夹角撞击致损。很显然，高速行进中的船舶在如此短的距离和时间内，已无采取有效避碰措施的可能；有关证据亦显示，事实上两船至碰撞为止均未采取变更行进路线或减速的避碰明显行动。根据造成碰撞紧迫局面的过失是划分责任大小的主要标准、碰撞紧迫局面下是否适当采取避碰措施是认定责任大小的次要标准之原则，并根据《1972年国际海上避碰规则》第五条、第六条、第七条、第八条、第九条、第三十四条之规定，综合碰撞紧迫局面的形成、是否采取紧急避碰措施及该措施是否适当、有效等情况全面考察，原、被告船舶对碰撞事故的发生互有过失，而又以被告所属“雄昌一号”轮的过失为大，应负本次事故70%的责任；原告所属“迅隆二号”轮的过失为次，应负本次事故30%的责任。被告金湾公司关于原告船舶应负主要碰撞责任的抗辩，与法庭查明的碰撞案件事实相悖，因而其抗辩不成立。

“迅隆二号”轮在友联船厂共用去修理费1 500 880港元，但因碰撞所致的船舶损失均在该轮的水线以上，因而其水线以下主螺旋桨修理、轮机部分维修以及更换救生筏释放器及连接绳、换新窗帘及购新毛毯不属于对碰撞损失的修复或修理，故有关费用不得计入船舶碰撞损失的修理费用；该轮在“国庆”期间临时复航而导致的增支费，系原告自行决定将修理中的船舶投入营运而新增加的费用，并非船舶碰撞的必然结果，不应计入碰撞损失修理费中；因复航而增加的停靠码头和系泊服务费，乃是船舶营运过程中的成本开支，亦不得计入碰撞修理费。上述三项不应计入碰撞损失修理费的费用计151 402.50港元，应从友联船厂修理费中扣除，即“迅隆二号”轮碰撞修理费为1 349 477.50港元，该费用可以按碰撞责任比例予以分担。碰撞事故发生后，原告支付拖轮拖带费45 745港元、救生筏专修费73 020港元、船舶检验费32 100港元，受阻旅客食宿交通费15 638.30港元，此系处理碰撞事故而发生的必然费用，原告要求赔偿，本院依法予以支持。原告于2000年9月8日至9月29日租用客船顶替“迅隆二号”营运，支付船舶租金600 000港元，该租金可以视为“迅隆二号”轮的船期损失，应由碰撞责任方承担相应的赔偿责任。原告船舶于“国庆”期间投入营运，即表明船舶已修复至可以使用的程度，其后再进船厂修理应为不必要，故2000年10月8日至10月15日原告再次租用客船顶替而支付的租金190 911港元，本院不予保护。原告诉求赔偿租船期间消耗的船用燃油391 708港元、润滑油9 894.80港元、港口使费119 017港元，因其系船舶营运过程中正常的成本开支，与碰撞损失无关，本院亦不保护。关于为处理碰撞事故而支付交通、通讯费15 020港元、海事调查费2 931港元、法律咨询费5 000港元及律师费64 137港元，因原告未充分举证，本院不予支持。综上所述，原告船舶碰撞修理费损失及其他可予以保护的经济损失共计2 115 980.80港元，“雄昌一号”轮应承担其中的70%，即1 481 186.56港元的赔偿责任。

“雄昌一号”轮属于被告金湾公司所有，故其应对该轮的碰撞损害承担第一性的赔偿责任。被告海运公司虽然不是该轮事实上的所有权人，但其同意并协助金湾公司将“雄昌一号”轮登记在海运公司的名下，此行为使其成为法律上的船舶所有人，享有法律规定的对船舶进行占有、使用、收益和处分的权能，同时当船舶发生对他人的侵权行为时，亦应依法以所有人的身份承担相应的赔偿损失、恢复原状等法律责任。另外，海运公司的上述行为，客观上使本无境外海上运输经营权的金湾公司得以从事港澳间的海上运输活动，而海运公司名为“代管”“雄昌一号”轮，实则对该轮是否具有航运资质和能力不闻不问，从未实际履行过管理之责，因而其对疏于履行代管职责具有主观上的过错和客观上的失职。当代管合同期限届满后，海运公司又不及时申请撤销“雄昌一号”轮以其名义申领的越境运输许可及有关证件，亦未公开声明解除该代管关系，而金湾公司始终以其名义进行境外营运，缘此，可以认定二被告以其行为变更了代管合同的履行期限，至事故发生为止，“雄昌一号”轮仍在海运公司代管之下。鉴于海运公司是“雄昌一号”轮法律上的所有人，并对该轮负有代管责任，因而对该轮碰撞侵权行为所造成的损害，海运公司应依法承担连带赔偿责任。

**（五）定案结论**

北海海事法院根据《中华人民共和国海商法》第一百六十九条和《中华人民共和国民法通则》第一百三十条之规定，作出如下判决：

1. 被告防城港市金湾贸易有限公司赔偿原告深圳迅隆船务有限公司船舶碰撞修理费损失及其他经济损失1 481 186.56港元，被告广西海洋运输公司对此承担连带责任，于判决生效之日起10日内清偿。

2. 驳回原告深圳迅隆船务有限公司的其他诉讼请求。

案件受理费29 340元，原告深圳迅隆船务有限公司负担9 340元；被告防城港市金湾贸易有限公司负担1万元，被告广西海洋运输公司负担1万元。

**（六）解说**

船舶碰撞案件是海事审判中较为特殊的一类案件，其特殊性表现在：碰撞现场不可能留下如汽车肇事那样的道路痕迹，不可能保存事故现场，而船舶碰撞前造成碰撞紧迫局面的航向、航速及其避碰措施等又难以为对方所了解，且易发生事后针对对方证据材料伪造航海日志等原始证据的行为，从而使法庭对案件事实的查明困难重重。若按《中华人民共和国民事诉讼法》的举证、质证规则，允许当事人不受时间限制地举证、质证，则极可能出现道德方面的风险，即一方有针对性地修改证据或作伪证，使得先提供证据材料的另一方变主动为被动。船舶碰撞案件的如此特殊性，决定了必须实行证据保密制度、限时举证制度、禁止翻供制度等特殊的诉讼制度。北海海事法院根据《中华人民共和国海事诉讼特别程序法》第八章第一节的规定，限定了当事人对船舶碰撞事实的举证时间，并在向法庭出具了完成举证说明书后，才允许当事人查阅有关船舶碰撞的事实证据材料，且该当事人不得任意推翻其已经完成的举证。另外，针对本案案情复杂、证据材料较多的特点和当事人距离法院较远的具体情况，法院在开庭前一天组织原、被告进行庭前证据交换，固定了双方的争点和证据，为提高庭审效率和诉讼效率打下了基础。庭审情况充分证明，上述举证方面的程序保障是有效的，原、被告关于船舶碰撞的相关证据材料和陈述基本都能相互印证，大大方便了法庭对碰撞事实的查明。

1. 本案系双方互有过失的船舶碰撞案件，过失比例如何划分直接关系到双方承担碰撞责任的大小，因而确定过失比例便是正确处理本案的关键问题之一。一般而言，在碰撞紧迫局面之下，两船相撞是必然的，不相撞则是偶然的，因此，谁造成的碰撞紧迫局面，谁就应负主要的过失责任。本案中，原、被告船舶对碰撞紧迫局面的形成均有过错，但具体分析，“雄昌一号”轮违反穿越航道的避碰规则而贸然横越航道，是造成碰撞紧迫局面的主要原因；“迅隆二号”轮在航道内高速航行并疏于瞭望，则是造成该局面的次要原因。在碰撞紧迫局面下是否采取或适当采取避碰措施以及该措施是否有效等，在判断碰撞责任大小时均属次要因素。在碰撞紧迫局面下，“雄昌一号”轮根本未采取避碰措施，“迅隆二号”轮虽然采取了紧急避碰措施，但未产生明显效果。因此，法庭认定“雄昌一号”轮承担70%碰撞责任、“迅隆二号”轮承担30%碰撞责任，是符合案件客观事实的，也是公正、合理的。

2. 对船舶碰撞损失的赔偿，根据最高人民法院《关于审理船舶碰撞和触碰案件财产损害赔偿的规定》，船舶部分损害的赔偿包括：合理的临时修理费、永久修理费及辅助费用、维持费用，但船舶经临时修理后可以继续营运的，请求人有责任进行临时修理。“迅隆二号”轮经修理后投入“国庆”期间营运，表明船舶已修复至可以继续营运之程度，其后再行修理似有不公之嫌，故投入营运后再行修理所发生的修理费、租船顶替营运的租金等即不能列入碰撞损失。而对于船舶碰撞部位的修理，如果同请求人为保证船舶适航或因另外事故所进行的修理，或与船舶例行的检修一起进行时，赔偿应仅限于修理本次船舶碰撞的受损部位所需的费用和损失。“迅隆二号”轮的碰撞损失均在该轮的水线以上，但原告为适航需要，对水线以下的主螺旋桨、轮机部分进行了修理或维修，因而该费用不属于本次碰撞所受的损失，不能列入赔偿范围。原告租船顶替“迅隆二号”轮营运的成本开支，如燃油费、港口使费等，与碰撞事故无关，更不能计入碰撞损失。总之，法院将船舶碰撞的损失限于碰撞所造成的直接财产损失和船舶进行临时修理期间的船期损失，一方面尽可能恢复了原告合法权益的原状，另一方面又使被告不至于无辜承担额外的赔偿责任，因而是公平和正义的。

（伍载阳　倪学伟）

## 107. 汕头市和平海运有限公司诉 HACHIMAN SHIPPING S.A. 和 DORVAL KAIUN K.K. 船舶碰撞损害赔偿案

### （一）首部

1. 判决书字号：上海海事法院（2000）沪海法海初字第15号。

2. 案由：船舶碰撞损害赔偿案。

3. 诉讼双方

原告：汕头市和平海运有限公司。

法定代表人：马汉章，经理。

委托代理人：顾健，上海市华联律师事务所律师。

被告：HACHIMAN SHIPPING S.A.，住所地，53rd STREET，URBANIZACION O-BARRIO TORRE SWISS BANK 16th FLOOR，PANAMA CITY，PANAMA。

被告：DORVAL KAIUN K.K.，住所地，3rd FLOOR，MITANURA BUILDING, 10-4，KYOBASHI 1 CHOME，CHUO-KU TOKYO，JAPAN。

4. 审级：一审。

5. 审判机关和审判组织

审判机关：上海海事法院。

合议庭组成人员：审判长：倪涌；代理审判员：辛海、刘怡如。

6. 审结时间：2001 年 4 月 25 日。

**（二）诉辩主张**

1. 原告诉称：2000 年 7 月 3 日，原告所属"和平"轮在长江口水域正常出口航行时，相向行驶的被告所属"金亚马"轮突然违章穿越航道，在"和平"轮的正常水道上碰撞了"和平"轮的艏部，造成船艏左舷严重受损，原告营运被迫中止，损失达 90 万元人民币。原告认为，本起事故是由于"金亚马"轮违章航行穿越航道避让措施严重不当所致，被告对此应负 90% 的责任。据此，原告向上海海事法院起诉，请求判令二被告赔偿原告经济损失人民币 81 万元及利息，并承担诉讼费用及律师费用。

庭审中，原告变更诉讼请求为要求赔偿人民币 58 万元。

2001 年 3 月 16 日，原告向上海海事法院递交了完成举证说明书。

2. 二被告在法定期限内未作答辩，也未向本院提供证据及出庭应诉。

**（三）事实和证据**

上海海事法院经公开审理查明：2000 年 7 月 3 日，原告所属"和平"轮重载由南京驶往汕头，于 2027 时在吴淞口锚地起锚驶向长江南槽出口，被告所属"金亚马"轮亦重载于 2145 时在长江口锚地起锚驶向长江南槽进口，2342 时引航员登轮。双方船舶于 2344 时在长江南槽 5 号～6 号灯浮之间发生碰撞。根据"和平"轮船长的调查笔录及"和平"轮的航海日志记载，碰撞地点为 31°03'.3N，122°07'.5E，位于长江南槽 5 号～6 号灯浮连线南侧，垂直距离约为 0.08 海里。根据"金亚马"轮船长及三副的调查笔录记载，碰撞地点为 31°03'.5N，122°07'.8E，位于长江南槽北侧，垂直距离约为 0.2 海里。

根据"和平"轮船长及三副的调查笔录记载，"和平"轮在行驶至长江南槽 6 号灯浮前，航向为 125°，车速进三，航速约 7.5 节，正横 6 号灯浮转向至 111°，行驶 5 至 6 分钟后，又转向至 106°（上述时段的时间及航向，航海日志没有记载），2341 时目视发现"金亚马"轮在左前方约 15°，距约 0.3 海里，看到"金亚马"轮前后桅灯和右舷绿灯，即拉一长声，随即又拉一短声，右满舵，停车。2342 时船长叫了全速倒车，2344 时发生碰撞。"和平"轮船艏左舷艏甲板与"金亚马"轮右舷中后部碰撞，碰撞时"和平"轮船艏向 180°，航速 2 节～3 节，碰撞夹角约 45°。"和平"轮船艏左侧 10 米左右舷墙塌陷。

根据"金亚马"轮船长的调查笔录记载，2320 时发现"和平"轮在"金亚马"轮右舷 30°，距离 2.7 海里，此时"金亚马"轮罗航向 274°，车速前进一，航速 5 节，看见"和平"轮前后桅灯和左舷红灯。2338 时引航员上船，此时航向 270°，车速前进三，航速 6 节。发现"和平"轮向左移动时，引航员命令右满舵，2344 时发生碰撞，"金亚马"轮右舷 5 号压载舱，肋位第 68 号～69 号间被撞破一个大洞。

根据引航员的事故报告及调查笔录记载，引航员于 2340 时左右在长江南槽 5 号灯浮处登"金亚马"轮，此时"金亚马"轮与 5 号灯浮的横距约 0.1 海里～0.2 海里。引航员于 2342 时抵驾驶台，随即发现"和平"轮在"金亚马"轮右前方约 30°～40°，显示左舷灯。"金亚马"轮此时的航向约为 230°，舵角位于左满舵，距离 0.1 海里～0.2 海里，引航员即拒绝接船。约半分钟便发生了碰撞。据引航员观察，碰撞地点在 5 号灯浮连线北侧 0.15 海里处。碰撞后，发现"金亚马"轮航海日志未记载，车钟记载引航员登轮时间为

2342时，但1小时以后，车钟记录簿更换了，新的车钟记录簿记载引航员登轮时间为2340时。

另查明，2000年7月3日，吴淞低潮时间为2130时，高潮时间为2000年7月4日0139时，发生事故时为高潮前1小时55分，流向西偏北，流速0.8节～2.5节。长江南槽4号～5号灯浮之间航段进口航向为274°，出口航向为094°，距离2.5海里。5号～6号灯浮之间航段进口航向为288°，出口航向为108°，距离2.5海里。为中央标志。

再查明，本起事故造成原告船舶修理费损失人民币292 892元；事故发生后为处理事故停航3日，按期租合同损失租金人民币6万元；“和平”轮修理7日，按期租合同损失租金人民币14万元；租船人另租他船运输向原告索赔运费人民币15万元；“和平”轮海损检验费人民币2 000元。

上述事实有下列证据证明：

1.“和平”轮海事报告。

2.事故当天“和平”轮的航海日志。

3.事故当天“和平”轮的甲板、轮机车钟令。

4.“和平”轮的检验报告。

5.“和平”轮国籍证书。

6.“和平”轮检验证书。

7.上海港监对“和平”轮当班驾驶员的处罚通知书和决定书。

8.“和平”轮期租合同。

9.汕头市和平物资贸易有限公司索赔函及揭阳市水路货物运单和发票。

10.“和平”轮海损修理工程单及发票。

11.“和平”轮海损部位照片。

12.“和平”轮海损检验费发票。

13.上海港监因“金亚马”轮船员不提供原始的车钟记录而对“金亚马”轮处以罚款的处罚决定书。

14.上海港监对“和平”轮船长、三副及舵工的调查笔录。

15.上海港监对“金亚马”轮船长、三副及二水的调查笔录。

16.“金亚马”轮船长的海事声明。

17.引航员的引航事故报告书。

18.上海港监对引航员的调查笔录。

依照《中华人民共和国海事特别诉讼法》的有关规定，庭审后，上海海事法院对本案船舶碰撞的事实部分，不再接受双方的证据。

**(四) 判案理由**

上海海事法院根据上述事实和证据认为：被告所属“金亚马”轮在过长江南槽5号灯浮后，未按章右转，在发现“和平”轮时，错误估计局面，采取左满舵措施避让，该措施显属不当，以至于在出口航道与“和平”轮发生碰撞。“金亚马”轮违反了《1972年国际海上避碰规则》第八条第五项、第十条第三项的规定，二被告对此事故应承担70%的责任。因二被告为“金亚马”轮船舶所有人和经营人，故应承担连带责任。“和平”轮虽然行驶在出口航道内，但其未注意进口船舶的动态，瞭望疏忽，直至碰撞前3分钟才采取右满舵、停车的避让措施，碰撞已不可避免。“和平”轮也违反了《1972年国际海上避碰规则》第五条的规定，原告对此事故应承担30%的责任。

原告船舶修理费损失人民币292 892元，事故处理期间的停航损失人民币6万元，修理期间的租金损失人民币14万元，已支付的海损检验费人民币2 000元，请求合理，证据属实，予以支持。租船人另行租船向原告索赔的运费人民币15万元，属于重复计算，该运费应从租船人停付的租金内扣除，且原告尚未支付，不予支持。原告利息请求合法，应予支持。

**（五）定案结论**

上海海事法院根据《中华人民共和国海事诉讼特别程序法》第八十四条、第八十五条和《中华人民共和国海商法》第一百六十九条第一款之规定，作出如下判决：

被告HACHIMAN SHIPPING S.A.及被告DORVAL KAIUN K.K.连带赔偿原告汕头市和平海运有限公司人民币346 424.40元及利息（利息按中国人民银行企业同期流动资金贷款利率从2000年7月4日起计算至本判决生效之日止）。

上述款项两被告应于本判决生效之日起10日内向原告支付完毕。

案件受理费人民币13 110元，原告承担7 503.06元，二被告承担5 606.94元，诉前保全费人民币5 000元、诉前保全执行费人民币1 000元，由二被告承担。二被告应于本判决生效之日起7日内将应承担部分费用径付原告。

**（六）解说**

本案要确定双方船舶的责任，必须查明碰撞地点究竟在进口航道还是在出口航道，从而判断双方船舶操纵动态，以判定哪一方违反航行规则以及应承担的责任。上海海事法院通过海图作业，作出如下分析：

1.“金亚马”轮船长及三副所述2000年7月3日2344时碰撞，地点为31°03'.5N，122°07'.8E，GPS（全球卫星定位系统）定位。该地点距长江南槽5号灯浮约0.42海里，距进口航道北侧边缘垂直距离约0.08海里，距5号～6号灯浮连线垂直距离约0.2海里。根据引航员的陈述，其2342时登轮时，船位与5号灯浮横距约0.1海里－0.2海里，距进口航道北侧边缘约0.15海里。此时“金亚马”轮正在左转，因此，碰撞地点不可能在位于该轮右侧。如果“金亚马”轮船长及三副的陈述是正确的，那么，“金亚马”轮事故发生前应行驶在航道外，显然，在重载情况下的“金亚马”轮是不可能行驶在航道以外的。

再根据“金亚马”轮船长的陈述，该轮从长江南槽4号～5号灯浮航段航向为274°，过5号灯浮应走288°，但此时引航员登轮时该轮正在左转，无证据表明“金亚马”轮转向288°。而左转正是驶向出口航道。

2.“和平”轮船长所述碰撞地点与“和平”轮航海日志记载一致，为31°03'.3N，122°07'.5E，GPS（全球卫星定位系统）定位，该地点距5号灯浮约0.57海里，距出口航道南侧边缘垂直距离约0.2海里，距5号～6号灯浮连线约0.08海里。根据“和平”轮三副对“和平”轮过6号灯浮后航向的陈述，可以推算出“和平”轮在2344时许在上述地点发生碰撞。虽然“和平”轮在碰撞前采取了右满舵措施，实际碰撞地点应再向南，但此时潮流方向为西偏北，“和平”轮受潮流影响，实际航迹应靠近航道中央，故在碰撞前采取右满舵，于上述地点发生碰撞是可能的。

“和平”轮在过6号灯浮后，应转向108°。虽然该轮先后转向111°和106°，尚在出口航道内，但其未注意进口船舶的动态，直至在碰撞前3分钟才发现“金亚马”轮左转，此时再采取右满舵避让。

3. 引航员在引航事故报告中称，据其观察，碰撞地点在5号灯浮上游，5号～6号灯浮连线北侧0.15海里处。该地点是在船舶发生碰撞以后，船舶的首向已经发生变化的情况下，根据目视观察，且在晚上对2.5海里长的航段确定碰撞地点，该证词效力不足。根据上述对“金亚马”轮定位的分析，显然双方船舶在该地点发生碰撞也是不可能的。

通过上述分析，可以确定事故发生地点在出口航道，“金亚马”轮走错航道是本次碰撞事故的主要原因。因此，上海海事法院作出被告承担主要责任的判决是正确的。

（倪　涌）

## 108. 中华人民共和国厦门海关诉友联船厂（漳州）有限公司船舶触碰码头损害赔偿案

**（一）首部**

1. 判决书字号：厦门海事法院（2000）厦海法事初字第018号。

2. 案由：损害赔偿案。

3. 诉讼双方

原告：中华人民共和国厦门海关（以下简称厦门海关）。

法定代表人：毛新堂，关长。

委托代理人：林毅，福建世通律师事务所厦门分所律师。

委托代理人：高晓娜，福建世通律师事务所厦门分所实习律师。

被告：友联船厂（漳州）有限公司（以下简称友联船厂）。

委托代理人：郑明水，深圳市泰来律师事务所律师。

委托代理人：赵中伟，友联船厂职员。

4. 审级：一审。

5. 审判机关与审判组织

审判机关：厦门海事法院。

合议庭组成人员：审判长：周诚友；代理审判员：郑秉物、林静。

6. 审结时间：2001年12月22日。

**（二）诉辩主张**

1. 原告诉称：在1999年10月9日14号台风袭击厦门的过程中，被告所属的“天峰”号100T浮吊脱离拖船的控制，从漳州海域顺风漂流到厦门西海域，连续多次猛烈撞击厦门海关缉私码头（以下简称海关码头）第1至11排架之间的栈桥，致使该段栈桥基桩及上部梁板结构遭严重破坏。1999年10月13日，被告在自行打捞该浮吊过程中，又

将海关码头栈桥 $C_2$ 斜桩撞断、第 2 排架 $D_2$、$E_2$ 直桩和下横梁的连接体撞倒，并碰伤 11/2 排架的 $D_1 1/2$ 直桩及 $E_1 1/2$ 斜桩。事故发生后，原告委托交通部第四航务局工程勘察设计院（以下简称设计院）对该受损栈桥的损坏状况进行勘察并提出了修复方案，为此原告需支付设计费77 706元。并于 2000 年 7 月委托交通部第一航务工程勘察设计院对该受损栈桥的修复工程施工图进行审查，为此支付审查费15 860元。为尽快施工并保证修复工程的质量，原告委托厦门市港湾建设监理咨询公司对上述栈桥修复工程的施工招标、编制标底、施工及保修进行监理，为此需支付施工招标、编制标底费14 400元，施工及保修阶段监理费 7.5 万元。2000 年 5 月 24 日，原告与第三航务工程局第六工程公司签订施工合同，约定由该公司对受损栈桥进行修复，工程总价款为2 725 400元。因修复栈桥须由原告供电，原告委托厦门土木建筑工程公司架空电缆，为此支付工程费184 139.56元；后来委托厦门长鸿工贸发展有限公司铺设电缆，为此支付工程费196 840元。因双方多次协商未果，为此，原告诉至本院，请求判令被告赔偿经济损失3 289 346.10元，其中勘察设计费77 706.60元，审查施工图费用15 860元，监理费89.400元，修复费用2 725 400元，架空电缆费104 874元，铺设电缆费196 840元。

2. 被告辩称：其所属浮吊“天峰”号发生事故，是不可抗力所致，对此事故导致的损失应属法定免责范围；被告在台风前后的应急措施正确，无任何缺陷和过失，在抵抗自然灾害的过程中已竭尽所能，不可抗力的损失理应予以免责；原告主张的修复栈桥的费用过高，而且没有法律依据。为此，请求驳回原告诉请。

双方对“天峰”号浮吊触碰码头的事实无异议，但对触碰排架数量、事故是否属于不可抗力及损失范围、修理范围及相关费用等有异议。

**（三）事实和证据**

厦门海事法院经公开审理查明：海关码头位于厦门岛西堤西侧海域，于 1995 年 5 月竣工。该工程包括码头一座，接岸栈桥长 322.27 米，栈桥与码头交接处建有码头变电室。1999 年 10 月 9 日，第 14 号台风正面袭击厦门。被告所属“天峰”号 100T 浮吊脱离拖船，从漳州海域漂流到厦门西海域。在台风的作用下，浮吊多次撞击海关码头。

台风过后，设计院受原告委托，对现场进行实地考察，并对栈桥的受破坏部位进行拍照。根据对现场破坏情况分析，撞击部位在栈桥第 2 至 11 排架之间，其中排架 2、3、4、7、9 部分桩被撞断，排架 5、6、8、10 部分桩有撞断迹象。设计院于 1999 年 11 月作出海关码头栈桥修复工程方案设计。1999 年 12 月 17 日，原告委托设计院对栈桥修复进行设计，双方签订设计合同，设计费用为工程中标价×1.8%×1.2×1.1×1.2。2000 年 4 月 6 日，原告支付设计款 3 万元。2001 年 10 月 23 日，原告支付设计费余款33 290元。

2000 年 2 月，原告与厦门港湾建设监理咨询公司签订监理委托合同，委托咨询公司作为栈桥修复工程的建设监理，约定监理酬金暂定为89 400元。3 月 20 日，原告依约支付监理费 2 万元。工程投标后，按照标底金额计取监理费为78 100元，原告于 2000 年 12 月 15 日、23 日两次付清监理费余款。

2000 年 4 月 21 日，原告与厦门长鸿工贸发展有限公司签订合同，原告向厦门长鸿工贸发展有限公司购买电缆，并由该公司负责铺设。工程完工后，经双方结算，原告于 2000 年 5 月 15 日支付厦门长鸿工贸发展有限公司材料费、施工费共计196 840元。

2000 年 5 月 18 日，经招标，原告与交通部第三航务工程局第六工程公司签订建筑装饰工程施工合同，由交通部第三航务工程局第六工程公司负责施工栈桥修复工程。

2000年6月21日，原告与惠安县驻厦门土木建筑工程公司（以下简称惠安公司）签订电缆安装合同，原告委托惠安公司铺设电缆工程。工程完工后，2000年9月15日，双方经结算，原告应支付惠安公司104 874元，9月22日，原告支付惠安公司89 874元，余款1.5万元按约定应于码头修复，正常供电后支付。

2000年7月31日，原告委托交通部第一航务工程勘察设计院对栈桥修复工程施工图进行结构安全性审查。原告于9月29日支付审查费15 860元。

2001年6月28日，双方对工程造价进行决算，并经中国建设银行厦门市分行造价咨询中心审核，确认栈桥修复工程总造价为2 220 257元。2001年7月9日，原告全额支付了工程款。

因栈桥修复工程适用现行港口工程技术规范，在设计等级及功能上有所增加，为查明因浮吊撞击栈桥造成的损失，本院于2001年7月15日委托厦门金科信房地产咨询评估事务所，就按原方案恢复原栈桥使用功能修复栈桥所需造价进行评估。2001年10月17日，评估所作出栈桥修复工程评估报告，认为按原方案修复栈桥，合理的工程造价为2 415 297元。

上述事实有下列证据证明：

1. 原告提供的证据有：

（1）海关码头受损照片，侵权事实发生后原告委托有关勘察设计部门对事故进行调查，照片证明台风发生后原告码头受被告浮吊撞击后的受损情况。

（2）设计院出具的海关码头栈桥修复工程方案设计，该设计陈述了在撞击前码头的情况、因碰撞所造成的受损情况，详细地列明了受损情况。

（3）设计院出具的海关码头栈桥修复工程补充调查报告，报告详细地说明了原先的码头受损情况。

（4）海关码头栈桥修复工程设计合同及中交第四航务工程勘察设计院厦门分院出具的厦门市服务业专用发票，说明原告已发生并支付的设计费。

（5）施工图审查协议书及交通部一航院厦门勘察设计院出具的厦门市服务业专用发票。

（6）海关码头栈桥修复工程监理委托合同、厦门港湾建设监理咨询公司出具的厦门市技术交易专用发票及海关码头栈桥修复工程施工招标阶段及附件。

（7）建筑装饰工程施工合同（甲种本）。

（8）电缆安装合同、惠安县驻厦门土木建筑工程公司出具的设备及安装工程预（决）算书及厦门市建筑安装业专用发票。

（9）合同书、厦门长鸿工贸发展有限公司出具的工程预（决）算表及厦门市商业批发发票。

（10）交通部第一航务工程勘察设计院出具的工程设计证书、企业法人营业执照、中交第四航务工程勘察设计院厦门分院出具的营业执照、工程设计证书、工程勘察证书、厦门市港湾建设监理咨询公司资质等级证书、企业法人营业执照、交通部第三航务工程局第六工程公司建筑业企业资质证书。

2. 被告提供的证据有：

(1) 照片6张。

(2) 现场分析图纸1张，是1999年10月10日及现在原告施工的情况，说明浮吊撞击栈桥的位置，及原告重新修建的栈桥与原先的栈桥是两种完全不同的标准，修建新栈桥的费用远远高于恢复所需的造价。

(3) 船舶有关证书及营业执照。

(4) 有关报纸对台风的报道。

**(四) 判案理由**

厦门海事法院根据上述事实与证据认为：本案是一起船舶触碰码头栈桥引起的侵权损害赔偿纠纷，双方对“天峰”号浮吊撞击原告码头栈桥的侵权事实无异议，对此原告无须举证。争议焦点在于：(1) 被告对触碰事故有无过错，是否应承担责任？(2) 因触碰事故给原告造成的损失数额是多少？

由于原告对被告在抗台风的过程中是否存在过错无从得知，根据对不可能知悉的事项不承担举证责任的原则，应由被告对自己在抗台风过程中是否已采取适当、合理的措施，尽到谨慎注意义务进行举证。被告主张触碰事故是台风引起的，属于不可抗力，对此被告应证明本次事故的发生是不可克服、不可避免的，应证明自己在台风前已采取了适当的合理的避风措施，在台风中采取了适当的合理的抗台风措施，被告仅举证台风的事实不足以证明事故是不可克服、不可避免的，被告也未能证明其防台风、抗台风措施的正常性、正当性和无可指责性，其主张不可抗力免责的请求不予支持。“天峰”号浮吊撞击原告栈桥的原因，是由于船舶遭遇12级以上台风影响，被告在防台风、抗台风过程中未尽适当的义务，采取有效措施，导致船舶脱离拖船控制，在海上漂移过程中触碰栈桥。在不可抗力和被告的过错共同导致损害后果发生的情况下，应本着“部分原因引起部分责任”的精神，由被告对自己的过失造成的损失承担责任，但对台风原因造成的损失不承担责任。法院酌情按全部损失的50%承担责任。

关于栈桥受损位置及范围的认定，法院认为应以经勘察设计院实地勘察的结论为准，被告关于栈桥受损位置和范围的主张没有证据支持，不予采纳。根据最高人民法院《关于审理船舶碰撞和触碰案件财产损害赔偿的规定》第十二条的规定，原告的损失应以合理的修复费用或者重新建造的费用，扣除已使用的年限折旧费计算。根据国家技术监督局和建设部联合发布的《港口工程结构可靠度设计统一标准》(GB50158—92) 规定，港口工程钢筋混凝土结构的设计基准期可以定为50年，法院认为，栈桥折旧按50年计提，每年折旧率为2%。原告的受损栈桥的修复费用经本院委托评估，合理造价为2 415 297元，扣除4年零5个月的折旧，受损时合理价值为2 209 289.89元，法院认定原告因“天峰”号浮吊撞击栈桥造成的损失为2 209 289.89元，其中被告应承担50%，即1 104 644.95元。

**(五) 定案结论**

厦门海事法院根据《中华人民共和国民法通则》第一百零六条第二款、第一百一十七条第二款，最高人民法院《关于审理船舶碰撞和触碰案件财产损害赔偿的规定》第十二条的规定，判决如下：

1. 被告友联船厂（漳州）有限公司应于本判决生效之日起10日内赔偿原告中华人民共和国厦门海关损失1 104 644.95元。

2. 驳回原告中华人民共和国厦门海关其他诉讼请求。

本案案件受理费26 061元，由原告负担17 309元，由被告负担8 752元；评估费 4.5 万元，原告负担30 150元，被告负担14 850元。

**（六）解说**

本案涉及一个值得探讨的问题：民事侵权案件中，在行为人主观有过错、不可抗力的抗辩不能成立的情况下，侵权人是应当承担全部责任，还是只承担部分责任？根据《民法通则》第一百零七条的规定，“因不可抗力不能履行合同或者造成他人损害的，不承担民事责任，法律另有规定的除外”。那么，在不可抗力与行为人的过错行为共同导致他人损害的情形，行为人是否可以减轻责任？在实践中，类似本案的案件法院往往简单地认定不可抗力不成立，侵权人应承担责任，判决侵权人承担全部责任。

侵权民事责任不仅具有补偿被害人的损失的功能，而且也有制裁违法的道德教育功能。在实践中有时出现一种情况，即行为人的过错较轻而损害较大，如果完全由行为人承担责任就会导致不尽公平的结局，即较小的过失导致过大的制裁。如本案被告在台风来临前已采取了一定的措施，但在防台风、抗台风过程中的一些过失，导致船舶失控，在漂移过程中撞击原告的码头栈桥。对船舶失控原告有一定过失，但失控后撞击栈桥主要原因是台风的作用，如果将损失完全由被告赔偿，显然对被告有失公平。

我国《海商法》第五十四条规定，货物的灭失、损坏或者迟延交付是由于承运人或者承运人的受雇人、代理人的不能免除责任的原因和其他原因共同造成的，承运人仅在其不能免除赔偿责任的范围内负赔偿责任；但是承运人对其他原因造成的灭失、损坏或者迟延交付应当负举证责任。最高人民法院于 1986 年 4 月 14 日发布的《关于审理农村承包合同纠纷案件若干问题的意见》第五条第二款规定：“由于自然灾害等不可抗力的外因，致使合同不能履行或不能完全履行的，可以全部或者部分免除承包人的责任。审理涉及这类问题的案件，必须查明自然灾害所造成的损失程度和承包人对自然灾害的抗御情况，然后决定对承包人的责任是部分还是全部免除。如果承包人已经尽了自己应尽的责任，仍不能避免标的物遭受损失，可以全部免除承包人的责任；如果既有自然灾害的影响，又有承包人经营不善的原因，则应按两个因素所占的比例，酌情免除承包人的部分责任。”

本案按“部分原因引起部分责任”的原则，由被告承担部分责任的处理方案，有一定的理论依据，对处理类似侵权纠纷有一定的实践价值。

（郑秉物）

## 109. 舟山市海运公司诉中保财产保险有限公司舟山市分公司船舶保险合同案

**(一) 首部**

1. 判决书字号

一审判决书：上海海事法院（1999）沪海法商初字第49号。

二审判决书：上海市高级人民法院（2000）沪高经终字第 367 号。

2. 案由：船舶保险合同案。

3. 诉讼双方

原告（反诉被告、被上诉人）：舟山市海运公司（以下简称舟山海运）。

法定代表人：顾建军，经理。

委托代理人：梁山，大连海事大学教师。

委托代理人：干海舟，舟山海运副经理。

被告（反诉原告、上诉人）：中保财产保险有限公司舟山市分公司（以下简称中保财产）。

法定代表人：李旭伟，总经理。

委托代理人：林志卿、徐新铭，中保财产保险有限公司浙江省分公司干部。

4. 审级：二审。

5. 审判机关和审判组织

一审法院：上海海事法院。

合议庭组成人员：审判长：沈军；代理审判员：杨莉莎、张亮。

二审法院：上海市高级人民法院。

合议庭组成人员：审判长：田冰星；审判员：丁晓东；代理审判员：陈子龙。

6. 审结时间

一审审结时间：2000 年 3 月 21 日。

二审审结时间：2001 年 4 月 3 日（依法延长审限）。

**（二）一审诉辩主张**

1. 原告诉称：1997 年 5 月，原告为“瀛昌”轮向被告投保船舶“一切险”。1997 年 8 月 23 日，“瀛昌”轮在长江口与“林海 5 号”轮发生碰撞，造成“林海 5 号”轮沉没、5 名船员死亡、1 名船员失踪，“瀛昌”轮船艏右侧破损。经上海港监主持，事故双方达成调解协议，确认“林海 5 号”轮损失人民币18 288 012元，“瀛昌”轮损失人民币1 402 000元，事故总损失人民币19 690 012元。1998 年 12 月 21 日，原、被告双方达成关于“瀛昌”轮保险赔偿的协议，确认事故双方由调解协议确定的各项金额及民事责任的承担比例，“瀛昌”轮承担的责任比例为 52.83%；双方对“瀛昌”轮的部分“碰撞损失”、“碰撞责任”及事故有关费用的部分保险赔偿意见一致，被告已按协议支付了上述保险赔偿金，但双方对存在分歧部分已无法协商。原告认为上海港监所确定的人民币19 690 012元损失均为保险赔偿范围，被告还应向原告支付人民币5 750 828.40元的保险赔偿金。请求判令被告支付保险赔偿金人民币5 750 828.40元及利息，并承担本案的诉讼费用。

2. 被告辩称：原告故意隐瞒事实，致使被告对原告违反告知义务和保证条款的行为不知情，被告在此错误认识的基础上进行了保险理赔。假定原告没有故意隐瞒事实，也没有违反告知义务和保证条款，那么，被告的理赔也是及时、充分和合理的。根据上海港监的调查，确认“瀛昌”轮有 6 个方面的损失，损失金额共人民币1 402 000元；“林海 5 号”轮有十个方面的损失，损失金额共人民币18 288 012元，“瀛昌”轮责任比例为 52.83%。在这些损失中，根据船舶保险条款，被告只需对“瀛昌”轮的修理费以及“林海 5 号”轮的船舶损失、所载货损按责任比例和约定的承保比例扣除免赔额给予赔偿。此外，被告已另付原告 10 万元作为事故处理费。至于原告所主张的“瀛昌”轮运费、伙食费、交通费、燃料、淡水等损失，以及“林海5号”轮的运费、伤亡抚恤、个人物品、清理航道等费用和损失，根据沿海内河船舶保险条款，属于保险除外责任。请求依法驳回原告的诉讼请求。

3. 被告中保财产反诉称：原告在投保时故意隐瞒重要事实，将“瀛昌”轮总长141.87米谎报为101.87米；谎报船舶所有人，“瀛昌”轮实为由张友根、王财宽、王海舟等人出资成立的股份合作制企业瀛昌船务公司所有，而非为原告所有；原告在“瀛昌”轮保险期间改变船舶用途，违反了保证条款。根据“瀛昌”轮的船舶检验证书和适航证书，该轮为散装货轮，仅适用于装运散装货，投保单也注明为“干货船”，但在保险期间，该轮还多次装运新集装箱。由于原告在投保时隐瞒重要事实，在保险责任期间违反保证条款，被告有权拒绝赔付。被告在协商赔付时因对此并不知情，才对原告作出人民币2 249 171.60元的保险赔偿。请求判令原告返还人民币2 249 171.60元，支付该款项从1999年1月7日起至法院判决生效之日止的银行利息损失，并承担本案的全部诉讼费用。

4. 反诉被告舟山海运辩称：被告的反诉请求证据不足，诉讼理由不能成立。“瀛昌”轮的船舶长度由于笔误少报40米，并非出于故意。船舶的保险费率根据船舶的吨位而不是船舶的长度确定，故此笔误既不能导致原告少交保险费，也不可能因此骗保，而且错误告知的情况对保险事故的发生根本没有影响。原告依照船舶登记证书的记载告知船舶所有权人，并不存在故意隐瞒“瀛昌”轮所有权人的行为。涉案船舶为运输船舶，已在保险单上填写清楚。根据《水路货物运输规则》和《关于在全国统一换发水路运输许可证的通知》，空集装箱也属于货物。原告在保险期间用“瀛昌”轮装运空集装箱并未改变船舶的用途，原告也没有承诺不承运空集装箱，而且承运空集装箱与保险事故的发生没有任何关系。因此，被告指责原告改变船舶用途，违反保证条款没有依据。被告有义务履行关于“瀛昌”轮保险赔偿协议确定的保险赔偿义务。

**（三）一审事实和证据**

上海海事法院经审理查明：1997年5月23日，原告为“瀛昌”轮向被告投保了沿海内河船舶一切险。投保单与投保船舶情况告知表载明：船舶总长101.87米，船舶所有人为舟山市海运公司，船舶种类为钢质货轮，船舶用途为“干货船（运输）”。被告为此出具的保险单上载明承保“一切险”，部分损失按90%赔偿（除碰撞责任外）；主责的免赔额为15%；保险金额为人民币800万元；保险期限12个月，从1997年5月27日零时起至1998年5月26日24时止；保单的背面印有中国人民银行制定的沿海内河船舶保险条款。

根据“瀛昌”轮的船舶检验证书簿、船舶所有权登记证书以及“瀛昌”轮营运证的记载，该轮总长141.87米，原告为所有人。但舟山市定海区人民法院的执行裁定书、民事调解书以及工商行政管理机关的登记上确认船舶所有人为舟山瀛昌船务公司。

1997年8月23日，“瀛昌”轮由大连港装载156只空集装箱至上海港，在上港十区减卸56只后离港前往北仑港。当日1625时，在长江口南水道32号灯浮处，进入航道进口一侧，与载有煤炭进上海港的上海海运（集团）公司的“林海5号”轮发生碰撞。“瀛昌”轮船艏切入“林海5号”右舷艏部锚链筒后部，后又触及前货舱水密舱壁，造成“林海5号”轮沉没，所载5 516吨煤炭全损、5名船员死亡，1名船员失踪，“瀛昌”轮自身船艏右侧破损。同年8月25日，原告向被告出具出险通知书。

1998年6月11日，在上海海上安全监督局的主持下，原告与上海海运（集团）公司达成调解协议，确认“林海5号”轮的损失为：（1）船价320万元，残值104.5万元；（2）货价1 765 120元；（3）运费148 932元；（4）伤亡抚恤60万元；（5）个人物品9万元；（6）打捞安全服务费20万元；（7）打捞费1 180万元；（8）工程投标费14万元；（9）环保工作费110万元；（10）美海工作费288 960元；合计人民币18 288 012元。“瀛昌”轮的损失为：（1）运费22万元；（2）滞留人员伙食工资36万元；（3）交通费4.2万元；（4）燃料32万元；（5）淡水1万元；（6）修理费45万元；合计人民币1 402 000元。事故的总损失人民币19 690 012元，“瀛昌”轮负主要责任。

同年12月21日，原、被告双方经多次协商，达成关于“瀛昌”轮保险赔偿的协议。协议对碰撞事故双方达成的调解协议所确认的各项金额及民事责任的承担办法予以确认，并确定“瀛昌”轮承担的责任比例为52.83%；协议中双方仅对“瀛昌”轮碰撞损失的第6项“瀛昌”轮修理费的保险赔偿以及属于“瀛昌”轮“碰撞责任”的第1项、第2项损失（即“林海5号”的船价、货价）的保险赔偿达成一致。此外，协议暂定事故有关费用的赔款为10万元。上述款项，被告已向原告实际支付，共计人民币2 249 171.60元。对“瀛昌”轮碰撞责任的其他项目（即“林海5号”轮第3项至第10项损失）和碰撞损失的其他项目（即“瀛昌”轮第1项至第5项损失），双方对是否属于保险责任范围存在分歧，无法协商一致。其中，“林海5号”轮打捞费1 180万元、打捞安全服务费20万元、环保工作费110万元、工程投标费14万元、美海工作费288 960元（即为打捞工程提供服务的费用），是由于“林海5号”轮沉没在主航道上，上海海运（集团）公司根据上海海上安全监督局发出的关于限期打捞“林海5号”轮的通知，委托上海海上救助打捞局打捞沉船而产生的费用。

另查明，沿海内河船舶保险一切险业务中的保险费率系根据船舶的吨位或主机功率、船舶种类确定。涉案保险条款记明：本保险的保险标的是指在中华人民共和国境内合法登记注册的从事沿海、内河航行的船舶，包括船体、机器、设备、仪器和索具。船上燃料、物料、给养、淡水等财产和渔船不属于本保险标的的范围，不应给予赔偿。条款第三条除外责任中第一款第五项和第六项记明：清理航道、污染和防止或清除污染、水产养殖及设施、捕捞设施、水下设施、桥的损失和费用和因保险事故引起本船及第三者的间接损失和费用以及人员伤亡或由此引起的责任及费用作为除外责任。中国人民银行在1996年12月27日曾向中保财产保险有限公司等保险公司印发“沿海内河船舶保险条款解释”（以下简称“银行解释”）。根据“银行解释”，关于保险标的，船上配备的燃料、物料、给养、淡水等不属于保险标的范围；碰撞损失是指由碰撞原因所造成的保险船舶的全部或部分损失。属于保险船舶上的货物损失，保险人不负责赔偿。船舶一切险中的碰撞责任指被保险船舶在可航水域碰撞他船、码头、航标等，致使上述物体发生的直接损失和费用，包括被碰撞船舶所载货物的直接损失，应当由被保险人承担的赔偿责任；对每次碰撞、触碰责任，保险人仅负责赔偿额的3/4，但在保险期限内一次或累计最高赔偿额以不超过船舶保险金额为限；间接损失和费用，是指因事故造成的停航、停业而引起的船员工资、运费、租金、燃料、给养等的费用或利益损失；保险人对一切人员伤亡产生的抚恤金、医疗费、赔偿金等费用概不负责；清理航道、污染和防止或清除污染的责任和费用都是除外责任。清理航道费用，是指因保险事故造成保险船舶的沉没，经保险人核定确认无打捞价值、修复价值，按实际全损或推定全损赔付后，港航监督部门如果责成沉船单位强行清除航道障碍，由此发生的一切费用。但根据中国保险监督管理委员会保监复（1999）57号《关于对沿海内河船舶保险条款有关内容的批复》解释，清理航道的费用，是指由于发生保险事故，导致保险船舶自身、其他船舶或其他任何物体阻碍航道而产生的清理或处置费用。

上述事实有下列证据证明：

1.“瀛昌”轮投保单，投保船舶情况告知表，保险单。

2.“瀛昌”轮营运证，船舶所有权登记证书，船舶检验证书簿，“瀛昌”轮出险通知书。

3.“瀛昌”轮与“林海5号”轮碰撞事故调解协议书，关于“瀛昌”轮保险赔偿的协议。

4.中国人民保险公司沿海内河船舶保险一切险年费率，中国人民银行沿海内河船舶保险条款解释。

5.庭审笔录。

**（四）一审判案理由**

上海海事法院认为：原告填写投保单，提出为“瀛昌”轮投保沿海内河船舶保险的要求，被告同意承保，并就保险的标的、金额、种类、条件、期限等合同条款达成协议，原、被告双方的保险合同法律关系依法成立，应受法律保护。被告签发的保险单，载明了合同内容，当事人双方均应依照法律规定和合同约定履行各自的义务。“瀛昌”轮属于原告所有，由该轮的船舶所有权登记证书等证据证明属实。被告根据其他有关证据材料，认定该轮属于瀛昌船务公司所有，并进而认定原告谎报船舶所有人，违反被保险人的如实告知义务，理由不足，不予采信。“瀛昌”轮登记总长141.87米，原告在投保单上填写为101.87米。根据《中国人民保险公司沿海内河船舶保险一切险年费率》表，船舶保险费根据船舶的吨位或主机功率以及船舶种类确定，与船舶长度无关，故原告误报船舶长度，不影响被告对“瀛昌”轮保险费率的确定。同时，船长多少也并非是被告确定是否承保涉案船舶应予考虑的因素。由于船舶长度对被告确定保险费率或确定是否同意承保无任何影响或客观联系，因而被告认为原告违反《海商法》第二百二十二条第一款的规定，不能成立。退而言之，由于被告并无证据证明原告故意少报船舶长度，以及船舶长度对保险事故的发生有何影响，依照《海商法》第二百二十三条第二款，即使认定原告违反了《海商法》第二百二十二条第一款的规定，被告有权解除合同或者要求相应增加保险费，但解除合同前发生保险事故造成的损失，被告仍应当负赔偿责任。涉案航次“瀛昌”轮装运空集装箱，被告认为，原告在投保单上填写的是“干货船（运输）”，改变了船舶用途，违反了合同的保证条款。但被告并无证据证明空集装箱不是货物，故被告的此节抗辩亦不能成立。由于涉案保险合同合法、有效，保险船舶“瀛昌”轮在保险责任期间发生保险事故已经庭审查明属实，被告理应依照法律规定和合同约定履行保险赔偿义务。被告的反诉缺乏事实和法律依据，不予支持。

有关被告的保险责任应根据被告签发的保险单载明的沿海内河船舶保险条款和“银行解释”确定。条款已明确其保险标的为船舶自身，船上燃料、物料、给养和淡水不属于保险标的范围。“银行解释”第三条第一款第六项载明，因保险事故引起本船及第三者的间接损失和费用以及人员伤亡或由此引起的责任和费用属于除外责任。故原告请求被告赔偿“瀛昌”轮的运费、滞留人员伙食工资、燃料、淡水以及“林海5号”轮的伤亡抚恤费等间接损失和费用缺乏依据，不予支持。原告请求的交通费，可视为“事故有关费用”，因被告已作理赔并已实际支付，故不再支持。按照“银行解释”，涉案保险条款第三条第一款第六项中对间接损失和费用界定为因事故造成的停航、停业而引起的船员工资、运费、租金、燃料、给养等的费用或利益损失。原告请求的“林海5号”轮运费损失，是该轮因碰撞沉没而产生的损失，而非该轮停航、停业所致的损失。“林海5号”轮的个人物品损失，亦为该轮沉没而致的损失，而非该轮停航、停业所致的损失，因此，被告应对“林海5号”轮的运费和个人物品的损失承担赔偿责任。对于被告关于运费和个人物品损失不应理赔的抗辩，不予采纳。

对清理航道的费用，条款确定为保险除外责任，但条款本身对清理航道的内涵未作任何说明或界定。而“银行解释”对原、被告双方均有约束力。根据“银行解释”，清理航道费用是指由要打捞被保险沉船产生的一切费用。“林海5号”轮并非是涉案保险合同的保险标的，即非被保险船舶。故被告拒赔，理由不足。涉案合同签订于1997年5月23日，保监复（1999）17号文形成于1999年4月14日，依法对本案纠纷不具有溯及力。且该文件证明被告在涉案合同订约当时对何谓清理航道，概念并不明确。依照《保险法》第三十条的规定，保险条款的解释应有利于被保险人，故被告应对订约当时相关条款含义不明承担相应的责任。被告关于打捞安全服务费、打捞费、工程设标费及美海工作费系为清理航道引起的损失、责任及费用应为保险除外责任的抗辩不能成立，应予驳回。根据涉案保险条款第三条第五款的记载，污染和防止或清除污染的责任和费用属于除外责任，故原告请求被告承担“林海5号”轮环保工作费的保险责任，缺乏依据，本院不予支持。

根据以上认定，“瀛昌”轮的碰撞损失有运费148 932元、个人物品9万元、打捞安全服务费20万元、打捞费1 180万元、工程设标费14万元、美海工作费288 960元。根据双方当事人确定的“瀛昌”轮承担的责任比例为52.83%和涉案保险条款关于保险人对每次碰撞责任赔偿额的承担比例为3/4的规定，被告的保险赔款应为人民币5 019 335.51元。鉴于“瀛昌”轮的保险金额为800万元人民币，根据银行解释，在保险期限内一次或累计最高赔偿额以不超过船舶保险金额为限，因此，被告除已向原告支付了2 249 171.60元的保险款外，还应向原告支付5 019 335.51元人民币的保险赔款。

**（五）一审定案结论**

上海海事法院根据《中华人民共和国保险法》第十二条、第三十条、第一百零六条，《中华人民共和国海商法》第二百二十一条、第二百二十二条第一款、第二百二十三条第二款、第二百四十条第一款以及《中华人民共和国民事诉讼法》第六十条第一款、第六十六条的规定，判决如下：

1. 被告（反诉原告）中保财产保险有限公司舟山市分公司应于本判决生效之日起10日内向原告（反诉被告）舟山市海运公司支付保险赔偿金5 019 335.51元人民币，并承担因其未及时履行上述支付义务而致原告的利息损失。逾期加倍支付迟延履行期间的利息。

2. 对原告舟山市海运公司的其他诉讼请求不予支持。

3. 对反诉原告（本诉被告）中保财产保险有限公司舟山市分公司的反诉请求不予支持。

**（六）二审情况**

1. 二审诉辩主张

(1) 上诉人诉称：根据“沿海内河船舶保险条款”的规定及中国人民银行的有关解释，清理航道打捞保险船舶的费用为除外责任。而原审认定清理航道打捞被保险船舶撞沉的其他船舶的费用不属于除外责任，这在逻辑上是不通的。另外，中国保险监督管理委员会（简称“保监会”）的批复是对已有的船舶保险条款作出解释，故对本案没有溯及力。

(2) 被上诉人辩称：保险船舶发生保险事故沉没或撞沉他船产生清理航道的费用，保险人所负的责任是不同的。中保财产混淆了保险船舶与被保险船舶因碰撞产生的清理航道的保险责任，曲解了船舶保险条款与银行的相关解释。另外，“保监会”的批复发生在本案保险事故之后，故对本案不具有溯及力。

2. 二审事实和证据

上海市高级人民法院确认了一审法院认定的事实和证据。

3. 二审判案理由

上海市高级人民法院认为：原判认定事实清楚，证据确实、充分，应予认定，但上诉人中保财产对清理打捞“林海5号”轮的费用不应承担赔偿责任。首先，“沿海内河船舶保险条款”作为本案保险合同条款印制在保险单上，并明确地规定适用于中华人民共和国境内合法登记注册的船舶，故对双方当事人均有约束力。该保险条款规定的除外责任，包括清理航道的费用。本案打捞“林海5号”轮的费用属于清理航道的费用，保险人不应赔偿。其次，根据“银行解释”，清理航道是指强行清理航道打捞保险船舶，并规定保险人对由此产生的一切费用不负赔偿责任。该解释虽然未明确清理航道打捞被保险船舶撞沉的其他船舶的费用是否应予赔偿，鉴于该解释已明确，清理航道打捞保险船舶的费用不予赔偿。根据该解释的逻辑关系，可以认定清理航道打捞未投保船舶的费用更不予赔偿。再次，“保监会”系监督、管理保险行业的职能部门，其对中国人民银行制定的船舶保险条款的适用问题所作的批复具有法律效力。该批复中明确，“为清理航道而产生的打捞保险船舶、其他船舶等费用，保险人不予赔偿”。尽管“保监会”的批复在本案保险事故之后，鉴于“保监会”系对已施行的船舶保险条款的适用作出批复，而不是颁布新的法律、法规，故不存在溯及力的问题。

综上所述，上诉人的赔偿金额为人民币209 164.01元。

4. 二审定案结论

上海市高级人民法院根据《中华人民共和国民事诉讼法》第一百五十三条第一款第(二)项，《中华人民共和国海商法》第二百一十六条之规定，判决如下：

(1) 撤销上海海事法院（1999）沪海法商初字第49号民事判决第一项。

(2) 维持上海海事法院（1999）沪海法商初字第49号民事判决第二项、第三项。

(3) 上诉人中保财产保险有限公司舟山市分公司向被上诉人舟山市海运公司支付保险赔偿金人民币209 164.01元及利息。上述款项应在本判决之日起10日内支付，逾期加倍支付迟延履行期间的利息。

**(七) 解说**

本案案情极其复杂，原告诉讼请求的构成也相当复杂。本诉部分，当事人就能够和解的部分已作协议，保险公司实际支付了相应的款项。对无法处理的部分，原告诉诸法院。被告紧扣原告投保单中关于船舶长度和船舶所有人的填写错误，以及原告在船舶保险期间改变船舶用途，反诉原告未尽如实告知义务和保证义务，目的在于不仅推翻本诉，而且就已经保险理赔的部分请求原告返还，并请求判令原告赔偿保险人的利息损失。反诉实为釜底抽薪之诉。

1. 投保人的保险告知义务。根据我国《海商法》和《保险法》的规定，原告在投保单中关于船舶长度和船舶所有人的填写错误，如果构成故意或者重大过失，本案被告当然可以据此拒赔。船舶所有权登记证书是证明船舶所有人的法定证据，充分证明了“瀛昌”轮属于原告所有，被告根据其他有关证据材料，认定该轮属于瀛昌船务公司所有，原告违反如实告知义务，理由明显不足。原告误报船舶长度是客观事实，但船舶长度对被告确定保险费率或确定是否同意承保无任何影响或客观联系，并且被告并无证据证明原告故意少报船舶长度，以及船舶长度对保险事故的发生有何影响，被告虽然依法有权解除合同，但对于解除合同前发生保险事故所造成的损失，被告仍应承担赔偿责任。

2. 关于投保人的保证责任。原告在投保单上填写的是“干货船（运输）”，被告认为，涉案航次“瀛昌”轮装运空集装箱，改变了船舶用途，违反了合同的保证条款。问题的关键在于空集装箱是否构成《海商法》意义上的“货物”，如果空集装箱确实是运输合同的标的物，则原告并没有违背保证条款。由于被告并无证据证明空集装箱不是货物，故被告的抗辩不能得到支持。

综上所述，被告的反诉缺乏事实和法律依据，不能得到法院支持。被告理应依照法律规定和合同约定履行保险赔偿义务。

有关被告的保险责任应根据被告签发的保险单载明的“沿海内河船舶保险条款”和“银行解释”确定。

保险条款已明确其保险标的为船舶自身，船上燃料、物料、给养和淡水不属于保险标的范围。因保险事故引起本船及第三者的间接损失和费用以及人员伤亡或由此引起的责任和费用属于除外责任。原告请求被告赔偿“瀛昌”轮的运费、滞留人员伙食工资、燃料、淡水以及“林海5号”轮的伤亡抚恤费等间接损失和费用缺乏依据。原告请求的交通费，被告已作理赔。按照银行解释，原告请求的“林海5号”轮运费损失，是该轮因碰撞沉没而产生的损失，以及“林海5号”轮的个人物品损失均非该轮停航、停业所致的损失，被告应当承担赔偿责任。

对清理航道的费用是否属于保险人的赔偿责任范围，一审法院和二审法院的认定存在明显的分歧。保监委在保险事故发生后就清理航道问题的批复效力如何，是否能够适用于本案，是本案的关键所在。

根据银行解释，清理航道费用是指由打捞被保险沉船产生的一切费用。一审法院鉴于“林海5号”轮并非是涉案保险合同的保险标的，即非被保险船舶的事实，认为在保险事故发生后就清理航道问题的批复对本案纠纷不具有溯及效力。且该文件证明被告在涉案合同订约当时对何谓清理航道，概念并不明确。依照保险法关于保险条款的解释应有利于被保险人的规定，被告应对订约当时相关条款含义不明承担相应的责任，赔偿原告因清理航道而产生的打捞安全服务费、打捞费、工程设标费及美海工作费等损失、责任及费用。

二审法院根据中国人民银行对“沿海内河船舶保险条款”解释的逻辑关系，认为，该解释虽然未明确清理航道打捞被保险船舶撞沉的其他船舶的费用是否应予赔偿，但鉴于该解释已明确清理航道打捞保险船舶的费用不予赔偿，可以认定清理航道打捞未投保船舶的费用更不予赔偿。再者，“保监会”作为监督、管理保险行业的职能部门，其对中国人民银行制定的船舶保险条款的适用问题所作的批复具有法律效力。该批复中明确，“为清理航道而产生的打捞保险船舶、其他船舶等费用，保险人不予赔偿”。因此，被告不应对清理航道产生的费用承担责任。

（沈　军）

## 110. 中国远洋运输（集团）总公司诉山东省济宁市圣源对外贸易公司申报托运货物不实导致损失案

**（一）首部**

1. 判决书字号：青岛海事法院（1997）青海法海商初字第 381 号。

2. 案由：货物运输纠纷案。

3. 诉讼双方

原告：中国远洋运输（集团）总公司。

法定代表人：陈忠表，总裁。

委托代理人：何建华，北京市海通律师事务所律师。

被告：山东省济宁市圣源对外贸易公司。

法定代表人：高德全，总经理。

委托代理人：岳庆梅，山东省济宁市圣源对外贸易公司职员。

委托代理人：王化荣，山东海师律师事务所律师。

4. 审级：一审。

5. 审判机关和审判组织

审判机关：青岛海事法院。

合议庭组成人员：审判长：郭彦滨；审判员：宋俊文；代理审判员：王永刚。

6. 审结时间：2001 年 10 月 30 日。

**（二）诉辩主张**

1. 原告诉称：1996 年 10 月初，山东省济宁市外贸纺织品公司（以下简称纺织品公司）向原告订舱，要求将 4X20TEU 从青岛港运往阿联酋的迪拜，运输方式是 CY—CY，货物名称是睡衣，由托运人装箱、铅封并计数。1996 年 10 月 13 日，该 4X20TEU 由托运人装箱、铅封和计数后，装上原告所经营的“玉和”轮，原告签发了提单 YUE100P1057，运费到付。货物在 1996 年 11 月 4 日到达迪拜港，集装箱外表状况良好。收货人提取货物后，发现集装箱内所装的并非睡衣而是泡沫枕头，遂根据阿联酋的法律向原告提出索赔，要求原告赔偿货款损失97 812美元，并将集装箱退给原告。因此要求纺织品公司赔偿因其错误申报所托运的货物而给原告造成的经济损失97 812美元，并赔偿原告为处理事故而发生的费用3 179.13美元，同时承担本案的诉讼费和活动费。原告于 2000 年 3 月 15 日变更诉讼请求，要求被告赔偿经济损失128 276.29美元（折合471 146.00迪拉姆）。

2. 被告辩称：（1）贸易合同的收货人 MOHAMMED SAEED ALI MOHAMMED TRADING（本案的案外人，以下简称收货人）与王厚春（案外人）联手制造这一起国际贸易诈骗案，提单的背书以及收货人向迪拜法院提供的商业发票均是伪造，被告已经于1997年5月16日向当地公安部门报案，至今案件仍在侦查中，因此，本案应当中止诉讼；（2）迪拜法院审理原告与上述收货人货损一案适用法律错误，且对有关案件事实认定有误，再加上迪拜法院的原审和终审判决书以及随后对判决书的更正都没有依法进行公证和认证，而且该外国判决书应当由原告向有管辖权的法院提出承认外国法院的判决书的法律效力并由法院作出相应的判决，这种判决书才能具有法律效力，所以，迪拜法院的判决不能作为本案的证据使用；（3）被告与收货人在贸易合同中约定的贸易条件是 FOB，按照该贸易术语的规定，负责租船订舱的合同中的收货人，被告只是作为收货人的代理人向原告订舱，因此，只有收货人才是本案的货主兼托运人，而不是被告，所以，原告不应向被告主张权利。

**（三）事实和证据**

青岛海事法院经公开审理查明：1996年10月8日，纺织品公司与收货人的代表王厚春签订一份出口男睡衣的销售合同。1996年10月10日，纺织品公司向原告在济宁的代理人订舱，要求将4个集装箱从青岛港运往阿联酋的迪拜，运输方式是 CY—CY，货物名称为男睡衣，由托运人装箱、铅封并计数。1996年10月11日，王厚春将货物送到场站装入4个集装箱，并施封完毕。1996年10月13日，原告将该集装箱装上自己经营的“玉和”轮，并签发了全套正本提单3份，提单号为 YUE100P1057，托运人是纺织品公司，收货人凭指示，运费到付，并将提单交付给纺织品公司。1996年10月15日，纺织品公司将上述提单未经背书就交付给王厚春。

货物在1996年11月4日到达迪拜港，集装箱外表状况及铅封良好。收货人提取货物后，发现集装箱内所装的并非睡衣而是泡沫枕头，遂根据阿联酋的法律向原告提出索赔，要求原告赔偿货款损失97 812美元，并将集装箱退给原告。

1999年12月11日，迪拜政府最高法院对原告与收货人的诉讼案件作出终审判决。判令原告向收货人赔偿货款损失471 146.00迪拉姆（折合128 276.29美元）。

2000年1月16日，原告向收货人实际支付了该判决判令的应付款项。

又查明，纺织品公司于1999年3月24日更名为山东省济宁市圣源对外贸易公司，并作了工商登记变更。

上述事实有下列证据证明：

1. 当事人举证材料、答辩材料。

2. 庭审笔录。

**（四）判案理由**

青岛海事法院经审理认为：（1）原告接受被告的订舱委托将4个集装箱由青岛运往阿联酋的迪拜港，并为被告签发了提单，原告与被告之间海上运输合同关系成立。（2）依照原、被告之间的订舱约定，被告为该合同中的托运人，并负责装箱、计数和打印铅封，则原告只要做到在集装箱铅封和表面状况良好的状况下，将集装箱安全运到目的港的场站，即为履行了承运人的义务。本案的事实证明，原告已履行了其合同义务。（3）货物到达目的港后，收货人发现集装箱内货物与提单记载内容不符，经当地法院审理，原告已赔偿收货人的经济损失。(4) 被告没有如实申报所托运的货物，违反了作为托运人应尽的义务，并直接导致原告遭受该经济损失。故被告应对原告所遭受的经济损失承担赔偿责任。(5) 本案审理的是原、被告之间的提单运输纠纷，被告关于本案构成国际贸易诈骗、应当中止审理的主张，证据不足，且不属于同一法律关系，本院不予支持。(6) 迪拜法院依照阿联酋本国的法律对原告与收货人之间的纠纷进行审判，是其行使国家司法主权的表现，除非该判决需要在我国执行，我国法院不应对其所适用程序和实体审理进行审查。故被告关于迪拜法院适用法律错误、认定事实有误的主张，本院不予支持。(7) 原告向本院提交上述外国法院的判决书（和付款凭证)，旨在证明原告已经为履行外国法院的判决而遭受了经济损失，而不是执行该判决，所以，被告关于应当由相关法院判决承认该外国法院判决书的法律效力的主张，本院不予支持。

**(五) 定案结论**

青岛海事法院根据《中华人民共和国民法通则》第一百零六条第一款，《中华人民共和国海商法》第六十六条的规定，作出如下判决：

被告山东省济宁市圣源对外贸易公司于本判决生效后 10 日内赔偿原告中国远洋运输（集团）总公司经济损失128 276.29美元及利息（自 2000 年 1 月 16 日起至应付款之日止，按照中国人民银行规定的美元同期贷款利率计算)，逾期加倍支付迟延履行期间的债务利息。

案件受理费15 340元，由被告山东省济宁市圣源对外贸易公司负担。该款已由原告预付，被告应将此款径付原告，本院不另清退。

宣判后，双方均未上诉。

**(六) 解说**

本案是一起托运人申报货物不实导致承运人损失的纠纷案，主要涉及以下三个问题：

1. 海上货物运输中托运人的义务与责任。这一问题涉及本案的责任认定问题。海上货物的托运人负有如实申报所托运货物的义务，若违反此义务，托运人就要承担因此对承运人所造成的损失。我国《海商法》第六十六条明确规定，托运人托运货物，应当向承运人如实申报的范围包括：货物的品名、件数、重量或者体积等，还规定若因上述资料不正确对承运人造成损失的，托运人应当负赔偿责任。国际通行的惯例《海牙规则》第五条也有相应的规定。本案中，被告在向原告订舱时，明确申报所托运货物品名为“男睡衣”，且由托运人自行装箱、铅封并计数，然后交与承运人，托运人即应对自己此种行为的后果负责。作为原告的承运人依此申报签发全套正本提单 3 份。货物如期运到目的港后，集装箱外表状况良好，承运人依其原状交付给收货人。但收货人拆箱后发现所收货物与提单记载严重不符，遂向承运人索赔。根据提单的“文义性”效力，承运人理应赔偿收货人的损失。而本案原告确已承担赔偿责任，故其所受损失已确实发生。依据托运人在海上货物运输中的义务与责任，本案被告即托运人，应当承担因其虚假申报而给承运人造成的损失。

2. 提单的“文义性”效力。提单是海上货物运输中一种重要的航运单据，它具有文义性。提单的文义性是指其权利、义务完全以其记载的文义为准，不受文字以外事项的影响，它重在保护提单受让人，即收货人的利益。我国《海商法》第七十七条、第七十八条规定，承运人同收货人、提单持有人之间的权利、义务关系，依据提单的规定确定。此种规定正表明了提单的此种性质与效力。根据提单的“文义性”效力，承运人必须向收货人履行提单项下货物的交付义务，否则，承运人须向收货人承担相应的赔偿责任。在本案中，收货人即是根据提单的文义性在阿联酋对本案原告提起赔偿之诉，而本案原告亦是据此对收货人进行了赔偿。

从以上分析可知，发生损害的真正责任方在托运人即本案被告，而承运人即本案原告在境外向收货人先予赔偿有法有据，本案原告便可以向被告进行追偿。

3. 外国法院判决书和付款凭证的问题。一般而言，外国法院对其境内的案件作出判决，是其行使国家司法主权的表现。本案中，原告提交阿联酋法院所作的判决特别是付款凭证，旨在证明原告因为被告的虚假申报行为遭受的经济损失已实际发生。该外国法院判决书仅仅作为一种证据提交，并不涉及公证、认证及予以承认问题，故直接提交法院并无不妥。

（郭俊莉）

# 111. 中国人民保险公司福建省分公司营业管理部诉 EMERALD REEFER LINES，LLC. 海上保险合同代位求偿案

**（一）首部**

1. 判决书字号：厦门海事法院（2001）厦海商榕初字第 022 号。

2. 案由：海上保险合同代位求偿案。

3. 诉讼双方

原告：中国人民保险公司福建省分公司营业管理部。

代表人：林智勇，总经理。

委托代理人：汪杰、张昆凯，中国福州海杰律师事务所律师。

被告：EMERALD REEFER LINES，LLC. 住所地：SEATTLE，WASHINTON，USA。

4. 审级：一审。

5. 审判机关和审判组织

审判机关：厦门海事法院。

合议庭组成人员：审判长：刘新平；代理审判员：许俊强、陈萍萍。

6. 审结时间：2001 年 3 月 22 日。

**（二）诉辩主张**

1. 原告诉称：其与福建莆田东港贸易公司（以下简称东港公司）于 2000 年 2 月 12 日签订海洋货物运输保险单，承保 220 吨俄罗斯鱼粉。上述货物由被告所属“EVRA”轮承运，从 HIGH SEA 到福州，2000 年 2 月 24 日，船抵福州后发现货损，货物损失净重 70.044 吨，且渍损在卸货前已存在。原告根据保险条款的规定，赔付东港公司货损和商检费用计38 801美元，并取得代位求偿权。上述货损系被告造成，为此，请求法院判令被

告赔偿原告损失38 801美元及利息。

2. 被告未作答辩。

**(三) 事实和证据**

厦门海事法院经公开审理查明：2000 年 1 月 21 日，东港公司委托福建省土产进出口公司进口 220 吨俄罗斯鱼粉，并订有书面协议。为此，福建省土产进出口公司与日本 SU-ISAN KAISHA 有限公司签订销售合同，向日本公司购买 220 吨鱼粉，C&F 中国马尾 510 美元/吨，装港俄罗斯 HIGH SEA，卸港中国马尾。2000 年 2 月 1 日，日本卖方开具商业发票，载明 219.930 吨（净重）鱼粉价值112 164.30美元。

2000 年 2 月 10 日，贸易合同项下的货物装上被告所属的“EVRA”轮。同日，GLOBAL STAR SHIPPING CO.，LTD. 作为代理人在韩国釜山签发已装船清洁指示提单，提单记载：“EVRA”轮本航次共装运鱼粉 6 126 袋，计 219.930 吨（净重），装港 HIGH SEA，卸港中国马尾；该提单系金康提单，载明提单与 1994 年版的金康租船合同一并使用，但实际上租船合同并未与提单一并流转，提单无抬头，也未表明承运人；提单背面载有并入条款，即提单正面提及的租约中的所有条款、责任、免责包括法律和仲裁条款被并入提单；提单背面首要条款规定，若起运地国实施《海牙规则》，则该规则适用于提单；若起运地国并不强制适用《海牙规则》，则适用目的地国相应的法律，但此类运输无相应法律适用时，《海牙规则》应同样适用。

2000 年 2 月 21 日，“EVRA”轮在福州马尾港开始卸货，卸货时发现货损，经中国外轮理货总公司福州分公司理货，提单项下货物共有 1 840 袋货物发生部分湿损，“EVRA”轮大副对理货结果亦签字确认。2000 年 3 月 2 日，中华人民共和国马尾出入境检验检疫局对货物进行检验，经检验鉴定认为，部分货物发生水湿、结块，案涉货物总计损失净重 70.044 吨，并认为上述货物渍损系卸货前业已存在。

原告与东港公司于 2000 年 2 月 12 日签订海洋货物运输保险单，承保 220 吨俄罗斯白鱼粉。2000 年 3 月 14 日，原告赔付东港公司保险单下货物损失及商检费用38 801美元，并取得权益转让书。

上述事实有下列证据证明：

1. 海洋货物运输保险单及保险条款。
2. 代理进口鱼粉协议。
3. 买卖合同。
4. 商业发票。
5. 重量记录/装箱清单。
6. 质量证明书。
7. 提单。
8. 受损货物单。
9. 验残报告及相片。
10. 进口货物残损索赔申请书。
11. 赔款计算书。
12. 收据及权益转让书。
13. 原产地证明书复印件。

**（四）判案理由**

厦门海事法院根据上述事实和证据认为：本案提单虽然有包括将仲裁作为纠纷解决方式的并入条款，但租船合同并未为提单持有人所知，且该仲裁条款不符合《仲裁法》第十六条的规定，故并入条款提及的仲裁条款不能有效并入，厦门海事法院作为运输目的地法院，依照《民事诉讼法》第二十八条的规定，对本案依法具有管辖权。

俄罗斯作为起运地国家，并未强制适用《海牙规则》根据提单首要条款的规定，本案应适用目的地国家的法律，即中华人民共和国的法律解决当事人之间的纠纷。

本案提单未明确表明承运人，虽然提单载明提单与租船合同一并使用，但实际情况并非如此，为此，应认定承运船舶的所有人为承运人。被告作为"EVRA"轮的船舶所有人，是本案适格被告。

本案签发的清洁提单表明，承运人在接受货物时，货物表面状况良好，而卸货时却发现货损，且该货损在卸货之前业已存在，这表明货损发生在承运人掌管期间，而承运人却未能举证证明货损发生的原因，且该原因属于免责事由，因此，应承担相应的赔偿责任。保险公司根据保险合同赔偿作为提单持有人的东港公司后，依法取得代位求偿权，有权向承运人追偿。

**（五）定案结论**

厦门海事法院根据《中华人民共和国民事诉讼法》第一百三十条，《中华人民共和国海事诉讼特别程序法》第九十三条、第九十四条，《中华人民共和国海商法》第四十八条、第五十一条的规定，作出如下判决：

被告 EMERALD REEFER LINES，LLC. 应于本判决生效之日起 10 日内赔偿原告中国人民保险公司福建省分公司营业管理部38 801美元，并支付该款自 2000 年 3 月 14 日起至本判决确定支付之日止按中国人民银行公布的同期 1 年期美元存款利率计算的利息。

案件受理费7 560元，由被告负担。

**（六）解说**

本案是涉外海商案件，存在两个法律问题，一是管辖权问题；二是送达问题。

1. 管辖权问题。

管辖权是审理本案应解决的首要问题，这涉及租约仲裁条款能否有效并入提单。本案租约中的仲裁条款虽然明确地列入并入条款，但不能有效并入提单，厦门海事法院对本案具有管辖权，理由分述如下：

(1) 缺乏仲裁的意思表示。管理权属于程序问题，应适用法院地法加以解决。我国《仲裁法》第十六条规定，仲裁协议首先应当具有请求仲裁的意思表示。仲裁自愿原则要求关于仲裁的意思表示应是真实、直接、明确的。而航次租航合同中仲裁条款系由出租人与承租人协商一致后订立，作为非承租人的提单持有人未参与仲裁条款的拟定，无仲裁的意思表示，在其取得提单之前，甚至在取得提单之后仍不知道仲裁条款的存在，因此，不能认定提单持有人有以仲裁作为纠纷解决方式的意思表示。需要进一步明确的是，若提单载有将租约仲裁条款并入的措辞，以背书或其他方式取得提单，而提单持有人对该条款未提出异议，不能被认为是承认仲裁条款的默示的意思表示。因为，根据最高人民法院《关于贯彻执行〈中华人民共和国民法通则〉若干问题的意见》第六十六条规定，不作为的默示只有在法律规定或当事人有约定的情况下才可以视为意思表示。

因此，本案提单虽然明确地将航次租船合同中的仲裁条款并入提单，但不能认定本案原告具有仲裁的意思表示。当然，若提单持有人不是向海事法院提起诉讼，而是向有关的仲裁部门申请仲裁，这应视为双方在事后达成仲裁协议，提单持有人申请仲裁的行为就是同意仲裁的意思表示。

(2) 不属于并入条款的范围。《海商法》第九十五条规定，对按照航次租船合同运输的货物签发的提单，提单持有人不是承租人的，承运人与该提单持有人之间的权利、义务关系适用提单的约定。但是，提单中载明适用航次租船合同条款的，适用该航次租船合同的条款。基于上述规定，一般认为将航次租船合同并入提单的条款是有法律效力的。问题在于是不是航次租船合同的所有条款均可以并入提单。从《海商法》第九十五条规定分析，承运人与承租人之外的提单持有人之间的权利、义务关系可以适用航次租船合同的约定，即只有航次租船合同中有关当事人实体权利、义务的约定方可并入提单，并约束承运人与提单持有人。航次租船合同中的仲裁条款属于争议解决条款，不直接涉及当事人实体上的权利、义务关系；且根据《仲裁法》第十九条的规定，仲裁协议独立存在，即仲裁条款具有独立性，因此，在航次租船合同中有关当事人的权利、义务条款并入提单的情况下，其仲裁条款不属于可并入提单的条款。

(3) 不是双重标准。应消除的疑问是，认定提单并入条款中的仲裁条款不能有效并入提单，而并入条款中的其他内容可以有效并入提单，且提单条款也可以约束承运人和提单持有人，法院在此问题上并不是采取双重标准。认定其他条款的法律效力不是因为提单持有人与承运人之间就提单条款存在合意，而是基于法律的规定，《海商法》第七十八条规定，承运人同收货人、提单持有人之间的权利、义务关系，依据提单的规定确定。

综上所述，既然不存在有效的仲裁条款，根据《民事诉讼法》第二十条的规定，厦门海事法院作为运输目的地法院，对本案具有管辖权。

2. 送达问题

送达往往是涉外案件中的难题，本案也不例外。本案被告在我国领域内没有住所，向其送达法律文书应适用《海事诉讼特别程序法》和《民事诉讼法》第二百五十七条规定。经研究，法院决定以邮寄方式（通过 DHL 公司）向被告送达相关法律文书的，并在邮件封面上注明邮件内文件的名称，在交邮若干日后，向 DHL 公司查询受送达人是否签收邮件，这种送达方式既缩短审理时间，又符合法律规定，体现了公正与效率的要求。

根据《民事诉讼法》第二百五十七条第六项的规定，采用邮寄送达必须符合受送达人所在国法律允许邮寄送达；自邮寄之日起满 6 个月，送达回证没有退回，但根据各种情况足以认定已经送达的，期间届满之日视为送达。经查，美国允许国外法院向其境内当事人送达法律文书，若根据该款规定，须自邮寄之日起满 6 个月方视为送达。但 2000 年 7 月 1 日起实施的《海事诉讼特别程序法》针对海事案件涉外案件因素复杂，船舶流动性大，时间紧迫，航运企业经营方式灵活、隐蔽，诉讼文书送达特别困难的实际情况，在《民事诉讼法》规定的基础上，增加了一些送达方式。如《民事诉讼法》第八十条第一款第三项规定，可以采用通过能够确认收悉的其他适当方式送达。何谓其他适当方式，法律及司法解释未进一步明确，笔者认为，这种方式当然包括邮寄方式，但只要能确认受送达人已收悉即可，无须根据《民事诉讼法》的规定再等待 6 个月的时间。

（许俊强）

# 五、经济赔偿案例

## 112. 邓木森等诉荀国霞等交通事故人身损害赔偿案

**（一）首部**

1. 判决书字号：福建省三明市梅列区人民法院（2000）梅民初字第288号。

2. 案由：交通事故人身损害赔偿案。

3. 诉讼双方

原告：邓木森，男，1948年9月26日出生，汉族，农民，住三明市明溪县夏阳乡后洋58号。

原告：张连招，女，1949年8月5日出生，汉族，农民，住三明市明溪县夏阳乡后洋58号。

二原告共同委托代理人：李春贺、王周城，三明李春贺律师事务所律师。

被告：荀国霞，女，1965年6月10日出生，汉族，三明市财政局干部，住三明市梅列区梅岭新村40幢401室。

委托代理人：郑晓军、吴文怀，三明风华律师事务所律师。

被告：赖秋英，女，1964年10月23日出生，汉族，三明市逐日实业有限公司经理，住三明市梅列区东安新村48幢503室。

委托代理人：邱宁江、潘长辉，三明印宁江律师事务所律师。

4. 审级：一审。

5. 审判机关和审判组织

审判机关：福建省三明市梅列区人民法院。

合议庭组成人员：审判长：高德扬；审判员：黄宝英、吴为满。

6. 审结时间：2001年4月19日。

**（二）诉辩主张**

1. 原告邓木森等诉称：1999年11月14日下午，被告荀国霞的丈夫兰建坤驾驶熊景富的2000型桑塔纳黑色小轿车行至福泉高速公路8km+450m处时，因超速行驶，车头碰撞前方闽A70082号半挂大货车尾部，造成驾驶员兰建坤及车上乘员熊景富、张军凤、巫朝阳当场死亡，邓秀玲送医院抢救无效死亡，马昌星受伤的重大交通事故，经福州市交警支队认定，兰建坤负本事故的全部责任。本事故中的死者邓秀玲系二原告的女儿。二原告现要求二被告负连带责任，赔偿：（1）死亡补偿费49 350元；（2）丧葬费3 000元；（3）

生活补助费 31 920 元；（4）交通费 4 792 元；（5）住宿费 800 元；（6）误工费 840 元，合计 90 702 元。

2. 被告荀国霞辩称：对交通事故的责任没有异议，但被告本身没有责任，只能在继承遗产的范围内承担责任，并应为其孩子保留必要的份额。

3. 被告赖秋英辩称：被告本身也是受害者，被告只能在继承遗产的范围内承担责任。

**（三）事实和证据**

福建省三明市梅列区人民法院经公开审理查明：

1.1999 年 11 月 14 日下午，被告荀国霞的丈夫兰建坤驾驶熊景富的 2000 型桑塔纳黑色小轿车行至福泉高速公路 8km + 450m 处时，因超速行驶，车头碰撞前方闽 A70082 号半挂大货车尾部，造成驾驶员兰建坤及车上乘员熊景富、张军凤、巫朝阳当场死亡，邓秀玲送医院抢救无效死亡，马昌星受伤的重大交通事故，经福州市交警支队认定，兰建坤负本事故的全部责任，乘员熊景富、张军凤、巫朝阳、邓秀玲、马昌星不负本事故责任。

2. 二原告所诉的死亡补偿费 49 350 元。

3. 二原告所诉的丧葬费 3 000 元。

4. 被告荀国霞与兰建坤于 1989 年 1 月 17 日登记结婚，1990 年 5 月 4 日生育一男孩，名兰乔。

5. 被告赖秋英与熊景富于 1986 年 11 月 21 日登记结婚，1998 年 8 月 17 日生育一男孩，名熊文哲。

6. 被告荀国霞于 1998 年由房改购买的坐落三明市梅列区梅岭新村 65 幢 706 室房屋 1 套，房改总价款为 60 855.34 元，实际付款 44 071.10 元。

7. 二原告系死者邓秀玲的父母，死者邓秀玲生前系三明市青年旅行社的职工。

8. 二原告现有两个儿子，一个名邓荣启，1966 年 2 月 10 日出生，另一个名邓荣辉，1980 年 1 月 20 日出生。

9. 被告赖秋英已支付二原告有关费用 6 684 元。

10. 兰建坤、熊景富、张军凤、巫朝阳、马昌星系朋友关系，均不属于同一单位人员。

上述事实有下列证据证明：

1. 福州市高速交通警察大队责任事故认定书。

2. 福建省公安厅交通警察总队闽交警安（1998）044 号“关于 1999 年度我省道路交通事故损害赔偿标准的通知”。

3. 原告有关的户籍材料。

4. 被告赖秋英、荀国霞的结婚证明及户籍材料。

5. 三明市青年旅行社的证明。

6. 原告方出具的收条。

7. 三明市价格鉴定中心对二被告房屋所作的鉴定结论。

8. 购车发票。

**（四）判案理由**

福建省三明市梅列区人民法院根据上述事实和证据认为：本起交通事故的事实清楚，证据充分，着重应解决的是本案中被告诉讼主体的问题和二被告如何承担责任问题。

1. 本案中被告的诉讼主体。本案虽然涉及以肇事司机和车主遗产承担民事责任的问题，但根据继承法的有关理论和规定，被继承人必须以他的遗产实际价值承担应缴纳税款和清偿债务之后，才能发生法定继承。在本案中存有遗产的人是二被告，也可以认为是法定保管遗产的人，他们均对遗产负有妥善保管的义务。而从本案实际情况出发，被继承人的遗产不足以清偿债务。故以二被告作为诉讼主体是符合有关法学理论和法律规定的。

2. 二被告如何承担责任。确定二被告承担何种责任是本案的关键，也直接关系到本案的实体处理。一是从本案的情况分析，兰建坤与熊景富以及受害者之间均不属于同一单位人员，相互之间没有利害关系，二原告没有证据证明兰建坤的驾车行为是有偿的劳务行为，也没有证据证明兰建坤与熊景富到福州的行为是商务行为，由此无法得出兰建坤的驾车行为是为家庭利益服务，所以，兰建坤的行为只能视为个人行为。同时由于兰建坤的驾车行为是为车主熊景富提供方便，车主熊景富及家庭成员从中受益，由此产生的后果则应由车主先行承担。二是熊景富作为车主，依据交通事故的有关法律规定，车主承担的责任一般是垫付责任，但由于兰建坤的驾车行为是得到车主熊景富的认可才行使的，受害人均是无偿乘车人，参照福建省高级人民法院《关于审理人身损害赔偿案件若干问题的意见》第四十六条关于“对无偿乘车人在交通事故中遭受损害的，车主应承担赔偿责任”的规定，原告的诉讼请求中予以支持的部分由被告赖秋英承担赔偿责任。

3. 被告荀国霞在本案中不承担责任。如前所述兰建坤的驾车行为只能视为个人行为，其所产生民事责任应由车主承担赔偿责任，由于车主熊景富也已死亡，所以，被告赖秋英应以其与熊景富的全部夫妻共同财产承担赔偿责任。因此，被告荀国霞在本案中不承担民事责任。

4. 本案承担民事责任的方式。结合本案的案情，根据《民法通则》第一百三十四条第一款第（七）项的规定，本案承担民事责任的方式是赔偿损失。

**（五）定案结论**

福建省三明市梅列区人民法院根据《中华人民共和国民法通则》第一百一十九条，最高人民法院《关于贯彻执行〈中华人民共和国民法通则〉若干问题的意见》第一百四十六条、第一百四十七条，国务院《道路交通事故处理办法》第三十五条、第三十六条、第三十七条、第三十八条的规定，判决如下：

1. 确认本案诉讼损害赔偿项目及金额：死亡补偿费 49 350 元、丧葬费3 000元、被扶养人生活费 18 400 元、误工费 258 元，合计 71 008 元。

2. 被告赖秋英应赔偿二原告死亡补偿费 49 350 元、丧葬费 3 000 元，计 52 350 元。

3. 被告赖秋英应赔偿二原告被扶养人生活费 18 400 元。

4. 被告赖秋英应赔偿二原告误工费 258元。

综合上述判决第二项至第四项，被告赖秋英应赔偿给二原告 71 008 元，扣除被告赖秋英已预付的 6 684 元，被告赖秋英实际应付 64 324 元，该款应在本判决生效后 30 日内付清。

5. 驳回二原告的其他诉讼请求。

案件受理费 3 111 元，其他诉讼费 150 元，鉴定费 1 220 元，合计 4 471 元，由原告邓木森、原告张连招负担 1 081 元，被告赖秋英负担 3 390 元。

**（六）解说**

本案是一起非常特殊的交通事故人身损害赔偿案。在本案中，肇事司机兰建坤已死亡，车主熊景富也死亡，交警部门又认定肇事司机负事故的全部责任，这类案件在司法实践中较为罕见，因此涉及法律未作明文规定的问题较多。

1. 本案中被告诉讼主体的问题。本案由于肇事司机和车主均已死亡，谁是被告成为争议的焦点。有的观点认为，在交通事故人身损害赔偿案中，由于肇事司机和车主均已死亡，势必涉及以肇事司机和车主的遗产承担民事责任的后果，既然涉及遗产，也就与继承人的利害关系联系在一起，因此，应以所有继承人为被告即以肇事司机和车主的所有法定继承人为被告主体。

我们认为，本案虽然涉及以肇事司机和车主遗产承担民事责任的问题，但根据继承法的有关理论，被继承人必须以他的遗产实际价值承担应缴纳税款和清偿债务，只有在被继承人的遗产足够缴纳税款和清偿债务之后，才发生法定继承的问题。在本案中，存有遗产的人是二被告，也可以认为是法定保管遗产的人，他们均负有对遗产妥善保管的义务。从本案的实际情况分析，被继承人的遗产不足以清偿债务。因此，以二被告作为诉讼主体是符合有关法学理论和法律规定的。

2. 二被告如何承担责任的问题。确定二被告承担何种责任直接关系到本案的实体处理，也是本案的关键问题。在说明这个问题之前，有一个概念需要澄清，那就是交通事故责任者和交通事故损害赔偿的责任主体是不同的。有的观点认为：(1) 兰建坤与熊景富，以及受害者之间均不属于同一单位的人员，相互之间没有利害关系，二原告没有提供证据证明兰建坤的驾车行为是有偿的劳务行为，也没有证据证明兰建坤与熊景富到福州的行为是商务行为，由此无法得出兰建坤的驾车行为是为家庭利益服务，所以，兰建坤的行为只能代表其个人行为，所造成的法律后果应由其个人承担，应视为其个人债务。由于兰建坤已经死亡，故只能在兰建坤所留的遗产范围内承担责任，也就是说，被告荀国霞作为兰建坤的妻子，也是法定的继承人之一，应在其代管兰建坤遗产的范围内承担责任。(2) 熊景富作为车主，依据交通事故的有关法律规定，车主所承担的责任一般都是垫付责任。在本案中，兰建坤被交警部门认定负事故的全部责任，根据国务院《道路交通事故处理办法》第三十一条关于“交通事故责任者对交通事故造成的损失，应当承担赔偿责任。承担赔偿责任的机动车驾驶员暂时无力赔偿的，由驾驶员所在单位或者机动车的所有人负责垫付”的规定，被告赖秋英作为熊景富的妻子应以家庭全部财产承担垫付责任。(3) 需要指出的是，本案中由于被告荀国霞所承担的责任是在其所保管的兰建坤遗产的范围内承担有限责任，那么，被告赖秋英作为车主熊景富的妻子是否仍应以全部共有财产承担垫付责任呢？根据国务院《道路交通事故处理办法》第三十一条的规定，被告荀国霞所承担的责任是在其所保管的兰建坤遗产的范围内承担责任，其余责任由于兰建坤已经死亡，已不再承担责任，属于法定事由免责，而被告赖秋英作为车主熊景富的妻子是基于驾驶员暂时无力赔偿的前提下承担垫付责任，现因驾驶员死亡，被告荀国霞承担的是有限清偿责任，也势必导致被告赖秋英垫付数额部分的免责，即被告赖秋英的垫付责任是在被告荀国霞所应承担责任的遗产范围内。持上述观点的人忽略了本案中一个很重要的事实，本案的受害人都是好意同乘者。所谓好意同乘者，即无偿搭乘他人车辆或者利用他人车辆免费运输自己货物的人。这里的“无偿”、“免费”均属于无报酬的情况。对好意同乘者发生交通事故的情况我国交通事故处理办法未作明文规定。国外立法大都允许车辆所有人或驾驶人免责或减轻责任，根据两个标准确定交通事故损害赔偿的责任主体：一是运行支配权，即对车辆的运行具有支配和控制的权利。二是运行利益的归属，即从车辆运行中获得利益。具体地说，就是将对车辆的运行具有支配权的车辆所有人、持有人以及取得运营利益的人作为责任主体，这在国外的学说和判例中被称为判断交通事故损害赔偿责任主体的"二元说"。现在参照闽高法（2000）361号福建省高级人民法院《关于审理人身损害赔偿案件若干问题的意见》中第四十六条关于"对无偿乘车人在交通事故中遭受损害的，车主应承担赔偿责任"的规定，本案的处理意见就是原告的诉讼请求中予以支持的部分由被告赖秋英承担赔偿责任，被告荀国霞在本案中不承担民事责任。

（高德扬）

## 113．上海市上海宾馆金沙江大酒店诉辛利民等赔偿案（恶意透支信用卡）

（一）首部

1．判决书字号

一审判决书：上海市普陀区人民法院（2000）普经初字第977号。

二审判决书：上海市第二中级人民法院（2001）沪二中经终字第1228号。

2．案由：赔偿案。

3．诉讼双方

原告（被上诉人）：上海市上海宾馆金沙江大酒店（以下简称金沙江酒店）。

负责人：陈跃年，总经理。

委托代理人：郭杰、涂宇，上海市新华律师事务所律师。

被告（上诉人）：辛利民。

被告（上诉人）：上海铁路局上海铁路分局（以下简称上铁分局）。

法定代表人：刘涟清，局长。

委托代理人：郁风、廖颖浩，该分局职员。

被告（被上诉人）：单赐恩。

被告（被上诉人）：中国建设银行上海市分行（以下简称建行市分行）。

负责人：宁黎明，行长。

委托代理人：李云龙，上海市发展律师事务所律师。

4．审级：二审。

5．审判机关和审判组织

一审法院：上海市普陀区人民法院。

合议庭组成人员：审判长：唐嘉清；审判员：李斌、朱巧风。

二审法院：上海市第二中级人民法院。

合议庭组成人员：审判长：汤兵生；代理审判员：周菁、麦珏。

6. 审结时间

一审审结时间：2001年6月25日。

二审审结时间：2001年10月25日。

**（二）一审诉辩主张**

1. 原告金沙江酒店诉称：1996年6月7日，原告申请了一张上铁龙卡，该卡系上铁分局、建行市分行联合发行的铁路上海站团体购票付款专用磁卡，上铁分局承诺会严格控制此卡，只限合法持有人使用，并保证使用POS装置，透支不会超过人民币3 000元。1998年7月12日，辛利民未经原告金沙江酒店许可，擅自将金沙江酒店的上铁龙卡借给单赐恩，单赐恩恶意透支，截至1998年12月11日，该卡累计透支额为121 213.63元。之后，建行市分行向法院提起诉讼，法院判决金沙江酒店偿还透支款121 213.63元，偿付利息损失33 699.43元，并承担诉讼费9 216.52元。金沙江酒店认为，单赐恩利用金沙江酒店的上铁龙卡恶意透支，辛利民擅自出借金沙江酒店的上铁龙卡，而上铁分局明知单赐恩不是上铁龙卡的合法持有人，违背承诺，三被告共同侵犯了金沙江酒店的财产所有权，故要求三被告对金沙江酒店的经济损失164 129.58元承担连带赔偿责任。

2. 被告单赐恩辩称：对借用金沙江酒店上铁龙卡以及透支121 213.63元的事实没有异议，愿意赔偿金沙江酒店的经济损失，有关赔偿方式和期限要求与金沙江酒店协商。

3. 被告辛利民辩称：其作为金沙江酒店的工作人员，未经金沙江酒店同意将上铁龙卡借给单赐恩，负有一定的责任，但其并不知晓单赐恩利用金沙江酒店的上铁龙卡进行恶意透支，也无法加以控制。由于自己出借上铁龙卡的行为，已受到金沙江酒店的除名处理，故不应再承担其他责任。

4. 被告上铁分局辩称：上铁龙卡是上铁分局、建行市分行于1996年5月6日经协商联合推出的铁路上海站团体购票专用磁卡，具体发行工作由建行市分行负责，发行对象是已取得铁路上海站团体订票资格的企业等单位。金沙江酒店是本案涉及的上铁龙卡的持有人，而辛利民是金沙江酒店指定的使用人，辛利民出借上铁龙卡的行为应视为金沙江酒店的行为，由此产生的民事责任应由金沙江酒店承担。金沙江酒店提出上铁分局承诺严格控制此卡只限合法持有人使用，并保证使用POS装置，透支不会超过人民币3 000元，与事实不符。另外，上铁分局与建行市分行签订的联合发行上铁龙卡协议书及上铁龙卡章程均未规定上铁分局对签购单上的签名负有审查义务，因此，上铁分局在辛利民出借上铁龙卡以及单赐恩透支行为中不存在过错，金沙江酒店起诉要求上铁分局承担连带赔偿责任，没有事实依据和法律依据，要求驳回金沙江酒店对其提出的诉讼请求。

5. 被告建行市分行辩称：法院根据上铁分局的申请通知其作为被告参加诉讼，审理中金沙江酒店明确表示对其不提出相应的诉讼请求，上铁分局申请追加当事人的目的也只是为了查明事实，因此，建行市分行与金沙江酒店和其他三被告之间的纠纷没有关系，不应承担任何责任。

（三）一审事实和证据

上海市普陀区人民法院经公开审理查明：1996年6月7日，金沙江酒店在建行市分行信用卡业务部办理了一张卡号为4532422639058010的上铁龙卡，并在申请表中指定其酒店职工辛利民为该卡的专用人。1998年7月12日，单赐恩向辛利民提出借用金沙江酒店的上铁龙卡，并出具借条，内容为："今借金沙江大酒店（辛利民）上铁龙卡一张，今后用卡过程中我将承担一切责任"，后辛利民将金沙江酒店的上铁龙卡借给单赐恩。1998年9月18日至12月11日期间，金沙江酒店的上铁龙卡累计发生透支金额人民币121 213.63元，期间由均单赐恩作为持卡人在签购单上签名。1999年3月，建行市分行向上海市黄浦区人民法院提起诉讼，要求金沙江酒店偿付透支款人民币121 213.63元及利息人民币33 699.43元。1999年11月29日，上海市黄浦区人民法院作出（1999）黄经初字第297号民事判决，判令金沙江酒店向建行市分行偿还透支款人民币121 213.63元，偿付利息损失人民币33 699.43元。之后，金沙江酒店服判决，提起上诉。2000年4月4日，上海市第二中级人民法院作出驳回上诉，维持原判的判决。金沙江酒店遂向上海市普陀区人民法院提起本案诉讼。

另查明：1996年1月26日，中国人民银行颁布《信用卡业务管理办法》，该办法第四十三条规定："特约单位经办人员受理信用卡时，应审查以下内容：（一）确为本单位可受理的信用卡；（二）信用卡在有效期内，未列入'止付名单'；（三）签名条上没有'样卡'或'专用卡'字样；（四）信用卡无打洞、剪角、毁坏或涂改的痕迹；（五）持卡人身份证或卡片上的照片与持卡人相符；（六）卡片正面的拼音姓名与卡片背面的签名和身份证上的姓名一致。"第四十四条规定："特约单位受理信用卡审查无误的，应在签购单上压卡，填写实际结算金额、用途、持卡人身份证号码、特约单位名称和编号；如超过支付限额的，应向发卡银行索权并填写授权号码，交持卡人签名确认，同时核对其签名与卡片背面签名是否一致，无误后，将信用卡、身份证和第一联签购单位还给持卡人；审查发现问题的，应及时与签约银行联系，征求处理意见；对止付的信用卡，应收回并交换发卡银行。"第四十五条规定："特约单位在每日营业终了，应将当日受理的信用卡签购单汇总，计算手续费和金额，并填写汇（总）计单和进账单，连同签购单一并送交收单银行办理进账。"第四十七条规定："收单银行接到特约单位送交的各种单据，经审查无误后，为特约单位办理进账，并与发卡银行清算资金。"该《信用卡业务管理办法》自1996年4月1日起实施，于1999年3月1日失效。

上述事实有下列证据证明：

1.1998年7月12日，单赐恩向辛利民出具借用金沙江酒店上铁龙卡的借条1张。

2.建行市分行出具的金沙江酒店上铁龙卡对账单。

3.上铁龙卡的申请表及章程。

**（四）一审判案理由**

上海市普陀区人民法院根据上述事实和证据认为：单赐恩借用金沙江酒店的上铁龙卡恶意透支，侵害了金沙江酒店的利益，直接造成了金沙江酒店的经济损失，对此，单赐恩应负主要赔偿责任。辛利民未经金沙江酒店许可，擅自将金沙江酒店的上铁龙卡转借给他人，从而给金沙江酒店造成损失，虽然受到了金沙江酒店的内部处理。但不能因此免除其民事责任，辛利民仍应承担相应的经济赔偿责任。上铁分局作为上铁龙卡的受理单位，依照当时实施的《信用卡业务管理办法》的规定，其负有核对上铁龙卡正面的拼音姓名与签购单上的持卡人签名是否一致的审查义务，由于上铁分局未履行该审查义务，对透支结果负有过错，亦应承担相应的民事责任。建行市分行在接到上铁分局送交的签购单等单据后，未经审查便为上铁分局办理进账，故在本案中也有过错，因金沙江酒店未向其主张权利，且辛利民、上铁分局、建行市分行均系间接过错，故对建行市分行不作处理。

**（五）一审定案结论**

上海市普陀区人民法院根据《中华人民共和国民法通则》第五条，第一百一十七条第一款、第三款之规定，作出如下判决：

1. 被告单赐恩应赔偿原告金沙江酒店损失人民币164 129.58 元。

2. 被告单赐恩不能赔偿部分，由被告辛利民、被告上海铁路局上海铁路分局承担补充赔偿责任。

案件受理费人民币 4 793 元，由被告单赐恩负担。

**（六）二审情况**

1. 二审诉辩主张

（1）上诉人辛利民诉称：1998 年 7 月 12 日，辛利民借给单赐恩的金沙江酒店上铁龙卡内无分文资金，是一张空卡，且辛利民未出具任何委托书给单赐恩准许其使用该张上铁龙卡。根据有关规定，上铁龙卡的最高透支额为人民币3 000元，如果上铁分局及建行市分行能按中国人民银行颁布的《信用卡业务管理办法》严格把关，则单赐恩是无法进行恶意透支的。故辛利民应承担出借空卡的责任，而上铁分局及建行市分行应根据各自的过错，承担相应的赔偿责任。辛利民要求二审法院撤销原判，发回原审法院重审或依法改判。

（2）上诉人上铁分局诉称：在上铁分局及建行市分行签订的协议中，未约定上铁分局对签购单上的签名有审查义务，在上铁龙卡的章程中也未约定上铁分局的审查义务。即使依照当时实施的《信用卡业务管理办法》的规定，上铁分局负有上述审查义务，但本案事实证明持卡人姓名是否与龙卡上的拼音姓名一致，与金沙江酒店透支人民币121 213.63元之间无必然的因果关系。因为审查上铁龙卡上拼音姓名是否一致与审查上铁龙卡持卡人是否透支在上铁龙卡使用过程中是两个截然不同的审查环节，上铁分局在审理上铁龙卡时，是无法知道持卡人支付限额的，根据上铁龙卡章程的规定，建行市分行对持卡人是否透支负有审查义务，因此，上铁分局对金沙江酒店的透支行为依法不承担过错责任。上铁分局要求二审法院撤销原判，发回原审法院重审或依法改判。

（3）被上诉人金沙江酒店辩称：辛利民作为原金沙江酒店的职工，负责保管和使用本单位的上铁龙卡。辛利民未经单位许可将上铁龙卡借给单赐恩，因上铁龙卡透支造成的损失与辛利民的出借行为有因果关系，故辛利民应承担相应的民事责任。上铁分局作为上铁龙卡的发行单位，由于其未尽到审核上铁龙卡上拼音与持卡人身份是否一致的义务，致使上铁龙卡被单赐恩恶意透支，上铁分局应对单赐恩恶意透支造成的损失承担赔偿责任。

（4）被上诉人单赐恩辩称：对借用金沙江酒店上铁龙卡以及透支人民币121 213.63元的事实无异议，愿意赔偿金沙江酒店的经济损失，要求和金沙江酒店协商解决。

（5）被上诉人建行市分行辩称：本案纠纷的发生是由于上铁分局未尽审核义务，与建行市分行无关。

2. 二审事实和证据

上海市第二中级人民法院经公开审理查明：原审判决认定的事实属实，上海市第二中级人民法院予以确认。

3. 二审判案理由

上海市第二中级人民法院根据上述事实和证据认为：单赐恩使用金沙江酒店的上铁龙卡进行恶意透支，是资金的实际使用者，其应当首先赔偿因其恶意透支行为对金沙江酒店造成的损失。本案的主要争议焦点是金沙江酒店、辛利民及上铁分局是否存在民法意义上的过错责任。(1) 关于金沙江酒店及辛利民的过错责任问题。金沙江酒店作为本案所涉上铁龙卡的持有人，辛利民系金沙江酒店指定保管及使用上铁龙卡的职工，辛利民在任职期间私自将上铁龙卡借给他人使用，是由于金沙江酒店内部管理不善而导致上铁龙卡被他人取得并引起透支事实的发生，因辛利民出借行为造成的损失，金沙江酒店应承担相应的民事责任。至于辛利民作为金沙江酒店上铁龙卡的指定专用人，在未经金沙江酒店许可的情况下出借上铁龙卡，为单赐恩恶意透支提供了便利，辛利民的出借行为违反了上铁龙卡章程中有关不得将上铁龙卡转让或转借的规定，虽然已受到金沙江酒店的除名处理，但并不能因此免除其民事责任，辛利民对此应承担过错责任。(2) 关于上铁分局的过错责任问题。根据上铁龙卡章程规定，上铁龙卡是由建行市分行与上铁分局联合发行的供已取得铁路上海站团体订票资格的企业等单位购买车票时付款专用。上铁分局作为上铁龙卡的发行单位之一，同时又是上铁龙卡的受理单位，金沙江酒店在上铁分局办理上铁龙卡，上铁分局即具有保障客户资金安全的义务。根据当时实施的《信用卡业务管理办法》第四十三条第（六）项规定，卡片正面的拼音姓名与卡片背面的签名和身份证上的姓名一致。依据该项规定，上铁分局负有审查上铁龙卡正面的拼音姓名与签购单上的持卡人签名是否一致的义务。本案中，单赐恩多次使用拼音姓名为辛利民的上铁龙卡购票，而在签购单上反映的却是单赐恩的签名。对此显而易见的违背信用卡管理规定的做法，上铁分局还予以受理，即使对帮助单赐恩恶意透支不存在主观故意，但其未尽特有的行业注意义务，疏忽之责难以推卸。上铁分局亦应承担相应的过错责任。

综上所述，金沙江酒店、辛利民作为上铁龙卡的出借方与上铁分局对因单赐恩恶意透支造成的损失均有过错。在金沙江酒店本身亦有过错的情况下，原审判决辛利民、上铁分局对单赐恩不能赔偿部分承担全部补充赔偿责任不当，应予纠正。金沙江酒店、辛利民、上铁分局应根据各自的过错承担相应的民事责任。

4. 二审定案结论

上海市第二中级人民法院根据《中华人民共和国民事诉讼法》第一百五十三条第一款第（二）项和《中华人民共和国民法通则》第一百零六条、第一百三十四条第一款第（七）项之规定，作出如下判决：

(1) 维持上海市普陀区人民法院（2000）普经初字第 977 号民事判决主文第一项以及关于案件受理费的处理决定。

(2) 撤销上海市普陀区人民法院（2000）普经初字第 977 号民事判决主文第二项。

(3) 上诉人辛利民、上诉人上海铁路局上海铁路分局对被上诉人单赐恩履行判决第一项付款义务不足部分，各向被上诉人上海市上海宾馆金沙江大酒店承担 50%赔偿责任。

(4) 被上诉人上海市上海宾馆金沙江大酒店其余诉讼请求不予支持。

二审案件受理费人民币 4 793 元，由上诉人辛利民、上诉人上海铁路局上海铁路分局各半负担。

**（七）解说**

本案与一般信用卡透支纠纷的不同在于：一般的信用卡透支纠纷是银行要求持卡人偿

付透支款，而本案系持卡人在向银行偿付透支款后，向实际使用人及与造成透支的损害结果有关的相关行为人追偿损失引发的纠纷。一、二审法院对本案事实的认定及判决首先应由透支资金的实际使用者单赐恩全额赔偿金沙江酒店损失并无分歧，分歧仅存于对金沙江酒店作为受害人对损害的发生是否有过错，即本案损害结果的发生是否基于混合过错。

所谓混合过错，亦称过失竞合，是指对损害的发生，加害人和受害人均有过错。换言之，因为加害人和受害人的过错的结合，才导致了损害结果的发生。我国《民法通则》第一百三十一条规定："受害人对于损害的发生也有过错的，可以减轻侵害人的民事责任"。由此可见，混合过错的结果是导致加害人责任的减轻。混合过错制度实际上是过错责任原则的发展，体现了公平正义和责任自负的精神。本案中，金沙江大酒店内部管理不善，辛利民擅自出借上铁龙卡及上铁分局未尽审查之责的行为不可分割地共同促成了单赐恩透支行为的得逞，故本案损害结果的发生显然是当事人各方的混合过错所致。二审法院的判决体现了依据过错确定责任和责任范围的要求，根据受害人的过错而减轻加害人的赔偿额，意味着无论是加害人还是受害人，最终都应对自己的行为负责。

（麦　珏）

## 114. 上海亚太宝石有限公司诉孙佩英等侵害公司权益案（经理违反竞业禁止规定）

（一）首部

1. 判决书字号

一审判决书：上海市黄浦区人民法院（2000）南经初字第70号。

二审判决书：上海市第二中级人民法院（2001）沪二中经终字第135号。

2. 案由：侵害公司权益案。

3. 诉讼双方

原告（被上诉人）：上海亚太宝石有限公司（以下简称亚太公司）。

法定代表人：朱学文，董事长。

委托代理人：许又村，上海市弘安律师事务所律师。

被告（上诉人）：孙佩英，女，1947年8月28日出生，汉族，住上海市延吉二村51号106室。

委托代理人：蒋永华，上海市丰泽律师事务所律师。

委托代理人：靳新用，上海市成功律师事务所律师。

被告（上诉人）：上海戴梦得钻石有限公司（以下简称上海戴梦得）。

法定代表人：孙佩英，董事长。

委托代理人：李立，上海市丰泽律师事务所律师。

被告：中宝戴梦得投资股份有限公司（以下简称中宝戴梦得）。

法定代表人：李荣，董事长。

委托代理人：徐志康，该公司工作人员。

4. 审级：二审。

5. 审判机关和审判组织

一审法院：上海市黄浦区人民法院。

合议庭组成人员：审判长：史晓东；审判员：徐丰；代理审判员：翟国静。

二审法院：上海市第二中级人民法院。

合议庭组成人员：审判长：马全耀；审判员：汤征宇；代理审判员：朱志红。

6. 审结时间

一审审结时间：2000 年 12 月 25 日。

二审审结时间：2001 年 5 月 15 日。

**（二）一审诉辩主张**

1. 原告亚太公司诉称：原告系于 1996 年 7 月成立的有限责任公司，注册资金 100 万元，其中南市区工业总公司投资 55%，另外 45% 由 16 个自然人投资，被告孙佩英于 1996 年 7 月被聘为总经理，至 1999 年 10 月 26 日被解除总经理职务，期间原告向银行贷款 350 万元，共有 450 万元资金由孙佩英操作，3 年来，除归还贷款 100 万元外，其余资金去向不清，经董事会向被告孙佩英追问资金去向，被告孙佩英突然拿出一份合作协议称根据合作协议，资金全部交由被告上海戴梦得运作，原告无权向被告上海戴梦得收回资金。据原告调查，被告孙佩英隐瞒其系被告上海戴梦得法定代表人的真实身份，骗得原告总经理职务，被告上海戴梦得系私人企业。被告孙佩英以原告总经理的身份和被告上海戴梦得法定代表人的双重身份控制操作原告的全部资产，挪用给其他公司资金2 141 341.47 元，被告上海戴梦得实为被告孙佩英的变身，形式上孙佩英、上海戴梦得属于两个民事主体，故属于恶意串通，共同侵权。被告中宝戴梦得应在上海戴梦得投入 25 万元，但未投入，应在投资不实范围内对第二被告的应付款项承担偿还责任。现请求法院判令：（1）确认被告孙佩英以双重身份制作的合作协议无效；（2）判令被告孙佩英、上海戴梦得停止侵犯原告财产权，返还非法占用的资金2 141 341.47元；（3）被告中宝戴梦得在对被告上海戴梦得投资不实的范围内，对被告上海戴梦得应付款项承担偿还责任。

2. 被告孙佩英辩称：原告所称本被告侵权是基于合作协议，而本被告是原告的副董事长兼总经理，如其侵占了原告 214 万余元已不属于民事审判所管辖。原告没有证据证明 214 万余元的组成，也没有证据证明本被告的侵权行为。关于本被告的身份，从原告与被告上海戴梦得的经济往来中由原告提供的证据可予以证明原告是明确的，故原告诉请从法理上是自相矛盾的，应驳回原告的诉请。

3. 被告上海戴梦得辩称：同意被告孙佩英的答辩意见。原告的第一项诉请为确认合作协议无效，属于经济合同纠纷，而第二项诉请却又称侵犯其财产权，两项诉请自相矛盾。根据我国民法通则，侵权行为所侵害的财产权利不包括违反合同或合同无效侵犯的债权，原告与被告合作协议这一合同关系产生的是债权，不可能是侵权行为。原、被告之间的合作协议是合法、有效的，是两个企业之间签订的合同，并已履行了 3 年，原告从未提出异议。原告擅自终止合作协议，应承担由此造成的损失，即使原告所诉的所谓侵权情况与事实也不符，被告孙佩英从未占用过原告的任何资金，相反是原告欠被告高达 234 万余元的债务，如原告所述合作协议无效，则恢复原状，被告上海戴梦得为履行合作协议垫付了大量款项，原告理应赔偿。故原告擅自终止合作协议，应承担违约责任，被告上海戴梦得将保留对原告的追索权利。

4．被告中宝戴梦得辩称：原告仅依据招股说明书就确认本被告投资不实，没有依据。至于25%股权的转让问题，本被告认为应由原告提供证据，另外，同意被告孙佩英、被告上海戴梦得的答辩意见。

（三）一审事实和证据

上海市黄浦区人民法院经公开审理查明：

1．原告系由原上海市南市工业总公司（现上海中恒集团有限公司）出资55万元占公司注册资本55%，另由16个自然人出资45万元占公司注册资本45%，其中被告孙佩英出资额15万元，占公司注册资本15%，于1996年7月12日成立的有限责任公司。经营范围是钻石、珠宝、首饰、工艺品及相关设备的批发、零售、加工、服务。

2．被告上海戴梦得系于1996年2月由上海雁沙工贸有限公司变更名称而来，股东有陈宏富、朱文玉二人又增加了孙佩英，法定代表人由陈宏富变更为孙佩英，属国内合资有限责任公司，经营范围经变更为珠宝、首饰、工艺品、礼品及与之相关产品加工设备等，注册资金100万元，下设分支机构，有上海戴梦得钻石有限公司金陵钻石分公司、上海戴梦得钻石有限公司八佰伴铂金钻石世界。

3．被告中宝戴梦得系上市公司，曾于1999年5月31日在上海证券报刊登招股说明书，载明：上海戴梦得注册资金100万元，中宝戴梦得参股25%。上海戴梦得工商登记资料未反映这一变更情况。

4.1996年7月2日，原告第一次股东会决议，公司产生5名董事：朱学文、王馨康、庄永培、孙佩英、刘训灿。由朱学文任董事长，孙佩英任副董事长，设执行监事1名，由朱伟杰担任。

另外，1996年7月17日，原告第一次董事会决议：聘任孙佩英为总经理；明确总经理负责制，财务审批上一支笔；积极利用外部力量，采用多种合作形式，加快公司的启动，增加效益等。

5．由孙佩英作为原告的总经理负责经营原告公司与被告上海戴梦得开始合作经营。被告上海戴梦得得以运作原告的资金的依据是合作协议（3.1.3.3.2.3）及其附件、补充协议、一购商场经营合作协议等。（1）合作协议主要内容：原告为甲方，被告上海戴梦得为乙方，由甲方提供现有的经营条件（包括瞿溪路20号公司总部）、上级控股公司——中恒集团资信担保200万元以上的资金、城隍庙一购（商场）100平方米经营场地，巡道街15号二层、三层250平方米的生产加工场地等，甲方年资金收益率为13%。乙方有经营自主权，经理有正常经营自主权，有人事自主权和工资待遇及奖金、福利待遇分配权，有对流动资金合理使用运作权和资产使用权，财务独立核算，对经营超额利润有分配自主权，获取合作经营超额利润。合作期限自1996年9月1日至2001年12月31日止。该合作协议的落款时间为1996年9月1日。（2）合作协议附件的主要内容：在亚太（即原告）账中暂时不设立而必须支付的费用委托戴梦得支付。该附件落款时间为1999年9月。（3）合作协议的补充协议的主要内容：为更好地贯彻合作协议的精神，以确保双方的权利，双方就乙方负责甲方企业的全部经营管理合作协议，达成本承包操作的补充协议，乙方确保甲方100万元的资本金和提供的200万元的流动资金的增值、保值，对于甲方提供的200

万元的流动资金应进入应付款，即合作结束时，应立即归还，否则按违约处理，甲方应在合作结束时，要求乙方归还，提前抽回，同按违约处理。甲方应确保甲方与威利多（上海威利多皮件公司后变更名称为上海亚太珠宝商行）于1996年8月签订的合作经营协议有效不变，并全权代表威利多公司履约，同时甲方承诺，在甲、乙双方所有协议中凡涉及威利多皮件公司的权利和义务，均由甲方承担全权代表并担保其履行，若威利多公司不履行，则视为甲方违约，乙方为经营结算单位，做好服务桥梁工作，乙方确保甲方一购商场在合作结束时有一定经营规模（如年收入为80万～100万元）。该补充协议落款时间为1999年9月9日。(4) 合作协议的附件：一购商场经营合作协议，主要内容：亚太公司确保威利多一购商场按约收取应得费用后，其余均划归亚太公司，并由亚太公司按约划归上海戴梦得，以便上海戴梦得按约完成承包操作，完成指标；亚太公司承诺（并全权代表上海威利多皮件公司承诺）有关亚太公司的权利、义务均由上海戴梦得承担和享受等。该附件的落款时间视为1996年9月。(5) 合作协议（NO.SDY8030010），主要内容：在原合作协议（3.1.3.3.2.3）基础上融资450万元，用于双方共同有意开发的项目等，落款时间为1998年3月6日。上述合作协议、附件等5份协议，均加盖有原告和被告上海戴梦得的合同专用章，但甲、乙双方一栏均无具体经办人签名。至1999年10月12日，原告召开第一届二次董事会，会议纪要的主要内容：亚太公司成立3年来，董事会和总经理室做了许多工作，取得了一定的成绩，但由于各种主、客观原因，经营结果不尽人意，其中突出的是在亚太公司和戴梦得公司的合作模式未经董事会讨论同意和确认，由此产生了一系列问题，应当立即予以解决等。被告孙佩英作为董事在该纪要上签字。同年10月15日，原告董事会决议：立即中止亚太公司与上海戴梦得的合作协议。该决议由3名董事签字，孙佩英、刘训灿未签字。同年10月26日，原告公司召开股东大会决定责成董事会立即解聘孙佩英总经理职务。同日，原告公司一届三次董事会决议：解除孙佩英总经理职务。同年10月29日，被告上海戴梦得发函给原告，就原告突然中止合作协议提出异议，就资金方面，被告上海戴梦得表示“……按此约3年来由戴梦得负责运作调配的亚太100万元注册资金，1996年9月200万元资金，1998年3月的450万元资金，如此巨额的一笔投资运作资金哪能说收就能收的呢？其实合约到期日（2001年）已为期不远了，就算双方可协商要提前收回，那贵方也应给予一个可操作的能接受的尽可能长的时间予我们”等。此后，被告上海戴梦得就原告中止合作协议多次发函原告提出异议。同年11月8日，被告孙佩英向原告董事会交出原告的公章、合同专用章、财务专用章等印章。

另查明，本院受理的涉及上海亚太宝石有限公司与上海戴梦得钻石有限公司的经济纠纷案件4起，即：(1) 上海戴梦得诉亚太公司借款纠纷案；(2) 上海康业实业有限公司诉亚太商行、上海戴梦得、亚太公司租赁纠纷案；(3) 上海荣飞实业有限公司诉亚太商行、上海戴梦得、亚太公司租赁纠纷案；(4) 上海德洛芙钻石有限公司诉亚太商行、上海戴梦得、亚太公司租赁纠纷案。

上述事实有下列证据证明：

1. 原告公司章程，原告、被告上海戴梦得、被告中宝戴梦得工商登记资料。

2. 上海证券报，原告股东大会、原告董事会纪要、合作协议及附件补充协议。

3. 被告孙佩英移交给原告董事会印章的移交清单。

4. 被告发给原告函。

5. 当事人当庭陈述。

对于当事人在本案中存在的争议，本院的认证意见如下：

第一，关于被告孙佩英的身份原告是否知道的争议。

原告认为被告孙佩英隐瞒其真实身份即在其履历表中没有反映出孙佩英系上海戴梦得的法定代表人身份，而被原告董事会聘为总经理。为此原告提交了上海戴梦得的工商登记材料来佐证其陈述。

被告孙佩英、上海戴梦得则认为，原告应当知道孙佩英系上海戴梦得的法定代表人，这一点可由原告与被告上海戴梦得合作期间的经济往来中证明，如从上海戴梦得担保申请书中，孙佩英作为法定代表人一栏中签章，原告向银行借款时被告上海戴梦得作为保证人，孙佩英在保证人一栏中作为上海戴梦得的法定代表人，所以，原告应当知道孙佩英的身份。被告上海戴梦得提交了有关借款合同、保证合同等予以佐证。

根据被告上海戴梦得的工商登记材料，原告公司章程，股东大会和董事会纪要等材料，本院确认的基本事实是：

被告孙佩英在原告公司设立时，已是被告上海戴梦得的股东之一，并担任法定代表人。被告孙佩英未如实向原告股东和董事会反映这一事实，而作为原告的投资人被当选为原告的董事、副董事长兼总经理。

本院认为：原告与被告上海戴梦得合作期间孙佩英作为上海戴梦得法定代表人的特殊身份这一重要的事实，不能以被告辩称理由，用推定方式来认定原告董事会应当知道其身份。故被告辩称理由不能成立。

第二，关于合作协议及附件、补充协议等协议，原告是否知道及效力问题的争议。

1. 原告与被告上海戴梦得合作协议及附件等五份协议原告是否知道。原告认为被告孙佩英作为原告的总经理，负责原告的具体经营活动。原告与被告上海戴梦得的合作原告是知道的，但并不知道双方签订合作协议等协议的具体情况。

被告孙佩英，上海戴梦得则认为，原告与被告上海戴梦得合作经营长达3年，原告几乎所有经营行为被告上海戴梦得都参与其中，原告董事长、董事不可能不知道。

根据被告上海戴梦得提供的关于原告3年来工作报告等证据，本院确认的事实是：被告孙佩英被聘为原告总经理后，具体负责原告的经营活动，原告与被告上海戴梦得合作经营，原告是应当知道，这一点原告在庭审过程中也予认可。对于系争协议甲、乙双方均无具体的经办人及签订过程。庭审中，被告孙佩英未能回答上述协议的具体签订过程（即甲、乙双方具体何人洽谈、整个要约、承诺的过程），原告几次董事会也无这一具体事实的记载。

2. 合作协议等协议的效力问题争议。原告认为被告孙佩英系被告上海戴梦得的变身，上海戴梦得的经营实质是孙佩英的自营，孙佩英以原告的名义与自己变身订立合同。被告孙佩英以双重身份签订的合作协议违反民法通则、公司法、公司章程的关有规定，应属无效。

被告上海戴梦得则认为，合作协议从签订及履行的主体看，是原告与被告上海戴梦得两个企业签订并履行了3年之久。被告孙佩英与被告上海戴梦得是两个不同法律个体。从内容看，它确保了原告分红指标及一购商场按约缴纳费用指标的完成及资产的保值，显示了公平、公正原则。

本院认为，被告孙佩英系原告的董事、副董事长兼总经理，具体负责原告的经营活动。而被告孙佩英又系被告上海戴梦得的法定代表人，孙佩英具备同时操纵运作原告和被告上海戴梦得的经营权利和条件，由其控制实际经营权而产生的合作协议及附件协议，不符合合同的基本特征。即缺乏合同的要约、承诺的过程。原告与被告上海戴梦得系属各自独立企业法人。但由于被告孙佩英的特殊身份，致系争协议体现其个人的意志。故认定系争合作协议等协议无效。原告应当知道原告与被告上海戴梦得之间曾存在着合作关系，但并不由此能推断原告的董事会应当知道有具体的合作协议等协议存在。故此，被告辩称理由不能成立。

第三，被告上海戴梦得是否占用原告资金的争议。

原告认为被告孙佩英担任原告总经理期间，被告孙佩英操作原告公司的经营，拥有原告公司资金 450 万元，其中注册资金 100 万元，向银行贷款 350 万元。该笔资金由孙佩英控制并将该笔资金由被告上海戴梦得操作经营。

被告上海戴梦得则认为，根据合作协议等协议约定的，原告与被告上海戴梦得合作经营，合作期间被告上海戴梦得运作原告的资金，是由合作协议约定的，不存在占用挪用之说。在履行合作协议过程中，除原告的 450 万元外，在确保原告的收入利润、红利的情况下，被告孙佩英已为此支出约八九百万元的资金，原告擅自终止协议，因此，原告应欠被告孙佩英2 348 330元债务。

根据原告提供的上海市南市区审计局的审计意见书，对原告 1996 年至 1999 年第三季度财务收支情况审计，认为孙佩英任原告总经理期间的财务报表、账册没有全面、真实、准确地反映原告公司的财务状况。由于公司现有资料不全面，审计无法确认资产和损益的真实情况。

本院确认的基本事实是：

被告孙佩英通过原告与被告上海戴梦得之间经济往来，掌握双方资金调配权。资金往来情况相互交叉。但基本的事实是，被告上海戴梦得确实运作了原告的资金 450 万元。

上述事实有下列证据证明：

1. 原告公司注册资金 100 万元，划款 350 万元凭证。

2. 被告上海戴梦得于 1999 年 10 月 29 日向原告提出的异议的函。

3. 本院受理的另 4 起纠纷及当事人当庭陈述等所证实。

本院认为，被告上海戴梦得通过被告孙佩英所制作的合作协议属于无效协议，因而被告孙佩英调配原告的资金给被告上海戴梦得运作，并无法律依据。被告应返还所运作的原告资金。现原告诉请要求返还的资金小于被被告上海戴梦得所运作的资金，依法可予认定。

**（四）一审判案理由**

上海市黄浦区人民法院认为：作为董事对公司负有忠实义务。不履行义务自当承担相应的责任。被告孙佩英系被告上海戴梦得的法定代表人未能如实向原告董事会披露这一事实，而又当选为原告副董事长兼总经理。在被告孙佩英担任原告总经理期间，具体负责原告的经营活动。通过其制作的合作协议等与被告上海戴梦得合作经营，且原告与被告上海戴梦得均系经营相同种类珠宝首饰行业。被告孙佩英的行为违反原告公司章程和我国公司法的规定，即竞业禁止的规定：董事、监事、经理应当遵守公司章程、切实履行职务，维护公司利益，不得利用在公司的地位和职权为自己谋私利。董事、经理不得自营或为他人经营与其所任公司同类的营业或者从事损害本公司利益的活动，除公司章程规定或者股东会同意外，不得同本公司订立合同或者进行交易。在被告孙佩英的双重身份的场合下，既代表原告公司又代表自己为意思表示，或自己代理，或双方代理均属于民法禁止交易之范畴。从我国公司法对竞业禁止的规定看，董事竞业禁止义务是绝对的。故被告孙佩英的行为损害了原告公司和其他股东的利益，其制作的合作协议等协议当属无效。被告上海戴梦得运作的原告资金理应返还。对这一侵权行为被告孙佩英负有连带赔偿责任。关于原告诉请的被告中宝戴梦得对被告上海戴梦得投资不实承担责任一节，因被告上海戴梦得的工商登记中未反映中宝戴梦得参股情况，该事实待定，故本案不作处理。

**（五）一审定案结论**

上海市黄浦区人民法院根据《中华人民共和国民法通则》第四条、第五十八条、第六十一条、第一百三十条，《中华人民共和国公司法》第五十九条、第六十一条、第六十三条之规定，判决如下：

1. 原告上海亚太宝石有限公司与被告上海戴梦得钻石有限公司之间的合作协议及附件、补充协议等协议无效。

2. 被告上海戴梦得钻石有限公司应于本判决生效之日起 10 日内返还原告资金人民币 2 141 341.47元，被告孙佩英负连带赔偿责任。

3. 原告对被告中宝戴梦得投资股份有限公司的诉请不予支持。

案件受理费人民币20 716.71元，由被告上海戴梦得钻石有限公司、被告孙佩英负担。

**（六）二审情况**

1. 二审诉辩主张

上诉人孙佩英诉称：(1) 原审法院判决认定事实错误，适用法律不当，没有维护上诉人的合法权益；(2) 合作协议已履行 3 年，故亚太公司是知道合作协议的；(3) 如合作协议无效亚太公司也应返还上海戴梦得为履行合作协议而向外的借款。

上诉人上海戴梦得诉称：(1) 原审法院判决认定事实错误，适用法律不当，没有维护上诉人的合法权益；(2) 合作协议已履行 3 年，故亚太公司是知道合作协议的；(3) 如合作协议无效亚太公司也应返还上海戴梦得为履行合作协议而向外的借款；(4) 亚太公司也应支付上海戴梦得为履行合作协议而支付的其他费用。

2. 二审事实和证据

上海市第二中级人民法院经审理查明：原审法院判决认定的事实属实，本院予以确认。

另查明：在二审期间，孙佩英和上海戴梦得均确认上海戴梦得尚占有亚太公司资金 3 535 588.35元；孙佩英和上海戴梦得还确认本案涉及的合作协议及相关协议的签订是由孙佩英代表上海戴梦得盖章，其同时又是亚太公司的合同经办人，合同签订时，亚太公司的董事长及董事均在场，但其未提供亚太公司董事长及董事均在场的依据。同时孙佩英不能提供亚太公司股东大会及董事会授权其签订系争合同的依据。亚太公司认为，合作协议及相关协议由孙佩英一手操作，直到 1999 年 10 月 12 日孙佩英向股东作亚太公司 3 年来工作报告才知道合作协议及相关协议的存在，发现亚太公司资金被上海戴梦得运作，由此产生矛盾。在二审期间，二上诉人认为上海戴梦得为履行系争合作协议，为亚太公司支付了大量资金，亚太公司应承担相应的责任，但不能提供充足依据予以佐证。

3. 二审判案理由

上海市第二中级人民法院认为：孙佩英系上海戴梦得的法定代表人，在孙佩英担任亚太公司总经理后，由孙佩英负责亚太公司的经营管理。从孙佩英于1999年11月8日向亚太公司移交亚太公司公章、合同章等印章的情况看，孙佩英在经营亚太公司时掌握并管理上述公章。本案所涉亚太公司和上海戴梦得签订的合作协议及相关协议中，仅有亚太公司和上海戴梦得盖章，无具体经办人签名，联系合作协议中约定由上海戴梦得负责亚太公司的全部经营管理的股东，孙佩英是上海戴梦得的法定代表人，以及孙佩英掌握亚太公司公章等一系列事实，可以确认系争合作协议及相关协议由孙佩英一人操作完成。且亚太公司与上海戴梦得是经营相同种类珠宝的企业，该合作协议及相关协议违反了《公司法》第六十一条中关于董事、经理不得自营或者为他人经营与其所任职公司同类的营业的规定，故该合作协议及相关协议应确认为无效。造成上述协议无效的过错责任在孙佩英及上海戴梦得。上述协议被确认为无效后所造成的损失由孙佩英及上海戴梦得负担。上海戴梦得依据合作协议从亚太公司取得的财产应予返还。上海戴梦得不能返还的，根据《公司法》第六十三条的规定，由孙佩英承担相应的赔偿责任。上海戴梦得为履行合作协议而对外发生的借款以及发生的其他费用由上海戴梦得及孙佩英自行承担。审理中，孙佩英及上海戴梦得确认至今仍占用亚太公司资金3 535 588.35元，现亚太公司要求上海戴梦得及孙佩英返还2 141 341.47元，原审法院据此依据上述事实判决合作协议为无效，同时判令上海戴梦得返还亚太公司2 141 341.47元，并由孙佩英负连带赔偿责任正确。二审中，上诉人认为其为亚太公司支付资金，但未提供充足依据佐证，对此上诉人可以在取得充足证据后另行解决。原审法院判决认定事实清楚，处理并无不当。

4. 二审定案结论

上海市第二中级人民法院根据《中华人民共和国民事诉讼法》第一百五十三条第一款第（一）项之规定，判决如下：

驳回上诉，维持原判。

二审诉讼费人民币20 716.71元，由上诉人上海戴梦得钻石有限公司和上诉人孙佩英负担。

**（七）解说**

本案系争纠纷是一起十分典型的董事违反公司法所规定的竞业禁止义务，滥用职权，损害公司和其他股东的利益的案例。

1. 调整和平衡股东、公司、第三人之间的利益关系，使市场交易安全、顺利地进行，是公司法的出发点和目标。公司法的各项具体制度充分地体现了股东、公司和第三人利益的统一，是公司法的精神实质。而对中小股东利益的保护正是现代公司法人治理结构的首要问题。由于董事的特殊地位所导致的董事与股东的冲突中，股东较容易因董事滥用职权和不履行义务受到损害。根据公司法的规定，这里的董事包括经理人。在现代公司中，公司的经营被董事、经理所控制。经营者所进行的活动应当符合经营者的最佳利益，同时符合股东的最佳利益，否则将会导致利益冲突。本案纠纷中正是由于董事滥用职权谋求个人利益损害公司和其他股东利益而导致这种冲突。

2. 关于董事对公司的义务和责任。董事与公司的关系，通常有代理说、信托说和委任说等不同的学说。代理说，是指董事只是公司的代理人代表公司订立合同，进行交易。董事对其职权范围内的单纯作为公司代理人进行活动，除非越权，不承担任何责任。信托说是指董事只能按照公司章程规定的目的使用公司财产，同时必须为公司利益使用财产，不能使个人利益与公司利益冲突。委任说是指董事作为受托人对于公司负有作为善良管理者的注意义务。上述不同的学说尽管在表述上不同，但其基本点还是相同的，即董事对公司负有忠诚义务，勤勉、谨慎并具有熟练技能的义务，不履行义务应当承担相应的责任。我国《公司法》规定，董事、监事、经理应当遵守公司章程，忠实履行职务，维护公司利益，不能利用在公司的地位和职权为自己谋私利。这表明我国《公司法》对董事的义务中包括董事对公司的诚实信用义务，董事执行职务时要忠于公司，个人利益服从公司利益，不可以以权谋私，损害公司利益，忠实义务是董事最基本的义务，而竞业禁止义务又是忠实义务的具体体现。在市场竞争的条件下，法律保证董事对公司的首要措施，必然是禁止董事同时为了自己的利益或是为其他人利益从事盈利性活动。本案的被告孙佩英正是违反了对公司的忠实义务，同时担任了两家经营同类的营业的董事或经理，明显地损害了原告的利益。对公司的损失应承担连带赔偿责任。

3. 是共同侵权、自己代理还是双方代理。由于被告孙佩英的特殊身份，既为原告副董事长、总经理，又是被告上海戴梦得的董事长，孙佩英很容易借上海戴梦得这“另一个自我”或称为“外衣”共同实施侵害原告的行为。本案尚未去“揭开上海戴梦得这个公司的面纱”，姑且对被告孙佩英、上海戴梦得的行为认定为共同侵权。如果“揭开公司的面纱”那么，很显然被告孙佩英即为“自己代理”。“自己代理”在通常情况下，交易双方都追求自身利益的最大化，因此，很难避免发生代理人为自己的利益而牺牲被代理人的利益。所以，无论是“自己代理”还是“双方代理”都是滥用代理权，均属于民法所禁止的范畴。

在当前的审判实践中，运用“揭开公司的面纱”法理，尚有一定的难度，一些本应该“揭开公司的面纱”而没被揭开，这些已经严重损害了债权人的利益。在一定程度上影响市场交易的顺利进行，制约经济的发展。在社会的信用存在着危机，倡导“诚实信用”重塑信用风气之时，我们的司法更应该为市场经济健康、有序的发展营造良好的法制环境，建设整个社会信用体系。

（史晓东）

## 115. 丹阳市环宇食品厂诉广州市广州糖果厂财产保全不当损害赔偿案

**（一）首部**

1. 判决书字号：江苏省丹阳市人民法院（2001）丹经初字第617号。

2. 案由：财产保全不当损害赔偿案。

3. 诉讼双方

原告：丹阳市环宇食品厂。

负责人：束炳生，厂长。

委托代理人：陈金丹，丹阳市金丹法律服务所法律工作者。

委托代理人：张舜龙，丹阳市环宇食品厂职工。

被告：广州市广州糖果厂。

法定代表人：沈泽洞，厂长。

委托代理人：罗玉清，江苏金禾律师事务所律师。

4. 审级：一审。

5. 审判机关和审判组织

审判机关：江苏省丹阳市人民法院。

独任审判：审判员：姜蔚。

6. 审结时间：2001年12月12日。

**（二）诉辩主张**

1. 原告诉称：1999年6月28日，被告以我厂商标侵权、不正当竞争为由，向镇江市中级人民法院起诉我厂并申请了诉前财产保全。同日，镇江市中级人民法院依法查封了我厂有关“桑”字牌浓味柑粉饮料及包装袋。同年7月23日，镇江市中级人民法院立案受理了此案。经审理，镇江市中级人民法院判决驳回了被告的诉讼请求。被告不服该一审判决，又向江苏省高级人民法院提起上诉。经审理，江苏省高级人民法院于2000年12月13日判决驳回了被告的上诉。2001年1月2日，镇江市中级人民法院对我厂被查封的财产解除了查封，但此时，被查封的食品已过期变质，包装袋也无法作包装使用，造成我厂重大的财产损失。要求被告赔偿我厂因被查封财产引起的经济损失14.5万元。

2. 被告辩称：我厂不服江苏省高级人民法院的终审判决，并已向江苏省高级人民法院提出申诉。在二审判决下达前，我厂也派人到原告处查看，原告被查封的财产已全部转移。原告要求我厂赔偿经济损失14.5万元，我厂认为依据不足。

**（三）事实和证据**

丹阳市人民法院经审理查明：1999年6月28日，被告广州市广州糖果厂以原告丹阳市环宇食品厂侵犯商标权为由，向江苏省镇江市中级人民法院申请诉前财产保全，要求冻结原告的银行存款人民币15万元或查封、扣押原告同等价值财产，并交纳了诉前保全费1 270元和提供了人民币15万元作为担保。同日，江苏省镇江市中级人民法院依法作出（1999）镇经诉保字第1号裁定书，裁定冻结原告银行存款人民币15万元或查封、扣押原告同等价值的财产。当日，江苏省镇江市中级人民法院执行该裁定，查封了原告存放于丹阳市云阳镇石城村朱家自然村厂房内的袋装“桑”字牌浓味柑粉饮料：规格为360克×40包/箱的689箱、规格为258克×40包/箱的36箱，包装袋29袋（每袋3 000只），并要求原告负责原地保管封条和被查封物，不得再生产相应的产品。此后，原告即停止在该厂房内的生产经营。

上述事实有下列证据证明：

1. 被告于2001年6月8日出具的诉前保全申请书，（1999）镇经诉保字第1号诉前保全费收据。

2. 镇江市中级人民法院第003045号收款收据（诉前保全担保金），（1999）镇经诉保字第1号民事裁定书和查封财产清单。

3. 王网成的谈话笔录。

1999年7月23日，江苏省镇江市中级人民法院立案受理了广州市广州糖果厂诉丹阳市环宇食品厂商标侵权、不正当竞争纠纷一案。经审理，江苏省镇江市中级人民法院于2000年7月21日一审判决驳回广州市广州糖果厂的诉讼请求。广州市广州糖果厂不服该判决，于2000年8月11日向江苏省高级人民法院提出上诉。江苏省高级人民法院于2000年9月13日立案受理后依法进行了审理，并于2000年12月13日作出终审判决，驳回了广州市广州糖果厂的上诉，维持原判。2001年1月2日，江苏省镇江市中级人民法院以广州市广州糖果厂诉丹阳市环宇食品厂商标侵权、不正当竞争纠纷一案已审结并判决驳回了广州市广州糖果厂的诉讼请求为由，解除了对丹阳市环宇食品厂的有关财产的查封，但此时被查封的食品已过1年的保质期，包装袋也因陈旧而无法使用。此后，原告将该批食品随厂一起搬迁至丹阳市麦溪镇茧站内。2001年9月29日，丹阳市麦溪镇卫生防疫组在原告处督检时发现了该批过期食品，遂要求原告当场开箱销毁。

上述事实有下列证据证明：

1.（1999）镇经一初字第152号民事判决书，（2000）苏知终字第81号民事判决书。

2.（1999）镇经一初字第152号解除查封令，麦卫防2001—4号现场卫生监督检查记录。

3. 原告的陈述。

一审同时查明：原告自1998年7月至2001年3月间租用的本市丝绸路丝绸小区4间三层楼房作为厂房的年租金为2万元，原告为存放该批被查封食品和包装袋支付了租金3 000元，被租用厂房所在的丝绸小区与云阳镇石城村朱家自然村是同一地点，原告还支付了看护被查封财产的束中林工资10 450元。另原告称从1999年7月至2000年12月停产，支付了8名工人基本生活费共21 600元。被查封的“桑”字牌浓味柑粉饮料规格为360克×40包/箱的出厂价为每箱100元，“桑”字牌复合包装袋在2001年8月份的订购价为每只0.21元。

上述事实有下列证据证明：

1. 束炳生与张伟良签订的租房协议，丹阳市云阳镇石城村村委会证明。

2. 原告1999年2月份的产品价格表，丹阳市蓝盾印刷标牌厂与原告签订的“桑”字牌包装袋购销合同。

3. 原告的陈述。

**（四）判案理由**

丹阳市人民法院经审理认为：被告以情况紧急、其合法权益可能受到难以弥补的损害为由，向江苏省镇江市中级人民法院申请了诉前财产保全，并提出了金钱担保，江苏省镇江市中级人民法院遂依法根据其申请裁定并查封了原告的财产。但被告在随后与原告的商标侵权、不正当竞争纠纷案件中，先后被二级法院依法确认原告未损害其合法权益。这一事实证明被告的诉前财产保全申请是错误的，被告应当赔偿原告因此所遭受的损失。原告的经济损失中规格为258克/包的“桑”字牌浓味柑粉饮料无价格标准，可参照规格为360克/包的“桑”字牌浓味柑粉饮料的每克平均价确定其价格为每箱71.67元。原告要求被告赔偿工厂停产期间发放的工人基本生活费21 600元，因该损失与被告的诉前财产保全申请无因果关系，不予支持。原告的其余损失，包括被查封食品和包装袋的过期变质损失、堆放被查封物的房租支出和看护被查封物的工人工资支出，均属于合理的经济损失，且与被告的错误申请诉前财产保全行为有因果关系，因此，原告要求被告赔偿该部分经济损失，符合法律规定，应予支持。被告提出在原告财产被查封期间，原告已转移了被查封物，无证据证实，不予采信。至于被告提出已对（2000）苏知终字第 81 号民事判决申请再审，不影响依据已生效的民事判决依法审理本案。被告经合法传唤，无正当理由拒不到庭参加诉讼，不影响依据查明的事实依法作出判决。

**（五）定案结论**

江苏省丹阳市人民法院根据《中华人民共和国民法通则》第五条，《中华人民共和国民事诉讼法》第九十六条、第一百三十条之规定，作出如下判决：

1. 被告广州市广州糖果厂应赔偿原告丹阳市环宇食品厂被查封的食品和包装袋损失 89 750.12元，此款由被告广州市广州糖果厂于本判决生效后 10 日内给付原告丹阳市环宇食品厂。

2. 被告广州市广州糖果厂应赔偿原告丹阳市环宇食品厂房租和工资损失40 450元，此款由被告广州市广州糖果厂于本判决生效后 10 日内给付原告丹阳市环宇食品厂。

案件受理费 4 410 元，其他诉讼费 100 元，合计 4 510 元，由原告丹阳市环宇食品厂负担 460 元，被告广州市广州糖果厂负担 4 050 元。

**（六）解说**

本案是一起因财产保全不当引起的损害赔偿案件，审理时应注意以下三个问题：

1. 关于损害赔偿责任的问题。因财产保全错误造成对方当事人损失应由谁承担责任的问题，《民事诉讼法》第九十六条规定：“申请有错误的，申请人应当赔偿被申请人因财产保全所遭受的损失。”此案是由广州市广州糖果厂向镇江市中级人民法院申请诉前财产保全引起的，经二审终审广州糖果厂败诉，可以认定申请有错误，申请人应当承担丹阳市环宇食品厂所遭受的损失。虽然广州糖果厂申请对商标侵权、不正当竞争案再审，但并未实际进入再审程序，（2000）苏知终字第 81 号民事判决具有法律效力，申请再审不影响对财产保全错误的认定。

2. 关于本案的管辖问题。因财产保全错误造成对方当事人遭受损失是一种特殊的侵权行为，错误的财产保全申请行为侵害的是对方当事人合法的财产权益。根据《民事诉讼法》第二十九条规定：“因侵权行为提起的诉讼，由侵权行为地或者被告住所地人民法院管辖。”本案侵权行为地是丹阳市环宇食品厂所在地，因此，丹阳市人民法院和广州糖果厂所在地广州市东山区人民法院都有管辖权。丹阳市人民法院受理此案是有依据的。

3. 关于损害赔偿责任范围的问题。损害赔偿的范围应当是遭受的直接损失，并且与侵权行为有因果关系。本案直接损失包括被查封食品和包装袋的过期变质损失、查封期间堆放被查封物的房租支出和看护被查封物的工人工资支出，认定的损失数额均有相关证据予以证明。原告要求被告赔偿工厂停产期间发放的工人基本生活费21 600元，因该损失与被告的诉前财产保全申请行为无因果关系，不予支持是正确的。

（施荣祥）

# 116. 庞迪诉广州铁路集团长沙铁路总公司等铁路旅客损害赔偿案

## （一）首部

1. 判决书、调解书字号

一审判决书：上海铁路运输法院（2001）沪铁经初字第13号。

二审调解书：上海铁路运输中级法院（2001）沪铁中经字第66号。

2. 案由：铁路旅客运输损害赔偿案。

3. 诉讼双方

原告（被上诉人）：庞迪，女，1989年11月19日出生，汉族，住上海市宝山区永清二村109号101室。

法定代理人：庞长根（系原告庞迪之父），宝钢集团上海五钢有限公司三轧厂工人。

委托代理人：陆杭玲，上海东海律师事务所律师。

被告（被上诉人）：广州铁路集团长沙铁路总公司（以下简称长铁公司）。

法定代表人：朱友文，总经理。

委托代理人：田新胜，长铁公司衡阳车站安全员。

委托代理人：徐卫红，长铁公司企业法律顾问。

被告（上诉人）：柳州铁路局。

委托代理人：解更元，柳州铁路局客运公司工作人员。

委托代理人：罗清良，大恒律师事务所律师。

4. 审级：二审。

5. 审判机关和审判组织

一审法院：上海铁路运输法院。

合议庭组成人员：审判长：徐自强；代理审判员：胥传洋、金向群。

二审法院：上海铁路运输中级法院。

合议庭组成人员：审判长：丁德宏；审判员：陈巍，代理审判员：项勇。

6. 审结时间

一审审结时间：2001年8月22日。

二审审结时间：2001年11月21日。

## （二）一审诉辩主张

1. 原告庞迪诉称：2001年1月29日，原告庞迪随其父庞长根，从桂林站乘坐由被告柳州铁路局下属客运公司担当乘务的柳州至上海K150次列车返回上海。该列车行至衡阳站停车时，由于车厢内旅客严重超员，车门未开，车上旅客及站内旅客便从原告乘坐的第16号车115座位旁的车窗爬上爬下。在慌乱中庞迪不幸被车窗轧断了左手小手指。原告方认为，由于被告长铁公司下属衡阳站管理混乱，面临春运高峰，没有组织好站台管理，致使大量无票人员涌入站台，而这些人争相攀爬上车时，站台服务人员居然没有制止，以致引发事故；被告柳州铁路局下属客运公司 K150 次列车的乘务人员，听任拥挤的人流堵塞车厢走道、车门，当旅客因车门未开而从车窗上、下车时，乘务员都不知道到哪里去了，这种不负责的工作态度，无疑是引发事故的重要因素。

综上所述，原告认为，由于二被告工作严重失职，对原告庞迪造成的伤害负有不可推卸的责任，理应依据《中华人民共和国民法通则》及《道路交通事故处理办法》等有关法律、法规的有关规定，对原告庞迪承担损害赔偿责任。具体的诉讼请求为要求二被告赔偿：（1）再治疗费 5 000 元；（2）护理费 2 000 元；（3）残疾者生活补助费 16 459 元（庞迪系十级伤残，根据国务院颁发的《道路交通事故处理办法》应赔偿两年的平均生活费，上海居民家庭人均生活费用 2000 年的平均支出为 8 247.69 元）；（4）因处理事故往返交通费 1 120 元；（5）原告精神损害抚慰金 4 万元。

2. 被告长铁公司辩称：我公司于该事故发生的当日编制了旅客伤亡事故记录和客运记录，并作了处理，支付了原告的医疗费，同时向原告出示了证明，以向保险公司办理保险赔付。对原告庞迪的伤害，我公司在管理上并无过错，K150 次列车在衡阳站是有乘降任务的，由于列车所有车门未开，持票旅客无法上车，虽经站台工作人员努力制止，仍有一些旅客不听指挥，从打开的车窗往里爬。从原告庞迪被车窗压断小手指这一事实分析，是因为车上的旅客想制止上车下车的旅客爬窗，强行关窗所致，故直接伤害人是车上的乘客，该事故发生在列车上，责任应由列车方承担。同时被告长铁公司认为，原告的诉讼请求数额过高，于法无据，旅客伤害与一般的民事侵权应相区别，不适用《民法通则》的赔偿范围，应执行有关铁路的法律、法规的规定，根据损害的程度进行限额赔偿。原告要求精神损害赔偿，没有法律依据，因此，我公司不同意按原告的诉讼请求进行赔偿。

3. 被告柳州铁路局辩称：2001 年 1 月 29 日，K150 次列车从东安开车后，当时列车已超员 83%，乘务组即发沿线永州至金华西各停车站的铁路传真电报，要求各停车站严格控制车票发售，并协助做好旅客乘降工作。K150 次列车停衡阳站时，按本局依铁道部票额分配方案，衡阳站只应售 20 张票，并安排在第 11 车厢，座号为 61 号～80 号。而衡阳站未按规定售票，致使大批旅客从 16 号车的车窗进入车厢，同时该站未协助列车做好旅客的乘降工作，应负有管理上的责任。原告及被告长铁公司辩称，K150 次列车停衡阳站时未打开车门与事实不符。至于旅客开窗列车员未制止，是因为车厢太挤，列车员无法挤过去。被告柳州铁路局认为，原告庞迪左手小手指被车窗轧断，当时原告并未告知列车长或列车员，被告当时并不知晓，是事后才知道的，故对事故的发生，被告没有过错。原告未满 12 周岁，其监护人未尽到监护责任，在原告的伤害事故中也应承担相应的责任。该案系铁路旅客运输损害赔偿纠纷，不适用《道路交通事故处理办法》，应按国务院批准的由铁道部颁布的《铁路旅客损害赔偿规定》的精神来处理，即根据损害的程度进行限额赔偿。

**（三）一审事实和证据**

上海铁路运输法院经公开审理查明：2001 年 1 月 29 日，原告庞迪随其父庞长根赴桂林等地旅游，返沪时从桂林乘坐由被告柳州铁路局下属客运公司担当乘务的柳州至上海 K150 次列车。该车行至东安站时，车内旅客已严重超员（超员 83%），该列车即拍传真电报至沿线各站，要求控制售票并协助列车做好乘降工作。列车行至衡阳站，该站在接到

K150次列车电报前已将车票售完，此时，站台上挤满了候车的旅客，列车员未打开车门，加之衡阳站对客流高峰估计不足，疏导不力，以致车上旅客及站台上的旅客从原告乘坐的第16号车115号座位旁的车窗爬上爬下。原告庞迪被人群挤立在靠窗的座位上，由于车上的旅客想制止车下旅客爬窗，慌乱中庞迪被车窗压断了左手小手指。当原告之父庞长根听到庞迪哭喊："爸爸，我的手指没有了！"便奋力拨开人群扑向原告，当时庞迪的左手满是鲜血，小手指几乎连根被截去。庞长根一面设法为庞迪止血，一面试图寻找截断的小手指，无奈拥挤异常的车厢根本无法找到该断指。眼见庞迪血流不止，庞长根在同行旅客的帮助下，从车窗处爬下车，急送原告出站找医院治疗。经衡阳铁路医院诊断：原告庞迪左手小手指近节截指。事后，衡阳站又付了医疗费并编制了客运记录。因双方就今后再治疗费及赔偿事宜未能达成协议而引发纠纷。

又查明，审理期间本院委托上海市高级人民法院进行法医鉴定。该院作出法医学活体损伤检验鉴定书的结论为：伤者庞迪左小手指近节指骨近1/2永远缺失。参照《道路交通事故受伤人员伤残评定》4.10.10（b）之规定，构成十级伤残。

上述事实有下列证据证明：

1.2001年1月27日，桂林至上海K150次列车115座车票一张，票号：0081663及另外7张同车次车票。

2.被告长铁公司所属衡阳站于2001年2月15日出具给原告的证明原告被车窗压断小手指的事实书面证明。

3.2001年2月15日，衡阳铁路医院的诊断书及原告庞迪左小手指被截后所拍摄照片。

4.戴成斌等4名证人的证词。

5.被告长铁公司衡阳站于2001年1月29日编制的旅客伤亡事故记录和客运记录。

6.2001年1月29日K150次列车传真电报。

7.柳州铁路局客运公司依据铁道部票额分配文件精神制定的柳州至上海K150次旅客列车的票额分配方案。

8.法院在开庭时出示的上海市高级人民法院活体损伤检验鉴定结论。

**（四）一审判案理由**

上海铁路运输法院根据上述事实和证据认为：本案原、被告三方主要争议的焦点为：（1）二被告在本案中是否有过错，是否应承担赔偿责任；（2）本案赔偿适用的法律依据是什么。

对于二被告是否有过错，一审法院认为，根据《铁路法》的有关规定，铁路企业应当保证旅客的安全。然而二被告显然未做到这一规定。尽管春运期间因运能与运量的矛盾，列车超员的现象比较普遍，但根据有关规定，像K150次这样的空调优质列车超员应控制在20%左右。但该次列车到达永安前已超员83%，属于严重超员，尽管列车方面已发电至沿线各站，要求严格控制售票，协助做好乘降工作。但衡阳站在接到电报之前早已将票售出，致使候车旅客因车门未开无法从车门上车而攀爬车窗。被告长铁公司下属衡阳站应该有义务协助列车乘务组做好乘降工作，发现旅客有爬窗等危险现象应该组织足够力量加以制止和进行疏导工作，而不是一般的劝阻。按规定空调车是密封的，不允许擅自开启车窗，作为K150次乘务组在列车到站后必须开启车门，让旅客从车门安全地乘降，该乘务组显然未按规定办理，而旅客因急于上、下车，因车门未开只得打开车窗爬上爬下，列车员也未能进行及时制止和劝阻，造成场面失控，以致引发事故，关于16号车厢的车门是否打开一节，原、被告三方的陈述并不一致，本案系侵权纠纷，按照举证责任倒置的原则，被告柳州铁路局因未能提供相应的证据，应推定该车门未曾打开。从上述分析不难看出，二被告对事故的发生均有不可推诿的责任。至于被告指出原告的监护人也有过错一节。该院认为，在正常情况下，监护人应对被监护人起到保护作用，然本案是在列车严重超员的特殊情况下，作为监护人其自顾不暇，在这样一种场面完全失控的场合下，要求监护人一定要尽到监护职责近乎苛求，故监护人在本案中不应承担责任。

对于本案赔偿应适用的法律，一审法院认为，本案在适用法律上应适用《铁路法》第五十八条的规定、最高人民法院《关于审理铁路运输损害赔偿案件若干问题的解释》，对原告庞迪的损害赔偿责任范围适用《民法通则》第一百一十九条的规定，具体按国务院批准的《铁路旅客损害赔偿规定》进行赔偿。该规定第五条“对每名旅客人身伤亡的赔偿限额为人民币40 000元”，第六条“铁路运输企业依照本规定给付赔偿金，不影响旅客按照国家有关铁路旅客意外伤害强制保险规定获取保险金”。此外，本案因属侵权纠纷，可以适用最高人民法院《关于确定民事侵权损害赔偿责任若干问题的解释》的有关规定。原告也提出了这方面的诉讼请求，考虑到原告庞迪系未成年人，其不仅肉体受到伤害，精神上也受到一定程度的损害，结合本案的实际情况给予一定的精神损害抚慰金，有利于原告今后的健康成长。对二被告要求按原告的损害程度，适用铁道部发布的《铁路旅客人身伤害及携带行李损失事故处理办法》及其附件的规定进行赔偿的主张，一审法院认为，一方面该办法属于铁路内部的规章，另一方面该办法规定的赔付比例及金额过低，故对二被告的要求不予采纳。

综上所述，该院认为原告在列车上被车窗轧断手指已构成伤残的结果与二被告在管理上存在的过错有因果关系。旅客人身伤亡，除《铁路法》第五十八条第二款列举的免责情况外，如二被告不能证明原告受伤是由于受害人自身原因造成的，二被告应对原告的伤残承担共同赔偿的责任。故二被告不承担责任的辩解意见不能成立。对原告的诉讼请求，除第二项护理费予以部分支持，第五项精神损害抚慰金应酌情予以支持外，其余的诉讼请求予以支持。理由是原告系小手指受伤，尽管其未成年，但只需一名监护人护理即可，无须双亲共同陪护；关于精神抚慰金，根据本案实际，原告提出4万元的请求过高，应酌情予以支持。

**（五）一审定案结论**

上海铁路运输法院根据《中华人民共和国民事诉讼法》第一百三十条，《中华人民共和国民法通则》第一百一十九条，《中华人民共和国铁路法》第五十八条第一款，最高人民法院《关于审理铁路运输损害赔偿案件若干问题的解释》第一条第一款第一项的规定，作出如下判决：

1. 被告长铁公司、被告柳州铁路局共同赔偿原告庞迪再治疗费5 000元。
2. 被告长铁公司、被告柳州铁路局共同赔偿原告庞迪护理费1 000元。
3. 被告长铁公司、被告柳州铁路局共同赔偿原告庞迪残疾者生活补助费16 459元。
4. 被告长铁公司、被告柳州铁路局共同赔偿原告庞迪交通费1 120元。
5. 被告长铁公司、被告柳州铁路局共同赔偿原告庞迪精神损害抚慰金1万元。

本案受理费2 310元，由原告承担955元，两被告共同承担1 355元，本案鉴定费350元由两被告共同承担。

**（六）二审情况**

一审判决后，被告柳州铁路局不服，提起上诉，经二审法院主持调解，三方当事人自愿达成协议：

1. 柳州铁路局一次给付庞迪意外伤害补偿人民币1.5万元。

2. 广州铁路集团长沙铁路总公司一次给付庞迪意外伤害补偿人民币1.5万元。

3. 一审受理费2 310元，由原告庞迪自愿承担，二审受理费2 310元，由柳州铁路局自愿承担。

**（七）解说**

1. 本案是旅客人身损害赔偿违约责任与侵权责任之竞合。责任竞合是指同一行为符合民法规定的数种责任要件的情形。在民事纠纷中，违约责任与侵权责任的竞合最为常见。旅客与铁路运输企业之间存在着运输合同关系，铁路运输企业作为承运人负有及时、安全地将旅客运送到目的地之合同义务，在运送责任期限内，因各种原因造成旅客人身损害的后果，致使旅客无法安全到达目的地，则同时人身损害的造成往往存在于侵权行为中，如该侵权行为系承运人造成或旅客人身损害与承运人的过错有因果关系，则受害人既可以民事侵权主张侵权责任，也可以运输合同违约主张违约责任。本案就是旅客人身损害赔偿违约责任与侵权责任竞合的典型案例。世界上多数国家都允许责任竞合。《中华人民共和国合同法》第一百二十二条确定了违约责任与侵权责任的竞合制度。在审理铁路旅客人身损害赔偿案件中，分析当事人提起违约之诉还是侵权之诉具有重要意义。本案的性质定为侵权之诉是正确的。尽管原告在起诉之初是以旅客运输合同纠纷即违约之诉起诉的，但其后在庭审时改变了案由和诉讼请求，本案在审理中注意对权利人权利的保护。在涉诉争端指向的民事责任发生竞合时，法院应当尊重当事人的请求权，义务人也必须尊重、服从权利人的合法选择。即使权利人从多个角度主张权利，法院只能从对权利人最有利的角度支持其中一个请求权。

2. 本案对旅客人身伤害赔偿过错责任的分析比较透彻。合同法确立了严格责任原则，即承运人即使在没有过错的情况下，也应承担损害赔偿责任，但这并不意味着审判实践中不去分析铁路承运人的过错责任。分析承运人是否有过错，仍然具有相当重要的意义，这是因为：第一，铁路运输企业本身承担较重的社会风险，分析承运人的过错责任，有利于查明案情，分清责任，促使其加强安全防范能力。第二，分析承运人与受害人的过错责任，直接关系到承运人与旅客之间的责任分配。对《合同法》第三百零二条的理解是承运人应当对旅客运输过程中发生的人身损害承担责任，除非出现免责事由。第三，旅客提出侵权之诉，则过错责任分析仍属必须。侵权之诉中承运人仍以过错为责任承担之要件。本案针对争议焦点，对二被告为什么要承担责任及因果关系分析得十分透彻，丝丝入扣，入木三分，对原告监护人为什么不应承担责任也作了详尽的分析，基本做到分清责任，以理服人。

3. 本案适用法律正确，并首例在旅客损害赔偿案件中适用有关精神损害赔偿的规定。

从赔偿范围上看，根据《民法通则》第一百一十九条规定，侵权责任赔偿范围包括直接损失和间接损失。根据《关于审理铁路运输损害赔偿若干问题的解释》第十一条的规定，1994 年 9 月 1 日以后发生的旅客伤亡的赔偿责任范围适用经国务院批准、铁道部发布的《铁路旅客运输损害赔偿规定》，对旅客人身伤亡的责任限额作了规定。关于人身损害能否进行精神损害赔偿，各国立法学说有不同的意见。过去一般只对人格权一类的侵权案件适用精神损害赔偿。最高人民法院于 2001 年 2 月作出了《关于确定民事侵权精神损害赔偿责任若干问题的解释》，对人身损害适用精神赔偿只有当事人请求的才予支持。本案是铁路法院系统首例适用该解释判决的案件，本案判决后各方反映还是比较好的。

（徐自强）

## 117. 宜兴市凯凯橡塑保温材料厂诉无锡市产品质量监督检验所侵权赔偿案（产品质量检验）

（一）首部

1. 判决书字号

一审判决书：江苏省无锡市南长区人民法院（2001）南经初字第 131 号。

二审判决书：江苏省无锡市中级人民法院（2001）锡民三终字第 249 号。

2. 案由：产品质量检验案。

3. 诉讼双方

原告（被上诉人）：宜兴市凯凯橡塑保温材料厂（以下简称保温材料厂）。

法定代表人：周仕萍，厂长。

委托代理人（一、二审）：陈云良，上海市成武律师事务所律师。

被告（上诉人）：无锡市产品质量监督检验所（以下简称质检所）。

法定代表人：吴建国，所长。

委托代理人（一、二审）：徐而迅，江苏无锡英特尔律师事务所律师。

委托代理人（二审）：朱建国，江苏无锡英特尔律师事务所律师。

4. 审级：二审。

5. 审判机关和审判组织

一审法院：江苏省无锡市南长区人民法院。

独任审判：审判员：何英。

二审法院：江苏省无锡市中级人民法院。

合议庭组成人员：审判长：欧阳立范；审判员：王立新；代理审判员：黄朝华。

6. 审结时间

一审审结时间：2001 年 5 月 16 日。

二审审结时间：2001 年 8 月 28 日。

（二）一审诉辩主张

1. 原告诉称：原告承接宜兴市人民法院（以下简称宜兴法院）办公楼送排风系统工

程，所需通风管道由北京市设备安装公司（以下简称安装公司）定作，宜兴法院将通风管道镀锌板样品送质检所作锌层重量及弯曲测试，质检所判定锌层重量不合格、弯曲试验合格，为此宜兴法院将保温材料厂所提供的产品全部按不合格产品退货，而国家钢铁产品质量监督检验中心（以下简称国家钢铁质检中心）的鉴定结论为样品符合国家标准，质检所的行为违反产品质量法的有关规定，要求赔偿风管材料、加工费等经济损失人民币171 443元。

2. 被告辩称：质检所提供给宜兴法院的检测报告不是司法鉴定，而是平等主体之间的民事委托关系，具有咨询性质，该报告不能对抗第三人，检测结果只对宜兴法院提供的样品负责。质检所的行为与保温材料厂受退货之间无赔偿的因果关系，要求驳回保温材料厂的诉讼请求。

**（三）一审事实和证据**

无锡市南长区人民法院经公开审理查明：1999年12月23日，保温材料厂与安装公司签订通风管道委托加工协议书一份，约定：保温材料厂委托安装公司定作宜兴送排风系统的通风管道，安装公司负责包工包料，风管采用武钢镀锌板加工，风管加工及料费共计138 071元。合同签订后，安装公司将加工物品交付保温材料厂，保温材料厂给付安装公司货款138 071元。2000年2月，保温材料厂将上述加工物品安装于宜兴法院办公楼。

2000年3月6日，宜兴法院向质检所送交了0.5毫米、0.8毫米、1毫米镀锌板的样品，要求对镀锌板锌层重量及锌层弯曲试验进行检测。同年3月16日，质检所作出（2000）委检字第032号检测报告，载明检测依据为GB2518—88《连续热镀锌薄钢板和钢带》，测试结果为锌层重量不合格、锌层弯曲试验合格。同年3月22日，质检所根据宜兴法院送检的0.5毫米、0.7毫米镀锌板的样品，分别作出（2000）第040号、第041号检测报告，载明检测依据为GB2518—88《连续热镀锌薄钢板和钢带》和委托检验协议，测试结果与前次相同。宜兴法院根据上述检验报告，将保温材料厂提供的产品全部按不合格产品退货，保温材料厂清场退出后，诉至北京市海淀区人民法院，要求安装公司退还货款138 071元并赔偿损失。安装公司则提出其提供的产品质量合格，要求进行锌层重量鉴定，双方在保温材料厂的库房内对安装公司提供的0.5毫米、0.8毫米、1毫米镀锌板进行取样，并共同在安装公司内对取样重新裁减后封存了样品，海淀区人民法院委托国家钢铁质检中心对双方的取样进行锌层重量鉴定。2000年11月，国家钢铁质检中心作出（2000）钢质检字第316号～318号检测报告，载明检测依据为GB/T2518—1988（该标准与GB2518—88标准系同一内容，GB/T2518—1988为国家推荐标准）。根据该检测报告，安装公司向保温材料厂提供的产品符合国家标准，海淀区人民法院判决驳回保温材料厂的诉讼请求。2001年3月，保温材料厂诉至本院，要求质检所赔偿经济损失。

以上事实有（2000）海经初字第2569号民事判决书以及当事人陈述等附卷作证。

**（四）一审判案理由**

无锡市南长区人民法院根据上述事实和证据认为：质检所接受宜兴法院的单方委托，对宜兴法院提供的镀锌板样品进行检测并出具报告，属特定主体之间的民事法律关系，该检测报告对第三人无必然的拘束力。保温材料厂清场退出后，现提出退货结果的发生是质检所的不实检测所致，要求质检所赔偿经济损失，因两者之间无因果关系，法院对其主张不予支持。

（五）一审定案结论

江苏省无锡市南长区人民法院根据《中华人民共和国民法通则》第一百零六条第二款之规定，作出判决：

驳回宜兴市凯凯橡塑保温材料厂的诉讼请求。

本案诉讼费人民币 4 968 元（含其他诉讼费用 30 元），由宜兴市凯凯橡塑保温材料厂负担。

（六）二审情况

1.二审诉辩主张

（1）上诉人诉称：宜兴法院要求保温材料厂退货的直接依据就是质检所出具的 3 份检测报告，其不实报告在前，宜兴法院要求退货在后，两者之间的因果关系具体、明确。现质检所的检测报告已被国家钢铁质检中心的检测结论所推翻，保温材料厂由此而造成的损失理应由质检所负责赔偿。

（2）被上诉人辩称：质检所的检验行为与保温材料厂受退货之间无赔偿的因果关系，无锡市南长区人民法院作出的判决是完全正确的，要求维持原判。

2.二审事实和证据

无锡市中级人民法院经审理查明：1999 年 12 月 23 日，保温材料厂与安装公司签订一份通风管道委托加工协议书，约定：保温材料厂委托安装公司定作宜兴法院送排风系统的通风管道；风管采用武钢镀锌板加工，验收标准按照 GB50243—97 及 GBJ304—88 加工制作的规范执行；风管加工及材料费共计138 071元；合同对付款方式等同时作了约定。签订合同后，安装公司将加工定作的通风管道等交付给保温材料厂，同时收取了138 071元价款。2000 年 2 月，保温材料厂将上述物品安装于宜兴法院办公楼。2000 年 3 月 6 日，宜兴法院为确保大楼质量向质检所送交了 0.5 毫米、0.8 毫米、1 毫米镀锌板样品，要求对镀锌板锌层厚度和锌层弯曲试验进行检测。同年 3 月 16 日，质检所出具（2000）委检字第 032 号检测报告，结论为："锌层质量不符合 GB2518—88 规定要求。锌层弯曲试验符合 GB2518—88 规定要求。"同年 3 月 22 日，质检所根据宜兴法院送检的 0.5 毫米、0.7 毫米镀锌板的样品，分别作出（2000）第 040 号、第 041 号检测报告，结论与其同年 3 月 6 日出具的检测报告的结果相同。宜兴法院根据上述检验报告，于同年 4 月 2 日书面通知保温材料厂，告知其所供的镀锌板经质检所检测为不合格，为确保法院办公楼的质量，供的镀锌板全部作退货处理。保温材料厂清场退出后即诉至北京市海淀区人民法院，要求安装公司退还价款138 071元并赔偿损失。安装公司抗辩其所供产品质量合格并要求进行质量鉴定。经双方对保温材料厂库房内安装公司所供的 0.5 毫米、0.8 毫米、1 毫米镀锌板共同取样，由海淀区人民法院委托国家钢铁质检中心进行检测。2000 年 11 月，国家钢铁质检中心作出检测报告，载明检测依据为 GB/2518—1988（该标准与 GB2518—88 标准系同一内容，系国家推荐标准）。该检测报告确认安装公司向保温材料厂提供的产品符合国家标准。海淀区人民法院据此驳回了保温材料厂的诉讼请求。2001 年 3 月，保温材料厂诉至原审法院，要求质检所赔偿经济损失。

另查明，质检所向宜兴法院出具的（2000）委检字第 032 号、第 040 号、第 041 号检测报告均载明：报告检测结果仅对来样负责；对本报告有异议，请于收到报告之日起 15 日内向质检所提出，逾期不予受理。宜兴法院收到上述检测报告后，在规定期限内未提出异议。保温材料厂收到宜兴法院的退货通知后，未提出异议，亦未要求共同取样，重新鉴定。

上述事实有下列证据证明：

(1) 加工协议书、质检所检测报告、国家钢铁质检中心检测报告。

(2) 海淀区人民法院（2000）海经初字第2569号民事判决书。

(3) 庭审笔录。

3. 二审判案理由

无锡市中级人民法院认为：保温材料厂与质检所之间未签订委托检验协议，亦未受托对其检材进行检测，故双方不存在质量检验纠纷，其案由应确定为侵权赔偿纠纷。本案争议的焦点是保温材料厂是否有权直接向质检所提出赔偿要求。现有证据证实：(1) 质检所是根据宜兴法院提供的检材而出具的检测报告，宜兴法院并未受保温材料厂的委托或共同取样而送检，亦未明确检材属于保温材料厂。(2) 宜兴法院收到检测报告后，未在规定时间内向质检所提出异议。保温材料厂在收到宜兴法院的退货通知后，已经知晓质检所出具了对己不利的检测报告，但亦未提出异议或要求宜兴法院共同取样重新鉴定。综上所述，质检所出具给宜兴法院的检测报告与保温材料厂所主张的侵权赔偿没有直接因果关系。保温材料厂即使对质检所的检测报告有异议，亦应首先向送检人宜兴法院提出，且保温材料厂在已经知道检测报告的内容并不持异议的情况下，事后再以国家钢铁质检中心的检测结论直接向质检所主张权利，因送检的主体、送检的样品、鉴定的单位均不相同，其请求与法相悖，原审法院驳回其诉讼请求并无不当。其上诉提出质检所的检测报告与保温材料厂所受的损失之间有必然因果关系的上诉理由与事实和法律规定均不相符。

4. 二审定案结论

江苏省无锡市中级人民法院根据《中华人民共和国民事诉讼法》第一百五十三条第一款第（一）项之规定，作出如下判决：

驳回上诉，维持原判。

二审案件受理费4 938元，由上诉人宜兴市凯凯橡塑保温材料厂负担。

**（七）解说**

在经济纠纷中像此类案件并不多见，综观全案不难凸现以下问题：

首先，本案的案由究竟为何，是产品质量检验纠纷还是侵权赔偿纠纷？从查明事实看，保温材料厂并未与产品质量检验机构（本案中的质检所）签订检验协议，质检所亦未受托对其检材进行检测，因此，两者之间并不存在质量检验纠纷，一审法院将案由定为产品质量检验纠纷是失当的。保温材料厂认为是质检所出具了不实的检测报告造成其损失，只能告其侵权，因此，二审法院将案由改为侵权赔偿纠纷是正确的。

其次，既然本案是一种侵权赔偿纠纷，认定质检所是否侵权就要看质检所有无过错，保温材料厂有无损失，质检所的检验行为与保温材料厂的损失之间有无因果关系。本案中，保温材料厂受损是事实，质检所确有过错，因为经调查，它并不具备钢铁产品的质检资格。质检所明知自己没有资格却为宜兴法院提供的样品进行鉴定，根据《产品质量法》第五十七条第二款规定："产品质量检验机构、认证机构出具的检验结果或证明不实，造成损失的，应当承担相应的赔偿责任"。所以，保温材料厂向质检所索赔，在理论上是有法律依据的。但是质检所的侵权行为与保温材料厂受损无直接因果关系。因为宜兴法院在提供送检样品时，并未明确检材属于保温材料厂，宜兴法院是单方行为，对保温材料没有任何影响。在保温材料厂诉安装公司一案中，保温材料厂向国家钢铁质检中心送检的主体、送检的样品、鉴定的单位均与上次不同。因此，保温材料厂存在的一个“致命”的失误在于，保温材料厂完全可以不去理会质检所作出的这份检测报告，或在规定期限内提出质疑，但它偏偏轻信了这份报告，误认为是安装公司提供的产品质量存在问题，而选择了匆匆清场退出，导致了非常被动的局面。

那么，保温材料厂在两次败诉后，还有无救济途径？保温材料厂在接到宜兴法院的由质检所出具的检测报告后未加详察自动清场退出，在法理上构成了终止与宜兴法院之间的加工承揽合同。即使保温材料厂符合《合同法》规定的重大误解，但由于撤销权人应当在知道撤销事由之日起 1 年内行使权利，而保温材料厂在状告安装公司失败后在一年内没有起诉宜兴法院，故它已经彻底丧失了所有救济途径。

（谢伟　佘君红）

# 118. 王力等 59 人诉新疆石油管理局油田服务公司燃料器材供应站等赔偿案（产品质量）

**（一）首部**

1. 判决书字号：新疆维吾尔自治区乌鲁木齐市沙依巴克区人民法院（2001）沙经初字第 676 号。

2. 案由：产品质量损害赔偿案。

3. 诉讼双方

原告：王力等 59 人，均为个体出租车驾驶员，住址均在乌鲁木齐市。

诉讼代表人：王力、杜宏飞、翟思东。

委托代理人：刘树生、纪中华，新疆联汇律师事务所律师。

被告：新疆石油管理局油田服务公司燃料器材供应站（以下简称供应站）。

诉讼代表人：马辉，供应站经理。

委托代理人：桑云，新疆百丰律师事务所律师。

被告：新疆石油管理局乌鲁木齐油田服务公司（以下简称服务公司）。

法定代表人：胡金修，总经理。

委托代理人：马辉，供应站经理。

4. 审级：一审。

5. 审判机关和审判组织

审判机关：新疆维吾尔自治区乌鲁木齐市沙依巴克区人民法院。

合议庭组成人员：审判长：杜宏志；审判员：杨东华；人民陪审员：宫晓燕。

6. 审结时间：2001 年 8 月 13 日。

（二）诉辩主张

1. 原告王力等59人诉称：2001年1月25日，原告王力等数十名乌鲁木齐出租车驾驶员在被告处加气后，车体严重颠簸，速度减慢，甚至发生“死车”现象。经查系车辆所加燃气内的杂质堵塞了蒸发器，遂找被告反映上述情况，但未引起重视，致使问题进一步扩大。自2001年2月15日起，乌鲁木齐市约一百四十余辆出租车均因在被告处加气后无法正常行驶，造成大范围停运。有些车因一时找不出事故原因而对车辆进行测试、检查。多数出租车是贷款购买或承包他人的，每天都有上缴任务，故原告向被告提出了赔偿要求，被告方始终不予理睬。后经报纸、电视等新闻媒体介入及市燃气办公室、石油局领导参与、协调，被告才同意解决此事。由于双方对具体赔偿数额及处理方式未能达成协议，至今被告未予赔偿。现请求法院依法判令被告向原告赔礼道歉，判令二被告共同赔偿原告营运损失35 400元、清洗费90元，双倍返还燃气费5 900元，并承担本案诉讼费。

2. 被告供应站辩称：原告的诉讼请求金额不能成立。首先，原告中有8人没有燃气卡，在明园加气站是否加气没有证据。其次，清洗汽车蒸发器只需要二至三小时，车辆最多停运八九个小时。出租车停运的共有146人，已协商解决87人，每天按300元损失计算，赔偿最多的才120元。现原告要求每人按两天营运损失赔偿没有根据。再次，原告出租车绝大多数是双燃料车，当燃气出现问题时，几秒钟就可转为燃油，不应扩大损失。再者原告要求双倍返还燃气费没有法律依据，因为原告所付的燃气费不是定金。每辆车究竟加多少气不清楚。另原告要求赔礼道歉没有道理。事件发生后，我站采取积极的态度，几乎2/3的出租车司机都已协商解决，也没有对原告的人身、名誉造成侵害，赔礼道歉没有必要。我站愿意给原告一定的损失赔偿。对清洗费90元予以认可。我站有能力承担赔偿责任。请求法院依法并参照我站已赔数额作出判决。

3. 被告服务公司辩称：同意第一被告的答辩意见，由第一被告承担赔偿责任，我公司不承担赔偿责任。请求法院公正判决。

（三）事实和证据

新疆维吾尔自治区乌鲁木齐市沙依巴克区人民法院经审理查明：2001年2月15日，原告王力等59名出租车驾驶员在被告供应站的明园加气站加气后，由于燃气存在质量问题，致使车辆无法营运，给原告造成一定的经济损失。事情发生后，原告方向被告供应站提出了赔偿要求。被告供应站给原告作出四点答复意见：（1）对燃气质量问题由我站出面请乌鲁木齐市燃气办公室、质量检验站和乌鲁木齐石化检验部门提供检验报告，待鉴定结果明确后，进行协商处理；（2）对14日在我站加气车辆出现问题的，由我站负责安排在乌鲁木齐市燃气办公室指定的有资质的修理点进行清洗，费用由我站承担；（3）对司机所提的于2月14日下午21时加气至洗车正常行驶为止，其间误工费问题由我站进行调查了解，在2月19日下午16时向司机代表解释答复；（4）对出现问题的满罐车辆，清洗后可继续用本罐气，然后再清洗一次，费用由我站承担。由于被告所供燃气存在严重杂质，致使原告车辆蒸发器被堵塞，花去清洗费90元，并造成满罐气不能使用。原告提出赔偿要求后，虽经双方协商，但对具体赔偿数额未能达成一致。时至今日，被告始终未予赔偿。

庭审中，原、被告双方对上述事实均无异议，本院予以确认。但被告认为原告要求赔偿数额过高，特别是营运损失按每天300元计算过高，最多耽误营运10个小时，损失最多120元。并认为燃气费应按实际供气量予以赔偿，原告要求双倍返还没有依据。

上述事实有下列证据证明：

1. 被告供应站给原告的“关于出租司机反映我站燃气质量问题所提要求的答复”。

2. 上海大众汽车特约维修站乌鲁木齐市迎宾路快修点出具的维修委托书44份和清洗单据7份。

3. 原告王力等人所在单位出具的证明。

4. 上海大众汽车特约维修站等修理单位出具的书面证明。

5. 法院的庭审笔录。

**(四) 判案理由**

新疆维吾尔自治区乌鲁木齐市沙依巴克区人民法院经审理认为：(1) 关于赔偿营运损失35 400元的问题。原告在被告供应站加气后，双方之间的供用气关系即已成立。由于被告所供燃气有质量问题，致使原告车辆停运，造成一定的经济损失，被告理应给予赔偿。故原告要求被告赔偿营运损失的诉讼请求，本院予以支持。但根据本案实际，应按每人一天损失300元，从车辆加气、出现问题到清洗蒸发器、开始营运，平均每辆出租车按耽误一天（24小时）计算，较为适宜。被告供应站提出杜宏飞等8名原告因无燃气卡无法证明他们在其下属明园加气站加气，经当庭举证、质证，证明杜宏飞等8名原告在明园加油站加气和在指定地点清洗蒸发器的事实存在，故本院对原告人数仍确定为59名。被告供应站系被告服务公司的下属分支机构，不具有法人资格，故原告要求被告供应站、被告服务公司共同承担赔偿责任的诉讼请求，本院亦予以支持。(2) 关于双倍返还燃气费5 900元的问题。由于被告所供燃气存在质量问题，凡加气后停运的车辆，其整罐气均不能再用，故原告主张按满罐气50元计算予以补偿，即2 950元（50元×59人），本院予以采纳。但原告要求被告双倍返还燃气费，于法无据，本院不予支持。双方之间系供用气关系，又无欺诈行为，不属《消费者权益保护法》所调整的范围，故原告依据该法要求被告承担民事责任，本院不予支持。(3) 关于赔礼道歉问题。被告所供燃气有质量问题，虽然给原告的车辆造成了停运，但并未给原告的名誉造成损害，故原告要求被告赔礼道歉不妥，本院不予支持。(4) 关于支付清洗费90元的问题。因被告对原告花去清洗费90元有证据证明，且被告对此不持异议，本院予以支持。

**(五) 定案结论**

新疆维吾尔自治区乌鲁木齐市沙依巴克区人民法院根据《中华人民共和国合同法》第一百一十二条、第一百七十九条、第一百八十四条的规定，判决如下：

1. 被告新疆石油管理局油田服务公司燃料器材供应站赔偿原告王力等59人营运损失17 700元（300元×59人）。

2. 被告新疆石油管理局油田服务公司燃料器材供应站给付原告王力等59人燃气费2 950元（50元×59人）。

3. 被告新疆石油管理局油田服务公司燃料器材供应站给付原告王力等59人清洗费用90元。

4. 驳回原告王力等59人要求被告新疆石油管理局油田服务公司燃料器材供应站赔礼道歉的诉讼请求。

本案争议标的41 390元，给付金额20 740元，占争议标的50.11%，应收案件受理费1 665元（原告王力等59人已预交），由被告新疆石油管理局油田服务公司燃料器材供应站负担 50.11%，即 834 元（在给付上述款项时一并给付原告王力等 59 人），由原告王力等 59 人负担 49.89%，即 831 元。

以上被告给付原告款计 21 574 元，限本判决书生效之日起次日付清，否则加倍支付迟延履行期间的债务利息。

**（六）解说**

燃气是一种工业产品。被告供应站给原告王力等 59 人出售的燃气中含有杂质，即使按行业质量标准的要求，也属于质量不合格的产品。这是本案双方当事人没有争议的事实。原告在出租车上使用该燃气，由于杂质堵塞了蒸发器，导致出租车在行驶中车体颠簸、速度减慢，甚至“死车”，原告因此受到了直接损失和间接损失，无论是根据《民法通则》、《产品质量法》还是《合同法》的规定，被告均应对此承担产品质量损害赔偿责任。这也是本案双方当事人没有争议的事实。

双方当事人有争议的是：原告是否可以依据《消费者权益保护法》（以下简称《消法》）的规定向被告索赔。我们认为，当事人因商品质量问题造成损害，是否可以依据《消法》的规定要求双方加倍承担赔偿责任，关键要看其要求是否符合《消法》第二条和第四十九条的规定。《消法》第二条规定，“消费者为生活需要购买、使用商品或者接受服务，其权益受本法保护”。《消法》第四十九条规定：“经营者提供商品或者服务有欺诈行为的，应当按照消费者要求增加赔偿其受到的损失，增加赔偿的金额为消费者购买商品的价款或者接受服务的费用的一倍。”根据这两条规定，购买者购买商品用于生活消费的，才为“消费者”，才受《消法》保护；经营者出售商品有欺诈行为的，才应当按照消费者的要求加倍赔偿损失。本案中的 59 名原告，将购买被告的燃气加在出租车的蒸发器中，用于经营旅客运输活动，在这里他们显然不属于“消费者”；而且从法院确认的事实看，被告给原告提供带有杂质的燃气不属于故意欺诈行为，而是一种过失行为。由此可见，原告要求被告按照《消法》的规定双倍赔偿损失，在其主体和经营者行为方面均与上述《消法》的规定不相符合。因此，原告的损失不应受《消法》保护，而应受其他有关法律、法规保护。

本案多名原告的诉讼标的为同一种类，即均是要求被告承担燃气产品质量损害赔偿责任；起诉时仅有几名原告，人数并不确定，至法院审理将要终结时才确定为 59 名原告；59 名原告没有都直接参加诉讼，只是推选了其中的王力等 3 名原告代表他们进行诉讼；法院作出的判决，对那些没有直接参加诉讼的原告同样具有效力。这些情形表明，本案诉讼符合集团诉讼的特征，是一起典型的“集团诉讼”案件。

综上所述，法院根据《合同法》有关条款的规定，判令被告承担赔偿责任，而没有按照《消法》的规定支持原告的诉讼请求，判令被告加倍赔偿原告的损失是正确的。此外，法院按照集团诉讼的程序审理本案并作出判决也是正确的。

（杨善明）

# 119. 新乡市中原医药总公司经营部诉新乡县医药总公司新特药公司等赔偿案（产品责任）

（一）首部

1. 判决书字号

一审判决书：河南省新乡县人民法院（2000）新经初字第245号。

二审判决书：河南省新乡市中级人民法院（2001）新经终字第168号。

2. 案由：赔偿案。

3. 诉讼双方

原告（被上诉人）：新乡市中原医药总公司经营部（以下简称中原经营部）。

法定代表人：罗志臣，经理。

委托代理人：段雪战，该公司副经理。

委托代理人：谭评，新乡诚友律师事务所律师。

被告（被上诉人）：新乡县医药总公司新特药公司（以下简称新乡县新特药公司）。

法定代表人：杜学义，经理。

委托代理人：李全芳，新乡县新特药公司职员。

被告（上诉人）：焦作市东湖药业有限责任公司（焦作市化学制药厂输液分厂）（以下简称东湖公司）。

法定代表人：李智元，经理。

委托代理人：王良海，该公司副经理。

委托代理人：张红充，焦作华凌律师事务所律师。

4. 审级：二审。

5. 审判机关和审判组织

一审法院：河南省新乡县人民法院。

合议庭组成人员：审判长：黄兴涛；审判员：李瑞兰、黄书香；书记员：陈敬慧。

二审法院：河南省新乡市中级人民法院。

合议庭组成人员：审判长：骆平；审判员：王师斌、焦新慧。

6. 审结时间

一审审结时间：2001年2月20日。

二审审结时间：2001年6月27日。

（二）一审诉辩主张

1. 原告中原经营部诉称：2000年3月6日，我方购买被告新乡县新特药公司的生理盐水（由被告东湖公司生产的批号为991216的0.9%的生理盐水）2 400瓶，价值3 360元。我方将此批生理盐水卖给山西绿洲纺织公司职工医院（以下简称山西职工医院），在使用过程中发现质量问题，山西职工医院要求我方赔偿损失。后经检验，证实该批药品为不合格产品。为此我方与山西职工医院经多次协商后一次性赔偿其经济损失21 600元。后我方与二被告多次协商达不成协议，为维护我方的合法权益特向法院提起诉讼，请求法院判令二被告赔偿我方因此造成的往返运费，换货款、差旅费、药检费、业务损失费，共计37 200元。

2. 被告新乡县新特药公司辩称：原告要求的因药品质量造成的经济损失，不应由我方负担，应该由生产厂家东湖公司承担责任。

3. 被告东湖公司未提供书面答辩。

**(三) 一审事实和证据**

河南省新乡县人民法院经公开审理查明：2000 年 3 月 9 日，原告中原经营部将被告东湖公司生产的批号为 991216 的 0.9％的生理盐水 120 件 2 400 瓶以每瓶 1.8 元卖至山西职工医院，共计 4 320 元。因在使用过程中发现药品存在质量问题，山西职工医院要求原告中原经营部赔偿损失。后经阳城县药品检验所检验，该批药为不合格产品，原告与山西职工医院达成协议一次性赔偿其损失 21 600 元，并因此支付药检费 600 元，山西到焦作往返运费 1 200 元，路费 736 元，换药费 4 320 元，其他费用 66 元，共计 28 522 元，后原告与二被告多次协商均达不成协议。

上述事实有下列证据证明：

1. 原、被告双方陈述。

2. 经营药品相关证照 3 份。

3. 药品调拨单 1 份。

4. 药品检验报告书 1 份。

5. 赔偿协议书 1 份。

6. 发票 3 份。

7. 路费及其他费用凭证。

**(四) 一审判案理由**

河南省新乡县人民法院认为：根据《产品质量法》以及《消费者权益保护法》的有关规定，因不合格产品造成用户、消费者的合法权益受到损害的，用户、消费者可以向销售者要求赔偿，销售者赔偿后对属于生产者责任的，可以向生产者追偿。在本案中，被告东湖公司因其产品质量不合格，应承担赔偿责任，对原告要求被告东湖公司承担责任的诉讼请求本院予以支持。因被告新乡县新特药公司属于销售者且无过错，对原告要求被告新乡县新特药公司承担责任的诉讼请求，本院不予支持。

**(五) 一审定案结论**

河南省新乡县人民法院根据《中华人民共和国民法通则》第八十四条、第一百零六条，《中华人民共和国产品质量法》第二十八条，《中华人民共和国消费者权益保护法》第三十五条之规定，判决如下：

1. 限被告焦作市东湖药业有限责任公司于判决生效后 10 日内付给原告新乡市中原医药总公司经营部 28 522 元。

2. 驳回原告新乡市中原医药总公司经营部的其他诉讼请求。

案件受理费 1 400 元，由被告焦作市东湖药业有限责任公司负担。

**（六）二审情况**

1. 二审诉辩主张

上诉人诉称：中原经营部与山西职工医院的赔偿协议违反法律规定是无效的。原审法院未查清该协议是否履行，从中原经营部提供的发票中可以看出，所销售药品中还有其他药品，药检费是否包括其他药品不清。阳城县药品检验所的检验报告，违反有关规定程序，不应作为定案依据。请求撤销原判，依法改判。

被上诉人未作答辩。

2. 二审事实和证据

河南省新乡市中级人民法院经审理后除与原审查明的事实相同外，另查明：因本案所涉药品的销售发票系以“焦作市化学制药厂输液分厂”（以下简称输液分厂）名义开具，诉讼过程中，东湖公司诉讼代理人提出东湖公司与输液分厂分别系两个不同的独立的企业法人单位，该药品与东湖公司无关，东湖公司不应承担责任。上诉状未提及该问题是由于未曾对此核查，原审时也未出庭诉讼，受原审判决所述药品系东湖公司生产的误导。本案所涉药品的包装显示生产单位为“焦作市东湖药业有限责任公司（原焦作市化学制药厂输液分厂）”，东湖公司向本院递交的加盖其印章的诉讼代理人委托书中填写的委托单位明确为“焦作市东湖药业有限责任公司（原焦作市化学制药厂输液分厂）”。东湖公司与输液分厂的住所地位于同一地点，即焦作市焦东南路2号，其法定代表人系同一自然人李智元。东湖公司向本院递交的证明李智元系其法定代表人身份证明所注电话号码，与上述输液分厂开具药品销售发票中的电话号码相同，均为3935420。中原经营部与山西职工医院于2000年9月20日就赔偿一事达成协议后，双方协商赔偿款项已从山西职工医院应付中原经营部的其他货款中扣除。

二审法院确认了一审法院认定的证据。

3. 二审判案理由

河南省新乡市中级人民法院认为：虽然东湖公司与输液分厂分别领取两个企业法人营业执照，本案所涉药品的销售发票系输液分厂开具，但其住所地均位于同一地点，在本案诉讼中，原审法院向东湖公司送达的有关诉讼法律文书载明“焦作市东湖药业有限责任公司（原焦作市化学制药厂输液分厂）”，其均未曾提出异议，且曾以输液分厂的名义对本案管辖权提出异议，药品包装及东湖公司向本院递交诉讼文书填写内容也均明确“焦作市东湖药业有限责任公司（原焦作市化学制药厂输液分厂）”，该厂系一套人马两块牌子，故东湖公司所称药品系输液分厂生产与东湖公司无关的理由不能成立，本院不予支持。依照有关法律规定，因产品质量问题造成用户、消费者的合法权益受到损害，用户、消费者可以向销售者要求赔偿，销售者赔偿损失后，对属于生产者责任的，可以向生产者追偿。中原经营部向山西职工医院销售的由东湖公司生产的药品后，在使用过程中发现并经当地阳城县药品检验所进行质量检验，确定了该药品的质量问题，中原经营部与山西职工医院对因该药质量问题所造成的损失协商予以赔偿，并已实际执行，中原经营部依法即可以向该药品的生产者东湖公司进行追偿，东湖公司应向中原经营部承担责任并赔偿中原经营部因此所受的经济损失。新乡县新特药公司也属于药品经销者，在药品销售过程中，没有过错，其不应承担责任。东湖公司上诉所述中原经营部与山西职工医院达成的赔偿协议无效，所付药检费包括其他药品的费用、阳城县药品检验所的检验报告违反规定等理由没有依据，不能成立，本院不予采纳。据此原审判决并无不当，依法应予维持。

4. 二审定案结论

河南省新乡市中级人民法院根据《中华人民共和国民事诉讼法》第一百五十三条第一款第（一）项之规定，判决如下：

驳回上诉，维持原判。

二审诉讼费 1 680 元，由上诉人焦作市东湖药业有限责任公司负担。

**（七）解说**

1. 本案案由应定为产品责任追偿纠纷。本案案由定为赔偿纠纷不妥。第一，根据《产品质量法》以及《消费者权益保护法》的有关规定，不合格产品造成用户、消费者的合法权益受到损害，用户、消费者可以向销售者要求赔偿，销售者赔偿后，属于生产者的责任或者属于向销售者提供产品的其他销售者（以下简称供货者）的责任的，销售者有权向生产者、供货者追偿。本案原告正是依据上述法律规定，在对药品使用者履行了赔偿义务后，依法取得了对二被告的追偿权，原、被告之间属于追偿纠纷而不是赔偿纠纷。第二，案由是当事人之间诉争的法律关系与争议标的集中体现，如果将本案案由仅定为追偿纠纷，则只体现了案件的争议标的，而不能反映涉及的法律关系。就本案而言，当事人之间的追偿纠纷是基于产品责任引起的，则案由定为产品责任追偿纠纷更为完善。

2. 产品责任追偿案件中应注意的问题。《产品质量法》第三十一条规定："因产品存在缺陷造成人身、他人财产损害的，受害人可以向产品的生产者要求赔偿，也可以向产品的销售者要求赔偿，属于产品的生产者的责任，产品的销售者赔偿的，产品的销售者有权向产品的生产者追偿。属于产品的销售者的责任，产品的生产者赔偿的，产品的生产者有权向产品的销售者追偿。"可见，在追偿权的取得上，不管是产品的生产者还是销售者，都必须是在对受害人实际履行了赔偿义务，且损害不是基于其自身责任而产生的前提下，才能取得对实际损害人的追偿权。此外，《产品质量法》、《消费者权益保护法》的相关规定显示出赔偿权的行使具有选择性，体现了保护受害人（消费者）这一相对劣势人群的立法本意。因此，在这类赔偿案件中，请求人只需证明损害结果是因产品缺陷造成的即可，无论被请求人是否有过错，都应承担赔偿责任。对于追偿权法律作了限制规定，即行使追偿权具有针对性，必须是无过错的一方向有过错的一方行使追偿权，被请求人只有在有过错的情况下才承担责任。这一原则要求法院在审理多销售环节的产品责任追偿案件时，不仅要查明损害结果与产品缺陷有无因果联系，还要查清责任的承担与分担，在避免讼累的同时，确保各方当事人的合法权益。

（陈敬慧）

# 六、其他类型案例

## 120. 徐良方诉徐水明土地经营权案
## （土地权属）

**（一）首部**

1. 判决书字号

一审判决书：浙江省诸暨市人民法院（2001）诸经初字第1878号。

二审判决书：浙江省绍兴市中级人民法院（2001）绍中经终字第433号。

2. 案由：土地经营权承包案。

3. 诉讼双方

原告（上诉人）：徐良方，男，1950年8月16日出生，汉族，农民，住诸暨市化泉乡黄畈阳村。

委托代理人（一审）：姚天林，诸暨市璜山法律服务所工作人员。

被告（被上诉人）：徐水明，男，1964年12月19日出生，汉族，农民，住诸暨市化泉乡黄畈阳村。

4. 审级：二审。

5. 审判机关和审判组织

一审法院：浙江省诸暨市人民法院。

独任审判：代理审判员：魏岩岩。

二审法院：浙江省绍兴市中级人民法院。

合议庭组成人员：审判长：高佰军；审判员：周筱燕；代理审判员：杨雪伟。

6. 审结时间

一审审结时间：2001年9月28日。

二审审结时间：2001年11月22日。

**（二）一审诉辩主张**

1. 原告诉称：1996年9月20日，原告合法取得黄畈阳村泉水湾1.38亩土地的承包经营权，承包期限为4年，至2000年9月15日承包期满。2000年下半年，原告继续承包取得该处土地经营权，在第一期承包期内，被告徐水明向原告讨种了其中位于水塘里坎上的土地0.3亩。2000年土地续包后，原告要求被告退还讨种的0.3亩土地，遭被告拒绝。现起诉要求被告退还位于泉水湾的原告承包的土地0.3亩，并负担案件受理费。

2. 被告辩称：位于黄畈阳村泉水湾水塘里坎的土地0.3亩不是原告徐良方的承包土地，原告徐良方是无权所有的，在1996年村里进行土地承包时原告就明确知道水塘里坎的0.3亩土地的权属，故不同意退还原告请求的0.3亩土地。

**（三）一审事实和证据**

浙江省诸暨市人民法院经公开审理查明：原告徐良方、被告徐水明均系诸暨市化泉乡黄畈阳村第二村民小组（原第二生产队）的成员。1996年，黄畈阳村进行粮田承包时，徐良方向黄畈阳村经济合作社承包粮田1.38亩，承包时间为4年，至2000年9月15日止。2000年下半年，徐良方继续承包该1.38亩粮田至2025年。上述1.38亩承包田分别位于黄畈阳村土名为杜仙岭下、九分、泉水湾三处。其中位于泉水湾的粮田上方有水塘一处，水塘里坎有土地0.3亩，水塘与水塘里坎的土地均属于黄畈阳村集体所有。1996年，黄畈阳村发包粮田时未将泉水湾的水塘及水塘里坎的土地发包给个人。该水塘用于灌溉整个泉水湾的粮田，水塘里坎的土地系保护水塘的水利专用地。1996年起被告徐水明在水塘里坎的0.3亩土地上种植农作物至今。

上述事实有下列证据证明：

1. 原告徐良方提供的诸暨市粮田承包合同。

2. 原告徐良方提供的黄畈阳村村委会出具的续包证明。

3. 对黄畈阳村第二村民小组组长徐章信和对原黄畈阳村村长、村党支书记陈才法的调查笔录。

4. 庭审笔录。

**（四）一审判案理由**

浙江省诸暨市人民法院经审理认为：当事人对自己的主张有责任提供证据。该案原、被告双方讼争的0.3亩土地，系保护黄畈阳村泉水湾水塘的水利专用地。黄畈阳村在进行粮田承包时，未将该0.3亩土地发包给任何个人。原告徐良方向本院提供的诸暨市粮田承包合同、黄畈阳村村委会出具的续包证明仅能证明1.38亩粮田由其承包的事实，而并不能证明泉水湾水塘里坎的0.3亩土地系其承包经营的事实，且原告徐良方无其他相关证据提供，因此，对原告要求被告退还泉水湾的原告承包的土地0.3亩这一诉讼请求，缺乏事实和法律根据，不予支持。对该讼争的土地，原、被告及他人均不能进行占用。

**（五）一审定案结论**

浙江省诸暨市人民法院根据《中华人民共和国民法通则》第七十四条、第八十条的规定，作出如下判决：

驳回原告徐良方的诉讼请求。

案件受理费40元，由原告徐良方负担。

**（六）二审情况**

1. 二审诉辩主张

（1）上诉人诉称：原审错误地驳回了上诉人诉讼请求的同时，以该讼争的土地原、被告及他人均不能进行占用，无形中剥夺了上诉人对水塘及相配套的水利专用地的合法使用权，请求撤销原判，依法改判。

（2）被上诉人辩称：讼争的0.3亩土地不是徐良方的承包土地，原审判决并无不当；请求驳回上诉，维持原判。

2. 二审事实和证据

浙江省绍兴市中级人民法院经审理确认了一审认定的事实和证据。

3. 二审判案理由

浙江省绍兴市中级人民法院经审理认为：上诉人徐良方与黄畈阳村经济合作社签订的粮田承包合同有效。该合同约定上诉人徐良方承包粮田面积为1.38亩，坐落于杜仙岭下、九分、泉水湾三处。上诉人徐良方主张泉水湾水塘里坎的0.3亩土地系其承包缺乏合同依据，其要求被上诉人徐水明退还位于泉水湾水塘里坎的0.3亩土地于法无据，上诉人的上诉理由依据不足，不予支持。

4. 二审定案结论

浙江省绍兴市中级人民法院根据《中华人民共和国民事诉讼法》第一百五十三条第一款第（一）项之规定，作出如下判决：

驳回上诉，维持原判。

二审案件受理费40元，由上诉人徐良方负担。

（七）解说

本案系发生在山区农村的土地经营权纠纷案，处理本案的关键是判明原告徐良方是否享有对泉水湾水塘里坎的0.3亩土地的承包经营权。本案讼争的0.3亩土地系保护泉水湾的水利专用地，其作用是避水、堆塘泥等，而泉水湾粮田上方的水塘系灌溉整个泉水湾粮田的水源，因此，取得对水塘里坎和水塘的支配权直接关系到在泉水湾有粮田的各家农户的利益，因为在山区农村呈阶梯型的粮田由地势上方水塘里积储的水灌溉是农田用水的重要来源。基于此原因，黄畈阳村一直未将水塘、水塘里坎的土地承包给个人，一直由村集体所有。被告从1996年起至今在水塘里坎的0.3亩土地上种植作物的做法是欠妥的，但这与原告的诉请属于不同的法律关系，若要恢复水塘里坎的0.3亩土地系水利专用地的原状，请求权应由村集体来主张。而原告的诉请是无事实和法律依据的，故依法驳回了原告的诉讼请求。

（魏岩岩）

## 121. 湖南省会同县林产品开发公司诉海南新闻报社实业有限公司咨询服务协议案（居间费）

（一）首部

1. 判决书字号：海南省海口市新华区人民法院（2001）新经初字第179号。

2. 案由：咨询服务协议案。

3. 诉讼双方

原告：湖南省会同县林产品开发公司（以下简称林产品公司）。

法定代表人：徐立汶，经理。

委托代理人：梁中玉，林产品公司副经理。

被告：海南新闻报社实业有限公司（以下简称实业公司）。

法定代表人：樊雨田，总经理。

委托代理人：樊磊，总编辑助理。

4. 审级：一审。

5. 审判机关和审判组织

审判机关：海南省海口市新华区人民法院。

独任审判：审判员：陈泰武。

6. 审结时间：2001 年 7 月 30 日。

**（二）诉辩主张**

1. 原告诉称：1999 年 5 月 7 日，被告实业公司在当日《羊城晚报》第十六版左下方刊登“诚邀合作”的广告，寻求加工生产松板材1 000立方的单位，我公司见报后，于第二天即 1999 年 5 月 8 日与实业公司联系，经实业公司邀请，我公司与实业公司于 1999 年 6 月 14 日签订咨询服务协议书。按协议约定，实业公司提供 1 000 立方木材信息，开发公司支付实业公司中介服务费 1.5 万元。协议签订后，开发公司于同年 6 月 17 日按协议的条款要求，将 1 万元现金存入实业公司所指定的海口市南宝路邮政储蓄所，账号为 203299476，尚欠 5 000 元并写了欠条。实业公司持存单，我公司控制密码。同年 6 月 18 日，实业公司多次寻找我公司要密码，企图提取动用上述双控的 1 万元存款。我公司考虑到协议约定的责任还没有履行，同时察觉实业公司有意设圈套让我公司钻，没有将密码提供给实业公司。实业公司不能提取上述存款，便于同年 6 月 19 日手持存单到海口市南宝路邮政储蓄所办理挂失密码和要求修改密码手续。我公司知晓后，立即向当地有关部门报告，省公安厅文保科会同邮电公安处对此采取短期有效措施。同时，在储蓄所的支持下，我公司坚持凭密码挂失存单近两年之久，才保住了这笔款不让实业公司取走。实业公司利用虚假广告与我公司签订咨询服务协议书，企图骗取我公司的信息咨询费 1 万元。据此，依照《民事诉讼法》的规定，特向法院提起诉讼，要求判令被告返还原告 1 万元，并承担本案诉讼费用。

2. 被告辩称：我公司从未收到过原告交付的中介服务费 1 万元；原告也没有将 1 万元现金存入我公司的账户；海口市南宝路邮政储蓄所的 203299476 账户，不是我公司的账户，来往账目与我公司无关。我公司为原告提供信息服务支出了费用。

**（三）事实和证据**

海南省海口市新华区人民法院经公开审理查明：1999 年 6 月 14 日，原告林产品公司与被告签订咨询服务协议书及附本（信息内容），约定：被告向原告提供松木（南方马尾松）板材的信息服务，并协助原告签订工矿产品购销合同（松木板材）。原告向被告交付立项费 1.5 万元；被告在收齐立项费 1.5 万元后 5 日内，安排原告与定作方签订有关合同；立项费 1.5 万元先由原告存入被告方银行，原告自控密码，待被告安排原告与定作方签订工矿产品购销合同后，被告凭原告提供的密码领取暂存银行的立项费。信息内容为：松木（南方马尾松）数量 1 万立方米，每立方米 3 400 元，交货地点为原告生产场地仓库。为保证业务的正常履行，原告需支付定作方 1 万元接单费，该款待原告与定作方顺利履行完合同后，由定作方退回原告。协议及附件签订后，原告于 1999 年 6 月 17 日将 1 万元现金存入被告所指定的海口市南宝路邮政储蓄所，户名是被告原法定代表人刘帝振，账号为203299476。同日，被告给原告出具收据载明：今收到湖南省会同县林产品开发公司交来承接松板材业务咨询费壹万元整（存折，原告提供密码，地址在南宝路邮政储蓄所，账号为203299476），原收据作废。被告出具收据后，未按协议约定提供咨询服务，原告于1999年6月24日要求被告返还咨询费1万元未果，引起诉讼。

上述事实有下列证据证明：

1. 原、被告双方签订的咨询服务协议书及附本。

2. 被告出具的收据证明被告曾收到原告交来的业务咨询费1万元。

3. 当事人的陈述及庭审笔录证明双方签订咨询服务协议的事实和经过。

**（四）判案理由**

海南省海口市新华区人民法院根据上述事实和证据认为：原、被告双方签订的咨询服务协议书及附本，是双方当事人的真实意思表示，主体合格，内容合法，是有效合同，受法律保护。原告依约支付业务咨询费1万元，被告未按协议约定提供咨询服务，属于违约行为。原告要求被告返还业务咨询费1万元有理，本院应予支持。

**（五）定案结论**

海南省海口市新华区人民法院根据《中华人民共和国民法通则》第一百零六条第一款规定，作出如下判决：

被告海南新闻报社实业有限公司于本判决生效之日起10日内返还原告湖南省会同县林产品开发公司业务咨询费1万元。如逾期履行，则按《中华人民共和国民事诉讼法》第二百三十二条规定办理。

本案诉讼费410元（原告已付），由被告负担，并于本判决生效之日起10日内直接付给原告。

**（六）解说**

本案事实十分清楚，是一起居间合同纠纷。居间合同是居间人向委托人报告订立合同的机会或者提供订立合同的媒介服务，委托人支付报酬的合同。本案中原告林产品公司已向被告支付约定报酬1.5万元中的1万元，而被告并未按约定提供信息服务因而引起诉争。

本案争议的焦点有两个：

1.1.5万元信息服务费是否符合法律规定？有的观点认为，本案中介费约定过高，损害了原告的利益，按公平原则可主张减少。其实，现行法律对这种中介费的收取并没有数额的限制，完全由双方当事人按意思自治的原则约定，除非一方能提供证据证明合同是在乘人之危或者是欺诈、胁迫情况下订立的，一方过高或过低收取中介费不合理，主张撤销，法院经审理核实后才予以撤销。所以，根据《合同法》第四百二十六条规定，“居间人促成合同成立的，委托人应当按照约定支付报酬”。本案的信息服务费是双方自主约定的，符合法律规定。

2. 居间人按约定提供信息服务，但未促成合同成立，是否有权收取部分报酬？本案被告尽管未促成原告与第三人的合同成立，但其以已付出劳动，应有所得为由，要求支付1万元的部分报酬是否合理？这里就涉及一个居间活动费用由谁支付的问题。《合同法》规定，居间人促成合同成立的，居间活动的费用由居间人负担。也就是说，委托人给予居间人的报酬中包含了全部的居间费用，居间费用不再另行支付。如果居间人未促成合同成立的，不得要求报酬，但可以要求委托人支付从事居间活动支出的必要费用，所以，本案中，被告无权要求获取任何报酬，但可以向原告要求支付其在居间活动中支出的必要费用，法院判决被告返还原告信息服务费1万元是适当的，被告可以另行主张原告支付其在居间活动中支出的必要费用。

（刘瑟荣）

## 122. 福建省三明市不锈钢材料公司诉田美招等返还财产案

**(一) 首部**

1. 判决书字号

一审判决书：福建省大田县人民法院（2000）大经初字第93号。

二审判决书：福建省三明市中级人民法院（2001）三经终字第16号。

2. 案由：返还财产案。

3. 诉讼双方

原告（被上诉人、反诉被告）：福建省三明市不锈钢材料公司（以下简称三明公司）。

法定代表人：程从顺，经理。

委托代理人：颜长虹，男，1963年10月18日出生，汉族，福建省三明市不锈钢材料公司副经理。

被告（上诉人、反诉原告）：田美招，男，1965年3月9日出生，汉族，福建省大田县上京镇梅林村人，驾驶员。

委托代理人（一审）：王新平，福建省大田县法律援助中心律师。

委托代理人（二审）：姚军，福建省大田宏岩律师事务所律师。

被告：福建省大田县金属材料公司（以下简称大田公司）。

法定代表人：郑永忠，经理。

委托代理人：黄清水，福建省大田县法律援助中心律师。

4. 审级：二审。

5. 审判机关和审判组织

一审法院：福建省大田县人民法院。

合议庭组成人员：审判长：池忠；审判员：曾海鹰、李春雷。

二审法院：福建省三明市中级人民法院。

合议庭组成人员：审判长：王光国；审判员：程哲明、孙斌。

6. 审结时间

一审审结时间：2000年12月19日。

二审审结时间：2001年3月14日。

**(二) 一审诉辩主张**

1. 原告三明公司诉称：请求判令被告田美招偿付货款7 480.20元及逾期付款利息

1 710 元（从 1999 年 1 月 28 日起至 2000 年 8 月 7 日止），合计人民币 9 190.20 元。在庭审中，原告自愿放弃要求被告大田公司偿付上述货款及逾期付款利息的诉讼请求。

2. 被告田美招辩称：我从未与原告形成购销关系，原告要求我偿付货款没有事实依据；我与原告仅是承运关系，且已将向原告提取的碳结钢运抵交给大田公司；即使承运有误，也因超过赔偿时效 180 日而丧失要求我偿付货款的权利，请求驳回原告的诉讼请求。

3. 反诉原告田美招诉称：反诉被告滥用诉权，不仅给我造成经济损失，而且使我的名誉受到侵害，要求反诉被告赔偿误工费、怠班费损失人民币 6 000 元，并以登报声明形式向我赔礼道歉。

4. 反诉被告三明公司辩称：因其所有的财产受到侵害，有权向法院提出诉讼，请求保护，并未滥用诉权，也未使反诉原告的名誉受到侵害，要求驳回反诉原告的反诉请求。

**（三）一审事实和证据**

福建省大田县人民法院经公开审理查明：1999 年 1 月 28 日，被告田美招向原告提取碳结钢，并由原告仓管员开具发货通知单一份，其内容为：提货单位大田县金属材料公司，货物名称 45＃碳结元（钢），规格直径 95，通知数 3 吨，实发数 2.877 吨，每吨单价 2 600 元，备注栏中注明米数为 51.67 米、支数 10 支，提货人栏目中有田美招签名。但被告田美招未能提供证据证明已将向原告提取的碳结钢运抵交给大田公司，1999 年 2 月 1 日，原告向大田公司托收货款遭到拒付，此后原告多次打电话催讨未果，遂诉至法院，请求判令被告田美招赔偿货物和利息损失 9 190.20 元。原告以其财产权受到侵害为由向法院提起诉讼，并未滥用诉权。

另查明：叶宏兴的证言在时间上和货物数量上无法与装卸工林芳垤、杜光明、廖应继的证言相互印证，且在大田公司 1999 年度的库存物资明细账和该年度的原始凭证中，未见 1999 年 1 月间大田公司有向原告购买碳结钢的验收入库登记和支付运费给田美招、支付卸车费给装卸工的原始凭证存档。

上述事实有下列证据证明：

1.1999 年 1 月 28 日由原告仓管员开具的发货通知单及田美招的行车原始记录各一份。

2.1999 年 2 月 1 日中国银行三元支行委托收款凭证和 1999 年 2 月 4 日大田公司的拒绝付款理由书各一份。

3. 大田县人民法院（2000）大经初字第 60 号民事判决书认定：1999 年 1 月间，大田公司并未委托田美招到三明公司提货，也未收到田美招送来的原告的货物，三明公司与大田公司不存在购销关系。

4. 林芳垤、杜光明、廖应继的证言六份。

5. 叶宏兴的证言。

**（四）一审判案理由**

福建省大田县人民法院根据上述事实和证据认为：本案当事人讼争的标的是承运人承运的货物，而不是运输行为本身，三明公司要求田美招返还财产，应适用《民法通则》的规定，诉讼时效为 2 年，三明公司的诉讼未超过诉讼时效。三明公司提供的发货通知单足以证明田美招向其提取货物的事实，但田美招未能提供将提取的碳结钢运抵交给大田公司的证据，且大田公司的财务账目中也没有收到该批货物的登记，故田美招应返还其向三明公司所提走的财产，鉴于本案的情况，已无法返还财产，应当赔偿三明公司货物损失，并支付利息损失。原告要求被告田美招支付利息1 710元，鉴于原告所适用的计算标准日利率万分之四偏高，应从原告向被告田美招主张权利之日即2000年8月7日起按日利率万分之二点一计算，截至2000年12月7日的利息为188.50元，超过部分本院不予支持。三明公司自愿放弃对大田公司的诉讼请求，是其对自己诉讼权利的处分，应予准许。由于田美招侵害了三明公司的财产权，所以，三明公司没有滥用诉权，田美招到庭参加诉讼是其应尽的法律义务和应履行的诉讼义务，且田美招未能提供其名誉权受到侵害的相关证据，因此，田美招的反诉请求缺乏事实依据，不予支持。

**（五）一审定案结论**

福建省大田县人民法院根据《中华人民共和国民法通则》第一百零六条第二款、第一百零八条、第一百一十七条、第一百三十四条及最高人民法院的有关规定，作出如下判决：

1. 被告田美招应赔偿原告福建省三明市不锈钢材料公司货物损失人民币7 480.20元，该款限于本判决生效后10日内付清。

2. 被告田美招应赔偿原告福建省三明市不锈钢材料公司利息损失人民币188.50元（截至2000年12月7日），该款限于本判决生效后十日内付清。

3. 驳回被告田美招要求原告福建省三明市不锈钢材料公司赔偿误工费、怠班费损失人民币6 000元，并以登报声明形式向其赔礼道歉的反诉请求。

本诉受理费378元，其他诉讼费300元；反诉受理费250元，其他诉讼费300元，合计人民币1 228元，由原告福建省三明市不锈钢材料公司负担102元，被告田美招负担1 126元。

**（六）二审情况**

1. 二审诉辩主张

（1）上诉人（原审被告）田美招诉称：原审认定上诉人侵犯三明公司的财产权没有事实依据，其是基于大田公司的委托以承运人的身份并以大田公司的名义向三明公司提货，不应作为本案的诉讼主体。三明公司滥用诉权，给上诉人造成经济、名誉损失，反诉请求应当支持。请求撤销一审判决，驳回三明公司的起诉，支持反诉。

（2）被上诉人（原审原告）三明公司辩称：引起诉讼的原因是上诉人未将货物运抵交给大田公司，使答辩人财产权利受到损失。所以，答辩人依法向法院提起诉讼，并未滥用诉权。上诉人到庭参加诉讼也是其应尽的法律义务。请求驳回上诉人的请求，维持原判。

2. 二审事实和证据

福建省三明市中级人民法院认定的事实及证据与一审所认定的事实及证据相一致。

3. 二审判案理由

福建省三明市中级人民法院根据上述事实和证据认为：福建省大田县人民法院（2000）大经初字第60号民事判决书已经发生法律效力，田美招从三明公司提取了45＃直径95碳结钢2.877吨，虽然三明公司与田美招在庭审中均陈述田美招是受大田公司的委托，但是田美招却无法举出确实有效的证据予以证实，所以，田美招应当赔偿三明公司的货物损失并支付由此造成的利息损失。三明公司是在自己的财产遭受损失的情况下依法提起诉讼，并没有滥用诉权，所以，田美招要求赔偿的反诉请求不予支持。上诉人的上诉理由不足，一审判决认定事实清楚，证据确实、充分，适用法律正确。

4. 二审定案结论

福建省三明市中级人民法院根据《中华人民共和国民事诉讼法》第一百五十三条第一款第（一）项之规定，作出如下判决：

驳回上诉，维持原判。

二审案件受理费 378 元，其他诉讼费 300 元；反诉受理费 250 元，其他诉讼费 300 元，合计人民币 1 228 元，由上诉人田美招负担。

（七）解说

1. 本案的定性是返还财产还是货物运输合同纠纷及原告的主张是否超过诉讼时效。运输合同的标的是运输行为，而本案当事人讼争的标的是承运人所承运的货物，不是运输行为本身。被告田美招未能提供书面证据证明其与三明公司存在承运、托运关系，又未能举证其是受大田公司的委托前去三明公司提货，并已将货物运抵交给大田公司，使三明公司向大田公司托收货款被拒付，侵害了三明公司的财产权，属于侵权民事行为，所以，本案不应定性为货物运输合同纠纷，不能适用《公路货物运输合同实施细则》第二十条规定的赔偿时效 180 日，而应定性为返还财产纠纷，并适用《民法通则》第一百三十五条的规定，诉讼时效为两年。本案诉讼时效应从原告知道权利被侵害时起即 1999 年 2 月 4 日起算，而原告向被告田美招主张权利的时间是 2000 年 8 月 7 日，故本案未超过诉讼时效。

2. 田美招是否受大田公司的委托提货并将提取的碳结钢运抵交给大田公司。虽然田美招和三明公司在一、二审庭审中均陈述是接到大田公司的电话，由大田公司委托田美招提货，但大田公司对此事实却予以否认，且田美招和三明公司又未能提供其他相关书面证据证实，因此，田美招主张其是受大田公司委托提货的观点缺乏证据支持。田美招向法院提供的 1999 年 2 月 4 日拒绝付款理由书，行车原始记录，装卸工林芳垤、杜光明、廖应继的证言及叶宏兴的证言，旨在证明其已将向三明公司提取的碳结钢运抵交给大田公司的事实，但所提供的证据和证言间无法形成证据锁链，又未能提供其他书面证据材料予以佐证，且大田公司的账册和原始凭证，均无该批货物的验收入库登记和支付运费给田美招、支付卸车费给卸工的发票单据，账册和原始凭证属于历史档案和登记的书证，其证明力高于其他书证和证人证言，足以推翻被告田美招所举的证据，所以，一、二审法院对上述证据不予采信是正确的。

3. 田美招反诉要求三明公司赔偿误工费、怠班费损失，并以登报形式向其赔礼道歉的理由能否成立，关键在于三明公司是否滥用诉权。引起诉讼的原因是田美招未将货物运抵交给大田公司，使三明公司的财产受到侵害，所以，三明公司提起诉讼并未滥用诉权。田美招到庭参加诉讼活动，是其应尽的法律义务和应履行的诉讼义务，因此，田美招要求三明公司赔偿经济损失的理由不能成立，田美招为证明其反诉主张所举的证据不予采信。田美招反诉称三明公司行使诉权行为，使其名誉权受到侵害，因只有陈述，没有相应的证据加以证明，故田美招要求三明公司以登报形式向其赔礼道歉的反诉请求不能成立。因此，一、二审法院对田美招的反诉主张不予支持是正确的。

4. 根据《民法通则》第一百零六条第二款的规定，公司、法人由于过错侵害国家的、集体的财产，侵害他人财产、人身的，应当承担民事责任。本案田美招在接受大田公司的委托提货时，既未要求委托方出具书面授权证明，又未与收货方办理交接货手续，向收货方领取运费又未开具正式发票，无法证明自己已将货物交给大田公司，因此，法院判决田美招赔偿损失并支付由此造成的利息损失是正确的。

（曾海鹰）

## 123. 郑光焰等诉莆田市拍卖行等拍卖案（房屋拍卖）

**（一）首部**

1. 判决书字号：福建省莆田市涵江区人民法院（2001）涵经初字第252号。

2. 案由：拍卖合同案。

3. 诉讼双方

原告：郑光焰，男，1951年1月14日出生，住涵江区顶铺街后度路32号。

委托代理人：刘淑娥，女，1951年7月10日出生，住址同上。

原告：刘鸿廉，男，1932年12月22日出生，住涵江区延宁街后巷里20号。

委托代理人：肖志生，莆田县梧塘镇法律服务所法律工作者。

被告：莆田市拍卖行。

法定代表人：吴明峰，经理。

委托代理人：刘永添、林文杰，莆田市拍卖行拍卖师。

被告：莆田市涵江粮油经销公司。

法定代表人：林玉辉，经理。

4. 审级：一审。

5. 审判机关和审判组织

审判机关：福建省莆田市涵江区人民法院。

合议庭组成人员：审判长：黄兰章；审判员：郑少凡；代理审判员：刘勇。

6. 审结时间：2001年9月15日。

**（二）诉辩主张**

1. 原告郑光焰、刘鸿廉诉称：2001年5月9日，被告莆田市涵江粮油经销公司委托被告莆田市拍卖行对其拥有的位于涵江区顶铺街长埕头五号房地产（建筑面积约545.34平方米，用地面积约395.70平方米）进行拍卖。在拍卖会上，被告宣称该拍卖标的产权清楚，证件齐全。原告以人民币37万元叫价成交。2001年5月23日，原告向被告莆田市拍卖行交清拍卖标的的价款人民币37万元及拍卖佣金人民币7 400元。但因二被告未能提供齐全的产权证件，造成原告至今未能办理房屋所有权、土地使用权过户手续，且被告未实际移交拍卖标的，直接影响了原告对拍卖标的的合法占有和收益权的行使。因二被告的违约行为，造成原告经济损失人民币1 200元，其中交通费人民币400元，误工费人民币800元（每人20日，每日20元）。另外，被告莆田市涵江粮油经销公司的职工林国华于两年前在所拍卖的房屋围墙外利用该围墙搭建僻舍，侵犯原告的权益。现要求判决：（1）二被告将拍卖标的移交给原告，并及时向原告提供办理过户手续所需要的有效土地使用权证、房屋所有权证及其他有关材料；（2）赔偿因被告的不作为给原告造成的经济损失人民币 1 200 元；（3）二被告按规定向原告支付违约金（以本金人民币 37 万元的日 3‰计）；（4）拆除被告莆田市涵江粮油经销公司的职工林国华于两年前在所拍卖的房屋围墙外利用该围墙搭建的僻舍；（5）本案案件受理费由二被告承担。

2. 被告莆田市拍卖行辩称：2001 年 4 月 16 日，其与被告莆田市涵江粮油经销公司签订福建省委托拍卖合同。被告莆田市涵江粮油经销公司（甲方）将其位于涵江区顶铺街长埕头五号房地产委托该行（乙）进行拍卖。合同约定：拍卖方式为公开拍卖；甲方应对委托拍卖标的拥有无可争议的处分权，真实地说明拍卖标的的来源和瑕疵；拍卖结束，乙方应在收齐应收款项后，于 7 个工作日内将应收款项付给甲方；若拍卖成交，买受人负责交纳产权过户手续所需要的税费，尚未过户前的税费由甲方承担，甲方提供可以办理过户手续所需要的有效材料；买受人在交清拍卖款之日起，续租租金由买受人收取。合同签订后，拍卖行于 2001 年 5 月 1 日在《莆田市广播电视报》上刊登了拍卖公告。2001 年 5 月 9 日，对该拍卖物进行公开拍卖。拍卖前，拍卖行已向原告明确说明标的物房产证所有人注明莆田县面粉厂，需要把名称变更为莆田市涵江粮油经销公司的前期费用由莆田市涵江粮油经销公司承担，变更后办理过户手续所需要的后期费用由原告承担。拍卖前，原告对拍卖标的有关现状和情况都是清楚的。拍卖标的物已实际移交给原告。成交后，拍卖行也通知莆田市涵江粮油经销公司办理有关权证的变更手续。现已办理好标的物的房屋所有权证的前期变更手续。原告可以办理标的物的房屋所有权证的过户手续。原告所付出的交通费和误工费是正常的支出，与被告无关。至于原告要求被告支付按日 3‰的违约金，既无合同上的约定又无法律上的规定。因此，要求驳回原告对其的诉讼请求。

3. 被告莆田市涵江粮油经销公司辩称：其前身是莆田县面粉厂，所以，房屋所有权证及土地使用权证上注明所有权人和土地使用权人系莆田县面粉厂。2001 年 4 月 16 日，其与被告莆田市拍卖行签订福建省委托拍卖合同。被告莆田市涵江粮油经销公司（甲方）将其位于涵江区顶铺街长埕头五号房地产委托该行（乙）进行拍卖。合同签订前，本被告曾向拍卖行说明其前身是莆田县面粉厂，所以，房屋所有权证及土地使用权证上注明所有权人和土地使用权人系莆田县面粉厂。合同约定：拍卖方式为公开拍卖；拍卖结束，乙方应在收齐应收款项后，于 7 个工作日内将应收款项付给甲方；若拍卖成交，买受人负责交纳产权过户手续所需要的税费，尚未过户前的税费由甲方承担，甲方提供可以办理过户手续所需要的有效材料；买受人在交清拍卖款之日起，续租租金由买受人收取。合同签订后，拍卖行于 2001 年 5 月 1 日在《莆田市广播电视报》上刊登了拍卖公告。2001 年 5 月 9 日，对该拍卖物进行公开拍卖。拍卖前，本被告和拍卖行已向原告明确说明标的物的房产证所有权人注明莆田县面粉厂，需要把名称变更为莆田市涵江粮油经销公司的前期费用由莆田市涵江粮油经销公司承担，变更后办理过户手续所需要的后期费用由原告承担。当时，原告对拍卖的有关现状和情况都是清楚的。拍卖标的物已实际移交给原告。现已办理好标的物的房屋所有权证的前期变更手续。现原告可以办理标的物的房屋所有权证的过户交易手续。土地使用权证的前期变更手续，本被告也在积极办理中。原告所支出的交通费和误工费中部分是正常的开支。原告要求被告支付按日 3‰的违约金，既无合同上的约定又无法律上的规定。至于被告莆田市涵江粮油经销公司的职工林国华于两年前在所拍卖的房屋围墙外利用该围墙搭建僻舍之事，与本案无关。因此，在要求驳回原告对其的诉讼请求的同时，表示愿意继续协助原告办理有关房地产过户交易手续。

**（三）事实和证据**

福建省莆田市涵江区人民法院经公开审理查明：2001年4月16日，二被告签订福建省委托拍卖合同约定：被告莆田市涵江粮油经销公司（甲方）将其位于涵江区顶铺街长埕头五号房地产委托该行（乙方）进行拍卖；拍卖方式为公开拍卖；甲方应对委托拍卖标的拥有无可争议的处分权，真实地说明拍卖标的的来源和瑕疵；拍卖结束，乙方应在收齐应收款项后，于7个工作日内将应收款项付给甲方；若拍卖成交，买受人负责交纳产权过户手续所需要的税费，尚未过户前的税费由甲方承担，甲方提供可以办理过户手续所需要的有效材料；买受人在交清拍卖款之日起，续租租金由买受人收取。合同签订前，被告莆田市涵江粮油经销公司已按合同的约定把所拍卖的标的房屋所有权证中的所有权人登记情况向被告莆田市拍卖行说明。合同签订后，拍卖行于2001年5月1日在《莆田市广播电视报》上刊登了拍卖公告。2001年5月9日，被告莆田市拍卖行对所委托拍卖的房屋进行拍卖。在召开拍卖会前，被告莆田市拍卖行没有向各竞买人明确说明所拍卖的标的房屋所有权证系原莆田县面粉厂的。通过公开竞价，原告以人民币37万元叫价成交。同日，原告与被告莆田市拍卖行签订福建省拍卖成交确认书。2001年5月23日，原告向被告莆田市拍卖行交清拍卖标的的价款人民币37万元和佣金人民币7 400元。被告莆田市拍卖行已把原告所交的拍卖标的的价款付给被告莆田市涵江粮油经销公司。拍卖成交后，原告、被告莆田市涵江粮油经销公司持福建省拍卖成交确认书及原莆田县面粉厂的房屋所有权证向莆田县房管处办理产权过户交易手续。因该房屋所有权证上的所有权人未变更为莆田市涵江粮油经销公司，莆田县房管处不予办理。诉讼期间，经被告莆田市涵江粮油经销公司的上级主管部门协调，该房屋所有权证上的所有权人已变更为莆田市涵江粮油经销公司。原告及被告莆田市涵江粮油经销公司已在房屋所有权交易登记表上签名和盖章。现房屋所有权证正处于核准颁发过程中，但因原莆田县面粉厂的土地使用权证未变更为莆田市涵江粮油经销公司，故土地使用权的过户交易手续尚无法办理完毕。原告具体何时才能办理土地使用权的过户交易登记手续无法确定。在办理权证交易过户期间，原告花费交通费人民币400元和造成一定程度的误工损失。2001年5月29日，被告莆田市涵江粮油经销公司与该房屋的原承租人刘淑萍签订协议书，约定被告莆田市涵江粮油经销公司补偿给刘淑萍人民币1万元，刘淑萍应在2001年5月30日前移交房屋。2001年5月30日，原告已实际接管该房屋，进行经营管理，并已办理重新供水立户手续。

上述事实有下列据证明：

1. 原告提供的福建省拍卖成交确认书。

2. 原告提供的2001年5月23日拍卖行出具的37万元拍卖款的收款收据、7 400元佣金的统一发票。

3. 涵江粮油经销公司提供的拍卖目录。

4. 涵江粮油经销公司提供的2001年5月18日该站发给刘淑萍的通知。

5. 涵江粮油经销公司提供的2001年5月29日与刘淑萍签订的合同书。

6. 涵江粮油经销公司提供的涵江区自来水公司营业科的便条。

7. 莆田市拍卖行提供的2001年5月1日在《莆田市广播电视报》上刊登的拍卖公告。

8. 莆田市拍卖行提供的拍卖委托合同、国有资产局批文、房屋所有权证、莆田县面粉厂更名为莆田市涵江粮油有限公司的政府文件。

**（四）判案理由**

福建省莆田市涵江区人民法院根据上述事实和证据认为：原、被告三方之间分别签订的福建省委托拍卖合同、福建省拍卖成交确认书系三方的真实意思表示，内容符合法律规定，合法、有效。原告向被告莆田市拍卖行交清拍卖标的的拍卖价款和佣金后，有权在合理的期限内办理交易手续。被告莆田市拍卖行在明知拍卖标的的产权来源的情况下，没有向原告明确说明，侵犯了原告对拍卖标的真实情况的知情权。被告莆田市拍卖行的过错行为与迟延办理交易手续之间存在直接的因果关系。原告与被告莆田市涵江粮油经销公司之间不存在民事法律关系，原告只与被告莆田市拍卖行之间存在民事法律关系。被告莆田市涵江粮油经销公司在办理委托拍卖前，尽了向被告莆田市拍卖行说明所拍卖的房屋所有权来源情况的义务。因此，被告莆田市涵江粮油经销公司可不承担过错责任。但被告莆田市涵江粮油经销公司仍应继续协助原告办理有关房地产过户交易手续。被告莆田市拍卖行应对迟延办理交易手续承担违约责任。其违约责任的承担期限自 2001 年 5 月 27 日起至原告可以办理完整的权证过户交易手续为止。违约金可以拍卖标的的价款为本金，按同期人民银行规定的逾期贷款利率计。鉴于迟延办理交易手续是造成原告误工、交通费损失的客观原因之一，根据公平合理的原则，被告莆田市拍卖行对原告误工、交通费损失的一半承担补偿责任，比较合理。原告要求被告承担日 3‰的违约金，于法无据，不予支持。原告要求被告拆除在所拍卖的房屋围墙外利用该围墙搭建的僻舍之诉，与本案之诉的民事主体不同，不能合并审理。

**（五）定案结论**

福建省莆田市涵江区人民法院根据《中华人民共和国民法通则》第四条，《中华人民共和国合同法》第四十条、第六十一条、第六十二条第一款第四项、第五项，《中华人民共和国拍卖法》第十八条、第二十七条，《中华人民共和国消费者权益保护法》第八条的规定，判决如下：

1. 被告莆田市拍卖行应在判决生效后 10 日内办理好所拍卖的房屋所有权证、土地使用权证变更登记手续并交付给原告郑光焰、刘鸿廉。被告莆田市涵江粮油经销公司承担协助办理的义务。

2. 办理所拍卖的房屋所有权证、土地使用权证的前期变更手续的费用由被告莆田市涵江粮油经销公司承担。被告莆田市拍卖行对此承担连带责任。

3. 被告莆田市拍卖行应向原告郑光焰、刘鸿廉支付违约金（自 2001 年 5 月 27 日起至原告郑光焰、刘洪廉可以办理完整的权证过户交易手续为止，以本金人民币 37 万元的同期人民银行规定的逾期贷款利率计）。

4. 被告莆田市拍卖行应在判决生效后 3 日内补偿给原告郑光焰、刘鸿廉误工费、交通费人民币 600 元。

5. 驳回原告郑光焰、刘鸿廉其他的诉讼请求。

本案案件受理费人民币 8 050 元，由原告郑光焰、刘鸿廉承担人民币 100 元，由被告莆田市拍卖行承担 7 950 元。

**（六）解说**

本案主要涉及三个问题：一是关于在召开拍卖会前，被告莆田市拍卖行是否应向原告说明所拍卖的标的房屋所有权证的所有权人系原莆田县面粉厂的问题。二是关于原告至今尚未办理完整的权证过户交易手续，能否视为迟延办理交易手续的问题。三是关于原告要求二被告支付按日3‰计的违约金的问题。

1. 关于在召开拍卖会前，被告莆田市拍卖行是否应向原告说明所拍卖的标的的房屋所有权证的所有权人系原莆田县面粉厂的问题。

原告通过竞买购买房屋，是公民生活消费的一种形式。在召开拍卖会前，被告莆田市拍卖行向竞买人说明拍卖标的的房屋所有权证的所有权人系原莆田县面粉厂时，应当采取明示的方式。但被告莆田市拍卖行未采取明示的方式，容易对原告造成误导，侵犯原告对拍卖标的真实情况的知情权。被告莆田市拍卖行制作的“特别规定”第四条规定：“本次拍卖标的的品种、数量详见拍卖目录，地点、用途、位置、结构、型号、性质（含土地性质）、水电情况等及新旧、完损程度等质量情况以现状为准，竞买人须认真了解、查看，一旦参加竞买，即表明其完全了解所竞投拍品的各项情况，并愿意对自己竞投行为负全责。买受人对质量瑕疵不享有担保请求权。”原告也在“特别规定”上签名。该合同并未就拍卖房屋的来源及过户变更进行明示。因此，本案认定被告莆田市拍卖行未向原告说明拍卖标的的房屋所有权证系原莆田县面粉厂的是正确的。

2. 关于原告至今尚未办理完整的权证过户交易手续，能否视为迟延办理交易手续的问题。

本案中原、被告之间并无明确约定拍卖成交后办理交易手续的期限，但依照《合同法》第六十一条、第六十二条第一款第（四）项的规定，原告在交清拍卖款价后可以随时要求被告莆田市拍卖行提供可以办理交易手续的完整的权证，但应当给对方必要的准备时间。被告莆田市拍卖行以无约定办理交易手续的期限为由推卸责任是无理的。本案可以参照交易习惯确定给被告莆田市拍卖行3日时间的宽展期。宽展期自原告交清拍卖款价之日起计。自宽展期届满后次日起视为迟延办理交易手续。

3. 关于原告要求二被告支付按日3‰的违约金的问题。

被告莆田市拍卖行制作的“拍卖须知”系格式合同，其内容明显存在免除自身责任，加重对方责任的情形，依照《合同法》第四十条的规定，可视为无效。因此，原告也不能据此要求被告承担按日3‰的违约金。但被告莆田市拍卖行对迟延办理交易手续应承担相应的过错责任，对原告应支付适当的违约金，违约金可以自2001年5月27日起至原告可以办理完整的权证过户交易手续止，以本金人民币37万元的同期人民银行规定的逾期贷款利率计为宜。

（徐　誉）

## 124. 徐祥荣诉上海林富服饰制衣厂租赁合同案（返还钱款）

**（一）首部**

1. 判决书字号

一审判决书：上海市金山区人民法院（2000）金经初字第956号。

二审判决书：上海市第一中级人民法院（2001）沪一中经终字第521号。

2. 案由：返还钱款案。

3. 诉讼双方

原告（被上诉人）：徐祥荣，男，1963年9月2日出生，汉族，农民。

委托代理人（一、二审）：张金法，上海市开乐律师事务所律师。

被告（上诉人）：上海林富服饰制衣厂。

法定代表人：李林富，厂长。

委托代理人（一、二审）：何英斋，上海市金海律师事务所律师。

4. 审级：二审。

5. 审判机关和审判组织

一审法院：上海市金山区人民法院。

独任审判：代理审判员：曹雪明。

二审法院：上海市第一中级人民法院。

合议庭组成人员：审判长：陈旭；审判员：夏庆福；代理审判员：岑佳欣。

6. 审结时间

一审审结时间：2001年1月15日。

二审审结时间：2001年6月7日。

**（二）一审诉辩主张**

1. 原告诉称：被告依据无效租赁协议取得原告所付租金9.5万元，扣除原告实际使用费1.5万元。故请求被告返还8万元并承担本案诉讼费。

2. 被告辩称：本案所涉的原、被告订立的协议是承包协议，合法、有效。原告所付的上述款额扣除被告代原告支付的工人工资，所剩余的款额作为原告应偿付被告的违约金，故不同意原告的诉讼请求。

**（三）一审事实和证据**

上海市金山区人民法院经公开审理查明：2000年3月28日，原告徐祥荣与被告上海林富服饰制衣厂签订一份租赁协议，双方约定：被告提供厂内一切设施，确保水电供应正常，原告负责上述设施完好。租赁期限为3年，自订约日至2003年3月28日，租金为每年15万元。协议订立后，原告即于当日预付被告租金9.5万元并开始履行该协议。

同年8月29日，双方因故又达成协议，约定：在租赁期间属于原告所有的设备双针车及烫台由原告自行提走；由原告添附的各类设施作价4 500元，与原告应负担的由被告代付的水、电、电话费4 000元相抵，被告应支付原告500元，并于当日结清。

另查明，由被告向原告所提供的租赁物，系被告向案外人上海三枫制衣厂（以下简称三枫厂）于1998年6月30日承租，租期四年半，租金为每年2.5万元。在被告与该案外人订立的财产租赁合同中明确约定：承租人擅自将租赁厂房和设备转租或出借的，出租人有权通知承租人解除合同。而原、被告之间租赁关系的形成未经三枫厂的同意，事后亦未获得其认可。

上述事实有下列证据证明：

1. 租赁协议1份。

2. 被告先后两次收取原告合计 9.5 万元的租金收条一份。

3. 财产租赁合同及设备清单各一份。

4. 原、被告 2 间的租赁协议于 2000 年 8 月 10 日终止履行协议书一份。

5. 律师调查笔录及上海三枫制衣厂证明各一份。

6. 原告身份证明一份及被告工商登记材料、被告法定代表人身份证明各一份。

**（四）一审判案理由**

上海市金山区人民法院根据上述事实和证据认为：原、被告之间的财产租赁合同关系，因所涉的租赁物未经产权人同意而由被告擅自转租，违反了我国《合同法》的有关规定，依法应当认定无效，被告应承担引起本案纠纷的返还责任。被告辩称本案原、被告之间应属于承包合同关系，无事实和法律依据。被告另又提出以原告的预付款支付了原告所欠工人工资的辩解，一方面被告无证据予以证实，另一方面又与本案属于不同的法律关系，法院不作处理。原、被告双方对合同关系起始日期表示无异议，对实际租赁日期各执己见，但双方又无证据佐证，对此应按 2000 年 8 月 28 日达成协议之日予以认定，原告诉讼请求参照了被告向案外人三枫厂所交纳的租金款额，以及原告对租赁物的实际使用情况，合法有据，应予支持。

**（五）一审定案结论**

上海市金山区人民法院根据《中华人民共和国合同法》第二百二十四条第二款，《中华人民共和国民法通则》第六十一条第一款、第一百零八条，《中华人民共和国民事诉讼法》第一百二十八条的规定，作出如下判决：

被告上海林富服饰制衣厂应于本判决生效之日起 10 日内返还原告徐祥荣人民币 8 万元。

本案受理费 2 910 元，财产保全费 860 元，由被告上海林富服饰制衣厂负担。

**（六）二审情况**

1. 二审诉辩主张

（1）上诉人（原审被告）诉称：上诉人向被上诉人提供了一切设施及生产人员，被上诉人以上诉人的名义开展经营活动，双方应属于承包合同关系；双方在 2000 年 8 月 28 日订立的协议中并未约定终止 2000 年 3 月 28 日的协议书，上诉人实际在 2000 年 9 月 10 日接管企业，就应以该日为终止日期；被上诉人所租赁的物品中有上诉人的自有设备、装潢及办公设施，故就所有权而言，分为两个独立的财产所有权；应在被上诉人付款中扣除上诉人垫付的工人工资。据此，要求撤销原判，发回重审或改判。

（2）被上诉人（原审原告）辩称：上诉人认为双方存在承包经营关系缺乏法律依据；双方在 2000 年 8 月 28 日之前已经终止了租赁关系，不存在上诉人于 2000 年 9 月 10 日才接管企业的事实；本案中的租赁物主要属于三枫厂所有，上诉人仅有少量的自有财产，对此，不影响对案件的定性；上诉人无证据证明其为被上诉人垫付工人工资。

2. 二审事实和证据

上海市第一中级人民法院经公开审理查明：原审认定事实无误。二审期间，上诉人又向法庭提供了一份其与三枫厂于 1999 年 9 月 28 日签订的增租协议，以说明上诉人应向三枫厂交纳的租金实际为每年 2.8 万元。对此，被上诉人无异议。

3. 二审判案理由

上海市第一中级人民法院根据上述事实和证据认为：2000 年 3 月 28 日，财产租赁协议由上诉人与被上诉人经协商后自愿订立，该租赁协议形式完备，内容合法，系上诉人与被上诉人的真实意思表示，上诉人与被上诉人在该协议中明确地约定了租赁的标的物、租金及租赁期限。且此后，上诉人与被上诉人也确开始履行该租赁协议，故上诉人与被上诉人之间已就此建立了真实、有效的财产租赁关系，被上诉人应依约向上诉人支付其实际租用厂房及设备的租赁费。上诉人、三枫厂之间的财产租赁合同关系与上诉人与被上诉人之间的租赁协议关系分属两个不同的法律关系，被上诉人以上诉人与三枫厂在财产租赁合同中的约定及三枫厂的事后证明否认上诉人与被上诉人经自愿协议所签协议的有效性，显然缺乏法律依据。另从上诉人与三枫厂在 1998 年 6 月 30 日所签订的财产租赁协议来看，上诉人与三枫厂也仅在该财产租赁合同中明确了上诉人擅自将租赁的厂房及设备转租或出借的，三枫厂有权通知上诉人解除合同，并未约定上诉人不能转租或出借。如三枫厂对上诉人的转租行为有异议，也应有按其与上诉人的约定向上诉人主张解除合同的权利，但这并不影响上诉人与被上诉人所签租赁协议的法律效力。而事实上，三枫厂在被上诉人使用上诉人出租的厂房及设备期间，并未就上诉人的转租行为向上诉人或被上诉人提出过异议。按上诉人与被上诉人在租赁协议中的约定，被上诉人的租赁期限应从 2000 年 3 月 28 日起算。在履行租赁协议过程中，上诉人与被上诉人因故发生纠纷，为此，双方于 2000 年 8 月 29 日就终止租赁关系签订了协议书，双方在该协议中约定了由被上诉人于当日提走属于其所有的设备，并结清有关费用，故应将该日确定为双方实际终止租赁关系的日期，被上诉人向上诉人租用厂房及设备的期限实际为 5 个月。上诉人认为其在 2000 年 9 月 10 日才接管企业，实际租赁期限应以该日为准，缺乏依据。至于上诉人所述为被上诉人垫付工人工资一节，因无确凿证据予以证实，且垫付工资问题与本案纠纷无直接的联系，上诉人也未为此提起过反诉，故不作处理。原审法院认定本案事实清楚，但确认上诉人与被上诉人之间的转租关系无效及具体处理不当，应予纠正。上诉人的上诉理由基本成立，本院予以支持。

4. 二审定案结论

上海市第一中级人民法院根据《中华人民共和国民法通则》第八十四条、第八十五条，《中华人民共和国合同法》第六十条、第二百一十二条之规定及《中华人民共和国民事诉讼法》第一百五十三条第一款第（二）项、第一百零七条的规定，作出如下判决：

（1）撤销上海市金山区人民法院（2000）金经初字第 956 号民事判决。

（2）上诉人上海林富服饰制衣厂于收到本判决书之日起 10 日内返还被上诉人徐祥荣人民币32 500元。

（3）对被上诉人徐祥荣的其余诉讼请求不予支持。

一、二审案件受理费各计人民币 2 910元，由上诉人上海林富服饰制衣厂负担 1 193.10元，被上诉人徐祥荣负担1 716.90元；财产保全费人民币 860 元，由上诉人上海林富服饰制衣厂负担 352.60 元，被上诉人徐祥荣负担 507.40 元。

**（七）解说**

转租是指在财产租赁合同生效以后，承租人将租赁物再出租给他人的行为。转租行为分为经出租人同意的合法转租和未经出租人同意的非法转租两种情况。实践中，转租引起的纠纷并非罕见，对经出租人同意的合法转租合同的效力认定与处理一般没有争议，但对未经出租人同意的非法转租合同的效力如何认定与处理，理论与实务界均不无争议。本案所涉厂房与设备转租系未经出租人同意的非法转租，对该转租合同的效力的认定，一、二审法院的观点就截然不同。

所谓非法转租，是指承租人未经出租人同意而进行的转租。在非法转租中，承租人的转租行为是违约行为，承租人应赔偿出租人因此所受损害，出租人也有权终止合同。非法转租时，当事人之间发生的法律后果：首先，转租人与次承租人之间的租赁合同具有债权的效力，转租人负有使次承租人取得租赁物为使用、收益权利的义务，因转租人的原因不能使次承租人取得使用、收益的权利，次承租人有权向转租人请求损害赔偿。其次，出租人与承租人之间，如承租人转租为严重违约，出租人有权终止合同，并得请求损害赔偿；出租人不终止合同的，租赁关系仍有效，不因承租人的转租而受到影响。再次，出租人与承租人之间，次承租人的租赁权不能对抗出租人。在出租人终止租赁关系时，出租人完全可以直接向次承租人请求返还租赁物。

《合同法》第二百二十四条规定："承租人经出租人同意，可以将租赁物转租给第三人。承租人转移的，承租人与出租人之间的租赁合同继续有效，第三人对租赁物造成损失的，承租人应当赔偿损失。承租人未经出租人同意转租的，出租人可以解除合同。"从这一规定中也不能得出承租人未经出租人同意转租的，转租合同当然无效的结论，而只能说明法律赋予出租人在承租人未经出租人同意转租时的合同解除权，且这一权利是否行使听由出租人决定，法律并没有作强制性的规定。因为这一规定是授权性规定而非强制性规定，所以，承租人违反这一规定并不必然导致转租合同无效。在这里，必须严格依照《合同法》第五十二条规定的合同无效的五种情形来认定某一具体合同的效力。《合同法》施行之前有的行政规章和地方性法规所作的擅自转租合同无效的规定，因与《合同法》的规定相抵触而不能再适用。

本案中，被告与三枫厂所签订的财产租赁合同为有效合同。被告在承租期间，未经出租人三枫厂同意，擅自转租。根据《合同法》第二百二十四条的规定，本案转租合同当属非法转租。但是，非法转租合同并非当然无效。这是因为，非法转租主要涉及出租人三枫厂的利益，而原、被告之间的租赁合同，为诺成性合同，双方意思表示一致即有效成立。退一步讲，即使当时三枫厂明确表示不同意被告转租，并行使了合同解除权，解除了三枫厂与被告之间的租赁合同，也只能导致原、被告之间的转租合同关系因合同不能继续履行而解除，并非必然导致转租合同无效。原告在转租合同解除后仍可依转租合同追究被告的违约责任，而被告则仍可依转租合同实际履行期限向原告结算租金。

由此可见，本案二审法院的判决更能体现合同法的立法本意，是合法的，也是合情合理的，因而是正确的。

（陆晓伟）

## 125. 赵丽萍诉上海德锦投资有限公司委托投资案

### （一）首部

1. 判决书字号：上海市浦东新区人民法院（2001）浦经初字第2035号。

2．案由：委托投资案。

3．诉讼双方

原告：赵丽萍，女，1961年4月19日出生，汉族，住上海市延长西路526弄25号402室。

委托代理人：陆伟雄、赵平，上海市国耀律师事务所律师。

被告：上海德锦投资有限公司。

法定代表人：钟山，董事长。

委托代理人：陶武平、牟炼，上海市申达律师事务所律师。

4．审级：一审。

5．审判机关和审判组织

审判机关：上海市浦东新区人民法院。

独任审判：代理审判员：张凤翔。

6．审结时间：2001年10月25日。

**（二）诉辩主张**

1．原告诉称：原告曾系被告职工，2000年3月23日，在被告要求将个人股票账户交其托管，并承诺有较高回报以提高员工福利的情况下，将人民币30万元及本人的股票账户卡交给被告。至2001年2月，原告方知被告擅自在证券公司为原告开立资金账户，以原告交付的资金买卖股票。并造成较大数额的亏损。到2001年2月21日，原告从账户内只取回人民币202 160.20元。其间被告曾多次表示将剩余资金返还原告，但至今未能兑现。原告认为被告取得该笔资金时没有讲明是代为炒股，而是委托理财；但被告没有委托理财资质，且未尽妥善保管之义务。为此起诉，要求被告返还原告人民币97 839.80元。

2．被告辩称：原告诉称不是事实。本公司是出于有很多员工私下炒股影响工作，且为了减少风险增加收益的目的，才将原告的股票账户集中托管的，但公司没有任何书面的承诺，收据上写的“托管”原告应该知道是炒股。由于股市原因，在不到1年时间内大家都有亏损，后原告提出不再操作。被告认为上述行为系代理炒股，亏损应由委托人承担，原告的诉请没有法律依据。

**（三）事实和证据**

上海市浦东新区人民法院经公开审理查明：原告赵丽萍曾系被告上海德锦投资有限公司职工。2000年3月，出于员工私下炒股影响工作，且为了减少风险增加员工收益的目的，被告决定将员工的股票账户及相应资金统一托管。原告便将人民币30万元及其本人的股票账户卡交给被告。双方没有正式协议，被告亦没有作出书面的承诺和明示资金用途。但被告却在没有委托书明确授权的情况下，以原告名义开立资金账户并买卖股票。其间，被告连续高买低卖造成账面亏损，却一直未将交易情况告知原告。至2001年2月，原告得知被告以原告交付的资金买卖股票并造成较大数额的亏损后，要求被告返还本金，被告亦表示要尽力补亏还本，但却于2001年2月21日将原告账户内所有股票悉数抛出，致原告实际亏损人民币97 839.80元（亏损额达32.6%）。随后原告收回账户自己操作，并多次要求被告将亏损资金返还原告，因被告未予履行而起诉。

上述事实有下列证据证明：

1．被告出具给原告的账户托管和资金“收据”。

2. 证券公司出具给被告代收的原告的“存款凭单”。

3. 被告对原告在证券公司所设资金账户进行操作的“资金流水明细表”。

4. 被告内部拟对原告等职工股票资金亏损进行补亏的“操作方案”。

5. 被告要求原告出具的“对公司炒股亏损的意见”。

6. 被告将原告的股票账户及其所剩资金交还给原告的“处理结果”。

**（四）判案理由**

上海市浦东新区人民法院认为：原、被告提供的相关证据足以证明双方之间形成了一种委托投资关系。但被告是在没有委托书明确授权的情况下，而为原告开立股票资金账户并买卖股票，此举明显违反相关法律、法规及诚信原则；且其连续高买低卖造成账面亏损，却一直未将交易情况告知原告，直至将原告账户内所有股票悉数抛出，致原告实际亏损较大，表明被告作为受托人未尽忠诚、勤勉之责，从而违背了原告的初衷，有较大的过失。因此，被告对于原告的资金损失应负主要的赔偿责任。当然，原告在没有明确约定投资方向的情况下轻易将资金交付被告，并对投资未尽充分注意之义务，因此，也应承担一定的过错责任。至于被告所称作为代理人不应负补亏责任，以及原告所称被告不具备代为理财资质故要求返还财产等，因无法律依据，本院不予采纳。

**（五）定案结论**

上海市浦东新区人民法院根据《中华人民共和国民法通则》第四条、第一百三十一条，《中华人民共和国合同法》第四百零六条之规定，判决如下：

1. 被告上海德锦投资有限公司应于本判决生效之日起 10 日内赔偿原告赵丽萍人民币 65 226.50 元。

2. 驳回原告赵丽萍的其他诉讼请求。

案件受理费人民币 3 445 元，由原告赵丽萍负担人民币 1 148 元，被告上海德锦投资有限公司负担人民币 2 297 元。

**（六）解说**

本案是一起典型的委托投资纠纷案。委托投资又称为“委托理财”，它是我国目前资本市场上普遍存在的一种资产经营方式，主要发生在证券、期货等高风险领域。由于投资人缺乏应有的专业知识和信息资源，为了增加盈利减少风险，他们往往要委托给专门的资产管理机构或专业人员进行操作，从而形成委托投资关系。但由于当事人对于约定的权利义务不明确，或者约定的内容不能得到实际履行，因而在双方之间容易产生纠纷，本案即是一例。正确处理本案必须解决如下三个问题：

1. 原、被告之间是否形成委托投资关系，以及被告是否有保底承诺？在整个诉讼过程中，原告坚持认为当时把股票账户与资金交给被告时并未明确是委托炒股，而是一般性委托理财；并且以被告没有委托理财资质为由，要求确认委托行为无效而判令被告返还资金。显然，原告是把委托炒股排除在委托理财之外的，这种观点当然站不住脚。实际上，委托炒股应是委托理财中的一种方式，况且本案原告把股票账户连同资金一起交给被告操作，明显就是让其代为炒股的。原告之所以要否认是代为炒股，无非是考虑到代为炒股一般没有受托资质的限制，同时也不会有保底盈利承诺；而委托理财则不然，它要求理财机构有经营资质，同时大多有保底的承诺。其实，一般委托理财固然要有经营资质的许可，但是在现行法律、法规体系下，保底承诺在委托投资行为中只能被认定为无效。因此，即使原、被告之间当时有口头约定的保底承诺，也不能得到法律支持。

2. 作为受托人的被告是否应对原告的资金损失承担赔偿责任？本案在审理中，被告坚持认为是为原告代为炒股，作为代理人不应对原告承担资金亏损的责任。显然，被告从一般的代理角度来为自己辩解是有一定道理的。但是，本案中被告的代为炒股行为有两点违反了相关的法律规定：一是被告在没有得到原告委托书明确授权的情况下，以原告的名义开立资金账户并代为炒股，此举明显违反了现行《证券法》以及证券交易规则中要求委托人出具书面委托书的规定；二是被告在长达 1 年的时间里对原告的资金账户连续高买低卖造成账面亏损，且一直未将交易情况告知原告，直至将原告账户内所有股票悉数抛出而致原告实际亏损较大，显然，被告作为受托人未对原告尽到忠诚、勤勉之责，因而有较大的过失。根据《合同法》中有关委托制度的规定，被告应就自己的过错承担相应的责任。基于这两点原因，被告对于原告的资金损失应负主要的赔偿责任。

3. 作为委托人的原告对于自己的资金损失必须承担一定的责任。根据《民法通则》规定，被代理人对于代理人的代理行为承担民事责任。如果代理人有过错，则应向被代理人承担相应的责任。但是在一般情况下，代理人不应向被代理人承担全部责任，更不用说在被代理人自己有过错的情况下。本案原告即存在两点过错：一是原告在没有明确约定投资方向和没有出具授权委托书的情况下轻易地将资金交付被告操作，属于授权范围不明；二是原告作为投资人和委托人，对于被告的操作情况长期不过问，未尽充分注意之义务。基于这两点，原告应对自己的股票资金亏损承担一定的责任，本案判定由其自己承担 1/3 的责任，应该是合理的。对于判决结果，最终双方当事人均表示服判。

（张凤翔）

## 126. 夏邑县国有资产管理局诉夏邑县食品公司骆集乡购销站等国有资产流失案

**（一）首部**

1. 判决书字号：河南省夏邑县人民法院（2000）夏经一初字第 579 号。

2. 案由：国有资产流失案。

3. 诉讼双方

原告：夏邑县国有资产管理局（以下简称国资局）。

被告：夏邑县食品公司骆集乡购销站（以下简称食品站）。

被告：王永亭，男，44 岁，汉族，初中文化，住商丘梁园区。

被告：王百学，男，51 岁，汉族，初中文化，任骆集乡食品站会计，住夏邑县骆集乡夏楼村委田庄村。

监诉机关：夏邑县人民检察院。

4. 审级：一审。

5. 审判机关和审判组织

审判机关：河南省夏邑县人民法院。

合议庭组成人员：审判长：班自金；审判员：刘玉玲、张永亮。

6. 审结时间：2001 年 12 月 12 日。

**（二）诉辩主张**

1. 原告夏邑县国有资产管理局诉称：三被告在未经国资管理部门批准，也未经过依法评估的情况下，擅自签订买卖合同，将食品站属于国有性质的房地产转让给被告王永亭、王百学，转让价与该宗房地产的实际价值差额 19.5 万元，已形成国有资产流失。国资局作为国有资产管理部门，向法院提起诉讼，请求确认三被告的转让合同无效。

2. 被告王永亮辩称：自己与国资局并无权利、义务关系，仅与本案的处理结果有法律上的利害关系，因而不应作为本案被告，而应作为第三人参加诉讼；房地产转让合同是多方协商的真实意思表示，合同应属于有效。

3. 被告王百学对国资局的诉讼主体资格与检察院的监诉提出异议，请求驳回起诉。

**（三）事实和证据**

夏邑县人民法院经审理查明：被告王百学以食品站的名义起草的出售食品站房地产的请示报告，得到夏邑县食品公司和工商局的批准，被告王永亭与食品站签订了转让房地产的合同，合同约定食品站的前院的全部 9 间门面房屋，9 间院内房屋包括院内土地，以 4.8 万元的价格转让给被告王永亭，同时合同注明门面和院内房屋各 3 间属于王百学所有。后王永亭、王百学由夏邑县土地管理局办理土使用权过户手续，土地管理局收费依据显然超出交易价格。二被告买受后，又将其中门面和院内房屋各 2 间在没有价值添附的情况下，分别以 2.7 万元的价格出售。以上行为未经国有资局批准，也未依法评估，监诉机关和原告接受人民群众举报，立案侦查，国资局对被告食品站作出罚款 2 000 元的决定，监诉机关委托夏邑县房地产交易所对该宗房地产进行评估，确认其价值为 24.3 万元。

上述事实有下列证据证明：

1. 食品站的企业法人营业执照复印件。

2. 食品站与王百学、王永亭签订的房产转让合同复印件。

3. 监诉机关在诉前对王百学询问笔录复印件。

4. 监诉机关在诉前对交易时的食品站法人代表祝济民询问笔录复印件。

5. 监诉机关在诉前对三被告的房产委托夏邑县房产交易所进行价值评估报告。

6. 王永亭分别与赵新生、赵红彦签订的房产转让合同复印件各 1 份。

7. 监诉机关在诉前对赵新生询问笔录复印件。

**（四）判案理由**

夏邑县人民法院认为：原告国资局作为国家依法设立的地方国有资产管理机构，有权代表国家这一特殊的主体行使国有资产的管理权和所有权，因此，其对国有资产的流失负有制止和挽回损失的职责，依法具备本案原告的诉讼主体资格；监诉机关作为法律授权的法律监督机关，负有对行政执法机关的职能活动是否合法，企事业单位及其工作人员和公民的行为是否守法实施法律监督的法定职责，其介入本案的调查和诉讼，正是其依法行使检察权的具体司法活动；二被告作为本案所涉房地产转让合同的双方当事人，其行为违反了法律和法规的有关规定，侵害了国有资产所体现的国家财产权益，均具备本案被告的诉讼主体资格，因此，被告王永亭和王百学所持的原、被告主体资格不合法，监诉机关监诉不适时的抗辩理由，依法不能成立。根据夏邑县房地产交易所受监诉机关委托出具的评估报告，以及三被告交易国有资产未经评估，具有规避法律、法规的主观过错和确已造成国有资产流失的客观事实，本院认定原告国资局的诉讼理由成立，对其请求依法应予支持。三被告就国有资产进行交易，虽经其主管部门批准，但未经国有资产管理部门审批，违反了《国有企业财产监督管理条例》关于国有企业向个人转让企业产权的，应当向国有资产管理部门报经批准的规定，同时违反了《国有资产评估管理办法》关于转让国有资产应当依法评估，并接受国有资产管理部门管理和监督的规定，依据《合同法》的规定，本院认定三被告之间的转让合同不具备法律约束力，其交易行为亦属无效民事行为。被告王百学主张的原告国资局已对食品站处以罚款，不应再行起诉的抗辩，本院认为，国资局对属于国有性质的食品站处以罚款，是其行使行政管理职权的行为，而提起诉讼是代表国家这一特殊民事主体行使财产所有权的行为，诉讼的目的在于挽回国有财产权益的损失，据此本院认定国资局提起民事诉讼，符合《民事诉讼法》关于原告资格和起诉条件的规定，被告王百学的该项抗辩理由，依法不能成立。

**（五）定案结论**

河南省夏邑县人民法院根据《中华人民共和国合同法》第四十四条第二款、第五十二条第（五）项规定，判决如下：

被告夏邑县食品公司骆集乡购销站与被告王永亭、王百学签订的房地产转让合同无效。

案件受理费100元，其他诉讼费用200元，合计300元，由被告夏邑县食品公司骆集乡购销站负担150元，被告王永亭、王百学共同负担150元。

**（六）解说**

本案是一起国有资产流失案件，这类案件的形成条件一般是：（1）违法主体是国有资产的经营者、占有者或管理者；（2）主观上对违法行为的发生具有故意或过失；（3）行为具有违法性，即违反了法律、行政法规和规章；（4）其结果是必须有国有资产流失或不加制止产生国有资产流失的事实。本案中被告王百学是国有公司的工作人员，在国有资产转让过程中未经法定评估也未经国资局批准，以较低金额将国有资产转让，造成流失事实，无论在程序方面，还是在实体方面都违法，是一起典型的国有资产流失案。

本案中值得研究的问题是检察机关在审判中的诉讼地位。对国有资产流失案件的查处，检察机关的介入调查意义重大，利用审判的进行挽回国有资产流失。但同时出现在诉讼中检察机关的诉讼地位如何界定的问题实践中形成两种观点：一是监诉说；二是原告说。

本案显然采用监诉说，即检察机关在审理国有资产流失的案件中以监诉机关身份出现。这种观点理由有：（1）法律上没有规定检察机关在此类案件的地位，但也没有禁止其进行诉讼。故而检察机关介入审判不违背法律精神和原则；（2）检察机关作为法律监督机关可以对公民、法人、机关组织的行为实施法律监督，正如判决书所述，监诉机关作为法律授权的法律监督机关，负有对行政执法机关的职能活动是否合法，企事业单位及其工作人员和公民的行为是否守法实施法律监督的法定职责。其介入本案的调查和诉讼，正是其依法行使检察权的具体司法活动，显然这里检察机关介入调查和诉讼是其行使职权；（3）财政部1999年11月18日财管函（1999）62号文件发布的《国有资产流失查处暂行办法》规定财政（国有资产管理）部门有权通过司法程序制止他人不法行为并请求赔偿，或对造成国有资产流失的合同，依法向法院或仲裁机构提起诉讼或仲裁。显然诉讼中国有资产管理局有权以原告身份参加诉讼，检察机关能依其监督职能支持起诉。

此观点使这样一个问题凸现，那就是检察机关在诉讼中的地位如何？在传统的民事诉讼中并无检察机关的一席之地，其不是原告、也非被告，更非第三人。监诉说认为检察机关是超然于当事人之外的监诉机关，就界定为诉讼中的监诉机关。这是对民事诉讼结构的违反或者是冲突创新。

原告说认为：(1) 跟监诉说同样，在法律未禁止的情况，检察机关可以介入；(2) 国资局是财政局下设的二级行政机构，无法人资格，没有诉权，不能参加诉讼；(3) 现实中国资局查处国有资产流失案件中会受到多方制约，查处不力，检察机关应当提起诉讼能更好地发挥职能作用，有利于保护国有资产；(4) 在实践中，检察机关多以原告参加诉讼，我国第一起国资流失案，检察机关便以原告身份代表国家利益进行诉讼。2000 年度商丘市审理了多起国资流失案，检察机关也多以原告起诉，收到较好的效果。发展的趋势也倾向于检察机关作原告。

对于这种观点，我们可以知道，《民事诉讼法》并未赋予检察机关在民事案件中作为原告的起诉权，检察机关仅可以依法对民事案件的审判进行“事后监督”，提出抗诉。检察机关坐在被告对方席位上参加审判，仅是在刑事公诉案件中。

两种观点共同的理由是在现行法律没有此方面禁止性规定的情况下，检察机关应更积极地介入此类案件。由于国有资产缺少人格化主体，其流失并不直接损害特定公民、法人或其他组织的权利，无人享有诉权，甚至国有资产管理部门被打通关节，暗中包庇，违法者有恃无恐，正义者虽然义愤填膺，也只能扼腕顿足、望而兴叹。法院作为审判机关对民事纠纷不告不理，在没有当事人的情况下不可能主动审判。那么，检察机关作为法律监督机关是代表国家公共利益。维护公共利益是检察机关的目的所在，检察机关的检察权包含民事公益权。在民事诉讼当事人恶意串通、损害国家或公共利益而无人问津的情况下，检察机关应当出面干预。以上应当是检察机关介入调查和诉讼的现实和法理依据。但是有一点我们不能忽视：对私权利，法律没有禁止的就是许可的；但对公权力，没有法律的明确授权时而为之就不合法。法律对检察机关参加民事诉讼没有规定，但在对制止国有资产流失行为的实践中，检察机关的作用不可缺少。这里有两点要提出：一是立法机关应尽快制定相应的法律，规范检察机关在民事权益案件中的活动，使审判机关和检察机关有法可依；二是法律无规定的情况下，检察机关的这种探索性做法应当慎行，以免造成公权力侵犯私权领域的不良后果。

（牛延强）

## 127. 乌鲁木齐维特商贸有限公司因支票遗失申请公示催告案

**（一）首部**

1. 裁定书字号：新疆维吾尔自治区乌鲁木齐市东山区人民法院（2001）东民催字第

2号。

2. 案由：支票遗失申请公示催告案。

3. 诉讼双方

申请人：乌鲁木齐维特商贸有限公司。

法定代表人：王艺兵，经理。

4. 审级：一审。

5. 审判机关和审判组织

审判机关：新疆维吾尔自治区乌鲁木齐市东山区人民法院。

独任审判：审判员：何金虎。

6. 审结时间：2001 年 6 月 28 日。

**（二）申请人主张**

申请人乌鲁木齐维特商贸有限公司述称：2001 年 2 月 3 日下午 3 时，申请人不慎将两张支票遗失，支票号为 XⅢ00990795，XⅢ00990796，票据账号为 801014249，开户行为乌鲁木齐市农业银行石化营业部，持票人为乌鲁木齐维特商贸有限公司。支票为空白支票，印章齐全，依据《民事诉讼法》第一百九十三条规定："按照规定可以背书转让的票据持有人因票据被盗、遗失或丢失，可以向票据支付地的基层人民法院申请公示催告。"故请求法院作出停止支付通知书，确认该票据无效。

**（三）法院处理结果**

新疆维吾尔自治区乌鲁木齐市东山区人民法院于 2001 年 2 月 5 日收到申请后，当日立案，并当日向票据支付地银行石化营业部发出停止支付通知书，并发出公告，告知利害关系人在公告之日起 60 日内申报权利，届时如无人申报权利，法院将依法作出判决，宣告上述票据无效。在公示催告期间，转让该票据权利的行为无效。公告届满 1 个月后无人申报。

**（四）定案结论**

新疆维吾尔自治区乌鲁木齐市东山区人民法院根据最高人民法院《关于适用〈中华人民共和国民事诉讼法〉若干问题的意见》第二百三十二条之规定，裁定如下：

终结乌鲁木齐维特商贸有限公司催告程序。

案件受理费 100 元及公告费，由申请人乌鲁木齐维特商贸有限公司承担。

**（五）解说**

公示催告程序是《民事诉讼法》中的非诉讼程序的一种。此案所涉及的票据为空白支票，从理论上说，空白支票是可以补记的。但该支票未记载票面金额，又未经出票人授权补记，票据应为无效票据，不得适用公示催告程序。但在实践中，空白支票遗失，法院为了不使票据持有人的合法权益被恶意拾票人、恶意持有人利用票据损害合法持有人的利益，常常将不付票据的票据予以受理，这也是合情合理的。本案即属此类票据，法院受理后，在法定期内发出停止支付通知书和公告。公告期满后，一个月内由申请人申请作出票据无效判决，虽然申请人在申请时主张，但不是在规定的时间内主张，法院依法裁定终结公示催告程序是完全正确的。

（鲁秀兰）

## 128. 海南中海联置业股份有限公司诉海南夏华房地产开发（香港）有限公司合作建房合同执行案（担保　产权）

（一）首部

1. 执行案号：海南省海口市中级人民法院（1997）海中法执字第96号。

2. 案由：合作建房合同执行案。

3. 申请执行人与被申请执行人

申请执行人：海南中海联置业股份有限公司（以下简称中海联公司）。

被申请执行人：海南夏华房地产开发（香港）有限公司（以下简称夏华公司）。

4. 执行机关：海南省海口市中级人民法院。

5. 审结时间：2001年12月24日。

（二）主要案情

夏华公司于1993年5月3日与海口润滨房地产公司签订了合作建房合同书，约定：海口润滨房地产公司提供位于海口市滨海大道金贸区$B_5$—1、$B_5$—2地块，夏华公司出资合作建房，待“五通一平”、规划报建完成后，海口润滨房地产公司将其享有的房屋2.5万平方米，以每平方米人民币4 400元的价格转让给夏华公司。签约后，双方没有办理合作建房变更土地使用权登记手续。同年5月6日，夏华公司与中海联公司签订了合作建房合同书，约定：由夏华公司提供位于海口市金贸区$B_5$—1地块，中海联公司出资建设两栋高层写字楼，夏华公司以每平方米5 200元的价格将其享有的房屋份额转让给中海联公司。签约次日，双方又签订了一份合作建房补充合同，对付款时间和数额重作约定。同日，中海联公司支付定金人民币300万元。签约后，夏华公司与中海联公司没有依法办理土地使用权变更登记手续，夏华公司仅完成设计工作，但仍未取得该项目的规划报建等合法手续，也未进行实际开发。1994年9月29日，中海联公司致函夏华公司，以夏华公司违约致使合同未能履行为由，要求夏华公司返还其定金及利息，双方就此未能达成一致性意见，中海联公司遂诉至法院。海南省海口市中级人民法院一审判决夏华公司于判决生效后10日内返还中海联公司定金300万元及利息。海南省高级人民法院二审维持了一审判决。海南省高级人民法院在二审过程中于1996年8月20日保全查封了夏华公司向海南置地公司购买的位于海口市国贸大道王府公寓第九层A座房产。因夏华公司未自动履行生效判决所确定的还款义务，中海联公司向海南省海口市中级人民法院申请强制执行。

海南省海口市中级人民法院在执行过程中，拟对保全查封的房产进行处理时，洋浦南正贸易公司（以下简称南正公司）提出异议称，王府公寓第九层A座房产因中海联公司所欠南正公司债务已抵押给该公司，对抵押合同也办理了公证手续，且因夏华公司未能还款，南正公司已依合同约定将上述文件提交给该房产发展商置地集团公司，置地集团公司为其办理了内部房产证，南正公司也曾在《海南日报》上刊登了有关征询异议的声明，故上述房产应属于南正公司，法院应解除对上述房产的查封。

**（三）处理结果**

海南省海口市中级人民法院查明：王府公寓第九层A座的发展商是海南置地集团公司，现在该公司名下，房产证号为33794号。由本案被执行人夏华公司于1993年4月30日从海南通用服装工业有限公司购买，同年11月19日，置地集团公司给夏华公司发了编号为021号的内部临时房产证。1994年7月13日，夏华公司与南正公司签订还款合同，约定：夏华公司欠南正公司人民币64.4万元。夏华公司自愿以王府公寓第九层A座房产作为还款担保。如夏华公司在1995年5月31日前不能向南正公司如数还款时，南正公司有权将上述抵押的房产过户以清偿借款。对于上述合同，双方到海南省公证处办理了公证，但未到房产管理部门办理抵押登记手续。后因夏华公司未如期还款，南正公司于1995年7月5日在《海南日报》上刊登声明，称拟将王府公寓第九层A座的产权过户到该公司名下以偿还债务。若有异议者，可持有关文件在见报之日起15日内向其提出。后南正公司将过户文件提交给了置地集团公司，置地集团公司依据上述文件给其发放了内部房产证，编号为098号，发证时间为1995年7月20日。因南正公司已下落不明，海南省海口市中级人民法院于2001年4月25日在报纸上发出公告限其在公告之日起15日内到法院处理该房产的有关事宜，但其未出现。经查，南正公司已被工商行政管理部门吊销营业执照。海南省海口市中级人民法院认为，南正公司至今未办理上述房产的过户登记手续，在法律上不能产生所有权已经转移给南正公司的法律后果。且其在本院公告后，至今也未前来本院联系该案的异议审查事宜，视为其放弃异议，故裁定驳回南正公司所提异议。

**（四）解说**

1. 在执行过程中，与执行标的物有利害关系的案外人提出异议是执行中常见的现象。但我国法律对于案外人异议的审查规定得相当少，对于案外人异议审查所应适用的程序，《民事诉讼法》、最高人民法院《关于适用〈中华人民共和国民事诉讼法〉若干问题的意见》以及《关于人民法院执行工作若干问题的规定（试行）》均未作规定，导致在司法实践中对案外人异议的审查随意性大，对案外人的合法权利的保护程度不够。针对这种状况，海南省高级人民法院制定了《执行案件听证程序规则》，该《规则》规定案外人异议的审查处理适用听证程序，听证程序规定了听证的组织、回避的条件、听证参加人的权利和义务、听证时所应遵循的顺序等，使案外人异议的审查有了一个操作性很强的规则。但在本案中，由于案外人与被执行人均下落不明，在法院公告后依旧未到法院联系异议处理事宜，故本案对案外人异议的审查未适用该程序。

2. 本案中案外人的异议能否成立的问题。依据《城市房地产管理法》第六十一条第二款规定，因处分抵押房地产而取得土地使用权和房屋所有权的，应当依照本章规定办理过户登记。南正公司从其在报纸上刊登公告准备办理房屋过户手续到法院查封上述房产之间有1年多的时间，其完全可以在这期间内将房屋办到其名下，但其一直未办，致使法院将上述房产作为夏华公司的财产予以查封，其应承担异议房产不能转移归其所有的法律后果，故案外人提出的其已取得异议房产的所有权的理由不能成立。

3. 该房产是否能作为夏华公司的财产予以执行的问题。本案中，夏华公司亦未办理上述房产的过户手续，是否可以作为其财产予以执行呢？夏华公司购买该房屋时我国的房产过户登记制度尚不完善，人们的登记意识也不强，且在海南房地产高潮时期存在大量的房屋产权变更未办理相关登记手续的情况。夏华公司购买了上述房产后，虽然未办理过户登记手续，但其对上述房产进行了实际的占有和使用，对这种状态无任何人提出异议，且发展商也为其颁发内部房产证以示确认，考虑到上述实际情况以及对债权人利益的保护，将上述房产作为夏华公司的房产予以强制执行并无不妥。

（李会勤）

## 129. 杨景荣诉海南太阳系房地产开发公司等代位权诉讼案

**（一）首部**

1. 裁定书字号

一审裁定书：海南省海口市振东区人民法院（2000）振经初字第240号。

二审裁定书：海南省海口市中级人民法院（2001）海中法经终字第71号。

2. 案由：返还工程信用保证金代位权诉讼案。

3. 诉讼双方

原告（上诉人）：杨景荣，男，汉族，1951年1月6日出生，住广东省遂溪县遂城镇农林路四横28号。

委托代理人（一、二审）：周少敏、何壮，海南坤和律师事务所律师。

被告（被上诉人）：海南太阳系房地产开发公司（以下简称太阳系公司）。

法定代表人：李延东，总经理。

第三人：上海宏志建筑工程公司海口公司（以下简称宏志工程公司）。

法定代表人：李广海，经理。

4. 审级：二审。

5. 审判机关和审判组织

一审法院：海南省海口市振东区人民法院。

合议庭组成人员：审判长：傅海燕；人民陪审员：黄海深、王玉梅。

二审法院：海南省海口市中级人民法院。

合议庭组成人员：审判长：张玉萍；审判员：林宁波、张爱珍。

6. 审结时间

一审审结时间：2000年12月18日。

二审审结时间：2001年6月11日。

**（二）一审诉辩主张**

1. 原告诉称：1994年5月，原告经广东省徐闻县建安总公司海南公司（以下简称徐闻建安公司）莫光怀介绍同被告太阳系公司经理李延东洽谈海口市海甸岛沿江四路东部开发区的“太阳花园东区”工程项目，李延东同意将其中的一幢紫阳大厦工程分包给原告承建，要求原告必须先付150万元作为工程信用保证金，等原告进场施工前5天内划拨工程总价款3 000万元的20%即600万元给原告作为施工备料款等。因原告不具备承建工程条件，又经莫光怀介绍挂靠第三人宏志工程公司，并于1994年6月1日以该公司的名义与太阳系公司签订承建紫阳大厦工程合同。同日，原告以莫光怀的名义与上海宏志建筑工程公司海口公司第一分公司签订联营合作承接建筑安装工程的协议书。签约后，原告根据合同的约定分别于1994年5月31日、6月13日从长城信用卡上汇给太阳系公司人民币20万元及130万元作为工程信用保证金。可太阳系公司收到信用保证金后，违反合同，拒不拨付600万元工程备料款，也不给予办理有关施工手续，经原告及代理人莫光怀多次交涉，太阳系公司借故推诿拒绝履行合同及退还150万元信用保证金本息。为此，原告于1997年1月8日以李延东诈骗为由向海口市公安局报案，海口市公安局依法逮捕李延东后移送海口市人民检察院审查起诉。但海口市人民检察院却认为李延东的欺诈行为不构成诈骗罪而作出决定不予刑事起诉并将其释放。原告得知后，于1997年9月29日向海口市人民检察院申请复议，但至今未见任何答复。与此同时，作为承包合同一方当事人的宏志工程公司既不依照合同的约定要求太阳系公司履行合同，也没有向太阳系公司要求抽回信用金本息，其怠于行使权利的行为严重地损害了原告的权益。为此，特诉请判令：(1) 被告返还签订紫阳大厦建筑工程承包合同书时原告所交付的信用保证金150万元及利息；(2) 第三人对被告的债务承担连带清偿责任；(3) 由被告承担本案诉讼费。

2. 被告太阳系公司与第三人宏志工程公司均未作答辩。

**(三) 一审事实和证据**

海南省海口市振东区人民法院经公开审理查明：1994年6月1日，被告太阳系公司同第三人宏志工程公司签订建筑工程承包合同书1份，约定：太阳系公司将其开发的位于海口市海甸岛沿江四路东部开发区的紫阳大厦建筑面积为2万平方米的框剪结构工程项目发包给宏志工程公司承建，工程造价为人民币3 000万元（以图纸核算为准），承包方式为包工包料（打桩基础、土建、水电内外装修及附属工程等总承包）；本合同自宏志工程公司将150万元作为工程信用保证金存入双方的共管账号后才生效。杨景荣与莫光怀分别作为宏志工程公司的工地负责人及委托代理人在该合同上签名。签约后，杨景荣根据合同的约定分别于1994年5月31日、6月13日从其长城信用卡上汇给太阳系公司人民币20万元及130万元作为工程信用保证金。但太阳系公司收到上述信用保证金后，分别于1994年6月1日、7月11日向宏志工程公司及徐闻建安公司出具了130万元及20万元的收据。合同生效后，太阳系公司未按合同约定履行，既不拨付600万元工程备料款，也不给予办理有关施工手续，经杨景荣及莫光怀多次交涉，太阳系公司借故推诿拒绝履行合同及退还150万元信用保证金本息。为此，杨景荣于1997年1月8日以李延东诈骗为由向海口市公安局报案，海口市公安局依法逮捕李延东后移送海口市人民检察院审查起诉。海口市人民检察院经审查后认为李延东的欺诈行为不构成诈骗，进而作出决定不予刑事起诉并将其释放，并告知宏志工程公司如果不服不起诉决定，可以自收到本决定书后7日以内向海南省人民检察院申请提起公诉或可以不经申诉，直接向人民法院起诉。杨景荣得知后，于1997年9月29日向海口市人民检察院申请复议。2000年4月17日，徐闻建安公司出具一份证明，证明太阳系公司收到的20万元不属于该公司付款，而是杨景荣个人付款。事后，因申请复议未果，故杨景荣认为承包合同一方当事人的宏志工程公司既不依照合同的约定要求太阳系公司履行合同，也没有向太阳系公司要求抽回信用金本息，其怠于行使权利的行为严重地损害了其权益。遂向法院提起代位权诉讼。

上述事实有下列证据证明：

1. 宏志工程公司与太阳系公司签订的建筑工程承包合同书。

2. 宏志工程公司与太阳系公司签订的建设工程补充条款。

3. 杨景荣分别于 1994 年 5 月 31 日、6 月 13 日从长城信用卡上汇给太阳系公司的工程信用保证金人民币 20 万元及 130 万元的付款凭证。

4. 太阳系公司出具的收款收据。

5. 徐闻建安公司出具的杨景荣付款证明。

6. 杨景荣于 1997 年 1 月 8 日向海口市公安局提交的补充报案书。

7. 海口市人民检察院于 1997 年 8 月 29 日作出的市检刑不诉（1997）第 8 号不起诉决定书。

8. 杨景荣于 1997 年 9 月 29 日向海口市人民检察院提交的复议申请。

9. 当事人的陈述等。

**（四）一审判案理由**

海南省海口市振东区人民法院根据上述事实和证据认为：虽然杨景荣确从自己的信用卡上转出人民币 150 万元给太阳系公司，但杨景荣与太阳系公司之间没有直接的合同关系，杨景荣是以宏志工程公司工地负责人的身份并根据宏志工程公司与太阳系公司签订的建筑工程承包合同书的约定才将 150 万元转给太阳系公司的，太阳系公司出具的收款收据载明的付款人也是宏志工程公司及徐闻建安公司。由此可见，杨景荣虽然与宏志工程公司存在事实上的代付款之关系，但他也只是代表宏志工程公司履行该公司在建筑工程承包合同书中应履行的义务，而不是合同当事人；对于宏志工程公司与太阳系公司签订的建筑工程承包合同书所产生的权利及义务还应由宏志工程公司享有和承担，而并非杨景荣。因此，太阳系公司违约后，宏志工程公司虽然怠于履行到期债务，但杨景荣在没有向债务人主张并确定其合法债权之前即以债权人身份起诉次债务人太阳系公司，不符合代位权诉讼的法定起诉条件，应予驳回。由于杨景荣对太阳系公司的起诉已被驳回，故杨景荣要求第三人宏志工程公司对太阳系公司的债务承担连带清偿责任的起诉亦不符合法律规定，亦应驳回。

**（五）一审定案结论**

海南省海口市振东区人民法院根据《中华人民共和国民事诉讼法》第一百零八条之规定，作出如下裁定：

驳回原告杨景荣的起诉。

案件受理费人民币 50 元，由原告杨景荣承担。

**（六）二审情况**

1. 二审诉辩主张

（1）上诉人杨景荣诉称：原审裁定不认定上诉人与原审第三人存在事实上的债权债务关系错误，上诉人代原审第三人向被上诉人支付合同价金，承担合同义务，原审第三人应当向上诉人提供合同标的给上诉人承建，否则理应退还上诉人代其支出的一切款项，故原审第三人对上诉人负有债务的证据充分，理由成立。而被上诉人不履行合同，应退还已收款项及承担相应的违约责任也已被原审裁定所认定，则上诉人有权向被上诉人主张代位权清偿，故原审裁定以上诉人诉讼主体不符为由驳回上诉人的诉讼错误，请求撤销原审裁定，依法公断。

(2) 被上诉人太阳系公司及原审第三人宏志工程公司均未作答辩。

2. 二审事实和证据

海南省海口市中级人民法院经审理确认了一审法院认定的事实和证据。

3. 二审判案理由

海南省海口市中级人民法院经审理认为：代位权成立应符合下列四个条件：(1) 债权人对债务人的债权合法；(2) 债务人怠于行使其到期债权，对债权人造成损害；(3) 债务人的债权已到期；(4) 债务人的债权不是专属于债务人的债权。因此，债权人对债务人享有合法债权是代位权成立的第一要件，且这种债权应当是明确的。本案中，杨景荣诉称其以莫光怀的名义与宏志工程公司签订联营合作承接建筑安装工程的协议书，并于同日以宏志工程公司的名义与太阳系公司签订承建紫阳大厦的工程合同，尔后，依合同约定从自己的信用卡上转出人民币 150 万元给太阳系公司，但是，杨景荣不能举出莫光怀与宏志工程公司签订的协议书以及该协议书与其有必然联系的证据，也不能举证证实其与宏志工程公司之间存在合法而明确的债权债务关系，因此，本案虽然存在宏志工程公司怠于行使其债权的事实，但杨景荣在不能证实宏志工程公司是其合法债务人的前提下，无权以自己的名义代宏志工程公司向太阳系公司行使代位权，故原审裁定认定杨景荣的起诉不符合代位权诉讼的法定起诉条件，裁定驳回其起诉并无不当。由于杨景荣对太阳系公司的起诉不能成立，故杨景荣要求宏志工程公司对太阳系公司的债务承担连带清偿责任的起诉亦无不当。综上所述，原审裁定适用法律正确，应予维持。

4. 二审定案结论

海南省海口市中级人民法院根据《中华人民共和国民事诉讼法》第一百五十三条第一款第（一）项之规定，作出如下裁定：

驳回上诉，维持原裁定。

本案二审案件受理费人民币 50 元，由上诉人杨景荣负担。

**(七) 解说**

本案处理的争议焦点为杨景荣提起代位权诉讼的条件是否成立？《合同法》第七十三条规定债权人的代位权，是指当债务人怠于行使其对第三人享有的到期债权而损害债权人的债权时，债权人为保全自己的债权，可以向人民法院请求以自己的名义代位行使债务人对第三人的债权的权利。可见，债权人依照《合同法》第七十三条的规定提起代位权诉讼，应当符合下列条件：(1) 债权人对债务人的债权合法；(2) 债务人怠于行使其到期债权，对债权人造成损害；(3) 债务人的债权已到期；(4) 债务人的债权不是专属于债务人自身的债权。本案中，由于杨景荣没有向债务人宏志工程公司提起诉讼，因此，在审理过程中应当对下列问题进行审查：

1. 应当对当事人的诉讼地位进行审查。在《合同法》所确立的代位权诉讼中，诉讼当事人一方是债权人，另一方是对债务人有到期债务的第三者。对于债务人是否参与到诉讼中来以及以何种身份参加诉讼，法律没有作出明确的规定。根据最高人民法院《关于适用〈中华人民共和国合同法〉若干问题的解释（一）》第十六条规定："债权人以次债务人为被告向人民法院提起代位权诉讼，未将债务人列为第三人的，人民法院可以追加债务人为第三人。”可见，债务人在代位权诉讼中的法律地位可以因案而异，有时可以不将其列为诉讼参加人。因为债权人行使代位权是直接向次债务人主张权利，无须征得债务人的同意，代位权诉讼无债务人的参加也可以发生、进行和完成，故债务人不是当然的诉讼法律关系主体。当然，债务人也可以被列为代位权诉讼中的第三人。因代位权是债权人代位行使债务人对第三人权利的强制介入权，如债务人以杨景荣身份出现，则代位权的意义将失去，而他又是第三者的债权人，与第三者没有共同的义务，不能以共同被告身份参与诉讼，故在债权人未将债务人列为第三人的情况下，人民法院可以根据具体案情需要将其追加为无独立请求权的第三人。本案中，由于债权人与债务人之间的债权还未确定，故法院将债务人宏志工程公司追加为无独立请求权的第三人是适当的。

2. 应当对债权人的债权是否合法、有效及确定进行审查。由于债权人的代位权是基于债权人的债权的保全权能而产生的一项从权利，所以，代位者如果与被代位者之间没有合法、有效、确定的债权债务关系，则代位者就失去了代位的基础。因此，在审理债权人代位权的案件时，应当注意审查三个要素：第一，审查债权人与债务之间债权债务关系是否合法；第二，审查该债权债务关系是否有效；第三，审查债权人对债务人所享有的债权是否确定。对于“合法、有效”，众所周知是应依法确定的；而所谓“确定”，应该是指该债权是经过法院或仲裁机构裁决后而确认的债权，而不是在诉讼或仲裁过程中的债权；或者债务人对该债权没有异议。因此，除经过法院或仲裁机构裁决并确认的债权外，对债权人的债权是否确定进行审查的标准主要表现为：债务人是否对其与债权人之间的债权存在异议，以及该异议是否成立。如果债务人对债权人的债权没有异议或者虽然债务人在代位权诉讼中对债权人的债权提出异议，但该异议经审查不成立的，则人民法院可以认定该债权是确定的，并应继续审理代位权诉讼（在继续审理过程中，还应当对债务人与次债务人之间的债权债务关系的合法性和现实性进行审查）。反之，如果债务人的上述异议经审查成立，则人民法院应当裁定驳回债权人的代位权起诉。在本案中，虽然存在宏志工程公司怠于行使其债权的事实，且债务人宏志工程公司与次债务人太阳系公司均未到庭也未提出抗辩及异议，但经过审查，杨景荣提供的证据并不足以证明其与债务人宏志工程公司之间存在合法、有效而确定的债权债务关系。故杨景荣在其债权既未经过法院或仲裁机构裁决及确认，又不能证实宏志工程公司是其合法债务人的前提下，无权以自己的名义代宏志工程公司向太阳系公司行使代位权。由此可见，杨景荣提起代位权诉讼的条件不成立，法院依法驳回杨景荣的起诉是完全正确的。

（傅海燕）

# 行政审判案例卷

# 一、治安、交通行政案件

## 1. 陈荣星诉莆田市涵江区公安消防大队不作火灾原因、事故责任认定及火灾损失核定案

（一）首部

1. 判决书字号

一审判决书：福建省莆田市涵江区人民法院（2001）涵行初字第021号。

二审判决书：福建省莆田市中级人民法院（2001）莆中行终字第51号。

2. 案由：陈荣星诉莆田市涵江区消防大队不作火灾原因、事故责任认定及火灾损失核定案。

3. 诉讼双方

原告（被上诉人）：陈荣星，男，1954年8月24日出生，汉族，涵江区人，农民，住涵江区白塘镇陈桥村7组45号。

委托代理人：黄桂忠，福建莆田扬民律师事务所律师。

被告（上诉人）：莆田市涵江区公安消防大队。

法定代表人：王锦雄，大队长。

委托代理人（一审）：梁东红，男，1964年9月18日出生，汉族，涵江区人，莆田市公安局涵江分局干部。

委托代理人（一审）：吴永奇，男，莆田市公安消防支队干部。

委托代理人（二审）：范仕健、李宗琰，福建竭诚律师事务所律师。

4. 审级：二审。

5. 审判机关和审判组织

一审法院：福建省莆田市涵江区人民法院。

合议庭组成人员：审判长：姚丽青；审判员：黄健美、苏国昌。

二审法院：福建省莆田市中级人民法院。

合议庭组成人员：审判长：卓金澄；审判员：郑炳荣；代理审判员：郑玉步。

6. 审结时间

一审审结时间：2001年5月20日。

二审审结时间：2001年6月26日。

**（二）一审诉辩主张**

1. 被诉具体行政行为：2000 年 10 月 17 日下午，涵江区白塘镇陈桥村家具木工场发生火灾。次日原告等 28 户受灾户向被告莆田市涵江区公安消防大队提出书面申请，要求作出火灾原因、事故责任认定及财产损失核定。但被告均没有对原告等人的申请作出处理和答复。

2. 原告诉称：2000 年 10 月 17 日下午，涵江区白塘镇陈桥村民陈领棋的喷漆场发生火灾，致原告的房屋财产也被大火烧毁。灾情发生后，原告即向被告申请要求对火灾原因、火灾事故责任进行认定，并对火灾造成的损失作出核定。但被告在 10 月底派员到现场登记各户损失情况后，一直未作出结论。同年 11 月 6 日，原告再次向被告申请，至今被告仍未履行法定职责。现请求判令被告作出对火灾原因、火灾事故责任的认定及原告财产损失核定。

3. 被告辩称：2000 年 10 月 17 日下午 6 时，涵江区白塘镇陈桥村发生火灾，被告即前往扑救，于当晚 10 时许扑灭大火。火灾发生后也立即对火灾事故开展调查，并对涉案人员陈领棋立案侦查，由于有关涉案人员在逃，故未能对火灾原因及火灾事故作出责任认定，且根据陈桥村及白塘镇统计报告表明，火灾直接经济损失达 296 万元，按照公安部、劳动部、国家统计局《火灾统计管理规定》第六条规定，特大火灾不属被告管辖，且本案已刑事立案侦查，不属行政案件，应驳回原告的起诉。

**（三）一审事实和证据**

福建省莆田市涵江区人民法院经审理查明：2000 年 10 月 17 日下午 6 时许，涵江区白塘镇陈桥村家具木工场发生火灾，大火在当晚 10 时许被扑灭。时原告等 28 户坐落在该家具木工场的房屋及财产被大火烧毁，损失严重。次日原告等 28 名受灾户即向被告提出书面申请，要求被告作出火灾原因、火灾事故责任认定及损失核定。被告受理后，未对原告作出答复及处理。同年 11 月 6 日原告等 16 人再次向被告提出书面申请，被告至今仍未给予答复和处理。2001 年 3 月 22 日原告向本院提起诉讼，请求判令被告履行法定职责。

上述事实有下列证据证明：

1. 特大刑事案件立案报告表一份。

2. 陈领棋、何元顺的拘留证（副页）二份。

3. 涵公保字（2000）052 号取保候审决定书一份。

4.2000 年 10 月 30 日、31 日，11 月 1 日，11 月 29 日公安机关的询问笔录五份。

5.2000 年 10 月 18 日涵江区白塘镇陈桥村的火灾情况报告复印件一份。

**（四）一审判案理由**

福建省莆田市涵江区人民法院认为：《中华人民共和国消防法》第三十九条规定了公安消防部门具有负责调查、认定火灾原因，核定火灾损失，查明火灾事故责任的法定职责。被告莆田市涵江区公安消防大队根据法律、法规及规章规定是惟一有权对所辖区域所发生的火灾进行火灾原因、事故责任认定及火灾损失核定的职能部门。在火灾发生的次日原告即向被告申请作出火灾原因、事故责任认定及损失核定，并提供了财产损失清单。但被告在长达五个多月时间内无法定事由，既不给原告答复又不处理，被告的行为显属不履行法定职责的行为。现原告请求被告履行法定职责依法成立，应予支持。被告认为本火灾属特大火灾，不属被告管辖，没有提供事实及依据，辩解不能成立，其认为对火灾原因已刑事立案侦查，不属行政受理范围，于法无据，故被告主张不予采纳。

**（五）一审定案结论**

福建省莆田市涵江区人民法院根据《中华人民共和国行政诉讼法》第五十四条第（三）项及最高人民法院《关于执行〈中华人民共和国行政诉讼法〉若干问题的解释》第六十条第二款，参照《福建省行政执法程序规定》第二十八条的规定，判决如下：

被告莆田市涵江区公安消防大队应在本判决生效之日起三十日内作出具体行政行为。

本案案件受理费人民币50元，由被告负担。

**（六）二审情况**

1. 二审诉辩主张

（1）上诉人诉称：火灾事故责任认定不属行政诉讼受案范围，火灾损失核定不属行政行为，消防大队作为被告主体不适格，本案是刑事案件，应当按《刑事诉讼法》规定的法定程序予以审理，本案中消防大队不存在不履行法定职责的行为，请求撤销（2001）涵行初字第021号行政判决，依法驳回被上诉人的诉讼请求。

（2）被上诉人辩称：灾情发生后，被上诉人即向上诉人申请要求对火灾原因、事故责任进行认定，并对火灾造成的损失作出核定，但上诉人在2000年10月底派员到现场登记各户损失情况后，一直未作出结论，2000年11月6日，被上诉人再次向上诉人申请，至今上诉人仍未履行法定职责，请求驳回上诉，维持原判。

2. 二审事实和证据

福建省莆田市中级人民法院经审理查明：2000年10月17日下午6时许，涵江区白塘镇陈桥村家具木工场发生火灾，被上诉人等28户受灾。次日被上诉人等28户受灾户即向上诉人提出书面申请，要求上诉人作出火灾原因、火灾事故责任认定及财产损失核定。2000年10月23日，上诉人与陈桥村委会联合发出通知，要求被上诉人等人到陈桥村委会对受灾情况进行鉴定核实。2000年10月27日上诉人又发出通知，要求被上诉人等人在2000年10月28日下午4时前将“火灾直接财产损失申报表”和有关损失的财物凭证交陈桥村委会。2000年11月6日，被上诉人等16人再次向上诉人提出书面申请，但上诉人至今仍未给予答复或处理。

上述事实有下列证据证明：

（1）2000年10月18日、1月16日被上诉人向上诉人申请要求对火灾原因、事故责任认定及火灾损失核定的申请报告二份。

（2）2000年10月23日上诉人与陈桥村委会联合发出的火灾鉴定核实通知书和2000年10月27日上诉人对陈桂章发出的要求提供“火灾直接财产损失申报表”和有关损失财物凭证的通知。

（3）被上诉人等16户受灾户向上诉人提供的财产损失表。

3. 二审判案理由

福建省莆田市中级人民法院认为：依据《中华人民共和国消防法》第三十九条的规定，公安消防机构具有负责调查、认定火灾原因、核定火灾损失、查明火灾事故责任的法定职责。在“陈桥火灾”发生的次日，被上诉人等人即向上诉人提出书面申请，但上诉人在长达五个多月的时间内，没有给予被上诉人答复或作出处理，其行为显属不履行法定职责的行为。上诉人提出火灾事故责任认定不属行政诉讼受案范围、火灾损失核定不属行政行为的上诉理由，与本案缺乏关联性；上诉人提出本案是刑事案件应当按《刑事诉讼法》规定的法定程序予以审理，于法无据；上诉人提出消防大队作为被告主体不适格和消防大队不存在不履行法定职责的上诉理由相互矛盾，且上诉人已受理了被上诉人等人的书面申请，并对被上诉人等人发出书面通知，故上诉人应对被上诉人作出答复或处理。因此，上诉人的上诉理由不能成立，本院不予采纳。一审判决认定事实清楚，适用法律正确，程序合法，应予维持。

4. 二审定案结论

福建省莆田市中级人民法院依据《中华人民共和国行政诉讼法》第六十一条第（一）项的规定，作出判决：

驳回上诉，维持原判。

二审案件受理费50元，由上诉人莆田市涵江区公安消防大队负担。

**（七）解说**

本案是莆田市首例因消防行政机关不作为引起的行政诉讼案件。在审理过程中，主要解决以下问题：

1. 被告的行为是否应纳入人民法院司法审查。

最高人民法院《关于执行〈中华人民共和国行政诉讼法〉若干问题的解释》第五条规定，《行政诉讼法》第十二条第（四）项规定的"法律规定由行政机关最终裁决的具体行政行为"中的"法律"是指全国人民代表大会及其常务委员会制定、通过的规范性文件。公安部《火灾事故调查规定》属于行政规章，其效力低于法律，因此被告的行为属于具体行政行为，其不作为也属于人民法院的受案范围。

2. 涵江区公安消防大队作为本案被告是否适格。

《消防法》第三十九条规定："火灾扑灭后，公安消防机构有权根据需要封闭现场，负责调查、认定火灾原因，核定火灾损失，查明火灾事故责任。"《火灾事故调查规定》第六条规定："火灾事故的调查由公安消防机构负责实施。"故公安机关消防机构是惟一有权对所辖区域的消防进行监督管理的职能部门，对火灾原因、事故责任进行调查认定是其法定职责。那么，在原告向被告提出书面申请后，被告也接受了原告的申请。根据最高人民法院《关于执行〈中华人民共和国行政诉讼法〉若干问题的解释》第三十条规定，行政机关在接到申请之日起60日内不履行的，公民、法人或者其他组织向人民法院起诉的，人民法院应当依法受理。因此，被告涵江区公安消防大队系本案的被告。

3. 被告不作为能否成立。

在"陈桥火灾"发生的次日，原告等28户即向被告涵江消防大队提出书面申请，被告受理了原告的书面申请并对原告发出书面通知，但在长达五个多月的时间内没有作出答复和处理。被告的行为显属不作为的行为，原告诉请被告依法履行法定职责成立，故法院作出被告在30日内作出具体行政行为的判决是正确的。二审法院经审理也维持原判决。

（黄健美）

## 2. 吴金荣诉莆田市公安局涵江分局不履行法定职责案

**（一）首部**

1. 判决书字号：福建省莆田市涵江区人民法院（2001）涵行初字第033号。

2. 案由：吴金荣诉莆田市公安局涵江分局不履行法定职责案。

3. 诉讼双方

原告：吴金荣，男，1960年6月25日出生，汉族，涵江区人，农民，住所地：涵江区国欢镇塘西村2组3号。

委托代理人：林炳冲，莆田思阳律师事务所律师。

被告：莆田市公安局涵江分局。

法定代理人：王建平，局长。

委托代理人：梁东红，男，1964年9月18日出生，汉族，涵江区人，莆田市公安局涵江分局干部。

委托代理人：郑智勇，男，1967年3月11日出生，汉族，莆田县人，莆田市公安局涵江涵东派出所干部。

第三人：郭文煌，男，1965年9月21日出生，汉族，莆田县人，个体户，住所地：涵江区湖园路104号。

委托代理人：郭文忠，男，1966年11月17日出生，汉族，莆田县人，农民。

委托代理人：王惠娟，女，1954年9月24日出生，汉族，涵江区人，涵江区商城法律服务所法律工作者。

4. 审级：一审。

5. 审判机关和审判组织

审判机关：福建省莆田市涵江区人民法院。

合议庭组成人员：审判长：黄玉书；审判员：黄健美、苏国昌。

6. 审结时间：2001年12月14日。

**（二）诉辩主张**

1. 原告诉称：2001年5月25日，原告驾驶闽B—10043号农用车为第三人郭文煌承运一车玻璃，口头约定由涵江运往笏石，因第三人装载玻璃的支撑铁架变形向一侧倾斜，造成玻璃损坏，原告通知第三人赶到现场后，第三人以暴力和威胁方法逼原告在拟写好的一份所谓赔偿人民币5 000元协议书上签名，并将原告的农用车扣押到涵江（福建建设机器厂内），次日原告即向被告的下属涵东派出所报案，要求追回被第三人扣押的农用车及确认该协议书无效，该所以其无管辖权，不予受理。被告的行为显属行政不作为的违法行为。故请求法院判决被告履行法定职责。

2. 被告辩称：（1）原告吴金荣与第三人郭文煌产生经济纠纷的发案地在莆田县黄石

镇，属莆田县行政区域管辖范围，被告以口头告知原告其对该案没有管辖权。(2) 本案属于经济纠纷案件，应属民事法律关系调整的范围，而不属行政案件，且涵江区人民法院在2001年6月6日已对该案以民事纠纷进行了受理，故要求判决驳回原告的诉讼请求。

3. 第三人述称：其雇用原告运载的一车玻璃，因原告在承运途中车辆行驶在路况较差的涵黄公路时而造成车辆倾斜，致车上的玻璃破碎，原告即打电话要求第三人赶到现场处理，因玻璃损坏严重，后经双方协商，原告同意赔偿给其人民币5 000元，并立有还款及车辆抵押协议书一份交其收执为凭，其不存在胁迫和威胁情节。

**（三）事实和证据**

莆田市涵江区人民法院经审理查明：2001年5月25日下午6时许，原告吴金荣驾驶闽B—10043号农用车为第三人郭文煌经营的皇达玻璃店承运一车玻璃往笏石，当车辆行驶至涵黄公路高速公路桥下附近时，因涵黄公路路况较差，造成车上所装载的玻璃支撑铁架变形向一边倾斜，致车上玻璃损坏严重。后原告向第三人立下协议书一份，同意赔偿给第三人人民币5 000元，并以农用车辆作为抵押。2001年5月26日上午，原告以第三人胁迫其签署协议书并强行扣押农用车辆为由，向被告的下属涵东派出所报案，要求追回被扣押的车辆及确认被胁迫所签的协议无效。被告以口头答复原告不予受理。2001年5月29日下午，原告再次向被告提出申请，其以农用车被第三人扣押在涵江福建建设机器厂内，且主要的违法行为人均居住在涵江，请求被告依法保护原告的人身权、财产权。被告经审查后，口头答复原告该案涉及经济纠纷，不属被告管辖范围，并告知原告及第三人应向法院起诉。原告不服被告的口头答复，遂以被告不履行法定职责为由，于2001年6月18日又向本院提起行政诉讼，要求被告履行法定职责，保护原告人身权和财产权。

经审理，被告在答辩期间内向法院提交的证据材料有：

1. 郭文忠、郭珍林询问笔录二份。

2. 原告吴金荣询问笔录。

原告向本院提供的证据有：郭文忠起草的协议书草稿一份，以此证明该协议书是在被第三人胁迫所写的事实。

第三人郭文煌提供的证据有：

1. 原告运输玻璃的清单一份，以此证明原告运载的一车玻璃价值人民币9 256元的事实。

2. 原告吴金荣交给其收执的协议书一份，以此证明该协议书内容系原告自愿签名的，不存在胁迫情节的事实。

以上证据，经庭审质证，辩论，法院认证如下：

被告提供证据1和2，被告询问原告笔录及郭文忠、郭珍林的询问笔录，证明原告在2001年5月26日有向被告的下属涵东派出所报案，该所也口头答复原告其对本案没有管辖权，不予受理，原告也无异议。本院认为：本案属运输合同玻璃损坏赔偿纠纷，属民事法律关系调整的范围，上述证据1和2与本案没有关联性，不能作为本案定案依据。证据3证明本案不属被告受理的职责范围，原告要求被告履行法定职责没有法律根据，不予支持。

原告提供第三人的代理人郭文忠起草的协议书草稿一份及第三人提供证据1和2，该证据均系真实的，但该证据只能证明原告与第三人之间所产生的是运输合同关系，属玻璃损坏赔偿纠纷的事宜，系属民事法律关系调整的范围，与本案原告要求被告履行法定职责没有关联性，故不能作为本案的定案依据。

**（四）判案理由**

莆田市涵江区人民法院认为：原告吴金荣因与第三人郭文煌产生的运输合同纠纷，属民事法律关系调整的范围。被告莆田市公安局涵江分局接受原告的申请后，及时审查，并口头答复原告。根据《中华人民共和国人民警察法》第六条的规定，原告的申请不属被告的法定职责及管辖的范围。原告要求被告履行法定职责理由不能成立，不予支持。被告要求驳回原告的诉讼请求理由成立，应予支持。

**（五）定案结论**

福建省莆田市涵江区人民法院根据最高人民法院《关于执行〈中华人民共和国行政诉讼法〉若干问题的解释》第五十五条第（一）项的规定，作出如下判决：

驳回原告吴金荣请求被告莆田市公安局涵江分局履行法定职责的诉讼请求。

本案案件受理费人民币100元，由原告负担。

**（六）解说**

本案主要针对原告是否有权要求履行法定职责，本案是否属行政诉讼法调整或属民事诉讼法调整范围的问题进行分析。从法理上讲，依据《中华人民共和国治安管理处罚条例》第五条规定对本案的管辖权问题：仅指对于因民间纠纷引起的打架斗殴或者损毁他人财物等违反治安管理行为，情节轻微的，公安机关可以调解处理。本案的原告与第三人之间虽然是因民间纠纷，但不存在双方在处理纠纷时产生的打架斗殴或者损毁他人财物等违反治安管理行为。原告虽有向公安机关报案后，公安机关经调查发现，原告与第三人之间是因原告承运第三人的玻璃时造成玻璃损坏，双方为了解决玻璃损坏的赔偿问题产生争执，后经双方协商，原告愿意用自己车辆作为抵押，并保证在十日内归还第三人的玻璃损坏赔偿款后，归还车辆，并立有约字为凭。为此公安机关口头答复不属其受理范围，原告又以其车辆被第三人扣押在涵江属公安机关管辖范围，公安机关应当履行其法定职责，而公安机关依据《中华人民共和国警察法》第六条的规定给予口头答复，原告的申请不属其法定职责及管辖范围。而原告认为公安机关的行为属不履行法定职责起诉法院，法院根据公安部《关于公安机关不得非法越权干预经济纠纷案件处理的通知》第二条的规定，以本案属于运输合同纠纷案件，属民事法律调整的范畴，被告不具有诉讼主体资格，故本案不属行政受案范围，原告提起行政诉讼于法无据，况且第三人在本案受理前2001年6月6日向本院提起民事诉讼，故原告的请求不予支持，应判决驳回原告的诉讼请求。其次本案双方争议的管辖问题，原告以其车辆被第三人扣押在涵江，属被告公安机关管辖，被告则认为原告与第三人发生的扣押车辆行为的发生地属莆田县黄石镇，应由莆田县公安机关管辖。因本案的原告与第三人口头订立的运输合同，其所产生的运输合同纠纷应属民事诉讼调整的范围，不属行政诉讼调整范围，公安机关不存在行政不作为的行为，所以本案也不存在公安机关的管辖权问题。根据最高人民法院《关于执行〈中华人民共和国行政诉讼法〉若干问题的解释》第五十五条第一项的规定，作出驳回原告吴金荣请求被告莆田市公安局涵江分局履行法定职责的诉讼请求的判决是正确的。

（黄玉书）

## 3. 杨溪国诉龙海市公安局不履行法定职责案

**（一）首部**

1. 判决书字号：福建省龙海市人民法院（2001）龙行初字第036号。

2. 案由：不服公安机关不履行法定职责案。

3. 诉讼双方

原告：杨溪国，男，汉族，1958年8月10日出生，农民。

委托代理人：林海木，福建漳州元光律师事务所律师。

被告：龙海市公安局。

法定代表人：陈志坤，局长。

委托代理人：郑艺蓉，女，龙海市公安局法制科副科长。

委托代理人：邱跨通，男，龙海市公安局法制科科员。

第三人：郑福根，又名郑九斤，男，汉族，1964年11月12日出生，农民。

4. 审级：一审。

5. 审判机关和审判组织

审判机关：福建省龙海市人民法院。

合议庭组成人员：审判长：吴丽芬；审判员：王峰扬；代理审判员：庄伟毅。

6. 审结时间：2001年9月7日。

**（二）诉辩主张**

1. 被诉具体行政行为：被告龙海市公安局未作出明确具体的行政行为。

2. 原告诉称：1998年4月23日，原告无故被第三人郑福根殴打致伤，原告报案后，被告所属榜山派出所进行立案调查。后该所民警二次到榜山镇翠林村，调集原告进行赔偿调解未达成协议。后来，原告多次要求被告依法处理此案，但被告至今尚未处理。请求判令被告履行法定义务，依法处理郑福根殴打原告的治安违法行为。

3. 被告辩称：我局榜山派出所接到原告报案后，依法立案调查。经调查查实，杨溪国阻拦郑福根卖猪肉，将郑福根肉摊上猪肉扔到地上，并拉扯郑福根装钱的篮子。在拉扯中，郑福根将杨溪国乘坐的轮椅推倒，致使杨溪国摔倒受伤，经法医鉴定，杨溪国伤情为损伤轻微。榜山派出所上报拟对郑福根治安罚款200元，我局法制科经审核后认为，杨溪国错误在先，郑福根违反治安管理情节特别轻微，可以从轻或免予处罚，建议多做工作，调解结案。榜山派出所民警二次通知杨溪国到榜山镇翠林村调解，郑福根愿意赔偿原告2 500元，杨溪国坚持要求赔偿医疗费6 000元，达不成协议，该所民警当面告知原告到法院提起民事诉讼。我局对本案依法积极履行职责，且原告起诉超过诉讼期限，请求判令驳回原告的诉讼请求。

4. 第三人述称：被告认定事实清楚，并且已履行法定职责，请求驳回原告的诉讼请求。

**（三）事实和证据**

福建省龙海市人民法院经公开审理查明：原告杨溪国系二级残疾人。1998年4月24日原告杨溪国向被告龙海市公安局所属的榜山派出所报案，称无故被第三人郑福根殴打致伤，请求处理。同日，榜山派出所予以立案，进行调查后认定，同月23日上午，杨溪国阻拦郑福根卖猪肉，将其肉摊上猪肉扔于地上。郑福根推倒杨溪国乘坐的轮椅，致使杨溪国摔倒受伤，经法医鉴定，杨溪国伤情为损伤轻微。榜山派出所上报处理意见，但未经被告行政机关负责人进行审查并作出决定。榜山派出所两名民警二次到榜山镇翠林村，调集原告进行调解，未能达成协议。被告至今未书面告知原告对该案的处理结果。原告于2001年6月18日诉至本院，请求判令被告履行法定职责，对第三人郑福根进行治安处罚。

上述事实有下列证据证明：

1. 被告向龙海市人民法院提供的证据材料：（1）治安案件受理、立案登记表；（2）研究案件记录；（3）治安管理处罚审批表；（4）关于杨溪国与郑福根纠纷一案调解过程；（5）询问杨溪国笔录；（6）第三人郑福根陈述；（7）证人邹礞花、杨其旺、杨美英、高珠、杨亚琴的证言；（8）榜山镇生猪屠宰管理领导小组证明；（9）法医检验结论；（10）暂扣财物收据及领条。

2. 原告向龙海市人民法院提供的证据材料：（1）残疾人证书；（2）病案记录、住院收据；（3）法医检验发票；（4）证人郑坑人、郑跃明证言。

**（四）判案理由**

福建省龙海市人民法院经审理认为：被告龙海市公安局接到原告杨溪国报案后，依法对本案立案调查，基本查清了本案的事实，并两次进行了调解，已经履行部分的法定职责。但被告在调查终结后未经行政机关负责人对调查结果进行审查并作出决定，违反了《中华人民共和国行政处罚法》第三十八条第一款之规定。且被告对该案未能调解结案的情况下，没有在《福建省行政执法程序规定》第二十八条规定的期限内作出决定，又未书面告知原告对该案的处理结果，不符合行政公开原则，其辩称原告起诉已超过诉讼时效的理由不足，不予支持。

**（五）定案结论**

福建省龙海市人民法院根据《中华人民共和国行政诉讼法》第五十四条第（三）项之规定，判决如下：

被告龙海市公安局应当在判决生效后一个月内，对原告杨溪国与第三人郑福根治安案件作出处理决定。

本案诉讼费人民币30元，由被告负担。

**（六）解说**

本案是福建省龙海市人民法院审理的首例判决行政机关履行法定职责的典型案件。所谓法定职责，就是法律、法规规定的行政机关必须履行的职责。本案争执的焦点在于被告龙海市公安局是否履行了法定职责，是否依法全部履行了法定职责，有否存在拒绝履行、拖延履行或不予答复的情况。原告起诉是否超过诉讼期限。

1. 被告龙海市公安局对本案第三人郑福根不予行政处罚的审批程序是否合法。

《中华人民共和国行政处罚法》第三十八条第一款规定：调查终结，行政机关负责人应当对调查结果进行审查，根据不同情况，分别作出决定。即使本案第三人郑福根的行为符合该三十八条第一款第（二）项关于“违法行为轻微，依法可以不予行政处罚的，不予行政处罚”规定，也需由被告的负责人对调查结果进行审查并作出决定。但是，本案被告龙海市公安局在调查终结后未经行政机关负责人对调查结果进行审查并作出决定，违反了该条法律的规定，说明被告没有按该法律规定履行法定职责。

2. 被告龙海市公安局是否在法定期限内作出决定，是否存在拖延履行。

《中华人民共和国治安管理处罚条例》虽然没有明文规定公安机关的办案期限，但是，《福建省行政执法程序规定》经福建省人大常务委员会通过，是具有法律效力的地方性法规，在福建省范围内可以适用，该法规的第二十八条规定：“行政执法机关处理违法案件应当在立案之日三十日内作出处理决定；重大、复杂的案件，经本机关领导批准，可以延长十五天，需要继续延长的，报上一级行政执法机关批准，省人民政府所属行政执法机关，报省人民政府批准。”本案被告龙海市公安局没有按照此规定的期限内作出行政处理决定，违反了该法规的规定，表现为拖延履行，说明被告没有按照该法规的规定履行法定职责。

3. 被告龙海市公安局未书面告知原告对该案的处理结果，是否属不予答复。

《行政处罚法》对依照该法第三十八条第一款第（二）项规定的，“违法行为轻微，依法可以不予行政处罚的，不予行政处罚”。没有明文规定应当制作不予行政处罚决定书和应当依法将行政处罚决定书依法送达当事人，存在立法缺陷。在司法实践中可能导致受到违法行为侵害的一方当事人的合法权益受到侵害，即不知道不予行政处罚决定，无法对不予行政处罚决定不服申请复议或者提起行政诉讼，无法以行政机关作出的确定违法行为人的违法行为的行政法律文书为依据提起民事诉讼，要求违法行为人给予民事赔偿，等等。所以，行政处罚法应当增加行政机关对于“违法行为轻微，依法可以不予行政处罚的，不予行政处罚”，应当制作不予行政处罚决定书并依法送达当事人的有关规定。根据《行政处罚法》规定的行政处罚应遵循公正、公开原则的立法精神，参照《行政处罚法》第三十九条规定：“行政机关依照本法第三十八条的规定给予行政处罚，应当制作行政处罚决定书。”第四十条规定：“行政处罚决定书应当在宣告后当场交付当事人；当事人不在场的，行政机关应当在七日内依照民事诉讼法的有关规定，将行政处罚决定书送达当事人。”因此，行政机关认为不予行政处罚的，也应当书面告知当事人，本案被告未书面告知原告对该案处理结果，不符合行政公开的原则，其表现为不予答复，说明被告没有按照法律规定全部履行法定职责。

4. 原告杨溪国起诉是否超过诉讼期限问题。

（1）根据最高人民法院《关于执行〈中华人民共和国行政诉讼法〉若干问题的解释》（以下称《执行解释》）第三十九条规定的申请行政机关履行法定职责的起诉期限，《福建省行政执法程序规定》第二十八条对公安机关办案期限的规定，对申请行政机关履行法定职责开始起诉期限作了规定，本案原告杨溪国申请公安机关履行法定职责开始起诉期限为报案后一个月后，原告的起诉符合该开始起诉期限规定。（2）《中华人民共和国行政诉讼法》第三十九条，《执行解释》第四十一条、四十二条规定的起诉期限，都要求被告作出具体行政行为，而本案被告龙海市公安局未在法定期限内作出决定，未书面告知原告对该案的处理结果，未作出具体行政行为，被告将本身过错作为原告已超过起诉期限的理由不足。(3) 被告辩称其民警当面告知原告杨溪国到法院提起民事诉讼，原告提起行政诉讼超过起诉期限。因为，民事诉讼与行政诉讼是两个不同的诉讼，即使被告已当面告知原告到法院提起民事诉讼，并不能说明被告已依法作出具体行政行为，已依法告知原告提起行政诉讼。所以，被告辩称理由不足。因此，原告杨溪国的起诉没有超过诉讼期限。

综上所述，被告龙海市公安局依法对本案立案调查，基本查清了本案的事实，并两次进行了调解，已经履行了部分的法定职责。但是，没有依照法律、法规的规定依法全部履行法定职责，其辩称原告起诉已超过诉讼时效的理由不足，不予支持。所以，龙海市人民法院依法判决被告龙海市公安局在一个月内履行法定职责是正确的。

（王峰扬）

## 4．宋国良不服绍兴市公安局越城区分局行政拘留处罚决定案

### （一）首部

1．判决书字号

一审判决书：浙江省绍兴市越城区人民法院（2000）越行初字第25号。

二审判决书：浙江省绍兴市中级人民法院（2001）绍行终字第8号。

2．案由：不服治安行政处罚案。

3．诉讼双方

原告（上诉人）：宋国良，男，1949年2月17日出生，汉族，房产中介所工作。

委托代理人（一、二审）：严洪祥，浙江华信大律师事务所律师。

委托代理人（一、二审）：赵梁波，浙江鉴水律师事务所律师。

被告（被上诉人）：绍兴市公安局越城区分局。

法定代表人：林思民，局长。

委托代理人（一、二审）：冯土根、王增友，该分局干部。

第三人：冯银龙，男，1963年10月18日出生，汉族，无业，住绍兴市洞桥小区18幢102室。

第三人：陈婷花，女，1966年3月12日出生，汉族，无业，住绍兴市洞桥小区18幢102室。

4．审级：二审。

5．审判机关和审判组织

一审法院：浙江省绍兴市越城区人民法院。

合议庭组成人员：审判长：杨晓萍；审判员：胡文荣、王安洁。

二审法院：浙江省绍兴市中级人民法院。

合议庭组成人员：审判长：魏丽丽；审判员：钱长龙、毕金刚。

6. 审结时间

一审审结时间：2000 年 12 月 12 日。

二审审结时间：2001 年 3 月 27 日。

**（二）一审诉辩主张**

1. 被诉具体行政行为：2000 年 8 月 23 日，绍兴市公安局越城区分局以宋国良用其他方法威胁他人安全，根据《中华人民共和国治安管理处罚条例》第二十二条第（五）项规定，决定对宋国良治安拘留 5 天。宋国良在法定期限内向绍兴市公安局申请复议。2000 年 10 月 11 日，绍兴市公安局根据《行政复议法》第二十八条第一项，作出维持原裁决的复议决定。

2. 原告诉称：自己从未用其他方法威胁他人安全，绍兴市公安局越城区分局所作的处罚认定事实不清，导致适用法律错误，程序违法，请求法院撤销绍兴市公安局越城区分局所作的第 2205 号治安管理处罚裁决。

3. 被告辩称：宋国良在向第三人冯银龙、陈婷花夫妇催讨中介服务费时采用不妥当方式，遭对方拒绝后强行非法侵入他人住宅，并打电话叫人帮忙殴打第三人，造成第三人人身受到伤害。宋国良的行为严重威胁了他人安全，本局认定事实清楚，适用法律正确。

4. 第三人述称：绍兴市公安局越城区分局所作处罚裁决合法，请求法院维持公安机关所作的处罚裁决。

**（三）一审事实和证据**

绍兴市越城区人民法院经审理查明：2000 年 6 月 17 日晚 8 时许，宋国良为向冯银龙、陈婷花夫妇催要房屋买卖中介费，与朋友王国平一起到第三人家中，双方为费用问题发生争吵、推扭，后宋国良用手机打电话叫人帮忙。很快进来四人，用拳打、脚踢、甚至用打气筒殴打冯银龙，并威胁冯、陈两夫妇“如果去报警，报一次，打一次，打到你不报警为止”。同时宋国良还夺下陈婷花电话，并殴打陈两个耳光，对冯银龙拳打、脚踢，致冯、陈二人身体受到伤害。2000 年 8 月 23 日，绍兴市公安局越城区分局以用其他方法威胁他人安全对宋国良作出治安拘留 5 天的第 2205 号治安管理处罚裁决书，宋国良不服，向绍兴市公安局申请复议。2002 年 10 月 11 日绍兴市公安局根据《行政复议法》第二十八条第（一）项，作出（2000）公行复字第 32 号维持原裁决的复议决定书。宋国良不服，于 2000 年 10 月 31 日向绍兴市越城区人民法院起诉。

上述事实有下列证据证明：

1. 绍兴市公安局越城区分局 2000 年 6 月 18、20 日对宋国良的二次讯问笔录。

2. 绍兴市公安局越城区分局 2000 年 6 月 19 日对王国平的讯问笔录。

3. 绍兴市公安局越城区分局 2000 年 6 月 17 日、8 月 9 日对冯银龙的二次询问笔录。

4. 绍兴市公安局越城区分局 2000 年 6 月 18 日对陈婷花的询问笔录。

5. 绍兴市公安局越城区分局 2000 年 6 月 19 日、8 月 9 日对证人朱松庆的二次询问笔录。

6. 法医损伤检验证明书。

7. 绍兴市公安局越城区分局 2000 年 8 月 23 日第 2205 号治安管理处罚裁决书。

8.《中华人民共和国治安管理处罚条例》第二十二条第（五）项。

9. 绍兴市公安局越城区分局告知笔录及送达回证各一份。

**（四）一审判案理由**

绍兴市越城区人民法院经审理认为：原告宋国良为向第三人冯银龙、陈婷花夫妇收取房屋买卖中介费，在双方发生争执、推扭、催要未果之情况下，未通过其他正当途径解决，而系采用打电话叫人，在他人的帮助下，对第三人实施威胁、殴打行为，从而给第三人人身等安全造成损害。被告对其作出的处罚，事实清楚，适用法律及处罚并无不当，且程序合法。

**（五）一审定案结论**

浙江省绍兴市越城区人民法院根据《中华人民共和国行政诉讼法》第五十四条第一款第（一）项之规定，判决如下：

维持被告绍兴市公安局越城区分局2000年8月23日作出的第2205号治安管理处罚裁决。

本案案件受理费30元，由原告宋国良负担。

**（六）二审情况**

1. 二审诉辩主张

（1）上诉人（原审原告）诉称：原审判决认定事实不清，公安局的治安处罚裁决作出程序违法，处罚前未清楚告知上诉人应告知的内容，而且是以叫上诉人在遮住内容的纸上签名的方式告知，上诉人未采用电话叫人并在他人帮助下对第三人实施威胁、殴打，亦未给第三人人身等安全造成损害，因此公安的治安处罚裁决程序不当，事实不清，原判维持该处罚决定错误，请求撤销原审判决，撤销绍兴市公安局越城区分局第2205号治安处罚裁决。

（2）被上诉人（原审被告）辩称：上诉人用手机叫人来帮忙，并与他人殴打威胁第三人，造成对第三人家人的威胁和伤害事实存在，对上诉人作出的处罚裁决程序合法，请求法院维持原判决。

（3）第三人同意被上诉人辩称意见。

2. 二审事实和证据

绍兴市中级人民法院经审理查明：上诉人宋国良为向第三人冯银龙、陈婷花夫妇催要房屋买卖中介费，与朋友王国平一起到第三人家中，当为支付房屋买卖中介费用问题发生争议后，上诉人即用手机打电话叫人帮忙。不一会即有4个人进入第三人家对第三人冯银龙殴打，并威胁两第三人："如果去报案，报一次，打一次，打到你不报警为止。"上诉人同时还夺下第三人陈婷花欲打电话的话筒，并殴打陈婷花两个耳光，拳打、脚踢冯银龙。被上诉人绍兴市公安局越城区分局在调查取证后，于2000年8月2日告知上诉人有殴打他人，造成轻微伤害及用其他方法威胁他人安全的违法行为，根据《中华人民共和国治安管理处罚条例》第二十二条将作出处罚。上诉人在告知记录上回答无意见，签名并盖指印。2000年8月23日，被上诉人作出第2205号治安管理处罚裁决，决定对上诉人宋国良治安拘留5天。上诉人申请复议，2000年10月11日绍兴市公安局作出维持原裁决的复议决定。上诉人宋国良起诉，请求撤销绍兴市公安局越城区分局第2205号治安管理处罚裁决。

上述事实有当事人陈述、证人证言，绍兴市公安局越城区分局治安管理处罚裁决书等证据证明。

3. 二审判案理由

绍兴市中级人民法院认为：被上诉人绍兴市公安局越城区分局的第2205号处罚裁决，认定宋国良在向第三人收取中介费未果的情况下，用打电话叫人，并在他人的帮助下对第三人实施威胁、殴打事实清楚，适用法律正确，在作出该处罚裁决前，依法告知了上诉人宋国良，上诉人亦在告知书上签名，并由证人证实上诉人已看清告知内容，故上诉人称未采用电话叫人并在他人帮助下对第三人实施威胁、殴打，被上诉人在作出处罚前未告知，程序违法的上诉理由与事实不符，不予采信。原审判决维持被上诉人对上诉人作出的处罚裁决正确。

4. 二审定案结论

浙江省绍兴市中级人民法院根据《中华人民共和国行政诉讼法》第六十一条第（一）项之规定，判决如下：

驳回上诉，维持原判。

上诉案件受理费30元，由上诉人宋国良承担。

**（七）解说**

1. 审理行政机关具体行政行为是否合法，依照《中华人民共和国行政诉讼法》的有关规定，必须审核行政机关作出具体行政行为的程序是否合法；该具体行政行为所依据的事实是否客观存在；该具体行政行为所依据的法律、法规是否正确。从本案所提供的有关证据分析，绍兴市公安局越城区分局在办理宋国良违反治安管理一案中，调查、取证、告知、送达等程序方面是严格依据法律规定进行的。因此明确公安机关作出该具体行政行为的事实是否客观存在，即宋国良的行为是否构成用其他方法威胁他人安全成了审理本案的焦点。本案一、二审法院依据相同的事实，分别就实体及适用法律方面进行了认定。本案系为催讨房屋买卖中介费所引起，虽宋国良进入第三人家中有原因，但当第三人冯银龙与宋为费用问题发生争吵，此时已存在冯不同意宋进入其家中，推宋出去、双方互相推扯的情形。虽宋国良无非法侵入他人住宅之故意，但实际已存在户主不同意而宋仍强行入内的行为；且参与人王国平，受害人陈婷花、冯银龙，证人朱松庆均证明宋国良曾打电话叫人帮忙，且都打通，而宋自己亦承认打过电话，但辩称未打通，并一直否认进来殴打第三人的一些人系其所叫，然进来之人却不分青红皂白进门即帮其殴打、威胁第三人，同时宋也参与其中夺电话，打第三人陈婷花耳光，拳打、脚踢第三人冯银龙。本案中宋国良叫人帮忙以达到催讨中介费的目的（已达到）明确，从宋本人的供述中显示“我想小潘人胖一点，他们会怕他把钱拿出来”，同时进来帮其殴打的人也曾威胁第三人“钱不拿出来的话，今天晚上打死你，如果报警的话，明天再来打过，报一次，打一次，打到你不敢报警为止”，从而构成了威胁他人安全所具有的客观行为“通过第三者传话进行威胁”，而且从本案中可见原告的行为已使他人的人身安全等受到威胁及损害。因此绍兴市公安局越城区分局作出上述具体行政行为认定事实清楚，适用法律并无不当。

2. 本案的性质及社会效果。

目前一些房屋中介机构的工作人员与社会上的黑社会组织来往较为密切，从情节上看，宋国良因催讨房屋买卖中介费用而与另一朋友王国平一起来到第三人家中，当双方为费用发生争吵后，宋即打电话叫人帮忙。不到几分钟即进来一些人，并不分是非殴打屋内第三人，从中宋自己也出手殴打，致使第三人身体受到伤害，人身安全得不到保障［虽宋一再否认来人系其所叫，但结合其打电话的行为、主观目的（所想叫的小潘“人胖一点，他们会怕他把钱拿出来”）、来人帮宋实施殴打第三人的事实，可推定来人系宋国良所叫，目的系帮其讨钱]，故本案在一定程度上具有黑帮殴打、闹事的社会恶势力性质，社会影响极坏。公安机关以用其他方法威胁他人安全对宋国良作出上述治安拘留的处罚既合法、适当，又打击了社会不良习气的蔓延，从而达到了保障受害人的合法权益、维护社会治安和稳定目的。

（杨晓萍）

## 5. 周生庚诉金坛市人民政府通告违法案

### （一）首部

1. 判决书字号

一审判决书：江苏省常州市中级人民法院（2001）常行初字第3号。

二审判决书：江苏省高级人民法院（2001）苏行终字第039号。

2. 案由：认为通告违法案。

3. 诉讼双方

原告（上诉人）：周生庚，男，1954年6月20日生，汉族，金坛市人，农民，住金坛市城东乡东方村委第七组。

诉讼代理人（一、二审）：虞春梅，女，农民。

诉讼代理人（一审）：荆立波，男，无业。

诉讼代理人（二审）：李林，南京爱信律师事务所律师。

被告（被上诉人）：金坛市人民政府。

法定代表人：徐惠中，市长。

诉讼代理人（一、二审）：居明保，男，金坛市运输管理处干部。

诉讼代理人（一、二审）：彭燕敏，江苏常州金天虹律师事务所律师。

4. 审级：二审。

5. 审判机关和审判组织

一审法院：江苏省常州市中级人民法院。

合议庭组成人员：审判长：王碧野；代理审判员：段若鹏、施义。

二审法院：江苏省高级人民法院。

合议庭组成人员：审判长：李玉柱；审判员：周守才、齐鸣。

6. 审结时间

一审审结时间：2001年5月10日。

二审审结时间：2001年9月7日。

### （二）一审诉辩主张

1. 原告诉称：被告以自己名义对外发布通告，公开拍卖客运线路牌，违反了《公路运输管理暂行条例》的规定，且被告收费的规定亦无法律依据；线路牌不是《中华人民共和国拍卖法》规定的特定物，被告对此进行拍卖不符合该法规定，且被告对其管辖区内的公路只有管理权而无所有权和处分权，故其没有委托拍卖客运线路的职权；被告对线路牌进行拍卖不利于运输市场的自由竞争和协调发展，而将形成垄断；被告的行为侵犯了原告的合法权益。据此，请求法院依法确认被告 2000 年 4 月 8 日作出“关于中（农）巴车线路牌有偿使用的通告”（以下简称“通告”）违法，并赔偿原告的一切经济损失，由被告承担本案诉讼费。

2. 被告辩称：被告发布的“通告”是依据有关部门规章、地方性法规和其他规范性文件作出的，该“通告”并不违法；被告发布该“通告”并不针对特定的对象，应属抽象行政行为，法院应驳回原告的起诉。

**（三）一审事实和证据**

常州市中级人民法院经审理查明：原告周生庚系苏 D—A4052 号牌中巴车车主。1998 年，因周生庚在当年度的中（农）巴车线路牌经营权优先招标中未能竞买成功和其未参加当年的新增额度中巴车线路牌拍卖，被告收回了原由常州市运输管理处于 1997 年核发给周生庚的有效期为 1997 年 7 月 1 日至 1998 年 6 月 30 日金坛—常州的线路牌，以及由金坛市运输管理处于 1996 年 7 月核发的公路运输经营许可证。之后，周生庚停止营运至今。2000 年 4 月 8 日，被告作出坛政发（2000）49 号“通告”，决定对中（农）巴车线路牌实行有偿使用，规定“凡我市车籍，经营市内、市外的中（农）巴车都必须通过招标交纳有偿使用金，方能获得经营权”。该“通告”并对中（农）巴车实行有偿使用招标的优先权、用于招标的缺空车辆额度数、申请参加竞买人的资格、有偿使用金的主要用途、办理有偿使用手续的截止时间、有偿使用年限、有偿使用工作实施单位等一并作了规定。嗣后，被告即通过电视媒体等方式对上述“通告”进行了宣传，并制作了有关的宣传材料。同月，被告根据“通告”规定，分别举办了中（农）巴车市内、市外线路牌的优先招标和金坛市中巴车营运权期满空额公开招标拍卖。庭审中，原告代理人虞春梅陈述，周生庚未参加上述拍卖活动，是其与丈夫华学明受周生庚委托参加了被告举行的上述拍卖会。但周生庚、虞春梅均未能提供委托参加拍卖的相关证据。2001 年 1 月 18 日，周生庚因未参加拍卖而丧失营运资格后向本院提起行政诉讼。

上述事实有下列证据证明：

1. 金坛市人民政府 2000 年 4 月 8 日的坛政发（2000）49 号“通告”。

2. 金坛市中巴车有偿营运管理办公室的“对中（农）巴车线路牌实行有偿使用宣传提纲”。

3. 金坛市中（农）巴车市内、市外线路牌优先招标额度及日程安排方案表和金坛市中巴车营运权期满空额公开招标额度、标底及日程安排方案表。

被告除提供上述证据证明相关事实外，还提供了其作出“通告”所依据的有关规范性文件：

1. 建设部 1993 年 5 月 18 日建城（1993）386 号《城市公共客运交通经营权有偿出让和转让的若干规定》第三条、第六条。证明县级以上人民政府对其行政管理区域内的交通经营权可决定以拍卖的方式有偿出让。

2. 交通部 1997 年 8 月交公路发（1997）516 号《道路运政管理工作规范》第十四章第二部分的规定、江苏省人民政府 2000 年 1 月 14 日苏政发（2000）11 号《关于切实加强出租汽车等城市公共客运交通管理工作的意见》第四条、江苏省交通厅1993年8月13日苏交运（1993）第61号《江苏省公路客运营运线路招标管理办法（试行）》第一条和第十二条，证明对客运线路经营权可以采取有偿使用的方法，并可采用招标和拍卖的方式出让线路经营权。

**（四）一审判案理由**

常州市中级人民法院认为：被告于2000年4月8日作出的“通告”仅适用其于2000年4月份举行的中（农）巴车线路牌拍卖，且该“通告”涉及包括原经营中（农）巴车等经营者的权利，故该“通告”应属可诉的具体行政行为。被告认为其作出的“通告”属抽象行政行为理由不足。金坛市人民政府根据该市运输市场的状况，从1997年起，每年发布关于中（农）巴车线路牌有偿使用的通告，决定对该市中（农）巴车的线路牌实行有偿使用，其行政目的是运用经济手段调控客运市场，促进公路客运业按市场经济规律运行，并为客运经营者提供平等竞争的机会，充分体现公平、公正的社会效果。该行政目的明确合法，也符合市场经济发展的需要。参照建设部《城市公共客运交通经营权有偿出让和转让的若干规定》第二条“城市公共客运交通经营权有偿出让是指政府以所有者的身份将城市公共客运交通经营权在一定期限内有偿出让给经营者的行为”，第三条“县级以上地方人民政府城市建设行政主管部门是城市公共客运交通经营权有偿出让和转让的主管部门，可授权城市客运管理机构具体实施”的规定，客运线路牌是对经营者经营某线路的许可，该客运线路牌属上述规章规定的城市公共客运经营权的范围，故被告依据以上规定以自己的名义作出“通告”并成立金坛市中巴车有偿营运管理办公室负责具体实施的行为并无不当。建设部《城市公共客运交通经营权有偿出让和转让的若干规定》第六条第三项规定：经营权有偿出让可以采取拍卖的方式，第九条规定：经营权有偿出让的期限由地方人民政府根据当地的实际情况规定，但不得搞永久经营权，第十一条规定：实行经营权有偿出让之前，单位和个人无偿取得的经营权也应逐步地纳入经营权有偿出让的范围。交通部交公路发（1997）516号《道路运政管理工作规范》第十四章第二部分规定：对出租汽车客运班线牌证有偿使用的方法可以作为一种经济手段实施调控的方法进行试点，故被告决定以拍卖的方式对其市内、外中（农）巴车线路牌实行有偿使用，并根据金坛市的实际情况规定线路牌的有偿使用期限和有偿使用金等是符合上述规章的规定和有关规范性文件精神的，也是符合我国客运业发展趋势和市场经济发展要求的。原告提出的除政府交通主管部门有权对利用公路营运的单位和个人实施运政管理，并向其收取一定的营运费外，任何单位和个人无权利用公路乱收费及被告对线路牌进行拍卖不符合《中华人民共和国拍卖法》的规定，其也无权委托有关部门对线路牌进行拍卖的起诉理由不符合建设部《城市公共客运交通经营权有偿出让和转让的若干规定》的上述规定，且其也未能对上述主张提供相关的法律依据，故本院对该主张不予采信。原告周生庚虽在1997年取得了金坛——常州的线路牌，但是该线路牌至1998年6月30日已到期，并于同年由被告收回。且根据庭审举证、质证，可以证明周生庚在被告2000年度规定的中（农）巴车线路牌竞拍期内，未去参加竞拍，周生庚的委托代理人虞春梅认为周生庚委托其参加拍卖，证据不足。故本案中不存在周生庚权益被侵害的事实，原告认为被告作出“通告”的行为侵犯其合法权益缺乏事实和法律依据。综上，被告作出的“通告”符合法律规定，应当予以维持。但该“通告”仅在2000年度有效，故不适宜判决维持。

（五）一审定案结论

江苏省常州市中级人民法院依照《中华人民共和国行政诉讼法》第五十三条第一款、第五十四条第（一）项，最高人民法院《关于执行〈中华人民共和国行政诉讼法〉若干问题的解释》第五十七条第一款，参照建设部《城市公共客运交通经营权有偿出让和转让的若干规定》第二、三、六、九、十一条的规定，作出如下判决：

1. 确认被告金坛市人民政府2000年4月8日作出的“关于中（农）巴车线路牌有偿使用的通告”合法。

2. 驳回原告周生庚要求被告承担一切损失费用的诉讼请求。

（六）二审情况

1. 二审诉辩主张

（1）上诉人诉称：一审判决应当以交通部《道路运政管理工作规范》为依据；交通部的该《工作规范》与建设部《城市公共客运经营权有偿出让和转让的若干规定》不相一致，不能适用于本案判决，应由最高人民法院送请国务院作出解释后再适用；交通部《道路运政管理工作规范》规定的招标审批尚在试行过程，不适宜作为判决依据，应参照该《规范》第四章第一部分规定判决本案；被告举证的建设部《规定》没有法律效力。故请求二审法院撤销原判，依法作出公正判决。

（2）被上诉人辩称：一审判决认定事实清楚、适用法律正确、审判程序合法，请求二审法院驳回上诉。

2. 二审事实和证据

江苏省高级人民法院经审理确认了一审认定的事实和证据。在二审审理过程中，上诉人周生庚的委托代理人提供了其向陈东美、潘炳坤、韩建国等15人提取的证词，以证明拍卖违法。经二审审查，上述证词所反映的事实发生在1998年，与本案无关，故对上述证据二审不予采信。就本案审理过程中涉及的被上诉人是否具有“通告”及有关宣传材料中载明的线路经营权一事，经二审法院准许，被上诉人提供了常州市运输管理处1990年10月26日下达给金坛市运输管理所的“关于下达‘金坛县客运中巴车宏观发展计划’的通知”，该证据表明被上诉人具有金坛至常州的线路经营权。对该证据二审予以采信。

3. 二审判案理由

江苏省高级人民法院审理认为：根据建设部《城市公共客运交通经营权有偿出让和转让的若干规定》第二条、第三条和第六条的规定，政府有权对城市公共客运经营权在期限内实施有偿出让，可授权城市客运管理机构具体实施，并可以拍卖的方式进行。同时该规定第十一条还规定，实行经营权有偿出让之前，单位和个人无偿取得的经营权也应逐步纳入经营权有偿出让的范围。被上诉人发布“通告”，即是根据建设部的上述规定，对城市公共客运经营权有偿出让的具体实施。被上诉人为实施该项工作，对经营权有偿出让规定了具体的实施办法及资质审查规定，亦符合建设部《城市公共客运交通经营权有偿出让和转让的若干规定》的有关规定。故被上诉人发布的“通告”具有法律依据，符合法律规定。上诉人认为该“通告”违法的上诉理由，缺乏相应的事实依据和法律依据，不能成立，本院不予支持。上诉人所诉被上诉人发布该“通告”的行为侵犯了其合法权益，且造成经济损失，没有事实依据，本院亦不予支持。原审判决认定事实清楚，适用法律正确，审判程序合法。

4. 二审定案结论

江苏省高级人民法院根据《中华人民共和国行政诉讼法》第六十一条第（一）项的规定，作出如下判决：

驳回周生庚的上诉请求，维持原判。

二审案件受理费30元，由上诉人周生庚负担。

**（七）解说**

本案是一起新类型案件，在全国尚属首例。

本案主要涉及两个问题：一是关于政府发布的“关于中（农）巴车线路牌有偿使用的通告”是否可诉问题；二是政府是否有权将公共客运交通的营运线路以拍卖等方式有偿出让的问题。

首先，关于“通告”是否可诉问题。在一审过程中，被告坚持认为政府发布的“通告”并不针对特定的行政管理相对人，该“通告”相当于政府文件性质，故应属抽象行政行为，法院不应对此立案受理。而合议庭经审查认为，该“通告”虽然从形式上看，不针对某一特定的、具体的相对管理人，但实际上该“通告”指向的是原经营金坛市范围内中（农）巴车客运业务的经营者们，对象虽然不是某个具体的人，但也属特定的。该“通告”同时也对这些经营者们的权利和义务产生了实质性的影响，且该“通告”仅适用于政府在2000年4月份举行的中（农）巴车线路牌的特定的一次拍卖活动，不具有抽象行政行为的反复适用性和普遍约束性特点，故该“通告”应属可诉的具体行政行为，法院对此立案受理并无不当。

其次，关于政府是否有权将公共客运交通的营运线路以拍卖等方式有偿出让的问题。目前，从理论界到实务界对此争议很大。一种观点认为，公交客运的营运线路不属《中华人民共和国拍卖法》所规定的拍卖对象，政府无权将线路经营权进行拍卖，以拍卖方式收费实际上也是一种乱收费行为；公交客运的班线等应由国家有关部门以正常的行政审批程序予以审批，只要符合营运条件的，政府就应予批准，然后由市场进行调控，优胜劣汰，让经营状况不好的、无利可图的车辆自动退出市场，从而达到供需的平衡，维护正常的营运市场秩序；政府将营运线路以拍卖方式有偿出让，看起来是公开、公平的表现，实际上是将国家赋予其的行政审批权力作为一种资源予以出让或转让的行为，这种做法不符合现行立法精神，是政府滥用行政权力的一种表现。另一种观点认为，政府将公共客运交通的营运线路作为一种经营权以拍卖方式有偿出让，其目的是运用经济手段调控客运市场，促进公路客运业按市场经济规律运行，并为客运经营者提供平等竞争的机会，从而促使客运市场的平等、竞争、有序和规范，充分体现了公平、公正的社会效果，同时也符合市场经济的发展趋势。对政府的这种做法应予肯定。我们认为，在现行法律、法规对城市公共客运交通经营权有偿出让和转让没有作出明确规定的情况下，建设部以规章的形式对此作出若干具体规定，明确“经营权有偿出让可以采取拍卖的方式”，“实行经营权有偿出让之前，单位和个人无偿取得的经营权也应逐步地纳入经营权有偿出让的范围”是可以的，其规定并不违法，本案审理可以参照这一规章。在实行市场经济的情况下，尤其是我国加入WTO以后，一方面政府要缩小行政审批的范围，另一方面政府又有责任和义务将城市公共资源有效地管理和使用起来，通过管理既可以促使城市秩序的健康、有序和规范，又可以造福全市人民。而政府将公共资源进行有效管理的最佳办法或许就是以市场化的运作方法促使公共资源的合理配置，这不仅符合市场经济发展的需要，同时也符合 WTO 规则的要求。所以本案中，被告金坛市人民政府发布的“关于中（农）巴车线路牌有偿使用的通告”，不仅目的合法，也符合现行立法精神和 WTO 规则要求，同时也有规章依据。一、二审法官能针对本案的实际情况，在现行法律、法规无明确、具体规定的情况下，从办案社会效果出发，从市场经济的内在要求和发展趋势考虑，对本案作出上述判决，应该说具有很强的前瞻性，也表现了相当的胆略，这一点是难能可贵的。

（潘桂林）

# 二、工商行政案件

## 6. 昆明迈思特流体技术有限公司不服昆明市工商行政管理局五华分局行政处罚决定案

### (一) 首部

1. 裁判书字号

一审判决书：云南省昆明市五华区人民法院（2000）五法行初字第20号。

二审裁定书：云南省昆明市中级人民法院（2001）昆行终字第18号。

2. 案由：不服行政处罚决定案。

3. 诉讼双方

原告（上诉人）：昆明迈思特流体技术有限公司。

法定代表人：陈智勇，执行董事。

委托代理人（一、二审）：洪晓清，北川律师事务所律师。

委托代理人（二审）：颜进，北川律师事务所律师。

被告（被上诉人）：云南省昆明市工商行政管理局五华分局。

法定代表人：赵明才，局长。

委托代理人（一、二审）：林梅、刘磊，该局干部。

4. 审级：二审。

5. 审判机关和审判组织

一审法院：云南省昆明市五华区人民法院。

合议庭组成人员：审判长：李旭；审判员：刘文丽、杨锦。

二审法院：云南省昆明市中级人民法院。

合议庭组成人员：审判长：马勇；审判员：聂红宾；代理审判员：付星。

6. 审结时间

一审审结时间：2001年2月1日。

二审审结时间：2001年6月12日。

### (二) 一审诉辩主张

1. 被诉具体行政行为：2000年6月30日被告认定白建坤冒用公司名义从事经营活动，故以五工商消扣字（2000）第005号扣留（封存）财物通知书及清单扣留白建坤现金

25 000 元及相关物品。

2. 原告诉称：1999 年 5 月其与白建坤建立了委托代理关系，并将昆明迈思特流体技术有限公司财务章提供给白建坤用于采购商品时使用，2000 年 6 月 30 日原告委托罗永军携带现金支票找白建坤加盖财务专用章并提取 25 000 元现金，现金提取后白建坤将 25 000元现金放入随身携带的黑色提包中，后因白建坤涉嫌冒用公司名义从事经营活动，此 25 000 元现金被被告扣留，后又用于对白建坤的罚款上缴国库。被告的处罚行为侵害了原告的合法财产权益，故诉请判令撤销被告所作的五工商经处字（2000）第 136 号行政处罚决定书中侵害原告财产权益的部分。

3. 被告辩称：其作出的处罚决定是对白建坤处以罚款 25 000 元，与原告无关，故请求驳回原告的诉讼请求。

**（三）一审事实和证据**

昆明市五华区人民法院经公开审理查明：2000 年 6 月 30 日被告接消费者杨璇投诉后，前往白建坤处莲花池正街 18 号进行调查，在调查中发现白建坤冒用公司名义从事经营活动，故以五工商消扣字（2000）第 005 号扣留（封存）财物通知书及清单扣留白建坤现金 25 000 元及相关物品。同日原告从其华夏银行园通支行的账户上支取现金 25 000 元。

上述事实有下列证据证明：

1. 五工商经处字（2000）第 136 号行政处罚决定书。

2. 被告于 2000 年 6 月 30 日对原告法定代表人陈智勇所作调查笔录。

3. 被告于 2000 年 7 月 4 日对原告公司总经理周培军所作的调查笔录。

4. 被告于 2000 年 8 月 4 日对周培军所作的询问笔录。

5. 白建坤于 2000 年 8 月 12 日向被告提交的书面陈述材料。

6. 白建坤于 2000 年 6 月 30 日和 7 月 3 日向被告提交的两份书面陈述材料。

7. 原告于 1999 年 5 月出具的授权证明。

8. 原告于 2000 年 7 月 17 日向被告提交的“关于白建坤同志与迈思特公司的关系等问题的说明”。

9. 原告法定代表人于 2000 年 8 月 7 日向被告提交的情况说明。

10. 被告向白建坤出具的五工商消扣字（2000）第 005 号扣留（封存）财物通知书及清单。

11. 杨璇、虎俊、李小武 3 人向被告提交的书面材料。

**（四）一审判案理由**

昆明市五华区人民法院认为：被告于 2000 年 6 月 30 日对白建坤依法实施了扣留 25 000元现金的行政强制措施，并已告知了白建坤对此措施如有异议可在 60 日内向昆明市工商行政管理局申请复议，但具体行政行为相对人白建坤在此期间并未申请复议。此外，原告在知悉了这一情况后，在被告对其进行的多次调查和原告向被告递交的多份书面材料中，均未主张被告扣留的 25 000 元现金属其所有。且人民币现金属种类流通物，并非特定物，原告所举华夏银行对账单仅能证明其自银行支取现金 25 000 元的事实，并不能证明被告扣留的 25 000 元现金与原告到银行支取的 25 000 元现金具有同一竟合性，因此原告的主张不能成立。

**（五）一审定案结论**

云南省昆明市五华区人民法院根据《中华人民共和国行政诉讼法》第五十四条和最高人民法院《关于执行〈中华人民共和国行政诉讼法〉若干问题的解释》第五十六条第（四）项之规定，判决如下：

驳回原告昆明迈思特流体技术有限公司的诉讼请求。

案件受理费 100 元，由昆明迈思特流体技术有限公司负担。

**（六）二审情况**

1. 二审诉辩主张

（1）上诉人（原审原告）诉称：一审判决认定事实不清，举证责任倒置，判决显失公平，被上诉人处罚程序违法，请求依法撤销原审判决，判令被上诉人立即返还属于我公司的财产；一、二审诉讼费由被上诉人承担。

（2）被上诉人（原审被告）辩称：我方已举证处罚白建坤的 25 000 元属白建坤个人所有，且上诉人无充分证据反驳我方主张，因此，上诉人的上诉请求不能成立，请求法院予以驳回。

2. 二审事实和证据

二审法院确认了一审认定的案件事实和采纳的定案证据。

3. 二审判案理由

云南省昆明市中级人民法院认为：根据《中华人民共和国行政诉讼法》第四十一条关于提起行政诉讼应符合法定条件及最高人民法院《关于执行〈中华人民共和国行政诉讼法〉若干问题的解释》第二十七条关于证明起诉符合法定条件的举证责任应由原告承担的相关规定，本案上诉人迈思特公司所举证，未能证明其与被上诉人工商五华分局作出的五工商经处字（2000）第 136 号行政处罚决定存有行政法上的利害关系；本案被上诉人的上述处罚决定中罚款25 000元是针对白建坤所作，并非迈思特公司，上诉人迈思特公司为此向法院提起的诉讼，不符合行政诉讼起诉的法定条件，人民法院应依法不予受理或驳回起诉。原审法院对上诉人的起诉受理后经审理已明确原告与被告的行政处罚欠缺行政法的利害关系，作出实体判决不当，本院依法予以纠正。本案上诉人迈思特公司的起诉，依法应予驳回。

4. 二审定案结论

云南省昆明市中级人民法院根据《中华人民共和国行政诉讼法》第四十一条第（一）项、第七十四条，最高人民法院《关于执行〈中华人民共和国行政诉讼法〉若干问题的解释》第六十二条第一款、第二十七条第（一）项、第四十四条第一款第（二）项、第七十九条第（一）项、第六十三条第一款第（二）项的规定，裁定如下：

（1）撤销五华区人民法院（2000）五法行初字第 20 号行政判决。

（2）驳回原审原告昆明迈思特流体技术有限公司的起诉。

一、二审案件受理费各 100 元，共计 200 元，由昆明迈思特流体技术有限公司承担。

**（七）解说**

1. 本案涉及行政诉讼中原告举证责任问题。

举证责任是特定的诉讼当事人根据法律规定对一定的待证事实提出证据并加以证明的责任。我国《行政诉讼法》第四十一条规定，提起诉讼应当符合四个条件：一是原告是认为具体行政行为侵犯其合法权益的公民、法人或其他组织；二是有明确的被告；三是有具体的诉讼请求和事实根据；四是属于人民法院受案范围和受诉人民法院管辖。以上四个条件都必须同时具备，缺少其中任何一个条件，即视为起诉条件不具备。最高人民法院《关于执行〈中华人民共和国行政诉讼法〉若干问题的解释》（以下简称《解释》）第二十七条第（一）项规定，证明起诉符合法定条件的举证责任应由原告承担。这是对原告在行政诉讼中举证责任的具体规定。法律明确规定举证责任的意义在于这种设定能引起相应的法律后果。本案原告认为被告所作处罚决定侵害其财产权益，向法院提起行政诉讼，依法向法院提交了用于证明其符合起诉条件的证据材料。经法院对原告所举证据审查后认为，均不能证明其与被告所作处罚决定存有行政法上的利害关系，且被告作出处罚决定中罚款25 000元是针对白建坤，并非原告。因此，从举证责任的层面上来看，原告所举证据均不能证明其符合起诉条件，故原告未完成举证责任。人民法院应依法裁定不予受理或驳回起诉。

2. 原审法院适用法律问题。

《解释》第三十二条第二款规定，受理后经审查不符合起诉条件的应裁定驳回起诉。原审法院对原告的起诉受理后，经审查已明确原告与被告的行政处罚欠缺行政法上的利害关系，不符合起诉条件，应按上述规定裁定驳回原告的起诉。但原审法院作出了驳回原告诉讼请求的实体判决，有悖法律规定，属适用法律错误。二审人民法院根据《解释》第七十九条第（一）项的规定，第一审人民法院作出实体判决后，第二审人民法院认为不应当受理的，在撤销第一审人民法院判决的同时，可以发回重审，也可径行驳回起诉。本案如裁定发回重审，虽然当事人对一审法院重新作出的裁定不服，依照法律规定可获得一次上诉的机会，但从本案的实际情况考虑，发回重审已无实际意义，为了减少讼累，体现诉讼效益原则。二审法院依法撤销一审判决，驳回原告的起诉无疑是正确的。

（付　星）

## 7. 朱宝焕不服昆明市工商行政管理局行政处罚案

### （一）首部

1. 判决书字号

一审判决书：云南省昆明市五华区人民法院（2001）五法行初字第7号。

二审判决书：云南省昆明市中级人民法院（2001）昆行终字第46号。

2. 案由：不服工商行政处罚案。

3. 诉讼双方

原告（上诉人）：朱宝焕，男，1964年11月26日生，汉族，陕西省周至县人。

委托代理人（一、二审）：赛晓刚，男，36岁，云南专利事务所工作人员。

被告（被上诉人）：云南省昆明市工商行政管理局。

法定代表人：王爱中，局长。

委托代理人（一、二审）：杨帆、刘跃波，该局干部，特别授权代理。

4. 审级：二审。

5. 审判机关和审判组织

一审法院：云南省昆明市五华区人民法院。

合议庭组成人员：审判长：李旭；审判员：余莉、杨锦。

二审法院：云南省昆明市中级人民法院。

合议庭组成人员：审判长：王琼芬；审判员：马勇、聂红宾。

6. 审结时间

一审审结时间：2001 年 5 月 7 日。

二审审结时间：2001 年 9 月 7 日。

**（二）一审诉辩主张**

1. 被诉具体行政行为：被告于 2000 年 11 月 23 日以昆工商处字（2000）第 99 号行政处罚决定书明确"1997 年 6 月至 7 月间，朱宝焕以个人名义从河南省平顶山市棉织厂等订购床单坯布共计 22 201.5 米，委托河南汝阳县毛巾被单织布厂加工床单，加工费双人床单 4.5 元/条，单人床单 3.5 元/条，床单的名称、规格、包装等均系朱宝焕自已选择确定认可，该批床单的外包装上的图案、字体以及排列组合与"金芳"（注册商标）被单的包装相近似。床单的外包装上印刷的生产厂家为"河南省豫汝印染有限公司"，而该"公司"未依法登记，事实上不存在，床单加工完成交付后，当事人在昆明进行了销售。"当事人朱宝焕的上述行为已违反了《中华人民共和国反不正当竞争法》第五条第（二）项和《中华人民共和国公司法》第二百二十四条之规定，依据《中华人民共和国反不正当竞争法》第二十一条第二款和《中华人民共和国公司法》第二百二十四条之规定，决定对其作如下处罚：一、责令朱宝焕停止违法行为。二、处以罚款 15 000 元人民币。"

原告不服该处罚决定于 2001 年 1 月 3 日向云南省工商行政管理局申请复议，云南省工商行政管理局于 2001 年 2 月 20 日以云工商法复字（2001）第 2 号行政复议决定书决定维持昆工商处字（2000）第 99 号行政处罚决定。

2. 原告诉称：被告以《中华人民共和国公司法》第二百二十四条和《中华人民共和国反不正当竞争法》第五条进行处罚，其处罚决定的内容和程序与国家法律相悖，其认定事实不清，适用法律错误，送达程序不符合法律规定，故诉请判令撤销被告作出的昆工商处字（2000）第 99 号行政处罚决定书。

3. 被告辩称：本局作出的行政处罚决定认定事实清楚，程序合法，适用法律正确，请求驳回原告的诉讼请求。

**（三）一审事实和证据**

昆明市五华区人民法院经审理查明：1998 年 8 月 17 日被告以昆工商处字（98）第 203 号行政处罚决定书对原告予以处罚，1999 年 5 月 4 日云南省昆明市中级人民法院以（1999）昆法行终字第 5 号行政判决书确认被告对原告进行处罚是依据《中华人民共和国公司法》第二百二十四条属适用法律、法规错误，依法应予撤销，故判决撤销被告昆工商处字（98）第 203 号处罚决定书并由被告重新作出具体行政行为。2000 年 11 月 23 日，被告对原告作出昆工商处字（2000）第 99 号行政处罚决定书，2001 年 1 月 3 日原告向云南省工商行政管理局申请复议，2001 年 2 月 20 日云南省工商行政管理局以云工商法复字（2001）第 02 号行政复议书决定维持昆工商处字（2000）第 99 号行政处罚决定书。

上述事实有下列证据证明：

1. 立案审批表。

2. 听证告知书及送达回证。

3. 昆工商处字（2000）第 99 号行政处罚决定书及送达回证。

4. 罚没收入专用收据。

5. 昆明市中级人民法院（1999）昆法行终字第 5 号行政判决书。

6. 云工商法复字（2001）02 号行政复议决定书。

7. 原告写给被告的函及其购进坏布的单据。

8.《工商管理机关行政处罚程序暂行规定》。

9.《中华人民共和国行政处罚法》、《中华人民共和国公司法》、《中华人民共和国反不正当竞争法》等法律。

**（四）一审判案理由**

昆明市五华区人民法院认为：原告以其个人名义与河南省汝阳县毛巾被单厂签订并实际履行床单加工承揽合同过程中，其自己确定选择认可的床单的名称、规格、包装等行为构成事实上的冒用有限公司名义伪造生产厂家的违法行为，理应承担相应法律责任。被告仅以原告在销售活动中擅自使用印有未依法登记的“河南省豫汝印染有限公司”字样外包装袋的行为认定其是冒用有限责任公司名义的行为，并依据《中华人民共和国公司法》第二百二十四条之规定作出的昆工商处字（98）第 203 号行政处罚决定书已经云南省昆明市中级人民法院昆法行终字第 5 号行政判决书确认其属适用法律法规错误而予以撤销。现被告依据其享有法定的行政处罚权和其他行政执行权对原告的违法行为重新作出相应处罚，庭审中被告已对其具体行政行为合法性进行了事实依据和法律依据的举证，所举证据已能证明其具体行政行为的合法性，其所作处罚决定应予维持。

**（五）一审定案结论**

云南省昆明市五华区人民法院依据《中华人民共和国行政诉讼法》第五十四条第一款和第七十四条之规定，判决如下：

维持云南省昆明市工商行政管理局作出的昆工商处字（2000）第 99 号行政处罚决定书的具体行政行为。

案件受理费 100 元，由朱宝焕负担。

**（六）二审情况**

1. 二审诉辩主张

（1）上诉人诉称：市工商局并不具备本案行政处罚的主体资格；其所作出的昆工商处字（2000）第 99 号行政处罚决定并未记载上诉人有过冒用有限公司名义的行为却让上诉人承担责任，且处罚决定中具体的处罚数额不知如何计算出来，认为处罚决定书认定事实不清；采用《公司法》第二百二十四条进行处罚属适用法律错误；听证通知书送达程序不符合有关听证程序、送达的法律规定，属程序违法；认为一审法院在原审判决中仅用“被上诉人所举证据能证明其具体行政行为合法性”一句话，即作出维持的行政判决缺乏依据，请求二审法院对被上诉人的行政处罚行为的合法性进行全面审查，并依法撤销昆工商处字（2000）第 99 号行政处罚决定书和五华区人民法院（2001）五法行初字第 7 号行政判决书。

（2）被上诉人辩称：我局对朱宝焕的违法行为具有处罚权，具备本案行政处罚的主体资格；上诉人朱宝焕在河南加工床单时，自己选择印有“有限公司”字样的包装袋并在昆明进行销售，其行为即是冒用有限责任公司的行为；对朱宝焕的处罚数额是我局根据《公司法》的规定进行的自由裁量；适用两部法律对朱宝焕进行处罚不等于对朱宝焕进行两次处罚；听证程序中的送达符合法律规定。认为昆工商处字（2000）第 99 号行政处罚决定事实清楚，适用法律正确，程序合法，处罚适当，请求二审法院驳回朱宝焕的上诉请求，维持（2000）第 99 号行政处罚决定。

2. 二审事实和证据

昆明市中级人民法院经审理查明：1997 年 7 月 28 日，河南焦作市被单厂向被上诉人市工商局申诉，称上诉人朱宝焕在昆明市螺丝湾彩莲河 75 号门市经销“全芳”牌床单的行为已严重侵犯其“金芳”牌床单的注册商标专用权，请求对朱宝焕进行查处。为此，被上诉人对上诉人朱宝焕立案调查，并于 1999 年 8 月 17 日作出昆工商处字（98）第 203 号处罚决定书。朱宝焕不服处罚决定，向云南省工商局申请复议，省工商局在法定期限内未作复议决定，朱宝焕即向五华区人民法院提起行政诉讼，五华法院经审理作出了（1998）五法行初字第 11 号行政判决，判决维持市工商局（98）第 203 号处罚决定。朱宝焕不服，上诉本院，本院以市工商局所作的（98）第 203 号处罚决定适用《公司法》第二百二十四条对朱宝焕进行处罚属适用法律、法规错误，以（1999）昆行终字第 5 号行政判决，判决撤销五华区法院（1998）五法行初字第 11 号行政判决，同时判决撤销市工商局所作的昆工商处字（98）第 203 号行政处罚决定；判决市工商局重新作出具体行政行为。

2000 年 11 月 23 日，市工商局对朱宝焕重新作出昆工商处字（2000）第 99 号行政处罚决定，认定朱宝焕有冒用有限责任公司名称和不正当竞争的违法行为，依据《公司法》和《反不正当竞争法》的规定，对朱宝焕作出：责令朱宝焕停止违法行为，处罚款 15 000 元的处罚。作出处罚前，被上诉人市工商局将工商标字（2000）第 002 号听证告知书于 2000 年 10 月 9 日送达给赵乃存签收。2000 年 11 月 23 日作出的昆工商处字（2000）第 99 号处罚决定中，未明确告知当事人朱宝焕向人民法院提起行政诉讼的具体期限。朱宝焕对该处罚决定不服，于 2001 年 1 月 3 日向云南省工商局申请复议，云南省工商局于 2001 年 2 月 20 日以云工商法复字（2001）第 02 号行政复议决定，维持昆工商处字（2000）第 99 号行政处罚决定。朱宝焕不服，向原审五华区人民法院提起行政诉讼。

此外，上诉人朱宝焕在 1997 年 6 月至 7 月间，以个人名义从河南平顶山市棉织厂购买坯布委托河南汝阳县毛巾被单织布厂加工床单，其经销的“全芳”牌床单是朱宝焕以个人名义与河南汝阳县毛巾被单厂签订床单加工承揽合同加工生产的。“全芳”牌床单的名称、规格、包装袋等均系上诉人朱宝焕本人选择、确定、认可的。其在订做床单时，选用了与知名商品“金芳”被单相近似的名称，选用了图案、排列、色彩、字体相近似“金芳”被单的包装袋，造成“全芳”与“金芳”被单相混淆，使购买者认为是知名商品以及在商品的外包装袋上以一个事实上并不存在的“河南豫汝印染有限公司”伪造生产厂地等违法行为事实，已分别被本院已生效的（1999）昆行终字第 5 号行政判决书，（1999）昆民终字第 527 号民事判决书所确认。

上述二审认定的事实所依据的证据与双方当事人提交一审法院被采用的证据相一致。

3. 二审判案理由

昆明市中级人民法院经审理认为：被上诉人市工商局为履行已生效的（1999）昆行终字第5号行政判决所确定的义务而重新作出的昆工商处字（2000）第99号处罚决定对上诉人朱宝焕实施处罚行为时，认定上诉人朱宝焕既有违反《公司法》的违法行为，又有违反《反不正当竞争法》的违法行为的事实认定与被上诉人提交的本案证据所证明的事实相悖，其所依据的处罚事实不清；被上诉人以上诉人朱宝焕同时存在违反《公司法》和《反不正当竞争法》规定的违法行为，对上诉人朱宝焕作出责令停止违法行为，罚款数额为15 000元的行政处罚所依据的证据不足，因此，上诉人朱宝焕认为被上诉人市工商局处罚决定认定事实不清，证据不足的上诉观点，予以采纳。此外，被上诉人市工商局在对上诉人朱宝焕实施处罚适用法律时，属适用法律法规错误。且已生效的（1999）昆行终字第5号行政判决已对市工商局采用《公司法》第二百二十四条对朱宝焕进行处罚属适用法律、法规错误作了确认。因此，上诉人认为被上诉人仍采用《公司法》第二百二十四条处罚适用法律错误的上诉观点予以采纳；被上诉人称适用《公司法》第二百二十四条的规定，自由裁量后对朱宝焕罚款15 000元的处罚适用法律正确的辩解理由不能成立。认为被上诉人市工商局未严格履行法律法规等规范性文件关于告知及其告知文书送达的程序性规定，作出的行政处罚决定违反法定程序。上诉人朱宝焕认为被上诉人市工商局行政处罚告知、送达程序违法的上诉观点成立；被上诉人认为告知送达并不违反法定程序，行政处罚程序合法的辩解理由不能成立。

基于上述理由，认为被上诉人市工商局作出的昆工商处字（2000）第99号行政处罚决定所依据的处罚事实不清，证据不足，适用法律法规错误，且处罚违反法定程序，该行政处罚行为不具有合法性，依法应予撤销。认为原审法院对被诉的昆工商处字（2000）第99号行政处罚决定这一具体行政行为审查后作出维持处罚决定的（2001）五法行初字第7号行政判决认定事实不清，证据不足，适用法律、法规错误，依法应予改判。

4. 二审定案结论

云南省昆明市中级人民法院根据《中华人民共和国行政诉讼法》第五十四条第一款第（二）项一、二、三目，第六十一条第一款第（三）项，第七十四条的规定，判决如下：

（1）撤销五华区人民法院（2001）五法行初字第7号行政判决。

（2）撤销被上诉人市工商局所作的昆工商处字（2000）第99号行政处罚决定。

一、二审案件受理费各100元，共计200元，由被上诉人市工商局承担。

**（七）解说**

1. 关于本案上诉人昆明市工商局是否具备法定处罚权问题。

本案中，双方当事人就昆明市工商局是否具备行政处罚权的问题发生争议。根据我国法律及相关法规的规定，昆明市工商局是法律、法规授权的行政管理机关，其具有管理本地区市场、维护市场秩序的法定职责及其相关的行政管理职权。本案中，昆明市工商局行使行政管理职权作出的昆工商处字（2000）第99号行政处罚决定系依职权所为，并未超出法定职权，其具备本案行政处罚的主体资格，具有法定的行政处罚权。朱宝焕认为昆明市工商局不具有行政处罚权，不具备本案行政处罚主体资格的观点不能成立。

2. 关于本案被上诉人昆明市工商局处罚决定适用法律错误的问题。

根据行政处罚的有关规定，处罚机关作出行政处罚决定时适用的法律应与处罚相对人的违法行为所违反的法律规定所设定的违法要件相一致。本案中，从被上诉人提供的处罚依据及其已生效的法律文书所确定的事实，处罚相对人朱宝焕的行为构成的是《反不正当竞争法》第五条第（二）项规定的反不正当竞争违法行为，昆明市工商局本应采用《反不正当竞争法》对朱宝焕进行行政处罚。而由于其在处罚决定中认定朱宝焕的行为既违反《公司法》，又违反《反不正当竞争法》的违法事实认定错误，导致其最终采用《公司法》对朱宝焕进行行政处罚适用法律错误。

3. 关于本案处罚程序违法的问题。

本案中，根据《行政处罚法》第四十二条及市工商局提交的国家工商总局公布实施的《工商行政管理机关行政处罚程序暂行规定》等行政处罚依据的规范性文件中关于听证告知、处罚告知、起诉期限告知及其告知文书的送达等程序性的规定，昆明市工商局作出处罚前的听证告知，拟处罚事实、理由、依据的告知，均应告知当事人本人并送达受处罚的当事人，而并非他人，且在处罚决定中应明确告知当事人提起行政诉讼的途径和期限。昆明市工商局在作出昆工商处字（2000）第99号行政处罚决定时，将应送达给当事人朱宝焕的听证告知书（含拟处罚的事实、理由及依据的告知）送达给赵乃存代签，且作出的处罚决定中未明确告知朱宝焕提起行政诉讼的起诉期限；其听证告知和处罚前的告知程序均违反法律及规范性文件的规定，处罚程序违法。

基于以上几个方面的问题，本案中，虽然昆明市工商局具有法定的处罚权，具备本案行政处罚的主体资格，但由于其处罚决定认定事实不清，所依据的证据不足，处罚时适用法律错误，且处罚又违反法定程序，故依法应判决撤销处罚决定，二审法院也是基于以上三个方面的问题而改判的。

（王琼芬　李蕊）

## 8. 杨鸿诉江苏省工商行政管理局不履行法定职责案

**（一）首部**

1. 裁判书字号

一审判决书：江苏省南京市鼓楼区人民法院（2001）鼓行初字第27号。

二审裁定书：江苏省南京市中级人民法院（2001）宁行终字第74号。

2. 案由：不履行法定职责案。

3. 诉讼双方

原告（上诉人）：杨鸿，男，汉族，南京造币厂保卫处保卫干事。

被告（被上诉人）：江苏省工商行政管理局。

法定代表人：王德超，局长。

委托代理人（一审）：张一飞，该局工作人员。

委托代理人（二审）：吴永才，该局工作人员。

委托代理人（一、二审）：李捷，该局工作人员。

4. 审级：二审。

5. 审判机关和审判组织

一审法院：江苏省南京市鼓楼区人民法院。

合议庭组成人员：审判长：鲁昌贵；审判员：俞中东；代理审判员：黄河。

二审法院：江苏省南京市中级人民法院。

合议庭组成人员：审判长：李立明；审判员：戴茹芳；代理审判员：陶伟东。

6. 审结时间

一审审结时间：2001 年 6 月 9 日。

二审审结时间：2001 年 8 月 28 日。

**（二）一审诉辩主张**

1. 被诉具体行政行为：原告认为被告未按其举报履行查处虚假广告的职责。

2. 原告诉称：原告于 2000 年 11 月中旬向被告广告处举报苏果超市在报纸上刊登的"苏果无假货，件件请放心"这一被《广告法》禁用的绝对化用语事实后，该广告仍在多家媒体出现，严重误导消费者。原告也曾在苏果超市购得假货，并举报过其他产品所作的虚假广告。但在向被告催询对苏果超市等所作的虚假广告的查处结果时却无回复。原告有权要求被告依照《消费者权益保护法》等法律规定保护消费者的财产权，被告也应依照相应的法律法规对原告的举报给予答复。故原告诉至法院，请求判定被告履行法定职责，查处苏果超市等所作的虚假广告，并承担本案的诉讼费。

3. 被告辩称：被告查处虚假广告案件适用的法律依据是《广告法》的规定，而非《消费者权益保护法》等规定。"苏果无假货，件件请放心"并不是《广告法》第七条中规定的绝对化用语的广告。《广告法》第四条中规定，广告不得含有虚假内容。原告没有证据证明苏果超市的广告系虚假广告，因此，被告没有进行查处，对原告的权利义务也不产生实际影响，并没有侵犯原告的权益。根据最高人民法院《关于执行〈中华人民共和国行政诉讼法〉若干问题的解释》第一条第二款第（六）项的规定，本案不属于人民法院受案范围。且被告 2000 年 11 月中旬接到原告的举报后，即根据国家工商局《工商行政管理机关处罚程序暂行规定》第十条的规定，将其中认为有问题的两则广告分别移交给南京市工商行政管理局、南京市工商行政管理局栖霞分局查处。对于其他产品是否构成虚假广告，因原告所举报的事实不明确，无法确定是否违法，故无法查处。且在国家的法律中并无规定被告对于原告关于虚假广告的投诉和举报必须给予回复，故请求人民法院驳回原告的诉讼请求。

**（三）一审事实和证据**

南京市鼓楼区人民法院经公开开庭审理查明：2000 年 11 月 14 日原告致函给被告举报中心，要求查处其举报的"吾老七"羊胎浓缩液的虚假广告问题。2000 年 11 月 30 日原告再次致函给被告广告处，认为苏果超市的"苏果无假货，件件请放心"的广告及其他产品（"康复来"保健品系列，"椰岛"鹿龟酒，"高尔"胶囊，"鳄鱼"皮带）的广告也系虚假广告，要求予以查处。被告指定南京市工商行政管理局及南京市工商行政管理局栖霞分局对原告投诉信和举报信中所提到的"吾老七"羊胎浓缩液和"高尔"胶囊的虚假广告问题进行查处。其中南京市工商局栖霞分局已于 2001 年 1 月 13 日对南京康邦保健品有限公司的"吾老七"羊胎浓缩液的虚假广告行为给予了行政处罚。被告未将移送查处的情况告知原告。在庭审中被告确认“苏果无假货，件件请放心”的广告用语并非《广告法》中禁止使用的绝对化用语。

上述事实有下列证据证明：

1.2000年11月14日原告致被告举报中心的举报信。

2.2000年11月30日原告致被告广告处的举报信。

3.李龙祥2001年3月8日出具的证明。

4.2000年11月15日举报广告案件情况登记表及2000年3月13日、3月15日江苏省工商行政管理局的两份询问（调查）笔录。

5.南京市工商行政管理局栖霞分局立案审批表、栖工商案字（2001）第10号处罚决定书和违法广告查处通知书。

**（四）一审判案理由**

南京市鼓楼区人民法院根据上述事实和证据认为：根据《中华人民共和国宪法》第四十一条之规定，“中华人民共和国公民……对于任何国家机关和国家工作人员的违法失职行为，有向有关国家机关提出申诉、控告或者检举的权利……”，而依法提起诉讼是公民所享有的控告权利之一。根据《中华人民共和国行政诉讼法》第二条之规定，“公民、法人或者其他组织认为行政机关和行政机关工作人员的具体行政行为侵犯其合法权益，有权依照本法向人民法院提起诉讼”。合法权益既应包括即存在的合法权益，也应当包括潜在的合法权益。无论具体行政行为侵犯的是即存的合法权益还是潜在的合法权益，都属《中华人民共和国行政诉讼法》所确立的行政诉讼受案范畴。而虚假广告的存在有可能对公民、组织的行为方式产生实际影响，促使其购买与广告内容并不相符的商品与服务等，从而使其合法权益受到损害。原告以某些商家或产品存在作虚假 广告的情况而要求被告进行查处，在认为被告未进行查处的情况下，原告向人民法院提起诉讼，要求被告履行职责，对可能存在的虚假广告进行查处是原告依法享有的权利，应予保障。对被告认为其不管是否查处虚假广告都对原告的权利义务不产生实际影响，所以本案不属于行政诉讼受案范畴的主张不予支持。

原告在诉讼中将使用绝对化用语的广告混同于虚假广告。应当看到使用绝对化用语的广告虽然属《广告法》所禁止发布的广告，但该种广告中的绝对意思表示确有可能是真实的。使用绝对化用语的广告不一定就是虚假广告。因此对苏果超市“苏果无假货，件件请放心”的广告是否构成绝对化用语广告及是否构成虚假广告应分开进行界定。“苏果无假货，件件请放心”的广告应当视为商家对自己销售产品品质的一种承诺，这也应是所有商家对社会及消费者所应当作出的承诺，这种承诺并不形成与其他商家、厂家的服务与产品等方面的类比。对于被告认为“苏果无假货，件件请放心”并非绝对化用语广告的意见，本院予以采纳。原告杨鸿在庭审前后均未能够提交其在举报时向被告提供了其或者他人在苏果超市购买了假冒商品的证据，被告也未收集到苏果超市存在销售假货情况的证据。因此被告未依照原告的要求对“苏果无假货，件件请放心”这一广告语是否构成虚假广告进行立案查处并无不当。

被告对原告在举报中对“吾老七”羊胎浓缩液、“高尔”胶囊的虚假广告问题进行处理的要求，按照工商第58号令第十条之规定，移送下级工商行政管理部门进行查处。依据工商（1996）第391号文第七条的规定，“举报人应当对举报的违法事实举证，说明具体的举报事项……”对于原告举报的其他产品（“康复来”保健品系列，“椰岛”鹿龟酒，“鳄鱼”皮带），因原告没有证据证明其举报这些产品的广告系虚假广告时向被告进行了举证，被告在无法对这些产品的广告是否系虚假广告进行确认的情况下，未进行查处，并不违反法律规定。因此对于原告认为被告未履行法定职责的主张不予支持。

原告在向被告就“高尔”胶囊等产品的虚假广告问题进行举报时，并未能够出示其是这些产品购买者的证据。因此被告对于原告的投诉和举报未适用《消费者权益保护法》及《江苏省实施〈中华人民共和国消费者权益保护法〉办法》（以下简称《江苏省实施〈消法〉办法》）并无不当。对于原告要求被告适用《消费者权益保护法》及《江苏实施〈消法〉办法》对其举报进行处理并将处理结果告知原告的主张，本院不予以支持。虚假产品广告是指在广告中广告人对产品结构、性能等有不实陈述之处，并不代表该产品本身就属假冒伪劣产品，原告要求被告履行告知义务的另一依据是《江苏省惩治生产销售假冒伪劣商品行为条例》，但该条例并不涉及产品的虚假广告问题。因此，被告不依据该法规对原告的举报给予答复并无不当。而根据工商第391号文第十六条“对涉及侵害举报人民事权益的违法广告，工商行政管理机关……作出处理后，应举报人的要求，可以将处理结果告知举报人”的规定，并未将对违法广告的处理结果告知举报人设定为工商部门的必须履行的义务，因此被告不将查处结果告知原告并不违反法律规定。

**（五）一审定案结论**

江苏省南京市鼓楼区人民法院根据最高人民法院《关于执行〈中华人民共和国行政诉讼法〉若干问题的解释》第五十六条第（一）项之规定，作出如下判决：

驳回原告杨鸿的诉讼请求。

本案诉讼费50元，由原告杨鸿承担。

**（六）二审情况**

1. 二审诉辩主张

上诉人（原审原告）诉称：“苏果无假货，件件请放心”是绝对化用语广告，且苏果超市存在销售假货的事实，一审法院认为该广告并无不当之处不妥，关于其他产品是否进行了虚假宣传，被上诉人（原审被告）不能以上诉人未提供证据为由而不查处，且上诉人要求对投诉给予答复合情、合理、合法。《江苏省实施〈消法〉办法》规定的执法机关接诉后处理的期限，无正当原因超期即违法，故一审法院判决不当。2001年8月23日，原告提交自愿撤回上诉申请书。

2. 二审定案结论

江苏省南京市中级人民法院认为，上诉人杨鸿自愿撤回上诉的申请，系其真实意思表示，符合法律规定。依照《中华人民共和国行政诉讼法》第五十一条之规定，作出如下裁定：

准许上诉人杨鸿撤回上诉。

本案诉讼费50元，由上诉人杨鸿承担。

**（七）解说**

行政诉讼主体的界定历来是理论界探讨的焦点，也是法院裁判的难点。本案通过对《行政诉讼法》中“合法权益”这一概念的解释，将现行法律框架范围内的行政诉讼的原告主体资格范围作出了一定界定，既不偏离法律本身的规定，也有利于切实维护人民群众的合法权益，为复杂的行政诉讼原告主体资格的界定提供了一个思路。

违法广告的形式多种多样，有虚假广告、绝对化用语广告等等。虚假广告的内容本身就不是真实的，而绝对化用语广告内容有个显著特征，即其内容实质构成与社会上的其他产品、服务等的比较，虽然其本身内容有可能是真实的，但因国家有禁止性规定而不得发布。而“苏果无假货，件件请放心”这一广告，并不与他方的产品与服务构成比较，因此，其就不应当属于绝对化用语广告。而本案的原告也未能够出示证据证明苏果销售了假货，因此，也就不能认定苏果的广告系虚假广告。

就行政机关履行职责而言，有主动履行和被动履行两种。主动履行，也就是行政机关自行根据法律法规的授权，行使其职权。被动履行，也就是行政机关在接到群众反映的线索、上级的指定等后，根据法律的授权行使职权的行为。一般来说，国家行政机关被动履行其职责，往往需要一定的成就条件。就本案而言，国家有关规定规定了被告被动履行查处违法广告职责启动的基础是举报人应当对举报的违法事实进行举证，说明具体的举报事项。被告在原告未进行举证说明相应的举报事项时，未进行立案查处并无不当。本案的原告并无证据证明其系所举报的产品或服务消费者。且违法做广告的产品本身不一定是假冒伪劣产品，原告也并未就假冒伪劣产品事项向被告进行举报。故被告未适用《江苏省惩治生产销售假冒伪劣商品行为条例》、《消费者权益保护法》及相关条例给予原告答复，并不违法。而其他法律法规亦未将对违法广告查处情况的答复给举报人设立为被告的强制性义务。因此，被告未予答复原告的行为亦未违法。

（黄　河）

## 9. 黄祖德等60人不服蒙山县工商行政管理局认定肉行摊台摊位招投标无效决定案

**（一）首部**

1. 判决书字号

一审判决书：广西壮族自治区蒙山县人民法院（2001）蒙行初字第1号。

二审判决书：广西壮族自治区梧州市中级人民法院（2001）梧行终字第19号。

2. 案由：不服认定招投标行为无效决定案。

3. 诉讼双方

原告：黄祖德等60人。

上诉人（原审原告）：黄祖德等31人。

诉讼代表人：黄祖德、邱甲华、李杏发、吴里太。

委托代理人（一、二审）：莫明德、覃禄勇，孺子牛律师事务所律师。

上诉人（原审第三人）：吴献森等10人。

诉讼代表人：莫明付、郑彩林。

被告（被上诉人）：广西壮族自治区蒙山县工商行政管理局。

法定代表人：欧廷发，局长。

委托代理人（一、二审）：施皓，梧州市工商行政管理局干部。

第三人：广西壮族自治区蒙山县永安市场开发有限责任公司。

法定代表人：吴成修，经理。

第三人：黄自光等11人。

诉讼代表人：莫明付、郑彩林。

4. 审级：二审。

5. 审判机关和审判组织

一审法院：广西壮族自治区蒙山县人民法院。

合议庭组成人员：审判长：徐建平；审判员：赖刚寿、秦永炎。

二审法院：广西壮族自治区梧州市中级人民法院。

合议庭组成人员：审判长：潘巧旋；审判员：吴松周；代理审判员：覃祥。

6. 审结时间

一审审结时间：2001年4月23日。

二审审结时间：2001年9月17日（依法延长审限）。

**（二）一审诉辩主张**

1. 被诉具体行政行为：2000年9月29日蒙山县永安市场开发有限责任公司对蒙山县中心市场肉行摊位公开进行招标，参加投标的屠商实施了串通投标行为。根据《中华人民共和国反不正当竞争法》第十五条第一款、第二十七条和国家工商行政管理局《关于禁止串通招标投标行为的暂行规定》第三条、第五条有关规定，认定2000年9月29日中心市场肉行摊位招投标行为无效。

2. 原告诉称：2000年9月29日的"招标投标"行为，不符合《招标投标法》规定的特征，不是法律意义上的招标投标，而是一种以竞价拍卖的方式出租承租肉行摊台摊位的行为。被告根据《反不正当竞争法》和《关于禁止串通招标投标行为的暂行规定》认定9月29日的招标投标行为无效，适用法律错误，实体处理错误。

3. 被告辩称：原告与第三人蒙山县永安市场开发有限责任公司9月29日的行为符合《反不正当竞争法》和《关于禁止串通招标投标行为的暂行规定》对招标投标形式和要件，要求，属招标投标行为。我局确认9月29日中心市场肉行摊位招投标行为无效正确合法，请求人民法院判决维持。

**（三）一审事实和证据**

广西壮族自治区蒙山县人民法院经公开开庭审理查明：第三人蒙山县永安市场有限责任公司在对市场肉行摊位进行招标时，原告等人约定不要竞标，指责他人竞标。投标结束后，原告等人对中标摊位重新定位，以差额补偿方式平衡投标者之间的利益，属串通投标行为。

上述事实有下列证据证明：

1. 被告调查询问郑彩林、曾凡贵、莫明付、潘宝才、黄宗谋、覃建德、邹贵光笔录。

2. 蒙山县永安市场开发有限责任公司摊位招标启事；1999年、2000年中心市场肉行摊位招标中标图；蒙山县永安市场开发有限责任公司"关于请求县城中心市场屠商投标行为无效的报告"。

3. 原告提供的交纳投标押金及蒙山县永安市场开发有限责任公司确认中标摊位和金

额发票。

**（四）一审判案理由**

广西壮族自治区蒙山县人民法院认为：原告黄祖德等60人在蒙山县永安市场有限责任公司在对中心市场肉行摊位进行招标时，约定大家不要竞标，指责他人竞标，投标结束后，对中标摊位重新定价，以差额补偿方式平衡投标者之间的利益，属串通投标行为。被告蒙山县工商行政管理局依照《中华人民共和国反不正当竞争法》和国家工商行政管理局《关于禁止串通招标投标行为的暂行规定》有关规定作出认定2000年9月29日永安市场肉行摊位招投标行为无效的决定正确、合法。

**（五）一审定案结论**

广西壮族自治区蒙山县人民法院依照《中华人民共和国行政诉讼法》第五十四条第（一）项和《中华人民共和国反不正当竞争法》第十五条第一款、第二十七条和国家工商行政管理局《关于禁止串通招标投标行为的暂行规定》第三条、第五条规定，判决如下：

维持广西壮族自治区蒙山县工商行政管理局“关于认定9月29日中心市场肉行摊台摊位招投标行为无效的决定”。

本案诉讼费8 215元，由原告黄祖德等60人负担。

**（六）二审情况**

1. 二审诉辩主张

（1）上诉人黄祖德等41人诉称：上诉人与原审第三人蒙山县永安市场开发有限责任公司的行为是肉行摊台摊位租赁合同纠纷，不是法律意义上的招标投标行为，不构成串通投标。被上诉人蒙山县工商行政管理局依照《反不正当竞争法》和国家工商局《关于禁止串通招标投标行为的暂行规定》作出9月29日中心市场肉行摊台摊位招投标行为无效决定滥用职权，适用法律法规错误，一审判决维持是错误的，请求二审判决予以撤销。本案一、二审诉讼费用全部由被上诉人负担。

（2）被上诉人蒙山县工商行政管理局辩称：被上诉人认定上诉人与原审第三人蒙山县永安市场开发有限责任公司2000年9月29日确立市场摊台摊位的行为是招标投标行为，符合国家工商行政管理局根据《中华人民共和国反不正当竞争法》而制定的《关于禁止串通招标投标行为的暂行规定》所规定的招标投标行为的成立条件。我局将该行为认定为招标投标是正确的，上诉人串通投标事实清楚，证据确实充分。我局依照《反不正当竞争法》和国家工商局颁布实施的《关于禁止串通招标投标行为的暂行规定》的有关规定作出认定9月29日中心市场肉行摊台摊位投标行为无效的决定正确，合法，请求二审判决予以维持。

2. 二审事实和证据

广西壮族自治区梧州市中级人民法院查明：原审第三人蒙山县永安市场开发有限责任公司作为招标人于2000年9月8日发出“摊位招标启事”，决定于2000年9月29日举行肉行摊位租赁招标投标会。上诉人和原审原告及原审第三人黄自光等人作为投标人在交纳投标押金后参加了投标。投标开始后，投标人认为招标人设定每张摊台每月400元的标底太高，要求降低标底，否则拒绝投标。后经被上诉人蒙山县工商行政管理局召集招标人和投标人的代表协商，招标人同意将标底降至350元。此时，聚集在招标会场的投标人提出，各人只能投原来租赁的摊台，且只能按最低价投标，待投标结束后再由位置好的摊台补偿位置差的摊台，该提议提出后得到投标人的一致认可。投标重新开始后，投标人吴新华以360元投标其原租赁的7号摊台，另一投标人曾凡贵以370元价格竞标时，立刻遇到其他投标人指责制止，致使曾凡贵不敢再竞标该号摊台。后上诉人和原审原告等29人分别以360元的价格各自投标自己原来租赁的摊台，均无人参与竞标。招标投标结束后，上诉人莫宗谋、郑彩林、莫明付、潘宝才按事前串通对中标摊位重新定价，价格分别为320元至700元，由中标位置好的摊台出钱补偿位置差的摊台。在这次招标投标活动中，原审第三人蒙山县永安市场开发有限责任公司摊台租赁费与1999年相比减少约25万元。2000年10月5日，原审第三人蒙山县永安市场开发有限责任公司以投标人实施串通投标行为为由申请确认9月29日肉行摊台摊位招标投标行为无效，被上诉人蒙山县工商行政管理局于2000年10月25日作出"关于认定9月29日中心市场肉行摊台摊位招投标行为无效的决定"。

二审法院肯定了一审法院认定的案件事实和采纳的定案证据材料。

3. 二审判案理由

广西壮族自治区梧州市中级人民法院认为：根据有关反不正当竞争的法律法规规定，串通招标投标，是指招标者与投标者之间或者投标者与投标者之间采用不正当手段，对招标事项进行串通，以排挤竞争对手公平竞争或者损害招标者利益的行为，串通招标投标的，其中标无效。上诉人等人在原审第三人蒙山县永安市场开发有限责任公司肉行摊台摊位招标会上，约定压低标价，各人只按原来租赁的摊台摊位投标，别人不能投标，损害招标人利益的行为显然属于反不正当竞争法律法规禁止的串通投标行为。上诉人诉说属于肉行摊台摊位租赁合同纠纷，不是法律意义上的招标投标行为，不构成串通投标的理由不成立。

4. 二审定案结论

广西壮族自治区梧州市中级人民法院依照《中华人民共和国行政诉讼法》第六十一条第一款之规定，判决如下：

驳回上诉，维持原判。

二审诉讼费8 215元，由上诉人黄祖德等41人负担。

**（七）解说**

1. 本案是集贸市场出租摊位进行的招标投标案件，不是摊位租赁合同纠纷。市场中的摊位是市场中的经营场所，出租摊位实质上是出租摊位的经营权，即承租人以支付租费为代价，换取一定期限的摊位的经营权。这种经营权与法人财产权之类的物权意义上的经营权是不同的，出租经营权不同于拍卖物权之类权利，因此，摊位经营权的招标定性为招标是正确的。

2. 一、二审法院对本案的判决是正确的。上诉人唐祖德等人在原审第三人蒙山县永安市场开发有限责任公司肉行摊台摊位招标会上，串通约定压低标价，各人只能按原来租赁的摊台摊位投标，别人不能投标，损害招标人利益的行为，属于反不正当竞争法律法规禁止的串通投标行为。蒙山县工商行政管理局根据《中华人民共和国反不正当竞争法》第十五条第一款"投标者不得串通投标，抬高标价或者压低标价"和第二十七条"投标者串通投标，抬高标价或者压低标价；投标者和招标者相互勾结，以排挤竞争对手的公平竞争的，其中标无效"，以及国家工商行政管理局根据《中华人民共和国反不正当竞争法》制定施行的《关于禁止串通招标投标行为的暂行规定》第三条“投标者不得违反《反不正当竞争法》第十五条第一款规定，实施下列串通投标行为：（一）投标者之间相互约定，一致提高或者压低投标报价；（二）投标者之间相互约定，在招标项目中轮流以高价位或者低价位中标；（三）投标者之间先进行内部竞价，内定中标人，然后再参加投标；（四）投标者之间其他串通投标行为”和第五条“进行串通招标投标的，其中标无效”的规定，认定9月29日中心市场肉行摊台摊位招投标行为无效是正确的。一、二审法院判决维持是正确的。

（吴松周）

## 10. 上海耀通电子仪表有限公司不服上海市工商行政管理局崇明分局行政处罚决定案

**（一）首部**

1. 判决书字号

一审判决书：上海市崇明县人民法院（2001）崇行初字第18号。

二审判决书：上海市第二中级人民法院（2001）沪二中行终字第303号。

2. 案由：不服工商行政处罚决定案。

3. 诉讼双方

原告（被上诉人）：上海耀通电子仪表有限公司。

法定代表人：姚忠培，董事长。

委托代理人：黄国良，上海市海通律师事务所律师。

被告（上诉人）：上海市工商行政管理局崇明分局。

法定代表人：庞忍夫，局长。

第三人：上海信诺仪表厂。

法定代表人：龚振新，厂长。

委托代理人：黄贤，上海市恒远律师事务所律师。

4. 审级：二审。

5. 审判机关和审判组织

一审法院：上海省崇明县人民法院。

合议庭组成人员：审判长：秦胜明；审判员：黄裕芳；代理审判员：陈剑红。

二审法院：上海市第二中级人民法院。

合议庭组成人员：审判长：钱锡青；代理审判员：沈亦平、王朝晖。

6. 审结时间

一审审结时间：2001年9月20日。

二审审结时间：2001年12月20日。

**（二）一审诉辩主张**

1. 被诉具体行政行为：上海市工商行政管理局崇明分局（以下简称崇明工商分局）

于2001年4月27日对上海耀通电子仪表有限公司（以下简称耀通公司）作出沪工商崇处（2001）025号行政处罚决定，认定耀通公司法定代表人姚忠培于1997年5月至2000年3月间，任上海信诺仪表厂（以下简称信诺厂）副厂长，负责研制501D—CY电子传速表、301D—CY电子里程表等大客车汽车仪表，并与上海客车制造有限公司、武汉公用客车厂等单位建立了业务关系，取得了较好的经济效益。2000年3月，姚忠培离开信诺厂，组建成立了耀通公司，使用与信诺厂相同的设计文件、关键技术，生产相同的汽车仪表，将产品销售给信诺厂的业务单位，侵犯了信诺厂的商业秘密。经将查扣的耀通公司生产的301D—CY电子里程表等汽车仪表及设计文件与信诺厂的同类产品及设计文件送上海仪器仪表行业协会鉴定，结论为耀通公司复制了信诺厂汽车仪表的关键部位的设计文件，主要元器件选用上以及关键技术均与信诺厂产品有明显的一致性，由此组成的单个仪表和相关的组合仪表亦具相同性。崇明工商分局认为耀通公司的行为，情节严重，违反了《上海市反不正当竞争条例》第十五条第一款第（三）项之规定，根据《上海市反不正当竞争条例》第二十七条第一款第（八）项之规定，作出处罚，责令耀通公司立即停止违法行为，并处罚款10万元。

2. 原告诉称：崇明工商分局的认定没有事实依据，原告生产的汽车仪表所使用的关键技术是原告法定代表人姚忠培研制成功的，并在与新艺灯饰品厂联营办信诺厂时将此技术带入信诺厂，但该技术并未以技术股形式由信诺厂买断，且原告生产的仪表与信诺厂生产的仪表所使用的关键技术并不一致。其次，被告据以认定的鉴定单位上海仪器仪表行业协会并非法定鉴定机构，它所出具的鉴定报告无法律效力。因此崇明工商分局的处罚决定认定事实不清，请求撤销具体行政行为。

3. 被告辩称：耀通公司的行为完全符合侵犯商业秘密的构成要件。上海仪器仪表行业协会的鉴定报告及有关业务单位的陈述均证明耀通公司生产的汽车仪表与第三人生产的汽车仪表基本相同。上述商业秘密中技术信息应属信诺厂所有。耀通公司侵犯信诺厂商业秘密的行为情节严重。其作出处罚决定认定事实清楚，证据充分，适用法律正确。请求维持具体行政行为。

4. 第三人述称：第三人信诺厂称，汽车仪表的技术成果属于信诺厂所有，其对产品技术和商业信息采取了保密措施，耀通公司在客观上已实施了侵犯其商业秘密的行为。崇明工商分局对耀通公司的处罚符合法律规定，请求法院维持具体行政行为。

**（三）一审事实和证据**

崇明县人民法院经公开审理查明：1997年5月，姚忠培与崇明县新艺灯饰厂等联营成立信诺厂，生产仪器仪表配件。2000年4月，耀通公司成立，姚忠培为法定代表人，经营范围为仪器仪表生产加工、制造、修理服务。2000年5月10日，信诺厂向崇明工商分局投诉，认为耀通公司生产经营与信诺厂相同的产品，属不正当竞争，请求处罚，崇明工商分局受理后，依法查扣了耀通公司生产的301D—CY电子里程表、308D—ST压力表等汽车仪表及设计文件，送上海仪器仪表行业协会鉴定。在作出处罚前，崇明工商分局依据《中华人民共和国行政处罚法》的规定，于2001年4月9日向耀通公司送达了行政处罚事先告知书、听证通知书，4月25日举行了听证会。

上述事实有下列证据证明：

1. 姚忠培2000年9月13日陈述笔录。

2.2000 年 3 月耀通公司向武汉公用客车厂所发的通知。

3.2000 年 5 月 22 日姚忠培陈述及第三人投诉书。

4. 信诺厂职工劳动管理条例，信诺厂质量手册，信诺厂陈素英、李忠新、姚赛英陈述。

5. 上海仪器仪表行业协会的鉴定报告。

6. 武汉公用客车厂业务员潘福祥 2000 年 5 月 29 日陈述，称信诺厂于 2000 年 3 月给武汉公用客车厂发变更函，称信诺厂的业务变更为耀通公司，并于 3 月 18 日与耀通公司签订了供货计划。

7. 上海客车制造有限公司业务员黄剑东 2000 年 6 月 9 日陈述，称根据客户单位公交公司指定，2000 年 2 月起，该单位使用耀通公司的仪表，耀通公司的仪表与信诺厂的仪表除厂名不同外，其他均一样。

8. 上海申澳客车制造有限公司工程师屠君 2001 年 4 月 3 日陈述，称耀通公司与信诺厂提供的产品型号一致，但型号前面的字母不一致，除新开发的产品，其他型号的仪表均由信诺厂顺延下来。

9. 上海仪器仪表行业协会沪民社证字第 0499 号“社会团体法人登记证书”，证明其业务范围是咨询服务、信息收集、人员培训、技术交流。

10. 上海仪器仪表行业协会副秘书长鲍亦廉的陈述笔录，称崇明工商分局要求该协会对耀通公司生产的汽车仪表进行技术鉴定，该协会聘请了协会会员单位的专家进行鉴定。

**（四）一审判案理由**

上海市崇明县人民法院根据上述事实和证据认为：崇明工商分局具有对不正当竞争行为作出处罚的执法资格，所作行政处罚程序合法。但上海仪器仪表协会不具有对汽车仪表作鉴定的职权，所作鉴定报告无效。崇明工商分局认定耀通公司侵犯信诺厂商业秘密，未能提供合法有效的证据证明，故崇明工商分局所作行政处罚决定认定事实证据不足。

**（五）一审定案结论**

上海市崇明县人民法院依照《中华人民共和国行政诉讼法》第五十四条第（二）项第一目之规定，作出如下判决：

撤销上海市工商行政管理局崇明分局 2001 年 4 月 27 日作出的沪工商崇处（2001）025 号行政处罚决定。

案件受理费人民币 100 元，由被告上海市工商行政管理局崇明分局负担。

**（六）二审情况**

1. 二审诉辩主张

上诉人诉称：原审判决认定事实不清，在证据的采信上具有片面性。鉴定机构的性质不影响本案的处理。上诉人认为其对耀通公司所作行政处罚，认定事实清楚，证据充分，请求撤销原审判决，维持行政处罚决定。

被上诉人辩称：原审判决认定事实清楚，适用法律正确。请求维持原审判决。

第三人信诺厂同意上诉人崇明工商分局意见。

2. 二审事实和证据

上海市第二中级人民法院经公开审理查明：原审判决认定事实清楚，并采信了与一审相同的证据。

另查明，崇明工商分局在作出行政处罚决定后，已将相关申请鉴定时的证据材料发还给了耀通公司，故在二审中亦无法举证、质证。

3. 二审判案理由

上海市第二中级人民法院根据上述事实和证据认为：崇明工商分局对不正当竞争行为具有作出行政处罚的执法主体资格。崇明工商分局所作行政处罚决定，认定耀通公司违反了《上海市反不正当竞争条例》第十五条第一款第（三）项规定，但一、二审中未向法庭提供耀通公司违反与信诺厂约定或违反信诺厂有关保守商业秘密要求的证据。上海仪器仪表行业协会业务范围为咨询服务、信息收集、人员培训、技术交流，其不具备对耀通公司生产的汽车仪表是否侵犯信诺厂商业秘密作出鉴定的资格，且在诉讼中崇明工商分局亦未提供申请鉴定时的相关证据。原审法院认为被诉具体行政行为认定耀通公司侵犯信诺厂商业秘密证据不足，判决撤销行政处罚决定，属认定事实清楚，适用法律正确。上诉人崇明工商分局的上诉请求，应不予支持。

4. 二审定案结论

上海市第二中级人民法院依据《中华人民共和国行政诉讼法》第六十一条第（一）项之规定，作出如下判决：

驳回上诉，维持原判。

上诉案件受理费人民币100元，由上诉人上海市工商行政管理局崇明分局负担。

**（七）解说**

本案中行政机关主要存在以下几方面的问题：

1. 对于侵犯商业秘密的侵权主体把握不当。崇明工商分局认为耀通公司侵犯信诺厂的商业秘密，但未提供耀通公司与信诺厂之间有关保守商业秘密的约定或信诺厂向耀通公司提出过保守商业秘密的要求。崇明工商分局认为耀通公司法定代表人姚忠培在任信诺厂副厂长时，信诺厂对职工有保守商业秘密的要求。但是信诺厂对其职工的要求，并不能及于耀通公司，姚忠培未遵守信诺厂保守商业秘密的要求，并不等于耀通公司侵犯了信诺厂的商业秘密。

2. 行政机关作出行政处罚决定证据不足。崇明工商分局认为耀通公司生产的汽车仪表侵犯信诺厂商业秘密，但在处罚决定作出后，就将查扣的汽车仪表归还耀通公司，在诉讼期间没有向法院提供任何事实证据。

3. 上海仪器仪表行业协会的鉴定结论是否有效。上海仪器仪表行业协会本身不具有对是否侵犯商业秘密进行鉴定的职能，在诉讼中崇明工商分局也没有提供其向上海仪器仪表行业协会申请鉴定时提交的汽车仪表样品，无法证明其申请鉴定的汽车仪表就是耀通公司生产的汽车仪表，故崇明工商分局提供的鉴定结论不能采信。

综上，本案中行政机关暴露出的主要问题在于执法过程中对于法规规定的违反行为构成要件把握不当，缺乏收集、保存证据的意识。崇明工商分局将耀通公司生产的汽车仪表送上海仪器仪表行业协会鉴定后，完全凭该协会的鉴定结论就作出处罚决定，而将申请鉴定的证据材料发还给耀通公司，造成具体行政行为缺乏事实证据。

（丁　勇）

## 11. 扬州五台山医院不服扬州市工商行政管理局行政处罚案

(一) 首部

1. 裁判书字号

一审判决书：江苏省扬州市广陵区人民法院（2001）广行初字22号。

二审裁定书：江苏省扬州市中级人民法院（2001）扬行终字第15号。

2. 案由：不服工商行政处罚案。

3. 诉讼双方

原告（上诉人）：江苏省扬州五台山医院。

法定代表人：田学军，院长。

委托代理人（一审）：沙维伟，该院副院长。

委托代理人（一、二审）：朱安山，扬州仲裁委员会秘书处负责人。

委托代理人（二审）：李放，五台山医院院长助理。

被告（被上诉人）：扬州市工商行政管理局。

法定代表人：朱福生，局长。

委托代理人（一、二审）：徐泽民，该局法制科副科长。

委托代理人（一、二审）：马毅，扬州征远律师事务所律师。

4. 审级：二审。

5. 审判机关和审判组织

一审法院：江苏省扬州市广陵区人民法院。

合议庭组成人员：审判长：陈曦；审判员：顾仁华；代理审判员：顾斌。

二审法院：江苏省扬州市中级人民法院。

合议庭组成人员：审判长：姜驷；审判员：宋德文；代理审判员：李春蓉。

6. 审结时间

一审审结时间：2001年4月12日。

二审审结时间：2001年10月8日。

(二) 一审诉辩主张

1. 被诉具体行政行为：被告扬州市工商局于2000年6月6日作出扬工商（2000）15号行政处罚决定书，认定原告五台山医院在2000年4月1日与广东省瑞健医药有限公司签有协议，协议上约定原告从协议签订之日起每年从该公司购药不少于250万元，三年不少于750万元，该公司则对原告除让利购药款10%外，另赞助上海产别克轿车一辆；认定2000年4月1日的协议已开始履行，原告第一批购药款96 987.60元已汇至广东该公司，广东公司也已将轿车交原告，该车已在扬州上好牌照后投入使用。被告扬州市工商局认为原告购药收车的行为，违反了《中华人民共和国反不正当竞争法》第八条第一款和国家工商行政管理局《关于禁止商业贿赂行为的暂行规定》第四条，构成商业贿赂行为，遂依据《中华人民共和国反不正当竞争法》第二十二条和《关于禁止商业贿赂行为的暂行规定》第九条第二款、第一款，决定给予原告没收上海产别克轿车的处罚。原告不服，向广陵区法院提起行政诉讼。

2. 原告诉称：被告扬州市工商局将原告购药收车的行为定性为商业贿赂是错误的，因其对事实定性错误，故其适用法律必然错误，且《关于禁止商业贿赂行为的暂行规定》作为规章，其第九条第二款的规定没有法律依据，被告适用该条款处罚原告亦属适用法律错误；此外被告在执法程序方面亦存在违法之处。请求法院撤销被告作出的扬工商（2000）15号行政处罚决定书。

3. 被告辩称：我局的处罚决定认定事实清楚，定性准确，适用法律正确，程序合法，请求人民法院予以维持。

**（三）一审事实和证据**

扬州市广陵区人民法院经公开审理查明：原告五台山医院在2000年4月1日与广东省瑞健医药有限公司签有协议，协议上约定原告从协议签订之日起每年从该公司购药不少于250万元，三年不少于750万元，合同期限为三年，合同附件约定该公司则对原告除让利购药款10%外，另赞助上海产别克轿车一辆。合同签订后，广东公司于2000年4月3日从上海名流汽车销售有限公司购别克轿车一辆，购车发票上购车单位为江苏省复员退伍军人精神病医院（即扬州五台山医院），金额为366 000元，由广东公司将车送到五台山医院，医院在缴纳车辆购置附加费、交通基础设施建设费后于2000年4月29日将该车挂靠江苏牧羊集团领取了苏K—09489号牌照，并于5月18日入本院固定资产账册，4月，五台山医院给广东公司发出需购药品单，广东公司于5月1日按其要求发送价值96 987.6元药品到五台山医院，医院于5月16日汇款159 309.6元至广东公司（含合同签订前部分药款）。被告扬州市工商局于2000年6月6日作出扬工商（2000）15号行政处罚决定书，认定原告购药收车的行为构成商业贿赂，决定给予原告没收上海产别克轿车的处罚，原告不服，向法院提起诉讼，要求撤销被告的具体行政行为。

上述事实，有行政处罚决定书、协议书、购车及交费发票、挂靠备忘录、记账凭证、售药发票、进药验收单，固定资产收、发凭证等证据证明。

**（四）一审判案理由**

扬州市广陵区人民法院根据上述事实和证据认为：原告购药收车的行为明显违反《反不正当竞争法》第八条第一款中“经营者不得采用财物或者其他手段进行贿赂以销售或者购买商品”的规定。至于说收受财物后人不入账，不是商业贿赂的构成要件，而仅是回扣的构成要件，而回扣只不过是众多商业贿赂的一种形式而已。被告所作的具体行政行为认定事实清楚，定性准确，程序合法，适用法律正确。

**（五）一审定案结论**

江苏省扬州市广陵区人民法院依照《中华人民共和国行政诉讼法》第五十四条第（一）项之规定，作出如下判决：

维持被告江苏省扬州工商管理局2000年6月6日的扬工商（2000）15号行政处罚决定。

案件受理费8 000元，由原告江苏省扬州五台山医院负担。

**（六）二审情况**

原告江苏省扬州五台山医院不服扬州市广陵区人民法院（2000）广行初字第22号行政判决，向扬州市中级人民法院提起上诉，在二审审理过程中，上诉人申请撤回上诉。扬州市中级人民法院于2001年10月18日作出终审裁定：准许上诉人原告江苏省扬州五台山医院撤回上诉，双方当事人按原审判决执行；二审诉讼费人民币8 000元，减半收取4 000元，由上诉人原告江苏省扬州五台山医院承担。

**（七）解说**

本案争议的焦点在于原告江苏省扬州五台山医院购买药品收受轿车但已入账的行为是否构成商业贿赂行为。根据《反不正当竞争法》第八条第一款的规定，"账外暗中"是回扣的法定构成要件，不满足"账外暗中"必然不能构成回扣，但并非不能构成回扣就不能构成其他商业贿赂。判断是否构成商业贿赂，关键要看当事人是否通过违反诚实信用原则的方式来赢得竞争优势，是否扰乱正常公平的竞争秩序。国家工商行政管理局《关于禁止商业贿赂行为的暂行规定》第四条规定："任何单位或者个人在销售或者购买商品时不得收受或者索取贿赂。"本案中，医院收受轿车并入账的行为虽不符合回扣的构成要件，但客观上在一定程度排斥和限制了其他药品经销商的正当竞争，违反了市场竞争的公平原则，扰乱了正常的市场秩序，构成了商业贿赂。至于"折扣"亦即商品购销中的让利，根据国家工商行政管理局《关于禁止商业贿赂行为的暂行规定》第六条第二款的规定，是指经营者在销售商品时，以明示并如实入账的方式给予对方的价格优惠，包括支付价款时对价款总额按一定比例即时予以扣除和支付价款总额后再按一定比例予以退还两种形式。国家计委《关于完善药品价格政策改进药品价格管理的通知》第四条规定："药品生产经营企业销售药品的折扣率最高不超过药品价格的5%……价格以外其他形式的折扣一律禁止。"本案中，药品销售公司与医院签订的销售协议中就已明确约定"药品销售公司除对该医院让利购药款外，另赞助一辆豪华别克轿车"。很显然轿车是价格以外的其他形式，属于应当禁止的范畴。《反不正当竞争法》第二十二条规定："经营者采用财物或者其他手段进行贿赂以销售或者购买商品，构成犯罪的，依法追究刑事责任；不构成犯罪的，监督检查部门可以根据情节处以一万元以上二十万元以下的罚款，有违法所得的，予以没收。"因此，工商局作出的行政处罚是正确的。

（顾斌　朱俊康）

## 12. 覃仕琼不服长阳土家族自治县工商行政管理局行政处罚案

**（一）首部**

1. 判决书字号

一审判决书：湖北省长阳土家族自治县人民法院（2001）长行初字第04号。

二审判决书：湖北省宜昌市中级人民法院（2001）宜中行终字第19号。

2. 案由：不服工商行政管理处罚案。

3. 诉讼双方

原告（上诉人）：覃仕琼，女，1953 年 3 月 1 日出生，土家族，个体工商户。

委托代理人（一审）：宋发智（系覃仕琼之夫），男，干部。

委托代理人（二审）：汪开泉，湖北夷阳律师事务所律师。

委托代理人（二审）：邓西寿，湖北省长阳土家族自治县法律服务中心法律工作者。

被告（被上诉人）：湖北省长阳土家族自治县工商行政管理局。

法定代表人：郭发林，局长。

委托代理人（一、二审）：杨必成，该局干部。

委托代理人（二审）：孙昌伟，湖北省宜昌市工商行政管理局干部。

4. 审级：二审。

5. 审判机关和审判组织

一审法院：湖北省长阳土家族自治县人民法院。

合议庭组成人员：审判长：王争；审判员：李晓益、周德武。

二审法院：湖北省宜昌市中级人民法院。

合议庭组成人员：审判长：向培容；审判员：曹斌；代理审判员：闵珍斌。

6. 审结时间

一审审结时间：2001 年 6 月 12 日。

二审审结时间：2001 年 9 月 6 日。

**（二）一审诉辩主张**

1. 被诉具体行政行为：2000 年 11 月 15 日，湖北省长阳土家族自治县工商行政管理局以覃仕琼在服装销售过程中经营假冒“南极人”保暖内衣为由立案查处，于 2001 年 2 月 24 日，依据《投机倒把行政处罚暂行条例》第九条、《〈投机倒把行政处罚暂行条例〉施行细则》第十五条第一款第（九）项规定，以长工商处字（2001）13 号行政处罚决定，责令覃仕琼停止违法行为；没收覃仕琼所经销的 28 套假冒“南极人”保暖内衣；对覃仕琼处罚款 5 000 元人民币。

2. 原告诉称：被告长阳土家族自治县工商行管理局认定我 2000 年 11 月经销的 28 套“南极人”保暖内衣为假冒商品的证据不足；错误地适用《投机倒把行政处罚暂行条例》，以投机倒把给予我行政处罚的程序违法，故请求法院撤销被告作出的长工商处字（2001）13 号行政处罚决定；判令被告解除强制扣留商品措施，返还 28 套“南极人”保暖内衣；赔偿经济损失 7 070 元。并要求由被告长阳土家族自治县工商行政管理局承担案件全部诉讼费。

3. 被告辩称：原告覃仕琼经销的“28 套内衣”属非正规渠道进货，不是上海南极人企业发展有限公司生产的商品，根据《投机倒把行政处罚暂行条例》及其《施行细则》的规定，我局作出责令原告覃仕琼停止违法行为，没收假冒“南极人”内衣，对原告覃仕琼处以罚款的具体行政行为是正确、合法的，请求人民法院判决维持我局的行政处罚决定，驳回原告覃仕琼的诉讼请求。

**（三）一审事实和证据**

湖北省长阳土家族自治县人民法院经公开审理查明：2000 年 11 月 15 日，被告长阳土家族自治县工商行政管理局接到举报，称原告覃仕琼正在销售假冒“南极人”保暖内衣，遂立案查处。在调查中，被告得知原告覃仕琼销售的“南极人”保暖内衣来源于武汉市汉口三曙街27—1号康亨服饰店，其包装与正宗“南极人”保暖内衣不一致，且不具备湖北市场上应有的标识。2001年2月24日，被告长阳土家族自治县工商行政管理局认定原告覃仕琼经销的28套“南极人”保暖内衣为假冒商品，认为原告的行为已构成《投机倒把行政处罚暂行条例》第三条第一款第（六）项规定的“推销冒牌商品的投机倒把行为”。依据《投机倒把行政处罚暂行条例》第九条，《〈投机倒把行政处罚暂行条例〉施行细则》第十五条第一款第（九）项规定，以长工商处字（2001）13号行政处罚决定，责令原告覃仕琼停止违法行为；没收原告覃仕琼所经销的28套假冒“南极人”保暖内衣；对原告覃仕琼处罚款5 000元人民币。原告覃仕琼对该行政处罚决定不服，申请复议。湖北省宜昌市工商行政管理局经复议，作出了维持原行政处罚决定的宜市工商复决字（2001）第03号复议。覃仕琼仍不服引起诉争。

上述事实有下列证据证明：

1.“南极人”保暖内衣长阳专卖店店员万红的举报材料。

2.“长阳雅戈尔服饰专卖店”店员曾远鹏2000年11月16日的陈述笔录。

3.原告覃仕琼2000年11月16日的陈述笔录。

4.被告长阳土家族自治县工商行政管理局工作人员于2000年11月16日制作的现场检查笔录。

5.“南极人”保暖内衣及其外包装和标识照片。

6.上海南极人企业发展有限公司出具的书证及鉴定书。

7.湖北省消费者委员会出具的书证。

8.2000年11月2日的《长江日报》及2000年11月7日的《三峡晚报》。

**（四）一审判案理由**

湖北省长阳土家族自治县人民法院认为：被告长阳土家族自治县工商行政管理局对原告覃仕琼作出的行政处罚决定，认定事实清楚，证据确实、充分，程序合法，适用法规正确。被告长阳土家族自治县工商行政管理局的具体行政行为未侵害原告覃仕琼的合法权益。原告覃仕琼的诉讼主张不符合案件事实和国家法律规定，依法应不予支持。

**（五）一审定案结论**

湖北省长阳土家族自治县人民法院依照《中华人民共和国行政诉讼法》第五十四条第（一）项的规定，作出如下判决：

1.维持长阳土家族自治县工商行政管理局2001年2月24日长工商处字（2001）13号行政处罚决定。

2.驳回覃仕琼关于要求解除强制扣留措施、返还28套“南极人”保暖内衣及赔偿经济损失的诉讼请求。

本案诉讼费590元，由原告覃仕琼负担。

**（六）二审情况**

1.二审诉辩主张

（1）上诉人诉称：一审法院不认真审查证据材料，损害了上诉人的合法权益。上诉人采购的“南极人”保暖内衣货真价实；上海南极人企业发展有限公司出具的鉴定是被上诉人的单方行为，其鉴定的标本不一定是上诉人所购进的商品；上诉人采购的28套内衣1套也没有出售，即使是假冒商品也未给社会造成危害。一审法院适用法律明显不当，违背公平、公正原则，请求二审法院撤销原判，重新作出公正判决。

(2) 被上诉人辩称：一审法院判决认定行政处罚事实清楚，证据充分，适用法规正确，符合客观事实，被上诉人收集的大量证据表明上诉人购进的“南极人”保暖内衣系冒牌商品确实无疑，没有产品质量信誉卡，没有“南极人”进入湖北市场由湖北省消费者委员会出具的防伪商标，没有上海南极人企业发展有限公司授权经销商的合同书；上海南极人企业发展有限公司出具的鉴定真实、有效，该公司有资格鉴别自己生产的产品的真伪，并代表公司出具鉴定书；被上诉人认定上诉人销售假冒商品构成投机倒把行为定性准确，请求二审法院依法予以维持。

2. 二审事实和证据

二审法院肯定了一审法院认定的案件事实和采纳的定案证据。

3. 二审判案理由

湖北省宜昌市中级人民法院认为：被上诉人长阳土家族自治县工商行政管理局具有查处投机倒把行为的法定职权。被上诉人长阳土家族自治县工商行政管理局对上诉人覃仕琼作出的行政处罚决定，认定事实清楚，证据充分，执法程序合法，适用法规正确。上诉人称其采购的“南极人”保暖内衣货真价实及上海南极人企业发展有限公司出具的鉴定结论不真实因缺乏事实证据，二审法院不予支持。上诉人覃仕琼请求被上诉人长阳土家族自治县工商行政管理局承担行政赔偿责任因缺乏事实证据和法律依据，亦不予支持。上诉人称其所购28套“南极人”保暖内衣1套也未出售，未给社会造成危害，被上诉人处罚款数额过大显失公正的上诉理由基本成立，应予采纳。

4. 二审定案结论

湖北省宜昌市中级人民法院根据《中华人民共和国行政诉讼法》第六十一条第（三）项、第五十四条第（四）项的规定，判决如下：

(1) 撤销（2001）长行初字第04号行政判决第（一）项。

(2) 维持（2001）长行初字第04号行政判决第（二）项。

(3) 维持长阳土家族自治县工商行政管理局2001年2月24日长工商处字（2001）13号行政处罚决定第（一）、（二）项。

(4) 变更长阳土家族自治县工商行政管理局长工商处字（2001）13号行政处罚决定第（三）项为处罚款1 000元人民币。

本案一审诉讼费590元、二审诉讼费200元，由上诉人覃仕琼负担。

**（七）解说**

本案主要涉及三个问题，一是“假冒商品”的认定，是否必须经质量技术监督部门作出评判；二是被告具体行政行为适法是否正确；三是人民法院能否直接变更具体行政行为所涉及的处罚内容。

1. 原告覃仕琼及其代理人认为：上海南极人企业发展有限公司无权对自己的产品进行鉴定，所谓的鉴定结论不能作为法院裁判定案依据。因而被告长阳土家族自治县工商行政管理局认定“假冒商品”缺乏事实依据，至少是证据不足。被告长阳土家族自治县工商管理局举证证明，原告覃仕琼经销的“南极人”保暖内衣的外包装和标识与正宗“南极人”保暖内衣不一致，其进货不是来源于湖北市场独家供货的武汉极地保健用品有限责任公司，而是来源于与上海南极人企业发展有限公司毫无往来的武汉市汉口三曙街27—1号康亨服饰店，不具备湖北市场上应有的“南极人”保暖内衣标识。故上海南极人企业发展有限公司对被告扣押原告经销的“南极人”保暖内衣作出杜邦纤维含量不一致、否定该商品为正宗产品是具有足够的理由的。一、二审法院判定被告认定原告覃仕琼“假冒商品”的事实清楚、证据充分是符合逻辑的，因为该案不是对商品质量的好坏进行评判，而是对原告经销的商品是真是假进行辨别。只要不是上海南极人企业发展有限公司生产的保暖内衣，就应认定为假冒商品，给予行政处罚。

2. 原告方认为：国家工商行政管理局1988年8月25日对重庆市工商行政管理局的“关于对查处销售假冒伪劣商品案件如何认定当事人行为的投机倒把性质的请示报告”的答复材料属于具有法律效力的规范性文件，以此证明原告经销行为不构成投机倒把，从而推定被告长阳土家族自治县工商行政管理局适用法律错误。被告举证证明，国家工商行政管理局1990年8月17日发布的《〈投机倒把行政处罚暂行条例〉施行细则》与1988年8月25日对重庆市工商行政管理局的答复不一致，应当遵照《施行细则》第五条的规定，确认原告覃仕琼的行为为“推销冒牌商品的投机倒把行为”。一、二审法院审理认定被告长阳土家族自治县工商行政管理局对原告覃仕琼予以行政处罚适用法律、法规正确，其理由是：国家工商行政管理局对重庆市工商行政管理局的答复属于个案解释，其效力低于普遍性的法律规范。并且该“答复”产生于1990年8月17日发布《〈投机倒把行政处罚暂行条例〉施行细则》之前。被告长阳土家族自治县工商行政管理局排除旧规范性文件的约束，以新的法规规定作出具体行政行为符合我国法律的适用原则。

3. 二审法院部分撤销一审法院的判决，直接变更被告长阳土家族自治县工商行政管理局作出的罚款处罚，符合案件客观事实和国家法律规定。原告覃仕琼所购28套假冒南极人保暖内衣在经销过程中未售出1套，且在被告查处时已被退回，未给社会造成较大的危害。被告应当考虑酌情予以较轻的罚款处罚。按照《〈投机倒把行政处罚暂行条例〉施行细则》第十五条的规定，被告对原告处以5 000元人民币的罚款显失公正，故二审法院根据《中华人民共和国行政诉讼法》第五十四条第（四）项的规定判决直接变更处罚款为1 000元人民币。

（王　争）

## 13. 王燕、冒元岗诉南通市如皋工商行政管理局为卢德美颁发个体工商营业执照行为侵权案

**（一）首部**

1. 判决书字号

一审判决书：江苏省如皋市人民法院（2001）皋行初字第51号。

二审判决书：江苏省南通市中级人民法院（2001）通中行终字第10号。

2．案由：行政登记行为侵权案。

3．诉讼双方

原告（被上诉人）：王燕，女，1970 年 2 月 19 日生，汉族，无业，住如皋市如城镇蒲行新村 3 号楼 231 室。

委托代理人（一、二审）：陈红，系原告冒元岗之妻。

委托代理人（一、二审）：施璟，江苏南通金皋律师事务所律师。

原告（被上诉人）：冒元岗，男，1963 年 4 月 24 日生，汉族，下岗职工，住如皋市如城镇缪家巷 7 号。

委托代理人（一、二审）：施璟，江苏南通金皋律师事务所律师。

被告（上诉人）：南通市如皋工商行政管理局。

法定代表人：骆春林，局长。

委托代理人（一、二审）：周进友、冯如生，该局干部。

第三人（上诉人）：卢德美，女，1964 年 11 月 11 日生，汉族，下岗职工，住如皋市如城镇皋南新村 403 号楼 105 室。

委托代理人（一、二审）：缪一强，江苏南通如一律师事务所律师。

4．审级：二审。

5．审判机关和审判组织

一审法院：江苏省如皋市人民法院。

合议庭组成人员：审判长：朱玉敏；代理审判员：丁伟利、朱江兵。

二审法院：江苏省南通市中级人民法院。

合议庭组成人员：审判长：王建平；审判员：施汉忠、刘萍。

6．审结时间

一审审结时间：2000 年 11 月 21 日。

二审审结时间：2001 年 2 月 21 日。

**（二）一审诉辩主张**

1．被诉具体行政行为：2000 年 7 月 13 日，被告南通市如皋工商行政管理局根据第三人卢德美的申请，向其颁发了注册号为 3206823130427 的个体工商户营业执照。执照中确认组织形式为个人经营，字号名称为如皋市如城镇“海之恋”的歌舞厅，经营场所为如城宁海路城南虹桥综合大楼二楼。原告王燕、冒元岗不服，向如皋市人民法院提起行政诉讼，请求法院依法撤销颁发给第三人的个体工商户营业执照。

2．原告诉称：原告与第三人系原“海之恋”歌舞厅合伙人转股后的合伙关系，存在着共同出资、分工负责、共同经营的基本事实。因经营产生矛盾而约定由共同经营改为内部承包，后第三人以个人名义申请个体工商户登记，被告无视原告提出的合伙出资事实，明知是合伙关系坚持颁发个体工商户营业执照，侵犯了原告的合伙经营权。请求法院判决撤销被告向第三人颁发的个体工商户营业执照。

3．被告辩称：原告向我局反映其与第三人经营“海之恋”歌舞厅属合伙关系，未提供合伙关系成立的事实依据。第三人在原“海之恋”歌舞厅已被注销后才申领个体工商户营业执照，且提供的材料符合个体工商户的申报条件，被告应当依法为其颁发个体工商户营业执照。被告给第三人颁发的个体工商户营业执照符合登记法律规范规定，请求法院判决维持被告向第三人颁发的个体工商户营业执照的行为。

4. 第三人述称：原告主张为“海之恋”歌舞厅的合伙人，不符合合伙企业法规定的主体资格，其所诉合伙经营权不受法律保护。第三人申请设立个体工商户登记系个人行为，与原告无涉。请求法院判决维持被告颁证的具体行政行为，以维护公民的合法权益。

**（三）一审事实和证据**

如皋市人民法院经公开审理查明：1997 年 3 月，原告冒元岗等人承租了如城宁海路虹桥大楼二楼，并与冒建海、冒殿明共同出资购置从事歌舞厅经营活动的设施。8 月，投资人以冒殿明之妻陆娟名义申请名为“海之恋”歌舞厅的个体工商户营业执照，10 月，被告向陆娟颁发了个体工商户营业执照。1999 年 5 月，上述投资人对共同财产进行结账清算，同时订立了书面协议，商定股份转让及新股东办照事宜。6 月，原告王燕与原房屋出租人重新签订租房协议，地点不变。6 月 26 日，原告与第三人订立“海之恋”歌舞厅经营管理实施细则，其中确定总管卢德美，记账冒元岗，吧台王燕。8 月 30 日，原告、第三人与冒建海、冒殿明订立书面协议，协议载明，冒建海股份转让给卢德美（174 100 元人民币），冒殿明股份转让给王燕（150 000 元人民币），冒元岗股份保持不变（107 900 元人民币）。

2000 年 1 月，第三人以“海之恋”歌舞厅名义出具报告申请如皋市公安局变更治安负责人，其主要内容为原治安负责人陆娟将自己名下的股份转让，经股东们一致同意，卢德美为“海之恋”歌舞厅新的负责人。同时其还向公安机关提供其与原告共同签名的情况说明，主要内容为“海之恋”歌舞厅是三人合伙经营，由王燕所签订协议，搞内部承包，由卢德美个人承包经营。原签订的租房协议不变，由卢德美来履行。3 月，如皋市公安局向第三人颁发了江苏省公共场所安全合格证。3 月 28 日，如皋市文化局向第三人颁发了文化经营许可证。4 月 25 日，如皋市卫生局向第三人颁发了卫生许可证。4 月 25 日，被告以陆娟申请歇业为由，内部注销了“海之恋”歌舞厅营业执照。6 月 28 日，第三人填写个体工商户申请报告，持户籍证明向所在地工商管理所提出申请，经准许填写申请登记表，登记项目中字号名称为如皋市如城镇“海之恋”歌舞厅，经营场所为宁海路城南虹桥综合大楼二楼，组成形式为个人。第三人同时向被告提供了上述许可证、下岗证明、其在 2000 年 7 月与房屋出租人签订的租房协议、2000 年 7 月 1 日如皋市公安消防大队出具的消防安全检查意见书、盖有陆娟私章的“海之恋”歌舞厅用章书面说明（该说明书时间为 2000 年 4 月 26 日，内容为我单位注销后，即由卢德美使用“海之恋”歌舞厅名称，向你局申请工商登记注册）。原告知道第三人申请个体工商户登记后，多次向被告及所属部门反映第三人登记的“海之恋”歌舞厅组成形式为合伙，且资产属共同所有，请求被告依法处理。2000 年 7 月 13 日，被告向第三人颁发注册号为 3206823130427 的个体工商户营业执照。原告不服，坚持要求被告吊销第三人的营业执照，并与第三人发生纠纷。8 月，第三人向如皋市人民法院提起民事诉讼，以“海之恋”歌舞厅系个人开办的“个体企业”为由，请求排除妨碍，并责令原告停止侵害、赔偿损失。在民事诉讼中，原告提起行政诉讼。

上述事实有下列证据证明：

1. 1997 年 3 月，原告冒元岗等人房屋租赁合同。

2. 1997 年 8 月，陆娟申请个体工商户营业执照的报告。

3.1997 年 10 月，被告颁发给陆娟个体工商户营业执照。

4.1999 年 5 月，原告冒元岗与投资人订立的书面协议。

5.1999 年 6 月 26 日，“海之恋”歌舞厅经营实施细则。

6.1999 年 8 月 30 日，原告、第三人与冒建明、冒殿明转股协议。

7.2000 年 1 月，第三人申请变更治安负责人的报告。

8.皋公共字如城第 108 号江苏省公共场所安全合格证、01—10 文化经营许可证、卫环字（2000）第 2022 号卫生许可证、皋公消检查（2000）7 号消防安全检查意见书。

9.陆娟个体工商户申请歇业登记表。

10.2000 年 4 月 25 日，被告内部注销“海之恋”歌舞厅营业执照审批意见。

11.2000 年 6 月 28 日，第三人申请个体工商户营业执照的报告。

12.原告申请被告依法处理的报告。

13.2000 年 7 月 13 日，注册号为 3206823130427 的个体工商户营业执照。

14.第三人提起的民事诉状。

**（四）一审判案理由**

如皋市人民法院根据事实和证据认为：原告主张与第三人均系“海之恋”歌舞厅的共同投资者且系合伙关系的事实存在。第三人向被告提出申请注册“海之恋”歌舞厅过程中，原告已向被告主张其系“海之恋”歌舞厅的共同投资人，被告明知异议存在，坚持为第三人颁发“海之恋”歌舞厅个体工商户营业执照于法无据，其行为侵犯了原告对其共同出资财产行使经营的权能，且对第三人申请时提供有关材料未加核实、查验，被告向第三人颁发个体工商户营业执照所依据的事实不清，证据不足。为此，法院难以支持。

**（五）一审定案结论**

江苏省如皋市人民法院根据《中华人民共和国行政诉讼法》第五十四条第（二）项之规定，判决如下：

撤销被告于 2000 年 7 月 13 日向第三人颁发的注册号为 3206823130427 的个体工商户营业执照。

诉讼费 100 元，由被告南通市如皋工商行政管理局负担。

**（六）二审情况**

1.二审诉辩主张

（1）上诉人（原审被告）诉称：上诉人颁发给卢德美的个体工商户营业执照，程序和内容均符合行政法律的规定，属于合法行政；原审法院以三人事实合伙为由，判决撤销上诉人的合法行为于法无据。请求二审法院撤销原判，维持上诉人为原审第三人颁发个体工商户的营业执照行为。

（2）上诉人（原审第三人）诉称：上诉人申领个体工商户营业执照主体合格，手续齐全，内容真实，上诉人南通市如皋工商行政管理局应当在规定的期限内予以颁证。被上诉人王燕、冒元岗未依法取得合伙经营权，南通市工商行政管理局颁发给自己的个体工商户营业执照未侵犯被上诉人的合法权益。请求二审法院依法撤销原判，维持工商行政管理局的颁证行为。

（3）被上诉人辩称：卢德美所提供的安全合格证、文化经营许可证、卫生许可证是在原“海之恋”未注销前经被上诉人同意的情况下办理的变更手续，而非卢德美重新申办。

上诉人南通市如皋工商行政管理局未认真审查，将三证作为卢德美个人所有的有效证件并以此颁证，是违背客观事实的。被上诉人与卢德美共同投资合伙经营“海之恋”歌舞厅事实客观存在，被上诉人依法享有“海之恋”歌舞厅经营权。南通市如皋工商行政管理局颁发给卢德美个体工商户营业执照，侵犯了被上诉人的合伙经营权，原审法院判决撤销是正确的，请求二审法院予以维持。

2. 二审事实和证据

二审法院肯定了一审法院认定的事实及采纳的定案证据。

3. 二审判案理由

江苏省南通市中级人民法院认为：根据我国合伙企业法的有关规定，申请合伙企业设立登记，应当向企业登记机关提交申请书、合伙协议书、合伙人人身证明等文件。企业登记机关对符合条件的予以登记，发给营业执照；对不符合条件的不予登记。合伙企业的营业执照签发日期，为合伙企业成立日期。本案中，被上诉人虽然多次向上诉人南通市如皋工商行政管理局反映“海之恋”歌舞厅是其与上诉人卢德美共同投资合伙经营的，但是，由于被上诉人从未向上诉人南通市如皋工商行政管理局提交有效证明材料申请合伙企业登记，南通市如皋工商行政管理局无法对此进行登记、审查和发证，依照上述法律之规定，“海之恋”歌舞厅作为合伙企业的法律要件不能成立。因此，被上诉人依法不享有“海之恋”歌舞厅合伙经营权。原审法院没有从合伙关系的法律要件上去审查，而仅从投资股份的存在来认定事实合伙关系成立尚缺乏明确的法律依据。上诉人卢德美向上诉人南通市如皋工商行政管理局申请“海之恋”歌舞厅个体工商户营业执照，提供了一系列相关材料，已经具备了颁证的法律要件。被上诉人得知后尽管向上诉人南通市如皋工商行政管理局提出异议，但又不能提供异议成立的有效证据。据此，南通市如皋工商行政管理局根据国务院颁布的《城乡个体工商户管理暂行条例》、国家工商行政管理局颁布的《城乡个体工商户管理暂行条例实施细则》等有关法规、规章之规定，在规定期限内予以颁证并无不当，该颁发给上诉人卢德美个体工商户营业执照之行为应当维持，不属撤销范围。

4. 二审定案结论

江苏省南通市中级人民法院根据《中华人民共和国行政诉讼法》第六十一条第（三）项之规定，判决如下：

（1）撤销如皋市人民法院（2000）皋行初字第51号判决。

（2）维持上诉人南通市如皋工商行政管理局向上诉人卢德美颁发的注册号为3206823130427个体工商户营业执照。

一、二审案件受理费各100元人民币，由被上诉人王燕、冒元岗各半负担。

**（七）解说**

本案的争执焦点就是被上诉人是否具有“海之恋”歌舞厅的合伙经营权、被上诉人颁发给上诉人卢德美的个体工商户经营执照是否符合行政法规、规章的有关规定？一、二审法院认定的事实基本相同，而判决结果却大相径庭。缘何一、二审判决结果正好相反，关键在于对以下两个基本法律问题的理解和掌握。

1. 合伙关系存在的事实标准和法律标准。

本案合伙关系存在与否是案件审理的核心，因一、二审法院对合伙关系存在与否的审视角度和标准不同，得出的结论不同也就不足为怪了。对合伙关系是否存在的判断应以两个标准为准，即合伙关系成立的基本事实标准和基本法律标准。基本事实标准应包括：(1) 共同出资，财产共有。出资后的财产应当归合伙人共有。但必须明确，财产共有并不必然导致合伙关系成立。(2) 共同经营。共同经营是合伙关系成立的一种基本形式。公民按照协议提供资金或实物，并约定参与合伙盈余分配，但并不参与合伙经营，最高人民法院将此解释为视为合伙。所以共同经营是合伙关系成立的一种基本形式。(3) 共享收益，同担风险。这是判断合伙关系是否存在的重要证据，而非决定性证据，因为它并不是合伙关系独有的法律特征。其他民事法律关系中也同样会出现这样的情形。鉴于此，从基本事实要件上还很难确定某一种关系是否是合伙关系，必须辅之以法律标准，才能确定合伙关系是否成立。我国合伙企业法规定设立合伙企业，应当具备五个条件，其中第二个条件就是有书面合伙协议。合伙协议中合伙人应当载明出资数额、盈余分配、债务承担、入伙、退伙、合伙终止等事项。实践中合伙人往往不签订书面协议，这就须考证他们之间是否有口头约定，有无利害关系人能够证明，再辅之其他证据来认定是否存在合伙关系。本案中，一审法院只注重了被上诉人与原审第三人存在的共同出资、共同经营事实，而没有进一步从法律规定上去考证，远离了行政诉讼法所确定的合法性审查的原则。而且，原“海之恋”歌舞厅原来的经营形式也是多人出资、个体经营，后来仅仅是部分出资发生了变化，基本经营形式并未发生实质性的变化。

2. 工商登记的行政审查标准与人民法院的司法审查标准。

工商登记管理的行政审查标准是形式审查，或者讲是静态审查。工商行政管理部门只对申请登记人提供的有关材料，按照登记的法律规范要求，逐件进行形式审查，并不要求进行实质性审查。由于某种原因致使登记与实际情况不符，如果属申请登记人故意隐瞒某情形，登记机关按照形式审查的标准无法或者根本不可能发现这一隐瞒的情形而办理了设立登记，工商登记部门不承担任何责任。本案中，上诉人南通市如皋工商行政管理局对上诉人卢德美提供的材料进行形式审查后，并颁发了个体工商户营业执照。从整个登记过程来看，并未发现明显不当和程序违法。在上诉人卢德美申请设立个体工商户登记时，被上诉人提出异议，工商登记部门对被上诉人的异议也没有置之不理，而是给予了充分注意，由于被上诉人不能向工商登记部门提交异议成立的有效证据，而使异议没有被采纳，鉴于登记管理法律规范的登记时效要求，工商登记部门的惟一选择只能为上诉人卢德美设立登记。如果仅以上诉人有异议存在为由，拒绝审查或拖延登记，则构成不作为违法。

人民法院对工商登记行为的审查标准，虽不完全等同于行政审查标准的形式审查，但也不是客观真实性审查，而是法律真实性审查。本案中，即使被上诉人与上诉人卢德美存在事实合伙经营的情形，但没有提交合伙书面协议（或存在口头协议），也没有向工商登记部门提交有效证明材料申请合伙企业登记，这种合伙不符合合伙企业法的规定，因此，不能满足法律的要求，不具备法律意义上的真实，最终不能被工商登记机关所采信，也不能为司法审查所认可。一审法院对此作出认可，明显缺乏法理底蕴和行政法依据。

综上，被上诉人依法不享有“海之恋”合伙经营权，上诉人南通市如皋工商行政管理局颁发给上诉人卢德美的个体工商户经营执照符合行政法律、规章的有关规定，没有侵犯上诉人的合伙经营权。

（崔巍　刘萍）

# 三、房屋、土地行政案件

## 14. 黄恩妹不服首占镇人民政府同意上报黄朝雨建房案

**（一）首部**

1. 裁定书字号：福建省长乐市人民法院（2001）长行初字第00007号。

2. 案由：不服镇政府同意上报第三人建房的行政行为案。

3. 诉讼双方

原告：黄恩妹，男，1933年10月13日出生，汉族，住长乐市首占镇赤屿村九龙街8号。

委托代理人：黄金淋、刘铭春，福建合立律师事务所律师。

被告：长乐市首占镇人民政府。

法定代表人：姜星建，镇长。

委托代理人：林昭兴，男，长乐市首占镇人民政府干部。

委托代理人：郑建平，福建天得律师事务所律师。

第三人：黄朝雨，男，1969年11月28日出生，汉族，住长乐市首占镇赤屿村铁炉溪21号。

4. 审级：一审。

5. 审判机关和审判组织

审判机关：福建省长乐市人民法院。

合议庭组成人员：审判长：肖丽魁；代理审判员：陈华、王德记。

6. 审结时间：2001年10月29日。

**（二）诉辩主张**

1. 被诉具体行政行为：2000年9月20日，第三人黄朝雨向长乐市首占镇人民政府申请旧房改建，经其居住地长乐市首占镇赤屿村委会、首占镇城镇建设办公室同意，长乐市首占镇人民政府于同年12月8日作出同意上报的审查意见。

2. 原告诉称：与原告相邻的第三人黄朝雨在向被告长乐市首占镇人民政府申请旧房改建时，擅自将个人建房"建设许可证"申请表中申请建房层数由"2"改为"3"，而被告在收到第三人的申请后，未予认真审查，就作出了同意上报第三人黄朝雨申请建房三层的具体行政行为，该具体行政行为使得第三人可以建造第三层楼房，对原告房屋正常的通风、采光产生影响，并危及原告房屋的地基，侵犯了原告的合法权益。请求人民法院依法撤销被告长乐市首占镇人民政府作出的同意上报第三人黄朝雨申请建房三层的具体行政行为。

原告认为，(1) 被告的同意上报行为，实际上就是同意第三人建房的最终审批意见，原告诉讼请求中要求撤销被告作出的同意上报建房的具体行政行为，实质上就是请求撤销被告作出的许可第三人建房三层的具体行政行为；(2) 被告提供的证据说明被告已进行了实地当场放样，即已完成了许可个人建住宅的最后一道程序，证明被告已作出了建房许可的具体行政行为；(3) 被告在未查实第三人土地权属来源的情况下，根据第三人提交的擅自涂改的申请表作出许可第三人建房三层的具体行政行为是错误的，而且该具体行政行为在作出时明显违反了法定程序。

3. 被告辩称：被告在第三人的个人建房“建设许可证”申请表上所作同意上报的审查意见，仅是被告的内部审查行为，该行为并非一个完整成立的具体行政行为，因此，行政程序尚完成，对第三人的建房不产生任何影响，第三人能否建房应以被告是否发给“建设许可证”为准。因此，原告针对一个对当事人不产生实际影响的行为提起诉讼，不属于人民法院行政诉讼的受案范围，请求法院驳回原告的起诉。

4. 第三人述称：被告已口头通知第三人可以建房，且已缴交各种建设费用，第三人的建房行为应该是合法的。

**（三）事实和证据**

长乐市人民法院经公开审理查明：2000 年 9 月 20 日，与原告黄恩妹房屋相邻的第三人黄朝雨因其祖遗房屋破旧，居住困难，向被告长乐市首占镇人民政府申请旧房改建，经其居住地长乐市首占镇赤屿村委会、首占镇城镇建设办公室同意，被告长乐市首占镇人民政府于同年 12 月 8 日作出同意上报的审查意见。2001 年 2 月 2 日，原告黄恩妹与第三人黄朝雨因相邻采光、通风民事纠纷诉至本院。在该民事案件审理中，第三人黄朝雨向法庭提供了长乐市个人建房“建设许可证”申请表的复印件，证明其建房系经合法审批。但原告黄恩妹认为，第三人黄朝雨擅自将个人建房“建设许可证”申请表中申请建房层数由“2”改为“3”，而被告在收到第三人的申请后，未予认真审查，就作出了同意上报第三人黄朝雨申请建房三层的具体行政行为，该具体行政行为使得第三人可以建造第三层楼房，对原告房屋正常的通风、采光产生影响，并危及原告房屋的地基，侵犯了原告的合法权益。遂于 2001 年 7 月 27 日向本院提起行政诉讼，请求依法撤销被告长乐市首占镇人民政府作出的同意上报第三人黄朝雨申请建房三层的具体行政行为。

上述事实有下列证据证明：

1. 第三人黄朝雨的旧房改建申请书复印件。

2. 第三人黄朝雨与其妻子、母亲、祖母的身份证和户口簿复印件。

3. 原长乐县人民政府于 1951 年 2 月 27 日颁发给第三人的祖母林仕妹的“土地房产所有证”复印件。

4. 改建建筑设计图复印件。

5. 征地红线图复印件。

6. 第三人黄朝雨的长乐市个人建房“建设许可证”申请表复印件。

7. 公告照片。

8. 征地红线、建筑红线、规划要求现场勘验图复印件。

9. 第三人黄朝雨旧房改建过程中各种缴费票据复印件9份。

10.《福建省村镇建设管理条例》。

**（四）判案理由**

长乐市人民法院根据上述事实和证据认为：根据《福建省村镇建设管理条例》第十七条“个人建住宅及其附属物的，经村民委员会同意，乡（镇）村镇建设管理站按照村镇规划进行审查，划定规划红线图后，向土地管理部门申请办理用地审批手续。然后，由乡（镇）人民政府发给建设许可证。经乡（镇）村镇建设管理站进行放样、验线，即可开工”的规定，乡（镇）人民政府在村镇建设管理中，对许可个人建住宅及其附属物的是颁发给行政管理相对人对外产生法律效力的“建设许可证”。本案中，被告长乐市首占镇人民政府有权对第三人申请改建旧房作出审批，并发给第三人“建设许可证”。但被诉的被告在“个人建房建设许可证申请表”中签署“同意上报”的审查行为，只是对第三人申请建房进行审查、批准过程中的一个内部运作的行为，被告许可第三人建房的行政许可行为尚未经过必经的法定程序，不具备必备的形式，许可第三人建房的具体行政行为尚未成立，其同意上报第三人建房的行政审查行为并未向外发布，对行政管理相对人的权利义务并未产生实际影响，属不可诉的行政行为。第三人黄朝雨关于被告已口头通知其可以建房，其建房行为合法的意见无事实和法律依据，不予采信。被告委托代理人关于被诉的行政行为仅是被告的内部审查行为，并非一个完整成立的具体行政行为的意见成立，应予支持。原告委托代理人认为被告作出同意上报的审查意见实际上就是同意第三人建房的最终审批意见于法无据，不予采信。综上，原告所诉不属人民法院行政诉讼的受案范围，依法应予驳回。

**（五）定案结论**

福建省长乐市人民法院依照最高人民法院《关于执行〈中华人民共和国行政诉讼法〉若干问题的解释》第一条第二款第（六）项的规定，裁定如下：

驳回原告黄恩妹的起诉。

案件受理费100元，由原告黄恩妹负担。

**（六）解说**

根据最高人民法院《关于执行〈中华人民共和国行政诉讼法〉若干问题的解释》的规定，原则上只要是行政行为，除了法律和司法解释有规定的以外，都属于行政诉讼的受案范围。行政机关在行政管理的过程中要实施大量的行为，这些行为广义上也都属于行政行为的范畴。《若干解释》所指的行政行为，是指具有行政职权的机关、机构或者组织所实施的与行使管理职权有关的，对行政管理相对人的权利义务发生实际影响的行为。只有在行为对相对人产生了实际影响时才具有可诉性，本案被诉的行政行为显然不属于人民法院行政诉讼的受案范围。本案值得说明的问题是，由于目前农村普遍存在未经行政机关发证许可就动工建房的现象，他们以行政机关的“个人建房建设许可证申请表”作为“合法”建房的根据，由建房产生的民事相邻纠纷诉至法院后，被诉审批行为也往往被民事审判人员所认可，作为民事定案的根据，由此才引发类似本案的行政诉讼，导致讼累。

（肖丽魁）

## 15. 阎家庆等诉上海市杨浦区国有资产管理办公室不予产权界定案

### （一）首部

1. 判决书字号：上海市杨浦区人民法院（2001）杨行初字第42号。

2. 案由：不履行法定职责案。

3. 诉讼双方

原告：阎家庆、奚国华等10人。

原告代表人：阎家庆，男，1930年10月17日生，汉族。

原告代表人：奚国华，男，1955年12月13日生，汉族。

委托代理人：姚诚，住上海市国定路700弄42号204室。

被告：上海市杨浦区国有资产管理办公室。

法定代表人：邓天林，主任。

委托代理人：周福龙，该办公室工作人员。

委托代理人：陈一，该办公室工作人员。

4. 审级：一审。

5. 审判机关和审判组织

审判机关：上海市杨浦区人民法院。

合议庭组成人员：审判长：袁芝田；审判员：张胜凤、赵莎莉。

6. 审结时间：2001年11月27日（依法延长审限）。

### （二）诉辩主张

1. 被诉具体行政行为：原告阎家庆于1999年8月、原告奚国华等于同年11月2日书面请求被告对上海浦新审计事务所（以下简称浦新所）进行产权界定。经多次催促，被告未予答复。

2. 原告诉称：原告系原浦新所工作人员，浦新所为集体性质企业法人。1998年5月浦新所与杨浦审计事务所合并，成立上海华城会计师事务所（以下简称华城所），企业改制为全民企业。产权转让变动时，未进行产权界定。原告阎家庆于1999年8月、原告奚国华等于11月2日书面请求被告对浦新所进行产权界定。经多次催促，被告未作答复。原告的合法权益受到侵害，请求法院判决被告履行法定职责，依法对浦新所作出产权界定。

3. 被告辩称：依据《上海市集体企业产权界定暂行办法》第七章第十五条规定，产权界定必须由企业向主管部门提出，主管部门审核后报主管机关批准确认。原告以个人名义提出产权界定，不具有主体资格。

### （三）事实和证据

上海市杨浦区人民法院经公开审理查明：浦新所原名上海市杨浦区第二审计事务所，

成立于1992年9月，属集体性质企业法人，企业法定代表人为阎家庆。1993年6月更名为浦新所，企业性质、企业法定代表人未变。1998年1月浦新所法定代表人变更为陈洁，1998年5月浦新所与杨浦审计事务所合并，成立上海华城会计师事务所，合并后的企业为全民所有制企业，1998年11月浦新所注销。浦新所集体企业产权向全民企业产权发生变动时，未进行产权界定。1999年4月9日上海华城会计师事务所分立为两个所，一即为华城所，另一为华城工程造价咨询事务所，改制为有限公司。原告向被告提出对浦新所进行产权确认请求后，被告认为原告不具有提出产权界定的主体资格，未予答复。

上述事实有下列证据证明：

1. 原告阎家庆于1999年8月3日向被告请求对浦新所进行财产界定的书面报告、1999年11月2日原告阎家庆等8位浦新所工作人员向被告请求对浦新所产权确认的书面报告。

2.《上海市集体企业产权界定暂行办法》第二条第二款规定，集体企业在改制时或发生产权转让变动时，应首先进行产权界定。

3.《上海市集体企业产权界定暂行办法》第十五条、《关于〈上海市集体企业产权界定暂行办法〉的实施说明》第十二条第二款第一项规定，需要产权界定的集体企业，由企业向主管部门提出申请，经主管部门批准同意后，报被告进行产权界定。

**（四）判案理由**

上海市杨浦区人民法院根据上述事实和证据认为：被告上海市杨浦区国有资产管理办公室兼有集体企业资产界定的行政职责。浦新所属集体所有制企业，浦新所与杨浦审计事务所合并，成立华城所，改制为全民所有制企业。依据《上海市集体企业产权界定暂行办法》第二条规定，集体企业在改制、产权转让变动时，该企业产权应进行界定。浦新所在注销、改制、产权转让变动时，企业产权未进行界定。浦新所原法定代表人是杨浦审计局工作人员，已调任其他单位任职，不愿代表浦新所提出产权界定。原告阎家庆等系该集体企业的主要人员，与该企业的资产界定具有法律上的利害关系，据此，具有向被告提出产权界定的主体资格，被告应对集体企业产权作出产权界定确认。

**（五）定案结论**

上海市杨浦区人民法院依照《中华人民共和国行政诉讼法》第五十四条第（三）项，参照《上海市集体企业产权界定暂行办法》第二条之规定，作出如下判决：

被告上海市杨浦区国有资产管理办公室应在本判决生效之日起两个月内，对原上海浦新审计事务所的企业产权作出产权界定确认的具体行政行为。

本案受理费人民币100元，由被告负担。

**（六）解说**

本案系原告要求被告履行法定职责案件，本案的争议焦点是原告是否具有提出该企业的产权界定的主体资格。依据《上海市集体企业产权界定暂行办法》第二条规定，集体企业在改制、产权转让变动时，应首先进行产权界定。第十五条第六项规定，集体企业、单位在产权界定过程中，各产权主体发生争议，可由企业或主管部门以产权纠纷事由上报产权界定机构，由产权界定机构组织有关中介组织进行查证核实，最后进行调解处理裁定。如当事人不服裁定意见，可按仲裁协议申请或向法院起诉。依据该条规定，企业可以直接向被告提出产权界定，浦新所在集体企业合并转为全民企业时，未进行产权界定。现浦新所已被注销，企业法人已消失，原法定代表人是杨浦审计局工作人员（已调任其他单位任职）不愿代表企业提出产权界定的情况下，鉴于浦新所系集体所有制企业的财产性质，本案十位原告系该企业的主要工作人员，与该所产权界定有法律上的利害关系，具有请求被告作出产权界定的主体资格。据此，为保护浦新所集体企业的合法权益，依据《关于执行〈行政诉讼法〉若干问题的解释》第十二条规定，阎家庆等十位原告具有行政诉讼主体资格，法院判决被告应对浦新所作出产权界定具体行政行为。

（张胜凤）

## 16. 马国胜诉新野县人民政府、新野县土地局不履行法定职责案

**（一）首部**

1. 判决书字号：河南省新野县人民法院（2001）新行初字和第006号。

2. 案由：不履行法定职责案。

3. 诉讼双方

原告：马国胜，男，50岁，回族，退休工人。

委托代理人：海冬芝，女，44岁，回族（系原告之妻）。

被告：新野县人民政府（以下称县政府）。

法定代表人：方显中，县长。

委托代理人：康其祥，男，新野县土地局干部。

被告：新野县土地局（以下称土地局）。

法定代表人：何晨，局长。

委托代理人：康其祥，男，该局干部。

4. 审级：一审。

5. 审判机关和审判组织

审判机关：河南省新野县人民法院。

合议庭组成人员：审判长：王舒；代理审判员：张依新、李松涛。

6. 审结时间：2001年8月20日。

**（二）诉辩主张**

1. 原告诉称：2000年元月18日，我向新野县土地局递交了申诉书，请求处理被马建锋非法抢占的土地使用权，确认我对祖宅的合法土地使用权，并将有关证据一同交给土地局。后经多次催促，二被告一直未履行法定职责，没有作出相应的决定。请求法院判令被告及时履行法定职责。

2. 被告新野县人民政府辩称：县土地局对原告提出的土地权属争议所涉及的违法问题尚未处理完毕，故未向县政府上报土地权属争议的处理意见，县政府因而不能作出处理决定。请依法驳回原告对县政府的起诉。

3. 被告新野县土地局辩称：我局接到原告的申诉书后，即着手处理其反映的情况，结合案件情况并根据原告本人意愿，决定先处理土地违法行为，再解决土地使用权问题。我局先作出“关于马建锋违法用地的处罚决定”。但因原告和马建锋均提起行政复议和诉讼而未能结束对土地违法行为的处理，导致原告关于恢复土地使用权的要求未能落实。以上说明我局接到原告申请后积极履行职责，并非不作为，因而原告的起诉理由不成立。

**（三）事实和证据**

新野县人民法院经公开审理查明：1999 年 4 月，被告新野县政府接到原告马国胜要求对其祖宅确权的口头请求后，批示由沙堰镇政府处理，沙堰镇政府于 1999 年 6 月作出处理决定，原告马国胜不服，诉至新野县人民法院，诉讼中该镇政府又撤销其处理决定。2000 年元月 18 日，原告马国胜向被告土地局递交了书面申诉书，要求处理被马建锋非法抢占的宅基，并依法确认自己对其祖宅的土地使用权。土地局受理后，于 2000 年 7 月作出了新土监（2000）8 号“关于对马建锋违法用地的处罚决定”，马国胜与马建锋均不服并提起行政诉讼，该处理决定又被本院判决撤销。截至原告起诉时，二被告没有对其祖宅的土地使用权属作出处理决定。

**（四）判案理由**

新野县人民法院认为：依法处理和调处土地权属争议是县级以上人民政府及土地管理部门的法定职责。被告土地局在收到原告马国胜的申请确权申诉书后，虽然做了一定的调处工作，但至今未作出任何处理意见，其行为显属拖延履行法定职责，原告马国胜要求二被告对其争议的祖宅进行确权理由正当，应当予以支持。

**（五）定案结论**

河南省新野县人民法院依照《中华人民共和国行政诉讼法》第五十四条第（三）项，《河南省行政机关执法条例》第十一条、第二十条之规定，作出如下判决：

被告新野县土地局在本判决生效之日起一个月内作出处理意见，被告新野县人民政府在接到处理意见之日起一个月内作出处理决定。

**（六）解说**

本案诉由是不履行法定职责，同其他同类案件却稍有不同。新野县人民政府和土地局接到原告的申诉后，都积极做工作，但由于其中的工作量大，虽然进行了积极调处，但始终没作出最终处理，故引起诉讼。本案在审理过程中，有两种分歧意见，第一种意见认为：被告接到了原告的申请后，一直在积极履行职责，并不是收到后放置一边，不进行处理，但是由于案件本身的因素，导致处理结果一直没有作出，这并不等于说是不履行职责。第二种意见认为，被告接到原告的申请后，虽然也在积极履行，但却迟迟没有结果，这是法律所不允许的，作出具体行政行为期限上应有个限度。《河南省行政机关执法条例》第二十条规定：“行政机关及其工作人员实施本条例第十一条规定的具体行政行为，应依法及时对申请事项进行审查。对符合条件的，必须予以受理。经审查符合要求的，在法律、法规规定的时间内办理，法律、法规没有时间规定的，自收到申请之日起三十日内予以办理。”因此二被告应当在接到申请书后一个月内作出处理决定，本案中二被告的行为显然违反法律规定，属于典型的拖延履行法定职责，故应判决其在一个月内作出处理意见和处理决定。新野县人民法院肯定和采纳了第二种意见，是正确的。

（魏少永）

## 17. 刘春莲诉乌鲁木齐市房地产管理局不履行房屋权属转移登记法定职责案

### （一）首部

1. 判决书字号

一审判决书：新疆维吾尔自治区乌鲁木齐市沙依巴克区人民法院（2001）沙行初字第1号。

二审判决书：新疆维吾尔自治区乌鲁木齐市中级人民法院（2001）乌中行终字第19号。

2. 案由：不履行法定职责案。

3. 诉讼双方

原告（上诉人）：刘春莲，1957年3月1日出生，汉族，无固定职业。住乌鲁木齐市新华南路17号。

委托代理人（一、二审）：贾震，新疆公论律师事务所律师。

被告（被上诉人）：乌鲁木齐市房地产管理局（下称房管局）。

法定代表人：申东，局长。

委托代理人（一、二审）：李佩云，女，房管局私房科科长。

4. 审级：二审。

5. 审判机关和审判组织

一审法院：新疆维吾尔自治区乌鲁木齐市沙依巴克区人民法院。

合议庭组成人员：审判长：王新钢；审判员：鄢先瑜；人民陪审员：葛公书。

二审法院：新疆维吾尔自治区乌鲁木齐市中级人民法院。

合议庭组成人员：审判长：王文秀；代理审判员：刘瑞东、赵德贤。

6. 审结时间

一审审结时间：2001年2月21日。

二审审结时间：2001年5月22日。

### （二）一审诉辩主张

1. 被诉具体行政行为：被告房管局于1998年9月1日收到原告刘春莲提出的私房产权证换发申请后，未予进行房屋权属转移登记，未予颁发私房产权证，引起原告提起行政诉讼。

2. 原告诉称：1998年单位根据房改的需要，将坐落在本市和田街67号楼的204室公房出售给我，并与我签订了转让合同，我随后交纳了房屋买卖评估费及契税。房屋此时产权已转移给我。我于同年9月1日向被告申请换发私房产权证，但被告一直未发给私房产权证。现要求被告履行法定职责，进行房产权属转移登记，给我颁发私房产权证。

3. 被告辩称：原告单位向原告出售公房，属转让公房给私人，而不是被告所称房改售房。1998年8月，原、被告就公房转让给私人在我局办理了交易契税手续，后又向我局提出转移产权登记、换发私房产权证的申请。我局在审查该申请期间，收到农七师中级人民法院协助执行通知书，要求我局协助执行，不得办理位于和田街的67号楼204室房屋产权登记。2000年12月11日，我局又收到乌鲁木齐市中级人民法院协助执行通知书，要求我局协助执行查封上述67号楼203、204号房屋。故我局无法给原告办理房屋产权登记和私房产权证。

**（三）一审事实和证据**

乌鲁木齐市中级人民法院经审理查明：1998年8月14日，新疆维吾尔自治区商业驻沪采购供应站（下称供应站）与刘春莲签订了房地产转让合同。合同约定，供应站将其所有的位于本市和田二街67号楼房204号住宅转让给刘春莲。同年8月31日，刘春莲在乌鲁木齐市房地产局房屋交易所办理了契约纳税申报手续；同年9月1日刘春莲持房地产转让合同、房地产买卖契约、公房产权证向市房产局申请房屋权属转移登记并颁发私房产权证。被告房管局受理了刘春莲房屋权属转移登记的申请后，至今未作出是否准予登记的书面通知，亦未颁发私房产权证。

另查明：1998年9月2日，农七师中级人民法院向被告房管局送达了（1998）农七经初字第12号民事裁定书和执行通知书，要求协助执行查封供应站位于乌鲁木齐市和田街67号楼203、204号房屋查封期间不得办理过户手续，查封期限自1998年9月2日至1999年9月2日。2000年12月11日，乌鲁木齐市中级人民法院也向被告房管局送达了乌中法执协字第167号民事裁定书、协助执行通知书，要求协助执行查封供应站位于乌鲁木齐市和田街67号楼的203、204号房屋。

上述事实有下列证据证明：

1. 刘春莲提交的1998年8月4日与供应站签订的房地产转让合同、市房产局提交的房地产买卖契约。

2. 刘春莲提交的1998年8月31日给市房产局房屋交易所的契税纳税申报表、契税完税证。

3. 刘春莲提交的评估费发票、供应站的公房产权证、乌鲁木齐房地产权产籍管理处收条、市房产局提交的私有房屋产权登记换（发）证申请表。

4. 房管局提交的新疆生产建设兵团农七师中级人民法院（1998）农七经初字第12号民事裁定书、协助执行通知书和（2000）乌中法执字第167号民事裁定书、协助执行通知书。

5. 法院的调查笔录、庭审笔录。

**（四）一审判案理由**

乌鲁木齐市中级人民法院经审理认为：根据国家建设部《城市房屋权属登记管理办法》的规定，因房屋买卖、转让等原因致使其权属发生转移的，当事人应依法申请转移登记；登记机关自受理之日起三十日内应当作出准予登记、暂缓登记或不予登记的决定，并书面通知权利人（申请人）。被告房管局是本市房屋权属登记管理工作的行政主管部门，原告刘春莲向被告房管局提出房屋权属转移登记申请后，被告迟迟未作出是否准予登记的决定，也未书面通知刘春莲，其不作为的行为违法。

（五）一审定案结论

新疆维吾尔自治区乌鲁木齐市中级人民法院依照《中华人民共和国行政诉讼法》第五十四条第（三）项的规定，并参照《城市房屋权属登记管理办法》第二十六条之规定，判决如下：

责成被告房管局于本判决生效后三十日内对原告刘春莲房屋权属转移登记申请作出准予登记、暂缓登记或不予登记的决定，并书面通知原告刘春莲。

案件受理费100元，由被告房管局负担。

（六）二审情况

1. 二审诉辩主张

上诉人诉称：乌鲁木齐市房产局房屋交易所在契税纳税申报表上加盖了印章，是其经审查后同意交易的明确表示。根据有关行业专项解释，自上诉人交纳契税起，该交易标的即67号楼204室房屋的所有权就已实际发生转移，即转移给了上诉人。现在申请办理私房产权证只是完善手续而已，被上诉人房管局应准予登记。原审法院责令市房产局选择性的作出是否登记的决定不当，请求二审法院撤销原判，责令房管局作出准予登记的决定。

被上诉人辩称：刘春莲交纳了契税属实，但并没有办理完房屋登记手续，房屋所有权没有发生转移。我局正在对刘春莲房屋权属转移登记申请审查时，法院查封了该房屋，即依法停办了其房屋权属登记手续。刘春莲要求法院责令我局颁发私房产权证的请求无理，不应支持。原审判决正确，应予维持。

2. 二审事实和证据

二审法院查明的事实与一审法院查明的事实相同。

3. 二审判案理由

新疆维吾尔自治区高级人民法院经审理认为：根据法律规定，因房屋买卖、转让等原因致使其权属发生转移的，当事人应依法申请权属转移登记，登记机关自受理申请之日起三十日内应当作出准予登记、暂缓登记、不予登记的决定，并书面通知权利人（申请人）。被上诉人房管局作为本市房屋登记工作的行政主管部门，在收到上诉人刘春莲的房屋权属转移登记申请后，本应在规定的期限内依法作出准予登记、暂缓登记、不予登记的决定，并书面通知刘春莲，但该局未作出是否准予登记的决定，其不作为的行为违反法律的规定，应予纠正。上诉人刘春莲的上诉理由不能成立，本院不予支持。原审判决认定事实清楚，适用法律、法规正确，应予维持。

4. 二审定案结论

新疆维吾尔自治区乌鲁木齐市中级人民法院根据《中华人民共和国行政诉讼法》第六十一条第（一）项之规定，判决如下：

驳回上诉，维持原判。

二审案件受理费100元，由上诉人刘春莲负担。

（七）解说

本案被告房管局在受理了原告刘春莲向其提出的办理房屋权属转移登记的申请后，迟迟不予办理，是否属不作为违法行为，法院应如何处理，这是本案所必须明确的问题。

上述案情表明，刘春莲所申请办理房屋权属登记的67号楼204号房屋，原属供应站所有，刘春莲是通过与供应站签订房地产转让合同占有的。由于供应站欠外债涉讼，有两家法院先后对包括204号房屋在内的房屋作出了予以查封的裁定并向被告房管局发出了协助执行通知书。此时被告房管局已经受理了原告刘春莲向其提出的办理204号房屋权属转移登记的申请。这样，就使该房管局面临一个是否应当给予刘春莲办理房屋权属转移登记的问题。根据我国《民事诉讼法》有关条款的规定，人民法院对查封的财产依法作出了裁定，发出了协助执行通知书，有关单位或部门必须办理。我们认为，这里的“办理”，包括作为办理和不作为办理。就本案来说，两家法院对204号房屋作出查封裁定后向被告房管局发出协助执行通知书，是要求该房管局不给刘春莲办理204号房屋权转移登记。再者，根据我国《城市房地产管理法》第三十七条第（二）项规定的精神，房产管理部门对司法机关裁定查封的房地产，不得登记转让所有权。在这种情况下，被告房管局不给刘春莲办理房屋权属登记，是协助人民法院执行查封财产裁定的不作为行为，不能说这种不作为行为违法。但不能由此说明被告房管局对原告刘春莲的权属转移申请不作答复的不作为行为是合法的。因为被告是乌鲁木齐市人民政府负责房屋产权、产籍管理的职能部门，依据国家建设部《城市房屋权属管理办法》第二十二条、第二十三条和第二十七条的规定，被告对原告的申请办理房屋权属转移登记可以作出三种选择性的登记决定，即“准予暂缓登记”、“不予登记”或“核准登记”。被告无论作出哪一种登记决定，依法都应在一个月期限内给予原告以书面的答复。这里的“书面答复”，是被告房管局依法应当作出的作为行政行为。如上所述，根据人民法院的协助执行通知书和有关法律的规定，被告房管局不可以作出“予以登记”或“暂缓登记”的决定，将204号房屋产权登记在原告刘春莲的名下；而应在法定期限内作出“不予登记”的决定，并将“不予登记”的决定以书面形式通知原告刘春莲。但被告没有这样做，这就在这一方面构成了不作为违法。

根据《行政诉讼法》第十一条第一款第（五）项和第五十四条第（三）项的规定，行政机关对行政相对人申请办理证照不予答复的，是不履行法定职责的不作为具体行政行为，行政相对人诉讼到人民法院的，人民法院应当判决其在一定期限内履行。因此，一审法院认定被告房管局对原告刘春莲提出办理房屋权属转移登记没有在法定期限内作出一种“登记”的决定，也没给原告作出答复，是违法的不作为行政行为，判令其在确定的期限内履行职责，给予原告刘春莲以书面的答复，二审法院判决予以维持，应认为是正确的。

（杨善明）

## 18．马荣惠不服昆明市房产管理局行政决定案

**（一）首部**

1．裁判书字号

一审判决书：云南省昆明市盘龙区人民法院（1999）盘行初字第017号。

二审裁定书：云南省昆明市中级人民法院（2001）昆行终字第31号。

2．案由：不服行政决定案。

3. 诉讼双方

原告（上诉人）：马荣惠，女，1924年10月22日生，白族，云南省洱源县人，现住天津市南开区迎水道科海里1—2—301号。

委托代理人（一、二审）：段建华、欧阳安，云南义海律师事务所律师。

被告（被上诉人）：昆明市房产管理局。

法定代表人：杜林杠，局长。

委托代理人（一、二审）：王纪明，男，1965年7月生，汉族，昆明市房产管理局干部。

4. 审级：二审。

5. 审判机关和审判组织

一审法院：云南省昆明市盘龙区人民法院。

合议庭组成人员：审判长：张绍全；审判员：李荣萍；代理审判员：张萍。

二审法院：云南省昆明市中级人民法院。

合议庭组成人员：审判长：王琼芬；审判员：聂红宾；代理审判员：付星。

6. 审结时间

一审审结时间：2000年12月18日。

二审审结时间：2001年6月5日。

**（二）一审诉辩主张**

1. 被诉具体行政行为：被告昆明市房产管理局于1992年2月16日作出的“关于同意退还马世岱、马世泽文明街现66—68、71、75—76号代管借用房产的通知”的行政决定。

2. 原告诉称：原告与其兄弟姐妹于1949年10月21日分别购得昆明市文明街66号至76号中式铺面楼房，其中原告购买的铺面楼房为昆明市文明街75号二层二间，土地所有权状号为市壹字第1035辛号2334，所有权人马世惠（即原告马荣惠），区号为第一区地号1035辛号，面积41.04平方米，并载明四至。1953年由昆明市人民政府财政局以财房字（53）字第0014号处以马少波（原告之父）的名义代管借用。改革后落实私房政策过程中，由于原告居住天津，被告未通知原告就以市房私（1993）第11号文将属于原告所有的文明街75号房屋错误地发还给马世岱（原告长兄之子），致使原告的合法权益受到侵害。1999年10月原告获悉此事，即向被告提出异议，要求变更其行政决定，发退原告的房产，原告与被告指定的工作人员几次协商未果。特诉请法院判决：（1）撤销被告对文明街75号房产错误确权的行政决定；（2）将文明街75号确权给原告；（3）承担本案诉讼费用。

3. 被告辩称：我局1993年第11号文确有一定的失误，文明街75号房屋，不应该发给马世岱。但马荣惠不是马世惠，马荣惠没有用过马世惠的名字，所以马荣惠没有主体资格提起诉讼，不能用推理来证明马荣惠、马世惠两个名字是同一人，该房的产权无法确定，请求人民法院驳回原告的诉讼请求。

**（三）一审事实和证据**

昆明市盘龙区人民法院经审理查明：1993年被告市房私（1993）第11号文发还给马世泽管理的文明街现66—68号、71号、75—76号房屋中，其中75号房屋，面积为

41.04平方米，在产权业主未查清的情况下，被告将该房发还给马世岱。原告认为，该房是原告所有，于1997年10月获悉后与被告协商未果，1999年诉至本院，要求判决撤销被告1993年第11号文，将该房屋所有权判归其所有，由被告承担本案诉讼费用。

上述事实有下列证据证明：

1. 市房私（1993）第11号文。

2. 档案摘抄表。

3. 庭审笔录。

**（四）一审判案理由**

昆明市盘龙区人民法院认为：被告在未查清文明街75号产权业主的情况下，将该房发还给马世岱，其行为确有失误，但与原告无任何关系，其行为应自行纠正。原告认为被告1993年第11号文侵害了自己的合法权益。但被告所作的1993年第11号文所处理财产产权所有人是马世惠，原告马荣惠无任何证据证明其即是马荣惠或曾经使用马世惠的名字。原告与被告所作的1993年第11号文无利害关系，其请求不予支持。

**（五）一审定案结论**

云南省昆明市盘龙区人民法院根据最高人民法院《关于执行〈中华人民共和国行政诉讼法〉若干问题的解释》第五十六条第（四）项之规定，判决如下：

驳回原告的诉讼请求。

案件受理费1 652元，由原告负担。

**（六）二审情况**

1. 二审诉辩主张

上诉人诉称：一审判决既已认定被上诉人所作行政决定错误，不存在由被上诉人自行纠正，而应由法院判决撤销该行政决定。一审判决认定事实不清，适用法律不当，程序违法，判决结果与事实认定相互矛盾。请求二审判决依法改判，支持上诉人一审的诉讼请求，并判令被上诉人承担本案一、二审的诉讼费用。

被上诉人辩称：在落实产权政策后，我局（1993）第11号文错误地将属于产权人马世惠的文明街75号房产发还给马世岱，我局拟予以纠正。我局（1993）第11号文件中涉及的利害关系人是马世惠，而并非马荣惠，上诉人马荣惠并不具备主体资格。请求二审法院驳回马荣惠的上诉，维持原判。

2. 二审事实和证据

昆明市中级人民法院经审理查明的事实与证据和一审法院查明的事实与证据一致。

3. 二审判案理由

昆明市中级人民法院经审理认为：根据《行政诉讼法》第四十一条关于提起行政诉讼应符合法定条件以及最高人民法院《关于执行〈行政诉讼法〉若干问题的解释》第二十七条关于证明起诉符合法定条件的举证责任应由原告承担的相关规定，上诉人马荣惠在诉讼期间，未能向法庭提出直接、有效的证据，证明其与被上诉人市房管局作出的（1993）第11号文存在行政法上的利害关系以及其合法权益受到被上诉人市房管局侵害。上诉人马荣惠在诉讼期间向法庭提供的证据不足以证明其起诉符合法定条件。再则，上诉人马荣惠是针对被上诉人市房管局1993年2月16日作出的市房私（1993）第11号“关于同意退还马世岱、马世泽文明街现66—68号、71号、75—76号代管借用房产的通知”的文件而向原审法院提起行政诉讼的。而被上诉人市房管局所作的（1993）第11号文件，从其行文的主题词“落实私房产权通知”到其行文的实际内容，均属于市房管局根据昆明市信访局收转的马世岱、马世泽要求落实私房的申请，在其行政管理职权范围内，按照有关落实私房政策的精神，作出的落实私房产权的处理行为。因此，上诉人要求本院撤销被上诉人所作的市房私（1993）第11号文件以及现文明街75号房屋确权归其所有，支持其一审诉讼主张的上诉请求，因市房私（1993）第11号文属落实私房性质的行为，不属人民法院受案范围，其上诉请求不予支持。

4. 二审定案结论

云南省昆明市中级人民法院根据《中华人民共和国行政诉讼法》第四十一条第（一）、（四）项，最高人民法院《关于执行〈中华人民共和国行政诉讼法〉若干问题的解释》第六十二条第一款，第二十七条第（一）项，第四十四条第一款第（一）、（二）项，第七十九条第（一）项，第六十三条第一款第（二）项以及最高人民法院《人民法院诉讼收费办法》第二十三条第二款的规定，裁定如下：

（1）撤销盘龙区人民法院（1999）盘行初字第017号行政判决。

（2）驳回原审原告马荣惠的起诉。

一、二审案件受理费各100元，共计200元，由马荣惠承担，其余部分退还马荣惠。

**（七）解说**

本案是一起因私房产权落实问题而引发的房产纠纷。根据最高人民法院法发（1992）38号司法解释《关于房地产案件受理问题的通知》第三项的规定精神，上诉人马荣惠针对被上诉人市房管局落实私房产权的处理行为而提起的诉讼，属于历史遗留的落实政策性质的房地产纠纷，此类纠纷，不属于人民法院受案范围，当事人为此向法院提起的诉讼，人民法院应依法裁定不予受理或驳回起诉。因此，对于上诉人马荣惠在一审时针对被上诉人市房管局作出的（1993）第11号文件提起的诉讼，因马荣惠不能举证证实其起诉符合法定条件，且其所诉请的事项又不属于人民法院受案范围，原审法院对于马荣惠的起诉应依法不予受理；原审法院予以受理且作出了实体判决是错误的，依法应予以纠正。因此，二审法院依照最高人民法院《关于执行〈中华人民共和国行政诉讼法〉若干问题的解释》第七十九条第（一）项关于一审法院错误受理且已作出一审判决的案件，可以径行驳回起诉的规定，依法改判，裁定撤销原判，驳回原告马荣惠的起诉，依法纠正一审法院受理、判决此案的错误。

（王琼芬　李蕊）

## 19. 新昌县金塔空调部件有限公司不服新昌县土地管理局土地使用证更正登记案

**（一）首部**

1. 判决书字号：浙江省新昌县人民法院（2001）新行初字第7号。

2．案由：土地使用证更正登记行政争议案。

3．诉讼双方

原告：新昌县金塔空调部件有限公司（下称金塔公司）。

法定代表人：丁伯贤，经理。

委托代理人（特别授权代理）：陈伯春，浙江新时代律师事务所律师。

委托代理人（特别授权代理）：陈华珍，女，1962年6月23日出生，汉族，该公司职工。

被告：新昌县土地管理局（下称土管局）。

法定代表人：王敏勇，局长。

委托代理人（特别授权代理）：梁燕贵，浙江越州律师事务所律师。

委托代理人（特别授权代理）：张淮钟，男，汉族，新昌县土地管理局地籍科长。

第三人：浙江省新昌县明珠胶囊实业有限公司（下称明珠公司）。

法定代表人：潘慧月，董事长。

委托代理人（特别授权代理）：梁文江，浙江元大律师事务所律师。

委托代理人：叶士铨，男，1954年5月30日出生，汉族，该公司职工。

4．审级：一审。

5．审判机关和审判组织

审判机关：浙江省新昌县人民法院。

合议庭组成人员：审判长：陈新忠；审判员：倪和平；代理审判员：李建明。

6．审结时间：2001年8月13日。

**（二）诉辩主张**

1．被诉具体行政行为：被告在1999年12月土地丈量时，发现原告金塔公司的新国用（99）字第990097号国有土地使用证上有错误，于2000年依职权作出了在原告金塔公司新国用（99）字第990097号国有土地使用证四至范围附图中的西至红线内侧添加另一红线这一更正的行政行为。

2．原告诉称：1999年3月，原告在被告处申领了新国用（99）字第990097号国有土地使用证。2000年4月6日接被告通知，于2000年4月26日将该证交与被告年检。2000年11月27日原告到被告处查阅原告的国有土地使用证原件，发现被告已在该证四至范围附图中的西至红线内侧添加了另一条红线，被告添加红线这一行政行为，缺乏事实与法律依据，已侵犯了原告的合法权益，属违法行政行为。现起诉要求依法判令撤销被告在新国用（99）字第990097号国有土地使用证四至范围附图中的西至红线内侧添加另一红线这一行政行为。

3．被告辩称：由于第三人明珠公司提出异议，被告经办人员经过二次丈量，发现原告土地使用证四至附图上的四至有错误，在原告及第三人在场的情况下，于2000年2月依照《土地登记规则》第七十一条进行更正，作出了在原告土地使用证四至附图西至红线内侧添加另一红线这一行政行为。该行政行为符合法律规定，要求依法判决维持。且该土地使用证是以新昌县人民政府的名义颁发的，本案被告应是新昌县人民政府。

4．第三人述称：被告依据《土地登记规则》规定，发现差错，作出了添加红线这一更正行政行为是体现有错必纠的精神，且这一更正行政行为是在原告配合下进行的，是双方自愿，被告如不进行更正，势必侵犯第三人的合法权益，因此该更正行为是合法行为。另外，被告的更正行为是发放土地使用证明的一个纠错环节，不能作为独立的行政行为，现原告把更正的行为作为独立的行政行为起诉，不符合《行政诉讼法》第十一条的规定，不属于法院受理范围。

**（三）事实与证据**

新昌县人民法院经审理查明：原告在1999年10月12日将新国用（99）字第990097号土地使用证交付浙江省新昌县五龙空调配件有限公司作贷款抵押担保，直至2000年4月中旬，在2000年4月6日接被告发出的土地使用证年检通知后，原告于2000年4月26日将其土地使用证交与被告年检，同年11月27日，原告到被告处查阅其土地使用证档案时发现被告作出了在其土地使用证四至红线范围附图中的西至红线内侧添加另一红线的行政行为。

上述事实有下列证据证明：

1. 新国用（99）字第990097号国有土地使用证复印件一份。

2. 新昌县土地管理局2000年4月6日向原告发出的关于开展土地证书年检的通知一份。

3. 新昌县土地管理局出具的土地年检收件单一份。

4. 原告土地使用证上添设另一红线后的四至范围附图复印件一份。

5. 浙江省行政事业性收费统一票据一份。

6. 新昌县地产评估中心新地估（1999）第85号土地估价报告一份。

7. 关于土地使用权及地上建筑物未作融资抵押的说明。

8. 流动资金借款申请书及中国银行借款合同各一份。

9. 浙江省新昌县五龙空调部件有限公司于2001年7月20日出具的证明一份。

**（四）判案理由**

新昌县人民法院认为：行政机关作出涉及行政相对人权利与义务的行政行为，应遵守法定职权，进行调查取证，依据一定事实、证据，遵循法定程序，适用正确的法律、法规。同时依照最高人民法院《关于执行〈中华人民共和国行政诉讼法〉若干问题的解释》第二十六条的规定，行政诉讼中被告应当在收到起诉状副本之日起10日内提供作出具体行政行为时的证据、依据；被告不提供或无正当理由逾期提供的，应当认定该具体行政行为没有证据、依据。本案被告新昌县土地管理局在收到起诉状副本之日起10日内未向本院提供其作出在原告新昌县金塔空调部件有限公司拥有的新国有（99）字第990097号土地使用证四至红线范围附图中的西至红线内侧添加另一红线的行政行为时的证据、依据，在庭审中又未向本院提交证明其作出行政行为的依据、证据，仅提供了一份其作出行政行为后经办人张国其写的修改情况说明，不能视为其提供了作出行政行为的证据、依据，应当认定被告新昌县土地管理局作出的行政行为没有证据、依据。本案被告在向原告颁发国有土地使用证后，在通知原告将国有土地使用证交与其年检过程中，依职权根据国家土地管理局发布的《土地登记规则》第七十一条规定作出的涉及影响行政相对人本案原告实体权利与义务的行政行为系国有土地使用证的更正登记行为，该行为系被告的法定职权，它不同于须经履行相关审批手续的国有土地使用证初始登记并颁证的行政行为；故被告认为国有土地使用证是以新昌县人民政府名义颁发的、本案被告应为新昌县人民政府和第三人认为原告起诉不符合《中华人民共和国行政诉讼法》第十一条的规定的主张不予支持，原告的起诉符合《中华人民共和国行政诉讼法》第十一条的规定。鉴于被告作出的行政行为，认定的事实没有证据、依据证明，系违法行政，故被告认为其作出的行政行为符合法律规定的主张于法无据，本院难以支持。原告以被告作出的行政行为缺乏事实依据，系违法行政行为为由要求撤销被告作出的行政行为之诉讼请求应予支持。

**（五）定案结论**

浙江省新昌县人民法院依照《中华人民共和国行政诉讼法》第五十四条第一款第（二）项的规定，判决如下：

撤销被告新昌县土地管理局作出的在原告新昌县金塔空调部件有限公司新国用（99）字第990097号国有土地使用证四至范围附图中西至红线内侧添加另一红线的行政行为。

本案受理费人民币80元，由被告新昌县土地管理局负担。

**（六）解说**

行政法的基本原则是“依法行政”和“先取证，后裁决”，行政机关作出涉及行政相对人权利与义务的行政行为，应遵守法定职权，进行调查取证，依据一定事实、证据，遵循法定程序，适用正确的法律、法规。行政诉讼中作为被告的行政机关应对其所作出的行政行为的合法性承担举证责任，最高人民法院《关于执行〈中华人民共和国行政诉讼法〉若干问题的解释》（下称《解释》）第二十六条的规定：在行政诉讼中，被告应当在收到起诉状副本之日起十日内提供作出具体行政行为时的证据、依据；被告不提供或无正当理由逾期提供的，应当认定该具体行政行为没有证据、依据。《解释》第二十六条的规定就是针对在行政法律关系中作为管理者的行政机关和作为被管理者的行政相对人地位不平等而规定的，同时该规定也是针对在行政诉讼中有行政机关对于法院的应诉通知不积极应诉，甚至是有的行政机关在一审中故意不提供证据而在二审中才提供，增加作为原告的行政相对人的诉累而规定的。在本案中作为被告的土管局未在规定的期限内提供其作出行政行为时的证据，一审法院据此根据《解释》第二十六条的规定，依照《中华人民共和国行政诉讼法》第五十四条第一款第（二）项的规定，作出了判决，撤销被告所作出的行政行为。

（李建明）

## 20. 海南裕城装饰工程有限公司诉海口市房产管理局不予颁发房屋所有权证案

**（一）首部**

1. 判决书字号

一审判决书：海南省海口市振东区人民法院（2001）振行初字第38号。

二审判决书：海南省海口市中级人民法院（2001）海中法行终字第32号。

2. 案由：不予颁发房屋所有权证案。

3. 诉讼双方

原告（被上诉人）：海南裕城装饰工程有限公司。

法定代表人：谭永莉，董事长。

委托代理人（一、二审）：高峻岭，该公司部门经理。

被告（上诉人）：海口市房产管理局。

委托代理人（一、二审）：何梁才、吴坤雄，该局干部。

4. 审级：二审。

5. 审判机关和审判组织

一审法院：海南省海口市振东区人民法院。

合议庭组成人员：审判长：杨少球；人民陪审员：符少东、林玉虹。

二审法院：海南省海口市中级人民法院。

合议庭组成人员：审判长：吴奇新；审判员：刘立卓、林宁波。

6. 审结时间

一审审结时间：2001 年 10 月 8 日。

二审审结时间：2001 年 12 月 10 日。

**（二）一审诉辩主张**

1. 被诉具体行政行为：1999 年 12 月 8 日，海南裕城装饰工程有限公司与海南四维实业贸易有限公司签订一份“抵债协议书”，约定将位于海南省海口市机场路潇湘别墅乙型 A 座房屋作价人民币 88 万元抵债给海南裕城装饰工程有限公司。2000 年 3 月，海南裕城装饰工程有限公司向海口市房产管理局申请办理该房屋权属登记，并于同年 4 月 3 日在《海南日报》上刊登了征询该房屋产权异议公告，征询异议期限届满后无人提出异议，海口市房产管理局于 2000 年 6 月 15 日给海南裕城装饰工程有限公司发出了“确权通知书”和“房屋所有权发（换）证登记收据”，海南裕城装饰工程有限公司按规定缴纳了有关的房地产转让费税和交易手续费。2000 年 9 月，海南裕城装饰工程有限公司到海口市房产管理局领证时遭拒绝。

2. 原告诉称：1998 年 9 月 26 日，我公司与海南四维实业贸易有限公司签订一份房屋抵押合同，取得了潇湘别墅乙型 A 座房屋的抵押权；之后，双方又以抵债的方式再次予以确认。2000 年 3 月，我公司向被告申报产权，被告 2000 年 4 月 3 日在《海南日报》刊登了征询异议公告。征询异议期满后，无人提出异议，被告便给我公司办理了该房屋的产权确权通知书，我公司也按规定向房产和税务部门缴纳了有关的税费。同年 9 月，我公司到被告处领证时，发现该房屋被他人非法抵押，我公司便要求被告撤销该非法他项权抵押登记，遭到拒绝后，我公司遂向法院提起诉讼。诉讼期间，被告依法撤销了该他项权抵押登记，公安机关也解除了对该房屋的查封。基于发证的障碍已消除，我公司撤回了起诉。可是，在我公司重新向被告申请领证时，又遭到被告的无理拒绝。特诉请判令被告给我公司颁发潇湘别墅乙型 A 座房屋的房屋所有权证。

3. 被告辩称：潇湘别墅乙型 A 座房屋是海南四维实业贸易有限公司以抵债形式抵给原告的。原告在申请办理该房屋权属登记过程中，海南四维实业贸易有限公司经理因涉嫌伪造公章，将产权归他人所有的潇湘别墅予以抵押等犯罪行为被公安机关逮捕，潇湘别墅乙型 A 座等房屋也被公安机关扣押。在公安机关解除对该房屋的扣押后，法院又对该房屋进行了查封。鉴于该房屋先后被司法机关予以扣押、查封，依照有关规定，该房屋在解封前，我局是不能为原告办理产权过户的，故我局的不作为实质是法律赋予的义务。海南南方物业发展股份有限公司（以下简称南方公司）是潇湘别墅的合作开发商，该房屋是该公司合作分成所得，在确权过程中，该公司称其从未将该房产出售或抵押给他人，原告所提供的确权资料有假。根据有关规定，有产权争议的房屋，应暂缓办理权属登记。因此，原告之诉于法于理无据，请求法院驳回原告的诉讼请求。

**（三）一审事实和证据**

海南省海口市振东区人民法院经公开审理查明：1998 年 9 月 26 日，原告与海南四维实业贸易有限公司签订一份“房产抵押借款合同书”，约定：海南四维实业贸易有限公司以属其所有的位于海口市机场路龙舌坡潇湘别墅（又称龙楼别墅）的乙型 A 座房屋做抵押，向原告借款人民币 138 万元，如海南四维实业贸易有限公司未能依约如期归还借款，则无条件同意原告全权处理所提供抵押的该房产。1999 年 12 月 8 日，由于海南四维实业贸易有限公司未按期归还借款给原告，双方又签订一份“抵债协议书”，明确海南四维实业贸易有限公司将潇湘别墅乙型 A 座房屋作价人民币 88 万元抵债给了原告。2000 年 3 月，原告按照海南省人大常委会“关于加快积压房地产产权确认工作的规定”向被告申请办理该房屋的权属登记，被告于同年 4 月 3 日在《海南日报》刊登了征询该房屋产权异议公告。征询异议期限届满后，无任何人提出异议，被告便于 2000 年 6 月 15 日给原告发出了该房屋的“确权通知书”和“房屋所有权发（换）证登记收据”；原告也按规定缴纳了有关的房地产转让税费和交易手续费。同年 9 月，原告到被告处领证时，发现该房屋被他人非法抵押，原告遂向被告提交相关的证据并于 2000 年 11 月要求被告撤销该他项权抵押登记，遭到了被告的拒绝。2001 年 4 月 2 日，海口市公安局对潇湘别墅乙型 A 座房屋进行了刑事扣押。同月 23 日，原告向本院提起诉讼，要求被告为其颁发该房屋的所有权证。诉讼期间，被告依法撤销了该他项权抵押登记，海口市公安局也解除了对该房屋的查封。原告基于要求颁发该房屋所有权证的障碍已消除，遂撤回起诉。同年 8 月 3 日，海南省琼海市人民法院也解除了其于 2001 年 7 月 5 日对该房屋的查封。同一天，原告重新向被告申请领证时，又遭到被告的拒绝，遂产生讼争。被告于 2001 年 8 月 10 日收到本院的起诉状副本后，未在法律规定的期限内，提交书面答辩状及向本院提供其不作为的证据和所依据的规范性文件。

上述事实有下列证据证明：

1. 原告与海南四维实业贸易有限公司于 1998 年 9 月 26 日签订的“房产抵押借款合同书”。

2. 原告与海南四维实业贸易有限公司于 1999 年 12 月 8 日签订的“抵债协议书”。

3. 被告颁发的“积压房地产确权通知书”和“海口市房屋所有权发（换）证登记收据”各一份。

4. “发票”和“房地产转让税收证明书”各一份。

5. 原告于 2001 年 8 月 3 日的“申请领证报告”。

6. 原告的陈述。

7. 被告的陈述。

**（四）一审判案理由**

海口市振东区人民法院认为：根据《中华人民共和国行政诉讼法》第三十二条“被告

对作出的具体行政行为负有举证责任，应当提供作出该具体行政行为的证据和所依据的规范性文件”和最高人民法院《关于执行〈中华人民共和国行政诉讼法〉若干问题的解释》第二十六条“……被告应当在收到起诉状副本之日起十日内提交答辩状，并提供作出具体行政行为时的证据、依据”的规定，被告在法律规定的时间内未向本院提交不给原告颁发该房屋所有权证，即不作为的事实根据和法律依据，故其不履行法定职责的行为应认定为没有证据。鉴于被告在征询异议期限届满后已依法定程序向原告发出了确权通知和发证登记，原告也已按规定缴纳了有关的费税等费用，原告申请办理该房屋权属登记的一系列办证手续已完备。因此，被告应立即依法向原告颁发该房屋的所有权证。原告诉请理由成立，应予支持。

**（五）一审定案结论**

海南省海口市振东区人民法院依照最高人民法院《关于执行〈中华人民共和国行政诉讼法〉若干问题的解释》第二十六条、《中华人民共和国行政诉讼法》第五十四条第三款的规定，作出如下判决：

被告须于判决生效之日起一个月内依法向原告颁发海口市机场路龙舌坡潇湘别墅乙型A座房屋的所有权证。

案件受理费100元，由被告海口市房产管理局负担。

**（六）二审情况**

1.二审诉辩主张

（1）上诉人诉称：被上诉人依据抵债协议、购房合同及付款凭证等有关材料向上诉人申请确认积压房地产潇湘别墅乙型A座的房屋产权，经公告征询异议、缴纳有关税费等各阶段，已转入确权发证程序。在确权程序中，经查档案发现该房产已被设定抵押，因此暂缓办理该房屋的确权登记手续。该房屋产权异议不绝、纠纷不止：1999年3月设定的潇湘别墅乙型A座房屋抵押登记，因其申请权属登记的材料不实，2001年6月撤销了该抵押登记；2001年4月2日市公安局刑侦支队致函上诉人，查封了包括争议房屋在内的11栋房产，直到同年7月4日才解除对潇湘别墅乙型A座的查封；2001年7月5日琼海市人民法院查封了潇湘别墅乙型A座、C座及丙型A座共三栋，至同年8月2日，解除其中乙型A座的查封。另2001年5月22日南方公司来书面报告，称潇湘别墅乙型A座为其所有，该公司未曾抵押、销售过该房屋，指出被上诉人提供的确权材料是不真实的。同年9月28日南方公司向本局出示海口市公安局制作的一份印章鉴定书，证明被上诉人据此确权的购房合同、付款凭证中出售方南方公司的印章与南方公司在市公安局备案的印章不一致，有失实行为。上述的种种情况说明被上诉人要求确权的潇湘别墅乙型A座房屋存在权属纠纷，况且被上诉人提供的证明材料不真实。根据城市房屋权属登记的有关规定，上诉人暂时还不能对该房屋的产权予以登记。综上所述，上诉人的不予发证行为事实清楚，一审判决认定事实不清，适用法律不当。为此，请求二审法院依法撤销一审判决，判决一、二审的诉讼费用由被上诉人承担。

（2）被上诉人辩称：被上诉人于1998年9月26日与海南四维贸易有限公司签订房屋抵押借款合同书，取得了潇湘别墅乙型A座的房产权。1999年12月8日双方以抵债协议的方式再次予以确认。2000年3月下旬被上诉人向上诉人申报该房屋产权。上诉人于2000年4月3日在《海南日报》刊登了征询异议公告，期满无任何人提出异议，然后上诉人派员到现场核实，被上诉人按规定进行房产交易，交纳了费用。同年6月15日，上诉人给被上诉人办理了该房屋的产权确权通知书，被上诉人凭该证到税务部门缴纳了房产契税等，同年9月被上诉人到上诉人处领证时，上诉人告知该房屋已被他人办理抵押登记，拒绝颁证，被上诉人被迫于2001年4月23日向振东区人民法院起诉，要求撤销非法抵押登记及给被上诉人颁发房产证。在诉讼期间，上诉人自行撤销了他项抵押登记。同年7月4日，海口市公安局也解除了对潇湘别墅乙型A座的查封，被上诉人基于办证的障碍已清除，提出撤诉申请，2001年8月3日被上诉人到上诉人处申请颁证时，又遭到无理拒绝，故被上诉人被迫再次向一审法院起诉上诉人。上诉人称，潇湘别墅乙型A座纠纷不断，这是事实，但已清除。海南南方公司提出异议，是在征询异议公告的整整一年后提出，无效。被上诉人在潇湘别墅乙型A座进行长达几个月的装修，南方公司为什么不提出异议？综上所述，事实胜于雄辩，一审判决正确，请求二审法院维持原判，驳回上诉人的无理要求。

2. 二审事实和证据

海口市中级人民法院经审理查明：1996年6月19日，南方公司（转让方）与海南四维实业贸易有限公司（受让方）就海口市龙舌坡潇湘别墅（又称龙楼别墅）乙型A座转让事宜签订“购房合同书”，约定，南方公司将乙型A座建筑面积458.68平方米，以3 600元/平方米，共计1 651 248.00元，转让给海南四维贸易有限公司，本合同书自双方签字、盖章之日起生效，具有法律效力。转让方法定代表人王永文签字，加盖单位公章，受让方法定代表人钟昌勇签字，加盖单位公章。转让方出具收款收据0056692号一张为凭。1998年9月26日，海南四维实业贸易有限公司（抵押方）与原告海南裕城装饰工程有限公司（抵押权方）签订“房产抵押借款合同书”，约定：海南四维实业贸易有限公司以属其所有的位于海口市机场路龙舌坡龙楼别墅（潇湘别墅）乙型A座房屋作抵押，向原告借款人民币138万元，抵押方承诺于1998年11月20日以前履行全部债务。若超过1998年11月20日不能还清全部借款138万元，抵押方无条件同意抵押权方单方全权处理所提供抵押的全部房产。处理所得不足部分借款由抵押方偿还，超出部分由抵押权方扣除合理费用后返还给抵押方。1999年12月8日，由于海南四维实业贸易有限公司未按期归还借款给原告，双方又签订“抵债协议书”，明确海南四维实业贸易有限公司将潇湘别墅乙型A座房屋作价人民币88万元抵债移交给原告。2000年3月下旬，原告依照海南省人大常委会《关于加快积压房地产产权确认工作的决定》的规定，向上诉人申请办理该房屋的权属登记，上诉人于2000年4月3日在《海南日报》上刊登了海房登公字（2000）9号征询该房屋产权异议公告。该公告明示：“如有权利主张者，应于公告之日起60日内，依法向本局以书面提出异议，否则期限届满将予以核准登记。”征询异议公告期限届满后，无任何人提出异议，上诉人于同年6月15日给被上诉人送达该房屋的“积压房地产确权通知书”（产权申请人联）和“海口市房产所有权发（换）证登记收据”，被上诉人按确权通知书规定缴纳了有关的房地产转让税费和交易手续费。同年9月，被上诉人到上诉人处领证时，得知该房屋被他人非法抵押，被上诉人遂向上诉人提交相关的证据，并于2000年11月要求上诉人撤销办理的他项权抵押登记，但上诉人拒绝撤销。2001年4月23日，被上诉人向一审法院提起诉讼，要求撤销非法办理他项权抵押登记及给被上诉人颁发房产证。诉讼期间，上诉人依法撤销了该房屋的他项权抵押登记。2001年4月2日，海口市公安局因侦查海南四维实业贸易有限公司经理钟昌勇诈骗案，对潇湘别墅小区内的房屋进行查封，其中包括乙型A座。之后经被上诉人交涉，海口市公安局于同年7月4日解封了对该房屋的查封。被上诉人基于要求颁发该房屋所有权证的障碍已清除，遂撤回起诉。2001年8月3日，海南省琼海市人民法院也解除了在审理李雄起诉的债务案件于2001年7月5日对该房屋的查封。同一天，被上诉人重新向上诉人申请颁证，上诉人拒绝，被上诉人遂再次起诉，产生讼争。在诉讼期间（2001年9月10日），南方公司向一审法院申请作为第三人参加诉讼，并提交海口市公安局制作的一份印章鉴定书。一审法院查明并通知了该公司，指出因该公司被海南省工商局于2001年8月20日作出行政处罚决定，吊销了企业法人营业执照，不具有法人主体资格，不能作为第三人主体参加本案诉讼。也因其主体资格不具备，其申请公安部门作出的印章鉴定书不予采纳。

另查，南方公司于2001年5月22日向上诉人海口市房产局报告，郑重声明，该公司从未同意任何人和单位抵押该房屋，也未收到任何单位和个人的房款，房屋的所有权并未发生转移。

上述事实，除了有一审的证据证实外，还有下列证据证明：

（1）南方公司与海南四维实业贸易有限公司于1996年6月19日签订的“购房合同书”。

（2）海口市房产管理局于2000年4月3日在《海南日报》上刊登的海登公字（2000）9号“海口市房产管理局积压房地产产权登记征询异议公告”。

（3）海南省工商局于2001年8月20日作出的琼工商处字（2001）42号行政处罚决定书。

（4）海口市振东区人民法院（2001）振行初字第27—1号“行政裁定书”。

（5）海口市振东区人民法院于2001年9月7日给南方公司下发的“通知”，通知其主体资格不具备，其申请公安部门作出的印章鉴定书不予采纳的事实。

（6）南方公司于2001年5月22日向海口市房产管理局的报告，称其未同意任何人和单位抵押该房屋，也未收到任何单位和个人的房款，房屋的所有权未发生转移。

3．二审判案理由

海口市中级人民法院认为：被上诉人以“房屋抵押借款合同书”、“抵债协议书”等证据，将位于海口市机场路龙舌坡潇湘别墅的乙型A座房屋向上诉人申请办理产权登记，上诉人依据海南省人大常委会《关于加快积压房地产产权确认工作的决定》第二条第（二）、（三）款的规定，于2000年4月3日在《海南日报》上刊登产权登记征询异议公告，在60天届满后，无任何人提出异议，上诉人经核对后认为符合登记规定，便给被上诉人发了“积压房地产确权通知书”，告知被上诉人必办的手续，而被上诉人按规定一一履行完备，按产权登记程序规定，上诉人应给被上诉人颁发申请之房屋的所有权证。但上诉人不给予颁证，这属违反程序，不履行职责的行为。至于上诉人声称：“该房屋产权异议不绝、纠纷不止，不予颁证是合法的”，应当指出的是，产权登记征询异议公告已公告于众，“如有权利主张者，应于公告之日起60日内，依法向海口市房产管理局以书面形式提出异议，否则期限届满将予以核准登记”这一征询异议公告，是履行法定的必经程序，产权登记申请人要遵守，受理异议机关也要遵守，期限届满无他人异议就应予以核准登记，超过60日提出异议者，应不予采纳。就南方公司在2001年5月22日才向上诉人提出异议，已是在征询异议60日届满后将近一年的时间，系超期异议，依法属于无效异议，应不予采纳。而上诉人则以南方公司有异议，不给被上诉人颁发产权证，其理由不能成立。至于南方公司提交的印章鉴定书，因其法人主体资格不具备，清算组印章未在公安机关备案的情况下申请鉴定，故不能采纳。综上，上诉人的上诉理由不能成立，不予支持，应予驳回。被上诉人诉请理由成立，应予支持。一审判决认定事实清楚，适用法律正确，程序合法，应予维持。

4. 二审定案结论

海南省海口市中级人民法院依据《中华人民共和国行政诉讼法》第六十一条第（一）项的规定，作出如下判决：

驳回上诉，维持原判。

一、二审案件受理费各100元，均由上诉人负担。

**（七）解说**

1. 关于原告请求被告颁发潇湘别墅乙型A座的产权是否应予支持的问题。本案中，原告认为，其申请确权的程序已完成，手续完备，而被告则认为，潇湘别墅乙型A座的产权异议不绝、纠纷不止，故不予颁证是合法的。笔者认为，原告的诉讼请求合法合理，应予支持。理由如下：根据海南省人大常委《关于加快积压房地产产权确认工作的决定》和有关城市房屋权属登记的规定，申请办理积压房地产产权登记应当经过以下程序：（1）产权申请人提出申请；（2）房产管理部门审核后，刊登产权登记征询异议公告；（3）房产管理部门派员到现场核实；（4）房产管理部门颁发“积压房地产确权通知书”；（5）产权申请人办理有关的房地产转让费税和交易手续费；（6）颁发产权证。从本案的事实来分析，原告申请确权的程序已完成，且手续完备，而诉争的潇湘别墅乙型A座的产权虽然被公安机关和人民法院扣押和查封，但经原告交涉后，公安机关和人民法院都予以解除了查封，这表明，虽然诉争的潇湘别墅乙型A座存在纠纷，但均已清除，其产权人的归属是明晰的，况且，在被告于2000年4月3日在《海南日报》上刊登了对该房屋的产权登记征询异议公告，在规定的60日期限届满后，无人提出异议，因此，原告的申请确权于法有据，被告应该给原告颁发潇湘别墅乙型A座的房屋所有权证，而被告以该房屋纠纷不断为由，拒绝颁发房屋所有权证，显然无理，应不予支持。故，一、二审人民法院依法判令被告向原告颁发潇湘别墅乙型A座房屋的所有权证是正确的。

2. 关于南方公司是否应为第三人的问题。笔者认为，南方公司向一审人民法院提出，其与本案有利害关系，申请参加诉讼，一审人民法院以南方公司不具备第三人主体资格而不准其参加诉讼是正确的。其理由是：从本案的事实来分析，被告于2000年4月3日在《海南日报》上刊登了潇湘别墅乙型A座房屋的产权登记征询异议公告后，南方公司于2001年5月22日才向被告提出异议，这已是在征询异议60日届满后将近一年提出，系超期异议，显然属于无效异议。至于南方公司于2001年9月28日提交的海口市公安局制作的一份印章鉴定书，以此证明原告确权的购房合同、付款凭证中出售方南方公司的印章与南方公司在海口市公安局备案的印章不一致。经一、二审人民法院查明，由于南方公司已于2001年8月20日被海南省工商局作出行政处罚决定，吊销了南方公司的企业法人营业执照，已不具备法人主体资格，且南方公司清算组的印章也没有在海口市公安局备案的情况下申请鉴定，故其提交的印章鉴定书应不予采纳。综上，南方公司不具备第三人主体资格，一、二审人民法院依法不准南方公司以第三人的名义参加诉讼是正确的。

（林　海）

## 21. 司马克·茹斯塔木不服巴里坤哈萨克自治县人民政府作出变更其草场使用权决定案

### （一）首部

1. 判决书字号

一审判决书：新疆维吾尔自治区哈密地区中级人民法院（2000）哈行初字第01号。

二审判决书：新疆维吾尔自治区高级人民法院（2001）新行终字第2号。

2. 案由：不服变更草场使用权决定案。

3. 诉讼双方

原告（被上诉人）：司马克·茹斯塔木，男，哈萨克族，1945年7月出生，新疆维吾尔自治区巴里坤哈萨克自治县下涝坝乡一村牧民。

委托代理人（一、二审）：牙合甫·依米提，哈密众托律师事务所律师。

被告（被上诉人）：新疆维吾尔自治区巴里坤哈萨克自治县人民政府（下称县人民政府）。

法定代表人：努尔夏力甫，县长。

委托代理人（一、二审）：艾赛，该县草原监理局局长。

第三人（上诉人）：马米尔·多巴依，女，哈萨克族，61岁，巴里坤哈萨克自治县下涝坝一村牧民。

委托代理人（一审）：木克买提·沙尔克提，马米尔·多巴依之子。

委托代理人（一审）：卡马力·阿斯木汗，哈密经济开发区干部。

委托代理人（二审）：吐尔逊塔依·玉赛音，新疆天山法律事务所法律工作者。

4. 审级：二审。

5. 审判机关和审判组织

一审法院：新疆维吾尔自治区哈密地区中级人民法院。

合议庭组成人员：审判长：哈德尔·吾守尔；审判员：沙代提·尼牙孜；代理审判员：阿力甫·买买提。

二审法院：新疆维吾尔自治区高级人民法院。

合议庭组成人员：审判长：阿不来提·买买提；审判员：宋裕清；代理审判员：刘琼。

6. 审结时间

一审审结时间：2000年11月30日。

二审审结时间：2001年9月18日。

### （二）一审诉辩主张

1. 被诉具体行政行为：原告司马克·茹斯塔木不服巴里坤哈萨克自治县作出的

(2000）巴林字第43号关于重新认定司马克·茹斯塔木与第三人马米尔·多巴依冬草场使用权的决定，向新疆维吾尔自治区巴里坤哈萨克族自治县人民法院提起行政诉讼。

2．原告诉称：从1984年起，我就在原先的草场放牧。十多年来，我在该草场投入了大量的人力、物力和财力建造了房屋和羊圈，1997年，县政府决定将草场让各牧民有偿承包使用，将我原先放牧使用的草场调换给了第三人马米尔·多巴依承包使用，而让我搬到第三人原先放牧使用的草场。我当时有意见，不同意调换牧场。因为乡政府、县政府均说保证我搬到新草场后，对该牧场的承包使用30年至50年不变，我才同意从原先放牧的草场搬到第三人原先放牧使用的牧场来定居，与县政府签订了新草场有偿承包使用合同，并领取该草场使用证。我在该草场又投资了7 500元盖起房屋。可是刚定居下来，现在县政府批准县畜牧局的报告，又决定将我与第三人有偿承包使用的新草场再调换过来，恢复原先两家使用草场的状态，侵犯了我对草场承包使用权。故请求人民法院撤销该决定，保护我的合法权益。

3．被告辩称：1996年，县政府决定将牧民司马克·茹斯塔木与牧民马米尔·多巴依两家使用的草场进行调换后，马米尔·多巴依一直不满，不断向上告状。在这种情况下，县畜牧局为了解决纠纷，给县政府呈递了“关于重新认定司马克·茹斯塔木与马米尔·多巴依草场使用权的报告”，拟定将他们使用的草场恢复原状，即各自搬回原先使用的草场。县政府批准这个报告，有利于解决二牧民之间草场使用纠纷。对他们搬回原先的草场所造成的损失，也给予了一定补偿。因此，县政府批准该报告行为是正确的，请求人民法院予以维持。

4．第三人述称：1997年县政府将我家原先放牧使用的草场调换给原告司马克·茹斯塔木，使我的利益受到损害，所以我一直申诉，要求将我原先放牧使用的草场调换过来，继续由我承包使用。被告县政府作出了这样的决定，是正确的，法院应该予以维持。

**（三）一审事实和证据**

哈密地区中级人民法院经审理查明：原告司马克·茹斯塔木与第三人马米尔·多巴依原先各自均有下涝坝乡政府（下称乡政府）指定的放牧使用的冬草场。1996年乡政府在开展签订草场有偿承包使用合同工作时，根据县政府有关文件规定的精神并考虑原告与第三人的家庭人口、劳力等实际情况，决定将原告与第三人原先放牧使用的草场进行调换，明确“托拉依”冬草场由原告有偿承包使用，“空盖”冬草场由第三人有偿承包使用。随后，原告与县政府签订了“托拉依”冬草场有偿承包使用合同，承包期为30年至50年。合同生效后，县政府给原告发放了该冬草场使用证；原告按合同约定给县政府交付了承包费。原告在新承包使用的冬草场建造了住房，并建造了羊圈，为此投资了数千元。

第三人马米尔·多巴依对乡政府决定将其原先放牧使用的冬草场调换给原告司马克·茹斯塔木承包使用，而让其承包使用原告司马克·茹斯塔木原先放牧使用的“托拉依”冬草场有意见。为此县政府给予其补助了1 100元搬迁费，并满足了第三人提出的其他要求，但第三人仍不满意，多次上访有关部门。为了解决此问题，该县畜牧局于2000年7月向被告县政府呈送了“关于重新认定司马克·茹斯塔木与马米尔·多巴依冬草场使用权的报告”。该报告拟定：（1）恢复马米尔·多巴依与司马克·茹斯塔木原先使用的草场，各自均搬回原先的草场定居；（2）县政府1997年与二牧民分别签订的冬草场有偿承包使用合同及县政府给他们发放的冬草场使用证均无效，由县政府与二牧民重新签订合同和给他们发放冬草场使用证；（3）二牧民因搬回原先草场定居所遇到的问题和造成的损失由县政府解决和给予补偿。同年7月17日，被告县政府作出（2000）巴林字第43号批复，批准了该报告。司马克·茹斯塔木对该报告中所决定的事项不服，起诉至哈密地区中级人民法院。

上述事实有下列证据证明：

1. 司马克·茹斯塔木与县政府签订的草场有偿承包合同和县政府发放的“草场使用证”。

2. 司马克·茹斯塔木提供的交付草场承包费的收据及其在承包草场建住房、羊圈所花费用的单据。

3. 县畜牧局给县政府呈递的“关于重新认定司马克·茹斯塔木与马米尔·多巴依冬草场使用权的报告”及县政府就此报告所作出的批复。

**（四）一审判案理由**

哈密地区中级人民法院经审理认为：原告司马克·茹斯塔木于1997年与县政府签订了草场有偿承包使用合同，并领取了草场有偿使用证书，应认为该合同有效，受法律保护。被告县政府以行政批复形式撤销该合同，让原告放弃现在承包使用的草场而承包原先使用的草场，不符合《中华人民共和国草原法》和《新疆维吾尔自治区实施〈草原法〉细则》有关条款的规定，属违法具体行政行为，应予以撤销。

**（五）一审定案结论**

新疆维吾尔自治区哈密地区中级人民法院根据《中华人民共和国行政诉讼法》第五十四条第（二）项第一、二目之规定，判决如下：

撤销被告县人民政府2000年7月17日作出的（2000）巴林43号批复。

本案受理费100元，由县政府负担。

**（六）二审情况**

1. 二审诉辩主张

上诉人马米尔·多巴依诉称：1996年县政府决定将我使用了十多年的冬草场调换给司马克·茹斯塔木，并且于1997年给其发了该草场使用证，是不合法的。现在被上诉人县政府批准县畜牧局的报告，决定将我原先使用的冬草场再调换给我承包使用，是正确的，法院应该予以维持，而不应当撤销。

被上诉人司马克·茹斯塔木辩称：一审判决认定事实清楚，判决撤销县政府的批复是正确的，故请求二审法院予以维持，驳回马米尔·多巴依的上诉。

2. 二审事实和证据

二审法院确认的事实和证据与一审法院确认的事实和证据相同。

3. 二审判案理由

新疆维吾尔自治区高级人民法院经审理认为：被上诉人县政府于1997年在全县范围内开展草场有偿承包使用合同签订工作中，以1989年以来各牧民使用草场和其人口增减实际情况为基础，并根据“大稳定小调整”的原则，决定将上诉人马米尔·多巴依与司马克·茹斯塔木各自原先使用的草场予以调换，并分别与他们签订了草场有偿承包使用合同，还给他们发放了草场使用证，应该依法予以保护，不应很快又以行政命令加以撤销。上诉人马米尔·多巴依对原先草场使用权的变动有意见，县政府、乡政府已经做了解释工作，并且对其因此带来的损失给予了经济补偿，对其提出的要求均给予了满足，现在上诉人仍坚持要求承包原先的草场，没有道理；县政府以批复县畜牧局的报告的形式决定支持其要求，将刚已稳定的草场承包使用合同关系又予变更，不符合中央有关土地承包政策和有关法律、法规的规定，应予撤销。原审判决认定事实清楚，适用法律正确，应予维持。

4. 二审定案结论

新疆维吾尔自治区高级人民法院依照《中华人民共和国行政诉讼法》第六十一条第(一) 项的规定，判决如下：

驳回上诉，维持哈密地区中级人民法院（2000）哈行初字第1号判决和（2000）哈行初字第1号行政裁定。

二审案件诉讼费100元，由上诉人马米尔·多巴依负担。

**（七）解说**

新疆境内的草原均属于国家所有。很长时期以来，新疆的牧民对草场的使用基本上是无偿的，其使用权由县一级人民政府确定。从1996年新疆维吾尔自治区人民政府下发了《关于草场合同管理办法》（下称《办法》）起，自治区人民政府在全疆牧区推行草场有偿承包使用合同制。按照该《办法》的规定，全疆草场有偿承包使用合同，应当由县一级人民政府作为发包方、牧民作为承包方通过协商一致签订；合同履行期限为30年至50年，至少不能少于30年；合同签订后，县一级人民政府给承包户发放草场使用证，确定承包户对某一草场的使用权，并受法律保护，任何单位和个人不得随意变更。正是在上述情况下，原告司马克·茹斯塔木与被告县政府按照《办法》的规定，于1997年签订了“托拉依”草场有偿承包使用合同；并且县政府给司马克·茹斯塔木发放了草场使用证，从而确定了司马克·茹斯塔木对“托拉依”冬草场30年至50年的承包使用权。

根据我国《草原法》和《新疆维吾尔自治区实施〈草原法〉细则》以及《办法》的规定，县级以上人民政府畜牧部门主管本行政区域内的草原工作，其主要职责是办理草原私有权、使用权的审核登记，发放草原所有证和使用证；县一级人民政府作为发包方与牧民签订草场有偿承包使用合同。按照这些规定，在本案的草场有偿承包使用合同中，作为发包方的县人民政府处于双重角色的地位：就合同主体来说，其是发包方；就草场管理和发放草场使用证来说，其又是行使草原行政管理权的人民政府或其畜牧主管部门。从签订合同角度说，县人民政府是合同方，与另一方司马克·茹斯塔木的地位平等，其应该恪守合同，在没有出现解除、终止合同的法定事由的情况下，不得任意变更、终止合同；即使因某种客观原因必需变更、终止合同的，也得通过协商或诉讼程序解决，而不能采用行政命令形式为之。从对草场管理和发放草场使用证角度说，县人民政府是行政管理者，有权对承包方使用草场进行监督，发现其有违法行为时有权宣布草场使用证无效。按照上述法律、地方行政规章和规范性文件的规定，承包方有不交草场承包费、对草场使用有破坏和掠夺性行为、擅自改变草场用途及承包户迁移居所等情形的，发包方有权解除、终止合同，县人民政府有权宣布草场使用证无效。从以上所介绍的本案事实看，原告在三年履行合同期间，并没有发生上述违法行为和居所迁移的情况。因此被告县政府不仅不能以合同的发包方资格单方撤销合同，而且也不能以草原行政管理者资格宣布原告所持的草场使用证无效。

根据以上所述，我们认为，被告县政府以通过批复职能部门报告的形式行使行政决定权，撤销其与原告司马克·茹斯塔木签订的草场有偿承包使用合同，是以行政行为干预平等主体间的合同关系，显然是违法具体行政行为；在原告履行合同中没有出现违法行为的情况下，被告县政府又以上述同一形式宣布其给原告颁发的草场使用证无效，显然也是违法具体行政行为。按照《中华人民共和国行政诉讼法》第五十四条第（二）项第一、二目的规定，违法具体行政行为不应维持，而应予以撤销。因此，一审法院判决撤销被告县政府的"批复"，二审法院判决予以维持，是正确的。

（杨善明）

## 22．厦门市同安区马巷镇琼头村民委员会不服厦门市同安区人民政府海地、滩涂权属纠纷行政处理决定案

（一）首部

1．判决书字号

一审判决书：福建省厦门市中级人民法院（2000）厦行初字第5号。

二审判决书：福建省高级人民法院（2001）闽行终字第3号。

2．案由：不服海地滩涂权属行政处理案。

3．诉讼双方

原告（上诉人）：厦门市同安区马巷镇琼头村民委员会。

法定代表人：林水命，主任。

委托代理人（一审）：朱一辉，福建厦门嘉禾嘉律师事务所律师。

委托代理人（一、二审）：温锦标，福建厦门嘉禾嘉律师事务所律师。

被告（被上诉人）：厦门市同安区人民政府。

法定代表人：杨金兴，区长。

委托代理人（一、二审）：陈海鸣，福建厦门银声律师事务所律师。

委托代理人（一、二审）：洪国煌，男，汉族，1961年4月26日出生，同安区水产局局长。

4．审级：二审。

5．审判机关和审判组织

一审法院：福建省厦门市中级人民法院。

合议庭组成人员：审判长：刘鹭育；审判员：黄伟民、林琼弘。

二审法院：福建省高级人民法院。

合议庭组成人员：审判长：李春敏；代理审判员：吴声鸣、王珩。

6．审结时间

一审审结时间：2000年12月20日。

二审审结时间：2001年4月16日。

### （二）一审诉辩主张

1. 被诉具体行政行为：被告依据《厦门市海域使用管理规定》、《厦门市浅海滩涂水产增殖管理规定》，为解决琼头、丙州两村部分海域若干问题，决定：（1）为确保海上航行安全，对同安湾海域东沙坛（鼎坛）东、西两侧航道上的设网捕鱼及水产养殖进行清理，并以经纬坐标的形式确定出清理海域，要求村民在期限内自行清除规定范围内的海上水产养殖设施。（2）决定丙州村申请使用海域的范围为东沙坛西侧航道以西的150米～250米的部分海域；琼头村申请使用海域的范围为东沙坛西侧航道以东150米～250米，东侧航道中线两侧宽度150米～250米的部分海域。在2003年7月15日期间内，两村若需要进行水产养殖，经申请批准后方可使用。两村现有在东、西航道上越线的海上水产养殖设施，须于2000年7月15日前自行清理。逾期不清，由区渔业行政主管部门给予行政处罚。(3) 鼎坛位于西侧航道以东区域，属琼头村申请使用范围。丙州村在鼎坛放置的水产养殖设施须于2000年7月15日前自行搬离，并补交1985年以来使用鼎坛的"三金"，于2000年5月17日前一次性缴交给马巷镇人民政府。（4）1963年琼头、丙州两村签订的海肥、"海土鬼"生产线，由于两条生产线相交叉，且海肥亦早已停止生产，海肥生产界线的存在已无实际意义，予以取消。(5) 同安湾海域已被规划为水产养殖功能区，若需要开采海沙须经相关论证、申请，取得采矿许可证后，统一组织作业。（6）本决定从2000年5月16日起执行。

原告不服被告2000年5月12日作出的同政（2000）综118号行政决定，向法院提起诉讼。

2. 原告诉称：（1）根据《中华人民共和国航道管理条例》、《中华人民共和国航道管理条例实施细则》的规定，同安湾东沙坛海域的航道事务只能由福建省交通主管部门及其设置的航道管理机构负责。被告无航道事务的管理权限，其所做的决定系无权行政。(2) 被告所规定的500米航道尺度缺乏依据，且与厦门市人民政府厦府（1997）综162号《厦门市海域功能区划》确定同安湾海域的主导功能为海水增殖的文件规定相抵触，应予撤销。(3) 根据《厦门市海域使用管理规定》、《厦门市浅海滩涂水产增殖管理规定》的规定，被告禁止原告在东沙坛西水域水产养殖，侵犯原告的公平竞争权。(4) "海肥生产线"早有文件作出规定，原告对该海域拥有合法使用权，被告将此海域划给丙州村使用，剥夺了原告的生产经营权。（5）1993年原同安县人民政府对琼、丙两村的海地界线及海肥、"海土鬼"生产范围等作出裁定，已经人民法院生效判决所确认，被告的决定推翻了法院的生效判决，是错误的。(6) 行政机关依法行政，须有明确的法律依据，被告引用的两个规定与本案的行政行为不具有关联性，不能成为合法依据，且被告只引用法规名称，未引用具体的条款，应视为没有法律依据。故请求撤销被告作出的同政（2000）综118号行政决定第一、二、四条的规定。

3. 被告辩称：（1）根据《中华人民共和国航道管理条例》、《中华人民共和国航道管理条例实施细则》、福建省人民政府1987年《关于严禁在航道上设网捕鱼的通知》的规定，同安区人民政府对水运发达地区的同安区域有权行使地方航道的管理权，所做的航道清理并无不当，不存在越权行政的问题。(2) 琼头、丙州两村的海域地界线早在1985年已明确，1993年原同安县人民政府再次确认该界线，并经一、二审法院判决维持。现被告的决定不是重新划分界线，而是以经纬坐标的形式对两村的海地界线重新加以明确。并明确两村使用的海域申请范围，不存在违背生效法律文书和上级文件的精神。（3）海肥生产线是两村1963年协议确定的，随着海肥资源的衰退，现只有零星生产，水产部门对该生产也早不做协调了，该生产线的存在也无实际意义，全海肥生产线与“海土鬼”生产线相交叉，又与两村的海地界线容易混淆，是两村生产纠纷的主要原因之一，根据《渔业法》第十二条的规定，政府有权予以取消。（4）琼头、丙州两村的海地权属纠纷由来已久，虽然政府曾做过裁决，但两村仍有冲突发生。今年5月份是1985年裁决鼎坛的交接期限。政府为妥善解决问题，在区党委的领导下，成立协调小组及办公室，经多次进行实地勘察，召开座谈会，在尊重历史和现状的基础上，作出客观、公正的处理决定。请求法院予以维持。

**（三）一审事实和证据**

厦门市中级人民法院经审理查明：厦门市同安区马巷镇琼头村与厦门市同安区西柯镇丙州村为海地、滩涂的权属问题，多次发生纠纷。1953年在原同安县人民政府及有关部门的协调下，两村就丙州村海地四至达成了协议。1963年在原同安县人民政府组成的联合工作组的调处下，两村对海肥、“海土鬼”生产线达成协议：“（1）大螺、蚵尾沙线尖与大炳尾交接处（以标志为记）直向西面的刘埭龟山尖为直线以北者，大螺至西港边以西之海肥生产归丙州大队经营，以南海肥原属琼头大队使用的地区，仍归其生产。（2）海肥收获季节来时，双方应听候县水产科的通知，始得开海生产，对两队交接应由干部领队，统一时间进行捞取……”由于两村要求解决海地权属界线争议问题，1985年4月原同安县落实“两滩”政策领导小组组织调查组深入调查、取证，进行实地勘察，并召集双方协商后，决定对两村的海地权属界线作出裁定：（1）东沙坛（即鼎坛）滩地的管理权归琼头村，丙州村继续使用15年，至2000年5月15日归还琼头村使用，使用期间丙州村应向琼头村交纳“三金”；（2）两村的海地界线为上至大小牛鼻垅（亦称牛缭坛）标志之间的中心点，经东沙坛（鼎坛）与大螺标志之间中心点，下至横坛粪箕坛（亦称虎鱼坛）标志之间中心点连接线，界线以东的滩涂地管理使用权归琼头村，界线以西的滩涂地管理使用权归丙州村；（3）两村的海肥、“海土鬼”及水面捕捞生产仍按1963年的协议执行……1993年原同安县人民政府作出同政（1993）综316号决定，确认了上述裁定书的内容。琼头、丙州两村不服，向原同安县人民法院提起行政诉讼。原同安县人民法院、厦门市中级法院判决维持了原同安县人民政府的上述裁定，两村均能按照生效的判决执行。

2000年是东沙坛（鼎坛）由丙州村归还琼头村的时间，被告同安区人民政府为妥善解决两村的问题，在区党委的重视与领导下，成立了协调小组及办公室，通过调查研究、实地勘察、召开座谈会等形式，作出了厦门市同安区人民政府同政（2000）综118号“关于解决琼头、内州两村部分海域若干问题的决定”，琼头村委会不服，向厦门市人民政府申请行政复议，厦门市人民政府于2000年8月10日作出厦府复决字（2000）第019号行政复议决定，维持同安区人民政府的“决定”。琼头村委会遂向本院提起行政诉讼。

上述事实有下列证据证明：

经审理查明，被告厦门市同安区人民政府提交的证据经庭审质证有：

1.1987年福建省人民政府《关于严禁在航道上设网捕鱼的通知》。

2.《厦门市海域使用管理规定》。

3.《厦门市浅海滩涂水产增殖管理规定》。

4. 福建省交通厅闽交法（1997）36 号文、原同安县人民政府政（1986）200 号批复、交通行政处罚委托书。

5.1993 年 3 月 3 日原同安县人民政府《关于清除境内海域航道障碍，确保船舶安全航行的通告》。

6. 交通部交海发（2000）94 号《关于开展“水上运输安全管理年”活动的通知》。

7. 原同安县人民政府同政（1993）综 316 号确认县落实“两滩”政策领导小组“关于琼头、丙州两村海地权属界限争议的裁定”。

8. 原同安县人民法院（1993）同法行初字第 1 号行政判决及厦门市中级人民法院（1994）厦行终字第 3 号行政判决。

9. 军用地图。

10. 福建省航道局厦门分局厦航道（2000）23 号，关于同安区东沙坛（鼎坛）东西航道坐标的复核情况。

11. 已过期的部分村民的捕捞许可证。

12. 马巷镇关于“东沙坛”归还琼头村使用的问题建议方案。

13. 同安区西柯镇水产技术推广站的证明。

14.1963 年琼头、丙州两村的“协议书”。

原告琼头村委会举证的证据经庭审质证有：

1. 厦府（1997）综 162 号《厦门市海域功能区划》。

2. 村民从事海肥生产的照片 2 张。

3. 琼头村村民从事海肥生产的调查表。

**（四）一审判案理由**

厦门市中级人民法院认为：厦门市同安湾属天然的港湾航道，应受到保护。同安区人民政府以决定的形式对琼头、丙州两村的海地界线用经纬坐标予以标示是科学的，应予认可。其作为一级政府有责任加强对航道建设、管理和养护工作的领导，依据航道管理的相关法律，所作出的航道清理决定，并无不当。原告琼头村委会认为被告同安区人民政府无航道事务管理权限，属无权行政的诉求不予支持。

根据《厦门市海域使用管理规定》第十一条第（一）项的规定，在同安海域从事养殖生产，须向渔政部门申请，审核后报政府批准。琼头、丙州两村由于曾经发生海界纠纷，政府通过决定的形式明确各自的海域使用申请范围，所划定的区域基本上按照 1985 年原同安县人民政府裁定的海域地界线进行划分的，该做法有利于使海域管理使用走向有序和规范，不存在原告诉称的侵犯公平竞争权的问题。

根据《中华人民共和国渔业法》第十二条的规定，政府对有争议的水面、滩涂使用权问题有权处理。本案被告厦门市同安区人民政府对是否设定“海肥生产线”，依法有权决定。虽然琼头、丙州两村早在 1963 年有了协议，政府亦有过确认，但随着农业肥料品种的增加，海肥的使用趋少，故政府的水产部门早已不做琼头、丙州两村的海肥生产协调工作，且该条生产线与“海土鬼”生产线相交叉，与两村的海域地界线容易混淆。鉴于此，厦门市同安区人民政府所作的取消海肥生产线的决定并无不妥。原告认为剥夺其生产经营权的理由不能成立。

综上，厦门市同安区人民政府所作的决定基于从两村的利益着想，从有利于社会稳定出发，所认定的事实清楚，证据充分，适用法律、法规正确，程序亦无不当。

**（五）一审定案结论**

福建省厦门市中级人民法院依照《中华人民共和国行政诉讼法》第五十四条第（一）项之规定，判决如下：

维持同安区人民政府同政（2000）综118号“关于解决琼头、丙州两部分海域若干问题的决定”。

案件受理费人民币100元，由原告琼头村委会承担。

**（六）二审情况**

1. 二审诉辩主张

上诉人（原审原告）诉称：（1）琼头、丙州两村在东沙坛海域使用权的争议，早已得到解决，与生效判决相抵触，应认定无效；（2）同安区人民政府没有航道事务的管理权限，其擅自划定航道宽度于法无据，且与上级文件相抵触，应予撤销，一审判决对此作出的认定显属错误，应予纠正；（3）同安区人民政府无权限制水产养殖使用证的主体范围，一审判决以同安区人民政府具有核发养殖使用证的审批权来推定其有权剥夺养殖申请权，缺乏法律依据；（4）上诉人依法享有海肥生产海域的使用权，一审认定同安区人民政府有权取消海肥生产线的理由均不能成立。请求撤销一审判决和被诉具体行政行为。

被上诉人辩称：（1）东沙坛（鼎坛）东、西两侧航道属自然形成的地方海上航道。该航道对在同安湾从事海上交通运输和水产养殖起着重要的作用。同安区政府依法有权行使对属于同安地方航道的管理权；（2）被上诉人这次提出的琼头、丙州两村的海域使用申请线，只是对原来确认的海地界线以经纬坐标的形式重新加以明确，以便实际操作，并以该界线作为确认两村海域使用的申请线，不属于重新划分界线，并未剥夺上诉人的养殖申请权；（3）海肥生产线是两村1963年协议确定的，随着海肥资源的衰退，现只有零星生产，水产部门对该生产也早不协调了，该生产线的存在也无实际意义，且海肥生产线与“海土鬼”生产线相交叉，又与两村的海地界线容易混淆，是两村产生纠纷的主要原因之一，根据《中华人民共和国渔业法》第十二条的规定，政府有权予以取消。请求维持一审判决。

2. 二审事实和证据

福建省高级人民法院经审理查明：厦门市同安区马巷镇琼头村与厦门市同安区西柯镇丙州村地处同安湾。1953年在原同安县人民政府及有关部门的协调下，两村就丙州海地四至达成了协议。后两村又因“海土鬼”、海肥生产发生海地界线争执，1963年在原同安县人民政府组成联合工作组的调处下，两村对海肥、“海土鬼”生产线达成协议，该协议对两村的海肥生产和“海土鬼”生产范围作了划分。但由于两村还是经常对海地归属等问题纠纷不断，因此，原同安县落实“两滩”政策领导小组调查取证后于1985年4月作出“琼头、丙州两村海地权属界线争议的裁决书”。1993年原同安县人民政府作出政（1993）综316号决定，确认了上述裁决书的内容。琼头、丙州两村不服，向原同安县人民法院提起行政诉讼。原同安县人民法院、厦门市中级人民法院判决维持了原同安县人民政府的上述决定，两村均能按照生效的判决执行。2000年5月12日，厦门市同安区人民政府依照《厦门市海域使用管理规定》和《厦门市浅海滩涂水产增殖管理规定》作出同政（2000）综118号“关于解决琼头、丙州两村部分海域若干问题的决定”。琼头村委会不服，向厦门市人民政府申请行政复议，厦门市人民政府于2000年8月10日作出厦府复决字

（2000）第019号行政复议决定，维持同安区人民政府的同政（2000）综118号决定。琼头村委会遂向厦门市中级人民法院提起行政诉讼。

上述事实有下列证据证明：

（1）同安区委（2000）3号、4号专题会议纪要。

（2）厦府（1997）综162号厦门市海域功能区划。

（3）国标JT211—99航道有效宽度标准。

（4）厦港监航（1999）80号航行通告。

（5）原同安县人民政府同政（1993）综316号确认县落实“两滩”政策领导小组“关于琼头、丙州两村海地权属界线争议的裁决书”的决定。

（6）原同安县人民法院（1993）同法行初字第1号行政判决及厦门市中级人民法院（1994）厦行终字第3号行政判决。

3. 二审判案理由

福建省高级人民法院认为：行政机关作出行政行为应当事实清楚，于法有据。被上诉人同安区人民政府不能举证证明其具有航道行政管理的职权，其作出的同政（2000）综118号“关于解决琼头、丙州两村部分海域若干问题的决定”第一、二项决定内容，所依据的地方性法规和规章为《厦门市海域使用管理规定》和《厦门市浅海滩涂水产增殖管理规定》，上述法规和规章并未赋予区级政府航道及海域使用管理职权，且对航道清理、海域使用申请线也未作出相关规定，被上诉人同安区人民政府在具体行政行为中也未具体引用上述法规和规章的具体条款，因此，被上诉人同安区人民政府所作出的同政（2000）综118号决定的第一、二项决定适用法律不当。被上诉人同安区人民政府在庭审中，也不能举证证明其认定琼头村已停止生产海肥的事实，故被上诉人同安区人民政府作出的同政（2000）综118号决定第四项内容，证据不足。综上，被上诉人同安区人民政府作出的同政（2000）综118号决定的第一、二、四项内容，证据不足，适用法律错误，应当撤销。被上诉人同安区人民政府请求维持原审判决的理由，本院不予支持。原审法院判决超出了上诉人琼头村委会的诉讼请求，且适用法律错误，本院应予改判。上诉人琼头村委会认为被上诉人同安区人民政府适用法律不当的上诉理由成立，本院应予支持。

4. 二审定案结论

福建省高级人民法院依照《中华人民共和国行政诉讼法》第六十一条第（二）项，最高人民法院《关于执行〈中华人民共和国行政诉讼法〉若干问题的解释》第七十条之规定，判决如下：

（1）撤销厦门市中级人民法院（2000）厦行初字第5号行政判决。

（2）撤销同安区人民政府2000年5月12日同政（2000）综118号“关于解决琼头、丙州两村部分海域若干问题的决定”第一、二、四项决定。

本案一、二审诉讼费各100元，由被上诉人同安区人民政府负担。

**（七）解说**

本案是福建省首例县区级政府在处理海地、滩涂权属纠纷中涉及航道管理问题的行政诉讼案。案件审理过程中，主要涉及以下几个问题：

1. 本案被告作出的海地、滩涂权属纠纷之行政处理决定中对涉及航道管理事项的处理超越了自己职权的范围。

超越职权是指行政机关超越了法律、法规授予的权限，实施了其无权实施的行为。行政机关在实施行政管理工作中，超越职权的行为时有发生。本案被告在作出的行政处理决定中，就存在此种情形。《中华人民共和国航道管理条例》第六条规定："国家航道及其航道设施按海区和内河水系，由交通部或者交通部授权的省、自治区、直辖市交通主管部门管理。地方航道及其航道设施由省、自治区、直辖市交通主管部门管理。专用航道及其航道设施由专用部门管理。国家航道和地方航道上的过船建筑物，按照国务院规定管理。"第八条规定："国家航道发展规划由交通部编制，报国务院审查批准后实施。地方航道发展规划由省、自治区、直辖市交通主管部门编制，报省、自治区、直辖市人民政府审查批准后实施，并抄报交通部备案……"根据上述规定，很显然，本案被告厦门市同安区人民政府是不具有航道事务的行政管理职权的。被告在作出"关于解决琼头、丙州两村部分海域若干问题的决定"中，对同安湾东沙坛海域的航道管理事项：航道范围、航道清理以及海域使用申请线等进行规定，显然实施了不属于自己职权范围的行政行为。超越了自己行政权限，即超越了由法律、法规规定的行政主体行使职权所不能逾越的范围、界限。因为越权无效是行政法的一项重要原则，行政机关如果作出超越职权的具体行政行为，人民法院将依法判决予以撤销。因此，本案二审法院终审判决撤销了被告具体行政行为的相关部分——"关于解决琼头、丙州两村部分海域若干问题的决定"第一、二项决定。

2. 本案被告的行政处理决定中对航道管理事项的处理于法无据，其适用法律错误。

根据行政诉讼法的规定，行政机关作出具体行政行为要有法律依据。也就是说，适用法律要正确，必须根据案件的事实按照相关的法律、法规以及规章等规范性文件的具体规定作出具体行政行为。本案被告厦门市同安区人民政府"关于解决琼头、丙州两村部分海域若干问题的决定"第一、二项决定，所依据的地方性法规和规章主要是《厦门市海域使用管理规定》和《厦门市浅海滩涂水产增殖管理规定》。但是，这些法规和规章既未规定赋予县区级人民政府航道及海域使用管理职权，又没有对航道清理、海域使用申请线作出相关的具体规定。因此，被告适用这些法规、规章等规范性文件对两村海域使用问题作出决定，显然适用法律不当。必须特别指出的是，行政机关作出具体行政行为要做到于法有据，要求是很严格的，不但要有相关的法律、法规和规章等规范性文件作为依据，而且要正确适用这些规范性文件有关具体条款。否则，亦属适用法律不当。被告在作出两村海地权属纠纷行政处理决定中未引用上述法规和规章的具体条款，也属适用法律不当。因此，本案被告的行政处理决定缺乏法律依据，适用法律错误，也是人民法院判决撤销该行政处理决定部分内容的重要根据之一。

3. 本案被告的行政处理决定中认定的部分案件事实证据不足。

根据《行政诉讼法》的规定，行政机关作出具体行政行为要有事实根据。也就是说，认定案件事实，进行正确处理，要有充分、确凿的证据作为根据，提出的证据足以证明法定事实要件成立。本案中被告同安区人民政府认定：1963 年琼头、两州两村签订的海肥、"海土鬼"生产线，由于两条生产线相交叉，且海肥亦早已停止生产，海肥生产界线的存在已无实际意义，并据以作出予以取消的决定时，没有确凿的证据佐证，在二审庭审中，也不能举证证明其认定琼头村已停止生产海肥的事实。因此，被告同安区人民政府作出的"关于解决琼头、丙州两村部分海域若干问题的决定"中第 4 项决定，证据不足，没有证据或者证据不足作出的具体行政行为，人民法院应当依法判决予以撤销。据此，二审法院依法判决撤销了被告作出的行政处理决定中的第四项决定。

4．本案一审法院的行政判决超出了原告的诉讼请求范围，是错误的。

当事人的诉讼请求是人民法院行使审判权的前提和对象。行政诉讼中的原告向法院提出明确的诉讼请求，法院立案受理后针对诉讼请求进行审理，既不能遗漏审理原告的诉讼请求，也不能审理原告没有提出的诉讼请求。在二审案件中，不能提出新的诉讼请求，否则，对此新的诉讼请求的审理裁判，将形成“一审终审”，违背我国“两审终审”的原则。本案中，原告琼头村委会提出的诉讼请求是非常明确的，即请求撤销被告厦门市同安区人民政府作出的“关于解决琼头、丙州两村部分海域若干问题的决定”第一、二、四项的规定，并提出相应的理由和根据，按照法律的规定，人民法院应就原告的诉讼请求进行审理作出判决。本案一审法院作出的行政判决超出了原告琼头村委会的诉讼请求，且适用了不该适用的相关法律、法规的有关规定，判决维持了被告作出的行政处理决定的全部事项。因此，二审法院作了改判，二审判决撤销一审行政判决，撤销被告“关于解决琼头、丙州两村部分海域若干问题的决定”第一、二、四项决定，亦即对原告的诉讼请求的事项作出了判决。

（刘希星）

## 23．宝丰县新华书店不服宝丰县人民政府为宝丰县淀粉厂颁发国有土地使用证案

**（一）首部**

1．判决书字号

一审判决书：河南省宝丰县人民法院（2000）宝行初字第007号。

二审判决书：河南省平顶山市中级人民法院（2001）平行终字第101号。

2．案由：不服颁发国有土地使用权证案。

3．诉讼双方

原告（被上诉人）：宝丰县新华书店，住所地：宝丰县城人民路中段。

法定代表人：李成，经理。

委托代理人（一、二审）：程广见，男，1959年8月17日生，汉族，宝丰县新华书店工作人员。

委托代理人（一、二审）：王先刚，男，1966年4月24日生，汉族，宝丰县中心法律事务所法律工作者。

被告（被上诉人）：宝丰县人民政府。

法定代表人：严寄音，县长。

委托代理人（一、二审）：郭延伟，男，1967年2月10日生，汉族，宝丰县土地局工作人员。

委托代理人（一、二审）：周慧丽，女，1967年3月18日，汉族，宝丰县碧野律师事务所工作人员。

第三人（上诉人）：宝丰县淀粉厂，住所地：宝丰县西环路南段。

法定代表人：李太生，厂长。

委托代理人（一审）：黄凯，女，平顶山首位律师事务所律师。

4. 审级：二审。

5. 审判机关和审判组织

一审法院：河南省宝丰县人民法院。

合议庭组成人员：审判长：赵建春；审判员：徐长星、何鸿志。

二审法院：河南省平顶山市中级人民法院。

合议庭组成人员：审判长：刘明丽；审判员：张美荣、靳生智。

6. 审结时间

一审审结时间：2001 年 7 月 12 日。

二审审结时间：2001 年 10 月 27 日。

**（二）一审诉辩主张**

1. 被诉具体行政行为：1987 年 3 月 20 日宝丰县人民政府将宝丰县城东环路东侧南段的 5.4 亩土地确权给宝丰县淀粉厂并颁发了字第 89 号国家建设土地使用证。

2. 原告诉称：1989 年宝丰县淀粉厂与宝丰县电器厂达成土地转让协议后，县政府于 1992 年 1 月将宝丰县淀粉厂的字第 89 号国家建设土地使用证所指的土地，为宝丰县电器厂办理了第 97 号土地使用证，但县政府没有注销第 89 号土地使用证。虽然县政府后来根据宝丰法院协助执行通知书把 97 号土地使用证中剩余的部分土地和电器厂本身的第 90 号土地使用证的土地，为原告新华书店办理第 0000403 号土地使用证的行为合法，但是，由于颁发第 97 号土地使用证时的程序违法，导致 1999 年宝丰县淀粉厂诉宝丰县政府违法颁证案中，原告的第 0000403 号土地使用证被卫东区法院撤销。诉请撤销被告 1987 年 3 月 20 日宝丰县人民政府为宝丰县淀粉厂颁发字第 89 号国家建设土地使用证，维护原告的合法权益。

3. 被告辩称：1987 年 3 月 20 日给宝丰县淀粉厂颁发的字第 89 号国家建设土地使用证，事实清楚，证据充分，程序合法，且与 1998 年 5 月 18 日给原告新华书店颁发的第 0000403 号土地使用证无牵连，不应撤销。

4. 第三人述称：宝丰县政府为第三人颁发字第 89 号国家建设土地使用证，手续完备，程序合法，且与原告无利害关系，请驳回原告的起诉。

**（三）一审事实和证据**

宝丰县人民法院经审理查明：1986 年 12 月 23 日，宝丰县淀粉厂和宝丰县电器厂同时征用宝丰县城关镇东街土地各 5.4 亩。1987 年 3 月 20 日，县政府分别为宝丰县淀粉厂和宝丰县电器厂颁发第 89 号和第 90 号土地使用证书。1989 年 4 月 30 日，宝丰县淀粉厂与宝丰县电器厂以 94 000 元达成土地转让协议，1992 年 1 月 4 日宝丰县土地管理局宝土转字（1992）5 号文件批复同意，将宝丰县淀粉厂所征用 5.4 亩的土地转让给宝丰县电器厂。县政府依据双方转让协议和县土地管理局宝土转字（1992）5 号文件，于 1992 年 1 月 12 日办理变更登记为宝丰县电器厂颁发了第 97 号土地使用证书。但县政府却没有把 89 号土地证注销。1993 年 10 月，宝丰县淀粉厂与宝丰县电器厂因土地欠款发生纠纷，诉至宝丰县法院，经宝丰县法院调解双方达成协议，宝丰县电器厂应支付宝丰县淀粉厂土地转让款 81 467 元，于 1994 年 5 月底前付清。该案调解书生效后，宝丰县电器厂未履行调解书所规定的义务。宝丰县淀粉厂申请执行，经宝丰县法院主持，双方于 1994 年 7 月 1 日达成执行和解协议，协议规定，分批偿还土地欠款，于 1994 年 9 月底以前付清；双方还约定，宝丰县电器厂以其 97 号土地使用证原件作抵押，如不能按规定履行，宝丰县淀粉厂有权将抵押的 5.4 亩土地自行处理。执行和解协议达成后，宝丰县电器厂将其 97 号土地使用证原件交于宝丰县淀粉厂，但双方都没有到房地产管理部门办理抵押登记等有关手续。在此之前，宝丰县电器厂已于 1994 年 2 月 23 日向土地管理部门提出申请，将 97 号使用证中的部分土地使用权过户到宝丰县洗煤机械修配厂。1995 年 7 月 25 日，县政府在缺少转让协议、上级批文和原土地证没有收回变更的情况下，将宝丰县电器厂 97 号土地使用证中的部分土地（3.28 亩）过户给宝丰县洗煤机械修配厂，并颁发宝土国用（1995）第 012025 号国有土地使用证书，对宝丰县电器厂 97 号土地使用证剩余土地未确定归属。

另查明，宝丰县电器厂因欠宝丰县机械厂债务，经宝丰县法院判决逾期无力偿还，1996 年 11 月宝丰县法院将宝丰县电器厂 97 号土地使用证中剩余的部分土地（2.12 亩）和 90 号土地使用证的 5.4 亩土地公开拍卖，宝丰县新华书店以 37 万元竞买成交，宝丰县电器厂随即与宝丰县新华书店签订国有土地使用权转让协议。并于 1996 年 12 月 26 日向宝丰县土地管理局提出申请，要求将 97 号土地使用证中剩余土地和 90 号土地使用证的使用权过户给宝丰县新华书店。县政府于 1997 年 1 月 21 日下文注销 97 号土地使用证和 90 号土地使用证。1998 年 5 月 18 日，县政府依据宝丰县法院协助执行通知书和宝土转字（1992）第 5 号文批复、土地使用证复印件、土地转让协议、土地登记申请、地籍调查表等材料，给宝丰县新华书店颁发了宝土国建字（1998）第 0000403 号国有土地建设用地使用证。

1999 年宝丰县淀粉厂诉宝丰县政府违法发放土地使用证，向平顶山市中级人民法院提起诉讼，平顶山市中级法院指定卫东区法院管辖，卫东区法院经审理认为宝丰县政府 1995 年 7 月 25 日在给宝丰县洗煤机械修配厂颁发的第 012025 号土地使用证和 1998 年 5 月 18 日给宝丰县新华书店颁发的第 0000403 号土地使用证时，有关手续不完备，是在原土地使用证未能收回，转让给洗煤机械修配厂的土地，双方无转让协议和上级批文的情况下办理的，根据有关法律规定，属于颁证程序违法，判决撤销了宝丰县政府颁发给宝丰县洗煤机械修配厂的第 012025 号土地使用证和颁发给宝丰县新华书店的第 0000403 号土地使用证。

原告宝丰县新华书店认为，宝丰县新华书店的土地使用证是在宝丰县法院土地拍卖过程中竞买后县政府依法定程序颁发的，被撤销的原因是县政府在为宝丰县电器厂颁发第 97 号土地使用证时未注销宝丰县淀粉厂第 89 号土地使用证，程序违法所造成，要求依法撤销宝丰县政府给宝丰县淀粉厂颁发的第 89 号土地使用证。

**（四）一审判案理由**

宝丰县人民法院认为：被告始终没有提供被诉 89 号证的原件，该证据属主要证据，被告不提供，应当认为该具体行政行为证据不足，其次 89 号证通过办理登记已成为 97 号证，权利人变为宝丰电器厂，后因电器厂不付款，淀粉厂又起诉至本院，经本院调解确定电器厂应支付淀粉厂土地转让款 81 467 元，从法律上再次确认 89 号证权利人已实际变为宝丰县电器厂。从一系列变更过程中现存89号证已随着变更的历程变为非法，应当撤销该89号证。

**（五）一审定案结论**

河南省宝丰县人民法院依照《中华人民共和国行政诉讼法》第五条，第五十四条第（二）项第一、五目之规定，判决如下：

撤销被告1987年3月20日给第三人颁发的字第89号国家建设土地使用证。

案件受理费3 956元，由被告负担。

**（六）二审情况**

1. 二审诉辩主张

（1）上诉人宝丰县淀粉厂诉称：一审原告宝丰县新华书店不具备诉讼主体资格，它与89号土地使用证无任何法律关系，此案经卫东区法院判决已撤销宝丰新华书店的第0000403号土地使用证，新华书店已服判未上诉。新华书店已与89号土地使用证无法律上利害关系，不具有诉权。一审判决显失公正，使上诉人既失去了土地，又无法收回此转让土地所获得的利益，另外，宝丰县人民政府颁发的第89号土地使用证程序合法，手续齐全，应当依法维持，请求二审撤销一审判决，维持被上诉人宝丰县政府给上诉人颁发的第89号证。

（2）被上诉人宝丰县政府未作答辩。

（3）被上诉人宝丰县新华书店未作陈述。

2. 二审事实和证据

二审查明的事实与一审一致。

3. 二审判案理由

河南省平顶山市中级人民法院认为：根据最高人民法院《关于执行〈中华人民共和国行政诉讼法〉若干问题的解释》第十二条"与具体行政行为有法律上利害关系的公民、法人或者其他组织对该行为不服的，可以依法提起行政诉讼"的规定，宝丰县新华书店经宝丰县法院拍卖程序以37万购得原字第89号国家建设土地使用证的部分土地和原字第96号国家建设土地使用证的土地。新华书店与本案所诉的89号国家建设土地使用证有法律上利害关系，可以作为本案原告提起诉讼。宝丰县淀粉厂与宝丰县电器厂达成土地转让协议后，宝丰县人民政府于1992年1月12日将宝丰县淀粉厂的字第89号国家建设土地使用证依程序变更为宝丰县电器厂的第97号土地使用证时，应当依照法定程序注销89号证，且宝丰县人民政府在本案审理中未提供其颁发字第89号国家建设土地使用证依据的原件，故宝丰县新华书店要求撤销89号证的理由成立，本院予以支持。一审认定事实清楚，程序合法，适用法律法规正确，应予以维持。

4. 二审定案结论

河南省平顶山市中级人民法院依照《中华人民共和国行政诉讼法》第六十一条第（一）项之规定，判决如下：

驳回上诉，维持原判。

二审案件受理费3 956元，由宝丰县淀粉厂承担。

**（七）解说**

本案为一起错综复杂，牵涉到法院拍卖执行的土地权利案件，法律关系很多，但综观全案，主要涉及以下几个问题。

1. 原告有没有诉权。

(1) 原告没有诉权。

原告取得宝土国建字（1998）第0000403号国有土地建设用地使用证是在1998年5月18日，而被告给第三人颁证时间是1987年3月20日，被告给第三人颁发89号证的时间早，第三人取得该争议土地的使用权优先于原告取得，当时被告给第三人颁证不可能会考虑到该确权行为以后会侵犯谁的合法权益，只能是后设定的权利侵犯先设定的权利。再者说原告的宝土国建字（1998）第0000403号国有土地使用证，已被卫东区人民法院判决撤销。无效的行政行为自始无效，原告并没有取得该宗土地的合法土地使用权。其诉称土地使用权被侵犯缺乏事实根据，依照最高人民法院《关于执行〈中华人民共和国行政诉讼法〉若干问题的解释》第四十四条第一款第（二）项之规定，应驳回原告起诉。

(2) 原告享有诉权。

作者同意此种观点，理由如下：

A. 是否有诉权，不是建立在具体行政行为是否侵犯其合法权益的基础上。行政诉讼法的规定中，有无诉权并不是以具体政行为是否侵犯其合法权益为基础的。最高人民法院《关于执行〈中华人民共和国行政诉讼法〉若干问题的解释》第十二条规定，“与具体行政行为有法律上的利害关系的公民、法人或者其他组织对该行为不服的，可以依法提起行政诉讼”，新解释采用的是利害关系说，并不是一定要侵犯其合法权益。

至于原设定的权利会不会侵犯后取得的权利之说，理论上属既得权说，这种学说渊源于国际私法上的既得权学说，早已在理论上受到批判。

B. 从实体上讲原告与被诉行为存在法律上的利害关系。被告的确权行为侵犯了原告诸多权利的一种，即在实体上侵犯了原告的合法权益，宝丰县新华书店经宝丰法院拍卖程序以37万元购得原字第89号国家建设土地使用证的部分土地和原字第90号国家建设土地使用证的土地，宝丰县政府已为原告颁发了第0000403号土地使用证，虽然该证被撤销，但原告的实体权利并未消灭，土地使用证只是一种确认是否合法的凭证，并是实体权利是否取得的凭证，因此原告新华书店与被诉的89号土地使用证有法律上的利害关系，可以作为原告参加诉讼。

2. 本案是否适用复议法中的复议前置程序。

《行政复议法》是1999年10月1日开始实施的，该法第三十条规定，认为具体行政行为侵犯其合法权利的土地使用权，应该复议前置。本案应否按复议前置？一种观点认为，行政复议法是程序法，原告在《行政复议法》实施后起诉，应该复议前置；笔者认为，关于是否复议的有关问题属实体问题，应按法不溯及既往的原则。该案被诉具体行政行为发生在1989年，不能适用《行政复议法》，故不适用复议前置。

3. 该案的合法性审查，是从全案的事实出发审查还是按《行政诉讼法》第五十四条标准去审查？

《行政诉讼法》第五十四条规定了行政诉讼的标准，而本案按主要证据，程序及适用法律去审查似乎都没有问题，问题是与法院生效文书相抵触的行为该不该维持。

从实体上讲，89号证在1992年1月12日通过办理变更登记已变为97号证，权利人已由宝丰县淀粉厂变更为宝丰县电器厂，后因电器厂未付款，淀粉厂又起诉至本院，经本院调解双方达成协议，确定电器厂应支付淀粉厂土地转让款 81 467 元，这从法律上再次确认 89 号证的权利人已实际变更为宝丰县电器厂，宝丰县电器厂与宝丰县淀粉厂虽达有和解协议，97 号证原件在淀粉厂处扣押，但因均没有办理扣押登记手续，该扣押不具有对抗力，没有法律效力。正是基于此，本院执行宝丰县电器厂的另一案时，才将该宗土地查封，并予以拍卖。原告通过拍卖程序取得了该宗土地使用权，本院下发协助执行通知书，让宝丰县政府为原告颁发了第 0000403 号土地使用证，从以上事实看，89 号证的实际权利人早就不是淀粉厂。在经过一系列的变更过程中，现存 89 号证已随着变更的历程转为非法，违法的行为，行政机关有权撤销，人民法院运用司法权照样可以撤销，行政审判是对具体行政行为的合法性进行审查。只要是违法的被诉具体行政行为，人民法院就可以撤销。89 号证的存在既然是非法的，应判决撤销。

4. 该案原告的土地证被法院撤销后，其实体权利是否丧失？

本案原告取得的土地使用权，是通过宝丰县法院执行程序而取得的，这种取得与当事人自主交易的民事行为不同，不以房地产部门的登记为取得权利的必要条件，即使被告不给原告办证，原告取得的权利也是合法的，不进行登记只是限制了处分权。

本案原告实体权利取得应以法院执行裁定确定之日，而不能以办理登记之日计算。

执行程序中裁定转移所有权的，有几个时间：裁定作出时间、送达时间、交付时间和登记时间。最高人民法院 1996 年 5 月 26 日对山西高院和广东高院有过一个具体案件的答复（法函［1996］89 号），在该案中以法院裁定作为转移所有权的时间原则，但未明确。在石河子中院与承德区中院为执行承德市针织二厂房地产的争议中，最高法院明确提供了以法院裁定作为执行中不动产所有权转移时间的原则，理由是：(1) 有关法律、法规、理论和做法中关于房地产的转移以办理登记为生效要件和转移时间界限的原则，都只是针对当事人自主交易的民事行为而设定的，对人民法院判决和强制执行中转移房地产权利如何办理并未明确，我国很多部门法存在这一问题，在人民法院执行程序中，不能以上述有关规定为依据，不能受当事人自主民事行为应遵循的程序的约束。(2)《民事诉讼法》第二百三十条规定：“在执行中，需要办理有关财产权证照转移手续的，人民法院可以向有关单位发出协助执行通知书，有关单位必须办理。”其直接含义是，登记机关接到人民法院的协助执行通知书后必须进行登记，不存在再对是否应当登记进行审查的问题。也就是说，在人民法院执行程序中，房地产权利的转移过户手续应以人民法院裁定为依据。这是一项基本的原则，民事诉讼法这一原则应含有财产转移的具体时间亦应以人民法院裁定为准的意见。从执行工作实务方面考虑，如果在房地产转移的具体时间亦应以人民法院裁定为准的意见。从执行工作实务方面考虑，如果在房地产转移的具体时间上不能以人民法院裁定为准，则贯彻《民事诉讼法》第二百三十条规定也将存在问题。如果登记管理机关迟延登记，将制约执行工作是否完结，最终影响权利人权利的实现和行使。会产生“行政部门早登记，法院裁定早生效，晚登记晚生效，不登记不生效”，对司法权高于行政权这一遍及各国的司法原则，这不能不说是对司法权的嘲弄！

当事人依照法院裁定取得的权利，在于法律的直接规定而不是自己的意思表示，当事人虽有事实行为，但该事实行为不是所有权取得的根本原因，因为法律的规定比登记更具有强烈的公示效力。但是不动产登记是社会公众取得不动产物权咨询的统一而且惟一的根据，为保护交易的安全，法律禁止对未进行登记而取得的不动产物权进行处分。

5. 该案是撤销或是驳回原告诉讼请求。

建立在第4项理论基础上，有一种观点认为本案既然原告的实体权利没有丧失，那么原告再要求撤销89号证也无实际意义，应驳回原告的诉讼请求。笔者对此不敢苟同，笔者认为实体权利的取得与驳回诉讼请求没有必然的联系，本案原告要求撤销89号证的诉讼请求是因为89号证的存在，妨害了原告合法的实体权利取得，影响了原告可以依法转让、出让并获得收益的处分权，89号证原为合法有效的证书，但随着一系列的变更，89号证所载的实体权利已变成土地转让款81 467元，这是经法院调解书及执行裁定书确定的，原业主也随之更换。但作为被告应依法注销，但被告在换证时未依法注销，因89号证存在妨害了人民法院生效的调解书及执行文书，已变成非法，人民法院应依法撤销。不应驳回诉讼请求，根据最高人民法院《关于执行〈行政诉讼法〉若干问题的解释》第五十六条，驳回诉讼仅适用于不作为，合法不合理，但因法律政策变化或废止的等情形，本案不具有上述情节，因此，不应驳回原告的诉讼请求。

6. 本案涉及的另一个问题的思考。

卫东区法院判决撤销原告的土地证书是错误的。因为原告取得的土地证书，是被告依照人民法院的协助执行通知书及裁定书，给原告办证属于协助人民法院执行的行为，《民事诉讼法》第二百三十条规定："在执行中，需要办理有关财产权证照转移手续的，人民法院可以向有关单位发出协助执行通知书，有关单位必须办理。"也就是说，被告接到人民法院裁定及协助执行通知书后，必须进行登记，不存在再对是否应当登记进行审查的问题。这与当事人自己申请办理不动产登记证要经过村民讨论，乡镇，政府批准，经过申请，地籍调查等截然不同。行政机关给当事人办证的惟一依据是人民法院的裁定书及协助执行通知书，如果权利相关人起诉行政机关，行政机关惟一可举证的材料是人民法院的裁定书及协助执行通知书，人民法院对这种案件进行合法性审查，实质是对法院的裁定书及协助执行通知书的合法性审查。出现了人民法院审人民法院的现象，再者说这种协助登记行为从行政行为的内容看，行政机关必须作出登记行为，没有其他选择，该登记行为内容是惟一的，作出该行为并不是行政机关依照职权作出的，而是依据法律无条件必须作出的，是一种被迫行为。该行为本质上属司法行为，不是行政行为，第三人对被告的该协助行为不服，不属于行政审判受案范围，应裁定驳回第三人的起诉，现在卫东区法院已撤销给原告办的证，该裁决现已发生法律效力，应建议原告依法申诉，请求再审，待再审结果出来后再恢复诉讼。

（何鸿志　张建立）

# 四、文化、教育、卫生管理行政案件

## 24. 连保坛、黄兴城不服大田县文体局责令停业、吊销经营许可证案

（一）首部

1. 判决书字号

一审判决书：福建省大田县人民法院（2001）大行初字第6号。

二审判决书：福建省三明市中级人民法院（2001）三行终字第73号。

2. 案由：不服责令停业、吊销经营许可证案。

3. 诉讼双方

原告（上诉人）：连保坛，男，1973年1月31日出生，汉族，个体经营者，大田县景剧院成人（兴城）娱乐中心负责人。

原告（上诉人）：黄兴城，男，1970年10月29日出生，汉族，个体经营者，大田县影剧院成人（兴城）娱乐中心负责人。

委托代理人（一、二审）：庄春华、蒋芳榴，大田县岩城法律事务中心法律服务工作者。

被告（被上诉人）：大田县文体局。

法定代表人：张春桃，局长。

委托代理人（一、二审）：吴成刚，大田县文体局干部。

委托代理人（一、二审）：林加生，三明岩城律师事务所律师。

4. 审级：二审。

5. 审判机关和审判组织

一审法院：福建省大田县人民法院。

合议庭组成人员：审判长：陈来晴；审判员：肖首亮；代理审判员：丁清福。

二审法院：福建省三明市中级人民法院。

合议庭组成人员：审判长：李祖超；审判员：李忠；代理审判员：吴青华。

6. 审结时间

一审审结时间：2001年6月28日。

二审审结时间：2001年9月13日。

（二）一审诉辩主张

1. 被诉具体行政行为：2000年7月31日，原告所经营的大田县成人娱乐中心曾因设置具有赌博功能的电子游戏机而被大田县公安局给予行政处罚。2000年11月9日，大田县文体局根据全国组织开展的“加强娱乐场所管理，严厉打击卖淫嫖娼赌博吸毒贩毒等社会丑恶现象专项行动”的统一部署，到大田县成人娱乐中心送达了田文（2000）字第35号通知，该通知的主要内容为“经审核不合格，给予吊销文化经营许可证，请立即停止营业、关闭”。2000年12月26日，被告大田县文体局又作出了田文（2000）41号“关于电子游戏经营场所重新审核结果的情况通报”，在该通报中再次明确大田县成人娱乐中心重新审核确认为不合格的电子游戏经营场所。原告对田文（2000）字第35号通知不服，向人民法院提起行政诉讼。

2. 原告诉称：被告大田县文体局田文（2000）第35号文所作的责令停业、吊销文化经营许可证的行政行为不符合法律规定，未履行告知程序，剥夺了原告的陈述权，申辩权、知情权，侵害了原告的合法权益，请求法院依法对被告超越行政职权和滥用行政职权的行为予以撤销，赔偿所造成的经济损失100元，并依法对原告的田文字第972013号“文化经营许可证”给予复核。

3. 被告辩称：被告田文（2000）第35号通知书并非行政处罚结果的体现，而是根据国务院办公厅转发文化部等部门《关于开展电子游戏经营场所专项治理意见的通知》以及省政府办公厅闽政办（2000）243号文件，闽公通（2000）401号文件、304号文件，三明市文化局明文（2000）106号、111号文件等通知之精神，在对全县电子游戏经营场所进行重新审核调查过程中，原告所经营的大田县成人娱乐中心存在曾因设置具有赌博功能的电子游戏机而被大田县公安局治安管理处罚的严重违法经营行为，因此大田县成人娱乐中心经重新审核确定为不合格，田文（2000）第35号文是对重新审核登记结果的落实，虽然该通知中有“吊销文化经营许可证、责令停业、关闭”等字眼，但该字眼系笔误。因为二原告所经营的大田县成人娱乐中心的972013号“文化经营许可证”在被告发出（2000）第35号通知书之前的2000年9月30日起即作废，自然不具备法律效力，无须采取吊销方式来要求停业、关闭。在被告随后正式制作并送达给原告的田文（2000）41号“关于电子游戏经营场所重新审核结果的情况通报”中再次确认了原告所经营的大田县成人娱乐中心为不合格单位。

（三）一审事实和证据

大田县人民法院经审理查明：原告连保坛、黄兴城于1997年7月15日经大田县文体局批准发给田文字第972013号“文化经营许可证”，其中载明“负责人为连保坛，经营项目为台球、电子游戏，经营地点为大田县影剧院”等内容。1998年6月14日原告与大田县影剧院签订了该院一楼及二楼大厅的租赁合同，约定每月租金为1 500元。1999年4月5日经大田县工商局审核批准，发给3504253000695号“个体工商户营业执照”，该执照的字号名称为大田县成人娱乐中心，负责人为黄兴城，有效期为1999年4月5日至2003年4月4日。2000年7月31日，大田县成人娱乐中心因设有赌博功能的游戏机而被大田县公安局责令停业整顿1个月，当时负责经营的一位股东还被行政拘留10日，罚款2 000元。尔后，大田县成人娱乐中心继续营业。2000年11月9日，大田县文体局根据全国组织开展的“加强娱乐服务场所管理，严厉打击卖淫嫖娼赌博吸毒贩毒等社会丑恶现象专项行动”（以下简称专项行动）的统一部署，到大田县成人娱乐中心送达了田文（2000）字第35号通知，该通知的主要内容为“经审核不合格，给予吊销文化经营许可证，请立即停止营业、关闭”。2000年12月26日，被告大田县文体局又作出了田文（2000）41号“关于电子游戏经营场所重新审核结果的情况通报”，在该通报中再次明确大田县成人娱乐中心经重新审核确认为不合格的电子游戏经营场所。

上述事实有下列证据证明：

1. 国务院办公厅转发文化部等部门的《关于开展电子游戏经营场所专项治理意见的通知》，该通知的第一条为“2000年7月、8月、9月，在全国集中开展游戏经营场所专项治理……要通过从严治理，取缔非法经营和严重违规经营的电子游戏经营场所”，第三条为“对存在以下情况的电子游戏经营场所，除由文化部门会同公安、信息产业、工商行政管理部门等部门依据有关规定分别处罚外，工商行政管理部门要吊销其营业执照或予以取缔……（七）设置具有退币、退钢珠、退奖券、荧屏记分和其他中奖方式等赌博功能的电子游戏机机型、机种、电路板的”，第四条为“……严格按照有关规定对电子游戏经营场所进行重新审核登记，经所在地县级以上人民政府文化、公安部门重新审核合格的，由工商行政管理部门重新核发营业执照；重新审核不合格的，要立即停业、关闭，由工商行政管理部门注销登记或吊销营业执照。因违法经营或严重违规经营被取缔或吊销营业执照的电子游戏经营场所，其经营者不得再从事电子游戏经营活动”。第七条为“……文化部门要发挥电子游戏经营场所主管部门的作用，会同公安、工商行政管理等有关部门共同做好对电子游戏经营场所的重新审核登记，查处违法违纪经营活动”。

2. 公通字（2000）98号《关于抓紧落实专项行动有关工作要求的通知》，该通知第一条规定：“对娱乐服务场所的重新审核登记也必须从严掌握，对硬件设施不符合规定、达不到经营条件的娱乐服务场所，要坚决取消其经营资格，吊销有关证照或查封取缔，不准其继续营业。”

3. 闽公通（2000）401号《关于转发公安部、文化部、国家工商局〈关于抓紧落实专项行动有关工作要求的通知〉的通知》，该通知第一条规定：“对12月10日逾期仍不符合规范、达不到经营条件或证照不齐，以及其他无法进行重新确认的娱乐服务场所，应由原发证机关联合发布公告予以取消其经营资格、缴销有关证照。”

4. 闽文市影（2000）46号《关于电子游戏经营场所专项治理重新审核登记有关问题的通知》中的第二条的内容为“对存在下列情况的电子游戏经营场所不予重新审核登记……（七）设置具有退币、退钢珠、退奖券、荧屏记分和其他中奖方式等赌博功能的电子游戏机型、机种、电路板的”，第五条为“重新审核登记时，各级文化行政管理部门应先收回原审批发给的文化经营许可证正、副本，然后进行审核登记，重新审核合格的发给文化经营许可证，重新审核不合格的，要立即停业、关闭，并会同同级工商行政管理部门注销登记或予以吊销其营业执照。”

5. 大田县文体局于1997年7月15日颁发给连保坛的田文字第972013号文化经营许可证。

6. 大田县工商局于1999年4月5日核发的3504253000695号个体工商户营业执照。

7. 黄兴城与大田影剧院于1998年6月14日所签订的租赁合同。

**（四）一审判案理由**

福建省大田县人民法院认为：大田县文体局于2000年11月8日作出并于同年11月9日送达的（2000）田文第35号“通知”中虽然是以“通知”的名义作出的，但其内容确定、对象清楚、适用法律明确、处罚种类具体，因此，田文第35号“通知”实质上是行政处罚行为，被告辩称是笔误的理由不能成立。根据《中华人民共和国行政处罚法》第四十二条之规定，行政机关作出责令停产停业、吊销许可证或者执照等行政处罚之前，应当告知当事人有要求举行听证的权利，大田县文体局在作出正式行政处罚决定之前未履行告知程序，属程序违法；再则根据国务院1999年3月26日颁布的《娱乐场所管理条例》第三十五条第（五）项之规定，对于娱乐场所提供具有赌博功能的游戏机机型、机种、电路板的，由文化行政主管部门责令改正，给予警告，责令停业整顿，没收违法所得，违法所得2 500元以上的，并处违法所得2倍以上4倍以下的罚款，没有违法所得或者违法所得不足2 500元的，并处2 500元以上10 000元以下的罚款，情节严重的，由工商行政管理部门吊销营业执照。该罚则中并未授权文化行政管理部门可以吊销文化经营许可证、责令娱乐经营场所关闭等处罚权限，大田县文体局所作的田文（2000）第35号“通知”既违反了法定程序，又超越了行政职权，所作出的行政处罚行为是无效的行政行为，原告的第一项诉讼请求即主张撤销（2000）田文第35号“通知”的诉讼请求予以支持。因被告（2000）第35号“通知”的违法行政，导致大田县成人娱乐中心停业期间的损失应予以赔偿，因此，原告的第三项诉讼请求即要求赔偿100元损失的诉讼请求也予以支持，被告大田县文体局应赔偿原告连保坛、黄兴城经济损失100元。原告所开办的大田县成人娱乐中心因设置了具有赌博功能的游戏机而被大田县公安局责令停业整顿，根据国务院办公厅转发的文化部等部门《关于开展电子游戏经营场所专项治理意见的通知》的精神，大田县文化行政主管部门有权对电子游戏经营场所进行重新审核登记，对有违反该通知规定之情形的，则可以依据该通知不予重新审批颁发文化经营许可证。本案中的原告的行为恰好符合该通知第三条第七项所规定电子游戏经营场所不得开设具有赌博功能的游戏机禁止性规定的内容，其要求重新审核文化经营许可证得不到支持是基于自身的违法经营行为而引起的，而且被告大田县文体局在2000年12月26日发出的田文（2000）41号“关于电子游戏经营场所重新审核结果的情况通报”中已经明确大田县成人娱乐中心为不合格单位，原发放的文化经营许可证正、副本一并注销，因此不存在行政不作为的问题，对原告的第二项诉讼请求即要求大田县文化行政主管部门重新审批颁发文化经营许可证的请求应予以驳回。

**（五）一审定案结论**

福建省大田县人民法院根据《中华人民共和国行政处罚法》第三十一、三十二、四十一、四十二条，最高人民法院《关于执行〈中华人民共和国行政诉讼法〉若干问题的解释》第五十六条第（一）项、第五十七条第二款第（三）项之规定，作出如下判决：

1. 被告大田县文体局于2000年11月8日作出的田文（2000）35号通知无效。

2. 被告大田县文体局赔偿给原告连保坛、黄兴城经济损失100元。

3. 驳回原告连保坛、黄兴城要求被告大田县文体局重新审批颁发大田县成人娱乐中心文化经营许可证的诉讼请求。

案件受理费100元，其他诉讼费用300元，合计人民币400元，由原告连保坛、黄兴城负担 200 元，被告大田县文体局负担 200 元。

**（六）二审情况**

1. 二审诉辩主张

（1）上诉人连保坛、黄兴城诉称：被上诉人大田县文体局作出的田文（2000）35 号通知属于具体行政行为，违反了法定程序，超越和滥用行政职责，且该通知变相地吊销了上诉人的文化经营许可证，既已被判为无效，就应纠正，更应当判令其恢复原状，重新作出具体行政行为，而不能驳回上诉人要求重新审批颁发文化经营许可证的请求。请求二审人民法院依法撤销一审法院（2001）大行初字第 6 号行政判决第（三）项，依法判令被上诉人重新审批颁发给上诉人文化经营许可证。

（2）被上诉人大田县文体局辩称：田文（2000）第 35 号通知书并非行政处罚，而是对电子游戏经营场所重新审核登记结果的落实。在被上诉人随后正式制作的田文（2000）41 号“关于电子游戏经营场所重新审核登记结果的情况通报”中再次确认了上诉人所经营的大田县成人娱乐中心为不合格单位，原审法院作出驳回上诉人要求重新审批颁发文化经营许可证的诉讼请求是正确的。

2. 二审事实和证据

二审法院查明的事实和证据与一审法院查明的事实和证据一致。

3. 二审判案理由

福建省三明市中级人民法院认为：被上诉人大田县文体局于 2000 年 11 月 9 日送达给上诉人的（2000）田文第 35 号“通知”中虽然是以“通知”的名义作出的，但其内容确定、对象清楚、适用法律明确、处罚种类具体，因此，（2000）田文第 35 号“通知”应认定是行政处罚行为。根据《中华人民共和国行政处罚法》第四十二条规定，行政机关作出责令停产停业、吊销许可证或者执照等行政处罚之前，应当告知当事人有要求举行听证的权利。本案被上诉人大田县文体局在作出正式行政处罚之前未履行告知程序，属程序违法；此外，根据国务院 1999 年 3 月 26 日颁布的《娱乐场所管理条例》第三十五条第（五）项之规定，并未授权文化行政管理部门可以吊销文化经营许可证、责令娱乐经营场所关闭等处罚权限，而被上诉人大田县文体局所作的田文（2000）第 35 号“通知”既违反了法定程序，又超越了行政职权，其所作的行政处罚行为是无效的行政行为。因被上诉人（2000）第 35 号“通知”是违法行政，导致大田县成人娱乐中心停业期间的损失应由被上诉人予以赔偿；田文（2000）第 35 号“通知”既已被认定为无效行政行为，则该行为从法律后果上看不受法律承认和保护，自始不发生法律效力，上诉人持有的田文字第 972013 号文化经营许可证仍然有效。对被上诉人大田县文体局作出的田文（2000）41 号“关于电子游戏经营场所重新审核结果的情况通报”中明确大田县成人娱乐中心为不合格单位，原发放的文化经营许可证正、副本一并注销的具体行政行为，因上诉人并未对该行政行为提起诉讼，所以该“情况通报”的法律效力本院不予审查；上诉人要求大田县文化行政主管部门重新审批颁发文化经营许可证的诉讼请求失去事实基础，该项诉讼请求应予驳回。

4. 二审定案结论

福建省三明市中级人民法院根据《中华人民共和国行政诉讼法》第六十一条第（一）项之规定，作出如下判决：

驳回上诉，维持原判。

上诉案件受理费400元，由上诉人连保坛、黄兴城承担。

**(七) 解说**

本案共有三个争议焦点：一是大田县文体局（2000）第35号文是否是行政处罚？二是大田县文体局是否有权力对文化娱乐经营场所进行“责令停业、关闭”的行政处罚？三是原告要求大田县文体局重新审核文化经营许可证是否符合法律规定？

关于第一个争议焦点，被告大田县文体局在答辩状及一、二庭审中均一再声称其（2000）第35号文是对原告文化经营许可证“重新审核”合格与否的告知书，不是行政处罚行为，虽然该通知中有“吊销文化经营许可证、责令停业、关闭”等字眼，但该字眼系笔误。本案的一、二审经庭审均认为大田县文体局于2000年11月8日作出并于同年11月9日送达的（2000）田文第35号“通知”中虽然冠以“通知”的名义，但其内容确定、针对对象清楚、适用法律明确、处罚种类具体，因此，田文（2000）第35号“通知”实质上是行政处罚行为，被告辩称是笔误的理由不能成立。根据《中华人民共和国行政处罚法》第三十一条、三十二条、四十二条之规定，行政机关作出责令停产停业、吊销许可证或者执照等行政处罚之前，应当告知当事人给予行政处罚的事实、理由和依据及要求举行听证的权利，大田县文体局在作出正式行政处罚决定未履行告知程序，属程序违法，因此其所作出的行政处罚决定是不能成立、无效的，根据最高人民法院《关于执行〈中华人民共和国行政诉法〉若干问题的解释》第五十七条第二款第（三）项之规定，无效的具体行政行为自始没有效力，人民法院经审理可以依据该解释作出确认无效的判决。因大田县文体局所作的（2000）第35号“通知”的违法行政，导致大田县成人娱乐中心停业期间的损失应以赔偿，因此，原告的第三项诉讼请求即要求赔偿100元损失的诉讼请求也相应得到人民法院支持，一、二审法院均判决确认被告大田县文体局所作的（2000）第35号“通知”无效并赔偿原告连保坛、黄兴城经济损失100元是完全正确的。

关于第二个争议焦点，根据国务院1999年3月26日颁布的《娱乐场所管理条例》第三十五条第（五）项之规定，对于娱乐场所提供具有赌博功能的游戏机机型、机种、电路板的，由文化行政主管部门责令改正，给予警告，责令停业整顿，没收违法所得，违法所得2 500元以上的，并处违法所得2倍以上4倍以下的罚款，没有违法所得或者违法所得不足2 500元的，并处2 500元以上10 000元以下的罚款，情节严重的，由工商行政管理部门吊销营业执照。该罚则中并未授权文化行政管理部门可以吊销文化经营许可证、责令娱乐经营场所关闭等处罚权限，根据《中华人民共和国行政处罚法》和《中华人民共和国立法法》之规定，只有法律、行政法规、地方性法规才可以设定责令停产停业及吊销个人营业执照处罚种类，大田县文体局依据部门专项治理的规范性文件作出“责令停产停业”的田文（2000）第35号“通知”超越了行政职权，依法应予以撤销，由于该“通知”同时还违反法定程序已被确认为无效，再作出撤销判决没有必要，因此一、二审法院只作出确认该“通知”为无效判决是正确的。

关于第三个争议焦点，原告所开办的大田县成人娱乐中心曾经设置了具有赌博功能的游戏机，虽然在被大田县公安局责令停业整顿治安处罚后得到纠正，但公安局的治安处罚行为不能替代文化行政主管部门的行政行为，大田县成人娱乐中心依照公安局的要求进行整改之后并不必然可以请求文化行政主管部门进行重新审核发证，因此各级文化行政主管部门有权依据国务院办公厅转发文化部等部门的《关于开展电子游戏经营场所专项治理意见的通知》的要求对电子游戏经营场所进行重新审核登记，对有违反该通知规定之情形的，则可以依据该通知不予重新核发文化经营许可证。而本案中的原告的行为恰恰符合该通知第三条第七项所规定的内容，不能因为当时被处罚的仅只是股东之一的陈其海且现已退出经营而否认大田县成人娱乐中心曾设置了具有赌博功能的游戏机的事实，原告要求重新审核文化经营许可证得不到支持是基于自身的违法经营行为而引起的，与被告没有任何法律上的因果关系。对于原告所经营的大田县成人娱乐中心要求重新审核文化经营许可证的问题，被告大田县文体局在2000年12月26日发出的田文（2000）41号“关于电子游戏经营场所重新审核结果的情况通报”中已经明确不予重新审核，原告如果不服，可以就该通报中所确定的不合格的行为提起行政诉讼，但该诉讼是另一法律关系。因原告对被告2000年12月26日所作的田文（2000）41号“关于电子游戏经营场所重新审核结果的情况通报”没有起诉，对其效力一、二审法院依法不予以审查，因此驳回原告的重新审核文化经营许可证诉讼请求是完全正确的。

（陈来晴　肖首亮）

## 25. 郑细（世）清诉仙游县教育局不履行教育行政委托培养合同案

### （一）首部

1. 判决书字号

一审判决书：福建省仙游县人民法院（2001）仙行初字第18号。

二审判决书：福建省莆田市中级人民法院（2001）莆中行终字第58号。

2. 案由：不服不履行教育行政委托培养合同案。

3. 诉讼双方

原告（上诉人）：郑细（世）清，女，1974年9月9日出生，汉族，学生。

委托代理人（一审）：林庆元，仙游县法律服务中心法律工作者。

委托代理人（二审）：蔡德火、邱智勇，福建律海律师事务所律师。

被告（被上诉人）：福建省仙游县教育局。

法定代表人：郑金盛，局长。

委托代理人（一、二审）：卢清泉，福建仙游竭诚律师事务所律师。

4. 审级：二审。

5. 审判机关和审判组织

一审法院：福建省仙游县人民法院。

合议庭组成人员：审判长：周金华；代理审判员：陈绍坚；人民陪审员：余启松。

二审法院：福建省莆田市中级人民法院。

合议庭组成人员：审判长：吴明贤；审判员：郑炳荣；代理审判员：郑玉步。

6. 审结时间

一审审结时间：2001 年 6 月 5 日。

二审审结时间：2001 年 8 月 30 日。

**（二）一审情况**

1. 一审诉辩主张

（1）被诉具体行政行为：1996 年 10 月 30 日，被告仙游县教育局与代培单位福建广播电视大学莆田分校签订“委托培养学生合同书”，约定被告委托福建广播电视大学莆田分校培养包括原告郑细清在内的九名学生学习政治教育专业，学制三年，取得学籍和大专毕业文凭后，由被告负责录用安排到有关学校工作。原告于 1999 年 7 月取得学籍和大专毕业文凭后，多次请求被告履行合同安排工作，被告以回家等待早晚会安排及属于人事职能部门为由，拒不履行合同约定的义务。

（2）原告诉称：被告与福建广播电视大学莆田分校于 1996 年 10 月 30 日所签订的“委托培养学生合同书”，以及被告于同日向莆田市教委所作的书面“报告”，充分印证被告与原告间事实上确立了行政委培合同；被告是仙游县人民政府主管教育的行政职能部门，有权录用并安排原告到中学任教，故原、被告间事实上确立的行政委培合同合法有效；原告已取得学籍并于 1999 年 7 月取得大专毕业文凭，履行了委培合同约定的义务，但被告以回家等待早晚会安排及安排工作属于人事部门的职能为由，拒不履行委培合同所承诺的分配原告工作的义务；原告不服被告不履行行政委培合同的不作为行为，向法院提起行政诉讼，属于行政诉讼的受案范围，不属于人事争议纠纷，具有可诉性；原告的起诉期限符合最高人民法院《关于执行〈中华人民共和国行政诉讼法〉若干问题的解释》第四十一条第（一）款所规定的二年，未超过起诉期限。故请求判令被告立即履行行政委培合同，录用安排原告正式编制的教师工作岗位。

（3）被告辩称：1996 年 10 月 30 日“委托培养学生合同书”及书面“报告”属实。但是，原告起诉所依据的“委托培养学生合同书”，是被告与福建广播电视大学莆田分校之间签订的，原告不是该合同的一方当事人，不能作为合同的主体，且被告没有与原告签订委培合同，原告提起诉讼不具有诉讼主体资格；根据人事部《人事争议处理暂行规定》第二条规定，原、被告间的纠纷属人事录用争议，原告应当申请人事争议仲裁，不属于人民法院行政诉讼的受案范围；“委托培养学生合同书”是被告与福建广播电视大学莆田分校之间的基本合同，不是涉他合同中的第三人利益合同，原告不是该合同的第三人，不享有该合同的权利义务，从合同的形式上看，原告应属于该合同的标的，但不具有合同标的应当具备的要件，系属合同标的不能，该合同中约定的关于原告权利义务的内容无效；即使“委托培养学生合同书”属于第三人利益合同，因原告是非师范类毕业生，被告没有录用和分配的权利和职能，原告在享有合同权利时，其所享受的权利有瑕疵；原告应根据《中华人民共和国行政诉讼法》第三十九条的规定，在 1999 年 7 月毕业后 3 个月内提出起诉，原告的起诉超过诉讼时效。故请求驳回原告的诉讼请求。

2. 一审事实和证据

仙游县人民法院经公开审理查明：原告郑细清系 1996 年高考落榜生。1996 年 10 月 30 日，被告仙游县教育局与福建广播电视大学莆田分校签订“委托培养学生合同书”，双方约定：（1）1996 年甲方（指仙游县教育局）委托乙方（指福建广播电视大学莆田分校）

培养政治教育专业，学生：叶凌霞、林志峰、陈剑涵、林剑雄、李志新、林爱霞、林福、郑世清、郑金定等九人，学制三年；（2）委托培养费由学生负责；（3）学生从仙游县高中毕业生或职业中专毕业生中录取；（4）委托培养的学生经过电大入学考试取得学籍后，经过各学期考试，成绩合格取得大专毕业文凭后，由甲方负责录用安排到有关学校工作，乙方不得以任何理由截留。同日，被告仙游县教育局向莆田市起草书面“报告”：莆田市教委委托省广播电视大学莆田分校培养中学政治教师，全市计100名，莆田县60名，根据我县中学仍缺少政教学科教师的实际情况，决定向市教委联系［委培名额附后（指上述九名学生）］，学制三年，待学生毕业后，由我县录用分配到中学任教。分管教育的副县长李新贤在该报告上签署“同意教育局意见”。之后，原告于1996年间进入福建广播电视大学莆田分校预科学习一年，于1997年参加全国成人教育考试，取得福建广播电视大学莆田分校学籍，于1999年7月取得福建广播电视大学成人高等教育毕业证书，学校编号C9903032，其内容为：学生郑细清，性别女，1974年9月9日出生，于1997年9月至1999年7月在本校（院）政史专业脱产学习，修完二年制专科教学计划规定的全部课程，成绩合格，准予毕业。在学期间，原告每年向福建广播电视大学莆田分校交纳委培费人民币2 200元。之后，原告多次向被告请求录用安排工作，被告至今未对包括原告在内的九名毕业生作出安置。原告不服，于2001年3月22日诉至本院请求处理。

上述事实有下列证据证明：

（1）学校编号为C9903032成人高等教育毕业证书。

（2）1996年10月30日“委托培养学生合同书”。

（3）1996年10月30日分管教育的副县长李新贤签署意见的莆田市教委书面报告（该报告附有包括原告在内的九名学生名单）。

（4）2001年3月20日福建广播电视大学莆田分校“证明”。

（5）庭审中，原、被告对原告系1996年高考落榜生及被告至今未对包括原告在内的九名毕业生作出安置的事实无异议。

3．一审判案理由

仙游县人民法院根据上述事实和证据认为：《中华人民共和国教育法》第十五条第（二）款规定：“县级以上地方各级人民政府教育行政部门主管本行政区域内的教育工作。”依据《中共中央关于教育体制改革的决定》，“用人单位委托招生制度成为国家招生计划的重要补充，委托单位要按议定的合同向学校交纳一定数量的培养费，毕业生应按合同规定到委托单位工作”，确立了我国的委培制度，成为国家招生计划的重要补充。依据《中华人民共和国教育法》第十九条第（一）、（三）款规定，“国家实行职业教育制度和成人教育制度”，“国家鼓励发展多种形式的成人教育，使公民接受适当形式的政治、经济、文化、科学、技术、业务教育和终身教育”，确立了我国的成人教育制度。依据中共中央、国务院《中国教育改革和发展纲要》，“成人教育是传统学校教育向终生教育发展的一种新型教育制度，……九十年代，要适应经济建设、社会发展和从业人员的实际需要，积极发展。要本着学用结合、按需施教和注重实效的原则，把大力开展岗位培训和继续教育作为重点，重视从业人员的知识更新”，“成人学历教育要加强和普通学校的联系与合作，努力体现成人教育的特色，注重提高质量”，可见，成人教育的对象是从业人员，旨在岗位培训和提高学历。被告仙游县教育局是仙游县人民政府主管教育的行政职能部门，其主要职责是根据上级教育行政部门和本级人民政府的规划、决定和指示制定本行政区内的基础教育、师范教育事业的发展规划，组织、管理本地区的招生工作等。被告在实施教育行政管理职能过程中，根据上级教育行政部门和仙游县人民政府的规划、决定、指示，可以作为用人单位，在国家招生计划内与委培学生签订教育行政委培合同，并有义务按委培合同的约定安排委培毕业生的工作。本案中，原告虽未与被告仙游县教育局直接签订书面的教育行政委培合同，但被告与福建广播电视大学莆田分校于1996年10月30日签订的"委托培养学生合同书"，及被告于同日向莆田市教委所作的书面"报告"，均针对包括原告在内的9名学生这一特定对象，且福建广播电视大学莆田分校及原告也完全按1996年10月30日"委托培养合同书"所约定的内容履行了义务，应视为原、被告间确立了事实上的教育行政委培合同关系，本案属于行政诉讼的受案范围，原告郑细清是适格的原告主体，被告辩称原告是委培合同的标的，不是委培合同关系的主体，不具有行政诉讼的主体资格，以及原告的请求应属人事争议仲裁调整的范围的理由不能成立；但是，被告仙游县教育局明知原告是1996年高考落榜生，不属于国家招生计划的对象，不属于委培的对象，且未经仙游县人民政府或莆田市教委批准，擅自与原告确立事实上的教育行政委培合同关系，系属超越职权的行为，被告因超越职权与原告间所确立的事实上的教育行政委培合同无效，原告主张委培合同合法有效及被告辩称委培合同权利瑕疵的理由均不能成立；被告在不履行录用原告到中学任教的合同义务时，未告知原告诉权或者起诉期限，起诉期限从原告知道或应当知道诉权或者起诉期限之日起计算，但最长不得超过二年，原告郑细清的起诉符合最高人民法院《关于执行〈中华人民共和国行政诉讼法〉若干问题的解释》第四十一条第一款的规定，被告辩称原告的起诉超过诉讼时效的理由不能成立。故原告郑细清请求被告履行录用原告任教的教育行政委培合同义务的理由不能成立，依法应予驳回。

4. 一审定案结论

福建省仙游县人民法院依据最高人民法院《关于执行〈中华人民共和国行政诉讼法〉若干问题的解释》第五十六条第（四）项之规定，作出如下判决：

驳回原告人郑细清要求被告人仙游县教育局履行教育行政委培合同的诉讼请求。

本案诉讼费200元，由原告人郑细清负担。

**（三）二审诉辩主张**

1. 上诉人（原审原告人）诉称：委培系经分管教育副县长李新贤同意，并由被告报莆田市教委，符合"社会调节性"招生要求，被告没有超越职权，原、被告间所形成的委培关系合法有效。一审判决认定事实错误，适用法律不当，请求撤销一审判决，判决被上诉人履行教育行政委培合同所确认的义务。

2. 被上诉人（原审被告人）的辩护意见与一审一致。

**（四）二审事实和证据**

福建省莆田市中级人民法院经公开审理查明的事实，与一审判决认定的事实基本一致。但又查明：上诉人根据1996年7月25日福建广播电视大学莆田分校与莆田市人事局人才交流服务中心联合发布的招生简章（该简章规定，政治教育专业的学生，户口在莆田县的学生根据已签订的委培协议由莆田县教育局安排到初级中学任教。非在职学生，入学时可与市人事局人才交流服务中心签订就业推荐协议），向福建广播电视大学莆田分校报名参加招生考试。

上述事实有下列证据证明：

1. 一审提供的证据。

2.1996 年福建广播电视大学莆田分校与莆田市人事局人才交流服务中心联合发布的招生简章。

**（五）二审判案理由**

福建省莆田市中级人民法院根据上述事实和证据认为：上诉人根据“招生简章”向福建广播电视大学莆田分校报名，没有与被上诉人直接签订书面的教育行政委培合同或协议书。被上诉人虽与福建广播电视大学莆田分校签订“委托培养学生合同书”及向莆田市教委作书面报告，但未经莆田市教委批复或仙游县人民政府行文批准。因此，上诉人与被上诉人之间形成事实上的教育行政委培关系不是合法有效的，没有法律上的约束力。上诉人的上诉理由不能成立，其要求被上诉人履行义务的诉讼请求本院不予支持。一审判决正确，程序合法，应予维持。

**（六）二审定案结论**

福建省莆田市中级人民法院依据《中华人民共和国行政诉讼法》第六十一条第（一）项的规定，判决如下：

驳回上诉，维持原判。

本案二审案件受理费 100 元，由上诉人郑细清负担。

**（七）解说**

近两年来，学生状告教育局不履行教育行政委培合同是行政审判中遇到的新问题。随着此类诉讼案件的不断增多，并在报刊杂志上披露，教育行政合同日益成为人们关注的热点问题。我国法律法规目前尚未对“行政合同”作出具体明确的规定，它仅仅是行政法学理论的一个概念而已。教育行政委培合同作为“行政合同”中的一种类型，因此引起的行政诉讼就成为行政审判中的难点问题。

本案与上述案件案情不同：(1) 确立委培合同关系的方式不同。上述案件的原、被告均签订了书面委培合同；本案的原、被告没有直接签订书面委培合同，但双方形成事实上的教育行政委培关系。(2) 学生的性质不同。上述案件的原告在委培时都上了高考或中考分数线，属于国家招生计划内的对象；本案的原告在委培时是高考落榜生，不属于国家招生计划的对象。(3) 招生的方式不同。上述案件的委培都发生在国家统一招生（指高考招生和中考招生）过程中；而本案中所谓的委培发生在国家统一招生之外，且未经上级教育行政主管部门或本县人民政府批准。(4) 委培费的承担不同。上述案件中的委培费大都由委培单位即教育局交纳；而本案中的委培费由原告本人交纳。

本案争议的焦点：(1) 原、被告间是否确立教育行政委培合同关系；(2) 原、被告间所确立的教育行政委培合同关系是否合法有效；(3) 原告的起诉是否超过起诉期限。正确分析本案争议的这三个焦点并予以认定，是处理好本案的关键。一、二审法院都紧紧抓住这一问题。

随着我国市场经济体制的建立和不断完善，以及我国加入世贸组织，政府的单纯管理职能将逐步弱化，“小政府，大社会”的服务管理格局正在形成，被认为“是民事合同制度在行政领域中的具体运用”的行政合同，在实施行政管理的过程中，将发挥着越来越重要的作用。通过对不履行教育行政委培合同案件的审判，不仅能促进依法行政水平的提高，而且对“行政合同”立法的早日出台及不断完善，提供丰富的实践依据。

（周国平　陈绍坚）

## 26. 陈顺烟等16人诉莆田市教育委员会不予安排就业及请求行政赔偿案

**（一）首部**

1. 判决书字号

一审判决书：福建省莆田市城厢区人民法院（2001）城行初字第20号。

二审判决书：福建省莆田市中级人民法院（2001）莆中行终字第101号。

2. 案由：不服不履行安排就业职责案。

3. 诉讼双方

原告（上诉人）：陈顺烟、陈的锦、苏世荣、颜李梅、陈加本、李志祥、黄志坚、王榕榕、陈文翰、陈伯兴、陈凤英、董秀兰、连哲潜、康晓艳、张伟、郑祖雄16人。

委托代理人（一、二审）：陈明添、陈建彬，福建信德律师事务所律师。

被告（被上诉人）：莆田市教育委员会。

法定代表人：姚志平，主任。

委托代理人（一、二审）：郑新平、李光金，福建众益律师事务所律师。

4. 审级：二审。

5. 审判机关和审判组织

一审法院：福建省莆田市城厢区人民法院。

合议庭组成人员：审判长：宋国仁；审判员：卓金晃、曾广霖。

二审法院：福建省莆田市中级人民法院。

合议庭组成人员：审判长：郑炳荣；代理审判员：黄玉芳、郑玉步。

6. 审结时间

一审审结时间：2001年9月18日。

二审审结时间：2001年12月27日。

**（二）一审诉辩主张**

1. 被诉具体行政行为：原告陈顺烟等16名电大毕业生以被告莆田市教委不予就业安置，属不依法履行职责。请求被告作出就业安置的具体行政行为。

2. 原告诉称：原告属于国家计划内统一招生录取的福建广播电视大学师范专业毕业生，被告应负责安排他们在教育系统内就业，但被告拒不履行就业审批手续，不予分配工作，侵害了原告的合法权益，请求判令被告依法录用原告并立即安排原告就业，并赔偿原告经济损失每人15 000元。

3. 被告辩称：其虽与福建省广播电视大学莆田分校签订过定向培养学生协议书，但后因实行并轨招生，福建省高招办及主管部门均未审核同意，故协议没有生效。原告不能成为计划内师范类学生，只能根据就业政策和社会需要实行双向选择、自主择业。被告无义务也无权利为原告安排就业。请求依法判决驳回原告的诉讼请求。

**（三）一审事实和证据**

莆田市城厢区人民法院经公开审理查明：1997 年 4 月 30 日被告莆田市教委（作为甲方）与福建电大莆田分校（作为乙方）签订定向培养学生协议书，该协议约定：定向培养师范数学专业学生 50 人；学生在校期间，每年可享受定向奖学金 300 元，由乙方按时付给学生；定向学生毕业后由甲方单位负责安排工作；协议应送省高招办审核，经复核列入计划后方可生效等条款。1997 年 5 月 8 日省教委、计委以闽教（1997）计 24 号通知："自 1997 年全省普通高校全面实行并轨招生"，并规定"学生毕业时，除领取定向奖学金的学生按合同定向选择就业外，其他学生根据国家就业政策和社会需求实行双向选择，自主择业"。此后，因被告与省电大莆田分校的协议书没有经省高招办审核，原、被告之间也没有签订任何协议。原告 16 人于 1997 年参加统考，当年 9 月份被电大莆田分校录取为数学教育专业学生，学习 2 年，在校期间费用自负，也没有领取定向奖学金。1999 年 7 月取得数学教育大专文凭。原告毕业后要求被告按计划内师范类毕业生给予安排就业。被告认为原告不属计划内师范类毕业生，且双方之间没有委培合同关系，拒绝给予就业安排。1999 年 9 月 30 日，莆田市人民政府（1999）第 83 期会议纪要确认原告未履行师范类学生的委培手续和未经省高招办批准，不属于计划内师范类毕业生，政府不予负责分配。为解决原告今后择业需要，2000 年 1 月 19 日，莆田市人民政府（2000）第 5 期办公会议纪要决定由被告负责到省教委统一办理原告的派遣证和报到证，并移交给生源所在地的各县（区）、管委会教育人才交流中心保管，各县（区）、管委会教育主管部门可根据本地区教育事业发展的需要，对电大毕业生择优录、聘用，各教育人才交流中心负责推荐，并办理有关手续。原告因得不到就业安置，遂向人民法院提起行政诉讼。

上述事实有下列证据证明：

1. 被告与电大莆田分校签订的定向培养学生协议书。

2. 闽教（1997）计 24 号"关于下达 1997 年福建省电大普通专科班招生计划的通知"。

3. 莆田市人民政府（1999）83 期办公会议纪要。

4. 莆田市人民政府（2000）5 期办公会议纪要。

5. 福建省教委闽教（1999）人 60 号"关于做好 1999 福建省师范专业毕业生就业工作的通知"。

**（四）一审判案理由**

莆田市城厢区人民法院根据上述事实和证据认为：被告莆田市教委原确有定向委培师范类学生的意向，并与省电大莆田分校签订"定向培养学生协议书"，但按该协议约定，协议书须经省教委审核后才能生效。由于自 1997 年起全省实行并轨招生，双方签订的协议未能得到省教委的审批，致该协议无效。此后协议书内容也未实际履行，被告也未直接与原告签订任何协议，双方不存在委培行政合同关系。原告诉称其属于计划内师范毕业生，缺乏事实根据和法律依据，现请求被告给予就业安置并赔偿经济损失理由不足，不予支持。

**（五）一审定案结论**

福建省莆田市城厢区人民法院依照最高人民法院《关于执行〈中华人民共和国行政诉讼法〉若干问题的解释》第五十六条第（一）项的规定，作如下判决：

驳回原告陈顺烟等16人要求被告莆田市教育委员会给予安排就业并赔偿经济损失的诉讼请求。

本案案件受理费6 210元，由原告陈顺烟等16人负担。

**（六）二审情况**

1. 二审诉辩主张

（1）上诉人（原审原告）陈顺烟等16人诉称："定向培养学生协议书"合法、有效，上诉人在该协议签订后被电大录取并取得毕业证书，说明协议已实际履行；被上诉人有权签订协议，未经省教委审批不影响效力，被上诉人为上诉人申领派遣证，省教委同意签发派遣证，说明追认了协议。上诉人应属于计划内统一招收的师范类毕业生，按规定，被上诉人应为上诉人安排就业。

（2）被上诉人（原审被告人）辩称：定向培养学生协议书是被上诉人与电大莆田分校签订的，而不是与上诉人签订的。该协议约定须经省教委审批后方能生效。上诉人被录取及领取毕业证书是与电大莆田分校履行教育、被教育关系，不是履行定向培养学生协议。被上诉人虽是教育主管部门，但涉及招生、分配仍应执行省教委、省计委下达的计划，履行审批手续，否则越权。请求二审法院判决驳回上诉，维持原判。

2. 二审事实和证据

二审认定的案件事实和证据与一审认定的事实和证据一致。

3. 二审判案理由

莆田市中级人民法院认为：被上诉人与省电大莆田分校签订的"定向培养学生协议书"，因没有得到省教育主管部门的审核而无效。且上诉人与被上诉人没有签订任何协议，不存在委培行政合同关系，故上诉人不属闽教（1997）计24号文和闽教（1999）人60号文规定的由国家负责安排就业的范围。上诉人要求被上诉人负责安排就业缺乏有关法律、政策依据，其上诉理由不能成立。

4. 二审定案结论

福建省莆田市中级人民法院依照《中华人民共和国行政诉讼法》第六十一条第（一）项的规定，作如下判决：

驳回上诉，维持原判。

本案一、二审受理费各100元，由上诉人陈顺烟等16人负担。

**（七）解说**

大、中专毕业生如何安置就业，缺乏法律依据，主要是依据各级政府的政策性文件和教育行政委托合同等。由于教育改革，前几年我国教育政策变动较大，且政出多门，各地发展不平衡。根据上诉人提供的证据综合分析，因本市两级教育有关部门为解决这批电大毕业生的就业，确实有将上诉人以计划内师范毕业生的名义，向各自的上级汇报情况和为努力争取就业指标而行文，但仅凭这些没有得到有权机关审批的单方行文，要认定上诉人属计划内师范毕业生缺乏直接的证明效力。因此，本案要认定被上诉人是否负有安排上诉人就业的法定职责或义务，应以上诉人与被上诉人之间是否签订教育行政委托合同和省教委的规范性文件为依据。

1. 上诉人与被上诉人之间是否存在定向培养行政合同关系。

行政合同是指国家行政主体行使职能，与公民、法人或其他组织相互意思表示一致而达成的协议。被上诉人虽与福建省广播电视大学莆田分校签订了“定向培养学生协议”，但因闽教（1997）计24号文的通知，招生政策发生了变化，致使该“协议”没有得到省教育主管部门的审核，从而被上诉人与上诉人之间也没有再签订任何协议（即教育行政合同）。上诉人在学期间费用自负且没有领取“定向奖学金”。据此，上诉人与被上诉人之间从书面形式和事实上均无形成定向培养的行政合同关系。上诉人考入电大学习至毕业，只不过是与福建省广播电视大学之间形成教育与被教育权利义务关系。

2. 上诉人是否符合教育行政政策性文件规定的国家必须负责安排就业的条件。

福建省教委、省计委闽教（1997）计24号文规定（该文抄报国家教委、国家计委、福建省人民政府）：学生毕业时，除领取定向奖学金的学生按合同定向就业外，其他学生根据国家就业政策和社会需求实行双向选择、自主择业。闽教（1999）人60号文规定：国家任务计划招收的师范毕业生，原则上由国家负责在教育系统内安排就业；委托和定向培养的学生按协议就业；省电大计划内招收的师范专业毕业生中，入学前与市（地）县教育局签订协议的毕业生，必须使用我委统一印制的审批表，经接收的市（地）县（市、区）教育行政部门同意，集中由省电大学生处上报我委审批。根据上述两份教育行政部门的政策性文件，因上诉人非国家任务招收的师范类学生，又未能与被上诉人直接签订定向委培协议，且没有领取定向奖学金，也未经愿意接收的市、县教育部门同意及上报审批，所以，上诉人不符合教育行政政策性文件规定的国家必须安排就业的条件。

3. 关于上诉人的派遣报到证问题。一是上诉人的派遣报到证是被上诉人市教委根据市府（2000）第5期办公会议纪要的要求为上诉人办理的；二是该会议纪要指出上诉人的派遣报到证应移交给生源所在地教育人才交流中心保管，各地可根据教育事业发展需要，对电大毕业生择优聘用，因此，上诉人的派遣报到证不能作为被上诉人负有必须安排就业义务的依据。关于盖省高招办录取专用章的咨询函的答复内容，因不是盖省高招办的公章，所以不具有证明效力。

综上所述，上诉人要求被上诉人必须负责安排就业缺乏有关政策和合同依据。被上诉人没有为上诉人安排就业的法定职责或义务。同理，上诉人要求被上诉人赔偿因不予安排就业的不作为行为造成的工资和差旅费损失也缺乏事实依据，且上诉人对该赔偿金额也没有提供证据证实。因此，上诉人的上诉理由不能成立，一审判决驳回原告（上诉人）要求被告（被上诉人）莆田市教育委员会给予安排就业并赔偿经济损失的诉讼请求，认定事实清楚，适用法律正确，程序合法，应予维持。但是，上诉人是因认为被上诉人不作为的具体行政行为，侵害其合法权益，造成经济损失而提起国家行政赔偿。根据《国家赔偿法》第三十四条的规定，对上诉人提起国家行政赔偿不应收取诉讼费。一审把上诉人要求行政赔偿的数额计算诉讼费，判决案件受理费6 210元由原告负担，不符合有关法律规定，应纠正为按一般行政案件收费。

（郑炳荣　宋国仁）

# 27. 陈益贵诉宜昌市卫生局颁发医疗机构执业许可证侵权案

**（一）首部**

1. 判决书字号

一审判决书：湖北省宜昌市伍家岗区人民法院（2001）伍行初字第5号。

二审判决书：湖北省宜昌市中级人民法院（2001）宜中行终字第31号。

2. 案由：颁发医疗机构执业许可证侵权案。

3. 诉讼双方

原告（上诉人）：陈益贵，男，汉族，1963年5月7日出生，无业。

委托代理人（一审）：刘全林，湖北天宜律师事务所律师。

被告（被上诉人）：宜昌市卫生局。

法定代表人：周国彬，局长。

委托代理人（一、二审）：刘雄，该局医政科科长。

委托代理人（一、二审）：史俊林，该局医政科干部。

4. 审级：二审。

5. 审判机关和审判组织

一审法院：湖北省宜昌市伍家岗区人民法院。

合议庭组成人员：审判长：刘亦兵；审判员：宋亮、李莉。

二审法院：湖北省宜昌市中级人民法院。

合议庭组成人员：审判长：向培容；审判员：曹斌；代理审判员：闵珍斌。

6. 审结时间

一审审结时间：2001年9月17日。

二审审结时间：2001年11月29日。

**（二）一审诉辩主张**

1. 被诉具体行政行为：被告宜昌市卫生局于1998年10月1日向灵草堂诊所颁发了登记证号为00934205103132的医疗机构执业许可证，该证上表明诊所法定代表人和主要负责人均是田秀彩。原告陈益贵认为被告宜昌市卫生局的这一具体行政行为侵害了其合法权益，遂向宜昌市伍家岗区人民法院提起行政诉讼。

2. 原告诉称：灵草堂诊所（原田秀彩中医诊所）自1995年创办以来一直由我担任负责人，并办理了登记号为00524205144135的医疗机构执业许可证，该证上表明诊所法定代表人和主要负责人均是陈益贵。1998年10月16日因经营需要，我向被告提出执业地点变更申请。1999年6月28日我收到经被告变更后的医疗机构执业许可证（登记号为00934205103132）。我发现该证的法定代表人和负责人栏被更换为田秀彩，并立即向被告提出异议并要求予以改正，但被告一直不予理睬，这一错误的具体行政行为致使我无法开展医务工作，长期处于无业状态。故请求人民法院：（1）依法撤销被告于1998年10月1日所发医疗机构执业许可证（登记号为00934205103132）；（2）责令被告对登记号为00934205103132的医疗机构执业许可证的负责人进行变更（即由田秀彩变更为陈益贵）；（3）本案的诉讼费用由被告承担。

3. 被告辩称：1999年我局按照《医疗机构管理条例》、《医疗机构管理条例实施细则》及《湖北省医疗机构管理实施办法》的有关规定，对1994年9月1日以前经卫生行政部门批准，已经开始执业的医疗机构重新审核登记注册。田秀彩中医（草）诊所（变更后为灵草堂诊所）虽是1995年7月登记注册的，但是已过了三年有效期，且该诊所欲变更执业地址，因此我局对其进行了重新审核。根据该所1994年12月7日的医疗机构申请执业登记注册书，以及我局于1995年7月1日颁发的登记号为0052405144135的医疗机构执业许可证（正本）上所填写的法定代表人和主要负责人均是田秀彩这一事实，于1998年10月1日向该诊所颁发了登记号为00934205103132的医疗机构执业许可证（该证上诊所法定代表人和负责人仍为田秀彩）。综上所述，我局在实施更换灵草堂诊所的医疗机构执业许可证这一具体行政行为时，适用法律、法规正确，程序合法，请求人民法院驳回原告的诉讼请求。

**（三）一审事实和证据**

宜昌市伍家岗区人民法院经审理查明：1994年12月7日田秀彩以田秀彩中医（草）诊所法定代表人和负责人的名义向被告宜昌市卫生局申请注册医疗机构执业许可证，1995年7月1日被告宜昌市卫生局向其颁发了医疗机构执业许可证，其登记号为00524205144135，该证上所登记的法定代表人和主要负责人均为田秀彩，其时原告陈益贵为该所职工。1998年田秀彩中医（草）诊所从虎亭区迁至宜昌市西陵区东山大道92号执业。因其医疗机构执业许可证已过期，且已变更名称（灵草堂诊所）和执业地点，被告宜昌市卫生局便对其进行了重新审核，并于1998年10月1日向该所颁发了登记号为00934205103132的医疗机构执业许可证，其法定代表人和负责人仍为田秀彩。本院同时查明原告陈益贵于1999年、2000年先后两次参加全国执业医师考试均不合格，未取得医师执业证书。

上述事实有下列证据证明：

1.1994年12月7日田秀彩填写的医疗机构申请执业登记注册书。

2.1995年7月1日被告向原田秀彩中医（草）诊所颁发的登记号为00524905144135的医疗机构执业许可证正本复印件。

3. 证实陈益贵1999、2000年参加全国执业医师考试不合格，不具备设立诊所的条件，执业医师资格考试宜昌考点办公室的证明。

4.《医疗机构管理条例》、《医疗机构管理条例实施细则》及《湖北省医疗机构管理实施办法》。

**（四）一审判案理由**

合议庭认为，被告宜昌市卫生局于1998年10月1日向灵草堂诊所颁发登记号为00934205103132的医疗机构执业许可证，是在审查了该所于1994年12月7日填写的医疗机构申请执业登记注册书和原00524205144135号医疗机构执业许可证，并确认其法定代表人和负责人均为田秀彩后，实施的具体行政行为，实施行为的依据是具备法律效力的

《医疗机构管理条例》、《医疗机构管理条例实施细则》及《湖北省医疗机构管理实施办法》的有关规定，而原告陈益贵并非诊所负责人，其提供的00524205144135号医疗机构执业许可证（副本）有明显的涂改痕迹，其与被告出示的正本在主要负责人一栏不一致，而正本的可信度更高，因此应以正本所载内容来确认这一事实；同时原告陈益贵在2000年以前经两次参加全国执业医师考试均不合格，未取得执业医师证，依照《医疗机构管理条例实施细则》第十三条的规定，其尚不具备设置诊所的条件，因此其更不能成为田秀彩中医（草）诊所（灵草堂诊所）的负责人，故其要求撤销被告宜昌市卫生局1998年10月1日所发登记号为00934205103132的医疗机构执业许可证和对该所负责人进行变更的诉讼请求，无事实依据，不能成立。

**（五）一审定案结论**

湖北省宜昌市伍家岗区人民法院依照最高人民法院《关于执行〈中华人民共和国行政诉讼法〉若干问题的解释》第五十六条第一款第（四）项的规定，判决如下：

1. 驳回原告陈益贵要求撤销宜昌市卫生局00934205103132号医疗机构执业许可证的诉讼请求。

2. 驳回原告陈益贵要求变更00934205103132号“医疗机构执业许可证”负责人的诉讼请求。

本案诉讼费400元，由原告陈益贵负担。

**（六）二审情况**

1. 二审诉辩主张

上诉人诉称：一审法院认定事实不清，证据不足，适用法律不当。原虎亭灵草堂诊所主要负责人是陈益贵，是1995年4月申请，市卫生局按规定审核批准颁证。1998年10月1日同一主体，在本人不知情的情况下进行了变更。被上述人未经法定程序，强行变更是违法侵权行为，必须承担责任。请求二审法院依法撤销一审判决，保护当事人的合法权益。

被上诉人辩称：我局1998年10月1日颁发的灵草堂诊所的医疗机构执业许可证的法定代表人和负责人是田秀彩，办证事实清楚，证据充分，程序合法，上诉人的诉讼请求无事实依据，请求法院依法公正裁决。

2. 二审事实和证据

二审确认的事实和证据与一审确认的事实和证据相同。

3. 二审判案理由

宜昌市中级人民法院认为：被上诉人宜昌市卫生局是行政法规授权负责医疗机构管理的行政机关，其于1998年10月1日为灵草堂诊所办的登记号为00934205103132的医疗机构执业许可证，是在审查了该所于1994年12月7日的医疗机构申请执业登记注册书和原00524205144135号医疗机构执业许可证，并确认了该所的法定代表人和负责人为田秀彩后，实施的具体行政行为，其颁证行为符合《医疗机构管理条例》、《医疗机构管理条例实施细则》及《湖北省医疗机构管理实施办法》的有关规定，其行为并未侵犯上诉人的合法权益。上诉人认为被上诉人颁证行为事实不清，程序违法，强行变更灵草堂主要负责人，违法侵权，要求撤销原审判决的上诉请求，因无事实和法律根据，法院不予支持。

4. 二审定案结论

湖北省宜昌市中级人民法院依照《中华人民共和国行政诉讼法》第六十一条第（一）项的规定，判决如下：

驳回上诉，维持原判。

二审诉讼费400元，由上诉人陈益贵负担。

**（七）解说**

判断具体行政行为是否违法主要看认定事实是否清楚，执法程序是否错误，实施具体行政行为是否有明确法律依据，其具体操作关键在于对于证据的分析和认定。本案在双方提交的直接证据都有瑕疵的情况下，法院采信被告提供的非直接证据，通过认定原告陈益贵未取得职业医师资格的情况这一事实，得出其不可能合法有效地申请注册成立医疗机构的结论，从而一举否定了原告的全部诉讼请求，这对证据的分析和认定，对全案的处理，起到了高屋建瓴的作用。

（冯晓多）

# 五、劳动、人事、社会保障行政案件

## 28. 冉立华不服北京市东城区人民政府交道口街道办事处信访答复案

### （一）首部

1. 裁定书字号：北京市东城区人民法院（2001）东行初字第46号。

2. 案由：不服信访答复案。

3. 诉讼双方

原告：冉立华，女，35岁，汉族，北京市人，原北京市东城区人民政府交道口街道办事处方砖厂居民委员会副主任，住本市东城区土儿胡同60号。

委托代理人：杜惠言（原告之夫），男，36岁，六桥粮油公司工人，住址同原告。

被告：北京市东城区人民政府交道口街道办事处（以下简称交道口街道办事处）。

法定代表人：王静荣，交道口街道办事处主任。

委托代理人：杨淑玉，交道口街道办事处办公室主任。

4. 审级：一审。

5. 审判机关和审判组织

审判机关：北京市东城区人民法院。

合议庭组成人员：审判长：杨鹏英；审判员：孙运东、周保新。

6. 审结时间：2001年9月25日。

### （二）诉辩主张

1. 被诉具体行政行为：被告交道口街道办事处受东城区人民政府的委托，于2001年2月8日根据《北京市居民委员会选举办法》的有关规定，就原告于2000年12月25日被方砖厂居民代表投票罢免一事，召集居民会议，由居民代表进行投票表决，并于6月18日根据居民代表的投票表决结果形成了复查意见：认为罢免冉立华居委会副主任职务理由充分、事实清楚、程序合法、结果有效。

2. 原告诉称：我于去年2月参加市人事局组织的社区干部招聘考试，4月份被交道口街道办事处聘为社区事业干部；7月参加民选后担任方砖厂居委会副主任职务；8月份参加第五次人口普查工作；11月20日，交道口街道办事处口头通知不再聘我为社区干部；12月25日方砖厂居委会罢免了我的居委会副主任职务。东城区政府信访办收到我对罢免不服的信访后，于2001年1月12日以电话方式委托交道口街道办事处对此事进行复查。2001年2月8日，我被通知参加了由交道口街道办事处主持召开的复查会，并让我在会上进行了申辩。2月19日，东城区政府信访办主任转交给我一份被告于2001年2月12日作出的复查意见。我对此复查意见不服，向区政府提出了行政复议申请。区政府受理后于2001年6月4日作出复议决定，以“交道口街道办事处作出的维持原罢免决定”的复查意见认定有误为由，撤销了该复查意见，并责令被告重新作出；6月19日，我收到被告重新作出的复查意见。现我认为方砖厂居委会罢免理由与事实不符，且参加第二次罢免会议的居民代表不是重新召集的，所以该复查报告认定2001年2月8日居委会罢免有效的结论是错误的，故要求法院撤销被告于2001年6月18日作出的复查意见，并恢复我的社区干部身份。

3. 被告辩称：冉立华担任居委会副主任期间，不善于处理个人与集体的关系，政策水平较低，居民反映强烈，故居委会16名居民代表联名提出罢免提议。居委会于2000年12月25日召开第一次居民代表会，对罢免冉立华的居委会副主任职务形成了一致意见；2001年2月8日召开第二次罢免会议，居民依法进行了表决，仍一致投票通过。居委会按照《北京市居民委员会选举办法》的程序规定，罢免冉立华副主任职务的决定有效。我街道办事处维持居委会的罢免决议的复查报告符合法律规定，请求法院予以维持。

**（三）事实和证据**

北京市东城区人民法院经审理查明：冉立华为下岗职工，2000年3月参加区人事局、民政局联合组织的社区干部招聘考试，被录取；4月被聘为社区事业干部（未签聘用合同），月基本工资800元。7月，冉立华以社区干部身份被选任为方砖厂居委会副主任。上任初期，冉立华工作积极，表现良好。后因不善于处理邻里关系，工作方法不当，自8月份起，不断有居民向有关部门和领导反映冉立华的思想水平低、道德品质恶劣，工作作风不佳，群众基础差，尤其在处理低保残疾人政策水平方面有偏差，不能胜任居委会副主任职务。11月9日，方砖厂居委会所在的交道口街道办事处在主任办公会上宣布：同意民政科意见，不再聘任冉立华为社区干部，并向居委会公布决定。11月20日，街道办事处口头通知冉立华不再聘任其为社区干部，月工资发400元，同时建议居委会给冉立华3至6个月的试用期。12月22日，该居委会16名居民代表联名向居委会提出召开罢免冉立华的居委会副主任职务的居民会议。居委会在向街道办事处提交了居民代表要求召开居民代表大会罢免冉立华的书面报告并被办事处批准后，根据《北京市居民委员会选举办法》罢免程序的有关规定，于2000年12月25日召开了有28名居民代表参加的居民代表大会（该居委会有居民代表41名）。会议由居委会主任主持，并请冉立华本人到场发言。由于冉立华的干扰，会议只形成了一致罢免其职务的口头意见，未进行投票表决。此后，冉立华多次向区委、区政府信访部门反映其被罢免处理不公。2001年1月12日，区政府信访办以电话方式委托街道办事处对此事复查。为此，街道办事处成立了由办事处工委副书记、办事处主任、人事处居民科等8名同志组成的复查工作组。复查工作组通过走访形式向28名居民代表核实，代表一致认为冉立华的政策水平、工作作风等均不适合做居委会工作，同意12月25日的罢免决议。2001年2月8日，在办事处工委副书记的主持下，居委会召开了有40名居民代表参加的第二次罢免会议。会上，冉立华首先申辩，之后代表纷纷发言。居民代表均认为冉立华与邻里关系不睦，在居民中造成了不良影响；工作中不尊重他人，自以为是，爱说大话，到处许愿，不适合做群众工作等，应罢免冉立华副主任职务。随后，推选出4名代表作为唱票人、监票人，进行投票表决。表决结果，一致同意罢免冉立华副主任职务。街道办事处于2001年2月12日向区信访办作出复查报告，内容为：2000年12月25日居民会议的罢免程序基本符合选举办法的规定，事实清楚，应维持原罢免决定。冉立华收到信访办转交的复查意见后，于3月向区政府提出行政复议申请。区政府受理后，认为办事处作出的复查报告属于具体行政行为，并认为办事处2月8日作出的维持第一次罢免决议认定有误（即居委会的第一次罢免决议未进行投票表决，程序违法，是无效的），应予改正，于2001年6月4日作出行政复议决定：撤销办事处的复查决定，责令办事处重新作出；对冉立华提出恢复社区干部身份及赔偿工资损失的请求，不属复议范围，不予处理。街道办事处于2001年6月18日重新作出决定，内容为：第一次罢免决议体现民意，第二次居民决议是依法作出，罢免冉立华副主任职务理由充分，事实清楚、程序合法，结果有效。冉立华对街道办事处信访答复意见不服，向法院提起行政诉讼。

**（四）判案理由**

北京市东城区人民法院根据上述事实和证据认为：《中华人民共和国城市居民委员会组织法》规定，居民委员会是居民自我管理、自我教育、自我服务的基层群众性自治组织；《北京市居民委员会选举办法》规定，居民委员会成员受居民监督，居民委员会对有十名以上居民代表或者十分之一的户代表联名要求罢免居民委员会成员的提议，居民委员会应当及时召开居民会议，进行投票表决。必要时，街道（地区）办事处、乡镇人民政府可以召集居民会议，进行投票表决。本案中，被告交道口街道办事处受东城区人民政府的委托，于2001年2月8日根据《北京市居民委员会选举办法》的有关规定，就原告于去年12月25日被方砖厂居民代表投票罢免一事，召集居民会议，由居民代表进行投票表决，并于6月18日根据居民代表的投票表决结果形成了复查意见。该复查意见因不属行政诉讼法的受案范围，故对原告的起诉，本院应予驳回。

**（五）定案结论**

北京市东城区人民法院依照《中华人民共和国行政诉讼法》第四十一条第（四）项、最高人民法院《关于执行〈中华人民共和国行政诉讼法〉若干问题的解释》第四十四条第一款第（一）项的规定，作出如下裁定：

驳回原告冉立华的起诉。

案件受理费80元，由原告冉立华负担。

**（六）解说**

本案中，交道口街道办事处处理程序违法致使其在一定程度上干预了居委会的自治权是显而易见的。因为根据北京市人事局《关于聘用社区干部的指导意见》规定，只有取得社区干部身份才具有竞选居委会副主任的资格。换言之，只有被免去居委会副主任之后，才能解聘社区干部的身份。本案中，交道口街道办事处在某居委会没有罢免冉立华居委会副主任职务之前，既先行取消冉立华的社区干部身份，而没有社区干部身份，冉立华自然就丧失了担任居委会副主任的资格。交道口街道办事处的行为是与市人事局关于聘用社区干部的指导意见规定相悖的。但解聘程序是否违法不是本案要解决的问题。

街道办事处的复查报告是不是具体行政行为？回答应该是肯定的。显然，交道口街道办事处取消冉立华社区干部的身份，以及针对居委会罢免冉立华决议作出复查报告的行为，其对象和内容均是特定的，并且行为具有法律约束力，因此是具体行政行为。但该具体行政行为是否可诉，则存在两种不同的意见。一种意见认为，街道办事处作出的决定是依据选举办法作出的罢免决议形成的复查结论，属于不可诉的行政行为。因为罢免权是一种政治权利，并且居民委员会属于群众性自治组织，享有自治权。根据行政诉讼法的有关规定，对因自治权利和政治权利提起的诉讼，不属于行政诉讼受案范围；另一种意见认为，复查报告是对公民行使政治权利的一种监督，是一种具体行政行为。法院可对复查报告中涉及的罢免程序是否合法进行审查，对罢免结果，涉及的政治权利不予审查。若被告处理时未尽严格审查职责，法院可作出撤销判决。

笔者同意第一种意见。理由是：

1.《行政复议法》未将自治权和政治权利纳入行政复议的范围。

《中华人民共和国行政复议法》第六条第（九）项规定，对行政机关不履行保护人身权、财产权、受教育权利的法定职责的行为，可以申请行政复议。可见，法律并未将自治权和政治权利纳入行政复议范围。由于法律把侵犯自治权和政治权排除在外，故东城区政府把街道办事处的复查报告作为具体行政行为进行行政复议，是没有法律依据的。

2.《行政诉讼法》及最高人民法院《关于执行〈中华人民共和国行政诉讼法〉若干问题的解释》亦未将自治权和政治权利纳入行政诉讼的受案范围。

《中华人民共和国行政诉讼法》第十一条受案范围中第（五）项“申请行政机关履行保护人身权、财产权的法定职责，行政机关拒绝履行或者不予答复的”、第（八）项“认为行政机关侵犯其他人身权、财产权的”，可以提起行政诉讼。可见，行政诉讼法亦把自治权和政治权利排除在受案范围之外，而最高人民法院《关于执行〈中华人民共和国行政诉讼法〉若干问题的解释》也作出了类似的规定。因此，根据目前的法律规定，对这类具体行政行为不能提起行政诉讼。

另《北京市居民委员会选举办法》规定，不服罢免决定的，由区、县、乡政府或街道办事处在接到居民举报后三十日内处理。根据选举办法的规定，此类纠纷由区、县、乡政府或街道办事处负责处理。如果对处理不服，是不能申请行政复议或提起行政诉讼的，因为法无明文规定即禁止。

（孟德英）

## 29. 郑承满、伍秀英诉当阳市玉阳办事处、两河镇人民政府行政不作为案

### （一）首部

1. 判决书字号：湖北省当阳市人民法院（2001）当行初字第13号。

2. 案由：行政不作为案。

3. 诉讼双方

原告：郑承满，男，1946年12月出生，汉族，当阳市人，务农。

原告：伍秀英，女，1945年12月出生，汉族，当阳市人，郑承满之妻，务农。

委托代理人：杨克清，湖北楚雄律师事务所律师。

被告：湖北省当阳市玉阳办事处。

法定代表人：吴正新，主任。

委托代理人：周浩，湖北楚雄律师事务所律师。

被告：湖北省当阳市两河镇人民政府。

法定代表人：覃波，镇长。

委托代理人：汪正森，两河镇司法员。

4．审级：一审。

5．审判机关和审判组织

审判机关：湖北省当阳市人民法院。

合议庭组成人员：审判长：陈蓓蕾；审判员：张华、周波。

6．审结时间：2001 年 8 月 9 日。

**（二）诉辩主张**

1．原告郑承满、伍秀英诉称：1996 年 12 月 11 日，二原告之子郑君林应征入伍，1997 年至 1999 年被告当阳市玉阳办事处向二原告支付部分优待金，累计下欠 2 225 元，之后，被告以二原告户口迁入两河镇为由拒付，现请求二被告支付优待金 2 225 元。

2．被告当阳市玉阳办事处辩称：所欠二原告优待金 2 225 元属实，但二原告于 1997 年将其户口迁入两河镇，应由两河镇人民政府支付。

被告当阳市两河镇人民政府辩称：二原告的优待金依照《湖北省军人抚恤优待实施办法》第二十二条之规定，应由当阳市玉阳办事处支付，不应由两河镇人民政府支付。

**（三）事实和证据**

当阳市人民法院经审理查明：1988 年原告全家户口由当阳市两河镇新星村迁入当阳市玉阳办事处朱湾村，1996 年 12 月 11 日，二原告之子郑君林应征入伍，同日，湖北省当阳市人民政府征兵办公室向郑君林下达了入伍通知书，编号农业第 006191 号。通知书注明，凭此通知书注销户口，其家属享受军属待遇。1997 年至 1999 年被告当阳市玉阳办事处向二原告支付部分优待金，累计下欠 2 225 元，之后，被告以二原告于 1997 年将其户口迁回两河镇新星村，其优待金应由当阳市两河镇人民政府支付为由拒付。2001 年 6 月 11 日，二原告经索要无果诉至本院，要求二被告支付优待金 2 225 元。

上述事实有下列证据证明：

1.2001 年 6 月 15 日，二原告提供的郑君林的入伍通知书一份。

2.2001 年 6 月 15 日，二原告提供的二原告常住人口登记卡一份。

3.2001 年 6 月 15 日，二原告提供的二原告住址变动登记一份。

4.2001 年 6 月 15 日，二原告提供的《中华人民共和国兵役法》、《军人抚恤优待条例》、《湖北省军人抚恤优待办法》等证据各一份。

**（四）判案理由**

当阳市人民法院经过公开开庭审理认为：郑君林依照《中华人民共和国兵役法》应征入伍，二原告应依法享受军属待遇，被告不发放二原告的优待金，属于不作为的具体行政行为，原告之子郑君林入伍时的户口所在地点是当阳市玉阳办事处朱湾村，故其家属的优待金依法应由当阳市玉阳办事处支付，被告当阳市两河镇人民政府没有支付二原告优待金的法定义务。

**（五）定案结论**

当阳市人民法院依照最高人民法院《关于执行〈中华人民共和国行政诉讼法〉若干问题的解释》第五十四条第（三）款，《中华人民共和国兵役法》第五十四条，《军人抚恤优待实施条例》第三条、第二十三条，《湖北省军人抚恤优待实施办法》第二十二条之规定，判决如下：

被告当阳市玉阳办事处于2001年8月30日前一次性付给郑承满、伍秀英军属优待金2 225元。

案件受理费300元，由当阳市玉阳办事处承担175元，郑承满、伍秀英承担125元。

**（六）解说**

本案事实并不复杂，但通过对此案的审理，其中有几个问题值得我们探讨和深思。

1. 二原告是否属于优待的对象，是否具有诉讼的主体资格。本案中二原告之子郑君林响应国家号召，应征入伍，投入到保家卫国的队伍之中，那么他就是一名现役军人，并且湖北省当阳市人民政府征兵办公室给其下达了入伍通知书，依照《军人抚恤优待条例》第三条、第二十三条及《湖北省军人抚恤优待实施办法》第二条、第三条之规定，郑君林的家属即二原告则享受军属待遇，同时依法享受国家发放的优待金，在被告不发放优待金的情况下，可以依法向人民法院提起行政诉讼，保护自己的合法权益。

2. 不依法发放军属优待金的责任到底应由二被告中的谁承担。结合本案来看，郑君林是在其户口所在地玉阳办事处朱湾村应征入伍的，依照《湖北省军人抚恤优待实施办法》第二十二条之规定："家居农村的现役义务兵家属，由义务兵入伍时的户口所在地的乡、镇人民政府给予现金优待。"按照此规定，那么玉阳办事处就要承担发放二原告优待金的责任，且玉阳办事于年1997—1999年向原告发放了部分优待金，二原告虽于嗣后将户口由朱湾村迁到了两河镇新星村，但被告不能因原告迁移了户口就停止自己应履行的义务，所以在本案中，发放优待金的责任，应由被告玉阳办事处承担，两河镇人民政府没有支付二原告优待金的法定义务。

3. 行政机关在代表国家依法行政的过程中，是应当及时高效地维护行政相对人的合法权益，还是互相推诿，消极对待。在本案中，二原告虽然将户口从朱湾村迁到了两河镇新星村，但二被告作为国家行政机关在知晓这一情况后就应当及时沟通，妥善解决，但实际情况却是二被告互踢皮球，互推责任，既丢弃了全心全意为人民服务的宗旨观念，又损害了行政相对人的合法权益，使政府机关在人们心目中的形象大打折扣，导致二原告最终诉诸于法律，增加了当事人的诉讼成本，所以在此案中，我们依法支持了二原告的请求，判决被告玉阳办事处败诉。两河镇人民政府虽未承担责任，但应有所醒悟，即行政机关在依法行政的同时，必须牢记服务意识，及时、高效、合法地维护行政相对人的权益。

（赵云　周波）

# 30. 张玉甫诉枝江市人事局不履行行政职责及撤销行政决定案

（一）首部

1. 判决书字号

一审判决书字号：湖北省枝江市人民法院（2001）枝行初字第1号。

二审判决书字号：湖北省宜昌市中级人民法院（2001）宜中行终字第14号。

2. 案由：不履行行政职责及撤销行政决定案。

3. 诉讼双方

原告（上诉人）：张玉甫，男，生于1963年10月9日，汉族，原系枝江市公安局警察，现待业。

委托代理人：江华，湖北建和律师事务所律师。

被告（被上诉人）：枝江市人事局。

法定代表人：谭世喜，局长。

委托代理人：吴德法，该局副局长。

委托代理人：蒋本喜，该局干部股股长。

4. 审级：二审。

5. 审判机关和审判组织

一审法院：湖北省枝江市人民法院。

合议庭组成人员：审判长：胡志立；审判员：江华、覃本贵。

二审法院：湖北省宜昌市中级人民法院。

合议庭组成人员：审判长：汪本雄；审判员：曹斌；代理审判员：闵珍斌。

6. 审结时间

一审审结时间：2001年3月6日。

二审审结时间：2001年6月22日。

（二）一审诉辩主张

1. 被诉具体行政行为：原告张玉甫原系枝江市公安局人民警察，1999年7月因违纪违规报经枝江市人事局批复辞退。原告张玉甫在市公安局任警察期间曾两次在执行公务中受伤。经原告申请和申诉，枝江市人事局确定原告张玉甫因公致残且为6级伤残，并于2000年6月30日向原告作出“国家公务员复核决定书”，维持辞退张玉甫原决定；张玉甫因公伤残可享受相应的伤残保健金待遇，其标准为每年160元，由枝江市公安局每半年支付一次。张玉甫被辞退公务员和因公伤评定伤残等级后，先后领取了失业保险金3 240元，共25年的伤残保健金4 875元。

2. 原告诉称：我于1984年到枝江市公安局工作，任警察，1998年曾两次因公在执行任务过程中受伤，1999年12月经枝江市人事局鉴定为公伤6级，但枝江市公安局及被告未给我因公伤应享有的待遇而予以辞退。按照《公安机关人民警察抚恤办法》第二十七条、第二十八条，国务院（1988）8号令《军人抚恤优待条例》第十九条，民政部（1989）优字34号《关于国家机关工作人员、人民警察伤亡抚恤如何办理的通知》，劳动部（1996）266号《关于发放企业职工工伤保险试行办法的通知》，宜昌市《企业职工工伤保险实施细则》等规定，请求人民法院：（1）撤销被告对我作出的伤残保健金待遇的决定，并按规定办理伤残证。（2）按规定落实我被辞退后的经济补偿金。（3）要求给付伤残抚恤金及一次性伤残补助金。（4）落实伤残生活补助费及养老、医疗保险。

3. 被告枝江市人事局辩称：我局按照宜市人（1998）163号《宜昌市机关事业单位工作人员病、伤残认定及处理暂行办法》之规定，确定原告为公伤致残6级，原告已按照有关规定与枝江市公安局就伤残保健金待遇达成协议，并一次性领取伤残保健金4 875元。原告要求办理伤残证，享受伤残生活补助费，不属我局的职权范围；原告被辞退后已享受了失业保险待遇，领取了失业保险金3 240元。按照《国家公务员暂行条例》的规定：被辞退的国家公务员，不再保留国家公务员身份。同时，我国目前对国家公务员还未实行养老保险和医疗保险。

**（三）一审事实和证据**

湖北省枝江市人民法院经开庭审理查明：原告张玉甫原系枝江市公安局人民警察，1999年7月枝江市公安局以其贪污在给予党纪、政纪处分后仍继续违纪违规为由，经报请枝江市人民政府批准后，由枝江市人事局批复辞退，解除其与市公安局的任用关系。原告张玉甫在市公安局任警察期间曾两次在执行公务中受伤，并就被辞退和因公负伤于1999年9月向被告枝江市人事局提出申请复核及确定公伤等级的鉴定。1999年10月经枝江市机关事业单位工作人员病伤致残鉴定小组评定，原告张玉甫的公伤鉴定为6级。枝江市人事局于1999年12月13日在枝人险（1999）3号“关于评定李先明等同志因公伤残等级和护理等级的通知”中确定原告张玉甫因公致残且为6级伤残。2000年6月30日枝江市人事局向原告作出“国家公务员复核决定书”决定：（1）维持辞退张玉甫原决定。（2）张玉甫为因公负伤并为6级伤残，可享受相应的伤残保健金待遇，其标准为每年160元，由枝江市公安局每半年支付一次。原告张玉甫对被告枝江市人事局的复核决定不服并向宜昌市人民政府申诉。宜昌市人事局受宜昌市人民政府的委托，于2000年11月8日作出了（2000）宜市人申字第01号“公务员申诉处理决定书”：“枝江市人民政府原处理决定正确，维持辞退申诉人的决定。申诉人的其他请求，超出本局受理范围，未予审理。”张玉甫被辞退公务员和因公伤评定伤残等级后，于1999年8月和2000年1月先后在枝江市社会保险局领取了失业保险金3 240元，在枝江市公安局经协商、签字，领取了2000年10月至2024年10月共25年的伤残保健金4 875元。

被告枝江市人事局在法定期限内向本院提交了答辩状，并提供了如下证据：

1. 枝人纪（1999）1号“枝江市人事局关于辞退张玉甫的批复”。

2. 枝江市人事局“国家公务员复核决定书”。

3. 鄂人险（2000）29号“关于做好机关事业单位工作人员公伤（残）程度鉴定工作的通知”。

4. 宜市人（1998）163号《关于印发〈宜昌市机关事业单位工作人员病、伤残认定及处理暂行办法〉的通知》。

5. 人事部（1995）77号《关于印发〈国家公务员辞职、辞退暂行规定〉的通知》。

6. 人发（1996）64号《国家公务员被辞退后有关问题的暂行办法》。

7. 宜昌市政府（1996）第34号令《宜昌市机关事业单位工作人员失业保险暂行办法》。

8. 民政部（1992）31号《关于公安干警伤亡抚恤待遇有关问题的通知》。

9. 省公安厅政治部（1994）21号关于转发民政部《关于公安干警伤亡抚恤待遇有关问题的通知》的通知。

10. 张玉甫已领取伤残保健金和失业保险金的有关证据。

原告向本院提交的证据有：

1. 公安部、民政部《公安机关人民警察抚恤办法》。

2. 国务院《军人抚恤优待条例》。

3. 民政部《关于贯彻执行〈军人抚恤优待条例〉若干具体问题的解释》。

4. 民政部（89）优字34号《关于国家机关工作人员、人民警察伤亡抚恤如何办理的通知》。

5. 鄂人险（2000）29号《关于做好机关事业单位工作人员工伤（残）程度鉴定工作的通知》。

6. 宜昌市人事局（2000）59号《关于转发省人事厅〈关于做好机关事业单位工作人员工伤（残）程度鉴定工作的通知〉的通知》。

经庭审质证，原、被告对对方提供的证据未提出异议。一审法院对原、被告提供的证据均依法予以采信。

**（四）一审判案理由**

湖北省枝江市人民法院经审理认为：原告张玉甫在被辞退前属国家公务员，已按照国家公务员因公受伤的规定进行了伤残等级鉴定，并已经按照伤残保健金的标准由原告张玉甫与枝江市公安局自愿协商一次性领取了二十五年的伤残保健金，并在社会保险局领取了被辞退后的失业保险金。根据民政部（1992）31号《关于公安干警伤亡抚恤待遇有关问题的通知》、湖北省公安厅政治部（1994）21号关于转发民政部《关于公安干警伤亡抚恤待遇有关问题的通知》的通知、人发（1996）64号《国家公务员被辞退后有关问题的暂行办法》等规定，原告张玉甫要求给付伤残抚恤金、伤残补助金、伤残生活补助费以及落实被辞退后的经济补偿金、养老保险、医疗保险和办理伤残证的诉请，均不属本案被诉被告枝江市人事局的行政管理的职责范围，其诉讼理由均不能成立，本院不予支持。

**（五）一审定案结论**

湖北省枝江市人民法院依照《中华人民共和国行政诉讼法》第五十四条、最高人民法院《关于执行〈中华人民共和国行政诉讼法〉若干问题的解释》第五十六条第（一）项之规定，判决如下：

驳回原告张玉甫的诉讼请求。

案件受理费50元，其他实际支出费用250元，计300元由原告张玉甫负担。

**（六）二审情况**

1. 二审诉辩主张

（1）上诉人诉称：被上诉人对上诉人因公受伤评定伤残等级为6级，但在给予伤残抚恤待遇上未按照国家规定的标准。根据民政部、财政部民发（2000）133号文规定，被上诉人应将上诉人的伤残保健金改为抚恤待遇，每月标准应为930元或按月付70%的工资。评定伤残等级，确定伤残待遇，是被上诉人的行政管理职责。上诉人请求由被上诉人给付伤残抚恤、补偿、保险费等应当属于被上诉人的行政职责。上诉人因公致残，枝江市人事局、民政局、公安局对上诉人的答复是代表政府进行的，因此应将枝江市人民政府、民政局、公安局追加为本案的当事人参加诉讼，共同承担违法责任。据此，上诉人认为原判认定事实不清，适用法律不当。请求本院受理并撤销其被辞退公务员的决定，判令被上诉人将上诉人的伤残保健金改为伤残抚恤金，办理伤残抚恤证，落实伤残补助费、失业补偿金及医疗、养老保险等待遇。

（2）被上诉人辩称：上诉人要求发放伤残抚恤证、伤残生活补助费、失业经济补偿，将伤残保健金改为伤残抚恤费，落实被辞退后的医疗、养老保险待遇，因无明确的依据规定是被上诉人的行政职责，所以被上诉人不能履行上述请求。

2. 二审事实和证据

原审被告和原审原告向原审法院提供的证据材料，原审已在判决书中列举，经二审开庭核实，除上诉人认为对其提供的证据材料列举不全外，当事人未提出其他异议。原审判决根据当事人提供的证据其查明的案件事实，经二审开庭核实，当事人均无异议。

3. 二审判案理由

湖北省宜昌市中级人民法院根据证据证明的上述事实认为：被上诉人枝江市人事局是负责本行政辖区内国家公务员综合管理工作的职能部门，被上诉人在对国家公务员进行行政管理活动中，依法作出的涉及公务员的权利义务的行政行为，依据《行政诉讼法》第十二条第（三）项和最高人民法院《关于执行〈行政诉讼法〉若干问题的解释》第四条规定，人民法院不受理对此类行政行为提起的诉讼。当事人对行政机关作出的涉及该行政机关公务员权利义务的决定，只能向管理公务员的有关行政机关申诉，而不能向法院提起行政诉讼。上诉人被辞退公务员后经申诉，被上诉人对其作出了维持辞退的决定，上诉人在上诉中请求本院受理并撤销其辞退决定，根据上述法律和司法解释的规定，人民法院不能受理此请求，且上诉人在一审中未提出，上诉中直接向二审提出不符合法定的程序规定。上诉人请求追加枝江市人民政府、公安局、民政局作为当事人参加本案诉讼，其请求既没有事实依据，也不符合行政诉讼法的相关规定，上诉人认为上述行政机关违法，且符合提起行政诉讼的条件，依法只能向一审法院起诉。上诉人请求由被上诉人将其评残后由其所在单位发放的伤残保健金改为由民政部门发放抚恤金，并由被上诉人为其办理伤残抚恤证、医疗、养老保险及发给伤残生活补助费和失业经济补偿金，除按照湖北省人事厅《关于做好机关事业单位工作人员工伤（残）程度鉴定工作的通知》规定，对机关工作人员等工伤（残）程度评定属于被上诉人的行政职责之外（上诉人对其因公致残评定的伤残等级并无异议），上诉人的其他请求事项均无法律依据证明是被上诉人的法定职责，故其要求由被上诉人作为的理由不能成立。

原审审判程序合法，认定原告的诉讼请求不属被告的行政职责范围其事实清楚，证据充分，判决结果并无不当。上诉人的上诉请求本院不予支持。

4. 二审定案结论

湖北省宜昌市中级人民法院根据《中华人民共和国行政诉讼法》第六十一条第（一）

项规定，判决如下：

驳回上诉，维持原判。

二审案件诉讼费100元，由上诉人张玉甫负担。

**（七）解说**

本案是一件典型的行政不作为诉讼案，诉讼双方争议的焦点就在于原告的诉讼请求事项是否被告的法定行政职责，若是，则被告构成行政不作为，依法应当履行法定职责，原告的诉讼请求应予支持；若否，则被告没有作为的义务，依法不能履行，原告的诉讼请求不能支持。

本案中原告（上诉人）请求由被告为其办理伤残证、落实被辞退后的经济补偿金、给付伤残抚恤金及一次性伤残补助金、落实伤残生活补助费及养老、医疗保险。其诉讼请求范围广泛，涉及我国社会保障制度的很多方面，涉及所在单位、人事部门、民政部门等不同的职能部门，各地情况和做法也不尽一致。不论这些职责究竟应该由谁来承担和履行，本案中，原告诉称被告枝江市人事局不履行职责，要求由被告全部承担。在被告证明不是其法定职责后，根据举证责任转移的法理，则应该提供足以反驳的证据证明上述请求事项是被告的法定职责。事实上，被告未能提供足以反驳的证据，只是笼统地认为被告枝江市人事局是负责本行政辖区内国家公务员综合管理工作的职能部门，故诉请事项均为其职责范围。根据行政法原理，行政机关的职责，须以法律、法规、规章的明确规定为依据，即必须“法定”。一审法院因此判决驳回了原告的诉讼请求，是符合法律的规定的。稍显不足的是在判案理由上阐述不够充分。二审法院湖北省宜昌市中级人民法院则从多个层面进行了法理的阐述，理由更为充分，更符合证据制度和裁判文书改革的精神，有利于当事人服判息诉。

本案也由此引出了另一个值得争议和探讨的问题，即此类争议是否属于人民法院受理行政诉讼案件的范围。本案被告枝江市人事局是负责本行政辖区内国家公务员综合管理工作的职能部门，其在对本机关以外的国家公务员包括本案原告进行行政管理活动中所作出的涉及公务员的权利义务的行政行为，不同于行政机关对本机关工作人员作出的奖惩、任免决定等内部行政行为，更符合外部行政行为的特征，且涉及相对方（公务员）的切身利益，应具有可诉性，这是符合行政法治的原则精神和行政诉讼受案范围不断发展的趋势的。一审法院虽然最后依法判决驳回了原告的诉讼请求，但其受理该案本身就是有积极的进步意义的，它充分体现了对原告诉权的保护和法律程序自有的价值和品格。

（姚继坤）

## 31. 文德友诉晋江市劳动局不作工伤事故责任认定案

**（一）首部**

1. 判决书字号

一审判决书：福建省晋江市人民法院（2001）晋行初字第3号。

二审判决书：福建省泉州市中级人民法院（2001）泉行终字第46号。

2. 案由：劳动局不作工伤事故责任认定案。

3. 诉讼双方

原告（上诉人）：文德友，男，1976 年 11 月 5 日出生，汉族，住四川省永川市胜利路水口村 2 组。

委托代理人（一审）：张居彪，泉州市法律援助中心律师。

委托代理人（一审）：黄文婷，泉州市法律援助中心律师助理。

委托代理人（二审）：郭盛荔，泉州市法律援助中心律师。

被告（被上诉人）：晋江市劳动局。

法定代表人：邵萍萍，局长。

委托代理人（一、二审）：陶俊明，福建省晋江晋贤律师事务所律师。

委托代理人（一、二审）：黄天楚，晋江市劳动局安监科科长。

第三人（被上诉人）：晋江市永隆服装有限公司。

法定代表人：施性照，厂长。

4. 审级：二审。

5. 审判机关和审判组织

一审法院：福建省晋江市人民法院。

合议庭组成人员：审判长：林国良；审判员：叶天恩；代理审判员：王佳郎。

二审法院：福建省泉州市中级人民法院。

合议庭组成人员：审判长：夏惠英；代理审判员：刘雅林、张国民。

6. 审结时间

一审审结时间：2001 年 4 月 23 日。

二审审结时间：2001 年 6 月 22 日。

**（二）一审诉辩主张**

1. 被诉具体行政行为：1999 年 6 月 22 日上午，文德友在第三人晋江市永隆服装有限公司与秦凤兰因登记的发货件数与实际不符而产生争执，后秦凤兰报告给厂方领导，厂方领导把少记的件数补上，将事情平息。下午，文德友与秦凤兰的丈夫万建明又因此发生争吵并斗殴，秦凤兰为帮其丈夫，用小剪刀刺伤文德友的右眼，此案已经晋江市人民法院于 1999 年 10 月 13 日以故意伤害罪并附带民事赔偿判决结案。根据《企业职工工伤保险试行办法》（劳动部［1996］266 号）第九条第三款规定，文德友所受伤害不应认定为工伤。

2. 原告诉称：文德友是按照厂方规定，严格履行工作职责，被秦凤兰所伤，依法应认定为工伤。晋江市劳动局作出的晋劳（2001）函 7 号工伤事故认定函认定事实错误，适用法律错误，请求撤销被告作出的晋劳（2001）函 7 号，并责令重新作出工伤事故责任认定。

3. 被告辩称：被告认定文德友的伤害不属工伤范围事实清楚，文德友受到伤害的直接原因，是其在与万建明斗殴过程中，遭万的妻子秦凤兰袭击造成的，由于“斗殴”造成的伤害与“工伤”所要求的“履行工作职责或为公共利益而遭受的伤害”这一条件具有原则区别，因此，答辩人作出文德友的伤害不属工伤范围决定是正确的，程序合法，请求判决维持晋劳（2001）函 7 号工伤事故认定函。

4. 第三人述称：原告的诉讼请求缺乏事实和法律依据，应予驳回。

**（三）一审事实和证据**

晋江市人民法院经审理查明：原告文德友是第三人服装厂里的发货工人，1999 年 6 月 22 日上午，原告在服装厂厂部与同厂工人秦凤兰因发货件数登记问题产生争执，后由厂方领导解决平息纠纷。下午，秦凤兰的丈夫万建明又为此找原告论理，尔后二人产生相互斗殴，秦见状，即持小剪刀刺中原告的右眼，经法医鉴定该伤情为重伤害。1999 年 10 月 13 日，晋江市人民法院作出刑事附带民事判决。2000 年 11 月 16 日，原告向晋江市劳动局申请，请求认定其所受伤害为工伤。2000 年 2 月 21 日，被告作出晋劳（2001）函 7 号工伤事故认定函，认定原告的受伤害不为工伤。

上述事实有下列证据证明：

1．晋江市劳动争议仲裁委员会委托鉴定函。

2．文德友申诉书。

3．企业与职工劳动关系确认表一份。

4．施性照询问笔录二份。

5．文德友询问笔录一份。

6．1999 年晋刑初字第 536 号刑事附带民事判决书。

7．晋劳（2001）函 7 号工伤事故认定函。

8．原告提供的知情人蔡泞泞、施荣界的证言。

9．原告提供的二份对其本人的询问笔录。

**（四）一审判案理由**

晋江市人民法院认为：工伤是因履行工作职责或为公共利益而遭受的伤害。是否为工伤，《企业工伤保险试行办法》第八、九条已作出较为明确的界定。相互斗殴是原告受伤的直接原因，对此刑事判决书也予以确认。被告依据前述第九条第（三）项的规定，认定原告所受伤害不为工伤事实清楚，证据充分，程序合法，依法应予维持。

**（五）一审定案结论**

福建省晋江市人民法院依据《中华人民共和国行政诉讼法》第五十四条第（一）项之规定，判决如下：

维持晋江市劳动局晋劳（2001）函 7 号工伤事故认定函。

本案受理费 100 元，由文德友负担。

**（六）二审情况**

1．二审诉辩主张

（1）上诉人诉称：一审法院判决维持晋江市劳动局晋劳（2001）函 7 号工伤事故认定函不当。上诉人由于按照厂方规定严格履行工作职责，在厂部被秦凤兰所伤，而非被上诉人所认定的“斗殴”行为。依照《企业职工工伤保险试行办法》第八条第（五）项规定，依法应认定为工伤。晋江市劳动局晋劳（2001）函 7 号工伤事故认定函认定事实错误，适用法律错误。

（2）被上诉人晋江市劳动局辩称：答辩人作出晋劳（2001）函 7 号工伤事故认定函，认定文德友被伤害不属工伤范围的决定符合事实和法律规定，且程序合法，文德友受到伤害的直接原因，是与万建明斗殴中遭受秦凤兰袭击造成的，由于“斗殴”造成的伤害与“工伤”所要求的“履行工作职责或为公共利益而遭受的伤害”这一条具有原则区别，故文德友的伤害不属于工伤范围。

(3) 被上诉人晋江市永隆服装有限公司辩称：文德友右眼所受伤害，是其本人与工友万建明斗殴被万的妻子秦凤兰所刺伤，秦也因故意伤害罪被判刑罚，并附带判处民事赔偿，故本事件纯属刑事性质，不属工伤事故范畴。晋江市劳动局作出的晋劳（2001）函7号认定事实清楚，证据充分，适用法律正确，程序合法，一审法院判决正确。

2. 二审事实和证据

泉州市中级人民法院经审理查明：文德友是第三人服装厂里的发货工人。1999年6月22日上午10时左右在第三人厂部，文德友因按厂里“多不加少不减”的规定，对秦凤兰多做的85件产品不予登记而与秦凤兰发生争执，后因厂领导破例为秦补记85件，纠纷才得以解决。当日下午4时左右，秦的丈夫万建明又因此事找到文德友，争吵中万建明拿起剪刀刺向文，文遂与其争夺剪刀，继而双方发生互殴。期间，秦手持小剪刀刺向文的右眼，经法医鉴定为重伤害。1999年10月13日，晋江市人民法院作出刑事附带民事判决，对秦故意伤害罪判处有期徒刑四年六个月，赔偿文德友经济损失30 409.14元。2000年11月16日，文德友向晋江市劳动局提出申请，请求认定其所受伤害为工伤。2001年2月21日，晋江市劳动局作出晋劳（2001）函7号工伤事故认定函，认定文德友所受伤害不属工伤。

3. 二审判案理由

泉州市中级人民法院认为：行政机关作出具体行政行为应该认定事实清楚，证据充分，适用法律正确。工伤是因履行工作职责或为公共利益而遭受的伤害，何种情形属于工伤，《企业职工工伤保险试行办法》第八、九条已作出明确的界定。上诉人文德友在工作时间因履行工作职责与万建明发生争吵、互殴，期间被秦凤兰用剪刀刺中右眼，该互殴行为完全由万建明、秦凤兰夫妇引起，因此，并不必改变上诉人是因履行工作职责所受伤害的性质。晋江市劳动局作出的晋劳（2001）函7号工伤事故认定函，认定文德友所受伤害不属工伤，系认定事实不清，证据不足，适用法律错误，依法应予撤销，文德友请求撤销理由充分，应予支持。一审法院判决维持不当，应予纠正。

4. 二审定案结论

福建省泉州市中级人民法院根据《中华人民共和国行政诉讼法》第五十四条第（二）项第一、二目，第六十一条第（三）项，《企业职工工伤保险试行办法》第十一条第一款之规定，判决如下：

(1) 撤销晋江市人民法院（2001）晋行初字第03号行政判决。

(2) 撤销晋江市劳动局晋劳（2001）函7号工伤事故认定函。

(3) 晋江市劳动局应在本判决生效之日起三十日内重新作出具体行政行为。

本案一、二审案件受理费各100元，均由晋江市劳动局负担。

**（七）解说**

本案在审理过程中主要涉及以下几个问题：

1. 晋江市劳动局晋劳（2001）函7号工伤事故认定函认定本案属“斗殴”性质是否正确。

一审法院判决是肯定的，即文德友被伤害系因斗殴引起。然而，从事情发生的经过，二审法院审理认定：首先，文德友与工友秦凤兰为工作之事发生纠纷已经平息，是秦的丈夫万建明又无端挑起事端；其次，从主观上文德友并没有参与斗殴的故意，是万建明在双方争执时持剪刀欲刺文德友，文在与其抢夺中发生互殴。所以，可以认定文德友是在万建明实施加害行为的情况下与万建明互殴。这一违法责任不应由文德友承担。故本案事实不能认定为“斗殴”性质。

2. 文德友被秦凤兰所伤的行为是否属于因履行工作职责所致。

根据劳动部劳办发［1996］28号《关于处理工伤争议有关问题的复函》第六项规定：关于工伤认定问题。对职工在工作时间，工作区域因工作原因造成的伤亡，即使职工本人有一定的责任，都应认定为工伤。本案正是属于这种情况，理由有：(1) 文德友是晋江市永隆服装有限公司的发货员。发案的地点、时间均是文德友在本岗位劳动，即在工作时间、工作区域。(2) 案件的起因是文德友因执行公司的规章制度，为工作之事与秦凤兰、万建明发生纠纷及被伤害。因此，文德友被伤害的事实与履行工作职责有因果关系。这一点从该公司的法定代表人在公安机关询问时的陈述也得到印证。所以，确认文德友因履行工作职责被伤害是正确的。

3. 秦凤兰被判刑并赔偿文德友经济损失，文德友是否还有权要求晋江市劳动局作出工伤事故认定。

第三人晋江市永隆服装有限公司诉讼中提出，本案的性质是刑事案件，不属工伤事故范畴。理由是，秦凤兰已被判刑并承担民事赔偿，不应再作工伤认定。这是第三人混淆了不同法律关系调整的不同范围和对象。其实，本案涉及三个法律关系：第一，秦凤兰伤害文德友触犯的刑律，受刑法调整；第二，秦凤兰因伤害文德友造成文德友的经济损失承担的是民事责任，受民法调整；第三，文德友被秦凤兰致伤是因履行工作职责，按照劳动法的规定，受劳动法律规范保护，即受劳动法律调整，三种法律关系是相对独立的。因此，不能因为秦凤兰被判刑及承担民事赔偿，就否定文德友无权享有工伤保险待遇。所以，依照劳动部《企业职工工伤保险试行办法》第八条第（五）项规定，文德友有权要求晋江市劳动局对其工伤作出认定。

（夏惠英）

## 32. 宣威不服石景山区劳动和社会保障局工伤认定案

**(一) 首部**

1. 判决书字号

一审判决书：北京市石景山区人民法院（2000）石行初字第11号。

二审判决书：北京市第一中级人民法院（2001）一中行终字第68号。

2. 案由：不服工伤认定案。

3. 诉讼双方

原告（被上诉人）：宣威，男，21岁，汉族，内蒙古自治区人，北京吉诺经贸公司农民工。

委托代理人：宣宝林，内蒙古自治区太朴寺旗千即斤沟乡农民。

委托代理人：宣飞，北京玉泉市场个体工商户。

被告（上诉人）：石景山区劳动和社会保障局。

法定代表人：佟金力，石景山区劳动和社会保障局局长。

委托代理人：付德贵，石景山区劳动和社会保障局副局长。

委托代理人：田景亮，石景山区劳动和社会保障局干部。

第三人（上诉人）：北京吉诺经贸公司。

法定代表人：张海元，北京吉诺经贸公司经理。

委托代理人（一审）：马位量，北京吉诺经贸公司副经理。

委托代理人（二审）：张福森，北京市第二中级人民法院退休干部。

委托代理人（二审）：陈继军，北京吉诺经贸公司总经理助理。

4. 审级：二审。

5. 审判机关和审判组织

一审法院：北京市石景山区人民法院。

合议庭组成人员：审判长：武爱兵；审判员：侯桂珍；代理审判员：赵金平。

二审法院：北京市第一中级人民法院。

合议庭组成人员：审判长：吴月；代理审判员：何君慧、张靛卿。

6. 审结时间

一审审结时间：2000 年 11 月 17 日。

二审审结时间：2001 年 4 月 6 日。

**（二）一审诉辩主张**

1. 被诉具体行政行为：2000 年 3 月 17 日被告根据原告宣威的工伤认定申请，所作石劳工伤认（2000）01 号“工伤认定结论通知书”认定：宣威在受伤时正在车下后桥处“吸烟、歇凉”，此行为与其工作无关；受伤地点亦不属其工作区域，其“吸烟、歇凉”地点不当。宣威受伤情况不符合《北京市企业职工工伤范围和保险待遇暂行办法》（以下简称工伤范围暂行办法）第一条第一款规定：“因工造成职工人身伤害（轻伤、重伤、死亡、急性中毒）和职业病或因其他原因造成伤亡的符合下列情况之一的应认定工伤。（一）从事本单位日常生产、工作或者本单位负责人临时指定的工作的。……（四）在生产工作的时间和区域内，由于不安全因素造成意外伤害的。”宣威所受伤害不属工伤。

2. 原告诉称：1999 年 4 月 21 日，我跟随司机薛奋广的车辆出车负责装卸货物。装完货后我发现汽车漏油，便到车下进行检修，因空气拧没能拧动，而车上没有工具，正当我想办法时，车突然启动，致使我受伤。我是公司工人，在工作时间内，因工作需要，被公司报废车压伤，我受伤行为不在法律规定的不认定工伤的范围内，被告应认定我是工伤，被告适用法律错误。另外，被告应当按照规定，在受理我的申请后 7 日内作出工伤认定结论，被告逾期作出工伤认定结论，程序违法。要求撤销被告作出的石劳工伤认（2000）01 号工伤认定结论通知书；请求依法对原告进行工伤认定。

3. 被告辩称：原告作为公司装卸工，没有检修车辆职责，车下不属于原告的工作场所，其到汽车后桥处检修车辆更不属工作需要。原告不报告司机、不带工具，没有任何证据证明其到车后桥处检修车辆。原告所受之伤是否属于工伤，与车辆是否是报废车无关。由于原告受伤时不是在工作，而是在车下抽烟、休息、凉快，故原告不符合《工伤范围暂行办法》第一条第一款第（一）项、第（四）项规定，原告不属于工伤。关于程序问题，我局是按照规定，在调查取证结束后7日内作出工伤认定结论，不存在程序违法。我局对原告作出的认定工伤结论通知书，事实清楚，符合法律规定，程序合法，要求法院予以维持。

4．第三人述称：原告原跟随董玉驾驶的车辆负责装卸货物，因该车出现故障进行大修，原告应守车待修。4月21日，我公司人员没有指派原告跟随薛奋广车辆外出负责装卸货物，是原告跟车出去玩耍。原告作为装卸工，没有检修车辆职责，由于原告不是因工受伤，且双方已没有劳动关系。要求维持被告作出的工伤认定结论通知书。

**（三）一审事实和证据**

石景山区人民法院经公开审理查明：第三人北京吉诺经贸公司属集体经济性质企业，经营项目中包括货物运输。1999年3月26日原告经老乡王宏雷介绍，被第三人招用为装卸工。第三人规定原告工作职责是负责装卸货物、挂钩、换轮胎，双方口头约定原告试用期一个月，原告以提成方式取得工资；双方未签订书面劳动合同。1999年3月26日至同年4月17日宣威跟随第三人单位司机董玉一车工作，负责跟车装卸货物。4月17日起董玉驾驶的车辆出现故障进行修理。第三人单位另一名司机薛奋广找原告协商，让其跟自己一车装卸货物。1999年4月21日，第三人单位调度郭新成派司机薛奋广驾驶黄河牌20吨挂车与另两辆车一同到首钢特钢厂运输钢材，宣威遂跟车前往装卸货物。11时左右，薛奋广驾驶汽车在装货过磅后等待其他同行车辆过磅时，宣威到车下“吸烟、歇凉”休息，薛奋广启动车辆时将原告挤伤。经石景山区医院诊断为：原告“腹部闭合性损伤、失血性休克、弘骨下段骨折、腰1—5横突骨折、左耻骨支骨折、耻骨联合分离、左腿皮肤擦伤”。1999年9月16日原告出院，现在原籍养伤。第三人单位未曾宣布解除与原告建立的劳动合同，并负责为原告提供治疗。

2000年1月20日原告向被告提出认定工伤申请。3月14日被告完成调查取证工作。3月17日被告根据劳动部《企业职工工伤保险试行办法》第十一条第一款规定的“劳动行政部门接到企业的工伤报告或职工的工伤保险待遇申请后，应当组织工伤保险经办机构进行调查取证，在七日内作出是否认定为工伤的决定”，于2000年3月17日作出石劳工伤认（2000）01号工伤认定结论通知书。该通知书认定：因宣威在车下后桥处“吸烟、歇凉”，被车辆挤伤，此行为与其工作无关；受伤地点亦不属其工作区域，宣威受伤情况不符合《北京市企业职工工伤范围和保险待遇暂行办法》第一条第一款：“因工造成职工人身伤害（轻伤、重伤、死亡、急性中毒）和职业病或因其他原因造成伤亡的符合下列情况之一的应认定工伤。(一）从事本单位日常生产、工作或者本单位负责人临时指定的工作的。……（四）在生产工作的时间和区域内，由于不安全因素造成意外伤害的。”宣威所受伤害不属工伤。原告对此不服，向北京市劳动和社会保障局提出复议申请。2000年6月19日，北京市劳动和社会保障局作出京劳社复字（2000）第10号行政复议决定书，维持被告石劳工伤认（2000）01号工伤认定结论通知书。

上述事实有下列证据证明：

原、被告共同提交下列证据：

1．王宏雷书面证言，证明原告是自己介绍来的，是第三人的工人。

2．薛奋广书面证言，证明原告说：“调度同意让我跟你车。”原告在跟车装卸货物时，被车压伤。

3. 石景山区医院诊断证明，证明原告伤情。

4. I000176 号企业职工工伤申请表、京劳社复字（2000）10 号行政复议决定书，证明原告填写了工伤申请表，复议机关作出了复议决定。

被告提交下列证据：

1. 北京吉诺经贸公司空白雇工合同书，证明第三人单位有雇工合同书，第三人没有与原告签订合同书。

2. 向第三人单位装卸工高荣会、李学义、张德法、调度郭新成所作的调查笔录。证明原告是吉诺经贸公司雇佣的临时工，负责跟车装卸货物。单位负责人没有同意原告跟车装卸货物，是原告自己去跟车，因在车下睡觉被压伤。

3. 北京吉诺经贸公司书面证明材料，证明原告是该公司雇佣的临时工，双方没有劳动合同。单位没有安排原告跟车，是原告自己跟车出去玩，因在车下睡觉被压伤。

4. 车辆照片 3 张，证明肇事车辆的车型。

5. 原告工伤申请报告及补充材料、石劳工伤认（2000）01 号工伤认定结论通知书、送达回证，证明被告进行的实体处理及执法程序。

第三人提交下列证据：

1. 企业法人营业执照，证明第三人主体资格合格。

根据原告申请，本院调取下列证据：

1. 北京吉诺经贸公司毛收入登记表及原告工资证明，证明原告为第三人提供有偿劳动。

2. 证人李新昌、郭新成庭审中所作陈述意见，承认原告跟公司车队装卸货物，并在装卸货物现场因在车下睡觉受伤。

**（四）一审判案理由**

北京市石景山区人民法院根据上述事实和证据认为：被告作为主管本行政区域内的企业职工工伤保险工作的政府劳动行政部门，对原告申请确认工伤的行为行使职权，符合《北京市企业职工工伤范围和保险待遇暂行办法》的有关规定。被告根据《企业职工工伤保险试行办法》第十一条的规定，对原告作出具体行政行为的程序合法。本案原告与第三人形成事实劳动关系。在事实劳动关系存续期间，原告因工作需要，在外出实施装货劳务活动过程中，被雇用单位车辆挤伤，属于其从事日常生产工作；在工作区域内由于不安全因素造成意外伤害，符合《北京市企业职工工伤范围和保险待遇暂行办法》第一条第一款第（一）项、第（四）项的规定。被告对原告作出不认定是工伤的具体行政行为适用法律法规错误，应予撤销。

**（五）一审定案结论**

北京市石景山区人民法院依据《中华人民共和国行政诉讼法》第五十四条第（二）项第二目之规定，作出如下判决：

1. 撤销被告石景山区劳动和社会保障局石劳工伤认（2000）01 号工伤认定结论通知书。

2. 限定石景山区劳动和社会保障局于本判决生效后 30 日内对原告宣威重新作出具体行政行为。

案件受理费80元，由北京市石景山区劳动和社会保障局负担。

**（六）二审情况**

1．二审诉辩主张

（1）上诉人北京市石景山区劳动和社会保障局诉称：原告宣威受伤时并未从事其本职工作或本单位其他的日常生产工作，其受伤不是在工作区域内由于不安全因素造成的，其跟车外出不是单位相关负责人同意的，其受伤情形不符合工伤认定范围等为由上诉至本院，请求撤销原判，维持石劳工伤认（2000）01号工伤认定结论通知书。

（2）上诉人吉诺公司诉称：宣威受伤时与该企业日常生产、工作无关，不是由于企业设备设施的缺陷造成的，不符合《北京市企业职工工伤范围有关问题的解释》中的有关规定，其不是因工受伤，请求依法裁判。

（3）被上诉人宣威没有作出答辩意见。

2．二审事实和证据

二审确认的事实与证据与一审相同。

3．二审判案理由

北京市第一中级人民法院经审理认为：宣威与吉诺公司之间存在事实上的劳动合同关系。宣威于2000年4月21日随吉诺公司司机薛奋广的车辆外出运输钢材，承担的装卸货物工作与其受聘的工作职责相符，应属从事本职工作。由于装卸工作具有间断性特点，装卸工在过磅间隙作短暂休息并未被禁止，故宣威在完成此次随车装卸货物过程中，在装卸货物场地出现的受伤情况与工作有关。劳动部办公厅于1996年2月13日给北京市劳动局《关于处理工伤争议有关问题的复函》第六条中明确答复："对职工在工作时间，工作区域，因工作原因造成的伤亡（包括因工随车外出发生交通事故而造成的伤亡），即使职工本人有一定责任，都应认定为工伤，……认定职工工伤，给予职工工伤保险待遇，并不影响企业按规定对违章操作的职工给予行政处分。"宣威选择休息地点不当，其对自己受伤亦有一定责任，吉诺公司可对其作出相应的行政处理，但不应因此影响对其工伤的认定。区劳保局的石劳工伤认（2000）01号工伤认定结论通知书认定的基本事实清楚，但对宣威作出不认定为工伤的结论适用规范性文件有误。原判认定事实清楚，适用法律正确，程序合法，应予维持。石景山区劳保局及吉诺公司提出的上诉理由事实及法律依据不足，其诉讼请求不予支持。

4．二审定案结论

北京市第一中级人民法院依照《中华人民共和国行政诉讼法》第六十一条第（一）项，作出如下判决：

驳回上诉，维持原判。

二审案件受理费80元，由上诉人北京市石景山区劳动和社会保障局、上诉人北京吉诺经贸公司各负担40元。

**（七）解说**

此案主要涉及对工伤认定的法律理解和适用问题。

北京市劳动和社会保障局根据劳动部颁发的《企业职工工伤保险试行办法》（劳部发〔1996〕266号），制定了《北京市企业职工工伤范围和保险待遇办法》，该办法规定因工造成职工人身伤害的应认定工伤，该办法对符合工伤的情况进行了列举式规定，其中有关规定是："（一）从事本单位日常生产、工作或者本单位负责人临时指定的工作的；……（四）在生产工作的时间和区域内，由于不安全因素造成意外伤害的。"对如何理解因工受伤、工作时间、工作区域等问题，该办法在文字上没有严格界定。而如何正确理解上述有关问题规定及立法原意，是能否公正处理此案的关键，对于此案应如何理解和适用法律有两种不同的观点。

第一种观点认为，宣威没有修车业务，也没有证据证明其在修车，车下不是其工作区域；宣威是在汽车底下休息时受伤，不是因正在工作受伤，所以宣威是属于在非工作时间、非工作区域，非工作原因受伤，不能认定是工伤，故本案应当维持劳动和社会保障局作出的认定宣威不是工伤的决定。

第二种观点认为，应当认定宣威是工伤，撤销劳动和社会保障局作出的认定宣威不是工伤的决定，笔者同意此种观点。本案中宣威与第三人存在事实劳动关系，宣威随公司车辆外出运输钢材，其承担的装卸货物工作与其受聘的工作职责相符，应当属从事本职工作。另外由于装卸工作具有间断性特点，装卸工在过磅间隙作短暂休息并未被禁止，所以宣威在完成此次随车装卸货物过程中，在装卸货物场地出现的受伤情况与工作有关，应认定宣威是工伤。虽然宣威选择在车下休息不当，被车辆伤害，本人具有一定责任，但根据有关规定，并不影响认定其是工伤，用人单位可以按有关规定对其进行行政处理。在保护劳动者合法权益方面，我国《劳动法》规定，劳动者有获得劳动安全卫生保护的权力和享受社会保险和福利的权力，由于宣威是因工受伤，其应当享受工伤保险待遇。上述第一种观点对工作时间、工作区域和工作原因的理解过于狭窄和片面，未能体现《劳动法》和《北京市企业职工工伤范围和保险待遇办法》中关于保护劳动者的合法权益的立法原则，不利于对劳动者的人身保护，所以对劳动和社会保障局作出的认定宣威不是工伤的决定不能维持。

（侯桂珍）

## 33. 顾俊生诉咸阳市渭城区人民政府不履行用财政拨款给付退休金职责案

### （一）首部

1. 判决书字号

一审判决书：陕西省咸阳市中级人民法院（2001）咸行初字第10号。

二审判决书：陕西省高级人民法院（2001）陕行终字第48号。

2. 案由：不履行用财政拨款给付退休金职责案。

3. 诉讼双方

原告（被上诉人）：顾俊生，男，1939年2月28日出生，汉族，河北省新乐市人，高级工程师，退休，住咸阳市中山街139号。

委托代理人（一、二审）：朱进生，男，1939年12月28日出生，原陕西纺织器材研究所所长，现退休。

委托代理人（一、二审）：高耀岭，男，1940 年 10 月 16 日出生，原陕西纺织器材研究所副译审，现退休。

被告（上诉人）：陕西省咸阳市渭城区人民政府。

法定代表人：惠存虎，区长。

委托代理人（一、二审）：赵振新，咸阳市渭城区经济贸易局局长。

第三人（被上诉人）：咸阳华泉有限责任公司。

法定代表人：李心亮，董事长。

4．审级：二审。

5．审判机关和审判组织

一审法院：陕西省咸阳市中级人民法院。

合议庭组成人员：审判长：张满生；审判员：张义成；代理审判员：周昌柱。

二审法院：陕西省高级人民法院。

合议庭组成人员：审判长：傅深铭；审判员：车林科；代理审判员：焦玉珍。

6．审结时间

一审审结时间：2001 年 6 月 22 日。

二审审结时间：2001 年 10 月 16 日。

**（二）一审诉辩主张**

1．被诉具体行政行为：1990 年 8 月 26 日，咸阳市渭城区区委、区人民政府制定了咸渭发（1990）44 号《关于扶持发展区属工业的若干规定》。该《规定》第九条规定："国家干部到集体企业任职，由区财政拨款解决退休金问题，以免除他们的后顾之忧。"1999 年 9 月 5 日，原告顾俊生被批准退休，顾俊生在原企业不支付退休金的情况下，依据上述规定，申请被告咸阳市渭城区人民政府履行用财政拨款给付退休金的职责，被告咸阳市渭城区人民政府不予履行，原告顾俊生遂向咸阳市中级人民法院提起行政诉讼。

2．原告诉称：原告 1966 年大学毕业，被分配到陕西纺织器材研究所工作，1982 年提为工程师，1983 年调到原咸阳市轻工局，再由市轻工局派到咸阳市第二塑料厂任工程师，1989 年晋升为高级工程师兼工会主席，1999 年退休。由于咸阳市第二塑料厂改为股份制企业，效益差，厂方以我是上级派来的国家干部，应按渭城区政府咸渭发（1990）44 号文件，由区财政拨款解决退休金为由，不给退休费。我多次找区政府解决未果。渭城区政府应履行用财政拨款解决其退休费问题的职责，渭城区政府不履行，属行政不作为。据此，请求法院依法判决渭城区政府履行用财政拨款给付退休金的职责，补偿为办退休手续的经济损失。

3．被告辩称：原告未调到轻工局，更不是派到第二塑料厂的，其诉讼请求无政策依据，也不属咸渭发（1990）44 号文件所规定的能够享受区政府拨款解决退休金的范围，原告所在单位为股份合作企业，应按《陕西省股份合作制企业条例》的规定办理。请求法院驳回原告的诉讼请求。

4．第三人述称：被告咸阳市渭城区政府应当按照咸渭发（1990）44 号文件规定，解决原告的退休金问题。

## （三）一审事实和证据

咸阳市中级人民法院经公开审理查明：1983年，原咸阳市第二塑料厂（即咸阳华泉有限责任公司，以下简称“二塑厂”），因缺少技术人才，申请原咸阳市轻工局（地改市后，现为咸阳市渭城区经济贸易局）引进。市轻工局决定，由轻工局技术科牵头，联系引进对象。当他们了解到陕西纺织器材研究所工程师顾俊生是搞塑料专业的，符合轻工局引进需求，就由技术科科长侯绍陵直接与顾联系，并向顾说明引进人才的优惠政策是：优先解决家属的农转非，子女就业，优先解决住房，对到集体企业的国家干部，身份不变，工资标准不变，退休待遇按局里管理的干部对待。当时顾俊生心存疑虑，为取信于人，经过市轻工局努力，解决了顾俊生的家属农转非指标后，才由陕西省纺织工业公司干部部向陕西纺织器材研究所发干部调令函，将顾调入陕西省纺织工业公司干部部另行分配，然后又调往咸阳市人事局，咸阳市人事局又将顾调往市轻工局，陕西纺织器材研究所于1983年12月27日，将顾俊生工资关系转到市轻工局，轻工局才将顾派到二塑厂。1989年3月19日，顾俊生晋升为高级工程师。同年顾被区总工会批准任该厂工会主席。1990年8月26日，渭城区政府颁发了咸渭发（1990）44号《关于扶持发展区属工业的若干规定》。1999年9月5日，顾俊生被批准退休。从1984年到退休，顾俊生工资调整的幅度和次数都是按集体企业工资标准进行的。到退休之日，顾俊生的退休费为397.16元。顾俊生在二塑厂期间，单位和个人都未进入统筹。顾退休后向二塑厂索要退休费，二塑厂以顾是国家干部，厂里经营情况差，无力支付，应按区上的文件规定，由政府承担退休费为由，不予支付。顾俊生遂多次找区政府解决未果，顾俊生又向咸阳市仲裁委申请仲裁，仲裁委以该纠纷不属企业与职工之间的劳动合同争议，不予受理。在万般无奈之时，顾俊生才提起行政诉讼。

上述事实有下列证据证明：

1. 原咸阳市轻工局技术科科长，主管引进顾的经办人侯绍陵的证明一份；原咸阳市轻工局干部郭青玉证明一份；原地区经委副主任马文杰证明一份。

2. 陕西纺织器材研究所证明一份；该所政工科干部贾乃生证明一份。

3. 中共陕西省纺织工业公司委员会干部部干部调函一份；1983年12月19日省纺织工业公司干部部将顾俊生介绍到咸阳市人事局的介绍信一份；1983年12月19日咸阳市人事局调顾俊生到市轻工局的介绍信一份；陕西纺织器材研究所将顾的工资转到市轻工局的工资转移单一份。

4. 1983年和1989年，国务院科学技术干部局、省职称改革工作领导小组颁发给顾俊生工程师、高级工程师职称证书各一份。

5. 渭城区总工会对原二塑厂第三届工会委员会选举结果报告的批文。

6. 顾俊生工资统计表、工资调资审批表、退休审批表。

7. 当事人陈述。

8. 申请仲裁书一份。

9. 咸渭发（1990）44号《关于扶持发展区属工业的若干规定》。

## （四）一审判案理由

咸阳市中级人民法院根据上述事实和证据认为：被告渭城区政府为扶持发展区属工业制定的咸渭发（1990）44号《关于扶持发展区属工业的若干规定》第九条“国家干部到

集体企业任职，由区财政拨款解决退休金问题，以免除他们的后顾之忧”之规定，属行政机关通过规范性文件为自己设定的行政义务，原告以此为依据，要求渭城区政府履行该义务，渭城区政府不予履行，原告向法院提起诉讼，人民法院应作为行政案件受理。原告顾俊生的人事关系、工资关系均在原市轻工局，轻工局作为技术人才将顾俊生引进，事实成立，其国家干部身份至今未变，故退休后的待遇应按国家干部工资标准，由被告拨款进入统筹，解决原告顾俊生退休费问题。原告请求补偿为办退休手续的路费，没有向法院提供依据，法院不予认可。

**（五）一审定案结论**

陕西省咸阳市中级人民法院根据《中华人民共和国行政诉讼法》第五十四条第（三）项规定，作出如下判决：

被告咸阳市渭城区人民政府，在判决生效30天内，依据国家干部的有关工资标准，解决顾俊生1999年9月5日后的退休金问题。

案件诉讼费200元免交。

**（六）二审情况**

1. 二审诉辩主张

上诉人诉称：一审判决已认定顾俊生的劳资关系在原咸阳市第二塑料厂，同时又认为顾俊生的人事关系、工资关系均在原市轻工局，故一审判决认定事实自相矛盾。顾俊生的退休费与上诉人无关，一审判决由被告解决既无法律依据，又无政策依据，一审判决依据《行政诉讼法》第五十四条第（三）项之规定属适用法律不当。一审法院依据咸渭发（1990）44号《关于扶持发展区属工业的若干规定》受理此案，是越权审理行为。况且，顾俊生是1984年元月到二塑厂，而该文件是1990年制定，文件治后不治前，因此，该文件不能作为本案的依据。一审判决滥用职权，干涉上诉人正常行政。请求二审法院撤销一审判决，依法判决由顾俊生所在企业承担退休费。

被上诉人顾俊生辩称：上诉人认为一审判决认定事实矛盾是对一审判决的曲解。被上诉人属全民性质的国家干部，不适用对集体企业职工的有关规定。上诉人不履行咸渭发（1990）44号文件，一审法院受理并非越权审理。根据该文件第九条的规定，被上诉人的退休金应由区财政拨款解决，上诉人不履行这个职责，就是不作为，一审判决依据《行政诉讼法》第五十四条第（三）项之规定进行判决，其法律依据是完全正确的。上诉人称一审判决滥用职权，干涉上诉人正常行政是对一审判决的歪曲。请求二审法院驳回上诉人无理要求，维持原判。

被上诉人咸阳华泉有限责任公司辩称：顾俊生作为科技人才由原咸阳市轻工局引进委派到我厂工作，但顾俊生的国家干部身份不变，同时技术干部工资标准不变。顾俊生退休后，我公司才参加社会统筹养老保险，顾俊生不是我厂的固定职工，不能享受集体企业的养老保险待遇。只能享受国家干部的退休养老待遇。咸渭发（1990）44号文件至今没有废止，顾俊生的退休金问题应按此文件第九条的规定解决。一审判决认定事实清楚，依据法条准确，判决合法公正。请求二审法院驳回上诉人的无理要求，维持原判。

2. 二审事实和证据

二审法院肯定了一审法院认定的案件事实和采纳的定案证据。但在顾俊生劳资关系的有关事实上，根据一审采纳的定案证据在表述上又作了进一步补充：1999年9月5日，顾俊生在二塑厂经咸阳市渭城区人事局批准退休。顾俊生从1984年到退休，其工资的支付、调资均在二塑厂（属集体企业），所享受的工资标准按企业干部和企业技术人员对待。

3. 二审判案理由

陕西省高级人民法院根据认定的事实和证据认为：咸阳市渭城区区委和渭城区政府1990年出台的《关于扶持发展区属工业的若干规定》，是上诉人渭城区政府为鼓励国家干部到集体企业任职，扶持区属集体企业发展而为自己设定的行政义务，上诉人渭城区政府不履行该义务，被上诉人顾俊生认为影响其合法权益，依法提起诉讼，属于行政诉讼的受案范围，一审法院受理并无不当，上诉人渭城区政府认为一审法院越权审理理由不能成立。被上诉人顾俊生1984年初到二塑厂工作后，其工资的支付、调整及退休均在企业，一审法院在判案理由中认为顾的人事关系、工资关系仍在原市轻工局认定事实错误，应予纠正。被上诉人顾俊生虽长期在集体企业工作，但其国家干部身份一直未变，且退休亦在上述文件制定之后。因此，顾俊生符合上述文件第九条规定的适用对象，上诉人渭城区政府应当履行该文件所设定的行政义务。一审判决主要事实清楚，适用法律正确，程序合法，应予维持，上诉人渭城区政府要求撤销一审判决的请求，二审法院不予支持。

4. 二审定案结论

陕西省高级人民法院依照《中华人民共和国行政诉讼法》第六十一条第（一）项之规定，作出如下判决：

驳回上诉，维持原判。

二审案件受理费200元，由上诉人咸阳市渭城区人民政府承担。

**（七）解说**

本案是陕西省第一例因引进人才诉政府不履行义务的新类型行政案件。在受理和审判过程中涉及不少问题。

1. 本案是否应作为行政案件受理？对此，形成三种意见：一种意见认为，本案不属于人民法院行政诉讼受案范围。其理由是：退休金标准的确定，以及由谁发给均是基于劳动合同引发的争议，是平等主体之间的民事权益争议。依照有关法律规定，人民法院不应作为行政案件受理。第二种意见认为，根据行政诉讼法的规定，要求行政机关履行职责的，必须是法定职责，即法律、法规明确规定的属于行政机关履行的职责。本案中，渭城区政府制定的咸渭发（1990）44号文件，不属于法律、法规，因此，顾俊生据此向法院起诉不符合行政诉讼法的规定，此案应裁定驳回原告起诉。第三种意见（即法院采纳的意见）认为，此案应属于行政诉讼受案范围。其理由同一、二审法院的裁判理由。一般地讲，企业人员的退休金应由企业承担，由此产生的争议属于民事争议的范畴。但在本案中，其特殊性就在于，渭城区政府为促进本地区经济的发展，通过制定规范性文件，为自己设定义务的同时，即赋予了相对人相应的权利，由此形成的权利义务关系属于行政法律关系。因此，当顾俊生以自己属于国家干部到集体企业任职，其退休金应由政府用财政拨款解决为由，要求政府履行该义务遭拒绝的情况下，应当赋予当事人有获得司法救济的权利，因此，一、二审法院将该案作为行政案件受理是正确的。而第二种意见将法定职责仅仅理解为法律、法规规定的职责，不利于保护当事人的合法权益。

2. 咸渭发（1990）44号文件是否适用于顾俊生？形成两种意见：一种意见认为，渭城区政府（1990）44号文件是1990年8月26日颁发的，而顾俊生是1984年初到集体企业，1999 年 9 月退休的，该文对顾没有溯及力。另一种意见认为，顾俊生到二塑厂虽然是在文件制定之前，但退休是在该文件实施之后，且该文件对此亦无特别性的排除规定，这是其一；其二，该文件相关内容制定的出发点是为了扶持区属工业而鼓励国家干部到集体企业去工作，顾当时作为技术人才被引进到集体企业工作也是符合这一规定的，况且当时引进顾的时候所承诺的优惠政策与这一规定精神是一致的。其三，适用该文件有利于保护当事人的合法权益，符合行政诉讼法的立法精神。基于上述理由，一、二审法院采纳了第二种意见。

综上所述，对本案的处理一、二审法院判决是正确的。但需说明的是，一审判决在诉讼费负担上，判决诉讼费 200 元免交不当。因为，一审败诉方是咸阳市渭城区政府，渭城区政府不符合免交的条件。另外，从本案查明的事实看，顾俊生的人事关系及工资关系均在二塑厂，一审法院在判案理由中认为顾的人事、工资关系仍在原市轻工局（已被撤销）显属不当，但鉴于不影响本案的实体处理，二审法院判决维持是正确的。

本案的处理，其意义还在于：

1. 体现了信赖保护原则。行政信赖保护原则是第二次世界大战后在联邦德国发展起来的一项行政法原则。本案中，顾俊生当时是基于对政府部门优惠政策的承诺和信任才到集体企业去工作的，由此产生的信赖利益应当受到保护。

2. 扩大了对行政诉讼法规定的“合法权益”的理解。由于立法上存在的缺陷，过去通常把行政诉讼法第二条规定的“合法权益”在实践中狭义地理解为仅指“人身权”和“财产权”，致使相对人除人身权和财产权以外的其他合法权益不能得到救济。本案在审理中，突破了原理解的局限性，对人身权、财产权作了广义的理解，从而使退休人员的退休金这种社会经济保障权利得到了有效的保护。

3. 突破了对行政作为义务原有的狭隘理解。过去在实践中，一般把行政机关不履行作为义务主要限定在法律、法规是否有明确的规定，有相应的法律规定，就受理，否则不受理。但是，由于行政管理领域的宽泛性，行政手段的多样化，在现实生活中，行政主体的作为义务不仅来自法律、法规的规定，还有其他产生作为义务的因素，如行政合同、行政承诺、通过规范性文件设定的义务等等。本案即属后者。如果对这一类的行政争议不受理，将不利于保护相对人的合法权益，也不利于监督行政机关依法行政。

4. 对树立政府诚信形象，优化投资环境，引进人才具有重要的现实意义，特别是对西部大开发，改变人才资源贫乏的状况更显得尤为重要。

（焦玉珍）

# 六、农、林、环保、矿业行政案件

## 34. 卢世运不服藤县地质矿产局关于矿山采掘业停业整顿通知案

**（一）首部**

1. 判决书字号

一审判决书：广西壮族自治区藤县人民法院（2001）藤行初字第10号。

二审判决书：广西壮族自治区梧州市中级人民法院（2001）梧行终字第30号。

2. 案由：不服关于矿山采掘业停业整顿的通知案。

3. 诉讼双方

原告（被上诉人）：卢世运，男，1968年11月27日出生，汉族，藤县人，个体户。

委托代理人（一、二审）：周天绪，藤州律师事务所律师。

被告（上诉人）：藤县地质矿产局。

法定代表人：朱雪亮，局长。

委托代理人（一、二审）：杨永勋，藤县地质矿产局干部。

委托代理人（一、二审）：韦勇，藤县人民政府法制办公室干部。

4. 审级：二审。

5. 审判机关和审判组织

一审法院：广西壮族自治区藤县人民法院。

合议庭组成人员：审判长：林振朝；审判员：廖海云、王宏坚。

二审法院：广西壮族自治区梧州市中级人民法院。

合议庭组成人员：审判长：潘巧旋；审判员：李佩涛；代理审判员：覃祥。

6. 审结时间

一审审结时间：2001年9月30日。

二审审结时间：2001年12月24日。

**（二）一审情况**

1. 一审诉辩主张

（1）被诉具体行政行为：2001年5月22日，被告藤县地质矿产局为贯彻和执行广西壮族自治区安全生产委员会桂安委电（2001）1号“关于整顿全区矿山生产的紧急通知”及梧州市人民政府办公室梧政办发（2001）91号“关于整顿我市矿山生产的紧急通知”，向全县范围内的各矿场、砖厂、石场发出藤地矿安字（2001）02号“关于矿山采掘业停业整顿的通知”，通知要求即日起全面停止采掘作业。并于同日将“通知”送达原告人，原告人认为被告作出的通知是对其作出的停业的行政处罚。为此，原告向原审法院提起诉讼。

2. 原告诉称：原告开办的大屋垠矿场持有合法证件，经有关部门包括被告批准，被告将藤地矿安字（2001）02号“关于矿山采掘业停业整顿的通知”送达原告责成原告开办的矿场自即日起全面停止采掘作业，被告作出停业整顿的行政处罚，违反了《行政处罚法》第三十一条、第四十二条的规定，也不征求原告是否要求举行听证的意见，其程序严重违法，被告的行政处罚主要证据不足，没有适用法律、法规，且没有告知原告依法享有的申请复议或起诉的权利。因此，请求法院撤销被告作出的（2001）02号“关于矿山采掘业停业整顿的通知”。

3. 被告辩称：

（1）根据被告对原告开办的大屋垠矿场安全生产检查记录表明，原告存在五个方面八项问题，其中与采掘作业有关的有四项，属于广西壮族自治区关于矿山采掘业整顿之列。

（2）被告作出的“通知”属抽象行政行为，没有程序要求，也不必载明法律依据，按照《行政诉讼法》的有关规定，不属于法院受案范围。

（3）根据《行政复议法》第三十条的规定，原告应当先行申请行政复议，对复议决定不服的才能向法院提起诉讼，原告未经复议便向法院起诉，法院不应受理。因此，被告作出的（2001）02号“关于矿山采掘业停业整顿的通知”是合法有效的，请求法院驳回原告的起诉。

**（三）一审事实和证据**

藤县人民法院经公开审理查明：原告卢世运根据藤县土地管理局、藤县环境保护委员会、藤县工商行政管理局以及被告的许可，于2000年8月开办了大屋垠矿场，之后从事采矿生产。2001年5月22日，被告作出藤地矿安字（2001）02号“关于矿山采掘业停业整顿的通知”，并于同日将“通知”送达原告，责令原告立即停止生产。被告作出的“通知”并未载明认定的事实和法律依据，也未告知原告有申请复议和提起诉讼的权利。在作出该“通知”之前，被告没有将责令原告停业整顿的事实、理由和依据告知原告，也未告知原告有陈述、申辩和要求听证的权利。

上述事实有下列证据证明：

原告提供的“临时用地许可证”、“采矿许可证”、“个体工商户营业执照”。

**（四）一审判案理由**

藤县人民法院根据上述事实和证据认为：被告作出的藤地矿字（2001）02号《关于矿山采掘业停业的整顿的通知》针对特定的人和事，即数量确定的全县各矿场、砖厂和石场，该“通知”只能适用一次而不能反复使用且没有公之于众，该“通知”送达原告后立即对原告的权利和义务产生直接影响。因此，该“通知”属于可诉的具体行政行为，被告认为该“通知”属于不可诉的抽象行政行为的理由不能成立。被告作出的“通知”是责令原告停业整顿的行政处罚而不是对矿产资源使用权的确权处理，原告依法可以不经复议程序直接向人民法院起诉。被告认为原告应当先行申请复议，对复议决定不服才能向人民法院起诉的主张缺乏依据，不能采纳。被告在作出“通知”之前，没有向原告告知给予行政处罚的事实、理由和依据，也未向原告告知其有陈述、申辩和要求举行听证的权利，违反了《中华人民共和国行政处罚法》第三十条、第三十一条、第三十二条、第四十一条、第四十二条的规定，属于程序违法。被告作出的“通知”未载明认定的事实和法律依据，属于认定事实不清，证据不足，适用法律错误。因此，该“通知”理应撤销，但根据我区我县当前矿山生产安全的严峻形势，撤销该“通知”可能给国家和公共利益造成重大损失，因此，应当确认该“通知”违法，并由被告采取相应的补救措施。

**（五）一审定案结论**

广西壮族自治区藤县人民法院依照《中华人民共和国行政诉讼法》第五十四条第（二）项第一、二、三目和最高人民法院《关于执行〈中华人民共和国行政诉讼法〉若干问题的解释》第五十八条的规定，作出如下判决：

确认被告藤县地质矿产局作出的藤地矿安字（2001）02号“关于矿山采掘业停业整顿的通知”违法，责令被告依法采取相应的补救措施。

案件受理费100元，其他诉讼费200元，共300元，由被告负担。

**（六）二审情况**

1．二审诉辩主张

（1）上诉人（原审被告人）诉称：被上诉人大屋垠矿场属于自治区关于矿山采掘业整顿之列，上诉人是执行自治区人民政府安委会（2001）1号“关于整顿全区矿山生产的紧急通知”及梧州市人民政府办公室梧政办发（2001）91号“关于整顿我市矿山生产的紧急通知”两个文件，这次矿山采掘业的安全整顿，是自治区人民政府部署的统一行动，全区各级政府和有关部门必须执行，对各矿山均具约束力。

由于全区矿山安全生产形势严峻，在非常时期，上诉人认真贯彻执行上级政府的政令，向全县矿山发出藤地矿安字（2001）02号“关于矿山采掘业停业整顿的通知”，对全县矿山均具普遍约束力，是抽象行政行为。根据《中华人民共和国行政诉讼法》第十二条第二款规定，行政法规规定或行政机关制定、发布的具有普遍约束力的决定、命令不属于人民法院受理行政诉讼范围。为此，请求二审法院撤销原审判决，认定藤地矿安字（2001）02号“关于矿山采掘业停业整顿的通知”合法有效。

（2）被上诉人（原审原告）卢世运辩称：被上诉人请求撤销一审判决理由不充分，一审确认其02号文件违法非常正确，但不作撤销02号文件判决是偏袒上诉人，请求二审法院予以纠正。

2．二审事实和证据

梧州市中级人民法院经公开审理查明：原告卢世运取得藤县土地管理局、藤县环境保护委员会、藤县工商行政管理局及被告人藤县地质矿产局的许可办理有关手续后，于2000年8月开办了大屋垠矿场。2001年5月22日，被告藤县地质矿产局为贯彻和执行广西壮族自治区安全生产委员会桂安委电（2001）1号“关于整顿全区矿山生产的紧急通知”及梧州市人民政府办公室梧政办发（2001）91号“关于整顿我市矿山生产的紧急通知”，向全县范围内的各矿场、砖厂、石场发出藤地矿安字（2001）02号“关于矿山采掘业停业整顿的通知”，通知要求即日起全面停止采掘作业。并于同日将“通知”送达原告人，原告人认为被告作出的通知是对其作出的停业的行政处罚。为此，原告遂向原审法院提起诉讼。

上述事实有下列证据证明：

（1）原告人提供的“临时用地许可证”、“采矿许可证”、“个体工商户营业执照”。

（2）2001年6月1日唐健生的证人证言。

（3）广西壮族自治区安全生产委员会于2001年5月19日内部传真电报桂安委电（2001）1号“关于整顿全区矿山生产的紧急通知”。

（4）梧州市人民政府办公室梧政办发（2001）91号“关于整顿我市矿山生产的紧急通知”。

（5）藤县地质矿产局藤地矿安字（2001）02号“关于矿山采掘业停业整顿的通知”。

（6）藤县地质矿产局于2001年5月22日对大屋埌矿场安全检查与整改通知书。

3. 二审判案理由

梧州市中级人民法院认为：上诉人藤县地质矿产局作出的藤地矿安字（2001）02号“关于矿山采掘业停业整顿的通知”，是根据广西壮族自治区安全委员会桂安委电（2001）1号“关于整顿全区矿山生产的紧急通知”及梧州市人民政府办公室梧政办发（2001）91号“关于整顿我市矿山生产的紧急通知”的文件要求而制定的，在全县范围内所有的矿山具有普遍约束力的通知，该通知不是针对被上诉人个人作出的，而且该通知在整顿期限内能反复适用，所以，上诉人所作出的藤地矿安字（2001）02号“关于矿山采掘业停业整顿的通知”不属于具体行政行为，根据《中华人民共和国行政诉讼法》第四十一条第（二）项规定，被上诉人的起诉不符合起诉条件，上诉人上诉理据充分应予支持，原审认定是可诉的具体行政行为并予立案处理是错误的，应予纠正。

4. 二审定案结论

广西壮族自治区梧州市中级人民法院依照《中华人民共和国行政诉讼法》第六十一条第（二）项、第十二条第（二）项，最高人民法院《关于执行〈中华人民共和国行政诉讼法〉若干问题的解释》第七十九条第（一）项之规定，作出如下判决：

（1）撤销藤县人民法院（2001）藤行初字第10号行政判决。

（2）驳回被上诉人卢世运的起诉。

一、二审案件受理费各100元，其他诉讼费各200元，共600元，由被上诉人卢世运负担。

**（七）解说**

本案一、二审认定的事实和采纳的证据基本上是一致的，由于观点不一看法不同，就有了两种不同处理结果。原审法院确认被告藤县地质矿产局作出的藤地矿安字（2001）02号“关于矿山采掘业停业整顿的通知”违法，责令被告依法采取相应的补救措施；二审法院却驳回原告人卢世运的起诉。究其原因，主要是一、二审法院对行政管理机构藤县地质矿产局作出的藤地矿安字（2001）02号“关于矿山采掘业停业整顿的通知”性质认识不一致。一审法院认为被告作出的“关于矿山采掘业停业整顿的通知”是被告在行政管理过程中，针对特定的人和事，即在数量上确定的全县各矿场、砖厂和石场，该“通知”只能适用一次而不能反复使用，且没有公之于众，送达原告后立即对原告的权利义务产生直接影响，因此，该“通知”属可诉的具体行政行为。其实被告作出的“通知”不是针对特定的人和事，不是针对具体的某个个人，更不是针对原告个人及其大屋埌矿场，而是针对全县范围内所有矿山（不分类型，不分矿种）进行全面停业整顿，具有普遍约束力的规范性文件，且在一定时期内可反复运用的效力。原告认为该“通知”是具体行政行为，侵犯了自己的合法权益而向法院起诉，不符合《行政诉讼法》第十二条规定人民法院不受理公民、法人或者其他组织对行政机关制定发布的具有普遍约束力的决定、命令的起诉案件，即该“通知”不能成为行政诉讼的直接审查对象，不具可诉性，不符合《行政诉讼法》第四十一条规定的起诉条件，法院不应予以受理，原审法院认为该“通知”是具体行政行为，具有可诉性是错误的，二审法院予以纠正，撤销一审判决，驳回原告的起诉是正确的。

（覃 祥）

# 35. 明光市丰华养鸡场不服明光市农业局兽药管理行政处罚案

**（一）首部**

1. 判决书字号

一审判决书：安徽省明光市人民法院（2000）明行初字第248号。

二审判决书：安徽省滁州市中级人民法院（2001）滁行终字第107号。

2. 案由：不服兽药管理行政处罚案。

3. 诉讼双方

原告（上诉人）：明光市丰华养鸡场。

法定代表人：李国光，场长。

委托代理人（一、二审）：周宝华，安徽省乾清律师事务所律师。

被告（被上诉人）：明光市农业局。

法定代表人：夏从华，局长。

委托代理人（一、二审）：周宏赞、张元嘉，明光市兽医总站职工。

4. 审级：二审。

5. 审判机关和审判组织

一审法院：安徽省明光市人民法院。

合议庭组成人员：审判长：董祥林；人民陪审员：钟如明、赵永成。

二审法院：安徽省滁州市中级人民法院。

合议庭组成人员：审判长：王琳；代理审判员：高奎、杨达。

6. 审结时间

一审审结时间：2000年9月19日。

二审审结时间：2001年2月26日。

**（二）一审诉辩主张**

1. 被诉具体行政行为：2000年8月22日，被告明光市农业局以明光市丰华养鸡场无证经营兽药为由，依据国务院《兽药管理条例实施细则》第六十三条规定，作出（明光）兽药罚字（2000）第2028号行政处罚决定：（1）立即停止兽药经营；（2）没收所查扣的兽药；(3) 罚款5 000元。原告不服，遂向明光市人民法院提起诉讼。

2. 原告诉称：明光市丰华养鸡场存放在场门市部柜台的兽药是自用的，不应受到行政处罚。请求撤销被告的行政处罚决定。

3. 被告辩称：明光市丰华养鸡场无证经营兽药，事实清楚，证据确凿。请求维持行政处罚决定。

**（三）一审事实和证据**

明光市人民法院经审理查明：2000 年 8 月 3 日明光市农业局在丰华养鸡场门市部柜台、货架及床底下等处查到兽药并发现丰华养鸡场没有办理 2000 年度兽药经营许可证。

上述事实有明光市农业局出具给丰华养鸡场的查扣清单等证据证明。

**（四）一审判案理由**

明光市人民法院认为：原告明光市丰华养鸡场没有办理 2000 年度兽药经营许可证，暗地经营兽药行为违法。原告认为没有经营兽药行为，查扣的兽药是自用的，不应受到行政处罚的主张不能成立，本院不予采信；对被告要维持的主张予以采信。需要指出的是被告行政处罚程序上有轻微瑕疵，但其程度不影响实体的处理。

**（五）一审定案结论**

安徽省明光市人民法院根据《中华人民共和国行政诉讼法》第五十四条第（一）项之规定，作出如下判决：

维持明光市农业局作出的（明光）兽药罚字（2000）第 2028 号行政处罚决定。

本案诉讼费 210 元，其他诉讼费 20 元，计 230 元，由原告明光市丰华养鸡场负担。

**（六）二审情况**

1. 二审诉辩主张

(1) 上诉人（原审原告）诉称：被告认定事实错误，本单位在养殖过程中，须常年自备疫苗、兽药，因养鸡场在距明光市十里之遥，经常停电，兽药、疫苗只能存放在门市部，没有经营兽药行为；被告处罚程序违法，违反《中华人民共和国行政处罚法》第四十二条的规定，剥夺了上诉人要求听证的权利；罚款5 000元无事实根据，请求二审改判。

(2) 被上诉人（原审被告）辩称：原告无证经营兽药，事实清楚，证据确凿，被告执法人员在执行时当场发现原告经营人员在出售兽药，现场查获的兽药系有序摆放在柜台、货架上的，有部分摆放在值班人员的床下，并调查了部分养殖户，部分养殖户也证实了曾在原告处购过兽药、疫苗；行政处罚程序合法，对原告罚款5 000元不属于较大数额罚款，不在举行听证的范围，故未举行听证；罚款数额认定有据，对原告罚款5 000元认定的依据是其非法经营兽药货值的 2 倍至 3 倍为标准。请求二审维持一审判决。

2. 二审事实和证据

滁州市中级人民法院经审理查明：被上诉人明光市农业局于 2000 年 8 月 3 日在上诉人明光市丰华养鸡场门市部查获部分兽药，并发现上诉人没有办理 2000 年度兽药经营许可证，被上诉人随后调查了部分养殖户，并于 2000 年 8 月 11 日向上诉人送达了“告知听证违法行为处理通知书”，拟对上诉人给予三项行政处罚：(1) 立即停止兽药经营；(2) 没收所查扣的兽药；(3) 罚款5 000元。并根据《行政处罚法》第三十一条、第三十二条、第四十二条告知了上诉人享有陈述申辩和要求组织听证的权利。8 月 12 日上诉人要求组织听证，并递交了书面申请。8 月 13 日，被上诉人答复决定不组织听证。8 月 23 日被上诉人对上诉人作出了上述三项行政处罚，上诉人不服提起诉讼。

上述事实有下列证据证明：

(1) 明光市农业局委托明光市畜牧兽医总站在明光市境内行使兽药行政管理职权的农业行政执法委托书。

(2) 暂扣兽药、疫苗清单。

(3) 查扣兽药清单价格计算表。

(4) 调查养殖户李德山等谈话笔录。

(5) 告知听证违法行为处理通知书。

(6) 明光市丰华养鸡场要求组织听证申请书。

(7) 明光市农业局决定不组织听证的通知书。

(8) 明光市工商行政管理局的证明。

3. 二审判案理由

滁州市中级人民法院根据上述事实和证据认为：被上诉人已告知了上诉人有要求举行听证的权利，而上诉人也要求听证，被上诉人就应当组织听证，其拒绝组织听证，违反了《中华人民共和国行政处罚法》第四十二条的规定。根据《中华人民共和国行政处罚法》第三条第二款的规定，该行政处罚无效。被上诉人认为其罚款数额不属于听证范围，其理由不能成立：(1) 被上诉人在作出处罚决定之前已告知了上诉人享有要求组织听证的权利；(2) 被上诉人作出的行政处罚是三项，还包括责令停止兽药经营，此处罚也属听证范围。故被上诉人拒绝听证的理由，本院不予采纳。一审判决认为被上诉人行政处罚程序上有轻微瑕疵，系属认定不当。上诉人上诉认为被上诉人行政处罚程序违法的理由成立，本院予以采纳。

4. 二审定案结论

安徽省滁州市中级人民法院根据《中华人民共和国行政诉讼法》第六十一条第（三）项以及最高人民法院《关于执行〈中华人民共和国行政诉讼法〉若干问题的解释》第五十七条第二款第（三）项之规定，判决如下：

(1) 撤销明光市人民法院（2000）明行初字第 248 号行政判决。

(2) 确认明光市农业局作出的（明光）兽药罚字（2000）第 2028 号行政处罚决定无效。

一审案件诉讼费 210 元及其他诉讼费 20 元，计 230 元，二审案件诉讼费 270 元，均由被上诉人明光市农业局负担。

**（七）解说**

本案在诉讼中主要涉及如下问题：

1. 本案的被告主体问题。明光市畜牧兽医总站在明光市农业局委托范围内，以委托行政机关明光市农业局的名义实施行政处罚。根据《中华人民共和国行政诉讼法》第二十五条第四款的规定，“由行政机关委托的组织所作的具体行政行为，委托的行政机关是被告”。因此，本案被告为明光市农业局是正确的。

2. 被告拒绝听证，程序是否违法。《中华人民共和国行政处罚法》第四十二条规定：“行政机关作出责令停产停业、吊销许可证或者执照、较大数额罚款等行政处罚决定之前，应当告知当事人有要求举行听证的权利；当事人要求听证的，行政机关应当组织听证。”

该条是关于听证制度的规定。听证制度是行政程序现代化和民主化的重要标志，也是我国行政法制建设的一个新的里程碑。行政处罚法对听证程序的规定，主要目的是为了赋予受行政决定影响的一方为自己的行为辩护的权利。行政机关组织听证，既是保障当事人的合法权益不受侵犯；也是保证行政机关行政处罚决定的正确。本案被告在作出处罚决定之前，依据《行政处罚法》的规定，告知了原告有要求举行听证的权利，当原告要求听证时，被告却以罚款数额不属于听证范围为由拒绝听证，剥夺了行政处罚相对人要求听证，进行申辩的权利，其程序明显违法，理由如下：(1) 被告告知了原告有要求举行听证的权利，原告也要求听证；(2) 被上诉人作出的行政处罚是三项，还包括责令停止兽药经营处罚，此处罚也属听证范围。故被告拒绝听证，属程序严重违法，即违反了《中华人民共和国行政处罚法》第四十二条关于听证程序的规定。

3. 罚款5 000元，是否有事实根据。被告作出罚款5 000元的法律依据是国务院颁布的《兽药管理条例》第四十二条以及《〈兽药管理条例〉实施细则》第六十三条的规定，即罚款的标准是以违法所得的二至三倍进行罚款，最高不得超过三万元。而被告认定原告的违法所得，是以扣押药品的价值计算得来的。被告将所扣药品的价值认定为违法所得，属认定事实错误，因为被告所扣押原告的药品的价值，并不是原告的违法所得。因此被告作出罚款5 000元的处罚，无事实根据。

4. 本案是判决撤销，还是判决确认无效。根据《中华人民共和国行政处罚法》第三条第二款的规定："没有法定依据或者不遵守法定程序的，行政处罚无效。"在最高人民法院《关于执行〈中华人民共和国行政诉讼法〉若干问题的解释》实施之前，对于无效的具体行政行为，审判实践一般都适用撤销判决。2000 年 3 月 10 日起施行的最高人民法院《关于执行〈中华人民共和国行政诉讼法〉若干问题的解释》第五十七条第二款规定，被诉具体行政行为依法不成立或者无效的，人民法院应当作出确认被诉具体行政行为违法或者无效的判决。确认判决是这次司法解释修改新增加的判决形式，旨在弥补行政诉讼法明文规定的判决形式的不足，以适应行政审判实践不断发展的需要。因本案被告拒绝听证，剥夺了行政处罚相对人要求听证进行申辩的权利，其程序严重违法。《中华人民共和国行政处罚法》第三条第二款明文规定，"没有法定依据或者不遵守法定程序的，行政处罚无效"。因此，根据《行政处罚法》和最高人民法院新的司法解释，本案应适用确认无效判决。

（杨　达）

## 36. 孙大涛等 101 户农民诉平顶山市卫东区环保局行政不作为案

### （一）首部

1. 判决书字号：河南省平顶山市卫东区人民法院（2001）卫行初字第 52 号。

2. 案由：环境污染行政不作为案。

3. 诉讼双方

原告：孙大涛等101户平顶山市卫东区东高皇乡蒲城村农民。

诉讼代表人：孙大涛、吴志有、张文宣，均系平顶山市卫东区东高皇乡蒲城村农民，住该村。

委托代理人：吴岩松，男，1968年7月14日出生，汉族，系平顶山市湛河区政府法制办干部。

被告：平顶山市卫东区环保局。

法定代表人：甄天佑，局长。

委托代理人：辛延芳，女，1970年3月20日出生，汉族，系平顶山市卫东区环保局法制办干部。

委托代理人：李秋奎，男，1952年9月21日出生，汉族，系平顶山市卫东区环保局干部。

第三人：平顶山市东湖炼焦厂。

法定代表人：牛国喜，厂长。

委托代理人：李书剑，男，1965年4月16日出生，汉族，系平顶山市协作办干部。

4. 审级：一审。

5. 审判机关和审判组织

审判机关：河南省平顶山市卫东区人民法院。

合议庭组成人员：审判长：吴虹；代理审判员：柴彦华、李洪涛。

6. 审结时间：2001年5月10日。

**（二）诉辩主张**

1. 原告诉称：第三人平顶山市东湖炼焦厂自1997年投产至今四年来，一直未进行达标验收，严重污染了周围环境，造成附近村庄土地板结，致使小麦严重减产。为此，我们曾多次反映给被告市卫东区环保局及市环保局，但他们迟迟未作出处理，已属行政不作为，如今东湖炼焦厂仍在违法进行生产，继续污染环境，四年来给我们的责任田造成了巨大的经济损失。根据有关法律规定，我们请求法院依法判令平顶山市卫东区环保局履行其行政职责，对第三人作出停止环境污染决定，并进行处罚，对第三人东湖炼焦厂严重污染环境的行为予以制止并责令第三人赔偿给原告造成的经济损失。在庭审中原告将第一项诉讼请求变更为：请求判决卫东区环保局依法履行职责，依法调查处理第三人东湖炼焦厂的违法排污及违法生产行为。

2. 被告辩称：（1）孙大涛等101户居民不具有提起行政诉讼的资格和条件。第三人是我局的环保行政管理相对人，如果原告认为其在生产过程中造成污染，给居民带来人身、财产损害，居民只能对该厂提起民事诉讼，而不能提起行政诉讼，因为孙大涛等101户居民不具有法律所规定的提起行政诉讼的资格和条件。（2）此案不属于行政案件，应按环境民事纠纷立案审理。原告要求赔偿经济损失的诉讼请求通过行政诉讼是不能解决的，原告为保护自己的民事权益，只能向与其处于平等地位的第三人主张自己的权利，没有法律依据和事实根据提起行政诉讼。即使部分居民曾找环保局解决环境污染纠纷，这种调解只是民间协调，调解的结果不具有强制性，调解结果也不是环保局的具体行政行为。全国人大法工委就如何理解和执行环保法第四十一条第二款的答复指出，根据当事人的请求，对因环境污染损害引起的赔偿责任和赔偿金额的纠纷所作出的处理，当事人不服的可以向人民法院提起民事诉讼，但这是民事纠纷双方当事人之间的民事诉讼，不能以作出处理决定的环保行政主管部门为被告提起行政诉讼，根据上述规定，此案只能以环境民事纠纷处理，不属于行政案件。在环境民事诉讼中，居民和企业双方当事人是原、被告，环保行政机关不是诉讼参与人。（3）我局已履行了法定职责，行政不作为不能成立。其一，自2000年1月13日，蒲城村村民代表到我局提出纠纷申请后，我局按照《河南省环境污染纠纷处理暂行办法》的有关规定依法进行处理，经过现场调查后，向东湖炼焦厂送达了（平卫）环行调字（2000）01号“调处环境污染损害赔偿纠纷立案告知书”，后于2000年2月23日召集双方当事人到我局进行调解，调解会召开之后，我局分别向蒲城村的村民代表和第三人送达了“平顶山市卫东区环保局通知”，由于双方当事人都不愿举证，在此情况下，我局向原告送达了（平卫）环行调告字（2000）01号“环境污染损害赔偿纠纷行政调处中止（终止）告知书”。2000年5月9日，针对原告向我局提出的第三人对其造成污染的赔偿申请，我局同样积极依法立案，在法定期限内向东湖炼焦厂法人送达了（平卫）环行调字（2000）02号“调处环境污染损害赔偿纠纷立案告知书”，但牛国喜拒绝提交答辩状，我局按照《河南省环境污染纠纷处理暂行办法》第十条的有关规定，向任庄村村民代表吴志有送达了（平卫）环行调告字（2000）02号“环境污染损害赔偿纠纷行政调处中止（终止）告知书”。由此可知，我局依法履行了行政调解的责任。其二，东湖炼焦厂在项目建设的过程中，曾存在着环保设施未经验收，主体工程投入运营的违法行为，对此我局执法人员在现场的监督检查中发现此情况后，按照《河南省建设项目环境保护条例》的有关规定对其进行了环保行政处罚。其三，东湖炼焦厂作为一家排污企业，在项目立项之时，对其进行了环境影响评价，对项目可能给周围环境造成的污染，提出了防治要求；严格执行了环境影响评价制度。项目建成后，对其中防治污染的设施进行了验收，并通过市环保局组织的验收，保证了防治污染的设施，与主体工程同时设计，同时施工，同时投产使用。故我局已依法履行了法定职责，101户居民诉我局不履行法定职责的诉讼请求不能成立，请求法院依法驳回原告的起诉。

3. 第三人述称：我厂是自筹资金兴办的个体企业，在卫东区是仅有的私营规模企业，得到了区委区政府的鼓励和大力支持。从建设立项，到建成投产，均严格按照国家有关政策法规进行，各项手续完备齐全、合法有效。我厂建设时期，正是国家环保政策取缔土法炼焦、倡导机械炼焦的时期，而我厂是完全的机械化生产焦炭工艺，更重要的是建成投产通过了市环保局的达标验收。因此，我厂既不是违法建厂，更不是违法生产。

**（三）事实和证据**

平顶山市卫东区人民法院经审理查明：第三人平顶山市经济技术开发区东湖炼焦厂属于排污企业，在项目立项时，到平顶山市环境保护局办理了环境影响评价，对项目建成后可能对周围环境造成的影响进行了分析，提出了有关防治污染措施的要求。1998年10月20日第三人向被告提出了环保设施验收申请，并通过了预验收。1999年10月25日该厂在主体工程完工的试运行阶段，委托平顶山市环境监测中心站对其排出的污染物进行了监测，第三人在防治污染设施未经验收的情况下，建设项目即投入生产。

2000年1月13日，平顶山市卫东区东高皇乡蒲城村村民代表向被告提出纠纷申请，被告根据调查认为蒲城村村民的赔偿申请应该支持，被告立案受理。当日，被告向东湖炼焦厂送达了（平卫）环行调字（2000）01号“调处环境污染损害赔偿立案告知书”；同时又向东湖炼焦厂送达了《环境保护行政处罚告知书》。处罚理由及结果是：“违犯了《河南省建设项目环境保护条例》第三十二条第五款之规定，防治污染设施未经验收，建设项目已投入生产，拟作出：（1）罚款8 000元整；（2）申请环保局验收防治污染设施。”被告于2000年2月23日召集双方当事人进行调解，第三人法定代表人牛国喜认为炼焦厂生产没有污染蒲城村的土地，拒绝赔偿。因此，调解没有达成协议。2000年2月29日，被告向牛国喜送达了平卫环罚字（2000）01号“环境保护行政处罚决定书”（内容与行政处罚告知书相同）。2000年3月7日被告针对村民的赔偿请求和牛国喜拒不赔偿的理由，分别向双方送达了“平顶山市卫东区环保局通知”，要求他们双方对自己的主张提供证据，准备第二次调解。因双方当事人都不愿举证，被告于2000年5月15日向原告送达了（平卫）环行调告字（2000）01号“环境污染损害赔偿纠纷行政调处中止（终止）告知书”，明确告知村民可以向法院提起民事诉讼，通过司法裁定或判决途径解决此纠纷。

2000年5月9日，平顶山市卫东区东高皇乡任庄村一组、二组村民又向被告提出东湖炼焦厂对其造成污染的赔偿申请，被告于次日再次派员调查后立案。被告于2000年5月10日向东湖炼焦厂送达了（平卫）环行调字（2000）02号“调处环境污染损害赔偿纠纷立案告知书”。由于牛国喜拒绝提交答辩状，被告于2000年5月30日向任庄村村民代表吴志有送达了（平卫）环行调告字（2000）02号“环境污染损害赔偿行政调处中止（终止）告知书”。同日，平顶山市环保局对第三人东湖炼焦厂的环保设施进行了验收。因此，原告起诉来院，请求判决卫东区环保局依法履行职责，依法调查处理第三人东湖炼焦厂的违法排污及违法生产行为。

上述事实有下列证据证明：

1. 建设项目环境影响报告表。

2. 分析（测量）结果报告单。

3. 环境保护设施验收申请报告。

4. 环境保护行政处罚决定书及现场勘查笔录

**（四）判案理由**

平顶山市卫东区人民法院认为：被告作为第三人东湖炼焦厂环保设施的预验收单位，就该厂环境保护设施未经验收就进行生产的违法生产行为，对其法定代表人个人进行处罚，处罚主体错误。“环境保护行政处罚决定书”适用法律不当，缺少处罚内容（即没有行为罚）。平顶山市环保局对东湖炼焦厂验收之后，被告没有按市环保局的意见，对东湖炼焦厂违法排污行为实施监督并限期治理，因此，原告要求被告履行法定职责，依法调查处理第三人东湖炼焦厂的违法生产、违法排污行为，理由正当，应予支持。原告要求第三人赔偿经济损失不属行政赔偿的范围，本案不予审理。

**（五）定案结论**

河南省平顶山市卫东区人民法院根据《中华人民共和国行政诉讼法》第五十四条第（三）项之规定，判决如下：

限被告平顶山市卫东区环境保护局履行法定职责，在三个月内对第三人东湖炼焦厂违法生产、违法排污的行为作出处罚。

案件受理费700元，由平顶山市卫东区环境保护局负担。

**(六) 解说**

本案在审理过程中，对该案的认识存在分歧，故在处理此案时，有三种意见：

1. 原告请求赔偿的行为不属于行政赔偿的范围，驳回原告关于请求赔偿的诉讼请求。

法院在审理行政侵权赔偿案件时，应当先审查被诉具体行政行为的合法性，再审查其他行使职权的行为是否合法，最后审查有关行政赔偿问题。本案 101 户居民认为因受到第三人东湖炼焦厂污染，造成土地板结，小麦减产，要求第三人赔偿经济损失不属于行政赔偿的范围，其理由是：

(1) 原告不具有行政赔偿请求人的资格。根据《国家赔偿法》第六条的规定，受到行政机关及其工作人员在行政管理活动中，违法行使行政职权行为侵害并造成实际损害后果，是请求行政赔偿的先决条件，原告要求第三人赔偿经济损失，因此在行政侵权赔偿案件中，也就不具有请求行政赔偿的资格。

(2) 被告不是适格的赔偿义务机关。根据《国家赔偿法》第七条的规定，行政机关及其工作人员在行政管理活动中违法行使行政职权的行为，造成公民、法人或者其他组织合法权益损害结果的，由该行政机关作为赔偿义务机关。原告并没有要求被告行政赔偿，再说本案不是因被告违法行使职权的行为所造成的损害，因此被告不是适格的赔偿义务机关。

(3) 行政侵权责任是行政赔偿的前提，因第三人东湖炼焦厂的过错造成损害的，国家不承担赔偿责任，原告为保护自己的民事权益，只能向与其处于平等地位的东湖炼焦厂主张自己的权利。全国人大法工委就如何理解和执行环保法第四十一条第二款的答复规定，根据当事人的请求，对因环境污染损害引起的赔偿责任和赔偿金额的纠纷所作的处理，当事人不服的，可以向人民法院提起民事诉讼，但这是民事纠纷双方当事人之间的民事诉讼，不能以作出处理决定的环境保护行政主管部门为被告提起行政诉讼。因此，孙大涛等 101 户居民认为东湖炼焦厂在生产过程中造成污染、给居民带来人身、财产损害，只能对该厂提起民事诉讼。

2. 确认被告平顶山市卫东区环保局在查处第三人东湖炼焦厂违法生产、违法排污的行政行为违法。其理由如下：

(1) 第三人东湖炼焦厂产生的废水污染长期得不到治理。第三人在 1997 年 2 月 24 日的"建设项目环境影响报告表"中有洗煤车间和焦炉车间的工程防污措施和对策建议："该工程将会产生废水及废气污染，在废水处理问题上，采用循环用水的方法，在厂区建了个污水沉淀池，洗煤废水经沉淀后，一部分回收，一部分用于熄焦"；可是在 1998 年 10 月 20 日的河南省建设项目"环境保护设施验收申请报告"中，有被告作为当地环保行政主管部门意见"洗煤不在本厂进行，不存在洗煤水外排情况，熄焦水循环利用不外排，原则同意预验收"；再如在 2000 年 4 月 15 日的"河南省建设项目环境保护设施验收申请报告"中，有市环保局验收意见："该厂基本落实了环境报告表中提出的环保措施，废水循环不外排，原则同意验收。"法院在审理过程中于 2001 年 3 月 26 日在该厂进行现场勘查发现刚建成了两个洗煤槽、两个沉淀池还没有正式使用。从以上情况可以看出，该厂所产生的废水污染长期得不到治理。环保设施验收时，虽然在工艺和污染物产出流程图中标列洗煤工艺，却在主要污染物处理方法流程图中说洗煤不在本厂区，根本不提洗煤工艺产生污染物的处理方法及设施。根据《河南省建设项目环境保护条例》第十二条规定："建设项目环境报告……采用的生产工艺发生重大变化的，建设单位应当重新报批。”根据此规定，第三人东湖炼焦厂由原来的环境保护设计在本厂洗煤变更成了不在本厂洗煤，应重新报批。另外，市环保局在“河南省建设项目环境保护设施验收申请报告”中同意验收理由是“废水循环不外排”，可是在该“报告”中尚未完成的环保设施及存在问题栏中填写内容是：“由于才开始在本厂洗煤，并且洗煤也不正常，因此洗煤废水沉淀池未建”。前后自相矛盾。被告作为建设项目环境报告的初审单位，对此没有采取任何措施，既没有要求东湖洗煤厂重新报批，也不落实洗煤工艺是否在炼焦厂区，更未采取监测手段，检测其炼焦原料是否经过脱硫入洗工艺。并且在原告多次举报东湖炼焦厂违法使用高硫原煤炼焦，严重污染周边环境，要求被告立即制止东湖炼焦厂违法生产行为后，仍不采取任何措施，任由第三人东湖炼焦厂违法生产。

（2）该工程产生废气污染严重超标。

该工程包括洗煤及熄焦两个工种，将会产生废水及废气污染。1998 年 10 月 25 日被告批准预验收该厂投入生产后期（原告反映该厂是 1996 年投产的），于 1999 年 10 月 25 日委托市环境监测中心站对该厂废气排放进行了检测。根据《河南省建设项目环境保护条例》第三十条规定：“建设项目建成后，防治污染设施必须与主体工程同时试运行，建设单位一般应在试运行三个月内，委托有环境监测资格的单位进行测试，向负责批准环境影响报告书（表）的环境保护部门提交防治污染设施验收申请报告，环境保护部门应在一个月内验收完毕。”由此可见，第三人委托检测时间为一年整，市环保局审批验收时间为七个月有余。

第三人东湖炼焦厂委托市环境监测中心站作出的废气（无组织排放）“分析（测量）结果报告单”结果是，19 日 8 点至 12 点炉顶西测点苯可溶物为 0.613（限值为 0.60）；10 月 20 日 8 点至 12 点炉顶西测苯可溶物为 1.99，总悬浮颗粒物为 5.643（限值为 2.5）；21 日 8 点至 12 点炉顶西测苯可溶物为 1.05，总悬浮颗粒物为 3.970；根据《中华人民共和国国家标准大气污染物综合排放标准》和国家《炼焦炉大气污染物排放标准》的规定：“无组织排放监控浓度限值，是指监控点的污染物浓度在任何一小时的平均值不得超过的限值。”市环保局在同意验收意见中指出：“完善废气粉尘防治措施，做到全部点位连续达标排放。”由此可见，第三人东湖炼焦厂已严重超标排放。

（3）被告未对环境违法行为进行查处。

原告多次向被告举报并要求查处东湖炼焦厂违法生产、违法排污行为后，被告只是按调处环境污染损害赔偿纠纷立案，未对污染事故进行调查和初步认定，更没有采取任何处理措施。根据《河南省环境污染纠纷处理暂行办法》第五条规定：“调解应根据当事人的请求，在查明环境污染事实、分清责任的基础上，召集当事人和有关人员进行协商，依法公正地化解矛盾，平息纠纷。”被告不去现场查明有没有污染环境的事实，责任分不清，怎么去调解。被告于 2000 年 2 月 29 日，因第三人防治污染设施未经验收，建设项目已投入生产，对第三人的法定代表人牛国喜进行处罚，罚款8 000元，更是文不对题，从形式上已作出了处罚决定，从实体上未对第三人的环境违法行为进行处罚。再说被告平卫环罚字（2000）第 01 号环境保护行政处罚决定书，使用法律错误，处罚没有行为罚。根据《河南省建设项目环境保护条例》第三十二条第一款第（五）项规定：“防治污染设施未经验收或者经验收不合格，建设项目投入生产或使用的，责令其停止生产或使用，补办手续；对建设单位或者使用单位可并处5 000元以上、2万元以下的罚款。”本条款主罚是责令建设项目的停止生产或使用，而罚款是可选择使用的附加罚。被告对第三人防治污染设施未经验收，违法投入生产和使用的行为，只是罚款，不责令停止生产，等于放任了违法行为的继续，违背了立法本意。

综上所述：被告卫东区环保局对第三人有大量环境违法行为事实：其一，未建洗煤水沉淀池，洗煤水直接外排；其二，焦炉无组织排放监测超标；其三，防治污染设施未经验收，投产使用，不履行法定职责，既不立案调查环境污染的事实，制止违法排污行为，也不对第三人三废排放进行监测，更未对其违法排污行为进行处罚，是明显的行政不作为行为。被告作为第三人东湖炼焦厂环保设施的预验收单位，就该厂环境保护设施未经验收就进行生产的违法生产行为，对其法定代表人个人进行处罚，处罚主体错误。《环境保护行政处罚决定书》适用法律不当，缺少主罚内容（即没有行为罚）。平顶山市环保局对东湖炼焦厂验收之后，被告没有按市环保局的意见，对东湖炼焦厂违法排污行为实施监督并限期治理，因此，原告要求被告履行法定职责，依法调查处理第三人东湖炼焦厂的违法生产、违法排污行为，理由正当，应予支持。根据《中华人民共和国行政诉讼法》第五十四条第（三）项之规定，判决限被告平顶山市卫东区环境保护局履行法定职责，在三个月内对第三人东湖炼焦厂违法生产、违法排污的行为作出处罚。

3. 被告已履行了法定职责，101户居民诉不履行法定职责的诉讼请求不能成立，判决驳回原告的诉讼请求。

综上所述，本院认为第一、第二种意见是正确的，判决限被告平顶山市卫东区环境保护局履行法定职责，在三个月内对第三人东湖炼焦厂违法生产、违法排污的行为作出处罚是合理合法的。

（吴虹　阎泉水）

## 37. 钱宏业等不服上海市闸北区环境保护局核发技改项目审批意见案

### （一）首部

1. 判决书字号

一审判决书：上海市闸北区人民法院（2000）闸行初字第41号。

二审判决书：上海市第二中级人民法院（2001）沪二中行终字第129号。

2. 案由：不服核发技改项目审批意见案。

3. 诉讼双方

原告（上诉人）：钱宏业，男，1955年1月8日出生，汉族，上海南方支护公司工作。

原告（上诉人）：王树人，男，1956年7月9日出生，汉族，上海嘉利斯冰淇淋有限公司工作。

被告（被上诉人）：上海市闸北区环境保护局。

法定代表人：秦瑞坤，局长。

委托代理人（一审）：韩宗浩、印时菁，上海市闸北区环境保护局干部。

委托代理人（二审）：顾志强、郑绍平，上海市绍平律师事务所律师。

第三人：上海联华生鲜食品加工配送中心有限公司。

法定代表人：良威，董事长。

委托代理人：王健，上海联华超市有限公司工作人员。

委托代理人：倪森根，上海联华生鲜食品加工配送中心有限公司工作人员。

4. 审级：二审。

5. 审判机关和审判组织

一审法院：上海市闸北区人民法院。

合议庭组成人员：审判长：徐永珍；审判员：朱明忠、翟小芳。

二审法院：上海市第二中级人民法院。

合议庭组成人员：审判长：钱锡青；代理审判员：王朝晖、吴晓梅。

6. 审结时间

一审审结时间：2001 年 4 月 20 日。

二审审结时间：2001 年 7 月 20 日。

**（二）一审诉辩主张**

1. 被诉具体行政行为：被告于 2000 年 6 月 30 日作出技改项目审批意见，同意第三人在原址（即北宝兴路 624 号）进行改建、扩建和技术改造项目建设，但该项目必须符合六条具体的环保要求，而且该建设项目需要配套建设的环境保护设施必须与主体工程同时设计、同时施工、同时投产使用。原告认为被告同意第三人在北宝兴路 624 号建设该项目，对其生活区域将会造成一定的环境污染，于 2000 年 12 月 12 日向本院提起行政诉讼。经审查，本院于 2000 年 12 月 19 日立案受理。

2. 原告诉称：被告在作出本案之审批意见时，未考虑到该建设项目会造成由于液氨泄漏形成的空气污染、生产运输产生的噪声污染以及在生产过程中生成的油烟污染等情况，违反市政府提出的建设项目应以人为本的精神，给小区居民的生活造成了极大的影响。此外，根据《中华人民共和国环境保护法》的规定，环境影响报告书经批准后，计划部门方可批准建设项目设计任务书，而被告在环境影响报告书尚未完成的情况下，就同意第三人开工，是违反法律规定的。另外，被告在未征求当地群众意见的情况下即作出了审批意见，其违反了环境影响报告书在环评结论一栏中提出的被告须征求群众意见的要求，故请求判决撤销被告作出的审批意见的具体行政行为。

3. 被告辩称：其根据《建设项目环境保护管理条例》第三条、第五条、第十六条以及《上海市建设项目环境保护管理办法》第五条的规定，审核了第三人提供的规划管理部门出具的规划意见、计划委员会出具的项目可行性研究报告、环评表及专项报告以及平面图、地形图、工艺流程图等材料，在法律规定的期限内作出审批意见，其认定的事实清楚、法律适用正确、程序合法，故请求判决维持其作出的具体行政行为。

4. 第三人述称：被告作出的审批意见符合环境保护法律、法规等规定，要求维持该审批意见。

**（三）一审事实和证据**

上海市闸北区人民法院经公开审理查明：被告根据第三人提供的城市规划部门出具的规划意见、计划委员会出具的项目可行性研究报告、环保方案专家评审会会议纪要、建设项目环境保护方案专家评审意见、建设项目环境影响报告表，环境影响报告表专项评价报告以及平面图、地形图、工艺流程图等材料，在法律规定的期限内于2000年6月30日作出审批意见，同意第三人在北宝兴路624号进行改建、扩建和技术改造，但需要配套建设的环境保护设施（共计六条）必须与主体工程同时设计、同时施工、同时投产使用。

上述事实有下列证据证明：

1.1999年12月2日，上海市闸北区城市规划管理局核发的（99）第143号建筑工程规划设计要求通知单。2000年6月27日核发的沪闸建（2000）052号建设工程规划许可证。

2.2000年1月10日，上海市闸北区计划委员会出具的关于联华生鲜食品加工配送中心厂房改建项目可行性研究报告（项目建议书）的批复。批复同意第三人在所属上海天天配送有限公司原址内对原生产车间进行改建，项目总投资估计为2 996万元。

3.上海市环境空气质量功能区划、上海市水环境功能区划、上海市《城市区域环境噪声标准》适用区划。

4.第三人建设项目环保方案专家评审会会议纪要、建设项目环境保护方案专家评审意见、建设项目环境影响报告表、环境影响报告表专项评价报告。

5.第三人的项目地理位置图、地形图、项目平面图等。

6.第三人向被告提交的“三同时”送审单、2000年6月14日，被告核发的环境保护“三同时”审批意见，其中审批意见计9条，由于第三人提出异议，经被告再次审定于2000年6月30日作出关于“上海联华生鲜食品加工配送中心有限公司技改项目”的审批意见，其中审批意见为6条。

**（四）一审判案理由**

上海市闸北区人民法院根据上述事实和证据认为：首先，根据闸北区计划委员会的批文，该项目总投资估计为2 996万元，故被告的审批行为在其权限范围内，被告执法主体资格合法。其次，原告提出根据《中华人民共和国环境噪声污染防治法》有关规定，对建设项目应编制环评书，而不是环评表，况且现编制的环评表违反了《中华人民共和国环境保护法》第十三条关于建设污染环境的项目，必须遵守国家有关建设项目环境保护管理的规定。而法院认为，由于《建设项目环境保护管理条例》第七条规定，对建设项目的环境保护实行分类管理。建设项目对环境可能造成重大影响的，应当编制环境影响报告书；建设项目对环境可能造成轻度影响的，应当编制环境影响报告表。被告根据国家环保总局制定的《建设项目环境保护分类管理名录》规定的内容，认为第三人系都市型行业，是在新、老污染源均达标排放的前提下，排污量全面减少的技改项目。被告因此认可环评表以及专项报告而非环评书，并无不妥。且《建设项目环境保护管理条例》虽系行政法规，但其对制作环评书还是环评表的规定只是对建设项目可能对环境造成影响程度的细化，与《中华人民共和国环境噪声污染防治法》的规定并不相冲突。而且，《建设项目环境保护管理条例》规定对编制环评书的应当征求建设项目所在地有关单位和居民的意见。而对编制环评表的并未规定须征求居民的意见。因此，原告认为被告未征求居民意见而核发审批意见违反法律规定，于法无据。另外，根据上海市《城市区域环境噪声标准》适用区域规定，第三人的建设项目所在地属二类功能区，原告认为其属生活居住区不得建设污染环境的项目，理由不足。况且被告在审批意见中要求第三人对原废水装置加盖密闭，产生异味气体集中吸附并经除臭处理高空排放，是基于对周边居民利益的考虑。原告以尚未产生而推定将来可能产生的鱼腥味等气味影响环境为由要求撤销被告的具体行政行为，理由不足。再次，被告适用《建设项目环境保护管理条例》第三条、第五条、第十六条以及《上海市建设项目环境保护管理办法》第五条的规定，属于适用法律正确。最后，被告根据第三人的申请，依照《上海市建设项目环境保护管理办法》第十六条、第二十二条的规定，在一个月的期限内作出审批意见，其执法程序合法。

**（五）一审定案结论**

上海市闸北区人民法院根据《中华人民共和国行政诉讼法》第五十四条第（一）项的规定，判决如下：

维持上海市闸北区环境保护局于2000年6月30日作出的关于“上海联华生鲜食品加工配送中心有限公司技改项目”的审批意见的具体行政行为。

案件受理费100元由钱宏业、王树人负担。

**（六）二审情况**

1.二审诉辩主张

（1）上诉人钱宏业、王树人上诉称：根据财政部1998年第4号《关于基本建设财务管理若干规定的意见》和《经济管理大辞典》的相关解释，第三人的实际投资应当超过人民币3 000万元，且2000年12月23日的《新民晚报》、2001年1月19日的《解放日报》均载明第三人的项目投资额为6 000万元，故被上诉人无权对涉案的技改建设项目进行审批。另，环评结论中明确应当征求当地居民的意见，而被上诉人在作出审批意见之前未征求过当地群众的意见。此外被上诉人未征求过当地群众的意见，且被上诉人不顾涉案技改建设项目造成的大气、噪声、水源、油烟等污染而予以审批，违反了市政府提出的建设应“以人为本”的精神。故请求判决撤销原审判决及被上诉人环保局作出的具体行政行为。

（2）被上诉人闸北区环保局辩称：原审判决认定事实清楚，适用法律正确，被上诉人作出的审批意见合法，故请求判决维持原审判决。

（3）第三人述称：同意被上诉人的意见，要求判决维持原审判决。

2.二审事实和证据

二审法院确认了一审法院认定的事实和证据。

3.二审判案理由

上海市第二中级人民法院认为：根据闸北区计划委员会的批文，涉案项目总投资估计为人民币2 996万元，被上诉人闸北区环保局具有作出审批意见的主体资格。第三人的建设项目依照法律规定可编制环评表，被上诉人因此认可环评表及专项报告，并无不妥。上诉人认为因液氨可能泄露就必须对其审批，缺乏相应法律依据，被上诉人未将液氨列入审批内容并无不当。此外，根据上海市《城市区域环境噪声标准》适用区划，第三人建设项目所在区域属于居住、商业、工业混杂区，上诉人认为该区域属于生活居住区，不得建设污染环境的项目，缺乏事实证据和法律依据。原审判决认定事实清楚，适用法律正确，应予维持。上诉人的上诉请求及理由，依据不足，不予支持。

4. 二审定案结论

上海市第二中级人民法院依照《中华人民共和国行政诉讼法》第六十一条第（一）项的规定，判决如下：

驳回上诉，维持原判。

上诉案件受理费人民币100元，由上诉人钱宏业、王树人负担。

**（七）解说**

本案是一起原告不服环境保护局核发给第三人技改项目审批意见具体行政行为的案件。在本案中，被告是否具有对第三人的技改项目进行审批的职权依据，被告作出具体行政行为的事实依据是否充分，法律适用是否正确，执法程序是否合法是本案对具体行政行为进行合法性审查的主要内容。

此案件，一、二审法院在认定的案件事实和采纳的证据方面基本是一致的。对涉诉具体行政行为的定性以及处理结果也是相同的。首先，两级法院都认为，根据闸北区计划委员会的批文，涉案项目总投资估计为人民币2 996万元，少于3 000万元，因此区、县环境保护局有权负责审批。原告以《关于基本建设财务管理若干规定的意见》和《经济管理大辞典》的相关解释及《新民晚报》和《解放日报》刊载的内容为由，认为第三人的实际投资额超过3 000万元的主张，证据不足，不予采纳。故被告具有作出审批意见的执法主体资格。其次，被告作出审批意见的事实清楚，证据充分。被告根据《建设项目环境保护管理条例》以及《建设项目环境保护分类管理名录》中关于建设项目对环境可能造成的重大影响、轻度影响等界定原则，认为第三人系都市型行业，是在新、老污染源均达标排放的前提下，排污量全面减少的技改项目，因此只属于对环境可能造成轻度影响的建设项目，故只须制作环评表即可。原告提出被告应当制作环评书而不是环评表，缺乏依据。此外，原告认为根据《对外经济开放地区环境管理暂行规定》第四条的规定，对环境有干扰、污染的工厂不能与居住用地共存，而被告作出的审批意见，同意第三人在该地区进行技改项目的建设，违反了该规定。而根据上海市《城市区域环境噪声标准》适用区划的规定，第三人建设项目所在区域属于居住、商业、工业混杂区，而不是原告认为的生活居住区，原告的主张不能成立。另外，原告认为被告在环评报告对将来可能发生的氨污染和油烟污染未作出评价的前提下就作出审批意见是与《中华人民共和国大气污染防治法》的规定相悖的。而由于制冷设备的使用并不必然导致液氨的泄露，原告认为液氨可能泄露就必须对其审批，缺乏相应法律依据，被告未将液氨列入审批范围，并无不当。关于油烹调工艺，被告在审批意见中规定待补充环境影响评价后，再按照国家法律法规另行审批，因此被告作出的审批意见认定的事实清楚、适用法律正确，程序合法。在对本案的认定上，有以下两点值得我们注意：

1. 原告的主体资格问题。

在本案中，被告作出“审批意见”所针对的相对人是第三人上海联华生鲜食品加工配送中心有限公司，但由于被告作出的审批意见中同意第三人在原址进行改造、扩建和技术改造，规定其必须采取六项环保措施，而且该六项环保措施必须与主体工程同时设计、同时施工、同时投产使用。因此一旦这六项措施不符合法律规定或者采取这六项措施并不能使第三人的建设工程达到当地环保的标准，那么第三人的建设项目势必会对周围居民造成环境污染，因此，环境保护机关的审批职责事关公民的合法权利。根据最高人民法院《关于执行〈中华人民共和国行政诉讼法〉若干问题的解释》第十二条的规定，与具体行政行为有法律上利害关系的公民、法人或者其他组织对该行为不服的，可以提起行政诉讼。第十三条第（一）项规定，被诉的具体行政行为涉及其相邻权或者公平竞争权的，公民、法人或者其他组织可以依法提起行政诉讼。本案中，钱宏业和王树人作为居住在第三人所建项目附近的居民，属于本案之具体行政行为的利害关系人，具有诉讼主体资格。法院予以受理并从实体上进行审查是正确的。

2. 对被告执法程序合法性的认定。

在本案中，原告认为，被告在环评表尚未完成前，即同意第三人施工，违反法律的规定。而且被告在环评表没有出来之前就作出审批意见是违反法定程序的。而实际上被告是否同意第三人施工，不属于被告核发审批意见的执法程序中的一环。此外环评表和专项评价报告的编制日期是在 2000 年 5 月，而被告作出审批意见是在 2000 年 6 月，是在环评表作出之后，因此原告的异议与事实不相符合。被告依据《上海市建设项目环境保护管理办法》的规定，在对第三人提供的规划管理部门出具的规划意见、计划委员会的批复，环评表、平面图、地形图等材料进行审查后，在法律规定的一个月的期限内作出审批意见是符合法律规定的，其执法程序是合法的。况且经法院查证，第三人在被告审批意见核发之前就进行施工，是其擅自而为的行为，被告对此也已作出了对其罚款上万元的处罚。因此，法院认定被告执法程序合法是正确的。

3. 对应当制作环评书还是环评表的认定。

在本案中，对涉案的建设项目应当编制环评表还是环评书的认定比较关键，因为如果按照法律规定必须编制环评书的，被告就必须在作出审批意见前征求建设项目所在地群众的意见，而被告并未征求群众的意见。法院经审查认为，根据《建设项目环境保护管理条例》以及《建设项目环境保护分类管理名录》中关于建设项目对环境可能造成的重大影响、轻度影响等界定原则，只有在建设项目对环境可能造成重大影响的情况下才须编制环评书。而第三人系都市型行业，是在新、老污染源均达标排放的前提下，排污量全面减少的技改项目，因此其只属于对环境可能造成轻度影响的建设项目，只须制作环评表即可。而根据法律的规定对于编制环评表的建设项目，征求当地群众的意见并不是被告在作出审批意见的必经程序。被告的执法程序合法。

（翟小芳　朱一心）

# 七、计划生育、技术监督、海关行政案件

## 38. 涂则华不服长汀县人民政府计划生育决定案

**（一）首部**

1. 判决书字号：福建省长汀县人民法院（2001）汀行初字第31号。

2. 案由：不服计划生育决定案。

3. 诉讼双方

原告：涂则华，男，1958年12月15日出生，汉族，福建省长汀县人，经商。

委托代理人：王志光，长汀县法律服务中心法律工作者。

被告：福建省长汀县人民政府。

法定代表人：黄福清，县长。

委托代理人：曹品华，福建先丰律师事务所律师。

委托代理人：郑鸿坤，长汀县人民政府办公室干部。

4. 审级：一审。

5. 审判机关和审判组织

审判机关：福建省长汀县人民法院。

合议庭组成人员：审判长：廖金水；审判员：包含士、吴天水。

6. 审结时间：2001年11月6日。

**（二）诉辩主张**

1. 被诉具体行政行为：福建省长汀县人民政府作出的"关于涂则华与刘学英夫妇不符合再生育条件的批复"（以下简称"批复"）。

"批复"查明：（1）申请生育名单经张榜公布，群众有异议，反映涂则华再婚前与原妻邹秀香生育一女一男两个孩子。（2）群众反映后，经查长汀一中、三中学生学籍档案体现：涂华香，女，1984年10月出生，涂瑞（又名涂强），男，1986年5月出生，均为涂则华与邹秀香的孩子。因此，"批复"认定原告涂则华不符合再生育条件，不予批准再生育。

2. 原告诉称：原告于1982年与邹秀香结婚，婚后仅生一男孩，取名涂瑞，1996年邹秀香与原告离婚，1997年原告与刘学英结婚。2000年原告夫妇申请生育许可证，2001年2月16日，被告以其组建的"长汀县二孩审批小组"的名义作出"批复"，认定原告夫妇"不符合再生育条件"，致使原告夫妇再度离婚。原告认为该"批复"不符合事实，且二孩审批小组不具有行政主体资格，其所作出的行为应属无效。请求撤销该"批复"，并由被

告承担诉讼费用。

3. 被告辩称：该“批复”系行政机关的内部批复，是县政府的内部机构对下级人民政府作出的行政指导性文件，无权通过诉讼撤销；原告起诉的事项不属人民法院的受案范围，因“二孩生育证”不属行政许可证，且“批复”没有侵犯原告的合法人身权和财产权；原告收阅“批复”已超过半年，超过了诉讼时效（起诉期间）；原告不具备再生育的条件，“批复”实体处理正确。

**（三）事实和证据**

长汀县人民法院经公开审理查明：“长汀县计划生育二孩审批小组”是由被告长汀县人民政府组建的，主要由计生、卫生、人事、纪检、监察等部门人员组成的，以审核发放生育证为主要工作内容的工作机构。2000 年，原告涂则华与刘学英以夫妻名义向长汀县汀州镇计生办申请领取再生育许可证。汀州镇计生办上报“长汀县计划生育二孩审批小组”审核，“长汀县计划生育二孩审批小组”在审查中，发现在长汀县第一中学和长汀县第三中学保存的学生学籍档案中学生“涂瑞”和学生“涂华香”的学籍卡上所填家庭关系中的父、母亲均为“涂则华”和“邹秀香”，故认为原告涂则华不符合再生育条件，遂以“(1) 经张榜公布，群众有异议，反映涂则华再婚前与原妻邹秀香生育壹女壹男两个孩子。(2) 群众反映后，经查长汀一中、三中学生学籍档案体现：涂华香，女，1984 年 10 月出生，涂瑞（又名涂强)，男，1986 年 5 月出生，均为涂则华与邹秀香的孩子”为理由，于 2001 年 1 月 16 日作出了“关于涂则华与刘学英夫妇不符合再生育条件的批复”。该“批复”的主送单位是汀州镇计生办，抄送单位是“本人”（即申请人)。汀州镇计生办工作人员于 2001 年 2 月 20 日将该“批复”送达给了申请人刘学英。此后，刘学英与原告涂则华离婚。原告涂则华对“批复”不服，于 2001 年 10 月 8 日向本院提起诉讼，请求撤销该“批复”，并由被告承担诉讼费用。

上述事实有下列证据证明：

1. 长汀县人民政府作出的“汀政人（1991）108 号、汀政编（1991）40 号关于成立长汀县计划生育二孩审批小组的通知”。

2. “关于涂则华与刘学英夫妇不符合再生育条件的批复”。

3. 国家计生委办公厅计生厅（政）（1997）21 号“关于对云南省计生委‘关于对〈生育证〉性质问题的请示’的批复”。

4. 长汀县汀州镇计生办出具的“关于涂则华刘学英夫妇不符合再生育条件的批复送达情况的证明”。

5. 福建省长汀县第一中学学籍卡一张。

6. 福建省长汀县第三中学学生学籍卡（一）、（二）各一张。

7. 长汀县 1997 年初中招生报名表一份。

8. 福建省第九届人民代表大会常务委员会第十二次会议第三次修正的《福建省计划生育条例》。

9. 福建省计划生育委员会文件：闽计生政（2001）2 号《关于印发〈福建省生育证管理办法〉和〈福建省办理再生育申请和审批事项的规定〉的通知》及《福建省生育证管理办法》和《福建省办理再生育申请和审批有关事项的规定》。

10. 涂则华与邹秀香的离婚协议书。

11．“长汀县公安局城区分局常住人口登记情况”抄录件。

12．涂则华与刘学英的离婚证。

**（四）判案理由**

长汀县人民法院根据上述事实和证据认为：根据《福建省计划生育条例》第四条第一款“各级人民政府负责本行政区域的计划生育工作”的规定。被告长汀县人民政府在长汀县行政区域内具有计划生育的行政管理职权。再生育审批工作，是计划生育工作的一项重要内容，故被告有权成立“长汀县计划生育二孩审批小组”，并由该小组进行再生育申请的审查工作。由于“长汀县计划生育二孩审批小组”由长汀县人民政府成立，而该小组又无独立的行政行为能力，因此，由其作出的行为而产生的法律后果，应当由其成立机关即长汀县人民政府承担。所以，本案的被告为长汀县人民政府。又由于“二孩审批小组”是长汀县人民政府内设的松散型机构，并非法律、法规授权成立的机关或组织，不具有机关法人资格。故该小组无权对外行使行政职权，不能以自己的名义对相对人作出行政行为，其作出的行政行为对外应属无效。

虽然长汀县计划生育二孩审批小组作出的“批复”主送单位是汀州镇计生办，但因“批复”明确载明“抄送本人”（即申请人），且已实际送达给了原告涂则华，具有明确告知原告涂则华不批准其再生育申请的性质，该“批复”对当事人的权利义务产生了实际的影响，其作用已超出了内部指导性文件的范围，具备了可诉性行政行为的特征。因此，被告提出的“该‘批复’系行政机关内部的行政指导性文件，无权通过诉讼撤销”的理由不能成立。对于“二孩生育证”的性质，长汀县人民法院认为，只要行政机关的行政行为对相对人的权利义务产生了实际的影响，而该行政行为又不属《中华人民共和国行政诉讼法》第十二条规定的范围，相对人就有权提起行政诉讼，故“二孩生育证”的性质不影响当事人向人民法院提起行政诉讼。况且，被告并未作出“二孩生育证”，原告是不服“批复”而提起的诉讼。所以，被告提出的“二孩生育证”不属行政许可证，原告的起诉事项不属人民法院受案范围的主张，不予采纳。虽然原告是在知道或者应当知道“批复”内容的八个多月后才向人民法院提起行政诉讼，但因该“批复”并未告知相对人有提出救济的权利和期限，送达该“批复”时亦未作相应的告知，故原告有权在实际知道救济权利之日起的三个月内提起行政诉讼，由于被告不能证明原告已在提起诉讼的三个月之前即已知道具有提出救济的权利，所以，原告的起诉日期只要没有自知道或者应当知道“批复”内容之日起超过2年，就应当推定原告没有超过起诉期限。因此，被告提出的“原告的起诉已超过诉讼时效（起诉期限）”的主张不能成立。

参照《福建省生育证管理办法》第二条第（五）项的规定，再生育审批应着重审核5个方面的内容，其中一项是“经过张榜公布十五天、群众无异议”。虽然被告陈述长汀县汀州镇计生办及长汀县计划生育二孩审批小组均对原告的申请进行张榜公布，也有群众提出了异议，但被告却不能提供张榜公布的原始记录或证明材料，亦未能举出证据证明有群众提出了异议。故应视为长汀县计划生育二孩审批小组未对长汀县汀州镇计生办是否经过张榜公布进行审查，属事实不清。长汀县计划生育二孩审批小组在审核原告的再生育申请时，虽然查阅了长汀县第一中学和长汀县第三中学的学生学籍档案，但因学生学籍档案并非法定的公民家庭关系的有效证明文件，尚不能足以证明学生“涂华香”系原告涂则华的孩子，且“涂华香”的学籍卡与初中报名表上的填写学生性别不同，字迹亦不相同，故不能排除由他人代填学籍档案的可能性。长汀县计划生育二孩审批小组未对学生“涂瑞”（原告涂则华的儿子）和学生“涂华香”进行核实，亦未提供向邹秀香核实的证据材料，更未对原告涂则华进行调查，让其进行申辩。在未取得其他相关证据而形成证据链的情况下，仅凭长汀县第三中学的“学籍卡”和“招生报名表”，即认定学生“涂华香”系原告涂则华的孩子，从而作出了认定原告涂则华不符合再生育条件的“批复”，显然属于事实不清，主要证据不足的行政行为。应当予以撤销。

**（五）定案结论**

福建省长汀县人民法院依照《中华人民共和国行政诉讼法》第五十四条第（二）项第一目之规定，作出如下判决：

撤销被告长汀县人民政府成立的长汀县计划生育二孩审批小组 2001 年 2 月 16 日作出的汀计生二孩审（2001）1 号“关于涂则华与刘学英夫妇不符合再生育条件的批复”。

案件受理费人民币 100 元，由被告长汀县人民政府负担，其他诉讼费用人民币 100 元，由原告涂则华负担。

**（六）解说**

1. 本案以长汀县人民政府为被告是正确的。本案立案时，以谁为被告，存在两种意见。一是应当以“长汀县计划生育二孩审批小组”为被告，理由是本案的“批复”系由“长汀县计划生育二孩审批小组”作出，所以应当以“长汀县计划生育二孩审批小组”为被告；二是应当以长汀县人民政府为被告，理由是：虽然“批复”由“长汀县计划生育二孩审批小组”作出，但该小组是由长汀县人民政府组建的，且是属于松散型的机构，并非法律、法规授权成立的机关或组织，不具有机关法人资格。故该小组无权对外行使行政职权，不能以自己的名义对相对人作出行政行为，其对外作出的行政行为产生的法律后果应当由其成立机关长汀县人民政府承担。所以本案的被告应为长汀县人民政府。长汀县人民法院采纳第二种意见是正确的。

2. 本案应否追加刘学英为第三人参加诉讼。由于本案诉争的“批复”是针对原告涂则华和刘学英作出的，那么，是否应当追加刘学英为本案的第三人参加诉讼，亦存在两种意见。一种意见认为，“批复”涉及刘学英的生育权，故应当追加刘学英为第三人参加诉讼。另一种意见认为，由于原告涂则华起诉时，刘学英已与涂则华离婚，“批复”涉及的生育权已对刘学英不产生影响，且“批复”所认定的不符合再生育条件的对象为原告涂则华，故不应追加刘学英为第三人。长汀县人民法院采纳了第二种意见，我们认为是正确的。

3. 关于原告不服“批复”可否提起行政诉讼的问题。本案被告及其委托代理人提出：该“批复”是县政府的内部机构对下级人民政府作出的行政指导性文件，无权通过诉讼撤销；原告起诉的事项不属人民法院的受案范围，因“二孩生育证”不属行政许可证，且“批复”没有侵犯原告的合法人身权和财产权。《行政诉讼法》确实规定，内部行政指导性文件不属行政诉讼受案范围，从表面上看，长汀县计划生育二孩审批小组作出的“批复”主送单位是汀州镇计生办，似乎是行政机关内部的行政指导性文件。但因“批复”明确载明“抄送本人”（即申请人），且已实际送达给了原告涂则华，具有明确告知原告涂则华不批准其再生育申请的性质，该“批复”对当事人的权利义务产生了实际的影响，其作用已超出了内部指导性文件的范围，已经具备了可诉性行政行为的特征。至于“二孩生育证”

是否属行政许可证，我们认为不应当影响原告提起行政诉讼的权利。只要行政机关的行政行为对相对人的权利义务产生了实际的影响，而该行政行为又不属《行政诉讼法》第十二条规定的范围，相对人就有权提起行政诉讼。事实上该“批复”对原告“不符合再生育条件”的认定，已经对原告的其他人身权——再生育权产生了实际的影响。根据《行政诉讼法》第十一条第一款第（八）项的规定，原告当然有权提起行政诉讼。

4.原告有否超过起诉期间。《行政诉讼法》第三十九条规定：“公民、法人或者其他组织直接向人民法院提起诉讼的，应当在知道作出具体行政行为之日起三个月内提出。法律另有规定的除外。”本案“批复”作出的时间是2001年2月16日，送达给原告的时间是2001年2月20日，原告起诉的时间是2001年10月8日。原告起诉时，已经超过了《行政诉讼法》第三十九条规定的期限。但是，由于该“批复”并未告知原告有提出救济的权利和期限，送达该“批复”时亦未作相应的告知，根据最高人民法院《关于执行〈中华人民共和国行政诉讼法〉若干问题的解释》第四十一条的规定，原告有权在实际知道救济权利之日起的三个月内提起行政诉讼。虽然原告是在知道或者应当知道“批复”内容的八个多月后才向人民法院提起行政诉讼，但由于被告不能证明原告已在提起诉讼的三个月之前就已知道具有提出救济的权利，所以，只要原告在知道或者应当知道“批复”内容之日起，没有超过2年，都应当推定原告没有超过起诉期限。

5.长汀县计划生育二孩审批小组作出的“批复”事实不清，主要证据不足。学生学籍档案并非法定的公民家庭关系的有效证明文件，尚不足以证明学生“涂华香”系原告涂则华的孩子。长汀县计划生育二孩审批小组未对学生“涂瑞”（原告涂则华儿子）和学生“涂华香”进行核实，亦未提供向邹秀香核实的证据材料，更未对原告涂则华进行调查，让其进行申辩。在未取得其他相关证据而形成证据链的情况下，仅凭长汀县第三中学的“学籍卡”和“招生报名表”，即认定学生“涂华香”系原告涂则华的孩子，从而认定原告涂则华不符合再生育条件的“批复”，应当属于事实不清，主要证据不足的行政行为。

综上分析，长汀县人民法院根据《中华人民共和国行政诉讼法》第五十四条第（二）项第一目之规定，作出的判决是正确的。

（包含士）

## 39.上海哈德国际贸易有限公司不服镇江质量技术监督局标准管理行政处罚案

**（一）首部**

1.判决书字号

一审判决书：江苏省镇江市润州区人民法院（2001）润行初字第1号。

二审判决书：江苏省镇江市中级人民法院（2001）镇行终字第20号。

2.案由：不服标准管理行政处罚案。

3. 诉讼双方

原告（上诉人）：上海哈德国际贸易有限公司。

法定代表人：张春年，董事长。

委托代理人（一审）：邹荣，上海市中信正义律师事务所律师。

委托代理人（一审）：罗建荣，上海市锦天成律师事务所律师。

委托代理人（二审）：鲁民，江苏当代国安律师事务所律师。

被告（被上诉人）：江苏省镇江质量技术监督局。

法定代表人：黄昌林，局长。

委托代理人（一审）：郑嵩，江苏省镇江质量技术监督局稽查支队队长。

委托代理人（一、二审）：李希屏，江苏省镇江质量技术监督局法律顾问。

委托代理人（二审）：刘镇，江苏省镇江质量技术监督局稽查支队副支队长。

4. 审级：二审。

5. 审判机关和审判组织

一审法院：江苏省镇江市润州区人民法院。

合议庭组成人员：审判长：吴茜；审判员：刘敏跃；代理审判员：黄勋。

二审法院：江苏省镇江市中级人民法院。

合议庭组成人员：审判长：杨连夫；审判员：李德宗；代理审判员：郁卉。

6. 审结时间

一审审结时间：2001 年 8 月 3 日。

二审审结时间：2001 年 10 月 9 日。

**（二）一审诉辩主张**

1. 被诉的具体行政行为：被告认定原告销售其用石脑油、甲醇、二甲苯等化工原料调制生产的 93 号车用无铅汽油质量不符合国家强制性标准，于 2000 年 9 月 12 日作出镇技监罚字（2000）第 3050 号处罚决定，决定给予原告及其责任人行政处罚：（1）责令停止销售不符合国家强制性标准的 93 号车用无铅汽油，限期一个月追回已售出的该批汽油，和封存的汽油一起作必要的技术处理；（2）处以该批汽油货值金额 20% 的罚款39.828 88万元；（3）对责任人季嘉凡处以1 000元罚款。原告对此不服，向江苏省质量技术监督局申请复议，江苏省质量技术监督局于 2000 年 11 月 14 日作出复议决定维持了原处罚决定，原告仍不服，向镇江市润州区人民法院起诉。

2. 原告诉称：被告于 2000 年 9 月 10 日作出的镇技监罚字（2000）第 3050 号处罚决定，一是认定事实不清，因为被告人其取样的罐底货物并不是原告所售货物，被告取样方法和样品的封口没有原告的签字，不符合法定程序，故样品的检验结论无效，且被告认定原告销售汽油数量 711.23 吨无依据；二是被告作出行政处罚的程序违法，因为登记保存严重超期，在执法中未依法出示执法资格证明等，请求法院对被告作出的上述处罚决定予以撤销。

3. 被告辩称：原告在不具备石油产品生产经营资格、生产条件和检验能力的情况下，用甲醇、石脑油、二甲苯等化工原料调制生产销售的 93 号车用无铅汽油，质量不符合国家强制性标准，其依法对原告作出的处罚决定事实清楚，证据确凿，适用法律、法规正确，程序合法，请求法院予以维持。

**（三）一审事实和证据**

镇江市润州区人民法院经公开审理查明：2000年元月初，原告在不具备石油生产经营资格、生产条件以及检测能力的情况下，租用江苏丹化集团公司储运公司（以下简称丹化储运公司）碳钢球罐和碳钢普通罐各一只（两罐互通），将购进的石脑油199.802吨、甲醇396.112吨以及自储的二甲苯198.384吨和少量的苯甲酸化工原料注入储罐，利用二罐相通互相倒罐一次性调制混合物约790余吨。在未经法定机构检测的情况下，将此混合物定为93号车用汽油，以签订合同的方式于2000年4月14日、15日销售给宁波大榭开发区江海石化有限公司（以下简称江海公司）711.23吨，每吨价款2 800元，并通过上海市上锦化工厂汇票背书获得销售款196万元。

2000年4月30日，被告接到反映原告销售的上述“汽油”有质量问题的举报，即立案查处。在现场执法检查中，要求原告予以配合，原告以电话形式委托丹阳储运公司的经理朱鹏飞代为办理，被告遂对原告未销售完储存在丹化储运公司1号球罐内的“93号车用汽油”（约30吨）抽样取证后予以封存，并开具了封存通知书，抽取的样品质量经江苏省产品质量监督检验中心所（以下简称省中心所）检验，不符合GB484—93车用汽油标准规定的要求。2000年6月1日被告以原告销售不合格93号车用汽油违法金额近200万元，案情复杂、情节恶劣为由，将案件移送镇江市公安经济案件侦查支队（以下简称镇江公安经侦支队）管辖。2000年8月25日，镇江公安经侦支队经侦查以原告造假牟利主观故意不明显，不构成犯罪为由，将该案移送被告管辖。在此期间，原告于2000年6月28日以发电报的形式向省中心所对其作出的（2000）SJHZ—WT184检验报告提出异议，省中心所由于内部在原告电报的交接上出现差错，致使该所未能对原告的异议作出答复。2000年9月8日被告依照法定程序举行了行政处罚听证会，12日对原告作出罚款39.828 88万元等内容的镇技监罚字（2000）第3050号行政处罚决定书。

在审理过程中，被告申请本院对原告采取一定配比下的甲醇、石脑油、二甲苯以及少量苯甲酸化工原料能否调制生产出合格的93号车用汽油进行专家论证，本院受理后于2001年6月依法组织专家进行了论证，论证结论为采用一定配比下的甲醇（50%）、石脑油（25%）、二甲苯（25%）以及少量苯甲酸调制生产93号车用汽油，其质量不可能符合《中华人民共和国国家标准GB484—93车用汽油》标准要求。

上述事实有下列证据证明：

1.2000年9月12日镇江技监局镇技监罚字（2000）第3050号处罚决定书。

2.2000年11月14日江苏省质量技术监督局苏质技监法决字（2000）第11号行政复议决定书。

3.2000年4月30日镇江技监局镇技监存字（2000）1016号封存通知书副本、现场检查笔录以及执法检查现场取证单。

4.2000年5月17日省中心所（2000）SJHZ—WT184检验报告。

5.2000年6月14日、17日镇江公安经侦支队对上海哈德公司副总经理梁鸣玲的盘问、询问笔录。

6.2000年6月23日镇江公安经侦支队对上海哈德公司总经理季嘉丹的讯问笔录。

7.2000年6月6日镇江公安经侦支队对丹化储运公司总经理朱鹏飞、操作工刘永祥的询问笔录。

8.2000 年 6 月 12 日镇江公安经侦支队对丹化储运公司潘友鹏的调查笔录。

9.2000 年 6 月 7 日、19 日镇江公安经侦支队对南通东海石化公司总经理王伟平的询问笔录。

10.2000 年 6 月 19 日对上海市上锦化工厂厂长曹腊宝的询问笔录。

11.1999 年 12 月 18 日原告与丹化储运公司的租罐协议。

12. 原告与江海公司签订的工矿产品购销合同。

13. 上海哈德公司总经理季嘉丹调兑该批 93 号汽油的化工原料甲醇、石脑油、二甲苯的比例配方。

**(四) 一审判案理由**

镇江市润州区人民法院根据上述事实和证据认为：被告认定原告销售用甲醇、石脑油、二甲苯等化工原料调制生产的 93 号车用汽油质量不符合国家强制性标准，其依法对原告作出的镇技监字（2000）第 3050 号行政处罚决定事实清楚、证据充分、程序合法，适用法律、法规正确；对原告以该处罚决定事实不清、程序违法请求法院予以撤销的主张，因其未能提供有效的反驳证据，不予采纳。

**(五) 一审定案结论**

江苏省镇江市润州区人民法院依照《中华人民共和国标准化法》第十四条和《中华人民共和国标准化法实施条例》第二十三条、第三十三条第二款以及《中华人民共和国行政诉讼法》第五十四条第（一）项之规定，作出如下判决：

维持江苏省质量技术监督局 2000 年 9 月 12 日作出的（2000）镇技监罚字第 3050 号处罚决定。

案件受理费及其他诉讼费计 300 元，由原告承担。

**(六) 二审情况**

1. 二审诉辩主张

(1) 上诉人诉称：由于省中心所疏忽了上诉人对检测报告提出的异议，造成了备用样品汽油技术上的不少复检性，故检验结论无效。原审法院超越行政审判职权，将专家论证作为惟一裁判证据，违反了行政诉讼法的规定，且被上诉人行政执法程序严重违法，请求二审法院撤销原审判决。

(2) 被上诉人辩称：被上诉人作出的该处罚决定，认定事实清楚、证据充分、程序合法。省中心所对上诉人提出的异议未予书面答复，并不必然导致检验报告结果错误，请求二审法院维持原审判决。

2. 二审事实和证据

二审法院肯定了一审法院认定的事实和证据。

3. 二审判案理由

江苏省镇江市中级人民法院根据其认定的事实和证据认为：上诉人以签订合同的方式将用甲醇、石脑油、二甲苯等化工原料调制生产的 93 号车用汽油销售出 711.23 吨，并通过汇票背书获销售款 196 万元，事实清楚、证据充分。对被上诉人送达封存通知书时，未将该通知书标题中“登记保存”四个字划去属行政执法工作中的瑕疵，并不因此构成处罚程序违法。原审法院为查清案件事实，依职权进行的调查取证合法，且原审法院组织的专家论证其结论只是印证了省中心所检验结论的正确性。据此，被上诉人 2000 年 9 月 12 日作出的镇技监罚字（2000）第3050号行政处罚决定，认定事实清楚、证据充分、程序合法，适用法律、法规正确，原审法院对该处罚决定作出维持的判决并无不当。

4. 二审定案结论

江苏省镇江市中级人民法院依照《中华人民共和国行政诉讼法》第三十一条第（一）项之规定，作出如下判决：

驳回上诉，维持原判。

**（七）解说**

《中华人民共和国标准化法》明确规定：国家强制性标准必须执行，不符合强制性标准的产品禁止生产、销售。原告调制生产、销售的93号车用汽油属国家关于93号车用汽油质量强制性标准执行范畴，而被告作为国家产品质量监督行政执法部门有权对原告销售的93号车用汽油进行质量监督和查处。本案中，原告在不具备石油产品的生产经营资格和生产条件、检测能力的情况下，用甲醇、石脑油、二甲苯等化工原料调制生产、销售93号车用汽油，且该批汽油未经法定部门检验合格即予销售，违反了国家有关对石油产品生产销售和质量要求的规定。被告接举报，依照《江苏省产品质量监督管理办法》有关规定进行调查取证，并根据公安经侦支队查清的有关事实，依照《中华人民共和国行政处罚法》的处罚程序给予原告行政处罚是事实清楚、证据充分的。审理中，合议庭对被告认定的原告销售93号车用汽油的数量以及被告抽样方法、处罚程序、行政执法人员的资格等没有争议，而对关于本案被告认定原告销售93号车用汽油质量不合格所依据的省中心所作出的（2000）SJHZ—WT184检验报告能否作为被告处罚的主要事实依据，存在不同意见。

第一种意见认为，该检验报告不能作为被告处罚的主要事实依据，被告对原告的处罚法院应予撤销。理由是：原告在法定期间内以电报的形式向省中心所对该检验报告提出异议，以致该检验报告结论不确定，被告依照该份结论不确定的检验报告认定原告销售的93号车用汽油质量不符合国家强制性标准，进而对原告所进行的处罚，显属主要事实不清，证据不充分，因此，法院应依法予以撤销。

第二种意见认为，该份检验报告可以作为被告处罚的主要事实依据，被告对原告的处罚法院应予维持。理由是：第一，93号车用汽油根据目前我国强制性标准规定是被划为烃类物质，应属石油炼制产品。原告销售的93号车用汽油为非烃类物质，系其用甲醇、石脑油、二甲苯等按比例混合调制而成的一种化工原料混合物，因此原告销售的该批93号车用汽油不符合国家强制性标准关于93号车用汽油的定义。第二，虽然当事人可以根据《江苏省产品质量监督管理办法》的规定对质量检验报告有权提出异议，但没有法律、法规或规章明确规定，省中心所作为检验部门应对异议作出如何处理，也没有明确规定质量检验报告一旦被提出异议即予否定。根据调查，省中心所对此在实践中的一般做法，仅是对当事人针对报告中的具体异议作出是否给予复检的答复。因此，在目前法律、法规、规章没有明确规定的情况下，省中心所作为法定的检验机构其作出的检验报告应是合法的，并不以当事人提出异议后即予否定。第三，审理中，原审法院依照职权，对被告依照《中华人民共和国行政诉讼法》有关补充证据的规定，对原告用甲醇、石脑油、二甲苯等按比例调制93号车用汽油，其质量能否符合国家关于93号车用汽油强制性标准申请的专家论证予以采纳，并组织专家论证，专家论证的结论进一步印证了省中心所出具的

(2000) SJHZ—WT184 检验报告结论的正确性。因此，综合上述三个因素，法院对被告作出的该处罚决定应认定其主要事实清楚、证据充分，依法予以维持。

笔者同意第二种意见。当前，我国正处于大力整顿市场经济秩序，严打制假售假行为时期。原告利用对人身有毒害、对汽车发动机有严重损耗的化工原料甲醇等调制生产车用汽油，并作为质量合格的“93 号车用汽油”销售近七百余吨，严重扰乱了我国石油产品的生产和销售市场，依法应予处罚。被告在这一行政执法中存在某些瑕疵，但其查处的违法行为事实清楚、证据充分，且处罚程序基本合法，依法应予维持。当然，通过本案我们已不难看出，在我国行政法制建设过程中，与被告行政检查和处罚相配套的、规范法定检验机构的法律法规亟待进一步完善。

（宁杰　吴茜）

## 40. 毛珠兰不服龙岩市质量技术监督局封存强制措施和行政处罚案

**(一) 首部**

1. 判决书字号：福建省龙岩市新罗区人民法院（2001）龙新行初字第 41 号。

2. 案由：不服龙岩市质量技术监督局封存强制措施和行政处罚案。

3. 诉讼双方

原告：毛珠兰，女，1951 年 1 月 27 日出生，汉族，个体工商户，住福建省连城县庙前镇前街棉胎店。

委托代理人：张宝发，龙岩津都律师事务所律师。

被告：龙岩市质量技术监督局。

法定代表人：林家力，局长。

委托代理人：黄金荣，男，龙岩市质量技术监督局稽查队干部。

委托代理人：和耀辉，龙岩天岩律师事务所律师。

4. 审级：一审。

5. 审判机关和审判组织

审判机关：福建省龙岩市新罗区人民法院。

合议庭组成人员：审判长：张毅坚；审判员：张伟健、黄静。

6. 审结时间：2001 年 10 月 12 日。

**(二) 诉辩主张**

1. 被诉具体行政行为：被告龙岩市质量技术监督局以原告毛珠兰的连城县庙前毛珠兰棉胎店生产、销售棉胎涉嫌质量问题，根据《中华人民共和国产品质量法》第十八条规定，于 2001 年 3 月 21 日作出岩技监存字（2001）第 38 号“登记保存（封存）通知书”，对原告店内的棉胎 82 件、棉花 32 包5 420斤就地登记保存（封存）1 个月，4 月 21 日在第 38 号“保存（封存）通知书”上又注上“续封到 2001 年 5 月 15 日止”，5 月 14 日又作出岩市技监存字（2001）第57号“登记保存（封存）通知书”，又就地封存1个月，至2001年5月31日解除封存，并于同日作出第57号现场处罚决定书，以原告店生产销售的棉胎检验不符合SB/T10098标准要求，违反了《产品质量法》第三十二条的规定，根据该法第五十条规定，给予责令停止违法生产、销售，处罚款200元的行政处罚，被告还对原告收取检验费400元。

2. 原告诉称：2001年3月21日，被告工作人员到原告的棉胎店，将店内棉胎和棉花进行封存，期限为1个月，并取走3条棉胎作质量检验，但没有任何手续或签封送检措施。4月26日，被告又来续封1个月，2001年4月24日福建省中心检验所的检验报告认定送检棉胎不符合SB/T10098标准，而被告在5月14日仍作出继续封存1个月的决定。5月31日，被告对原告作出现场处罚决定，给予责令停止违法的生产、销售，罚款200元的处罚。此外，被告还被迫交了产品检验费400元。综上，被告的封存强制措施和现场行政处罚，既无实体法依据，也不符合法定程序。为维护公民的合法权益，请求确认被告的封存强制措施行为违法，赔偿由此造成的损失1 000元；撤销被告作出的第57号现场处罚决定，并退还收取的罚款200元和产品检验费400元。

3. 被告辩称：被告对原告的棉胎店进行现场检查，作了调查笔录，对店内棉胎和棉花依法进行封存，同时抽样送检，原告在样品包装上签了字。被告根据调查情况和检验报告，认定原告经营的棉胎不符合SB/T10098标准要求，在产品中掺杂，以次充好，以不合格产品冒充合格产品，依法对原告作出处罚。该处罚实体依据正确，程序合法，请求确认被告的强制措施合法，维持被告的处罚决定。

**（三）事实和证据**

新罗区人民法院经审理查明：2001年3月21日，被告龙岩市质量技术监督局接到群众举报，即派具有执法资格的检查人员，对连城县庙前镇毛珠兰的棉胎店进行现场检查。被告根据《中华人民共和国产品质量法》第十八条规定，发出岩技监存字（2001）第38号“登记保存（封存）通知书”，对原告店内的棉胎82件、棉花32包5 420斤就地登记保存（封存），期限1个月，原告毛珠兰在现场检查笔录和封存通知书上签名。被告于当日现场抽取“一级”、“特级”、“优级”棉胎样品各1件。于同年4月18日将抽样中的“一级”棉胎样品一床委托福建省中心检验所进行评定检验。该中心检验所于4月24日作出检验报告。被告于5月20日将该检验报告送达给原告之夫林仁开。在4月21日，被告在第38号“保存（封存）通知书”上注明“续封到5月15日止”，5月14日，被告再发出龙岩市技监存字（2001）第57号“登记保存（封存）通知书”，对原告封存的产品继续进行封存1个月，于5月31日作出第57号现场处罚决定书，以原告的棉胎店在2001年生产销售的棉胎检验不符合SB/T10098标准要求，违反了《产品质量法》第三十二条的规定，并据该法第五十条规定，对原告给予责令停止违法的生产、销售，罚款200元的行政处罚。当日，被告开具福建省代收行政罚款收据一份，向原告收取罚款200元，同时发出岩市技监解字（2001）第03号解除封存通知书。

被告龙岩市质量技术监督局还向本院提交了《中华人民共和国产品质量法》第八条、第十八条和1996年9月18日根据国家技术监督局令第46号修正发布的《技术监督行政案件办理程序的规定》第二十一条的法律依据，证明被告具有对本行政区域内的产品质量监督的职权，有权对违反产品质量的行为作出处罚。

### （四）判案理由

新罗区人民法院认为：《中华人民共和国产品质量法》规定，禁止生产、销售的产品中掺杂掺假，以假充真，以次充好。对涉嫌违法行为的，可以查封或者扣押，依法可以对产品进行抽样检验。被告接到举报后，有权对原告生产、经营的棉胎店进行监督检查。但是，被告在对原告现场检查后，当日作出对原告店内产品就地封存1个月的强制措施，此后又于4月21日和5月14日作出了续封的通知，该一系列封存措施，均违反了《行政处罚法》关于先行登记保存应当在7日内作出处理决定的规定，被告也未在法定期限内提供保存（封存）已经行政机关领导批准的证据。被告以国家质量技术监督局《关于实施〈中华人民共和国产品质量法〉若干问题的意见》第二条第3点“查封、扣押的期限3个月”来说明其对原告查封未超出期限，显然有悖于法律规定。况且被告只对抽查中的一级样品送检，没有证据证明其他两个等级产品不合格。因此，被告对原告产品封存3个月的强制措施属违反法定程序，原告请求确认被告封存行为违法的请求有理，本院予以支持。由于诉讼中原告未能提供因被告封存行为造成损失1 000元的依据，故对原告该赔偿请求不予支持。

《行政处罚法》规定，违法事实确凿并有法定依据，对公民处以50元以下，对法人或者其他组织处以1 000元以下罚款或者警告的行政处罚的，可以当场作出行政处罚决定。原告系个体工商户，其经营的棉胎店不属上述规定的“其他组织”，被告适用简易程序作出200元罚款的现场处罚违反法定程序。《产品质量法》规定，依照本法规定进行监督抽查的产品质量不合格的，由实施监督抽查的产品质量监督部门责令其限期整改。逾期不改正的，由省级以上人民政府产品质量监督部门予以公告；公告后经复查仍不合格的，责令停业，限期整顿；整顿期满后经复查产品质量仍不合格的吊销营业执照。抽查的产品有严重质量问题的，给予处罚。该法同时还规定，不得向被检查人收取检验费用。被告对原告作出了责令停止违法的生产、销售，处罚款200元的现场处罚决定书，属适用法律、法规错误，依法应予以撤销。《中华人民共和国国家赔偿法》规定，处罚款、罚金、追缴、没收财产或者违反国家规定征收财物、摊派费用的，返还财产。被告向原告收取的检验费400元和罚款200元违反法律规定，依法应予返还。

### （五）定案结论

福建省龙岩市新罗区人民法院依照《中华人民共和国行政诉讼法》第五十四条第（二）项第二、三目，最高人民法院《关于执行〈中华人民共和国行政诉讼法〉若干问题的解释》第五十六条第（四）项、第五十七条第二款（二）项和《中华人民共和国行政处罚法》第三十三条、《中华人民共和国产品质量法》第十五条第三款和《中华人民共和国国家赔偿法》第二十八条第（一）项之规定，作出如下判决：

1. 被告龙岩市质量技术监督局分别于2001年3月21日、4月21日和5月14日作出的保存（封存）强制措施的行为违法。

2. 驳回原告毛珠兰要求被告龙岩市质量技术监督局赔偿其损失1 000元的诉讼请求。

3. 撤销被告龙岩市质量技术监督局于2001年5月31日作出的第57号现场处罚决定书。

4. 被告龙岩市质量技术监督局应于本判决生效之日起五日内退还向原告收取的检验费400元和罚款200元。

本案案件受理费300元，由被告负担；其他诉讼费用200元，由原、被告各负担100元。

**（六）解说**

本案是一起因质量技术监督机关作出的行政处罚适用法律、法规错误，查封扣押强制措施行为违反法定程序而被撤销的案件。笔者仅就本案涉及的四个问题评析如下：

1．被告强制措施的期限是否违法。

本案中，被告依据《产品质量法》第十八条之规定，采取查封强制措施，但该法并无规定查封的期限。被告依据国家质量技术监督局《关于实施〈中华人民共和国产品质量法〉若干问题的意见》第二条第三点“查封、扣押的期限为3个月”作为理由。笔者认为，应依照较高位阶的《行政处罚法》的相关规定来衡量。该法第三十七条第二款规定：“行政机关在收集证据时，可以采取抽样取证的方法；在证据可能灭失或者以后难以取得的情况下，经行政机关负责人批准，可以先行登记保存，并应当在七日内及时作出处理决定……”被告对原告产品连续封存3个月，显然是违法的。

2．被告对原告现场罚款200元是否合法？

《行政处罚法》规定，违法事实确凿并有法定依据，对公民处以50元以下、对法人或者其他组织处以1 000元以下罚款或者警告的行政处罚的，可以当场作出行政处罚决定。当场处罚要求只能对事实清楚、情节简单的违法行为作出，应当是即时的行政制裁。本案中，被告于2001年3月21日封存抽样取证，至5月31日才作出责令停止违法的生产、销售，罚款200元的处罚决定，并非现场处罚和现场送达处罚决定。而且原告系个体工商户，其经营的棉胎店不属“其他组织”，被告适用简易程序作出罚款200元的现场处罚，于理无据，因而被告对原告作出现场处罚决定是违法的，应予以撤销。

3．原告的赔偿请求应否支持。

《中华人民共和国国家赔偿法》规定，行政机关及其工作人员在行使行政职权时，违法对财产采取查封、扣押、冻结等行政强制措施的，受害人有取得赔偿的权利。本案中，被告违法采取行政强制措施，原告有主张赔偿的权利，但请求赔偿应有据，而原告未能提供因被告封存行为造成损失1 000元的依据，故对原告该赔偿请求不予支持。

4．被告收取的检验费400元和罚款200元是否合法？

《产品质量法》规定，根据监督抽查的需要，可以对产品进行检验。检验抽取样品的数量不得超过检验的合理需要，并不得向被检查人收取检验费用。本案中被告因案件需要抽样检验，应由被告检验机关交费，检验机关出具的收费票据中的交款单位也是被告单位，而被告却将该检验费摊派原告负担，违反上述法律规定。根据《国家赔偿法》规定，处罚款、罚金、追缴、没收财产或者违反国家规定征收财物、摊派费用的，返还财产。被告向原告收取的检验费400元和罚款200元违反法律规定，依法应予返还。

（黄　静）

## 41. 江西可嘉利科技开发有限公司不服中华人民共和国上海海关征收进口关税、代征增值税决定案

**(一) 首部**

1. 判决书字号：上海市第二中级人民法院（2001）沪二中行初字第4号。

2. 案由：不服征收进口关税、代征增值税决定案。

3. 诉讼双方

原告：江西可嘉利科技开发有限公司。

法定代表人：杨伟力，董事长。

委托代理人：耿沛阳、张秀华，上海市凌云永然律师事务所律师。

被告：中华人民共和国上海海关。

法定代表人：鲁培军，中华人民共和国上海海关关长。

委托代理人：陆敏，男，中华人民共和国上海海关工作人员。

委托代理人：顾正，上海市正达律师事务所律师。

4. 审级：一审。

5. 审判机关和审判组织

审判机关：上海市第二中级人民法院。

合议庭组成人员：审判长：张海棠；审判员：钱锡青；代理审判员：王朝晖。

6. 审结时间：2001年9月25日。

**(二) 诉辩主张**

1. 被诉具体行政行为：上海海关于2001年4月28日作出（003）070004515—A01上海海关进口关税专用缴款书和（003）070004515—L02上海海关代征增值税专用缴款书，认定可嘉利公司所购823台电子音频功率放大器，按海关审定的200美元/台予以估价征税，汇率为8.2783，进口关税税率为15%，合计人民币204 391.20元，增值税税率为17%，合计人民币266 389.83元。

2. 原告诉称：其由江西省轻工业品进出口公司代理，向中国广昌音响国际有限公司（以下简称广昌公司）进口823台电子音频功率放大器，按46美元/台至56美元/台报关，并提供了相关的合同、发票等材料。被告按200美元/台估价征税，缺乏事实证据和法律依据。请求撤销上海海关（003）070004515—A01、（003）070004515—L02征税缴款决定，判令被告按原告申报价格重新作出征税缴款决定。

3. 被告辩称：上海海关依法具有审定完税价格进行估价征税的职权。原告提供的报关发票系假发票，不能作为征税依据，且其申报的所谓成交价格明显低于海关掌握的相同或类似货物的国际市场公开成交价格，又不能提供合法证据和正当理由。被告通过调查取证，以200美元/台估价征税，事实清楚，证据充分。请求法院判决维持上海海关（003）070004515—A01、（003）070004515—L02征税缴款决定。

**（三）事实和证据**

上海市第二中级人民法院经公开审理查明：原告可嘉利公司由江西省轻工业品进出口公司代理，于 2000 年 3 月 6 日向广昌公司进口 823 台电子音频功率放大器，并于同月 23 日按 46 美元/台至 56 美元/台报关，上海海关曾于 2000 年 7 月按审定的 200 美元/台进行征税。可嘉利公司不服，向海关总署申请复议，因上海海关认定该 823 台电子音频功率放大器牌号均为马兰士，与实际不符，故海关总署于 2001 年 1 月 18 日以上海海关征收决定认定事实不清，证据不足为由，撤销原征收决定，并由上海海关重新作出征收决定。上海海关经调查取证，认定可嘉利公司提供的报关发票系假发票，不能作为征税依据，其申报的所谓成交价格明显低于海关掌握的相同或类似货物的国际市场公开成交价格，且又不能提供合法证据和说明正当理由，遂于 2001 年 4 月 28 日按审定的 200 美元/台进行征税。可嘉利公司不服，向海关总署申请复议，海关总署于 2001 年 7 月 2 日作出复议决定，驳回可嘉利公司复议申请，维持上海海关所作的具体行政行为。

上述事实有下列证据证明：

1. 美国凯莱特公司上海办事处工作人员王玉萍 2000 年 3 月 24 日在上海海关走私犯罪侦查分局所作陈述笔录。

2. 赵莉萍与王玉萍之间的来往传真，2000 年 3 月 10 日王向赵请示“如何造价比较合理”，同月 20 日，赵指示王修改原来做好的发票。

3. 在美国凯莱特公司上海办事处查获的已经广昌公司签章的空白单据。

4. 海关总署价格信息中心 2001 年 2 月 5 日传真电报（提供相关产品的价格为香港经销商批发价）、上海市第一百货商店、上海东方商厦有限公司分别于 2001 年 1 月 8 日、2001 年 1 月 12 日出具的相关产品进货价格、雅马哈电子（中国）有限公司上海办事处 2001 年 2 月出具的相关产品 2000 年 3 月底从日本运抵香港到岸价（附表金额均已折算为美元）。

5.2001 年 1 月 2 日对 823 台电子音频功率放大器所作检验检疫报告、上海市电子产品质量监督检验站检验报告。

**（四）判案理由**

上海市第二中级人民法院根据上述事实和证据认为：被告上海海关依据原《中华人民共和国海关法》、《中华人民共和国进出口关税条例》第二条第一款、《中华人民共和国增值税暂行条例》第二十条第一款规定，具有征收关税、代征增值税的执法主体资格。《中华人民共和国海关进出口税则》的规定征收进口关税的税率为 15%、代征增值税的税率为 17%。

原《中华人民共和国海关法》第三十八条规定：“进口货物以海关审定的正常到岸价格为完税价格。”《中华人民共和国进出口关税条例》第十七条规定：“进出口货物的收发货人或者他们的代理人，应当如实向海关申报进出口货物的成交价格。申报的成交价格明显低于或者高于相同或者类似货物的成交价格的，由海关依照本条例的规定确定完税价格。”《中华人民共和国海关审定进出口货物完税价格办法》第九条第（二）项规定：“凡有下述情形之一者，海关有权不接受进口人申报的成交价格：……（二）申报价格明显低于海关掌握的相同或类似货物的国际市场公开成交货物的价格，而又不能提供合法证据和正当理由的。”据此，上海海关具有对报关价格进行审定并确定完税价格的职权。

原告可嘉利公司报关后，上海海关经审查，认定可嘉利公司提供的报关发票系假发票，不能作为征税依据。上海海关在作出征收决定前，就可嘉利公司申报进口产品的价格进行了审定。因可嘉利公司申报的所谓成交价格明显低于海关掌握的相同或类似货物的国际市场公开成交价格，又不能提供合法证据和正当理由，上海海关经调查取证以200美元/台予以估价征税，事实清楚，证据充分，适用法律正确，程序合法。原告可嘉利公司认为其报关时提供的合同、发票并非伪造，缺乏事实证据。可嘉利公司认为，上海海关早在2000年7月就对该823台电子音频功率放大器按200美元/台进行征税，因认定823台产品的牌号事实不清，被海关总署撤销并限令重作，上海海关未提供2000年7月前取得的事实证据。法院认为，本案审查的是上海海关2001年4月28日作出的征收决定，并非2000年7月所作行政行为的合法性，上海海关提供的证据材料均是2001年4月28日之前调查取证收集的，未违反法律规定。

上海海关依法具有征收关税、代征增值税并对报关价格进行审定的执法主体资格。上海海关提供的王玉萍陈述笔录、王玉萍与赵莉萍的传真、空白单据等证据，证明可嘉利公司提供的报关材料不真实，上海海关提供的其向海关总署价格信息中心等单位调取相关产品价格的证据，系行政行为作出前取得，取证合法，与案件事实具有相关性。故上海海关提供的法律依据及事实证据应予认定。原告可嘉利公司对上海海关所作征收决定在认定事实及执法程序上的异议，法院不予支持。

**（五）定案结论**

上海市第二中级人民法院依照原《中华人民共和国海关法》第二条、第三十八条，《中华人民共和国进出口关税条例》第二条第一款、第十七条，《中华人民共和国增值税暂行条例》第二十条第一款，《中华人民共和国海关审定进出口货物完税价格办法》第九条第（二）项，《中华人民共和国海关进出口税则》及《中华人民共和国行政诉讼法》第五十四条第（一）项规定，作出如下判决：

维持中华人民共和国上海海关2001年4月28日作出（003）070004515—A01上海海关进口关税专用缴款书和（003）070004515—L02上海海关代征增值税专用缴款书的具体行政行为。

案件受理费人民币9 571.72元，由原告江西可嘉利科技开发有限公司负担。

**（六）解说**

中华人民共和国海关是国家的进出关境监督管理机关，征收关税及其他税费是海关实施监督管理的一种形式。进出口货物的收发货人或者他们的代理人，应当如实向海关申报进出口货物的成交价格作为审定完税价格的基础。为了防止瞒报、伪报进出口货物价格藉以偷税、漏税的行为，保护纳税人的合法权益，《中华人民共和国进出口关税条例》第十七条规定，申报的成交价格明显低于或者高于相同或者类似货物的成交价格的，由海关确定完税价格。

本案争议焦点在于原告进口货物的成交价格是否真实。原告在报关时虽提供了相关的购货合同、发票等材料，但海关在审定时，认为其所提供的发票不是境外发货人开具，而是与发货人无关的美国凯莱特公司上海办事处工作人员王某接受该办事处赵某的指示，在中国境内利用发货人已签章的空白单据制作并修改的，属于假发票，不能作为证明原告报关成交价格的合法证据，且申报的成交价格明显低于相同或者类似货物的成交价格。虽然法律、法规对“明显低于”未作解释，但从海关调查取证的材料看，价格相差悬殊，申报价格低于相同产品价格的近十倍，甚至几十倍。故海关对申报价格不予采信并按200美元/台征税并无不当。

（王朝晖）

# 八、司法、物价、烟草、审计、规划行政案件

## 42. 葛芬兰诉上海市卢湾区司法局不服申诉处理决定案

**（一）首部**

1. 判决书字号：上海市卢湾区人民法院（2001）卢行初字第 26 号。

2. 案由：不服申诉处理决定案。

3. 诉讼双方

原告：葛芬兰，女，汉族，1955 年 7 月 1 日出生，上海红星轴承厂工作，住上海市五里桥路 260 弄 2 号 301 室。

委托代理人：胡莉敏，上海市五里桥街道法律服务所法律工作者。

被告：上海市卢湾区司法局。

法定代表人：胡佩艳，局长。

委托代理人：樊云，上海市淮海律师事务所律师。

第三人：刘小妹，女，汉族，1934 年 5 月 17 日出生。

第三人：万凤英，女，汉族，1951 年 3 月 15 日出生。

第三人：万龙英，女，汉族，1953 年 11 月 15 日出生。

第三人：万春英，女，汉族，1958 年 3 月 26 日出生。（兼第三人万龙英、万国伟之委托代理人）

第三人：万国伟，男，汉族，1961 年 11 月 27 日出生。

4. 审级：一审。

5. 审判机关和审判组织

审判机关：上海市卢湾区人民法院。

合议庭组成人员：审判长：李平；审判员：李光顺；代理审判员：洪伟。

6. 审结时间：2001 年 12 月 3 日。

**（二）诉辩主张**

1. 被诉具体行政行为：被告上海市卢湾区司法局于 2001 年 6 月 8 日对原告葛芬兰作出卢司（2001）11 号关于对葛芬兰申诉的处理决定，认为上海市卢湾区公证处作出的（2001）沪卢证发字第 6 号拒绝撤销决定书并无不当，因此决定对上海市卢湾区公证处的（2001）沪卢证发字第 6 号拒绝撤销决定书予以维持。

2. 原告诉称：上海市卢湾区公证处所作的（2001）沪卢证发字第 6 号拒绝撤销决定，认定事实不清，证据不足，而被告作出的卢司（2001）11 号处理决定维持了该拒绝撤销

决定，显属不当，故请求法院予以撤销。

3. 被告辩称：上海市卢湾区公证处作出的拒绝撤销决定并无不当，因此被告作出的具体行政行为认定事实清楚，适用法律正确，请求法院予以维持。

4. 第三人刘小妹、万凤英、万龙英、万春英、万国伟述称：被告作出的维持公证处拒绝撤销决定的处理决定的具体行政行为正确、合法，亦请求法院予以维持。

**（三）事实和证据**

上海市卢湾区人民法院经公开审理查明：上海市五里桥路 238 号房屋原属案外人万兴根所有之私房，1986 年因动迁分得两套住房，其中之一即为本案系争之上海市五里桥路 260 弄 2 号 301 室房屋。该系争房屋属于联建公助性质的房屋，个人只享有 1/3 的产权，同时该房虽以案外人万兴根原有私房名义配售所得，但该房配售款的实际出资人却为万兴根的儿媳、本案原告葛芬兰。1987 年 5 月 22 日万兴根死亡。1999 年万兴根的妻子刘小妹及其子女等五人（即本案第三人）在上海市卢湾区公证处办理了继承权公证，共同继承万兴根对系争房屋所享有的 1/2 产权，其公证书编号为（99）沪卢证民字第 422 号。原告葛芬兰认为上述继承公证侵犯到她作为实际出资人而对系争房屋产权享有的权利，遂向上海市卢湾区公证处提出撤销公证的申请。上海市卢湾区公证处于 2001 年 4 月 26 日作出（2001）沪卢证发字第 6 号拒绝撤销决定书，驳回了原告的申请。为此，原告向被告上海市卢湾区司法局提出申诉，被告于 2001 年 6 月 8 日以卢司（2001）11 号关于对葛芬兰申诉的处理决定，对上海市卢湾区公证处出具的（2001）沪卢证发字第 6 号拒绝撤销决定书予以维持。原告不服，提起行政诉讼。

上述事实有下列证据证明：

1. 上海市五里桥路 260 弄 2 号 301 室房屋配售房协议书。

2. 上海市五里桥路 260 弄 2 号 301 室房屋购房缴款计划。

3. 上海市五里桥路 238 号户籍资料。

4. 上海红星轴承厂财务科和上海开城物业管理有限公司证明。

5. 万兴根居民死亡医学证明书。

6.（99）沪卢证民字第 422 号继承权公证书。

7.（2001）沪卢证发字第 6 号拒绝撤销决定书。

8. 原告申诉申请、卢司（2001）11 号关于对葛芬兰申诉的处理决定。

9.《上海市公证条例》第四十三条之规定，证明被告的执法主体资格。

10.《上海市公证条例》第四十五条之规定，证明被告作出具体行政行为的法律依据。

**（四）判案理由**

上海市卢湾区人民法院根据上述事实和证据认为：被告上海市卢湾区司法局依据法律法规的授权，具有对因拒绝撤销公证决定不服而提出的申诉作出处理决定的主体资格。但被告应当对上海市卢湾区公证处作出的拒绝撤销公证决定，在事实和理由方面作出全面审查，以确定其合法性，并作出相应的处理决定。经过庭审调查质证表明，上海市五里桥路 260 弄 2 号 301 室房屋系联建公助房屋性质，其中部分出资款是由原告付出，且原告对该房实际使用居住，故该房屋个人所有的 1/3 产权应当视作万兴根夫妻和原告夫妻共有。现上海市卢湾区公证处出具的沪卢证民字第 422 号继承权公证书将系争房屋认定为案外人万兴根的遗产范围与客观事实不符，而上海市卢湾区公证处又拒绝对之予以撤销，故被告作出的维持上海市卢湾区公证处拒绝撤销公证决定的具体行政行为在认定事实方面明显与事实相悖，其具体行政行为效力显然违法，因此应当予以撤销。

**（五）定案结论**

上海市卢湾区人民法院依照《中华人民共和国行政诉讼法》第五十四条第一款第（二）项第一目之规定，作出如下判决：

撤销被告上海市卢湾区司法局卢司（2001）11号关于对葛芬兰申诉的处理决定。

案件受理费人民币100元，由被告上海市卢湾区司法局负担。

**（六）解说**

行政诉讼案件对于行政机关具体行政行为的合法性审查无非是从其法定要件的五个方面分别进行审查，即审查行政机关的执法主体资格、职权范围、具体行政行为的事实和法律依据、执法的程序等。在本案的审理过程中，对被告行政机关具体行政行为的事实及法律依据方面的审查同时还涉及对于被告被诉具体行政行为所需要审查对象的实质内容问题，即对被告管辖之下的上海市卢湾区公证处所作出的拒绝撤销公证决定的正确性进行审查，而这一审查行为又直接指向上海市卢湾区公证处作出的继承权公证书内容的正确与否。因此，在对被告具体行政行为的事实和法律审查内容中包含了几重内容的重叠和并存。如何最终确定被审查的案件事实成为本案审理的焦点。

本案中涉及的系争房屋是联建公助房屋，这是一种特殊性质的房屋，属于有限产权的范畴，个人对联建公助房屋只拥有整体产权中的1/3，并在此范围内享有对个人产权进行处分的权利。从本案的事实出发，系争房屋虽由案外人万兴根产权房配售所得，但实际出资人却是作为万兴根儿媳的原告，且在实际生活中也是由原告夫妻对该房屋主张使用权利。这一事实已经由审理中经过举证质证而确认的各项相关证据予以了认定。原告对系争房屋产权取得的实际参与以及案外人万兴根对原告直接支配该房使用权的默认，从某种程度上来看已经赋予了原告对房屋产权具有了一定的主张权利，故系争房屋的产权取得因为介入了多人的因素，而在原有产权房的基础上得到了扩展性的变更，宽延了房屋产权的内容和产权所有人的范围。因此，系争房屋中1/3的个人产权已经不能单纯地认定为案外人万兴根的一人所有，而应延伸为万兴根夫妻以及原告夫妻共同所有的产权性质。而上海市卢湾区公证处在办理继承权公证的时候，忽略了对这一事实的审核与认定，在曲解产权归属含义、擅自扩大了个人产权范畴的同时，也侵犯到了原告的直接利益，因而作出了错误的公证行为，直接导致了以后一连串的后果，并影响到本案被告对其具体行政行为所依据事实上的错误认定和判断。

从错综的行政关系的本源上来看，法院对被告具体行政行为的事实依据的审核在某种程度上等同于被告行使自己职权所要审核的事实，是在被告对其审查对象认定事实采取相应态度并将之物化到具体行政行为基础上，对被告所持行政裁判观点的评判。这使本案有别于一般行政诉讼案件中对被告行政机关主观作出的独立的具体行政行为进行各项法定内容审查的诉讼活动。本案更像是对行政机关“行政裁判”的再认定和再评判，尤其是在被告以认可的方式将被审查对象认定事实提升为自己具体行政行为的事实依据时，法院的案件审理工作更需要在将基本事实表面上的盘根错节的关系理清后，始终将审查焦点精确地投注在本源事实之上。

（洪　伟）

## 43. 王忠生等不服安宁市烟草专卖局烟草专卖管理处罚案

**（一）首部**

1. 判决书字号

一审判决书：云南省安宁市人民法院（2001）安法行初字第1号。

二审判决书：云南省昆明市中级人民法院（2001）昆行终字第36号。

2. 案由：不服烟草专卖管理处罚案。

3. 诉讼双方

原告（上诉人）：王忠生，男，42岁，汉族，安宁市人。

原告（上诉人）：赵艳萍，女，31岁，汉族，安宁市人。

原告（上诉人）：周子雄，男，44岁，汉族，安宁市人。

原告（上诉人）：周子庄，男，27岁，汉族，安宁市人。

委托代理人（一、二审）：黄德富，安宁市昆钢耐火厂职工。

被告（被上诉人）：云南省安宁市烟草专卖局。

法定代表人：阙劲松，云南省安宁市烟草专卖局副局长。

委托代理人（一审）：张华仙，云南省安宁市烟草专卖局副局长。

委托代理人（一、二审）：李伦超，安宁市对外经济贸易局干部。

委托代理人（二审）：李副忠，云南省安宁市烟草专卖局科长。

4. 审级：二审。

5. 审判机关和审判组织

一审法院：云南省安宁市人民法院。

合议庭组成人员：审判长：张柯夫；审判员：祁能、刘正芸。

二审法院：云南省昆明市中级人民法院。

合议庭组成人员：审判长：马勇；审判员：聂红宾；代理审判员：付星。

6. 审结时间

一审审结时间：2001年3月28日。

二审审结时间：2001年7月9日。

**（二）一审情况**

1. 一审诉辩主张

（1）被诉具体行政行为：2001年2月7日被告安宁市烟草专卖局以原告王忠生四人实施了违反《中华人民共和国烟草专卖法》、《中华人民共和国烟草专卖法实施条例》行为，对原告作出处以各自卷烟总价值45%的罚款，即王忠生16 211.25元、赵艳萍16 211.25元、周子雄17 718.75元、周子庄10 451.25元的行政处罚。原告不服，向安宁市人民法院提起行政诉讼。

（2）原告诉称：被告所作行政处罚偏重，显失公正，请求判决撤销行政处罚或者变更罚款数额。

(3) 被告辩称：原告无烟草准运证运输卷烟的违法事实清楚，证据确凿，处罚适用法律正确，恰当，程序合法，请求判决维持我局的行政处罚决定。

2.一审事实和证据

安宁市人民法院经审理查明：2000年7月21日，原告四人从昆明裕辉商场购进盖红河等五个品牌的卷烟70件（价值人民币134 650元），运至安宁收费站被查获。被告即作出（2000）专罚字第13号、14号“关于对周子雄等四人无烟草准运证运输卷烟的处罚决定”，原告四人不服提起行政诉讼，安宁市人民法院以（2000）安行初字第4号、5号行政判决撤销处罚，被告又重新作出（2001）专罚字第3号行政处罚决定，罚款卷烟价值的45%。原告不服提起行政诉讼。被告、原告对行政处罚确认的事实及定性均无异议。

上述事实有下列证据证明：

(1)《烟草专卖法》、《烟草专卖法实施条例》，说明处罚的权源、法律依据。

(2)“扣押通知单”，说明2000年7月22日被告扣押原告贩运卷烟的事实。

(3)“立案报告表”，说明2000年7月23日被告决定对原告立案开始调查。

(4)“询问笔录”，说明被告在立案后分别对四个原告谈话的情况。

(5)“案件处理呈报审批表”，说明处罚向行政首长报批的记录。

(6)“案件讨论笔录”，说明本案行政处罚经被告集体讨论决定。

(7)“罚没收据”，说明被告的行政处罚决定作出后四原告已缴纳了罚款。

(8)（2000）安行初字第4号行政判决书、（2000）安行初字第5号行政判决书，说明被告原对四原告作出的（2000）专罚字第13号、14号“关于对周子雄等四人无烟草准运证运输卷烟的处罚决定”已被安宁市人民法院判决撤销，且判决均已发生法律效力。

(9)“烟草专卖许可证”，说明四原告经许可有零售卷烟资格。

(10) 安烟（1999）专罚字第02号行政处罚决定书，说明被告处罚与四原告违法行为类似的违法行为，处罚较四原告轻的事实。

3.一审判案理由

安宁市人民法院认为：被告安宁烟草专卖局依据《中华人民共和国烟草专卖法》第三十一条及《中华人民共和国烟草专卖法实施条例》第五十五条第（一）项的规定，对原告进行的行政处罚事实清楚，证据确凿，适用法律法规正确，程序合法，处罚在法律规定的幅度内进行，未显失公正；原告的诉讼请求及理由与法律法规的规定相悖，其诉讼请求不能成立。

4.一审定案结论

云南省安宁市人民法院根据《中华人民共和国行政诉讼法》第五十四条第（一）项、第七十四条的规定，作出如下判决：

维持被告安宁市烟草专卖局所作的（2001）专罚字第3号行政处罚决定。

案件受理费人民币100元，由原告承担。

**（三）二审诉辩主张**

上诉人（原审原告）诉称：处罚适用法律错误，程序违法，显失公正，原判认定事实不清，适用法律不当。请求二审法院改判，按《烟草专卖法实施条例》第六十条的规定，以5%到10%进行罚款。

被上诉人（原审被告）辩称：处罚决定认定上诉人无烟草准运证运输卷烟的违法事实清楚，证据确凿，定性准确，适用法律、法规正确；上诉人明知行为违法，采用在夜晚的时间运输，故意实施当前重点打击的违法行为，数额较大，具有从重情节，处罚罚款卷烟价值45%是适当的；原判正确合法，请求维持。

**（四）二审事实和证据**

昆明市中级人民法院经审理查明：上诉人王忠生、赵艳萍、周子雄、周子庄均系持有安宁烟草专卖局颁发的“烟草专卖许可证”的零售卷烟、雪茄烟的经营者。2000年7月21日，四上诉人从昆明裕辉市场购买“云烟”、“红河”等品牌的卷烟70件，价值人民币134 650元，运往安宁途中被查获。2000年8月10日被上诉人安宁烟草专卖局作出安烟（2000）专罚字第13号、14号行政处罚决定书，给予上诉人罚款65 575元及没收“福牌”卷烟1件的行政处罚。上诉人不服，提起行政诉讼。安宁市人民法院于2000年11月21日作出（2000）安法行初字第4号和第5号行政判决书，分别判决：撤销（2000）专罚字第13号行政处罚决定和第14号处罚决定，责令重新作出具体行政行为。2001年2月7日安宁烟草专卖局作出安烟（2001）专罚字第3号行政处罚决定书，根据《中华人民共和国烟草专卖法》第三十一条及《中华人民共和国烟草专卖法实施条例》第五十五条第一项的规定，给予四上诉人各自卷烟总价值45%的罚款，即王忠生16 211.25元、赵艳萍16 211.25元、周子雄17 718.75元、周子庄10 451.25元的行政处罚。上诉人仍不服，向安宁市人民法院提起行政诉讼，认为处罚显失公正，并提交了被上诉人1999年8月26日对杨宝权、刘德琼及驾驶员等9人无准运证运输75件卷烟的行为处予罚款15 200元的安烟（1999）专罚字第02号行政处罚决定书。请求撤销或变更安烟（2001）专罚字第3号行政处罚决定。

上述证据、事实与一审证据、事实相一致。

**（五）二审判案理由**

昆明市中级人民法院认为：

1. 被上诉人安宁烟草专卖局属依法设立的市、县级烟草行政主管部门，按照行政法规的授权，其享有查处违反《烟草专卖法》及《烟草专卖法实施条例》案件的行政职权，具备本案合法的行政主体资格。

2. 按照我国《烟草专卖法》和《烟草专卖法实施条例》的规定，“无准运证托运或者自运烟草专卖品”的行为和“取得烟草专卖零售许可证的个人未在当地烟草专卖批发企业进货”的行为都属于违法行为。依法应予处罚，但处罚罚款存在不同的额度。前者比后者危害程度大，罚款幅度更高。根据安宁烟草专卖局依法提交的证据，能够证明四上诉人的行为是上述两种违法行为的竞合行为，依照“重行为吸收轻行为”的法律适用一般原则，被上诉人的处罚决定认定上诉人的行为只属于“无准运证托运或自运烟草专卖品的行为”，适用法律并无不当。上诉人认为其行为只应属于“取得烟草专卖零售许可证的个人未在当地烟草专卖批发企业进货的行为”的观点与法律适用的一般原则相悖，故此观点不能成立。

3. 被上诉人安宁烟草专卖局对上诉人作出的本案的处罚决定中在暂扣等行政执法环节上确有不规范之处，尚未达到处罚决定程序违法的程度。因此，该处罚决定程序并未违法。但今后须进一步规范其行政执法程序。

4. 处罚公正原则是行政处罚的基本原则之一，其要求行政处罚必须公平、公正，没有偏私，实施行政处罚必须以事实为依据，与违法行为的事实、性质、情节以及社会危害程度相当。本案上诉人是在全国严厉打击制售假冒商标卷烟活动的期间实施的无准证运输烟草专卖品的行为，具有依法从重处罚的情节，被上诉人依照《烟草专卖法》第三十一条和《烟草专卖法实施条例》第五十五条对上诉人处以违法运输的烟草专卖品价值45%的罚款尚在法定处罚幅度内。但是，被上诉人的上述处罚决定在作出时应当考虑以前和近期对同种情况的违法行为给予的行政处罚程度的因素，其曾作出安烟（1999）专罚字第02号处罚决定，本案属相同情况，所作的处罚决定应对此予以考虑"同责同罚"。而本案未予考虑，且处罚幅度相差较大，与处罚公正原则相悖，显失公正。

综上所述，被上诉人安宁烟草专卖局具备合法的行政主体资格，享有法定的行政处罚权。其对上诉人所作的本案行政处罚决定确有显失公正的情况，依法应予判决变更，上诉人认为处罚显失公正的观点成立，其诉讼请求本院予以部分支持。原审判决认定事实不清，适用法律错误，依法应予改判。

**（六）二审定案结论**

云南省昆明市中级人民法院根据《中华人民共和国行政诉讼法》第六十一条第（三）项、第五十四条第（四）项、第七十四条，最高人民法院《关于执行〈中华人民共和国行政诉讼法〉若干问题的解释》第六十二条、第七十条，《中华人民共和国行政处罚法》第四条，《中华人民共和国烟草专卖法》第三十一条，《中华人民共和国烟草专卖法实施条例》第五十五条的规定，作出如下判决：

1. 撤销安宁市人民法院（2001）安法行初字第1号行政判决。

2. 变更云南省安宁市烟草专卖局安烟（2001）专罚字第3号行政处罚决定为给予上诉人违法运输卷烟总价值134 650元的30%的罚款，即罚款总额40 395元人民币。

一、二审案件受理费人民币200元，由云南省安宁市烟草专卖局负担。

**（七）解说**

1. 本案上诉人所实施的行为具有违反行政法律、法规的性质，从被告依法提供的证据是能够确定的。但当上诉人实施的违法行为发生竞合的情况下如何认定为哪种违法行为，国家现行的烟草专卖法律、法规未作具体规定。按上列法律、法规，如何认定属烟草专卖管理行政机关的自由裁量权的范畴，参照刑法数罪并罚理论中"重行为吸收轻行为"的法律适用原则，从合法性审查的角度，人民法院最终判决确认被上诉人认定上诉人实施了"无准运证托运或者自运烟草专卖品"的行为适用法律并无不当，应当说这一确认是具有一定事实和法律依据的。

2. 被上诉人曾在1999年8月对另案他人实施"无准运证托运或者自运卷烟（75件）"的行为予以罚款15 200元的行政处罚，而其对本案上诉人实施的"无准运证托运或自运卷烟（70件）"的行为却予以罚款60 592.50元的行政处罚，被上诉人对上诉人处罚时未考虑与前述处罚执法标准的统一性，同责未同罚，前后处罚幅度相差较大，有悖处罚公正原则，属显失公正。因此，二审人民法院依法判决予以了变更。

（马　勇）

## 44. 许正清等不服上海市普陀区物价局等商品房居住房屋成本差价审批案

### （一）首部

1. 判决书字号

一审判决书：上海市普陀区人民法院（2000）普行初字第65号。

二审判决书：上海市第二中级人民法院（2001）沪二中行终字第134号。

2. 案由：不服商品居住房屋成本差价审批案。

3. 诉讼双方

原告（上诉人）：许正清，男，1963年4月11日生，汉族。

原告：徐鸿斌，男，1968年12月8日生，汉族。

原告：赵斌，男，1974年2月23日生，汉族。

原告：俞国樑，男，1949年10月11日生，汉族。

原告：宗克炎，男，1954年10月30日生，汉族。

被告（被上诉人）：上海市普陀区物价局。

法定代表人：屠朝根，局长。

委托代理人（一、二审）：徐东诚，上海市价格认证中心工作人员。

委托代理人（一、二审）：周根春，上海市普陀区物价局工作人员。

被告（被上诉人）：上海市普陀区房屋土地管理局。

法定代表人：陈琦，局长。

委托代理人（一、二审）：杨敏娟，上海市普陀区房屋土地管理局工作人员。

委托代理人（二审）：曹鸿杰，上海市普陀区房屋土地管理局工作人员。

第三人：上海普泉房产开发经营有限责任公司。

法定代表人：周永平，总经理。

委托代理人（一审）：顾星，上海市清华律师事务所律师。

委托代理人（二审）：章志盛，上海普泉房产开发经营有限责任公司工作人员。

4. 审级：二审。

5. 审判机关和审判组织

一审法院：上海市普陀区人民法院。

合议庭组成人员：审判长：陆为民；审判员：彭瑞祖；代理审判员：张文忠。

二审法院：上海市第二中级人民法院。

合议庭组成人员：审判长：钱锡青；代理审判员：蔡虹、吴晓梅。

6. 审结时间

一审审结时间：2001年4月19日。

二审审结时间：2001 年 8 月 6 日。

**（二）一审诉辩主张**

1. 被诉具体行政为：1997 年 8 月 8 日，拆迁人上海普泉房产开发经营有限责任公司（以下简称普泉公司）向被告上海市普陀区物价局（以下简称普陀物价局）、上海市普陀区房屋土地管理局（以下简称普陀房地局）提出了关于汇德公寓商品住房与异地安置房成本差价的申请报告（以下简称申请报告），并附送了有关材料。被告根据上海市房产管理局、上海市物价局发布的《关于对商品居住房屋成本差价审批办法的批复》（以下简称《审批办法》）第二条"二、商品居住房屋成本构成及差价计算，（一）商品居住房屋成本由六项因素构成：（1）征地费及拆迁安置补偿费：按国家有关规定执行；（2）勘察设计及前期工程费：依据批准的设计概算计算；（3）住宅建筑、安装工程费：依据施工图预算计算；（4）住宅小区基础设施建设费和住宅小区级非营业性配套公共建筑的建设费：依据批准的详细规划和施工图预算计算；（5）管理费：以本款（1）至（4）项之和为基数的 1%～3%计算；（6）贷款利息：计入成本的贷款的利息，根据本市建设银行提供的本地区商品住宅建设占用贷款的平均周期、平均比例、平均利率和开发项目具体情况确定。（二）边缘地区安置房屋的成本价，凡由拆迁人自行开发建设的，按本文第二条 1 款规定计算；凡属购入的商品居住房屋按购入价的 80%计算成本价。（三）边缘地区安置房屋有二处以上的，按成本价高的一处计算成本价差价"等有关规定，于 1998 年 4 月 21 日作出普价管字（1998）第 3 号关于汇德公寓商住房与安置房成本差价审核申请的批复（以下简称核价批复），认定：将要建造的汇德公寓，坐落在常德路新汇路交汇处，其成本价格为4 209元/平方米（建筑面积，下同），宝山区新沪路 837 弄安置房为2 600元/平方米，该两处房屋差价为1 609元/平方米。

2. 原告诉称：原告是汇德公寓拆迁基地的被拆迁人。汇德公寓被拆迁基地实行国有土地使用权有偿出让，是批租地块。根据《审批办法》第六条"以上条款不适用批租地块上的商品住宅建设项目"的规定，被告核价批复适用法律错误。原告认为动迁居民是八十余户，被告核定动迁户数为 106 户，户数不对说明动迁费用不对。原告许正清向中国建设银行普陀支行查询结果表明普泉公司并没有贷过款，被告对银行贷款和管理费的计算缺乏依据。根据上海市房地产资料登记册第 65726 号登记资料证明第三人增加了 4 层建筑面积，当时没有计算在内是错误的。新沪路的房屋应该是商品房，用于安置原告的房屋是使用权房屋，其价格应该打八折为2 080元。而且被告应该提供全部新沪路房屋的有关材料证明新沪路房屋的成本价。因此，被告认定事实错误，侵犯原告作为差价购房消费者的合法权益。请求：（1）撤销两被告所作出的普价管字（1998）第 3 号具体行政行为；（2）要求两被告明确宝山区新沪路安置房的权属性质，是有产权的商品房还是有使用权的安置居住房屋；（3）要求两被告赔偿五原告精神损失费各 10 万元总计 50 万元；（4）被告承担本案的诉讼费。

3. 被告辩称：批租的最大特点是土地的受让方具有涉外的因素，原告混淆了批租和有偿使用土地的区别。凡是批租的地块均不能实行原地回搬，而汇德公寓该拆迁基地是能够原地回搬的，并由被告对商品房进行差价审核。被告根据商品住宅建设占用贷款的平均周期、平均比例、平均利率和开发项目具体情况确定银行贷款利息为 123 万元和按照 1.5%计算管理费符合规定。如以2 080元作为新沪路房屋的成本价，则与汇德公寓的房屋差价更高，对原告不利。被告所作核价批复正确，要求予以维持。

4．第三人述称意见同被告。

**（三）一审事实和证据**

上海市普陀区人民法院经公开审理查明：将要建造的汇德公寓，坐落在常德路新汇路交汇处，初步设计共有5幢建筑，总计建筑面积28 695.46平方米，其中住宅建筑面积21 175平方米。核定将要建造的汇德公寓商品居住房屋成本由六项因素构成：第一项，征地费及拆迁安置补偿费共计4 240万元。第二项，勘察设计及前期工程费193万元。第三项，住宅建筑安装工程费3 214万元。第四项，住宅小区基础设施建设费和住宅小区级非营业性配套公共建筑的建设费1 015万元。第五项，管理费129万元。第六项，贷款利息123万元。上述六项费用之和为汇德公寓商品居住房屋的总成本计人民币8 914万元，该总成本除以汇德公寓住宅建筑面积21 175平方米，核定将要建造的汇德公寓成本价格为4 209元/平方米建筑面积。此外，被拆迁基地有本市江桥、桃浦地区保产安置房源和宝山区新沪路837弄使用权安置房源，考虑江桥、桃浦地区房屋的成本价明显比宝山区新沪路837弄安置房屋的成本价低，故以宝山区新沪路837弄安置房屋的成本价作为边缘地区安置房屋的成本价来计算汇德公寓的差价对被拆迁居民有利。被告核定宝山区新沪路837弄安置房屋的成本价为2 600元/每平方米建筑面积，该两处房屋差价为1 609元/平方米建筑面积。

上述事实有下列证据证明：

1.1997年8月8日拆迁人普泉公司提出核价申请的申请报告。

2．联合开发常德路1200号地块协议书。

3．委托动拆迁协议书。

4．上海市国有土地使用权出让合同（内资内销）。

5．上海市人民政府关于同意调整住宅建设配套费征收标准的批复。

6．关于调整本市结合民用建筑修建防空地下室收费标准的复函等。

7．汇德公寓初步设计（设计号DS9701）和汇德公寓概算书（设计号DS9701）。

上述证据还证明，第一项征地费及拆迁安置补偿费＝（3 400＋1 908＋422）万元×74％，计4 240万元。第二项勘察设计及前期工程费＝3 214万元×6％，计193万元。第四项住宅小区基础设施建设费和住宅小区级非营业性配套公共建筑的建设费＝（783＋105＋127）万元，计1 015万元。第五项管理费＝（4 240＋193＋3 214＋1 015）万元×1.5％，计129万元。第六项贷款利息取成本的20％计息，即上述五项费用之和×20％×利率7％，计123万元。六项费用之和系汇德公寓总成本为8 914万元。

8．房屋销售协议书。

另查明，原告要求两被告赔偿五原告精神损失费各10万元，总计50万元，但原告没有提供事实证据和法律依据。

**（四）一审判案理由**

上海市普陀区人民法院根据上述事实和证据认为：被告普陀物价局、普陀房地局具有作出商品居住房屋成本差价审批的执法主体资格。被告普陀物价局、普陀房地局在收到第三人普泉公司的申请报告后进行审核并作出核价批复，执法程序合法。被告作出核价批复认定事实清楚、证据充分，适用法律正确。本案中，原告认为汇德公寓拆迁基地是土地批租，被告核价适用法律错误的主张缺乏事实和法律依据。原告认为汇德公寓拆迁居民户数为八十余户没有证据可以证明。需要明确指出的是，拆迁中所涉及的商品居住房屋成本价差价审核是对将要建造的商品居住房屋的成本价差价进行审核，而不是对已经建成的商品居住房屋进行成本价差价审核。由于在建设过程中发生的一些客观变化，可能导致建设项目的初步设计与实际建成的商品居住房屋有所不同，但这一因素并不影响被告针对将要建造的商品居住房屋进行成本价差价审核的合法性。因此，原告认为建成的汇德公寓增加了4层建筑面积当时没有计算在内而导致核价错误的诉讼主张，不符合事实和法律。另外，贷款利息的确定是指计入成本的贷款的利息，根据《审批办法》的规定，贷款利息的核定只是对将要建造的建设项目的预算，并不是对建房实际贷款的核定。因而，原告以第三人普泉公司没有向中国建设银行普陀支行进行贷款来否定汇德公寓建设项目需要贷款的客观事实的主张没有事实和法律依据。被告依法核定汇德公寓商品居住房屋成本价差价还酌情考虑了被拆迁人的实际权益，具有正当性和合理性。本案中，原告要求两被告明确宝山区新沪路安置房的权属性质，是有产权的商品房还是有使用权的安置居住房屋的诉讼请求不属于行政诉讼的处理范围。综上所述，原告徐鸿斌等五人不服被告普陀物价局、普陀房地局向第三人普泉公司作出的核价批复，要求撤销核价批复并请求赔偿精神损失费的诉讼请求，缺乏事实及法律依据，本院不予支持。

**（五）一审定案结论**

上海市普陀区人民法院依照《中华人民共和国行政诉讼法》第五十四条第（一）项、《中华人民共和国国家赔偿法》第二条之规定，作出如下判决：

1. 维持被告上海市普陀区物价局、上海市普陀区房屋土地管理局于1998年4月21日向第三人上海普泉房产开发经营有限责任公司作出普价管字（1998）第3号关于汇德公寓商住房与安置房成本差价审核申请的批复的具体行政行为。

2. 驳回原告徐鸿斌、许正清、赵斌、俞国樑、宗克炎要求被告上海市普陀区物价局、上海市普陀区房屋土地管理局向原告赔偿精神损失费每人人民币10万元总计50万元的诉讼请求。

案件受理费人民币100元，由原告负担。

**（六）二审情况**

1. 二审诉辩主张

上诉人许正清诉称：原审法院认定事实不清，适用法律不当，普陀物价局和普陀房地局核价批复违法，请求撤销原审判决及具体行政行为。

被上诉人普陀物价局、普陀房地局及第三人普泉公司辩称：原审法院判决认定事实清楚，适用法律正确，请求维持原审判决及具体行政行为。

2. 二审事实和证据

二审法院经过审理，认定的案情事实及有关证据与一审所认定的案情事实及有关证据相同。

3. 二审判案理由

上海市第二中级人民法院认为：根据上述事实和证据，普陀物价局、普陀房地局具有作出商品居住房屋成本差价审批的主体资格。其根据第三人的申请，依据《关于对商品居住房屋成本差价审批办法的批复》第二条规定，审核了第三人提供的联合开发常德路

1200号地块协议书、委托动拆迁协议书、上海市国有土地使用权出让合同、汇德公寓初步设计、汇德公寓概算书、房屋销售协议书及住宅建设配套费依据等材料，对第三人作出了核价批复。该批复事实清楚，证据充分，并无违法。原审判决维持具体行政行为并无不当。上诉人许正清要求被上诉人赔偿精神损失费，但没有提供事实证据和法律依据，原审判决驳回其诉讼请求并无不当。上诉人许正清在二审中提交的证据，均不能证明被上诉人的具体行政行为违法，本院不予采信。综上，上诉人许正清的上诉请求缺乏事实证据和法律依据，本院不予支持。

4. 二审定案结论

上海市第二中级人民法院根据《中华人民共和国行政诉讼法》第六十一条第（一）项之规定，判决如下：

驳回上诉，维持原判。

上诉案件受理费人民币100元，由上诉人许正清负担。

**（七）解说**

本案系新类型案件，是上海市首例不服商品居住房屋成本差价审批而引发的行政诉讼。在本案之前，从未有过商品居住房屋成本差价的审批行为作为具体行政行为被诉，进而由法院作出实体判决的先例。本案对于拓宽行政诉讼受案范围，以及维护被拆迁人的知情权等相关合法权益方面无疑跨越了一步。相信本案的审理，有助于增强核价行政部门的行政被诉意识，有助于增进行政部门商品居住房屋成本差价审批的透明度，进而消除被拆迁人的疑惑与不理解，避免由此引发的不必要争讼。在案件的审判过程中，主要的法律问题如下：

第一，商品居住房屋成本差价的审批是否是具体行政行为？对该行为不服能否提起行政诉讼？

商品居住房屋成本差价审批源于1991年8月1日起施行的《上海市城市房屋拆迁管理实施细则》第四十九条，根据该规定，按市建设委员会批准的地区规划进行的旧区改建项目，凡原址建造商品居住房屋的，被拆迁的居住房屋所有人、使用人一般应迁移到市区的边缘地区安置；如所有人、使用人要求原地安置的，应按原址建造的商品居住房屋成本价与边缘地区建造的商品居住房屋成本价之间的差价购买居住房屋。依此规定产生的问题是商品居住房屋成本价差价的核准由谁作出？如何进行审批？为此，1994年2月1日，上海市房产管理局、上海市物价局制定了《审批办法》，明确了如有被拆迁居住房屋所有人、使用人要求原址安置时，拆迁人应将成本价差价向房屋拆迁所在地的区（县）房产管理局申报，区（县）房产管理局会同各区（县）物价局（委）审批。

因此，根据上述政府规章及规范性文件的规定，商品居住房屋成本差价的审批行为，显然是行政主体行使行政职权的行为，是对拆迁人和被拆迁人的权益产生实际影响的行为。原告作为被拆迁人提起行政诉讼，属于行政诉讼的受案范围，法院予以立案受理符合《行政诉讼法》第十一条的规定。

第二，本案如何适用法律审查被诉具体行政行为？

商品居住房屋成本差价包括三方面，即在拆迁原址上将要建设的商品居住房屋的成本价格、边缘地区安置房屋的成本价格及两者的差数。商品居住房屋成本差价在本质上是预算，而非商品居住房屋建成后的实际价格。商品居住房屋成本差价的审批是城市房屋拆迁安置中的一项行政管理行为，价格法对此并没有涉及，《审批办法》作为现行的规范性文件，规定了商品居住房屋的成本构成及差价计算方法。故在没有上位法直接适用的前提下，参照《审批办法》的规定来审查具体行政行为的合法性。

第三，本案为何判决维持具体行政行为？

本案当事人的实质争议意见归结到一点是核价的基础条件之争。被诉具体行政行为审批的价格是预算，依据未建的汇德公寓初步设计等因素来核准价格。而原告以建成后的汇德公寓增加了层数，改变了原先的初步设计导致核价的基础发生变化，并以汇德公寓的实际商品房价格等理由来求证被告作出的商品居住房屋成本差价审批违法，显然混淆了不同概念，混淆了事实、混淆了法律适用。因此，一、二审法院的判决是正确的。

（张文忠）

## 45. 安康市文武建筑工程公司不服平利县审计局审计案

**（一）首部**

1. 判决书字号

一审判决书：陕西省安康地区中级人民法院（2000）安中行初字第2号。

二审判决书：陕西省高级人民法院（2000）陕行终字第34号。

2. 案由：不服审计确认和处罚案。

3. 诉讼双方

原告（上诉人）：安康市文武建筑工程公司。

法定代表人：成定文，经理。

委托代理人：袁民，陕西持衡律师事务所律师。

委托代理人：熊澄宇，陕西为民法律服务部法律工作者。

被告（被上诉人）：平利县审计局。

法定代表人：刘志才，局长。

委托代理人：聂钊，该局干部。

4. 审级：二审。

5. 审判机关和审判组织

一审法院：陕西省安康地区中级人民法院。

合议庭组成人员：审判长：李刚；审判员：李五四；代理审判员：刘新建。

二审法院：陕西省高级人民法院。

合议庭组成人员：审判长：孙渝安；审判员：车林科；代理审判员：王仲凌。

6. 审结时间

一审审结时间：2000年8月12日。

二审审结时间：2001年12月3日。

**（二）一审情况**

1. 一审诉辩主张

（1）被诉具体行政行为：1998 年 1 月，由国家投资建设的平利县农技中心综合楼竣工，经初步验收，项目法人平利县农业局要求县审计局进行审计。1998 年 12 月 26 日，平利县审计局作出平审意字（1998）25 号审计意见书，确认安康市文武建筑工程公司（以下简称安康文武建筑公司）承建的平利县农业局农技中心综合楼土建和水电工程造价为963 334.85元，而该公司施工决算为1 324 892.80元，高估冒算 37.5%，金额为361 557.95元。另因建设单位已付工程款972 509.12元，超付9 174.27元，加保修金19 267元，该公司还超领28 441.27元。与此同时，平利县审计局还作出平审决字（1998）16 号审计决定，其主要内容为：（1）安康文武建筑公司拒绝提供会计资料接受审计，依照《中华人民共和国审计法实施条例》第四十九条的规定，对其罚款20 000元；（2）对安康文武建筑公司虚报冒领的工程款9 174.27元收缴平利县财政，并依照《建设项目审计处理暂行规定》第十四条的规定，处以 20％的罚款，计1 834.80元；（3）安康文武建筑公司承建的农技中心综合楼工程质量出现问题，由该公司负责出资维修；（4）对安康文武建筑公司哄闹审计机关，长期拒绝交付竣工工程等，给予通报批评。

（2）原告诉称：该公司是私营企业，不是审计局审计的对象，故有权拒绝提供该公司会计资料。根据陕西省建设厅、省审计厅联合发出的陕建建发（1996）255 号《关于进一步加强对建筑工程造价管理有关问题的通知》第二条规定："省建设行政主管部门是管理全省建设工程造价的主管部门，根据《陕西省建设市场管理条例》，对全省建设工程造价实行统一管理。工程造价必须按照国家和省正式颁发的有关预算定额、费用定额及有关规定，以施工合同及相关的有效文件为依据编制。工程预、决算的审查、核定是工程造价管理的重要内容，由省建设行政主管部门及其授权的工程造价管理机构办理，审计机关按规定办理审计业务时，对其审查结果应予认可。有关工程决算的争议，应由建设行政主管部门或其授权的工程造价管理机构裁定。"据此，原告认为平利县审计局超越职权，请求法院撤销审计局的审计意见书和审计决定；确认安康地区定额站的决算造价；并判令平利县审计局赔偿其经济损失 10 万元。

（3）被告辩称：根据《中华人民共和国审计法》第二十三条，《审计法实施条例》第二十一条、第二十二条，《审计机关对国家建设项目竣工决算审计实施办法》第四条的规定，与国家建设项目直接有关的建设、设计、施工、采购等单位的财务收支，应当接受审计机关的审计监督，审计机关对上述单位与建设项目有关的财务收支的审计不受审计管辖范围的限制，而建设工程造价的真实性、合法性是审计的一项重要内容，故该局有权对安康文武建筑公司进行审计监督，不存在有超越职权的问题，其所作审计意见书和审计决定是正确的，请求法院予以维持。

2. 一审事实和证据

安康地区中级人民法院经审理查明：由安康文武建筑公司承建的平利县农技中心综合楼竣工后，县农业局即致函县审计局，要求予以审计。平利县审计局经审查作出了平审意字（1998）05 号审计意见书和平审决字（1998）02 号审计决定，对工程造价作出确认并对县农业局和安康文武建筑公司分别进行了处罚。安康文武建筑公司对审计意见和决定均不服，要求平利县审计局复审。平利县审计局即要求安康文武建筑公司提供有关资料，安康文武建筑公司以自己不是审计对象为由予以拒绝。1998 年 12 月 26 日，平利县审计局又分别作出平审意字（1998）25 号审计意见书和平审决字（1998）16 号审计决定。安康文武建筑公司对此审计意见和决定均不服，向安康地区审计局申请复议。安康地区审计局维持了平利县审计局的审计意见和决定。安康文武建筑公司仍不服，向法院起诉。另查，在审计局的审计过程中，安康文武建筑公司向平利县建设局投诉，请求其对工程决算的争议进行审查或裁定。1998 年 11 月 8 日，平利县定额站作出决算意见，认定了工程造价，该工程造价虽经安康地区定额站审核后有所改动，但与平利县审计局的审计意见不同。

3. 一审判案理由

安康地区中级人民法院认为：根据《审计法》和《审计法实施条例》的有关规定，审计机关独立行使审计权，有权对国家建设项目预算的执行情况和项目竣工决算等进行审计监督，有权对与国家建设项目直接有关的建设、设计、施工、采购等单位的财务收支进行审计监督，且对上述单位与建设项目有关的财务收支的审计，不受审计管辖范围的限制。本案中，平利县农业局农技中心综合楼系国家投资，故被告平利县审计局有权对该工程决算造价进行审计，原告安康市文武建筑工程公司认为被告越权审计的理由不能成立。但平利县审计局作出的平审决定（1998）16 号审计决定的第一条和第二条未遵循《中华人民共和国行政处罚法》第三十一条和第三十二条的规定，属程序违法；因建设方和施工方并不存在质量纠纷，故其决定第三条和第四条既超越职权，也没有事实依据和法律依据，对于原告请求人民法院确认安康地区定额站决算的诉讼请求，因人民法院审理行政案件，只能就被诉具体行政行为的合法性进行审理，故原告此诉讼请求依法应予驳回。另外，原告要求被告负担由于延误付款期限的贷款利息以及赔偿直接损失 10 万元的诉讼请求，因原告没有提供相应的证据，也应依法予以驳回。

4. 一审定案结论

陕西省安康地区中级人民法院依照《中华人民共和国行政诉讼法》第五十四条第（一）项，第（二）项第一、二、三、四目和最高人民法院《关于执行〈中华人民共和国行政诉讼法〉若干问题的解释》第五十六条第（四）项之规定，作出如下判决：

（1）维持平利县审计局平审意字（1998）25 号审计意见书。

（2）撤销平利县审计局作出的平审决字（1998）16 号审计决定。

（3）驳回安康文武建筑公司的其他诉讼请求。

一审案件受理费各半负担。

**（三）二审诉辩主张**

上诉人（原审原告人）诉称：平利县审计局没有对工程造价审查，无工程决算造价争议裁决的资质证书，其派出的人员亦无工程预算决算人员的资格证书和上岗证书，无权对工程造价进行审计；依据《陕西省建筑市场管理条例》以及省建设厅、审计厅联合下发的陕建建发（1996）255 号文规定：建设行政主管部门是工程造价的主管机关，对全省建设工程造价实行统一管理，工程预决算的审查、核定是工程造价管理的重要内容，由省建设行政主管部门及其授权的工程造价管理机构办理，有关工程决算的争议，也应由其或其授权的工程造价管理机构裁决。审计机关办理审计业务时，对建设行政主管部门或其授权的工程造价管理机构的审查结果或裁决应予认可。据此，请求撤销一审判决第一条，维持二、三条，并撤销平利县审计局的平审意字（1998）25 号审计意见书。

被上诉人（原审被告人）辩称：审计是法律赋予审计机关的职责，不需要建设行政主管部门的授权，也不受其限制。建设工程造价是否真实合法，是建设项目竣工审计的重要内容。审计机关的审计资格是《审计法》赋予的，该局派出的审计人员具有预算员资格证书和国家会计师证书，完全符合《国家审计基本准则》的要求。建设行政主管部门对工程造价的管理、审查及裁决不能代替审计。如对审计结果有异议，可通过申请上级复议或诉讼的方式来解决，而不能以定额站的结论来否定审计结论。安康文武建筑公司在审计期间不按法定程序办事，私自请定额站核算的做法是违法的，而定额站的结论存在明显错误，维护了安康文武建筑公司的非法利益。据此，请求维持一审判决，驳回上诉。

**（四）二审事实和证据**

陕西省高级人民法院经审理查明：1995 年 2 月 28 日，在平利县农业局农技中心综合楼招标中中标的安康文武建筑公司与该局签订了“建设工程施工合同协议条款”，该合同第三十条约定了执行合同中解决争议的方式和程序：即依照国家工商行政管理局和建设部制定的《建设工程施工合同条例》第三十条的规定申请仲裁或诉讼。同年 3 月 6 日，平利县工商局对该合同进行了鉴证。1998 年 1 月 6 日，平利县农业局农技中心综合楼竣工，经初步验收，安康文武建筑公司即将该公司对工程的决算情况报平利县农业局，要求依该公司核算的工程造价进行结算。平利县农业局在接到安康文武建筑公司的工程决算书后，没有编制自己的竣工决算，将此工程决算书直接报平利县审计局审计。平利县审计局接收后，仅对县农业局发出审计通知，派审计组对县农业局报送的安康文武建筑公司的决算进行审计。同年 4 月 28 日，平利县审计局作出了平审意字（1998）05 号审计意见书和平审决字（1998）02 号审计决定，认定农业局的建设项目严重超投资、超工期，工程决算严重不实，工程造价应为1 003 425.48元，施工方高估冒算321 467.32元，决定对农业局超投资处以罚款，对安康文武建筑公司处以高估冒算金额 10%计32 146.70元罚款。安康文武建筑公司在收到平利县审计局的意见书和决定后提出质疑，要求审计局复审。该局即于同年 8 月 7 日向安康文武建筑公司送达了“关于审计安康文武建司承建平利县农技中心综合楼工程财务收支的通知”，要求其报送有关财务资料。安康文武建筑公司以自己不属审计对象，其工程财务收支与工程造价无直接联系等为由拒绝提供相关资料。与此同时，该公司在同年 10 月 5 日向平利县建设局投诉，请其对工程造价进行裁决。同年 11 月 8 日，平利县定额站作出工程造价应为1 196 675元的认定，11 月 21 日，安康地区定额站审核工程造价为1 143 140.54元。12 月 26 日，平利县审计局也作出了经复审的平审意字（1998）25 号审计意见书和平审意决字（1998）16 号审计决定，认定工程造价为963 334.85元，安康文武建筑公司高估冒算361 557.95元，决定对该公司拒绝提交会计资料接受审计的行为处 20 000 元罚款，对其虚报冒领的工程款9 174.27元收缴财政，并处1 834.80元罚款和通报批评。安康文武建筑公司对此不服，申请安康地区审计局复议。安康地区审计局对平利县审计局的审计意见和决定均予以维持，安康文武建筑公司仍不服，遂提起行政诉讼。

上述事实有下列证据证明：

1. 平利县农业局与安康文武建筑公司签订的协议和工商部门的鉴证书。

2. 安康文武建筑公司向县农业局报送的决算文件；县农业局请求县审计局派员审计的函。

3. 审计局的两次审计通知、审计意见书和决定。

4. 安康文武建筑公司要求县审计局复审并拒绝提供有关资料的申请和回复及该公司请求安康地区审计局复议的申请。

5. 安康地区审计局的复议决定。

6. 平利县和安康地区两级定额站的审核意见及二审法院的调查笔录和庭审笔录。

**（五）二审判案理由**

陕西省高级人民法院认为：平利县农技中心综合楼是国家投资的基本建设项目，平利县农业局作为项目法人有义务依照合同的约定对安康文武建筑公司的决算进行审查或委托相应资质的工程造价咨询单位审查。经审查如认可安康文武建筑公司的决算，应当依照国家计委《建设项目（工程）竣工验收办法》和陕西省计委《陕西省基本建设项目竣工验收实施办法》中由建设单位编制竣工决算的规定，编制出自己的竣工决算报审计部门审计；如对安康文武建筑公司的决算持异议，应依照合同的约定，通过协商或者仲裁、诉讼予以解决。而平利县农业局没有对安康文武建筑公司报送的决算进行审查，没有编制自己的决算，在对该公司报送的决算未置可否的情况下，直接将其交与非工程造价咨询单位的审计部门审计的做法，既违背了合同的约定，也不符合审计法的立法宗旨和上述规章的规定。平利县审计局在建设方县农业局未编制工程决算，不具备审计条件的情况下，直接对施工方安康文武建筑公司的决算进行审计，违反了国家审计署《审计机关对国家建设项目竣工决算审计实施办法》第十四条，即：接受审计机关竣工决算审计的建设项目必须具备已经编制出竣工决算的规定，属行政程序违法，其所做的审计意见书和审计决定不具有法律效力，应予撤销。一审法院认可其效力并予以维持错误，应予改判。

**（六）二审定案结论**

陕西省高级人民法院依照《中华人民共和国行政诉讼法》第六十一条第（三）项，并参照国家计委《建设项目（工程）竣工验收办法》和陕西省计委《陕西省基本建设项目竣工验收实施办法》及国家审计署《审计机关对国家建设项目竣工决算审计实施办法》的规定，作出如下判决：

1. 维持安康地区中级人民法院（2000）安中行初字第 2 号行政判决第二、三项，即：撤销平利县审计局 1998 年 12 月 26 日作出的平审决字（1998）16 号审计决定；驳回安康文武建筑工程公司的其他诉讼请求。

2. 撤销安康地区中级人民法院（2000）安中行初字第 2 号行政判决第一项。

3. 撤销平利县审计局 1998 年 12 月 26 日作出的平审意字（1998）25 号审计意见书。

一、二审案件受理费各 5 100 元，由平利县审计局全额承担。

**（七）解说**

这是一起较典型的行政权力不当干预市场经济运行的案件，由此引发审计机关对国家建设项目审计时应审谁、何时审、如何审的争议。平利县农业局农技中心综合楼虽为国家投资的建设工程，但作为项目法人的农业局是作为平等主体参与市场的，应遵从最基本的市场运行规则，其行为受与安康文武建筑公司签订的合同的约束。而该局在接到安康文武建筑公司的工程决算后，将其直接交与县审计局审计，"审计局审多少我付多少"的做法，将平等主体间的民事法律关系演变为不平等的行政法律关系，导致了审计权过早地介入，其行为违反了合同中有关通过平等协商、仲裁或诉讼解决争议的约定。

本应对平利县农业局审计的县审计局在明知该局未对安康文武建筑公司报送的工程决算审查，也未编制自己的工程决算，不具备审计前提的情况下，直接对安康文武建筑公司进行审计，以行政执法主体的身份来与施工方"算账"，并对其处罚的做法，是违反审计法的立法宗旨和国家审计署有关审计机关审计程序的规定的。《审计法》将审计监督界定在对国务院各部门和地方各级人民政府的财政收支、国有的金融机构和企业事业组织的财务收入的真实、合法和效益的范围内。国务院发布的《审计法实施条例》第二十一条则将与国家建设项目有关的建设、设计、施工、采购等单位的财务收支纳入了审计监督范围。而国家审计署《审计机关对国家建设项目竣工决算审计实施办法》第四条规定：与国家建设项目直接有关的建设、设计、施工、采购等单位的财务收支，应当接受审计机关的审计监督，审计机关对上述单位与建设项目有关的财务收支的审计不受审计管辖范围的限制(审计署的该条规定的合法性有待探讨)。由此可见，从法律、行政法规到规章，审计机关的审计监督范围有逐渐扩大化的趋势。平利县审计局认为：根据上述规定，该局对安康文武建筑公司的审计是合法的。二审法院认为：审计监督范围的扩大并不能否定审计制度的设立宗旨，也不应引起审计对象的改变和审计条件的灭失，审计法的立法宗旨是审国有机构的财政收支、财务收支，不是替国家审与国家机构有经济往来的对方。就本案来说，审计局对施工方安康文武建筑公司的审计监督只能是在对审计对象——县农业局的审查中间接地去监督，而不是直接对其审计，更不能替农业局去审安康文武建筑公司。县审计局应审的是农业局的决算，而不是安康文武建筑公司的“决算”。

审计案件是近年来出现的新类型案件，原告和人民法院都面临着新的行政管理领域、陌生的法律概念。就本案来说，原告方在相关行政法律知识方面处于劣势，从一审到二审均未切中审计局违法行为的要害。在审计局关于施工方也是审计监督对象的答辩下，一味强调陕西省建设厅、省审计厅联合下发的陕建建（1996）255号文的效力，而平利县审计局辩称该文违反了审计法的规定，其有权不予执行，陕西省审计厅在对下级就该文的效力的请示答复中也肯定了平利县审计局的做法。一审法院在审理中尽管意识到审计局的行为有悖法理，但由于受控辩双方观点的影响和相关知识的不足，最终判决认可了审计局的审计行为。二审法院在审理了相当长的时间后，通过查阅建设、审计方面的法律规范，才发现最终定案的法律依据，理顺其法律关系，审计机关至此才承认其做法确有违法之处。

（孙渝安）

## 46. 海口市制锁厂等九原告不服海口市城市规划局等六被告联合发布关于关闭水果市场通告案

**（一）首部**

1. 判决书字号：海南省海口市中级人民法院（2001）海中法行初字第8号。

2. 案由：不服关闭水果市场通告案。

3. 诉讼双方

原告：海口市制锁厂。

法定代表人：吴乾平，厂长。

原告：海口市前进铁工厂。

法定代表人：吴乾平，厂长。

原告：海口市南北水果批发市场。

法定代表人：吴乾平，经理。

委托代理人：郭佩昌，海口市南北水果批发市场副经理，系上述三原告的共同委托代理人。

原告：海南全农业开发有限公司。

法定代表人：卓遵永，总经理。

原告：周元清，男，1936年7月27日出生，汉族，海口宏发水果批发商店业主，住海口市白龙北路制锁厂临街铺面20—1号。

原告：蔡琼贵，男，1950年4月14日出生，汉族，海口市博兴水果购销部业主，住海口市百龙北路2号南北水果市场8号铺。

原告：王进龙，男，1969年9月1日出生，汉族，海口振隆水果店业主，住海口市白龙北路南北水果批发市场20—10号。

原告：陈庆茂，男，1966年9月4日出生，汉族，海口振东果行业主，住海口市百龙北路南北水果批发市场20—13号。

原告：何敦绩，男，1949年5月24日出生，旅居美国华人，海口市何氏水果行业主，住海口市白龙北路南北水果批发市场21—22号。

委托代理人：徐建平，海南盈胜律师事务所律师，系上述九原告的共同委托代理人。

被告：海口市城市规划局。

法定代表人：许西茂，局长。

委托代理人：李婉琦，海口市城市规划局科员。

被告：海口市公安局。

法定代表人：王英杰，局长。

被告：海口市工商行政管理局。

法定代表人：陈东保，局长。

被告：海口市环境保护局。

法定代表人：周经汉，局长。

被告：海口市城市管理局。

法定代表人：黄礼忠，局长。

被告：海口市环卫管理处。

法定代表人：郑道英，处长。

委托代理人：林接明，海南弘纲律师事务所律师。系上述六被告的共同委托代理人。

4．审级：一审。

5．审判机关和审判组织

审判机关：海南省海口市中级人民法院。

合议庭组成人员：审判长：刘立卓；审判员：吴奇新；人民陪审员：黄邓英。

6．审结时间：2000年1月10日。

**（二）诉辩主张**

1．被诉具体行政行为：2001年3月27日，海口市城市规划局作出市城规（2001）32

号“关于限期按照城市规划要求搬迁白龙路水果批发市场的通知”。该通知认定：根据海口市总体规划和东城区控制详细规划，海口市电镀厂、海口市制锁厂、海口市五一紧固件厂、海口市藤器厂的规划用地性质均为居住用地，不适合作为永久性水果批发市场，并且现状的白龙路水果批发市场造成的环境污染、噪声污染、交通堵塞以及垃圾、污水等多层污染现象已严重干扰周围居民的正常生活，广大市民多次提出搬迁百龙路水果批发市场的强烈要求。2000年市委、市政府把兴建大型水果批发市场列为民办实事之一，选址于疏港大道与工业大道交汇处，兴建大型水果批发市场，现该水果批发市场已建成并投入使用。根据《中华人民共和国城市规划法》第二十九条、第三十三条、第二十一条之规定，决定海口市电镀厂、海口市制锁厂、海口市五一紧固件厂、海口市藤器厂等四厂，在2001年5月30日前，将所属的南北水果批发市场、白龙水果批发市场、海南供销市场、第一水果批发市场等四个市场全部搬迁至位于疏港大道与工业大道交汇处的海口市罗牛山果菜鲜花批发市场内，并且在6月底前将已逾期的临时建筑和违章建筑自行拆除，所属用地的开发利用按规划要求和有关程序办理。同年5月23日，海口市城市规划局、海口市环境保护局、海口市公安局、海口市城市管理局、海口市工商局、海口市环卫局管理处六被告在《海口晚报》联合发布“关于关闭白龙北路水果批发市场的通告”。九原告不服，向法院提起行政诉讼，要求（1）依法撤销被告海口市城市规划局的市城规（2001）32号通知及上述六被告作出的通告；（2）判决被告共同赔偿原告方经济损失共计人民币1 777万元整；（3）判决被告承担本案的全部诉讼费用。庭审中，原告变更诉讼请求，当庭撤回上述诉讼请求中的第二项，即撤回请求判决被告共同赔偿原告方经济损失共计人民币1 777万元一项。

2. 九原告诉称：（1）海口市制锁厂和海口市前进铁工厂共同建成的海口南北水果批发市场是经过人民政府审批同意后，依法办理了全部手续并在自己使用的土地上建设起来的合法市场，其合法权益应当受国家法律的保护。（2）被告海口市城市规划局发出市城规（2001）32号文件所说“规划用地性质均为居住用地”和“现状的白龙路水果批发市场造成的环境污染、噪声污染、交通堵塞以及垃圾、污水等多层污染现象已严重干扰周围居民的正常生活”等与事实不符。事实上用地单位的“建设用地规划许可证”写着用地项目名称是：厂房、办公，海口市制锁厂持有的“国有土地使用证”上记载的土地用途也是工业用地。而白龙路水果批发市场在1997年和2000年分别被评为“文明市场”和“星级市场”。（3）六被告发出“关于关闭白龙北路水果批发市场的通知”的具体行政行为是不当的，尤其是关闭市场的行为不是六被告的职能行为，因该市场是海口市人民政府市场建设办公室行文设立的，六被告关闭市场的行政行为超越职权，显然不合法。六被告真正目的是要将现在原告办的白龙路水果批发市场“搬迁至位于疏港大道与工业大道交汇处的海口市罗牛山果菜鲜花批发市场内”，这是海口农工贸（罗牛山）股份有限公司（下简称罗牛山）要求兼并该市场。六被告借口执行城市规划要求关闭民营的白龙路水果批发市场，是以行政手段强行干预经济活动，这是完全违法的。故六被告通告关闭白龙北路水果批发市场的行政行为，依法应当撤销。

3. 六被告辩称：（1）关闭白龙北路水果批发市场是由市政府听取了各方意见，作了大量工作后依法作出的决定，且履行了法定程序。该市场于1994年开办时是利用旧厂房、仓库改建的临时水果批发市场，其所处地域用地规划性质属于规划用地，其经批准的建筑是临时建筑。该市场容量小，管理不到位对周边环境造成了垃圾、污水及噪声污染，车位不足和交通堵塞等，其已不符合城市发展的需要，也影响城市市容，广大市民强烈要求搬迁该市场。市政府结合海口市总体规划的要求，为改善城市环境，促进城市可持续发展决定关闭该市场，并从2000年初成立领导小组，多次召开专题会议，深入调查和听取各方面意见，向社会通报关闭决定，履行了法定程序。(2) 被告是关闭白龙路水果批发市场这一行政行为的执行机关，并非作出这一行政行为的机关。六被告发布通知关闭该市场是执行市政府决定，不存在超越职权的问题。(3) 关闭白龙北路水果批发市场具有充分的事实依据和法律依据。市政府在关闭市场前对搬迁过程和善后工作作了全面考虑，其原则是以保证大多数职工的利益为前提。关闭市场的决定是依照《中华人民共和国城市规划法》第二十九条、三十三条、三十四条和《海南经济特区城市规划条例》第五十条第四款的规定作出的，是根据海口市城市发展的需要，按照海口市城市总体规划的要求作出的，其拆除逾期的临时建筑和违章建筑有法可依，关闭水果批发市场也是符合广大市民利益的好事，且关闭决定的作出履行了法定程序，有充分的事实和法律依据。

**（三）事实和证据**

海口市中级人民法院经公开审理查明：白龙北路水果批发市场是位于白龙路的南北水果批发市场、白龙水果批发市场、第一水果批发市场和海南供销市场（2000年前名称为上游水果批发市场）四个批发市场的统称。其中南北水果批发市场是海口市二轻工业联社所属集体所有制企业海口前进铁工厂、电镀厂、制锁厂于1996年6月15日联合向海口市人民政府市场办公室递交申办报告，利用制锁厂、电镀厂厂区内的空地开办的水果批发市场。同年7月11日，海口市电镀厂、制锁厂取得编号为0098号白龙北路“建设用地规划许可证”，用地项目名称是“厂房、办公”，用地面积为21 376.29平方米。同年8月9日，市政府市场建设办公室作出（1996）16号关于同意兴建南北水果批发市场的批复。8月14日，作为建设单位的海口市电镀厂、制锁厂取得了海市规证建（96）AJ—039号“临时规划建设许可证”，报建项目是南北水果批发市场，即占地3004.31平方米的二层临时建筑。8月23日，海口南北水果批发市场领取了工商市字第140160号市场登记证，登记的市场位于市白龙北路20号，占地面积4 500平方米。1998年4月24日，该水果批发市场再次扩建，取得海市规证建（98）AJ—018号“临时建设工程规划许可证”，报建项目是临时仓库2栋，框架结构，面积为835.36平方米。2000年初，海口市政府决定在疏港大道与工业大道交汇处，兴建一大型（建筑面积约20 000平方米）水果批发市场，并着手调查和研究白龙北路水果批发市场和新市场的接续等相关问题。2001年初，海口藤器厂和海口五一紧固件厂与罗牛山农场达成兼并协议，并由市二轻联社请示市政府审批。同年3月2日，海口市人民政府作出海府函（2001）16号“关于同意罗牛山农场兼并海口藤器厂和海口五一紧固件厂的批复”，批复同意两厂在职职工的养老保险费一次性交纳至退休年龄及同意医疗保险、现有土地按规划调整、出让，职工安置费发放及妥善安置职工后将两厂所属的第一水果批发市场和海南供销市场迁至海口罗牛山果菜鲜花批发市场。同年3月27日，被告海口市规划局向海口市电镀厂、制锁厂、五一紧固件厂、藤器厂发出市城规（2001）32号通知。同年4月19日，市政府召开会议，研究白龙水果批发市场关闭搬迁问题，并就有关工作方法及作好该市场业主和个人的思想工作问题进行了安排。4月23日，海口市政府再次召开会议研究布置白龙北路水果批发市场搬迁问题。同年5月23日，六被告作出了“关于限期关闭白龙北路水果批发市场的通告”，该通告于5月29日在《海口晚报》上公布。6月15日，白龙北路的南北水果批发市场、白龙水果批发市场、海南供销市场的第一水果批发市场同时关闭。九原告对关闭南北水果批发市场不服，遂提出行政诉讼。

另查明：1992年7月，海口市二轻工业联社发文决定海口市前进铁工厂与海口市电镀厂在原兼并的基础上两厂合并，使用前进厂名称。同年10月4日，海口市制锁厂取得海口市国用（籍）字第J0018号“国有土地使用证”，土地坐落在白龙北路12号，土地用途为工业用地，总面积14 072.83平方米，使用期限70年。该用地按国务院批准的“海口市城市总体规划”及“海口市东城区控制性详细规划”，规划用地的性质属于居住用地。

同时查明：1993年2月，海口市二轻工业联社发文决定市前进厂兼并市制锁厂，实行“大班子、小核算”的管理体制，即兼并后人员、生产、设备统一领导、管理、使用，但经济分开核算，自负盈亏，财务、生产报表分开上报，企业内部机构设置和人员安排，自行决定。

上述事实有下列证据证明：

1. 海口市市政府第35、38、49期市长办公室会议纪要、关闭通告。

2. 市场建设办（96）16号批复。

3. 海口市二轻工业联社的文件、报告；海口市有关领导作出的对二轻联社的反映问题的批示。

4. 制锁厂申办南北水果市场的报告。

5. 制锁厂国有土地使用证。

6. 市政府关于加强市场建设的通知，制锁厂、电镀厂不同意搬迁的书面意见。

7. 海南省工商局授予南北水果批发市场为一级市场的文件、授予南北水果市场为星级文明市场的批示。

8. 罗牛山农场向市政府呈送的报告。

9. 市政府工作组的调查报告、市场建设办公室的批复及有关照片、海口市人民政府（2001）16号批复、市长办公室会议第66期会议纪要。

10. 海府办函（2001）49号关于关闭水果市场的函。

11. 关于白龙路水果批发市场关闭搬迁思想教育工作汇报。

12. 海口市城市规划局市城规（2001）32号通知。

13. 海口市交通警察支队作出的证明。

14.《海口晚报》都市新闻刊载的《菠萝丰收市容遭殃》及《海南日报》刊登的《店里卖菠萝、店外堆“尾巴”》。

**（四）判案理由**

海口市中级人民法院认为：海口市制锁厂、电镀厂、前进铁工厂开办的南北水果批发市场，业经海口市政府市场建设办公室批准设立，经海口工商管理局注册登记，属于合法设立的市场。该市场用地是工厂享有使用权的国有土地（原工厂工业用地），并取得了建设用地规划许可证，其土地使用也符合法律规定。该市场所建铺面虽属于临时建筑，但经市规划主管部门批准，其建设（扩建）时持有“临时建设工程规划许可证”，属于合法的临时建设。被告海口市城市规划局作出的市城规（2001）32号“通知”按海口市城市总体规划和东城区控制性详细规划，要求原告自行拆除已逾期的临时建筑和违章建筑属于其职权范围内依法有权处理的事项，且符合法律规定。而"通知"要求原告限期搬迁水果批发市场的行政行为则逾越了城市规划主管部门的法定职权范围，属于行政越权行为，且该"通知"作出后未依法向原告送达，亦违反法定程序，应予撤销。其后，六被告联合发布的"通告"，虽然适用《中华人民共和国环境保护法》、《海口市城市管理条例》（应更正为《海口市城市规划条例》）及引用《海口市城市总体规划》和《海口市东城区控制性详细规划》作为关闭该市场的根据，但援引的法律、地方性法规同样没有赋予六被告中任何一方可以行使关闭市场的职权，亦属于行政越权行为，应予撤销。六被告辩称关闭市场是由政府研究决定的，六被告只是关闭市场的执行机关，因此认为"通告"关闭市场是符合法定程序的理由，本院不予采信。依职权而言，海口市人民政府有权根据城市总体规划的要求及城市综合整治的需要，在市辖区合理规划及调整水果批发市场的布局，但必须通过其有权主管的部门决定设立或关闭水果批发市场，且该行政职权的行使必须符合法定程序。原告诉讼中以其持有的国有土地使用证和用地规划许可证主张水果批发市场的铺面用地不属于居住用地，混淆了现有用地和规划用地的性质，其理由不能成立。原告提出被告关闭市场完全是支持罗牛山批发市场的市场垄断，是以行政权利干预市场经济活动的主张，与事实不符，本院不予采纳。据此，原告部分诉讼理由成立，本院予以支持。

**（五）定案结论**

海南省海口市中级人民法院根据《中华人民共和国行政诉讼法》第五十四条第（二）项第三、四目之规定，判决如下：

1. 撤销被告海口市城市规划局作出的市城规（2001）32号"关于限期按照城市规划要求搬迁白龙路水果批发市场的通知"。

2. 撤销六被告作出的"关于关闭白龙北路水果批发市场的通告"。

3. 被告海口市城市规划局应对南北水果批发市场内逾期的临时建筑重新作出行政处理。

一审案件受理费人民币100元，由六被告共同承担。

**（六）解说**

本案的焦点问题是谁具有关闭市场的主体资格，但现行法律、法规上相对缺乏相关规定，这给审理本案增加了一定的难度。在本案的审理中主要涉及以下几个问题。

1. 海口市白龙路水果批发市场的合法性问题。

根据《中华人民共和国城市规划法》第三十三条规定："在城市规划区内进行临时建设，必须在批准的使用期限内拆除，临时建设和临时用地的具体规划管理办法由省、自治区、直辖市人民政府制定"。《海口市城市规划条例》第三十九条规定："在城市规划区范围内需要临时使用土地的单位或者个人，必须向市规划部门提出申请，经审查批准并核发临时用地规划许可证，临时用地使用期限一般不超过二年，……临时用地必须服从城市规划实施的需要。"海口市制锁厂、电镀厂、前进铁工厂开办的南北水果批发市场，业经海口市政府市场建设办公室批准设立，经海口市工商管理局注册登记，该市场用地是工厂依法享有的国有土地使用权，并取得了国有土地使用证，该市场所建铺面虽属于临时建筑，但经市规划主管部门批准，并持有临时建设工程规划许可证。故白龙路南北水果批发市场属于合法设立的市场。

2．被告海口市城市规划局作出的（2001）32号“通知”是否符合法律的规定。

根据《海南经济特区商品交易市场管理条例》第五条规定：工商行政管理部门是市场的主管机关，其他有关部门应当按照各自的职责和权限，依法对市场实施管理。《海口市城市规划条例》第六十条规定：临时建设工程逾期未拆除或在批准临时使用的土地上擅自进行永久性、半永久性建设工程的，由市规划部门吊销原临时用地规划许可证，并责令拆除有关建筑物、构筑物或者其他设施。本案被告海口市城市规划局依据上述规定及海口市城市总体规划和东城区控制详细规划作出的32号“通知”，要求原告自行拆除已逾期的临时建筑和违章建筑，属于其职权范围内依法有权处理的事项，且符合法律规定，市场的批准设立、关闭、搬迁以及对市场管理等行政职权行为，无权作出。因此32号“通知”要求原告限期搬迁水果批发市场的行为逾越了城市规划主管部门的法定职权范围，属于超越职权。因此，被告海口市城市规划局作出的“通知”不符合法律的规定。

3．六被告联合发布的“关于关闭白龙水果批发市场的通告”是否合法有效的问题。

六被告联合发布的上述“通告”决定关闭白龙路四个水果批发市场的行为属于具体行政行为，但不是合法的行政行为。合法的具体行政行为必须具备以下条件：一是主体合法，它是指作出具体行政行为必须是行政主体；二是职权合法，指具体行政行为必须在法定的职权、职责范围内作出；三是依据合法，指具体行政行为的作出必须有法定的依据，即依法作出。这些依据包括行政法律、行政法规、行政规章及规范性文件；四是内容合法，指具体行政行为的内容必须符合法律的规定；五是意思表示正确、真实；六是程序合法。它指行政主体事实具体行政行为时所必须遵守的方式、步骤、时间和次序。本案六被告联合发布的“关于关闭白龙水果批发市场的通告”存在以下几个问题：

（1）主体不合法。作出具体行政行为的主体必须是行政主体，作出特定行政行为的特定行政主体必须是有特定的权限。根据海口市人民政府办公室海府办（2000）62号“海口市人民政府办公室关于进一步强化市场建设管理工作的通知”规定：市市场建设办公室是市政府直属的市场建设管理专门机构，其职能是对我市各类批发市场、商业小街和集贸市场的建设进行审批，并负责市场建设的协调和监督检查工作。海口市城市规划局等六被告可以在法律、法规规定的权限范围内，各自行使其权力，但对其联合发布“关于关闭白龙水果批发市场的通告”特定的行为应当有法律、法规的规定，但从海口市人民政府办公室海府办（2000）62号文和相关的法律、法规，六被告均不是行使关闭市场行为的行政主体。因此，其主体不合法。

（2）行使职权不合法。六被告联合发布的“通告”不是在法定的职权、职责范围内作出的。根据现行的法律、法规的规定，本案的六被告中任何一方都没有行使关闭市场的职权。因此，六被告共同联合发布“通告”的行政行为超越了其职权范围。

（3）无合法依据。具体行政行为的作出必须有法律、法规和规章的明文规定条件下才能作出。六被告联合发布的“通告”，虽然援用了《中华人民共和国环境保护法》、《海口市城市规划条例》、《海口市城市总体规划》和《海口市东城区控制性详细规划》作出关闭市场的根据，但是，这些法律、法规均不能作为六被告或其中任一被告可以作出关闭市场决定的合法依据。

（4）内容不合法。具体行政行为的内容必须符合法律依据、原则、目的，与法律相一致。而六被告联合发布的“通告”是在没有法律、法规明文规定的情况作出的，因此，其内容也不具有合法性。

(5) 程序不合法。具体行政行为作出后应当依法向行政相对人送达。而六被告联合发布的“通告”作出后未依法向原告送达，因此，其程序也不合法。

综上所述，六被告联合发布的“通告”不具有合法性和有效性。

(韩丽萍　刘立卓)

# 九、国家赔偿案件

## 47. 毛珠兰不服龙岩市公安局行政强制措施及行政赔偿案

**(一)首部**

1. 判决书字号

一审判决书:福建省龙岩市新罗区人民法院(2001)龙新行初字第42号。

二审判决书:福建省龙岩市中级人民法院(2001)岩行终字第63号。

2. 案由:不服行政强制措施及行政赔偿案。

3. 诉讼双方

原告(上诉人):毛珠兰,女,汉族,1951年1月27日出生,个体工商户,住连城县庙前镇庙前街棉胎店。

委托代理人(一、二审):张宝发,福建津都律师事务所律师。

被告(被上诉人):龙岩市公安局。

法定代表人:李清,局长。

委托代理人(一、二审):张永彬,男,1968年11月1日出生,龙岩市公安局干部。

委托代理人(一、二审):傅桢,男,1975年3月8日出生,龙岩市公安局干部。

4. 审级:二审。

5. 审判机关和审判组织

一审法院:福建省龙岩市新罗区人民法院。

合议庭组成人员:审判长:张毅坚;审判员:张伟健、黄静。

二审法院:福建省龙岩市中级人民法院。

合议庭组成人员:审判长:蒋柏生;代理审判员:丁建岩、谢勇。

6. 审结时间

一审审结时间:2001年8月18日。

二审审结时间:2001年11月9日。

**(二)一审诉辩主张**

1. 原告诉称:2001年5月14日,龙岩市质量技术监督局以原告店中的棉胎送检,质量不符合国家标准,对原告作出继续封存店内棉花和棉胎的决定。原告陈述、申辩时,监督局人员即打电话给龙岩市公安局。当晚8时许,连城县公安局庙前分局将原告夫妇叫到分局。龙岩市公安局干警在询问原告基本情况后,即用手铐铐原告,并将原告带到龙岩市公安局治安拘留所，未出示任何手续，也未制作处罚决定书，对原告实施行政拘留两天两夜。期间，原告的手被铐在窗栏上，身体无法活动。被告的行为滥用职权，违反了《行政处罚法》的规定。请求确认被告对原告的行政拘留行为违法，并判令被告赔偿原告损失74.66元。

2. 被告辩称：被告系接到技术监督局稽查大队报案称原告棉胎店有生产、销售伪劣棉胎，要求出警协查的电话，才前往连城县庙前镇会同技术监督局联合打假。根据初步调查，原告的行为已涉嫌生产、销售伪劣产品罪。因原告极不配合，为进一步查清案情及避免在当地查证受阻，而将原告强行带回留置审查。在留置和延长留置期间，因原告情绪激动，被告只在夜间采取部分限制活动范围的措施，以防出现过激行为。被告与技术监督局因无法进一步取得证据材料，该案尚不够刑事立案标准，依法由技术监督局处理，并在延长留置盘问期间将原告释放。被告对原告采取留置和延长留置措施是合法、适当的，请予以维持。

**（三）一审事实和证据**

新罗区人民法院经公开审理查明：2001年5月14日被告龙岩市公安局接到龙岩市质量技术监督局工作人员的电话报案，称连城县庙前镇毛珠兰的棉胎店有生产、销售伪劣、以次充好的棉胎，且销售数额较大，其棉胎经福建省中心检验所鉴定为不合格产品。被告当即受理了此案，并派警前往连城县庙前镇。在连城县公安局庙前分局里，被告对原告作了调查询问，并结合（2001）MJXF—0189G检验报告，初步认定原告涉嫌生产、销售伪劣产品罪。同日晚，被告以查清毛珠兰生产、销售不合格棉胎的违法犯罪事实为由，将原告带至龙岩市公安局实施继续盘问（留置）措施，并在庙前当场口头通知其丈夫林仁开。继续盘问（留置）措施的初始时间为2001年5月14日22时30分。次日，被告以进一步查清毛珠兰生产、销售不合格棉胎的违法犯罪事实为由，对毛珠兰实施延长继续盘问（留置）措施。2001年5月16日16时至16时30分，龙岩市质量技术监督局的工作人员在龙岩市公安局刑警支队的留置室对毛珠兰作了技术监督调查笔录，被告的一名工作人员在调查人栏上签了名。2001年5月16日18时10分，被告将原告释放。原告毛珠兰以被告龙岩市公安局对其采取的继续盘问以及延长继续盘问措施违法，向法院起诉。

上述事实有下列证据证明：

1. 龙岩市公安局刑事警察支队2001年5月14日第01004号受理刑事案件登记表。

2. 龙岩市公安局刑事警察支队于2001年5月14日在连城县庙前公安分局对毛珠兰作的询问笔录。

3. 龙岩市质量技术监督局提供给龙岩市公安局的福建省中心检验所2001年4月24日（2001）MJXF—0189G检验报告一份。

4. 龙岩市公安局第004号和005号继续盘问（留置）审批表和延长继续盘问（留置）审批表各一份。

5. 龙岩市质量技术监督局于2001年5月16日16时至16时30分对毛珠兰的调查笔录。

6. 龙岩市公安局留置室使用本一本。

7. 留置室照片5张。

8. 国家质量技术监督局、中华人民共和国公安部1997年2月24日技监局监发

(1997) 54号《关于转发“黑龙江省技术监督局、黑龙江省公安厅关于开展联合打假工作的通知”的通知》。

**(四) 一审判案理由**

新罗区人民法院认为：根据法律规定，公安机关为维护社会治安秩序，有权对违法行为人采取强制传唤和留置盘问的措施。本案中，被告龙岩市公安局系接到龙岩市质量技术监督局执法人员的报案电话，称原告毛珠兰有生产、销售伪劣棉胎、数额较大的行为而受理该案，对原告进行当场盘问，发现原告确有生产、销售伪劣棉胎的事实，根据调查情况，决定对原告采取强制传唤、继续留置盘问的措施，并非对原告处予行政拘留处罚。被告的该留置盘问和延长留置措施，均依法办理审批手续；原告被留置的地点为被告依法设置的留置室，被留置的时限亦符合法律规定。因此，被告对原告采取的留置盘问和延长留置措施符合法律规定。对原告的诉请主张，不予支持。

**(五) 一审定案结论**

福建省新罗区人民法院依照最高人民法院《关于执行〈中华人民共和国行政诉讼法〉若干问题的解释》第五十六条第（四）项、第五十七条第一款之规定，判决如下：

1. 龙岩市公安局于2001年5月14日至2001年5月16日对原告毛珠兰采取的留置盘问和延长留置的措施合法。

2. 驳回原告毛珠兰要求被告龙岩市公安局赔偿损失的诉讼请求。

案件受理费100元、其他诉讼费用100元，由原告毛珠兰负担。

**(六) 二审情况**

1. 二审诉辩主张

(1) 上诉人诉称：被上诉人不应当对上诉人采取留置盘问措施，上诉人并无生产、销售伪劣棉胎的事实；即使上诉人确有生产、销售伪劣棉胎的事实，被上诉人也不应对上诉人采取留置盘问的措施，上诉人不是留置盘问强制措施的相对人；被上诉人对上诉人名为留置盘问，实为变相非法限制人身自由，在整个留置盘问期间，被上诉人都没有对上诉人进行任何的盘问。请求撤销一审判决，判决被上诉人对上诉人采取的继续盘问以及延长继续盘问措施违法，并赔偿两天损失74.66元。

(2) 被上诉人辩称：毛珠兰被指控有犯罪行为，已涉嫌生产、销售伪劣产品，被上诉人对其留置符合《人民警察法》第九条的规定；在留置期间，被上诉人会同龙岩市质量技术监督局的工作人员对毛珠兰所做的留置盘问笔录是有效的。请求二审法院依法予以维持。

2. 二审事实和证据

二审法院肯定了一审法院认定的案件事实和采纳的定案证据。

3. 二审判案理由

龙岩市中级人民法院经审理认为：《中华人民共和国人民警察法》第九条的规定赋予了公安机关对具有法定情形的违法犯罪嫌疑人可以采取将其留置于公安机关进行继续盘问措施的权力。从该条文内容来看，《中华人民共和国人民警察法》赋予公安机关对违法犯罪嫌疑人采取继续盘问措施的权力，其目的是为了便于公安机关对违法犯罪嫌疑人进行继续盘问，进一步查清嫌疑人是否存在违法犯罪的事实。从本案查明的事实来看，被上诉人在对上诉人采取继续盘问（留置）以及延长继续盘问（留置）措施后，并没有依法对上诉人进行盘问，也未针对毛珠兰是否存在生产、销售伪劣产品的事实展开进一步调查。行使盘问的职权属于公安机关，其他部门无权行使，因此，2001 年 5 月 16 日的技术监督调查笔录，无论从形式到内容来看，都不能将其视为是被上诉人对上诉人的盘问笔录。被上诉人龙岩市公安局在行使对毛珠兰采取继续盘问（留置）以及延长继续盘问（留置）措施的权力时，违反了《中华人民共和国人民警察法》设定公安机关行使该权力的目的，即被上诉人不正当地行使了法定职权。因此，被上诉人对毛珠兰采取的行政强制措施属于滥用职权的行为，应依法确认为违法。根据《中华人民共和国国家赔偿法》的规定，国家机关和国家机关工作人员违法行使职权侵犯公民合法权益造成损害的，受害人有依法取得国家赔偿的权利。本案中，被上诉人龙岩市公安局对上诉人毛珠兰采取的继续盘问（留置）以及延长继续盘问（留置）的措施违法，侵害了毛珠兰的人身权，依法应予赔偿。

4．二审定案结论

福建省龙岩市中级人民法院依照《中华人民共和国行政诉讼法》第六十一条第（二）项，最高人民法院《关于执行〈中华人民共和国行政诉讼法〉若干问题的解释》第五十七条第二款第（二）项，《中华人民共和国国家赔偿法》第三条第（一）项、第二十六条之规定，判决如下：

（1）撤销龙岩市新罗区人民法院（2001）龙新行初字第 42 号行政判决。

（2）确认龙岩市公安局于 2001 年 5 月 14 日至 2001 年 5 月 16 日对毛珠兰采取的继续盘问（留置）以及延长继续盘问（留置）措施违法。

（3）被上诉人龙岩市公安局赔偿上诉人毛珠兰人身损害赔偿金 74.66 元。

二审案件受理费 100 元，其他诉讼费用 100 元，由被上诉人龙岩市公安局负担。变更一审案件受理费 100 元，其他诉讼费用 100 元，由龙岩市公安局负担。

**（七）解说**

本案是一起公安机关以刑事侦查需要为名非法限制公民人身自由而引发的行政诉讼案件，人民法院在审理过程中，主要涉及以下问题：

1．关于本案继续盘问以及延长继续盘问措施是否属于行政诉讼的受案范围的问题。

本案是具体行政行为还是刑事司法行为？法院能否作为行政诉讼案件受理是首先必须解决的问题。第一种观点认为，本案公安机关以刑事案件立案侦查，属于刑事司法行为，依照最高人民法院《关于执行〈中华人民共和国行政诉讼法〉若干问题的解释》第一条第二款第（二）项规定，不属于人民法院行政诉讼的受案范围。第二种观点认为，本案的继续盘问以及延长继续盘问措施是具体行政行为，不服该强制措施的，可以提起行政诉讼。理由是：最高人民法院《关于执行〈中华人民共和国行政诉讼法〉若干问题的解释》第一条第二款规定："公民、法人或者其他组织对下列行为不服提起诉讼的，不属于人民法院行政诉讼的受案范围：……（二）公安、国家安全等机关依照刑事诉讼法的明确授权实施的行为……"《中华人民共和国刑事诉讼法》明确授权给公安机关的行为只有侦查、拘留、执行逮捕、预审、拘传、取保候审、监视居住、通缉、搜查、扣押物证、冻结存款汇款、保外就医等行为。继续盘问以及延长继续盘问、没收、违法收审等行为不属于《刑事诉讼法》所明确授权的行为，故不属于刑事司法行为。基于这种理由，换句话说，公安机关的继续盘问以及延长继续盘问措施属具体行政行为，当事人不服继续盘问行为，可以起诉到法院，此诉属于人民法院行政诉讼的受案范围。本案受诉人民法院肯定和采纳了第二种观点，根据行政诉讼法的有关规定，予以立案受理是正确的、合法的。

2. 关于本案公安机关继续盘问以及延长继续盘问措施是否属于滥用职权的行为问题。

《中华人民共和国人民警察法》第九条规定：为维护社会治安秩序，公安机关的人民警察对有违法犯罪嫌疑的人员，经出示相应证件，可以当场盘问、检查；经盘问、检查，有下列情形之一的，可以将其带至公安机关，经该公安机关批准，对其继续盘问：（一）被指控有犯罪行为的；（二）有现场作案嫌疑的；（三）有作案嫌疑身份不明的；（四）携带的物品有可能是赃物的。对被盘问的人留置时间自带至公安机关之时起不超过二十四小时，在特殊情况下，经县级以上公安机关批准，可以延长至四十八小时，并应当留有盘问记录。对于批准继续盘问的，应当立即通知其家属或者其所在单位。对于不批准继续盘问的，应当立即释放被盘问人。继续盘问，公安机关认为对被盘问人需要依法采取拘留或者其他强制措施的，应当在前款规定的期间作出决定；在前款规定的期间不能作出上述决定的，应当立即释放被盘问人。从该条文内容来看，《中华人民共和国人民警察法》赋予公安机关对违法犯罪嫌疑人采取继续盘问措施的权力，其目的是为了便于公安机关对违法犯罪嫌疑人进行继续盘问，进一步查清嫌疑人是否存在违法犯罪的事实。联系本案而言，一方面从本案查明的事实来看，被告在对原告采取继续盘问（留置）措施以及延长继续盘问（留置）措施后，并没有依法对原告进行盘问，也未针对毛珠兰是否存在生产、销售伪劣产品的事实展开进一步调查；另一方面，法律规定行使盘问的职权属于公安机关，其他部门无权行使，因此，2001 年 5 月 16 日的技术监督调查笔录，无论从形式和内容来看，都不能将其视为是被告对原告的盘问笔录。所以说龙岩市公安局对毛珠兰采取继续盘问（留置）措施以及延长继续盘问（留置）措施的权力时，违反了《中华人民共和国人民警察法》设定公安机关行使该权力的目的，即被告不正当行使了法定职权，故被告对毛珠兰采取的行政强制措施属于滥用职权的行为，二审法院鉴于该具体行政行为不具有可撤销的内容，依照最高人民法院《关于执行〈中华人民共和国行政诉讼法〉若干问题的解释》第五十七条第二款第（二）项的规定，撤销一审法院判决，确认被告继续盘问以及延长继续盘问措施违法是正确的。

3. 关于本案原告因公安机关违法行政，人身自由权利受到侵犯，应当如何赔偿损失的问题。

《国家赔偿法》第二十六条规定：侵犯公民人身自由的，每日的赔偿金按照国家上年度职工日平均工资计算。国家劳动和社会保障部 1995 年 8 月 4 日颁发的《关于贯彻执行〈中华人民共和国劳动法〉若干问题的意见》规定，劳动者的日工资，按其本人月工资标准除以平均每月法定工作天数计算，即职工日平均工资＝年平均工资÷（12 个月×平均每月法定工作天数）计算。本案原告毛珠兰被被告限制人身自由二天，按照国家统计局公布的 2000 年度职工日平均工资为 37.33 元/天计算，被告应赔偿原告人身损害赔偿金 74.66 元。

（丁建岩）

## 48. 黄衍其等不服博白县那卜人民政府迁坟具体行政行为并要求行政赔偿案

**(一) 首部**

1. 判决书字号

一审判决书：广西壮族自治区博白县人民法院（2001）博行初字第6号。

二审判决书：广西壮族自治区玉林市中级人民法院（2001）玉中行终字第50号。

2. 案由：不服迁坟具体行政行为并要求行政赔偿案。

3. 诉讼双方

原告（上诉人）：黄衍其等20人。

诉讼代表人：黄衍镇，男，1930年8月出生，汉族，农民，住博白县那卜镇那卜村坑背队。

诉讼代表人：黄衍新，男，1952年10月出生，汉族，农民，住博白县那卜镇那卜村坑背队。

诉讼代表人：黄庆全，男，1959年12月出生，汉族，农民，住博白县那卜镇那卜村坑背队。

委托代理人（一、二审）：吴家庆、梁祖权，博白县法律服务中心法律工作者。

被告（被上诉人）：博白县那卜镇人民政府。

法定代表人：李泉，镇长。

委托代理人（一、二审）：李昌林，博白县那卜镇人民政府司法办主任。

委托代理人（一、二审）：卢小伟，博白县那卜镇人民政府干部。

4. 审级：二审。

5. 审判机关和审判组织

一审法院：广西壮族自治区博白县人民法院。

合议庭组成人员：审判长：朱其华；审判员：林剑、黄小华。

二审法院：广西壮族自治区玉林市中级人民法院。

合议庭组成人员：审判长：李艳；审判员：陈一田；代理审判员：梁文全。

6. 审结时间

一审审结时间：2001年5月23日。

二审审结时间：2001年11月6日。

**(二) 一审诉辩主张**

1. 原告诉称：原告的九世祖坟位于那卜镇双竹村木棉桥头面岭咀，被告于2000年12月5日雇用挖土机将该祖坟坟珠周围挖空，祖坟的骨缸的遗骸被毁、灭失，仅留下坟珠泥墩。2000年12月7日被告作出“迁坟启事”张贴，限有关户主在2000年12月10日前到双竹村委会办理有关迁坟手续。但被告当天就推毁了原告的祖坟。被告挖毁原告祖坟的行为，属违反法定程序，滥用职权的行为，侵犯了原告的合法权益，使原告在精神上蒙受沉重打击。为此请求法院依法撤销被告于2000年12月7日作出的“迁坟启事”，并判令被告赔偿经济损失5 000元、遗骨安葬费2 000元，向原告赔礼道歉，本案诉讼费由被告负担。

2. 被告辩称：被告经交通主管部门批准，决定修建那卜至双旺芒梗四级公路。在施工之前曾于2000年11月16日发出了“关于那卜至芒梗四级公路工程征地拆迁的通告”。通告了有关户主在规定的期限内迁移被征用土地上的地上附着物。原告未按“通告”的期限迁移坟墓和办理有关迁坟手续，被告按无主坟墓予以挖迁，没有违反法定程序和滥用职权，属合法的具体行政行为。原告所诉的“迁坟启事”未经主要领导签发并加盖政府公章，不属被告的行政行为。被告在挖迁原告的坟墓中亦未发现有任何骨头和骨缸。故原告所诉与客观事实不符，请求驳回原告的诉讼请求。

**（三）一审事实和证据**

博白县人民法院经公开审理查明：1998年10月间，被告那卜镇人民政府以“关于规划建设那卜至双旺芒梗四级公路的报告”给博白县交通局，请求博白县交通局对该路进行规划并拨款建该公路。1998年10月12日博白县交通局批复同意修建，后被告于2000年11月16日发出了“那卜镇人民政府关于那卜至芒梗四级公路工程征地拆迁的通告”（以下简称“通告”），通告征地拆迁的时间是从2000年11月16日起到11月26日止，各有关对象在11月18日前到双竹村委会办理有关手续，并在规定的期限内做好拆迁工作。原告在那卜镇双竹村木棉桥头面岭咀公路规划线内有一座泥坟，在“通告”的期间内既不办理有关迁坟手续，又不迁移坟墓。被告在施工中发现原告的这座泥坟尚未搬迁，被告的工作人员在2000年12月7日再次作出“迁坟启事”张贴，限有关户主在2000年12月10日前到双竹村委会办理有关迁坟手续，并于当天雇人挖捡原告的坟墓，在确认无埋葬物品后，再用挖土机慢慢将该坟墓推掉，亦没有推出任何埋葬物品。原告发现其祖坟被挖了后，多次要求被告处理未果，遂向法院提起诉讼。庭审中，被告提出可按该路迁坟最高补偿标准补偿给原告200元。

上述事实有下列证据证明：

1. 关于规划建设那卜至双旺芒梗四级公路的报告。
2. 那卜镇人民政府关于那卜至芒梗四级公路工程征地拆迁的通告。
3. 黄衍美等领取坟山搬迁补偿费写的收据。
4. 黄积良等人的证言。
5. 原告提供的黄姓族谱总册。

**（四）一审判案理由**

博白县人民法院根据上述事实和证据认为：被告经上级主管部门批准，修建那卜至芒梗四级公路，施工前曾发出了征地拆迁的“通告”，已告知了有关户主在规定的时间内办理有关手续和搬迁地上附着物。在施工中发现双竹木棉桥头面岭咀尚有坟山未搬迁，被告的工作人员作出“迁坟启事”，再次告知有关户主到双竹村委会办理有关迁坟手续，所作出的“迁坟启事”应属被告的具体行政行为，没有违反法律的规定。被告所作出的“迁坟启事”并没有再次规定迁移坟山的期限。因原告的坟山在被告征地拆迁的“通告”规定的期限内未搬迁，被告按无主坟山予以挖迁，没有违反法定程序和滥用职权，所以被告作出的“迁坟启事”和挖迁原告坟山的行为属合法的具体行政行为。被告挖坟没有造成原告坟山的骨缸和遗骸损坏、灭失，证据充分，理由正当。原告主张被告作出的“迁坟启事”和迁坟行为违法，并请求赔偿因被告挖坟山造成骨缸和遗骸损坏、灭失的经济损失证据不足，理由不成立，依法不予支持。但鉴于原告的坟山因修建公路被挖了的事实，庭审中被告提出按该路迁坟最高标准补偿迁坟费200元，应予准许。

**（五）一审定案结论**

广西壮族自治区博白县人民法院根据最高人民法院《关于执行〈中华人民共和国行政诉讼法〉若干问题的解释》第五十六条第（四）项、第五十七条第一款的规定，作出如下判决：

1．确认被告2000年12月7日作出的“迁坟启事”合法。

2．被告补偿迁坟费200元给原告，于本判决生效后十日内付清。

3．驳回原告请求被告赔偿经济损失5 000元、遗骨安葬费2 000元和赔礼道歉的诉讼请求。

案件受理费300元，其他诉讼费374元，合计674元，由原告负担624元，被告负担50元。

**（六）二审情况**

1．二审诉辩主张

（1）上诉人黄衍其等（一审原告）诉称：被上诉人违反法定程序，“迁坟启事”是2000年12月7日张贴，限三日内办理迁坟手续，规定三天的期限没有法律依据，且当日被上诉人即已将上诉人的祖坟推毁。被上诉人主要证据不足，所提供的“关于规划建设那卜至双旺芒梗四级公路的报告”、“通告”以及收据收条等证据与本案无关，且有的笔录是事后调查所得，违反法律规定。原审法院对上诉人要求追加第三人的诉讼请求不予受理。因此，请求二审法院撤销原判，发回重审。

（2）被上诉人博白县那卜镇人民政府（一审被告）辩称：“迁坟启事”不是被上诉人的行为，只是施工人员的行为，被上诉人修建那卜至芒梗四级公路是经合法批准的，已张贴公告限期搬迁地上附着物，上诉人超期限不办理迁移手续，被上诉人作无主坟处理是合法的，没有造成上诉人祖婆遗骨的遗失。但可以按正常补偿上诉人迁坟费200元，但不能作赔偿。一审判决认定事实清楚，判决结果正确，请求二审法院驳回上诉，维持原判。

2．二审事实和证据

二审法院肯定了一审法院认定的事实和证据。

3．二审判案理由

玉林市中级人民法院认为：被上诉人博白县人民政府修建公路已经取得了上级主管部门批准，在动工修筑路前，已书面发出通告，要求在筑路用地范围内有地上附着物及安葬坟山的户主，限期搬迁及办理补偿手续。通告期限届满后，被上诉人为了不影响工程进展，即有权对没有履行通告的户主的地上附着物及坟山进行处理。施工人员出于慎重的考虑，再次张贴“迁坟启事”告知，其后继续施工。鉴于上诉人的祖坟在张贴“迁坟启事”前还留于现场，施工人员在施工中对该坟进行挖捡，证实无骨缸等埋葬物，便铲坟平基。被上诉人这种交通筑路的社会工程建设的具体行政行为在实施前已依法作出对用地上的附着物及坟山迁移告示予以补偿及迁移期限，等生效后才动工修筑，该行为是合法正确的，依法应予维持。至于在通告生效后筑路施工开始时，对没有履行通告的户主，又张贴“迁坟启事”，这是政府原“通告”中的内容的续示，不形成新的具体行政行为，上诉人诉请撤销该行为既无实际内容又无法律意义。上诉人提出坟山被毁造成损失，被上诉人已同意按规定的标准予以补偿，其他赔偿要求和追加第三人的请求于法无据，不予支持。上诉人上诉无理，依法应予驳回。

4. 二审定案结论

广西壮族自治区玉林市中级人民法院根据《中华人民共和国行政诉讼法》第六十一条第（一）项的规定，作出如下判决：

驳回上诉，维持原判。

上诉案件受理费300元，其他诉讼费100元，由上诉人负担。

**（七）解说**

1. 本案是典型的涉及抽象行政行为与具体行政行为区分的行政诉讼案例。所谓抽象行政行为就是行政主体针对不特定对象作出的具有普遍约束力、能反复适用的行为；所谓具体行政行为就是行政主体针对特定的对象而实施的一次性适用的行为。本案中，被告博白县那卜镇人民政府于2000年11月16日发出的“那卜镇人民政府关于那卜至芒梗四级公路工程征地拆迁的通告”及后来的“迁坟启事”，形式上似乎属于抽象行政行为，但实质为具体行政行为，因为它有特定的对象，针对的是规划建设的公路上的土地和附着物及其主人，该行为对特定的相对人设定的权利和义务发生实际的直接的法律关系，故属于可诉性的具体行政行为。

2. 本案另一个值得注意的问题是要把握好对行政主体实施公益性行政行为审查的度。因为进行社会公共利益工程建设是政府的一项社会管理职能。政府在行使这一社会管理职能的过程中，必然实施一系列的具体行政行为。在实施具体行政行为的过程中，由于行政机关的执法水平、工作不到位等原因，很可能作出的具体行政行为出现一定的瑕疵。在这种情况下，如果该瑕疵不至于达到违法或者足以侵害相对人的实质性权利的程度，可以考虑从大局和稳定社会出发，维护行政机关的具体行政行为，以保护公共利益建设的顺利进行。本案中，被告作出的“迁坟启事”这一行为尽管形式上不是很规范，内容表面上对相对人也有一定的要求，但是，这一行为与原作出的“通告”和已实施的“通告”中的内容在生效后进行的强制措施并没有相冲突，也没有违反法律法规的规定，同时，该具体行政行为也没有对相对人的权利构成实质性侵害，所以一审法院确认这一行为合法并驳回原告的赔偿请求是对的，二审法院维持一审判决并无不当。

（梁道尤　庞忠）

## 49. 周双娣、潘根生诉南京市江宁区横溪镇政府侵犯人身权并要求行政赔偿案

**（一）首部**

1. 判决书字号

一审判决书：江苏省南京市江宁区人民法院（2000）江宁行初字第15号。

二审判决书：江苏省南京市中级人民法院（2001）宁行终字第53号。

2. 案由：侵害人身权附带行政赔偿案。

3. 诉讼双方

原告（上诉人）：周双娣，女，1942年9月4日生，汉族，农民，住南京市江宁区东善桥镇元山村元山街65号。

原告（上诉人）：潘根生，男，1962年10月19日生，汉族，农民，住南京市江宁区东善桥镇元山村元山街65号。

诉讼代理人（一审）：王瑾，江苏容大律师事务所律师。

诉讼代理人（一、二审）：潘明祥，江苏容大律师事务所律师。

被告（被上诉人）：江苏省南京市江宁区横溪镇人民政府（以下简称横溪镇政府）。

法定代表人：徐成福，镇长。

诉讼代理人（一、二审）：业国强，横溪镇政府司法助理员。

诉讼代理人（一审）：雷汉舢，江苏南京法德律师事务所律师。

4. 审级：二审。

5. 审判机关和审判组织

一审法院：江苏省南京市江宁区人民法院。

合议庭组成人员：审判长：周守忠；审判员：李恭发、金秋祥。

二审法院：江苏省南京市中级人民法院。

合议庭组成人员：审判长：李立明；审判员：赵崇凯、戴茹芳。

6. 审结时间

一审审结时间：2001年4月19日。

二审审结时间：2001年7月18日。

**（二）一审诉辩主张**

1. 原告周双娣、潘根生诉称：2000年3月21日下午，潘根生雇佣两部车为宁高公路建设部门运送煤渣，途经江宁区横溪集镇，被自称系横溪镇政府的两名镇管员无理处罚并殴打。其父潘立志得知潘根生被打，从家中赶至横溪集镇，与打人的镇管员申辩，未想到遭到四名镇管员围攻，被红砖打中头部倒地，于同年3月31日抢救无效身亡。事发后，被告为逃避责任，由派出所等单位出面调解，要求私了，一次性赔偿了死亡赔偿金、丧葬费、扶养费等10.09万元，并达成书面赔偿协议。周双娣未参加调解，也未委托其他子女参加，对该赔偿协议不予接受。因此，诉至本院，要求确认被告横溪镇政府镇管员殴打致死潘立志的行政行为违法并赔偿死亡赔偿金、丧葬费16.68万元、生活扶养费16.08万元，医疗费1.885万元，误工费0.496万元，交通费0.3万元，合计35.441万元。庭审中，原告又诉称，赔偿协议应视为被告确认了致害人的行为是职务行为。由于该协议未依国家赔偿的标准给付受害者家属赔偿费用，故该协议无效。并变更了三项请求，即死亡赔偿金、丧葬费变更为16.692万元，生活扶养费变更为20.88万元，误工费变更为0.3万元。增加一项请求，即律师代理费0.5万元，合计40.557万元。

2. 被告辩称：（1）原告所诉与客观事实不符。纠纷当日，镇管员胡德文、吴丰弟为收取保洁费与潘根生发生纠纷，派出所已作处理，平息了纠纷。但潘立志在得知消息后带着家人赶至横溪集镇无端拦下即将下班的镇管员吴世春、夏世军，在提出无理要求遭拒绝后，将吴、夏两人打伤。派出所接警赶至现场后，事态已平息。由于吴世春等出于气愤与闻讯从家中赶来的胡德文一道追寻已离开现场的潘立志等人。在追到潘立志后将其拳击倒地，后经抢救无效死亡。在此过程中，潘立志有重大过错。对此，刑事判决书已作确认。(2) 胡德文、吴世春致潘立志死亡是个人行为而非履行职务的行政行为，原告要求法院确认镇管员致死潘立志的行政行为违法，没有事实根据和法律依据。(3) 在事件处理中，其本着平息事态，安抚死者家属，维护社会安定的大局出发，给付原告一定的补偿，应视为对原告的同情和抚慰，决非系其应承担行政侵权赔偿责任的理由。原告要求行政赔偿无法律依据。综上，要求驳回原告的诉讼请求。

**（三）一审事实和证据**

南京市江宁区人民法院经公开审理查明：南京市江宁区横溪镇镇管会系被告横溪镇政府委托的组织，其职责范围系对集镇道路、建筑物、市容公共设施、交通工具等镇容镇貌进行管理。胡德文、吴世春、夏世军等系镇管会的工作人员。2000 年 3 月 21 日下午 3 时许，原告潘根生租用的运输煤渣车辆途经本区横溪镇集镇时，被镇管员胡德文、吴丰弟以该车抛洒、滴漏污染路面为由，拦车收取保洁费，双方发生争执并推搡。下午 5 时许，得知该消息的潘立志与其妻、兄、女儿、女婿等人先后租车赶至横溪集镇，在该镇十字路口处拦下即将下班的镇管员吴世春、夏世军申辩交涉，双方发生口角并揪打。后横溪镇派出所干警接警赶到现场，平息了纠纷。吴世春、夏世军对被对方殴打并撕坏衣服感到气愤，不听民警劝阻，与闻讯从家中赶来的胡德文一起追寻已离开现场的潘家人员，当在集镇农贸市场处发现潘立志、潘根香父女时，胡德文、吴世春即上去拳击潘立志，致潘立志当场倒地，经手术治疗无效，于 2000 年 3 月 31 日死亡。同年 4 月 6 日，在横溪派出所等单位的主持调解下，镇管会与受害家属签订赔偿协议，赔偿受害者家属 10.06 万元（实付 10.085 万元）。

另查明，受害人潘立志的第一顺序法定继承人有周双娣（配偶）、潘根生（子）、潘根美（长女）、潘根香（次女），潘根美、潘根香表示不参加本案的诉讼。

上述事实有下列证据证明：

1. 原被告双方陈述。
2. 江苏省南京市江宁区人民法院（2000）江宁刑初字第 303 号刑事判决书。
3. 南京市江宁区东善桥镇派出所出具的证明材料。
4. 原告潘根生的病历、交通费票据、误工证明。
5. 证人证言。

**（四）一审判案理由**

南京市江宁区人民法院认为：依照我国《行政诉讼法》第六十七条和《国家赔偿法》第二条及相关司法解释的规定，行政侵权赔偿责任须具备以下要件：(1) 必须具有合法权益受到损害的事实；(2) 致害主体必须是国家机关及其工作人员。包括法律法规授权的组织及其工作人员，国家机关委托的组织及其工作人员；(3) 致害行为必须是行使职权的行为或怠于行使职权的行为；(4) 致害行为必须具有违法性；(5) 损害事实与职权行为具有因果关系。本案中，有潘立志致害死亡的事实，致害主体胡德文、吴世春实施的致害行为违法且与潘立志的死亡有直接因果关系。因此，被告横溪镇政府是否应承担行政侵权赔偿责任，关键看胡德文、吴世春的致害行为系职权违法行为，还是系个人违法行为。

从行为主体看，胡德文、吴世春系横溪镇管会的工作人员，而镇管会系被告横溪镇政府委托从事一定行政管理职能的组织。因此，胡德文、吴世春具备职权行为主体条件。

从行为的形式和过程看，2000 年 3 月 21 日下午 3 时许，镇管员胡德文、吴世春以镇管会工作人员的身份，以被告横溪镇政府的名义向被管理人潘根生收取保洁费，属行使行政职权行为。当日下午 5 时许，潘立志等人以“潘根生被打”为由，拦下正欲下班的镇管员吴世春、夏世军申辩交涉，吴世春、夏世军也是以镇管会工作人员的身份接待、处理，尽管双方发生争执揪打，仍系在履行职务过程中。派出所警员接警赶至现场后，潘家人员已离开了现场，纠纷得以平息。吴世春等人即使有受伤或衣服被撕坏等情形，可采取合法正当的途径解决。但吴世春、夏世军不听警员劝阻与闻讯从家中赶来的胡德文一道，追寻已离开现场的潘家人员，在追到潘立志后，胡德文、吴世春将其拳击倒地。潘立志不是被告横溪镇政府的行政管理相对人，镇管员无权以被告的名义对其行使行政管理职权，故致害行为不是执行职务的必要行为。纠纷平息后，镇管员执行职务活动过程已终结，因此，这一致害行为也不可能是有助于执行职务的行为，同时也不可能是与行使职权行为不可分的行为。胡德文、吴世春实施的致害行为与职权行为的表现形式不相吻合。

从行为的时间、空间来看，胡德文、吴世春在实施致害行为时，不是在执行职务过程中。纠纷平息后，致害人实施的行为不属其执行职务范围内的活动。客观上讲，与他们的职权和工作职责无关。

从行为的目的来看，胡德文、吴世春在警察到场，纠纷平息后，不听警察的劝阻，追寻已离开现场的潘家人员，其主观意图和目的，不是出于依法执行公务，实现行政管理，而是基于个人泄私愤的心理需要和动机。因此，这一致害行为也不符合职权行为的主观要件。

据此，胡德文、吴世春对潘立志实施的致害行为，系个人违法行为，而非职权违法行为。

原告方提出，镇管会与受害者家属签订的赔偿协议应视为是对胡德文、吴世春实施的致害行为系职权违法行为的确认。我国《国家赔偿法》虽确定了行政机关先行确认原则，但这种确认必须系行政机关以自己的名义单方作出的具体行政行为，且确认的内容必须明确。而该赔偿协议系在派出所等单位主持调解下，双方通过协商的方式达成。非行政机关的单方行政行为。另被告横溪镇政府不是协议一方，且协议中并未载明胡德文、吴世春实施的致害行为系职权违法行为等行为性质认定的相关内容。因此，原告的上述主张不能成立，本院不予支持。

综上，因胡德文、吴世春实施的行为系与行使职权无关的个人违法行为，故被告横溪镇政府不应承担行政侵权赔偿责任。原告的请求不予支持，其利益损害可通过民事诉讼途径解决。

**（五）一审定案结论**

南京市江宁区人民法院依照《中华人民共和国国家赔偿法》第五条第一项、最高人民法院《关于执行〈中华人民共和国行政诉讼法〉若干问题的解释》第五十六条第（四）项之规定，作出如下判决：

驳回原告周双娣、潘根生的诉讼请求。

本案案件受理费 80 元，由原告周双娣、潘根生负担。

**（六）二审情况**

1. 二审诉辩主张

（1）上诉人诉称：镇管员对潘立志实施致害行为，系与职权有关的违法行为，而非个人违法行为。一是原审法院判决认定镇管员具备职权行为的主体资格；从江宁刑初字（2000）第 303 号刑事判决书认定的事实可以看出，镇管员致害潘立志的致死行为是履行行政职权的连续过程，其致害行为是镇管员履行行政职权的职务行为。二是镇管会与受害人家属签订并履行赔偿协议，应视为镇政府确认了其工作人员的致害行为系职权行为。镇管会系镇政府委托行使行政管理职权的组织，签订赔偿协议是由一名分管的副镇长参加协商，镇政府出了这笔赔偿款，可以视为对镇管员职务行为的确认。

（2）被上诉人辩称：根据我国《行政诉讼法》第六十七条和《国家赔偿法》第二条及相关司法解释的规定，镇管员致害潘立志的行为是镇管员从家里赶来追打潘立志，潘立志不是行政管理相对人，镇管员无权以镇政府的名义对其实施行政管理权，该致害行为不是执行职务的行政行为；两镇管员追打潘立志，其主观意图和目的不是为执行公务和实现行政管理，而是基于个人泄私愤的心理动机，不符合职权行为的客观要件，只能是个人行为而非职务行为。镇管会与受害者家属签订并履行的赔偿协议非行政赔偿的先行确认，而先行确认必须是行政机关且以自己的名义单方作出的具体行政行为，因此，双方在有关部门达成的协议应是民事赔偿的行为。

2. 二审事实和证据

南京市中级人民法院二审查明的事实与一审相同。

3. 二审判案理由

南京市中级人民法院认为：被上诉人横溪镇政府的镇管员对上诉人潘根生租用车辆装载物资途经该镇农贸市场所造成抛洒、滴漏造成污染路面的行为直接负有行政管理职能，双方形成管理与被管理的行政法律关系成立。上诉人认为被上诉人因行政管理行为给其造成推搡倒地的身体伤害后果，因为没有提供相应足够的证据予以证实，故本庭不予认定。镇管员作出行政处罚管理行为后（即行政行为完结），上诉人潘根生之父闻讯赶到现场支援与镇管员发生纠纷，并造成被镇管员致害死亡的后果，系镇管员履行职务以外的个人行为。潘立志并非本案行政行为管理相对人，与镇管员之间不存在行政法律关系，且潘立志死亡原因已由两级法院刑事判决书作出认定，本案对有关事实的认定将受到刑事判决书所认定事实的羁束。因此，两上诉人主张潘立志被致害死亡的后果与职务有关的理由不能成立。镇管会与上诉人达成的10.6万元的赔偿协议，是在当地公安派出所等有关司法部门主持参加下自愿达成并即时履行的民事协议，是双方真实意见表示一致的民事法律行为，故不能认定该赔偿协议是被上诉人对行使职权违法的行政确认。原判决认定事实清楚，适用法律、法规正确。

4. 二审定案结论

江苏省南京市中级人民法院根据《中华人民共和国行政诉讼法》第六十一条第（一）项之规定，判决如下：

驳回上诉，维持原判。

本案诉讼费 80 元，由上诉人周双娣、潘根生承担。

（七）解说

纵观本案，胡德文、吴世春两人对潘立志实施的致害行为，是职务行政侵权行为还是非职务侵权行为，是决定本案被告横溪镇政府是否承担行政侵权赔偿责任的关键。

对本案致害行为的性质，可以从致害行为与镇管员职务和职责的关系着手分析认定。

本案纠纷的过程可划分为三个阶段。第一阶段即镇管员收取保洁费的行为。2000 年 3 月 21 日下午 3 时许，镇管员胡德文等人以被告镇政府的名义，以车辆抛洒、滴漏，污染镇路面为由向租车人潘某收取保洁费。由于集镇镇容镇貌的管理是镇管会的职责，对违反镇容镇貌管理行为进行处理是镇管会的职权。因此，镇管员收取保洁费的行为显然是依其职责的客观要求而为的履行职务的行为。

第二阶段即镇管员接待处理行为。当日下午 5 时许，潘家人员拦下已欲下班的镇管员吴世春、夏世军申辩交涉，吴、夏二人在接待过程中与潘家人员发生揪打。对行政机关的处理行为不服予以申辩是法律赋予行政管理相对人的一项基本权利，接待并倾听申辩则是行政管理者的职务和义务的必然要求。尽管在接待中双方发生推搡等不理智的行为，但作为镇管员一方而言，这些行为都是发生在接待这一职务行为过程中，所以第二阶段镇管员针对潘家人员的行为，应视为与其履行职责相关的职务行为。

第三阶段即镇管员的致害行为。民警接警赶至现场平息了纠纷，潘家人员已离开现场。而吴世春、夏世军出于气愤与已下班闻讯从家中赶来的镇管员胡德文一道，追寻已离开现场的潘家人员，在追到潘立志后，吴世春、胡德文实施了致害行为。镇管员的上述行为发生在民警接警介入纠纷后，此时潘家人员已离开现场，镇管员也在下班时间，加之潘家人员并无新的违反市容管理的行为。因此，镇管员针对潘家人员的市容行政管理行为理应终结。同时，因纠纷的产生，公安机关的介入，导致治安行政管理法律关系的形成。在这一行政法律关系中，公安机关系执法主体，镇管员与潘家人员一样都是治安行政管理相对人。潘家人员即使有殴打镇管员并撕坏镇管员衣服的违法侵权行为，亦应由负责治安行政管理的主管机关公安部门予以追究。由此可见，镇管员胡、吴、夏三人继续追寻潘家人员下落并最终实施致害行为并非系镇管员职务和职责的客观要求，同时与镇管员职责履行无任何关联，而纯粹是基于他们个人泄私愤的动机和目的。因而，第三阶段镇管员追寻潘家人员下落，并最终对潘父实施的致害行为是镇管员的个人行为而非职权侵权行为。

由于两镇管员实施的致害行为是个人行为而非职权侵权行为，所以镇政府当然不需要承担行政赔偿责任。

（周守忠　梅海洋）

# 十、其他行政案件

## 50. 周才仕不服宾阳县露圩镇人民政府扣押财物案

**（一）首部**

1. 裁判书字号

一审判决书：广西壮族自治区宾阳县人民法院（2000）宾赔初字第2号。

二审裁定书：广西壮族自治区南宁地区中级人民法院（2001）南地行终字第20号。

2. 案由：不服扣押、变卖财物案。

3. 诉讼双方

原告（上诉人）：周才仕，男，1953年10月出生，壮族，广西横县人，住南宁市衡阳西路38号。

被告（被上诉人）：广西壮族自治区宾阳县露圩镇人民政府。

法定代表人：何灿宗，镇长。

委托代理人（一审）：卢树培，男，露圩镇人民政府干部。

委托代理人（一审）：韦健立，男，露圩镇司法所所长。

4. 审级：二审。

5. 审判机关和审判组织

一审法院：广西壮族自治区宾阳县人民法院。

合议庭组成人员：审判长：唐剑平；审判员：覃文秀、和大新。

二审法院：广西壮族自治区南宁地区中级人民法院。

合议庭组成人员：审判长：朱杰勇；审判员：廖治良、韦瑞生。

6. 审结时间

一审审结时间：2000年12月23日。

二审审结时间：2001年3月20日。

**（二）一审诉辩主张**

1. 被诉具体行政行为：1999年12月17日，周才仕租用五辆汽车到露圩镇六洞村运输木材时，露圩镇人民政府以周才仕欠特产税，超量砍伐林木和拖欠民工工资为由，将周才仕准备运到南宁出售的五车木材扣回露圩镇人民政府，并于2000年1月5日将这批木材出售，得款12 000元。

2. 原告诉称：1999年10月，原告借款到露圩镇六洞村第八队包山购林木，在办理完手续和交纳"两金一费"后进山采伐林木。1999年11月30日上午，原告一次性交清和被逼多交特产税及政府管理费给镇财政所及政府办共3 600元（应交税金1 920元，被逼多交税金1 280元，政府管理费400元）。12月17日下午，原告从南宁租五辆汽车到六洞村准备装车把木材运回南宁时，被告派出几十人突然赶到装车现场，以原告未交税、不给民工工钱、运费为由，强行将原告的59.99立方米木材全部运到镇政府，后非法变卖，所得款项全被变相吞食。同时，原告未砍的林木及未售出的木尾、树枝被洗劫一空。被告在实施具体行政行为时，既不检尺点数，又拒绝开具扣物清单，也没有制作处理决定书。案发后，原告不断地寻求司法及上级有关行政机关依法保护本人的合法权益。2000年7月2日，宾阳县人民政府作出行政复议决定，撤销了被告的违法行政行为，并要求被告赔偿原告经济损失18 000多元。但被告一直不履行赔偿义务。由于被告恶意侵权，至2000年12月11日止，原告已损失木材、交通等各项费用共计人民币184 691.66元。被告的违法行为，给原告造成的经济损失，应由被告予以赔偿。依照《中华人民共和国国家赔偿法》第四条第（一）项、第十一条、第十三条、第二十八条第（四）项、第三十二条的规定，特向人民法院提起诉讼，请依法判决。

3．被告辩称：原告凭着60立方米的采伐许可证于1999年11月28、29、30日三天内拉走五车松木，计53.769立方米，然后又凭这许可证于12月17日继续想运走五车共计59.99立方米木材。原告以种种理由拒付六洞村民工工钱6 810元，引起六洞村村民的公愤。我们多次做原告的思想工作都不通，才叫原告把木材拉回镇政府待后处理。12月25日，镇政府书面通知原告，限其在2000年1月5日前来处理，但原告超期未来。在六洞村的打工群众几乎天天都来问镇政府要回他们的工钱的情况下，为了不再让他们影响镇政府机关的正常工作，我们才于2000年1月5日下午5时将这批木材作价处理给宾阳县木材公司，得款12 000元。我们认为，出卖这批木材属越权行为，但是在迫不得已的情况下才这样做的，如果法院判令我们赔偿原告的损失，我们建议有关部门追究原告超伐林木的违法行为，不让原告逍遥法外。

**（三）一审事实和证据**

宾阳县人民法院经公开审理查明：周才仕于1999年10月14日与宾阳县露圩镇六洞村第八生产队签订“林木供购协议”，协议规定第八生产队将本队所有的矮岭山（地名）林木（直径6厘米以上）全部出卖给周才仕。同年10月28日，宾阳县林业局给周才仕核发证号为0000068的“集体（个人）林木采伐许可证”，该证载明：采伐树种为“马尾松”，采伐方式为“择伐胸径16厘米以上树木”，采伐面积为“6.08公顷”，采伐蓄积为“480株，88立方米”，木材产量商品材为“60立方米”。周才仕领得林木采伐许可证后，即雇请当地群众为其砍伐林木。11月30日，周才仕到宾阳县财政局露圩财政所以原木120立方米，每立方米计税单价200元，税率为8%交纳特产税1 920元，并给露圩镇人民政府交木材管理费400元。同日露圩财政所给周才仕填发一份限于本日有效的准许周才仕从露圩外运8.443立方米原木到横县校椅镇教委木器厂的农业特产税应税产品外运税收管理证明。12月16日，周才仕向宾阳县林业局交纳“两金一费”共3 526.6元后，宾阳县林业局给周才仕签发五份“广西壮族自治区内木材运输证”，准许周才仕持这五份运输证用五辆汽车在17日16时至18日18时前将48.982立方米的松原木从露圩镇六洞村运到南宁市凤凰木材城和凤凰纸业公司。12月17日，周才仕租用五辆汽车去六洞村运输木材时，露圩镇人民政府以周才仕欠纳特产税、超范围滥伐林木以及拖欠伐木民工工钱为由，将周才仕的五车原木扣回镇政府，并于2000年1月5日将这些木材出卖，得款12 000元。周才仕认为露圩镇人民政府的行为违法，遂向宾阳县人民政府申请行政复议，宾阳县人民政府于2000年7月20日作出行政复议决定，认为露圩镇人民政府扣押、变卖周才仕的木材属违法的行政行为，决定撤销该行为，由露圩镇人民政府赔偿周才仕木材款15 723.18元、运费2 204.19元和返还木材管理费400元。双方当事人接到复议决定后，在法定期间内既不起诉又不履行。周才仕于2000年10月31日向宾阳县人民法院单独提出行政赔偿诉讼，请求法院判令露圩镇人民政府赔偿其经济损失184 691.66元。

另查明，2000年7月25日，宾阳县林业局派员对露圩镇六洞村第八生产队出卖给周才仕采伐的林木现场进行勘查鉴定，结果是：采伐树种为"马尾松"，采伐面积为5.4公顷，采伐株数为3 265株，出材为115立方米。

**（四）一审判案理由**

宾阳县人民法院根据上述事实认为：被告露圩镇人民政府扣押、出卖木材的行为，属超越职权的违法的具体行政行为，不予支持。原告周才仕持准伐480株、60立方米的林木采伐许可证，却砍伐3 265株、115立方米的林木，其超量采伐林木且未到工商行政管理部门办理营业执照经营林木，违反了《中华人民共和国森林法》第三十二条第二款、《中华人民共和国森林法实施条例》第三十四条第二款和《广西壮族自治区森林管理办法》第三十八条的规定，属违法行为。露圩镇人民政府超越职权扣押、出卖木材侵犯的权益不是周才仕的合法权益，周才仕请求人民法院判令露圩镇人民政府给予行政赔偿没有法律依据，不予支持。露圩镇人民政府出卖这批木材得款12 000元，属非法所得，根据最高人民法院《关于执行〈中华人民共和国行政诉讼法〉若干问题的解释》第九十七条和《关于贯彻执行〈中华人民共和国民法通则〉若干问题的意见（试行）》第一百六十三条的规定，应予收缴，上交国库。露圩镇人民政府于1999年11月30日收取周才仕的400元木材管理费无法律依据，属乱收费行为，应予返还。

**（五）一审案定结论**

广西壮族自治区宾阳县人民法院依照《中华人民共和国国家赔偿法》第二条第一款和第五条第（二）、（三）项的规定，作出如下判决：

1. 露圩镇人民政府已收取周才仕的400元木材管理费，限于本判决生效后十日内返还。

2. 驳回周才仕的其他诉讼请求。

**（六）二审情况**

1. 二审诉辩主张

上诉人（原审原告）诉称：(1) 一审判决认定上诉人"超量采伐林木"，不符合事实。一审认定这一事实的主要证据是宾阳县林业局的勘查鉴定结论和部分伐木民工证词。上诉人采伐林木的时间是1999年10月，而宾阳县林业局在2000年7月5日才派员对伐木现场进行勘查鉴定，从时间上看已经相隔了九个月，在这九个月的时间里，有其他人偷砍了多少林木，谁也不知道，勘查鉴定将他人偷砍的林木都算到上诉人份上，显然是冤枉的。而宾阳县林业局派员勘查采伐现场时，不通知上诉人到现场，有失公正。由于被上诉人的错误行为，致使上诉人无钱支付民工工资，这些民工对上诉人有意见，他们的证词是不真实的，不能作为定案的依据。(2) 上诉人采伐林木及运输木材的行为是合法行为，应受法律保护。上诉人 1999 年 12 月 17 日从六洞村运出的五车木材，有宾阳县林业局签发的运输证。宾阳县人民政府宾政复决字（2000）第 02 号行政复议决定也认定“露圩镇人民政府扣押、变卖周才仕的 48.982 立方米木材属违法的行政行为”。一审判决采信一些不真实的假证认定上诉人违法运输木材是完全错误的。(3) 一审判决适用法律错误。一审判决适用最高人民法院《关于贯彻执行〈中华人民共和国民法通则〉若干问题的意见（试行）》第一百六十三条的规定，收缴露圩镇人民政府出卖木材款12 000元，属适用法律错误。行政诉讼中的行政判决只能适用行政法和行政诉讼法。总之，一审判决片面袒护政府，侵害公民的合法权益，请二审法院主持公道，作出公正的判决。

被上诉人没有答辩。

2. 二审事实和证据

南宁地区中级人民法院经审理查明：1999 年 10 月 14 日，上诉人周才仕与宾阳县露圩镇六洞村第八生产队签订“林木供购协议”，协议规定第八生产队将其队所有的矮岭山（地名）上直径为 6 厘米以上的林木，以总价13 000元发包给周才仕采伐。同月 28 日，宾阳县林业局给周才仕签发 0000068 号集体（个人）林木采伐许可证，该证允许择伐胸径 16 厘米以上的马尾松 60 立方米。周才仕领到采伐许可证后，即组织民工进山伐木。同年 12 月 16 日，宾阳县林业局给周才仕签发五份“广西壮族自治区内木材运输证”。次日，周才仕请五辆汽车到六洞村运木材时，露圩镇人民政府以其欠特产税、超量砍伐和拖欠民工工资为由，将五车木材扣回镇政府，并于 2000 年 1 月 5 日将这些木材变卖，得款 12 000元。露圩镇人民政府在扣押、变卖周才仕木材的行为中，不出具扣押清单，也没有作出书面决定。2000 年 5 月 10 日，周才仕向露圩镇人民政府申请行政赔偿未果后，即向宾阳县人民政府申请行政复议。宾阳县人民政府于 7 月 20 日作出宾政复决字（2000）第 02 号行政复议决定，撤销露圩镇人民政府扣押、变卖周才仕木材的违法行政行为，由露圩镇人民政府赔偿周才仕的各种经济损失18 327.37元。露圩镇人民政府收到复议决定后，既不向法院起诉，又不自动履行复议决定规定的义务。2000 年 10 月 31 日，周才仕向原审法院单独提起行政赔偿诉讼，请求法院判令露圩镇人民政府赔偿其各种经济损失 184 691.66元。

上述事实有下列证据证明：

(1) 周才仕与宾阳县露圩镇六洞村第八生产队签订的“林木供购协议”。

(2) 周才仕提交的“集体（个人）林木采伐许可证”。

(3) 宾阳县林业局于 1999 年 12 月 16 日签发的桂 A1892427、1892428、1892429、1892431、1892432 号“广西壮族自治区内木材运输证”。

(4) 宾阳县露圩镇人民政府在原审中的答辩。

(5) 宾阳县人民政府作出的宾政复决字（2000）第 02 号行政复议决定书。

3. 二审判案理由

南宁地区中级人民法院根据上述事实和证据认为：周才仕对宾阳县露圩镇人民政府扣押、变卖其木材的具体行政行为不服，向宾阳县人民政府申请行政复议时，并提出行政赔偿请求。宾阳县人民政府作出的宾政复决字（2000）第 02 号行政复议决定，已撤销了露圩镇人民政府的违法行政行为，并对周才仕提出的赔偿请求作出了赔偿决定。周才仕和露圩镇人民政府对宾阳县人民政府作出的复议决定，在法定期间内均不提起诉讼，该复议决定已经发生法律效力。周才仕再向法院提出要求露圩镇人民政府给予行政赔偿的诉讼，不符合法律的规定。原审法院对周才仕的起诉立案受理并作出实体判决，没有法律依据。

4. 二审定案结论

广西壮族自治区南宁地区中级人民法院根据最高人民法院《关于执行〈中华人民共和国行政诉讼法〉若干问题的解释》第七十九条第（一）项的规定，作出如下判决：

（1）撤销宾阳县人民法院（2000）宾赔初字第02号行政赔偿判决。

（2）驳回上诉人周才仕的起诉。

**（七）解说**

本案焦点：行政复议机关对原具体行政行为作出撤销的复议决定生效后，相对人就原具体行政行为再向法院起诉，法院应否受理？对这个问题，行政诉讼法和行政复议法及相关的法律、法规都没有作出明确的规定，最高人民法院也没有就此类问题作出过具体解释。但笔者认为，法院不应受理。理由有三：

1. 原具体行政行为已被撤销，诉讼标的已不存在。众所周知，行政管理相对人向法院提起行政诉讼的目的，主要是认为行政机关作出的具体行政行为侵犯了相对人的合法权益，要求法院依法撤销被诉的具体行政行为或确认被诉的具体行政行为违法，并判令被告赔偿因作出被诉具体行政行为给其造成的经济损失。如果被诉的具体行政行为经行政复议程序后已被行政复议机关予以撤销，那么相对人起诉的诉讼标的就不存在了，没有诉讼标的，法院就没有审查的对象，既然审查的对象都没有了，那就没有受理的必要了。最高人民法院《关于执行〈中华人民共和国行政诉讼法〉若干问题的解释》（以下称《解释》）第四十四条第（八）项规定："起诉人重复起诉的，应裁定不予受理；已经受理的，裁定驳回起诉。"起诉人重复起诉指的是，起诉人不能就同一具体行政行为重复起诉。就本案而言，周才仕不服宾阳县露圩镇人民政府扣押、变卖其木材的具体行政行为，已经向作出该具体行政行为的上一级行政机关宾阳县人民政府申请行政复议，宾阳县人民政府经复议，撤销了露圩镇人民政府的具体行政行为，并决定由露圩镇人民政府赔偿周才仕的经济损失。虽然周才仕向行政复议机关申请行政复议的行为，在理论上不能称为起诉，但其实质是相同的，都是要求撤销原具体行政行为。既然行政复议机关已经撤销原具体行政行为，而且申请人对复议决定也没有异议，那么，其就不能就原具体行政行为再向法院起诉。《解释》的第四十四条第（十一）项也明确规定"起诉不具备其他法定要件的，应裁定不予受理"。所谓"法定要件"，应包括诉讼标的，没有诉讼标的，就不能进入诉讼程序。

2. 诉讼标的已被生效的行政决定所羁束。《解释》第四十四条第（十）项规定"诉讼标的已为生效判决的效力所羁束的，应裁定不予受理；已经受理的，裁定驳回起诉"。诉讼标的即被诉的具体行政行为，如果已有生效判决对具体行政行为作出处理，则除非经过审判监督程序，否则不能再针对该具体行政行为进行处理。同样，根据行政法学原理，行政决定一经作出，立即生效，非经法定程序，不能撤销或者变更。对此，《行政复议法》第三十一条第三款也作出了明确的规定，即"行政复议决定书一经送达，即发生法律效力"。既然行政复议决定已经发生法律效力，那么，法院对相对人就原具体行政行为提起的诉讼，就不应受理，否则，就违反了"一事不再理"的原则，也影响到法律的统一性、稳定性和权威性。

3. 复议决定已经生效，申请人的合法权益已得到保护。如前所述，周才仕认为露圩镇人民政府扣押、变卖其木材的行政行为侵犯了其合法权益向宾阳县人民政府申请行政复议。宾阳县人民政府经复议，决定撤销露圩镇人民政府扣押、变卖周才仕木材的违法行为，由露圩镇人民政府赔偿周才仕的经济损失。周才仕的合法权益已得到了保护，其申请复议的目的已经达到，没有必要再向法院提起诉讼。对于露圩镇人民政府没有履行行政复议决定规定的义务问题，其应该向复议机关反映，由复议机关根据《行政复议法》的规定责令被申请人露圩镇人民政府限期履行行政复议决定规定的义务。但其不能以作出原具体行政行为的机关不履行行政复议决定为由，就原具体行政行为再向法院提起行政诉讼。换言之，周才仕的合法权益只能通过执行程序来实现，而不是通过诉讼程序来解决。

综上所述，既然周才仕向法院起诉的原具体行政行为已被生效的行政复议决定所羁束，那么，原审法院对周才仕的起诉仍予受理并作出实体判决，是没有法律依据的，二审法院裁定撤销原审判决，驳回周才仕的起诉是正确的。

（廖治良）

## 51. 杨树清不服寻甸回族彝族自治县甸沙乡人民政府行政处罚案

**（一）首部**

1. 判决书字号

一审判决书：云南省寻甸回族彝族自治县人民法院（2001）寻行初字第1号。

二审判决书：云南省昆明市中级人民法院（2001）昆行终字第17号。

2. 案由：不服行政处罚案。

3. 诉讼双方

原告（上诉人）：杨树清，男，1955年9月生，汉族，云南省寻甸回族彝族自治县人，农民。

委托代理人（一、二审）：崔兴德，男，1976年2月生，汉族，云南省寻甸回族彝族自治县人，寻甸回族彝族自治县金源乡司法所工作人员。

被告（被上诉人）：云南省寻甸回族彝族自治县甸沙乡人民政府。

法定代表人：赵正喜，乡长。

委托代理人（一、二审）：高兴奎，该乡副乡长；李顺华，该乡司法所所长。

4. 审级：二审。

5. 审判机关和审判组织

一审法院：云南省寻甸回族彝族自治县人民法院。

合议庭组成人员：审判长：王云光；审判员：李兴逵、常朝宽。

二审法院：云南省昆明市中级人民法院。

合议庭组成人员：审判长：马勇；审判员：聂红宾；代理审判员：付星。

6. 审结时间

一审审结时间：2001 年 2 月 21 日。

二审审结时间：2001 年 5 月 16 日。

**（二）一审诉辩主张**

1．被诉具体行政行为：2000 年 9 月 30 日，被告甸沙乡人民政府以原告杨树清于 2000 年 9 月 6 日到甸沙乡麦地心烟点交售 86 公斤属禁止栽种和销售的“杂劣品种”烟叶为由，对原告作出罚没通知书，决定对杨树清交售的烟叶予以没收的行政处罚。原告不服，向寻甸回族彝族自治县人民法院提起行政诉讼。

2．原告诉称：2000 年 9 月 6 日，自己去甸沙乡麦地心烟点交售已经在家过秤的 257 公斤烤烟。烟点点长唐四认为所交烤烟属“杂劣品种”当场予以没收。但本人于 2000 年 12 月 10 日才收到甸沙乡人民政府于 2000 年 9 月 30 日作出的罚没通知书。原告认为，自己所栽种的烤烟是按烟站发给的并在烤烟辅导员指导下育苗移栽的，且前两次交售的烟叶烟站也正常收购。没收时并未当场过秤封存，也未办理任何手续。该没收处罚行为违法。请求人民法院判决撤销甸沙乡人民政府违法所作的罚没通知决定，并由被告赔偿违法行政给原告所造成的各项损失4 105.20元，承担一切诉讼费用。

3．被告辩称：2000 年 9 月 6 日甸沙乡麦地心烟点在收购烤烟过程中，发现原告所交售的烟叶属“杂劣品种”。为维护正常的烟叶收购秩序，确保烟叶纯度，决定予以没收，遂于 2000 年 9 月 30 日下发了罚没通知书。所没收的烟叶过秤重量为 86 公斤，共计人民币1 100元。后我方发现行政处罚决定有误，即于 2000 年 12 月 31 日以甸政发（2000）43 号文件撤销了对原告作出的罚没通知书，故请求法院判决驳回原告的诉讼请求。

**（三）一审事实和证据**

云南省寻甸回族彝族自治县人民法院经审理查明：2000 年 9 月 6 日被告甸沙乡人民政府发现原告杨树清交售给甸沙乡麦地心烟点的烟叶属禁止栽种和销售的“杂劣品种”。被告根据《中华人民共和国烟草专卖法》的有关规定，于 2000 年 9 月 30 日对原告交售的 86 公斤“杂劣品种”烟叶作出罚没通知予以没收。原告认为被告的没收行为违法，于 2000 年 12 月 25 日向原审法院提起行政诉讼。在诉讼过程中，被告认为其作出的罚没通知行政处罚决定有误，遂于 2000 年 12 月 31 日以甸政法（2000）43 号文件撤销乡人民政府于 2000 年 9 月 30 日作出的罚没通知决定。原告仍坚持诉讼。

上述事实有下列证据证明：

1．寻甸县甸沙乡人民政府于 2000 年 9 月 30 日作出的“罚没通知书”。

2．证人杨磨能、施怀宾、何双福、郭加富、张绍学、李金花的证言。

3．甸沙乡人民政府对杨树清的调查笔录。

4．寻甸县烟草公司烟叶收购合同完成清单。

5．甸沙乡信用社出具的烤烟杂劣品种没收缴款收据。

6．甸沙乡人民政府于 2000 年 12 月 31 日作出的甸政发（2000）43 号文件。

**（四）一审判案理由**

寻甸回族彝族自治县人民法院认为：被告甸沙乡人民政府根据《中华人民共和国烟草专卖法》的有关规定，对杨树清交售的烟叶作出罚没通知决定，该具体行政行为不具备执法主体资格，属超越职权的行为，依法应予撤销。

（五）一审定案结论

云南省寻甸回族彝族自治县人民法院依照《中华人民共和国行政诉讼法》第五十四条第二款第（四）项之规定，判决如下：

撤销甸沙乡人民政府2000年9月30日作出的“罚没通知”决定。

案件受理费200元，由被告负担。

（六）二审情况

1．二审诉辩主张

（1）上诉人诉称：被上诉人作出的罚没通知是违法的，在原审庭审前被上诉人就承认并下文撤销了自己的错误行政行为。原审判决也认定被上诉人作出的具体行政行为违法，但对违法行为给上诉人造成侵害并产生的损失后果，没有依法判决被上诉人承担行政赔偿责任，赔偿上诉人的损失。请求二审法院撤销原判，判令被上诉人赔偿因违法行政给上诉人造成的各项损失共4 105.20元。

（2）被上诉人辩称：甸沙乡人民政府为维护正常的烟叶收购秩序，在迫不得已之下没收了上诉人于2000年9月6日向甸沙乡麦地心烟点交售的86公斤“杂劣品种”烟叶。2000年12月31日被上诉人自行撤销了其作出的罚没通知。一审判决定性准确，适用法律正确，程序合法，请求二审法院维持一审判决，驳回上诉人的上诉请求。

2．二审事实和证据

二审认定事实和证据与一审一致。

3．二审判案理由

昆明市中级人民法院认为：

（1）根据《中华人民共和国烟草专卖法》的规定，被上诉人甸沙乡人民政府不是法定的烟草专卖行政主管部门，本身不享有烟草专卖处罚的行政职权。本案对其上诉人杨树清所作没收烟叶的行政处罚，超越职权。因此，该行政处罚违法。

（2）被上诉人在一审诉讼期间已自行撤销了其作出的行政处罚。而上诉人杨树清在原审被告改变具体行政行为后并未申请撤诉，坚持诉讼。最高人民法院《关于执行〈中华人民共和国行政诉讼法〉若干问题的解释》第五十条第三款规定：被告改变原具体行政行为，原告不撤诉，人民法院经审查认为原具体行政行为违法的，应当作出确认其违法的判决。根据上述法律事实，依照司法解释的上述规定，本案原审法院经审查后认为甸沙乡政府的行政行为违法，依法应作出确认判决，其作出撤销行政行为的判决，属适用法律错误。

（3）上诉人杨树清在原审起诉及上诉请求中均向人民法院提出要求被上诉人承担因违法行政行为所造成的财产损失的诉请。但原审判决未对该赔偿请求是否支持作出认定，属遗漏行政赔偿请求的情形。根据最高人民法院《关于执行〈中华人民共和国行政诉讼法〉若干问题的解释》第七十一条第三款的规定：原审判决遗漏行政赔偿请求，第二审人民法院经审理认为依法应当予以赔偿的，在确认被诉具体行政行为违法的同时，可以就行政赔偿问题进行调解。调解不成，应当就赔偿部分发回重审。本案证据已能够证明甸沙乡人民政府的行政处罚违法，造成上诉人的财产损失，其依法应承担对上诉人所造成的财产损失的行政赔偿责任。

4．二审定案结论

云南省昆明市中级人民法院依照《中华人民共和国行政诉讼法》第六十一条第（二）项、第六十七条、第七十四条，最高人民法院《关于执行〈中华人民共和国行政诉讼法〉若干问题的解释》第六十二条、第七十一条第三款之规定，作出判决如下：

（1）撤销寻甸回族彝族自治县人民法院（2001）寻行初字第1号行政判决。

（2）改判为确认寻甸回族彝族自治县甸沙乡人民政府2000年9月30日作出的罚没通知违法。

一、二审案件受理费各100元，由被上诉人负担。

对原审判决遗漏行政赔偿请求，依照最高人民法院《关于执行〈中华人民共和国行政诉讼法〉若干问题的解释》第七十一条第三款的规定，二审法院在确认被诉具体行政行为违法的前提下，就行政赔偿问题进行了调解。双方当事人自愿达成如下协议：

（1）由寻甸回族彝族自治县甸沙乡人民政府赔偿上诉人杨树清人民币2 200元。

（2）上述赔偿款项，在本调解书生效后3天内给付。

**（七）解说**

1．行政机关应依法行使行政职权。行政机关超越法律规定所作出的具体行政行为是无效的，处罚法定是行政处罚的原则之一。处罚主体及其职权的法定性是其重要内容。除法律、法规、规章规定有处罚权的行政机关以及法律、法规授权的组织外，其他任何机关、组织和个人均不得行使行政处罚权。具备了主体资格的机关和组织在行使行政处罚权时，还必须遵守法定的职权范围，不得越权和滥用权力。本案甸沙乡人民政府并不是《中华人民共和国烟草专卖法》所规定的烟草专卖行政主管部门，依法不享有烟草专卖行政处罚权，因此，不具有对杨树清的行政处罚权，其对杨树清的行政处罚属超越职权。

2．人民法院的确认判决问题。甸沙乡人民政府在诉讼中自行撤销了其作出的具体行政行为，上诉人杨树清并没有申请撤诉，依据最高人民法院《关于执行〈中华人民共和国行政诉讼法〉若干问题的解释》第五十条第三款的规定，原审法院审理后应作出甸沙乡人民政府对杨树清所作的具体行政行为违法的确认判决，而原审法院却判决撤销已被甸沙乡人民政府自行撤销的罚没通知决定，属适用法律错误，二审法院依法改判符合司法解释确定的判决形式，是正确的。

3．关于行政赔偿的调解问题。依照《中华人民共和国行政诉讼法》及司法解释的规定，人民法院审理行政案件不适用调解。但是，当事人请求法院确认行政机关的具体行政行为违法提出行政赔偿请求的，人民法院判决确认具体行政行为韦法的同时，可以就赔偿问题进行调解。本案中，杨树清在一、二审诉讼中都提出行政赔偿请求，但原审法院遗漏了杨树清的赔偿诉讼请求的审理。二审法院根据最高人民法院《关于执行〈中华人民共和国行政诉讼法〉若干问题的解释》第七十一条第三款的规定，在依法确认甸沙乡人民政府对杨树清作出的罚没通知具体行政行为违法的前提下，就赔偿问题在当事人双方自愿的基础上依法进行调解，达成了调解协议，并当即履行，收到了好的社会效果。二审法院不仅依法公正、公平地解决了当事人双方的诉讼纠纷，弥补了一审程序存在的缺陷和不足，而且还降低了诉讼成本，提高了办案效率。

（聂红宾）

# 52. 马随意诉咸阳市秦都区沣东镇人民政府行政奖励不作为案

**（一）首部**

1. 判决书字号

一审判决书：陕西省咸阳市秦都区人民法院（2000）咸秦行初字第023号。

二审判决书：陕西省咸阳市中级人民法院（2001）咸行终字第12号。

2. 案由：行政奖励不作为案。

3. 诉讼双方

原告：马随意，又名马随义，男，汉族，1953年5月21日生，农民。

委托代理人：袁义伟，西北政法学院法律服务中心法律工作者。

委托代理人：张燕，西北政法学院法律服务中心法律工作者。

被告：咸阳市秦都区沣东镇人民政府。

法定代表人：张亚军，镇长。

委托代理人：沈军利，沣东镇政府干部。

委托代理人：任仁，陕西秦直道律师事务所律师。

4. 审级：二审。

5. 审判机关和审判组织

一审法院：陕西省咸阳市秦都区人民法院。

合议庭组成人员：审判长：商俊峰；代理审判员：鲁建媛、杨雷。

二审法院：陕西省咸阳市中级人民法院。

合议庭组成人员：审判长：张满生；审判员：周宝凤、张义成。

6. 审结时间

一审审结时间：2001年1月5日。

二审审结时间：2001年3月26日。

**（二）一审诉辩主张**

1. 被诉具体行政行为：被告秦都区沣东镇人民政府于1999年5月26日以咸秦沣发（1999）42号文件作出表彰决定，对自觉参与救人抢险的马随意通报表扬，号召学习其先进事迹；并于2000年4月8日发给马随意见义勇为先进个人荣誉证书。

2. 原告诉称：1999年5月23日，我得知有人在沣河里落水遇难，就立即驾上自家小船前往参加救人抢险。同年5月31日，被告在表彰救人事件中的先进个人时，没有对出力最大的原告予以表彰；镇政府在表彰决定中亦未对原告的事迹予以确认，未向原告颁发荣誉证及奖金。被告的不作为行为已严重侵犯原告的荣誉权、名誉权，故诉至法院判令被告确认原告为“见义勇为先进个人”并发给荣誉证及奖金；被告向原告赔礼道歉并赔偿原告差旅费800元、误工费3 000元；被告承担案件诉讼费用。

3. 被告未提交答辩状，但在庭审中认为，咸秦沣发（1999）42号“表彰决定”，是依据中国共产党关于社会主义精神文明建设的方针、政策的规定，以及沣东镇八家村党支部、村委会就“5·23事件”先进事迹的评选报告及其证明作出的，是客观公正的；对参加抢险救人的马随意予以通报表扬，号召学习其先进事迹，并于2000年4月8日给马随意颁发了“见义勇为先进个人荣誉证”；原告起诉没有法律依据，不属于法院受理行政案件的范围。

**（三）一审事实和证据**

咸阳市秦都区人民法院经公开审理查明：1999年5月23日，原告马随意为抢救掉入沣河的落水者，即用其小船和铁钩参加救人抢险活动。同年5月26日，被告与中共沣东镇委员会共同以咸秦沣发（1999）42号文作出“关于对王任伟、邵军孝等人见义勇为先进事迹进行表彰的决定”，对自觉加入打捞行动的马随意在全镇予以通报表扬；同时授予王任伟等五位同志“见义勇为先进个人”荣誉称号，并分别奖励500元、200元不等。原告对此不服而上访。被告于2000年4月8日发给原告荣誉证一份，授予其“见义勇为先进个人”荣誉称号，并加盖沣东镇人民政府和中共沣东镇委员会的公章。

上述事实有下列证据证明：

1. 秦都区沣东镇人民政府就“5·23事件”作出的咸秦沣发（1999）42号“关于对王任伟、邵军孝等人见义勇为先进事迹进行表彰的决定”。

2. 八家村村委会给中共沣东镇党委、政府的函，内容是原告马随意参加救人抢险活动的事迹。

3. 原告马随意上访证明。

4. 西北政法学院法律服务中心证明原告一直主张权利的函。

5. 被告发给原告的荣誉证。

**（四）一审判案理由**

秦都区人民法院认为：原告马随意自觉参加抢救沣河落水者的行为，是发扬爱人民、爱社会主义公德的一种具体表现，理应受到国家、社会的提倡和鼓励。被告作为一级政府，负有依据《宪法》规定履行加强社会主义精神文明建设的职责。被告对原告作出的表彰决定是行使其职责的行政奖励行为，属于人民法院行政诉讼的受案范围。被告对原告救人抢险的事迹先予通报表扬，后又发给见义勇为先进个人荣誉证的决定是依据行政自由裁量权作出的，并无违法之处，亦未侵犯原告的人身权、财产权。因此，原告起诉被告行政奖励不作为、要求被告给其赔礼道歉、发放奖金、赔偿其差旅费、误工费等经济损失的理由不能成立。

**（五）一审定案结论**

陕西省咸阳市秦都区人民法院根据所认定的事实、证据和判案理由，依照《中华人民共和国行政诉讼法》第五条、最高人民法院《关于执行〈中华人民共和国行政诉讼法〉若干问题的解释》第五十六条第（二）项和《中华人民共和国国家赔偿法》第五条第（三）项的规定，判决如下：

驳回原告诉讼请求。

本案诉讼费350元，由原告马随意负担。

（六）二审情况

1. 二审诉辩主张

(1) 上诉人诉称：我在救人抢险中发挥了主要作用，出力最大，被上诉人对上诉人的事迹，应以规范性文件形式予以确认，进行物质奖励。请求撤销原判，判令被上诉人以规范性文件形式确认上诉人为见义勇为先进个人，按标准发给上诉人 500 元奖金；因被上诉人侵犯了上诉人的荣誉权、名誉权，故应赔偿上诉人经济损失3 800元，并公开书面向上诉人赔礼道歉。

(2) 被上诉人未作书面答辩，在开庭审理中辩称：在“5·23 事件”中，参与救人抢险的群众近百人，镇政府是以见义勇为者是否身体下水，是否使落水者生还，是否第一个抓住遇难者尸体为奖励标准，体现了公开、公正、合理的原则，是符合实际的；上诉人是在他人已抢救了两名儿童后，被人叫去用其船和钩打捞的，没有下水奋不顾身救人的情节，上诉请求没有法律支持，应予驳回。

2. 二审事实和证据

陕西省咸阳市中级人民法院公开审理查明：1999 年 5 月 23 日，秦都区沣东镇八家村 8 名群众渡沣河时不幸翻船，5 名群众遇险。王任伟、邵军孝及上诉人马随意等数十名群众闻讯赶到，抢险救人。5 月 25 日，八家村党支部、村委会向沣东镇党委、政府呈报“八家村关于‘5·23 事件’见义勇为先进事迹的大会评选报告”。5 月 26 日，沣东镇党委、政府以咸秦沣发（1999）42 号文件作出“关于对王任伟、邵军孝等人见义勇为先进事迹进行表彰的决定”，授予王任伟等五人“见义勇为先进个人”荣誉称号，并分别奖励 500 元或 200 元，对上诉人马随意等 9 人在全镇通报表扬。事后，八家村四组组长邵小平等人与罹难者家属代表登门向马随意致谢，并付给马随意补偿费 200 元。上诉人不服 5 月 26 日镇政府表彰决定而上访。此后，八家村委会向镇党委、政府去函报告，申报马随意为 5 月 23 日翻船事件中“见义勇为先进个人”，并申请发给荣誉证。2000 年 4 月 8 日，沣东镇政府向上诉人颁发了“见义勇为先进个人”荣誉证书，上诉人以被上诉人不以政府规范性文件形式确认其为“见义勇为先进个人”属“行政不作为”为由，向人民法院提起行政附带赔偿诉讼。

上述事实有下列证据证明：

(1) 上诉人和被上诉人的当庭陈述。

(2) 八家村村委会 1999 年 5 月 25 日给沣东镇政府呈报的“关于‘5·23 事件’见义勇为先进事迹的大会评选报告”。

(3) 中共秦都区沣东镇党委、政府作出的咸秦沣发（1999）42 号文件。

3. 二审判案理由

陕西省咸阳市中级人民法院根据上述事实和证据认为：上诉人马随意与数十名群众一道，积极参与救人抢险的行为，体现了中华民族扶危济困、见义勇为的崇高品德。被上诉人及时对抢险有功人员给予表彰奖励，完全符合加强社会主义精神文明建设的要求。由于到目前为止，国家及本省、市尚未制定对见义勇为行为进行行政奖励的法律、法规或规章，因此，上诉人请求人民法院判令被上诉人以规范性文件的形式确认其为“见义勇为先进个人”并颁发奖金证书，没有合法的理由。上诉人认为被上诉人不以规范性文件形式确认其见义勇为先进个人侵犯其荣誉权、名誉权并请求行政赔偿没有事实根据和法律依据，依法不予支持。一审判决事实清楚，程序合法，判决公正，应予维持。

4. 二审定案结论

陕西省咸阳市中级人民法院根据认定的事实、证据和判案理由，依照《中华人民共和国行政诉讼法》第六十一条第（一）项、最高人民法院《关于执行〈中华人民共和国行政诉讼法〉若干问题的解释》第五十六条第（一）项之规定，判决如下：

驳回上诉，维持原判。

一、二审诉讼费上诉人马随意免交。

**（七）解说**

这是一起少见的新类型案件，至少有三个问题应引起重视，慎重处理。

1. 本案是否属于人民法院受理的行政案件范围？我国《行政诉讼法》第二条规定："公民、法人或者其他组织认为行政机关和行政机关工作人员的具体行政行为侵犯其合法权益，有权依照本法向人民法院提起诉讼。"该法在受案范围中的第十一条第一款还规定："人民法院受理公民、法人和其他组织对下列具体行政行为不服提起的诉讼：……（八）认为行政机关侵犯其他人身权、财产权的。"这里的行政行为，可以是作为的，也可以是不作为的，只要相对人认为侵犯了自己的合法权益，就有权向人民法院提起诉讼，请求保护，至于其请求能否得到法院支持，只有通过审理才能作出判断。本案原告马随意就是认为被告的行政奖励不作为侵犯了自己的人身权（其中的荣誉权、名誉权）和财产权而起诉的。因此，本案属于行政审判受案范围。

2. 本案被告是否侵犯了原告的荣誉权、名誉权？荣誉权是指公民、法人或其他组织对依法取得的荣誉称号享有不可侵犯、不可剥夺的权利。它是国家、社会对公民法人或其他组织在经济、社会生活等方面作出贡献而给予的精神奖励，如授予"见义勇为先进个人"称号。《民法通则》第一百零二条规定：公民、法人享有荣誉权，禁止非法剥夺公民、法人的荣誉权。本案中被告未剥夺上诉人的"荣誉"，相反是授予其荣誉，因而不存在侵犯其荣誉权的事实。名誉权是指公民、法人或其他组织对自己在社会生活中所获得的社会评价，即自己的名誉，依法享有不可侵犯的权利。本案中被告并未实施使原告社会评价降低的行为，因此侵权事实也不成立。

3. 原告的诉讼请求是否成立？回答是否定的。第一，原告诉请人民法院判令被告以规范性文件的形式确认其为"见义勇为先进个人"没有法律依据。到目前为止，全国人大及其常委会、国务院、陕西省人大及政府、咸阳市人大及政府对见义勇为如何表彰奖励尚未制订规范性文件。因此原告的该项请求缺少法律根据，其起诉被告不作为理由不能成立。第二，原告请求赔偿差旅费、误工费及赔礼道歉等，没有事实根据。《国家赔偿法》第二条规定，国家机关和国家机关工作人员违法行使职权侵犯公民、法人和其他组织的合法权益造成损害的，受害人有依法取得赔偿的权利。从本案及行政赔偿范围、赔偿方式和计算标准看，要取得国家行政侵权赔偿必须具备相应的要件：(1) 必须要有合法权益受到损害的事实；(2) 致害行为的主体必须是国家行政机关及其工作人员；(3) 致害行为是行使行政权力或行政不作为行为；(4) 损害行为必须是违法的；(5) 损害事实与侵权行为有因果关系。这五个条件同时具备，才能取得国家赔偿。本案中被告的行为并不违法，也没有给原告合法权益造成损害，因而原告的赔偿请求无事实根据和法律依据。

（汤继发　张满生）

# 公共和第三部门组织的战略管理：领导手册

本书通过对战略管理理论与方法的介绍，为战略管理者提
战略管理的有效途径。本书曾获1994年美国管理学会公共与非
分会最佳著作奖。本书对公共部门战略管理的各个环节进行了
析、说明和研究。内容包括：公共与非营利部门战略管理的重
要性和独特性；战略管理的概念、原则、类型及其应用；战略管
规划及实施过程；战略管理的支持技术及新信息、新理念与模
战略管理中的应用；实践层面上公共与非营利社会服务机构面
管理的挑战及地方政府的创新和新使命；公共部门战略管理的

[美] 保罗·C·纳特／罗伯特·W·巴可夫 著

Paul C. Nutt　Robert W. Backoff

中国人民大学出版社